Rudolf Heno

Jahresabschluss nach Handelsrecht, Steuerrecht und internationalen Standards (IFRS)

9. Auflage

Rudolf Heno
Jade Hochschule
Wilhelmshaven, Deutschland

ISBN 978-3-662-57478-2

Die Deutsche Nationalbibliothek verzeichnet diese Publikation in der Deutschen Nationalbibliografie; detaillierte bibliografische Daten sind im Internet über http://dnb.d-nb.de abrufbar.

Springer Gabler
© Springer-Verlag GmbH Deutschland, ein Teil von Springer Nature 1994, 1998, 2003, 2004, 2006, 2010, 2012, 2016, 2018
Das Werk einschließlich aller seiner Teile ist urheberrechtlich geschützt. Jede Verwertung, die nicht ausdrücklich vom Urheberrechtsgesetz zugelassen ist, bedarf der vorherigen Zustimmung des Verlags. Das gilt insbesondere für Vervielfältigungen, Bearbeitungen, Übersetzungen, Mikroverfilmungen und die Einspeicherung und Verarbeitung in elektronischen Systemen.
Die Wiedergabe von Gebrauchsnamen, Handelsnamen, Warenbezeichnungen usw. in diesem Werk berechtigt auch ohne besondere Kennzeichnung nicht zu der Annahme, dass solche Namen im Sinne der Warenzeichen- und Markenschutz-Gesetzgebung als frei zu betrachten wären und daher von jedermann benutzt werden dürften.
Der Verlag, die Autoren und die Herausgeber gehen davon aus, dass die Angaben und Informationen in diesem Werk zum Zeitpunkt der Veröffentlichung vollständig und korrekt sind. Weder der Verlag noch die Autoren oder die Herausgeber übernehmen, ausdrücklich oder implizit, Gewähr für den Inhalt des Werkes, etwaige Fehler oder Äußerungen. Der Verlag bleibt im Hinblick auf geografische Zuordnungen und Gebietsbezeichnungen in veröffentlichten Karten und Institutionsadressen neutral.

Springer Gabler ist ein Imprint der eingetragenen Gesellschaft Springer-Verlag GmbH, DE und ist ein Teil von Springer Nature
Die Anschrift der Gesellschaft ist: Heidelberger Platz 3, 14197 Berlin, Germany

Vorwort zur neunten Auflage

Insbesondere im Bereich der internationalen IFRS-Regelungen haben sich seit der achten Auflage zahlreiche Änderungen ergeben, die eine Neuauflage zwingend erforderlich machen. Außerdem waren in der Vorauflage die neuen Vorschriften aufgrund des BilRUG zwar zum Teil genannt, aber noch nicht in den Text eingearbeitet. Dies ist nun in vollem Umfang geschehen. Dabei ist insbesondere auf den geänderten Anlagenspiegel, die Gliederung der Gewinn- und Verlustrechnung und die geänderte Definition der Umsatzerlöse hinzuweisen. Im deutschen Steuerrecht wurden einige neue BMF-Schreiben und BFH-Urteile berücksichtigt. Das leidige Problem der Herstellungskosten in der Steuerbilanz hat der Gesetzgeber inzwischen glücklicherweise per Gesetz geregelt. Der Abschnitt zum steuerlichen Investitionsabzug nach § 7g EStG wurde ebenfalls aktualisiert. Neue Einkommensteuer-Richtlinien gibt es nicht, es gelten immer noch diejenigen von 2012. Die neuen Einkommensteuer-Hinweise von 2017 sind berücksichtigt worden.

Die weitreichendste Änderung im IFRS-Bereich, die Neuregelung der Bilanzierung von Finanzinstrumenten durch den neuen Standard IFRS 9, der den IAS 39 ersetzt, wird ausführlich beschrieben und durch zahlreiche Beispiele und Aufgaben erläutert. Auch die etwas modifizierten Regeln des IFRS 9 für das Hedge Accounting werden anhand von Beispielen erklärt. Die neuen Leasing-Bilanzierungsregeln nach IFRS 16, die sich deutlich vom Standard-Entwurf ED/2013/6 unterscheiden, werden in der Neuauflage ausführlich behandelt. Eine zusätzliche Übungsaufgabe zum Leasing nach IFRS wurde zum besseren Verständnis eingefügt. Schließlich ist auch der neue IFRS 15 „Umsatzerlöse" wenigstens im Zusammenhang mit den vorher in IAS 11 geregelten „Langfristigen Fertigungsaufträgen" dargestellt. Somit ist das vorliegende Lehrbuch wieder auf dem neuesten Stand.

Wie immer sind zahlreiche Kapitel und Aufgaben überarbeitet worden, wobei Korrekturen, Ergänzungen und auch Kürzungen vorgenommen wurden, um die Qualität und Aktualität des Lehrbuchs zu verbessern.

Mein herzlicher Dank gilt wiederum den Mitarbeitern des Verlags, die die Veröffentlichung dieses Buches erst ermöglichen, insbesondere Frau Gomes de Almeida, die mich bei der Neuauflage geduldig unterstützt hat.

Oldenburg, 1. April 2018

Rudolf Heno

Vorwort zur sechsten Auflage

Die vorliegende Neuauflage wurde wegen des am 1.1.2010 in Kraft tretenden Bilanzrechtsmodernisierungsgesetzes (BilMoG), der größten Bilanzrechtsreform seit 25 Jahren, zwingend erforderlich. Das Lehrbuch wurde in allen handelsrechtlichen Teilen gründlich überarbeitet und aktualisiert. Punktuelle Verbesserungen betreffen auch das IFRS-Regelwerk. Die bewährte Konzeption des Buches ist jedoch beibehalten worden.

Die Neuerungen im BilMoG sind gravierend. Die wichtigsten Ziele der Reform sind die Erhöhung der Aussagekraft des handelsrechtlichen Jahresabschlusses und die Annäherung der HGB-Vorschriften an die internationalen Standards (IFRS). Das HGB-Bilanzrecht soll zu einer gleichwertigen, aber einfacheren Alternative zu den IFRS weiterentwickelt werden. Das Scheitern des IASB-Projekts, die IFRS für kleine Unternehmen zu verschlanken, hat zu der Erkenntnis geführt, dass das HGB kein Auslaufmodell ist, sondern aufgrund der geringeren Komplexität, des damit verbundenen geringeren Aufwands der Rechnungslegung und des bewährten Primats des Vorsichtsprinzips in Deutschland zukunftsfähig ist, bei nicht kapitalmarktorientierten Gesellschaften auch für den Konzernabschluss. Dies freilich nur, wenn der Informationsgehalt deutlich verbessert wird. Dies ist nun z.B. durch Abschaffung der meisten Wahlrechte – leider nicht aller – geschehen. Die umgekehrte Maßgeblichkeit, die zu einer Verfälschung der Darstellung der Vermögens- und Ertragslage geführt hat, wurde – wie schon seit Jahrzehnten von Fachleuten gefordert – endlich gestrichen. Leider sagt der neue § 5 Abs. 1 EStG nicht präzise, wie weit die Maßgeblichkeit der Handels- für die Steuerbilanz nun noch reichen soll. Hier besteht dringender Klärungsbedarf. Ob die punktuelle Durchlöcherung des Realisationsprinzips an einigen Stellen nötig war, kann bezweifelt werden. Im Ergebnis driften Handels- und Steuerbilanz deutlich auseinander, was vor dem Hintergrund der unterschiedlichen Zielsetzungen – hier Informationsfunktion, dort Besteuerung nach der wirtschaftlichen Leistungsfähigkeit - durchaus sachgerecht ist. Je stärker aber die Informationsfunktion des handelsrechtlichen Jahresabschlusses in den Vordergrund rückt, desto mehr werden dessen Ausschüttungsbemessungsfunktion sowie der Gläubigerschutz beeinträchtigt und das Vorsichtsprinzip in den Hintergrund gedrängt.

Ein weiteres Ziel des BilMoG ist es, durch Deregulierung eine Entlastung bei den Kosten der Rechnungslegung für den Mittelstand zu erreichen. Hierzu wurden Erleichterungen bei der Buchführungspflicht für Einzelkaufleute geschaffen sowie die Schwellenwerte der Größenklassen für Kapitalgesellschaften rückwirkend ab 1.1.2008 um 20% angehoben. Durch zusätzliche Anhangangaben, die notwendige Einholung separater Gutachten (Pensionsrückstellungen) und zusätzlicher separater Berechnungen (z.B. Abzinsung von Rückstellungen) für Handels- und Steuerbilanz wird jedoch andererseits ein Zusatzaufwand verursacht.

Insgesamt betrachtet können die Änderungen aufgrund des BilMoG als bedeutender Schritt nach vorne angesehen werden, der die Bilanzierung zwar nicht einfacher, aber für den externen Bilanzleser aussagefähiger machen wird.

Mein Dank gilt wieder Frau Keidel, Lektorin beim Physica-Verlag, für ihre freundliche Unterstützung sowie Herrn Dr. Werner A. Müller, Verlagsleiter des Physica-Verlags, für die verständnisvolle Zusammenarbeit.

Oldenburg, im Juli 2009

Rudolf Heno

Vorwort zur ersten Auflage

Mit dem vorliegenden Lehrbuch wird der Versuch unternommen, den sehr abstrakten und schwer überschaubaren Lernstoff des Jahresabschlusses leicht verständlich aufzubereiten und systematisch darzustellen. Dabei werden beim Leser nur grundlegende Buchführungskenntnisse vorausgesetzt. Lernziele zu Beginn jedes Kapitels, zahlreiche Übersichten,

Schaubilder und Tabellen sowie Merksätze sollen dem Leser das Verständnis und das Lernen erleichtern. Da das Buch außerdem eine Vielzahl von Beispielen, Beispielsaufgaben und Übungsaufgaben - jeweils mit Lösungen - enthält, eignet es sich auch besonders zum Selbststudium. *Beispielsaufgaben* sollen anhand konkreter Zahlen in direktem Anschluß an die abstrakte Erklärung des jeweiligen Problems für ein besseres Verständnis beim Leser sorgen und das selbständige Mitdenken fördern. Die Beispielsaufgaben sind also Bestandteil des Lernstoffes und werden sofort im Anschluß aufgelöst. Die 60 meist längeren *(Übungs-) Aufgaben* befinden sich dagegen jeweils am Ende eines Kapitels und dienen zur Festigung und Kontrolle des Lernerfolgs. Die Lösungen zu den (Übungs-)Aufgaben befinden sich am Schluß des Buches.

Entsprechend den Verhältnissen und Anforderungen in der Praxis werden generell sowohl die handels- als auch die steuerrechtlichen Aspekte des Jahresabschlusses behandelt. Größter Wert wird auf das Verständnis der Gemeinsamkeiten, Unterschiede und die gegenseitige Beeinflussung von Handels- und Steuerbilanz gelegt.
Über eine leicht verständliche Einführung in das Gebiet des Jahresabschlusses hinaus sollen dem Leser aber auch schwerpunktmäßig tiefergehende Kenntnisse vermittelt werden. Beim ersten Einstieg in die Materie können diese mit "Vertiefung" gekennzeichneten Absätze übersprungen werden.

Somit richtet sich das vorliegende Buch nicht nur an Studenten des Grundstudiums an Fachhochschulen, Universitäten und anderen Bildungseinrichtungen, sondern auch an Studenten und Praktiker mit bereits vorhandenen Grundkenntnissen der Bilanzierung, die aufgefrischt oder vertieft werden sollen. Das Buch eignet sich zum Selbststudium, es kann auch vorlesungsbegleitend sowie als Aufgaben-Übungsbuch verwendet werden. Grundsätzlich ist es als systematisches Lernbuch konzipiert, d.h. daß die Kapitel (teilweise) aufeinander aufbauen. Zur Auffrischung früher erworbener Bilanzierungskenntnisse läßt es sich aber auch als Nachschlagewerk verwenden.

Der Aufbau des Lehrbuches ist durch den Lernstoff weitgehend festgelegt. Es werden jeweils zuerst die Grundprinzipien und im Anschluß daran einzelne Posten von Bilanz, Gewinn- und Verlustrechnung und Anhang behandelt. Im Gegensatz zu fast allen anderen Bilanzierungslehrbüchern sowie zum Aufbau des Handelsgesetzbuchs erfolgt keine gliederungsmäßige Trennung des Lernstoffes in Ansatzprobleme und in Bewertungsfragen bei den einzelnen Positionen. Jeder Posten wird in dem ihm gewidmeten Abschnitt auf beide Probleme hin untersucht. Der Aufbau des Buches wird dadurch übersichtlicher, das Gedankengerüst wird auf diese Weise leichter durchschaubar und erlernbar.

Am Ende eines jeden größeren Kapitels ist speziell zu diesem Kapitel ausgewählte "Weiterführende Literatur" angegeben, um dem Leser einen Weg zur weiteren Vertiefung seiner Kenntnisse zu weisen. Grundsätzlich können zur Vertiefung des gesamten Stoffes handels- und steuerrechtliche Kommentare herangezogen werden. An manchen Stellen ist bereits auf bestimmte handelsrechtliche Kommentare verwiesen. Eine alphabetische geordnete Auswahl von Kommentaren sei an dieser Stelle angegeben:

Mein besonderer Dank für ihre Hilfe beim Zustandekommen dieses Buches gebührt Frau Dipl.-Kffr. Gaby Pfeiffer für das sorgfältige Erstellen der Graphiken sowie dem Verlagsleiter des Physica-Verlags, Herrn Dr. Werner A. Müller, der mich mit vielfachem Rat verständnisvoll unterstützte.

Wilhelmshaven, im Juni 1994

Rudolf Heno

Inhaltsverzeichnis

Seite

Vorwort V
Abkürzungsverzeichnis XVIII

Teil A. Allgemeine Grundlagen des Jahresabschlusses

I. Begriff und Aufgaben des betrieblichen Rechnungswesens — 1

   1. Begriff und Einteilung des betrieblichen Rechnungswesens — 1
      a) Begriff des betrieblichen Rechnungswesens — 1
      b) Einteilung des betrieblichen Rechnungswesens — 1
   2. Grundbegriffe des betrieblichen Rechnungswesens — 2
   3. Adressaten des Rechnungswesens und deren Informationsinteressen — 5
      a) Geschäftsleitung — 5
      b) Anteilseigner — 6
      c) Gläubiger — 6
      d) Arbeitnehmer — 6
      e) Öffentlichkeit — 7
      f) Fiskus — 7
   4. Aufgaben des betrieblichen Rechnungswesens — 7
   5. Aufgaben des Jahresabschlusses — 10
      a) Dokumentation — 10
      b) Rechenschaftslegung — 10
         (1) Ertragslage — 12
         (2) Vermögenslage — 14
         (3) Finanzlage — 15
   6. Aufgaben und Adressaten des Jahresabschlusses nach IFRS — 17

II. Bilanztheorien im Überblick — 19

   1. Die statische Bilanztheorie von Wilhelm Rieger — 19
   2. Die Theorie der dynamischen Bilanz von Eugen Schmalenbach — 20
   3. Die Theorie der organischen Tageswertbilanz von Fritz Schmidt — 21
   4. Neuere Ansätze — 22

III. Rechnungslegungskonzepte und Institutionen — 25

   1. Das deutsche Handelsrecht — 25
      a) Gesetzgeber — 25
      b) Institut der Wirtschaftsprüfer in Deutschland e.V. (IDW) — 25
      c) Deutsches Rechnungslegungs Standards Committee (DRSC) — 25
      d) Deutsche Prüfstelle für Rechnungslegung e.V. (DPR) — 26
   2. Die US-amerikanischen Rechnungslegungsnormen (US-GAAP) — 27
      a) Allgemeines — 27
      b) Financial Accounting Standards Board (FASB) — 28
      c) Securities and Exchange Commission (SEC) — 28

3. Die Internationalen Rechnungslegungsstandards (IFRS) 29
   a) Allgemeines 29
   b) International Accounting Standards Board (IASB) 30
4. Anwendung der IFRS in Abschlüssen deutscher Unternehmen 31

IV. Komponenten und Rechtsgrundlagen des Jahresabschlusses 33

1. Komponenten des Jahresabschlusses nach HGB (einschl. Steuerbilanz) 33
   a) Überblick 33
   b) Bilanzarten 34
   c) Steuerbilanz 34
   d) Gewinn- und Verlustrechnung 37
   e) Anhang 38
   f) Lagebericht 38
2. Komponenten des Abschlusses nach IFRS 38
3. Rechtsgrundlagen des Jahresabschlusses nach HGB 40
   a) Überblick 40
   b) Rechnungslegungspflichten für alle Kaufleute 42
   c) Besondere Rechnungslegungspflichten für Kapitalgesellschaften 44
   d) Besondere Rechnungslegungspflichten für kapitalmarkt-
      orientierte Gesellschaften 46
   e) Schritte der Rechnungslegung von Kapitalgesellschaften 47
   f) Erleichterungen für Kleinstkapitalgesellschaften 59
   g) Sanktionen bei Nichtbeachtung gesetzlicher Vorschriften 61
4. Rechtsgrundlagen des Jahresabschlusses nach IFRS 62

V. Grundsätze ordnungsmäßiger Buchführung und Bilanzierung 64

1. Begriff und Quellen der Grundsätze ordnungsmäßiger Buchführung
   und Bilanzierung 64
2. Grundsätze ordnungsmäßiger Bilanzierung (Rechenschaftsgrundsätze) 66
   a) Rahmengrundsätze 66
      (1) Richtigkeit und Willkürfreiheit 66
      (2) Bilanzklarheit 67
      (3) Vollständigkeit 68
      (4) Bilanzidentität 72
      (5) Wirtschaftlichkeit und Wesentlichkeit (Materiality) 74
   b) Abgrenzungsgrundsätze 77
      (1) Stichtagsprinzip 77
      (2) Abgrenzung der Zeit und der Sache nach 77
      (3) Vorsichtsprinzip 81
      (4) Realisationsprinzip 82
      (5) Imparitätsprinzip 84
   c) Ergänzende Grundsätze 87
      (1) Going-Concern-Prinzip 87
      (2) Einzelbewertung 89
      (3) Formale Bilanzkontinuität 90
      (4) Stetigkeit 90

3. Rechnungslegungsgrundsätze nach IFRS 94
   a) Überblick 94
   b) Grundlegende Annahmen („Underlying Assumptions") 95
      (1) Periodenabgrenzung („Accrual Basis") 96
      (2) Unternehmensfortführung („Going Concern Principle") 96
   c) Qualitative Rechnungslegungsgrundsätze („Principal Qualitative Characteristics of Financial Statements") 96
      (1) Verständlichkeit („Understandability") 96
      (2) Relevanz („Relevance") 97
      (3) Verlässlichkeit („Reliability") 97
      (4) Vergleichbarkeit („Comparability") 97
      (5) Beschränkungen der Relevanz und Verlässlichkeit 98
      (6) Einzelerfassung/Einzelbewertung 98
      (7) Stichtagsprinzip 98

VI. Inventur 99

1. Stichtagsinventur 99
2. Führung eines laufenden Bestandsverzeichnisses beim Anlagevermögen ... 100
3. Permanente Inventur 101
4. Zeitverschobene Inventur 102
5. Stichprobeninventur 102

Teil B. Die Bilanz (Handels- und Steuerbilanz) 105

I. Aufbau und Gliederung 105

1. Einzelunternehmen und Personenhandelsgesellschaften 105
2. Kapitalgesellschaften 106
   a) Gliederungsschema für große Kapitalgesellschaften 106
   b) Gliederungsprinzipien 107
   c) Gliederungsschema für kleine Kapitalgesellschaften 108
   d) Gliederungsschema für mittelgroße Kapitalgesellschaften 109
3. Gliederungsschema nach IFRS 109

II. Grundlagen der Bilanzierung und Bewertung 111

1. Bilanzierungspflicht, Bilanzierungsverbot, Bilanzierungswahlrecht ... 111
   a) Bilanzierungspflicht 111
   b) Bilanzierungsverbote 117
   c) Bilanzierungswahlrechte 118
2. Die Maßgeblichkeit der Handelsbilanz für die Steuerbilanz 121
3. Ansatzkriterien im IFRS-Regelwerk 131

4. Bewertungsmaßstäbe in Handels- und Steuerrecht	133
a) Bewertung und Informationsgehalt des Jahresabschlusses	133
b) Anschaffungskosten	135
(1) Allgemeines	135
(2) Sonderprobleme	141
(a) Kaufpreis in fremder Währung	141
(b) Unentgeltlicher Erwerb	143
(c) Tauschgeschäfte nach HGB, EStG und IFRS	143
(d) Zuschüsse	145
(e) Nominalkapitalerhaltung und Substanzerhaltung	148
(3) Anschaffungskosten nach IFRS	151
c) Herstellungskosten	156
(1) Allgemeines	156
(2) Sonderprobleme	165
(a) Wertverzehr des Anlagevermögens	165
(b) Forschungs- und Entwicklungskosten	166
(c) Steuern	168
(d) Fremdkapitalzinsen	168
(e) Leerkosten	170
(3) Herstellungskosten nach IFRS	174
(4) Bilanzpolitische Auswirkungen der Bestandsbewertung mit Herstellungskosten	178
(5) Langfristige Fertigungsaufträge	181
(a) Langfristige Fertigungsaufträge nach HGB	181
(b) Langfristige Fertigungsaufträge nach IFRS 15	184
d) Tageswert nach HGB	192
e) Beizulegender Zeitwert nach HGB	198
f) Weitere Wertmaßstäbe nach IFRS	200
(1) Allgemeine Wertmaßstäbe	200
(2) Fortgeführte Anschaffungskosten („Amortised Cost")	201
(3) Der beizulegende Zeitwert („Fair Value")	201
(4) Der erzielbare Betrag („Recoverable Amount")	208
g) Teilwert nach EStG	211

III. Bewertungskonzeption für das Anlagevermögen und das Umlaufvermögen — 220

1. Abgrenzung von Anlage- und Umlaufvermögen	220
2. Stille Reserven	221
3. Die handelsrechtliche Bewertungskonzeption für das Anlagevermögen	222
4. Die handelsrechtliche Bewertungskonzeption für das Umlaufvermögen	229
5. Die steuerrechtliche Bewertungskonzeption für das Anlage- und das Umlaufvermögen	230
6. Gegenüberstellung der handelsrechtlichen und der steuerrechtlichen Bewertungskonzeption	238
7. Die Bewertungskonzeption nach IFRS	241
a) Anschaffungskosten- oder Neubewertungsmodell für Sachanlagen und immaterielle Vermögenswerte	241
b) Bewertung Zahlungsmittel generierender Einheiten nach IFRS	255
c) Die Bewertungskonzeption für das Umlaufvermögen nach IFRS	257

IV. Bilanzierung und Bewertung des Anlagevermögens — 259

1. Die Bilanzierung und Bewertung der einzelnen Positionen — 259
   - a) Immaterielle Vermögensgegenstände — 259
     - (1) Allgemeines — 259
     - (2) Planmäßige Abschreibungen immaterieller Anlagegüter — 263
     - (3) Software — 264
     - (4) Geschäfts- oder Firmenwert — 265
     - (5) Immaterielle Vermögenswerte nach IFRS — 269
   - b) Sachanlagen — 274
     - (1) Grundstücke, grundstücksgleiche Rechte und Bauten einschließlich der Bauten auf fremden Grundstücken — 274
     - (2) Technische Anlagen und Maschinen — 278
     - (3) Andere Anlagen, Betriebs- und Geschäftsausstattung — 278
     - (4) Geleistete Anzahlungen und Anlagen im Bau — 278
     - (5) Begriff der Sachanlagen nach IFRS — 279
   - c) Finanzanlagen nach HGB — 279
     - (1) Beteiligungen — 280
     - (2) Verbundene Unternehmen — 281
     - (3) Wertpapiere des Anlagevermögens — 283
     - (4) Ausleihungen und unverzinsliche Forderungen — 283
   - d) Finanzinstrumente nach IFRS 9 — 285
     - (1) Definitionen — 286
     - (2) Zugangserfassung und Ausbuchung — 289
     - (3) Klassifizierung und prinzipielle Bewertung — 292
     - (4) Bewertung im Einzelnen — 297
       - (a) Zugangsbewertung — 298
       - (b) Folgebewertung finanzieller Vermögenswerte und Verbindlichkeiten in der FVTPL-Kategorie — 301
       - (c) Folgebewertung finanzieller Vermögenswerte und Verbindlichkeiten in der AC-Kategorie — 303
       - (d) Folgebewertung in der FVTOCI-Kategorie — 305
       - (e) Wertberichtigungen im Fall der AC- und der FVTOCI-Kategorie — 309
       - (f) Bewertungsregeln bei Reklassifizierungen gemäß IFRS 9.5.6. — 321
     - (5) Beteiligungen im separaten IFRS-Einzelabschluss — 322
     - (6) Als Finanzinvestitionen gehaltene Immobilien nach IAS 40 — 325

2. Abschreibungsmethoden und steuerliche Abschreibungen — 326
   - a) Planmäßige Abschreibungen / AfA-Regelungen — 326
     - (1) Funktionen der Abschreibung — 326
     - (2) Abschreibungsursachen und Abschreibungsarten in Handels- und Steuerrecht — 327
     - (3) Abschreibungsplan — 327
     - (4) Abschreibungsmethoden bei beweglichen Vermögensgegenständen — 330
     - (5) Abschreibungsmethoden bei Gebäuden — 338
     - (6) Planmäßige Abschreibungen nach einer außerplanmäßigen Abschreibung — 341
     - (7) Korrektur der Nutzungsdauer-Schätzung — 342
     - (8) Nachträgliche Anschaffungs- oder Herstellungskosten — 344
     - (9) Allgemeine Abschreibungsregeln nach IFRS — 347
     - (10) Abschreibungen im Rahmen des Neubewertungsmodells — 349

b) Absetzungen für außergewöhnliche Abnutzung/ Teilwertabschreibungen	354
c) Steuerliche Sonderabschreibungen und erhöhte Absetzungen	355
(1) Überblick	355
(2) Steuerliche Sonderabschreibungen bei beweglichen Wirtschaftsgütern	357
(3) Steuerliche Sonderabschreibungen und erhöhte Absetzungen bei Gebäuden	358
(4) Investitionsabzug gemäß § 7g Abs. 1 EStG	360
3. Leasing	366
a) Allgemeines	366
b) Finanzierungs-Leasing: Vollamortisationsverträge	367
c) Finanzierungs-Leasing: Teilamortisationsverträge	371
(1) Verträge mit Andienungsrecht des Leasing-Gebers	371
(2) Verträge mit Aufteilung des Mehrerlöses	372
(3) Verträge mit Kündigungsrecht des Leasing-Nehmers	372
d) Die Bilanzierung von Leasingverhältnissen nach IFRS	372
(1) Identifizierung von Leasingverhältnissen nach IFRS 16	372
(2) Bilanzierung beim Leasing-Nehmer nach IFRS 16	375
(3) Bilanzierung beim Leasing-Geber nach IFRS 16	382
4. Der Anlagenspiegel	394
a) Der Anlagenspiegel nach HGB	394
b) Der Anlagenspiegel nach IFRS	401

V. Bilanzierung und Bewertung des Umlaufvermögens — 402

1. Die Bilanzierung und Bewertung der einzelnen Positionen	402
a) Vorräte	402
b) Forderungen und Sonstige Vermögensgegenstände	402
(1) Wertberichtigungen auf Forderungen	403
(2) Fremdwährungsforderungen	403
(3) Sonstige Vermögensgegenstände	406
c) Wertpapiere	406
d) Positionen des Umlaufvermögens nach IFRS	406
e) Zur Veräußerung bestimmte langfristige Vermögenswerte (IFRS)	407
2. Bewertungsmethoden	408
a) Festwert	408
b) Retrograde Ermittlung der Anschaffungskosten	409
c) Gruppenbewertung	410
d) Verfahren der Sammelbewertung	412
(1) Durchschnittspreisverfahren	412
(2) Verbrauchsfolgeverfahren	413
e) Methoden der Vorratsbewertung nach IFRS	421

VI. Rechnungsabgrenzungsposten — 422

1. Rechnungsabgrenzungsposten nach HGB	422
2. Zeitliche Abgrenzung nach IFRS	425

VII. Latente Steuern   428
    1. Latente Steuern nach HGB   428
    2. Latente Steuern nach IFRS   447
       a) Allgemeines   447
       b) Latente Steuern im Neubewertungsmodell   451

VIII. Bilanzierung des Eigenkapitals   454

    1. Einzelunternehmen und Personenhandelsgesellschaften   454
    2. Kapitalgesellschaften   455
       a) Allgemeines   455
       b) Gezeichnetes Kapital   455
       c) Eigene Anteile   456
       d) Kapitalrücklage   460
       e) Gewinnrücklagen   460
          (1) Gesetzliche Rücklage   461
          (2) Rücklage für Anteile an einem herrschenden oder
             mehrheitlich beteiligten Unternehmen   461
          (3) Satzungsmäßige Rücklage   461
          (4) Andere Gewinnrücklagen   461
       f) Jahresüberschuss und Bilanzgewinn   463
    3. Eigenkapitalausweis nach IFRS   464

IX. Steuerfreie Rücklagen in der Steuerbilanz   467

    1. Allgemeines   467
    2. Rücklage für Ersatzbeschaffung   468
    3. Rücklage für Veräußerungsgewinne gem. § 6b EStG   474
    4. Zuschussrücklage   478

X. Bilanzierung und Bewertung des Fremdkapitals   481

    1. Rückstellungen   481
       a) Begriff und Arten   481
       b) Rückstellungen für ungewisse Verbindlichkeiten   485
          (1) Allgemeine Ansatz- und Bewertungsfragen   485
             (a) Ansatzfragen   485
             (b) Bewertungsfragen   489
          (2) Rückstellungen für Patentrechtsverletzung   492
          (3) Rückstellungen für Prozesskosten   493
          (4) Rückstellungen für Gewährleistungen mit und ohne
             rechtliche Verpflichtung   494
          (5) Rückstellungen für Jahresabschlusskosten   497
          (6) Rückstellungen für Ausgleichsansprüche von
             Handelsvertretern nach § 89b HGB   498
          (7) Rückstellungen für Wechselobligo und andere Haftungsrisiken   499
          (8) Pensionsrückstellungen   500

(9) Sonderfälle bei Altersversorgungsverpflichtungen	504
(10) Steuerrückstellungen	507
c) Rückstellungen für drohende Verluste aus schwebenden Geschäften	509
(1) Schwebende Beschaffungsgeschäfte	511
(2) Schwebende Absatzgeschäfte	513
(3) Dauerschuldverhältnisse	519
(a) Überblick	519
(b) Urlaubsrückstellungen	521
(c) Jubiläumsrückstellungen	522
d) Rückstellungen für unterlassene Aufwendungen für Instandhaltung oder für Abraumbeseitigung	524
2. Bilanzierung und Bewertung von Rückstellungen nach IFRS	525
a) Rückstellungen gemäß IAS 37	525
b) Pensionsrückstellungen gemäß IAS 19	531
3. Verbindlichkeiten	537
a) Allgemeines	537
b) Abzinsung von Verbindlichkeiten	538
c) Fremdwährungsverbindlichkeiten	539
d) Schulden nach IFRS	543

XI. Haftungsverhältnisse   544
1. Haftungsverhältnisse nach HGB   544
2. Eventualverbindlichkeiten nach IFRS   545

XII. Grundzüge der Hedge-Bilanzierung nach HGB und IFRS   546
1. Problemstellung   546
2. Bewertungseinheiten nach § 254 HGB   546
3. Hedge Accounting nach IFRS 9 und IAS 39   557

Teil C. Gewinn- und Verlustrechnung, Anhang, Kapitalflussrechnung und Lagebericht   573

I. Gewinn- und Verlustrechnung   573
1. Allgemeines   573
2. Die Gliederung der Gewinn- und Verlustrechnung   573
    a) Allgemeiner Überblick   573
    b) Die Positionen der Gewinn- und Verlustrechnung im Einzelnen   576
3. Gesamtkosten- und Umsatzkostenverfahren   580
4. Gesamtergebnisrechnung nach IFRS   585

II. Anhang   591

III. Kapitalflussrechnung nach HGB und IFRS   599

IV. Lagebericht   603

Teil D. IFRS für kleine und mittlere Unternehmen   605

Teil E. Aufgaben   609

Teil F. Lösungen zu den Aufgaben 635

Literaturempfehlungen 732
Stichwortverzeichnis 733

Abkürzungsverzeichnis

A	Anhang
a.A.	anderer Ansicht
ABl.	Amtsblatt
a.F.	alte Fassung
a.a.O.	an angegebenem Ort
AC	Amortised Cost
ADS	Adler/Düring/Schmaltz (Kommentar zum Handelsrecht)
AfA	Absetzungen für Abnutzung
AfaA	Absetzungen für außergewöhnliche Abnutzungen
AG	Aktiengesellschaft
AG	Application Guidance (Anleitungen zur Anwendung der Paragraphen eines IAS oder IFRS)
AICPA	American Institute of Certified Public Accountants
AK	Anschaffungskosten
AktG	Aktiengesetz
Anm.	Anmerkung
ARA	aktiver Rechnungsabgrenzungsposten
ARB	Accounting Research Bulletins
ASC	Accounting Standards Codification (US-GAAP)
BaFin	Bundesanstalt für Finanzdienstleistungsaufsicht
BB	Betriebsberater (Zeitschrift)
BBK	Buchführung, Bilanz, Kostenrechnung (Loseblattsammlung)
BFH	Bundesfinanzhof
BFHE	Entscheidungen des Bundesfinanzhofs
BFH/NV	Nicht amtlich veröffentlichte BFH-Urteile (Zeitschrift)
BFuP	Betriebswirtschaftliche Forschung und Praxis (Zeitschrift)
BGA	Betriebs- und Geschäftsausstattung
BGBl.	Bundesgesetzblatt
BGH	Bundesgerichtshof
BilRiL	Bilanzrichtlinie
BilRUG	Bilanzrichtlinie-Umsetzungsgesetz
BMF	Bundesministerium der Finanzen
BS	Buchungssatz
bspw.	beispielsweise
BStBl.	Bundessteuerblatt
bzw.	beziehungsweise
CON	Conceptual Framework (US-GAAP)
DB	Der Betrieb (Zeitschrift)
DBW	Die Betriebswirtschaft (Zeitschrift)
d.h.	das heißt
DPR	Deutsche Prüfstelle für Rechnungslegung
DRS	Deutsche Rechnungslegungs Standards
DRSC	Deutsches Rechnungslegungs Standards Committee e.V.
DSF	Diskontierungssummenfaktor
DSR	Deutscher Standardisierungsrat
DStR	Deutsches Steuerrecht (Zeitschrift)
DStZ	Deutsche Steuerzeitung
EFG	Entscheidungen der Finanzgerichte
EStDV	Einkommensteuer-Durchführungsverordnung
EStG	Einkommensteuergesetz
EStR	Einkommensteuer-Richtlinien
etc.	et cetera
EU	Europäische Union
EuGH	Europäischer Gerichtshof

EUR	Euro
e.V.	eingetragener Verein
F	Framework
f.	folgende (Seite)
FASB	Financial Accounting Standards Board
ff.	fortfolgende (Seiten)
FG	Finanzgericht
fifo	first in first out
FinDAG	Finanzdienstleistungsaufsichtsgesetz
FVTOCI	Fair Value through other Comprehensive Income
FVTPL	Fair Value through Profit and Loss
GAS	German Accounting Standards
ggf.	gegebenenfalls
GmbH	Gesellschaft mit beschränkter Haftung
GmbHG	Gesetz betreffend die Gesellschaften mit beschränkter Haftung
GmbHR	GmbH-Rundschau
GoB	Grundsätze ordnungsmäßiger Buchführung (und Bilanzierung)
grds.	Grundsätzlich
GrS	Großer Senat (des BFH)
GuV	Gewinn- und Verlustrechnung
H	Hinweis (zu EStR)
Halbs.	Halbsatz
HB	Handelsbilanz
HdB	Handbuch
HFA	Hauptfachausschuss (des Instituts der Wirtschaftsprüfer)
HGB	Handelsgesetzbuch
hifo	Highest in first out
HK	Herstellungskosten
h.M.	herrschende Meinung
Hrsg.	Herausgeber
IAS	International Accounting Standards
IASB	International Accounting Standards Board
IASC	International Accounting Standards Committee
i.d.R.	in der Regel
IDW	Institut der Wirtschaftsprüfer in Deutschland e.V.
i.e.S.	im engeren Sinne
IFRIC	International Financial Reporting Interpretations Committee
IFRS	International Financial Reporting Standards
i.H.v.	in Höhe von
INF	Die Information über Steuer und Wirtschaft
IOSCO	International Organization of Securities Commissions
i.S.d.	im Sinne des/der
i.S.v.	im Sinne von
JÜ	Jahresüberschuss
KapAEG	Kapitalaufnahmeerleichterungsgesetz
KapG	Kapitalgesellschaft
KapG&Co	Kapitalgesellschaft und Compagnon
KG	Kommanditgesellschaft
kifo	Konzern in first out
KoR	Kapitalmarktorientierte Rechnungslegung (Zeitschrift)
lifo	last in first out
lofo	lowest in first out
L.u.L.	(aus) Lieferungen und Leistungen
m.a.W.	mit anderen Worten
m.E.	meines Erachtens
MicroBilG	Kleinstkapitalgesellschaften-Bilanzrechtsänderungsgesetz
Mio.	Million

Nr.	Nummer
NV	Nicht amtlich veröffentlichte BFH-Urteile (Zeitschrift)
NYSE	New York Stock Exchange
OCI	Other Comprehensive Income
OFD	Oberfinanzdirektion
o.a.	oben angeführt
o.g.	oben genannt
p.a.	per annum (= pro Jahr)
PIR	Fachzeitschrift für Internationale Rechnungslegung
poc	percentage of completion (Fertigstellungsgrad)
PublG	Gesetz über die Rechnungslegung von bestimmten Unternehmen und Konzernen (sog. Publizitätsgesetz)
R	Richtlinie (in den EStR)
RAP	Rechnungsabgrenzungsposten
Rdvfg.	Rundverfügung einer Oberfinanzdirektion an ihre Finanzämter
rev.	englisch: revised oder deutsch: revidiert, verbessert
Rev.	Revision
RFH	Reichsfinanzhof
RHB	Roh-, Hilfs- und Betriebs(stoffe)
RIC	Rechnungslegungs Interpretations Committee
rkr.	rechtskräftig
RS	Stellungnahme zur Rechnungslegung
Rz.	Randziffer
s.	siehe
S.	Seite
SAC	Standards Advisory Council
SEC	Securities and Exchange Commission
SFAS	Statement of Financial Accounting Standards
SIC	Standing Interpretations Committee
SME	Small and Medium-sized Entities
s.o.	siehe oben
s.u.	siehe unten
sog.	sogenannte(r)
SPPI	solely payments of principal and interest
St.	Stellungnahme
StB	Steuerbilanz
StuB	Steuern und Bilanzen (Zeitschrift)
TEUR	tausend Euro
Tz.	Textziffer
u.a.	unter anderem, unter anderen
UM	Unternehmensbewertung & Management (Zeitschrift)
US-GAAP	United States – Generally Accepted Accounting Principles
usw.	und so weiter
u.U.	unter Umständen
VersAufsG	Versicherungsaufsichtsgesetz
vgl.	Vergleiche
WFA	Wohnungswirtschaftlicher Fachausschuß des IdW
WOG	Wertobergrenze
WP	Wirtschaftsprüfer
WPg	Die Wirtschaftsprüfung (Zeitschrift)
WP-HdB	Wirtschaftsprüfer-Handbuch
WpHG	Wertpapierhandelsgesetz
WUG	Wertuntergrenze
z.B.	zum Beispiel
ZfbF	Zeitschrift für betriebswirtschaftliche Forschung
ZfB	Zeitschrift für Betriebswirtschaft

ZGE	Zahlungsmittel generierende Einheit
z.T.	zum Teil

TEIL A: ALLGEMEINE GRUNDLAGEN DES JAHRESABSCHLUSSES

I. Begriff und Aufgaben des betrieblichen Rechnungswesens

Lernziele:

Der Leser soll

- *den Inhalt des Begriffes Rechnungswesen und dessen Komponenten abgrenzen lernen*
- *einen Überblick über die Adressaten des Rechnungswesens und deren Informationsinteressen erhalten*
- *sich mit den Aufgaben des Rechnungswesens als Gesamtheit sowie den spezifischen Aufgaben des Jahresabschlusses vertraut machen*
- *den Zusammenhang zwischen den Zielen der verschiedenen Interessengruppen und den dem Jahresabschluss allgemein zugewiesenen Aufgaben erkennen*
- *unterschiedliche Erfolgskomponenten und ihre Definitionen kennenlernen*
- *bestimmte Erfolgskomponenten den beiden Teilen des Rechnungswesens und anderen Bereichen der Betriebswirtschaftslehre zuordnen können.*

1. Begriff und Einteilung des betrieblichen Rechnungswesens

a) Begriff des betrieblichen Rechnungswesens

Da der Jahresabschluss ein Teilgebiet des Rechnungswesens darstellt, soll zunächst kurz auf das Rechnungswesen allgemein eingegangen werden, auf die Definition, die Bestandteile und die Aufgaben des Rechnungswesens.

Definition:

> *Betriebliches Rechnungswesen* = rechnerische Abbildung des betrieblichen Produktions- und Umsatzprozesses nach Mengen und Werten.

Abgebildet werden also alle Einkäufe von Produktionsfaktoren und Verkäufe von Produkten, alle Kreditvorgänge und Steuerzahlungen sowie der Transformationsprozess von Produktionsfaktoren in Produkte innerhalb des Unternehmens. Dabei werden sowohl periodenbezogene Stromgrößen (z.B. Umsatzerlöse) als auch zeitpunktbezogene Bestandsgrößen (z.B. Rohstoffbestände) erfasst.

b) Einteilung des betrieblichen Rechnungswesens

Üblicherweise wird das betriebliche Rechnungswesen in zwei Bereiche aufgeteilt, die Finanzbuchhaltung (einschließlich des Jahresabschlusses) und die Kosten- und Leistungsrechnung. Sie unterscheiden sich durch folgende Merkmale:

Finanzbuchhaltung (externes Rechnungswesen)	Kosten- und Leistungsrechnung (internes Rechnungswesen)
Abbildung des Umsatz- und Produktionsprozesses, also auch der Austauschbeziehungen zur Umwelt des Betriebes ("äußerer Wertekreislauf")	Abbildung nur des innerbetrieblichen Produktionsprozesses ("innerer Wertekreislauf")
Abbildung von Geldströmen (pagatorisch)	Abbildung von (bewerteten) Güterströmen
Zeitraumrechnung	Zeitraumrechnung und Stückrechnung
Erfassung von Aufwendungen und Erträgen sowie von Ausgaben und Einnahmen	Erfassung von Kosten und Leistungen
Erfassung sowohl betriebsbedingter als auch betriebsfremder Werteverbräuche und Wertzuwächse in der tatsächlich entstandenen Höhe (z.B. auch Lotteriegewinne, Katastrophenschäden) sowie von Kreditvorgängen	Erfassung nur der betriebszielbezogenen Werteverzehre und Wertzuwächse im üblichen, normalen Umfang (z.B. kalkulatorische Wagnisse, Verteilung von Urlaubslöhnen auf alle Monate des Jahres)
gesetzliche Verpflichtung zur Erstellung und starke Reglementierung durch Handels- und Steuerrecht (z.B. nominelle Kapitalerhaltung durch Berücksichtigung von historischen Anschaffungskosten)	freiwillige Erstellung und freie Gestaltung bei alleiniger Ausrichtung auf die vom Unternehmen zugewiesenen Aufgaben (z.B. Substanzerhaltung durch Berücksichtigung von Wiederbeschaffungskosten)

Beide Teile des betrieblichen Rechnungswesens sind miteinander verflochten, es erfolgt ein Datenaustausch, um Daten-Doppelerfassungen zu vermeiden. So liefert die Finanzbuchhaltung beispielsweise die Lohn- und Gehaltsdaten an die Kosten- und Leistungsrechnung, die andererseits die ermittelten Vorratsbestandswerte zumindest als Ausgangswerte auch an die Finanzbuchhaltung weitergibt.

2. Grundbegriffe des betrieblichen Rechnungswesens

In diesem Abschnitt sollen nur die wichtigsten Grundbegriffe des Rechnungswesens knapp angesprochen werden und diese auch nur soweit, wie es nötig ist, um Missverständnisse aufgrund von Begriffsunklarheiten zu vermeiden. Wichtig ist dabei auch die Zuordnung der Begriffe in das passende Teilgebiet des Rechnungswesens bzw. der Betriebswirtschaftslehre.

Bezeichnungen für den Erfolg und die Erfolgskomponenten	Teilgebiet des Rechnungswesens bzw. der Betriebswirtschaftslehre
Einzahlungsüberschuss = Einzahlungen - Auszahlungen	Finanzierung, Finanzplanung, Investitionsrechnung
Einnahmenüberschuss = Einnahmen - Ausgaben	langfristige Finanzplanung
Jahresüberschuss (pagatorischer Gewinn) = Erträge - Aufwendungen	Finanzbuchhaltung, Jahresabschluss
Betriebsergebnis = Leistungen (Erlöse) - Kosten	Kosten- und Leistungsrechnung

Die Definitionen der einzelnen Erfolgskomponenten sind in folgenden beiden Übersichten zusammengefasst:

Auszahlungen	Zahlungsmittelabflüsse (Kasse, Bank)
Ausgaben	a) Wert der in einer Periode zugegangenen Güter und Dienstleistungen b) Auszahlungen und Kreditvorgänge (Verbindlichkeiten)
Aufwendungen	a) jeglicher Werteverzehr einer Periode (beeinflusst durch Handels- und Steuerrecht) b) periodisierte erfolgswirksame Ausgaben
Kosten	betriebsnotwendiger (betriebsleistungsbezogener) Werteverzehr pro Periode

Einzahlungen	Zahlungsmittelzuflüsse (Kasse, Bank)
Einnahmen	a) Wert der in einer Periode veräußerten Güter und Dienstleistungen b) Einzahlungen und Kreditvorgänge (Forderungen)
Erträge	a) jeglicher Wertezugang in einer Periode, beeinflusst durch Handels- und Steuerrecht b) periodisierte erfolgswirksame Einnahmen
Erlöse (bewertete Leistungen)	Wert der in einer Periode erstellten Güter und Dienstleistungen im Sinne der eigentlichen Betriebsleistung

Der Unterschied zwischen Kosten und Aufwendungen bzw. zwischen Erlösen (bewertete Betriebsleistungen) und Erträgen beleuchtet gleichzeitig auch wesentliche Unterschiede zwischen der Kosten- und Leistungsrechnung und der Finanzbuchhaltung. Die folgende Übersicht beschränkt sich auf die negativen Erfolgskomponenten, für den Bereich der Einzahlungen etc. gelten die Überlegungen entsprechend.

Kategorie	*Bezeichnung*	*Beispiel*
sowohl Aufwand als auch Kosten	Zweckaufwand bzw. Grundkosten	laufende Löhne und Gehälter
zwar Aufwand, aber keine Kosten, da nicht zwecks Erstellung der eigentlichen Betriebsleistung	neutraler Aufwand	Kursverluste bei von einem Industrieunternehmen gehaltenen Wertpapieren
zwar Kosten, aber kein Aufwand, da nicht mit Ausgaben verbunden	Zusatzkosten (kalkulatorische Kosten)	kalkulatorische Eigenkapitalzinsen, kalkulatorischer Unternehmerlohn
zwar sowohl Aufwand als auch Kosten, aber in unterschiedlicher Höhe aufgrund unterschiedlicher Bewertung bzw. Behandlung in Kostenrechnung und Finanzbuchhaltung	Anderskosten (kalkulatorische Kosten)	kalkulatorische Abschreibungen auf Basis von Wiederbeschaffungskosten übersteigen die bilanziellen Abschreibungen auf Basis der Anschaffungskosten; kalkulatorische Wagnisse werden unabhängig vom tatsächlichen Werteverzehr (Brand, Diebstahl, Forderungsausfall) laufend berücksichtigt
sowohl Ausgaben als auch Aufwendungen	aufwandsgleiche Ausgaben	Löhne; Einkauf von Rohstoffen, die sofort im Betrieb verbraucht werden
zwar Ausgaben, aber kein Aufwand, da kein Werteverzehr erfolgt	Ausgaben	Einkauf von Rohstoffen, die gelagert werden; Miete im voraus gezahlt; Kauf einer Maschine, die noch nicht genutzt wird
zwar Aufwand, aber keine Ausgabe	Aufwand	Verbrauch der in der Vorperiode eingekauften Rohstoffe; Nutzung gemieteter Räume im Falle der Vorausmiete; Einsatz einer in der Vorperiode erworbenen Maschine im Produktionsprozess

Frage:
Warum wird in der Finanzbuchhaltung und im Jahresabschluss mit den Begriffen Erträge und Aufwendungen gearbeitet?

Antwort:
Zwecks Objektivierung und Verhinderung von Manipulationen ist es weder handels- noch steuerrechtlich zulässig, mit Kosten und Erlösen zu arbeiten, da diese nicht an die tatsächlich erfolgten Einnahmen und Ausgaben gebunden sind. Bei den Ein- und Auszahlungen wird andererseits der güterwirtschaftliche Aspekt aus den Augen verloren. Somit kämen Einnahmen und Ausgaben in Frage. Die Addition aller Einnahmenüberschüsse führt in der Tat zu einem sinnvollen Wert, dem ***Totalgewinn*** des Unternehmens. Eine Gewinngröße am "Lebensende" des Betriebes reicht für eine erfolgreiche Unternehmenssteuerung jedoch nicht aus, dazu muss eine Gewinngröße so oft wie wirtschaftlich vertretbar während der Existenzdauer des Betriebes ermittelt werden. Diese Ermittlung eines Periodengewinnes erfolgt daher mindestens einmal pro Jahr ("Jahresüberschuss").

Dabei ergibt sich jedoch die Schwierigkeit, die einzelnen Zahlungen den einzelnen Perioden zuzuordnen. Ist z.B. eine am 30.12.01 für das Jahr 02 vorausgezahlte Miete dem Jahr 01 oder dem Jahr 02 zuzuordnen? Natürlich dem Jahr 02, denn die Zahlung bezieht sich wirtschaftlich auf den Zeitraum 02. Genauso verhält es sich mit im Voraus erhaltenen Mietzahlungen (so gen. zeitliche Abgrenzung).

Was geschieht aber mit einer Ausgabe in Höhe von 25.000,- EUR am 30.12.01 für die Anschaffung einer Maschine, die ab dem 1.1.02 schätzungsweise 5 Jahre lang genutzt werden wird? Eine Zuordnung zum Jahr 01 wird wahrscheinlich zu einem Verlust in diesem Jahr führen, der aber keine Aussagekraft hat, weil die Ausgabe von 25.000,- EUR sich wirtschaftlich auf den Gesamtzeitraum der Jahre 02 bis 06 bezieht. Betriebliche Entscheidungen auf der Grundlage dieses Verlustergebnisses gingen völlig fehl. Die Ausgabe wird in Kauf genommen, um durch den Verkauf der auf der Maschine produzierten Erzeugnisse Einnahmen zu erzielen. Somit erhält man dann einen aussagefähigen Jahresüberschuss, wenn die Ausgaben anteilig entsprechend dem Erzeugnisverkauf, also nach Maßgabe der in der jeweiligen Periode erzielten Einnahmen, den einzelnen Perioden zugeordnet werden. Als Ergebnis der Periodenzuordnung nach der geschilderten sog. sachlichen Abgrenzung gelangt man zu den Aufwendungen ("periodisierte Ausgaben"). Die periodische Zuordnung der Einnahmen und damit das Entstehen von Erträgen regelt das sog. Realisationsprinzip (vgl. Kapitel A.IV.2.b).

Merke:

- Die Finanzbuchhaltung und der Jahresabschluss enthalten Erträge und Aufwendungen, weil
- eine Bindung an Einnahmen und Ausgaben zwecks Objektivierung gesetzlich vorgeschrieben ist und
- nur eine zeitliche und sachliche Zuordnung der Einnahmen und Ausgaben zu einer Periode zu aussagefähigen Periodenerfolgen führt.

3. Adressaten des Rechnungswesens und deren Informationsinteressen

Die Adressaten im Überblick:					
a) Geschäfts-leitung	b) Anteils-eigner	c) Gläubiger	d) Fiskus	e) Arbeit-nehmer	f) Interessierte Öffentlichkeit

a) Geschäftsleitung

Die Geschäftsleitung, ob (Mit-)Eigentümer oder nicht, erwartet vom Rechnungswesen einen zahlenmäßigen Überblick über die komplexen Zusammenhänge im Unternehmen sowie die Austauschprozesse mit der Umwelt des Unternehmens (Lieferanten, Kunden, Banken). Diese Zahlen sollen zugleich die Grundlage betrieblicher Entscheidungen sein, mit denen das Unternehmen so gesteuert werden soll, dass es die gesetzten Ziele erreicht.

Auf Basis der Informationen des Rechnungswesens möchte die Geschäftsleitung daher auch den Grad der Zielerreichung des Unternehmens feststellen können. Die Realisierung des Ziels Erhöhung der Wirtschaftlichkeit lässt sich nur mit großen Einschränkungen mit Hilfe des Jahresabschlusses überprüfen, hierfür ist die Kosten- und Leistungsrechnung besser geeignet (näheres vgl. Kapitel A.I.4). Dennoch werden vor allem kleinere Unternehmen, die über keine ausgebaute Kosten- und Leistungsrechnung verfügen, auch den Jahresabschluss zu diesem Zwecke nutzen. Gleiches gilt auch für die Beschaffung von Informationen über die Notwendigkeit, die Art und den Umfang betrieblicher Steuerungsmaßnahmen.

Ein besonderes Ziel, das nur vom Jahresabschluss erfüllt werden kann, ist die "positive Selbstdarstellung nach außen". Diese erfolgt bei den publizitätspflichtigen Rechtsformen gegenüber den Anteilseignern, den Gläubigern, den Arbeitnehmern und der interessierten Öffentlichkeit, bei den übrigen Rechtsformen insbesondere gegenüber den Banken, die zwecks Kreditwürdigkeitsprüfung die Vorlage des Jahresabschlusses verlangen. In diesem Falle wird also das primäre Ziel sein, so zu wirtschaften und im Falle von Wahlmöglichkeiten bilanzpolitisch so zu agieren, dass die von den Banken als Norm vorgegebenen Bilanzrelationen, z.B. Eigenkapitalquote (= bilanzielles Eigenkapital : Bilanzsumme), Verschuldungsgrad (= Fremdkapital : Eigenkapital), Anlagenintensität (Anlagevermögen : Gesamtvermögen), Anlagendeckungsgrad (z.B. Eigenkapital: Anlagevermögen), Rentabilitäten (vgl. Kapitel A.I.4.) etc. auch tatsächlich eingehalten werden, um auch weiterhin kreditwürdig zu bleiben.

Mit Blick auf die Anteilseigner sollte die Vermögens-, Finanz- und Ertragslage so positiv erscheinen, dass diese weiterhin Vertrauen in die Geschäftsleitung haben, jedoch keine allzu großen Begehrlichkeiten auf Ausschüttungen geweckt werden, denn die durch Ausschüttungen entzogenen Finanzmittel müssen über eine Kreditaufnahme unter Umständen teuer wieder ersetzt werden. Einer solchen bilanzpolitischen Gestaltung des Jahresabschlusses werden durch die bestehenden Rechnungslegungsvorschriften Grenzen gesetzt. In jüngster Zeit ist der „shareholder value" als Unternehmensziel stark in den Vordergrund gerückt. Teil der Konzeption ist, dass nicht nur von der Geschäftsleitung alles getan wird, um den Unternehmenswert und damit auch den Wert der Anteile ständig zu erhöhen, sondern dass dies auch an die Öffentlichkeit dringt mit der Folge eines tatsächlichen Anstiegs der Aktienkurse. Hierzu und zur Pflege der guten Beziehungen zu den Eigenkapitalgebern („Investor Relations") eignen sich neben Pressekonferenzen u.ä. besonders Darstellungen im Lagebericht, im Anhang und im allgemeinen Teil des Geschäftsberichts.

b) Anteilseigner

Die Anteilseigner verlangen - insbesondere im Rahmen des „Shareholder Value"-Konzepts - Rechenschaft über den wirtschaftlichen Erfolg, der mit dem von ihnen überlassenen Eigenkapital erzielt wurde, und über die mögliche Höhe der Ausschüttung. Die Einsichtnahme des Jahresabschlusses schützt sie vor eventuellen Falschinformationen der Geschäftsleitung und lässt tendenziell erkennen, ob der ausschüttbare Bilanzgewinn der Ertragslage angemessen oder von der Geschäftsleitung mit allen zulässigen Mitteln gedrückt worden ist. Diese Überlegungen werden vor allem Kleinaktionäre und GmbH-Gesellschafter mit geringem Geschäftsanteil anstellen, denn sie sind i.d.R. allein an einer möglichst hohen Ausschüttung (Dividende) interessiert. Gesellschafter mit größerem Anteil und Gesellschafter einer Personenhandelsgesellschaft werden demgegenüber immer auch das langfristige Wohl und Überleben des Unternehmens im Auge haben, also auch das Bilden stiller Reserven (Vermögensunterbewertungen) zu Lasten des Jahresüberschusses und die Einbehaltung (Thesaurierung) von Teilen des Jahresüberschusses zwecks Unternehmenswertsteigerung akzeptieren.

Von den Anteilseignern sind nur die Kleinaktionäre und die Klein-GmbH-Gesellschafter darauf angewiesen, dass das Unternehmen der Publizierungspflicht des Jahresabschlusses unterliegt. Alle anderen Gesellschafter haben entweder eine gesetzliche Legitimierung zur Einsichtnahme (voll haftende Gesellschafter gemäß § 245 HGB, Kommanditisten gemäß § 166 HGB, die Aufsichtsratsmitglieder einer AG gemäß § 170 AktG) oder soviel Macht und Einfluss im Unternehmen, dass sie die gewünschten Informationen auch ohne allgemeine Veröffentlichungspflicht erhalten.

c) Gläubiger

Die Gläubiger sind daran interessiert, nachprüfbare Informationen darüber zu erhalten, ob die von ihnen an das Unternehmen gewährten Kredite noch sicher sind, d.h. ob das Unternehmen weiterhin seine laufenden Zins- und Tilgungsverpflichtungen erfüllen können wird. Sollten aufgrund der Analyse des Jahresabschlusses gewichtige Zweifel daran aufkommen, so wird der Gläubiger, falls rechtlich möglich, seine Kredite zur Rückzahlung fällig stellen oder zusätzliche Sicherheiten verlangen. Ein potentieller Gläubiger, dem ein Kreditgesuch des Unternehmens vorliegt, wird bei seiner Kreditwürdigkeitsprüfung entsprechende Überlegungen anstellen und bei Zweifeln an der Rückzahlungsfähigkeit den Kredit nicht gewähren.

Auf die Veröffentlichungspflicht des Jahresabschlusses sind nur die Klein-Gläubiger angewiesen, d.h. vor allem die Lieferanten und die Inhaber von Industrieschuldverschreibungen. Die Banken verlangen dagegen bei Kreditanträgen von Unternehmen in der Regel die Einreichung des Jahresabschlusses, um die Bonität prüfen zu können, auch wenn keine Publizitätspflicht besteht. Zusätzlich erhalten die Kreditinstitute auch Informationen über die wirtschaftliche Lage von Kapitalgesellschaften, wenn ihre Vertreter Mitglied im Aufsichtsrat dieser Unternehmen sind.

d) Arbeitnehmer

Die Arbeitnehmer haben verständlicherweise ein starkes Interesse am wirtschaftlichen Wohlergehen ihres Unternehmens, da ihre wirtschaftliche Lage eng an die des Unternehmens gekoppelt ist. Misserfolge des Unternehmens reduzieren nicht nur die Erfolgsbeteiligung der Arbeitnehmer, aufgrund von Kapazitätseinschränkungen oder gar einer Insolvenz sind ihre

Arbeitsplätze in Gefahr. Dennoch sind die Arbeitnehmer darauf angewiesen, dass für das Unternehmen eine Publizitätspflicht besteht. Sie haben keine vorrangige Möglichkeit der Einsichtnahme, sofern sie nicht im Aufsichtsrat eines mitbestimmten Unternehmens sitzen. Weder der Betriebsrat noch der Wirtschaftsausschuss hat das Recht, den Jahresabschluss einzusehen.

e) Öffentlichkeit

Auch die Öffentlichkeit, sofern sie nicht den bereits genannten Gruppen zuzuordnen ist, interessiert sich zum Teil für die wirtschaftliche Lage des Unternehmens. Zur interessierten Öffentlichkeit zählen Konkurrenten, Politiker, Gewerkschaften, Medien etc. Insbesondere dann, wenn es sich um sehr große Unternehmen handelt, die eine starke Machtstellung auf den Märkten innehaben und die eine große Zahl von Arbeitsplätzen bereitstellen, oder bei Nahrungsmittelbetrieben, bei Versorgungsbetrieben (Wasser, Energie), bei die Umwelt gefährdenden Betrieben etc. richtet sich das öffentliche Interesse (auch) auf die wirtschaftliche Lage dieser Unternehmen. Die Veröffentlichungspflicht des Jahresabschlusses (vgl. dazu Kapitel A.III.2.b) bei Kapitalgesellschaften und besonders großen Personenhandelsgesellschaften kommt diesen Wünschen entgegen.

f) Fiskus

Der Staat als Steuergläubiger hat ein sehr intensives Interesse daran, in den Jahresabschluss Einsicht nehmen zu können, denn er möchte die von den Unternehmen erklärten Besteuerungsgrundlagen (Gewinn, Vermögen, Schulden, Grundstücke) nachprüfen können. Auf gesetzlichem Wege kann er diese Einsichtnahme leicht erzwingen (vgl. § 60 EStDV). Einzelheiten werden im Kapitel A.III.1.c) behandelt.

4. Aufgaben des betrieblichen Rechnungswesens

1. Dokumentation (Aufzeichnung, Beweissicherung)
2. Erfolgsermittlung pro Periode oder Mengeneinheit
3. Vermögens- und Kapitalermittlung (zeitpunktbezogen; Bestandsbewertung)
4. Kontrolle a) der Wirtschaftlichkeit b) der Rentabilität
5. Entscheidungsgrundlage für: a) Preisfestsetzung (Stückkosten, Selbstkosten) b) Programmpolitik c) Eigenfertigung/Fremdbezug d) Leasing/Kauf e) Investitionsrechnung: Kostenvergleich

ad (1) Dokumentationsfunktion: Um den Überblick über die komplexen Leistungserstellungs- und Lagerungs-Prozesse innerhalb des Unternehmens und die Austauschprozesse des Unternehmens mit seiner Umwelt (Beschaffung, Absatz, Finanzierung) zu behalten und später nachvollziehen zu können, sind möglichst alle Vorgänge und Bestände aufzuzeichnen. Diese

Aufzeichnungen können als Nachweis gegenüber dem Finanzamt, Kunden, Lieferanten und Gesellschaftern dienen, gegebenenfalls auch als Beweis bei Gerichtsverfahren.

ad (2) Erfolgsermittlung: Das Rechnungswesen soll anzeigen, ob in einem Geschäftsjahr gut oder schlecht gewirtschaftet wurde, welche Rentabilität erzielt worden ist, ob die übrigen gesteckten Zielgrößen erreicht worden sind. Dazu muss jedoch zuerst als Voraussetzung der Periodenerfolg in seiner absoluten Größe ermittelt werden. Weiterhin ist es aufschlussreich, die Kosten und das Ergebnis pro Mengeneinheit der abgesetzten Leistungen (Stückkosten, Stückerfolg) zu erhalten.

ad (3) Vermögens- und Kapitalermittlung: Auch den stichtagsbezogenen Wert des Vermögens (Mittelverwendung; Investition) der Unternehmung und des Kapitals (Eigen- und Fremdkapital; Mittelherkunft; Finanzierung) hat das Rechnungswesen regelmäßig zu ermitteln und bereitzustellen. Das Vermögen ist dabei nach Arten wie beispielsweise Grundstücke, Maschinen, Rohstoffvorräte, Erzeugnisvorräte, Bank etc. aufzugliedern. Durch Vergleich zweier aufeinanderfolgender Bestandsgrößen lassen sich die entsprechenden Veränderungen (Stromgrößen) leicht berechnen.

ad (4a) Kontrolle der Wirtschaftlichkeit: Eine wesentliche Aufgabe des Rechnungswesens ist es, Zahlenmaterial für die Überwachung und Steuerung der Wirtschaftlichkeit zu liefern.

Definition:

> *Wirtschaftlichkeit* = Grad (Ausmaß) des Handelns nach dem so genannten ökonomischen Prinzip.

Um die Wirtschaftlichkeit messen zu können, wird eine quantifizierbare (operationale) Definition benötigt. Folgende Möglichkeiten bieten sich an:

	Definition: $W =$	Wertebereich $W =$	Wirtschaftlichkeit liegt vor bei:
Definition nach Gutenberg	Ertrag/Aufwand; Leistung/Kosten	1 bis unendlich	W größer als 1
Sparsamkeitsgrad (Minimumprinzip)	Solleinsatz / Isteinsatz	0 bis 1	$W = 1$
Ergiebigkeitsgrad (Maximumprinzip)	Istleistung / Soll-Leistung	0 bis 1	$W = 1$

Eine Kontrolle der Wirtschaftlichkeit lässt sich prinzipiell auf drei Arten durchführen:
- Zeitvergleich der Wirtschaftlichkeitskennziffer,
- Betriebsvergleich der Wirtschaftlichkeitskennziffer,
- Soll-Ist-Vergleich der Wirtschaftlichkeitskennziffer.

ad (4b) Kontrolle der Rentabilität: Vor allem aus Sicht der Kapitalgeber hat das Rechnungswesen auch Zahlen über die Kapitalrentabilität des Unternehmens zu liefern.

Definition:

> *Rentabilität* = Ergiebigkeit des im Unternehmen eingesetzten Kapitals oder des betrieblichen Umsatzes.

Man unterscheidet zwei Arten von Rentabilität, die Umsatzrentabilität und die Kapitalrentabilität. Erstere soll zeigen, in welchem Verhältnis das Umsatzvolumen in Gewinn umgemünzt wird, letztere gibt an, wie ertragreich das Kapital im Unternehmen investiert ist.

Umsatzrentabilität = Erfolg : Jahresumsatz
Kapitalrentabilität = Erfolg : eingesetztes Kapital

Je nachdem, ob die Ergiebigkeit des eingesetzten Eigen- oder des eingesetzten Gesamtkapitals ermittelt werden soll, unterscheidet man die beiden folgenden Varianten der Kapitalrentabilität:

Eigenkapitalrentabilität = Gewinn : eingesetztes Eigenkapital

$$\textit{Gesamtkapitalrentabilität} = \frac{\text{Gewinn + Fremdkapitalzinsen}}{\text{Eigenkapital + Fremdkapital}}$$

Dabei ist jeweils der "pagatorische" Gewinn, der an Zahlungsvorgängen anknüpft und in der Finanzbuchhaltung ermittelt wird, gemeint. Da in der Finanzbuchhaltung die Fremdkapitalzinsen Gewinn mindernd als Aufwand gebucht werden, muss der übrig bleibende Gewinn wieder um die Fremdkapitalzinsen erhöht werden, um den gesamten Ertrag zu erhalten, der durch den Einsatz von Eigen- und Fremdkapital erzielt wird ("Kapitalgewinn"). Der Abzug der Fremdkapitalzinsen als Aufwand wird also rückgängig gemacht. Die beiden Definitionen legen den Schluss nahe, dass der Periodengewinn durch den Eigenkapitaleinsatz erzielt wird und die Fremdkapitalzinsen durch den Fremdkapitaleinsatz erwirtschaftet werden. Er ist jedoch im allgemeinen falsch, besteht doch gerade der Anreiz zur Kreditaufnahme darin, durch den Kapitaleinsatz im Unternehmen eine höhere Verzinsung zu erwirtschaften als an den Gläubiger abgegeben werden muss und auf diese Weise die Eigenkapitalrentabilität zu erhöhen (so gen. Leverage-Effekt).

Abgesehen von der grundsätzlichen Schwierigkeit, einen aussagefähigen Periodenerfolg zu ermitteln, enthalten diese Kennzahlen grundsätzlich das Problem, dass eine Stromgröße ("Erfolg") zu einer Bestandsgröße ("Kapital") in Beziehung gesetzt wird. Ist der Periodenerfolg durch die Höhe des Kapitals am 31.12. des Jahres erwirtschaftet worden? Wohl kaum, da im Extremfall erst am 31.12. ein Großkredit aufgenommen worden sein kann, der sicher noch nichts zur Erfolgserzielung beigetragen hat. Eine praktikable Lösung ist es, den Erfolg auf das durchschnittlich in der Periode eingesetzte Kapital zu beziehen, also auf (Kapital am 1.1. des Jahres + Kapital am 31.12. des Jahres): 2.

ad (5) Entscheidungsgrundlage: Eine wesentliche Aufgabe des Rechnungswesens ist es, zahlenmäßige Informationen als Grundlage für anstehende Entscheidungen zu liefern. Dabei handelt es sich in der Regel um Plangrößen, denen dann nach Realisierung der Entscheidung die entsprechenden Istgrößen gegenübergestellt werden. Durch den Soll-Ist-Vergleich und eine sich anschließende Abweichungsanalyse lässt sich im Nachhinein feststellen, ob die getroffene Entscheidung richtig war oder ob sie gegebenenfalls zu revidieren ist. Inhaltlich wird es sich meist um Stückkosten, variable Stückkosten, Stückerlöse, Grenzkosten oder Deckungsbeiträge, eventuell auch um den Gesamtgewinn handeln. Beispielsweise ist es bei Preisentscheidungen wichtig zu wissen, wie weit der Preis des Artikels im Extremfall kurzfristig gesenkt werden kann. Dabei stellen die variablen Stückkosten als kurzfristige Preisuntergrenze die gesuchte Information dar.

5. Aufgaben des Jahresabschlusses

Nach der Behandlung der Aufgaben des gesamten Rechnungswesens soll nun herausgefunden werden, für welche der genannten Aufgaben (Zwecke) der Jahresabschluss (einschließlich Finanzbuchführung) besonders geeignet ist und für welche Zwecke die Kosten- und Leistungsrechnung besser eingesetzt werden kann.

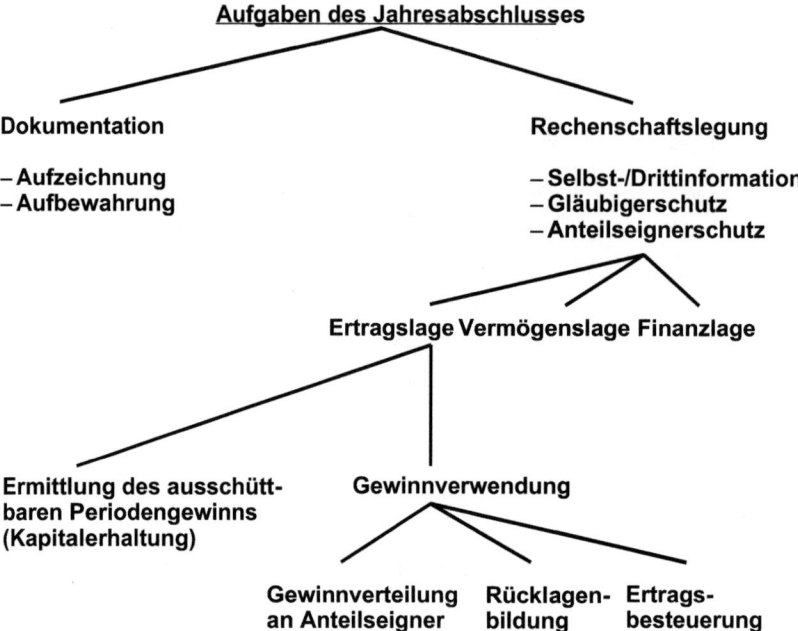

a) Dokumentation

Nicht nur im Eigeninteresse der Geschäftsleitung werden alle Geschäftsvorfälle sowie die Vermögens- und Kapitalbestände aufgezeichnet. Die Nachweisfunktion (Beweisfunktion) von Buchführung und Jahresabschluss gilt insbesondere gegenüber den Gesellschaftern und Gläubigern, dem Staat als Steuergläubiger und den Gerichten in Rechtsstreitigkeiten.

Aufgrund der starken gesetzlichen Reglementierung von Finanzbuchführung und Jahresabschluss eignet sich dieser Teil des Rechnungswesens besonders gut für Dokumentationszwecke. Daher ist diese Aufgabe in der Form einer Aufstellungs- und Aufbewahrungspflicht sogar gesetzlich verankert ("kodifiziert") worden (vgl. Kapitel A.III.2.a).

b) Rechenschaftslegung

Die Aufgaben Erfolgs-, Vermögens- und Kapitalermittlung werden üblicherweise mit dem Begriff *Rechenschaftslegung* zusammengefasst. Dieser Begriff umfasst die beiden Aspekte Information und Rechtfertigung. Es soll Rechenschaft abgelegt werden über die Geschäftstätigkeit, die Verwendung des anvertrauten Kapitals und den wirtschaftlichen Erfolg in der abgelaufenen Periode. Ist es der Geschäftsleitung gelungen, das überlassene Kapital im Interesse der Anteilseigner und Gläubiger zu erhalten und zur Ertragserzielung einzusetzen und, wenn ja, in welchem Maße? Über welche Vermögenswerte, Eigenkapital und Schulden verfügt das Unternehmen am Jahresende? Diese und weitere Fragen sollen mit Hilfe des Rechnungswesens den daran interessierten Personengruppen beantwortet werden können.

Die Rechenschaftslegung gegenüber der Geschäftsleitung selbst und gegenüber den externen Interessentengruppen ist erklärtermaßen der Hauptzweck von Buchführung und Jahresabschluss. Für die Kosten- und Leistungsrechnung besteht weder eine Aufstellungspflicht noch gibt es gesetzliche Vorschriften zu deren Gestaltung im einzelnen, so dass in jedem Unternehmen betriebsindividuell eine Kostenrechnung aufgebaut und rein interne Zwecke (Wirtschaftlichkeitskontrolle, Dispositionsgrundlage etc.) damit verfolgt werden können. Das externe Rechnungswesen soll jedoch Informationen liefern, die für sachverständige Dritte nachvollziehbar sowie im Zeitablauf und mit anderen Unternehmen vergleichbar sind. Die gesetzlichen Vorschriften sollen dies sicherstellen. Da die Interessen der Adressatengruppen (vgl. Kapitel A.I.3.) teilweise gegenläufig sind, hatte der Gesetzgeber in der Vergangenheit dem bilanzierenden Unternehmen einige Gestaltungsspielräume beim Jahresabschluss belassen, wodurch die Geschäftsleitung in die Lage versetzt wurde, eigenständig bestimmte bilanzpolitische Ziele zu verfolgen. Da hierdurch jedoch die Gefahr entsteht, dass die Informationen des Jahresabschlusses an Aussagekraft einbüßen, wurden mit dem BilMoG ab dem 1.1.2010 die Zahl der Wahlrechte weiter deutlich eingeschränkt.

Die Aufgabe der Rechenschaftslegung ist im HGB verankert, und zwar heißt es in § 238 Abs.1 HGB[1], dass die Handelsgeschäfte (Entstehung und Abwicklung) und die Lage des Vermögens ersichtlich zu machen sind. § 264 Abs. 2 HGB, der nur für Kapitalgesellschaften verpflichtend ist, nennt zwar ebensowenig wie § 238 Abs. 1 HGB die Informationsempfänger, formuliert aber die Informationsaufgabe etwas konkreter:

> "Der Jahresabschluss der Kapitalgesellschaft hat unter Beachtung der Grundsätze ordnungsmäßiger Buchführung ein den tatsächlichen Verhältnissen entsprechendes Bild der Vermögens-, Finanz- und Ertragslage der Kapitalgesellschaft zu vermitteln" (§ 264 Abs. 2 HGB).

Diese Vorschrift wird **"Generalnorm"** oder "Generalklausel" genannt, da sie das höchste allgemeine Ziel des Jahresabschlusses enthält, an dem sich alle anderen, spezielleren Vorschriften auszurichten haben. Sie ist als lex generalis immer dann (subsidiär) zu beachten, wenn keine speziellere Vorschrift existiert oder Auslegungszweifel bestehen.

Der Anspruch, die tatsächlichen Verhältnisse abzubilden, ist hoch, besagt dies doch eigentlich, dass alle Vermögensgegenstände mit den aktuellen Marktwerten in der Bilanz anzusetzen sind. Allerdings wäre dann die Erfüllung einiger Aufgaben des Jahresabschlusses (z.B. Gläubigerschutzprinzip, Ausschüttungsbemessungsfunktion) beeinträchtigt und wichtige Grundsätze ordnungsmäßiger Buchführung verletzt (z.B. das Vorsichtsprinzip, insbesondere das Realisationsprinzip). Die Einschränkung "unter Beachtung der Grundsätze ordnungsmäßiger Buchführung" in § 264 Abs. 2 HGB bedeutet daher, dass die "tatsächlichen Verhältnisse" nur insoweit darzustellen sind, als es den Grundsätzen ordnungsmäßiger Buchführung und den Vorschriften des HGB entspricht, also beispielsweise nur im Rahmen des traditionellen Anschaffungskostenprinzips. Als Folge der Abschaffung einiger Wahlrechte durch das BilMoG sind ab 1.1.2010 glücklicherweise die Möglichkeiten zur Unterbewertung von Vermögensgegenständen (so gen. "stille Reserven", vgl. Kapitel B.III.2.) in der Bilanz weiter eingeschränkt worden. Dadurch erhält der Jahresabschluss einen höheren Informationsgehalt und wird der anspruchsvollen Formulierung der Generalnorm besser gerecht.

---

[1] Vgl. außerdem z.B. §§ 242 Abs.1, 243 Abs. 2, 246 Abs. 1 HGB.

(1) Ertragslage

Der erwirtschaftete Periodenerfolg soll den tatsächlichen Verhältnissen entsprechend gezeigt und aufgegliedert werden. Wie schon erwähnt ist dies nur im Rahmen der gesetzlichen Vorschriften notwendig und möglich. Werden beispielsweise durch zulässige Abwertungen Vermögensunterbewertungen vorgenommen, so ist der Erfolg entsprechend gemindert. Die Höhe des ausgewiesenen Erfolges ist also nur unter Beachtung der Erfolgsermittlungsvorschriften und der Kenntnis der vom Unternehmen gewählten Bilanzierungs- bzw. Bewertungsalternative im Zeitvergleich und im Betriebs- oder Branchenvergleich richtig zu beurteilen. Die entsprechenden Angaben im Anhang für den externen Bilanzleser sind nur sehr allgemein gehalten und erlauben in der Regel nur tendenzielle Schlüsse auf die Auswirkungen bilanzpolitischer Maßnahmen (vgl. § 284 und § 285 Nr. 1-6 HGB).

In der Tabelle sind die Definitionen einiger Erfolgsbegriffe zusammengefasst:

Jahresüberschuss	= Erträge - Aufwendungen
	= in einer Periode erwirtschafteter Gewinn
Jahresfehlbetrag	= negativer Jahresüberschuss
Bilanzgewinn/-verlust	= Jahresüberschuss/Jahresfehlbetrag
	+ Entnahmen aus den Rücklagen
	- Zuführung zu den Gewinnrücklagen
	(Thesaurierung) durch Vorstand u. Aufsichtsrat
	+ Gewinnvortrag aus dem Vorjahr
	- Verlustvortrag aus dem Vorjahr

Die Rechenschaft erstreckt sich zum einen auf die Feststellung desjenigen Periodengewinns, der prinzipiell ausschüttbar ist, ohne die Leistungsfähigkeit des Unternehmens zu schmälern. Die Gewinnermittlung richtet sich nach den Grundsätzen ordnungsmäßiger Buchführung und Bilanzierung sowie nach den Vorschriften des HGB. Mittels dieser Gewinnermittlungsvorschriften wird insbesondere der Zweck der Erhaltung des von den Kapitalgebern überlassenen Kapitals verfolgt. So sind z.B. der Ausweis unrealisierter Gewinne und deren Ausschüttung verboten. Allerdings wird nur die Erhaltung des nominell investierten Geldkapitals gewährleistet. Alles, was darüber hinaus in einer Periode erwirtschaftet wurde, wird als ausschüttbarer Periodengewinn deklariert[1].

Hinsichtlich des Gewinnausweises und der Gewinnverwendung gibt es widerstreitende Interessen insbesondere bei den Gruppen Geschäftsleitung, Gesellschafter und Gläubiger. Die Geschäftsleitung ist einerseits daran interessiert, möglichst den ganzen Gewinn einzubehalten (zu thesaurieren) und daher am besten gar keinen Gewinn auszuweisen, um keine Begehrlichkeiten bei den Gesellschaftern zu wecken. Auf diese Weise stünden ihr Finanzierungsmittel für Investitionen zur Verfügung, ohne Kredite der Banken zu beanspruchen. Andererseits ist ein möglichst hoher Gewinnausweis ein Gütezeichen im Sinne des Shareholder Value-Konzepts und verbessert auch die Kreditwürdigkeit des Unternehmens. Somit kann es schon innerhalb der Geschäftsführung unterschiedliche Interessen geben. Die Gläubiger sind an einer guten Ertragslage des Unternehmens und der weitgehenden Thesaurierung der Gewinne interessiert, da auf diese Weise das Haftungskapital des Kreditnehmers gestärkt wird. Früher wurde zudem die Meinung vertreten, dass Gläubigerschutz auch im möglichst geringen Ge-

---

[1] Ausnahmen sind spezielle Ausschüttungssperren (z.B. § 268 Abs. 8 HGB). Zu den Unterschieden zwischen Nominalkapitalerhaltung und Substanzerhaltung vgl. Kapitel B.II.4.b)(2)(e). Zur alternativen Idee des entziehbaren so gen. ökonomischen Gewinns vgl. Kapitel A.II.4.

winnausweis zu sehen sei, da dies entsprechend hohe Vermögensunterbewertungen ("stille Reserven") bedeute. Dagegen ist einzuwenden, dass die Gläubiger in diesem Falle die Höhe der stillen Reserven, die im Ernstfall (Insolvenz des Unternehmens) durch Veräußerung der betreffenden Vermögensgegenstände als haftendes Kapital wieder aufgedeckt werden könnten, gar nicht kennen bzw. Angaben hierüber nicht überprüfen können. Außerdem lassen sich die stillen Reserven jederzeit wieder unbemerkt auflösen und ausschütten bzw. zur Verlustabdeckung verwenden, oder dies geschieht automatisch (vgl. Kapitel B.III.1.a). Die (Klein-) Aktionäre sind naturgemäß an einem hohen Gewinnausweis und dessen vollständiger Ausschüttung interessiert.

Diesen widerstreitenden Interessen versuchte der Gesetzgeber durch Kompromissregelungen und Wahlmöglichkeiten in einer Gratwanderung gerecht zu werden. Seit Inkrafttreten des BilMoG zum 1.1.2010 ist die Zahl der Wahlrechte bei Bilanzierung und Bewertung jedoch für alle Rechtsformen stark eingeschränkt.

Im Sinne des **Gläubigerschutzes** soll ein Mindest-Haftungskapital bei den Kapitalgesellschaften erhalten bleiben. Um dies zu erreichen, existieren Ausschüttungsbeschränkungen im Bereich der Gewinnverwendung und Bewertungsobergrenzen im Bereich der Gewinnentstehung. Außerdem gibt es Ausschüttungssperren im Falle, dass Beträge aktiviert werden, deren Werthaltigkeit zweifelhaft ist.

Zum **Schutz der (kleinen) Anteilseigner** ist ihr Anspruch auf Auszahlung ihres Anteils am Jahresüberschuss in §§ 121 u. 122 HGB (OHG-Gesellschafter), in § 169 Abs. 1 HGB (Kommanditist) und in § 29 Abs. 1 GmbHG (GmbH-Gesellschafter) kodifiziert. Die Aktionäre haben Anspruch auf ihren Anteil am Bilanzgewinn (§ 58 Abs. 4 AktG). Außerdem legen gesetzliche Vorschriften und die Grundsätze ordnungsmäßiger Buchführung und Bilanzierung umfassende Bilanzierungsgebote sowie Bewertungsuntergrenzen fest, so dass der ausgewiesene Gewinn von der Geschäftsleitung nicht unbegrenzt gemindert werden kann.

Neben den im Interesse der **Geschäftsleitung** bilanzpolitisch nutzbaren Bilanzierungs- und Bewertungswahlmöglichkeiten, die das Handelsrecht bietet, gibt das Aktiengesetz in § 58 Abs. 2 AktG Vorstand und Aufsichtsrat die Möglichkeit, maximal 50% (oder einen laut Satzung davon abweichenden - bei börsennotierten Aktiengesellschaften nur höheren - Anteil) des erwirtschafteten Jahresüberschusses ohne Mitwirkung der Hauptversammlung einzubehalten und in die Gewinnrücklagen einzustellen. Andererseits lässt sich die Begrenzung auf maximal 50% auch als Regelung zugunsten der Gesellschafter verstehen (vgl. Kapitel B.VI.2.d).

Vertiefung:

Gläubigerschutz	Anteilseignerschutz
(a) Gewinnermittlung	**(a) Gewinnermittlung**

* Aktivierungsverbote
  Beispiel: selbsterstellte
  immaterielle Anlagegüter
  (§ 248 Abs. 2 HGB)
 	
* Wertobergrenzen für
  Vermögensgegenstände
  Beispiel: Zuschreibungen
  höchstens bis zu den
  Anschaffungskosten
	* Aktivierungsgebote
	  gilt grundsätzlich für alle
	  Vermögensgegenstände
	
	* Wertuntergrenzen für
	  Vermögensgegenstände
	  Beispiel: Einzelkosten als
	  Mindest-Herstellungskosten
	  für Erzeugnisvorräte
	
	* Beschränkung der Anlässe zur
	  Rückstellungsbildung
	  (§ 249 Abs. 2 HGB)

(b) Gewinnverwendung	**(b) Gewinnverwendung**

* Pflicht zur Dotierung (Bildung)
  einer nicht ausschüttbaren
  gesetzlichen Rücklage aus
  dem Jahresüberschuss, bis diese
  zusammen mit der Kapital-
  rücklage 10 % des Nennkapitals
  ausmacht (§ 150 AktG)
 	
* Haftungskapital darf grund-
  sätzlich nicht zurückgezahlt
  werden, höchstens der Bilanz-
  gewinn darf ausgeschüttet
  werden (§§ 57 AktG, §§ 30 ff.
  GmbHG, § 169 Abs. 1 HGB)
	* Mindestentnahmemöglichkeit bei
	  der OHG in Höhe von 4 % des
	  Kapitalanteils (§ 122 HGB)
	
	* Anspruch des Gesellschafters
	  auf den Gewinnanteil (§ 169
	  Abs. 1 HGB; § 58 Abs. 4 AktG;
	  § 29 GmbHG)
	
	* Beschränkung der Gewinnthesau-
	  rierung durch die Geschäftsleitung
	  (Vorstand und Aufsichtsrat) bei
	  der AG auf i.d.R. 50% des Jahres-
	  überschusses (§ 58 Abs. 2 AktG)

(2) Vermögenslage

Der Jahresabschluss soll zum Bilanzstichtag, also zeitpunktbezogen, ein den tatsächlichen Verhältnissen entsprechendes Bild der Vermögenslage geben. Dabei geht es um die Aufnahme prinzipiell aller Vermögensgegenstände und deren an den gesetzlichen Vorschriften und den Grundsätzen ordnungsmäßiger Buchführung gemessen "richtige" Bewertung. Mit der Gegenüberstellung des Vermögens und der Schulden des Unternehmens (vgl. § 242 Abs. 1 HGB) soll Rechenschaft über das Schuldendeckungspotential des Unternehmens abgelegt werden. Für die Schuldentilgungskraft ist aber auch die Ertragslage ein wichtiger Indikator.

Der externe Bilanzleser kann sich mit Hilfe der in der Bilanz dargestellten Vermögenslage ein Bild von der Höhe des gebundenen Kapitals und ganz grob auch von der Kapitalbindungsdauer (sog. "Selbstliquidationsperiode") machen. Beim Anlagevermögen dauert es aufgrund der langen Nutzungsdauer wesentlich länger als beim Umlaufvermögen, bis das investierte Kapital wieder freigesetzt, d.h. in Geld zurückverwandelt ist. Diese Wiedergeldwerdung (Selbstliquidation) erfolgt entweder durch Veräußerung des Gegenstands oder kontinuierlich parallel zu der planmäßigen Abschreibung. Die anteiligen Abschreibungen werden im Rahmen der Kalkulation bei der Festsetzung der Erzeugnispreise berücksichtigt. In den Umsatzerlösen für die auf den Anlagegütern hergestellten Erzeugnisse stecken monetäre Gegenwerte der anteiligen Abschreibungen, die nach zwischenzeitlich anderem Einsatz im Betrieb zur

Ersatzbeschaffung der Anlagegüter benötigt werden. Die schrittweise Geldfreisetzung ermöglicht es auch, Kredite zu tilgen bzw. die Aufnahme neuer Kredite zu verhindern oder hinauszuzögern.

Weiterhin ist es für die Geschäftsleitung sowie für tatsächliche und potenzielle Gläubiger interessant, die Werte möglicher dinglicher Sicherheiten zu kennen. Der Anhang enthält Angaben über die Gesamtsumme der bereits gewährten Sicherheiten. Vor allem Banken werten alle diese Jahresabschlussinformationen bei der Prüfung der Kreditwürdigkeit des Unternehmens aus.

(3) Finanzlage

Auch Informationen über die Finanzlage sind für (potenzielle) Gläubiger im Rahmen der Kreditwürdigkeitsprüfung interessant. Daher muss die Geschäftsleitung bei bilanzpolitischen Entscheidungen immer die Wirkung auf die Adressaten, vor allem die Gläubiger, beachten.

Die Aussagekraft des Jahresabschlusses im Hinblick auf die Finanzlage ist sehr beschränkt. So lässt sich die Höhe der Verbindlichkeiten am Bilanzstichtag zwar genau ersehen, wie der Stand 4 Wochen vorher oder nachher war bzw. sein wird, lässt sich jedoch nicht ablesen. Genauso ist die ausgewiesene bzw. leicht errechenbare Höhe der Eigenkapitalquote und des Verschuldungsgrades rein zeitpunktbezogen. Um irgendwelche Aussagen über die zukünftige Finanz- und Liquiditätslage treffen zu können, ist zwingend die Kenntnis der Restlaufzeiten der Verbindlichkeiten genauso wie auch der Forderungen des Unternehmens erforderlich. Dies ist in der Tat in der Bilanz zumindest grob ablesbar, denn § 268 Abs. 4 und 5 HGB verlangen von Kapitalgesellschaften die Angabe der Forderungen mit einer Restlaufzeit von mehr als einem Jahr und der Verbindlichkeiten mit einer Restlaufzeit von weniger als einem Jahr, also der im Hinblick auf die Finanzlage kritischen Fälle. Im Anhang sind zusätzlich noch die Verbindlichkeiten mit einer Restlaufzeit von mehr als 5 Jahren (§ 285 Nr. 1 a HGB) und die sonstigen finanziellen Verpflichtungen (§ 285 Nr. 3 u. 3a HGB; z.B. laufende Mietzahlungen- und Leasingraten), die die Liquiditätslage stark belasten können, aber in der Bilanz nicht auftauchen, anzugeben.

Dabei bedeutet *Liquidität* Zahlungsfähigkeit, also die Fähigkeit eines Unternehmens, jederzeit seinen fälligen Zahlungsverpflichtungen nachkommen zu können. Der Begriff *Finanzlage* ist weiter zu verstehen und umfasst alle finanzierungsrelevanten Aspekte, wie Eigen- und Fremdkapitalausstattung, Fälligkeiten von Verbindlichkeiten und Forderungen, Sicherheiten, feste laufende Verpflichtungen, unausgeschöpfte Kreditzusagen etc. Wesentlich bestimmt wird die Finanz- und Liquiditätslage darüber hinaus von Höhe und Zeitpunkt der zukünftigen Auszahlungen (z.B. Löhne, Material) und Einzahlungen (z.B. Umsatzerlöse), die am Bilanzstichtag noch nicht als Verbindlichkeiten oder Forderungen bestanden haben.

Insgesamt sind die Informationen über die Finanzlage, insbesondere über die zukünftige Entwicklung der Zahlungsfähigkeit, die jeden (potenziellen) Gläubiger sehr interessiert, undifferenziert, rein auf den Bilanzstichtag bezogen, unvollständig und Fälligkeiten sind nicht im geringsten zeitpunkt- und betragsgenau prognostizierbar, so dass der Jahresabschluss keinesfalls ausreicht, um ein Bild der Liquiditätsentwicklung zeichnen zu können. Banken werden immer auf der Vorlage eines genauen Finanzplanes (falls ein solcher vorhanden ist oder ohne Probleme erstellt werden kann) bestehen, bevor sie einem Kreditantrag des Unternehmens stattgeben.

Einen wesentlichen Fortschritt bei der Rechenschaftslegung über die Finanzlage stellt die seit 1999 bestehende Verpflichtung Konzern-Muttergesellschaften dar, im Anhang ihres Konzernabschlusses eine Kapitalflussrechnung zu veröffentlichen (§ 297 Abs. 1 HGB). Damit wurde zwar nur die durch internationale Börsenzulassungsvorschriften ausgelöste tatsächliche Entwicklung zur Verpflichtung gemacht, die eigentliche Bedeutung der Vorschrift liegt jedoch in der Prüfungspflicht der Kapitalflussrechnung und damit der Sicherstellung einer einheitlichen und vergleichbaren Gestaltung als zahlungsstromorientierte Rechnung.[1] Mit dem BilMoG besteht seit 1.1.2010 für kapitalmarktorientierte Kapitalgesellschaften eine solche Aufstellungspflicht einer Kapitalflussrechnung auch bezüglich des Einzelabschlusses (§ 264 Abs. 1 S. 2 i.V.m. § 264d HGB).

Abschließend soll noch geprüft werden, ob die Aufgaben *"Kontrolle"* und *"Dispositionsgrundlage"* vom Jahresabschluss erfüllt werden können.

Grundsätzlich ist sowohl eine Wirtschaftlichkeits- als auch eine Rentabilitätskontrolle mit Hilfe des Jahresabschlusses möglich. Ein *Zeitvergleich* ist problemlos durchzuführen, indem zwei oder mehr Bilanzen bzw. Gewinn- und Verlustrechnungen miteinander verglichen werden. So kann die Umsatzentwicklung, die Entwicklung der Material- und Personalkosten, die Entwicklung der sonstigen betrieblichen Erträge und Aufwendungen, die Entwicklung des Sachanlagevermögens, des Jahresüberschusses und der Rentabilitätskennziffern leicht verfolgt und analysiert werden. Probleme ergeben sich aus folgenden Unzulänglichkeiten:

- die Veränderung der genannten Größen beruht auf einer Vielzahl von Einflussgrößen (Konjunkturlage, Konkurrenzsituation, Gesetze) und deren Veränderungen, so dass sich die Wirksamkeit oder Unwirksamkeit von Managementmaßnahmen nicht herauskristallisieren lässt.

- Die Jahresabschlusszahlen beziehen sich auf das gesamte Unternehmen, so dass auch deshalb keine Verantwortungszuweisung für Fehlentwicklungen möglich ist. Üblicherweise werden keine spartenbezogenen Bilanzen aufgestellt, die Aufdeckung einer Abteilung oder eines Arbeitsplatzes als "Herd" der Unwirtschaftlichkeiten ist ohne Zusatzinformationen völlig ausgeschlossen.

- Jahresabschlüsse beziehen sich auf einen zu langen Zeitraum und sind viel zu spät fertiggestellt, als dass auf dieser Grundlage bei Fehlentwicklungen noch Gegenmaßnahmen eingeleitet werden könnten. So sind die Jahresabschlüsse erst 3 bis 6 Monate nach dem Bilanzstichtag fertiggestellt. Seit in den Unternehmen fast durchgängig EDV zur Jahresabschlusserstellung eingesetzt wird, ist dieses Argument nicht mehr ganz zutreffend. Es besteht dadurch die Möglichkeit, Quartals- und Monatsbilanzen zu erstellen und diese auch als vorläufigen Abschluss relativ rasch fertigzustellen.

- Der Jahresabschluss ist zu stark gesetzlich beeinflusst und verzerrt. So ist es z.B. nicht zulässig, bei stärkeren Preissteigerungen die Bewertung von Vermögensgegenständen und von verbrauchten Produktionsfaktoren (z. B. Materialaufwendungen) auf Wiederbeschaffungskosten zu begründen. Steuerliche Sonderabschreibungen und Subventionen verzerren zusätzlich die betreffenden Vermögenswerte und Aufwendungen, so dass diese kein Ansatzpunkt für betriebswirtschaftliche Überlegungen sein können.

---

[1] Die Pflicht bestand zunächst nur für börsennotierte Konzerne. Genaueres zur Kapitalflussrechnung siehe Kapitel C.III und DRS 2 „Kapitalflussrechnung".

Betriebsvergleiche zwischen Unternehmen, die ihren Jahresabschluss veröffentlichen müssen, sind ebenfalls technisch leicht durchzuführen. Die Aussagekraft ist wegen mangelnder Vergleichbarkeit der Unternehmen hinsichtlich Branche, Beschäftigtenzahl, Umsatz, Produktpalette, Produktionstechnik, Anlagenintensität etc. jedoch stark eingeschränkt. Ein gewisser Anhaltspunkt lässt sich gewinnen, wenn die eigenen Zahlen mit Branchendurchschnittswerten, die von den Verbänden und der Deutschen Bundesbank veröffentlicht werden, verglichen werden.

Soll-Ist-Vergleiche sind möglich, wenn Planjahresabschlüsse aufgestellt werden und den Planzahlen die Istzahlen gegenübergestellt werden. Um rechtzeitig Gegenmaßnahmen ergreifen zu können, sind Monatsabschlüsse durchzuführen. Aber auch hier bleibt das unveränderliche Problem, dass die Zahlenangaben wegen der gesetzlichen Verzerrung nur ausnahmsweise betriebwirtschaftlich aussagefähig sind, bestehen. In der Praxis werden solche Planabschlüsse daher auch eher unter dem Blickwinkel der optimalen Wirkung auf den Adressatenkreis, insbesondere auf die Banken, aufgestellt und gestaltet.

Alle genannten Hinderungspunkte sind im Falle der Kosten- und Leistungsrechnung entweder gar nicht oder nur in weit geringerem Maße vorhanden, so dass die Kontrollaufgabe der Kosten- und Leistungsrechnung zuzuordnen ist.

Aus den bisherigen Ausführungen zur Kontrollaufgabe folgt weiterhin, dass der Jahresabschluss als Informationsgrundlage für betriebswirtschaftliche Entscheidungen insbesondere aufgrund der Verzerrung durch handels- und steuerrechtliche Vorschriften grundsätzlich ungeeignet ist. Die Kosten- und Leistungsrechnung, die frei gestaltbar und an den anvisierten Aufgaben ausrichtbar ist, wird überhaupt nur aus diesem Grunde von den Unternehmen eingeführt.

6. Aufgaben und Adressaten des Jahresabschlusses nach IFRS

Als vorrangige Aufgabe bzw. Zielsetzung der International Financial Reporting Standards (IFRS) wird die Gewinnung und Weitergabe entscheidungsrelevanter Informationen an Anteilseigner, potentielle Investoren und auch das Management angesehen (IAS 1.9). Die Anleger sollen auf diese Weise vor Fehlinvestitionen und Vermögensverlusten geschützt werden. Zu diesem Zweck sollen „die Vermögens-, Finanz- und Ertragslage sowie die Cash flows eines Unternehmens den tatsächlichen Verhältnissen entsprechend" dargestellt werden (IAS 1.15). Ebenfalls in IAS 1.15 wird postuliert, dass „die korrekte Anwendung der IFRS, gegebenenfalls ergänzt um zusätzliche Angaben, in nahezu allen Fällen zu Abschlüssen, die ein den tatsächlichen Verhältnissen entsprechendes Bild vermitteln", führt.

Ebenso wie die Generalnorm des deutschen Handelsrechts (§ 264 Abs. 2 HGB) ist die in Paragraph 12 (F.12) des Rahmenwerks („Framework") des IASB[1]-Konzepts formulierte Generalnorm der **„Fair Presentation"** (auch „True and Fair View" genannt) grundsätzlich kein „Overriding Principle", das den Einzelregelungen vorgeht, sondern sie ist gegenüber den Standards **subsidiär** anzuwenden, d.h. falls für den Einzelfall keine konkrete Regelung vorliegt. Der in IAS 1.19f. fixierte Ausnahmefall, in dem die Generalnorm gegenüber den Einzelstandards vorrangig ist, tritt in dem äußerst seltenen Fall ein, in dem das Management zu dem Ergebnis gelangt, dass die Befolgung einer Anforderung in einem Standard irreführend wäre und deshalb das Abweichen von dieser Vorschrift notwendig ist, um ein den tatsächlichen

---

[1] Zu den einzelnen Institutionen siehe Kapitel A.III.3.

Verhältnissen entsprechendes Bild zu vermitteln. Das Abweichen von einem IAS und die Auswirkungen sind im Anhang anzugeben. Die Anwendbarkeit dieses „True and Fair Override" ist sehr restriktiv zu sehen. Keinesfalls ist sie bereits gegeben, wenn im Anlagevermögen aufgrund des Anschaffungskostenprinzips stille Reserven entstehen.

Der Gläubigerschutz als die im deutschen Bilanzrecht dominierende Zielgröße ist im IFRS-System eher von untergeordneter Bedeutung. Die im deutschen Recht wichtige Aufgabe der Ausschüttungsbemessung ist weder für den Einzelabschluss noch für den Konzernabschluss vorgesehen. Zur bestmöglichen Erfüllung der genannten Aufgaben/Ziele des Jahresabschlusses soll die Beachtung der qualitativen Rechnungslegungsgrundsätze (siehe Kapitel A.V.3.) und der einzelnen Standards (IAS und IFRS) führen.

Im Rahmenwerk („Framework F.9") der IFRS sind folgende *Informationsadressaten* mit ihren spezifischen Informationsbedürfnissen aufgeführt:
- Investoren (Investitionsentscheidungen, Gewinnausschüttungsfähigkeit),
- Beschäftigte (wirtschaftliche Stabilität, Rentabilität),
- Kreditgeber (Kreditbedienungsfähigkeit, Zahlungsfähigkeit),
- Lieferanten und andere Handelskreditgeber (Kreditbedienungs-, Zahlungsfähigkeit),
- Kunden (wirtschaftliche Stabilität),
- Staatliche Institutionen (Informationen für die Wirtschaftspolitik; nicht: Besteuerung),
- Öffentlichkeit (Beschäftigungswirkung, Bedeutung für die regionale Entwicklung).

Faktisch sind die IFRS allerdings primär an den Informationsinteressen der Investoren ausgerichtet, wobei unterstellt wird, dass die Informationen, die den Investoren dienen, auch die Informationsbedürfnisse aller anderen Adressatengruppen erfüllen (F.10).

Beurteilung: Die Abgrenzung der Informationsadressaten und Informationsziele zeigt, dass an erster Stelle der Investor steht, der mit solchen Informationen versorgt werden soll, die ihm optimale Anlageentscheidungen ermöglichen. Kritiker wenden hier ein, dass in diesem Hauptadressaten der IFRS-Rechnungslegung eher der kurzfristig renditeorientiert entscheidende Investor zu sehen ist als der traditionelle Eigenkapitalgeber kontinentaleuropäischer Prägung mit langfristiger Unternehmensbindung. Dementsprechend steht eine möglichst aktuelle marktwertorientierte Bewertung im Vordergrund und nicht wie im deutschen Bilanzrecht eine auf dem Vorsichtsprinzip basierende, tendenziell niedrigere Bewertung.

II. Bilanztheorien im Überblick

Lernziele:

Der Leser soll

- *einen Überblick über einige wesentliche im Laufe der letzten hundert Jahre entwickelte Bilanztheorien bekommen*
- *den bisherigen pragmatisch abgeleiteten Aufgaben des Jahresabschlusses die theoretisch der Bilanz zugewiesenen Zwecke gegenüberstellen können*
- *Grundüberlegungen der Bilanztheoretiker, die unser heutiges Bilanzrecht noch beeinflussen, kennenlernen.*

Bislang ist von den Aufgaben des Rechnungswesens und insbesondere des Jahresabschlusses die Rede gewesen, wie sie sich pragmatisch aus den Interessen und Anforderungen der Adressatengruppen ergeben. Nun soll in aller Kürze geschildert werden, welche Zwecke von Theoretikern der Bilanzierung zugewiesen wurden. Außerdem ergeben sich aus den Bilanztheorien gewisse Grundüberlegungen und Prinzipien, die teilweise unser aktuelles Bilanzrecht stark beeinflussen.

1. Die statische Bilanztheorie von Wilhelm Rieger

Die wichtigsten Vertreter der statischen Interpretation der Bilanz sind Nicklisch, Rieger und Le Coutre. Gemeinsamer Kern der statischen Bilanzauffassungen ist, dass die Bilanz im Mittelpunkt steht und ihr die Aufgabe zugewiesen wird, den Vermögensbestand des Unternehmens zu einem bestimmten Zeitpunkt zu ermitteln. Die Vermögensermittlung soll insbesondere dem Gläubigerschutz dienen.

Der Periodenerfolg ergibt sich aus dem Reinvermögensvergleich zweier aufeinander folgender Bilanzen. Die Gewinn- und Verlustrechnung hat nur eine untergeordnete Bedeutung als Unterkonto des Eigenkapitalkontos.

Einige grundlegende Überlegungen Riegers bei seinem Versuch, den Inhalt der Bilanz zu erklären, sollen kurz erwähnt werden. Danach besteht der abzubildende Betriebsprozess in der Umwandlung von Geld in Güter und wieder in Geld, mit dem Ziel, einen Geldgewinn zu erzielen. Somit muss die Erfolgsermittlung auch in einer Geldrechnung (Einnahmen minus Ausgaben) über die Totalperiode, also von der Gründung bis zum Erlöschen der Unternehmung, erfolgen. Zur Steuerung des Unternehmens sind Zwischenabschlüsse notwendig, wobei Güter zu bewerten sind, weil deren Umwandlungsprozess in Geld noch nicht abgeschlossen ist. Die richtige Bewertung der Güter hat daher mit dem Barwert ihres späteren Einzelveräußerungswertes zu erfolgen. Die Ungewissheit der Zukunft und gegebenenfalls die Schwierigkeit, Erlösanteile einzelnen Gütern zuzuordnen, führen dazu, dass für die handelsrechtliche Praxis zweckmäßige Behelfsregelungen zu entwickeln sind. Die Betonung des *Gläubigerschutzprinzips* führt dazu, dass nur Gegenstände, die selbständig verkehrsfähig, d.h. einzeln veräußerbar sind, als Vermögensgegenstände aktiviert werden dürfen.

Das Gläubigerschutzprinzip bestimmt sowohl die Bilanzierungs- als auch die Bewertungsregeln. Immaterielle Werte dürfen nicht bilanziert werden, zur Passivierung von Rückstellungen (für ungewisse Verbindlichkeiten gegenüber Dritten) besteht eine Pflicht. Das Anschaffungskostenprinzip (Realisationsprinzip) sowie das strenge Niederstwertprinzip im Umlaufvermögen sind bereits verankert.

Die Gedanken der Vertreter der statischen Bilanztheorien dominieren bis heute im geltenden Bilanzrecht, insbesondere im Bilanzsteuerrecht.

2. Die Theorie der dynamischen Bilanz von Eugen Schmalenbach

Hauptvertreter der Theorie der dynamischen Bilanz sind Schmalenbach und Walb. Nach Schmalenbach ist der Zweck des Jahresabschlusses die Ermittlung eines Periodenerfolgs (= Erträge minus Aufwendungen), um auf Basis dieses Maßstabs der Wirtschaftlichkeit das Unternehmen steuern zu können. Die Gewinn- und Verlustrechnung hat somit die Vorrangstellung inne.
In der Gewinn- und Verlustrechnung werden alle Einnahmen und Ausgaben einander gegenüber gestellt, die im Geschäftsjahr erfolgswirksam geworden sind. Alle Posten, die bislang noch erfolgsunwirksam sind und erst in den Folgeperioden erfolgswirksam als Bestandteil eines Prozesses („schwebende Geschäfte") fortgeführt werden, z.B. der Buchwert einer weiter zu nutzenden und abzuschreibenden Maschine, werden von der Bilanz aufgenommen. Gleiches gilt für alle noch nicht zahlungswirksamen Erfolge, die in den Folgeperioden zu Zahlungen führen, sowie für die erfolgsneutralen Posten. Die Bilanz ist also ein umfassendes Abgrenzungskonto.

Bei den *„schwebenden Geschäften"* lassen sich drei Arten unterscheiden:

transitorische	Einnahmen und Ausgaben der Periode, die erst in Folgeperioden erfolgswirksam werden
antizipative	Erfolge der Periode, die erst in Folgeperioden zahlungswirksam werden
erfolgsneutrale	Einnahmen, die erst in Folgeperioden zu Ausgaben, und Ausgaben, die erst in Folgeperioden zu Einnahmen führen, ohne den Periodenerfolg zu berühren

Wie ein „Kräftespeicher" enthält die Bilanz vorhandene aktive Kräfte („Nachleistungen"), nämlich künftige Aufwendungen oder künftige Einnahmen sowie Geld, und passive Verpflichtungen („Vorleistungen"), nämlich künftige Ausgaben oder künftige Erträge sowie das Kapital.

Aktiva Bilanz in der Interpretation Schmalenbachs Passiva	
1. Liquide Mittel	1. Eigenkapital
2. Ausgabe, noch nicht Aufwand (transitorisch) (z.B. Restbuchwert von Sachanlagen; Rohstoffvorräte; im voraus gezahlte Miete)	2. Aufwand, noch nicht Ausgabe (antizipativ) (z.B. Rückstellungen, nachträglich noch zu zahlende Mieten oder Löhne)
3. Ausgabe, noch nicht Einnahme (erfolgsneutral) (z.B. Ausleihungen, nicht abnutzbare Anlagegüter	3. Einnahme, noch nicht Ausgabe (erfolgsneutral) (Passivdarlehen)
4. Ertrag, noch nicht Aufwand (transitorisch über mittelbaren Bezug zu Ausgaben) (z.B. selbsterstellte Anlagen)	4. Aufwand, noch nicht Ertrag (antizipativ über mittelbaren Bezug zu Ausgaben) (z.B. Rückstellungen für unterlassene eigene Instandhaltung)
5. Ertrag, noch nicht Einnahme (antizipativ) (z.B. Kundenforderungen, nachträglich erhaltene Miete)	5. Einnahme, noch nicht Ertrag (transitorisch) (z.B. erhaltene Anzahlungen, im voraus erhaltene Miete)

Die Aufteilung der theoretisch allein richtigen Totalerfolgsrechnung (als reine Geldrechnung) in einzelne Periodenerfolgsrechnungen führt zum Problem, die Ausgaben und Einnahmen verursachungsgerecht den einzelnen Perioden zuzuordnen. Da dies nicht exakt und eindeutig möglich ist (insbesondere wegen der Schätzproblematik bei Abschreibungen und Rückstellungen), wird auch der Periodenerfolg letztlich nicht richtig ausgewiesen. Eine Unternehmenssteuerung lässt sich somit nur durchführen, wenn die Periodenerfolge immer in der gleichen Weise verzerrt sind und daher im Zeitvergleich die Entwicklung richtig wiedergeben. Eine wesentliche Forderung der dynamischen Theorien ist daher die Vergleichbarkeit der Periodenerfolge. Dazu ist es notwendig, dass die Bilanzierungs- und Bewertungsmethoden immer beibehalten werden (Bewertungsstetigkeit) sowie die Grundsätze einer Schätzung gleich bleiben und nicht der Willkür geopfert werden.

Eine einheitliche Bewertungslehre wurde nicht entwickelt, da die wahren Werte der Aktiva und Passiva nicht ermittelbar sind. Als Bewertungsregeln werden vor allem das Anschaffungskostenprinzip und das Vorsichtsprinzip (Imparitätsprinzip, Niederstwertprinzip), die Bewertungsstetigkeit im Interesse der Vergleichbarkeit der Periodenerfolge und die Sicherung des Unternehmens gegen Geldwertänderungen betont.

Insbesondere in die handelsrechtlichen Vorschriften zum Jahresabschluss haben Gedanken der Vertreter der dynamischen Bilanztheorien Eingang gefunden (z.B. Rückstellungen für unterlassene Instandhaltungen).

3. Die Theorie der organischen Tageswertbilanz von Fritz Schmidt

Fritz Schmidt hat seine Bilanztheorie in den zwanziger Jahren, also in Zeiten temporärer Hyperinflation entwickelt, in denen die Bilanz kaum noch eine wirtschaftliche Aussagekraft als Steuerungsinstrument hatte. Naturgemäß steht daher das Problem des Schutzes gegen negative Auswirkungen der Inflation auf die Unternehmung, also das Ziel der gütermäßigen Substanzerhaltung, im Vordergrund. Der Begriff "organisch" soll anzeigen, dass die Unternehmung darüber hinaus die Sicherung ihrer relativen Stellung im Organismus der Volkswirtschaft anzustreben hat. Rechnungsziele des Jahresabschlusses sind die Vermögenssubstanz- und die Erfolgsermittlung ("dualistische Theorie").

Das zentrale Bewertungsprinzip ist das *Tageswertprinzip*. Schmidt trennt Scheingewinne bzw. -verluste, die nur durch Wertänderungen der Sachgüter aufgrund der Geldwertentwicklung entstehen, von Umsatzgewinnen bzw. -verlusten, die aus der Umsatztätigkeit hervorgehen. Umsatzgewinne entstehen erst dann, wenn die gütermäßige Substanzerhaltung des Unternehmens gewährleistet ist, also nur wenn die Einnahmen die Wiederbeschaffungspreise der veräußerten Güter übersteigen. Alle Güterverbräuche werden mit Tagesbeschaffungspreisen bewertet. Auch die Abschreibungen des Anlagevermögens sind auf Basis von Wiederbeschaffungspreisen berechnet. Waren und Erzeugnisse werden mit Wiederbeschaffungspreisen bzw. mit Wiederherstellungskosten am Bilanzstichtag bewertet (vgl. die Beispiele im Kapitel B.II.3.a). Die Scheinerfolge (Differenz zwischen Tagesbeschaffungspreis und bisherigem Wert/Anschaffungspreis) werden auf dem Konto "Wertänderungen am ruhenden Vermögen" erfasst, einem Unterkonto des Kapitalkontos.

Das beschriebene Tageswertprinzip hat bei Nominalwertgütern (Bargeld, Bankguthaben, Forderungen, Verbindlichkeiten) nicht die bei Realgütern beschriebenen Auswirkungen, da ihr Wert durch die Geldentwertung nicht ansteigt. Nominalwertgüter erfahren durch die Inflation eine reale (= durch den Gegenwert in Gütern gemessene) Wertminderung. Zur Vermeidung von Vermögensverlusten stellt Schmidt daher die Dispositionsregel der "Wertgleichheit der Bilanz" auf: Weisen aktive Nominalwertgüter (Kasse, Bankguthaben, Forderungen) die gleiche Höhe auf wie die passiven Nominalwertgüter (Geldverbindlichkeiten), so kompensieren sich die Inflationsauswirkungen auf beiden Seiten. Daraus folgt auch der Finanzierungsgrundsatz, dass Nominalwertgüter mit Fremdkapital und Realgüter mit Eigenkapital zu finanzieren sind und die Kapitalbindungsdauer der Aktiva mit der Laufzeit des Fremdkapitals übereinstimmen muss. Am Markt verdiente Abschreibungsgegenwerte dürfen nicht in Geld bis zur Ersatzbeschaffung aufbewahrt werden, sondern sind sofort wieder in Realgüter zu investieren, die im Wert mit steigen. Nur auf diese Weise kann die Wiederbeschaffung der Sachgüter gesichert werden. Im geltenden Bilanzrecht herrscht allerdings das Prinzip der Nominalkapitalerhaltung (Anschaffungskostenprinzip), die Bewertungsregeln der organischen Bilanztheorie dürfen nicht angewandt werden. Die Grundgedanken Fritz Schmidts werden jedoch oft in Kostenrechnungssystemen berücksichtigt.

4. Neuere Ansätze

Die Ansatzpunkte der neueren Bilanztheorien ergeben sich aus der Kritik an den traditionellen Bilanztheorien:

1. Die Ziele der Rechnungslegung seien zu eng gefasst. Es werden nur höchstens zwei Ziele berücksichtigt, nämlich die Vermögens- und die Erfolgsermittlung. Hier setzen Bilanztheorien an, die die Rechnungsziele aus der Vielfalt der Informationsbedürfnisse der Bilanzadressatengruppen ableiten.

2. Es handelt sich überwiegend um eine vergangenheitsorientierte Rechnung, die damit als betriebliches Steuerungsinstrument sowie als Entscheidungsgrundlage für potenzielle Gläubiger und Anteilseigner ungeeignet sei. Dies ist der Ausgangspunkt für zukunftsorientierte oder investitionstheoretisch/kapitaltheoretisch orientierte Bilanzkonzeptionen.

3. Da das Zuordnungsproblem der Einnahmen und Ausgaben zu bestimmten Perioden nicht vollständig lösbar ist (z.B. Maschinenanschaffung und Abschreibungen), sind keine eindeutigen Periodenerfolge ermittelbar. Außerdem lassen sich die zukunftsorientierten Informationsbedürfnisse der Bilanzadressaten aufgrund des Prognoseproblems nicht erfüllen. Demzufolge halten einige Autoren (Busse v. Colbe, Moxter, Riebel) bilanztheoretische Überlegungen für völlig fruchtlos.

Ansatzpunkt der *informationstheoretisch orientierten Bilanzauffassungen* sind die verschiedenen Informationsziele der Adressatengruppen (vgl. Kapitel A.I.3). Daraus wird z.B. von E. Heinen folgendes multiple System von Bilanzzwecken abgeleitet:

    I. Bilanzzwecke aus der Sicht des Gesetzgebers
        1. Gläubigerschutz
        2. Aktionärsschutz
        3. Schutz der "Unternehmung an sich"
        4. Besteuerungsgrundlage
        5. Sicherung des Rechtsverkehrs

    II. Bilanzzwecke aus der Sicht des bilanzierenden Unternehmens
      A. Externe Zwecke (Informationsmanipulation)
        1. Anregende Information
        2. Begrenzende Information
      B. Interne Zwecke (Bilanz als unternehmensinternes
        Entscheidungsinstrument)
        1. Bilanzinformationen auf der Kontroll- bzw. Anregungsstufe
           des unternehmerischen Entscheidungsprozesses
        2. Bilanzinformationen auf der Such- und Auswahlstufe des
           unternehmerischen Entscheidungsprozesses.

Infolge der gesetzlichen Veröffentlichungspflichten ist es z.B. auch den (potenziellen) Anteilseignern möglich, die Jahresabschlussinformationen in ihr Kapitalanlagekalkül aufzunehmen. Auch die Gläubiger berücksichtigen diese Informationen bei der Kreditwürdigkeitsentscheidung. Der Bilanzierende kann daher die Bilanz als Instrument der Entscheidungsbeeinflussung (Informationsmanipulation) nutzen. So ist es z.B. durch Gewinn senkende bilanzpolitische Maßnahmen möglich, bei den Anteilseignern die Begehrlichkeit nach Ausschüttung zu vermindern.

Zielkonflikte zwischen den einzelnen Bilanzzwecken können entweder dadurch gelöst werden, dass für jeden Zweck eine in Inhalt und Aufbau auf diesen Zweck ausgerichtete gesonderte Bilanz erstellt wird, oder dass - wie *E. Heinen* es vorschlägt - eine Grundbilanz durch Nebenrechnungen ergänzt wird (*"ergänzte Mehrzweckbilanz"*). Als Grundbilanz schlägt er die Handelsbilanz vor, die grundsätzlich sowohl Bilanzzwecke aus Sicht des Bilanzierenden als auch solche, die der Gesetzgeber als wichtig erachtet, berücksichtigt. Die Handelsbilanz lässt sich durch Wahlrechtsausübung, zusätzliche Bilanzposten, Bilanzvermerke und verbale Angaben in Anhang oder Geschäftsbericht auf einen anvisierten Bilanzzweck ausrichten, darüber hinaus kann sie durch zweckgerichtete Nebenrechnungen ergänzt werden. Solche Nebenrechnungen sind z.B. die Bewegungsbilanz und die Kapitalflussrechnung (s. Kapitel C.III.), die genauere Informationen über die betrieblichen Zahlungsströme, insbesondere über die Finanzierung von Investitionen, bereitstellen sollen, um in diesen Bereichen eine effizientere Kontrolle durchführen zu können. Auch könnte z.B. eine ergänzende Plankostenrechnung aufgestellt werden.

Die *zukunftsorientierten/kapitaltheoretischen Bilanztheorien* sind von skandinavischen Autoren (P. Hansen, J. Honko u.a.) zuerst entwickelt und u.a. von Seicht und D. Schneider aufgegriffen worden. Die Kernpunkte des theoretischen Ansatzes sind folgende:

Aufgabe der Bilanz sei es, das zukunftsorientierte Erfolgskapital ("Zukunftserfolgswert") auszuweisen, das als Summe der mit Hilfe des Kalkulationszinsfußes abgezinsten zukünftigen Einzahlungsüberschüsse der Unternehmung bis zum Planungshorizont definiert wird. Die zukünftigen Zahlungsströme müssen vom Bilanzierenden (subjektiv) geschätzt werden. Der Kalkulationszinsfuß ist ebenfalls eine subjektive Größe, da er theoretisch als interne Verzinsung der (nächst-)besten Investitionsalternative des Entscheidenden zu bestimmen ist. Üblicherweise wird jedoch der (objektive) landesübliche Zinsfuß als Effektivverzinsung risikoarmer langfristiger Anleihen als Kalkulationszinsfuß verwendet.

Als Rechnungsziel wird die Bestimmung der Einkommenszahlungen an die Eigenkapitalgeber angesehen, die maximal und dauerhaft jährlich geleistet werden können, ohne die Ertragskraft der Unternehmung, ausgedrückt durch die Höhe des Zukunftserfolgswertes, zu beeinträchtigen. Dieser sog. *"ökonomische Gewinn"* entspricht somit dem jährlichen Anwachsen (= Verzinsung zum Kalkulationszinsfuß) des Erfolgskapitals (= Zukunftserfolgswerts). Da letzterer aus der Abzinsung und Summierung aller zukünftig erwarteten Ein- und Auszahlungen hervorgegangen ist, stellt der ökonomische Gewinn einen geglätteten, d.h. in eine Reihe gleich großer Zahlungen umgewandelten künftigen Gesamtzahlungsstrom des Unternehmens dar. Der ökonomische Gewinn ist eine auf einer Gesamtwertbetrachtung basierende subjektive und zukunftsbezogene Größe. Da ökonomischer Gewinn und handelsrechtlicher Periodengewinn i.d.R. voneinander abweichen, hat D. Schneider das auf dem Vorsichtsprinzip basierende *"Prinzip des doppelten Minimums"* formuliert, nach dem in jeder Periode der niedrigere der beiden Periodengewinne auszuschütten ist.

Die Bilanz hat in ihrer Grobstruktur folgendes Aussehen:

Zukunftsorientierte Bilanz

Barwert künftiger Einzahlungen	Barwert künftiger Auszahlungen
	Saldo: Erfolgskapital (=Zukunftserfolgswert)

Die zukunftsorientierten (kapitaltheoretischen) Bilanztheorien haben in das geltende deutsche Bilanzrecht insbesondere wegen des Prognoseproblems keinen Eingang gefunden.

III. Rechnungslegungskonzepte und Institutionen

1. Das deutsche Handelsrecht

a) Gesetzgeber

Die deutsche Rechnungslegung fußt auf der kontinental-europäischen, dem römischen Rechtseinfluss unterliegenden Tradition, nach der die Vorschriften der Rechnungslegung vom Gesetzgeber erlassen, d.h. kodifiziert, werden (sog. Code Law). Die Basis der deutschen Rechnungslegung ist das vergleichsweise detaillierte HGB. Nur durch den Gesetzgeber können weitere Rechtsvorschriften erlassen oder bestehende geändert werden. Die handelsrechtlichen Vorschriften bedürfen im Einzelfall der Auslegung durch die höchstrichterliche Rechtsprechung des Bundesgerichtshofs (BGH) und des Bundesfinanzhofs (BFH).

b) Institut der Wirtschaftsprüfer in Deutschland e.V. (IDW)

Den Verlautbarungen bzw. Stellungnahmen des Hauptfachausschusses (HFA) sowie anderer spezialisierter Ausschüsse des Instituts der Wirtschaftsprüfer (IDW) kommt in der Praxis die Stellung konkreter (unterer) Grundsätze ordnungsmäßiger Buchführung, mithin faktischer Normen zu. Daher ist das IDW in Deutschland ein Normen setzendes Gremium, also ein deutscher „Standardsetter".

c) Deutsches Rechnungslegungs Standards Committee (DRSC)

Mit Einfügung des § 342 HGB wurde vom Gesetzgeber die Möglichkeit geschaffen, ein privates Rechnungslegungsgremium anzuerkennen. Zu dessen Hauptaufgaben sollte die Schließung von Regelungslücken und die Anpassung der deutschen Konzernrechnungslegungsvorschriften an die internationalen Rechnungslegungsstandards bis spätestens zum Auslaufen der Übergangsregelung nach § 292a HGB am 31.12.2004 gehören[1]. Am 3.9.1998 hat das Bundesministerium der Justiz einen Standardisierungsvertrag mit dem Deutschen Rechnungslegungs Standards Committee (DRSC) abgeschlossen. Dieses ist Träger des Deutschen Standardisierungsrates (DSR[2]), der damit als sog. „Standardsetter" anerkannt wurde. Das DRSC ist ein eingetragener, selbstlos tätiger Verein mit Sitz in Berlin, der international als „German Accounting Standards Committee (GASC)" auftritt.

Gemäß § 342 HGB hat der DSR folgende Aufgaben:
1. Entwicklung von Empfehlungen zur Anwendung der Grundsätze über die Konzernrechnungslegung
2. Beratung des Bundesministeriums der Justiz bei Gesetzgebungsvorhaben und
3. Vertretung der Bundesrepublik Deutschland in internationalen Standardisierungsgre-mien.

Der DSR hat bei der Entwicklung neuer Standards darauf zu achten, dass bestehende deutsche Rechnungslegungsvorschriften nicht verletzt werden. Er hat jedoch im Rahmen der Interpretation bestehender Grundsätze ordnungsmäßiger Buchführung (GoB) für die Zwecke der Konzernrechnungslegung die Möglichkeit, bestehende Bewertungs- und Ansatzregeln einzuschränken und bestimmte Teilbereiche zu konkretisieren. Bei Anwendung eines durch das

---
[1] Siehe auch Kapitel A.IV.3.
[2] Der DRS tritt international als German Accounting Standards Board (GASB) auf.

Bundesjustizministerium bekanntgemachten Deutschen Rechnungslegungs Standards (DRS) gilt die Vermutung, dass dadurch die GoB hinsichtlich der Konzernrechnungslegung beachtet werden. (§ 342 Abs. 2 HGB). Die veröffentlichten DRS sind somit grundsätzlich für alle Konzernunternehmen verpflichtend, ihre analoge Anwendung für den Einzelabschluss wird ausdrücklich vom DRSC empfohlen. Das privatwirtschaftlich organisierte DRSC wird allgemein als ein deutscher Standardsetter angesehen, obwohl es ihm an eigenständiger Verbindlichkeit mangelt und die Verfassungsmäßigkeit der Standar-disisierung durch das DRSC nach wie vor strittig ist.

Zurzeit gibt es 21 vom DRSC erarbeitete DRS, die sich mit Einzelfragen zur erforderlichen Gestaltung der Kapitalflussrechnung, der Segment-, der Lage- und der Risikoberichterstattung sowie mit Spezialproblemen der Konzernrechnungslegung befassen. Außerdem hat das DRSC je 3 Interpretationen und Anwendungshinweise für die IFRS herausgegeben. Da seit dem 1.1.2005 alle kapitalmarktorientierten[1] deutschen Unternehmen verpflichtet sind, ihren Konzernabschluss nach IFRS aufzustellen, haben die DRS nur noch für den Konzernabschluss nicht kapitalmarktorientierter Kapitalgesellschaften, die weiter nach HGB bilanzieren wollen (Wahlrecht), eine Bedeutung. Durch das BilMoG ist ab 1.1.2010 bereits eine Annäherung der HGB-Vorschriften an die internationalen Rechnungslegungsstandards erfolgt. Der DSR sieht daher seine zukünftige Hauptaufgabe darin, die Belange der deutschen Konzernunternehmen in den Prozess der Weiterentwicklung der IFRS einzubringen.

d) Deutsche Prüfstelle für Rechnungslegung e.V. (DPR)

Durch das Bilanzkontrollgesetz vom 21.12.2004 wurde das sog. zweistufige „Enforce-ment"-Modell in das deutsche Handelsrecht aufgenommen. Damit ist die Überwachung der Rechtmäßigkeit konkreter Unternehmensabschlüsse durch eine außerhalb des Unternehmens stehende, nicht mit dem Abschlussprüfer identische, unabhängige Stelle gemeint. Durch die Schaffung einer neuen unparteiischen privatrechtlichen Instanz, der Deutschen Prüfstelle für Rechnungslegung (DPR) e.V. gemäß § 342b HGB, soll die Rechnungslegung börsennotierter Unternehmen ab 1.7.2005 zusätzlich überwacht werden. Dabei geht es um in- und ausländische Unternehmen, deren Wertpapiere im amtlichen oder geregelten Markt an einer inländischen Börse gehandelt werden. Diese finanzieren auch die Prüfstelle durch Umlagen.[2]

Die Überwachung besteht in Deutschland aus zwei Stufen: In der <u>ersten Stufe</u> prüft die privatrechtliche Prüfstelle, ob der zuletzt festgestellte Jahresabschluss und der Konzernabschluss[3] sowie die zugehörigen Lageberichte des Unternehmens den maßgebenden Rechnungslegungsvorschriften entsprechen (§ 342b Abs. 2 HGB). Ausgelöst wird die Überprüfung bei konkreten Anhaltspunkten für einen Verstoß, sofern ein öffentliches Interesse an der Prüfung besteht, oder auf Verlangen der Bundesanstalt für Finanzdienstleistungsaufsicht (BaFin) oder aufgrund routinemäßiger Stichproben. Sollten sich Verstöße gegen die Rechnungslegungsvorschriften zeigen, wird dies mit Zustimmung des Unternehmens veröffentlicht mit der wahrscheinlichen Folge ungünstiger Börsenkursreaktionen. Bei Verdacht auf Straftaten hat die Prüfstelle die zuständigen Behörden, bei Verdacht auf Berufspflichtverletzung durch den Abschlussprüfer die Wirtschaftsprüferkammer zu informieren (§ 342b Abs. 7 HGB).

---

[1] Zum Begriff vgl. Kapitel A.IV.3. Für bereits nach US-GAAP bilanzierende Unternehmen gilt der 1.1.2007 als Stichtag.
[2] § 342d HGB i.V.m. § 17d FinDAG.
[3] Erstmalig werden Abschlüsse zum 31.12.2004 geprüft.

Sofern ein Unternehmen sich weigert, an der Prüfung mitzuwirken, oder mit dem Prüfungsergebnis der Prüfstelle nicht einverstanden ist, greift in der zweiten Stufe das BaFin ein und setzt mit hoheitlichen Mitteln (§ 370 WpHG) die Prüfung sowie die Veröffentlichung der Verstöße durch.

2. Die US-amerikanischen Rechnungslegungsnormen (US-GAAP)

a) Allgemeines

Deutsches Handelsrecht	IFRS	US-GAAP
Code Law (kontinental-europäisches System)	Case Law (anglo-amerikanisches System)	Case Law (anglo-amerikanisches System)
Der Gesetzgeber kodifiziert die Rechnungslegungsvorschriften im HGB und AktG	Grundsätze ordnungsmäßiger Buchführung (GoB); GoB/Standardsetzer: IDW 21 DRS Standardsetzer: DRSC (§ 342 HGB)	Framework: - Ziele der Rechnungslegung - allgemeine qualitative Grundsätze	Standards: 26 IAS 16 IFRS; IFRIC-Interpretations Standardsetzer: IASB (London)	Wenige allgemeine gesetzliche Rahmenvorschriften (Conceptual Framework)	Einzelfallentscheidungen (Gerichte); Prinzipien, Grundsätze, Standards; Standards: 90 Topics in der ASC Standardsetzer: FASB/SEC
Gesetzgeber			

Allgemeine Ziele:
- internationale Vergleichbarkeit der Jahresabschlüsse
- Nutzung der internationalen Kapitalmärkte

Endorsement durch EU-Kommission

Im Gegensatz zur kontinental-europäischen Tradition der Kodifizierung der Rechnungslegungsvorschriften („Code Law") bestehen die Regelungen im vom Common Law beeinflussten anglo-amerikanischen System aus wenigen allgemein gehaltenen Rahmenvorschriften und einer Vielzahl von je nach Bedarf und Sachverhalt durch die Beteiligten und die Gerichte selbst getroffenen Einzelfallentscheidungen („Case Law"). Diese Regelungen und Normen („Standards") werden aufgrund neuer Erkenntnisse von Wissenschaft und Praxis stetig fortentwickelt. Sie lassen sich auch flexibler an geänderte wirtschaftliche Erfordernisse anpassen als die gesetzlich fixierten Vorschriften des deutschen Handelsrechts. Letztere haben aber den Vorteil der größeren Kontinuität und Verlässlichkeit. Als privatwirtschaftlich organisierte Standardsetter sind hauptsächlich das „Financial Accounting Standard Board" (FASB) und die „Securites and Exchange Commission" (SEC) zu nennen.

Die US-GAAP bilden in den USA das zentrale Regelsystem der Rechnungslegung und umfassen die Gesamtheit niedergelegter und durch Handelsbrauch anerkannter Bilanzierungsweisen, die den „substantial authoritative support" der SEC besitzen und somit für alle börsennotierten Unternehmen verbindlich sind. Die Accounting Standards Codification (ASC)[1] umfasst die formellen, offiziell von den entsprechenden Institutionen verlautbarten und schriftlich fixierten Rechnungslegungsgrundsätze und Verfahrensnormen, die so gen. „promulgated principles". Außer diesen umfassen die US-GAAP grundsätzlich noch die so gen. „nonpromulgated principles", also informelle, nur durch praktische Übung (ähnlich den deutschen GoB) entstandene Prinzipien. Diese wurden in den letzten Jahrzehnten jedoch fast völlig durch formelle erlassene Normen ersetzt. Die US-GAAP sind also anders als das deutsche Bilanzrecht nicht in Gesetzen und Urteilen kodifiziert. Dennoch sind sie bei der Jahresabschlusserstellung – zumindest von prüfungspflichtigen Unternehmen – zwingend zu berücksichtigen, da der Wirtschaftsprüfer andernfalls kein uneingeschränktes Testat erteilen darf. Die US-GAAP basieren auf einem Rahmenwerk („Statements of Financial Accounting Concepts (CON)"), das – wie auch das IFRS-Rahmenwerk – insbesondere die Ziele und qualitative Anforderungen an die Rechnungslegung beinhaltet.

Bis zum Jahre 2007 mussten alle Unternehmen, deren Wertpapiere auf dem amerikanischen Kapitalmarkt gehandelt werden, Jahresabschlüsse nach US-GAAP bei der amerikanischen Börsenaufsichtsbehörde SEC einreichen oder zumindest IFRS-Abschlüsse mit einer Überleitungsrechnung auf US-GAAP. Seit 2007 erkennt die SEC jedoch auch IFRS-Abschlüsse mit einigen Einschränkungen an. Somit ist die Bedeutung der US-GAAP für deutsche Unternehmen inzwischen gering geworden.

b) Financial Accounting Standards Board (FASB)

Im Jahre 1973 delegierte die „Securities and Exchange Commission" (SEC) die ihr vom Bundesparlament übertragene Kompetenz, verbindliche Rechnungslegungsvorschriften zu erlassen, an den „Financial Accounting Standards Board" (FASB), eine von der Berufsorganisation der Wirtschaftsprüfer (American Institute of Certified Public Accountants, AICPA) unabhängige Organisation. Seitdem ist der FASB der US-amerikanische Standardsetter und zuständig für die Verbesserung bereits existierender Regelungen, die Entwicklung neuer Grundsätze und die Veröffentlichung der schriftlich fixierten Rechnungslegungsgrundsätze und Verfahrensnormen. Der FASB entwickelt die Basisgrundsätze der Rechnungslegung („Conceptual Framework") weiter und erlässt die „Accounting Standards Codification" (ASC) (bis heute etwa 90) sowie die Interpretations (= verbindliche Verlautbarungen zu Einzelproblemen).

c) Securities and Exchange Commission (SEC)

Der 1934 gegründeten unabhängigen Börsenaufsichtskommission „Securities and Ex-change Commission" (SEC) wurde im Rahmen ihrer Aufgabe, die amerikanischen Börsenbestimmungen zum Schutz der Anleger zu überwachen, vom Bundesparlament die Kompetenz übertragen, verbindliche Rechnungslegungsvorschriften für börsennotierte Unternehmen zu erlassen. Im Jahre 1973 delegierte die SEC diese Kompetenz weitgehend an den FASB und verlegte den Schwerpunkt ihrer Arbeit auf die Kontrolle des Wertpapiermarktes. Die SEC behielt sich jedoch weiterhin das Recht vor, jederzeit selbst Regelungen zu erlassen oder direkt auf

---

[1] Bis zum 30.6.2007 waren die "Statements of Financial Accounting Standards (SFAS)" verbindlich. Diese wurden durch die "FASB Accounting Standards Codification" abgelöst, deren Regelungen übersichtlicher nach Sachverhaltsthemen (analog zu IFRS) strukturiert sind.

die Normsetzung des FASB Einfluss zu nehmen. Dies erfolgte z.B. durch die SEC-Regulations S-X und S-K, die die Form und den Aufbau des Jahresabschlusses vorschreiben. Obwohl die übergeordnete „International Organization of Securities Commissions" (IOSCO) bereits im Jahre 2000 ihren Mitgliedern, also den nationalen Börsenaufsichtsbehörden, empfohlen hat, einen nach IFRS aufgestellten Konzernabschluss (mit geringen Einschränkungen) als für eine Börsenzulassung ausreichend anzuerkennen, verlangte die SEC bis 2007 noch als Voraussetzung für die Zulassung am US-amerikanischen Kapitalmarkt einen den US-GAAP entsprechenden Konzernabschluss oder zumindest eine Überleitungsrechnung auf die US-GAAP.

3. Die Internationalen Rechnungslegungsstandards (IFRS)

a) Allgemeines

Das Gesamtkonzept der International Financial Reporting Standards (IFRS)[1] besteht zum Einen aus einem Rahmenkonzept („Framework for the Preparation and Presentation of Financial Statement"), in dem die grundsätzlichen Ziele und allgemeinen Rechnungslegungsgrundsätze geregelt sind und das sich stark am Framework des amerikanischen FASB orientiert. Zum Anderen wird das Framework durch bislang 29 International Accounting Standards (IAS 1 bis IAS 41, z.T gestrichen), 13 International Financial Reporting Standards (IFRS 1 bis IFRS 13), 11 SIC-Interpretationen einzelner IAS und 19 IFRIC-Interpretationen konkretisiert. Die IAS und IFRS regeln die Einzelfragen der Rechnungslegung. Dabei werden Teilbereiche der Rechnungslegung, einzelne Bilanzposten oder auch Branchenprobleme durch einzelne Standards abgedeckt. Ein 1997 neu geschaffenes Gremium, und zwar das „Standing Interpretations Committee" (SIC), das inzwischen durch das International Financial Reporting Committee (IFRIC) abgelöst wurde, soll für eine bindende Interpretation der Standards sorgen.

Die Gestaltung der IFRS und IAS erfolgte anfänglich bewusst weniger detailliert als z.B. in der US-amerikanischen Rechnungslegung. Dies folgte aus dem Ziel der weltweiten Akzeptanz und Anwendung der Standards. Auf Verlangen der amerikanischen SEC wurden die Standards im Laufe der letzten 5-10 Jahre ausführlicher, detaillierter formuliert und immer stärker an die amerikanischen Standards US-GAAP angepasst. Damit sollte die uneingeschränkte Anerkennung der Abschlüsse nach IFRS ohne aufwendige Erstellung von Überleitungsrechnungen nach US-amerikanischen Normen (US-GAAP) durch die SEC erreicht werden. Die Anerkennung durch die SEC ist für den direkten Zugang von Unternehmen zum US-amerikanischen Kapitalmarkt notwendig, insbesondere für die Börsenzulassung an der New York Stock Exchange (NYSE). Die „International Organisation of Securities Commission" (IOSCO) hat im Mai 2000 eine – wenn auch bedingte – Empfehlung zur weltweiten Anerkennung der IFRS als Bilanzregelwerk für grenzüberschreitende Börsengänge gegeben. Um die Bedingungen zu erfüllen, wurde 2001 ein umfassendes „Improvement Project" begonnen, das die Überarbeitung von 12 IAS beinhaltete. Auf diese Weise wurde ein großer Druck auf den „International Accounting Standards Board" (IASB) ausgeübt, die IAS/IFRS an die US-amerikanischen Rechnungslegungsgepflogenheiten noch weiter anzupassen, als dies bis dahin schon geschehen war. Im Jahre 2007 wurde das Ziel einer uneingeschränkten Anerkennung von IFRS-Abschlüssen insoweit erreicht, als alle vom IASB verabschiedeten Regeln durch die SEC akzeptiert wurden, nicht aber die von der EU-Kommission in IAS 39 vorgenommenen Änderungen. Seit 2002 läuft zudem das so gen. Konvergenzprojekt zwischen FASB und

---

[1] IFRS ist seit 2004 der Oberbegriff des gesamten Rechnungslegungskonzepts, dient aber gleichzeitig als Bezeichnung für bislang 5 neu entwickelte Einzelstandards, die Teil des Gesamtkonzepts sind.

IASB mit dem Ziel bei der Weiterentwicklung der Standards zusammen zu arbeiten und die Unterschiede in den Regelungswerken zu beseitigen. Auch wird seit 2004 an einem gemeinsamen Rahmenkonzept gearbeitet. Somit besteht die Hoffnung, dass es in nicht allzu ferner Zukunft ein weltweit anerkanntes einheitliches Regelwerk für die Rechnungslegung kapitalmarktorientierter Unternehmen geben wird. Geplant ist jedenfalls schon seit 2008, dass auch Unternehmen mit Sitz in den USA IFRS-Abschlüsse befreiend aufstellen dürfen.

b) International Accounting Standards Board (IASB)

Das „International Accounting Standards Committee" (IASC), das 1973 durch eine Vereinbarung von sich mit der Rechnungslegung befassenden Berufsverbänden zahlreicher Staaten gegründet wurde, ist eine privatwirtschaftliche Organisation und hat seinen Sitz in London. Das deutsche Institut der Wirtschaftsprüfer e.V. und die deutsche Wirtschaftsprüferkammer gehören zu den Gründungsmitgliedern. Die Zahl der Mitglieder des IASC ist stetig gestiegen, so dass ihm im Jahre 2000 bereits 143 Mitglieder aus 104 Ländern angehörten. Inzwischen sind auch viele Entwicklungsländer, seit 1997 auch China, nicht aber Russland vertreten.

Sog. Treuhänder („Trustees") haben die Aufgabe, die Mitglieder der normsetzenden Gremien zu wählen, sie zu überwachen und die Finanzierung des IASB sicherzustellen. Der „International Accounting Standards Board" (IASB) ist für die Facharbeit zuständig, für die Entwicklung und Veröffentlichung von Entwürfen („Exposure Drafts") neuer Standards, für die verbindliche Verabschiedung der Standards und der „Interpretations". Da sämtliche Verlautbarungen des IASC der Verabschiedung bzw. Genehmigung durch den IASB bedürfen, war dieser schon immer der eigentliche internationale Standardsetter. Seit 1.4.2001 ist eine Umstrukturierung des IASC in Kraft getreten, die auf eine Verbesserung der Beziehungen zu den bedeutendsten nationalen Standardsettern und den Adressaten des Jahresabschlusses ausgerichtet war und zu einer Aufwertung des IASB zum wichtigsten Gremium der Gesamtorganisation führte, so dass als Bezeichnung für die Gesamtorganisation nicht mehr IASC, sondern IASB verwendet wird. Die Tatsache, dass im IASB in größerem Umfang als bislang weltweit führende Standardsetter vertreten sind, hat zu einer höheren Akzeptanz der IFRS geführt.

Darüber hinaus gibt es einen sogenannten „Standards Advisory Council" (SAC), der dem Board und den Treuhändern beratend zu Seite steht. In dieser Kommission können Vertreter nationaler Gremien, wie z.B. das DRSC, ihren Einfluss auf das IASC ausüben. Das „International Reporting Interpretations Committee" (IFRIC) hat wie sein Vorgänger, das „Standing Interpretation Committee" (SIC), die Aufgabe, Kommentierungen und Anwendungshilfen sowie Anregungen zur Vervollständigung bestehender bzw. zur Entwicklung neuer Standards zu geben und strittige Zweifelsfragen zu klären (IFRIC- bzw. SIC-Interpretationen). Die Steering Committees haben die Überarbeitung bestehender Standards und die Erarbeitung neuer Sachgebiete zur Aufgabe.

Ziele des IASB/IASC sind (lt. IASC-Satzung vom 24.5.2000):
1. Entwicklung eines einzigen gültigen Satzes an hochwertigen, verständlichen und durchsetzbaren globalen Rechnungslegungsstandards im öffentlichen Interesse, die zur Entscheidungshilfe für die Teilnehmer an den Kapitalmärkten der Welt und andere Nutzer zu hochwertigen, transparenten und vergleichbaren Finanzinformationen führen;
2. Förderung der weltweiten Anwendung und Anerkennung dieser Standards;
3. Konvergenz der nationalen Rechnungslegungsstandards mit den IAS zu hochwertigen Lösungen.

Als privater Vereinigung fehlt es dem IASC an der Kompetenz, die erarbeiteten Standards auch durchzusetzen. Deren Anwendung ist somit freiwillig und die Umsetzung ist hauptsächlich von den nationalen Mitgliedsorganisationen abhängig. Die Mitglieder des IASC haben sich zur Einhaltung und Anwendung der IFRS verpflichtet. Gleichwohl besitzt das IASC/IASB keine Autorität, das Befolgen der IAS/IFRS zu erzwingen. Demzufolge muss sich eine Prüfung und eine Übernahme zur Anwendung in der EU durch eine Verordnung der *EU-Kommission („Endorsement")* anschließen. Dies ist i.d.R. problemlos geschehen, mitunter mit Verzögerungen, selten unter Ausklammerung bestimmter Vorschriften (z.B. bei IAS 39).

3. Anwendung der IFRS in Abschlüssen deutscher Unternehmen

Seit 1.1.2005 müssen nach der Verordnung (EG) Nr. 1606/2002 der EU-Kommission vom 19.7.2002 alle kapitalmarktorientierten Unternehmen in der Europäischen Union Konzernabschlüsse nach IFRS aufstellen. *Kapitalmarktorientierte Unternehmen*[1] sind solche, die (oder deren Tochtergesellschaft) einen *organisierten Markt*[2] durch Emission von Aktien oder Schuldpapieren (z.B. Industrieobligationen, Genuss-Scheine) in Anspruch nehmen. Solche Schuldpapiere können auch von Unternehmen anderer Rechtsform als der AG emittiert werden. Seit 1.1.2007 gilt die Verpflichtung auch für Unternehmen, die bis dahin schon ihren Konzernabschluss nach US-GAAP aufstellten oder wenn bis dahin lediglich Schuldtitel des Unternehmens an einer Börse notiert waren (Art. 58 Abs. 3 EGHGB).

Um dem Ziel, durch internationale Harmonisierung der Rechnungslegungsvorschriften eine höhere Transparenz und bessere Vergleichbarkeit der Unternehmensabschlüsse und damit ein effizienteres Funktionieren der Kapitalmärkte zu erreichen, noch näher zu kommen, dürfen gemäß § 315a Abs. 3 HGB ab 1.1.2005 auch nicht kapitalmarktorientierte Unternehmen ihren Konzernabschluss nach IFRS aufstellen (Wahlrecht). Schließlich besteht seit 1.1.2005 sogar die Möglichkeit, zu Informationszwecken einen nach IFRS aufgestellten Einzelabschluss zu veröffentlichen (§ 325 Abs. 2a HGB). Dies befreit von der Veröffentlichung eines Einzelabschlusses nach HGB, der aber weiterhin aufgestellt werden muss, um die Aufgaben der Ausschüttungs- und Besteuerungsbemessung zu erfüllen.[3]

Nicht kapitalmarktorientierte Kapitalgesellschaften haben nach § 290 HGB weiterhin ihren Konzernabschluss nach HGB und unter Beachtung der Deutschen Rechnungslegungs Standards (DRS), denen der Charakter von Grundsätzen ordnungsmäßiger Buchführung zukommt (§ 342 Abs. 2 HGB), aufzustellen, es sei denn, sie machen vom Wahlrecht der freiwilligen Aufstellung eines IFRS-Abschlusses nach § 315a Abs. 3 HGB Gebrauch.

Mit Inkrafttreten des BilMoG am 1.1.2010 sind sowohl die HGB-Vorschriften für den Einzelabschluss als auch diejenigen für den Konzernabschluss dem IFRS-Regelwerk im Interesse der internationalen Harmonisierung deutlich angenähert worden. Dennoch gibt es bedeutende Unterschiede zwischen beiden Systemen, sodass der Einzelabschluss nach HGB und der Konzernabschluss kapitalmarktorientierter Unternehmen nach IFRS nicht miteinander kompatibel sind. Dieses unbefriedigende Ergebnis kann durch die freiwillige Veröffentlichung eines

---

[1] Zum Begriff kapitalmarktorientierte Kapitalgesellschaft siehe § 264d HGB.
[2] Ein organisierter Markt i.S.v. § 2 Abs. 5 des Wertpapierhandelsgesetzes liegt vor, wenn der Markt von staatlich anerkannten Stellen geregelt und überwacht wird, regelmäßig stattfindet und für das Publikum unmittelbar oder mittelbar zugänglich ist.
[3] Grundsätzlich bestehen für EU-Mitgliedstaaten nationale Wahlrechte, auch für Konzernabschlüsse nicht kapitalmarktorientierter Mutterunternehmen und für Einzelabschlüsse die Anwendung der IFRS vorzuschreiben oder zu gestatten.

IFRS-Einzelabschlusses[1] nach § 325 Abs. 2a HGB durch die Unternehmen mit IFRS-Konzernabschluss verhindert werden. Die Aufstellung eines Einzelabschlusses nach HGB ist jedoch weiterhin erforderlich, weil die Steuerbilanz über das Maßgeblichkeitsprinzip daran anknüpft, auch wenn die Verzahnung von Handels- und Steuerbilanz durch das BilMoG wesentlich gelockert wurde. Für kleine und mittelständische Unternehmen liegen mit dem durch BilMoG modernisierten HGB überschaubare Vorschriften vor, auf deren Grundlage sowohl Einzel- als auch Konzernabschluss eine hohe Aussagekraft erreichen, und dies bei geringerem Aufwand als auf Basis des hoch komplexen IFRS-Regelwerks.

---

[1] Ein Einzelabschluss nach IFRS muss von kapitalmarktorientierten Unternehmen sowieso als Vorstufe zum Konzernabschluss aufgestellt werden.

IV. Komponenten und Rechtsgrundlagen des Jahresabschlusses

Lernziele:

Der Leser soll

- *Die einzelnen Bestandteile des Jahresabschlusses im Überblick kennenlernen*
- *Steuerbilanz und Handelsbilanz unterscheiden lernen*
- *die relevanten Rechtsquellen und speziell den Aufbau des Handelsgesetzbuchs kennenlernen*
- *die wichtigsten Vorschriften zu den Rechnungslegungspflichten einschließlich der Sanktionen bei Nichtbeachtung der Vorschriften erfahren*
- *die verschiedenen Phasen der Rechnungslegung bei einer Kapitalgesellschaft unterscheiden lernen.*

1. Komponenten des Jahresabschlusses nach HGB (einschl. Steuerbilanz)

a) Überblick

Gemäß § 242 Abs. 3 HGB bilden die Bilanz und die Gewinn- und Verlustrechnung (GuV) den Jahresabschluss. Dies gilt jedoch nur für Einzelunternehmen und Personenhandelsgesellschaften. Kapitalgesellschaften haben nach § 264 Abs. 1 HGB den Jahresabschluss um den Anhang zu erweitern sowie - mit Ausnahme der kleinen Kapitalgesellschaften - einen Lagebericht aufzustellen, der jedoch nicht zum eigentlichen Jahresabschluss gehört.

Definition:

> Unter einer **Bilanz** ist die Gegenüberstellung der Vermögensgegenstände des Unternehmens und der zur Finanzierung eingesetzten Mittel, getrennt nach Mitteln der Unternehmenseigentümer (Eigenkapital) und der Gläubiger (Fremdkapital bzw. Schulden), zu verstehen. Der jeweilige Jahresüberschuss gehört zum Eigenkapital, solange seine Ausschüttung noch nicht beschlossen ist.

Die Posten auf der linken und der rechten Seite der Bilanz lassen sich unterschiedlich bezeichnen bzw. interpretieren:

Bilanz zum 31.12.01

Aktiva	Passiva

oder:

Vermögen	Kapital (Eigenkapital; Schulden)

oder:

Finanzmittelverwendung	Finanzmittelherkunft

oder:

Investition (zeitpunktbezogen; Bestandsgröße)	Finanzierung (zeitpunktbezogen; Bestandsgröße)

b) Bilanzarten

Bezeichnung	wird aufgestellt nach	laufend/fallweise
Handelsbilanz	HGB und AktG bzw. GmbHG	laufend
Steuerbilanz	EStG	laufend
Konzernbilanz	nach HGB oder IFRS für Konzern als Gesamtheit	laufend
Sonderbilanzen, z.B. Verschmelzungsbilanz, Liquidationsbilanz	spezielle gesetzliche Vorschriften	von Fall zu Fall

c) Steuerbilanz

Eine Steuerbilanz ist eine nach steuerrechtlichen Vorschriften aufgestellte Bilanz (§ 60 Abs. 2 EStDV) zum Zwecke der Ermittlung der Ausgangsgrößen für die ertragsteuerlichen Bemessungsgrundlagen. Zu den **Ertragsteuern** zählen die Einkommensteuer, die Körperschaftsteuer und die Gewerbeertragsteuer. Eine Verpflichtung zur Aufstellung einer Steuerbilanz gibt es allerdings nicht. In § 60 EStDV wird lediglich die Einreichung einer Kopie des Jahresabschlusses, eines eventuell vorhandenen Lageberichts und Prüfungsberichts verlangt sowie die Anpassung einzelner Jahresabschlussposten an die strengeren steuerlichen Vorschriften, wobei Zusätze oder Anmerkungen ausreichen.

Mit Ausnahme verschiedener steuerlicher Vergünstigungen aus wirtschaftspolitischen Gründen sind die steuerrechtlichen Bilanzierungs- und Bewertungsvorschriften strenger als die handelsrechtlichen. Dies resultiert aus den unterschiedlichen Zielsetzungen von handelsrechtlichem und steuerrechtlichem Jahresabschluss. Während der handelsrechtliche die bereits beschriebenen Informationsziele der verschiedenen Interessengruppen gleichzeitig erfüllen soll und daher zwangsläufig Ermessensspielräume eingeräumt werden müssen, ist der steuerrechtliche Jahresabschluss an den allgemeinen Besteuerungsprinzipien auszurichten. Nach der **"Gleichmäßigkeit der Besteuerung"** sollen gleiche wirtschaftliche Sachverhalte auch gleich besteuert werden, nach dem Prinzip der **"objektivierten Gewinnermittlung"** soll es so wenig Ermessensspielraum und Manipulationsfreiheit wie möglich für den Bilanzierenden geben. Dem Steuerpflichtigen soll es nicht möglich sein, durch eine bestimmte Wahlrechtsausübung den Zeitpunkt der Steuerbelastung frei verschieben zu können. Bewertungswahlrechte werden in der Steuerbilanz demnach nur sehr eingeschränkt gewährt. Die Einschränkungen bewirken generell, dass in der Steuerbilanz der Gewinn häufig höher, genauer gesagt zeitlich früher, ausgewiesen wird als in der Handelsbilanz.

Beispiel:
Die LowTech GmbH erwarb zu Beginn des Jahres eine Fräsmaschine, die Anschaffungskosten betrugen 10.000,- EUR plus USt. Unter Beachtung des technischen Fortschritts wurden Nutzungsdauer (5 Jahre) und Restwert (= 0,- EUR) geschätzt und der zuständige Bilanzbuchhalter entschied sich für eine geometrisch-degressive Abschreibung in Höhe von 30 % jährlich vom jeweiligen Restbuchwert, da auf diese Weise die geschätzte Wertminderung der Maschine im Laufe ihrer Nutzungsdauer am genauesten erfasst werden kann. Ohne Berücksichtigung dieser Abschreibung betrug der Jahresüberschuss 100.000 EUR.

Aufgrund der teilweise strengeren steuerrechtlichen Vorschriften sind für Zwecke der Steuerbilanz gegebenenfalls die Bilanzposten der Handelsbilanz zu korrigieren. Im Beispiel ist zu beachten, dass im Steuerrecht die geometrisch-degressive Abschreibung nicht mehr zulässig ist, sondern nur die

Komponenten und Rechtsgrundlagen des Jahresabschlusses 35

lineare Methode, nach der die Anschaffungskosten gleichmäßig auf die Nutzungsdauer verteilt werden.[1] Demzufolge ist nach § 60 Abs. 2 EStDV die Position "Technische Anlagen und Maschinen", die hier nur die Fräsmaschine enthält, zu korrigieren.

Ergebnis:

Handelsrecht		*Steuerrecht*	
Abschreibung 30 %	3.000 EUR	Lineare Abschreibung	2.000 EUR
Wertansatz in der Handelsbilanz	7.000 EUR	Wertansatz in der Steuerbilanz	8.000 EUR
handelsrechtlicher Jahresüberschuss	97.000 EUR	steuerrechtlicher Jahresüberschuss	98.000 EUR
		steuerlicher Mehrgewinn	1.000 EUR

Hätte der Buchhalter sich handelsrechtlich für die lineare Abschreibungsmethode entschieden, so wäre keine Korrektur nötig gewesen.[2]

Das Verhältnis von handels- und steuerrechtlichen Wertansätzen zueinander lässt sich demnach wie folgt darstellen:

Handelsrechtlicher Jahresabschluss   *Steuerrechtlicher Jahresabschluss*

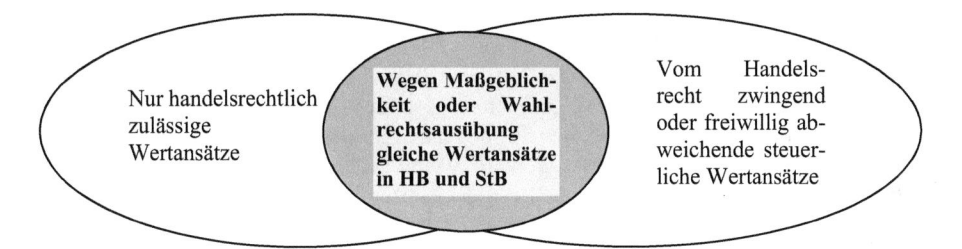

Nur handelsrechtlich zulässige Wertansätze — **Wegen Maßgeblichkeit oder Wahlrechtsausübung gleiche Wertansätze in HB und StB** — Vom Handelsrecht zwingend oder freiwillig abweichende steuerliche Wertansätze

Das *Maßgeblichkeitsprinzip* (vgl. dazu im Einzelnen Kapitel B.II.2) besagt insbesondere, dass die Werte in der Handelsbilanz, gleichgültig, ob sie verpflichtend sind oder ob sie auf einer Wahlrechtsausübung beruhen, für die Steuerbilanz maßgeblich sind, also auch dort angesetzt werden müssen. § 5 Abs. 1 Satz 1 EStG verweist allgemein auf die handelsrechtlichen Grundsätze ordnungsmäßiger Buchführung. Dies hat zumindest den praktischen Vorzug, dass die HGB-Vorschriften nicht nochmals im EStG aufgeführt werden müssen und führt zur Übereinstimmung der meisten Handels- und Steuerbilanzposten.

Sind die handelsrechtlichen Wertansätze aufgrund strengerer steuerrechtlichen Vorschriften nicht zulässig, so gehen für die Steuerbilanz die steuerrechtlichen Vorschriften vor. Dieser sog. **Bewertungsvorbehalt** des § 5 Abs. 6 EStG stellt eine Durchbrechung des Maßgeblichkeitsprinzips dar und führt zu voneinander abweichenden Handels- und Steuerbilanzen.

---

[1] Neben der linearen ist noch die Leistungsabschreibung steuerrechtlich zulässig (§ 7 Abs. 1 S. 6 EStG).
[2] Von dem Fall, dass die von der Finanzverwaltung in den so gen. AfA-Tabellen festgelegte betriebsgewöhnliche Nutzungsdauer von der vom Buchhalter geschätzten abweicht, wird hier abgesehen.

Allerdings haben früher vor allem kleinere Unternehmen den teilweise hohen Aufwand unterschiedlicher Bilanzen gescheut und eine "Einheitsbilanz" aufgestellt, indem in der Handelsbilanz freiwillig die strengeren steuerlichen Bewertungsvorschriften berücksichtigt wurden, sodass diese gleichzeitig die Steuerbilanz darstellte. Seit Inkrafttreten des BilMoG am 1.1.2010 und insbesondere seit Veröffentlichung der Interpretation des neu gefassten § 5 Abs. 1 EStG durch das Bundesfinanzministerium[1] können die meisten steuerrechtlichen Wahlrechte in der Steuerbilanz unabhängig von der Handelsbilanz ausgeübt werden. Das bedeutet zum einen, dass die Maßgeblichkeit hinsichtlich der Bewertung nur noch einen Ausnahmefall darstellt, und zum anderen, dass die Einheitsbilanz kaum noch praktische Relevanz haben dürfte, da die Unternehmen auf steuerliche Vergünstigungen verzichten müssten.

Fazit: Die Ermittlung des steuerlichen Gewinns erfolgt auf der Basis des Handelsrechts und der handelsrechtlichen Grundsätze ordnungsmäßiger Buchführung. Zusätzlich sind die steuerrechtlichen Vorschriften der §§ 5 - 7k EStG zu beachten. Die eigentliche formale Gewinnermittlung erfolgt nach § 5 i.V.m. § 4 Abs. 1 Satz 1 EStG durch den sog. ***Betriebsvermögensvergleich.***

Beispiel:

Betriebsvermögen am Ende des Wirtschaftsjahres 01	5.000 EUR
- Betriebsvermögen am Ende des Wirtschaftsjahres 00	4.000 EUR
= Unterschiedsbetrag	1.000 EUR
+ Entnahmen	500 EUR
- Einlagen	----
= Gewinn	1.500 EUR

Im steuerlichen Sinn versteht man (i.d.R.) unter Betriebsvermögen nicht etwa die Summe aller eingesetzten Vermögensgüter (Bilanzsumme), sondern das Reinvermögen (Eigenkapital) des Betriebes. Die Veränderung des Reinvermögens im Laufe eines Jahres entspricht aber nur dann dem tatsächlich erwirtschafteten Gewinn, wenn weder Überführungen von Geld, Sachgütern, Dienstleistungen oder Nutzungen aus der betrieblichen in die private Sphäre der Gesellschafter (=Entnahmen) noch umgekehrt (=Einlagen) vorgenommen wurden. Entnahmen können nur bei Einzelunternehmern und Personenhandelsgesellschaften vorkommen.

Entnimmt ein Einzelunternehmer im Jahr 01 z.B. einen Sessel im Wert von 500 EUR aus seinem Möbelgeschäft und verwendet ihn von da an in seinem privaten Wohnzimmer als Fernsehsessel, so hat dies eine Abnahme des Warenvorratsbestandes und damit - isoliert gesehen - bei unverändertem Fremdkapital eine Verringerung des Eigenkapitals, also einen Verlust, zur Folge. Anders ausgedrückt: Die Vorratsverminderung wird zunächst als Wareneinsatz (Aufwand) interpretiert, dem keine Umsatzerlöse gegenüberstehen, so dass der Gewinn entsprechend sinkt. Da der Vorgang sich nicht im betrieblichen Bereich, sondern als Entnahme in den privaten Bereich abgespielt hat, darf er aber den steuerpflichtigen Gewinn nicht um 500 EUR verringern, sondern muss prinzipiell erfolgsneutral bleiben[2]. Die Abnahme des Betriebsvermögens um 500 EUR muss daher bei der Betriebsvermögensvergleichsrechnung durch die Hinzurechnung der Entnahme in Höhe von 500 EUR ausgeglichen werden. Der Buchungssatz lautet:

---

[1] Vgl. BMF-Schreiben vom 12.3.2010, BStBl. I S. 239.
[2] Es entsteht nur dann eine Gewinnauswirkung, wenn sich der Einkaufspreis der entnommenen Ware zwischen dem Einkaufstag und dem Tag der Entnahme verändert hat (§ 6 Abs. 1 Nr. 4 EStG).

Komponenten und Rechtsgrundlagen des Jahresabschlusses

BS.: Privatentnahme (oder „Unentgeltliche Wertabgaben")   595 EUR
an Erlöskonto „Entnahmen von Gegenständen"   500 EUR
an Umsatzsteuer (gem. § 3 Abs. 1b Nr. 1 UStG)   95 EUR.

Die Entnahme wird also wie ein Verkauf des Unternehmers an sich selbst behandelt. Gedanklich in zwei Schritte zerlegt, entnimmt der Kaufmann zunächst einen Geldbetrag von 595 EUR aus der Kasse, um das Geld gleich wieder zum Barkauf des entnommenen Sessels (einschl. USt) zu verwenden.

Damit erfolgt einerseits eine Verringerung des Eigenkapitals, andererseits wird in der Gewinn- und Verlustrechnung der aufgrund der Warenbestandsabnahme zu hoch ausgewiesene Wareneinsatz entweder direkt auf dem Wareneinkaufskonto oder indirekt auf einem Erlöskonto ("Entnahmen von Gegenständen" oder „Unentgeltliche Wertabgaben") korrigiert. Bei Einlagen ist die Überlegung spiegelbildlich.

Das beschriebene Verhältnis zwischen handels- und steuerrechtlichem Jahresabschluss ist für Unternehmen im Sinne von Gewerbebetrieben verschiedener Rechtsform, die allein in diesem Buch berücksichtigt werden sollen, der Normalfall. Gewerbetreibende, die keine Kaufleute sind (z.B. kleine Handwerksbetriebe), Betriebe der Land- und Forstwirtschaft sowie selbständig Tätige (z.B. Freiberufler) sind nach Handelsrecht nicht verpflichtet, eine Buchführung zu betreiben und einen Jahresabschluss zu machen. Da § 141 AO auch Kleingewerbetreibende (Nicht-Kaufleute), die eine gewisse Größe (vgl. Kapitel A.III.2.a) überschreiten, zur Buchführung und zum Abschluss verpflichtet, sind diese allein den steuerrechtlichen Vorschriften unterworfen und brauchen den Verweis auf das Handelsrecht in § 5 Abs. 1 Satz 1 EStG nicht zu beachten. Die Gewinnermittlung erfolgt durch Betriebsvermögensvergleich gemäß § 4 Abs. 1 EStG. Alle übrigen, die weder zur Buchführung und zum Abschluss verpflichtet sind noch Bücher freiwillig führen, müssen zur Ermittlung der Bemessungsgrundlage der Einkommensteuer eine sog. Einnahme-Überschussrechnung gemäß § 4 Abs. 3 EStG durchführen, die grundsätzlich auf dem Zufluss-/Abflussprinzip des § 11 EStG basiert.

d) Gewinn- und Verlustrechnung

Definition:

> In einer *Gewinn- und Verlustrechnung (GuV)* werden Erträge und Aufwendungen des Unternehmens in einer Periode (Zeitraumrechnung) einander gegenübergestellt und damit die Quellen des Periodenerfolges ausgewiesen. Der Jahresüberschuss erscheint auf der Aufwandsseite und stimmt aufgrund des Prinzips der doppelten Buchführung mit dem in der Bilanz ausgewiesenen Jahresüberschuss überein.

Gewinn- und Verlustrechnung für das Jahr 01

Aufwendungen	Erträge
Jahresüberschuss (Saldo)	

Für Kapitalgesellschaften ist diese Kontoform der Gewinn- und Verlustrechnung nicht zulässig, nach § 275 Abs. 1 HGB müssen sie die GuV in Staffelform, d.h. alle Posten untereinander angeordnet, aufstellen (vgl. Kapitel C.I.2.)

e) Anhang

Kapitalgesellschaften sind nach § 264 Abs. 1 HGB verpflichtet, zusätzlich einen Anhang zu erstellen, der ebenfalls zum Jahresabschluss gehört. Zweck des Anhangs ist es, soweit nötig, die Erfüllung der Generalnorm zu verbessern (§ 264 Abs. 2 Satz 2 HGB). Sollten also die Einzelvorschriften nicht zu einem – unter Beachtung der Grundsätze ordnungsmäßiger Buchführung – den tatsächlichen Verhältnissen entsprechenden Bild der Unternehmenslage führen, so sind hier zusätzliche Angaben zu machen. Diese umfassen Erläuterungen zu Posten von Bilanz und Gewinn- und Verlustrechnung, aber auch zusätzliche Informationen. Schließlich besteht für eine Reihe von Angaben eine Wahlmöglichkeit des Ausweises in Bilanz bzw. Gewinn- und Verlustrechnung oder im Anhang.

Beispiele zu Anhangvorschriften:
- Gemäß § 284 Abs. 2 Nr. 1 HGB sind im Anhang die angewandten Bilanzierungs- und Bewertungsmethoden anzugeben, um bei entsprechenden Wahlrechten dem externen Bilanzleser eine tendenzielle Beurteilung der Darstellung der Ertrags- und Vermögenslage zu ermöglichen.
- § 285 Nr. 3a HGB verlangt die Angabe des Gesamtbetrags der sonstigen finanziellen Verpflichtungen, die nicht aus der Bilanz hervorgehen, sofern diese Angabe zur Erfüllung der Generalnorm (Finanzlage) von Bedeutung ist.

Neben den beiden Hauptvorschriften zum Anhang § 284 (Erläuterungen) und § 285 (ergänzende Angaben) gibt es im dritten Buch des HGB an zahlreichen Stellen einzelne Anhangvorschriften, die später im Zusammenhang mit den jeweiligen Bilanzposten erörtert werden. Das Gesetz differenziert nach verschiedenen Arten von Anhang-Informationen:

* Angabe
* Aufgliederung
* Darstellung
* Erläuterung
* Begründung.

Da diese Informationspflichten zum Teil nicht sehr konkret sind, kommt es auf die Informationsbereitschaft des Unternehmens und die Auffassung und Durchsetzungskraft des Wirtschaftsprüfers an, ob dem Bilanzleser aussagekräftige oder nur vage Informationen gegeben werden (vgl. Kapitel C.II.).

f) Lagebericht

Der Lagebericht gehört ***nicht*** zum Jahresabschluss. Er ist ein globales Informations- und Rechenschaftsinstrument über den tatsächlichen Geschäftsverlauf, die Risiken und das Risikomanagement des Unternehmens (§ 289 HGB; vgl. Kapitel C.IV.). Er muss nur von mittelgroßen und großen Kapitalgesellschaften (§ 264 Abs. 1 Satz 4 HGB) und von Gesellschaften, die dem Publizitätsgesetz (§ 5 Abs. 2 PublG) unterliegen, aufgestellt werden.

2. Komponenten des Abschlusses nach IFRS

Die IFRS gelten grundsätzlich für alle Rechtsformen, für alle Größen und Branchen sowie für den Einzel- als auch für den Konzernabschluss (so z.B. IAS 1.4 f.). Durch verschiedene Einzelregelungen wird dieser Grundsatz jedoch relativiert. Die IFRS sind völlig losgelöst von (nationalen) steuerlichen Vorschriften anzuwenden. Für eine Übernahme rein steuerrechtlich beeinflusster Werte in einen Abschluss gemäß IFRS ist mithin kein Raum. Entsprechend ist das Prinzip der Maßgeblichkeit der Handelsbilanz für die Steuerbilanz im System der IFRS unbekannt.

Vorschriften zur Prüfung und Offenlegung enthalten die IFRS nicht, diesbezüglich gelten die jeweiligen nationalen Vorschriften.

Ein vollständiger IFRS-Abschluss besteht aus folgenden Komponenten (IAS 1.10):
- Bilanz („Statement of Financial Position as at the End of the Period")
- Gesamtergebnisrechnung für die Periode („Statement of Comprehensive Income for the Period")
- Eigenkapitalveränderungsrechnung („Statement of Changes in Equity for the Period")
- Kapitalflussrechnung („Statement of Cash Flows for the Period")
- Anhangangaben („Notes") zu den angewendeten Bilanzierungs- und Bewertungsmethoden und sonstige Erläuterungen.

Ein Lagebericht („Financial Review") ist nicht vorgeschrieben, wird aber in IAS 1.13 als sinnvolle Ergänzung charakterisiert. Nach nationalem Recht ist auch bei einem IFRS-Konzernabschluss ein Konzernlagebericht aufzustellen (§ 315a i.V.m. § 315 HGB). Kapitalmarktorientierte Unternehmen, haben darüber hinaus Zwischenberichte (IAS 34), die Kennzahl „Ergebnis je Aktie" (IAS 33.66 ff.) sowie eine Segmentberichterstattung (IFRS 8) zu veröffentlichen.

Die Gesamtergebnisrechnung („Statement of Comprehensive Income") erfasst den Periodengewinn („Profit and Loss") als Saldo von Umsatzerlösen und Aufwendungen sowie das erfolgsneutrale Sonstige Ergebnis („Other Comprehensive Income") mit seinen Komponenten. Wird eine getrennte Gewinn- und Verlustrechnung aufgestellt, so gehört diese zum IFRS-Abschluss dazu und wird durch eine Gesamtergebnisrechnung ergänzt, die den Periodengewinn aufgreift und zusätzlich das Sonstige Ergebnis umfasst.

Bei der Eigenkapitalveränderungsrechnung („Statement of Changes in Equity") (IAS 1.106) handelt es sich um eine Aufstellung, in der alle Veränderungen des Eigenkapitals gezeigt werden. Hier müssen der Gewinn bzw. der Verlust der Periode sowie solche Ertrags-, Aufwands-, Gewinn- oder Verlustposten aufgeführt werden, die in der betreffenden Periode – zum Beispiel im Rahmen des noch darzustellenden Neubewertungsmodells – erfolgsneutral erfasst werden. Außerdem sind die Konsequenzen der Änderung von Bilanzierungs- und Bewertungsmethoden auf das Eigenkapital hier anzugeben. Ausschüttungen an die Anteilseigner bzw. Einlagen von Anteilseignern, Änderungen der Gewinnrücklagen und des gezeichneten Kapitals können wahlweise hier oder im Anhang ausgewiesen werden.

Die Kapitalflussrechnung („Statement of Cash Flows")[1] (IAS 1.111 u. IAS 7.1) stellt eine Ergänzungsrechnung zur Bilanz und zur Gesamtergebnisrechnung dar, die dem Jahresabschlussadressaten zusätzliche Informationen über die Finanzlage des Unternehmens an die Hand gibt. Sie weist nicht lediglich die Bestände des Bilanzstichtags aus, sondern die Bestandsveränderungen der einzelnen Positionen während des Jahres. Der Zweck der Kapitalflussrechnung ist die Darstellung der Entwicklung der Finanz- und Liquiditätssituation des Unternehmens, wobei die erwirtschafteten Cash Flows der Berichtsperiode nach der betrieblichen Tätigkeit, der Investitions- und der Finanzierungstätigkeit klassifiziert werden.

---

[1] Siehe Kapitel C.III.

Im Anhang („Notes") werden zusätzliche Informationen zu allen anderen Bestandteilen des Abschlusses gegeben (IAS 1.112 ff.). Zu diesen gehört u.a. die Angabe der angewendeten Bilanzierungs- und Bewertungsmethoden. Darüber hinaus wird auf allgemeine, nicht bilanzierbare Risiken, wie z.B. die Situation auf dem Markt, auf dem die Unternehmung agiert, hingewiesen. Der Umfang der weiteren Aufstellungen, die ein Unternehmen neben dem Anhang veröffentlichen kann, ist nicht eindeutig abgegrenzt. Hier können Angaben, die nicht unmittelbar dem Anhang zugeordnet werden können, wie z.B. ein Umweltbericht, veröffentlicht werden.

Außerdem haben börsennotierte Unternehmen die Pflicht, eine Segmentberichterstattung (IFRS 8) zu veröffentlichen. Darin werden die einzelnen Segmente (Geschäftsfelder) sowie deren Produkte und Dienstleistungen näher erläutert. Weiterhin sind Angaben über das Segmentergebnis und über wichtige Geschäftsbeziehungen erforderlich.

3. Rechtsgrundlagen des Jahresabschlusses nach HGB

a) Überblick

Rechnungslegungsvorschriften		
Handelsrecht		***Steuerrecht***
allgemeines Handelsrecht	spezielles Handelsrecht	EStG (§§ 4 - 7 k)
Drittes Buch des HGB	rechtsformspezifisch: AktG, GmbHG, GenG, PublG	EStDV (§§ 6 - 11d und §§ 81 - 84) AO (§§ 140 - 148 und §§ 158 - 162)
IFRS (für Konzernabschlüsse[1])	branchenspezifisch: Kreditwesengesetz, VersicherungsaufsichtsG, Verordnungen	Verwaltungsanweisungen: Richtlinien (EStR) mit Hinweisen (EStH); BMF-Schreiben, OFD-Verfügungen

In der folgenden Übersicht ist der Aufbau des hier zu behandelnden dritten Buches "Handelsbücher" des HGB gezeigt.

Der Aufbau der ersten beiden Abschnitte des dritten Buches "Handelsbücher" des HGB	
Vorschriften für alle Kaufleute (§§ 238-263)	*Ergänzende Vorschriften für Kapitalgesellschaften sowie bestimmte Personenhandelsgesellschaften (§§ 264-335b))*
Buchführung. Inventar §§ 238-241	Jahresabschluss der Kapitalgesellschaft u. Lagebericht §§ 264-289
Eröffnungsbilanz.Jahresabschluss §§ 242-256	1. Allgemeine Vorschriften §§ 264-265
1. Allgemeine Vorschriften §§ 242-245	2. Bilanz §§ 266-274a
2. Ansatzvorschriften §§ 246-251	3. Gewinn- und Verlustrechnung §§ 275-278
3. Bewertungsvorschriften §§ 252-256a	4. weggefallen
Aufbewahrung und Vorlage §§ 257-261	5. Anhang §§ 284-288
Landesrecht § 263	6. Lagebericht § 289 u. § 289a
	Konzernabschluss und Konzernlagebericht §§ 290-315a

---

[1] Vgl. Kapitel A.IV.3.

Der Aufbau der ersten beiden Abschnitte des dritten Buches "Handelsbücher" des HGB	
Vorschriften für alle Kaufleute *(§§ 238-263)*	*Ergänzende Vorschriften für Kapitalgesellschaften sowie bestimmte Personenhandelsgesellschaften* *(§§ 264-335b))*
	Prüfung §§ 316-324a
	Offenlegung §§ 325-329
	Verordnungsermächtigung für Formblätter § 330
	Straf- und Bußgeldvorschriften. Zwangsgelder §§ 331-335b

Der folgende dritte Abschnitt des dritten Buches enthält ergänzende Vorschriften für eingetragene Genossenschaften (§§ 336-339), der vierte Abschnitt ergänzende Vorschriften für Kreditinstitute (§§ 340-340o) und Versicherungsunternehmen (§§341-341p), der fünfte Abschnitt Vorschriften über ein privates Rechnungslegungsgremium sowie einen Rechnungslegungsbeirat (§§ 342 u. 342a) und der sechste Abschnitt Vorschriften über eine privatrechtlich organisierte Prüfstelle für Rechnungslegung.

Der Schwerpunkt dieses Lehrbuches liegt auf der Behandlung der ersten beiden Abschnitte des HGB und der grundlegenden internationalen Standards (IFRS). Der erste Abschnitt des HGB hat Geltung für alle Kaufleute, also für Einzelkaufleute, Personenhandels- und Kapitalgesellschaften. Der zweite Abschnitt enthält nur für Kapitalgesellschaften zusätzliche Vorschriften zur Gliederung, dem Ausweis einzelner Bilanzposten, zu den weiteren Informationsinstrumenten Anhang und Lagebericht. Aufgrund des starken Interesses der Öffentlichkeit an den (meist großen) Kapitalgesellschaften ist nämlich eine Veröffentlichungspflicht des Jahresabschlusses und des Lageberichts für alle Kapitalgesellschaften gesetzlich verankert. Damit der externe Bilanzleser sich in diesen Fällen auch ein wirkliches Bild der tatsächlichen Verhältnisse des Unternehmens (vgl. § 264 Abs. 2 HGB) machen kann, müssen Zusatzinformationen gegeben werden, wie z.B. Erläuterungen und Begründungen über die tatsächliche Ausübung eines Wahlrechts. Andernfalls könnte der Bilanzleser leicht zu einer falschen Beurteilung der Unternehmenslage kommen.

Die Jahresabschlussvorschriften des HGB sind in zwei Gruppen unterteilt, nämlich in die Ansatzvorschriften und in die Bewertungsvorschriften. Die *Ansatzvorschriften* (auch als Bilanzierungsvorschriften i.e.S. bezeichnet) regeln die Frage, ob ein bestimmter Tatbestand als Bilanzposten angesetzt werden muss, darf oder nicht darf. Dagegen geht es bei den *Bewertungsvorschriften* um die Frage, in welcher Höhe ein Bilanzposten auszuweisen ist oder ausgewiesen werden kann.

Merke:

Bilanzierungs- oder Ansatzvorschriften	*Bewertungsvorschriften*
Sie regeln, ob ein Sachverhalt in der Bilanz ausgewiesen werden muss oder darf oder nicht darf.	Wenn ein Ansatz in der Bilanz erfolgt, regeln sie, mit welchem Wert dieser angesetzt werden muss oder darf.
Frage: Ja oder nein? Muss oder darf?	*Frage: In welcher Höhe? Wie?*

b) Rechnungslegungspflichten für alle Kaufleute

Rechnungslegungspflichten für alle Kaufleute	
§ 238 Abs. 1 HGB	Buchführungspflicht nach GoB
§ 240 Abs. 1 u. 2 HGB	laufende Erstellung eines Inventars[1]
§ 241a HGB	Befreiung von der Pflicht der Buchführung
§ 242 Abs. 1 HGB	laufende Erstellung von Eröffnungs- und Schlussbilanzen
§ 242 Abs. 2 HGB	laufende Erstellung einer Gewinn- und Verlustrechnung (GuV)
§ 242 Abs. 3 HGB	Die Bilanz und die GuV bilden den Jahresabschluss
§ 243 Abs. 1 HGB	Aufstellung des Jahresabschlusses nach den Grundsätzen ordnungsmäßiger Buchführung (GoB)
§ 243 Abs. 3 HGB	Der Jahresabschluss ist innerhalb der einem ordnungsmäßigen Geschäftsgang entsprechenden Zeit aufzustellen.

Mit dem BilMoG sind für Einzelkaufleute deutliche Erleichterungen bei der Rechnungslegungspflicht eingetreten. Nach § 241a HGB sind Einzelkaufleute mit einem Umsatzerlös von bis zu 500.000 EUR und einem Jahresüberschuss von bis zu 50.000 EUR[2] von der **Pflicht zur Buchführung**, der Pflicht zur Führung von Handelsbüchern unter Befolgung der Formvorschriften des § 239 HGB und von der Pflicht zur Erstellung eines Inventars nach den §§ 238 bis 241 befreit. Wenn Einzelkaufleute von diesen Befreiungsmöglichkeiten Gebrauch machen, gilt für sie gemäß § 242 Abs. 4 HGB auch nicht die Pflicht zur laufenden Erstellung eines Jahresabschlusses, bestehend aus Bilanz und Gewinn- und Verlustrechnung.

Im Ergebnis bedeuten die Erleichterungsregelungen, dass „kleine" Einzelkaufleute ihre Rechnungslegung auf eine Einnahmen-Überschuss-Rechnung gemäß § 4 Abs. 3 EStG beschränken können. Hierin wird ein gewisser Widerspruch zu den Kaufmannseigenschaften des § 1 HGB gesehen, wonach ein in kaufmännischer Weise eingerichteter Geschäftsbetrieb, der auch eine kaufmännische Buchführung und Bilanzierung erfordert, gegeben sein muss.

Der Grund für die Erleichterungen für Einzelkaufleute liegt zum einen darin, dass generell unter Kostenaspekten die Anforderungen an Berichterstattung und Dokumentation verringert werden sollen. Außerdem enthalten die neuen Bilanzierungs- und Bewertungsvorschriften nach BilMoG eine deutliche Verschärfung der Bilanzierungs- und Bewertungsvorschriften für Einzelkaufleute und Personenhandelsgesellschaften. Von diesen sollen die „kleinen" Einzelkaufleute verschont werden. Schließlich erfolgt eine Angleichung an die steuerrechtlichen Schwellenwerte. Macht der Einzelkaufmann also von der Befreiung nach § 241a HGB Gebrauch, so ist er auch steuerrechtlich über § 140 AO von der Buchführungspflicht befreit. Macht er von der handelsrechtlichen Befreiungsmöglichkeit nicht Gebrauch, obwohl der die Schwellenwerte unterschreitet, so ist er auch steuerrechtlich über § 140 AO zur Buchführung verpflichtet.

---

[1] Ein Inventar ist ein Verzeichnis aller einzelnen Vermögensgegenstände und Schulden des Unternehmens nach Mengen und Werten, während die Bilanz nur die Werte bestimmter Gruppen von Vermögensgegenständen und Schulden enthält. Genaueres siehe Kapitel A.VI.

[2] Die Schwellenwerte müssen an den Abschlussstichtagen zweier aufeinander folgender Geschäftsjahre eingehalten sein. Im Fall der Neugründung genügt es, wenn sie am ersten Abschlussstichtag nach der Neugründung nicht überschritten werden (§ 241a HGB). Die Befreiungen gelten rückwirkend bereits für Geschäftsjahre, die am 1.1.2008 beginnen.

Komponenten und Rechtsgrundlagen des Jahresabschlusses

Steuerrechtliche Buchführungspflichten	
§ 140 AO	steuerlich relevante Buchführungs- und Aufzeichnungspflichten nach anderen Gesetzen gelten auch steuerrechtlich
§ 141 AO	steuerliche Buchführungspflicht für Kleingewerbetreibende mit einem Jahresumsatz von mehr als 500.000 EUR oder einem Gewinn aus Gewerbebetrieb von mehr als 50.000 EUR.

Im Unterschied zum handelsrechtlichen Umsatz im Geschäftsjahr ist die Definition nach § 141 Abs. 1 Nr. 1 AO spezifischer und betrifft „Umsätze einschließlich der steuerfreien Umsätze, ausgenommen die Umsätze nach § 4 Nr. 8 bis 10 UStG im Kalenderjahr". Wie der Gewinn im Hinblick auf die Schwellenwerte zu ermitteln ist, ist nicht festgelegt. Zweckmäßig wäre es, wenn der Gewinnschwellenwert eines bilanzierenden Einzelkaufmanns durch Bestandsvergleich bzw. Betriebsvermögensvergleich ermittelt wird und der Gewinnschwellenwert eines bisherigen Einnahmen-Überschussrechners nach den Regeln des § 4 Abs. 3 EStG, auch wenn zwischen beiden erhebliche Unterschiede bestehen können. Im Gegensatz zur handelrechtlichen Anforderung, dass die Schwellenwerte an den Abschlussstichtagen zweier aufeinander folgender Geschäftsjahre überschritten sein müssen,[1] genügt zur Auslösung der steuerrechtlichen Buchführungspflichten, wenn an einem einzigen Abschlussstichtag eine der beiden Grenzen überschritten ist. Außerdem tritt die steuerrechtliche im Gegensatz zur handelsrechtlichen Buchführungspflicht bereits in Kraft, wenn ein gewerblich tätiges Einzelunternehmen vorliegt, auch wenn keine Eintragung im Handelsregister vorliegt.

Die *Einnahmen-Überschuss-Rechnung* gemäß § 4 Abs. 3 EStG steht einem bestimmten Personenkreis als wählbare Alternative zum Bestandsvergleich offen. Dies sind Kleingewerbetreibende (§ 1 Abs. 2 HGB) und Angehörige der freien Berufe, aber auch Land- und Forstwirte (§ 13a Abs. 2 EStG), also allen Steuerpflichtigen,
- die nicht aufgrund handels- oder steuerrechtlicher Vorschriften verpflichtet sind, Bücher zu führen und regelmäßig Abschlüsse zu machen und
- die auch nicht freiwillig Bücher führen und nicht regelmäßig Abschlüsse erstellen.

Für die Überschussrechnung besteht keine Aufzeichnungspflicht, als Grundlage sind entsprechende Belege ausreichend. Der Gewinn oder Verlust wird hierbei wie folgt ermittelt:

Summe der Betriebseinnahmen
- Summe der Betriebsausgaben
= Gewinn oder Verlust

Dabei werden Betriebseinnahmen und Betriebsausgaben nicht zeitlich abgegrenzt, sondern nach dem *Zufluss-/Abflussprinzip (§ 11 EStG)* einander gegenübergestellt. Rechnungsabgrenzungsposten, Forderungen, Wertberichtigungen, Verbindlichkeiten, Rückstellungen erübrigen sich daher. Anfangs- und Endbestände müssen bei der Gewinnermittlung nicht berücksichtigt werden, eine Inventur ist also nicht erforderlich. Es genügen prinzipiell reine Geldbewegungen erfasst. Dadurch ergeben sich offensichtlich große Vereinfachungen gegenüber dem Bestandsvergleich.

---

[1] Im Fall der Neugründung genügt es, wenn sie am ersten Abschlussstichtag nach der Neugründung nicht überschritten werden (§ 241a HGB).

Allerdings gibt es einige Abweichungen von diesem Grundprinzip.
(1) Regelmäßig wiederkehrenden Betriebseinnahmen und Betriebsausgaben (z.B. Mieten, Zinsen) gelten auch dann in der wirtschaftlich zugehörigen Periode als zu- oder abgeflossen, wenn sie tatsächlich nur kurze Zeit (bis zu 10 Tage) vor Beginn oder nach dem Ende des entsprechenden Kalenderjahres zu- oder abgeflossen sind (§ 11 Abs. 1 und 2 EStG).
(2) Betriebseinnahmen oder Betriebsausgaben, die im Voraus fließen und sich auf einen Nutzungsüberlassungszeitrum von mehr als 5 Jahren beziehen. Können nach § 11 Abs. 1 und 2 EStG gleichmäßig auf diesen Zeitraum verteilt werden.
(3) Die wichtigste Ausnahme sind die Absetzungen für Abnutzung und Substanzverringerung, die wie bei der Gewinnermittlung durch Bestandsvergleich zu berücksichtigen sind.
(4) Bei nicht abnutzbaren Wirtschaftsgütern, wie z.B. Grund und Boden, sind die Anschaffungs- oder Herstellungskosten erst bei der Veräußerung oder Entnahme als Betriebsausgaben zu berücksichtigen, um einen Veräußerungs- oder Entnahmegewinn feststellen zu können.

Infolge der grundlegenden Unterschiede zur Gewinnermittlung durch Bestandsvergleich differieren die Gewinne in der Regel beträchtlich. Über mehrere Jahre gleichen sich die Unterschiede allerdings wieder aus.

Darüber hinaus enthalten die Vorschriften § 257 HGB und § 147 AO zu Dokumentationszwecken weitgehend übereinstimmende *Aufbewahrungspflichten und -fristen*. Danach sind folgende Unterlagen aufzubewahren:

Art der Unterlagen	*Aufbewahrungsfrist*
1. Handelsbücher, Inventare, Eröffnungsbilanzen, Jahresabschlüsse, IFRS-Einzelabschlüsse Lageberichte, Konzernabschlüsse, Konzernlageberichte sowie die zu deren Verständnis erforderlichen Arbeitsanweisungen und sonstigen Organisationsunterlagen	10 Jahre
2. Empfangene Handels- oder Geschäftsbriefe	6 Jahre
3. Wiedergaben der abgesandten Handels- oder Geschäftsbriefe	6 Jahre
4. Buchungsbelege	10 Jahre
5. Sonstige für die Besteuerung bedeutsame Unterlagen (nur nach § 147 Abs. 1 AO)	6 Jahre

Gemäß § 257 Abs. 3 HGB und § 147 Abs. 2 AO ist es unter bestimmten Voraussetzungen zulässig, alle Unterlagen außer den Eröffnungsbilanzen, den Abschlüssen und den Konzernjahresabschlüssen auch als Mikrofilm, Mikrofiche oder auf anderen Datenträgern aufzubewahren.

c) Besondere Rechnungslegungspflichten für Kapitalgesellschaften

Die Bilanzierungs- und Bewertungsvorschriften sind durch das BilMoG rechtsformneutral geregelt worden. Rechtsformspezifische Unterschiede in der Bewertungskonzeption gibt es nicht mehr. Die zusätzlichen oder gegenüber den allgemeinen Regelungen modifizierten bzw. verschärften Rechnungslegungspflichten für Kapitalgesellschaften beinhalten daher lediglich zusätzliche Anforderungen an den Informationsgehalt des zu veröffentlichenden Jahresabschlusses, der sich in der Pflicht zur Erstellung eines Anhangs und eines Lageberichts zeigt, in

Komponenten und Rechtsgrundlagen des Jahresabschlusses

denen vielfältige Erläuterungen und Begründungen zu einzelnen Abschlussposten zu geben sind. Nach Größenklassen werden die zusätzlichen Anforderungen an die Rechnungslegung der Kapitalgesellschaften allerdings deutlich differenziert.

Besondere Rechnungslegungspflichten für Kapitalgesellschaften	
§ 264 Abs. 1 HGB	Pflicht und Fristen zur Aufstellung eines Jahresabschlusses (Bilanz, GuV, Anhang) und eines Lageberichts
§ 264 Abs. 2 HGB	Der Jahresabschluss hat unter Beachtung der GoB ein den tatsächlichen Verhältnissen entsprechendes Bild der Vermögens-, Finanz- und Ertragslage zu vermitteln (sog. *Generalnorm*)
§ 266 HGB	Bilanzgliederung
§ 267 HGB	Größenklassen
§§ 316-324 HGB	Prüfungspflichten
§§ 325-329 HGB	Offenlegung (§ 325 Abs. 1 HGB: Fristen)

Nach jahrelangem Streit zwischen den EU-Partnern, insbesondere um die Offenlegungspflicht der GmbH&Co KG, wurde die sog. GmbH&Co-Richtlinie beschlossen und durch das Kapitalgesellschaften und Co-Richtlinie-Gesetz (KapCoRiLiG) in nationales Recht transformiert. Seit 1.1.2000 haben nach § 264a HGB auch Unternehmen mit der Rechtsform einer „Kapitalgesellschaft und Co" die strengeren Rechnungslegungspflichten für Kapitalgesellschaften (unter Berücksichtigung der Besonderheiten des § 264c HGB) zu beachten, sofern keine natürliche Person persönlich haftender Gesellschafter ist. Obwohl diese Gesellschaften – am verbreitetesten ist die GmbH&Co KG – formal Personenhandelsgesellschaften sind, ist ihr Haftungskapital wie bei den Kapitalgesellschaften faktisch beschränkt, wenn die Kapitalgesellschaft innerhalb der Kap&Co der einzige Vollhafter ist. Da insbesondere die Rechtsform der GmbH&Co KG ganz überwiegend nur von kleinen und mittleren Gesellschaften geführt wird, sind in diesem Zusammenhang aber auch die Erleichterungen bezüglich der Aufstellung und Offenlegung des Jahresabschlusses für kleine und mittelgroße Kapitalgesellschaften und die erfolgte Anhebung der sog. Schwellenwerte (Größenklassengrenzen nach § 267 HGB) zu würdigen. In § 264b HGB wird die Verschärfung der Rechnungslegungsvorschriften durch § 264a HGB wieder zurückgenommen, sofern eine solche Kap&Co in den Konzernabschluss eines persönlich haftenden Gesellschafters oder eines in der EU ansässigen Mutterunternehmens einbezogen ist und weitere Voraussetzungen des § 264 Abs. 3 HGB erfüllt sind, d.h. es gelten dann für den Einzelabschluss der Kap&Co die Vorschriften für Personenhandelsgesellschaften.

Ist eine Kapitalgesellschaft nach §§ 290-315 HGB in den Konzernabschluss eines Mutterunternehmens mit Sitz im Inland einbezogen, braucht sie ebenfalls ihren Einzelabschluss nur nach den Vorschriften für Einzelunternehmen und Personenhandelsgesellschaften aufzustellen, sofern alle Gesellschafter dem zustimmen, die Muttergesellschaft im folgenden Geschäftsjahr für alle eingegangenen Verpflichtungen der Gesellschaft einsteht und entsprechende Anhangangaben und Veröffentlichungen erfolgen (§ 264 Abs. 3 HGB).

Kapitalgesellschaften werden im HGB in drei *Größenklassen* eingeteilt, in kleine, mittelgroße und große Kapitalgesellschaften (§ 267 HGB). Die Einordnung eines Unternehmens in eine der drei Größenklassen erfolgt anhand der drei Kriterien Bilanzsumme, Umsatzerlöse und Zahl der Arbeitnehmer (vgl. die Übersicht am Ende dieses Kapitels). Die Größenklasse hat Bedeutung für die Gliederung, die Prüfungspflicht, die Veröffentlichungspflicht und die zu beachtenden Fristen.

Kapitalgesellschaften haben in ihrem Jahresabschluss Angaben zu ihrer Firma, ihrem Sitz, dem zuständigen Registergericht und der Nummer, unter der sie im Handelsregister eingetragen sind, zu machen (§ 264 Abs. 1a HGB). Damit soll es den interessierten Adressaten des Jahresabschlusses erleichtert werden, zusätzliche Informationen zur Gesellschaft zu erlangen.

Das sog. *Publizitätsgesetz* enthält ferner die Verpflichtung für Einzelunternehmen, Personengesellschaften, Stiftungen u.ä., die eine bestimmte erhebliche Größe überschreiten, den größten Teil der Rechnungslegungs-, Prüfungs- und Offenlegungspflichten großer Kapitalgesellschaften zu beachten.[1] Damit soll der Wunsch der interessierten Öffentlichkeit und anderer Gruppen (vgl. Kapitel A.I.3) nach Veröffentlichung der Jahresabschlüsse großer Gesellschaften erfüllt werden. Eine solche Publizitätspflicht ist nur sinnvoll, wenn auch die Rechnungslegung den strengen Vorschriften großer Kapitalgesellschaften folgt und eine Abschlussprüfung durchgeführt wird.

Kapitalgesellschaften, die Tochterunternehmen eines nach § 290 HGB oder nach § 11 des Publizitätsgesetzes zur Aufstellung eines Konzernabschlusses verpflichteten Mutterunternehmens sind, brauchen unter bestimmten Bedingungen ihren Einzelabschluss nur nach den allgemeinen Vorschriften für alle Rechtsformen (§§ 238-263 HGB) aufzustellen und diesen auch nicht gesondert prüfen und veröffentlichen lassen (§ 264 Abs. 3 u. 4 HGB).

d) Besondere Rechnungslegungspflichten für kapitalmarktorientierte Gesellschaften

Kapitalmarktorientierte Kapitalgesellschaften i.S.d. § 264d HGB gelten stets als große Kapitalgesellschaften (§ 267 Abs. 3 HGB). § 264d HGB enthält folgende Definition:

> „Eine *Kapitalgesellschaft* ist *kapitalmarktorientiert*, wenn sie einen organisierten Markt[2] im Sinn des § 2 Abs. 5 des Wertpapierhandelsgesetzes durch von ihr ausgegebenen Wertpapiere im Sinn des § 2 Abs. 1 Satz 1 des Wertpapierhandelsgesetzes in Anspruch nimmt oder die Zulassung solcher Wertpapiere zum Handel an einem organisierten Markt beantragt hat."

Verständlicher (aber ungenauer) ausgedrückt, geht es um Kapitalgesellschaften, deren Aktien oder andere von ihr ausgegebene Papiere (z.B. Schuldpapiere wie Anleihen, Genussscheine) an der Börse gehandelt werden. Die folgenden besonderen Rechnungslegungspflichten gelten für kapitalmarktorientierte Gesellschaften, die nicht zur Aufstellung eines Konzernabschlusses verpflichtet sind.

Besondere Rechnungslegungspflichten für kapitalmarktorientierte Gesellschaften i.S.d. § 264d HGB	
§ 264 Abs. 1 HGB	Pflicht und Fristen zur Aufstellung eines Jahresabschlusses (Bilanz, GuV, Anhang, Kapitalflussrechnung, Eigenkapitalspiegel, (freiwillige) Segmentberichterstattung) und eines Lageberichts

---

[1] § 3 des Gesetzes über die Rechnungslegung von bestimmten Unternehmen und Konzernen (sog. Publizitätsgesetz) regelt den genauen Geltungsbereich. Die Größenkategorien gemäß § 1 PublG enthält die Übersicht am Ende dieses Kapitels.

[2] Ein organisierter Markt i.S.v. § 2 Abs. 5 des Wertpapierhandelsgesetzes liegt vor, wenn der Markt von staatlich anerkannten Stellen geregelt und überwacht wird, regelmäßig stattfindet und für das Publikum unmittelbar oder mittelbar zugänglich ist.

Besondere Rechnungslegungspflichten für kapitalmarktorientierte Gesellschaften i.S.d. § 264d HGB	
§ 264 Abs. 2 HGB	Der Jahresabschluss hat unter Beachtung der GoB ein den tatsächlichen Verhältnissen entsprechendes Bild der Vermögens-, Finanz- und Ertragslage zu vermitteln (sog. *Generalnorm*)
§ 267 Abs. 3 HGB	Größenklassen: Gelten stets als große Kapitalgesellschaften
§ 285 Nr. 9, 11, 11a,16 HGB; § 286 Abs. 4 HGB	Anhangangaben über den Corporate Governance Codex, zum Anteilsbesitz und zu den Gesamtbezügen verpflichtend
§ 289 Abs. 2 Nr. 5, Abs. 4 u. 5 HGB; § 289a Abs. 1 HGB	Angaben im Lagebericht über das Vergütungssystem, das Eigenkapital, die Ausgestaltung von Aktien, das interne Kontroll- und Risikomanagementsystem und die Unternehmensführung; ggf. Erklärung zur Unternehmensführung einschließlich Erklärung nach § 161 AktG auf der Internetseite der Gesellschaft mit Verweis auf den Lagebericht
§ 317 Abs. 4 HGB	Prüfung: Beurteilung, ob die Vorstandspflichten nach § 91 Abs. 2 AktG erfüllt wurden
§ 324 HGB	Verpflichtung von Kapitalgesellschaften i.S.d. § 264d HGB, die keinen Aufsichts- oder Verwaltungsrat haben, in dem mindestens 1 unabhängiges Mitglied über Sachverstand auf den Gebieten Rechnungslegung oder Abschlussprüfung verfügt (§ 100 Abs. 5 AktG), haben einen Prüfungsausschuss einzurichten, der sich mit der Überwachung der Rechnungslegung, des internen Kontrollsystems, des Risikomanagementsystems, des internen Revisionssystems und der Abschlussprüfung befasst (§ 107 Abs. 3 AktG).
§ 325 Abs. 4 HGB	Offenlegungsfrist: 4 Monate, falls keine Kapitalgesellschaft im Sinne von § 327a HGB

e) Schritte der Rechnungslegung von Kapitalgesellschaften

Die Rechnungslegung der Kapitalgesellschaften vollzieht sich in mehreren, genau festgelegten Schritten, die auch das Ablaufdiagramm auf den folgenden beiden Seiten deutlich machen soll.

(1) Die Aufstellung des Jahresabschlusses (§ 264 Abs. 1 HGB) erfolgt durch die Geschäftsführung bzw. den Vorstand. Es gibt gewisse Erleichterungen für kleine und mittlere Kapitalgesellschaften. So brauchen kleine Kapitalgesellschaften gemäß § 266 Abs. 1 Satz 3 HGB nur eine verkürzte Bilanz aufzustellen, und können auf die Aufstellung des Anlagenspiegels, des Lageberichts und einer Reihe von Sonderausweisen und Erläuterungen im Anhang verzichten (§§ 274a, 276 Satz 2 und 288 Satz 1 HGB). Außerdem dürfen kleine und mittelgroße Kapitalgesellschaften die ersten 5 Positionen der Gewinn- und Verlustrechnung zu einem Posten "Rohergebnis" zusammenfassen (§ 276 HGB). Bei Personenhandelsgesellschaften sind die persönlich haftenden Gesellschafter (Vollhafter) für die Erstellung des Jahresabschlusses verantwortlich (§ 242 HGB i.V.m. § 125 ff. HGB), bei Einzelunternehmen der Einzelkaufmann selbst.

(2) Jahresabschlussprüfung (siehe die Ausführungen auf den folgenden Seiten).

(3) Feststellung des Jahresabschlusses bedeutet, dass der Jahresabschluss für rechtsverbindlich erklärt wird. Bei einer Aktiengesellschaft geschieht dies regelmäßig durch den Vorstand und den Aufsichtsrat (§§ 171 und 172 AktG), im Ausnahmefall allein durch die Hauptversammlung (§ 173 AktG). Bei der GmbH erfolgt die Feststellung durch die Gesellschafter, ebenso wie auch bei allen anderen Rechtsformen.

(4) Die Ergebnisverwendung erfolgt bei Aktiengesellschaften zweistufig. Vorstand und Aufsichtsrat dürfen, sofern sie den Jahresabschluss feststellen, bis zu 50 % (oder laut Satzung einen höheren Anteil, bei nicht-börsennotierten AG´s auch einen geringeren Anteil) des Jahresüberschusses thesaurieren. Die Hauptversammlung beschließt über die Verwendung des verbleibenden Bilanzgewinnes (§ 58 Abs. 2 AktG; vgl. Kapitel B.VI.2.). Bei GmbH´s haben die Gesellschafter Anspruch auf den Jahresüberschuss, soweit laut Gesetz, Satzung oder Gesellschafterbeschluss nicht eine Einbehaltung vorgesehen ist (§ 29 GmbHG).

Ergänzend sei erwähnt, dass die Gewinnverteilung bei Personenhandelsgesellschaften gesetzlich in §§ 121 u. 168 HGB festgelegt ist, sie kann aber im Gesellschaftsvertrag davon abweichend geregelt sein. Die Entnahmemöglichkeiten betragen bei OHG-Gesellschaftern und Komplementären 4 % des Kapitalanteils, ein darüber hinausgehender Gewinnanteil kann nur dann entnommen werden, wenn "es nicht zum offenbaren Schaden der Gesellschaft gereicht" (§ 122 Abs. 1 HGB). Weitere Entnahmen sind nur mit Zustimmung der übrigen Gesellschafter zulässig (§ 122 Abs. 2 HGB). Dagegen hat der Kommanditist nur Anspruch auf Auszahlung seines Gewinnanteils, und auch dies nur, wenn sein Kapitalanteil nicht durch Verlustanteile unter seine geleistete Einlage gesunken ist (§ 169 Abs. 1 HGB).

(5) Offenlegung (siehe die Ausführungen weiter unten).

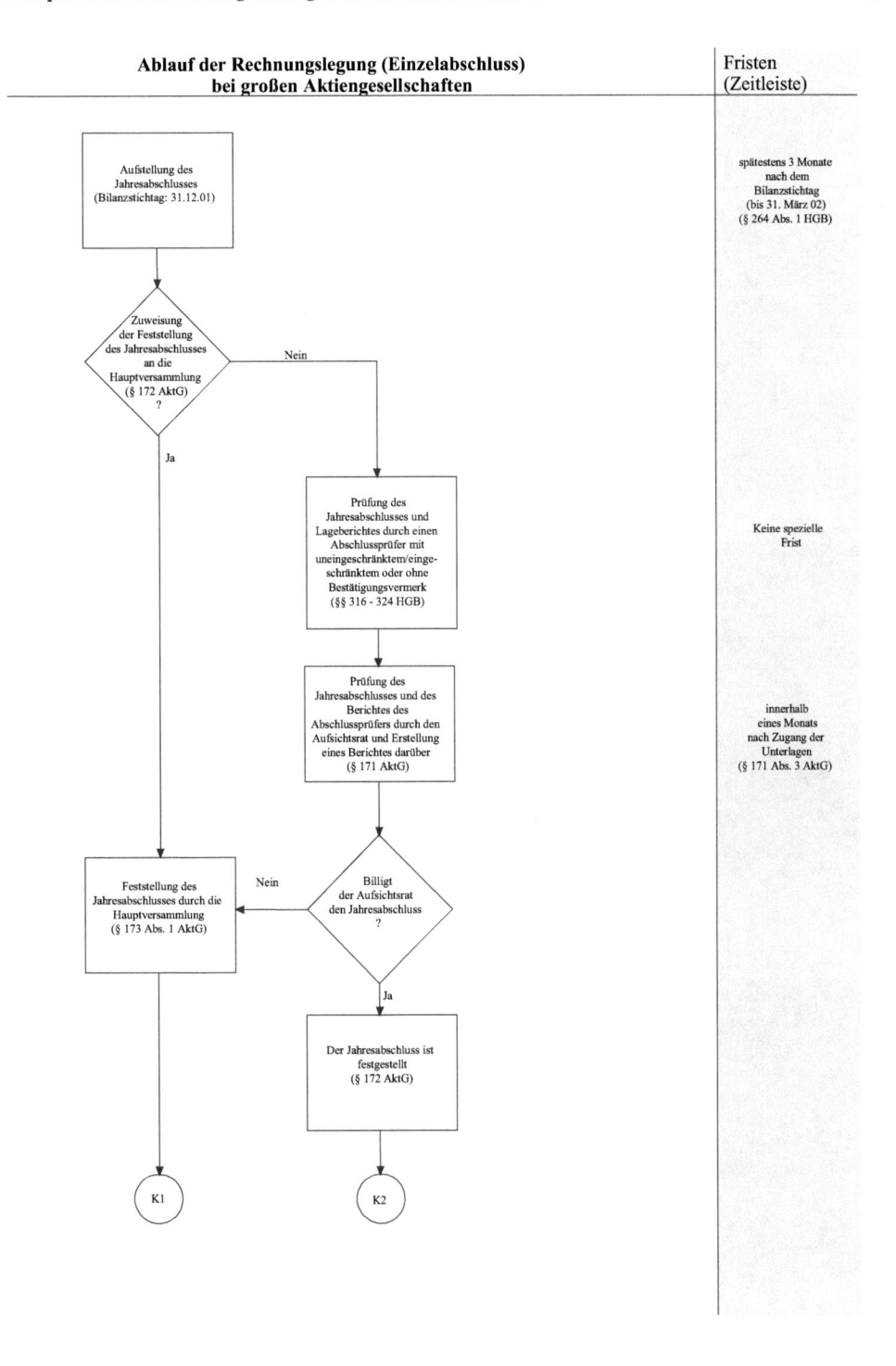

Komponenten und Rechtsgrundlagen des Jahresabschlusses

Ablauf der Rechnungslegung (Einzelabschluss) bei großen Aktiengesellschaften

Ablauf	Fristen (Zeitleiste)
Aufstellung des Jahresabschlusses (Bilanzstichtag: 31.12.01)	spätestens 3 Monate nach dem Bilanzstichtag (bis 31. März 02) (§ 264 Abs. 1 HGB)
Zuweisung der Feststellung des Jahresabschlusses an die Hauptversammlung (§ 172 AktG)? — Ja → Feststellung des Jahresabschlusses durch die Hauptversammlung (§ 173 Abs. 1 AktG) → K1	
Nein → Prüfung des Jahresabschlusses und Lageberichtes durch einen Abschlussprüfer mit uneingeschränktem/eingeschränktem oder ohne Bestätigungsvermerk (§§ 316 – 324 HGB)	Keine spezielle Frist
Prüfung des Jahresabschlusses und des Berichtes des Abschlussprüfers durch den Aufsichtsrat und Erstellung eines Berichtes darüber (§ 171 AktG)	innerhalb eines Monats nach Zugang der Unterlagen (§ 171 Abs. 3 AktG)
Billigt der Aufsichtsrat den Jahresabschluss? — Nein → Feststellung des Jahresabschlusses durch die Hauptversammlung (§ 173 Abs. 1 AktG) → K1	
Ja → Der Jahresabschluss ist festgestellt (§ 172 AktG) → K2	

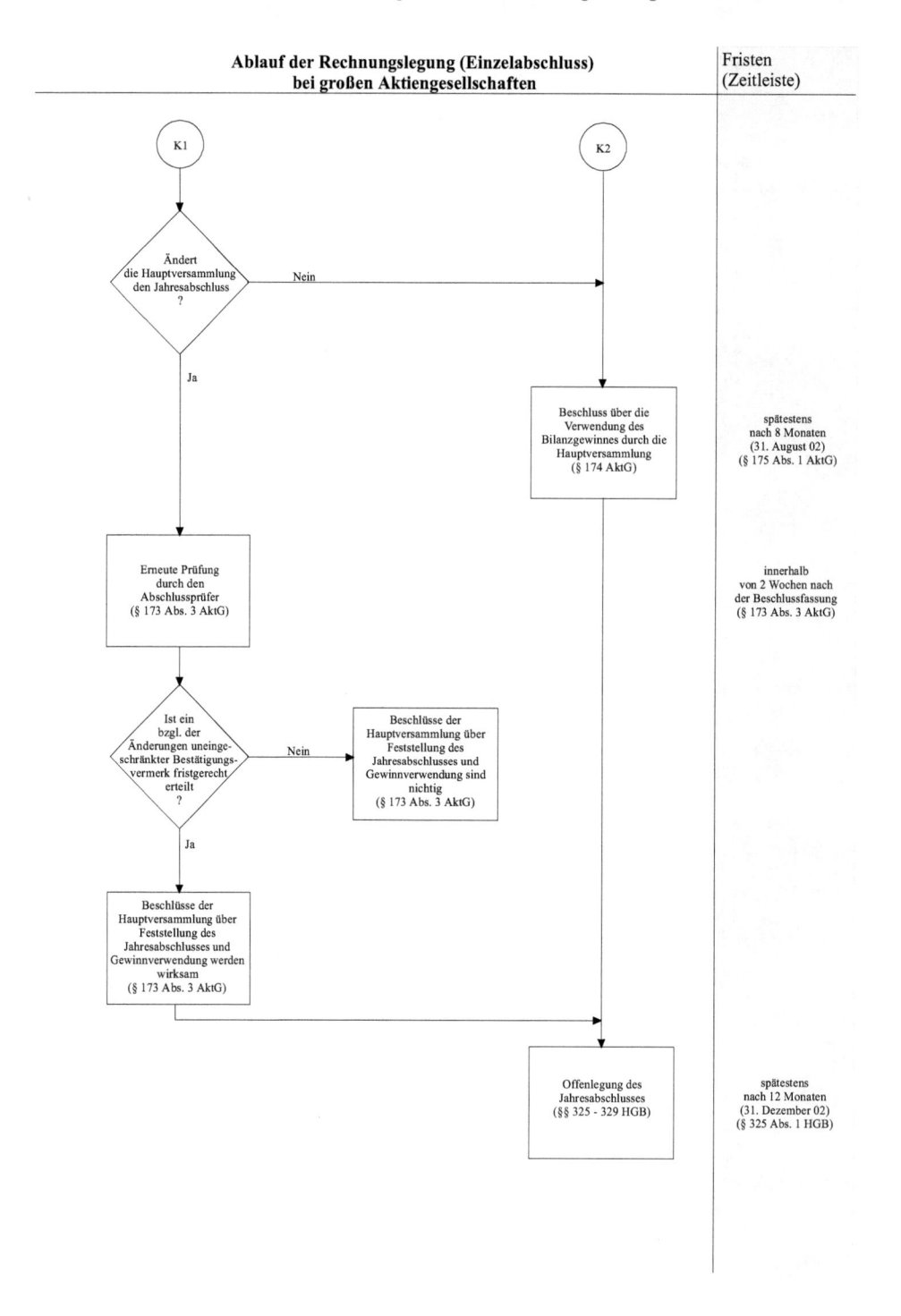

Ablauf der Rechnungslegung (Einzelabschluss) bei großen Aktiengesellschaften

K1

- Ändert die Hauptversammlung den Jahresabschluss?
  - **Nein** → K2
  - **Ja** ↓

- Erneute Prüfung durch den Abschlussprüfer (§ 173 Abs. 3 AktG)

- Ist ein bzgl. der Änderungen uneingeschränkter Bestätigungsvermerk fristgerecht erteilt?
  - **Nein** → Beschlüsse der Hauptversammlung über Feststellung des Jahresabschlusses und Gewinnverwendung sind nichtig (§ 173 Abs. 3 AktG)
  - **Ja** ↓

- Beschlüsse der Hauptversammlung über Feststellung des Jahresabschlusses und Gewinnverwendung werden wirksam (§ 173 Abs. 3 AktG)

K2

- Beschluss über die Verwendung des Bilanzgewinnes durch die Hauptversammlung (§ 174 AktG)

- Offenlegung des Jahresabschlusses (§§ 325 - 329 HGB)

Fristen (Zeitleiste)

- spätestens nach 8 Monaten (31. August 02) (§ 175 Abs. 1 AktG)

- innerhalb von 2 Wochen nach der Beschlussfassung (§ 173 Abs. 3 AktG)

- spätestens nach 12 Monaten (31. Dezember 02) (§ 325 Abs. 1 HGB)

Komponenten und Rechtsgrundlagen des Jahresabschlusses

Auf die Phasen "Jahresabschlussprüfung" und "Offenlegung" soll im Folgenden noch etwas näher eingegangen werden.

Jahresabschlussprüfung:

Prüfungspflichtig sind nur mittelgroße und große Kapitalgesellschaften sowie diejenigen Einzelunternehmen und Personenhandelsgesellschaften, die dem Publizitätsgesetz unterliegen (§ 6 i.V.m. § 1 PublG), nicht jedoch kleine Kapitalgesellschaften (§ 316 Abs. 1 HGB).

Objekte der Prüfung sind gemäß § 316 Abs. 1 HGB sowie §§ 5 und 6 PublG:

• die Bilanz	Bestandteile des Jahresabschlusses gemäß § 264 Abs. 1 HGB
• die Gewinn- und Verlustrechnung	
• der Anhang	
• der Lagebericht (außer § 289a HGB)	
• die Buchführung	

und, falls die Verpflichtung zur Aufstellung eines Konzernabschlusses (§ 290 HGB) besteht, gemäß § 316 Abs. 2 HGB und § 14 PublG:

• Konzernbilanz	Bestandteile des Konzernabschlusses gemäß § 297 Abs. 1 HGB
• Konzern-Gewinn- und Verlustrechnung	
• Konzernanhang	
• Kapitalflussrechnung	
• Eigenkapitalspiegel	
• Segmentberichterstattung (Wahlrecht)	
• der Konzernlagebericht (außer § 289a HGB	

Zielsetzung der Prüfung:

Nach § 317 Abs. 1 u. 2 HGB soll geprüft werden, "ob die gesetzlichen Vorschriften und sie ergänzende Bestimmungen des Gesellschaftsvertrags oder der Satzung beachtet worden sind" und ob zudem der Lagebericht mit dem Jahresabschluss (ggf. auch mit dem Einzelabschluss nach IFRS gemäß § 325 Abs. 2a HGB) in Einklang steht und ein zutreffendes Bild von der Unternehmenslage sowie von Chancen und Risiken der zukünftigen Entwicklung zeichnet. Kein Prüfgegenstand ist die Erklärung zur Unternehmensführung nach § 289a HGB. Bei Konzernabschlüssen ist außerdem zu prüfen, ob die Vorschriften zum Konzernabschluss beachtet sind. Die Prüfung ist so anzulegen, dass bei gewissenhafter Berufsausübung auch Unrichtigkeiten und Verstöße gegen gesetzliche Bestimmungen, Satzung bzw. Gesellschaftsvertrag erkannt werden. Bei AGs, deren Aktien amtlich notiert werden, muss der Abschlussprüfer außerdem beurteilen, ob der Vorstand das nach § 91 Abs. 2 AktG geforderte Risikomanagement zur Früherkennung Existenz gefährdender Entwicklungen in geeigneter Form getroffen hat und ob das danach einzurichtende Überwachungssystem („interne Revision") seine Aufgaben erfüllen kann (§ 317 Abs. 4 HGB). Bei der Durchführung der Prüfung sind die internationalen Prüfungsstandards anzuwenden (§ 317 Abs. 5 HGB). Der Abschlussprüfer des Konzernabschlusses hat auch die Arbeit der Abschlussprüfer der einzubeziehenden Einzelabschlüsse zu überprüfen (§ 317 Abs. 3 S. 2 HGB). Wird ein Abschlussprüfer durch einen anderen Abschlussprüfer ersetzt, so hat dieser dem neuen Abschlussprüfer über das Ergebnis der bisherigen Prüfung zu berichten (§ 320 Abs. 4 HGB).

Wahl des Abschlussprüfers:
Der Abschlussprüfer wird gemäß § 318 Abs. 1 HGB von den Gesellschaftern gewählt, bei einer GmbH kann die Satzung eine andere Regelung vorsehen. Die Wahl soll vor Ablauf des zu prüfenden Jahres erfolgen. Abschlussprüfer kann ein Wirtschaftsprüfer (WP) oder eine Wirtschaftsprüfungsgesellschaft sein, im Falle mittelgroßer GmbH oder mittelgroßer Kap&Co i.S.d. § 264a Abs. 1 HGB auch ein vereidigter Buchprüfer oder eine Buchprüfungsgesellschaft (§ 319 Abs. 1 HGB). Der Abschlussprüfer ist grundsätzlich zur Teilnahme an der Qualitätskontrolle nach § 57a der Wirtschaftsprüferordnung verpflichtet.

Liegen Gründe vor, nach denen die Besorgnis der Befangenheit des Wirtschaftsprüfers oder vereidigten Buchprüfers besteht, so darf dieser **nicht Abschlussprüfer** sein. Dies ist i.d.R. aus der Sicht eines sachkundigen und informierten Dritten zu beurteilen und ist bei Beziehungen geschäftlicher, finanzieller oder persönlicher Art der Fall (§ 319 Abs. 2 HGB). § 319 Abs. 3 HGB verbietet in bestimmten Fällen dem Wirtschaftsprüfer die Prüfung einer bestimmten Gesellschaft, nämlich u.a. wenn er oder ein Berufspartner oder ein Ehe- oder Lebenspartner (Satz 2) oder eine von ihm bei der Prüfung beschäftigte Person (Nr. 4)

- direkt oder indirekt Anteile oder andere nicht nur unwesentliche finanzielle Interessen (z.B. Schuldverschreibungen, Optionen) an der zu prüfenden Gesellschaft besitzt (Nr. 1)
- gesetzlicher Vertreter (Geschäftsführer, Vorstand) oder Aufsichtsratsmitglied oder Arbeitnehmer der zu prüfenden Gesellschaft ist oder eine dieser Funktionen in einem Unternehmen ausübt, das mit dem zu prüfenden verbunden ist oder mehr als 20 % der Anteile daran besitzt (Nr. 2)
- bei der Buchführung oder der Aufstellung des Jahresabschlusses oder verantwortlich bei der internen Revision mitgewirkt hat, Unternehmensleitungs-, Finanzdienstleistungen oder nicht nur unwesentliche versicherungsmathematische oder Bewertungsleistungen erbracht hat, Geschäftsführer, Vorstand, Aufsichtsratsmitglied, Gesellschafter (mit mehr als 20% der Stimmrechte) oder Arbeitnehmer einer Gesellschaft ist, die eine dieser Tätigkeiten ausübt (Nr. 3)
- in den letzten 5 Jahren jeweils mehr als 30 % der Gesamteinnahmen aus seiner beruflichen Tätigkeit von dieser Gesellschaft und von Unternehmen, an denen die Gesellschaft mehr als 20 % der Anteile besitzt, erzielt hat und dies für das laufende Geschäftsjahr wieder zu erwarten ist.

Für die Prüfung von **Unternehmen**, die kapitalmarktorientiert i.S.d. § 264d HGB sind, gelten zwecks Verbesserung des Anlegervertrauensschutzes zusätzlich die in § 319a HGB geregelten besonderen Ausschlussgründe. Danach ist ein Wirtschaftsprüfer von der Abschlussprüfung eines solchen „kapitalmarktorientierten" Unternehmens **ausgeschlossen**, wenn er oder sein Berufspartner

- in den letzten 5 Jahren jeweils mehr als 15 % der Gesamteinnahmen aus seiner beruflichen Tätigkeit von dieser Gesellschaft und von Unternehmen, an denen die Gesellschaft mehr als 20 % der Anteile besitzt, erzielt hat und dies für das laufende Geschäftsjahr wieder zu erwarten ist (Nr. 1)
- in dem zu prüfenden Geschäftsjahr Rechts- oder Steuerberatungsleistungen erbracht hat, die über das Aufzeigen von Gestaltungsalternativen hinausgehen und die sich auf die Darstellung der Vermögens-, Finanz- und Ertragslage in dem zu prüfenden Jahresabschluss unmittelbar und nicht nur unwesentlich auswirken (Nr. 2)
- in dem zu prüfenden Geschäftsjahr an der Entwicklung, Einrichtung und Einführung von Rechnungslegungsinformationssystemen nicht nur unwesentlich mitgewirkt hat (Nr. 3)

> - für die Abschlussprüfung bei dem Unternehmen bereits in sieben oder mehr Fällen verantwortlich war, es sei denn, seit seiner letzten Beteiligung an der Prüfung dieses Unternehmens sind mindestens 2 Jahre vergangen (Nr. 4). Der Ausschluss gilt für die Wirtschaftsprüfungsgesellschaft, wenn sie bei der Abschussprüfung des Unternehmens einen Wirtschaftsprüfer beschäftigt, der als **verantwortlicher Prüfungspartner** nicht mehr Abschlussprüfer sein darf. Ein Wirtschaftsprüfer ist verantwortlicher Prüfungspartner, wenn er den Bestätigungsvermerk nach § 322 HGB unterzeichnet oder als für die Durchführung einer Abschlussprüfung vorrangig verantwortlich bestimmt worden ist (§ 319a S. 4 HGB)

Die *Abberufung* eines bestellten Abschlussprüfers kann innerhalb von zwei Wochen nach seiner Wahl von den gesetzlichen Vertretern der Gesellschaft, vom Aufsichtsrat oder Aktionären, die zusammen mindestens 5 % des Grundkapitals oder mindestens Aktien im Börsenwert von 500.000 EUR besitzen, beantragt werden. Das Gericht bestellt einen anderen Abschlussprüfer, wenn z.B. die Gefahr einer Befangenheit des gewählten Prüfers besteht (§ 318 Abs. 3 HGB). Durch das BilMoG eingefügt wurde ein weiterer Antragsgrund zur Abberufung: Nach § 319b HGB ist nämlich ein Wirtschaftsprüfer von der Abschlussprüfung ausgeschlossen, wenn ein Mitglied seines Netzwerks bestimmte Ausschlussgründe nach §§ 319 u. 319a HGB erfüllt. Nach dem Gesetz liegt ein *Netzwerk* vor, wenn Personen bei ihrer Berufsausübung zur Verfolgung gemeinsamer wirtschaftlicher Interessen für eine gewisse Dauer zusammenwirken (§ 319b Abs. 1 S. 3 HGB).

Diese Auswahlvorschriften des Wirtschaftsprüfers entbehren nicht einer gewissen Brisanz. Sie zielen darauf ab, Abhängigkeiten zwischen Prüfer und Prüfling sowie Befangenheit durch Prüfung des vom Prüfer selbst erstellten Jahresabschlusses zu vermeiden. Fraglich ist, ob die oben aufgeführten Vorschriften ausreichen bzw. ob sie eng genug ausgelegt werden. Ausgelöst durch die spektakulären Unternehmenskrisen und Bilanzskandale der letzten Jahre sind die Ausschlussvorschriften schon mehrfach, zuletzt durch das Bilanzrechtsreformgesetz ab 1.1.2005, verschärft worden.

Leider wurde die *Rechts- oder Steuerberatung* durch einen Mitarbeiter immer noch nicht als Ausschlussgrund für die gesamte Wirtschaftsprüfungs(schwester)gesellschaft gewertet. In der Praxis wird die Abgrenzung gegenüber „dem Aufzeigen von Gestaltungsalternativen" Probleme bereiten. Außerdem haben Wirtschaftsprüfungsgesellschaften oftmals eine (eventuell rechtlich selbständige) Steuerberatungsabteilung oder Wirtschaftsprüfer in ihrer Sozietät auch Steuerberater, die die zu prüfende Gesellschaft steuerlich beraten und somit auch an der Erstellung des Jahresabschlusses mitwirken[1]. Auch wenn der Steuerberater nicht an der Prüfung teilnimmt, so ist doch der Verdacht einer nicht objektiven Prüfung nicht ganz abwegig. Die *einnahmenbezogene Abhängigkeitsgrenze* ist ab 1998 von 50% auf 30% und ab 2005 auf 15% der Einnahmen des Wirtschaftsprüfers herabgesetzt worden, was zu begrüßen ist. Die Herabsetzung auf 15% gilt allerdings nur bei zu prüfenden Unternehmen von öffentlichem Interesse. In den übrigen Fällen wurde die 30%-Grenze beibehalten, die wirtschaftliche Existenz mittelständischer Wirtschaftsprüfer ist offenbar schützenswerter als die der Gesellschafter, Gläubiger und Mitarbeiter des Unternehmens. Auch bei einem Einnahmenanteil von 10-15 % (bzw. 25-30 %) wird es einem Wirtschaftsprüfer nicht leicht fallen, den seiner Überzeugung nach handelsrechtlich unzulässigen bilanzpolitischen Wünschen der ihn bezahlenden zu prüfenden Gesellschaft zu widerstehen. Auch der seit 1998 geltende Zwang zum *Wechsel des Wirtschaftsprüfers* nach 7 Jahren zur Vermeidung persönlicher Befangenheit geht in die richtige Richtung. Allerdings ist es zulässig, dass eine Schwester-Wirtschaftsprüfungsgesellschaft

---

[1] Vgl. OLG Karlsruhe 23.11.1995 (Rev. eingelegt), DB 1995, S. 2514, das zwar nicht die reine steuerberatende Tätigkeit, aber jegliche darüber hinausgehende Einflussnahme auf den Jahresabschluss als Ausschlussgrund nach § 319 Abs. 2 Nr. 5 HGB ansieht.

den Prüfungsauftrag weiterführt und nach mindestens 2 weiteren Jahren („Cooling-off-Period") die vorige Prüfungsgesellschaft wieder beauftragt wird. Auch genügt eine *interne Rotation* der verantwortlichen Prüfungspartners ohne Veränderung der übrigen prüfenden Personen derselben Wirtschaftsprüfungsgesellschaft. Eine Änderung des Systems in dem Sinne, dass die prüfungspflichtigen Gesellschaften Einzahlungen in einen bundesweiten Fonds leisten müssten und ein turnusmäßiger Wechsel zu einem wirtschaftlich vom bisherigen Prüfer unabhängigen und Abschlussprüfer zwingend wäre, ist sicherlich überlegenswert[1].

Prüfungsbericht und Bestätigungsvermerk:
Die Prüfungsergebnisse muss der Wirtschaftsprüfer gemäß § 321 HGB in einem Prüfungsbericht zusammenstellen. Durch Erweiterung und Verschärfung der Prüfung seit 1998[2] soll in Zukunft möglichst verhindert werden, dass - wie in der Vergangenheit nicht selten geschehen - geprüfte Unternehmen nach jahrelangen betrügerischen Manipulationen ("Luftgeschäften", Bilanzfälschungen, Subventionsbetrug etc.) insolvent werden. Im Prüfungsbericht ist z.B. vorweg zum Lagebericht, insbesondere zur Beurteilung des Fortbestands und der künftigen Entwicklung des Unternehmens durch die gesetzlichen Vertreter vom Prüfer Stellung zu nehmen. Außerdem ist darzustellen, ob Unrichtigkeiten oder Verstöße gegen gesetzliche Vorschriften oder den Gesellschaftsvertrag bzw. die Satzung festgestellt worden sind oder Tatsachen, die die Existenz des Unternehmens gefährden bzw. seine Entwicklung wesentlich beeinträchtigen können.

Im Hauptteil des *Prüfungsberichts* ist darzulegen, ob die Buchführung sowie Einzel- und Konzernabschluss mit dem jeweiligen Lagebericht den gesetzlichen Vorschriften und den Satzungsbestimmungen entsprechen, ob der Abschluss unter Beachtung der GoB und „sonstiger maßgeblicher Rechnungslegungsgrundsätze" (wie DRS und/oder IFRS) der Generalnorm entspricht und ob die Gesellschaft die verlangten Nachweise und Aufklärungen erbracht hat. In der Praxis läuft dies so ab, dass vom Prüfer ein "Management Letter" ("Meckerliste") erstellt wird, der alle festgestellten kleineren Mängel enthält, auf deren Korrektur verzichtet wird. Diese beeinflussen das Prüfungsergebnis insgesamt nicht negativ, sollen aber beim nächsten Abschluss vermieden werden. Gravierendere Differenzen werden bereits während der Prüfung mit den Geschäftsführern bzw. dem Vorstand besprochen und müssen, sollte es keine überzeugende Begründung dafür geben, geändert werden. Wenn nötig sind die einzelnen Posten des Jahresabschlusses aufzugliedern und zu erläutern. Das Ergebnis der Prüfung des internen Frühwarn- und Überwachungssystems ist ggf. unter Angabe von Verbesserungsvorschlägen darzulegen.

Die bisherige gesetzlich festgelegte Formulierung des *Bestätigungsvermerks* (sog. Formeltestat) hat sich nicht bewährt, da die Möglichkeit der Ergänzung und Einschränkung zu wenig wahrgenommen wurde, und wurde durch das KonTraG abgeschafft. Der Bestätigungsvermerk (§ 322 HGB) soll „allgemeinverständlich und problemorientiert" Gegen-stand, Art Umfang und Ergebnis der Prüfung beschreiben und die angewandten Rechnungslegungs- (GoB/HGB, DRS, IFRS) und Prüfungsgrundsätze anzugeben. Er hat ggf. die Erklärung zu umfassen, dass keine Einwendungen zu erheben sind, dass der Jahres- bzw. Konzernabschluss unter Beachtung der GoB „oder sonstiger maßgeblicher Rechnungslegungsgrundsätze" (DRS und/oder IFRS) der Generalnorm entspricht und dass der jeweilige Lagebericht eine zutreffende Vorstellung der Unternehmenslage und der Chancen und Risiken der künftigen Entwicklung ver-

---

[1] Ein Schritt in diese Richtung ist seit 1.7.2005 als Deutsche Prüfstelle für Rechnungslegung realisiert. Vgl. Kapitel A.III.1.d).
[2] Gesetz zur Kontrolle und Transparenz im Unternehmensbereich (KonTraG) vom 27.4.1998, BGBl. 1998 I S. 786. Die Neuregelungen sind spätestens auf das nach dem 31.12.1998 beginnende Geschäftsjahr anzuwenden.

mittelt. Auf Risiken für den Fortbestand des Unternehmens ist gesondert einzugehen. Sind vom Prüfer Einwendungen zu erheben, so ist der Bestätigungsvermerk mit entsprechender Begründung einzuschränken oder zu versagen. Die Ersatzpflicht bei fahrlässigem Handeln der Prüfer ist 1998 auf 1 Mio. EUR bzw. bei AGs mit amtlich notierten Aktien auf 4 Mio. EUR angehoben worden (§ 323 Abs. 2 HGB).

Der Prüfungsbericht ist schließlich vom Wirtschaftsprüfer, nachdem dieser im Bericht seine Unabhängigkeit bestätigt hat (§ 321 Abs. 4a HGB), zu unterzeichnen und den Geschäftsführern bzw. dem Vorstand vorzulegen (§ 321 Abs. 5 HGB), die ihn gemäß § 170 AktG (§ 52 Abs. 1 GmbHG i.V.m. § 170 AktG) unverzüglich dem Aufsichtsrat zu übergeben haben. Hat der Aufsichtsrat den Prüfungsauftrag erteilt erhält dieser direkt den Prüfungsbericht, auch um eventuelle Manipulationen zu verhindern. Der Aufsichtsrat prüft ihn (neben dem Jahresabschluss, dem Lagebericht und dem Gewinnverwendungsvorschlag des Vorstands) und nimmt innerhalb eines Monats dazu in seinem Bericht Stellung (§ 171 Abs. 2 u. 3 AktG). Erhebt der Aufsichtsrat keine Einwendungen gegen den vom Vorstand aufgestellten Jahresabschluss, sondern billigt ihn, so ist dieser festgestellt, sofern die *Feststellung* nicht an die Hauptversammlung übertragen wurde (§ 172 AktG). Hat der Aufsichtsrat den Auftrag zur Prüfung erteilt ist der Prüfungsbericht im vorzulegen, zuvor ist aber dem Vorstand Gelegenheit zur Stellungnahme zu geben (§ 321 Abs. 5 Satz 2 HGB).

Im Rahmen eines Insolvenzverfahrens oder bei Ablehnung des Antrags auf Eröffnung des Insolvenzverfahrens mangels Masse kann ein Gläubiger oder ein Gesellschafter oder Aktionäre mit Anteilen von zusammen mindestens 1% des Grundkapitals oder mindestens einem Börsenwert von 100.000 EUR die Offenlegung der Prüfungsberichte der letzten drei Geschäftsjahre verlangen (§ 321a HGB).

Hat bei einer prüfungspflichtigen Gesellschaft keine Abschlussprüfung stattgefunden, so kann der Jahresabschluss nicht festgestellt werden (§ 316 Abs. 1 HGB). Wird der Jahresabschluss dennoch festgestellt, so ist er nichtig (§ 256 Abs. 1 Nr. 2 AktG; § 10 PublG). In diesem Falle ist auch der entsprechende Gewinnverwendungsbeschluss nichtig (§ 253 AktG).

Wird vom Abschlussprüfer kein uneingeschränkter Bestätigungsvermerk erteilt oder wird der Bestätigungsvermerk gar versagt, dann muss der Aufsichtsrat die Einwendungen überprüfen und in seinem Bericht dazu Stellung nehmen (§ 171 Abs. 2 AktG; § 52 Abs. 1 GmbHG). Eine Einschränkung des Bestätigungsvermerks könnte geboten sein, wenn die Grundsätze ordnungsmäßiger Buchführung gravierend verletzt sind, d.h. wenn z.B. einzelne Bewertungsvorschriften missachtet worden sind und die Gesellschaft eine Korrektur verweigerte. Die Versagung des Bestätigungsvermerks wird nur in extremen Fällen erfolgen, also z.B. wenn die Buchführung wegen fehlender Inventur nicht ordnungsmäßig ist. Billigt der Aufsichtsrat aufgrund dessen den Jahresabschluss nicht, so ist er nicht festgestellt, also nicht rechtsverbindlich. Mithin können auch keine rechtsverbindlichen Entscheidungen über am Jahresüberschuss anknüpfende Größen, wie z.B. Dividenden, Erfolgsbeteiligung der Arbeitnehmer, Tantiemen, Provisionen etc. getroffen werden. Konsequenzen bei der Frage der Entlastung des Vorstands könnten die Folge sein. Schließlich müsste der Jahresabschluss geändert werden.[1]

Bei Versagung des Bestätigungsvermerks kann der Aufsichtsrat den Jahresabschluss billigen und damit seine Feststellung herbeiführen (§ 171 Abs. 2 AktG) oder aber die Feststellung an die Hauptversammlung übertragen (§ 173 Abs. 1 AktG). Auch im Falle der Feststellung des Jahresabschlusses kann die Einschränkung oder Versagung des Bestätigungsvermerks zu

---
[1] Vgl. Stellungnahme des HFA des IDW 2/1991, „Änderung von Jahresabschlüssen und Anpassung der Handelsbilanz an die Steuerbilanz, Abschn. II.B., WPg 1992, S. 89.

Schwierigkeiten des Vorstands in der Hauptversammlung bzw. Gesellschafterversammlung führen bis hin zur Versagung der Entlastung des Vorstands bzw. der Geschäftsführer, eventuell auch des Aufsichtsrats (§ 119 Abs. 1 Nr. 3, § 120 AktG, § 46 Nr. 5 GmbHG). Die Aktionäre können unter den Voraussetzungen des § 258 AktG auch eine Sonderprüfung beantragen.

Fazit: Mit Ausnahme der folgenden Fälle
- Änderung des Jahresabschlusses einer AG durch die Hauptversammlung (§ 173 Abs. 3 AktG)
- Kapitalerhöhung aus Gesellschaftsmitteln durch eine AG (§ 209 Abs. 1 AktG)
- Ausgabe von Belegschaftsaktien durch eine AG im Falle eines genehmigten Kapitals (§ 204 Abs. 3 AktG) bei Deckung der entsprechenden Einlage aus dem Jahresüberschuss,

in denen die Maßnahmen im Falle der Einschränkung oder Versagung des Bestätigungsvermerks nicht durchgeführt werden können, hat diese also meist keine direkten Auswirkungen, wohl aber solche indirekter, d.h. faktischer Art. So werden das Ansehen und der gute Ruf der Gesellschaft bei Lieferanten und Kunden leiden, die ihre Geschäftsbeziehungen unter Umständen abbrechen, weil sie Unzuverlässigkeit und Übervorteilung durch die Gesellschaft fürchten. Vor allem aber wird die Kreditwürdigkeit sowohl aus Sicht der Kreditinstitute als auch der Lieferanten stark beeinträchtigt. Einschränkung der Kreditmöglichkeiten, verstärkte Forderung von Sicherheitsleistungen mit dem gleichen Ergebnis und Verteuerung von Krediten können die Folge sein. Um diese wirtschaftlichen Nachteile, die bis zur Existenzgefährdung der Gesellschaft gehen können, zu vermeiden, werden Vorstand bzw. Geschäftsführung alles tun, um Unklarheiten bereits während der Prüfung aufzuklären und die Gründe für Bemängelungen des Abschlussprüfers zu beseitigen. Der Bestätigungsvermerk ist somit das wirksamste Druckmittel des Prüfers zur Erreichung einer Gesetz und Satzung entsprechenden Rechnungslegung.

Offenlegungspflichten:

Gegenstand der Offenlegungspflichten von Kapitalgesellschaften sind gemäß §§ 325 und 328 HGB und §§ 9 und 15 PublG folgende Unterlagen:

• Jahresabschluss und Konzernabschluss sowie Datum der Feststellung
• Lagebericht und Konzernlagebericht
• Bericht des Aufsichtsrates gemäß § 171 Abs. 2 AktG
• Erklärung nach § 161 AktG
• Jahresergebnis und Vorschlag und Beschluss über die Ergebnisverwendung, soweit nicht aus dem eingereichten Jahresabschluss ersichtlich
• ggf. Wortlaut des Bestätigungsvermerks bzw. des Vermerks über dessen Versagung.

Für Geschäftsjahre ab 1.1.2005 kann von großen Kapitalgesellschaften an Stelle des Jahresabschlusses nach HGB auch ein (nach § 324a HGB geprüfter) Einzelabschluss nach IFRS veröffentlicht werden (§ 325 Abs. 2a i.V.m. § 315a HGB)[1]. Voraussetzung ist allerdings, dass der HGB-Jahresabschluss weiterhin elektronisch beim Betreiber des elektronischen Bundesanzeigers eingereicht wird.

---

[1] Vgl. Bilanzrechtsreformgesetz vom 10.12.2004.

Komponenten und Rechtsgrundlagen des Jahresabschlusses

Für kleinere und mittlere Kapitalgesellschaften gibt es *Offenlegungserleichterungen* gegenüber den großen Kapitalgesellschaften, da sie durch zu weitgehende Einblicke von Konkurrenten und Abnehmern in ihre wirtschaftliche Lage unverhältnismäßig große Wettbewerbsnachteile gegenüber den Einzelunternehmen und Personenhandelsgesellschaften gleicher Größe, die nicht publizierungspflichtig sind, erleiden müssten. Kleine und mittlere Kapitalgesellschaften brauchen daher die oben angegebenen Unterlagen nur zum Teil oder auch nur verkürzt beim elektronischen Bundesanzeiger einzureichen.

Bei mittelgroßen und großen GmbH's kann darüber hinaus die Offenlegung von Angaben zur Ergebnisverwendung entfallen, sofern sich daraus die Gewinnanteile natürlicher Personen feststellen lassen, die Gesellschafter sind (Datenschutz).

Umfang der Publizitätspflicht	
mittlere Kapitalgesellschaften (§ 327 HGB)	grundsätzlich wie große Kapitalgesellschaften, aber Bilanz und Anhang verkürzt
kleine Kapitalgesellschaften (§ 326 i.V.m. § 266 Abs. 1 Satz 3 HGB)	• keine GuV • stark verkürzte Bilanz • stark verkürzter Anhang • kein Lagebericht • keine Ergebnisverwendung

Für mittelgroße und große Kapitalgesellschaften wurden ebenfalls Publizitätshemmnisse beseitigt durch die Möglichkeit, auf die Angabe von Gesamtbezügen der Organmitglieder zu verzichten, sofern sich daraus die Bezüge eines einzelnen Organmitglieds feststellen lassen. Außerdem brauchen mittelgroße und große GmbHs Angaben zur Ergebnisverwendung nicht mehr offen zu legen, sofern die Gewinnanteile natürlicher Personen, die Gesellschafter sind, anhand dieser Angaben feststellbar sind. Für kleine Kapitalgesellschaften gelten beide Erleichterungen ohne die einschränkenden Bedingungen.

Aufgrund des Interesses vor allem der Öffentlichkeit an der wirtschaftlichen Lage von großen Unternehmen haben auch sehr große Einzelunternehmen und Personenhandelsgesellschaften[1] gemäß §§ 1, 9 und 15 PublG diese Veröffentlichungspflichten großer Kapitalgesellschaften in modifizierter Form zu erfüllen. Es genügt, die Bilanz mit globalem Ausweis des Postens „Eigenkapital" sowie einige Angaben aus der Gewinn- und Verlustrechnung zum Handelsregister einzureichen (§ 9 i.V.m. § 5 Abs. 5 PublG).

Die Unterlagen sind unverzüglich nach Vorlage an die Gesellschafter, jedoch spätestens vor Ablauf einer Frist von 12 Monaten nach dem Abschlussstichtag, elektronisch beim Betreiber des elektronischen Bundesanzeigers einzureichen (§ 325 Abs. 1 HGB). Außerdem haben die gesetzlichen Vertreter die Unterlagen unverzüglich nach der Einreichung im elektronischen Bundesanzeiger bekannt machen zu lassen (§ 325 Abs. 2 HGB). Die neue generell auf 12 Monate verlängerte Offenlegungsfrist steht zumindest für große Kapitalgesellschaften im Missverhältnis zur Aufstellungspflicht von nur 3 Monaten und läuft dem Interesse der Adressatengruppen an möglichst zeitnahen Informationen zuwider.

Kapitalmarktorientierte Gesellschaften im Sinne des § 264d HGB gelten stets als große Kapitalgesellschaften, müssen aber darüber hinaus weitere Angaben im Anhang und Lagebericht (z.B. zum Risikomanagementsystem) machen. Außerdem sind eine Kapitalflussrechnung, ein Eigenkapitalspiegel und (freiwillig) eine Segmentberichterstattung als zusätzliche Komponen-

---

[1] Die Größengrenzen nach PublG sind in der Übersicht am Ende dieses Kapitels aufgeführt.

ten des Jahresabschlusses zu erstellen und zu veröffentlichen (§ 325 Abs. 1 i.V.m. § 264 Abs. 1 HGB). Die Offenlegungspflicht beträgt gemäß § 325 Abs. 4 HGB nur 4 Monate, sofern es sich nicht um Kapitalgesellschaften im Sinne des § 327a HGB handelt, das sind solche, die nur bestimmte Schuldtitel an der Börse emittiert haben. In diesen Fällen kann offenbar die Frist zur Feststellung des Jahresabschlusses durch die Haupt- oder Gesellschafterversammlung von 8 Monaten (§ 175 Abs. 3 AktG; § 42a Abs. 2 GmbHG) nicht ausgenutzt werden. Eine entsprechende Änderung im AktG und im GmbHG fehlt.

Im Gegensatz zum europäischen Ausland, in dem das Abrufen ökonomischer Unternehmensdaten aus Datenbanken eine vertraute Angelegenheit ist und die Veröffentlichungspflicht von den Unternehmen eher als Chance gesehen wird, sich einen Ruf der wirtschaftlichen Solidität oder gar des erfolgreichen Unternehmens zu geben und damit Image und Bonität zu verbessern, stehen kleine und auch mittlere Kapitalgesellschaften der Offenlegungspflicht in Deutschland skeptisch und ablehnend gegenüber. In einer Untersuchung im Jahre 1989 stellte sich heraus, dass nur 7% der veröffentlichungspflichtigen GmbHs tatsächlich ihrer Publizitätspflicht nachgekommen sind.[1]

Ein Grund für die deutschen *Verstöße gegen die Publizitätspflichten* lag damals in den unzureichenden *Sanktionsmöglichkeiten*. Das Registergericht selbst hatte nur die Vollzähligkeit der eingereichten Unterlagen und, sofern vorgeschrieben, deren Bekanntmachung zu prüfen. Es gab allerdings damals für das Registergericht gemäß § 335 HGB bereits die Möglichkeit, bei Nichterfüllung dieser Pflicht ebenso wie bei Pflichtversäumnissen bezüglich der Aufstellung und Prüfung ein Zwangsgeld bis zu 5.000 EUR zu erheben. Dies galt jedoch nur dann, wenn ein Anteilseigner, ein Gläubiger oder der Betriebsrat dies beantragte. Dieser Gefahr konnte die GmbH leicht begegnen, indem sie diesen Personen die gewünschten Unterlagen offen legte. Auch die Festsetzung eines Bußgeldes bis zu 25.000 EUR gemäß § 334 Abs. 1 Nr. 5 HGB zeigte kaum Wirksamkeit, da nur derjenige eine Anzeige erstatten konnte, der über die Unternehmenslage genügend Insider-Informationen hatte, um einen Verstoß gegen Inhalt und Form des Jahresabschlusses bei der Veröffentlichung erkennen zu können.

Mit dem EuGH-Urteil vom 22.4.1999 wurde Deutschland verurteilt, *schärfere Offenlegungssanktionen* zu erlassen. Inzwischen gilt der sog. Jedermann-Antrag, d.h. die Möglichkeit, einen Antrag auf Zwangsgelderhebung wegen Pflichtversäumnissen bei Aufstellung und Prüfung zu stellen, ist nicht mehr auf Anteilseigner, Gläubiger und Betriebsrat beschränkt. Prozesskostenhilfe steht aber weiterhin nur diesen Gruppen zu. Für Pflichtverletzungen hinsichtlich der Offenlegung kann nach § 335a HGB nun ein Ordnungsgeld in Höhe von 2.500 bis 25.000 EUR vom Registergericht erhoben werden. Auch hier ist ein Jedermann-Antrag vorgesehen. Abgesehen davon, dass es durch die neuen Sanktionsrege-lungen leicht zu einer Überforderung der Registergerichte kommen kann, besteht nun ein krasses Missverhältnis zwischen der verschärften Ahndung von Versäumnissen bei der Offenlegung und der schwächeren Ahndung einer Nichtaufstellung oder Prüfungsverhinderung des Jahresabschlusses.

Seit 2007 sind etwa 1,1 Millionen Unternehmen gesetzlich verpflichtet, ihre Jahresabschlüsse bei der Bundesanzeiger Verlagsgesellschaft in Köln einzureichen, damit diese im *Elektronischen Bundesanzeiger* (im Internet) veröffentlicht werden können. Geschieht dies nicht, so werden diese Unternehmen vom Bundesanzeiger dem Bundesamt für Justiz in Bonn gemeldet, das von Amtes wegen Buß- und Ordnungsgelder festsetzt. Bis März 2009 hatten etwa 200.000 Unternehmen noch nicht ihren Jahresabschluss für 2008 eingereicht.[2] Die Neuregelung scheint aber allmählich Wirkung zu zeigen.

---

[1] Vgl. o.V., 93 Prozent aller GmbH pfeifen auf die Publizitätspflicht, Impulse 4/1989, S.166-169.
[2] Vgl. Frankfurter Allgemeine Zeitung vom 5. 3. 2009.

Allerdings besteht immer noch insofern eine Sanktionslücke, als bei einer GmbH der Jahresabschluss nur veröffentlicht werden darf, wenn er zuvor durch die Gesellschafter festgestellt, also ordnungsgemäß gebilligt worden ist (Art. 47 Abs. 1 BilRiL). Fehlt nun diese Feststellung des Jahresabschlusses durch die GmbH-Gesellschafter, so gibt es keinen Offenlegungszwang und ein Ordnungsgeld kann nicht erhoben werden.

f) Erleichterungen für Kleinst-Kapitalgesellschaften

Das MicroBilG brachte den so gen. Kleinstkapitalgesellschaften ab 2012 eine Reihe von Erleichterungen bei der Aufstellung und Offenlegung des Jahresabschlusses. Kleinstkapitalgesellschaften sind solche, die an zwei aufeinander folgenden Abschluss-Stichtagen 2 der 3 folgenden Größengrenzen unterschreiten (§ 267a Abs. 1 S. 1 HGB):

	Bilanzsumme	**Umsatzerlöse**	**Beschäftigte**
Kleinst-Kapitalgesellschaft	<= 350.000 EUR	<= 700.000 EUR	<= 10 (im ø)

Für Genossenschaften, Banken, Versicherungen und kapitalmarktorientierte Kapitalgesellschaften gelten die Erleichterungsregelungen nicht, da sie stets als große Kapitalgesellschaften gelten. Außerdem sind Investmentgesellschaften, Unternehmensbeteiligungsgesellschaften und andere Beteiligungsgesellschaften keine Kleinstkapitalgesellschaften (§ 267a Abs. 3 HGB). Diesen Gesellschaften sollen die Erleichterungen nicht gewährt werden, weil sie auch bei Einhaltung der Größengrenzen große Vermögenswerte verwalten und verwerten können.

Grundsätzlich gelten für Kleinstkapitalgesellschaften die besonderen Regeln für kleine Kapitalgesellschaften (§ 267a Abs. 2 HGB). Darüber hinaus gibt es folgende Erleichterungen.

Aufstellung des Jahresabschlusses:
Kleinstkapitalgesellschaften brauchen keinen Anhang zu erstellen, sofern unter dem Strich der Bilanz folgende Angaben gemacht werden:
- Haftungsverhältnisse nach § 251 HGB (nur der Gesamtbetrag)
- an Geschäftsführungs- oder Aufsichtsratsmitglieder gewährte Vorschüsse oder Kredite (§ 285 Nr. 9c) HGB)
- Transaktionen mit eigenen Aktien der Gesellschaft (§ 160 Abs. 1 S. 1 Nr. 2 AktG)
- ggf. Angaben darüber, dass der Jahresabschluss die Generalnorm nicht erfüllt (§ 264 Abs. 2 S. 3 HGB). Es gilt jedoch die Vermutung, dass der Jahresabschluss der Kleinstkapitalgesellschaften der Generalnorm entspricht (§ 264 Abs. 2 S. 4 HGB)

Die Bilanz der Kleinstkapitalgesellschaften braucht nur in einer verringerten Gliederungstiefe aufgestellt zu werden. Es genügt, die in § 266 Abs. 1 und 2 HGB mit Buchstaben gekennzeichneten Posten gesondert auszuweisen (§ 266 Abs. 1 S. 4 HGB). Auch die Gewinn- und Verlustrechnung braucht nur in einer gering untergliederten Form aufgestellt zu werden (§ 275 Abs. 5 HGB).

Offenlegung des Jahresabschlusses:
Statt ihren Jahresabschluss im elektronischen Bundesanzeiger zu veröffentlichen, können Kleinstkapitalgesellschaften ihren Jahresabschluss auch beim Unternehmensregister (Betreiber des Bundesanzeigers) *hinterlegen*. Interessierte Bilanzleser werden registriert und können kostenpflichtig eine elektronische Kopie des Abschlusses erhalten.

*) 2 der 3 an zwei aufeinanderfolgenden Stichtagen/ beim PublG: 3 aufeinanderfolgenden Stichtagen
**) nach Abzug eines auf der Aktivseite ausgewiesenen Fehlbetrags;
***) durchschnittliche Zahl am letzten Tag eines jeden Quartals
****) Bilanz, GuV oder entsprechende Anlage zur Bilanz/ u.U. Ergebnisverwendung/ u.U. Bericht des Aufsichtsrats (§§ 5, 7, 9 PublG; § 171 Abs. 2 AktG)
*****) Falls es sich nicht um eine Kapitalgesellschaft handelt, die nur best. Schuldtitel emittiert hat (§ 327a HGB)
******) Bilanz, GuV, Anhang, Kapitalflussrechnung, Eigenkapitalspiegel, Segmentberichterstattung (falls erstellt), Lagebericht/ u.U. Ergebnisverwendung/ u.U. Bericht des Aufsichtsrats (§ 171 Abs. 2 AktG)

g) Sanktionen bei Nichtbeachtung gesetzlicher Vorschriften

1. Handelsrechtliche Vorschriften

Bei nicht prüfungs- und offenlegungspflichtigen Unternehmen gibt es keine Konsequenzen (nur im Insolvenzfalle Bestrafung nach § 283b StGB). In allen anderen Fällen gilt:

- Geld- und Freiheitsstrafen, Bußgelder (§§ 331-334 HGB) bei unrichtigen Angaben durch vertretungsberechtigte Personen, Verletzung der Berichts- und Geheimhaltungspflicht des Abschlussprüfers, Verstößen gegen Offenlegungspflichten, Gliederungs- und Bewertungsvorschriften.

- Zwangsgelder durch Registergericht (§ 335 HGB) auf Antrag, um zur Erfüllung der Aufstellungs- und Prüfungspflichten anzuhalten. Jedermann ist antragsberechtigt.

- Ordnungsgelder durch Registergericht (§ 335a HGB) auf Antrag bei pflichtwidrigem Unterlassen der rechtzeitigen Offenlegung. Jedermann ist antragsberechtigt.

- Nichtigkeit des Jahresabschlusses (§§ 256 ff. AktG) bei schwerwiegenden Rechtsverletzungen, z.B. bei gravierenden Verstößen gegen Bilanzierungs- und Bewertungsvorschriften, bei unterlassener Prüfung etc. Gilt für AG's und andere Kapitalgesellschaften analog sowie für EU/PersG nach § 10 PublG. Die Nichtigkeit hat zur Folge, dass alle aufgrund des Jahresabschlusses getroffenen Maßnahmen (Ausschüttung, Rücklagenzuführung, erfolgsabhängige Vergütungen) unwirksam sind. Auch dürften die negativen Auswirkungen auf Kreditwürdigkeit und Ansehen des Unternehmens gravierend sein.

2. Strafrechtliche Vorschriften

- Insolvenzdelikte: Verletzung der Buchführungspflichten wird nach §§ 283, 283a, 283b StGB bestraft.
- Bilanzdelikte:
  a) Bilanzverschleierung: durch unrichtige Gliederung/Postenbezeichnung gegen Generalnorm § 264 Abs. 2 HGB verstoßen; Freiheits-/Geldstrafe nach § 400 AktG und § 82 GmbHG.
  b) Bilanzfälschung: Jahresabschluss bewusst unrichtig; Strafe wie unter a).

3. Steuerrechtliche Vorschriften

- Unschädliche ergänzende Schätzung: bei unwesentlichen sachlichen und formellen Mängeln von Buchführung und Jahresabschluss (R 5.2 EStR; § 162 AO).
- Schädliche Vollschätzung der Besteuerungsgrundlagen: bei erheblichen Verstößen (z.B. fehlende Inventur) gegen GoB und die einschlägigen Gesetzesvorschriften ist die Buchführung nicht mehr ordnungsmäßig (§§ 158, 162 AO; R 5.2 und R 4.1 Abs. 2 Satz 2 EStR).
- Zwangsgelder: um zur Erfüllung der Aufzeichnungspflichten anzuhalten (§ 328 AO).
- Bußgelder und Geld-/Freiheitsstrafen: bei Steuergefährdung (§ 379 AO), bei Steuerverkürzung (fahrlässig; § 378 AO), bei Steuerhinterziehung (vorsätzlich; § 370 AO).

4. Rechtsgrundlagen des Jahresabschlusses nach IFRS

Das IFRS-Regelwerk setzt sich aus dem Framework, den Standards und den Interpretations zusammen. Im Framework werden grundlegende Dinge geregelt, wie die Ziele der Rechnungslegung und die allgemeinen qualitativen Grundsätze der Rechnungslegung.

Framework–Rahmenkonzept für die Aufstellung und Darstellung von Abschlüssen	
Einführung	F1-F11
Die Zielsetzung von Abschlüssen	F12-F21
Zu Grunde liegende Annahmen	F22f-F23
Qualitative Anforderungen an den Abschluss	F24-F46
Die Abschlussposten	F47-F81
Erfassung von Abschlussposten	F82-F98
Bewertung von Abschlussposten	F99-F101
Kapital- und Kapitalerhaltungskonzepte	F102-F110

International Accounting Standards (IAS)	
Darstellung des Abschlusses	IAS 1
Vorräte	IAS 2
Kapitalflussrechnungen	IAS 7
Rechnungslegungsmethoden, Änderungen von rechnungslegungsbezogenen Schätzungen und Fehler	IAS 8
Ereignisse nach dem Bilanzstichtag	IAS 10
Ertragsteuern	IAS 12
Sachanlagen	IAS 16
Leasingverhältnisse	IAS 17
Leistungen an Arbeitnehmer	IAS 19
Bilanzierung und Darstellung von Zuwendungen der öffentlichen Hand	IAS 20
Auswirkungen von Wechselkursänderungen	IAS 21
Fremdkapitalkosten	IAS 23
Angaben über Beziehungen zu nahe stehenden Unternehmen und Personen	IAS 24
Bilanzierung und Berichterstattung von Altersversorgungsplänen	IAS 26
Einzelabschlüsse	IAS 27
Anteile an assoziierten Unternehmen und Gemeinschaftsunternehmen	IAS 28
Rechnungslegung in Hochinflationsländern	IAS 29
Finanzinstrumente: Darstellung	IAS 32
Ergebnis je Aktie	IAS 33
Zwischenberichterstattung	IAS 34
Wertminderung von Vermögenswerten	IAS 36
Rückstellungen, Eventualverbindlichkeiten und Eventualforderungen	IAS 37
Immaterielle Vermögenswerte	IAS 38
Finanzinstrumente: Ansatz und Bewertung	IAS 39
Als Finanzinvestition gehaltene Immobilien	IAS 40
Landwirtschaft	IAS 41

International Financial Reporting Standards (IFRS)	
Erstmalige Anwendung der International Financial Reporting Standards	IFRS 1
Anteilsbasierte Vergütung	IFRS 2
Unternehmenszusammenschlüsse	IFRS 3
Versicherungsverträge	IFRS 4
Zur Veräußerung gehaltene langfristige Vermögenswerte und aufgegebene Geschäftsbereiche	IFRS 5
Exploration und Evaluierung von Bodenschätzen	IFRS 6
Finanzinstrumente: Angaben	IFRS 7
Geschäftssegmente	IFRS 8
Finanzinstrumente	IFRS 9
Konzernabschlüsse	IFRS 10
Gemeinsame Vereinbarungen	IFRS 11
Angaben zu Anteilen an anderen Unternehmen	IFRS 12
Bemessung des beizulegenden Zeitwerts	IFRS 13
Erlöse aus Verträgen mit Kunden	IFRS 15
Leasingverhältnisse	IFRS 16
IFRS für kleine und mittelgroße Unternehmen	

Standing Interpretations Committee (SIC)	SIC
Interpretationen bei einzelnen Fragestellungen/speziellen Problemen	7-32

International Financial Reporting Interpretations Committee (IFRIC)	IFRIC
Interpretationen bei einzelnen Fragestellungen/speziellen Problemen	1-21

Der am 9.7.2009 verabschiedete *IFRS für kleine und mittlere Unternehmen* („IFRS for Small and Medium-sized Entities", abgekürzt IFRS for SMEs) ist als eigenständiger Standard konzipiert. Alle Kerninhalte der IFRS sind in einem einzigen Standard zusammengeführt worden. Zweck des IFRS/SME ist es, kleinen und mittleren Unternehmen die Anwendung der IFRS zu erleichtern.[1]

---

[1] Genaueres zu IFRS for SMEs siehe Teil D.

V. Grundsätze ordnungsmäßiger Buchführung und Bilanzierung

Lernziele:

Der Leser soll

- *Herkunft, Wesen und Bedeutung der Grundsätze ordnungsmäßiger Buchführung und Bilanzierung verstehen*

- *den Inhalt der einzelnen Grundsätze ordnungsmäßiger Buchführung und Bilanzierung und ihre Konsequenzen für die gesetzlichen Bilanzierungsvorschriften kennenlernen.*

1. Begriff und Quellen der Grundsätze ordnungsmäßiger Buchführung und Bilanzierung

Definition:

> Unter *Grundsätzen ordnungsmäßiger Buchführung und Bilanzierung (GoB)* sind diejenigen Gepflogenheiten und Prinzipien zu verstehen, die die ordentlichen und ehrbaren Kaufleute bei der Buchführung und beim Jahresabschluss anwenden bzw. anwenden sollen.

Diese Übungen (Usancen) der ordentlichen und ehrenwerten Kaufleute haben sich in Jahrhunderten der Buchführungspraxis herausgebildet und sind zur Norm geworden, ohne daß sie kodifiziert, d.h. gesetzlich festgeschrieben, waren. Nur wenige Ausnahmen (z.B. Vollständigkeit, Richtigkeit, § 39 HGB a.F.) waren im Gesetz schriftlich niedergelegt. Gleichwohl waren und sind die GoB streng zu beachten. Die gesetzlichen Bilanzierungsvorschriften haben schon immer auf die Grundsätze ordnungsmäßiger Buchführung Bezug genommen (im geltenden Recht z.B. §§ 238 Abs. 1, 243 Abs. 1, 264 Abs. 2 HGB). Auch ist immer dann, wenn es keine spezielle Vorschrift für den Einzelfall gibt oder eine Gesetzesvorschrift der Auslegung bedarf, auf die GoB zurückzugreifen. Überdies sind alle kodifizierten Einzelvorschriften aus den GoB und den Zielen/Aufgaben des Jahresabschlusses abgeleitet.

Die Nicht-Kodifizierung der GoB führt zwar einerseits zu Unklarheiten und eventuellen Meinungsverschiedenheiten im Detail, hat aber andererseits den Vorteil, dass eine leichtere Anpassungsfähigkeit an Änderungen der Umwelt (z.B. EDV-Buchführung) gegeben ist. Der Gesetzgeber hat den ersten Punkt für gewichtiger gehalten und im Interesse einer einheitlichen Formulierung im neuen HGB 1985 die wichtigsten Grundsätze schriftlich fixiert. Dies darf aber nicht dahingehend missverstanden werden, dass seitdem Grundsätze ordnungsmäßiger Buchführung nur Geltung haben, wenn sie im HGB erwähnt sind.

Die Feststellung, Auslegung und Erweiterung der GoB auf neue Fragestellungen erfolgt durch die Rechtsprechung sowie durch Bilanzierungsfachleute aus der Praxis der Unternehmen und der Wirtschaftsprüfung (z.B. Stellungnahmen des Instituts der Wirtschaftsprüfer[1]) und durch Publikationen von Wissenschaftlern. Einen anderen Weg der Feststellung hat der Bundesgerichtshof im Jahre 1961 beschritten. Durch eine Umfrage wollte er herausfinden, ob die ordentlichen Kaufleute entsprechend ihren Buchführungs- und Bilanzierungsgrundsätzen die Passivierung von Pensionsrückstellungen für eine Verpflichtung oder für ein Wahlrecht halten. Die Mehrheit sprach sich für das Wahlrecht aus, sicherlich auch mit dem Ziel, sich mög-

---

[1] Das Institut der Wirtschaftsprüfer Deutschlands (IDW) wird in diesem Sinne offiziell „Standardsetzer" genannt in Anlehnung an die internationale Bezeichnung „standard setter".

lichst viele Ermessensspielräume für die Bilanzierung offenzuhalten. Die BGH-Entscheidung für das Wahlrecht hielt sich trotz der Einwendungen der Wirtschaftsprüfer bis zum Jahre 1985, als endlich im Zuge der Bilanzreform die Passivierungspflicht festgeschrieben wurde. An diesem Fall wird deutlich, dass die Ermittlung der GoB nicht induktiv erfolgen darf, da es kaum möglich ist, empirisch a priori zwischen ordentlichen bzw. ehrenwerten und den übrigen Kaufleuten zu unterscheiden. Außerdem sind die Kaufleute nicht objektiv, sondern vertreten ihre eigenen Interessen.

Merke:

> Eine sinnvolle Feststellung und Auslegung von GoB muss ***deduktiv*** erfolgen, d.h. es müssen aus den Aufgaben bzw. Oberzielen der Buchführung und Bilanzierung konkretere GoB abgeleitet werden. Die richtige Fragestellung dabei ist: Wie würde (sollte) ein ordentlicher Kaufmann in diesem Falle bilanzieren, wenn er die Aufgaben von Buchführung und Jahresabschluss berücksichtigt?

Die deduktive Ableitung der GoB wird in folgender Übersicht schematisch dargestellt. Auf diesem Wege gelangt man bei obiger Fragestellung zwingend zu einer Passivierungspflicht der Pensionsrückstellungen.

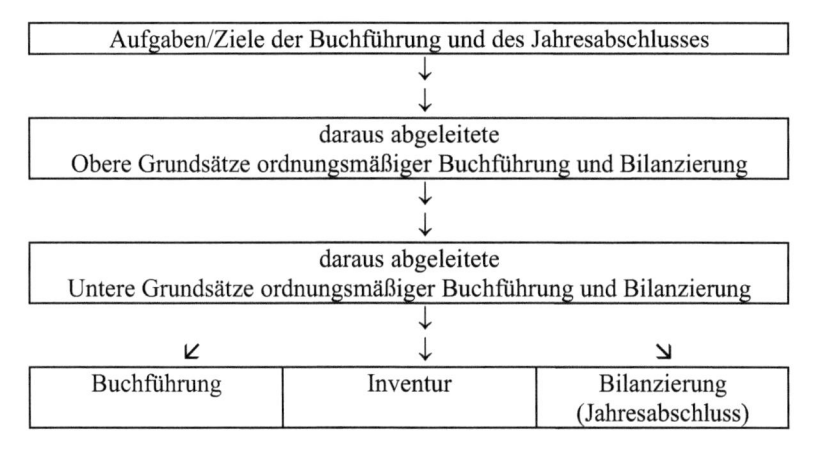

```
┌─────────────────────────────────────────────────────────────┐
│     Aufgaben/Ziele der Buchführung und des Jahresabschlusses │
└─────────────────────────────────────────────────────────────┘
                              ↓
                              ↓
┌─────────────────────────────────────────────────────────────┐
│                    daraus abgeleitete                        │
│    Obere Grundsätze ordnungsmäßiger Buchführung und Bilanzierung │
└─────────────────────────────────────────────────────────────┘
                              ↓
┌─────────────────────────────────────────────────────────────┐
│                    daraus abgeleitete                        │
│   Untere Grundsätze ordnungsmäßiger Buchführung und Bilanzierung │
└─────────────────────────────────────────────────────────────┘
              ↙               ↓              ↘
      ┌─────────────┬─────────────────┬──────────────────┐
      │ Buchführung │    Inventur     │   Bilanzierung   │
      │             │                 │ (Jahresabschluss)│
      └─────────────┴─────────────────┴──────────────────┘
```

Die speziellen Grundsätze ordnungsmäßiger Buchführung (von Leffson[1] Dokumentationsgrundsätze genannt) sollen hier nur aufgezählt, nicht aber erläutert werden, da sie sich allein auf die Buchführung beziehen, die in diesem Lehrbuch nicht behandelt wird. Sie lauten:

1) Systematischer Aufbau der Buchführung
2) Vollständigkeit und Richtigkeit
3) Belegprinzip
4) Chronologische und zeitnahe Buchung
5) Klarheit und Nachprüfbarkeit
6) Einhaltung der Aufbewahrungsfristen
7) Sicherung der Zuverlässigkeit und Ordnungsmäßigkeit der Buchführung durch ein internes Kontrollsystem

---

[1] Vgl. Leffson, Ulrich: Die Grundsätze ordnungsmäßiger Buchführung, 7. Aufl., Düsseldorf 1987.

2. Grundsätze ordnungsmäßiger Bilanzierung (Rechenschaftsgrundsätze)

Die im Folgenden zu behandelnden oberen Grundsätze gehen in Systematik und Auslegung überwiegend auf Leffson zurück, der den unbestimmten Rechtsbegriff "Grundsätze ordnungsmäßiger Buchführung" betriebswirtschaftlich sachgerecht zu klären versucht. Inhaltlich ist zudem der Stand der Rechtsprechung berücksichtigt, die Systematik ist zwecks Anpassung an die Kodifizierung im HGB etwas verändert. Die Rahmengrundsätze enthalten Bedingungen jeder Vermittlung nützlicher Informationen. Bei den Abgrenzungsgrundsätzen geht es um die Kriterien, nach denen Vorgänge und Geschäftsvorfälle einander und/oder einer bestimmten Periode zuzuordnen sind. Die unteren GoB werden später bei der Behandlung der einzelnen Jahresabschlusspositionen angesprochen.

Rahmengrundsätze:	1) Richtigkeit und Willkürfreiheit	-----
	2) Bilanzklarheit	§ 243 Abs. 2 HGB
	3) Vollständigkeit	§ 246 Abs. 1 HGB
	4) Bilanzidentität	§ 252 Abs. 1 Nr.1 HGB
	5) Wirtschaftlichkeit bzw. Wesentlichkeit	-----
Abgrenzungsgrundsätze:	1) Stichtagsprinzip	§ 252 Abs. 1 Nr. 3 HGB
	2) Abgrenzung der Sache und der Zeit nach	§ 252 Abs. 1 Nr. 5 HGB
	3) Vorsichtsprinzip	§ 252 Abs. 1 Nr 4 HGB
	4) Realisationsprinzip	§ 252 Abs. 1 Nr. 4 HGB
	5) Imparitätsprinzip	§ 252 Abs. 1 Nr. 4 HGB
Ergänzende Grundsätze:	1) Going-concern-Prinzip	§ 252 Abs. 1 Nr. 2 HGB
	2) Einzelbewertung	§ 252 Abs. 1 Nr. 3 HGB
	3) Formale Bilanzkontinuität	§ 265 Abs. 1 HGB
	4) Stetigkeit	§ 246 Abs. 3 HGB; § 252 Abs. 1 Nr. 6 HGB

a) Rahmengrundsätze

(1) Richtigkeit und Willkürfreiheit

Diese beiden Grundsätze werden oft zusammen als Bilanzwahrheit bezeichnet. Da aber die absolute Wahrheit sowie die zukünftigen Werte für den Menschen nicht erkennbar sind, sollten besser relativierende Begriffe verwendet werden, die deutlich machen, dass es nur um "wahre" Werte im Hinblick auf die Jahresabschlussvorschriften geht. Unter *Richtigkeit* wird die sachbezogene Wahrheit verstanden, nämlich die objektive (intersubjektiv nachprüfbare) Übereinstimmung zwischen den Aussagen von Buchführung sowie Jahresabschluss und den zugrunde liegenden Sachverhalten. Ein Dritter muss also bei der Abbildung der tatsächlichen Gegebenheiten zu demselben Ergebnis kommen. Der Grundsatz der Richtigkeit umfasst einmal die formale und zum anderen die materiell-inhaltliche Seite des Jahresabschlusses. *Inhaltlich* richtig müssen die im Jahresabschluss angegebenen Werte sein, d.h. diese müssen sowohl auf richtigen Berechnungen basieren als auch den übrigen GoB entsprechend ermittelt worden sein. *Formal* geht es darum, die Jahresabschlussposten ihrem Inhalt und den gesetzlichen Vorschriften entsprechend zu bezeichnen.

Beispiel:
Gebäude dürfen nicht als maschinelle Anlagen bezeichnet werden, Rückstellungen nicht als Verbindlichkeiten.

Der Grundsatz der Richtigkeit muss bei Schätzungen[1] und Ermessensentscheidungen durch den Grundsatz der *Willkürfreiheit*, die die personenbezogene Wahrheit bezeichnet, ergänzt werden. Ein Wertansatz im Jahresabschluss darf demnach nicht willkürlich sein, er muss auf reiflichen Überlegungen beruhen. Der Bilanzierende muss subjektiv von der Richtigkeit der Schätzung bzw. der zugrundeliegenden Annahmen überzeugt sein und darf nicht bewußt von seiner Überzeugung abweichen, um bilanzpolitische oder steuerliche Ziele zu erreichen.

Beispiel:
Die Schätzung der Höhe einer Rückstellung für die öffentlich-rechtliche Verpflichtung zur Beseitigung von Altlasten (Dekontaminierungskosten) darf nicht von der Höhe des vorläufigen Jahresüberschusses abhängen, sondern muss zu dem Wert führen, von dessen Richtigkeit der Bilanzierende bei Berücksichtigung der anderen GoB, vor allem des Vorsichtsprinzips, überzeugt ist. Beträgt dieser Wert z.B. 100.000,- EUR und wird dennoch bewußt eine Rückstellung in Höhe von 150.000,- EUR gebildet, so werden durch die Überbewertung der Rückstellungen unzulässige sog. Willkürreserven in Höhe von 50.000,- gebildet.[2]

Es ist offensichtlich, dass der Grundsatz der Willkürfreiheit, der die falsche Bewertung von Vermögensgegenständen und von Schulden sowie Rückstellungen verhindern soll, ein sehr stumpfes Schwert ist. Da den Menschen die Introspektion nicht möglich ist, kann jeder Bilanzaufsteller behaupten und dem Wirtschaftsprüfer gegenüber meist auch plausibel begründen, dass der angesetzte Wert der seiner Überzeugung nach richtige ist, auch wenn es tatsächlich ein manipulierter Wert ist.

(2) Bilanzklarheit

Dieser formale Grundsatz ist zusammen mit dem aussagekräftigeren Begriff der Übersichtlichkeit in § 243 Abs. 2 HGB kodifiziert. Sowohl die Gliederung als auch die Postenbezeichnung im Jahresabschluss soll unter Beachtung der gesetzlichen Vorschriften so gestaltet sein, dass der Bilanzleser ein übersichtliches Zahlenwerk vorfindet. Bezüglich der Bilanzgliederung gibt es z.B. für Kapitalgesellschaften genaue Vorschriften im § 266 HGB, diese Mindestgliederung kann jedoch im Interesse der Bilanzklarheit noch ergänzt werden (vgl. auch § 265 HGB). Im Einzelnen umfasst das Prinzip der Klarheit drei Teilaspekte:

- *Angemessene Gliederungstiefe* von Bilanz und Gewinn- und Verlustrechnung. Eine zu tiefe Untergliederung der Posten kann allerdings wiederum zu Unübersichtlichkeit führen.
- *Eindeutige Postenbezeichnung* in Bilanz und Gewinn- und Verlustrechnung. Dem Jahresabschluss-Leser müssen die inhaltlichen Unterschiede der einzelnen Posten deutlich werden. Beispielsweise sind Beteiligungen (Eigentümerrechte) und Ausleihungen (Gläubigerrechte) in der Bezeichnung deutlich zu trennen.
- *Verrechnungsverbot:* § 246 Abs. 2 HGB verbietet grundsätzlich die Verrechnung von Aktiva und Passiva, von Aufwendungen und Erträgen sowie von Grundstücksrechten und Grundstückslasten miteinander. Dieses Verrechnungsverbot (Saldierungsverbot, Bruttoprinzip) soll einen möglichst hohen Informationsgehalt des Jahresabschlusses im Interesse des Lesers garantieren.

---

[1] Schätzungen sind nötig etwa hinsichtlich der Nutzungsdauer, der Höhe von Wertberichtigungen zu Forderungen, der Höhe von Rückstellungen.
[2] Willkürreserven sind eine bestimmte Art von so gen. stillen Reserven, vgl. dazu Kapitel B.III.2.

Beispiel:
Der saldierte Ausweis des Netto-Geldvermögens (=Kasse + Bankguthaben + kurzfristige Forderungen - kurzfristige Verbindlichkeiten) ist nicht zulässig. Ebenso wäre die Aufgabe der Gewinn- und Verlustrechnung, die Ursachen des Jahresergebnisses zu zeigen, nicht erfüllt, wenn dort nur die Salden "Ergebnis der gewöhnlichen Geschäftstätigkeit", "Finanzergebnis" und "außerordentliches Ergebnis" sowie die Steuern auftauchen würden.

Das Verrechnungsverbot dient also auch den allgemeinen Jahresabschlusszielen. Dokumentation und Rechenschaftslegung sind nicht erfüllt, wenn Bilanz sowie Gewinn- und Verlustrechnung nur aus wenigen saldierten Posten bestehen. Das Bruttoprinzip sollte nach herrschender Meinung generell auch in der Buchführung Beachtung finden, für Kapitalgesellschaften lässt sich diese Forderung auch aus der Generalnorm (§ 264 Abs. 2 HGB) ableiten.

(3) Vollständigkeit

Dieser Grundsatz ist recht ausführlich im § 246 Abs. 1 HGB niedergelegt. Danach hat der Jahresabschluss sämtliche Vermögensgegenstände, Schulden, Rechnungsabgrenzungsposten, Aufwendungen und Erträge zu enthalten, sofern kein konkretes Bilanzierungsverbot besteht. Ohne Beachtung dieses Grundsatzes ist weder eine Dokumentation noch eine Rechenschaftslegung sinnvoll durchführbar. Es darf nicht dem Bilanzierenden überlassen sein, welche Dinge er in den Jahresabschluss aufnimmt und welche nicht. Aus dem Grundsatz der Vollständigkeit folgt auch die Verpflichtung, eine Inventur durchzuführen.

- *Juristisches oder wirtschaftliches Eigentum?*

Es stellt sich die Frage, ob auch diejenigen Vermögensgegenstände in die Bilanz aufzunehmen sind, die zwar im Unternehmen eingesetzt sind, jedoch nicht in dessen juristischem Eigentum stehen. Dieses Problem wird durch die Formulierung in § 240 Abs. 1 HGB, nach der der Kaufmann seine Grundstücke, seine Forderungen und Schulden, den Betrag seines baren Geldes sowie seine sonstigen Vermögensgegenstände im Inventar (vgl. Kapitel A.V.) zu verzeichnen hat, nur scheinbar zugunsten des juristischen Eigentums gelöst. Da der Jahresabschluss das Ergebnis der Geschäftstätigkeit und dessen Quellen angeben soll, ist es zweckmäßig, die Gegenstände zu bilanzieren, mit deren Hilfe dieses Ergebnis erzielt wurde. Bei den Vermögensgegenständen, deren juristischer Eigentümer nicht gleichzeitig auch der Nutzende (Besitzer) ist, ergeben sich jedoch Abgrenzungsschwierigkeiten. Welcher von beiden soll den Gegenstand in seine Bilanz aufnehmen? Die wirtschaftliche Betrachtungsweise führt klar zu der Lösung, dass derjenige, der den Gegenstand nutzt, ihn auch bilanzieren muss. Dies ist aber auch nur eine Scheinlösung des Problems, da z.B. der Vermieter eines Bürogebäudes das Gebäude ja ebenfalls nutzt, nämlich zur Einnahmenerzielung aus Vermietung. Es ist also eine exaktere Abgrenzung nötig, die durch den Begriff des wirtschaftlichen Eigentums erfolgt:

Wirtschaftliches Eigentum (ohne juristisches Eigentum)	Juristisches Eigentum (ohne wirtschaftliches Eigentum)
tatsächliche Verfügungsmacht/ Herrschaftsgewalt über einen Gegenstand (Substanz und Ertrag des Gegenstands vollständig)	Eigentumsrechte an einem Gegenstand nach §§ 903, 985 BGB und
Möglichkeit, den juristischen Eigentümer dauerhaft (i.d.R. über die wirtschaftliche Nutzungsdauer) von der Nutzung des Gegenstands auszuschließen (BFH 26.1.1970, BStBl. 1970 II S. 244)	dauerhafte Überlassung des Gegenstands an einen Dritten zur Nutzung ohne die Möglichkeit, kurz- und mittelfristig wieder über den Gegenstand zu verfügen

Allein das wirtschaftliche Eigentum ist entscheidend, wenn es um die Frage geht, wer einen Gegenstand zu bilanzieren hat (§ 246 Abs. 1 Satz 2 HGB). Dieser Grundsatz gilt auch steuerrechtlich:

> "Übt ein anderer als der Eigentümer die tatsächliche Herrschaft über ein Wirtschaftsgut in der Weise aus, dass er den Eigentümer im Regelfall für die gewöhnliche Nutzungsdauer von der Einwirkung auf das Wirtschaftsgut wirtschaftlich ausschließen kann, so ist ihm das Wirtschaftsgut zuzurechnen " (§ 39 Abs. 2 Nr. 1 AO).

In folgenden Fällen sind wirtschaftlicher und juristischer Eigentümer verschiedene Personen oder Gesellschaften:

* *Eigentumsvorbehalt*

Der Lieferant behält sich das juristische Eigentum vor, bis der Abnehmer, in dessen Verfügungsmacht sich die Gegenstände bereits befinden, den Rechnungsbetrag vollständig beglichen hat.

* *Sicherungsübereignung*

Zum Zwecke der Besicherung einer Verbindlichkeit wird das Eigentum, z.B. einer Maschine, an den Gläubiger übertragen, während die Verfügungsmacht über die Maschine weiterhin beim Kreditnehmer verbleibt (§ 39 Abs. 2 Nr. 1 Satz 2 AO).

* *Treuhandverhältnisse*

Das "zu treuen Händen" übertragene Treuhandvermögen ist beim Treugeber als dem wirtschaftlichen Eigentümer zu bilanzieren (§ 39 Abs. 2 Nr. 1 Satz 2 AO). Handelsrechtlich sollte es auch vom Treuhänder als Durchlaufposten bilanziert werden, und zwar in der Vorspalte als Treuhandvermögen und als Treuhandverpflichtung oder auf der Aktivseite "unter dem Strich" der Bilanz[1].

* *Leasing*

Hier ist jedoch häufig der juristische auch der wirtschaftliche Eigentümer. Zur bilanziellen Behandlung des Leasing vgl. Kapitel B.IV.3.

* *Kommissionsware*

Kommissionsgeschäfte (§§ 383 ff. HGB) liegen vor, wenn eine Vertragspartei (= Kommissionär) Waren im eigenen Namen, aber für (fremde) Rechnung seines Auftraggebers (Kommittent) ein- oder verkauft. Da er die mit der Ware verbundenen Gefahren trägt, ist der Kommittent immer wirtschaftlicher Eigentümer und muss die Ware bilanzieren. Der Kommissionär wird bei eingekauften Waren lediglich juristischer Eigentümer.

---

[1] Vgl. Wirtschaftsprüfer-Handbuch 2000, Bd. I, Teil E, Tz. 39.

- **Gesamtvermögen oder nur Betriebsvermögen?**

Die bereits erwähnte Vorschrift § 240 Abs. 1 HGB enthält die Verpflichtung des Kaufmanns, seine Vermögensgegenstände und seine Schulden in das Inventar aufzunehmen. Daraus könnte man schließen, dass das Vollständigkeitsgebot das Gesamtvermögen einschließlich des Privatvermögens umfasst. Dass diese Meinung *handelsrechtlich* für Einzelunternehmen und Personenhandelsgesellschaften[1] für vertretbar gehalten wird, geht aus § 5 Abs. 4 PublG hervor, der die Bilanzierung von Privatvermögen nur für Unternehmen, die unter das Publizitätsgesetz fallen, verbietet. Nach herrschender Meinung darf in den handelsrechtlichen Jahresabschluss jedoch nur das Betriebsvermögen aufgenommen werden, da nur dieses zur Erwirtschaftung des betrieblichen Jahresergebnisses beigetragen hat. Dies regelt § 264c Abs. 3 HGB für bestimmte OHG und KG i.S.d. § 264a HGB ausdrücklich.

Im *Steuerrecht* darf ebenfalls nur Betriebsvermögen in der Bilanz erscheinen und nur die mit diesem zusammenhängenden Erträge und Aufwendungen dürfen in der Gewinn- und Verlustrechnung berücksichtigt werden. Es sind drei Kategorien zu unterscheiden:

notwendiges Betriebsvermögen	*gewillkürtes Betriebsvermögen*	*notwendiges Privatvermögen*
Wirtschaftsgüter, die ausschließlich und unmittelbar für eigenbetriebliche Zwecke des Steuerpflichtigen genutzt werden oder dazu bestimmt sind (R 4.2 Abs. 1 Satz 1 EStR)	Wirtschaftsgüter, die weder notwendigerweise im Betrieb noch in der Privatsphäre genutzt werden müssen und in einem gewissen objektiven Zusammenhang mit dem Betrieb stehen und ihn zu fördern bestimmt und geeignet sind (R 4.2 Abs. 1 Satz 3 EStR)	Wirtschaftsgüter, die ihrem Wesen nach nicht betrieblich genutzt werden können. Wird notwendiges Privatvermögen zur Besicherung betrieblicher Verbindlichkeiten verpfändet, so wird es dadurch nicht zum Betriebsvermögen (H 4.2 Abs. 1 „Kreditgrundlage/Liquiditätsreserve" u. „Lebensversicherungen" EStH)
Beispiele: Fabrikhalle, Bürogebäude, Fertigungsmaschine, LKW	*Beispiele:* PKW, vermietete Gebäudeteile (R 4.2 Abs. 9 EStR), Wertpapiere	*Beispiele:* Schmuck, belletristische Bücher
Bilanzierungspflicht	**Bilanzierungswahlrecht**	**Bilanzierungsverbot**

Eigentlich gibt es nur zwei Kategorien, das Betriebsvermögen und das Privatvermögen. Das gewillkürte Betriebsvermögen stellt ohne Einschränkungen Betriebsvermögen dar. Die einzige Besonderheit ist, dass eine Entscheidung des Unternehmens getroffen werden muss, die Gegenstände dem Betriebsvermögen und nicht dem Privatvermögen zuzuordnen, was durch die Aufnahme in Buchführung und Bilanz nach außen (insbesondere gegenüber dem Finanzamt) kundgetan werden muss. Wurde notwendiges Betriebsvermögen nicht bilanziert, so ist die Bilanz falsch und muss berichtigt werden. Dies gilt genauso für den Fall, dass notwendiges Privatvermögen bilanziert wurde.

---

[1] Kapitalgesellschaften haben im Sinne des Handelsrechts kein Privatvermögen.

Grundstücke und PKW werden häufig sowohl betrieblich als auch privat genutzt. Bei *gemischt genutzten beweglichen Wirtschaftsgütern* kann eine Zuordnung zum Privat- oder Betriebsvermögen nur für den Gegenstand als ganzem vorgenommen werden, eine Zerteilung kommt nicht in Betracht. Die Zuordnung erfolgt nach folgendem Kriterium (R 4.2 Abs. 1 Sätze 4-7 EStR):

notwendiges Betriebsvermögen	*gewillkürtes Betriebsvermögen*	*notwendiges Privatvermögen*
betrieblicher Nutzungsanteil > 50 %	betriebliche Nutzung zwischen 10 % und 50 %	betrieblicher Nutzungsanteil < 10 %
muss bilanziert werden	Wahlfreiheit: Betriebsvermögen oder Privatvermögen	darf nicht bilanziert werden

Bei *gemischt genutzten unbeweglichen Gegenständen*, v.a. bei Grund und Boden oder Gebäuden, erfolgt eine Aufteilung in verschiedene Wirtschaftsgüter. Gemäß R 4.2 Abs. 4, 7 u. 9 EStR kann ein Gebäude maximal aus vier verschiedenen Wirtschaftsgütern bestehen:

1) *ausschließlich und unmittelbar für eigenbetriebliche Zwecke genutzte Gebäudeteile*	*Beispiele:* Laden, Büroräume, Fertigungshallen, aus betrieblichen Gründen an Arbeitnehmer vermietete Wohnungen	notwendiges Betriebsvermögen (R 4.2 Abs. 4 u.7 EStR)
2) *an Dritte zur betrieblichen oder beruflichen Nutzung vermietete Gebäudeteile*	*Beispiele:* an einen Arzt vermietete Praxisräume, an einen Einzelhändler vermietete Ladenräume	gewillkürtes Betriebsvermögen, sofern in gewissem Zusammenhang mit dem Betrieb stehend (R 4.2 Abs. 9 EStR)
3) *zu fremden Wohnzwecken vermietete Gebäudeteile*	*Beispiele:* an einen Geschäftsfreund vermietete Wohnung	gewillkürtes Betriebsvermögen, sofern in gewissem Zusammenhang mit dem Betrieb stehend (R 4.2 Abs. 9 EStR)
4) *zu eigenen Wohnzwecken genutzte Gebäudeteile*	*Beispiele:* eigene Wohnung; Penthouse-Wohnung der Tochter des Unternehmers	notwendiges Privatvermögen

Der zugehörige Grund und Boden gehört mit den gleichen Flächenanteilen wie das Gebäude zum Betriebs- und Privatvermögen (R 4.2 Abs. 7 Satz 2 u. Abs. 9 Satz 6 EStR; H 4.2 Abs. 7 „Anteilige Zugehörigkeit" EStH; siehe auch Kapitel B.IV.1.b)(1).

Die Entscheidung, ob Gegenstände dem (gewillkürten) Betriebsvermögen oder dem Privatvermögen zugeordnet werden, wird in der Regel nach steuerlichen Kriterien getroffen. Hinsichtlich der laufenden Aufwendungen und Erträge spielt es keine Rolle, ob ein Gegenstand dem Privat- oder dem Betriebsvermögen zugeordnet wird. Wird er im Betriebsvermögen gehalten, so sind alle diejenigen Aufwendungen (einschließlich der Abschreibungen), die auf die Privatnutzung anteilig entfallen, keine Betriebsausgaben, also ohne Auswirkungen auf den steuerlichen Gewinn. Sie sind dann durch Entnahmebuchungen zu berücksichtigen. Gehört umgekehrt ein Gegenstand zum Privatvermögen, so sind die anteilig auf die betriebliche Nutzung entfallenden Aufwendungen (einschließlich der Abschreibungen) Betriebsausgaben, mindern also den steuerlichen Gewinn (R 4.7 Abs. 1 EStR). Dies gilt sogar für den Vorsteuerabzug bei Gebäuden und beweglichen Wirtschaftsgütern, wenn man von Pauschalierungen absieht[1].

---

[1] Vgl. § 15 Abs. 1 Nr. 1 UStG; § 15 Abs. 4 UStG, § 3 Abs. 9a Nr. 1 UStG.

Ausschlaggebend für die Zuordnungsentscheidung ist jedoch die unterschiedliche steuerliche Behandlung eines eventuellen Veräußerungsgewinnes. Wertsteigerungen im Betriebsvermögen unterliegen stets der Besteuerung, im Privatvermögen jedoch nicht in allen Fällen. Abgesehen von der seit 1.1.2009 gültigen Abgeltungssteuer auf Gewinne bei der Veräußerung von Wertpapieren (§ 32d Abs. 1 i.V.m. § 20 Abs. 2 EStG) entstehen steuerpflichtige private Veräußerungsgewinne etwa bei Grundstücken nur dann, wenn diese innerhalb einer Frist von 10 Jahren erworben und wieder veräußert werden und nicht zumindest im Veräußerungsjahr und den beiden Vorjahren zu eigenen Wohnzwecken genutzt worden sind (§ 23 Abs. 1 Nr. 1 EStG). Der Zeitraum zwischen Anschaffung und Veräußerung verkürzt sich bei anderen Wirtschaftsgütern nach § 23 Abs. 1 Nr. 2 EStG auf 1 Jahr. Diese Vorschrift wurde aber bisher nur auf Wertpapiere, die nun der Abgeltungssteuer unterliegen, nicht aber auf PKW angewandt. Werden also größere Wertsteigerungen des PKW erwartet, so ist es günstiger, ihn dem Privatvermögen zuzuordnen.

(4) Bilanzidentität

Der Grundsatz der Bilanzidentität folgt aus dem Vollständigkeitsprinzip und besagt, dass die Eröffnungsbilanz eines Jahres mit der Schlussbilanz des Vorjahres übereinstimmt. Zwischen beiden Bilanzen - meist per 31.12. und den folgenden 1.1. aufgestellt - dürfen keine Geschäftsvorfälle liegen und auch keine sonstigen Buchungen (z.B. Abschreibungen) durchgeführt werden. Die Folge der Bilanzidentität ist die so genannte Zweischneidigkeit der Bilanz, die auch als Reflexwirkung bezeichnet wird.

> Eröffnungsbilanz am 1.1.02 = Schlussbilanz am 31.12.01

Definition:

> ***Zweischneidigkeit der Bilanz (Reflexwirkung):*** Die aus der Bilanzidentität folgende Tatsache, dass alle bilanzbezogenen Buchungen, insbesondere bilanzpolitische Maßnahmen und Änderungen von Bilanzposten, gegenläufige Auswirkungen auf die Bilanz und den Gewinn des folgenden Jahres (oder auch mehrerer folgender Jahre) hat

Das Prinzip der Bilanzidentität stellt somit auch einen Schutz gegen Bilanzmanipulationen dar, da diese, auch wenn sie nicht entdeckt werden, im Folgejahr in die gegenteilige Gewinnbeeinflussung umschlagen. Daher darf die Bilanzidentität nur in seltenen Ausnahmefällen durchbrochen werden.[1]

Beispiel:
Wird der Warenendbestand am 31.12.01 bewusst zu niedrig angesetzt, um den Gewinn im Jahre 01 zu senken, so ist der Ausgangswert der Warenvorräte in der Anfangsbilanz per 1.1.02 entsprechend zu niedrig und (bei unverändertem, richtigem Endbestand per 31.12.02) der Gewinn in 02 entsprechend zu hoch.

Beispiel:
Eine Gewinn mindernde Sonderabschreibung im Jahre 01 in Höhe von 2.000 EUR auf eine Maschine (Anschaffungskosten: 5.000 EUR; betriebsgewöhnliche Nutzungsdauer: 5 Jahre; lineare AfA) im Jahre 01 führt dazu, dass der Anfangswert in 02 entsprechend niedriger, die Abschreibungsbasis der Folgejahre mithin entsprechend niedriger und der Gewinn entsprechend höher ist. Sonderabschreibungen haben wirtschaftspolitische Zielsetzungen (z.B. Förderung des Mittelstandes) und können bei bestimmten Investitionen zusätzlich zur Absetzung für Abnutzung (AfA) in

---

[1] Solche Ausnahmefälle waren die Währungsumstellung am 26.6.1948 und kommen ausnahmsweise bei Bilanzänderungen im Rahmen von steuerlichen Außenprüfungen vor.

Anspruch genommen werden. Im folgenden Beispiel soll der Gewinn vor Absetzungen für Abnutzung und vor Sonderabschreibung in jedem Jahr jeweils 10.000 EUR betragen. Alle Werte in den beiden folgenden Tabellen sind in EUR.

Ohne Sonderabschreibungen	Jahr 01	Jahr 02	Jahr 03	Jahr 04	Jahr 05
Restliche Abschreibungsmasse am 1.1.		4.000	3.000	2.000	1.000
AfA	1.000	1.000	1.000	1.000	1.000
Gewinn vor Ertragsteuern	9.000	9.000	9.000	9.000	9.000
Ertragsteuer-Schuld (50%)	4.500	4.500	4.500	4.500	4.500
Stille Reserven	0	0	0	0	0

Die Zweischneidigkeit der Bilanz zeigt sich darin, dass die sofortige Folgewirkung einer zusätzlichen Sonderabschreibung am 31.12.01 die entsprechende Verringerung des Anfangsbestands am 1.1.02 und damit des über die gesamte Restnutzungsdauer noch abschreibbaren Betrags ist.[1]

Mit Sonderabschreibungen	Jahr 01	Jahr 02	Jahr 03	Jahr 04	Jahr 05
Restliche Abschreibungsmasse am 1.1.		2.000	1.500	1.000	500
Sonderabschreibung	2.000				
AfA	1.000	500	500	500	500
Gewinn vor Ertragsteuern	7.000	9.500	9.500	9.500	9.500
ErtragSt-Schuld (50%)	3.500	4.750	4.750	4.750	4.750
Stille Reserven	2.000	1.500	1.000	500	0

Merke:

> Bei konstanten Steuersätzen führt die Nutzung einer Sonderabschreibung nicht zu einer Steuerersparnis, sondern nur zu einer Gewinn- und Steuerverschiebung in die Zukunft. Dadurch ergibt sich neben einer aktuellen Liquiditätsverbesserung ein bleibender Zinsgewinn!

Merke:

> Stille Reserven sind Unterbewertungen von Wirtschaftsgütern, die z.B. durch Sonderabschreibungen entstehen können. Bei abnutzbaren Wirtschaftsgütern lösen sie sich aufgrund geringerer AfA in den Folgejahren automatisch wieder auf.

---

[1] Da es sich hierbei um grundsätzliche Überlegungen handelt, ist die steuerrechtliche Regelung in § 7a Abs. 9 EStG nicht berücksichtigt.

(5) Wirtschaftlichkeit und Wesentlichkeit (Materiality)

Sowohl bei der Buchführung als auch bei der Aufstellung des Jahresabschlusses ist das Wirtschaftlichkeitsprinzip zu beachten. Bei jeder einzelnen Maßnahme in diesen Bereichen muss die Verhältnismäßigkeit der Mittel gewährleistet sein. Auf eine geringfügige Verbesserung der Genauigkeit und damit des Informationsgehalts für die Adressaten darf verzichtet werden, wenn der Aufwand dazu unverhältnismäßig hoch ist. Es wäre z.B. ökonomisch nicht vertretbar, in einem Baumarkt jede einzelne Schraube oder im Kaufhaus jedes Paar Socken einzeln zu bewerten. Das Wirtschaftlichkeitsprinzip stellt daher die Rechtfertigung aller gängigen Bewertungsvereinfachungsverfahren dar.

Auch bei der Beurteilung, ob die Buchführung ordnungsmäßig ist, spielt es eine Rolle, ob die Mängel im Hinblick auf die Generalnorm wesentlich sind oder nicht. Die Abgrenzung zwischen wesentlichen und unwesentlichen Einflüssen, Informationen oder Beeinträchtigungen kann nicht gesetzlich festgelegt werden, sondern bleibt der Beurteilung des Bilanzierenden und ggf. des Abschlussprüfers überlassen.

Ein weiteres Anwendungsbeispiel des Grundsatzes der Wirtschaftlichkeit, sind die sog. *Geringwertigen Wirtschaftsgüter*. Dabei handelt es sich *handelsrechtlich* gesehen um Vermögensgegenstände, die selbständig nutzbar sind und nur relativ geringe Anschaffungskosten verursacht haben, etwa in der Größenordnung bis zu 900,- oder auch noch etwas höher. Die buchmäßige Erfassung des Gegenstandes und der Abschreibungen während der gesamten Nutzungsdauer sowie die Meldung des Ausscheidens des Gegenstands aus dem Betrieb und dessen Ausbuchung kann dem Grundsatz der Wirtschaftlichkeit ("materiality") widersprechen. Deswegen hat sich die handelsrechtliche Gepflogenheit der ehrbaren und ordentlichen Kaufleute herausgebildet, solche geringwertigen Gegenstände sofort voll abzuschreiben.

Steuerrechtlich muss es wegen des Grundsatzes der Gleichmäßigkeit der Besteuerung genau spezifizierte Regelungen geben. Mit Wirkung zum 1.1.2018 sind die Wertgrenzen für geringwertige Wirtschaftsgüter neu festgelegt worden. Da es sich um eine eigenständige Regelung im Steuerrecht handelt, können die Wahlrechte unabhängig von der Bilanzierung in der Handelsbilanz ausgeübt werden. Sollten handelsrechtlich höhere Wertgrenzen bei der Sofortabschreibung Anwendung finden, so sind in der Steuerbilanz zwingend die steuerlichen Wertobergrenzen zu beachten, es greift der so gen. steuerliche Bewertungsvorbehalt gemäß § 5 Abs. 6 EStG. Allerdings wird allgemein erwartet, dass die neue steuerrechtliche Regelung sich als handelsrechtlicher Grundsatz ordnungsmäßiger Buchführung etablieren wird. Auch die Bundesregierung äußerte diese Erwartung - bezüglich der steuerlichen Vorgängerregelung – bereits in der Gesetzesbegründung zum BilMoG und hält die Abweichung vom Grundsatz der Einzelbewertung zur Erhöhung der Wirtschaftlichkeit der Rechnungslegung für begründet (§ 252 Abs. 2 HGB).[1]

Steuerrechtlich liegen so genannte *Geringwertige Wirtschaftsgüter (GWG)* vor, wenn folgende *Voraussetzungen* erfüllt sind:

- abnutzbare Gegenstände
- bewegliche Gegenstände
- selbständige Nutzbarkeit
- bestimmte Wertobergrenze

---

[1] Vgl. Bundestagsdrucksache 16/10067, S. 38.

Bei nicht abnutzbaren Gegenständen stellt sich das Problem des hohen Verwaltungsaufwands nicht. Außerdem dürften diese – wie z.B. Grund und Boden – von relativ hohem Wert sein. Gebäude und Patente z.B. als nicht bewegliche Gegenstände werden auch in der Regel nicht geringwertig sein. Die Voraussetzung der selbständigen Nutzbarkeit verlangt, dass das Wirtschaftsgut nicht nur zusammen mit anderen technisch aufeinander abgestimmten Wirtschaftsgütern genutzt werden kann (§ 6 Abs. 2 S.2 EStG) und soll verhindern, dass jeder Gegenstand in seine kleinsten Einzelteile zerlegt wird und diese dann als GWG sofort abgeschrieben werden können. So ist z.B. ein Bücherregal nur als Ganzes nutzbar, nicht der Rahmen und die frei schwebenden Böden getrennt voneinander. Analog sind die einzelnen Gerüst- und Schalungsteile einer Baufirma keine geringwertigen Wirtschaftsgüter (H 6.13 „ABC der nicht selbständig nutzungsfähigen Wirtschaftsgüter" EStH). Eine getrennte Nutzbarkeit ist auch nicht bei einem nachträglich eingebauten Autoradio gegeben, es wird zu einem Bestandteil des Autos und stellt nachträgliche Anschaffungskosten dar (BFH 24.10.1972, BStBl. 1973 II S. 78). Die selbständige Bewertbarkeit und die selbständige Nutzbarkeit sind wohl aber bei einem Autotelefon gegeben.[1]

Steuerrechtlich w werden steuerrechtlich GWGs zweier verschiedener Kategorien unterschieden, wobei im wertmäßigen Überschneidungsbereich ein Wahlrecht zur Zuordnung der Wirtschaftsgüter in eine der beiden Kategorien besteht.[2] Das Wahlrecht ist einheitlich für alle in einem Jahr zugegangenen Wirtschaftsgüter auszuüben (§ 6 Abs. 2a S. 5 EStG).

(1) Die erste Kategorie enthält Wirtschaftsgüter mit Anschaffungs-/ Herstellungskosten (ohne USt) oder Einlagewert bis zu **800 EUR**. Die Anschaffungs-/Herstellungskosten bzw. der Einlagewert solcher GWGs können gemäß § 6 Abs. 2 S. 1 EStG *in voller Höhe als Betriebsausgaben* abgezogen werden.

Bis zu einem Wert von **250 EUR** ergeben sich keine weiteren Dokumentationspflichten und es kann sofort ein Aufwand gebucht werden.

Beispiel: Kauf eines Postens Kopierpapier. Die Umsatzsteuer wird vernachlässigt.

    BS: Büromaterial (= Aufwandskonto)   30 EUR
           an Bank   30 EUR.

Sofern die Anschaffungs-/ Herstellungskosten oder der Einlagewert der Wirtschaftsgüter 250 EUR überschreiten, sind diese mit Zugangsdatum und Wert in ein besonderes, laufend zu führendes Verzeichnis aufzunehmen, sofern diese Angaben aus der Buchführung nicht ersichtlich sind (§ 6 Abs. 2 S. 4 u. 5 EStG). Da bereits handelsrechtlich im letzteren Falle die Nachvollziehbarkeit in der Buchführung verlangt wird, erübrigt sich für buchführende Betriebe insoweit das besondere Verzeichnis. Im Zeitpunkt des Kaufs ist also ein Zugang zu buchen und am Jahresende erfolgt eine Umbuchung auf ein besonderes Konto, dessen Saldo anschließend in einem Zuge abgeschrieben wird. Handelsrechtlich sind solche Vermögensgegenstände außerdem auch im Anlagenspiegel[3] abzubilden. Nachträgliche Anschaffungs- oder Herstellungskosten sind im späteren Entstehungsjahr ebenfalls als Betriebsausgaben abzuziehen, auch wenn sie zusammen mit den ursprünglichen Anschaffungs- oder Herstellungskosten die Wertgrenze übersteigen (R 6.13 Abs. 4 EStR).

---

[1] Vgl. BFH-Beschluss 20.2.1997, BStBl. 1997 II S. 360; BFH 28.9.1990, BStBl. 1991 II S. 187.
[2] Vgl. BMF-Schreiben vom 30.9.2010, BStBl. 2010 I, S. 755.
[3] Zum Anlagenspiegel vgl. Kapitel B.IV.4.

Beispiel: Kauf eines Bürostuhls. Die Umsatzsteuer wird vernachlässigt.

_BS:_	Betriebs- und Geschäftsausstattung (Bürostuhl)	400 EUR	
	an Bank		400 EUR.

Vorbereitende Abschlussbuchungen:
_BS:_	Geringwertige Wirtschaftsgüter (akt. Bestandskonto)	400 EUR	
	an Betriebs- und Geschäftsausstattung (Bürostuhl)		400 EUR.

_BS:_	Sofortabschreibungen auf Geringw. Wirtschaftsgüter	400 EUR	
	an Geringwertige Wirtschaftsgüter (akt. Bestandskonto)		400 EUR.

(2) Die zweite Kategorie beinhaltet Wirtschaftsgüter mit Anschaffungs-/ Herstellungskosten (ohne USt) oder Einlagewert ***über 250 EUR bis zu 1.000 EUR***. Für solche GWGs ist im Zugangsjahr nach § 6 Abs. 2a EStG in Höhe der Anschaffungskostensumme eines jeden Jahres jeweils ein **Sammelposten (*„Pool"*)** zu bilden, der pauschal im Bildungsjahr und in den vier nachfolgenden Jahren mit 20% abzuschreiben ist. Aus Wirtschaftlichkeitsgründen wird also auf zeitanteilige Abschreibungen im Zugangsjahr und Abgangsbuchungen für das einzelne GWG verzichtet. Das vorzeitige Ausscheiden eines solchen Wirtschaftsguts aus dem Betriebsvermögen oder eine deutliche Wertminderung einer Komponente des Sammelpostens bleiben unberücksichtigt und beeinflussen die Höhe des Sammelpostens nicht. In der Handelsbilanz kann genauso vorgegangen werden (mit entsprechender Darstellung im Anlagenspiegel und Abgangsfiktion nach Vollabschreibung), es sei denn, es handelte sich bei den GWGs um eine wesentliche Bilanzposition im Unternehmen.[1] Nachträgliche Anschaffungs- oder Herstellungskosten in späteren Jahren erhöhen – unabhängig von ihrer Höhe – den Sammelposten des (späteren) Jahres, in dem die Aufwendungen anfallen (R 6.13 Abs. 5 EStR). Bei der Prüfung, ob die betragsmäßige Voraussetzung (250 EUR bzw. 1.000 EUR) erfüllt ist, sind gemäß R 6.13 Abs. 2 EStR Abzugsposten nach §§ 6b und 7g EStG sowie nach R 6.5 und R 6.6 EStR von den Anschaffungs- oder Herstellungskosten abzuziehen.[2]

Beispiel: Kauf eines Regals (am 22.3.01) und eines Chefsessels (am 8.12.01). Die Umsatzsteuer wird vernachlässigt.

_BS:_	Betriebs- und Geschäftsausstattung (Regal)	800 EUR	
	an Bank		800 EUR.

_BS:_	Betriebs- und Geschäftsausstattung (Chefsessel)	1.000 EUR	
	an Bank		1.000 EUR.

Vorbereitende Abschlussbuchungen:
_BS:_	GWG-Sammelposten (Zugang im Jahr 01)	800 EUR	
	an Betriebs- und Geschäftsausstattung (Regal)		800 EUR.
	Bemerkung: Das Regal könnte am Jahresende auch sofort in voller Höhe abgeschrieben werden.		

_BS:_	GWG-Sammelposten (Zugang im Jahr 01)	1.000 EUR	
	an Betriebs- und Geschäftsausstattung (Chefsessel)		1.000 EUR.

_BS:_	Abschreibungen auf GWG-Sammelposten	360 EUR	
	an GWG-Sammelposten (Zugang im Jahr 01)		360 EUR.

---

[1] Vgl. IDW-Fachnachrichten 2007, S. 506.
[2] Vgl. zu diesen Abzugsposten Kapitel B.IV.2.c) und B.IX.

Neben den dargestellten Vereinfachungsmöglichkeiten bleibt sowohl handels- als auch steuerrechtlich die grundsätzliche Möglichkeit bestehen, die Vermögensgegenstände bzw. Wirtschaftsgüter einzeln zu bewerten und *planmäßig* über ihre geschätzte *individuelle Nutzungsdauer abzuschreiben*.

b) Abgrenzungsgrundsätze

(1) Stichtagsprinzip

Die Bilanz ist als Zeitpunktrechnung stichtagsbezogen, meist auf den 31.12. eines jeden Jahres, aber es gibt auch vom Kalenderjahr abweichende Geschäftsjahre mit anderen Bilanzstichtagen (z.B. 30.9., 30.6.). Das Vermögen und auch die Finanzlage sind auf diesen Stichtag bezogen darzustellen (vgl. § 252 Abs. 1 Nr. 3 HGB). Die Ertragslage wird in der Gewinn- und Verlustrechnung dagegen zeitraumbezogen dargestellt, der Bilanzstichtag stellt das Ende dieses Zeitraums dar. Das Stichtagsprinzip hat einen mengenmäßigen und einen wertmäßigen Aspekt. In der Bilanz dürfen nur und müssen alle am Stichtag vorhandenen Vermögensgegenstände und Schulden berücksichtigt werden, und sie sind mit den Werten anzusetzen, die ihnen zum Bilanzstichtag zukommen. Alle Erfolgswirkungen, die bis zum Stichtag verursacht worden sind, müssen berücksichtigt werden und alle später eintretenden Ereignisse dürfen nicht mehr berücksichtigt werden.

Konsequenterweise müssen auch alle Informationen über die Verhältnisse am Bilanzstichtag, die erst nach dem Bilanzstichtag den Bilanzierenden erreichen, noch berücksichtigt werden, solange die Bilanz noch nicht fertig aufgestellt ist (zu den Aufstellungsfristen vgl. Kapitel A.IV.2.). Diese nennt man *Wert aufhellende Informationen bzw. Tatsachen*. Dagegen dürfen die sog. *Wert beeinflussenden Tatsachen*, die erst nach dem Bilanzstichtag eingetreten sind, wegen des Stichtagsprinzips nicht in den Jahresabschluss einbezogen werden (vgl. auch Abschnitt (5) dieses Kapitels).

(2) Abgrenzung der Zeit und der Sache nach

- *Abgrenzung der Zeit nach (§ 252 Abs.1 Nr. 5 HGB):*

Um einen aussagefähigen Periodengewinn zu erhalten, ist es erforderlich, zeitraumbezogene Ausgaben und Einnahmen derjenigen Periode zuzuordnen, zu der sie wirtschaftlich gehören, und sie gegebenenfalls "abzugrenzen", wenn die Zahlungsperiode eine andere ist. Im Ergebnis werden dadurch Ausgaben zu Aufwendungen und Einnahmen zu Erträgen transformiert.

Beispiel: Im Voraus gezahlte bzw. erhaltene Miete

Beispiel	Periodisierung	Buchungstechnik
Mietausgaben in Höhe von 6.000,- EUR am 1.12.01 im Voraus für die Raumnutzung bis zum 31.5.02	• Mietaufwand in 01: 1.000,- EUR und Bildung eines (transitorischen) aktiven Rechnungsabgrenzungspostens (ARAP) in 01 in Höhe von 5.000,-EUR • Mietaufwand in 02 in Höhe von 5.000,- EUR und Auflösung des ARAP	mittels *transitorischer Rechnungsabgrenzungsposten (ARAP und PRAP)* werden die Gewinnauswirkungen in spätere Perioden übertragen
Mieteinnahmen in Höhe von 6.000,- EUR am 1.12.01 im Voraus für die Raumüberlassung bis zum 31.5.02	• Mieterträge in 01: 1.000,- EUR und Bildung eines (transitorischen) passiven Rechnungsabgrenzungspostens (PRAP) in 01 in Höhe von 5.000,-EUR • Mietertrag in 02 in Höhe von 5.000,- EUR und Auflösung des PRAP	

Buchungen aus Sicht des Mieters in 01:
- *BS:* Mietaufwand   6.000 EUR
  - an Bank   6.000 EUR.

- *BS:* Aktiver Rechnungsabgrenzungsposten (ARAP)   5.000 EUR
  - an Mietaufwand   5.000 EUR.

Buchungen aus Sicht des Mieters in 02:
- *BS:* Mietaufwand   5.000 EUR
  - an Aktiven Rechnungsabgrenzungsposten (ARAP)   5.000 EUR.

Buchungen aus Sicht des Vermieters in 01:
- *BS:* Bank   6.000 EUR
  - an Mieterträge   6.000 EUR.

- *BS:* Mieterträge   5.000 EUR
  - an Passiven Rechnungsabgrenzungsposten (PRAP)   5.000 EUR.

Buchungen aus Sicht des Vermieters in 02:
- *BS:* Passiver Rechnungsabgrenzungsposten (PRAP)   5.000 EUR
  - an Mieterträge   5.000 EUR.

Beispiel: Im Nachhinein gezahlte bzw. erhaltene Miete

Beispiel	Periodisierung	Buchungstechnik
Mietausgaben in Höhe von 6.000,- EUR am 31.5.02 im Nachhinein für die Raumnutzung seit dem 1.12.01	• Mietaufwand in 01: 1.000,- EUR und Bildung einer Sonstigen Verbindlichkeit in Höhe von 5.000,- EUR • Mietaufwand in 02 in Höhe von 5.000,- EUR und Ausbuchung der Sonstigen Verbindlichkeit im Zahlungszeitpunkt	mittels *antizipativer Posten* (*"Sonstige Verbindlichkeit"* und *"Sonstige Forderung"*) werden die Gewinnauswirkungen im Vergleich zur Zahlungsperiode vorweggenommen
Mieteinnahmen in Höhe von 6.000,- EUR am 31.5.02 im Nachhinein für die Raumüberlassung seit dem 1.12.01	• Mieterträge in 01: 1.000,- EUR und Einbuchung einer Sonstigen Forderung in Höhe von 5.000,- EUR • Mietertrag in 02 in Höhe von 5.000,- EUR und Ausbuchung der Sonstigen Forderung bei Zahlungseingang	

Buchungen aus Sicht des Mieters in 01:
    BS: Mietaufwand   1.000 EUR
          an Sonstige Verbindlichkeiten   1.000 EUR.

Buchungen aus Sicht des Mieters in 02:
    BS: Sonstige Verbindlichkeiten   1.000 EUR
          Mietaufwand   5.000 EUR
          an Bank   6.000 EUR.

Buchungen aus Sicht des Vermieters in 01:
    BS: Sonstige Forderungen   1.000 EUR
          an Mieterträge   1.000 EUR.

Buchungen aus Sicht des Vermieters in 02:
    BS: Bank   6.000 EUR
          an Sonstige Forderungen   1.000 EUR
          an Mieterträge   5.000 EUR.

Beispiel: Zahlungen, die sich in voller Höhe wirtschaftlich auf frühere Jahre beziehen

Beispiel	Periodisierung ist nicht möglich	Buchungstechnik
Ertragssteuernachzahlung in 03 für das Jahr 01 in Höhe von 12.000 EUR	• (periodenfremder) Steueraufwand in 03, obwohl die Zahlung wirtschaftlich den vergangenen Perioden zuzuordnen ist; der Ausweis in der zugehörigen Periode ist nicht mehr möglich	*Ausnahmefall:* eine richtige Periodenzuordnung ist nicht mehr möglich
Ertragssteuererstattung in 04 für das Jahr 02 in Höhe von 7.500 EUR	• (periodenfremder) Ertrag in 04, obwohl die Zahlung wirtschaftlich den vergangenen Perioden zuzuordnen ist; der Ausweis in der zugehörigen Periode ist nicht mehr möglich	

Buchungen in 03:
  BS: Ertragssteueraufwand (periodenfremder Aufwand)   12.000 EUR
        an Bank   12.000 EUR.

Buchungen in 04:
  BS: Bank   7.500 EUR
        an Ertragssteueraufwand (periodenfremder Ertrag)   7.500 EUR.

- *Abgrenzung der Sache nach*

Der Grundsatz der sachlichen Abgrenzung hat ebenfalls das Ziel, die Ermittlung eines aussagefähigen und sachgerechten Periodenerfolgs sicherzustellen. Dies geschieht dadurch, dass allein sachlich zueinander gehörige Erträge und Aufwendungen einander gegenüber gestellt werden, deren Unterschiedsbetrag den Jahresüberschuss ergibt. In welcher Periode Einnahmen zu Erträgen werden, richtet sich nach dem sog. Realisationsprinzip (vgl. Kapitel A.IV.2.b). Die Ausgaben werden in der Periode zu Aufwand, in der die sachlich dazu gehörigen Erträge realisiert werden.

Die sachliche Abgrenzung im Rahmen der vorbereitenden Abschlussbuchungen muss also dafür sorgen, dass den Erträgen diejenigen Ausgaben (als Aufwendungen) gegenüber gestellt werden, die nötig waren, um die in der aktuellen Periode veräußerten Produktmengen herzustellen. Um dieses Ziel zu erreichen, sind bei abnutzbaren Anlagegütern zum einen **Abschreibungsbuchungen** durchzuführen. Im Industriebetrieb dienen zudem insbesondere die **Bestandsveränderungsbuchungen** für die Einhaltung dieses Grundsatzes. Werden z.B. Produkte aus dem Lager veräußert, die im Vorjahr hergestellt wurden, so sorgt die Buchung „Bestandsminderungen" (= Aufwand) dafür, dass den Umsatzerlösen die zugehörigen Aufwendungen gegenübergestellt werden. Im Vorjahr, in dem die Erzeugnisse produziert wurden und auf Lager gingen, sorgt die Buchung „Bestandserhöhungen" (= Ertrag) dafür, dass die zugehörigen, zunächst als Aufwand gebuchten Löhne, Materialien und Abschreibungen neutralisiert werden und den (Vorjahres-)Periodenerfolg nicht mindern.

Beispiel:
Die Firma LowTech GmbH produziert im Jahr 01 250 Stühle, von denen 200 aufgrund eines Konjunktureinbruchs nicht verkauft werden können, sondern auf Lager gehen. Abschreibungen, Materialaufwand und Lohnaufwand für alle 250 Stühle werden in 01 bereits gebucht. Da für die gelagerten 200 Stühle in 01 keine Erträge (Umsatzerlöse) anfallen, dürfen die zu diesen gehörigen Herstellungsaufwendungen (Material, Löhne, Abschreibungen der Produktionsmaschinen) im Jahr 01 nicht Gewinn mindernd berücksichtigt werden. Erreicht wird dieses Ergebnis durch die Buchung von Bestandsveränderungen, die im Falle von Lagerbestandserhöhungen Erträge darstellen und die „voreilig" gebuchten Aufwendungen (Abschreibungen, Material, Löhne etc.) für die gelagerten Stühle neutralisieren. Erst bei Veräußerung der gelagerten Stühle im Jahr 03 werden die Erträge (Umsatzerlöse) realisiert, denen dann durch die Buchung „Bestandsveränderungen (hier: Bestandsverminderungen) die sachlich zugehörigen Herstellungsaufwendungen gegenüber gestellt werden. Als Differenz ergibt sich ein sachgerechter und aussagefähiger Jahreserfolg im Jahr 03. Ein Problem liegt in diesem Falle in der Festlegung des Umfanges der den Erzeugnissen als Herstellungsaufwendungen bzw. Herstellungskosten zurechenbaren Ausgaben.[1]

---

[1] Auf die Buchungstechnik und die Zurechnungsproblematik wird in Kapitel B.II.4.b)(4) noch ausführlich eingegangen.

(3) Vorsichtsprinzip

Das Prinzip der vorsichtigen Bewertung (§ 252 Abs. 1 Nr. 4 HGB) resultiert aus der alten Auffassung, dass sich ein Kaufmann möglichst arm bzw. "nicht reicher als er ist" darstellen soll.

Dies darf aber nicht so ausgelegt werden, dass z.B. die Maschinen unabhängig von der tatsächlichen Wertminderung durch Anwendung der höchstmöglichen planmäßigen und außerplanmäßigen Abschreibungen möglichst niedrig (nahe dem Erinnerungswert) angesetzt oder auch ungerechtfertigt hohe Rückstellungen gebildet werden mit der Folge, dass z.B. bei Aktiengesellschaften aufgrund des entsprechend niedrigen Gewinnes nur geringe Dividenden an die Aktionäre gezahlt werden. Eine solche Interpretation des Vorsichtsprinzips im Sinne der Bildung maximaler *stiller Reserven* würde eindeutig gegen den Grundsatz der Richtigkeit und Willkürfreiheit verstoßen und einseitig die (Klein-)Aktionäre benachteiligen.

Die Jahresabschlusszwecke Dokumentation und Rechenschaftslegung könnten auf diese Weise ebenfalls nicht erfüllt werden, ebensowenig wie die Generalnorm für Kapitalgesellschaften als eine etwas konkretere Formulierung dieser Zwecke. Ein den tatsächlichen Verhältnissen entsprechendes Bild der Vermögens-, Finanz- und Ertragslage lässt sich nur zeichnen, wenn der Jahresabschluss (annähernd) realistische Werte enthält. Auf diese Weise wird auch der Gläubigerschutz am besten gewährleistet, da sich die Gläubiger auf die Zahlen des Jahresabschlusses verlassen können. Hohe stille Reserven[1] durch massive Unterbewertung mögen zwar auch tendenziell die Gläubiger dadurch schützen, dass die spätere Auflösung der stillen Reserven Verluste abdeckt, doch kann deren Auflösung auch unbemerkt und von den Gläubigern unkontrollierbar erfolgen.

Allerdings muss eine Reihe von Werten, wie z.B. die Nutzungsdauer von Maschinen und deren Entwertungsverlauf oder bereits bestehende, aber in ihrer Höhe unbekannte Schulden vom Bilanzierenden geschätzt werden. Die mit einer solchen Schätzung verbundene Unsicherheit macht es notwendig, dass der zur Rechenschaft Verpflichtete vorsichtigen Wertansätzen den Vorzug vor optimistischen gibt. Die Gefahr, den betrieblichen Erfolg zu hoch auszuweisen und somit der Unternehmung finanzielle Mittel durch überhöhte Entnahmen bzw. Ausschüttungen und durch Besteuerung zu entziehen, wird durch Ansatz der wahrscheinlichsten Werte (Erwartungswert; statistischer Durchschnitt) oder gar pessimistischer Werte vermieden, also durch Korrektur des wahrscheinlichsten Wertes im Bereich der Vermögensposten tendenziell nach unten und im Bereich der Schuldposten tendenziell nach oben.

Allein in diesem Sinne interpretiert ist das Vorsichtsprinzip nach Leffson ein peripherer ergänzender Grundsatz und nur bei Schätzungen zukünftiger Größen, also im Falle der Unsicherheit der zu bewertenden Größen, anzuwenden. Die Leffsonsche Systematik wurde in der Fassung des HGBs von 1985 nicht berücksichtigt, sondern das Vorsichtsprinzip als Oberbegriff für das Realisations- und das Imparitätsprinzip in § 252 Abs. 1 Nr. 4 HGB als zentraler Grundsatz verankert. Die Erkenntnisse Leffsons sollten dennoch nicht über Bord geworfen werden, die HGB-Regelung daher nur als rein terminologische Änderung ohne inhaltliche Folgen interpretiert werden.

---

[1] Vgl. Kapitel B.III.2.

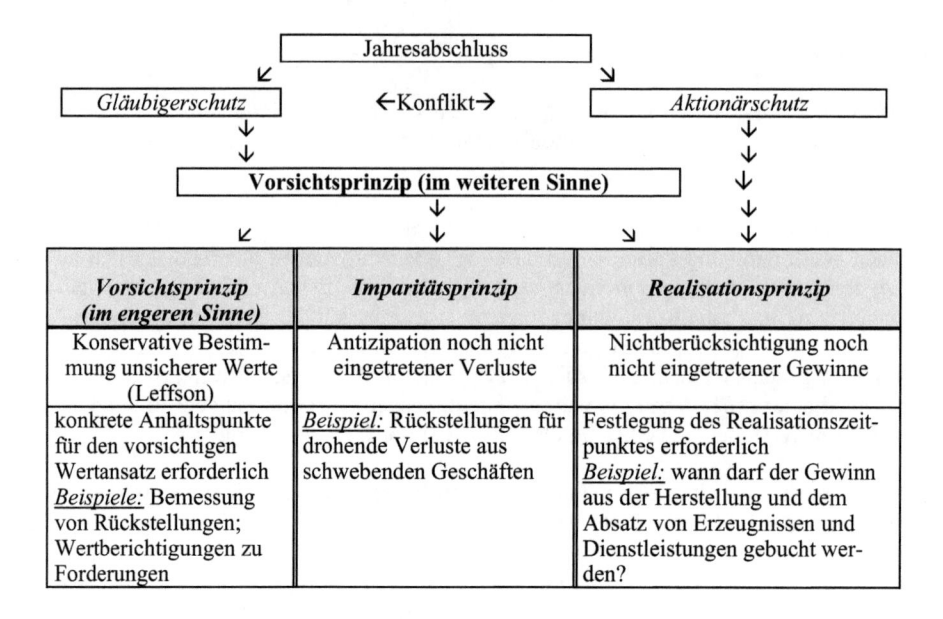

```
                          Jahresabschluss
              ↙                              ↘
    Gläubigerschutz       ←Konflikt→      Aktionärschutz
           ↓                                    ↓
           ↓                                    ↓
           Vorsichtsprinzip (im weiteren Sinne) ↓
                         ↓                      ↓
       ↙                 ↓           ↘          ↓
```

Vorsichtsprinzip (im engeren Sinne)	Imparitätsprinzip	Realisationsprinzip
Konservative Bestimmung unsicherer Werte (Leffson)	Antizipation noch nicht eingetretener Verluste	Nichtberücksichtigung noch nicht eingetretener Gewinne
konkrete Anhaltspunkte für den vorsichtigen Wertansatz erforderlich *Beispiele:* Bemessung von Rückstellungen; Wertberichtigungen zu Forderungen	*Beispiel:* Rückstellungen für drohende Verluste aus schwebenden Geschäften	Festlegung des Realisationszeitpunktes erforderlich *Beispiel:* wann darf der Gewinn aus der Herstellung und dem Absatz von Erzeugnissen und Dienstleistungen gebucht werden?

(4) Realisationsprinzip

Das Realisationsprinzip regelt die zeitliche Zuordnung von Einnahmen zu einer Periode, beantwortet also die Frage, in welchem Jahr die Erträge (= periodisierte Einnahmen) anfallen, denen dann die Ausgaben nach dem Prinzip der sachlichen Abgrenzung zugeordnet werden können („Aufwendungen" als periodisierte Ausgaben). Somit wird durch das Realisationsprinzip auch geregelt, in welchem Jahr der Gewinn aus einem Geschäft zu verbuchen ist.

Merke:

> Das *Realisationsprinzip* besagt, dass Gewinne erst dann ausgewiesen werden dürfen, wenn sie durch Umsätze verwirklicht worden sind (§ 252 Abs. 1 Nr. 4 HGB).

Daraus folgt im Umkehrschluss, dass Gewinne, die bis zum Abschlussstichtag noch nicht realisiert worden sind, im Jahresabschluss auch noch nicht ausgewiesen werden dürfen.[1]
Grundsätzlich bieten sich mehrere Realisationszeitpunkte an, die mit unterschiedlichen Risiken hinsichtlich der tatsächlichen Gewinnvereinnahmung verbunden sind. Würde bereits bei der Bekundung eines Kaufinteresses durch den Kunden ein Umsatzerlös (Ertrag) und damit ein Gewinn in der Buchführung verbucht, so könnte die tatsächliche Gewinnverwirklichung aufgrund der folgenden potentiellen Ereignisse zunichte gemacht werden. Die Gewinnbuchung wäre zu stornieren.

Risiken hinsichtlich der Gewinnvereinnahmung:
1. Der Kunde schließt den angekündigten Kaufvertrag doch nicht.
2. Die Leistung kann nicht (rechtzeitig) erbracht werden (Zulieferer liefert nicht; Untergang des Gegenstands vor Gefahrenübergang).

---

[1] Zur Erweiterung des Realisationsprinzips auf ein grundlegendes Abgrenzungsprinzip, das auch die Realisierung und Periodisierung von Aufwendungen (und somit von Rückstellungen) regelt, siehe Kapitel B.VIII.1.b).

3. Der Kunde bezahlt aufgrund schlechter Liquiditätslage den Rechnungsbetrag nicht oder nur zum Teil.
4. Der gelieferte Gegenstand ist mit Mängeln behaftet, der Kunde verlangt kostenlose Reparatur, Minderung oder Auflösung des Kaufvertrages.

	**Mögliche Realisationszeitpunkte**
Bekundung eines Kaufinteresses durch den Kunden	Abschluss des Kaufvertrages	Lieferung des Gegenstandes bzw. Erbringung der Dienstleistung	Rechnungserteilung	Geldeingang	Ablauf der Gewährleistungsfrist gesetzlich: 2 Jahre
Risiken: (1), (2), (3), (4)	Risiken: (2), (3), (4)	Risiken: (3), (4)	Risiken: (3), (4)	Risiken: (4)	Risiken: keine

Sollen jegliche Risiken ausgeschlossen werden, so müsste das Ende des Gewährleistungszeitraumes als Gewinnrealisierungszeitpunkt festgelegt werden. Die dann sehr langwierige Abwicklung von Geschäftsvorfällen spricht gegen diese Lösung. Dies gilt genauso für den Zeitpunkt des Geldeingangs. So sind im internationalen Anlagengeschäft Zahlungsziele von 18 Monaten durchaus üblich. Die h.M. sieht die Realisation des Gewinns bzw. das Entstehen der Forderung im Zeitpunkt der Lieferung oder Leistung, also im Zeitpunkt des Gefahrenübergangs, als gegeben an, der Zeitpunkt der Rechnungserteilung hat keine eigenständige Bedeutung. Im Zeitpunkt der Lieferung entsteht für das Unternehmen der Anspruch auf den Kaufpreis. Die Gewährung des Zahlungsziels stellt ein selbständiges Finanzierungsgeschäft dar. Die in diesem Falle noch vorliegenden Risiken werden durch andere Bilanzierungsinstrumente abgesichert, der Zahlungsausfall des Kunden durch Wertberichtigungen auf Forderungen und die Gewährleistungsansprüche der Kunden durch entsprechende Rückstellungen. Die früher liegenden Zeitpunkte kommen wegen der wesentlich größeren Unsicherheit nicht in Betracht.

Vor dem Realisationszeitpunkt dürfen alle Gegenstände, die von Dritten bezogen wurden, höchstens mit den Anschaffungskosten (gegebenenfalls minus Abschreibungen) und alle Gegenstände oder Leistungen, die das Unternehmen erstellt und noch auf Lager hat, lediglich mit den Kosten der Herstellung bewertet werden, auch wenn sie bald mit Gewinn verkauft werden sollen. Erst mit der tatsächlichen Veräußerung (genauer: der Lieferung) der Erzeugnisse an einen Kunden oder der Veräußerung eines Gebäudes (genauer: Eintragung des neuen Eigentümers im Grundbuch) erfolgt der Wertsprung von den Anschaffungs-/ Herstellungskosten zum Umsatzerlös und darf der erzielte Veräußerungsgewinn gebucht werden. Dieses sog. *Anschaffungskostenprinzip* ist in § 253 Abs. 1 HGB verankert und stellt eine wichtige Säule des Bilanzrechts dar. Mit dem Verkauf und der Auslieferung entsteht die Forderung aus Lieferungen und Leistungen in Höhe der Gegenleistung des Kunden und wird gebucht. Die Forderung (oder auch der Bargeldeingang) basiert auf dem Verkaufspreis, der den kalkulierten Gewinnaufschlag umfasst, sodass bei deren Buchung der realisierte Gewinn berücksichtigt wird.

Diese wichtige Säule des Bilanzrechts ist durch das BilMoG seit 1.1.2010 punktuell aufgeweicht worden mit dem Ziel, die Informationsfunktion des Jahresabschlusses über die Vermögens-, Finanz- und Ertragslage zu verbessern. In drei Fällen hat der *beizulegende Zeitwert als Bewertungsmaßstab* Einzug in den Jahresabschluss gehalten.[1] In diesen Fällen kann der beizulegende Zeitwert mit Gewinn erhöhender Wirkung *über die Anschaffungskosten hinaus* ansteigen, und somit wer-

---

[1] Außerdem sind Finanzinstrumente des Handelsbestandes von Kredit- und Finanzdienstleistungsinstituten mit dem beizulegenden Zeitwert anzusetzen (§ 340e HGB).

den – wie es im IFRS-System z.B. bei bestimmten Finanzinstrumenten üblich ist – bereits **_realisierbare Gewinne_** im Jahresabschluss ausgewiesen.

- Zum einen sind Vermögensgegenstände, die Teil eines Planvermögens und mit den Altersversorgungsverpflichtungen zu verrechnen sind, erfolgswirksam mit dem beizulegenden Zeitwert zu bewerten (§ 253 Abs. 1 S. 4 HGB).
- Zum anderen sind wertpapiergebundene Pensionsverpflichtungen oberhalb eines garantierten Mindestbetrags zum beizulegenden Zeitwert zu bewerten (§ 253 Abs. 1 S. 3 HGB).
- Schließlich ist bei der Umrechnung von Fremdwährungsforderungen und – verbindlichkeiten mit einer Restlaufzeit von bis zu 12 Monaten am Bilanzstichtag das Anschaffungswertprinzip bzw. das Höchstwertprinzip nicht zu beachten (§ 256a HGB).

Auch durch das Gebot in § 253 Abs. 2 S. 1 HGB, Rückstellungen mit einer Restlaufzeit von mehr als einem Jahr abzuzinsen, wird das Realisationsprinzip durchlöchert. Noch nicht realisierte Zinserträge müssen nämlich Gewinn erhöhend gebucht werden.

Die Bundesregierung meldet selbst in der Gesetzesbegründung Zweifel an, ob ein so verstandenes (aufgeweichtes) Realisationsprinzip sich noch eignet, bei Anwendung in der Steuerbilanz die steuerliche Leistungsfähigkeit des Unternehmens anzuzeigen.[1] Es handelt sich jedoch m.E. nicht um ein akutes Problem, da für die Steuerbilanz in § 6 Abs. 1 EStG die (fortgeführten) historischen Anschaffungs- oder Herstellungskosten als Wertobergrenze festgelegt sind, sodass hier der Bewertungsvorbehalt (§ 5 Abs. 6 EStG) greift und in diesem konkreten Fall die Maßgeblichkeit durchbricht.

Die strikte Beachtung des Realisationsprinzips führt bei *langfristiger Fertigung* zu Problemen. So erstreckt sich z.B. die Herstellung eines Kreuzfahrtschiffes über mehrere Jahre. Bis zur Auslieferung des Schiffes dürfen keinerlei Gewinne verbucht werden. In diesem Falle dürfte die Generalnorm § 264 Abs. 2 HGB verletzt sein, denn die Ertragslage der Werft wird völlig verzerrt und falsch dargestellt. In den Jahren der Produktion ergeben sich Verluste, im Jahr der Auslieferung jedoch ein großer Gewinn. Die Ertragslage wird demnach nie realistisch gezeigt. Nach h.M. kann (Wahlrecht) in diesem Falle ausnahmsweise bereits früher ein anteiliger Gewinn berücksichtigt werden, wenn für die einzelnen Bauabschnitte echte Teilabrechnungen erstellt werden oder aus dem Produktionsablauf einzelne abgrenzbare und einzeln vom Kunden abgenommene Bauabschnitte existieren. Allerdings geht dann für die einzelnen Bauabschnitte schrittweise das Risiko (Gefahr des zufälligen Untergangs) auf den Abnehmer über, sodass die Voraussetzungen für eine so gen. *Teilgewinnrealisierung* selten erfüllt sein dürften.[2]

(5) Imparitätsprinzip

Das Imparitätsprinzip ergänzt und modifiziert das Realisationsprinzip im Bereich der Bewertung von Vermögensgegenständen und Schulden sowie schwebenden Geschäften[3]. Vom lateinischen Wort "impar" (= ungleich) abgeleitet besagt es, dass unrealisierte Verluste anders zu behandeln sind als unrealisierte Gewinne:

---

[1] Vgl. Bundestagsdrucksache 16/10067, S. 34.
[2] Zu Einzelheiten siehe Kapitel B.II.4.b)(5).
[3] Schwebende Geschäfte sind – vereinfacht gesagt – abgeschlossene Verträge, bei denen bis zum Bilanzstichtag die Sach- oder Dienstleistungsverpflichtung noch nicht erfüllt ist; s. Kapitel B.X.1.c).

Definition:

> *Imparitätsprinzip*: Bis zum Abschlussstichtag verursachte drohende Verluste sind bereits vor ihrem tatsächlichen Eintreten zu berücksichtigen (§ 252 Abs. 1 Nr. 4 HGB).

Das Imparitätsprinzip wird im Rahmen der Bewertung von Vermögensgegenständen durch das sog. Niederstwertprinzip und hinsichtlich der Bewertung von Verbindlichkeiten durch das Höchstwertprinzip konkretisiert. Es findet insbesondere Anwendung bei den Rückstellungen für drohende Verluste aus schwebenden Geschäften. Beispiele zu diesen drei Ausprägungen des Imparitätsprinzips enthält die Übersicht auf der nächsten Seite.

Allen dort dargestellten Fällen ist gemeinsam, dass die Verluste noch nicht eingetreten sind, aber bereits am Bilanzstichtag absehbar bzw. verursacht sind. Das kann der Fall sein bei Geschäften, die durch den Kauf von Rohstoffen etc. oder den Abschluss von Verträgen eingeleitet, aber noch nicht abgewickelt sind. Das Imparitätsprinzip als zentraler Grundsatz einer vorsichtigen Bewertung gebietet eine Antizipation dieser erwarteten negativen Erfolgsbeiträge, d.h. dass die noch nicht realisierten Verluste bereits Gewinn mindernd berücksichtigt werden müssen. Beim späteren tatsächlichen Eintritt der Verluste spielt sich der Vorgang erfolgsneutral ab, sofern sich die Verhältnisse seit dem letzten Bilanzstichtag nicht mehr geändert haben bzw. die Schätzungen auch tatsächlich eintreffen. Durch diese Antizipation von Verlusten soll im Interesse der Unternehmenssicherung und des Gläubigerschutzes verhindert werden, dass zu hohe Gewinne ausgewiesen, besteuert und ausgeschüttet werden. Zur Ermittlung der Verluste darf bei absatzbestimmten Leistungen nur auf den Veräußerungswert am Absatzmarkt abgestellt werden (sog. verlustfreie Bewertung, vgl. Kapitel B.II.4.c).

Imparitätsprinzip		
Niederstwertprinzip	*Höchstwertprinzip*	*Rückstellungen für drohende Verluste aus schwebenden Geschäften*
§ 253 Abs. 2 und 3 HGB	Analogie zu § 253 HGB	§ 249 Abs. 1 Satz 1 HGB
Fall: ein Verlust droht bei der späteren Veräußerung des Vermögensgegenstandes	*Fall:* ein Verlust (in EUR) droht bei der späteren Tilgung eines Fremdwährungsdarlehens wegen eines gesunkenen (Euro-) Wechselkurses	*Fall:* ein Verlust droht bei der späteren Erfüllung eines abgeschlossenen Kaufvertrages, da sich Preise oder Kosten inzwischen ungünstig entwickelt haben bzw. entwickeln werden
Inhalt: Vermögensgegenstände müssen (dürfen) Gewinn mindernd auf einen niedrigeren Wert abgeschrieben werden, der ihnen am Bilanzstichtag beizulegen ist.	*Inhalt:* Schulden in fremder Währung müssen Gewinn mindernd auf den am Bilanzstichtag (in EUR ausgedrückt) höheren Wert aufgestockt werden.	*Inhalt:* Rückstellungen müssen in diesem Falle für absehbare Verluste aus noch nicht erfüllten, aber am Bilanzstichtag bereits rechtswirksam abgeschlossenen Verträgen (= schwebende Geschäfte) Gewinn mindernd gebildet werden (nur in HB).

Imparitätsprinzip		
Niederstwertprinzip	*Höchstwertprinzip*	*Rückstellungen für drohende Verluste aus schwebenden Geschäften*
Beispiel: Eine Aktie (Umlaufvermögen) wurde bisher mit den Anschaffungskosten von 350,- EUR bewertet; eine Abwertung auf 250,- EUR ist zwingend, wenn dies der aktuelle Börsenkurs (abzüglich Nebenkosten) am Bilanzstichtag ist.	**Beispiel:** Ein zum Kurs 1 EUR – 1 CHF aufgenommener kurzfristiger Fremdwährungskredit (Laufzeit: 2 Jahre) in Höhe von 1 Mio. Schweizer Franken ist am Bilanzstichtag mit dem voraussichtlichen Tilgungsbetrag von 1,25 Mio. EUR in der Bilanz anzusetzen, wenn am Stichtag der Wechselkurs 1 EUR – 0,80 CHF beträgt.	**Beispiel:** Ein Fernsehhändler hat einen Kaufvertrag mit dem japanischen Hersteller über 10 Fernsehgeräte zum Festpreis pro Stück von EUR 1.200,- EUR abgeschlossen. Weder Lieferung noch Bezahlung sind bisher erfolgt. Da der Verkaufspreis auf dem deutschen Markt bis zum Bilanzstichtag auf EUR 1.100,- abgerutscht ist, droht je Gerät ein Verlust von 100,- EUR, so dass eine Rückstellung von 1.000,- EUR zu bilden ist (nur in HB).
Näheres siehe Kapitel B.III.1. und B.IV.1.	Näheres siehe Kapitel B.X.3.	Näheres siehe Kapitel B:X.1.c).

Die Frage, ob aufgrund des Imparitätsprinzips auch Informationen und Ereignisse nach dem Bilanzstichtag zu berücksichtigen sind, wird im Gesetz bereits beantwortet. In § 252 Abs. 1 Nr. 4 HGB wird verlangt, dass auch Risiken und Verluste, die nach dem Bilanzstichtag bekanntgeworden sind, berücksichtigt werden müssen, sofern sie vor dem Abschlussstichtag wirtschaftlich verursacht wurden. Dies kann allerdings nur geschehen, solange die Bilanz noch nicht fertig aufgestellt ist (zu den Aufstellungsfristen vgl. Kapitel A.III.a). Informationen über die Verhältnisse am Bilanzstichtag, die erst nach dem Bilanzstichtag den Bilanzierenden erreichen, nennt man **Wert aufhellende Informationen bzw. Tatsachen**. Die sog. **Wert beeinflussenden Tatsachen**, die erst nach dem Bilanzstichtag eingetreten sind, dürfen dagegen wegen des Stichtagsprinzips nicht in den Jahresabschluss einbezogen werden.

Beispiel:
Die LowTech GmbH hat eine größere ungesicherte Forderung gegenüber dem Kunden K. Am 28.12.01 erfährt die GmbH, dass dieser Kunde am 2.12.01 Insolvenz angemeldet hat und dass die Massegläubiger nichts zu erwarten haben.

Die Forderung ist zum Bilanzstichtag (31.12.01) der LowTech GmbH als uneinbringlich abzuschreiben, sofern die GmbH keine Sonderrechte erhalten hat, was laut Angabe nicht der Fall ist.

Variante 1:
Die GmbH erfährt erst kurz vor Beendigung der Bilanzaufstellung am 30.3.02 davon, dass der Kunde K am 2.12.01 Insolvenz angemeldet hat und dass die Massegläubiger nichts zu erwarten haben.

Die Forderung ist per 31.12.01 als uneinbringlich abzuschreiben. Es handelt sich um eine **Wert aufhellende Information**, die zwar erst nach dem Stichtag eingetroffen ist, aber die Wertverhältnisse am Bilanzstichtag klarstellt. Die Ursache für die Wertänderung liegt vor dem Stichtag.

Variante 2:
Die GmbH erfährt erst kurz vor Beendigung der Bilanzaufstellung am 30.3.02 davon, dass der Kunde K am 2.1.02 Insolvenz angemeldet hat und dass die Massegläubiger nichts zu erwarten haben.

Auch in diesem Falle ist die Forderung per 31.12.01 als uneinbringlich abzuschreiben, da davon auszugehen ist, dass die wirtschaftliche Lage des Kunden bereits vor dem Bilanzstichtag (31.12.) extrem desolat und damit die Forderung der GmbH wertlos war *("Wert aufhellende Tatsachen")*.

Variante 3:
Die GmbH erfährt erst kurz vor Beendigung der Bilanzaufstellung (am 30.3.02) davon, dass der Kunde K am 20.3.02 Insolvenz angemeldet hat und dass die Massegläubiger nichts zu erwarten haben.

War die wirtschaftliche Lage des Kunden bereits am 31.12.01 bereits aussichtslos, so ist wiederum eine Vollabschreibung erforderlich. Es könnte aber auch sein, dass die Ursache für die Insolvenz des Kunden erst nach dem Bilanzstichtag eingetreten ist, z.B. ein unterversicherter Katastrophenschaden oder die Stornierung mehrerer für K wichtiger Großaufträge etc. In diesem Falle ist die Forderung in voller Höhe in der Bilanz auszuweisen *("Wert beeinflussende Tatsachen")*, denn die Wertänderung ist erst nach dem Stichtag verursacht worden.

c) Ergänzende Grundsätze

(1) Going-Concern-Prinzip

Das Going-concern-Prinzip bzw. der sog. Fortführungsgrundsatz ist ein grundlegendes Bewertungsprinzip, das eigentlich selbstverständlich ist. Es besagt, dass normalerweise die Fortführung der Geschäftstätigkeit in einem übersehbaren künftigen Zeitraum von mindestens einem Jahr nach dem Bilanzstichtag anzunehmen ist, und daher bei der Bewertung der Vermögensgegenstände eine mögliche Veräußerung des Gesamtunternehmens oder dessen Liquidation in Einzelteilen ("Zerschlagung") keine Beachtung findet (vgl. § 252 Abs. 1 Nr. 2 HGB). Dies bedeutet, dass von der planmäßigen Nutzung bzw. Verwertung der einzelnen Vermögensgegenstände im Rahmen des Unternehmens auszugehen ist und dass die allgemeinen Bewertungsvorschriften des HGB sowie die GoB maßgeblich sind, die auf mehrere Informationsziele hin ausgerichtet sind.

Das Abgehen vom Grundsatz der Fortführungswerte ist nach § 252 Abs. 1 Nr. 2 HGB zulässig und sinnvoll, wenn "tatsächliche und rechtliche Gegebenheiten (der Fortführung des Unternehmens, d. Verf.) entgegenstehen". Solche *rechtlichen Gegebenheiten* können im Auslaufen einer Produktionsgenehmigung, in Umweltschutzauflagen, in der Insolvenz eines Unternehmens oder in der bevorstehenden Unternehmensaufgabe bestehen. Was *tatsächliche Gegebenheiten* sind, die der Unternehmensfortführung entgegen stehen, ist jedoch sehr schwer abzugrenzen. Es könnte sich um unternehmensinterne Konditionen handeln, z.B. fehlende Nachfolger im Familienunternehmen, veraltete Produktpalette, Arbeitskräftemangel, Kostendruck, oder um externe Faktoren, wie z.B. den Wegfall des Zugangs zu wichtigen Rohstoffmärkten, um erschöpfte Kreditlinien bei unabwendbarem Kreditbedarf, um harten Verdrängungswettbewerb etc. Problematisch ist es vor allem abzugrenzen, wann die Schwelle überschritten ist, um vom Going-concern-Grundsatz abzuweichen. Diese Entscheidung liegt zum Teil im Ermessen des Bilanzierenden, theoretisch ist das Abweichen von der Fortführungsprämisse sehr *restriktiv* auszulegen, da sonst u.U. mehrfach und dauerhaft stille Reserven (= unrealisierte Gewinne) aufgelöst und das Ergebnis verbessert würde, dann aber doch keine Unternehmensbeendigung erfolgte.

Beispiel:
Die LowTech könnte beschließen, u.a. die Fahrzeuge des Fuhrparks mit Gebrauchtwagenpreisen zu bewerten, weil sie befürchtet, von einem neuen Konkurrenten verdrängt zu werden. Der Gebrauchtmarktpreis für z.B. einen Mercedes 220 Diesel beträgt 10.000,- EUR, während der Restbuchwert bei EUR 2.000,- liegt.

Fortführungswerte	*Liquidationswerte*
Definition: Werte, die sich aus den handelsrechtlichen Vorschriften und den GoB ergeben	*Definition:* Werte, die bei Veräußerung des einzelnen gebrauchten Vermögensgegenstands am Markt erzielbar sind (Verkehrswerte)
Beispiel: 2.000,- EUR Die einzelnen Fahrzeuge des Fuhrparks werden grundsätzlich mit den Anschaffungskosten abzüglich bis dahin aufgelaufener Abschreibungen bewertet	*Beispiel:* 10.000,- EUR Die einzelnen Fahrzeuge des Fuhrparks werden z.B. mit den Werten aus der aktuellen Schwacke-Liste bewertet

Erfolgt die Verdrängung durch den neuen Konkurrenten jedoch nicht, könnte sie immerhin im nächsten Folgejahr eintreten, so dass auch weiterhin mit Veräußerungspreisen bilanziert würde. Auf diese Weise könnten über einen längeren Zeitraum die Bilanzierungs- und Bewertungsvorschriften des HGB umgangen werden.

Bei Aufgabe der Fortführungsprämisse können an deren Stelle folgende Alternativen treten:
1. eine Geschäftspolitik des Auslaufenlassens ohne Vornahme von Ersatzinvestitionen
2. eine (Teil-)Betriebsveräußerung
3. Einzelveräußerung der Vermögensgegenstände (Zerschlagung).

Für die Bewertung haben die Alternativen jeweils die in der Tabelle angegebenen Bewertungskonsequenzen:

Verwertungs-Alternativen	Bewertung
1. Unternehmensfortführung (going concern)	GoB sowie Ansatz- und Bewertungsvorschriften des HGB über den Jahresabschluss
2. Auslaufen des Geschäfts	grundsätzlich keine Änderung; ggf. Verkürzung der Anlagen-Nutzungsdauern und Verpflichtungsrestlaufzeiten
3. (Teil-) Betriebs-Veräußerung	Zusammenfassung der Vermögensgegenstände und Verpflichtungen zu entsprechenden Teilbetrieben und Bewertung mit vorsichtig geschätzten Gesamtwerten (Verkaufspreis)
4. Einzelveräußerung (Liquidation, Zerschlagung)	Einzelveräußerungswerte (Marktwerte, Verkehrswerte); Rückstellungen für Abbruch-, Entsorgungs-, Sozialplan- u.ä. Kosten

Eine Bindung an den Grundsatz der Bewertungsstetigkeit kann beim Übergang zu einer anderen Verwertungsalternative naturgemäß nicht bestehen. In keinem der genannten Fälle dürfen jedoch durch Aufdeckung der stillen Reserven vor dem Vollzug des Verkaufs die Anschaffungs- oder Herstellungskosten überschritten werden, da dies gegen das weiterhin geltende Realisationsprinzip verstoßen würde.[1]

---

[1] Vgl. ADS § 252, Tz. 33; Selchert in: Küting/Weber § 252 Tz. 58.

(2) Einzelbewertung

Dieser nur auf den ersten Blick unproblematische Grundsatz ist kodifiziert in § 240 Abs. 1 und § 252 Abs. 1 Nr. 3 HGB sowie in § 6 Abs. 1 Nr. 1 EStG. Er soll die Nachvollziehbarkeit der Bilanzierung und Bewertung durch Dritte gewährleisten und Bilanzmanipulationen erschweren. Die Forderung, jeden Vermögensgegenstand einzeln zu bewerten, heißt nicht, alle Einzelteile eines zum Fuhrpark gehörigen LKW's oder jede Schraube innerhalb eines Erzeugnisbauteils, z.B. eines Motors, einzeln zu bewerten. Dies wäre nicht nur unwirtschaftlich, sondern auch wenig sinnvoll, da diese Einzelteile nur mit anderen Teilen zusammen funktionsfähig sind und ihren Wert nur im Gesamtzusammenhang erhalten. Die kleinste Einheit, die prinzipiell einzeln zu bewerten ist (=Bewertungseinheit), besteht also aus mehreren Einzelteilen, die alle in einem sehr engen Funktions- und Nutzungszusammenhang zueinander stehen und somit eine ***Funktionseinheit*** bilden.

Die Abgrenzung einer ***Bewertungseinheit*** kann mitunter schwierig sein. Die steuerliche Rechtsprechung hat sich im Zusammenhang mit Geringwertigen Wirtschaftsgütern mit der selbständigen Nutzbarkeit von Gütern auseinandergesetzt. Wenn dies auch nur eine mögliche Interpretation des allgemeineren Begriffs der Bewertungseinheit ist, so hat sich doch die handelsrechtliche Literatur den steuerrechtlichen Kriterien (enger Funktions- und Nutzungszusammenhang, nicht selbständige Nutzbarkeit der Einzelteile) im Bereich der Sachgüter angeschlossen.

Beispiele für Bewertungseinheiten:
Motor mit Einzelteilen, Motor und Gehäuse, Gebäude mit Personenfahrstuhl, Bestuhlung eines Kinos, genormte Stahlregalteile, Schalungs- und Gerüstteile in der Bauwirtschaft, Hardware mit Festplatte, Fremdwährungsforderungen oder Fremdwährungsverbindlichkeiten und absicherndes Devisentermingeschäft.

Die Frage bei allen Finanzinnovationen, die der Absicherung von Waren- oder Finanzgeschäften dienen, ist, ob sie mit den abzusichernden Geschäften zu einer ***Bewertungseinheit*** zusammengefasst werden können oder ob es bei der Einzelbewertung bleibt. In letzterem Fall wird gemäß dem Imparitätsprinzip nur das Grundgeschäft mit dem drohenden Verlust berücksichtigt, die Erfassung des erwarteten kompensierenden Gewinns des Absicherungsgeschäfts verhindert das Realisationsprinzip. Unter bestimmten Voraussetzungen können Grundgeschäft und Absicherungsgeschäft zu einer Bewertungseinheit zusammengefasst werden (§ 254 HGB), die auch steuerrechtlich zu berücksichtigen ist (§ 5 Abs. 1a EStG). Grundzüge der Hedge-Bilanzierung nach HGB und IFRS werden in Kapitel B.XII. behandelt.

Bei der Abwägung der Frage, ob aus Gründen der richtigeren Darstellung der Vermögens-, Ertrags- und Finanzlage oder aus Wirtschaftlichkeitsgründen mehrere Vermögensgegenstände zu einer Bewertungseinheit zusammengefasst werden können, ist zu beachten, dass das Prinzip der Einzelbewertung vor allem verhindern soll, dass positive und negative Wertänderungen an verschiedenen Vermögensgegenständen und Schulden miteinander verrechnet werden und so für Dritte nicht sichtbar das Imparitätsprinzip umgangen würde.

Beispiel:
Der Wert des unbebauten Grundstücks A ist am Bilanzstichtag wegen eines jetzt beschlossenen Baus einer Autobahn in der Nachbarschaft dauerhaft um 100.000,- EUR unter die Anschaffungskosten gesunken. Der Wert des unbebauten Grundstücks B im Zuge des erfolgreichen Ausbaus von dessen Umgebung als Gewerbegebiet dagegen um 100.000,- EUR über die Anschaffungskosten gestiegen.

Bei Einzelbewertung sind in Verbindung mit anderen Grundsätzen ordnungsmäßiger Buchführung und Bilanzierung folgende Bewertungsänderungen vorzunehmen:
- Grundstück A: Abwertung um 100.000,- EUR (Imparitätsprinzip)
- Grundstück B: keine Änderung; keine Bewertung oberhalb der fortgeführten Anschaffungskosten (Realisationsprinzip)

Bei Zusammenfassung der Werte und Beibehaltung des Gesamtwerts wäre nur schwer aufzudecken, dass es sich um eine unzulässige Verrechnung der beiden Wertänderungen handelte.

Folgende ***Durchbrechungen des Grundsatzes der Einzelbewertung*** sind (z.T. aus Wirtschaftlichkeitsgründen) üblich und unumstritten zulässig:
1. Festwert für eine Gruppe von Gegenständen
2. Gruppenbewertung bei Gegenständen des Umlaufvermögens
3. Vorratsbewertung mit Hilfe eines Verbrauchsfolgeverfahrens (lifo, fifo)
4. Pauschalwertberichtigungen zu Forderungen
5. Pauschale Garantierückstellungen bei Herstellern von Massenprodukten
6. Bewertungseinheiten bei Absicherungsgeschäften.

Davon zu unterscheiden ist die Zusammenrechnung der Werte einzelner Vermögensgegenstände, z.B. von Grundstücken und Gebäuden, zu einer einzigen Bilanzposition. Diese Vorgehensweise widerspricht nicht dem Einzelbewertungsgrundsatz, die Einzelbewertung ist bereits im Schritt zuvor bei Ermittlung der Werte der einzelnen Gegenstände erfolgt.

(3) Formale Bilanzkontinuität

Um dem Bilanzleser den Vergleich zweier aufeinanderfolgender Jahresabschlüsse eines Unternehmens zu erleichtern, müssen die Gliederungen von Bilanz und Gewinn- und Verlustrechnung von Jahr zu Jahr unverändert bleiben. Die formale Bilanzkontinuität, die sich aus den Grundsätzen der Klarheit und der Richtigkeit bzw. Willkürfreiheit ergibt, beinhaltet aber auch die Forderung, den Ausweis der einzelnen Bilanzposten oder GuV-Posten nicht zu ändern (§ 265 Abs. 1 HGB). Unter besonderen Umständen sind Abweichungen bei aufeinander folgenden Gliederungen möglich, die aber im Anhang anzugeben und zu begründen sind. Solchen Änderungen sind bei Unternehmenskäufen aus sehr unterschiedlichen Branchen denkbar.

Kodifiziert wurde dieser Grundsatz nur innerhalb der Spezialvorschriften für Kapitalgesellschaften. Nur für diese ist eine bestimmte Mindestgliederung vorgeschrieben (vgl. Kapitel B.I.2), während andere Rechtsformen in der Gestaltung ihrer Jahresabschlussgliederung Spielräume haben. Somit entfaltet der Grundsatz bei Kapitalgesellschaften nur für die über die Mindestgliederung hinaus gehende Gliederung eine Wirkung, die aber wegen der Pflicht zur Veröffentlichung der Jahresabschlüsse von Kapitalgesellschaften wichtig ist. Obwohl die formale Bilanzkontinuität im Bereich der ergänzenden Vorschriften für Kapitalgesellschaften kodifiziert wurde, handelt es sich m.E. doch um einen allgemeinen Grundsatz ordnungsmäßiger Buchführung und Bilanzierung, der für __*alle*__ Rechtsformen gültig ist.

(4) Stetigkeit

Der Grundsatz der Stetigkeit wird oft auch als *materielle Bilanzkontinuität* bezeichnet.

Definition:

> ***Stetigkeit***: Einmal für den Jahresabschluss gewählte Ansatz- und Bewertungsmethoden müssen beibehalten werden.

Die Beachtung dieses Grundsatzes soll die Vergleichbarkeit aufeinander folgender Jahresabschlüsse gewährleisten, denn die von Jahr zu Jahr unterschiedliche Ausnutzung von Ansatz- und Bewertungswahlrechten mit den entsprechenden Auswirkungen auf den Jahresüberschuss würde einen aussagefähigen Zeitvergleich der Jahresüberschüsse unmöglich machen und die Erfüllung des Jahresabschlusszwecks "Rechenschaft" beeinträchtigen.

Der Grundsatz der Stetigkeit ist kodifiziert in § 246 Abs. 3 und § 252 Abs. 1 Nr. 6 HGB. Er umfasst Ansatzmethodenwahlrechte und Bewertungsmethodenwahlrechte.

Definition:

> Unter ***Ansatzmethoden*** ist die planmäßig und systematisch vorgenommene Nutzung von Aktivierungs- und Passivierungswahlrechten einschließlich ihrer Folgebewertungen zu verstehen

Definition:

> Unter ***Bewertungsmethoden*** sind planmäßig und systematisch vorgenommene Bewertungsmaßnahmen einschließlich ihrer Folgebewertungen zu verstehen.

Methoden der Bilanzierung und Bewertung sind also Maßnahmen, die nicht nur auf den aktuellen Bilanzstichtag Auswirkungen haben, sondern auch Folgewirkungen an späteren Stichtagen entfalten. Seit 1.1.2010 hat der Gesetzgeber auch Ansatzmethodenwahlrechte in den Anwendungsbereich des Stetigkeitsgrundsatzes einbezogen. Durch Beibehaltung der angewandten Ansatzmethoden (§ 246 Abs. 3 HGB) sollen Transparenz der Rechnungslegung und Vergleichbarkeit der Jahresabschlüsse erhöht werden, da auch die Nutzung solcher Wahlrechte die Höhe des Jahresüberschusses deutlich beeinflussen können. Gleichzeitig wurde die Zahl der gesetzlich zulässigen Ansatzwahlrechte reduziert. Auf Wertansatzwahlrechte, die sich nicht systematisch auf mehrere Jahresabschlüsse beziehen („punktuelle Bewertungswahlrechte"), bezieht sich der Stetigkeitsgrundsatz nicht.

Ansatz- und Bewertungswahlrechte		
Ansatzmethoden-wahlrechte	*Bewertungswahlrechte*	
	↙	↘
	Wertansatzwahlrechte	*Methodenwahlrechte*
Beispiele: selbstgeschaffene immaterielle Gegenstände des Anlagevermögens; ARA für Disagio	*Beispiele:* - Ansatz des niedrigeren Stichtagswertes bei Finanzanlagen (§ 253 Abs. 3 S. 4 HGB); - Steuerrechtliche Sonderabschreibungen nur in der Steuerbilanz (z.B. § 7g Abs. 5 EStG)	*Beispiele:* - Abschreibungsmethode; - Bewertungsverfahren für das Vorratsvermögen (z.B. lifo); - Ermittlung der Herstellungskosten von Erzeugnissen
Anwendungsbereich des Stetigkeitsgrundsatzes § 246 Abs. 3 HGB		***Anwendungsbereich des Stetigkeitsgrundsatzes § 252 Abs. 1 Nr. 6 HGB***

Anhand verschiedener Beispielaufgaben sollen Anwendungsbereich und Konsequenzen des Stetigkeitsprinzips verdeutlicht werden.

Fall 1:
Gemäß 250 Abs. 3 HGB besteht ein Wahlrecht, ob ein Disagio auf einen aufgenommenes Bankdarlehen sofort als Zinsaufwand gebucht oder durch Bildung eines aktiven Rechnungsabgrenzungspostens z.B. über die Laufzeit abgegrenzt wird. Welche Bedeutung hat der Grundsatz der Bewertungsstetigkeit in diesem Falle?
Diese Entscheidung muss zu Beginn der Laufzeit des Darlehens für den gesamten Zeitraum getroffen und in einem "Abschreibungs-" oder Abgrenzungsplan festgelegt werden („Prinzip der Planmäßigkeit"). Eine spätere Revision dieses Planes wäre willkürlich und ist deshalb nicht möglich.

Bei der Aufnahme eines anderen Kredites darf aufgrund des Stetigkeitsprinzips dieses Ansatzwahlrecht nicht anders ausgeübt werden als beim vorigen Darlehen. Dadurch soll die Vergleichbarkeit aufeinander folgender Jahresabschlüsse erhöht werden.

Fall 2:
Die LowTech GmbH hat bisher bei allen Maschinen die Möglichkeit der Sonderabschreibung gemäß 7g Abs. 5 EStG in der Steuerbilanz genutzt. Muss wegen des Stetigkeitsgrundsatzes diese steuerliche Vergünstigung auch bei einer neu angeschafften Maschine in Anspruch genommen werden?

Die Frage ist zu verneinen, da es sich bei dieser Sonderabschreibung nicht um eine Bewertungsmethode handelt und der Stetigkeitsgrundsatz daher in diesem Fall nicht zu beachten ist. Wahlrechte zur Nutzung steuerlicher Vergünstigungen können in der Steuerbilanz für jedes Wirtschaftsgut und in jedem Wirtschaftsjahr wieder neu ausgeübt werden.

Fall 3:
Maschine Nr. 4712 wurde im abgelaufenen Geschäftsjahr angeschafft und soll geometrisch-degressiv abgeschrieben werden. Welche Konsequenzen hat der Stetigkeitsgrundsatz?

Die Abschreibungsmethode wird gemäß § 253 Abs. 2 HGB in einem Abschreibungsplan für die gesamte geschätzte Nutzungsdauer festgelegt. Ein Wechsel der Methode würde dem aus dem GoB der Willkürfreiheit abgeleiteten „Grundsatz der Planmäßigkeit" der Abschreibungen widersprechen und wäre m.E. aus diesem Grunde nicht zulässig, er ließe sich aber auch als Verstoß gegen den Grundsatz der Bewertungsstetigkeit auffassen. Der in der Praxis übliche Übergang von der geometrisch-degressiven zur linearen Abschreibung gegen Ende der Nutzungsdauer widerspricht weder der Planmäßigkeit, da der Übergang von Anfang an im Abschreibungsplan festgelegt wird, noch der Methodenstetigkeit, da dies allgemein als eine einzige Bewertungsmethode interpretiert wird.

Fall 4:
Es wird eine neue Maschine angeschafft, die mit mehreren bereits im Betrieb eingesetzten Maschinen hinsichtlich Kapazität, Funktionen, technischem Stand, Kosten etc. völlig identisch ist. Die bereits eingesetzten Maschinen werden alle linear abgeschrieben. Muss die neue gleichartige Maschine wegen des Stetigkeitsgrundsatzes auch linear abgeschrieben werden?

Die frühere Entscheidung, die gleichartigen Maschinen linear abzuschreiben, beruht auf der Überlegung, dass mit dieser Abschreibungsmethode die Wertminderung dieses Maschinentyps am exaktesten erfasst werden kann. Wenn nun eine neue, völlig gleichartige Maschine nach einer anderen Methode abgeschrieben würde, dann wären der Grundsatz der sachlichen Abgrenzung und die Generalnorm (§ 264 Abs. 2 HGB) qualitativ schlechter erfüllt. Der Grundsatz der Bewertungsstetigkeit verlangt also auch aus diesen logischen Gründen, dass gleichartige Maschinen nach der gleichen Methode abzuschreiben sind.

Unproblematisch ist die Anwendung des Stetigkeitsgrundsatzes bei der Vorratsbewertung mit verschiedenen Sammelbewertungsverfahren oder bei Erzeugnissen mit bestimmten Ausprägungen der Herstellungskosten. Grundsätzlich sind die einmal angewandten Methoden weiterhin anzuwenden.

In § 252 Abs. 2 HGB wird für **_alle_** in Absatz 1 kodifizierten Grundsätze sowie für die in § 246 Abs. 3 geregelte Ansatzstetigkeit die Ausnahme in begründeten Fällen zugelassen. Für den Stetigkeitsgrundsatz heißt dies, dass ein Wechsel der Bewertungsmethode bzw. eine Änderung der Ausübung von Ansatzwahlrechten zulässig ist, wenn dies begründet, also nicht willkürlich ist. Die Begründetheit kann sich nur an handelsrechtlichen Zielen bzw. Grundsätzen orientieren. Ein Wechsel kann erforderlich werden, weil die wirtschaftlichen Umweltbedingungen oder aber auch die technischen Gegebenheiten im Rechnungswesen sich geändert haben. Er ist also dann zulässig, wenn beispielsweise die Klarheit oder die Richtigkeit des Jahresabschlusses verbessert wird, dem Vorsichtsprinzip besser Rechnung getragen wird oder bei Kapitalgesellschaften die Generalnorm des § 264 Abs. 2 HGB besser erfüllt wird. Dies dürfte zweifelsfrei der Fall sein, wenn nach Einführung eines effizienten Kostenrechnungssystems eine Kostenauflösung in variable und fixe Kosten (Einzel- und Gemeinkosten) möglich ist und daher die Erzeugnisvorräte, die notgedrungen bisher zu Vollkosten bzw. Selbstkosten (ohne Vertriebsgemeinkosten) bewertet wurden, nun z.B. ohne Verwaltungsgemeinkosten bewertet werden können. Als begründete Durchbrechungen des Stetigkeitsgrundsatzes kommen außerdem z.B. die Anpassungen an Ergebnisse einer steuerlichen Betriebsprüfung oder die Einbeziehung der Gesellschaft in einen Konzernverbund in Frage.

Fall 5:
Die LowTech GmbH schafft eine neue Maschine an, die sich von den bereits vorhandenen aufgrund des technischen Fortschritts, wegen unterschiedlicher Kapazitäten etc. unterscheidet. Muss auch diese Maschine wie die bereits eingesetzten Maschinen linear abgeschrieben werden?

In diesem Falle könnte es sein, dass eine andere als die lineare Abschreibungsmethode, also z.B. die geometrisch-degressive, die Wertminderungen der Maschine realitätsgetreuer abbildet. Die Beibehaltung der linearen Abschreibungsmethode würde dann zu immer unrealistischeren Buchwerten der Maschinen führen, Vermögens- und Ertragslage wären im Jahresabschluss falsch dargestellt. Eine Durchbrechung des Stetigkeitsgrundsatzes gemäß § 252 Abs. 2 HGB kann also begründet und daher zulässig sein. Zumindest für Kapitalgesellschaften wäre der Methodenwechsel aufgrund der Generalnorm (§ 264 Abs. 2 HGB) sogar geboten.

In Kommentaren wird die Meinung vertreten, dass auch diejenigen Änderungen der Bewertungsmethoden begründete Ausnahmefälle sind, die durch eine neue unternehmerische Konzeption nach einem Managementwechsel, durch veränderte Ziele infolge einer wesentlichen Veränderung der Gesellschafterstruktur oder durch eine grundlegend andere Einschätzung der Unternehmensentwicklung ausgelöst werden (z.B. ADS, § 252 Tz. 113). Für den externen Bilanzleser stellt eine solch weite Auslegung der Ausnahmen vom Stetigkeitsgebot eine Erschwernis für die richtige Beurteilung der Unternehmenslage an Hand des Jahresabschluss dar. Vor allem würde diese weite Auslegung Unternehmen ermöglichen, in relativ kurzen zeitlichen Abständen ihre Bewertungsmethoden allein zum Zwecke der Gewinnmanipulation wiederum zu ändern.[1]

Gemäß § 284 HGB ist von Kapitalgesellschaften neben den angewandten Bilanzierungs- und Bewertungsmethoden selbst (§ 284 Abs. 2 Nr. 1 HGB) im Anhang eine Änderung der Bilanzierungs- und Bewertungsmethoden sowie die Begründung eines Methodenwechsels (§ 284

---

[1] An anderer Stelle wird ein Methodenwechsel zum Zwecke der Ertragsbeeinflussung sogar als begründeter Ausnahmefall angesehen, vgl. ADS § 253 Tz. 435 f.

Abs. 2 Nr. 2 HGB) anzugeben. Der Einfluss einer Änderung auf die Vermögens-, Finanz- und Ertragslage ist gesondert darzustellen.

> **Aufgabe 1: Grundsätze ordnungsmäßiger Buchführung und Bilanzierung**

3. Rechnungslegungsgrundsätze nach IFRS

a) Überblick

In diesem Kapitel werden verschiedene Grundsätze der Jahresabschlusserstellung erläutert, die der Erreichung des Ziels einer entscheidungsorientierten, auf die Interessenlage der Investoren abstellenden Informationsvermittlung („Fair presentation" bzw. „true and fair view") dienen sollen. Hierzu zählen die im Rahmenkonzept („Framework") definierten Grundsätze der Periodenabgrenzung (F.22), der Unternehmensfortführung (F.23), der Verständlichkeit (F.25), der Relevanz (F.26-28), der Verlässlichkeit (F.31-32), der Vergleichbarkeit (F.39-42) und der Einzelerfassung/-bewertung (F.82-84). Die Anwendung der grundlegenden qualitativen Anforderungen sowie der Einzelvorschriften der IAS, der IFRS, der IFRIC- und der SIC-Interpretationen führt im Regelfall zu einem Abschluss, der ein den tatsächlichen Verhältnissen entsprechendes Bild der Vermögens-, Finanz- und Ertragslage des Unternehmens vermittelt (F.46; IAS 1.15).

Mit dem Rahmengrundsatzwerk („Framework for the Preparation and Presentation of Financial Statements") hat das IASC 1989 Rahmenbedingungen und Leitlinien für die Entwicklung von Standards verabschiedet, das sich eng an das „Conceptional Framework" des FASB der USA anlehnt. Das Framework kann als theoretischer Unterbau der IFRS-Rechnungslegung betrachtet werden, dessen Inhalt vor allem die Informationsadressaten und ihre jeweiligen Informationsziele, die Ziele der Jahresabschlusserstellung, die allgemeinen qualitativen Anforderungen an die Rechnungslegung sowie Fragen der Bilanzierungsfähigkeit und der Gewinnrealisierung in allgemeiner Form regelt. Diese Rechnungslegungsgrundsätze stellen keine IAS oder IFRS dar und sind diesen nachrangig. Sie dienen zur Lösung von ungeklärten Bilanzierungsfragen oder als konzeptionelle Grundlage für die Entwicklung neuer Standards.

Die den IAS und IFRS zugrunde liegenden Rahmengrundsätze für die Jahresabschlusserstellung lassen sich nach dem IASB-Framework zwischen den grundlegenden Annahmen („Underlying Assumptions") und den qualitativen Kriterien der Rechnungslegung („Qualitative Characteristics of Financial Statements") unterscheiden. Zusammen mit den Nebenbedingungen („Constraints") werden diese in der folgenden Abbildung[1] als das konzeptionelle System der Rechnungslegungsgrundsätze des IASB dargestellt.

Die allgemeinen Bewertungsgrundsätze des IASB-Konzepts entsprechen zwar formal weitgehend den Bewertungsgrundsätzen nach HGB, doch die Bedeutung der einzelnen Grundsätze divergiert deutlich. Dies ist auf den unterschiedlichen Zweck der Rechnungslegung zurückzuführen, denn während die Rechnungslegung nach HGB stark an den Interessen der Gläubiger ausgerichtet und das Vorsichtsprinzip der dominierende Grundsatz ist, orientiert sich die Rechnungslegung nach IAS in erster Linie an den Interessen der Investoren. Die Grundsätze des Framework zielen primär auf eine investorbezogene Informationsvermittlung ab. Rele-

---

[1] Vgl. Goebel, A./Fuchs, M.: Rechnungslegung nach den International Accounting Standards vor dem Hintergrund des deutschen Rechnungslegungsrechts für Kapitalgesellschaften, DStR 1994, S. 876.

vanz und Verlässlichkeit stellen die zentralen Rechnungslegungsgrundsätze dar. Hieraus resultiert auch die starke Betonung des Grundsatzes der Periodenabgrenzung („Accrual Basis") zu Lasten des Vorsichtsprinzips („Prudence"), das nach dem IASB-Konzept ausschließlich eine Bewertungsregel bei Ermessensspielräumen ist und nicht die Bildung stiller Reserven rechtfertigt (F.37).

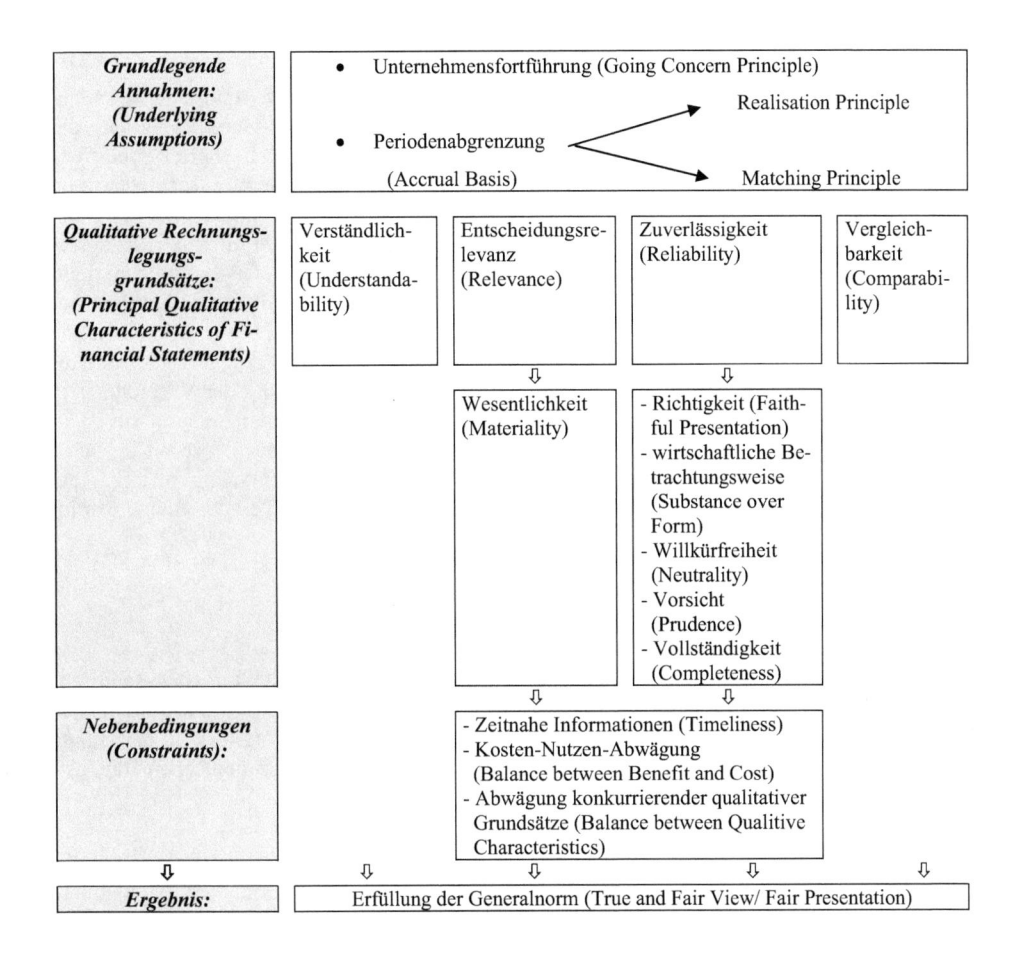

Grundlegende Annahmen: (Underlying Assumptions)	• Unternehmensfortführung (Going Concern Principle) • Periodenabgrenzung (Accrual Basis) → Realisation Principle / Matching Principle			
Qualitative Rechnungslegungsgrundsätze: (Principal Qualitative Characteristics of Financial Statements)	Verständlichkeit (Understandability)	Entscheidungsrelevanz (Relevance)	Zuverlässigkeit (Reliability)	Vergleichbarkeit (Comparability)
		⇩	⇩	
		Wesentlichkeit (Materiality)	- Richtigkeit (Faithful Presentation) - wirtschaftliche Betrachtungsweise (Substance over Form) - Willkürfreiheit (Neutrality) - Vorsicht (Prudence) - Vollständigkeit (Completeness)	
		⇩	⇩	
Nebenbedingungen (Constraints):		- Zeitnahe Informationen (Timeliness) - Kosten-Nutzen-Abwägung (Balance between Benefit and Cost) - Abwägung konkurrierender qualitativer Grundsätze (Balance between Qualitative Characteristics)		
⇩	⇩	⇩	⇩	⇩
Ergebnis:	Erfüllung der Generalnorm (True and Fair View/ Fair Presentation)			

b) Grundlegende Annahmen („Underlying Assumptions")

Wesentliche Grundlage der IFRS sind die unter dem Begriff „Underlying Assumptions" zusammengefassten Prinzipien der periodengerechten Erfolgsabgrenzung und der Unternehmensfortführung.

(1) Periodenabgrenzung („Accrual Basis")

Im Grundsatz der Periodenabgrenzung ist die periodengerechte und verursachungsgemäße Zuordnung von Aufwendungen und Erträgen festgelegt. Die Ausgaben und Einnahmen sind in derjenigen Periode erfolgswirksam, also als Aufwendungen und Erträge, zu erfassen, zu der sie wirtschaftlich gehören. Die Zeitpunkte des Zu- oder Abflusses sind nicht von Bedeutung (F. 22, IAS 1.27 f.; vgl. auch § 252 Abs. 1 Nr. 5 HGB).

Sowohl das Realisationsprinzip („Realisation Principle") als auch der Grundsatz der sachlichen Abgrenzung („Matching Principle") stellen Konkretisierungen (Unterprinzipien) des Grundsatzes der Periodenabgrenzung dar, denn beide Grundsätze haben abgrenzende Wirkung. Der Grundsatz der sachlichen Abgrenzung besagt, dass die bestimmten Erträgen direkt zurechenbaren Aufwendungen in derjenigen Periode zu berücksichtigen sind, in der die zugehörigen Erträge realisiert werden. Das Realisationsprinzip regelt den Zeitpunkt der Ertragserfassung unter Berücksichtigung der Bilanzierungsfähigkeitskriterien. Im Gegensatz zum deutschen Handelsrecht erfolgt im IFRS-System nicht nur die Erfassung der Aufwendungen, sondern in vielen Fällen auch der Erträge bereits dann, wenn eine Realisierung wahrscheinlich oder sicher ist, und nicht erst, wenn sie bereits erfolgt ist. Alternativ zu den (historischen) Anschaffungskosten lässt das IASB-Konzept auch eine (Neu-) Bewertung der Vermögensgegenstände zum darüber liegenden „Fair Value" (z.B. Marktwert) zu oder verlangt sie sogar zwingend. Das Anschaffungskostenprinzip hat keine generelle Gültigkeit. Da somit in vielen Fällen nicht nur Verluste, sondern auch Gewinne bzw. Eigenkapitalerhöhungen vor ihrer Realisierung antizipiert werden, findet das Imparitätsprinzip nur bei einem Teil der Bilanzpositionen Anwendung.

(2) Unternehmensfortführung („Going Concern Principle")

Nach dem Grundsatz der Unternehmensfortführung ist bei der Aufstellung des Jahresabschlusses zu unterstellen, dass die Geschäftstätigkeit fortgesetzt wird und eine Liquidation in nächster Zukunft nicht beabsichtigt wird. Somit dürfen keine Liquidationswerte in der Bilanz angesetzt werden (IAS 1.25; F.23). Dieser Grundsatz besteht ebenfalls im deutschen Handelsrecht (vgl. § 252 Abs. 1 Nr. 2 HGB).

c) Qualitative Rechnungslegungsgrundsätze („Principal Qualitative Characteristics of Financial Statements")

Die Einhaltung der qualitativen Rechnungslegungsgrundsätze soll die Jahresabschlussinformationen für die Informationsadressaten hochwertig und nützlich machen (F.24). „Relevance" und „Reliability" stellen die zentralen Rechnungslegungsgrundsätze dar.

(1) Verständlichkeit („Understandability")

Der Grundsatz der Verständlichkeit verlangt, dass sich ein sachverständiger Informationsadressat in angemessener Zeit einen Überblick über die Vermögens-, Finanz- und Ertragslage des Unternehmens verschaffen können muss. In diesem Zusammenhang ist zu berücksichtigen, dass alle relevanten Bestands- und Erfolgsgrößen erkennbar sind und keine bedeutenden Informationen zugunsten einer besseren Verständlichkeit ausgeklammert werden dürfen (F.25).

(2) Relevanz („Relevance")

Der Jahresabschluss hat nach dem Grundsatz der Relevanz (F.26-28) alle Informationen zu enthalten, die für die Zwecke der Adressaten nützlich sind. Die Relevanz wird durch die Art der Information sowie ihre Wesentlichkeit bestimmt. Als konkretisierender Grundsatz (Unterprinzip) wird also das Prinzip der **Wesentlichkeit *(„materiality")*** herangezogen (F.29 f.). Wesentlich bedeutet in diesem Zusammenhang, dass der Abschluss ohne diese Angaben in Bezug auf die zukunftsorientierte Entscheidungsfindung der Informationsadressaten unvollständig ist. Wesentlich ist eine Information m.a.W. dann, wenn sie geeignet ist, getroffene oder zu treffende Entscheidungen oder Bewertungen sicherer zu machen, zu verbessern oder zu korrigieren.

(3) Verlässlichkeit („Reliability")

Wenn die bereitgestellten Jahresabschlussinformationen frei von materiellen Fehlern und Verzerrungen sind und sich der Nutzer mithin darauf verlassen kann, dass sie getreu die Sachverhalte wiedergeben, die sie vorgeben darzustellen, wird die Verlässlichkeit der Informationen als gegeben betrachtet (F.31). Um dies sicherzustellen, wird eine Informationsvermittlung gefordert, die folgende konkretisierenden Unterprinzipien beachtet:

- Glaubwürdige Darstellung bzw. Richtigkeit („Faithful Presentation") (F.33 f.)
- Wirtschaftliche Betrachtungsweise („Substance over Form") (F.35), wonach Geschäftsvorfälle nach ihrem wirtschaftlichen Gehalt und nicht nach ihrer rechtlichen Form zu behandeln sind.
- Neutralität („Neutrality") (F.36)
- Vorsicht ("Prudence") (F.37). In diesem Zusammenhang ist zu erwähnen, dass dem im HGB sehr stark ausgeprägten Vorsichtsprinzip im Rahmen der Rechnungslegung nach IFRS weit weniger Bedeutung beigemessen wird, da die periodengerechte Erfolgsermittlung als Hauptaufgabe des IFRS-Abschlusses nicht beeinträchtigt werden darf. Dennoch ist auch bei der Rechnungslegung nach IFRS das Vorsichtsprinzip zu beachten, und zwar derart, dass aufgrund der Ungewissheit notwendige Schätzungen und Ermessensausübungen bei der Bewertung der Vermögensgegenstände und Schulden mit der notwendigen Sorgfalt vorgenommen werden müssen. Die Bewertung muss den tatsächlichen Gegebenheiten entsprechen, Bildung stiller Reserven ist auch aufgrund der Vorsicht nicht gerechtfertigt, da der Abschluss dann nicht mehr neutral und somit nicht mehr zuverlässig wäre. Das Prinzip der sachlichen Abgrenzung („Matching Principle") hat im Zweifel Vorrang vor dem Prinzip der Vorsicht.
- Vollständigkeit („Completeness") in den Grenzen von Wesentlichkeit und Kosten (F.38).

(4) Vergleichbarkeit („Comparability")

Zur Erhöhung der Entscheidungsnützlichkeit der Abschlussinformationen wird verlangt, dass Jahresabschlüsse unterschiedlicher Geschäftsjahre desselben Unternehmens (Zeitvergleich) und Jahresabschlüsse verschiedener Unternehmen (Betriebsvergleich) vergleichbar sein müssen. Dazu bedarf es zum einen der Beibehaltung des Postenausweises und der Gliederung, sofern keine wesentliche Änderung im Tätigkeitsfeld des Unternehmens eine Änderung in der Darstellungsweise erforderlich macht (Darstellungsstetigkeit, IAS 1.45). Zum anderen ist im Falle von Wahlrechten eine stetige Anwendung einmal gewählter Bilanzierungs- und Bewertungsmethoden notwendig. Art- und funktionsgleiche Wirtschaftsgüter müssen daher grundsätzlich nach gleichen Methoden bewertet werden. Dies gilt insbesondere auch bei der Wahlmöglichkeit zwischen der Bewertungsmethode bzw. Bewertungsmodellen. Wird allerdings durch die Beibehaltung der Bewertungsmethode der Vermögensausweis unzureichend dargestellt, ist auf die Bewertungsstetigkeit zu verzichten. In diesem Fall ist eine Bewertung vorzunehmen, die ein zutreffenderes Bild der Vermögens-, Finanz- und Ertragslage des Unternehmens liefert. Bei Abweichungen von einmal gewählten Bilanzierungs- und Bewertungsmethoden müssen nicht nur die neuen Methoden, sondern auch die Auswirkungen auf die Vermögens-, Finanz- und Ertragslage im Anhang angegeben und die Vergleichsinformationen (Vorjahreszahlen) umgegliedert und ggf. geändert werden (F.39-42; IAS 1.41-46; IAS 8).

(5) Beschränkungen der Relevanz und Verlässlichkeit

Die Jahresabschlussinformationen sind zeitnah bereitzustellen *(Zeitnähe, „Timeliness")*, da sonst deren Entscheidungsrelevanz gemindert wird. Dadurch kann die Verlässlichkeit der Informationen beeinträchtigt werden (F.43). Bei der Beachtung der qualitativen Anforderungen an die Jahresabschlussinformationen ist die **Kosten-Nutzen-Beziehung** der einzelnen Informationen zu berücksichtigen („Balance between Benefit and Cost"). Die Kosten zur Erlangung einer einzelnen Information dürfen den Nutzen, der daraus zu ziehen ist, nicht übersteigen (F.44). Schließlich soll insbesondere bei Vorliegen von Zielkonflikten mit Blick auf den Gesamtzweck der Rechnungslegung eine ausgewogene Anwendung der verschiedenen qualitativen Anforderungen erfolgen *(„Balance between Qualitative Characteristics")*. Dazu muss eine Darstellung gewählt werden, die die Realität am ehesten widerspiegelt (F.45).

(6) Einzelerfassung/Einzelbewertung

Im „Framework" ist nur von Einzelerfassung die Rede (F.82-84) Der Grundsatz der Einzelbewertung ist nicht ausdrücklich geregelt. Jedoch ist er indirekt im Framework ersichtlich, da z.B. die Ausführungen in F.82 im Singular formuliert sind und in F.83 auf die Bewertung Bezug genommen wird. Außerdem ist z.B. in IAS 2.23 bei Vorräten grundsätzlich eine „Einzelzuordnung" der Anschaffungs- oder Herstellungskosten vorgesehen. Allerdings gibt es – wie auch im HGB – eine Reihe von Ausnahmen von diesem Grundsatz. So sind z.B. im Rahmen der Vorratsbewertung Bewertungsvereinfachungsverfahren (gewogener Durchschnitt, Fifo-Methode; IAS 2.25) zulässig.

(7) Stichtagsprinzip

Das Stichtagsprinzip besagt, dass grundsätzlich die Verhältnisse am Bilanzstichtag für die Erstellung des Jahresabschlusses von Bedeutung sind. Allerdings sind Tatsachen, die bereits am Bilanzstichtag existent waren, jedoch erst zu einem späteren Zeitpunkt vor der Bilanzerstellung bekannt wurden (sog. „Wert aufhellende Tatsachen"), ebenso wie im deutschen Handelsrecht zu berücksichtigen.

VI. Die Inventur

Lernziele:

Der Leser soll

- *Inventar und Bilanz voneinander abgrenzen können*
- *die verschiedenen Inventurarten unterscheiden und diesen ihre Anwendungsvoraussetzungen sowie Anwendungsbereiche zuordnen können.*

1. Stichtagsinventur

Jeder Kaufmann ist verpflichtet, bei der Gründung seines Handelsgewerbes und am Ende jeden Geschäftsjahres "innerhalb der einem ordnungsgemäßen Geschäftsgang entsprechenden Zeit" ein Inventar aufzustellen (§ 240 Abs. 1 u. 2 HGB). Steuerrechtlich wird auf diese Verpflichtung in § 140 AO Bezug genommen und der Kreis der zur "jährlichen Bestandsaufnahme" Verpflichteten in § 141 AO auf Kleingewerbetreibende (Nicht-Kaufleute), die festgelegte Größengrenzen überschreiten, ausgeweitet.

Definition:

> Das *Inventar* ist ein mengen- und wertmäßiges Verzeichnis aller am Stichtag vorhandenen einzelnen Vermögensgegenstände und Schulden sowie des Eigenkapitals (§ 240 Abs. 1 HGB).

Von einer Bilanz, die ebenfalls stichtagsbezogen ist und gemäß § 242 HGB ebenfalls zu Beginn des Handelsgewerbes und am Ende jeden Geschäftsjahres aufzustellen ist, unterscheidet sich das Inventar dadurch, dass es die <u>einzelnen</u> Vermögensgegenstände enthält, also die einzelnen Produktionsanlagen, Büromaschinen, Büromöbel etc., während die Bilanz nur zusammengefasste Gruppen von Vermögensgegenstände beinhaltet. Außerdem werden nur im Inventar die Mengen und Werte der einzelnen Vermögensgegenstände ausgewiesen, die Bilanz zeigt lediglich die Werte der Gegenstandsgruppen. Zudem können sich u.U. die Werte im Inventar und in der Bilanz voneinander unterscheiden, da bei den Inventarwerten noch keine Abschreibungen oder Zuschreibungen nach § 253 HGB erfolgen. Oftmals enthält das Inventar die Bilanzwerte in einer zusätzlichen Spalte.

Definition:

> Die Erfassung der einzelnen Vermögensgegenstände sowie der Schulden und deren Zusammenstellung zu einem Inventar bezeichnet man als *Inventur* (Tätigkeit).

Die Grundform der Inventur, nämlich die auf das Ende des Geschäftsjahres bezogene Erstellung des gesamten Inventars, ist die **Stichtagsinventur**. Sie erfordert das vollständige körperliche Erfassen aller Vermögensgegenstände am Geschäftsjahresende und stellt daher erhebliche Anforderungen an Planung, Organisation und Durchführung der Inventurarbeiten. Nach herrschender Meinung ist die Forderung des § 240 Abs. 2 HGB, das Inventar innerhalb der einem ordnungsmäßigen Geschäftsgang entsprechenden Zeit aufzustellen, erfüllt, wenn dies innerhalb einer Frist von zehn Tagen vor oder nach dem Inventurstichtag erfolgt (sog. "ausgeweitete Stichtagsinventur"). Die zwischenzeitlichen Bestandsveränderungen sind allerdings anhand von Belegen (Wareneingangsscheine, Materialentnahme-scheine) oder Aufzeichnungen ordnungsgemäß zu berücksichtigen (R 5.3 Abs. 1 EStR).

Die Stichtagsinventur zur Feststellung der Bestände der einzelnen Vermögensgegenstände und Schulden am Ende jeden Geschäftsjahres ist erforderlich, um die Endbestände auf den Bestandskonten der Buchführung überprüfen zu können. Nur auf diese Weise lassen sich Schwund, Verderben oder Diebstahl z.B. gelagerter Rohstoff-, Erzeugnis- oder Warenvorräte erkennen. Die Bestände auf den Bestandskonten, somit auch die Posten des Schlussbilanzkontos, sind durch entsprechende Materialaufwandsbuchungen oder Bestandsverminderungsbuchungen an die tatsächlichen Inventurbestände anzupassen. Die korrigierten Werte werden dann in die Bilanz übernommen, um die tatsächlichen wirtschaftlichen Verhältnisse wiedergeben zu können ("Maßgeblichkeit des Inventars für den Jahresabschluss"). Bei Führung gemischter Warenkonten oder gemischter Wertpapierkonten ist der Abschluss dieser Konten überdies ohne inventurmäßige Feststellung des Endbestandes nicht möglich. Die ordungsgemäße Durchführung der Inventur sowie das Inventar als deren Ergebnis sind Prüfungsobjekte des Abschlussprüfers, sofern die Gesellschaft prüfungspflichtig ist[1].

Daneben erfüllen Inventur und Inventar für Gesellschafter und Gläubiger auch eine Schutzfunktion gegen Bilanzfälschungen, Diebstähle etc. durch das Management bzw. das Betriebspersonal. Aufdeckung und Nachweis dieser Delikte werden durch das Inventar erleichtert.

Die Inventur der verschiedenen Vermögensgegenstände und Schulden muss naturgemäß auf unterschiedliche Weise erfolgen. Die materiellen Vermögensgegenstände werden durch körperliche Bestandsaufnahme, also durch Zählen, Messen, Wiegen erfasst (sog. *körperliche Inventur*). Bei Gütern geringen Wertes, die sich schwer aufnehmen lassen (Schüttgüter, z.B. Sand), sind auch Schätzungen zulässig. Forderungen, Bankguthaben, immaterielle Vermögensgegenstände und Schulden sind nur anhand von Buchführungsunterlagen, Belegen und Aufzeichnungen (z.B. Rechnungen, Verträge, Urkunden, Patentdokumente) feststellbar. (sog. *Buch- oder Beleginventur*). Um die Beweiskraft der Beleginventur zu erhöhen, werden häufig die entsprechenden Geschäftspartner angeschrieben und um die Angabe der Höhe ihrer spiegelbildlichen Forderung oder Verbindlichkeit gebeten (so gen. Saldenbestätigung).

Die Stichtagsinventur kann allerdings auch eine erhebliche Beeinträchtigung des Produktions- und/oder Geschäftsablaufs mit sich bringen. Aus diesem Grunde und zur Verminderung des Inventuraufwandes enthält § 241 HGB Inventurvereinfachungsverfahren, die weiter unten behandelt werden. Zur Vereinfachung der Bewertung im Rahmen der Stichtags-inventur dienen das Festwertverfahren (§ 240 Abs. 3 HGB) und die Gruppenbewertung (§ 240 Abs. 4 HGB), die beide in Kapitel B.IV.3. näher erläutert werden. Im Sinne des Grundsatzes der Wirtschaftlichkeit wird bei diesen Verfahren ein Abweichen von der in § 240 Abs. 1 HGB geforderten Einzelbewertung und damit eine Beeinträchtigung der Richtigkeit zugelassen.

2. Führung eines laufenden Bestandsverzeichnisses beim Anlagevermögen

Das nach § 240 Abs. 2 HGB und §§ 140, 141 AO aufzustellende Inventar hat auch das Sachanlagevermögen zu umfassen. Allerdings ist wegen der i.d.R. guten Überschaubarkeit eine jährliche körperliche Erfassung gemäß R 5.4 Abs. 4 EStR nicht erforderlich, wenn der Be-

---

[1] Verpflichtet zur Abschlussprüfung durch einen unabhängigen Wirtschaftsprüfer sind mittelgroße und große Kapitalgesellschaften (§ 316 Abs. 1 i.V.m. § 267 Abs. 1 HGB).

stand am Bilanzstichtag aufgrund laufender Berücksichtigung aller Zu- und Abgänge des Geschäftsjahres und einer Wertfortschreibung (Ab- und Zuschreibungen) aus einem Verzeichnis ermittelbar ist (sog. *laufendes Bestandsverzeichnis*). Unbewegliche Anlagegüter können anhand von Anlagenkonten, Anlagenkarteien und Grundbuchauszügen erfasst und in das Bestandsverzeichnis aufgenommen werden (Buchinventur). Steuerrechtlich wird die Führung eines laufenden Bestandsverzeichnisses oder einer Anlagenkartei lediglich für bewegliche Anlagegüter verlangt (R 5.4 Abs. 1 EStR). Im Bestandsverzeichnis müssen auch voll abgeschriebene, aber noch nicht aus dem Betriebsvermögen abgegangene Anlagegegenstände verzeichnet sein.

Geringwertige Wirtschaftsgüter mit Anschaffungskosten bis 410 EUR (ohne USt) gemäß § 6 Abs. 2 EStG, Wirtschaftsgüter, die in einem Sammelposten erfasst werden (Anschaffungskosten über 150 EUR bis 1.000 EUR ohne USt) gemäß § 6 Abs. 2a EStG und Zugänge zu einem Festwert gem. § 240 Abs. 3 HGB müssen jedoch aus Wirtschaftlichkeitsgründen nicht in das Bestandsverzeichnis aufgenommen werden. Für zu einem Festwert gehörende Gegenstände ist alle drei Jahre eine körperliche Bestandsaufnahme vorzunehmen (R 5.4 Abs. 3 EStR). Gleichartige bewegliche Anlagegüter können im Bestandsverzeichnis unter Angabe der Menge zusammengefasst werden, wenn sie im selben Jahr angeschafft wurden, die gleiche Nutzungsdauer und die gleichen Anschaffungskosten aufweisen und außerdem nach der gleichen Methode abgeschrieben werden (R 5.4 Abs. 2 Satz 3 EStR).

In diesem Bestandsverzeichnis müssen folgende Angaben enthalten sein:
- genaue Bezeichnung des Gegenstands
- Bilanzwert des Gegenstands am Bilanzstichtag
- Tag der Anschaffung oder Herstellung
- Höhe der Anschaffungs- oder Herstellungskosten (AK/HK)
- Tag des Abgangs.

Laufendes Bestandsverzeichnis									
Tag der Anschaffung/ Herstellung	Bezeichnung des Gegenstands	Höhe der AK/ HK	Abschreibungsmethode und -satz	Abschreibungsbetrag in 01	Bilanzwert am 31.12.01	Abschreibungsbetrag in 02	Bilanzwert am 31.12.02	etc.	Datum des Abgangs

Eine Anlagenkartei oder die Sachkonten der Anlagenbuchhaltung können als Bestandsverzeichnis gelten, wenn sie die obigen Angaben enthalten (R 5.4 Abs. 4 S. 5 EStR). Bei Fehlen oder Unvollständigkeit des Bestandsverzeichnisses kann die Ordnungsmäßigkeit der Buchführung in Frage gestellt sein. Die Buchführung ist nicht ordnungsgemäß, wenn wesentliche Mängel vorliegen, die eine Überprüfung des sachlichen Buchführungsergebnisses stark beeinträchtigen (R 5.3 Abs. 4 und R 5.2 Abs. 2 EStR).

3. Permanente Inventur

Die sich bei der Stichtagsinventur oftmals ergebende Beeinträchtigung des Geschäftsablaufs kann durch eine permanente Inventur des Anlage- und des Umlaufvermögens reduziert werden. Hierbei werden planmäßig bestimmte Gruppen von Vermögensgegenständen zu verschiedenen Zeitpunkten des Jahres körperlich erfasst. Im Regelfall wird durch die Lagerbuchführung als Mengen- und Wertfortschreibungsverfahren sichergestellt, dass die Bestände am Bilanzstichtag nach Art, Menge und Wert auch ohne körperliche Bestandsaufnahme festgestellt werden können. Dadurch wird eine Verteilung der Inventurarbeiten über das ganze Geschäftsjahr erreicht, jeder Gegenstand wird im Laufe des Geschäftsjahres einmal körperlich erfasst. Die Korrektur- und Anpassungsbuchungen an das Inventurergebnis erfolgen am jeweiligen Inventurtag.

Diese sog. **Permanente Inventur** ist nach § 241 Abs. 2 HGB und H 5.3 „Permanente Inventur" EStH zulässig, sofern das Fortschreibungsverfahren von Art, Menge und Wert des körperlich erfassten Bestandes der Vermögensgegenstände den Grundsätzen ordnungsmäßiger Buchführung, also insbesondere den Grundsätzen der Vollständigkeit und Richtigkeit entspricht. Die Anwendung der Permanenten Inventur auf wertvolle Gegenstände, deren Bestand i.d.R. sehr gefährdet ist (z.B. Edelmetalle), und auf Gegenstände mit unkontrollierbaren Abgängen (z.B. leicht verdunstende Flüssigkeiten, leicht entweichende Gase, leicht verderbliche Güter etc.) ist nicht mit den Grundsätzen ordnungsmäßiger Buchführung vereinbar (vgl. R 5.3 Abs. 3 EStR). In diesen Fällen ist es sehr wahrscheinlich, dass durch die reine Fortschreibungsrechnung zu große Ungenauigkeiten auftreten und der eigentliche Zweck der Inventur nicht erreicht werden kann. Auch ist die Permanente Inventur auf Güter, die zu einem Festwert gehören nicht zulässig, da für diese handels- und steuerrechtlich alle drei Jahre eine körperliche Bestandsaufnahme am Stichtag verlangt wird (R 5.4 Abs. 3 EStR).

4. Zeitverschobene Inventur

Als Erleichterung bei der Stichtagsinventur sehen § 241 Abs. 3 HGB als auch R 5.3 Abs. 2 EStR die Möglichkeit vor, die körperliche Erfassung der Vermögensgegenstände und die Aufstellung eines besonderen Inventarverzeichnisses an einem Tag innerhalb der letzten drei Monate vor dem Geschäftsjahresende *("vorverlegte Stichtagsinventur")* oder innerhalb der ersten beiden Monate nach dem Bilanzstichtag (sog. *"nachverlegte Stichtagsinventur"*) durchzuführen. Eventuell erforderliche Korrekturbuchungen zur Anpassung der Buchbestände an die Inventurbestände erfolgen am jeweiligen Inventurtag. Voraussetzung ist, dass der am Bilanzstichtag vorhandene Bestand der entsprechenden Vermögensgegenstände ausgehend von diesem besonderen Inventar durch Anwendung eines den Grundsätzen ordnungsmäßiger Buchführung entsprechenden wertmäßigen Fortschreibungs- oder Rückrechnungsverfahrens (Skontro) ordnungsgemäß bewertet werden kann. Ein solches Skontro muss lückenlos alle Zu- und Abgänge erfassen. Ist dies der Fall, so brauchen diese Vermögensgegenstände im Inventar des Bilanzstichtags nicht verzeichnet zu werden. Eine mengenmäßige Fortschreibung oder Rückrechnung der Bestände bis zu Bilanzstichtag ist ebenfalls nicht erforderlich.

Eine Anwendung der vor- oder nachverlegten Stichtagsinventur bei leicht verderblichen oder sehr wertvollen Gütern oder solchen mit unkontrollierbarem Abgang ist mit den Grundsätzen der Richtigkeit und Vollständigkeit nicht vereinbar. Unzulässig ist die verlegte Inventur auch bei Festwerten (R 5.4 Abs. 3 EStR) und in den Fällen, in denen es zur Erlangung einer steuerlichen Vergünstigung auf die mengenmäßige Zusammensetzung des Stichtagsbestandes ankommt (R 5.3 Abs. 2 Satz 10 EStR) und daher die Stichtagsinventur oder die Permanente Inventur erforderlich ist (z.B. bei der lifo-Methode gemäß § 6 Abs. 1 Nr. 2a EStG).

5. Stichprobeninventur

Als Inventurvereinfachungsverfahren ist auch die Stichprobeninventur *handelsrechtlich* und *steuerrechtlich* zulässig (§ 241 Abs. 1 HGB; H 5.3 „Inventur" EStH), bei der die körperliche Erfassung aller vorhandenen Vermögensgegenstände (Grundgesamtheit) entfällt und stattdessen die körperliche Bestandsaufnahme auf eine zufällige Auswahl von Vermögensgegenständen (Zufallsstichprobe) beschränkt wird (Teilerhebung), deren Ergebnisse auf den Gesamtbestand übertragen werden. Bei einer Zufallsstichprobe lassen sich Wahrscheinlichkeitsaussagen über die Genauigkeit und Sicherheit dieses Schlusses auf die Grundgesamtheit angeben.

Voraussetzung für die Zulässigkeit dieser Vereinfachung ist, dass anerkannte mathematisch-statistische Methoden angewandt werden, dass das Verfahren den Grundsätzen ordnungsmäßiger Buchführung, insbesondere den Grundsätzen der Richtigkeit und Vollständigkeit, entspricht und der Aussagewert des Inventars demjenigen bei vollständiger körperlicher Bestandsaufnahme gleichkommt ("Aussageäquivalenz"; § 241 Abs. 1 HGB). Die Grundsätze ordnungsmäßiger Buchführung/Inventur können bei der Stichprobeninventur nur in modifizierter Form angewandt werden. So gelten die Grundsätze der Einzelerfassung und Einzelbewertung sowie der Richtigkeit nur für die Elemente der Stichprobe. Vollständigkeit ist so zu interpretieren, dass alle Elemente der Grundgesamtheit mit einer (bei Zufallsstichproben gleich hohen) Wahrscheinlichkeit von größer als Null in die Stichprobe gelangen können und die Stichprobe vollständig ausgewertet wird. Eine Anwendung der Stichprobeninventur bei leicht verderblichen oder sehr wertvollen Gütern oder solchen mit unkontrollierbarem Abgang ist mit den Grundsätzen der Richtigkeit und Vollständigkeit nicht vereinbar.

Grundsätzlich gibt es zwei Möglichkeiten der Anwendung mathematisch-statistischer Methoden bei der Inventur. Zum einen kann mit Hilfe von Schätzverfahren vom Durchschnittswert der Gegenstände in der Stichprobe ausgehend eine Hochrechnung auf den Wert der Gegenstände in der Grundgesamtheit vorgenommen werden. Zum anderen können Testverfahren dazu dienen, die Buchwerte mit den Inventurwerten der Stichprobe zu vergleichen und dadurch Aufschluss über die Zuverlässigkeit und Genauigkeit der Buchführung zu erhalten. Gibt es keine signifikanten Abweichungen, so können die Werte der Buchführung als Bilanzwerte akzeptiert werden.

TEIL B. DIE BILANZ (HANDELS- UND STEUERBILANZ)

I. Aufbau und Gliederung

Lernziele:

Der Leser soll

- die unterschiedlich detailliert gefassten Bilanz-Gliederungsvorschriften für Personenhandelsgesellschaften von denjenigen für Kapitalgesellschaften verschiedener Größenklassen abgrenzen können
- im Gliederungsschema von Kapitalgesellschaften enthaltene Gliederungsprinzipien erkennen.

1. Einzelunternehmen und Personenhandelsgesellschaften

Für Einzelunternehmen und Personengesellschaften, gibt es keine detaillierte Gliederungsvorschrift zur *Handelsbilanz*. Selbst die Kontoform ist nur für Kapitalgesellschaften vorgeschrieben (§ 266 Abs. 1 HGB). In § 247 Abs. 1 HGB werden lediglich die elementaren Komponenten ohne Festlegung der Reihenfolge genannt. Danach hat die Bilanz (Kontenform und die übliche Reihenfolge seien angenommen) folgendes Aussehen:

Aktiva	**Bilanz zum 31.12. 01**	Passiva
Anlagevermögen	Eigenkapital	
Umlaufvermögen	Schulden	
Rechnungsabgrenzungsposten	Rechnungsabgrenzungsposten	

Allerdings wird diese Mindestgliederung mit der Forderung verbunden, eine hinreichende Aufgliederung vorzunehmen. Da über die Art und Weise der Aufgliederung nichts gesagt ist, sind die Grundsätze ordnungsmäßiger Buchführung und Bilanzierung heranzuziehen (vgl. § 243 Abs. 1 HGB). Nach dem Grundsatz der Klarheit und Übersichtlichkeit müssen die einzelnen Unterposten exakt begrifflich voneinander abgegrenzt und Saldierungen vermieden werden. Die formale Bilanzkontinuität verlangt die Beibehaltung der einmal gewählten Gliederung.

In einigen Spezialvorschriften wird diese Mindestgliederung noch ergänzt, so dass diese dann wie folgt aussieht:

Bilanz zum 31.12. 01	
Anlagevermögen	Eigenkapital
	Rückstellungen (§ 249 HGB)
Umlaufvermögen	Schulden
Rechnungsabgrenzungsposten	Rechnungsabgrenzungsposten
	Eventualverbindlichkeiten (§ 251 HGB)

Eventualverbindlichkeiten (Haftungsverhältnisse) sind gemäß § 251 HGB unter dem Strich der Bilanz zu vermerken. Sie sind nicht eigentlicher Bestandteil der Bilanz (vgl. Kapitel B.IX.).

In § 247 Abs. 2 HGB ist das Anlagevermögen vom Umlaufvermögen abgegrenzt:

Definition:

> "Beim *Anlagevermögen* sind nur die Gegenstände auszuweisen, die bestimmt sind, dauernd dem Geschäftsbetrieb zu dienen".

Die Frage der Zuordnung eines Gegenstands zum Anlage- oder Umlaufvermögen ist somit von der Zweckbestimmung abhängig. Soll der Gegenstand mehrmals im Rahmen der Leistungserstellung des Unternehmens genutzt werden, gehört er zum Anlagevermögen. Bei einmaliger Nutzung, die in einem Verbrauch (z.B. Heizöl), einer Be- oder Verarbeitung (z.B. Rohstoffe) oder einer absatzlichen Verwertung bestehen kann, gehört der Gegenstand zum Umlaufvermögen.

Weitere Anhaltspunkte für die Gliederung der Handelsbilanz von Einzelunternehmen und Personenhandelsgesellschaften, die nicht unter das Publizitätsgesetz fallen, sollten nach h.M. die Gliederungsvorschriften für kleine Kapitalgesellschaften (§ 266 Abs. 1 HGB, vgl. Kapitel B.I.2.c) sein.

Für die Gliederung der *Steuerbilanz* gibt es keinerlei Vorschriften. Auch hier könnten die Gliederungsvorschriften für kleine Kapitalgesellschaften (§ 266 Abs. 1 HGB) eine Orientierungshilfe sein.

2. Kapitalgesellschaften

a) Gliederungsschema für große Kapitalgesellschaften

Kapitalgesellschaften ist eine Mindestgliederung für die *Handelsbilanz* in § 266 Abs. 2 und 3 HGB verbindlich vorgeschrieben. Die gleiche Regelung gilt auch für Einzelunternehmen und Personenhandelsgesellschaften, die dem Publizitätsgesetz unterliegen (§ 5 Abs. 1 PublG). Erweiterungen der Mindestgliederung finden sich z.B. in § 268 Abs. 2 (Anlagenspiegel), § 268 Abs. 3 (Nicht durch Eigenkapital gedeckter Fehlbetrag), § 268 Abs. 4 (Davon-Vermerk der Forderungen mit einer Restlaufzeit von mehr als einem Jahr), § 268 Abs. 5 (Davon-Vermerk der Verbindlichkeiten mit einer Restlaufzeit bis zu einem Jahr), § 272 Abs. 1 (Eingeforderte, noch nicht eingezahlte Einlagen).

Allgemeine Gliederungsgrundsätze sind in § 265 HGB zusammengefasst:

§ 265 Abs. 1	formale Bilanzkontinuität/Darstellungsstetigkeit (vgl. Kapitel A.V.2.c)(3).
§ 265 Abs. 2	Angabe des jeweiligen Vorjahresbetrags
§ 265 Abs. 3	Angabe der Mitzugehörigkeit eines Vermögensgegenstands oder einer Schuld zu anderen Posten
§ 265 Abs. 4	Ergänzung der Gliederung bei Vorliegen mehrerer Geschäftszweige
§ 265 Abs. 5	Weitere Untergliederung der Posten der Mindestgliederung und Aufnahme zusätzlicher Posten
§ 265 Abs. 6	Abänderung der Gliederung und der Postenbezeichnung im Interesse der Klarheit und Übersichtlichkeit
§ 265 Abs. 7	Zusammenfassung von Posten im Interesse der Generalnorm oder der Darstellungsklarheit
§ 265 Abs. 8	Ausweis von Leerposten

Für die *Steuerbilanz* gibt es keine Gliederungsvorschriften, sie kann also auch anders als die Handelsbilanz gegliedert werden. In der Praxis wird jedoch meistens die Gliederung der Handelsbilanz übernommen.

b) Gliederungsprinzipien

Die für Kapitalgesellschaften verbindliche Gliederung ist durch eine Kombination mehrerer Gliederungsprinzipien bestimmt.

Das vorrangige Gliederungsprinzip ist das ***Liquiditäts- oder Fristigkeitsprinzip.*** So wird auf der Passivseite zuerst das langfristig gebundene (unbefristete) Eigenkapital vor dem nur befristet überlassenen Fremdkapital genannt. Bei den Rückstellungen sind als erste die (langfristigen) Pensionsrückstellungen anzugeben. Die Verbindlichkeiten sind ebenfalls, beginnend mit Anleihen, nach ihrer üblichen (Rest-)Laufzeit geordnet. Außerdem sind bei den einzelnen Verbindlichkeitengruppen diejenigen mit einer Restlaufzeit bis zu einem Jahr gesondert auszuweisen (§ 268 Abs. 5 HGB), sowie im Anhang, den kleine Kapitalgesellschaften nicht veröffentlichen müssen, zusätzlich die Verbindlichkeitenbeträge mit einer Laufzeit von über fünf Jahren (§ 285 Nr. 1 HGB). In allen Fällen handelt es sich um die Restlaufzeiten, denn nur diese besitzen eine Aussagekraft, wenn es um die Beurteilung der Finanzlage des Unternehmens geht.

Auf der Aktivseite ist Fristigkeit als ***Kapitalbindungsdauer*** zu verstehen, also als der Zeitraum, in dem sich die Vermögensgegenstände normalerweise in Geld zurückverwandeln (sog. *Selbstliquidationsperiode)*. Bei den Vermögensgegenständen Schecks, Bankguthaben und Kasse ist dieser Zeitraum praktisch Null, sie sind daher auch ganz unten, fast am Ende der Aktivseite, zu finden. Bei Forderungen aus Lieferungen und Leistungen beträgt die Kapitalbindungsdauer, je nach den üblichen Zahlungszielen, etwa 3-6 Monate, die Waren- oder Erzeugnisvorräte haben eine meist darüber hinausgehende übliche Lagerdauer. Die nächst höhere Position auf der Aktivseite sind die Finanzanlagen, die definitionsgemäß längerfristig, z.B. als Aktien, im Unternehmen verbleiben sollen. Ähnlich lange, eventuell länger verbleiben die Sachanlagen im Unternehmen, sie sind selbst wiederum nach der Kapitalbindungsdauer geordnet.

Die "Wiedergeldwerdung" von Maschinen vollzieht sich auf folgende Weise. Bei der Preiskalkulation der Erzeugnisse, die das Unternehmen herstellt, wird die anteilig auf eine Mengeneinheit entfallende kalkulatorische Abschreibung der Produktionsmaschinen berücksichtigt. Der Gegenwert dafür fließt im Erlös für die abgesetzte Mengeneinheit des Erzeugnisses wieder zurück in das Unternehmen und kann für den Ersatz der Maschine (zumindest gedanklich) aufgespart werden. Werden alle geplanten Mengeneinheiten zum kalkulierten Preis abgesetzt, so fließt dem Unternehmen pro Jahr der gesamte Maschinenabschreibungsbetrag in liquiden Mitteln wieder zu. Damit hat sich die Maschine in dieser Höhe selbst wieder in Geld verflüssigt. Die normale ("natürliche") Kapitalbindungsdauer beträgt somit bei (stetiger) linearer Abschreibung die Hälfte der Nutzungsdauer. Umgekehrt ausgedrückt ist die Hälfte der Anschaffungskosten durchschnittlich während der gesamten Nutzungsdauer in den Vermögensgegenständen gebunden. Ganz oben auf der Aktivseite müssen also die Grundstücke stehen, da sie die längste Nutzungsdauer aufweisen.

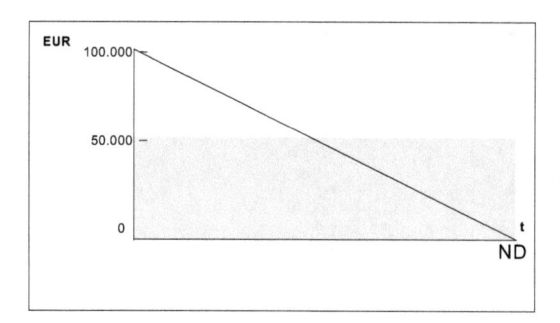

Bei einem Blick in § 266 Abs. 2 und 3 HGB wird deutlich, dass das Liquiditätsprinzip nicht durchgängig Gültigkeit hat. Dies gilt auch für das sog. ***Ablaufgliederungsprinzip***, nach dem die Aktiva von oben nach unten entsprechend ihrer Stellung im Produktions- und Umsatzprozess angeordnet werden. Nach Bereitstellung der mehrere Perioden nutzbaren Betriebsmittel-Potentialfaktoren (Grund und Boden, Gebäude, Maschinen, Fuhrpark, etc.) sind die Rohstoffe zu beschaffen, die dann im Produktionsprozess in Erzeugnisse transformiert werden. Nach einer gewissen Lagerzeit werden diese abgesetzt und es entstehen Forderungen gegenüber den Kunden, die sich schließlich in Bankguthaben oder Kassenbeständen niederschlagen.

Auf der Passivseite lässt sich das Ablaufgliederungsprinzip nicht anwenden, dagegen springt dort die ***Einteilung nach rechtlichen Verhältnissen*** ins Auge. Zuerst werden die von den Eigentümern des Unternehmens zur Verfügung gestellten Finanzmittel, danach die von Gläubigern überlassenen Mittel aufgeführt. Aber auch auf der Aktivseite spielen Rechtsverhältnisse eine Rolle. So wird grundsätzlich zwischen Sachen und Rechten getrennt, immaterielle Gegenstände werden in einer eigenen Gruppe herausgehoben.

c) Gliederungsschema für kleine Kapitalgesellschaften

Bei kleinen Kapitalgesellschaften genügt es, eine Bilanz aufzustellen und zu veröffentlichen, die nur die in § 266 Abs. 2 und 3 HGB mit Buchstaben und römischen Zahlen bezeichneten Posten enthält (§ 266 Abs. 1 HGB). Wegen der starken Aggregation ist die Aussagekraft solcher Bilanzen jedoch sehr beschränkt. Die Gliederungserleichterungen sollen die Wettbewerbsverzerrungen durch strengere Rechnungslegungs- und Offenlegungspflichten der Kapitalgesellschaften im Vergleich zu Personenhandelsgesellschaften abmildern.

Die ergänzenden Einzelvorschriften gelten auch für kleine Kapitalgesellschaften. Außerdem können die Grundsätze Klarheit und Übersichtlichkeit sowie die allgemeinen Gliederungsgrundsätze des § 265 HGB eine weitere Untergliederung erforderlich machen. Auch große und mittelgroße Kapitalgesellschaften können gemäß § 265 Abs. 7 HGB die verkürzte Form der Bilanzdarstellung anwenden, sofern im Anhang alle übrigen Positionen des § 266 Abs. 2 und 3 HGB gesondert angegeben sind. Diese Möglichkeit wird mitunter ergriffen, um auszunutzen, dass eine zusätzliche Hemmschwelle vom Bilanzleser überwunden werden muss, den Anhang einer genaueren Einsichtnahme zu unterwerfen.

d) Gliederungsschema für mittelgroße Kapitalgesellschaften

Die mittelgroßen Kapitalgesellschaften haben ihre Handelsbilanz in gleicher Weise wie große Kapitalgesellschaften zu erstellen. Was die Veröffentlichung anbelangt, so genügt eine verkürzte Bilanz wie bei kleinen Kapitalgesellschaften. Zusätzlich müssen aber noch bestimmte Posten gemäß § 327 HGB in der Bilanz oder im Anhang gesondert angegeben werden.

3. Gliederungsschema nach IFRS

Allgemeine Gliederungsgrundsätze, die für alle Rechtsformen gelten, sind:
- Grundsatz der Klarheit und Übersichtlichkeit
- Grundsatz der Darstellungsstetigkeit
- Grundsatz „Substance over Form"
- Grundsatz der Wesentlichkeit (s. auch Kapitel A.V.3.c).

Die Bilanz kann in Staffel- oder in Kontoform aufgestellt werden. Nach dem Grundsatz „Substance over Form" besteht kein Zwang zu einem bestimmten Schema wie im deutschen Handelsrecht (für Kapitalgesellschaften nach § 266 HGB), sondern weitgehende Gestaltungsfreiheit. In IAS 1.54 sind lediglich die mindestens auszuweisenden Bilanzposten angegeben. Die Gliederung ist gestaltbar, sie kann sich am Prinzip der zu- oder abnehmenden Liquidität orientieren (IAS 1.60-76). Zum Zwecke der Vergleichbarkeit sind Vorjahreszahlen anzugeben (IAS 1.36). Auf der folgenden Seite ist eine entsprechende Mindestgliederung (Grundstruktur) angegeben, die lediglich zusätzlich nach Fristigkeiten geordnet ist[1].

Vermögensgegenstände („Assets") sind dann im langfristigen Vermögen auszuweisen, wenn sie länger als ein Geschäftsjahr genutzt werden (IAS 1.51 u.57, IAS 16.8). Ansonsten sind sie im kurzfristigen Vermögen auszuweisen.

Unter dem Begriff „Zahlungsmitteläquivalente" sind Vermögensgegenstände zu verstehen, die jederzeit in flüssige Mittel umgewandelt werden können und vorrangig dazu bestimmt sind, kurzfristige Zahlungsverpflichtungen zu erfüllen[2], z.B. Wertpapiere des UV mit Restlaufzeit < 3 Monaten.

---

[1] Das DRSC hat mit der Interpretation RIC 1 (vom 19.7.2005) die Bilanzgliederungsregelungen in IAS 1 vor dem Hintergrund der deutschen Gliederungsgepflogenheiten, insbesondere hinsichtlich der Untergliederung nach Fristigkeit, konkretisiert

[2] Vgl. v. Wysocki, in: Baetge u.a. IAS 7 Tz. 22.

Bilanz zum 31.12.	Balance sheet per 31.12.
Vermögenswerte	**Assets**
Langfristige Vermögenswerte	**Non-Current Assets (Fixed Assets)**
Immaterielle Vermögenswerte	Intangible Assets
Sachanlagen	Property, Plant and Equipment
Als Finanzinvestition gehaltene Immobilien	Investment Property
Sonstige finanzielle Vermögenswerte	Other financial assets
Latente Steueransprüche	Deferred Tax Assets
Biologische Vermögenswerte	Biological Assets
Kurzfristige Vermögenswerte	**Current Assets**
Vorräte	Inventories
Zur Veräußerung gehaltene langfristige Vermögenswerte(gruppen) gemäß IFRS 5	Assets (Included in Disposal Groups) Classified as Held for Sale in Accordance with IFRS 5
Forderungen aus Lieferungen u. Leistungen und sonstige Forderungen	Trade and other Receivables
Steuererstattungsansprüche	Assets for Current Tax
Zahlungsmittel und Zahlungsmittel-äquivalente	Cash and Cash Equivalents
Summe Vermögenswerte	**Total Assets**
Eigenkapital und Schulden	**Shareholder's Equity and Liabilities**
Eigenkapital und Rücklagen	**Shareholders Equity and Reserves**
Gezeichnetes Kapital	Issued Capital
Rücklagen	Retained earnings
Neubewertungsrücklage	Revaluation Surplus
Langfristige Schulden	**Non-Current Liabilities (Long-Term Debt)**
Langfristige finanzielle Schulden	Non-Current Financial Liabilities
Schulden aus Leistungen an Arbeitnehmer	Defined benefit liability
Langfristige Rückstellungen	Non-Current Provisions
Verzinsliche Darlehen	Bank Loans (Interest-Bearing Borrowing)
Latente Steuern	Deferred Tax Liabilities
Kurzfristige Schulden	**Current Liabilities**
Verbindlichkeiten L.u.L. und sonstige Verbindlichkeiten	Trade and other Payables
Kurzfristige Rückstellungen	Current Provisions
Schulden, die den zur Veräußerung gehaltenen Vermögenswertgruppen zugeordnet sind/ IFRS 5	Liabilities (Included in Disposal Groups) Classified as Held for Sale in Accordance with IFRS 5
Kurzfristige Steuerschulden	Liabilities for Current Tax
Latente Steuerschulden	Deferred Tax Liabilities
Sonstige kurzfristige finanzielle Schulden	Other Current Financial Liabilities
Summe Eigenkapital und Schulden	**Total Shareholder's Equity and Liabilities**

II. Grundlagen der Bilanzierung und Bewertung

Lernziele: Der Leser soll

- Bilanzierungsgebote und -verbote sowie Bilanzierungswahlrechte unterscheiden können

- das Maßgeblichkeitsprinzip und seine zahlreichen Durchbrechungen kennenlernen und in ihrer Bedeutung für einen zielgerichteten Jahresabschluss beurteilen können

- die verschiedenen Bewertungsmaßstäbe für die Vermögensgegenstände allgemein unterscheiden sowie ihre Anwendungsvoraussetzungen und ihre Bemessung auch in Sonderfällen kennen

- die Auswirkungen des Prinzips der Nominalkapitalerhaltung bei steigendem Preisniveau beurteilen können

- die bilanzpolitischen Möglichkeiten eines Bewertungswahlrechts am Beispiel der Herstellungskosten ermessen können

- bei den wichtigsten Bewertungsmaßstäben die Unterschiede zwischen den handels- und steuerrechtlichen Vorschriften und dem IFRS-Regelwerk kennenlernen.

1. Bilanzierungspflicht, Bilanzierungsverbot, Bilanzierungswahlrecht

a) Bilanzierungspflicht

In Verbindung mit der Verpflichtung zur Aufstellung eines Jahresabschlusses gemäß § 242 Abs. 1 HGB verlangt der Grundsatz der Vollständigkeit zwingend die Aufnahme aller zum Betriebsvermögen gehörenden und im wirtschaftlichen Eigentum des Unternehmens stehenden Vermögensgegenstände, Schulden und Rechnungsabgrenzungsposten in die Handelsbilanz, soweit nicht ein spezielles gesetzliches Verbot besteht (§ 246 Abs. 1 HGB). Dasselbe gilt auch für Wirtschaftsgüter, Schulden und Rechnungsabgrenzungsposten im Hinblick auf die Steuerbilanz, da die handelsrechtlichen Grundsätze ordnungsmäßiger Buchführung auch steuerlich zu beachten sind (§ 5 Abs. 1 Satz 1 EStG). Rechnungsabgrenzungsposten (vgl. Kapitel A.IV.2.b und B.V.) müssen aktiviert bzw. passiviert werden, obwohl sie weder Vermögensgegenstände noch Wirtschaftsgüter sind. Sie sind rein technische Positionen, die der richtigen Periodenzuordnung von Einnahmen und Ausgaben dienen, und stellen demnach keine eigenständigen wirtschaftlichen Werte dar.

Das **Aktivierungskonzept nach deutschem Handels- und Steuerrecht** ist somit zweistufig:

1. Stufe: Liegt ein Vermögensgegenstand bzw. ein Wirtschaftsgut vor?
    Wenn ja, ist eine grundsätzliche (*abstrakte*) *Bilanzierungsfähigkeit*
    bzw. (sprachlich besser) *Bilanzierbarkeit* gegeben, und es ist die
    zweite Stufe zu prüfen.
2. Stufe: Liegt ein konkretes handelsrechtliches oder steuerrechtliches
    Bilanzierungsverbot oder -wahlrecht vor?
    Wenn nein, ist *konkrete Bilanzierbarkeit* im Einzelfall gegeben, die
    auf Grund des Vollständigkeitsprinzips gleichzeitig Bilanzierungspflicht
    bedeutet.

Merke:

(Konkrete) Bilanzierbarkeit heißt Bilanzierungspflicht!

Zunächst soll untersucht werden, unter welchen Voraussetzungen ein Vermögensgegen-stand bzw. ein Wirtschaftsgut vorliegt. Für beide zentralen Begriffe des Handels- und Steuerrechts gibt es keine gesetzliche Abgrenzung (Legaldefinition). Diese unbestimmten Rechtsbegriffe wurden und werden allein in der Rechtsprechung ausgelegt und konkretisiert.

Voraussetzungen für das Vorliegen eines	
Vermögensgegenstands (Handelsrecht)	positiven Wirtschaftsguts (Steuerrecht)
1) es liegt ein wirtschaftlicher Wert vor	1) es liegt ein wirtschaftlicher Wert vor (verkörpert direkte oder indirekte Nettoeinnahmeerwartungen: Sachen, Rechte, konkrete wirtschaftliche Vorteile, konkrete Möglichkeiten, tatsächliche Zustände)
2) abgrenzbare, eindeutig zuordenbare Aufwendungen	2) abgrenzbare, eindeutig zuordenbare Aufwendungen
3) Nutzen über den Bilanzstichtag hinaus	3) Nutzen über den Bilanzstichtag hinaus
	4) Übertragbarkeit auf Dritte, allein oder mit anderen Wirtschaftsgütern zusammen oder im Rahmen eines Unternehmenskaufs
	5) Greifbarkeit, d.h. die Sache oder das Recht fällt bei Veräußerung des ganzen Betriebs als Einzelheit ins Gewicht und geht nicht im Geschäfts- oder Firmenwert auf; der wirtschaftliche Vorteil kann dem Kaufmann nicht entzogen werden
	6) selbständige Bewertbarkeit (geschäftswertunabhängige und objektivierte Bewertung muss möglich sein)
4) Einzelveräußerbarkeit (selbständige Verkehrsfähigkeit, Einzelverwertbarkeit)	

Das Kriterium der selbständigen Bewertbarkeit für das Vorliegen eines **Wirtschaftsguts** knüpft am Teilwertgedanken (vgl. Kapitel B.II.3.d) an, denn es kommt darauf an, ob ein gedachter Erwerber des ganzen Betriebes nach kaufmännischer Übung im Rahmen des Gesamtkaufpreises dafür ein besonderes Entgelt ansetzen würde. Das Gut darf nicht mit einem anderen Wirtschaftsgut als dessen Teil derart verbunden sein, dass es nur in der Gesamtheit mit den anderen Wirtschaftsgütern bewertet werden kann (wie z.B. Personenfahrstuhl im Gebäude oder Rolltreppe im Kaufhaus). Ein Wirtschaftsgut muss bei einer gedachten Veräußerung greifbar sein und weiterhin als einzelnes Wirtschaftsgut ins Gewicht fallen, es darf sich nicht als Firmenwert ins Allgemeine verflüchtigen[1]. Somit geht es letztlich um die Unterscheidbarkeit vom selbst geschaffenen Geschäfts- oder Firmenwert.

Nach Meinung des BFH besteht eine inhaltliche Übereinstimmung der Begriffe handelsrechtlicher Vermögensgegenstand und steuerrechtliches Wirtschaftsgut, da die nähere Konkretisierung des Begriffs Wirtschaftsgut anhand der handelsrechtlichen GoB zu erfolgen habe (Maßgeblichkeitsprinzip, § 5 Abs. 1 Satz 1 EStG). Der Begriff des Wirtschaftsguts könne nicht weiter reichen als der handelsrechtliche Begriff des Vermögensgegenstandes.[2] Beide Begriffe

---

[1] Vgl. BFH 28.8.1974, BStBl. 1975 II S. 56; BFH 18.6.1975, BStBl. II S. 809; BFH 28.5.1979, BStBl. II S. 734; BFH 25.8.1989, BStBl. 1990 II S. 79; BFH 28.9.1990, BStBl. 1991 II S. 187; BFH 8.4.1992, BStBl. II S. 893.
[2] Vgl. BFH 26.2.1975, BStBl. 1976 II S. 13; BFH 6.12.1978, BStBl. 1979 II S. 262; BFH-Beschluss GrS 2/86 v. 26.10.1987, BStBl. 1988 II S. 352.

seien weit und nach wirtschaftlichen Gesichtspunkten auszulegen. Wirtschaftsgüter sind nicht nur Gegenstände (Sachen und Rechte), sondern auch tatsächliche Zustände, konkrete Möglichkeiten und Vorteile für den Betrieb, sofern diesen im Geschäftsverkehr ein selbständiger Wert beigelegt wird und sie - allein oder im Rahmen eines Unternehmenskaufs - verkehrsfähig sind (BFH 1992, BStBl. II S. 977f.). Dazu gehören auch Nutzungen, wenn sie mit einer gesicherten Rechtsposition verbunden - also nicht jederzeit wieder entziehbar - sind.

Dagegen wird jedoch in der Literatur die aus bilanztheoretischen Überlegungen abgeleitete Auffassung vertreten[1], dass ein (handelsrechtlicher) *Vermögensgegenstand* nur dann vorliege, wenn durch die Zugehörigkeit der Sache oder des Rechts o.ä. zum Betriebsvermögen eine Vermögensmehrung eingetreten ist. Das Kriterium für eine Vermögensmehrung besteht allein in der Möglichkeit, die Sache oder das Recht wieder losgelöst vom Unternehmen (im Insolvenzfall) zu veräußern. Diese Voraussetzung der Einzelveräußerbarkeit (selbständige Verkehrsfähigkeit) ist streng am Gläubigerschutzprinzip ausgerichtet. Da im Insolvenzfalle meist nur eine Zerschlagung (Liquidation) des Unternehmens und Veräußerung in Einzelteilen möglich ist, dürfen nur Posten in die Handelsbilanz Eingang finden, die im Insolvenzfalle einzeln einen Beitrag zur Schuldendeckung leisten können.[2] Auch hier geht es letztlich um die Abgrenzung vom selbst geschaffenen Geschäfts- oder Firmenwert, der eben nicht einzeln veräußerbar ist. Der Begriff des Vermögensgegenstands ist damit enger als der Begriff des Wirtschaftsguts, da eine selbstständige Bewertbarkeit noch keine Einzelveräußerbarkeit bedeutet. Auch die Übertragbarkeitsvoraussetzung des BFH (s.o.) ist bereits erfüllt, wenn eine Übertragung im Rahmen eines Gesamtunternehmenskaufs möglich ist.

Einzelveräußerbarkeit bzw. selbständige Verkehrsfähigkeit ist nach Auffassung des BFH keine Voraussetzung für das Vorliegen eines Wirtschaftsgutes[3] und somit auch nicht für das Vorliegen eines Vermögensgegenstands. Als Beispiel wird das Warenzeichenrecht angeführt, das nicht ohne den Betrieb veräußert werden kann. Damit ist deutlich gemacht, worin der Kern des Streits um diese beiden zentralen Begriffe liegt. Hält man an der Voraussetzung der Einzelveräußerbarkeit im Falle des Begriffs Vermögensgegenstand fest - und dafür spricht m.E., dass die Handelsbilanz im Gegensatz zur Steuerbilanz deutlich u.a. dem Gläubigerschutzprinzip verpflichtet ist - so gibt es faktische Unterschiede zwischen den beiden Begriffen, die in der jüngeren BFH-Rechtsprechung durch eine wieder engere Auslegung des Begriffs Wirtschaftsgut im Hinblick auf das Maßgeblichkeitsprinzip allerdings verringert worden sind. Auf der anderen Seite wird in der Gesetzesbegründung zum BilMoG von der Einzelverwertbarkeit als wesentlichem Kriterium für das Vorliegen eines Vermögensgegenstands gesprochen. Da Einzelverwertbarkeit nicht nur die Einzelveräußerung losgelöst vom Unternehmen umfasst, sondern auch z.B. die Verarbeitung, der Verbrauch oder die Nutzungsüberlassung, erfolgt auch von dieser Seite eine Annäherung der Kriterienkataloge. Freilich bedeutet das Kriterium Einzelverwertbarkeit auch ein Abgehen vom strengen Gläubigerschutzgedanken.

---

[1] Beispielsweise vom Arbeitskreis der Hochschullehrer Rechtswissenschaft, vgl. BB 2008, S. 157.
[2] In der Gesetzesbegründung zum BilMoG spricht die Bundesregierung vom Merkmal der Einzelverwertbarkeit, das ein Vermögensgegenstand erfüllen müsse. Der Begriff scheint neben der Einzelveräußerbarkeit auch noch Möglichkeiten der Verarbeitung, des Verbrauchs und der Nutzungsüberlassung zu umfassen, sodass diese Voraussetzung weit eher erfüllt ist. Vgl. Bundestagsdrucksache 16/10067, S. 60 und auch DRS 12.7. Um dem Gläubigerschutzprinzip im unverwässerten Sinne Genüge zu tun, wird hier weiterhin die Einzelveräußerbarkeit als Vermögensgegenstands-Voraussetzung vertreten.
[3] Es genügt die Übertragbarkeit zusammen mit dem Gesamtbetrieb, vgl. BFH 4.12.1991, BStBl. 1992 II S. 383; BFH 22.1.1992, BStBl. II S. 529.

Wie schon angedeutet ist es der selbst geschaffene, der *originäre Geschäfts- oder Firmenwert,* der weder die Kriterien für das Vorliegen eines Vermögensgegenstands noch die Voraussetzungen für das Vorliegen eines Wirtschaftsguts erfüllt.[1] Der originäre Geschäfts- oder Firmenwert ist ein Konglomerat aus verschiedenen Komponenten, z.B. dem guten Ruf des Unternehmens, der Qualität der Produkte und der Produktionsverfahren, der Qualifikation des Managements und der Mitarbeiter, dem Kundenstamm, den Bezugsquellen, der guten Organisation der betrieblichen Abläufe und gut organisierter Vertriebskanäle (vgl. Kapitel B.III.2.b). Es liegt kein Wirtschaftsgut vor, da der originäre Firmenwert ein Sammelsurium verschiedener Komponenten ist, die als Einzelheit nicht ins Gewicht fallen bzw. nicht ausgrenzbar, nicht konkretisierbar, nicht "greifbar" sind. Demnach ist auch der originäre Firmenwert selbst nicht greifbar und aufgrund der unüberschaubaren Einflussgrößen nicht selbständig bewertbar. Außerdem fehlt es aufgrund des nicht konkretisierbaren Mischcharakters des Firmenwertes an eindeutig zuordenbaren Aufwendungen. Losgelöst vom Gesamtunternehmen veräußerbar sind höchstens einzelne Bestandteile (z.B. selbst erstellte Patente, Kundenstamm), nicht aber die immer verbleibende eigentliche Residualgröße "Firmenwert", nämlich das „gute Funktionieren in allen betrieblichen Teilbereichen", die fest an das Unternehmen gekettet ist. Da weder ein Vermögensgegenstand noch ein Wirtschaftsgut vorliegt, darf der originäre Firmenwert weder handels- noch steuerrechtlich aktiviert werden. Die Vorschrift des § 248 Abs. 2 HGB greift in diesem Falle nicht. Ein entgeltlich erworbener (derivativer) Geschäfts- oder Firmenwert gilt dagegen als Vermögensgegenstand und muss daher aktiviert werden (§ 246 Abs. 1 S. 4 HGB). Genaueres hierzu siehe Kapitel B.IV.1.a)(4).

Merke:

> Der *selbst geschaffene (originäre) Geschäfts- oder Firmenwert* darf weder in der Handelsbilanz noch in der Steuerbilanz aktiviert werden. Somit ist der vielleicht größte Wert des Unternehmens in der Bilanz gar nicht enthalten. Dies ist dadurch begründet, dass die Vielzahl der Bestandteile des originären Firmenwerts weder identifizierbar und abgrenzbar noch selbständig bewertbar noch einzeln veräußerbar sind.

Verwandt mit dem selbst geschaffenen Geschäfts- oder Firmenwert sind die so gen. Aufwendungen für die *Ingangsetzung und Erweiterung des Geschäftsbetriebs.* Diese fallen in der Zeit während und kurz nach der Gründung oder wesentlichen Erweiterung des Unternehmens an und dienen dazu, den Betrieb organisatorisch zum Laufen zu bringen. Dies betrifft vorrangig also die Ablauforganisation, und zwar im Innenbereich des Betriebs, also im Bereich der Fertigung, Lagerhaltung und Verwaltung, als auch im Außendienst, also im Bereich der Vermarktung und des Vertriebs der Erzeugnisse.

Im Einzelnen geht es um folgende Aufwendungen:

Aufwendungen für die Anwerbung von neuen Mitarbeitern
Schulungsaufwendungen von Mitarbeitern (z.B. in Anwendungssoftware)
Planungsaufwendungen, Aufwendungen für Marktstudien
Aufwendungen für den Aufbau der Organisation der Verwaltung
Aufwendungen für den Aufbau der Organisation des Fertigungsablaufs
Aufwendungen für Probeläufe neuer Maschinen zur Fertigung neuer Produkte
Aufwendungen für den Aufbau der Vertriebsorganisation
Aufwendungen für einen Einführungswerbefeldzug

---

[1] Zum entgeltlich erworbenen (derivativen) Geschäfts- oder Firmenwert siehe Kapitel B.IV.1.a)(4).

Keine dieser Aufwendungen führt zum Entstehen eines Vermögensgegenstands oder Wirtschaftsguts, diese Aufwendungen werden Bestandteil des originären Geschäfts- oder Firmenwerts und dürfen somit nicht aktiviert werden. Auch die Bildung eines aktivischen Rechnungsabgrenzungspostens ist nicht möglich. Sie scheitert daran, dass keine bestimmte Zeit nach dem Bilanzstichtag als Bezugszeitraum abgrenzbar ist, sodass alle diese Aufwendungen in voller Höhe Gewinn mindernd gebucht werden müssen.

Bleibt man beim Kriterium der Einzelveräußerbarkeit für das Vorliegen eines Vermögensgegenstands, so stellen einige in der Finanzrechtsprechung als immaterielle *Wirtschaftsgüter* anerkannte wirtschaftliche Vorteile und tatsächliche Zustände, für die Aufwendungen entstanden sind, *keine Vermögensgegenstände* dar. Beispiele sind:

Brauerei-Zuschüsse an Gaststätten, die sich zum Bierbezug verpflichten
Rechte aus Wettbewerbsverboten
Zuschüsse zum Ausbau einer Straße, die den Verkehrsanschluss des Unternehmens verbessern soll
Wohnungsbauzuschüsse an Arbeitnehmer
Recht auf die Firma; Warenzeichenrecht (entgeltlich mit dem Betrieb erworben)
Abschlussgebühren, die eine Bank für sog. Bausparvorratsverträge aufwendet

Beispielaufgabe:
Die LowTech GmbH hatte häufig um die Mittagszeit, wenn gleichzeitig Tausende von Mikrowellen eingeschaltet werden, unter der Überlastung des örtlichen Stromnetzes zu leiden. Stromausfall und Produktionsausfall waren regelmäßig die Folge. Um diese Störfälle in Zukunft zu verhindern, entschloss sich die GmbH im Januar des abgelaufenen Jahres den städtischen Elektrizitätswerken einen Zuschuss in Höhe von 50.000,- EUR zu zahlen, um diese zum Bau eines zusätzlichen, nur für den Unternehmer bestimmten Transformatorenhäuschens (Nutzungsdauer: 10 Jahre) in der Nähe des Produktionsbetriebs zu bewegen. Wie ist am Jahresende zu bilanzieren?

Lösung:
Die LowTech GmbH ist weder juristischer noch wirtschaftlicher Eigentümer des Transformatorenhäuschens. Der GmbH wurden auch keinerlei Nutzungsrechte eingeräumt. Der zusätzliche Transformator hat lediglich den Effekt, den mittäglichen Stromausfall zu verhindern. Diese Wirkung stellt für die GmbH einen bedeutenden wirtschaftlichen Vorteil dar, der sich in höheren Nettoeinnahmen äußern wird (Nutzenwert). Dieser Vorteil ist allerdings nicht an einen Dritten einzeln, d.h. losgelöst vom Unternehmen, veräußerbar. Nur ein Erwerber des gesamten Unternehmens würde im Rahmen des Gesamtkaufpreises dafür etwas zahlen. Da es an der Einzelveräußerbarkeit mangelt, liegt kein Vermögensgegenstand vor, so dass der Zuschuss von 50.000,- EUR zunächst einmal als Aufwand zu verbuchen ist. Ob ein aktiver Rechnungsabgrenzungsposten zu bilden ist, hängt davon ab, ob der Nutzen sich auf eine abgrenzbare "bestimmte Zeit" nach dem Bilanzstichtag erstreckt oder nicht (vgl. § 250 Abs. 1 Nr. 1 HGB). Besteht eine Vereinbarung, dass das Elektrizitätswerk sich verpflichtet, die Stromversorgung über die betriebsgewöhnliche Nutzungsdauer des Transformatorenhäuschens von 10 Jahren hinweg zu sichern oder wird das Transformatorenhäuschen aufgrund der faktischen Gegebenheiten nach Ablauf seiner Nutzungsdauer nur erneuert, wenn die GmbH einen erneuten Zuschuss leistet, so ist ein aktiver Rechnungsabgrenzungsposten zu bilden und der Gesamtbetrag auf 10 Jahre gleichmäßig aufwandswirksam zu verteilen.

Die Einzelveräußerbarkeit ist jedoch keine Voraussetzung für das Vorliegen eines Wirtschaftsguts. Die Übertragbarkeitsbedingung des BFH ist auch dann erfüllt, wenn der Vorteil nur zusammen mit anderen Wirtschaftsgütern (hier: mit dem ganzen Werkskomplex) veräußert werden kann, was hier der Fall ist. Der wirtschaftliche Vorteil ist greifbar in dem Sinne, dass er vom originären Geschäfts- oder Firmenwert abgrenzbar ist. Ein potenzieller Erwerber des gesamten Unternehmens im Rahmen des Gesamtkaufpreises für den Vorteil etwas zahlen, also ihm einen besonderen selbständigen

Wert zumessen würde (Teilwertbegriff, § 6 Abs. 1 Nr. 1 EStG). Die Voraussetzung der selbständigen Bewertbarkeit ist dann erfüllt, wenn die Anschaffungs- oder Herstellungskosten verlässlich bestimmbar sind. Da die Aufwendungen zur Erlangung dieses Vorteils bekannt sind, und bei fremden Vertragspartnern dem geschätzten Nutzen, der bis zum Ende der Nutzungsdauer des Transformatorenhäuschens währt, entspricht, so ist auch eine selbständige Bewertbarkeit dieses wirtschaftlichen Vorteils gegeben. Durch die Zahlung erwirbt die GmbH eine anspruchsähnliche Position, die die Annahme eines (entgeltlich erworbenen) immateriellen Wirtschaftsguts "Sicherung der Stromversorgung" rechtfertigt. Zudem kann das Elektrizitätswerk nicht mehr frei über den Transformator verfügen, da anderweitige Verwendungsmöglichkeiten außer zugunsten der LowTech ausscheiden. Das immaterielle Wirtschaftsgut ist wegen des Vollständigkeitsprinzips in der Steuerbilanz zu aktivieren und über die Nutzungsdauer abzuschreiben (BFH 26.6.1969, BStBl.. 1970 II S. 35).

In der neueren Rechtsprechung hat der BFH anders entschieden, wenn das Unternehmen einen solchen Zuschuss für die Durchführung von Anschlussarbeiten anläßlich der Umstellung der Stromversorgung leistet. Als Gegenleistung erhält das Unternehmen einen leistungsfähigeren Anschluss an das von einer Vielzahl von Personen genutzte Stromversorgungsnetz. Solche Aufwendungen für die bloße Mitbenutzung einer Einrichtung sind nicht aktivierbar, da sie für eine ursprüngliche Schaffung, nicht dagegen für einen abgeleiteten Erwerb des Nutzungsvorteils entstanden sind (BFH 1985, BStBl. II S. 289).

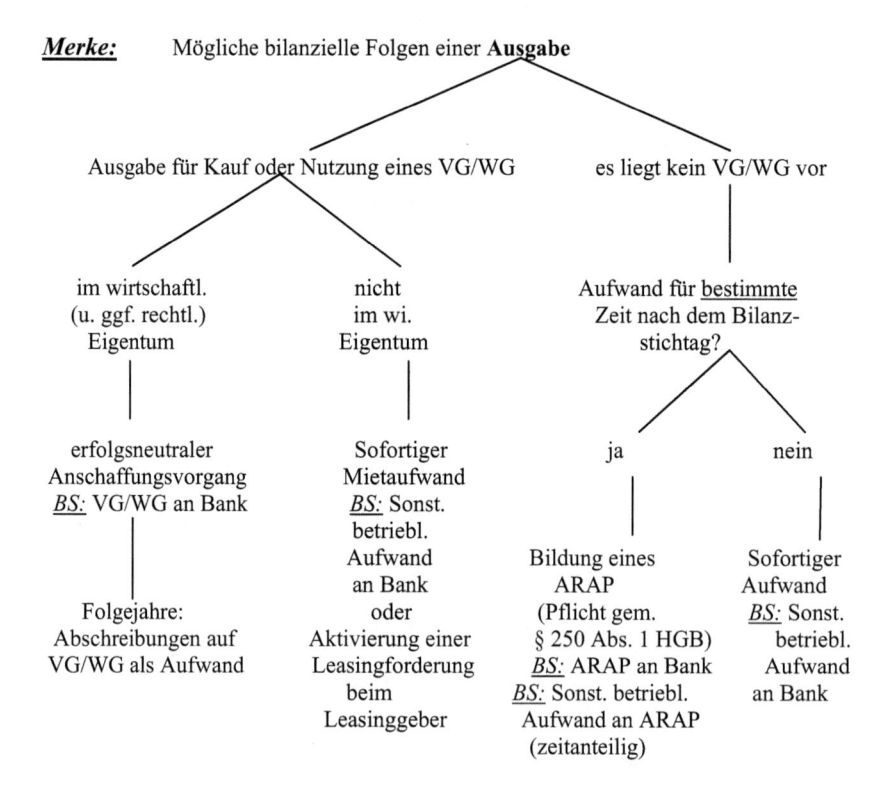

Merke: Mögliche bilanzielle Folgen einer **Ausgabe**

- Ausgabe für Kauf oder Nutzung eines VG/WG
  - im wirtschaftl. (u. ggf. rechtl.) Eigentum
    - erfolgsneutraler Anschaffungsvorgang
    - BS: VG/WG an Bank
    - Folgejahre: Abschreibungen auf VG/WG als Aufwand
  - nicht im wi. Eigentum
    - Sofortiger Mietaufwand
    - BS: Sonst. betriebl. Aufwand an Bank
    - oder Aktivierung einer Leasingforderung beim Leasinggeber
- es liegt kein VG/WG vor
  - Aufwand für <u>bestimmte</u> Zeit nach dem Bilanzstichtag?
    - ja
      - Bildung eines ARAP (Pflicht gem. § 250 Abs. 1 HGB)
      - BS: ARAP an Bank
      - BS: Sonst. betriebl. Aufwand an ARAP (zeitanteilig)
    - nein
      - Sofortiger Aufwand
      - BS: Sonst. betriebl. Aufwand an Bank

Auch für das Vorliegen einer *Verpflichtung (Verbindlichkeit oder Rückstellung)* bzw. (in der steuerlichen Terminologie) eines *negativen Wirtschaftsgutes* wurden von der Rechtsprechung Kriterien entwickelt, die jedoch selbstverständlich sind und bei denen weitgehende

Übereinstimmung in Handels- und Steuerrecht besteht. Deshalb sollen sie hier ohne Erläuterung nur genannt werden:

- am Bilanzstichtag bestehende oder verursachte, rechtliche oder wirtschaftliche Verpflichtung, die sicher oder zumindest so konkret vorhersehbar (greifbar) ist, dass mehr für als gegen die Verpflichtung spricht,
- wirtschaftliche Belastung, die zu einer zukünftigen Vermögensminderung führt,
- nach der Verkehrsauffassung selbständig bewertungsfähig.

Sind diese Voraussetzungen erfüllt, so muss die Schuld wegen des Vollständigkeitsgebotes grundsätzlich in der Bilanz passiviert werden, sofern nicht ein konkretes Bilanzierungsverbot dem entgegensteht oder ein konkretes Wahlrecht einen Ermessensspielraum schafft.

Als Verbindlichkeiten dürfen nicht passiviert werden:	
1) Belastungen, deren Höhe ungewiss ist und mit deren Eintritt nicht gerechnet wird	Diese sind als **Haftungsverhältnisse (Eventualverbindlichkeiten)** "unter dem Strich" (= außerhalb) der Bilanz zu vermerken (§ 251 HGB)
2) Belastungen, deren Höhe ungewiss ist und deren Eintritt wahrscheinlich oder sicher ist	Diese sind als **Rückstellungen** zu passivieren (§ 249 HGB)

Aufgabe 2: Vermögensgegenstand - Wirtschaftsgut

b) Bilanzierungsverbote

Falls ein Vermögensgegenstand bzw. ein Wirtschaftsgut oder eine Schuld vorliegt, ist die sog. *abstrakte* Bilanzierbarkeit (Bilanzierungsfähigkeit) gegeben. Eine *konkrete* Bilanzier-barkeit (Bilanzierungsfähigkeit) besteht nur dann, wenn der Gegenstand bzw. die Schuld dem Betriebsvermögen zuzurechnen ist (wirtschaftliches Eigentum ist maßgebend) und in diesem speziellen Fall kein konkretes Bilanzierungsverbot existiert. Konkrete Aktivierungsverbote hat der Gesetzgeber in § 248 HGB zusammengefasst:

Aktivierungsverbote		*Vorschrift*
(1) Aufwendungen für die Gründung des Unternehmens	*Beispiele:* Notariatsgebühren, Kosten der Eintragung in das Handelsregister, Aufwendungen für Gründungsprüfer und Gutachter	§ 248 Abs. 1 Nr. 1 HGB
(2) Aufwendungen für die Beschaffung des Eigenkapitals	*Beispiele:* Notariatsgebühren, Kosten der Eintragung der Kapitalerhöhung in das Handelsregister, Druckkosten für Aktien, Börsenprospekte	§ 248 Abs. 1 Nr. 2 HGB
(3) Aufwendungen für den Abschluss von Versicherungsverträgen	*Beispiel:* Finanzmaklergebühren	§ 248 Abs. 1 Nr. 3 HGB
(4) Selbst geschaffene Marken, Drucktitel, Verlagsrechte, Kundenlisten oder vergleichbare immaterielle Vermögensgegenstände des Anlagevermögens		§ 248 Abs. 2 S. 2 HGB

In den Fällen (1) bis (3) handelt es sich jedoch nur um eine gesetzliche Klarstellung, da weder Vermögensgegenstände noch Wirtschaftsgüter vorliegen. Dass die Wirkung dieser Aufwendungen nicht losgelöst vom Unternehmen selbständig veräußerbar ist, leuchtet unmittelbar ein. Außerdem ist hier kein vom Geschäfts- oder Firmenwert separierbarer („greifbarer") besonderer Vorteil, der über den Gründungszeitpunkt hinaus fortwirkt, gegeben. Somit liegen auch keine Wirtschaftsgüter vor, eine Aktivierung kommt auch in der Steuerbilanz nicht in Frage.

Im Fall (4) hat der Gesetzgeber ein konkretes Aktivierungsverbot für selbst geschaffene immaterielle Vermögensgegenstände und Nicht-Vermögensgegenstände festgeschrieben.[1] Handelt es sich um Unternehmensmarken (wie z.B. Coca-Cola), dürfte weder eine Einzelveräußerbarkeit noch eine Trennung vom originären Geschäfts oder Firmenwert noch eine verlässliche Bewertbarkeit gegeben sein. Bei einzelnen Produktmarken kann dies jedoch anders sein, sodass ggf. aufgrund von Einzelveräußerbarkeit ein Vermögensgegenstand vorliegen kann. Mit dem generellen Aktivierungsverbot sollen *Abgrenzungsprobleme* vermieden und ein zu großer Ermessensspielraum bei der Bewertung und der Gewinnermittlung verhindert werden. Die Gefahr der Gewinnmanipulation ist auch der Grund dafür, dass in der Steuerbilanz nicht entgeltlich erworbene immaterielle Wirtschaftsgüter des Anlagevermögens generell nicht aktiviert werden dürfen (§ 5 Abs. 2 EStG).

Marken	Marken sind rechtlich geschützte Zeichen, durch die Waren oder Dienstleistungen eines Unternehmens von denen anderer Unternehmen unterscheidbar gemacht werden. Die Zeichen können Namen, Bilder, Zahlen, Farben u.ä. sein.
Drucktitel	Das Titelblatt eines Buches, einer Zeitschrift etc. unterscheidet ein bestimmtes Druckerzeugnis von anderen und kann wie eine Marke wirken.
Verlagsrechte	Es handelt sich um ein urheberrechtliches Nutzungsrecht. Der Urheber vergibt das ausschließliche Recht, ein Werk der Literatur oder Tonkunst zu vervielfältigen und zu verbreiten i.d.R. an einen Verlag.
Kundenlisten	Listen, Karteien von Personen bzw. Unternehmen mit denen ein Unternehmen absatzseitig in geschäftlichem Kontakt steht.

Passivierungsverbote:
Liegt eine echte Schuld bzw. ein negatives Wirtschaftsgut vor, so besteht aufgrund des Vollständigkeitsprinzips eine Passivierungspflicht als Verbindlichkeit. Ist die Höhe der Schuld ungewiss, wird aber mit einer Inanspruchnahme gerechnet, so handelt es sich um eine passivierungspflichtige Rückstellung für ungewisse Verbindlichkeiten (§ 249 Abs. 1 Satz 1 HGB). Ein konkretes Passivierungsverbot existiert nur für Rückstellungen zu anderen als den im Gesetz bezeichneten Zwecken (§ 249 Abs. 2 HGB).

Alle genannten Aktivierungs- und Passivierungsverbote gelten aufgrund des Maßgeblichkeitsprinzips auch für die *Steuerbilanz*.

c) Bilanzierungswahlrechte

Unter Bilanzierungswahlrechten sind frei wählbare formale Bilanzierungsalternativen, die dem Bilanzierenden vom Gesetzgeber eingeräumt werden, zu verstehen. Der Bilanzierende kann entsprechend seinem bilanzpolitischen Ziel, einen möglichst hohen oder möglichst niedrigen Gewinn auszuweisen, frei wählen, ob er einen bestimmten Bilanzposten ansetzt oder nicht. Die Gründe des Gesetzgebers, solche Wahlrechte zu schaffen, können darin liegen, widerstreitenden Zielen verschiedener Adressatengruppen Rechnung tragen zu wollen, aber es kann sich auch um problematische Posten handeln oder es sind (in der Steuerbilanz) steuerli-

---

[1] Eine entsprechende Regelung gilt nach internationalen Standards in IAS 38.64. Vgl. Kapitel B.IV.1.a)(5).

che Vergünstigungen, zu deren Inanspruchnahme kein Zwang besteht. Passivierungswahlrechte gibt es seit dem 1.1.2010 nicht mehr. Einen Überblick über die *handelsrechtlichen* Aktivierungswahlrechte gibt folgende Tabelle:

Aktivierungswahlrechte		**Vorschrift**
(1) Selbst geschaffene immaterielle Gegenstände des Anlagevermögens	*Beispiele:* selbst erstellte Patente, selbst entwickeltes Know how, selbst erstellte Software	§ 248 Abs. 2 S. 1 HGB (vgl. Kapitel B.IV.1.)
(2) Aktiver Rechnungsabgrenzungsposten für ein Disagio bzw. Damnum	Aufnahme eines Kredits, bei dem der Ausgabebetrag kleiner ist als der Tilgungsbetrag	§ 250 Abs. 3 HGB (vgl. Kapitel B.VI.)
(3) Aktive latente Steuern	Diese werden ausgelöst durch eine temporäre positive Differenz zwischen den Werten eines Postens in der Steuer- und der Handelsbilanz	§ 274 Abs. 1 HGB (vgl. Kapitel B. VII.)

Zu (1):
Die selbst geschaffenen immateriellen Werte müssen Vermögensgegenstände sein und zum Anlagevermögen gehören, also zur dauerhaften Nutzung im Betrieb bestimmt sein. Die Regelung gilt aber auch für unfertige selbst geschaffene Werte, die möglicherweise noch nicht einzeln veräußerbar sind, bei denen aber mit hoher Wahrscheinlichkeit das Entstehen eines aktivierungsfähigen Vermögensgegenstands erwartet werden kann.[1]

Werden diese Gegenstände dagegen entgeltlich, also durch Kauf, durch Tausch oder durch Ausgabe von Anteilsrechten) erworben, so *müssen* sie aktiviert werden, da es sich um bilanzierbare Vermögensgegenstände handelt.

Begründbar ist die Verankerung eines Aktivierungswahlrechts *selbst geschaffener immaterieller Gegenstände des Anlagevermögens* (statt einer Aktivierungspflicht) mit der Schwierigkeit der Bewertung dieser immateriellen Gegenstände. Wegen des Realisationsprinzips kann es sich nur um einen Kostenwert handeln, nie um einen Wert, der Gewinnbestandteile umfasst. Die Kosten eines selbst entwickelten Patentes oder ungeschützten neuen Verfahrens ("Know-how") lassen sich jedoch betriebswirtschaftlich nur sehr schwer und nicht ohne Willkür abgrenzen. Besonders die Zuordnung von (Grundlagen-)Forschungs- und Entwicklungskosten zu einzelnen Produkten ist oft nicht eindeutig möglich. Aktiviert werden dürfen nur die Entwicklungskosten, nicht aber die Forschungskosten.[2] Es besteht also oft ein weiter Bewertungsspielraum. Ist jedoch eine verlässliche Abgrenzung zwischen Forschungs- und Entwicklungsaufwendungen nicht möglich, so darf eine Aktivierung gar nicht erfolgen, sondern es ist Aufwand zu buchen (§ 255 Abs. 2a S. 4 HGB). Freilich ist damit immer noch die Möglichkeit der Manipulation des Wertes dieser Gegenstände und damit des Jahresüberschusses gegeben. Die Frage der Nutzung des Aktivierungswahlrechts und darüber hinaus der Kostenzuordnung kann der Bilanzierende an seiner Ertragslage ausrichten. Auch hinsichtlich der Nutzungsdauerschätzung der selbst geschaffenen immateriellen Vermögensgegenstände des Anlagevermögens besteht große Unsicherheit, die sich bilanzpolitisch nutzen lässt. Je kürzer die Nutzungsdauer geschätzt wird, desto niedriger ist der ausgewiesene Gewinn. Mit dem BilRUG von 2016 hat der Gesetzgeber versucht, hier einen Riegel vorzuschieben. Ist die Nutzungsdauer nämlich nicht verlässlich schätzbar, so muss ein Zehnjahreszeitraum verwendet werden (§ 253 Abs. 3 S. 3 HGB).

---

[1] Vgl. van Hall,Georg/Kessler, Harald, Selbst geschaffene immaterielle Vermögensgegenstände des Anlagevermögens, in: Kessler, Harald/Leinen, Markus/Strickmann, Michael (Hrsg.): Handbuch BilMoG, Freiburg 2009, S. 145.
[2] Genaueres siehe Kapitel B.II.4.b)(2)(b).

An dieser Stelle soll nur eine einfache Denkhilfe als *„Eselsbrücke"* gegeben werden, wie die Gewinnauswirkungen von Wahlrechten tendenziell leicht abgeleitet werden können. Genauere Erkenntnisse liefern die jeweiligen Buchungssätze, die später im Einzelfall noch behandelt werden.

Aktiva	Bilanz zum 31.12.	Passiva

Aktivum ↑		↑ Eigenkapital
		  Gezeichnetes Kapital
		  Rücklagen
		  Jahresüberschuss ↑
		
		Fremdkapital
		(unverändert)

Die Nutzung eines Ansatzwahlrechts führt zu einem Wert größer als Null (angezeigt durch ↑). Dies muss auch auf der Passivseite zu einem erhöhten Wert führen, damit die Bilanz in der „Balance" bleibt. Da das Fremdkapital vertraglich fixiert ist bzw. in keinem Zusammenhang mit dem Aktivum steht, also unverändert bleibt, muss also das Eigenkapital entsprechend höher sein, konkret also der Jahresüberschuss.

S*teuerrechtlich* besteht wegen der Manipulierbarkeit des Wertes und damit des steuerpflichtigen Gewinns für alle nicht entgeltlich erworbenen immateriellen Wirtschaftsgüter des Anlagevermögens ein Aktivierungsverbot (§ 5 Abs. 2 EStG). Auch hier geht es primär um selbst geschaffene Werte, weniger um unentgeltlich erworbene, d.h. geschenkte bzw. ererbte, immaterielle Wirtschaftsgüter.

Dagegen gehört absatzbestimmte Standardsoftware (vgl. Kapitel B.IV.1.a)(3)) zum aktivierungspflichtigen Umlaufvermögen. Auch erst teilweise fertig gestellte immaterielle Auftragsarbeiten eines Software-Herstellers müssen unter den Vorräten (Umlaufvermögen) ausgewiesen und mit den bis zum Bilanzstichtag angefallenen Programmierungskosten bewertet werden. Die unterschiedliche Behandlung im Vergleich zum Anlagevermögen lässt sich damit erklären, dass eine (bewusst oder unbewusst) falsche Bewertung (Kostenzuordnungsproblem) von Gegenständen des Anlagevermögens aufgrund der planmäßigen Abschreibungen über die gesamte Nutzungsdauer des Gegenstands hinweg Auswirkungen hat, während eine falsche Bewertung von Gegenständen des Umlaufvermögens, die ja zum alsbaldigen Verkauf bestimmt sind, sich von selbst dann korrigiert, wenn ein zwischen Fremden ausgehandelter objektiver Verkaufspreis (Marktpreis) zum Tragen kommt. Wurden die Erzeugnisse zunächst niedrig bewertet, um den Gewinn nach unten zu drücken, so ergibt sich im Verkaufszeitpunkt als Differenz zwischen Preis und Buchwert ein umso höherer Gewinn und umgekehrt.

Zu (2):
Unter einem **Disagio oder Damnum** versteht man den Unterschiedsbetrag zwischen dem Rückzahlungsbetrag einer aufgenommenen Verbindlichkeit und dem Auszahlungsbetrag durch den Gläubiger. Dieser Unterschiedsbetrag stellt einen Einmalzins dar, der zu Beginn der Kreditlaufzeit durch Verzicht auf eine höhere Auszahlung geleistet wird. Der aufgenommene Kredit ist dann mit einem entsprechend geringeren laufenden Zinssatz verbunden. Wirtschaftlich ist das Disagio der gesamten Laufzeit zugehörig und daher zweckmäßigerweise auf die gesamte Laufzeit zu verteilen.

§ 250 Abs. 3 HGB enthält das *(handelsrechtliche)* Bilanzierungswahlrecht, das Disagio sofort voll als Zinsaufwand zu verbuchen oder mit Hilfe eines aktiven Rechnungsabgrenzungspostens zu verteilen. Im Falle der Aktivierung wird offen gelassen, in welcher Weise und – betriebswirtschaftlich unsinnig – über welchen Zeitraum das Disagio planmäßig verteilt wird. Ein Buchungsbeispiel befindet sich im nächsten Kapitel B.II.2.

Zu (3):
Die aktiven latenten Steuern werden in Kapitel B. VII. erläutert.

2. Die Maßgeblichkeit der Handelsbilanz für die Steuerbilanz

Das Maßgeblichkeitsprinzip regelt das grundsätzliche Verhältnis zwischen Handels- und Steuerbilanz. Danach ist die Handelsbilanz mit ihren einzelnen Posten und Wertansätzen für die Steuerbilanz maßgeblich, d.h. die Positionen sind aus der Handelsbilanz zu übernehmen. Das Maßgeblichkeitsprinzip ist kodifiziert in § 5 Abs. 1 Satz 1 1. Halbs. EStG:

> "Bei Gewerbetreibenden, die auf Grund gesetzlicher Vorschriften verpflichtet sind, Bücher zu führen und regelmäßig Abschlüsse zu machen, oder die ohne eine solche Verpflichtung Bücher führen und regelmäßig Abschlüsse machen, ist für den Schluss des Wirtschaftsjahres das Betriebsvermögen anzusetzen (§ 4 Abs. 1 Satz 1), das nach den handelsrechtlichen Grundsätzen ordnungsmäßiger Buchführung auszuweisen ist....."

Diese so gen. *abstrakte Maßgeblichkeit* beinhaltet also den Grundsatz, dass die handelsrechtlichen GoB auch im steuerrechtlichen Jahresabschluss zu beachten sind. Der Begriff Betriebsvermögen ist dabei als Reinvermögen bzw. Eigenkapital zu interpretieren, das den Jahresgewinn als Bestandteil umfasst. Daraus ist zu schließen, dass sich der Grundsatz der Maßgeblichkeit auch auf alle Gewinnermittlungsregelungen bezieht. Da die meisten GoB im HGB kodifiziert sind und die handelsrechtlichen Gesetzesvorschriften auf den GoB fußen, sind in einem weiteren Sinne alle Ansatz- und Bewertungsvorschriften des HGB, soweit sie für alle Kaufleute gelten, und die nicht kodifizierten handelsrechtlichen GoB für den steuerrechtlichen Abschluss maßgebend (so gen. *materielle Maßgeblichkeit*).

Die unterschiedlichen Zielsetzungen von Handels- und Steuerbilanz führen jedoch zu voneinander abweichenden Vorschriften, die darin bestehen können, dass in der Steuerbilanz der Ermessensspielraum des Bilanzierenden zum Zwecke einer objektivierten Gewinnermittlung eingeschränkt ist, oder aber, dass in der Steuerbilanz zusätzliche, wirtschaftspolitisch motivierte Wahlrechte bestehen.

Von **konkreter Maßgeblichkeit** wird gesprochen, wenn das Steuerrecht bei einer konkreten einzelnen Bestimmung oder bei einem einzelnen Bilanzposten die handelsrechtlichen Bestimmungen oder den handelsrechtlichen Wertansatz übernimmt. Beispiel ist § 5 Abs. 1a EStG, der konkret die Übernahme der Ergebnisse handelsrechtlicher Bewertungseinheiten (§ 254 HGB) in die steuerrechtliche Gewinnermittlung verlangt. Solche Bewertungseinheiten, die eine Durchbrechung des Grundsatzes der Einzelbewertung darstellen, können unter Beachtung strenger Voraussetzungen zwischen Grundgeschäften und den zugehörigen Absicherungsinstrumenten, mit denen finanzwirtschaftliche Risiken der Grundgeschäfte abgesichert werden sollen, gebildet werden.

Fall 1: *Bilanzierungsgebote/-verbote (§ 5 Abs. 1 Satz 1 1. Halbs. EStG)*

Handelsbilanz ⇒ ⇒	⇒ ⇒ *Steuerbilanz*
Aktivierungsgebot/-verbot	Aktivierungsgebot/-verbot
Passivierungsgebot/-verbot	Passivierungsgebot/-verbot

Die aus dem Vollständigkeitsgrundsatz resultierenden Bilanzierungsgebote und die Bilanzierungsverbote des Handelsrechts gelten gleichermaßen auch für das Steuerrecht, also für alle Sachen, Rechte und immateriellen Werte, die sowohl Vermögensgegenstände als auch Wirtschaftsgüter sind (sog. *„materielle Maßgeblichkeit"*). So sind zum Beispiel in der Steuerbilanz Rückstellungen für Pensionsverpflichtungen zu passivieren, sofern die Voraussetzungen dafür erfüllt sind, obwohl in diesem speziellen Falle formal nach § 6a EStG lediglich ein Passivierungswahlrecht besteht.

Fall 2: **Bilanzierungswahlrechte (Beschluss des GrS/BFH vom 3.2.1969)**

Handelsbilanz	Steuerbilanz
Aktivierungswahlrecht	Aktivierungsgebot
Passivierungswahlrecht	Passivierungsverbot

Wie im vorigen Kapitel bereits erörtert, sind unter Bilanzierungswahlrechten Ansatzwahlrechte zu verstehen, nicht jedoch Bewertungswahlrechte. Bei Ansatzwahlrechten hat der Bilanzierende die freie Wahl, einen Bilanzposten anzusetzen oder nicht. Nach dem Beschluss des Großen Senats des Bundesfinanzhofs vom 3.2.1969 (BStBl. 1969 II, S. 291) wird im Fall 2 die *Maßgeblichkeit* grundsätzlich in der dargestellten Weise *durchbrochen*. Nach Auffassung des BFH soll der Steuerpflichtige nicht aufgrund solcher Wahlrechte frei bestimmen können, ob im aktuellen oder in einem späteren Jahr Steuerbilanzgewinn und Steuerschuld anfallen. Die Regel des BFH wird allerdings dann durchbrochen, wenn ein konkretes Ansatzverbot für die Steuerbilanz besteht (z.B. § 5 Abs. 2 u. 4a EStG).

Beispiel:

	Handelsrecht	Steuerrecht
	Aktivierungs-wahlrecht	*Aktivierungs-gebot*
Aktiver Rechnungsabgrenzungsposten für ein Disagio/Damnum (vgl. Kapitel B.V.)	§ 250 Abs. 3 HGB	§ 5 Abs. 5 EStG

Unter einem **Disagio oder Damnum** versteht man den Unterschiedsbetrag zwischen dem Erfüllungsbetrag einer aufgenommenen Verbindlichkeit und dem Auszahlungsbetrag durch den Gläubiger. Dieser Unterschiedsbetrag stellt einen Einmalzins dar, der zu Beginn der Kreditlaufzeit durch Verzicht auf eine höhere Auszahlung geleistet wird. Der aufgenommene Kredit ist dann mit einem entsprechend geringeren laufenden Zinssatz verbunden. Wirtschaftlich ist das Disagio der gesamten Laufzeit zugehörig und daher zweckmäßigerweise auf die gesamte Laufzeit zu verteilen.

§ 250 Abs. 3 HGB enthält das *handelsrechtliche* Bilanzierungswahlrecht, das Disagio sofort voll als Zinsaufwand zu buchen oder mit Hilfe eines aktiven Rechnungsabgrenzungspostens zu verteilen. Ökonomisch sinnvoll ist eine Verteilung des Disagios über die Laufzeit des Kredits. Handelsrechtlich kann der Einmalzins aber auch über einen willkürlich kürzeren Zeitraum verteilt (der Gesetzgeber spricht unglücklicherweise von "Abschreibung") werden. Die Vorschrift öffnet der bilanzpolitischen Gewinnbeeinflussung somit Tür und Tor. Wenigstens ist der im aktiven Rechnungsabgrenzungsposten enthaltene Disagiobetrag entweder in der Bilanz oder im Anhang gesondert anzugeben (§ 268 Abs. 6 HGB).

Steuerrechtlich wird dem Bilanzierenden dieser weite Ermessensspielraum jedoch nicht gewährt, da es nicht im Belieben des Steuerpflichtigen stehen darf, seine Steuerschuld durch den Ansatz oder Nichtansatz von Wirtschaftsgütern, in größerem Ausmaß zu verschieben oder nicht. Durch den Beschluss des Großen Senats des BFH vom 3.2.1969 wird daher die Maßgeblichkeit der Handelsbilanz in diesen Fällen durchbrochen, und zwar ergibt sich in der Steuerbilanz dadurch immer ein gleich hoher oder höherer Gewinn als in der Handelsbilanz. Auch wenn in der Handelsbilanz das gesamte Disagio sofort als Zinsaufwand gebucht wird, so ist in der Steuerbilanz eine Aktivierung des Rechnungsabgrenzungspostens und eine Verteilung des Einmalzinses auf die gesamte Laufzeit des Darlehens verpflichtend. Dies resultiert auch daraus, dass es keine spezielle Vorschrift im EStG für das Disagio gibt und daher die Bildung eines Rechnungsabgrenzungspostens entsprechend dem Grundsatz der zeitlichen Abgrenzung verpflichtend ist (§ 5 Abs. 5 EStG; H 6.10 „Damnum" EStH).

Beispielaufgabe:
Die LowTech nimmt am 2.1.01 bei der Sparkasse Norden ein langfristiges Darlehen in Höhe von 100.000 EUR auf. Der laufende Zinssatz beträgt 6 %, als Disagio (Damnum) werden 5 % vereinbart, die Laufzeit ist 10 Jahre. Welche handelsrechtlichen Bilanzierungsmöglichkeiten gibt es? Geben Sie die Buchungssätze an. Wie ist in der Steuerbilanz zu buchen?

Lösung:
Die laufenden Zinsen stellen in Handels- und Steuerbilanz Zinsaufwand dar, jährlich in Höhe von 6.000 EUR.

<u>BS</u>: Zinsaufwand 6.000 EUR
an Bank 6.000 EUR.

Generell ist eine Verbindlichkeit mit dem Erfüllungsbetrag (= Tilgungsbetrag) zu passivieren (§ 253 Abs. 1 HGB). Für die bilanzielle Behandlung des Disagios (Damnums) gibt es *handelsrechtlich* zwei Möglichkeiten (§ 250 Abs. 3 HGB):

1. Möglichkeit: Buchung des Disagios als sofortigen Zinsaufwand bei Darlehensaufnahme.

<u>BS</u>: Bank 95.000 EUR
Zinsaufwand 5.000 EUR
an Verbindlichkeiten gegenüber Kreditinstituten 100.000 EUR.

2. Möglichkeit: Abgrenzung des Einmalzinses durch Einstellung des Disagios am Jahresende in einen aktiven Rechnungsabgrenzungsposten. Die planmäßige Verteilung soll hier linear über die Laufzeit des Darlehens erfolgen.

<u>BS</u>: Bank 95.000 EUR
Zinsaufwand 5.000 EUR
an Verbindlichkeiten gegenüber Kreditinstituten 100.000 EUR.

Am Ende des ersten Jahres der Laufzeit wird der Teil des Einmalzinses, der Aufwand nach dem Bilanzstichtag darstellt, zeitanteilig in einen aktiven Rechnungsabgrenzungsposten eingestellt und gleichmäßig über die Restlaufzeit zu verteilen.

<u>BS</u>: Aktiver Rechnungsabgrenzungsposten 4.500 EUR
an Zinsaufwand 4.500 EUR.

<u>Alternativ</u> kann bei der 2. Möglichkeit auch folgendermaßen gebucht werden:

<u>BS</u>: Bank 95.000 EUR
Aktiver Rechnungsabgrenzungsposten 5.000 EUR
an Verbindlichkeiten gegenüber Kreditinstituten 100.000 EUR.
Am Ende eines jeden Jahres ist der Rechnungsabgrenzungsposten zeitanteilig aufzulösen.

<u>BS</u>: Zinsaufwand 500 EUR
an aktiven Rechnungsabgrenzungsposten 500 EUR.

In der *Steuerbilanz* ist nur die zweite Möglichkeit, also die Verteilung des Disagios (Damnums) über die Kreditlaufzeit, zulässig. Dies entspricht der Regel „Aktivierungswahlrecht in der Handelsbilanz führt zu Aktivierungsgebot in der Steuerbilanz" (Beschluss des GrS/BFH von 1969). Außerdem ergibt es sich aus dem EStG, da in § 5 Abs. 5 EStG die Rechnungsabgrenzungsposten entsprechend dem Grundsatz der zeitlichen Abgrenzung zwingend zu bilden sind, wenn die Bedingung „bestimmte Zeit nach dem Bilanzstichtag" erfüllt ist. Eine dem § 250 Abs. 3 HGB entsprechende Sonderregel für das Disagio fehlt in § 5 EStG.

Aufgabe 54a): Disagio

Fall 3: *Bilanzierungsvorschriften: Zwingende Abweichungen in der Steuerbilanz*

Handelsbilanz	Steuerbilanz
Aktivierungs-/ Passivierungsgebot oder Aktivierungs-/ Passivierungswahlrecht	Durchbrechung des Maßgeblichkeitsprinzips und der Regeln des BFH-Beschlusses vom 2.3.1969 im Falle konkreter steuergesetzlicher Aktivierungs-/ Passivierungsverbote (so genannter *steuerrechtlicher Ansatzvorbehalt*)

Durchbrochen werden das Maßgeblichkeitsprinzip (Fall 1) und die Regel des BFH-Beschlusses vom 3.2.1969 (Fall 2) dann, wenn das sich daraus ergebende Aktivierungs- oder Passivierungsgebot aufgrund strengerer steuergesetzlicher Regelungen, also eines konkreten Ansatzverbots im EStG, in der Steuerbilanz nicht anwendbar ist. Die konkreten Verbote der Aktivierung oder Passivierung im EStG haben dann in der Steuerbilanz Vorrang (*„steuerrechtlicher Ansatzvorbehalt"*). Der Begriff rührt daher, dass grundsätzlich für die Steuerbilanz das Maßgeblichkeitsprinzip gilt, aber nur „vorbehaltlich" zwingend zu beachtender anders lautender Vorschriften im EStG. Den umgekehrten Fall, dass bei handelsrechtlichen Ansatzverboten im Steuerrecht ein konkretes Ansatzgebot bestünde, gibt es nicht.

Beispiel:
Buchhalter Ärmel kennt den Beschluss des BFH von 1969 ganz genau und folgert demnach aus dem handelsrechtlichen Aktivierungswahlrecht für selbst geschaffene immaterielle Vermögensgegenstände des Anlagevermögens (§ 248 Abs. 2 S. 1 HGB), dass er die von Mitarbeitern der Low-Tech GmbH zur Eigennutzung selbst entwickelte Produktionssteuerungssoftware in der Steuerbilanz aktivieren muss.

Buchhalter Ärmel irrt! Aufgrund des konkreten Aktivierungsverbots in § 5 Abs. 2 EStG, das für die Steuerbilanz vorgeht, darf keine Aktivierung erfolgen. Die gesamten Entwicklungskosten müssen also sofort als Aufwand gebucht werden, sodass der Steuerbilanzgewinn geringer ist als der Handelsbilanzgewinn, sofern das handelsrechtliche Aktivierungswahlrecht genutzt wird.

Fall 4: *Bewertungswahlrechte in der Handelsbilanz, denen keine eigenständige steuerliche Regelung gegenüber steht (§ 5 Abs. 1 S. 1 1. Halbs. EStG)*

Durch das Schreiben vom 12. 3. 2010 beendete das Bundesfinanzministerium die Diskussion in der Literatur darüber, ob die Neuregelung der Maßgeblichkeit in § 5 Abs. 1 S. 1 2. Halbs. EStG nach dem Wortlaut auszulegen ist oder ob der Gesetzgeber nur beabsichtigte, ein autonomes Ausüben steuerlicher Wahlrechte allein für die GoB-fremden Wahlrechte zuzulassen.[1] Das BMF schließt sich weitgehend der wörtlichen Auslegung an und gibt jahrzehntelang verteidigte eigene fiskalische Interessen auf. Die Maßgeblichkeit der handelsrechtlich tatsächlich gewählten Werte für die entsprechenden Steuerbilanzpositionen gilt nunmehr nur noch in Fall

---

[1] M.E. ist letzteres der Fall. Gleicher Ansicht sind u.a. Henselmann, K.: Umgekehrte Maßgeblichkeit und latente Steuern, in: Schmiel/Breithecker (Hrsg.): Steuerliche Gewinnermittlung nach dem Bilanzrechtsmodernisierungsgesetz, Berlin 2008, S. 258 und Buchholz, R., Grundzüge des Jahresabschlusses nach HGB und IFRS, 5. Auflage, München 2009, S. 32ff. Dagegen vertritt Herzig in mehreren Aufsätzen die wörtliche Auslegung, z.B. in Herzig, N.: Modernisierung des Bilanzrechts und Besteuerung, DB 2008, S. 3. Allerdings bleibt es nach seiner Interpretation bei der Maßgeblichkeit, wenn es um eine außerplanmäßige Abschreibung bei voraussichtlich dauernder Wertminderung geht. Vgl. Herzig, N./Briesemeister, S.: Das Ende der Einheitsbilanz, DB 2009, S. 9.

Grundlagen der Bilanzierung und Bewertung

4, nicht aber in Fall 5, der für die Praxis weit bedeutsamer ist. Als Folge der Neuregelung wird es eine Einheitsbilanz in der Praxis zukünftig kaum noch geben.

Handelsbilanz ⇒ ⇒	⇒ ⇒ *Steuerbilanz*
Bewertungswahlrecht nach HGB und handelsrechtlichen GoB	Gleiche Bewertung wie in der Handelsbilanz, soweit keine eigenständige steuerliche Regelung besteht

Besteht ein handelsrechtliches Bewertungswahlrecht und steht diesem keine „eigenständige steuerliche Regelung"[1] gegenüber, so ist derjenige Wert oder diejenige Bewertungsmethode für die Steuerbilanz grundsätzlich maßgeblich, für den sich der Bilanzierende in der Handelsbilanz entschieden hat. Somit wird das steuerrechtliche Bewertungswahlrecht bereits in der Handelsbilanz mit ausgeübt. Dies gilt jedoch nur, wenn der in der Handelsbilanz gewählte Wert bzw. die gewählte Bewertungsmethode auch steuerrechtlich zulässig ist.

Beispiel:
Buchhalter Ärmel möchte gleichartige Vermögensgegenstände des Vorratsvermögens in der Handelsbilanz vereinfacht bewerten. Da alle Voraussetzungen für deren Anwendung erfüllt sind, kann er u.a. zwischen der *Festwertbewertung* und der *Gruppenbewertung* wählen. Da es im Einkommensteuerrecht (EStG, EStR) keine vom HGB oder den handelsrechtlichen GoB abweichenden Regelungen gibt, muss die handelsrechtlich gewählte Methode bzw. der entsprechende Wertansatz auch in die Steuerbilanz übernommen werden. Die Ausübung handelsrechtlicher Bewertungswahlrechte bestimmt also auch den Wertansatz in der Steuerbilanz.

Fall 5: *Bewertungswahlrechte in der Handelsbilanz, denen eigenständige steuerliche Wahlrechte gegenüber stehen (§ 5 Abs. 1 S. 1 2. Halbs. EStG)*

Handelsbilanz	*Steuerbilanz*		
Bewertungswahlrecht (oder Wertansatzgebot) nach HGB oder handelsrechtlichen GoB	a) **GoB-konforme Wahlrechte:** Steuerrechtliches Bewertungswahlrecht, das dem handelsrechtlichen Bewertungswahlrecht (oder Wertansatzgebot) entspricht	In beiden Fällen gilt: Ein steuerrechtliches Bewertungswahlrecht kann *unabhängig* vom handelsrechtlichen Wertansatz ausgeübt werden (§ 5 Abs. 1 Satz 1 2. Halbsatz EStG)	
	b) **GoB-fremde Wahlrechte:** Steuerrechtliches Bewertungswahlrecht, das vom Handelsrecht abweicht		

Stehen sich handelsrechtlich fest vorgeschriebene Wertansätze oder Bewertungswahlrechte einerseits und steuerrechtliche Bewertungswahlrechte andererseits gegenüber, so kann das Wahlrecht in der Steuerbilanz unabhängig von der Bewertung in der Handelsbilanz ausgeübt werden. Voraussetzung ist, dass bei abweichenden Wertansätzen in der Steuerbilanz die entsprechenden Wirtschaftsgüter in besondere, laufend zu führende Verzeichnisse aufgenommen werden und die von der Handelsbilanz abweichende Wertentwicklung so dokumentiert wird (§ 5 Abs. 1 S. 2 EStG). Diese Verzeichnisse müssen den Tag der Anschaffung oder Herstel-

---

[1] Vgl. BMF-Schreiben vom 12.3.2010, BStBl. 2010 I, S. 239. Bei der Gruppenbewertung gibt es tatsächlich keine eigenständige (im Sinne einer vom Handelsrecht abweichenden) Regelung im Steuerrecht. Bei der Festbewertung gibt es jedoch m.E. eine „eigenständige" Regelungen zur Wertanpassung nach einer Inventur (R 5.4 Abs. 3 EStR). Die im Schreiben vertretene Folgerung für die Bemessung der Herstellungskosten in der Steuerbilanz entbehrt jeglicher Logik und wurde vom BMF im Schreiben vom 22.6.2010 (BStBl. 2010 I, S. 597) bis zu einer möglichen zukünftigen Änderung der entsprechenden Richtlinie R 6.3 Abs. 4 EStR suspendiert, vgl. Kapitel B.II.4.c)(1).

lung, die Anschaffungs- oder Herstellungskosten, die Vorschrift des ausgeübten steuerlichen Wahlrechts und die vorgenommenen Abschreibungen enthalten (§ 5 Abs. 1 S. 3 EStG).

Beispiel 1:
Buchhalter Ärmel der LowTech GmbH ist sich nicht sicher, wie in der *Steuerbilanz* eine bestimmte Maschine (Anschaffungskosten: 10.000,- EUR; Nutzungsdauer: 10 Jahre; Anschaffung am 2.1.01) planmäßig abzuschreiben ist. Nach § 7 Abs. 1 EStG sind die lineare Methode und die Leistungsabschreibung zulässig.[1]

Für die planmäßige Abschreibung einer Maschine in der *Handelsbilanz* stehen mehrere Möglichkeiten zur Wahl: die lineare Methode, die geometrisch-degressive Methode, die Leistungsabschreibung und andere. Hat sich Buchhalter Ärmel für die Handelsbilanz aufgrund des geschätzten Verlaufs der tatsächlichen Wertminderung z.B. entschieden, die Maschine linear über 10 Jahre abzuschreiben, so kann in der Steuerbilanz ebenfalls linear abgeschrieben werden. Allerdings kann Ärmel in der Steuerbilanz auch eine Abschreibungsmethode völlig unabhängig von der in der Handelsbilanz angewandten Methode wählen, da Wahlmöglichkeit und Zulässigkeit der Abschreibungsmethoden im EStG geregelt sind. Falls die Voraussetzungen erfüllt sind, könnte er in der Steuerbilanz also durchaus die Leistungsabschreibung wählen (GoB-konformes Wahlrecht).

Handelsbilanz (in EUR)		*Steuerbilanz (in EUR)*	
Anschaffungskosten	10.000	Anschaffungskosten	10.000
- Abschreibungen (linear)	- 1.000	- Abschreibungen (linear)	- 1.000
= Buchwert am 31.12.01	= 9.000	= Buchwert am 31.12.01	= 9.000

Oder:

Handelsbilanz (in EUR)		*Steuerbilanz (in EUR)*	
Anschaffungskosten	10.000	Anschaffungskosten	10.000
- Abschreibungen (linear)	- 1.000	- Abschreibungen (Leistung)	- 1.500
= Buchwert am 31.12.01	= 9.000	= Buchwert am 31.12.01	= 8.500

Beispiel 2:
Buchhalter Ärmel möchte im Rahmen des handelsrechtlichen Wahlrechts zwischen mehreren Bewertungsmethoden im Betrieb gelagerte gleichartige Vermögensgegenstände des Vorratsvermögens mit Hilfe der lifo-Methode („last in – first out")[2] bewerten. Da auch steuerrechtlich die lifo-Methode als Möglichkeit der Vorratsbewertung zulässig ist und es eine „eigenständige Regelung" in § 6 Abs. 1 Nr. 2a EStG gibt, kann Ärmel auch in der Steuerbilanz die lifo-Methode anwenden. Er könnte aber auch etwa die Durchschnittspreismethode in der Steuerbilanz anwenden und damit das steuerrechtliche GoB-konforme Wahlrecht unabhängig von der Handelsbilanz ausüben. Das bedeutet auch umgekehrt, dass Buchhalter Ärmel die lifo-Methode in der Steuerbilanz auch dann anwenden kann, wenn er in der Handelsbilanz sich für eine andere Bewertungsvereinfachungsmethode (z.B. Durchschnittspreismethode, fifo-Methode) oder die Einzelbewertung der Vorratsgegenstände entschieden hat.

---

[1] Bei Anschaffungen in den Jahren 2009 und 2010 war zwecks Konjunkturankurbelung auch die geometrische-degressive Absetzung für Abnutzung zulässig. Genaueres s. Kapitel B.IV.2.a)(4).

[2] Die „Eigenständigkeit" der Regelung besteht allerdings nur darin, dass die fifo-Methode nach § 6 Abs. 1 Nr. 2a EStG ausgeschlossen ist, wenn dies nicht der tatsächlichen Verbrauchsfolge entspricht. Die Regelung der lifo-Methode selbst entspricht allerdings den handelsrechtlichen Vorschriften, sodass in diesem Sinne eigentlich keine „Eigenständigkeit" besteht. Das Durchschnittspreisverfahren ist nicht im HGB kodifiziert, sondern aus dem GoB der Wirtschaftlichkeit abgeleitet. Daher müsste die Finanzverwaltung die Regelung in R 6.8 Abs. 3 EStR wohl als eine „eigenständige steuerliche Regelung" ansehen. Genaueres zur lifo-Methode und anderen Bewertungsvereinfachungsverfahren beim Vorratsvermögen finden sich in Kapitel B.IV.2.c) und d).

Grundlagen der Bilanzierung und Bewertung

Beispiel 3:

Buchhalter Ärmel möchte bei einer Maschine mit ebenfalls Anschaffungskosten von 20.000 EUR und einer betriebsgewöhnlichen Nutzungsdauer von 8 Jahren zusätzlich eine steuerliche Sonderabschreibung vornehmen, um dadurch den steuerpflichtigen Jahresgewinn (in der Steuerbilanz) zu verringern. Ohne die Sonderabschreibung betrage der Jahresgewinn vor Ertragsteuern 100.000 EUR. Solche steuerrechtlichen Vergünstigungen werden in verschiedener Form gewährt, um bestimmte wirtschaftspolitische Ziele (Regionalförderung, Mittelstandsförderung, etc.) zu erreichen. Da alle Voraussetzungen erfüllt sind, möchte Ärmel eine 20%ige Sonderabschreibung zur Förderung kleiner und mittlerer Betriebe gemäß § 7g Abs. 5 EStG (genaueres s. Kap. B.III.3.c und B.VII.5.) in Anspruch nehmen. Im Handelsrecht gibt es keine entsprechende Vorschrift. Das steuerrechtliche GoB-fremde Wahlrecht kann gemäß § 5 Abs. 1 S. 1 2. Halbs. EStG unabhängig von der Handelsbilanz ausgeübt werden. Die Buchwerte zum 31.12.01 in der Handelsbilanz und in der Steuerbilanz sind unterschiedlich.

Handelsbilanz (EUR)		*Steuerbilanz (EUR)*	
Anschaffungskosten	10.000	Anschaffungskosten	10.000
- planmäßige Abschreibungen	- 1.250	- Absetzung für Abnutzung	- 1.250
		- Sonderabschreibung gem. § 7g Abs. 5 EStG	- 2.000
= Buchwert zum 31.12.01	**= 8.750**	= Buchwert zum 31.12.01	**= 6.750**

Endgültiger handelsrechtlicher Jahresgewinn vor Ertragsteuern	100.000	Endgültiger steuerrechtlicher Jahresgewinn vor Ertragsteuern	98.000

Der Kernbereich der so gen. ***umgekehrten Maßgeblichkeit*** vor dem Inkrafttreten des BilMoG zum 1.1.2010 war die Berücksichtigung steuerrechtlicher Vergünstigungen auch in der Handelsbilanz, sofern man durch deren Berücksichtigung in der Steuerbilanz (auf dem Wege der formellen Maßgeblichkeit) in den Genuss der Vergünstigungen gelangen wollte. Damit bestimmte die Steuerbilanz die Wertansätze in der Handelsbilanz, die auf diese Weise durch Bildung stiller Reserven verzerrt wurden und einen Teil ihres Informationsgehalts einbüßten. Mit dem Inkrafttreten des BilMoG wurde – wie von Fachleuten seit langem gefordert – die umgekehrte Maßgeblichkeit abgeschafft, sodass die Auswirkungen steuerrechtlicher Vergünstigungen auf die Steuerbilanz beschränkt bleiben. Die Handelsbilanz wird insoweit nicht mehr bei der Erfüllung ihrer Informationsaufgaben beeinträchtigt. Die „formelle Maßgeblichkeit" des Handelsbilanzwerts für den Steuerbilanzwert gibt es somit nicht mehr.

Merke:

> Die bis zum 31.12.2009 geltende so genannte umgekehrte Maßgeblichkeit ist mit dem BilMoG abgeschafft worden. Somit können vom Handelsrecht abweichende steuerrechtliche Wahlrechte in der Steuerbilanz unabhängig von der Handelsbilanz ausgeübt werden!

Fall 6: *Bewertungsvorschriften: Zwingende Wertabweichungen in der Steuerbilanz*
(§ 5 Abs. 6 EStG)

Handelsbilanz	Steuerbilanz
Bewertungswahlrecht oder Bewertungsgebot	Gebot der Abweichung von den handelsrechtlichen Werten bei zwingend zu beachtenden anders lautenden steuerlichen Bewertungsvorschriften (so genannter **Bewertungsvorbehalt** § 5 Abs. 6 EStG)

Durchbrochen wird das Maßgeblichkeitsprinzip dann, wenn der Wert, für den sich der Bilanzierende in der Handelsbilanz entschieden hat, aufgrund der strengeren Bewertungsvorschriften steuerrechtlich nicht zulässig ist. Dann muss in der Steuerbilanz ein abweichender, steuerlich zulässiger Wert angesetzt werden. Differenzen zwischen Handels- und Steuerbilanz werden also auch durch diesen sog. *steuerrechtlichen Bewertungsvorbehalt* begründet, der den strengeren steuerrechtlichen Bewertungsvorschriften in der Steuerbilanz Priorität einräumt. § 5 Abs. 6 EStG hat folgenden Wortlaut:

> Die Vorschriften über die Entnahmen und die Einlagen, über die Zulässigkeit der Bilanzänderung, über die Betriebsausgaben, über die Bewertung und über die Absetzung für Abnutzung oder Substanzverringerung sind zu befolgen."

Der Bewertungsvorbehalt käme bei Abschreibungen z.B. zum Tragen, wenn in der Handelsbilanz eine steuerrechtlich unzulässige Abschreibungsmethode (z.B. die arithmetisch-degressive Methode) oder ein höherer Abschreibungssatz (kürzere Nutzungsdauer), als steuerrechtlich erlaubt, gewählt würde.

Beispiel:
Eine Maschine mit Anschaffungskosten i.H.v. 10.000 EUR und einer geschätzten betriebsgewöhnlichen Nutzungsdauer von 8 Jahren schreibt Buchhalter Ärmel in Handelsbilanz geometrisch-degressiv 30% ab.

In der *Handelsbilanz* ist dies zwar möglich, wenn es vernünftiger kaufmännischer Beurteilung entspricht und nicht willkürlich ist. *Steuerrechtlich* ist die geometrisch-degressive Abschreibungsmethode jedoch nicht mehr zulässig[1]. Somit können weder die handelsrechtliche Abschreibung noch der handelsrechtliche Wert der Maschine per 31.12.01 maßgeblich für die Steuerbilanz sein. Die strengeren steuerrechtlichen Abschreibungsvorschriften sind in der Steuerbilanz vorrangig. Der Bewertungsvorbehalt (§ 5 Abs. 6 EStG) führt zwingend zu unterschiedlichen Wertansätzen in Handels- und Steuerbilanz. Bis zum 31.12.2009 musste in solchen Fällen in der Steuerbilanz die lineare Abschreibung als Standardabschreibung angewandt werden. Diese Regel ist m.E. mit der Auslegung des § 5 Abs. 1 S. 1 2. Halbs. EStG durch das BMF nicht mehr vereinbar. Wenn alle im EStG geregelten Wahlrechte in der Steuerbilanz unabhängig von der Handelsbilanz ausgeübt werden können, müsste im vorliegenden Fall auch die Leistungsabschreibung in der Steuerbilanz zulässig sein.

Handelsbilanz (in EUR)		Steuerbilanz (in EUR)	
Anschaffungskosten	10.000	Anschaffungskosten	10.000
- geom.-degr. Abschreibung	- 3.000	- lineare AfA	- 1.250
= Buchwert am 31.12.01	= 7.000	= Buchwert am 31.12.01	= 8.750

---

[1] Die geometrisch-degressive Absetzung für Abnutzung war bei Anschaffungen in den Jahren 2009 und 2010 in der Steuerbilanz wieder erlaubt. Allerdings betrug die Obergrenze des Abschreibungssatzes 25% bzw. das Zweieinhalbfache des linearen Satzes. Somit wäre in diesen Fällen in der Steuerbilanz der AfA-Betrag auf 2.500 EUR zu reduzieren und der Buchwert der Maschine am 31.12.01 auf 7.500 zu erhöhen.

Oder:

Handelsbilanz (in EUR)		Steuerbilanz (in EUR)	
Anschaffungskosten	10.000	Anschaffungskosten	10.000
- geom.-degr. Abschreibung	- 3.000	- Abschreibungen (Leistung)	- 1.500
= Buchwert am 31.12.01	= 7.000	= Buchwert am 31.12.01	= 8.500

Beispiel:
Bei einer anderen Maschine als im obigen Falle mit denselben Anschaffungskosten und einer geschätzten Nutzungsdauer von 4 Jahren glaubt Ärmel, jetzt endlich das Prinzip verstanden zu haben, und schreibt in Handels- und Steuerbilanz linear über 4 Jahre ab.
Wieder falsch! In der Handelsbilanz ist dies zwar möglich, wenn es vernünftiger kaufmännischer Beurteilung entspricht und nicht willkürlich ist. Steuerrechtlich ist jedoch die sog. betriebsgewöhnliche Nutzungsdauer maßgeblich (§ 7 Abs. 1 Satz 2 EStG), die in den AfA-Tabellen nach Erfahrungen der Finanzverwaltung für einzelne Maschinenarten aufgeführt ist. Zwar stellen diese Angaben nur wichtige Anhaltspunkte dar, die Finanzverwaltung weicht jedoch nur in begründeten Fällen, also bei Vorliegen besonderer betrieblicher Umstände, davon ab. Sind solche nicht gegeben und beträgt die betriebsgewöhnliche Nutzungsdauer laut AfA-Tabelle 8 Jahre, so ist die handelsrechtliche Abschreibung und auch der handelsrechtliche Wert der Maschine per 31.12.01 nicht maßgeblich für die Steuerbilanz. Die strengeren steuerrechtlichen Abschreibungsvorschriften sind in der Steuerbilanz vorrangig. Der Bewertungsvorbehalt (§ 5 Abs. 6 EStG) durchbricht hier also das Maßgeblichkeitsprinzip und führt zu unterschiedlichen Buchwerten in Handels- und Steuerbilanz.

Handelsbilanz (in EUR)		Steuerbilanz (in EUR)	
Anschaffungskosten	10.000	Anschaffungskosten	10.000
- Abschreibungen	- 2.500	- Abschreibungen	- 1.250
= Buchwert am 31.12.01	= 7.500	= Buchwert am 31.12.01	= 8.750

Streng genommen kommt es nur zu einer Abweichung zwischen Handels- und Steuerbilanz aufgrund des Bewertungsvorbehalts, wenn zwingende steuerliche Gesetzesvorschriften gegenüber den handelsrechtlichen Vorschriften differieren. Die sog. AfA-Tabellen mit der betriebsgewöhnlichen Nutzungsdauer haben jedoch nur den Charakter von Anweisungen an die Finanzverwaltung[1]. Faktisch ist deren Wirkung im Hinblick auf die abweichende Bilanzierung jedoch dieselbe wie bei gesetzlichen Vorschriften. Zwar steht gegen Verwaltungsanweisungen der Klageweg offen, der BFH hat jedoch i.d.R. langjährige Verfahrensweisen der Finanzverwaltung in seiner Rechtsprechung bestätigt[2].

Im *IFRS-Regelwerk* gibt es keine Zusammenhänge zwischen dem Abschluss nach IFRS und (nationalen) steuerlichen Vorschriften, das Prinzip der Maßgeblichkeit ist somit unbekannt.

Auf der folgenden Seite sollen das Prinzip der Maßgeblichkeit und deren Durchbrechungen noch einmal kurz zusammengefasst werden:

---

[1] Wie bereits erwähnt, könnte sich daraus die Zuordnung zu Fall 3 ergeben, und somit müssten aufgrund des Maßgeblichkeitsprinzips die GoB-konform geschätzten, in der Handelsbilanz angewandten Nutzungsdauern in die Steuerbilanz übernommen werden.
[2] Vgl. z.B. zur Abgrenzung der Herstellungskosten in R 6.3 EStR das Urteil BFH 21.10.1993, BStBl. 1994 II S. 177 f.

Das Prinzip der Maßgeblichkeit und deren Durchbrechungen (§ 5 Abs. 1 EStG)

Fall 1: *Bilanzierungsgebote/-verbote (§ 5 Abs. 1 Satz 1 1. Halbs. EStG)*

Handelsbilanz ⇒ ⇒	⇒ ⇒ Steuerbilanz
Aktivierungsgebot/-verbot	Aktivierungsgebot/-verbot
Passivierungsgebot/-verbot	Passivierungsgebot/-verbot

Fall 2: *Bilanzierungswahlrechte (Beschluss des GrS/BFH vom 3.2.1969)*
(Maßgeblichkeit durchbrochen)

Handelsbilanz	Steuerbilanz	
1) Aktivierungswahlrecht	Aktivierungsgebot	Zu 1): **Beispiel:** Disagio
2) Passivierungswahlrecht	Passivierungsverbot	Zu 2): Kein gesetzlich geregeltes Beispiel

Fall 3: *Bilanzierungsvorschriften: Zwingende Abweichungen in der Steuerbilanz*

Handelsbilanz	Steuerbilanz
Aktivierungswahlrecht oder –gebot oder Passivierungs-WR oder -gebot	konkretes steuerrechtliches Aktivierungsverbot oder Passivierungsverbot => **Durchbrechung des Maßgeblichkeitsprinzips** („*steuerrechtlicher Ansatzvorbehalt*")

Beispiel: selbst geschaffene immaterielle VG/WG des Anlagevermögens

Fall 4: *Bewertungswahlrechte in der Handelsbilanz*

Handelsbilanz ⇒ ⇒	Steuerbilanz
Bewertungswahlrecht nach HGB und handelsrechtlichen GoB	Gleiche Bewertung wie in der Handelsbilanz *Maßgeblichkeit* (gemäß § 5 Abs. 1 S. 1 EStG) gilt nur, wenn es keine eigenständige (i.S.v. abweichende) Regelung im ESt-Recht (EStG, EStR) gibt (BMF 12.3.2010) ***Das Wahlrecht wird bereits in der HB für die StB mit ausgeübt!***

Beispiele: Fremdkapitalzinsen in den Herstellungskosten
Gruppenbewertung
Herstellungskosten (R 6.3 EStR 2008)

Fall 5: *Bewertungswahlrechte in der Handelsbilanz*
bei eigenständiger Regelung im ESt-Recht (Keine Maßgeblichkeit!)

Handelsbilanz	Steuerbilanz	Beispiele
a) Bewertungswahlrecht (oder Wertansatzgebot)	a) **GoB-konforme Wahlrechte**	Leistungsabschreibung (§ 7 I S.6 EStG); Lifo (§ 6 I 2a EStG)
b) ---------------	b) **GoB-fremde Wahlrechte**	steuerliche Sonderabschreibungen (§ 7g V EStG)

können *unabhängig* vom handelsrechtlichen Wertansatz
ausgeübt werden (§ 5 Abs. 1 Satz 1, 2. Halbsatz EStG);
Voraussetzung: laufendes Verzeichnis (§ 5 I S. 2+3 EStG)

Fall 6: *Zwingende Bewertungsabweichungen in der Steuerbilanz*

Handelsbilanz	Steuerbilanz	Beispiele
Bewertungswahlrecht oder Bewertungsgebot	Zwingende Wertabweichungen aufgrund strengerer Steuergesetze (Gebot) („*Bewertungsvorbehalt*", § 5 Abs. 6 EStG)	1) geometrisch-degressive Abschreibung in Handelsbilanz => lineare oder Leistungs-AfA in Steuerbilanz 2) Betriebsgewöhnliche Nutzungsdauer lt. AfA-Tabelle in Steuerbilanz

3. Ansatzkriterien im IFRS-Regelwerk

In verschiedenen IAS ist für einzelne Sachverhalte die Frage der Aktivierbarkeit oder Passivierbarkeit, des Bilanzierungsgebots, -verbots oder -wahlrechts geklärt. Was ist aber zu tun, wenn ein Sachverhalt in keinem der Standards behandelt wird? In diesem Falle ist das „Framework" des IFRS-Regelwerks also das System der Rahmengrundsätze, heranzuziehen und nach den dort verankerten allgemeinen Ansatzkriterien zu entscheiden, ob Bilanzierbarkeit vorliegt oder nicht. Die Regelungen des Rahmenwerks sind subsidiär, d.h. sie treten zurück, wenn es in den einzelnen IFRS spezielle Regelungen gibt. Zur besseren Unterscheidung soll im Folgenden der Begriff „Vermögensgegenstand" dem deutschen Handelsrecht vorbehalten sein und im Zusammenhang mit IFRS nur noch von „Vermögenswert" gesprochen werden.

Das **Aktivierungskonzept nach IFRS** ist zweistufig:

1. Stufe: Liegt ein *Vermögenswert* vor? Wenn ja, ist die zweite Stufe zu prüfen.
Vermögenswerte („Assets") sind gemäß Framework F.49(a) definiert als Ressource(n), über die ein Unternehmen aufgrund eines vergangenen Ereignisses verfügt und aus deren Nutzung ein zukünftiger Nutzenzufluss an das Unternehmen erwartet wird (IAS 38.8).

1. Stufe:		
Voraussetzungen für das Vorliegen eines Vermögenswerts („Asset") nach IFRS		
1. Verfügungsmacht	2. Ressource aufgrund eines vergangenen Ereignisses	3. erwarteter künftiger wirtschaftlicher Nutzenzufluss

Zu 1.: Ebenso wie im deutschen Handelsrecht das wirtschaftliche Eigentum maßgebend ist, wenn juristisches und wirtschaftliches Eigentum bei unterschiedlichen Personen oder Gesellschaften liegt, gilt im IASB-Konzept der Grundsatz „Substance over Form" (F.35), der die wirtschaftliche Betrachtungsweise bei der Abbildung von Geschäftsvorfällen im Jahresabschluss betont. Dies bedeutet, dass nicht allein die rechtlichen Verhältnisse, sondern auch der wirtschaftliche Gehalt und die wirtschaftlichen Ergebnisse, in diesem Falle also alle Vermögenswerte, die sich unter der Kontrolle des Unternehmens befinden, abzubilden sind.[1]

Zu 2.: Ein Vermögenswert kann nicht als Ergebnis zukünftiger Aktivitäten entstehen, sondern ist Ergebnis von Geschäftsvorfällen in der Vergangenheit.

Zu 3.: Unter dem zukünftigen wirtschaftlichen Nutzen eines Vermögensgegenstandes wird der mittelbare oder unmittelbare Beitrag zur Erhöhung des Cash Flow (Zahlungsmittelzufluss) verstanden (F.53). Dieser kann durch Veräußerung oder Tausch gegen einen anderen Vermögenswert oder durch den Einsatz als Produktionsfaktor entstehen (Erlöse, Kostenminderung).

Der Begriff des Vermögenswerts nach IFRS ist somit weiter gefasst als der des Vermögensgegenstands nach HGB und kann, wenn die Voraussetzungen für den Begriff und den Ansatz von Vermögenswerten erfüllt sind, auch Bilanzierungshilfen und Rechnungsabgrenzungsposten umfassen.

---

[1] Vgl. IAS 38.13-16 für immaterielle Vermögenswerte (Kapitel B.III.2.b(5)) und die Bilanzierung von Leasingverhältnissen nach IFRS in Kapitel B.III.4.d).

2. Stufe: Die so gen. **konkrete Aktivierbarkeit** und in der Regel auch Aktivierungspflicht eines Vermögenswerts ist gegeben, wenn er zusätzlich die beiden folgenden *Ansatzkriterien* („Recognition Criteria") erfüllt, anderenfalls besteht ein Aktivierungsverbot:

2. Stufe: Voraussetzungen für die konkrete Aktivierbarkeit (Aktivierungspflicht) eines Vermögenswerts („Asset") nach IFRS („Recognition Criteria"):	
a) Der mit dem Vermögenswert verbundene wirtschaftliche Nutzen muss mit einer gewissen *Wahrscheinlichkeit* tatsächlich zufließen (F.89).	b) Die Anschaffungs- oder Herstellungskosten (anderer Wert, Nutzenzufluss) müssen *verlässlich bewertbar/schätzbar* sein (F.89).
	Das ist nur der Fall, wenn der Vermögenswert *identifizierbar*, also vom originären Geschäfts- oder Firmenwert abgrenzbar ist.

Zu a): Eine Mindestwahrscheinlichkeit des Nutzenzuflusses ist im Framework nicht festgelegt, teils wird 50% gefordert, oft aber auch ein höherer Prozentsatz.
Zu b): Schätzungen müssen so logisch und begründet abgeleitet werden, dass der Grundsatz der Verlässlichkeit dabei gewahrt wird.

Aus dem Ansatzkriterium b) der 2. Stufe ergibt sich konkret die in der obigen Definition enthaltene Voraussetzung der *Identifizierbarkeit*, was in diesem Zusammenhang Unterscheidbarkeit von der allgemeinen Residualgröße „Geschäfts- oder Firmenwert" bedeutet. Die Identifizierbarkeit ist gegeben (IAS 38.11 f.),

- wenn der Vermögenswert separierbar, also vom Gesamtunternehmen getrennt übertragbar, vermietbar, lizenzierbar ist oder
- wenn der Vermögenswert aus vertraglichen oder anderen gesetzlichen Rechten entsteht und somit der künftige wirtschaftliche Nutzen aus dem betrachteten immateriellen Vermögenswert aufgrund der Rechtsansprüche bestimmbar ist.

Ist eines der beiden Ansatzkriterien der 2. Stufe nicht erfüllt, besteht ein Aktivierungsverbot (IAS 38.21).

Beispielsweise sind langfristig zu nutzende selbst geschaffene immaterielle Vermögenswerte des Anlagevermögens (z.B. Patente), für die nach § 248 Abs. 2 S. 1 HGB nur ein Aktivierungswahlrecht besteht, gemäß IAS 38.9 u. 21 u. 51f. zu aktivieren, sofern sie *identifizierbar*, also vom originären Firmenwert abgrenzbar sind[1]. Die „Recognition Criteria" sind beim *originären Geschäfts- oder Firmenwert* selbst nicht erfüllt, da dessen Bestandteile nicht eindeutig erfasst und nicht verlässlich bewertet werden können, sodass dieser nicht aktiviert werden darf (IAS 38.48). Auch selbst geschaffene Marken dürfen nicht aktiviert werden, da deren Kosten nicht von denen für die Entwicklung des Unternehmens als Ganzes unterschieden werden können (IAS 38.63f.). Ein Aktivierungsverbot gilt auch für Werbemaßnahmen (IAS 38.69(c)). Aufwendungen für die Gründung eines Unternehmens, wie z.B. Rechtskosten oder Ausgaben für die Eröffnung eines neuen Geschäfts, führen nicht zu einem aktivierbaren Vermögenswert, da es an der Identifizierbarkeit, also Abgrenzbarkeit vom Geschäfts- oder Firmenwert mangelt. In IAS 38.69(a) besteht dafür ein ausdrückliches Aktivierungsverbot. Das Gleiche gilt für Aufwendungen für die Ingangsetzung und Erweiterung des Geschäftsbetriebs („Anlaufkosten").

Ein *derivativer Geschäfts- oder Firmenwert* muss dagegen aktiviert werden, ist allerdings nicht planmäßig abzuschreiben, sondern unterliegt einem jährlichen „Impairment-Test", der

---

[1] Siehe zu den immateriellen Vermögenswerten auch Kapitel B.IV.1.a)(5).

Grundlagen der Bilanzierung und Bewertung

gegebenenfalls die Vornahme von Wertminderungen (außerplanmäßige Abschreibungen) zwingend zur Folge hat („Impairment-only-Approach"), (IAS 38.33; IFRS 3.32 f.; IFRS 3.54 f.; IAS 36.80f.).

Ausgaben für die *Ingangsetzung des Geschäftsbetriebs bzw. Anlaufkosten* führen nicht zu einem aktivierungspflichtigen Vermögenswert, da es an der Identifizierbarkeit, also der Abgrenzbarkeit vom Geschäfts- oder Firmenwert mangelt[1]. Zur Klarstellung ist eine Aktivierung von Ausgaben für die Gründung und den Anlauf eines Geschäftsbetriebes (Gründungs- und Anlaufkosten) gemäß IAS 38.69 ausdrücklich verboten, sofern sie nicht in den Anschaffungs- oder Herstellungskosten einer Sachanlage aktiviert werden dürfen. Zu den Anlaufkosten gehören die Kosten für die Aufnahme neuer Tätigkeitsbereiche oder die Einführung neuer Produkte oder Verfahren. Auch Ausgaben für Aus- und Weiterbildungsaktivitäten sowie für Werbekampagnen, die im Zusammenhang mit der Ingangsetzung oder Erweiterung des Geschäftsbetriebs ebenfalls anfallen können, dürfen nicht aktiviert werden.

Die oben genannten Kriterien und zu durchlaufenden Stufen gelten *auch für Schulden*:

1. Stufe: Eine *Schuld* liegt vor, wenn
- gegenwärtig eine Verpflichtung des Unternehmens besteht,
- dieser Verpflichtung vergangene Ereignisse zugrunde liegen und
- diese Verpflichtung zukünftig zu einem wahrscheinlichen Abfluss von Ressourcen, die wirtschaftlichen Nutzen enthalten, führen wird (F. 49(b) u. F.91).

2. Stufe: Voraussetzung für die *Passivierbarkeit* der Schuld ist, dass
      a) eine gewisse *Wahrscheinlichkeit* besteht, dass der mit der Erfüllung der Verbindlichkeit verbundene zukünftige Nutzenabfluss erfolgt und
      b) die Höhe des Erfüllungsbetrags *verlässlich ermittelbar* ist (F. 49(b) u. F. 91).

Im Allgemeinen besteht ein Verbot des Ansatzes von Vermögenswerten, Schulden, Erträgen und Aufwendungen, wenn es an einer zuverlässigen Schätzung des Wertes (Ansatzkriterium b der 2. Stufe) mangelt. In diesem Fall muss eine Information über das Vorhandensein eines solchen Postens im Anhang gegeben werden, wenn der Ansatz in der Bilanz bzw. in der GuV lediglich aufgrund der mangelnden Schätzbarkeit des Betrages unterbleibt.

4. Bewertungsmaßstäbe in Handels- und Steuerrecht

a) Bewertung und Informationsgehalt des Jahresabschlusses

Die Bewertung in der Handelsbilanz hat sich im Laufe der Jahrzehnte langsam in Richtung eines *Fixwertprinzips* entwickelt, auch wenn dieses Prinzip, dass jeweils nur ein einziger, ganz bestimmter Wert für ein Aktivum oder Passivum zulässig ist, bislang weder im Handels- noch im Steuerrecht generell gültig ist. Die Auffassung, dass Wahlrechte in der Handelsbilanz gerechtfertigt und notwendig seien, wird jedoch kaum noch vertreten. Begründet wurde diese damit, dass mit der Handelsbilanz Rechenschaft an verschiedene Gruppen mit sehr unterschiedlichen Informationsinteressen gegeben werden soll, dass ein objektiver "wahrer" Wert in der Regel nicht ermittelbar ist und dass sogar Schätzwerte im Jahresabschluss enthalten

---
[1] Siehe Kapitel B.II.1. und B.IV.1.a)(5).

sind. So würde etwa der (Klein-) Aktionärsschutz eine vergleichsweise hohe Bewertung erfordern, während der Gläubigerschutz einen möglichst niedrigen Wertansatz verlangte. Meines Erachtens haben Bewertungswahlrechte (ebenso wie Ansatzwahlrechte) keinen Platz in einem modernen Bilanzierungssystem, das einen möglichst hohen Aussagegehalt für alle Adressatengruppen gewährleisten soll. Allen externen Bilanzlesern erleichtern zweifellos feste Werte die Interpretation des Jahresabschlusses. Bewertungs- und Schätzprobleme müssten im Bereich der Wertmaßstäbe durch klare Vorschriften standardisierend gelöst werden, auch wenn man sich dadurch vom vermuteten „wahren" Wert entfernt. Sowohl durch Verringerung der Wahlrechte bei den Herstellungskosten als auch durch Aufhebung der zum Teil vagen Bewertungsvorschriften für Einzelunternehmen und Personengesellschaften erfolgt mit dem BilMoG seit dem Jahre 2010 ein bedeutender Schritt in diese Richtung.

Die Bewertungsobergrenze liegt hingegen schon immer eindeutig fest, dies weist auf die Dominanz des Gläubigerschutzes im Handelsrecht hin. Gemäß § 253 Abs. 1 HGB sind Vermögensgegenstände "höchstens mit den Anschaffungs- oder Herstellungskosten, vermindert um Abschreibungen" anzusetzen. Dieses sog. *Anschaffungskostenprinzip* folgt aus dem Realisationsprinzip, das die Bewertung der Vermögensgegenstände mit über den Anschaffungs- oder Herstellungskosten liegenden Verkaufspreisen verbietet, solange sie noch nicht veräußert und geliefert sind. Das alte Vorsichtsprinzip, dass der "Kaufmann sich nicht reicher machen darf, als er tatsächlich ist", steht hinter diesen Überlegungen.

Die langfristige Sicherung des Unternehmens und der Gläubigerschutz sind die konkreten Zwecke, die mit dem Anschaffungskostenprinzip erreicht werden sollen. Auf das erstere Ziel wird weiter unten noch eingegangen, dem Gläubigerschutzprinzip wird ganz offensichtlich mit diesem Bewertungsgrundsatz gedient. Im Insolvenzfall lässt sich nämlich bei denjenigen Gütern, deren tatsächlicher Wert über ihre Anschaffungskosten hinaus angestiegen ist, ein höherer Liquidationswert (= Einzelveräußerungspreis) erzielen, als die Handelsbilanz den Gläubigern ausgewiesen hat. Fraglich ist nur, ob der Gläubigerschutz bestmöglich erfüllt ist, wenn aufgrund des § 253 Abs. 1 HGB Unterbewertungen von Gegenständen des Finanzanlagevermögens ermöglicht werden und den Gläubigern der Umfang dieser "stillen Zwangsreserven" nicht bekannt ist.

Bezüglich der *Steuerbilanz* kann bislang ebenso wenig von einem Festwertprinzip gesprochen werden, obwohl von unterschiedlichen Informationsinteressen hier nicht die Rede sein kann. Die Wahlrechtsspielräume sind allerdings im Interesse einer objektiven Besteuerung schon immer eingeschränkt. Letztlich stehen auch hier die Notwendigkeit von Schätzwerten, die Nicht-Feststellbarkeit des "wahren" Wertes und wirtschaftspolitisch motivierte Vergünstigungsmaßnahmen einem echten Fixwertsystem entgegen.

Grundlagen der Bilanzierung und Bewertung

b) Anschaffungskosten

(1) Allgemeines

In § 255 Abs. 1 Satz 1 HGB sind die Anschaffungskosten allgemein definiert:

Legaldefinition:

> "**Anschaffungskosten** sind die Aufwendungen, die geleistet werden, um einen Vermögensgegenstand zu erwerben und ihn in einen betriebsbereiten Zustand zu versetzen, soweit sie dem Vermögensgegenstand einzeln zugeordnet werden können."

Damit ist klargestellt, dass es sich im Gegensatz zum allgemeinen Sprachgebrauch, der auch vom Gesetz übernommen wird, gar nicht um Kosten im umfassenden betriebswirtschaftlichen Sinne handeln darf, sondern nur um den Teil des Kostenbegriffs, der gleichzeitig Aufwendungen darstellt ("aufwandsgleiche Kosten"). Dies gilt grundsätzlich immer, wenn im Handels- oder Steuerrecht von "Kosten" die Rede ist. Rein kalkulatorische Kosten (z.B. kalkulatorische Miete, Zinsen, Wagnisse etc.) dürfen nicht einbezogen werden. Im Unterschied zu diesen haben Aufwendungen, da sie mit Ausgaben verbunden sind, einen größeren Objektivitätsgrad.

In obiger Definition erfolgt außerdem eine Präzisierung des Zeitbezugs der Anschaffungskosten, die sich nicht nur auf den eigentlichen Anschaffungsakt beziehen, sondern sich bis zur tatsächlichen Betriebsbereitschaft (z.B. einer Maschine) erstrecken.

Schließlich dürfen nur einzeln zuordenbare Aufwendungen, also die sog. Einzelkosten, nicht aber sog. Gemeinkosten, in die Anschaffungskosten einbezogen werden. Auf diese beiden Begriffe aus der Kostenrechnung soll kurz eingegangen werden.

Einzelkosten	*Gemeinkosten*
• sind von einem einzigen Zweck verursacht	• sind von mehreren Zwecken gemeinsam veranlasst
• können diesem einen Zweck (=Kostenträger, Vermögensgegenstand) einzeln direkt (anhand von Belegen) zugeordnet werden	• können nicht logisch eindeutig anteilig den einzelnen Zwecken zugeordnet werden; dennoch wird eine solche Aufteilung in der Praxis oft mit Hilfe von Verrechnungsschlüsseln vorgenommen (Vollkostenrechnung)
Beispiele: Akkordlöhne, Rohstoffe	*Beispiele:* Geschäftsführergehälter, Gebäudeabschreibung

In Satz 2 von § 255 Abs. 1 HGB werden die Komponenten des Anschaffungskostenbegriffs präzisiert. Steuerrechtlich gelten dieselben Grundsätze (H 6.2 „Anschaffungskosten" EStH).

Ermittlung der Anschaffungskosten gemäß § 255 Abs. 1 Satz 2 HGB und H 6.2 „Anschaffungskosten" EStH.	
(1.)	Anschaffungspreis
(2.)	./. Anschaffungspreisminderungen (Skonti, Boni, Rabatte, Zuschüsse)
(3.)	+ Anschaffungsnebenkosten (Frachten, Zölle, Montagekosten, Provisionen, Grunderwerbsteuer)
(4.)	+ nachträgliche Anschaffungskosten
	= Anschaffungskosten.

(1.) Der *Anschaffungspreis* entspricht dem reinen Listenpreis bzw. dem vertraglich festgelegten Grundpreis des erworbenen Vermögensgegenstands.

(2.) Die *Anschaffungspreisminderungen* umfassen: Rabatte (H 6.2 „Preisnachlass oder Rabatt" EStH), Skonti, Boni, Zuschüsse. Rabatte schlagen sich nicht in der Buchführung nieder, sofern sie von Anfang an gewährt worden sind. Von Lieferanten gewährte Skonti oder Boni stellen nachträgliche Preisminderungen dar, die aber in der Regel auf besonderen Konten gebucht werden, um eine bessere Wirtschaftlichkeitskontrolle zu haben. Die Bewertung der Schlussbestände (Inventurbestände) auf den Bestandskonten hat unter Abzug dieser Beträge zu erfolgen. Seit dem BilRUG (2016) sind Anschaffungspreisminderungen nur noch dann vom Anschaffungspreis abzuziehen, wenn sie den Vermögensgegenständen einzeln zurechenbar sind. Das bedeutet, dass mengen- und umsatzabhängige Boni und nachträglich gewährte Rabatte auf eine Mehrzahl von Vermögensgegenständen nicht abgezogen werden dürfen. Da es sich hierbei in der Regel um Vermögensgegenstände des Umlaufvermögens handeln dürfte, ergeben sich daraus normalerweise keine Auswirkungen auf den Jahresüberschuss. Bei Waren, die in derselben Periode veräußert werden, ist in einem solchen Fall zwar der Wareneinsatz (= Aufwand) entsprechend höher, der Bonus (= sonstiger betrieblicher Ertrag) gleicht diesen Effekt im selben Jahr aber wieder aus.

(3.) Zu den *Anschaffungsnebenkosten* gehören:
Verpackungskosten, Frachtkosten, Rollgelder, Speditionskosten, Abladekosten, Transportversicherung, Zölle, Lagergelder, Montagekosten, Fundamentierungskosten, Kosten für Probeläufe und Mitarbeiterschulung zur Maschinenbedienung (falls unabdingbar zur Herstellung der Betriebsbereitschaft), Vermittlungsprovisionen, Spesen, Courtage, Kommissionskosten, Abstandszahlungen, Notarkosten, Grundbuchkosten, Grunderwerbsteuer, Straßenbaukostenbeiträge bei erstmaliger Grundstückanbindung, Kosten der erstmaligen Grundstückserschließung, Abbruchkosten. Generell erhöhen die Nebenkosten nur dann die Anschaffungskosten, wenn sie dem Vermögensgegenstand einzeln zugerechnet werden können.

(4.) *Nachträgliche Anschaffungskosten* fallen beispielsweise an, wenn längere Zeit nach der Anschaffung noch Aufwendungen erforderlich sind, um den Verwendungszweck des Wirtschaftsguts zu verändern oder um Erweiterungen oder wesentliche Verbesserungen vorzunehmen.

Beispiele:
- eine Maschine wird umgebaut, um geänderte Funktionen erfüllen zu können;
- ein LKW-Pritschenwagen wird durch einen nachträglichen Aufbau zu einem Tankwagen umfunktioniert;
- durch Bebauungsplanänderung wird ein unbebautes Grundstück in Bauland umgewandelt, sodass Beiträge für Anlagen zur erstmaligen Erschließung entstehen (H 6.4 "Erschließungs-, Straßenanlieger- und andere Beiträge" EStH);
- Beiträge für die Zweit- oder Zusatzerschließung eines Grundstücks durch eine weitere Straße lange nach dem Erwerb des Grundstücks, sofern sich dadurch der Wert des Grundstücks erhöht, ind nachträgliche Anschaffungskosten des Grund und Bodens (H 6.4 "Erschließungs-, Straßenanlieger- und andere Beiträge" EStH);
- Kanalanschlussgebühr (Kanalbaubeitrag) als nachträgliche Anschaffungskosten des Grund und Bodens, Hausanschlusskosten als Herstellungskosten des Gebäudes (H 6.4 „Hausanschlusskosten")
- innerhalb von 3 Jahren nach dem Erwerb eines bebauten Grundstücks wird das im Zeitpunkt des Erwerbs objektiv wertlose Gebäude abgebrochen. Im Regelfall wird von einem Erwerb mit Abbruchabsicht ausgegangen und der Buchwert des Gebäudes sowie die Abbruchkosten erhöhen die Anschaffungskosten des Grund und Bodens (H 6.4 *„Abbruchkosten"* EStH). In Höhe der Ab-

Grundlagen der Bilanzierung und Bewertung 137

bruchkosten handelt es sich um nachträgliche Anschaffungskosten, der Gebäuderestwert stellt eine Korrektur der ursprünglich falsch (zu niedrig) ermittelten Anschaffungskosten dar.

Zu aktivierende Anschaffungskosten, nachträgliche Anschaffungskosten bzw. Herstellungskosten (bei Selbsterstellung; Bauherreneigenschaft) müssen genau gegenüber Reparaturaufwendungen abgegrenzt werden. Das Abgrenzungsproblem ist unter dem Schlagwort ***"Herstellungs- versus Erhaltungsaufwand"*** bekannt (s. Tabelle auf der nächsten Seite).

Erhaltungsaufwand *(R 21.1 Abs. 1 EStR)* *(d.h. Buchung von „Reparaturaufwand")*	***Herstellungsaufwand*** *(R 21.1 Abs. 2 EStR)* *(d.h. nachträgl. Aktivierung von AK/HK)*
Wesensart des Wirtschaftsguts (WG) wird nicht verändert	das Wirtschaftsgut (WG) wird in seinem Wesen verändert
das WG soll in ordnungsmäßigem Zustand bzw. in seiner Nutzungsmöglichkeit erhalten oder wiederhergestellt werden (Instandhaltung und Instandsetzung)	das WG wird in seiner Substanz erweitert oder über seinen ursprünglichen Zustand hinaus wesentlich verbessert (§ 255 Abs. 2 HGB)
die Aufwendungen kehren in ungefähr gleicher Höhe regelmäßig wieder	es wird etwas Neues geschaffen oder hinzugefügt
Vereinfachungsregel: Aufwand (ohne USt) bis zu 4.000 EUR für eine einzelne Baumaßnahme (R 21.1 Abs. 2 Satz 2 EStR)	
Ausnahme: Innerhalb von 3 Jahren nach der Anschaffung eines Gebäudes liegt stets aktivierungspflichtiger *anschaffungsnaher Herstellungsaufwand* vor, wenn die Instandsetzungs-/Modernisierungsaufwendungen (ohne Erweiterung und jährlich anfallende Erhaltungsarbeiten) in diesem Zeitraum insgesamt 15% der Anschaffungskosten (ohne USt) des Gebäudes überschreiten (§ 6 Abs. 1 Nr. 1a EStG, R 6.4 Abs.1 EStR).	
Beispiele: • Fenster- oder Heizungserneuerung • Auswechseln des Personenfahrstuhls • Autoreparatur • Kauf neuer Autoreifen • Beiträge für die Zweit- oder Zusatzerschließung eines Grundstücks durch eine weitere Straße (BFH 12.1.1995, BStBl. II S. 632)	*Beispiele:* • Umbau der Lagerhalle zu einem Kühlhaus • Tankaufbau auf einem Pritschen-LKW • Neueinbau eines bisher nicht vorhandenen Personenfahrstuhls • Anbau bei einem Gebäude oder Aufstockung; Ausbau des Dachgeschosses • nachträglicher Einbau eines Autoradios

Nachdem die *steuerrechtliche* BFH-Rechtsprechung die Praxis der Finanzverwaltung zum „*anschaffungsnahen Aufwand*" im Wesentlichen bestätigt[1], dabei aber vor einiger Zeit schon eine konsequentere Orientierung des Begriffes Herstellungsaufwand an der Definition in § 255 Abs. 2 Satz 1 HGB vorgenommen hatte[2], erfolgte in aktuellen Urteilen die Abkehr von der Rechtsfigur des anschaffungsnahen Aufwands[3]. Danach kann die Höhe der Kosten nicht alleiniges Kriterium zur Qualifizierung als Anschaffungs-/ Herstellungskosten einerseits oder Werbungskosten/Betriebsausgaben andererseits sein, sondern es ist primär auf das Kriterium „wesentliche Verbesserung" abzustellen. Zu aktivierende nachträgliche Anschaffungs-/Herstellungskosten liegen immer dann vor, wenn entweder Einzelmaßnahmen die Bewohn-

---

[1] Vgl. BFH 9.5.1995, BStBl. 1996 II S. 628, 630, 632; BFH 10.5.1995, BStBl. 1996 II S. 639; BFH 16.7.1996, BStBl. 1996 II S. 649; BMF-Schreiben 16.12.1996, BStBl. 1996 I S. 1442; BFH 29.10.1991 BStBl. 1992 II S. 285.
[2] Vgl. BFH 16.12.1998, BFH/NV 1999, S. 776; BFH 4.7.1990, BStBl. 1990 II S. 830.
[3] Vgl. BFH 12.9.2001 IX R 39/97 u. IX R 52/00, NWB, Fach 3, S. 12051, und BFH 22.1.2003, BFH/NV 2003 S. 758 und 763.

barkeit des Gebäudes wieder herstellen, das Gebäude auf einen höheren Standard bringen oder wenn Instandsetzungs- und Modernisierungsmaßnahmen in ihrer Gesamtheit über die zeitgemäße Substanz erhaltende Bestandteilserneuerung hinaus den Gebrauchswert des Gebäudes insgesamt deutlich erhöhen. Den Gebrauchswert eines Gebäudes bestimmt der Zustand der Heizungs-, Sanitär- und Elektroinstallationen sowie der Fenster. Betreffen mehrere Baumaßnahmen, die in engem räumlichen, zeitlichen und sachlichen Zusammenhang stehen und bautechnisch ineinander greifen, mindestens drei dieser vier Bereiche, so liegt eine Erhöhung des Gebäudegebrauchswerts vor. In diesem Falle werden auch einzelne Teilmaßnahmen, die isoliert gesehen Erhaltungsaufwand wären, im Rahmen der einheitlichen Gesamtmaßnahme als Herstellungsaufwand klassifiziert. Der zeitliche Zusammenhang ist auch dann gewahrt, wenn die Einzelmaßnahmen planmäßiger Teil einer sich über mehrere Jahre hinaus erstreckenden Gesamtmaßnahme sind. Beispielsweise lägen nachträgliche Herstellungskosten vor, wenn im Rahmen einer Gesamtmaßnahme eine technisch überholte Heizungsanlage (Kohleöfen) ersetzt, die Zahl und Leistungskapazität der elektrischen Anschlüsse erhöht und einfache Fenster durch Isolierverglasung ersetzt würden.

Um die zur erwartenden Abgrenzungsprobleme, z.B. bei der Frage nach dem Vorliegen oder Nichtvorliegen einer Gesamtmaßnahme („Sanierung in Raten"), in Grenzen zu halten, hat die Finanzverwaltung inzwischen in einem BMF-Schreiben[1] auf die neue Rechtsprechung reagiert. Darin werden die Kernaussagen der neuen BFH-Rechtsprechung übernommen, weiter konkretisiert und folgende Indizien für die erfolgte Hebung des Standards eines Wohngebäudes festgelegt, die im Zweifelsfall anzuwenden sind:
- ein Gebäude wird in zeitlicher Nähe zum Erwerb im Ganzen und von Grund auf modernisiert.
- für die Sanierung der zentralen Ausstattungsmerkmale werden hohe Aufwendungen getätigt,
- der Mietzins wird aufgrund dieser Baumaßnahmen erheblich erhöht.

Während das BMF-Schreiben die Anerkennung von Erhaltungsaufwand in den ersten drei Jahren nach Anschaffung des Gebäudes ohne Überprüfung[2] durch die Finanzverwaltung vorsieht, wenn die Aufwendungen für die Instandsetzung und Modernisierung des Gebäudes insgesamt 15% der Anschaffungskosten des Gebäudes nicht überschreiten, wird jedoch darüber hinausgehend im Rahmen des Steueränderungsgesetzes 2003 im neuen § 6 Abs. 1 Nr. 1a EStG die vor Änderung der BFH-Rechtsprechung geltende typisierende Praxis der Finanzverwaltung zum „anschaffungsnahen Herstellungsaufwand" gesetzlich fixiert. Danach sind mit Gültigkeit für einen Baubeginn ab 1.1.2004[3] Instandsetzungs- und Modernisierungsarbeiten an Gebäuden innerhalb der ersten drei Jahre nach Anschaffung stets als Herstellungskosten anzusehen, wenn die Aufwendungen (ohne USt) 15% der Anschaffungskosten des Gebäudes übersteigen. Aufwendungen für die Erweiterung des Gebäudes i. S. des § 255 Abs. 2 Satz 1 HGB sowie üblicherweise jährlich anfallende Erhaltungsaufwendungen bleiben davon unberührt. Dagegen sind Aufwendungen für die Beseitigung versteckter Mängel einzubeziehen (R 6.4 Abs. 1 EStR). Inzwischen hat der BFH in drei Urteilen konkretisierend zu § 6 ABs. 1 Nr. 1a EStG Stellung genommen. Es stellte sich insbesondere die Frage, welche Aufwendungen in die 15%-Grenze einzubeziehen sind. Der BFH ist der Auffassung, dass alle Aufwendungen für bauliche Maßnahmen, die im Rahmen einer im Zusammenhang mit der An-

---

[1] Vgl. BMF-Schreiben vom 18.7.2003, BStBl. 2003 I S. 386.

[2] Es sei denn, dass der Standard für einzelne Wohnungen eines Mehrfamilienhauses steigt oder der Beginn einer Sanierung in Raten vorliegen könnte.

[3] Maßgebend ist der Zeitpunkt, an dem der Antrag auf Baugenehmigung gestellt wird bzw. die Bauunterlagen eingereicht werden (§ 52 Abs. 16 und 23a EStG). Für Fälle mit Baubeginn vor dem 1.1.2004 gelten die Grundsätze des BMF-Schreibens vom 18.7.2003.

schaffung des Gebäudes vorgenommenen Instandsetzung und Modernisierung anfallen und nicht ausdrücklich durch Satz 2 der Vorschrift ausgenommen sind, bei der Prüfung der 15%-Grenze einzubeziehen sind, und zwar unabhängig von ihrer handelsrechtlichen Einordnung als Aufwendungen oder Anschaffungs- und Herstellungskosten (etwa bei "wesentlicher Verbesserung") gemäß § 255 HGB.[1]

(5.) Nicht zu den Anschaffungskosten gehören:
- die **Vorsteuer**, sofern sie gemäß § 15 Abs. 1 UStG abzugsfähig ist. Falls das Unternehmen dagegen nicht zum Vorsteuerabzug berechtigt ist, weil es etwa umsatzsteuerfreie Leistungen erbringt, so gehört die (nicht abzugsfähige) Vorsteuer zu den Anschaffungskosten (vgl. § 9 b Abs. 1 EStG);
- **Geldbeschaffungskosten** (Zinsen, Gebühren, Provisionen) auch dann nicht, wenn das Finanzierungsgeschäft dem Vermögensgegenstand wirtschaftlich eindeutig zurechenbar ist. Grundsätzlich wird bilanziell das Finanzierungsgeschäft vom Anschaffungsgeschäft getrennt.
- Kosten der allgemeinen **Entscheidungsfindung** vor der Anschaffung
- **Gemeinkosten**: Lagerkosten, Frachtkosten, Montagekosten etc., die dem Vermögensgegenstand nicht einzeln zuordenbar sind (H 6.2 „Gemeinkosten" EStH).

Beispielaufgabe:
Die LowTech GmbH benötigt Kunststoffgranulat als Rohstoff, das sie vom Lieferanten durch einen Spediteur und Frachtführer abholen lässt. Der Spediteur stellt 600 EUR zzgl. USt in Rechnung. Gehören die Frachtkosten zu den Anschaffungskosten?

Lösung:
Die Frachtkosten sind eindeutig dem Rohstoff zuordenbar und daher Anschaffungsnebenkosten in Höhe von 600 EUR.

In der Praxis werden die Bezugskosten meist auf spezielle Konten gebucht, um eine bessere Kontrolle dieser Kosten zu ermöglichen. Dabei handelt es sich um Unterkonten der entsprechenden Stoff- oder Waren-Bestandskonten, hier also "Bezugskosten für Rohstoffe". Um der Vorschrift § 255 Abs. 1 HGB Genüge zu tun, ist es jedoch erforderlich, diese Konten monatlich oder vierteljährlich oder zumindest als vorbereitende Abschlussbuchung auf das zugehörige Bestandskonto (anteilig, soweit sie auf die Bestände entfallen) umzubuchen bzw. abzuschließen, damit die Anschaffungskosten der Stoff- oder Warenbestände richtig ausgewiesen werden.

BS: Rohstoffe an Bezugskosten für Rohstoffe.

Beispielaufgabe:
Die LowTech lässt das Kunststoffgranulat vom Lieferanten durch einen eigenen Fahrer mit dem eigenen LKW auf einer Fahrt zum Kunden abholen. Gehören die (anteiligen) Transportkosten zu den Anschaffungskosten?

Lösung:
Die anteiligen Fuhrparkkosten stellen Materialgemeinkosten dar, da sie nicht nur von der Rohstoffabholung, sondern auch durch die Lieferung an einen Kunden gemeinsam verursacht wurden, und daher dem Rohstoff nicht direkt und einzeln zurechenbar sind. Sie sind demnach keine Anschaffungsnebenkosten. Dies gilt im vorliegenden Falle auch für den Lohn des Fahrers.

---

[1] Vgl. BFH-Urteile vom 14.6.2016 - IX R 25/14, IX R 22/15 und IX R 15/15.

Variante:
Würde der eigene LKW zur Abholung des Rohstoffs eine eigene Tour fahren und nichts anderes transportieren, so wären die darauf entfallenden Benzinkosten Anschaffungsnebenkosten, gegebenenfalls auch die anteilige Leistungsabschreibung. Ebenso wird der zeitanteilige Lohn des Fahrers üblicherweise als Einzelkosten angesehen und gehört daher zu den Anschaffungskosten.

Beispielaufgabe:
Die LowTech GmbH erwirbt eine Drehmaschine zum Anschaffungspreis von 10.000 EUR zzgl. USt. Die Maschine wird von einem Spediteur und Frachtführer in einem Spezialfahrzeug eigens vom Hersteller zur GmbH transportiert (von der GmbH zu tragende Kosten: 1.500 EUR zzgl. USt). Die Firma Bau-Hart errichtet das für die Drehmaschine nötige Fundament (Kosten: 2.800 EUR zzgl. USt), die Firma Elektro-Pfeil besorgt den Anschluss an das Stromnetz (Rechnungsbetrag: 900 EUR zzgl. USt).

Lösung:
Zum Anschaffungspreis kommen noch die Anschaffungsnebenkosten hinzu, allerdings nur die Einzelkosten. Da hier alle Kosten von der Drehmaschine veranlasst sind und ihr somit einzeln zurechenbar sind und die LowTech GmbH gemäß § 15 Abs. 1 UStG zum Abzug sämtlicher Vorsteuern berechtigt ist, betragen die Anschaffungskosten in diesem Falle:

Anschaffungspreis	10.000 EUR
Frachtkosten	+ 1.500 EUR
Fundamentierung	+ 2.800 EUR
elektrischer Anschluss	+ 900 EUR
Anschaffungskosten	= 15.200 EUR

Beispielaufgabe:
Wie vorige Beispielaufgabe, nur wird das Fundament jetzt von den eigenen Mitarbeitern der LowTech GmbH gebaut. Anhand von Lohnscheinen lässt sich ermitteln, welche Mitarbeiter wie lange an dem Fundament gearbeitet haben. Insgesamt wurden Bruttolöhne in Höhe von 800 EUR erfasst. Der Arbeitgeberanteil zur Sozialversicherung betrage allgemein 9 % der Bruttolöhne. Für die Kosten der Personalverwaltung wurde in der Kostenrechnung ein Zuschlagssatz von 25 % auf die Bruttolöhne ermittelt.

Lösung:
Bei den auf Lohnscheinen erfassten anteiligen Bruttolöhnen und dem darauf entfallenden Arbeitgeberbeitrag zur Sozialversicherung handelt es sich nach üblicher Ansicht um von der Drehmaschine verursachte und daher direkt zurechenbare Kosten, die Anschaffungsnebenkosten darstellen. Die anteiligen Verwaltungsgemeinkosten sind von der Fundamentierung der Drehmaschine nicht verursacht und daher nicht eindeutig und direkt zurechenbar. In der Kostenrechnung wird im Vollkostensystem dennoch eine Verrechnung der Verwaltungsgemeinkosten mit Hilfe von Schlüsseln vorgenommen, deren Einbeziehung in die Anschaffungsnebenkosten durch § 255 Abs. 1 HGB jedoch ausgeschlossen wird.

Anschaffungspreis	10.000 EUR
Frachtkosten	+ 1.500 EUR
Fundamentierung	+ 872 EUR
elektrischer Anschluss	+ 900 EUR
Anschaffungskosten	= 13.272 EUR

Vertritt man hierzu die Meinung, es handele sich bei der Errichtung des Fundaments um Herstellungskosten, so dürften gemäß § 255 Abs. 2 HGB anteilige Verwaltungsgemeinkosten einbezogen werden. Ein Vorliegen von Anschaffungs- und Herstellungskosten nebeneinander wäre m.E. nur möglich, wenn es sich um zwei unterschiedliche Vermögensgegenstände handelte. Andernfalls hat immer einer der beiden Bewertungsmaßstäbe Vorrang und die zugehörigen Bewertungsvorschriften haben die Priorität. Da das Fundament hier mit der Maschine eine Funktionseinheit bildet, handelt es sich um Anschaffungsnebenkosten der Maschine.

Die Anschaffungskosten von Vermögensgegenständen (z.B. ein Grundstück), die gegen Zahlung einer Leibrente erworben wurden, entsprechen dem *Barwert der Rentenverpflichtung* sowohl handels- als auch steuerrechtlich (§ 253 Abs. 2 S. 3 u. 4 HGB; R 6.2 EStR, H 6.2 „Rentenverpflichtung" EStH).

> **Aufgabe 3: Anschaffungskosten**
> **Aufgabe 4: Anschaffungskosten**

(2) Sonderprobleme

(a) Kaufpreis in fremder Währung

Ist der Kaufpreis in fremder Währung zu entrichten, da der Vermögensgegenstand im Ausland beschafft wurde, entsprechen die Anschaffungskosten demjenigen Euro-Betrag, der im Zeitpunkt der Erlangung der Verfügungsmacht (Übergang von Besitz, Nutzungen und Lasten) hingegeben werden musste, um den erforderlichen Fremdwährungsbetrag zu begleichen. Die Umrechnung erfolgt also mit dem an diesem Tag gültigen *Geldkurs*[1] (= Devisenverkaufskurs aus Sicht der Bank). Es ist allerdings auch zulässig, die Umrechnung zum *Mittelkurs* (aus Geld- und Briefkurs) durchzuführen. Aus dem neuen § 256a HGB, der allerdings nur die *Folgebewertung bei monetären Posten*[2] in Fremdwährung ausdrücklich regelt, könnte geschlossen werden, dass auch bei der Zugangsbewertung (= Einbuchung bei Anschaffung) – aus Vereinfachungsgründen – eine Umrechnung mit dem Devisenkassakurs zu erfolgen hat. Eine spätere Veränderung des Wechselkurses hat bei *nicht-monetären Posten* keinen Einfluss mehr auf die Höhe der Anschaffungskosten (H 6.2 „Ausländische Währung" EStH).[3] Der Währungskurs an einem davon abweichenden tatsächlichen Zahlungszeitpunkt (z.B. innerhalb der Skontofrist oder aufgrund eines Zahlungsziels) spielt für die Bemessung der Anschaffungskosten keine Rolle. Güter- und Geldgeschäfte werden strikt getrennt, gegebenenfalls entstehen dann aus dem Geldgeschäft Währungskursgewinne oder -verluste[4].

---

[1] Seit der Euro-Einführung (1.1.1999) haben sich die Begriffe umgekehrt, da die Wechselkursangabe nun in der sog. Mengennotierung mit dem Euro als Basiseinheit erfolgt, also z.B. 1 EUR = 0,95 USD (Geld) und 1 EUR = 0,97 USD (Brief). Der Briefkurs ist nun der Angebotskurs der Bank für Euro und nicht mehr der Angebotskurs für US-Dollar. Dagegen ist der Geldkurs nun der Nachfragekurs nach Euro aus Sicht der Bank. Bezogen auf die ausländische Währung ist somit der reziproke Euro-Geldkurs der Devisenverkaufskurs der Bank und damit der für Käufe in Fremdwährung relevante Kurs (hier: 1 USD = 1,0526 EUR). Wirtschaftlich hat sich nichts geändert, da die Bank nach wie vor mehr Euro für 1 US-Dollar verlangt, als sie dafür zahlt.
[2] Dazu gehören Sortenbestände, Forderungen, Verbindlichkeiten, Anzahlungen und Rechnungsabgrenzungsposten.
[3] Etwas anderes gilt nur für Wertpapiere, die (nur) an ausländischen Börsen gehandelt werden und bei Vorräten, wenn die Wiederbeschaffungskosten im Rahmen des Niederstwertprinzips aus einem ausländischen Markt abzuleiten sind.
[4] Eine ganz andere Bewertung ergibt sich bei Zahlung mit bereits vorhandenen Devisenbeständen, s. Langenbucher/Blaum, in: Küting/Weber, Teil „Grundlagen der Bilanzierung", Kapitel 6, Tz. 535.

Beispielaufgabe:
Die LowTech erwirbt eine neue Zwirndrehmaschine in den USA. Der Kaufpreis ist in Dollar zu bezahlen und beträgt 1.000 USD.
Zum Zeitpunkt der Lieferung der Maschine (Übergang der Verfügungsmacht) betrug der Devisenkurs, zu dem die Bank Euros ankaufte, 1,25 USD (= Geldkurs) und der Kurs, zu dem die Bank Euro verkaufte, 1,3333 USD (= Briefkurs) pro 1 Euro. Zum Bilanzstichtag am 31.12.01 liegen die beiden Eurokurse bei 1,3333 USD (Geld) und 1,4284 USD (Brief).
a) Mit welchem Wert ist die Maschine bei Lieferung bzw. Inbetriebnahme einzubuchen?
b) Mit welchem Wert ist die Maschine zum Bilanzstichtag anzusetzen (ohne Berücksichtigung planmäßiger Abschreibungen)?

Lösung:
Zu bilanzieren ist gemäß § 244 HGB in Euro. Maßgebend ist der Geldkurs am Tage der Lieferung, also 1,25 USD = 1 EUR bzw. 0,8 EUR = 1 USD. Der Kurs am Bilanzstichtag spielt für die Höhe der Anschaffungskosten keine Rolle, da der Anschaffungsvorgang bereits abgeschlossen ist. Auch droht durch Wechselkursänderungen kein Verlust, der aufgrund des Imparitätsprinzips vorwegzunehmen wäre. Der Wertansatz der Maschine beträgt daher bei erstmaliger Einbuchung bei Lieferung und auch am Bilanzstichtag (ohne Berücksichtigung planmäßiger Abschreibungen) 1.000 USD * 0,8 EUR/1 USD = 800 EUR.
Wird § 256a HGB auch als verpflichtend für die Zugangsbewertung angesehen, so ist der Kaufpreis der Maschine mit dem Devisenmittelkurs umzurechnen: 1.000 USD /1,2917 = 774,17 EUR.

Wurde der Vermögensgegenstand durch Aufnahme einer mittel- oder langfristigen *Fremdwährungsverbindlichkeit* finanziert, so ist jedoch an jedem Bilanzstichtag der Kreditlaufzeit zu prüfen, ob aufgrund einer voraussichtlich dauernden Wechselkursänderung der in Euro ausgedrückte Tilgungsbetrag gestiegen ist. Dies ist bei einer nachhaltigen Euro-Abwertung gegenüber der betreffenden Fremdwährung der Fall. Aufgrund des Imparitätsprinzips muss die Verbindlichkeit handelsrechtlich in diesem Falle mit dem höheren Wert angesetzt werden (*Höchstwertprinzip*). Das *steuerrechtliche* Aufwertungswahlrecht kann unter bestimmten Voraussetzungen unabhängig von der Handelsbilanz ausgeübt werden (§ 5 Abs. 1 S. 1 2. Halbs. u. S. 2 EStG). Bei kurzfristigen Fremdwährungsverbindlichkeiten ist keine Zuschreibung auf einen gestiegenen Teilwert zulässig, da die üblichen Wechselkursschwankungen auf den Devisenmärkten keine dauerhafte Werterhöhung begründen.[1] Bei langfristigen Valutaverbindlichkeiten müssen besondere Gründe (z.B. gesunkene Wettbewerbsfähigkeit der EU) vorliegen, die für eine Dauerhaftigkeit bzw. Nachhaltigkeit der Euro-Abwertung bis zum Tilgungszeitpunkt sprechen.

Gemäß § 256a HGB sind bei Verbindlichkeiten mit einer Restlaufzeit bis zu 1 Jahr am Bilanzstichtag auch mit einem niedrigeren Wert anzusetzen, der sich aus der Umrechnung mit dem jeweiligen Devisenmittelkurs ergibt. Da hieraus eine Ertragsbuchung resultiert, werden Realisations- und Anschaffungswertprinzip durch diese Regelung verletzt.

Aufgabe 5: Anschaffungskosten bei Kauf in Fremdwährung

---

[1] Vgl. BMF-Schreiben vom 2.9.2016, BStBl 2016 I S. 995, Rn. 33 und BFH vom 8.6.2011 – I R 98/10. Vgl. auch § 6 Abs. 1 Nr. 3 S. 1 i.V.m.Nr.2 S. 2 EStG; § 252 Abs. 1 Nr. 4 HGB und H 6.10 „Fremdwährungsverbindlichkeiten" EStH.

Grundlagen der Bilanzierung und Bewertung

(b) Unentgeltlicher Erwerb

Unentgeltlich erworbene *immaterielle* Vermögensgegenstände bzw. Wirtschaftsgüter des Anlagevermögens dürfen weder in der Handelsbilanz noch in der Steuerbilanz aktiviert werden (§ 248 Abs. 2 HGB; § 5 Abs. 2 EStG).

Handelsrechtlich besteht bei unentgeltlich erworbenen *materiellen* Vermögensgegenständen nach herrschender Meinung ein Aktivierungswahlrecht. Im Falle der Aktivierung sind die Anschaffungskosten anhand von Marktwerten unter Beachtung des Vorsichtsprinzips zu schätzen. Maximal sei der übliche Anschaffungswert (Zeitwert) für einen entsprechenden Gegenstand anzusetzen (vgl. WP-HdB 2000, Bd. I, Teil E, Tz. 249). Gegenargumente zu dieser Behandlung sind, dass es aufgrund fehlender Gegenleistung keine Anschaffungskosten gibt und daher keine Aktivierung erfolgen kann. Außerdem sei ein Anschaffungsvorgang immer erfolgsneutral, was in diesem Falle nur durch Nichtaktivierung zu erreichen sei.

M.E. verlangt der Grundsatz der Vollständigkeit nicht nur ein Aktivierungswahlrecht, sondern sogar eine Aktivierungspflicht.

BS: Aktives Bestandskonto an außerordentliche Erträge.

Steuerrechtlich besteht gemäß § 6 Abs. 4 EStG ein Aktivierungsgebot. Als Anschaffungskosten gilt der „gemeine Wert", also der allgemeine Marktpreis, der für das Wirtschaftsgut im Zeitpunkt des Erwerbs (bei entgeltlichem Erwerb) hätte aufgewendet werden müssen.

Bei unentgeltlichem Erwerb eines Betriebes, eines Teilbetriebes oder eines Gesellschaftsanteils an einer Personengesellschaft (Mitunternehmerschaft) gelten die Buchwerte des bisherigen Betriebsinhabers als Anschaffungskosten ("Buchwertfortführung"; § 6 Abs. 3 Satz 3 EStG).

(c) Tauschgeschäfte nach HGB, EStG und IFRS

Ein Sonderproblem ist die Ermittlung der Anschaffungskosten bei einem Tauschgeschäft. Es kommt in der Praxis nicht häufig vor, dass Vermögensgegenstände zwischen verschiedenen Unternehmen getauscht werden, um beispielsweise die Effizienz des Maschineneinsatzes zu erhöhen. Bei Wertpapieren, insbesondere Aktien, ist ein Tausch im Zusammenhang mit Akquisitionen, Verschmelzungen und Eingliederungen dagegen häufiger.

Anschaffungskosten entsprechen dem Verlust an Bargeld oder Bankguthaben bei der Bezahlung eines erworbenen Gegenstands. Ganz allgemein stellen sie also eine Vermögenseinbuße dar. Im Falle des Tausches entsprechen die Anschaffungskosten des eingetauschten (empfangenen) Gutes demnach dem Wert des eigenen Vermögensverlustes, also dem Wert des hingegebenen Gutes.

Handelsrecht: Nach herrschender Meinung besteht für die Bestimmung der Anschaffungskosten des eingetauschten (empfangenen) Vermögensgegenstands aus der Sicht der LowTech ein Wahlrecht zwischen folgenden Werten:
1. Buchwert des hingegebenen Vermögensgegenstands,
2. Zeitwert des hingegebenen Vermögensgegenstands (Obergrenze: Zeitwert des empfangenen Vermögensgegenstands,
3. Ergebnisneutraler Wert.

Falls jedoch der Tausch in erster Linie durch bilanzpolitische Gesichtspunkte (insbesondere zur Erreichung einer Gewinnverbesserung) bestimmt ist, muss die Buchwertfortführung angewandt werden (vgl. ADS § 255 Tz. 89-94). Diese Einschränkung des Wahlrechts ist jedoch in der Praxis durch entsprechende Begründungen leicht zu konterkarieren.

Versteht man Anschaffungskosten als effektive Vermögenseinbuße zur Bezahlung eines Vermögensgegenstandes, so kann nur der Ansatz des Zeitwerts der hingegebenen Maschine richtig sein. Dies macht schon die fiktive Aufspaltung des Tauschvorgangs in zwei Schritte deutlich: 1) Veräußerung der eigenen Maschine gegen Bargeld (zum Zeitwert) und 2) Kauf der Maschine des Unternehmens B gegen Hingabe des erzielten Geldbetrags. Die ergebnisneutrale Behandlung ist zwar auch begründbar, jedoch mit einem m.E. weniger wichtigen Aspekt der Anschaffungskosten.

Steuerrecht: Die Anschaffungskosten entsprechen dem *„gemeinen Wert"* (= allgemeiner Marktwert) des hingegebenen Wirtschaftsguts, d.h. es ist nur die Gewinnrealisierung zulässig (§ 6 Abs. 6 Satz 1 EStG). Mit dieser eindeutigen gesetzlichen Regelung ist das sog. Tauschgutachten[1], nach dem im Ausnahmefall auch steuerrechtlich eine Buchwertfortführung zulässig war, falls die getauschten Wirtschaftsgüter wert-, art- und funktionsgleich waren (insbesondere bei Aktien), nicht mehr anwendbar.

Beispiel:
Die LowTech GmbH hat sich mit der HighBlech GmbH auf den Tausch einer großen Blechbiegemaschine geeinigt, um die Verwendungsmöglichkeiten der beiden Maschinen durch exaktere Anpassung an den spezifischen Produktionsprozess besser ausnutzen zu können.

	Maschine der LowTech GmbH	*Maschine der HighBlech GmbH*
Buchwert am Tag des Tausches	18.000 EUR	16.000 EUR
Zeitwert am Tag des Tausches	22.000 EUR	22.000 EUR

Handelsrecht: Nach h.M. besteht für die Bestimmung der Anschaffungskosten der eingetauschten (empfangenen) Maschine aus der Sicht der LowTech ein Wahlrecht zwischen folgenden Werten:

1. *Buchwertfortführung:* Der Buchwert der hingegebenen Maschine entspricht den Anschaffungskosten der empfangenen Maschine. Dennoch sind Zugangs- und Abgangsbuchungen nötig sowie deren Ausweis im Anlagenspiegel.

    BS: Maschine neu   18.000 EUR
          an Maschine alt   18.000 EUR.

2. *Gewinnrealisierung:* Der Zeitwert der hingegebenen Maschine wird als Anschaffungskosten der eingetauschten (empfangenen) Maschine angesehen. Wertobergrenze ist allerdings der Zeitwert der empfangenen Maschine (Niederstwerttest).

    BS: Maschine neu   22.000 EUR
          an Maschine alt   18.000 EUR
          an sonstige betriebliche Erträge   4.000 EUR.

---

[1] BFH-Urteil vom 16.12.1958, BStBl. 1959 III S. 30, und BMF-Schreiben vom 9.2.1998, DB 1998, S. 394.

Grundlagen der Bilanzierung und Bewertung

3. *Ergebnisneutrale Behandlung:* Die Anschaffungskosten der empfangenen Maschine entsprechen dem Buchwert der hingegebenen Maschine plus der zusätzlichen Ertragsteuer-belastung auf die steuerlich vorgeschriebene Gewinnrealisierung i.H.v. 4.000 EUR (s. unten "Steuerrecht"). Damit soll insgesamt eine Erfolgsneutralität wie bei normalen Anschaffungsvorgängen erreicht werden. Im Beispiel wird ein Ertragsteuersatz von 40 % unterstellt.

<u>BS:</u> Maschine neu   19.600 EUR
         an Maschine alt   18.000 EUR
         an sonstige betriebliche Erträge   1.600 EUR.

Steuerrecht: Nur die Gewinnrealisierung ist zulässig, es müssen also alle stillen Reserven der hingegeben Maschine aufgelöst und versteuert werden.

<u>BS:</u> Maschine neu   22.000 EUR
         an Maschine alt   18.000 EUR
         an sonstige betriebliche Erträge   4.000 EUR.

IFRS-Regelwerk: Beim **Tausch von Sachanlagen**, ist gemäß IAS 16.24-26 als erstes zu prüfen, ob das Tauschgeschäft wirtschaftliche Substanz hat. Sollte dies nicht der Fall sein, also der Tausch nur aus „kosmetischen" Gründen erfolgt sein, dann bemessen sich die Anschaffungskosten des empfangenen Vermögenswerts nach dem Buchwert des hingegebenen Vermögenswerts, d.h. auch in der Bilanz ändert sich wertmäßig nichts.

Sollte das Tauschgeschäft doch *„wirtschaftliche Substanz"* haben, dann soll sich dies auch in der Bilanz widerspiegeln, und es ist – der Logik entsprechend – der beizulegende Zeitwert („Fair Value") des hingegebenen Vermögenswerts als Anschaffungskosten des empfangenen Vermögenswerts zu verwenden. Sollte der beizulegende Zeitwert des empfangenen Vermögenswerts aber besser schätzbar sein, ist dieser als Anschaffungskosten heranzuziehen. Sollten beide nicht verlässlich schätzbar sein, so ist zum „Kosmetikfall" zurückzukehren und der Buchwert des hingegebenen Vermögenswerts anzusetzen.

Bleibt nur noch zu klären, wann ein Tauschgeschäft „wirtschaftliche Substanz" hat. Dies ist dann der Fall, wenn sich durch den Tausch eine wesentliche Änderung der „Spezifikationen (Risiko, Timing und Betrag) des Cash Flows" oder des „unternehmensspezifischen Werts des betreffenden Teils der Geschäftstätigkeiten" ergibt. Theoretisch einleuchtend, aber in der Praxis ist der Ermessensspielraum immens. Schließlich wird noch die wahrscheinlichkeitstheoretisch fundierte Regel für das Vorliegen einer verlässlichen Schätzung des beizulegenden Zeitwerts angegeben. Fazit: Es handelt sich um theoretisch-statistisch sehr überzeugendes Konzept, das dem Anwender in der Praxis – noch weitergehend als im „einfach gestrickten" deutschen Handelsrecht – angenehmerweise alle Bewertungsmöglichkeiten offen lässt.

Beim **Tausch immaterieller Vermögenswerte** gelten dieselben Grundsätze (IAS 38.45-47).

Aufgabe 6: Anschaffungskosten bei Tausch

(d) Zuschüsse

Hier sollen nur echte verlorene Investitionszuschüsse (Kapitalzuschüsse) behandelt werden, da diese allein Auswirkungen auf die Anschaffungskosten haben können.

Definition:

> *Echte verlorene Investitionszuschüsse* sind einmalige oder wiederkehrende Zahlungen ohne Rückzahlungsverpflichtung und ohne unmittelbaren Zusammenhang mit einer Leistung des Zuschussempfängers. Sie werden als Anreiz und als Finanzierungshilfe für bestimmte Investitionen geleistet.

Im Gegensatz zu Investitionszuschüssen werden Ertragszuschüsse zur Verbesserung der Ertragslage eines Unternehmens gewährt. Unechte Zuschüsse sind solche, die mit einer Gegenleistung verbunden sind. Beispielsweise stehen Zuschüssen eines Mieters an den Vermieter meist als Gegenleistung die Renovierung und weitere Überlassung seiner Mietwohnung ohne Mieterhöhung gegenüber, so dass es sich bei diesem Zuschuss um eine als Einmalbetrag im voraus bezahlte Miete handelt, die vom Vermieter über einen passiven Rechnungsabgrenzungsposten zu verteilen ist, sofern ein bestimmter Zeitraum für den Mieterhöhungsverzicht vereinbart wurde. Nicht verlorene Zuschüsse sind mit einer Rückzahlungsverpflichtung verbunden.

Investitionszulagen in unterschiedlicher Höhe (7,5% bis 27,5%) auf die Anschaffungskosten werden in den neuen Bundesländern einschließlich Berlin nach dem Investitions-zulagengesetz 2007 für betriebliche Mobilien- und Immobilien-Investitionen gewährt. Investitionszulagen mindern nicht die steuerlichen Anschaffungs- und Herstellungskosten. Sie sind steuerfrei (H 2 „Keine Einnahmen oder Einkünfte" EStH) und werden üblicherweise zunächst (auch handelsrechtlich) als sonstige betriebliche Erträge gebucht, um außerhalb der Steuerbilanz in der Steuererklärung wieder abgezogen und somit steuerfrei gestellt zu werden (H 6.5 „Investitionszulagen sind keine Zuschüsse" EStH; § 12 InvZulG 2007).

Die hier zu behandelnden *Investitionszuschüsse* können von staatlicher (z.B. Werftenhilfen, Regionalprogramme) oder von privater Seite (z.B. Zuschüsse für die Errichtung eines Gleisanschlusses durch einen Lieferanten) gewährt werden. Richtlinie 6.5 EStR regelt die steuerliche Behandlung von echten verlorenen Investitionszuschüssen:

Wahlrecht	
sofortige erfolgswirksame Vereinnahmung (R 6.5 Abs 2 Satz 2 EStR)	1. *"erfolgsneutrale"* Behandlung, d.h. Absetzung von den Anschaffungs-/Herstellungskosten (R 6.5 Abs. 2 Satz 3 EStR) 2. Bildung einer *"steuerfreien" Zuschussrücklage*, die im Folgejahr "erfolgsneutral" von den Anschaffungs- / Herstellungskosten abgesetzt wird (R 6.5 Abs. 4 EStR)
Folge: sofortige Versteuerung des Zuschusses	Folge: Versteuerung des Zuschusses über die Nutzungsdauer verteilt (aufgrund geringerer Abschreibungsbeträge)

Die Möglichkeit der *sofortigen erfolgswirksamen Vereinnahmung* führt zur sofortigen Versteuerung des Zuschusses, sodass sich die Frage stellt, wann diese Alternative zweckmäßigerweise gewählt werden sollte. Seitdem die Verlustvortragsmöglichkeiten zeitlich unbegrenzt sind, bleiben nur die beiden Fälle übrig, dass eine deutliche Steuersatzerhöhung erwartet wird oder Einzelunternehmer bzw. Gesellschafter einer Personengesellschaft befürchten, dass sie künftig aufgrund höherer Einkünfte einem höheren (progressiven) Einkommensteuersatz unterliegen.

BS: Bank an sonstige betriebliche Erträge.

Grundlagen der Bilanzierung und Bewertung 147

Die *"erfolgsneutrale" Behandlung* ist demzufolge die übliche und soll hier für zwei verschiedene Fälle vorgestellt werden. Zu anderen Fällen siehe Kapitel B.IX.4. ("Zuschussrücklage").

Beispiel:
Zur Anschaffung einer Maschine mit Anschaffungskosten i.H.v. 3.000 EUR wird ein staatlicher Zuschuss von 1.000 EUR gewährt. Die Maschine wird jeweils im Januar angeschafft, hat eine Nutzungsdauer von 10 Jahren und soll linear abgeschrieben werden. Die Umsatzsteuer wird wie immer vernachlässigt.

Fall 1: "Maschine heute, Zuschuss heute"
Die Maschine wird also in demselben Jahr angeschafft, in dem der Zuschuss gezahlt wird.

BS:	Maschinen	3.000 EUR	
	an Bank		3.000 EUR.
BS:	Bank	1.000 EUR	
	an Maschinen		1.000 EUR.
BS:	AfA auf Sachanlagen	200 EUR	
	an Maschinen		200 EUR.

Der Zuschussbetrag kann direkt von den Anschaffungskosten der Maschine abgesetzt werden (R 6.5 Abs. 2 Satz 3 EStR). Da die Behandlung des Zuschusses als Minderung der Anschaffungskosten der Maschine eine handelsrechtliche kaufmännische Gepflogenheit (GoB) ist, auch wenn es keine Kodifizierung im HGB gibt, gilt in diesem Falle das Maßgeblichkeitsprinzip (§ 5 Abs. 1 S. 1 EStG), sodass das Wahlrecht in der Handelsbilanz für die Steuerbilanz mit ausgeübt wird und sich eine Identität zwischen Handels- und Steuerbilanz ergibt (R 6.5 Abs. 2 Satz 4 EStR).

Die planmäßige Abschreibung bemisst sich nach den um den Zuschussbetrag geminderten Anschaffungskosten (R 7.3 Abs. 4 Satz 1 EStR). Der Abschreibungsbetrag ist daher in jedem Jahr der Nutzungsdauer um 100 EUR niedriger, der steuerpflichtige Gewinn um 100 EUR höher (*10 Jahre Nutzungsdauer = Zuschussbetrag = 1.000 EUR), als bei sofortiger erfolgswirksamer Vereinnahmung und sofortiger Versteuerung des Zuschusses. Bei der sog. "erfolgsneutralen" Behandlung entfällt die Versteuerung des Zuschusses also nicht, sie wird nur über die Nutzungsdauer des bezuschussten Vermögensgegenstands verteilt.

Fall 2: "Maschine heute, Zuschuss morgen"
Die Maschine wird im Januar 01 angeschafft, der Zuschuss erst im Folgejahr 02 gezahlt. Es handelt sich also um eine nachträgliche Minderung der Anschaffungskosten (R 6.5 Abs. 3 EStR). Die nachfolgende AfA der Maschine bemisst sich nach dem um den Zuschussbetrag geminderten Restbuchwert der Maschine (R 7.3 Abs. 4 Satz 2 EStR). Bei Gebäuden stellen dagegen die um den Zuschussbetrag geminderten Anschaffungskosten die Abschreibungsbasis dar.

Buchungssätze im Jahr 01:

BS:	Maschinen	3.000 EUR	
	Vorsteuer	570 EUR	
	an Bank		3.570 EUR.
BS:	AfA auf Sachanlagen	300 EUR	
	an Maschinen		300 EUR.

Buchungssätze im Jahr 02:

BS:	Bank	1.000 EUR	
	an Maschinen		1.000 EUR.

BS: AfA auf Sachanlagen 188 EUR
an Maschinen 188 EUR.

Nach Abzug des Zuschussbetrages vom Restbuchwert am 31.12.01 (= 2.700 EUR) bleibt ein Restwert von 1.700 EUR, der auf die Restnutzungsdauer von 9 Jahren gleichmäßig verteilt wird.

Handelsrecht: In der Stellungnahme 1/1984 (WPg 1984, S. 612; 1990 neu gefasst) empfiehlt der HFA des IdW die Verteilung der Erfolgswirksamkeit von Investitionszuschüssen über die Nutzungsdauer des Vermögensgegenstands, für den sie gewährt werden. Eine sofortige erfolgswirksame Vereinnahmung würde die Periodenergebnisse verzerren. Technisch solle keine Absetzung des Zuschussbetrags von den Anschaffungskosten vorgenommen, sondern dessen Einstellung in einen gesonderten Passivposten mit der Bezeichnung "Sonderposten für Investitionszuschüsse zum Anlagevermögen" vorgezogen werden (siehe Kapitel B.VII.6.).

Aufgabe 7: Anschaffungskosten bei Zuschüssen

(e) Nominalkapitalerhaltung und Substanzerhaltung

Die nominelle Kapitalerhaltung und die Substanzerhaltung sind zwei der möglichen Konkretisierungen des allgemeinen Unternehmensziels "langfristige Sicherung des Unternehmens".

Bei der **nominellen Kapitalerhaltung** soll das investierte Geldkapital erhalten bleiben. Die Leistungsfähigkeit eines Betriebes gilt als gewahrt, wenn das nominelle Geldkapital ziffernmäßig von Periode zu Periode gleichbleibt. Jegliche Erhöhung des Geldkapitals wird als Gewinn deklariert und ist demzufolge ausschüttbar. Es gilt der Grundsatz "Mark gleich Mark" bzw. „Euro gleich Euro". Geldwertschwankungen in der Volkswirtschaft und daraus resultierende Änderungen der Wiederbeschaffungskosten werden nicht berücksichtigt. Aus diesem Grunde ist die „nominelle Kapitalerhaltung" nur in Zeiten stabiler wirtschaftlicher Verhältnisse eine geeignete Zielsetzung, wenn langfristig die Erhaltung der Leistungsfähigkeit des Unternehmens erreicht werden soll.

In Handels- und Steuerrecht gilt grundsätzlich das Prinzip der nominellen Kapitalerhaltung, auch in Zeiten, in denen infolge von extremen Preissteigerungen die Leistungsfähigkeit des Betriebes durch den Einsatz der gleichen investierten Geldsumme nicht aufrechterhalten werden kann.

Bei der **Substanzerhaltung** geht es hingegen um die gütermäßige Kapitalerhaltung. Maßstab für die Unternehmenserhaltung ist nach dieser Konzeption nicht eine bestimmte Geldsumme, sondern es sind die hinter den Geldbeträgen stehenden Gütermengen. Ob ein Periodengewinn erzielt worden ist, bestimmt sich nicht danach, ob das Geldkapital innerhalb der Periode gestiegen ist, sondern ob der mengenmäßige Bestand der Vermögensgegenstände am Ende der Periode denjenigen zu Beginn der Periode übersteigt. Die Substanzerhaltung ist m.a.W. dann erreicht, wenn die Umsatzerlöse größer sind als die Wiederbeschaffungskosten aller im Leistungsprozess der abgelaufenen Periode verbrauchten und in den abgesetzten Erzeugnissen enthaltenen Produktionsfaktoren. Dementsprechend muss die Bewertung der am Periodenende vorhandenen Vermögensgegenstände in der Bilanz zu Wiederbeschaffungspreisen erfolgen. Die von Fritz Schmidt entwickelte Theorie der organischen Tageswertbilanz ist am Ziel der Substanzerhaltung ausgerichtet (vgl. Kapitel Bilanztheorien).

Grundlagen der Bilanzierung und Bewertung

1. Beispiel Warenhandel:

Die LowTech GmbH kauft Waren ein und veräußert diese wieder. Die Anschaffungskosten betragen insgesamt 100.000 EUR, die Wiederbeschaffungskosten am Bilanzstichtag 120.000 EUR und der Verkaufspreis 150.000 EUR. Es wird angenommen, dass der erste Wareneinkauf durch Eigenkapitaleinlagen finanziert wird. Im Fall a) soll dieser Eigenkapitalbetrag von 100.000 EUR nominell, im Fall b) die Mengen der damit eingekauften Waren gütermäßig auf Dauer im Unternehmen erhalten bleiben bzw. jeweils ersetzt werden.

Fall a) Nominelle Kapitalerhaltung (Anschaffungskostenprinzip; geltendes Recht)

Umsatzerlös	./. Wareneinsatz (zu Anschaffungskosten bewertet)	= Rohgewinn	
150.000 EUR	./. 100.000 EUR	= 50.000 EUR ↙ davon ↘	
	Der vom Erlös verbleibende Betrag von 100.000 EUR wurde als Aufwand deklariert und somit an das Unternehmen gebunden = **INNENFINANZIERUNG**	25.000 EUR Ertragsteuern	25.000 EUR Ausschüttung

Somit stehen für den neuen Wareneinkauf im Folgejahr nur noch 100.000 EUR zur Verfügung. Die gleiche Warenmenge kostet inzwischen aber aufgrund des gestiegenen Preises 120.000 EUR. Es ergibt sich somit ein Fehlbetrag von 20.000 EUR. Die gütermäßige Substanz des Unternehmens kann nicht erhalten bleiben, es wird ein aufgeblähter Gewinn ausgewiesen, der zur Hälfte versteuert und zur anderen Hälfte ausgeschüttet wird.

Fazit: wenn die Substanz des Unternehmens erhalten werden soll, dürfen nur 5.000 EUR ausgeschüttet werden und 20.000 EUR müssen den Gewinnrücklagen zugeführt werden.

Fall b) Substanzerhaltung (Wiederbeschaffungskostenprinzip)
(vgl. "Organische Tageswertbilanz" von Fritz Schmidt, Kapitel A.II.3)

Umsatzerlös	./. Wareneinsatz (zu Wiederbeschaffungskosten bewertet)	= Rohgewinn	
150.000 EUR	./. 120.000 EUR	= 30.000 EUR ↙ davon ↘	
	Der vom Erlös verbleibende Betrag von 120.000 EUR wurde als Aufwand deklariert und somit an das Unternehmen gebunden = **INNENFINANZIERUNG**	15.000 EUR Ertragsteuern	15.000 EUR Ausschüttung

Für den neuen Wareneinkauf im Folgejahr stehen mithin 120.000 EUR zur Verfügung, so dass zu den inzwischen gestiegenen Preisen dieselbe Warenmenge wie im Vorjahr eingekauft werden kann. Die Unternehmenssubstanz kann (in diesem Teilbereich) erhalten werden. Steueränderungen durch die geänderte Ausschüttungshöhe werden dabei vereinfachend außer Acht gelassen.

Vergleich der Fälle a) und b):

a) Rohgewinn	50.000 EUR
- b) Rohgewinn	- 30.000 EUR
= Scheingewinn (Preissteigerungsgewinn)	= 20.000 EUR
	↙ davon ↘
	10.000 EUR ǀ 10.000 EUR
	Ertragsteuern ǀ Ausschüttung

Merke:

> Ein **Scheingewinn** entsteht dadurch, dass die Umsatzerlöse zu aktuellen höheren Preisen, der entsprechende Wareneinsatz (allgemein: der Aufwand) dagegen mit historischen niedrigeren Preisen bewertet ist.

2. Beispiel: Abschreibungen auf Sachanlagen

Anschaffungskosten einer Maschine = 100.000 EUR
Wiederbeschaffungskosten nach 5 Jahren = 120.000 EUR
Nutzungsdauer = 5 Jahre.

(in EUR) Jahr	a) Anschaffungskosten als Basis der Abschreibungen	b) Wiederbeschaffungskosten als Basis der Abschreibungen
1	20.000	24.000
2	20.000	24.000
3	20.000	24.000
4	20.000	24.000
5	20.000	24.000
Summe:	100.000	120.000
Fehlbetrag:	20.000	0

Der Fehlbetrag zeigt an, dass die Finanzierung der Ersatzinvestition aus Abschreibungsgegenwerten in Höhe dieses Betrags nicht gedeckt ist. Im Falle der Abschreibungen auf Basis der ursprünglichen Anschaffungskosten ist aufgrund gestiegener Wiederbeschaffungspreise eine Ersatzbeschaffung der Maschine allein aus Abschreibungsgegenwerten nicht möglich.

Die Finanzierung der Ersatzproduktionsanlage allein aus Abschreibungsgegenwerten ist ein theoretisches Modell, das nur unter einer Reihe von Annahmen Gültigkeit besitzt. Insbesondere muss die Finanzierung der gerade im Betrieb laufenden Produktionsanlage bereits erfolgt sein. Wird dann bei der Kalkulation der Verkaufspreise der auf der Anlage erstellten Erzeugnisse ein anteiliger Betrag für die Anlagenabschreibung berücksichtigt und lässt sich dieser kalkulierte Preis am Markt durchsetzen und können auch alle geplanten Mengeneinheiten produziert und abgesetzt werden, so fließen dem Unternehmen über die Umsatzerlöse bis zum Ende der Nutzungsdauer der Anlage genügend liquide Mittel zur Finanzierung der Ersatzanlage zu. Das Anschaffungskostenprinzip im Handels- und Steuerrecht, das zwingend eine Bemessung der Abschreibungen nach den Anschaffungskosten verlangt, führt in der Regel zu einem Finanzierungsfehlbetrag, weil der Beschaffungspreis der Ersatzanlage während der Nutzungsdauer gestiegen ist.

Zwar ist es in den Kostenrechnungssystemen der Praxis, die keiner gesetzlichen Reglementierung unterliegen, üblich, auf Basis geschätzter Wiederbeschaffungskosten abzuschreiben. Da die kostenrechnerischen (kalkulatorischen) Abschreibungen in die Kalkulation ein-bezogen werden, fließen über die Umsatzerlöse genügend hohe Mittel zur Finanzierung der Ersatzinvestition in das Unternehmen. Aufgrund des bilanziellen Nominalwertprinzips werden diese jedoch zum Teil als Gewinn deklariert und somit besteuert sowie zur Ausschüttung freigegeben.

Fazit: Im geltenden Handels- und Steuerrecht ist das auf dem Realisationsprinzip fußende Anschaffungskostenprinzip (§ 253 Abs. 1 HGB) verankert, wodurch lediglich eine nominale Kapitalerhaltung gewährleistet wird. Bei steigenden Wiederbeschaffungspreisen, kommt es daher zu einer Substanzverringerung im Unternehmen, wenn nicht Teile des erwirtschafteten Gewinns einbehalten werden oder die Fremdfinanzierung verstärkt wird.

Die Abschaffung des geltenden Anschaffungskostenprinzips zugunsten der Substanzerhaltung wird abgelehnt wegen:
- unübersehbarer Auswirkung auf die Steuereinnahmen, da das Tageswertprinzip wegen des Grundsatzes der Gleichmäßigkeit der Besteuerung auch auf andere Einkunftsarten ausgedehnt werden müsste,
- preistreibender Wirkung (umstritten),
- Ermittlungsschwierigkeiten bei den Wiederbeschaffungskosten.

In Zeiten stark steigender Preise gibt es i.d.R. partielle steuerliche Erleichterungen, um die Scheingewinnbesteuerung abzumildern, z.B. bis 1989 die Preissteigerungs-Rücklage. Die lifo-Bewertung der Vorräte ist seit 1990 auch steuerlich generell zulässig (§ 6 Abs. 1 Nr. 2a EStG; vgl. Kapitel B.V.2.d)(2).

(3) Anschaffungskosten nach IFRS

Die Anschaffungskosten bilden den Zugangswert erworbener Vermögenswerte. Der Bewertungsmaßstab Anschaffungskosten ist in IAS 2 für die Vorräte, in IAS 16 für Sachanlagen, in IAS 38 für immaterielle Vermögenswerte und in IAS 39 für Finanzinstrumente geregelt. Zu den Anschaffungskosten von *Vorräten* gehören *alle Kosten des Erwerbs* (Erwerbspreis, Einfuhrzölle, nicht erstattungsfähige Umsatzsteuer) sowie *sonstige Kosten*, „die angefallen sind, um die Vorräte an ihren derzeitigen Ort und in ihren derzeitigen Zustand zu versetzen" (IAS 2.10; IAS 16.16b). Die Anschaffungskosten für Sachanlagen oder für immaterielle Vermögenswerte umfassen *alle Kosten des Erwerbs* (Erwerbspreis, Einfuhrzölle, nicht erstattungsfähige Umsatzsteuer) (IAS 16.16a; IAS 38.27a) sowie alle *direkt zurechenbaren Kosten*, die nötig sind, um die Sachanlage an den vorgesehenen Standort zu bringen und in den vorgesehenen betriebsbereiten Zustand zu versetzen (IAS 16.16b; IAS 38.27b).

An-schaf-fungs-kosten	*Kosten des Erwerbs*	Erwerbspreis	IAS 2.10f.; 16.16a; 38.27a
		Einfuhrzölle, nicht erstattungsfähige Steuern	
		Transport- und Abwicklungskosten und sonstige dem Erwerb unmittelbar zurechenbare Kosten	
		abzüglich Erwerbspreisminderungen wie Skonti, Rabatte	
	direkt zurechen-bare Kosten,	um die Vermögenswerte an ihren vorgesehenen Ort und in ihren betriebsbereiten (derzeitigen) Zustand zu versetzen	IAS 2.10; 2.15; 16.16b; 38.27b
		z.B. innerbetrieblicher Transport, Montage, Einstellung in Lager- oder Verkaufsregale	

Das Kriterium der „unmittelbaren" oder „direkten" Zurechenbarkeit wird nach herrschender Meinung genauso verstanden wie die Voraussetzung in § 255 Abs. 1 HGB, wonach die Kosten „einzeln" zuordenbar sein müssen.[1]

1. Der *Erwerbspreis* ist der Betrag der hingegebenen Zahlungsmittel oder Zahlungsmitteläquivalente. Ist das erhaltene Zahlungsziel länger als branchenüblich und wurde somit ein Kreditgeschäft vereinbart, so ist als Anschaffungspreis der Erwerbspreis bei „normalem" Zahlungsziel heranzuziehen.
2. Erwerbspreisminderungen (Nachlässe), wie Rabatte, Skonti, Boni, verringern die Belastung des Erwerbers und sind daher bei der Ermittlung der Erwerbskosten abzuziehen.
3. Schließlich sind über die Kosten des Erwerbs hinaus auch alle *direkt zurechenbaren* bzw. *sonstigen Kosten* (IAS 16.16b; IAS 2.10) einzubeziehen, die notwendig sind, um die Gegenstände zu ihrem derzeitigen *innerbetrieblichen Standort* zu bringen und in den *betriebsbereiten bzw. derzeitigen* (gebrauchs-, verbrauchs- oder verkaufsbereiten) *Zustand zu versetzen.* Dazu gehören *Transport- und alle Abwicklungskosten*, die dazu dienen, den Vermögenswert in die eigene Verfügungsmacht zu verbringen (IAS 2.11). Neben den Kosten, die unmittelbar auf den Anschaffungsvorgang entfallen, gehören auch die Kosten der Standortvorbereitung (z.B. Fundamenterstellung), des innerbetrieblichen Transports, der Installation und Montage sowie die Kosten für Test- und Probeläufe[2] bis zur Betriebsbereitschaft (IAS 38.28). Dazu gehören jeweils die direkt zurechenbaren Löhne und Gehälter, Sozialabgaben, Betriebsstoffe, Abschreibungen sowie eventuelle Berater- und Maklerkosten.

Nicht zu den Anschaffungskosten gehören:

Nicht zu den Anschaffungskosten gehören:	Lagerkosten	IAS 2.16(b)
	Verwaltungsgemeinkosten, die nicht zu den oben genannten direkt zurechenbaren bzw. sonstigen Kosten gehören	IAS 2.16(c); IAS 16.19(d); IAS 38.29(c)
	Kosten für die Eröffnung und Ingangsetzung einer neuen Betriebsstätte (einschl. Schulungskosten)	IAS 16.19(a); IAS 38.29(b)
	Kosten der Einführung eines neuen Produkts/ Dienstleistung (einschl. Kosten für Werbung)	IAS 16.19(b); IAS 38.29(a)

Ein Verbot der Aktivierung betrifft die Lagerkosten, da spätestens mit Erreichen des Lagerstandorts der Anschaffungsvorgang etwa für Rohstoffe beendet ist. Die (Zwischen-) Lagerkosten zwischen den einzelnen Fertigungsstufen im Rahmen des Produktionsprozesses gehören zu den Herstellungskosten der unfertigen und fertigen Erzeugnisse (IAS 2.16b). Da sie dem erworbenen Vermögenswert nicht unmittelbar zugeordnet werden können, gehören *Verwaltungskosten* und andere Gemeinkosten, die nicht dazu beitragen, den Vermögenswert an

---

[1] Die h.M. sieht in diesem Punkt keine wesentlichen Unterschiede zwischen deutschem Handelsrecht und IFRS, vgl. z.B. Küting, K./Cassel, J.:Anschaffungs- und Herstellungskosten nach HGB und IFRS, StuB 2011, S. 285 f., sowie Beck-IFRS-HB/Riese § 8, Rz. 22, der sich auf Kümpel: Vorratsbewertung nach IAS 2, DStR 2005, S. 1153, bezieht und der Ansicht ist, dass in der Praxis mangels plausibler Schlüsselungen unter Beachtung des Wesentlichkeitsprinzips von einer Aktivierung sonstiger Gemeinkosten abgesehen werden kann. M.E. macht IAS 2.15 aber deutlich, dass – im Gegensatz zum deutschen Handelsrecht – auch Gemeinkosten in die Anschaffungskosten der Vorräte einbezogen werden können. So kann z.B. das Gehalt eines Mitarbeiters der Rechtsabteilung des Unternehmens, der beim Beschaffungsvorgang beratend mitgewirkt hat, zeitanteilig direkt den beschafften Vorräten zugerechnet werden und gehört daher zu den Anschaffungskosten der Vorräte. Hierbei ergibt sich allerdings ein Abgrenzungsproblem zu den allgemeinen Verwaltungsgemeinkosten.

[2] Gemeint sind Nettokosten nach Abzug eventueller Nettoerträge, die aus dem Verkauf der bei Testläufen gefertigten Muster erzielt werden können.

seinen derzeitigen Ort und in seinen derzeitigen Zustand zu versetzen, ebenfalls *nicht* zu den Anschaffungskosten (IAS 2.16c). Kosten, die nach der Herstellung der Betriebsbereitschaft anfallen, sind nicht im Rahmen der Anschaffungskosten zu aktivieren, es sei denn, es handelt sich um nachträgliche Anschaffungskosten.

Erhält das Unternehmen beim Erwerb eines Vermögenswerts (z.B. einer Maschine) einen staatlichen Investitionszuschuss, so mindert dieser die Belastung des Unternehmens durch die Anschaffung der Maschine und somit deren Anschaffungskosten. Der Standard für **Zuwendungen der öffentlichen Hand** enthält in IAS 20.24 ein **Wahlrecht**[1], solche Zuwendungen der öffentlichen Hand entweder von den Anschaffungskosten der Maschine abzuziehen oder einen passiven Abgrenzungsposten zu bilden, der über die Nutzungsdauer der Maschine Gewinn erhöhend aufgelöst wird. Die Gewinnauswirkungen sind identisch, da im ersten Fall die planmäßigen Abschreibungen auf Basis der um den Zuschuss geminderten Anschaffungskosten ermittelt werden. Der Informationsgehalt für den externen Bilanzleser ist im zweiten Fall größer.

- *Fremdkapitalkosten*

Nach herrschender Meinung entsprechen sich die Anschaffungskosten nach IFRS und die Anschaffungskosten nach § 255 Abs. 1 HGB, soweit es um die bis hierhin genannten Komponenten geht. Ein wichtiger Unterschied zum Anschaffungskostenbegriff nach deutschem Handelsrecht besteht aber in der Behandlung von *Fremdkapitalkosten*, die direkt dem Erwerb des Vermögenswerts zugeordnet werden können. Während nach deutschem Handelsrecht Anschaffungsgeschäft und Finanzierungsgeschäft strikt zu trennen und die Fremdkapitalzinsen als sofortiger Aufwand zu buchen sind, gehören diese gemäß IAS 23.8 zwingend zu den zu aktivierenden Anschaffungskosten, falls sie direkt der Anschaffung eines *„qualifizierten" Vermögenswerts („Qualifying Asset")* zugeordnet werden können und „wenn wahrscheinlich ist, dass dem Unternehmen hieraus künftiger wirtschaftlicher Nutzen erwächst und die Kosten verlässlich bewertet werden können" (IAS 23.9).

Solche *„qualifizierten Vermögenswerte"* sind Vermögenswerte, deren Versetzung in einen gebrauchsfähigen (oder verkaufsfähigen) Zustand einen „beträchtlichen" Zeitraum (m.E. 3 Monate oder länger) beansprucht (IAS 23.5). Ein Beispiel ist etwa eine neue Produktionsanlage, deren Einbau längere Zeit erfordert, oder ein Gebäude, das noch umgebaut werden muss. Hier besteht ein *Ermessensspielraum*, der von der Geschäftsleitung bilanzpolitisch genutzt werden kann. Nach ADS International (Abschnitt 15, Tz. 84) sind hierbei „sachverhalts- und branchenspezifische Gegebenheiten zu berücksichtigen" und grundsätzlich ist einem Zeitraum über 12 Monate hinaus „beträchtlich".[2] Die Voraussetzung des „beträchtlichen Zeitraums" ist jedenfalls nicht erfüllt, wenn sich die Vermögenswerte bereits im Erwerbszeitpunkt in gebrauchs- oder verkaufsfähigem Zustand befinden (IAS 23.7). In diesen Fällen besteht ein Aktivierungsverbot von Fremdkapitalzinsen, die dann als Zinsaufwand Gewinn mindernd zu berücksichtigen sind. Dies gilt entsprechend IAS 23.7 auch dann, wenn der Erwerber eines gebrauchsfertig angeschafften Vermögenswerts über einen längeren Zeitraum vor dem Erwerb kreditfinanzierte Anzahlungen geleistet hat und der Kaufpreis daher entsprechend verringert wurde. Dieses logisch überzeugendste Beispiel für die Aktivierung von Fremdkapitalkosten gilt somit nur für Anschaffungen, bei denen der Vermögenswert sich noch nicht in einem gebrauchs- oder verkaufsfähigen Zustand befindet.

---

[1] Im deutschen Handels- und Steuerrecht besteht grundsätzlich dasselbe Wahlrecht, siehe dazu Kapitel B.II.4.b)(2)(d).
[2] Auch das IDW gibt für den „beträchtlichen Zeitraum" eine Zeitspanne von mehr als 1 Jahr als widerlegbare Vermutung an. Vgl. IDW RS HFA 37, Rz. 5.

Zu den aktivierungspflichtigen *Fremdkapitalkosten* gehören nach IAS 23.6:
- *Sollzinsen*, die für einen aufgenommenen Bankkredit, mit dem die Anschaffung des Vermögenswerts finanziert wird, in der Periode des Zugangs zu zahlen sind. Zur Berechnung der Sollzinsen darf auch der (gewogene) durchschnittliche Fremdkapitalkostensatz dieser Periode verwendet werden (IAS 23.14),
- Finanzierungsaufwendungen für Schulden, die nach IAS 39 nach der *Effektivzinsmethode* zu berechnen sind (z.B. bei einem Disagio oder wesentlichen Transaktionskosten bzw. Gebühren),
- Zinsaufwendungen aus *Leasingverhältnissen* (Finanzierungsleasing nach IAS 17),
- *Währungsdifferenzen* aus Fremdwährungskrediten, soweit es sich um Zinskorrekturen handelt.

Nicht zu den aktivierbaren Fremdkapitalkosten gehört u.a. der Aufzinsungsaufwand für Entsorgungs-Rückstellungen (s. weiter unten).

Die Voraussetzung der **direkten Zurechenbarkeit** ist bei denjenigen Fremdkapitalkosten gegeben, die vermieden worden wären, wenn die Ausgaben für den „qualifizierten Vermögenswert" nicht getätigt worden wären (IAS 23.10). Unproblematisch ist die Zuordnung, wenn zur Anschaffung des „qualifizierten Vermögenswerts" ein *spezieller*, ggf. sogar *zweckgebundener Kredit* (Projektfinanzierung) aufgenommen wird. Eventuelle Zinserträge aus der Zwischenanlage dieser Gelder sind von den Zinsaufwendungen zu subtrahieren. Sind *Fremdmittel allgemein* ohne besondere Zweckbestimmung aufgenommen worden, dann aber (zum Teil) für die Beschaffung eines „qualifizierten Vermögenswert" verwendet worden, so können die aktivierungspflichtigen Fremdkapitalkosten durch Anwendung eines gewogenen durchschnittlichen Sollzinssatzes (derselben Periode) auf die bis dahin geleisteten Ausgaben für diesen Vermögenswert bestimmt werden. Damit wird eine vollständige Fremdfinanzierung des Vermögenswerts ohne Beachtung der tatsächlichen Kapitalstruktur unterstellt.[1] Obergrenze sind die insgesamt in der betreffenden Periode angefallenen Fremdkapitalkosten (IAS 23.14).

Der *Zeitraum*, ab dem Fremdkapitalkosten zu aktivieren sind, *beginnt* dann, wenn sowohl Ausgaben für den Vermögenswert als auch Fremdkapitalkosten anfallen und wenn das Unternehmen begonnen hat, den Vermögenswert für seinen beabsichtigten Gebrauch oder Verkauf herzurichten (IAS 23.17). Die Aktivierung der Fremdkapitalkosten *endet*[2], wenn alle Arbeiten zur Herrichtung des „qualifizierten Vermögenswerts" für den beabsichtigen Gebrauch oder Verkauf im Wesentlichen abgeschlossen sind (IAS 23.22). Sollten die Arbeiten für einen längeren Zeitraum unterbrochen werden, so ist in der Regel auch die Aktivierung von Fremdkapitalkosten auszusetzen (IAS 23.20 f.).

- *Abbruch-, Entsorgungs- und Wiederherstellungskosten*

Ein zweiter grundlegender Unterschied zum Anschaffungskostenbegriff nach § 255 Abs. 1 HGB besteht beim Erwerb von *Sachanlagen*. In deren Anschaffungskosten ist zusätzlich der Barwert der geschätzten Kosten für den Abbruch oder das Abräumen der Sachanlage und für die Wiederherstellung des Standortes (Rekultivierung) nach Ablauf der Nutzungsdauer einzubeziehen, sofern eine entsprechende Verpflichtung besteht (IAS 16.16(c)). In gleicher Höhe ist nach IAS 37 eine Rückstellung für Entsorgungsverpflichtungen zu bilden (IAS 16.18

---

[1] Vgl. IDW RS HFA 37, Rz. 18.
[2] Gemeint sind Anfang und Ende des Berechnungszeitraums der Fremdkapitalkosten sowie der Zeitpunkt der erstmaligen Aktivierung. Das Ende der Aktivierung bedeutet nicht, dass die Fremdkapitalkosten auszubuchen sind, sondern dass keine weiteren Beträge mehr in den Anschaffungskosten des Vermögenswerts aktiviert werden dürfen.

i.V.m. IAS 37.45). Auf diese Weise erfolgt die Bildung der Rückstellung erfolgsneutral und durch entsprechend höhere Abschreibungen wird der Barwert der Entsorgungskosten auf die Laufzeit der Sachanlage verteilt. Ändert sich später die Höhe des geschätzten Ressourcenabflusses oder die Höhe des Diskontierungs-Zinssatzes, so ist die Rückstellungshöhe anzupassen und auch (in begrenztem Umfang) die fortgeführten Anschaffungskosten der Sachanlage bzw. die Neubewertungsrücklage bei Anwendung der Neubewertungsmethode (IFRIC 1.4-6).

Beispielaufgabe:
Die LowTech International erwirbt am 10.1.01 (Betriebsbereitschaft) eine neue Produktionsanlage zu Anschaffungskosten (ohne Abrisskosten) von 110.000 EUR. Der mit einem Diskontierungszinssatz von 8% berechnete Barwert der geschätzten Abrisskosten beträgt 10.000 EUR. Die Nutzungsdauer der Sachanlage wird auf 10 Jahre geschätzt. Die technische Anlage soll linear abgeschrieben werden. Welche Buchungen sind in den ersten beiden Jahren der Nutzungsdauer durchzuführen?

Lösung:
Zunächst ist bei Betriebsbereitschaft die Produktionsanlage unter Berücksichtigung des Barwerts der Abrisskosten zu aktivieren und gleichzeitig ist eine Rückstellung für den späteren Abriss zu bilden. Am Jahresende 01 wird die planmäßige Abschreibung auf Basis der gesamten Anschaffungskosten gebucht. Somit wird der Barwert der Abrisskosten durch die erhöhten Abschreibungen linear über die Nutzungsdauer als Aufwand verteilt. Die Rückstellung wird jedes Jahr mit dem Diskontierungszinssatz von 8% Gewinn mindernd aufgezinst und entsprechend aufgestockt, damit am Ende der Nutzungsdauer der volle voraussichtliche Betrag der Abrisskosten in der Rückstellung enthalten ist.

Buchung am 10.1.01:
BS: Technische Anlage 120.000 EUR
an Bank 110.000 EUR
an Rückstellungen für Abrisskosten 10.000 EUR.

Buchungen am 31.12.01:
BS: Abschreibungen auf Sachanlagen 12.000 EUR
an Technische Anlage 12.000 EUR.

BS: Zinsaufwendungen 800 EUR
an Rückstellungen für Abrisskosten 800 EUR.

Buchungen im Folgejahr 01:
BS: Abschreibungen auf Sachanlagen 12.000 EUR
an Technische Anlage 12.000 EUR

BS: Zinsaufwendungen 864 EUR
an Rückstellungen für Abrisskosten 864 EUR.

Bemerkung: Entsorgungskosten gehören nach **deutschem Handelsrecht** generell nicht zu den Anschaffungskosten. Allerdings muss für zukünftige Abbruch- und Entsorgungskosten nach § 249 HGB eine Rückstellung gebildet werden. Diese fußt ebenfalls auf dem Barwert der Entsorgungsverpflichtung und ist als **Ansammlungsrückstellung** zu bilden, d.h. dass ihr Wert jährlich aufgestockt wird. Die Bildung und Aufstockung erfolgt aufwandswirksam, sodass sich im Prinzip dieselben Gewinnauswirkungen ergeben wie nach IFRS. Im Einzelnen differieren allerdings die Rückstellungsbeträge z.B. aufgrund unterschiedlicher Diskontierungszinssätze. Siehe dazu Kapitel B.X.1.b)(1)(a) und (b).

In folgender Tabelle soll zusammenfassend die Ermittlung der Anschaffungskosten nach IFRS dargestellt werden:

Anschaffungspreis (einschl. Zölle u. nicht erstattungsfähiger Umsatzsteuer)
- Anschaffungspreisminderungen (z.B. Skonti, Rabatte etc.)
+ Anschaffungsnebenkosten (nur direkt zurechenbare bzw. sonstige Kosten des innerbetrieblichen Transports zum derzeitigen Standort und der Herrichtung eines betriebsbereiten bzw. gebrauchs- oder verkaufsbereiten Zustands (Transport, Montage, Testläufe etc.); keine Material-Lagerkosten (IAS 2.16)
+ Ausgaben für zukünftige Entsorgungs-, Rekultivierungs- oder ähnliche Verpflichtungen (nur bei Anschaffung von Sachanlagen, IAS 16.16(c))
+ Fremdkapitalzinsen (soweit dem Erwerb direkt zurechenbar) nur falls „qualifizierter Vermögenswert" vorliegt (IAS 23)
= *Anschaffungskosten (IAS 2.10 f., IAS 2.15-18 Vorräte; IAS 16.16-20 Sachanlagen)*

Merke:

Anschaffungskosten: Unterschiede zwischen HGB und IFRS		
	HGB	**IFRS**
Fremdkapitalkosten	Verbot der Einbeziehung in die Anschaffungskosten	Pflicht der Einbeziehung, falls qualifizierter Vermögenswert vorliegt; sonst: Verbot
Abriss-, Entsorgungs- und Wiederherstellungskosten	Verbot der Einbeziehung; allerdings Pflicht zur Bildung einer Ansammlungs-Rückstellung	Pflicht der Einbeziehung bei Sachanlagen mit gleichzeitiger Rückstellungsbildung

Aufgabe 8: Anschaffungskosten nach IFRS

c) Herstellungskosten

(1) Allgemeines

Die Herstellungskosten dienen der Bewertung von selbst erstellten Erzeugnissen im Vorratsvermögen (Umlaufvermögen) eines Industriebetriebes. In der Regel werden die Erzeugnisse zum Absatz bestimmt sein. Bei einem Maschinenbaubetrieb z.B. kann das Produkt jedoch auch im eigenen Produktionsprozess, also als so gen. aktivierte Eigenleistung im Anlagevermögen, eingesetzt werden. Nachträgliche Herstellungskosten würden bei einer Erweiterung der Maschine um Teile mit neuen Funktionen, einer wesentlichen Verbesserung des Gegenstands als Ganzes oder bei dauerhafter Änderung der betrieblichen Zweckbestimmung (Wesensänderung) anfallen.[1] In allen diesen Fällen ist eine Bewertung mit Kosten zwingend, eine Einbeziehung von Gewinnbestandteilen würde gegen das Realisationsprinzip verstoßen.

Merke:

> Stellt ein Unternehmen Gegenstände des Anlagevermögens oder des Umlaufvermögens selbst her, so treten an die Stelle der Anschaffungskosten die *Herstellungskosten* als Ausgangswerte für die Bewertung.

Bevor die Herstellungskosten im Einzelnen erörtert werden, ist es nötig, noch einige grundlegende Kostenbegriffe abzugrenzen.

---

[1] Vgl. nachträgliche Anschaffungskosten in Kapitel B.II.4.b)(1).

Grundlagen der Bilanzierung und Bewertung 157

Definition:
> *Einzelkosten* sind Kosten, die von nur einem Zweck, z.B. einem einzeln zu bewertenden Vermögensgegenstand, veranlaßt und daher diesem unmittelbar (logisch eindeutig und ohne Schlüsselung) zurechenbar sind.

Definition:
> *Sondereinzelkosten* sind ebenfalls direkt zuordenbar, fallen jedoch nicht regelmäßig an, sondern meist nur auf einen bestimmten Auftrag bezogen.

Definition:
> *Gemeinkosten* sind dagegen von mehreren Zwecken gleichzeitig veranlaßt und daher diesen nur gemeinsam logisch eindeutig zurechenbar. Zur Zuordnung auf einen einzigen Zweck, z.B. einen einzeln zu bewertenden Vermögensgegenstand, ist eine Schlüsselung bzw. Umlage notwendig.

Der Umfang der Einzel- und der Gemeinkosten ist abhängig vom ins Auge gefaßten Zweck, d.h. von ihrer Bezugsgröße. In der Regel wird eine Produktart als Bezugsgröße betrachtet, streng genommen lautet die Frage jedoch: Welche Kosten sind von einer einzigen Erzeugnismengeneinheit verursacht und ihr daher direkt zurechenbar? Im anderen Extremfall wird das Gesamtunternehmen als Bezugsgröße angesehen und mithin werden alle Kostenarten zu Einzelkosten des Gesamtunternehmens.

Ein weiteres Begriffspaar in diesem Zusammenhang sind die variablen und fixen Kosten.

Definition:
> *Variable Kosten* verändern sich aufgrund einer Änderung der Produktionsmenge, sind also beschäftigungsabhängig.

Definition:
> *Fixe Kosten* sind völlig unabhängig von der Erzeugnismenge, sie sind meistens zeitabhängig, wie z.B. die zu zahlende Monatsmiete.

Die folgende Übersicht kombiniert beide Begriffspaare:

variable Kosten		*fixe Kosten*	
Einzelkosten	*Gemeinkosten*	*Einzelkosten*	*Gemeinkosten*
Beispiele: Farbe, Material, Strom für Maschinen, Akkordlöhne, Zeitlöhne (IdW: HFA 5/ 1991, WPg 1992, S. 95)	*Beispiele:* Beleuchtung der Fabrikhalle, Farbpinsel, Maschinen-Leistungsabschreibung, Kosten der Kuppelproduktion	*Beispiele:* gibt es nur, wenn es sich um eine aggregierte Bezugsgröße (Fertigungsbereich, Werk, Gesamtunternehmen) handelt: Gehälter der Meister, Betriebsleiter, Vorstände, Pförtner	*Beispiele:* Gehälter der Vorstände bzw. Geschäftsführer, des Pförtners, der Putzkolonne, Betriebsleiter, Meister, Mitarbeiter in der Verwaltung; Gebäudeabschreibung

Die Übersicht enthält problematische Diskussionspunkte, die jedoch Lehrbüchern der Kosten- und Leistungsrechnung vorbehalten bleiben sollen. Hier ist nur anzumerken, dass Zeitlöhne in der Regel aus Praktikabilitätsgründen sowohl in der Kostenrechnung wie auch bilanziell als Einzelkosten, die sie strenggenommen nicht sind, behandelt werden, indem der unmittelbare Zusammenhang zum einzelnen Vermögensgegenstand durch eine Umrechnung z.B. nach Minuten konstruiert wird. Einzelkosten, die aus Wirtschaftlichkeitsgründen tatsächlich wie Gemeinkosten erfasst und verrechnet werden (sog. unechte Gemeinkosten, z.B. Stromkosten), sind bilanziell als Einzelkosten einzuordnen. Da die Unterschiede zwischen Einzelkosten und variablen Kosten und zwischen Gemeinkosten und fixen Kosten in der Praxis wenig Bedeutung haben, andererseits die Bilanzierungsüberlegungen stark verkomplizieren, sollen die Begriffspaare im folgenden synonym verwendet werden:

Vereinfachung:

Einzelkosten = variable Kosten
Gemeinkosten = fixe Kosten

Eine der wesentlichen Aufgaben der Kosten- und Leistungsrechnung ist die Ermittlung der Kosten pro Stück der erstellten Erzeugnisse im Rahmen der Kostenträgerrechnung. In der Praxis weit verbreitet und zur Ermittlung der Stückkosten bei vielen Produktionsverfahren anwendbar ist die Zuschlagskalkulation.

In der Kosten- und Leistungsrechnung werden zunächst die Voraussetzungen für die Anwendung der **Zuschlagskalkulation** mit Hilfe eines sog. Betriebsabrechnungsbogens geschaffen. Dabei werden alle Gemeinkosten auf mehr oder minder großen Umwegen zweckmäßig abgegrenzten Kostenbereichen (sog. Kostenstellen) zugeordnet und dort zu Einzelkostenarten, die in einem engen Zusammenhang zu den Gemeinkostenarten stehen, in Form von sog. Zuschlagssätzen in Beziehung gesetzt. Dabei wird unterstellt, dass ein proportionaler Zusammenhang zwischen den Einzelkosten- und den Gemeinkostenarten besteht, der auf gemeinsamen Kostenverursachungsgrößen beruht. Die so ermittelten Zuschlagssätze für das gesamte Unternehmen werden dann bei der Stückkostenermittlung (Kalkulation) einer einzelnen Erzeugnismengeneinheit oder eines einzelnen Auftrags ebenfalls angewandt.

Beispiel:
Die LowTech stellt innerhalb ihres sehr breiten Produktionsprogramms auch Zahnbürsten her. Nur für die Zahnbürstenproduktion soll ein Betriebsabrechnungsbogen in stark vereinfachter Form dargestellt werden, der eine Technik darstellt, kostenstellenweise Zuschlagssätze für die Kalkulation zu ermitteln. Die Einzelkosten lassen sich erfassen und jeder Zahnbürste zuordnen (Kunststoff, Farbe, Borsten). Die Gemeinkosten werden mit demselben Prozentsatz auf die Einzelkosten einer Zahnbürste aufgeschlagen, wie er für die die gesamte Zahnbürstenproduktion in der Gesamtperiode ermittelt wurde.

Kostenstellen / Gemeinkostenarten	zu verrechnender Betrag (in EUR)	Materialkostenstelle (in EUR)	Fertigungskostenstelle (in EUR)	Verwaltungskostenstelle (in EUR)	Vertriebskostenstelle (in EUR)
Gehälter	26.000	5.000	8.000	6.000	7.000
kalk. Abschreibungen	37.000	4.000	28.000	3.000	2.000
kalk. Kapitalkosten	6.000	2.000	2.000	800	1.200
Mieten	13.000	2.000	4.000	1.000	6.000
Summe Gemeinkosten	82.000	13.000	42.000	10.800	16.200
Zuschlagsbasis		Materialeinzelkosten = 39.000	Lohneinzelkosten = 14.000	Herstellkosten = 108.000	Herstellkosten = 108.000
Zuschlagssatz		33 1/3 %	300 %	10 %	15 %

Bestimmung des Angebotspreises einer Zahnbürste mit Hilfe der Zuschlagskalkulation:

Fertigungseinzelkosten	0,10 EUR
+ Fertigungsgemeinkosten (300% der FEK)	0,30 EUR
Materialeinzelkosten	0,30 EUR
+ Materialgemeinkosten (33 1/3 % der MEK)	0,10 EUR
+ Sondereinzelkosten der Fertigung	---- EUR
= Herstellkosten	0,80 EUR
+ Verwaltungsgemeinkosten (10 % der HK)	0,08 EUR
+ Vertriebsgemeinkosten (15 % der HK)	0,12 EUR
+ Sondereinzelkosten des Vertriebs	---- EUR
= Selbstkosten	1,00 EUR
+ Gewinnaufschlag (195 % der SK)	1,95 EUR
= Angebotspreis	2,95 EUR

Im Schema der Zuschlagskalkulation kommt der Begriff **Herstellkosten** als Summe der Fertigungseinzel- und -gemeinkosten sowie der Materialeinzel- und -gemeinkosten und der Sondereinzelkosten der Fertigung vor. Dieser genau festgelegte Begriff aus der Kostenrechnung darf nicht mit dem Herstellungskostenbegriff aus der Bilanzierung verwechselt werden.

Herstellungskosten	*Herstellkosten*
Begriff der Bilanzierung	Begriff der Kosten- und Leistungsrechnung
Bewertungsmaßstab in Handels- und Steuerbilanz für selbst hergestellte Gegenstände des Anlage- und Umlaufvermögens	Begriff des Kalkulationsschemas in der Kostenrechnung zur Bestimmung des Angebotspreises.
unterschiedlicher Umfang, da Bewertungsspielraum	festgelegter Umfang
keine kalkulatorischen Kosten	enthält i.d.R. kalkulatorische Kosten

Die Rechtsgrundlagen für die Ermittlung der Herstellungskosten sind § 255 Abs. 2, 2a und 3 HGB sowie § 6 Abs. 1 Nr. 1b EStG und R 6.3 EStR. Die allgemeine Definition der Herstellungskosten stimmt in Handels- und Steuerrecht überein:

Definition:
> "*Herstellungskosten* sind die Aufwendungen, die durch den Verbrauch von Gütern und die Inanspruchnahme von Diensten für die Herstellung eines Vermögensgegenstands, seine Erweiterung oder für eine über seinen ursprünglichen Zustand hinausgehende wesentliche Verbesserung entstehen." (§ 255 Abs. 2 Satz 1 HGB).

Wesentlicher Bestandteil dieser Definition ist die widersprüchlich klingende Festlegung, dass Herstellungskosten *Aufwendungen* sind. Damit ist gemeint, dass trotz des verwendeten Begriffs Herstellungs*kosten* der Grundsatz, dass in Finanzbuchhaltung und Jahresabschluss immer nur Aufwendungen und Erträge Eingang finden, unangetastet bleibt. Anders ausgedrückt dürfen in die Herstellungskosten **nur aufwandsgleiche Kosten** einbezogen werden (sog. Grundkosten bzw. Zweckaufwand). *Neutrale Aufwendungen* sind sowieso nicht relevant, da es hier gerade um die Bewertung der Betriebsleistung geht. Die **kalkulatorischen Kosten** (vgl. Kapitel A.I.2) haben nur Platz in der Kosten- und Leistungsrechnung, die anderen Zwecken dient. Problematisch ist, dass der Betriebsabrechnungsbogen im Bereich der Kostenrechnung erstellt wird und daher in der Regel kalkulatorische Kosten enthält. Am besten wäre es, einen zweiten Betriebsabrechnungsbogen ohne kalkulatorische Kosten zu erstellen. Da in der Praxis der Aufwand jedoch gescheut wird, müssen die notwendigen Größen entsprechend umgerechnet werden.

Handelsrechtlich müssen gemäß § 255 Abs. 2 S. 2 u. Abs. 2a HGB zwingend folgende Kosten in die Bewertung der Erzeugnisvorräte und der aktivierten Eigenleistungen einbezogen werden (*Pflichtbestandteile*):
- Materialeinzel- und angemessene Teile der Materialgemeinkosten,
- Fertigungseinzel- und angemessene Teile der Fertigungsgemeinkosten,
- angemessene Teile des Werteverzehrs des Anlagevermögens (soweit durch die Fertigung veranlasst),
- Sondereinzelkosten der Fertigung.

Der „Werteverzehr des Anlagevermögens", also die Abschreibungen der Fertigungsanlagen und Fabrikgebäude, wird aufgrund seiner großen wertmäßigen Bedeutung vom Gesetzgeber ausdrücklich erwähnt, obwohl der kostenrechnerische Begriff der Fertigungsgemeinkosten diese Abschreibungen mit umfasst. Die Forderung des Gesetzgebers in § 255 Abs. 2 S. 3 u. 4 HGB, immer nur angemessene Teile der Gemeinkosten (und der freiwilligen Sozialleistungen) in die Herstellungskosten einzubeziehen, beinhaltet die Forderung nach möglichst verursachungsgerechter Schlüsselung der Gemeinkosten sowie den Ausschluss außerordentlicher (z.B. Verluste aus Anlageabgängen) oder periodenfremder Aufwendungen, außerplanmäßiger Abschreibungen und so genannter Leerkosten. Darauf wird im nächsten Kapitel „Sonderprobleme" noch eingegangen.

Der Bilanzierende hat nach § 255 Abs. 2 S. 3 u. Abs. 2a HGB handelsrechtlich die Möglichkeit, in die Herstellungskosten zusätzlich noch weitere Kosten einzubeziehen (*Wahlrechtsbestandteile*):
- angemessene Teile der allgemeinen Verwaltungsgemeinkosten Altersversorgung (soweit auf den Zeitraum der Herstellung entfallend),
- angemessene Aufwendungen für soziale Einrichtungen des Betriebs, für freiwillige soziale Leistungen und für die betriebliche Altersversorgung (soweit auf den Zeitraum der Herstellung entfallend).

Begründbar ist das Wahlrecht mit dem relativ losen Zusammenhang zwischen den Verwaltungsgemeinkosten und den zu bewertenden Erzeugnissen, sodass die Gemeinkostenschlüsselung kaum verursachungsadäquat möglich sein dürfte. Außerdem sollen die Vergünstigungen, die der Arbeitgeber seinen Mitarbeitern gewährt, nicht zwingend zu einer Gewinnerhöhung mit gegebenenfalls steuerlichen Nachteilen führen.

Verboten ist die Einbeziehung folgender Kosten (§ 255 Abs. 2 S. 4 u. Abs. 2a HGB):
- Forschungskosten,
- Vertriebskosten (Gemeinkosten und Sondereinzelkosten des Vertriebs).

Forschungskosten allgemeiner Art („Grundlagenforschung") dürfen wegen mangelnden Bezugs zu einem Erzeugnis nicht in die Herstellungskosten einbezogen werden, Vertriebskosten sind im Zeitpunkt der Bewertung der Erzeugnisse in der Regel noch nicht angefallen, sodass eine Einbeziehung dieser Kosten in die Herstellungskosten das Realisationsprinzip verletzen würde.

> Auf den alten Streit der Betriebswirte, ob einem Kostenträger (z.B. einer Produkt-Mengeneinheit) die gesamten Kosten anteilig oder nur die direkt von ihm verursachten variablen Kosten (Einzelkosten) zugerechnet werden sollen, ist an dieser Stelle hinzuweisen. Im Bereich der kurzfristigen Entscheidungen, die bei unveränderlichen Kapazitäten zu fällen sind, gibt es keinen Zweifel, dass es nur auf die Kosten ankommt, die vom Kostenträger direkt verursacht werden. Nur diese können dem Produkt in einer kurzfristigen Erfolgsrechnung zugerechnet

Grundlagen der Bilanzierung und Bewertung 161

werden *(Kausalitätsprinzip)*. Seit dem 1.1.2010 ist es allerdings nicht mehr möglich, in der Handelsbilanz lediglich die Einzelkosten zur Bewertung der Erzeugnis-vorräte heranzuziehen, wie es dem Kausalitätsprinzip entsprechen würde. Auf der anderen Seite ist langfristig bei betriebswirtschaftlichen Entscheidungen zu berücksichtigen, dass die gesamten Kosten pro Mengeneinheit vom Produktpreis abgedeckt werden müssen. Mit der Überlegung, dass auch die (fixen) Kosten der Betriebsbereitschaft (z.B. Gebäudekosten, Pförtner) unumgänglich sind, dass sie dazu bestimmt sind, die Herstellung der Produkte zu ermöglichen, lässt sich eine Zuordnung der variablen und der anteiligen fixen Kosten (mit Ausnahme der Leerkosten, vgl. Abschnitt 2)(e) dieses Kapitels) zu den Produkteinheiten rechtfertigen *(Finalitätsprinzip)*. Zum Zwecke der bilanziellen Bewertung scheint die herrschende Meinung der Autoren aufgrund des Prinzips der sachlichen Abgrenzung eher dem Finalitätsprinzip zuzuneigen.

Das **handelsrechtliche Bewertungswahlrecht** lässt sich für **bilanzpolitische Zwecke** einsetzen. Je umfangreicher die Herstellungskosten gewählt werden, desto höher ist der Wert der Erzeugnisvorräte und damit auch der ausgewiesene Gewinn. Ein florierendes Unternehmen wird immer die Vorräte bzw. das selbst geschaffene Anlagegut in Höhe der Untergrenze der Herstellungskosten bewerten, um den Gewinn möglichst niedrig auszuweisen. Die **Gewinnauswirkungen** lassen sich sehr einfach anhand der bereits vorgestellten *„Eselsbrücke"* plausibel machen: Bei höherem Wert des Aktivpostens Vorräte muss die Passivseite der Bilanz ebenfalls entsprechend höher sein. Da die Schulden unverändert geblieben sind, kann nur das Eigenkapital entsprechend höher sein und damit auch der Gewinn (als Veränderung des Eigenkapitals). Eine genauere Erklärung orientiert sich an den Buchungssätzen zur Aktivierung gestiegener Lagerbestände von fertigen und unfertigen Erzeugnissen, die später noch behandelt werden.[1]

Aktiva	Bilanz zum 31.12.	Passiva

Aktivum (bewertet zu Herstellungskosten ↑)		↑ Eigenkapital
		  Gezeichnetes Kapital
		  Rücklagen
		  Jahresüberschuss ↑
		
		Fremdkapital
		(unverändert)

Da es sich bei der Entscheidung für einen bestimmten Umfang der Herstellungskosten um eine Bewertungsmethode handelt, ist der Umfang gemäß § 284 Abs. 2 Nr. 1 HGB im Anhang anzugeben. Außerdem ist der **Grundsatz der Stetigkeit** zu beachten (§ 252 Abs. 1 Nr. 6 HGB). Eine Änderung der in die Herstellungskosten einbezogenen Komponenten ist nur in begründeten Ausnahmefällen möglich. Die Änderung ist im Anhang anzugeben, zu begründen und der Einfluss auf die Vermögens-, Finanz- und Ertragslage ist gesondert darzustellen (§ 284 Abs. 2 Nr. 3 HGB), was nicht unbedingt zahlenmäßig geschehen muss. Der externe Bilanzanalyst ist insoweit also von freiwilligen Zusatzangaben abhängig.

Steuerrecht:
Im Jahre 2016 wurde die steuerrechtliche Regelung bezüglich der Herstellungskosten endlich in § 6 Abs. 1 Nr. 1b) EStG gesetzlich verankert. Bis dahin gab es nur eine Regelung in der Richtlinie R 6.3 EStR, die in den letzten Jahren ein wechselndes Schicksal hatte.

Nach *R 6.3 EStR 2008* bestand (seit dem BilMoG) für die *Steuerbilanz* exakt dieselbe Regelung für die Herstellungskosten, wie sie für die Handelsbilanz gerade geschildert wurde. Somit

---
[1] Siehe Abschnitt (4) weiter unten in diesem Kapitel.

galt auch das *Maßgeblichkeitsprinzip* für die Herstellungskosten, weil ja eine eigenständige, vom Handelsrecht abweichende Regelung im Steuerrecht nicht existierte.[1]

In der Nachfolgerichtlinie *R 6.3 Abs. 1 und 3 EStR 2012* ließ die Finanzverwaltung keine Wahlmöglichkeit mehr zu, sondern verlangte generell die Bewertung an der bisherigen Wertobergrenze, sodass bei niedrigerer Bewertung in der Handelsbilanz die Maßgeblichkeit durchbrochen wurde und der *Bewertungsvorbehalt* nach § 5 Abs. 6 EStG galt. Die positive Folge für den Fiskus war, dass der Steuerbilanzgewinn und damit die Steuereinnahmen zwingend erhöht wurden. Das zur Begründung angeführte Urteil des BFH vom 21.10.1993 (BStBl. 1994 II, S. 176) stützte nach Meinung vieler Fachleute die Auffassung des BMF nicht. Besonders unschön war auch, dass freiwillige Wohltaten des Arbeitgebers an seine Arbeitnehmer zwingend zu einer Bestrafung durch höhere Steuerzahlungen führten. Im Schreiben vom 22.6.2010 (BStBl. 2010 I, S. 597) machte der BMF aufgrund des Widerstands in der Wirtschaft und laufender Klagen einen Rückzieher und erklärte die alte Richtlinie 6.3 von 2008 als weiterhin anwendbar, und zwar bis das Ergebnis einer Befragung der Unternehmen bezüglich des zusätzlichen, durch die Neuregelung verursachten Verwaltungsaufwands in kleineren und mittelgroßen Unternehmen feststeht, spätestens aber bis zur nächsten Neufassung der EStR.[2] Diese Hängepartie wurde schließlich vom Gesetzgeber durch die Aufnahme der Regelung in der alten Richtlinie von 2008 ins EStG beendet.

§ 6 Abs. 1 Nr. 1b) EStG stimmt inhaltlich mit § 255 Abs. 2 HGB völlig überein, sodass es keine eigenständige Regelung im Steuerrecht gibt und das steuerrechtliche Wahlrecht im Rahmen der Herstellungskosten-Ermittlung im Gleichklang mit dem Handelsrecht ausgeübt werden muss (*Maßgeblichkeitsprinzip* gemäß § 5 Abs. 1 S. 1, 1. Halbsatz). Leider wurden die Einkommensteuer-Richtlinien von 2012 bis heute nicht geändert, sodass nur eine Fußnote angibt, dass R 6.3 EStR 2012 dem neuen § 6 Abs. 1 Nr. 1b) EStG widerspricht und somit überholt ist. Dies ist wohl so zu interpretieren, dass R 6.3 EStR 2008 weiterhin anwendbar ist.

Zum Maßgeblichkeitsgrundsatz im Falle der Herstellungskosten:
Anhand des obigen Zahlenbeispiels soll das Prinzip der Maßgeblichkeit der Handelsbilanz für die Steuerbilanz bei der Bewertung (§ 5 Abs. 1 Satz 1 EStG) am Schaubild auf der nächsten Seite verdeutlicht werden.

Aber auch bei übereinstimmender Wahl der Kostenkomponenten in Handels- und Steuerbilanz kann es Unterschiede im Detail geben. So kann der Wertverzehr des Anlagevermögens, also die planmäßigen Abschreibungen, in der Handelsbilanz größer sein als in der Steuerbilanz. Die ist dann der Fall, wenn das handelsrechtliche Wahlrecht zur Aktivierung selbst geschaffener immaterieller Gegenstände des Anlagevermögens (z.B. ein patentiertes Produktionsverfahren) gemäß § 248 Abs. 2 S. 1 HGB genutzt wird. In der Steuerbilanz besteht hierfür ein Aktivierungsverbot (§ 5 Abs. 2 EStG). Handelsrechtlich werden dann in die Herstellungskosten der Erzeugnisse auch angemessene Anteile der planmäßigen Abschreibungen auf das Produktionsverfahren einbezogen.

---

[1] Vgl. BMF-Schreiben vom 12.3.2010 (BStBl. 2010 I, S. 239).
[2] Vgl. dazu auch Hörhammer, Evelyn/Rosenbaum, Gerlinde: Wesentliche Änderungen durch EStÄR 2012 im Bereich der Unternehmenssteuer, StuB 2013, S. 254.

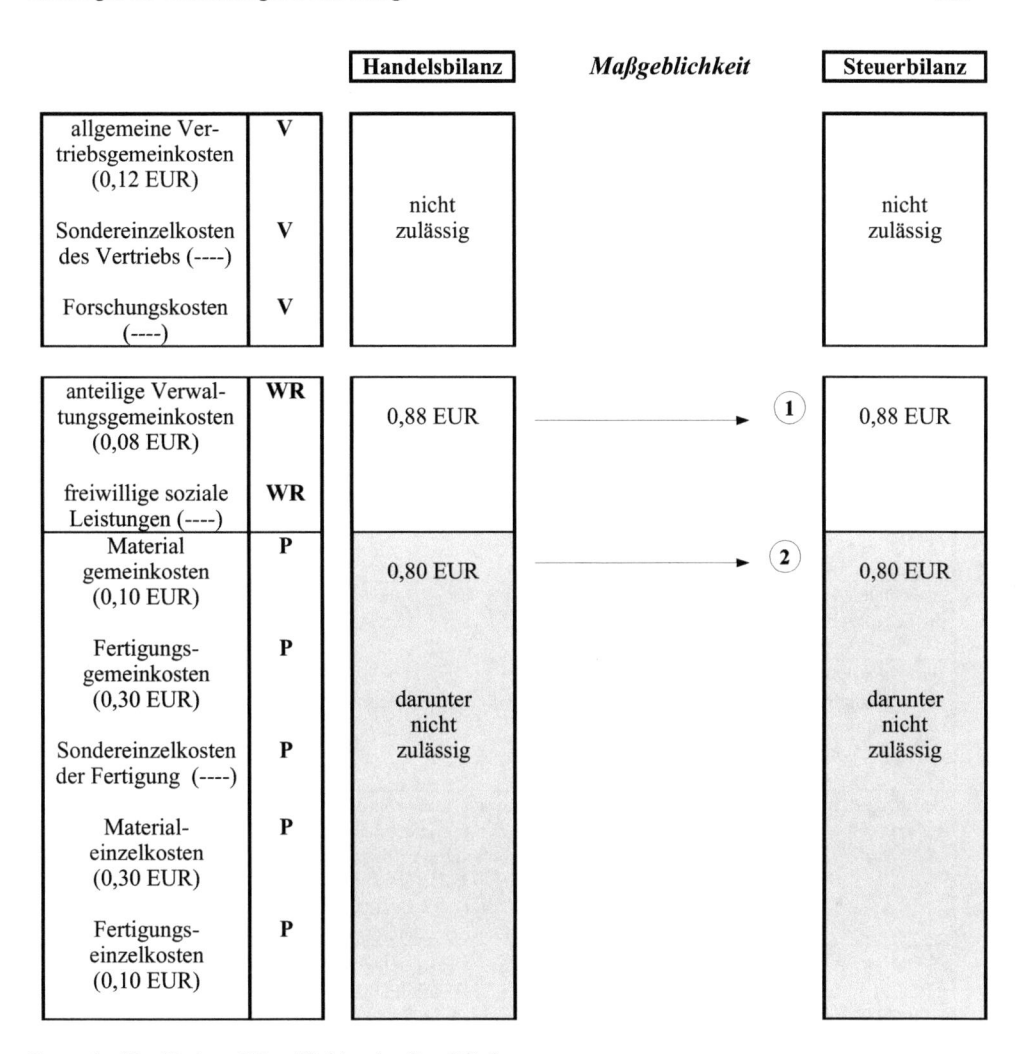

Grundlagen der Bilanzierung und Bewertung 163

		Handelsbilanz	Maßgeblichkeit	Steuerbilanz
allgemeine Vertriebsgemeinkosten (0,12 EUR)	V	nicht zulässig		nicht zulässig
Sondereinzelkosten des Vertriebs (----)	V			
Forschungskosten (----)	V			
anteilige Verwaltungsgemeinkosten (0,08 EUR)	WR	0,88 EUR	①	0,88 EUR
freiwillige soziale Leistungen (----)	WR			
Materialgemeinkosten (0,10 EUR)	P	0,80 EUR	②	0,80 EUR
Fertigungsgemeinkosten (0,30 EUR)	P	darunter nicht zulässig		darunter nicht zulässig
Sondereinzelkosten der Fertigung (----)	P			
Materialeinzelkosten (0,30 EUR)	P			
Fertigungseinzelkosten (0,10 EUR)	P			

Legende: V = Verbot; WR = Wahlrecht; P = Pflicht

(1) Bewertung in der Handelsbilanz mit EUR 0,88 (Wertobergrenze)
    Gem. § 5 Abs. 1 Satz 1 EStG muss in der Steuerbilanz der gleiche Wertansatz wie zuvor in der Handelsbilanz gewählt werden (Maßgeblichkeit).
(2) Bewertung in der Handelsbilanz mit EUR 0,80 (Steuerbilanz-Wertuntergrenze)
    Maßgeblichkeit wie unter (1).
Geringere Werte sind weder in der Handels- noch in der Steuerbilanz zulässig.

Da es sich bei der Entscheidung für einen bestimmten Umfang der Herstellungskosten in der Handelsbilanz um eine Bewertungsmethode handelt, ist der Umfang gemäß § 284 Abs. 2 Nr. 1 HGB im Anhang anzugeben. Außerdem ist der Grundsatz der Stetigkeit zu beachten (§ 252 Abs. 1 Nr. 6 HGB). Eine Änderung der in die Herstellungskosten einbezogenen Komponenten ist nur in begründeten Ausnahmefällen möglich. Bei einer Änderung in begründeten Ausnahmefällen ist diese im Anhang anzugeben, zu begründen und der Einfluss auf die Vermögens-, Finanz- und Ertragslage gesondert darzustellen (§ 284 Abs. 2 Nr. 3 HGB).

Die Komponenten der Herstellungskosten im Einzelnen		Handels-bilanz	Steuer-bilanz
Vertriebsgemeinkosten	Vertriebsinnen- und -außendienst, Versand, Vertriebsläger, allgemeine Werbekosten (Public Relations)	Verbot	Verbot
Sondereinzelkosten des Vertriebs	Verpackungsmaterial, Frachten, Verkaufsprovisionen, Transportversicherung, auftragsbezogene Werbekosten	Verbot	Verbot
Forschungskosten	Gehälter der Wissenschaftler, Materialkosten, Raumkosten für Labore (Bereich der allgemeinen Grundlagenforschung)	Verbot	Verbot
Kosten der allgemeinen Verwaltung	Gehälter der Geschäftsleitung, Personalbüro, Ausbildungswesen, Betriebsrat, Rechnungswesen, Werkschutz, Feuerwehr, Telefon, Porto, Betriebskrankenkasse, Einkauf, Wareneingang,	Wahlrecht	Wahlrecht
Aufwendungen für soziale Einrichtungen	Kantine, Betriebskindergarten und Betriebssportanlagen	Wahlrecht	Wahlrecht
Aufwendungen für freiwillige soziale Leistungen	Weihnachtszuwendungen, Jubiläumsgeschenke	Wahlrecht	Wahlrecht
Aufwendungen für die betriebliche Altersversorgung	Zuführungen zu Pensionsrückstellungen, Zuwendungen an Pensions- und Unterstützungskassen, Direktversicherungen	Wahlrecht	Wahlrecht
Werteverzehr des Anlagevermögens, soweit er durch die Fertigung veranlasst ist	Absetzungen für Abnutzung im Fertigungsbereich	Pflicht	Pflicht
Fertigungsgemeinkosten	Kosten der Fertigungsvorbereitung und -kontrolle, Fertigungsraumkosten, Gehälter der Fertigungsleitung und dazu proportionale gesetzliche oder tarifliche Sozialaufwendungen, Versicherungen, Unfallverhütung in der Fertigung, Werkzeuglager, Kosten des Lohnbüros (soweit für Mitarbeiter im Fertigungsbereich tätig)	Pflicht	Pflicht
Materialgemeinkosten	Materiallagerkosten, innerbetrieblicher Materialtransport, Materialprüfung und Materialverwaltung	Pflicht	Pflicht
Sondereinzelkosten der Fertigung	Modelle, Spezialwerkzeuge, Lizenzgebühren, direkt zurechenbare Entwicklungs- und Konstruktionskosten	Pflicht	Pflicht
Fertigungseinzelkosten	direkt zurechenbare Fertigungslöhne und dazu proportionale gesetzliche/tarifliche Sozialaufwendungen	Pflicht	Pflicht
Materialeinzelkosten	Verbrauch an Roh-, Hilfs- und Betriebsstoffen sowie an Zukaufteilen; Warenumschließung (z.B. Milch in Flaschen)	Pflicht	Pflicht

Handelsrechtlich gehören **Materialabfälle**, die bei der normalen Fertigung anfallen, zu den Materialeinzelkosten, gleichgültig, ob sie wieder im Produktionsprozess eingesetzt werden oder nicht. **Ausschuss** im entsprechenden Fall stellt Materialgemeinkosten dar. Werden Ausschuss oder Abfälle vor ihrer Wiederverwendung in der Fertigung über den Bilanzstichtag hinweg gelagert, so sind sie als Unfertige Erzeugnisse bzw. – falls eine Veräußerung möglich und beabsichtigt ist - als Fertige Erzeugnisse zu klassifizieren. Dagegen ist Materialschwund und –diebstahl nicht bestimmten Erzeugnissen zuzuordnen, sondern als Sonstiger betrieblicher Aufwand zu buchen.[1]

---

[1] Vgl. Knop/Küting, in: Küting/Weber § 255 Tz. 171.

Einige Kostenpositionen lassen sich nicht eindeutig zuordnen, da es sich um Mischposten handelt. Die Kosten des *Wareneingangs* und des *Einkaufs* werden in der Kosten- und Leistungsrechnung in der Regel den Materialgemeinkosten zugeordnet, umfassen aber auch Kosten, die eher der kaufmännischen Verwaltung zuzuordnen sind. In der alten Regelung nach R 6.3 Abs. 4 EStR 2008 werden diese Mischposten den Verwaltungsgemeinkosten zugerechnet und somit dem Bilanzierenden auch steuerlich für diese Kosten anstelle eines Einbeziehungsgebots ein Wahlrecht zugestanden. Diese Zuordnung wird auch handelsrechtlich für zweckmäßig erachtet.[1] Nach ADS (§ 255 Tz. 172) allerdings gehören diese Kosten aus betriebswirtschaftlichen Gründen zu den Materialgemeinkosten. Andere Kostenmischpositionen, beispielsweise die Kosten des Lohnbüros, sind aufzuteilen und - je nach Verursachung - dem Fertigungs-, dem Material- und dem allgemeinen Verwaltungsbereich zuzuordnen. Nach der neuen steuerlichen Regelung gemäß R 6.3 Abs. 3 EStR 2012 werden die Kosten des Wareneingangs und des Einkaufs weiterhin den Verwaltungsgemeinkosten zugeordnet, nur hat das jetzt keine Auswirkung mehr, denn es besteht so oder so eine Einbeziehungspflicht in die Herstellungskosten.

Die Einbeziehung der Vertriebsgemeinkosten sowie der Sondereinzelkosten des Vertriebs in die Herstellungskosten ist sowohl handels- als auch steuerrechtlich verboten. Die Begründung liegt darin, dass Vertriebskosten nichts mit dem eigentlichen Herstellungsvorgang des Vermögensgegenstands zu tun haben. Entweder fallen sie <u>vor</u> dem Produktionsbeginn an (z.B. Akquisitionskosten bei Investitionsgütern) oder erst <u>nach</u> dem Zeitraum der Fertigung, wie etwa die Kosten des Transports oder der *Außenverpackungen* (z.B. Transportverpackung, Faltschachtel um die Zahnpastatube). Die Kosten der *Innenverpackung*, also der inneren Warenumhüllung, die die Ware überhaupt marktfähig machen soll (z.B. die Zahnpastatube selbst), gehören zu den Materialeinzelkosten.

(2) Sonderprobleme

(a) Wertverzehr des Anlagevermögens

Die *Abschreibungen im Fertigungsbereich* gehören eigentlich zu den Fertigungsgemeinkosten, werden aber wegen ihrer großen Bedeutung gesondert noch einmal erwähnt. Die Einschränkung "soweit durch die Fertigung veranlasst" heißt zum einen, dass hier nur Maschinen, Anlagen und Gebäude im Fertigungsbereich einzuordnen sind, und zum anderen, dass es sich nicht um die Berücksichtigung außergewöhnlicher Wertminderungen handeln darf, also nicht um außerplanmäßige Abschreibungen (Teilwertabschreibungen, R 6.3 Abs. 4 S.6 EStR) wegen Veralterung oder wegen Unterauslastung oder Stilllegung. Steuerrechtlich dürfen Sonderabschreibungen, erhöhte Absetzungen oder Bewertungsfreiheiten jedoch nach R 6.3 Abs. 4 EStR einbezogen werden, was jedoch zu einer teilweisen Stornierung führte. Verzichtet man auf eine Einbeziehung, darf jedoch nicht statt der bei der Bewertung des Anlagevermögens berücksichtigten linearen Abschreibung etwa die geometrisch-degressive in die Herstellungskosten einbezogen werden. Allerdings ist es steuerlich zulässig, die linearen Abschreibungsbeträge in die Herstellungskosten einzubeziehen, auch wenn bilanziell geometrisch-degressiv abgeschrieben wurde, wie es noch für Zugänge an beweglichen Wirtschaftsgütern des Anlagevermögens bis zum 31.12.2010 begrenzt möglich war. Diese Regelung, die auch die Stellungnahme HFA 5/1991 des IdW (WPg 1992, S. 95) zulässt, dient der einfacheren Übernahme der Kostengrößen aus der Kosten- und Leistungsrechnung, denn dort wird in der Regel linear abgeschrieben. Schließlich darf der Wertverzehr der geringwertigen Wirtschaftsgüter

---

[1] (Knop/Küting in: Küting/Weber § 255 Tz. 280).

steuerrechtlich nicht in die Herstellungskosten einbezogen werden (R 6.3 Abs. 4 S. 5 EStR 2012). Inhaltlich weicht die Neuregelung nicht von R 6.3 Abs, 3 EStR 2008 ab.

(b) Forschungs- und Entwicklungskosten

Bei den Kosten im Zusammenhang mit der Entwicklung neuer materieller und immaterieller Erzeugnisse muss in allgemeine Grundlagenforschung und Entwicklung unterschieden werden. Die *Kosten der Grundlagenforschung* sind in der Regel keinem bestimmten Produkt zurechenbar. Mitunter resultieren aus derselben Forschung mehrere Neuprodukte, mitunter verläuft die Forschung ergebnislos. Daher sind solche Kosten als sofortiger Aufwand Gewinn mindernd zu buchen (§ 255 Abs. 2 S. 4 HGB). Für *Entwicklungskosten*, die einem Erzeugnis eindeutig zuordenbar sind, also etwa der *Verbesserung* bereits im Produktionsprogramm befindlicher *Erzeugnisse* dienen, gelten die allgemeinen Regelungen des § 255 Abs. 2 u. 3 HGB. Häufig handelt es sich um auftragsbezogene Konstruktions- und Entwicklungskosten und somit um Sonderkosten der Fertigung.

Für *selbst geschaffene immaterielle Vermögensgegenstände* (z.B. Produktionsverfahren, Know how), die zum *Anlagevermögen* gehören, weil sie der Betrieb selbst auf Dauer nutzen möchte (§ 248 Abs. 2 S. 1 HGB) besteht in der *Handelsbilanz* ein *Aktivierungswahlrecht*. Kann im Falle der Aktivierung die Nutzungsdauer dieses Vermögensgegenstands nicht verlässlich geschätzt werden, so sind die planmäßigen Abschreibungen über einen Zeitraum von 10 Jahren vorzunehmen (§ 253 Abs. 3 S. 3 HGB). Der aktivierbare Wert darf jedoch *nur die Entwicklungskosten* nach Maßgabe des § 255 Abs. 2 u. 3. HGB als Herstellungskosten umfassen, nicht aber die allgemeinen Forschungskosten. Da es in diesem Falle aber besonders schwierig ist, beides voneinander abzugrenzen und im Anlagevermögen auch langfristige Folgewirkungen einer falschen (manipulierten) Bewertung entstehen, hat der Gesetzgeber in § 255 Abs. 2a HGB eine Regelung für diesen Fall getroffen.

Das Abgrenzungsproblem wird ab dem Zeitpunkt relevant, ab dem eine hohe Wahrscheinlichkeit für das Schaffen eines immateriellen Vermögensgegenstands vorliegt. Damit der Bilanzierende die beiden Kostenkategorien unterscheiden kann, grenzt der Gesetzgeber in § 255 Abs. 2a S. 2 u. 3 HGB die *Entwicklungsphase* von der *Forschungsphase* ab. Sofern beide Phasen aneinander anschließen, wird dadurch gleichzeitig der frühestmögliche Zeitpunkt der Aktivierung des selbst geschaffenen immateriellen Vermögensgegenstands bestimmt.

Forschung	*Entwicklung*
„ist die eigenständige und planmäßige Suche nach neuen wissenschaftlichen oder technischen Erkenntnissen oder Erfahrungen allgemeiner Art, über deren technische Verwertbarkeit und wirtschaftliche Erfolgsaussichten grundsätzlich keine Aussagen gemacht werden können." (§ 255 Abs. 2a S. 3 HGB)	Ist die Anwendung von Forschungsergebnissen oder von anderen Wissen für die Neuentwicklung von Gütern oder Verfahren oder die Weiterentwicklung von Gütern oder Verfahren mittels wesentlicher Änderungen." (§ 255 Abs. 2a S. 2 HGB)
Beispiel: Systematische Suche nach technologischen Erkenntnissen über Verfahren, Prozesse, Materialien, Vorrichtungen	*Beispiel:* Neu- oder Weiterentwicklung von Produkten, Verfahren, Systemen; Testen und Erproben der Praxisanwendbarkeit der in der Forschungsphase gewonnenen Erkenntnisse; Entwerfen, Konstruieren und Testen neuer Prototypen und Modelle

Forschung	Entwicklung
Verbot der Einbeziehung in die Herstellungskosten von selbst erstellten immateriellen Anlagegütern (nur Handelsbilanz) (§ 255 Abs. 2 S. 4 HGB)	*Pflicht bzw. Wahlrecht* zur Einbeziehung in die Herstellungskosten von selbst erstellten immateriellen Anlagegütern nach Maßgabe des § 255 Abs. 2 HGB (nur Handelsbilanz) (§ 255 Abs. 2a S. 1 HGB)

Offensichtlich bleibt in der Praxis ein Ermessensspielraum, innerhalb der Übergangsphase den Trennstrich zu ziehen. Probleme der Abgrenzung gibt es insbesondere bei der Softwareentwicklung, da hier Phasen der Ideengewinnung und der Ideenumsetzung sich abwechseln und überlappen. Die Dokumentation muss die Vorgänge für den Abschlussprüfer nachvollziehbar festhalten. Anhangangaben sollen dem externen Bilanzleser das Verständnis erleichtern.[1] Falls aber Forschungsphase und Entwicklungsphase und somit auch Forschungs- und Entwicklungskosten dennoch nicht verlässlich voneinander unterschieden werden können, und damit keine verlässliche Bewertung möglich ist, ist eine Aktivierung selbst geschaffener immaterieller Anlagegegenstände in der Handelsbilanz nicht zulässig (§ 255 Abs. 2a S. 4 HGB). Allerdings gibt es für den Bilanzierenden auch Ermessensspielräume bei der Beurteilung, ob eine Trennung der Phasen bzw. Kosten verlässlich möglich ist oder nicht. Ist von vornherein das Schaffen eines aktivierbaren immateriellen Vermögensgegenstands nicht beabsichtigt oder nicht mit hoher Wahrscheinlichkeit zu erwarten, da nur reine Grundlagenforschung betrieben wird, so sind die gesamten Aufwendungen sofort Gewinn mindernd zu buchen.

In der *Steuerbilanz* ist dagegen die Aktivierung selbst erstellter immaterieller Wirtschaftsgüter des Anlagevermögens weiterhin verboten (§ 5 Abs. 2 EStG). Wegen der Unbestimmtheit des Zeitraumes, in dem dieses Know how in der Zukunft genutzt werden kann, kommt auch ein aktiver Rechnungsabgrenzungsposten nicht in Frage. Es bleibt somit bei der sofortigen Aufwandsverbuchung.

Merke:

Handelsbilanz	Steuerbilanz
Wahlrecht zur Aktivierung selbst geschaffener immaterieller Vermögensgegenstände des Anlagevermögens (§ 248 Abs. 2 S. 1 HGB). *Ausnahme:* Verbot, wenn Forschungs- und Entwicklungskosten nicht verlässlich voneinander abgegrenzt werden können (§ 255 Abs. 2a S. 4 HGB). *Ausnahme:* Verbot der Aktivierung selbst geschaffene Marken, Drucktitel, Verlagsrechte, Kundenlisten oder vergleichbare immaterielle Anlagegegenstände (§ 248 Abs. 2 S. 2 HGB).	Generelles Verbot der Aktivierung nicht entgeltlich erworbener Wirtschaftsgüter des Anlagevermögens (§ 5 Abs. 2 EStG).

---

[1] Gemäß § 285 Nr. 22 HGB sind im Fall der Aktivierung nach § 248 Abs. 2 HGB der Gesamtbetrag der Forschungs- und Entwicklungskosten des Geschäftsjahrs sowie der davon auf die selbst geschaffenen immateriellen Vermögensgegenstände des Anlagevermögens entfallende Betrag anzugeben. Genaueres siehe Kapitel B.IV.1.a)(1).

(c) Steuern

Die Behandlung der Steuern im Rahmen der Herstellungskosten ist in Handels- und Steuerbilanz weitgehend identisch. Für alle gewinnabhängigen Aufwendungen besteht ein Verbot der Einbeziehung, entstehen sie doch erst nach Ende des Geschäftsjahres, also nach dem Zeitraum der Fertigung, bzw. stellen sie doch streng genommen gar keine Kosten dar. Dazu gehören die Einkommen-, die Körperschaft- und die Gewerbeertragsteuer. Gemäß R 6.3 Abs. 6 EStR 2012 dürfen entsprechend die bei der Gewinnermittlung nicht abzugsfähige Steuern, also die Einkommen-, die Gewerbe- und die Körperschaftsteuer auch nicht in die steuerlichen Herstellungskosten einbezogen werden (§ 12 Nr. 3 EStG; § 4 Abs. 5b EStG; § 10 Nr. 2 KStG). Eine inhaltliche Änderung der Vorschrift gegenüber R 6.3 Abs. 5 EStR 2008 wurde nicht vorgenommen.

Die *Umsatzsteuer* hat keinen Kostencharakter und ist zudem dem Vertriebsbereich zuzuordnen. *Nicht abzugsfähige Vorsteuer* ist in der Regel den Materialkosten (Einzel- oder Gemeinkosten) zuzuordnen (vgl. § 9b Abs. 1 EStG). *Verbrauchsteuern*, deren Schuldner der Inhaber des Herstellungsbetriebs ist, stellen den Produkten im Vorratsvermögen direkt zurechenbare Kosten, und zwar Sondereinzelkosten der Fertigung, dar. Zu diesen Verbrauchsteuern gehören u.a. die Biersteuer, die Mineralölsteuer, die Schaumweinsteuer und die Tabaksteuer. In der Steuerbilanz ist dafür ein aktiver Rechnungsabgrenzungsposten zu bilden (§ 5 Abs. 5 Satz 2 EStG). Diese Möglichkeit gibt es für die Handelsbilanz aufgrund des BilMoG seit 1.1.2010 nicht mehr. Es bleibt also nur die Pflicht zur vollen Einbeziehung in die Herstellungskosten der Erzeugnisse als Sondereinzelkosten der Fertigung. In der Steuerbilanz bezieht sich diese Pflicht zur Einbeziehung in die Herstellungskosten der Erzeugnisse aufgrund der ARA-Bildung jeweils nur auf den Zeitraum und den Betrag der Aufwandsbuchung.

	Handelsbilanz	Steuerbilanz
Einkommensteuer, Körperschaftsteuer	Verbot	Verbot
Gewerbeertragsteuer	Verbot	Verbot
Umsatzsteuer u. abziehbare Vorsteuer	Verbot	Verbot
Umsatzsteuer auf Entnahmen und Vorsteuer auf nach § 12 Nr. 1 und § 4 Abs 5 Nr. 1-5, 7 und Abs. 7 EStG nicht abziehbare Aufwendungen	Verbot	Verbot
nicht abziehbare Vorsteuer je nach Zusammenhang a) = Materialeinzel- oder -gemeinkosten b) = Verwaltungsgemeinkosten c) = Vertriebsgemeinkosten	a) Pflicht b) Wahlrecht c) Verbot	a) Pflicht b) Wahlrecht c) Verbot
Zölle und Verbrauchsteuern	Pflicht als SEK d. F.	Pflicht zur ARA-Bildung gemäß § 5 Abs. 5 S.2 Nr. 1 EStG und zeitanteilige Einbeziehung in die HK
Grundsteuer (Fertigungsbereich)	Pflicht	Pflicht

(d) Fremdkapitalzinsen

Genauso wenig wie zu den Anschaffungskosten gehören die Fremdkapitalzinsen zu den Herstellungskosten von Erzeugnissen, da bilanziell eine Trennung zwischen der güterwirtschaftlichen Produktion und dem Finanzierungsgeschäft vorgenommen wird (§ 255 Abs. 3 Satz 1 HGB). Andererseits kann nicht bestritten werden, dass die Fremdkapitalzinsen in der Praxis einen bedeutenden Aufwands- und Kostenfaktor darstellen, und die bilanzrechtliche Behandlung der Fremdkapitalzinsen vor allem für Unternehmen mit langfristiger Fertigung (Anlagenbau, Kraftwerksbau, Schiffbau, Flugzeugbau etc.) gravierende Folgen hat. Unter bestimmten Voraussetzungen (vgl. Kapitel "Realisationsprinzip") ist es diesen Unternehmen möglich, Teilgewinne zu bilanzieren, bevor z.B. das Schiff abgeliefert und der Gewinn eigentlich erst realisiert wird. Diese Bilanzierungsweise dient zweifellos der Generalnorm (§ 264 Abs. 2 HGB), da durch Ausweis von hohen Verlusten in den Produktionsjahren und eines riesigen Gewinnes im Jahr der Ablieferung des Schiffes die Ertragslage beharrlich falsch dargestellt würde. Wegen der gravierenden Bedeutung der Fremdfinanzierungskosten in diesen Branchen, die in den Produktionsjahren trotz der Möglichkeit der Teilgewinnrealisierung häufig zum Verlustausweis führen würden, sehen Handelsrecht und Steuerrecht eine sog. *Bewertungshilfe* vor (§ 255 Abs. 3 Satz 2 HGB; R 6.3 Abs. 4 Satz 1 EStR). Unter bestimmten Bedingungen dürfen danach Fremdkapitalzinsen in den Herstellungskosten aktiviert werden. Diese Voraussetzungen sind:

1. Das Fremdkapital muss zur Finanzierung der Herstellung eines Vermögensgegenstands bzw. Wirtschaftsguts verwendet werden.

Nach Meinung des IDW ist „für die Aktivierung ... die Zurechenbarkeit des aufgenommenen Fremdkapitals in sachlicher und zeitlicher Hinsicht auf den jeweiligen Herstellungsvorgang (erforderlich)"[1]. Ein sachlicher Zusammenhang sei etwa bei einer objekt- oder auftragsbezogene Finanzierung gegeben. Wenn keine direkte Zuordnung von Krediten aufgrund kreditvertraglicher Vereinbarung (ggf. auch Zweckbindung) vorgenommen werden könne, so könnten im Ausnahmefall andere Indizien für eine sachliche und zeitliche Zurechenbarkeit sprechen. Derartige Zusammenhänge dürften bei größeren Projekten wie Flugzeugen, Schiffen, Bauten, Kraftwerken, also vor allem bei Werften und im Anlagenbau, herleitbar sein.

Eine weniger restriktive Auffassung wird im Kommentar Küting/Weber vertreten. Danach ist z.B. die Vereinfachungsannahme zulässig, dass die Finanzierung des einzelnen Gegenstands der Fremdkapitalquote (= Fremdkapital : Gesamtkapital) des Gesamtunternehmens entspricht (vgl. Knop/Küting in: Küting/Weber § 255 Tz. 326; ebenso ADS § 255 Tz. 204). Für diese Auffassung spricht, dass ein so enger Zusammenhang zwischen Finanzierung und Objekt, wie ihn das IdW fordert, in der Praxis meist nicht gegeben ist und der Anwendungsbereich daher sehr eingeschränkt wäre, obwohl Fremdkapitalzinsen nach dem Finalitätsprinzip genauso behandelt werden müssten wie z.B. Abschreibungen der Fertigungsanlagen. Dagegen spricht, dass sich durch diese Verfahrensweise ein zusätzlicher Manipulationsspielraum eröffnet.

2. Es darf sich nur um solche Fremdkapitalzinsen handeln, die auf den Zeitraum der Herstellung entfallen.

Hierdurch soll ausgeschlossen werden, dass Zinsen, die im Anschluß an die Produktionszeit, etwa während der Absatzlagerzeit entstehen und damit dem Vertriebsbereich zuzuordnen sind, aktiviert werden können.

Wird von dem Wahlrecht in der Handelsbilanz Gebrauch gemacht, so ist nach § 284 Abs. 3 S.4 HGB für jeden Posten des Anlagevermögens im Anhang anzugeben, welcher Betrag an Zinsen im Geschäftsjahr aktiviert worden ist. Zweckmäßigerweise sollte dies in einem Davon-Vermerk bei den Zugängen im Anlagenspiegel (vgl. Kapitel B.IV.4a) erfolgen.

---

[1] Stellungnahme HFA 5/1991, WPg 1992, S. 95.

Inhaltlich sind unter dem Begriff „Fremdkapitalzinsen" nach Meinung des IdW alle Ausgaben zu verstehen, die unter den GuV-Posten „Zinsen und ähnliche Aufwendungen" (vgl. Teil C. Kapitel I.2.b) fallen, also z.B. auch der zeitbezogene Verteilungsbetrag eines zuvor gemäß § 250 Abs. 3 HGB aktivierten Disagios, nicht aber Kapitalbeschaffungskosten (z.B. Bereitstellungszinsen; umstritten). Bei Einbeziehung von Fremdkapitalzinsen in die Herstellungskosten verlangt § 284 Abs. 2 Nr. 4 HGB, dies im Interesse der Vergleichbarkeit der Jahresabschlüsse im Anhang anzugeben. Außerdem wird eine Angabe der jeweils in den einzelnen Posten des Anlagevermögens aktivierten Fremdkapitalzinsen verlangt (§ 284 Abs. 3 S. 4 HGB).

Da nach dem Gesetzeswortlaut (§ 255 Abs. 3 HGB) die Fremdkapitalzinsen als Herstellungskosten gelten, wenn von dem Einbeziehungswahlrecht Gebrauch gemacht wird, und da in den alten steuerlichen Verwaltungsanweisungen (R 6.3 Abs. 4 Satz 1 EStR 2008; H 6.3 „Zinsen für Fremdkapital" EStH 2008) eine inhaltliche Anpassung an das Handelsrecht vorgenommen worden ist, gilt hier der Grundsatz der *Maßgeblichkeit* (§ 5 Abs. 1 Satz 1 EStG). Das heißt, das Wahlrecht zur Einbeziehung der Fremdkapitalzinsen wird in der Handelsbilanz für die Steuerbilanz mit ausgeübt. Voraussetzung für die Berücksichtigung von Fremdkapitalzinsen in der Steuerbilanz ist also, dass in der Handelsbilanz entsprechend verfahren wird (R 6.3 Abs. 4 Satz 1 EStR 2008).[1]

Insbesondere im Hinblick auf die Berücksichtigung von Leerkosten (vgl. das folgende Kpitel) stellt sich die Frage, ob es sich bei den aktivierten Fremdkapitalzinsen um Einzel- oder Gemeinkosten handelt. Grundsätzlich werden es Fertigungsgemeinkosten sein. Wenn aber nach den restriktiven Bedingungen der sachlichen und zeitlichen Zurechenbarkeit der Stellungnahme HFA 5/1991 verfahren wird, kann es sich auch um Einzelkosten handeln, nämlich dann, wenn es um die Finanzierung der Herstellung einer einzigen Großanlage oder eines einzigen Schiffes im Kundenauftrag geht.

(e) Leerkosten

In § 255 Abs. 2 Satz 2 HGB wird die Einbeziehung der Material- und Fertigungsgemeinkosten sowie der Abschreibungen auf "angemessene Teile" beschränkt. Außerdem dürfen nur die auf den Zeitraum der Fertigung entfallenden Aufwendungen berücksichtigt werden (§ 255 Abs. 2 Satz 5 HGB). Mit der Einschränkung auf "angemessene Teile" und auf Aufwendungen im "Zeitraum der Herstellung" ist die in der Kosten- und Leistungsrechnung vorzunehmende anteilige Zuordnung ("Schlüsselung") der Gemeinkosten auf die einzelnen Erzeugnismengeneinheiten (Kostenträger) nach dem Finalitätsprinzip gemeint.

Eine verursachungsgerechte Zuordnung der Gemeinkosten muss sich auf die aufwandsgleichen Kosten beschränken, d.h. alle außerordentlichen und nicht auf die Erstellung der Erzeugnisse ausgerichteten Aufwendungen („nicht betriebszweckbezogen") ausschließen. Den Erzeugnisse nicht verursachungsgerecht zuordenbar und damit keine „angemessenen Teile der Gemeinkosten" sind demnach außerplanmäßige Abschreibungen sowie die so genannten *Leerkosten.*

---

[1] Dies entspricht auch der vom BMF im Schreiben vom 12.3.2010 (BStBl. 2010 I, S. 239) vertretenen Auffassung. Es handelt sich um Fall 4) der Maßgeblichkeit, da eine eigenständige, d.h. vom Handelsrecht abweichende Regelung im ESt-Recht fehlt, vgl. Kapitel B.II.2.

Grundlagen der Bilanzierung und Bewertung

Dies sind fixe Gemeinkosten wie Zeitabschreibungen, Wartungskosten etc., die während des Stillstandes[1] der Maschinen anfallen oder die auf eine Unterauslastung[2] der Maschinen entfallen.

Definition:

> Unter *Leerkosten* sind die auf die Kapazitätsunterauslastung entfallenden Fixkosten zu verstehen.

Werden die gesamten Fixkosten auf die Anzahl der produzierten Erzeugnisse gleichmäßig verteilt, so sind die Fixkosten pro Stück umso höher, je niedriger die tatsächliche Ausbringungsmenge ist. Folge: Bei starker Unterauslastung in Rezessionszeiten werden die Erzeugnisvorräte sehr hoch bewertet, obwohl die Preise wegen der Absatzstockungen in den Keller rutschen. Deutlicher könnte man nicht dem Vorsichtsprinzip/Imparitätsprinzip widersprechen. Die Leerkosten dürfen deshalb in Handels- und Steuerbilanz nicht in die Herstellungskosten der Vorräte einbezogen werden, sondern allein die sog. Nutzkosten (vgl. R 6.3 Abs. 7 EStR 2012, die der alten Regelung in R 6.3 Abs. 6 EStR 2008 entspricht).

Die *Herausrechnung der Leerkosten* kann mit Hilfe der folgenden Formeln leicht vorgenommen werden:

Nutzkosten $K_N = (K_{fix} : x_{Kapaz}) * x_{ist}$

oder:

Nutzkosten $K_N = (x_{ist} : x_{Kapaz}) * K_{fix} = KAG * K_{fix}$

Nutzkosten und Leerkosten sind *komplementär*, d.h. sie ergänzen sich zur Gesamthöhe der Fixkosten und ihre Anteile an den Fixkosten ergänzen sich zu Eins.

> Nutzkosten K_N + Leerkosten K_L = Fixkosten K_{fix}

> Leerkosten $K_L = K_{fix} - K_N = K_{fix} - KAG * K_{fix} = (1 - KAG) * K_{fix}$

Symbole:
K_{fix} = Fixkosten
x_{Kapaz} = Produktionsmenge bei Kapazitätsvollauslastung
x_{ist} = tatsächliche Produktionsmenge
KAG = $(x_{ist} : x_{Kapaz})$ = Kapazitätsausnutzungsgrad

---

[1] Gründe dafür können Produktionsstörungen oder Kurzarbeit u.ä. sein. Diese Aufwendungen entfallen auch nicht auf den Zeitraum der Herstellung.
[2] Eine Zuordnung von Leerkosten zu den Erzeugniseinheiten wird in diesem Falle auch als Verstoß gegen das „Angemessenheitsprinzip" angesehen, vgl. IdW: HFA 5/1991, WPg 1992, S. 95.

Beispielaufgabe:

Berechnen Sie die Leerkosten aus einem Fixkostenblock in Höhe von 10.000 EUR bei einer tatsächlichen Ausbringungsmenge x_{ist} = 6.000 Mengeneinheiten (ME). Bei Vollauslastung der Anlagen könnten x_{Kapaz} = 10.000 ME erzeugt werden.

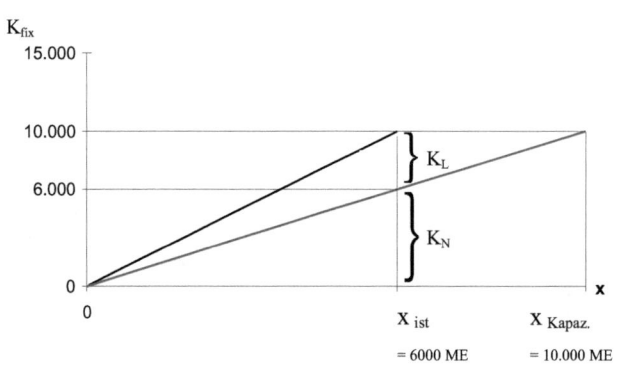

[Diagramm: K_{fix}-Achse mit Werten 15.000, 10.000, 6.000, 0; x-Achse mit x_{ist} = 6000 ME und $x_{Kapaz.}$ = 10.000 ME. Das obere Dreieck zeigt K_L, das untere Dreieck K_N.]

Das untere Dreieck (unterhalb der Diagonalen) stellt allgemein die Nutzkosten (K_N), das obere Dreieck die Leerkosten (K_L) dar.

Lösung:

Fixkosten pro ME bei Vollauslastung:
   $K_{fix} : x_{Kapaz}$ = 10.000 EUR : 10.000 ME = 1,- EUR/ME.

Fixkosten pro ME bei tatsächlicher Auslastung von 60 %:
   $K_{fix} : x_{ist}$ = 10.000 EUR : 6.000 ME = 1,67 EUR/ME.

Nutzkosten = $K_{fix} : x_{Kapaz} * x_{ist}$ = 1 EUR/ME * 6.000 ME = 6.000 EUR.
oder:
Nutzkosten = $(x_{ist} : x_{Kapaz}) * K_{fix}$ = 6.000 ME : 10.000 ME * 10.000 EUR
   = KAG * K_{fix} = 0,60 * 10.000 EUR = 6.000 EUR.

Leerkosten = (1 - KAG) * K_{fix} = 0,4 * 10.000 EUR = 4.000 EUR.

Den Erzeugnissen dürfen also nur insgesamt 6.000 EUR Fixkosten bei der bilanziellen Bewertung (neben den variablen Kosten) zugerechnet werden, also 1,- EUR pro ME. Die Leerkosten von insgesamt 4.000 EUR (= 0,67 EUR pro ME) stellen Aufwand der Periode dar. Eine Bewertung der Erzeugnisse mit Fixkosten von 1,67 EUR pro ME (neben den variablen Kosten) ist weder in der Handels- noch in der Steuerbilanz zulässig.

Der BFH hat in seinem in H 6.3 „Ausnutzung von Produktionsanlagen" EStH aufgeführten Urteil vom 15.2.1966 (BStBl. 1966 III, S. 468) zwischen der Stilllegung eines Teilbetriebs oder einzelner Produktionsgüter, bei der sich die Einbeziehung der auf diese Wirtschaftsgüter entfallenden nicht produktionsnotwendigen Fertigungsgemeinkosten (z.B. weiterlaufende Abschreibungen) verbietet, einerseits und der Unterauslastung von Produktionsanlagen andererseits unterschieden. Im letzteren Fall dürfen die Leerkosten nur unter besonderen Voraussetzungen aus den Fertigungsgemeinkosten ausgeschieden werden. Diese Voraussetzungen seien bei einer Auslastungsverringerung, die sich aus der Art der Produktion ergibt, z.B. wenn die Auslastungsschwankungen auf natürlichen Gegebenheiten beruhen (Nahrungsmittelindustrie) nicht gegeben. Verallgemeinert heißt dies, dass *steuerrechtlich* eine Eliminierung von

Grundlagen der Bilanzierung und Bewertung

Leerkosten bei üblichen (z.B. saisonalen) Schwankungen um die Normalauslastung der Kapazität nicht zulässig ist. Das Ausmaß der üblichen Schwankungen wird branchenabhängig sehr verschieden sein. Nach Knop/Küting in: Küting/Weber „dürfte i.d.R. eine Eliminierungspflicht von Leerkosten dann nicht vorliegen, wenn die tatsächliche Beschäftigung 70% der normalerweise erreichbaren Kapazität übersteigt" (§ 255 Tz. 309). Diese *handelsrechtliche* Kommentarmeinung räumt dem Bilanzierenden einen großen Ermessensspielraum ein, wobei in Kauf genommen wird, dass die Ertragslage, aber auch die Vermögenslage, im Vergleich zur wirtschaftlichen Lage u.U. zu günstig dargestellt und die zeitliche Vergleichbarkeit der Jahresabschlüsse beeinträchtigt wird.

Letztlich sind die konkreten Marktverhältnisse und die Verhältnisse des betrieblichen Produktionsprozesses im Einzelfall zu würdigen, um zu entscheiden, ab wann die Unterauslastung eine Leerkosteneliminierung aus den Herstellungskosten auslösen muss. Eine sachgerechte, den Grundsatz der Vorsicht, den Grundsatz der Wirtschaftlichkeit und auch den der Gleichmäßigkeit der Besteuerung beachtende und somit auch steuerlich anzuerkennende Grenze dürfte m.E. bei 10% der Normalauslastung liegen, falls es sich um ein Unternehmen handelt, dessen Produktion nicht saisonabhängig regelmäßig, sondern z.B. konjunkturell bedingt und/oder zufallsbedingt, schwankt. Wird diese pragmatische Bagatellgrenze der Unterauslastung überschritten, so sind die Leerkosten, die auf die gesamte Unterauslastung (= Differenz zwischen tatsächlicher Auslastung und Normalauslastung) entfallen, zu eliminieren und nicht nur auf den die Grenze überschreitenden Teil.

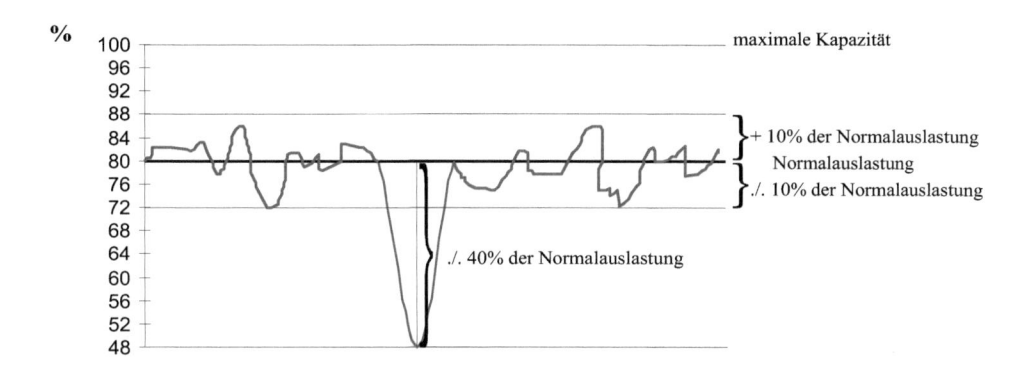

Die normale Kapazitätsauslastung liegt in diesem Beispiel bei 80%. Schwankt die tatsächliche Kapazitätsauslastung bis zur Grenze von 72 %, dann brauchen keine Leerkosten herausgerechnet zu werden. Liegt die Kapazitätsauslastung jedoch bei 48 %, so beträgt der Auslastungsgrad bezogen auf die Normalkapazität (48 : 80) * 100 = 60 % , so dass Leerkosten in Höhe von 40 % der Fixkosten heraus zu rechnen sind.

Es bleibt noch zu klären, aus welchen Fixkosten die Leerkosten herauszuziehen sind. Da der Verwaltungsbereich von Unterauslastungen kaum berührt wird, muss es sich in erster Linie um alle Fixkosten, die mit dem Produktionsbereich verbunden sind, also die fixen Fertigungsgemeinkosten, handeln. Da als Folgewirkung aber auch der Beschaffungs- und Lagerhaltungsbereich betroffen sein wird, kommen auch die fixen Materialgemeinkosten in Frage. In die Herstellungskosten einbezogen werden müssen nach § 255 Abs. 2 HGB auch angemessene Teile der Material- und Fertigungsgemeinkosten, so dass handelsrechtlich auch aus beiden Kostengruppen eine Herausrechnung zu erfolgen hat. Die Tatsache, dass „angemessene Teile" beim Wertverzehr des Anlagevermögens fehlt, darf nicht zu dem Schluss verleiten, dass aus den Abschreibungen, die den wichtigsten Teil der Fertigungsgemeinkosten darstellen, die Leerkosten nicht zu eliminieren sind. Steuerrechtlich muss dasselbe gelten, auch wenn im oben genannten BFH-Urteil und in H 6.3 „Ausnutzung von Produktionsanlagen" EStH beispielhaft nur von einer Elimination aus den Fertigungsgemeinkosten die Rede ist.

Merke:

	Handelsbilanz	Steuerbilanz
1. Stilllegungskosten	Eliminierungspflicht	Eliminierungspflicht
2. Kosten der Kapazitätsunterauslastung[1] (Leerkosten) a) Saisonale Schwankungen (aufgrund von „natürlichen Gegebenheiten")	Eliminierungsverbot	Eliminierungsverbot (BFH)
b) unregelmäßige Schwankungen ba) bis zu 10% unter die Normalauslastung	Eliminierungswahlrecht	Eliminierungsverbot
bb) mehr als 10% unter die Normalauslastung	Eliminierungspflicht	Eliminierungspflicht

Aufgaben 9 bis 12: Herstellungskosten

Aufgabe 13 und 14: Herstellungskosten/Leerkosten

(3) Herstellungskosten nach IFRS

Die Herstellungskosten bilden den Zugangswert selbst hergestellter Vermögenswerte. Der Bewertungsmaßstab Herstellungskosten ist in IAS 2 für die Vorräte, in IAS 16 für Sachanlagen, in IAS 38 für immaterielle Vermögenswerte geregelt. Die Grundsätze zur Ermittlung der Herstellungskosten zur Bewertung der Vorräte sind auch anzuwenden für selbst erstellte Vermögenswerte, die im eigenen Anlagevermögen eingesetzt werden (IAS 16.22).

Gemäß IAS 2.10 sind bei der Bewertung von selbst erstellten Vorräten und nach IAS 16.18 bei der Bewertung von selbst erstellten Sachanlagen die *produktionsbezogenen Vollkosten* anzusetzen. Diese umfassen nach IAS 2.12
- die direkt zurechenbaren Kosten, z.B. Material- und Fertigungseinzelkosten, Registrierungsgebühren eines Rechtsanspruchs bei immateriellen Vermögenswerten (IAS 38.66)
- alle variablen und fixen Produktionsgemeinkosten im weiteren Sinne, also z.B. Fertigungsgemeinkosten, Materialgemeinkosten, Abschreibungen, Instandhaltungskosten, Kosten des Managements und der Verwaltung des Produktionsbereichs und des Materiallagers. Sämtliche fixe Produktionsgemeinkosten sind auf Basis der Normalkapazität der Anlagen, also ohne Leerkosten, einzubeziehen (IAS 2.13).

---

[1] Bei dieser Übersicht wird von der erwähnten Ansicht von Knop/Küting in: Küting/Weber, § 255, Tz 309, abgesehen.

- Darüber hinaus müssen „sonstige Kosten" einbezogen werden, sofern sie angefallen sind, um die Erzeugnisse an ihren *derzeitigen Ort* und in ihren *derzeitigen Zustand* zu versetzen. Dazu gehören **produktionsbezogene sonstige Gemeinkosten**, sofern sie nicht schon in den Fertigungs- und Materialgemeinkosten erfasst sind, wie z.B. Kosten des innerbetrieblichen Transports oder Kosten der Zwischenlagerung im Produktionsbereich einschließlich der Lagerung von Rohstoffen sowie die anteiligen transport- und fertigungsbezogenen Verwaltungsgemeinkosten. Auch die freiwilligen Sozialkosten, also z.B. Kosten der Aus- und Weiterbildung sowie Aufwendungen der betrieblichen Altersversorgung, sind nur insoweit zu aktivieren, als sie die im Produktionsbereich beschäftigten Arbeitnehmer betreffen. Schließlich kann auch sachgerecht sein, „nicht produktionsbezogene Gemeinkosten oder die Kosten der Produktentwicklung für bestimmte Kunden" (IAS 2.15) in die Herstellungskosten einzubeziehen.

Kosten aufgrund eines Betriebsstillstands und *Leerkosten* aufgrund eines die Normalkapazität unterschreitenden Produktionsvolumens dürfen nicht die Herstellungskosten der Produktionseinheiten erhöhen, sondern sind als Aufwand der Periode zu erfassen (IAS 2.13). Da der Begriff fixen Produktionsgemeinkosten in IAS 2 im weiten Sinne gebraucht wird, gehören hierzu nicht nur die fixen Fertigungs- sondern auch die fixen Materialgemeinkosten. Die Regelung entspricht also den Vorschriften des deutschen Handelsrechts.

Nach IAS 2.21 können statt der angefallenen (Ist-)Kosten vereinfachend auch die so gen. *Standardkosten* angesetzt werden. Nach der Standardkostenmethode werden die Herstellungskosten unter der Annahme eines normalen Material- und Personaleinsatzes sowie einer normalen Leistungsfähigkeit und Kapazitätsauslastung und unter Anwendung festgelegter Planpreise ermittelt. Infolge dieser Ermittlungsweise gehen weder anormale Abfallmengen noch generell Ineffizienzen noch Leerkosten in die Herstellungskosten ein. Die Standardkosten sind regelmäßig zu überprüfen und an die tatsächliche Kostensituation anzupassen.

Für folgende Kosten besteht ein *Aktivierungsverbot* (IAS 2.16):
- Verwaltungskosten, die nicht dazu beitragen, die Vorräte an ihren derzeitigen Ort und in ihren derzeitigen Zustand zu versetzen (z.B. Aufwendungen für Personalbüro, Rechnungswesen, Werkschutz)
- Vertriebskosten
- Lagerkosten von Fertigerzeugnissen („Absatzlager")
- anormal hohe Beträge für Materialabfälle, Fertigungslöhne oder andere Produktionskosten (über Standardkosten hinausgehend).

Bei den *Verwaltungsgemeinkosten*, den Kosten für freiwillige soziale Leistungen bzw. Einrichtungen und den Kosten für die betriebliche Altersversorgung ist somit eine Aufteilung nach den Funktionsbereichen, für die sie angefallen sind, notwendig. Eine Einteilung in die Hauptfunktionsbereiche Produktion, Marketing/Vertrieb und allgemeine Verwaltung wird als ausreichend angesehen. So müssen z.B. die anteiligen Kosten des Lohnbüros, die auf die Gehaltsabrechnungen der in der Produktion beschäftigten Mitarbeiter entfallen, in die Herstellungskosten eingerechnet werden.

Die Behandlung von *Steuern* im Rahmen der Herstellungskosten ist nicht explizit im IFRS-Regelwerk genannt. Nach den allgemeinen Grundsätzen dürfen Ertragsteuern aufgrund ihres fehlenden Kostencharakters nicht einbezogen werden. Bei (gewinnunabhängigen) Substanzsteuern besteht eine Aktivierungspflicht, sofern diese einen Produktionsbezug aufweisen, wie z.B. die Grundsteuer auf das Grundvermögen, auf dem sich die Produktionsanlagen befinden.

Bei *selbst geschaffenen immateriellen Vermögenswerten* stellt sich die Frage nach der Aktivierbarkeit von Forschungs- und Entwicklungskosten im Rahmen der Herstellungskosten. Nach IAS 38.54 f. besteht für Forschungskosten ein generelles Aktivierungsverbot. Entwicklungskosten sind dagegen in die Herstellungskosten der selbst hergestellten immateriellen Vermögenswerte einzubeziehen, soweit die Voraussetzungen nach IAS 38.57 ff. erfüllt und nachgewiesen werden können. Zur Abgrenzung von Forschungs- und Entwicklungskosten siehe Kapitel B.IV.1.a)(5).

Ermittlungsschema für die Herstellungskosten nach IFRS:

Materialeinzelkosten	Pflicht
+ Fertigungseinzelkosten	Pflicht
+ Sondereinzelkosten der Fertigung	Pflicht
+ Materialgemeinkosten	Pflicht
+ Fertigungsgemeinkosten	Pflicht
+ Abschreibungen (fertigungsbezogen)	Pflicht
+ Fremdkapitalzinsen	Pflicht, falls qualifying asset
+ Verwaltungskosten (falls fertigungsbezogen)	Pflicht
= **Herstellungskosten nach IFRS** (= *produktionsbezogene Vollkosten*)	

Wie das obig Ermittlungsschema zeigt, gibt es bei den Herstellungskosten nach IFRS im Gegensatz zum deutschen Handelsrecht keinerlei Wahlrechte. Insbesondere sind *Fremdkapitalzinsen*, die der Herstellung direkt zugeordnet werden können, im Rahmen der Herstellungskosten von „*qualifizierten*" *Vermögenswerten* („*Qualifying Assets*") zu aktivieren, „wenn wahrscheinlich ist, dass dem Unternehmen hieraus künftiger wirtschaftlicher Nutzen erwächst, und die Kosten verlässlich ermittelt werden können" (IAS 23.9). Solche qualifizierten Vermögenswerte sind Vermögenswerte, für die ein längerer Zeitraum erforderlich ist, um sie im Produktionsprozess gebrauchs- oder verkaufsfähig zu machen (IAS 23.5). Massenprodukte gehören somit nicht zu den qualifizierten Vermögenswerten, in diesen Fällen bleibt es beim Aktivierungsverbot von Fremdkapitalzinsen. Produkte von Unternehmen des Maschinenbaus, der Bauindustrie, u.ä. Branchen (große Maschinen und technische Anlagen, Brücken, Schiffe, Flugzeuge) sind „Qualifying Assets". Dazwischen liegt das Feld der Abgrenzungs- und Auslegungsprobleme, wann ein Produktionszeitraum „beträchtlich" ist und wann nicht. Dieser *Ermessensspielraum* kann von der Geschäftsleitung bilanzpolitisch genutzt werden. Nach ADS International (Abschnitt 15, Tz. 84) sind hierbei „sachverhalts- und branchenspezifische Gegebenheiten zu berücksichtigen" und grundsätzlich ist einem Zeitraum über 12 Monate hinaus „beträchtlich".[1] Danach dürften Vorräte mit langer Gär- und Reifezeit, wie Spirituosen, Käse und Tabak „qualifiziert" sein.

Die Aktivierung der Fremdkapitalkosten ist darüber hinaus nur zulässig, wenn das Fremdkapital speziell für die Herstellung des qualifizierten Vermögenswerts aufgenommen wurde, also bei *direkter Zurechenbarkeit*. Diese ist gegeben, wenn die Fremdkapitalkosten ohne die Herstellung des Vermögenswerts nicht entstanden wären. Unproblematisch ist die Zuordnung, wenn zur Anschaffung des „qualifizierten Vermögenswerts" ein spezieller, ggf. sogar zweckgebundener Kredit (Projektfinanzierung) aufgenommen wird (IAS 23.10). Eventuelle Zinserträge aus der Zwischenanlage dieser Gelder sind von den Zinsaufwendungen zu subtrahieren.

---

[1] Auch das IDW gibt für den „beträchtlichen Zeitraum" eine Zeitspanne von mehr als 1 Jahr als widerlegbare Vermutung an. Vgl. IDW RS HFA 37, Rz. 5.

Grundlagen der Bilanzierung und Bewertung

Wenn die finanziellen Mittel nicht speziell zur Herstellung des entsprechenden Vermögenswerts aufgenommen worden sind, aber (zum Teil) für die Finanzierung der Herstellung eines „qualifizierten Vermögenswert" verwendet werden, so können die aktivierbaren Fremdkapitalkosten durch Anwendung eines gewogenen durchschnittlichen Sollzinssatzes (derselben Periode) auf die Ausgaben für diesen Vermögenswert bestimmt werden. Obergrenze sind die insgesamt in der betreffenden Periode angefallenen Fremdkapitalkosten (IAS 23.14).

Die Fremdfinanzierungskosten können frühestens ab dem Zeitpunkt, an dem mit den notwendigen Arbeiten für die Herstellung des Vermögenswerts (z.B. Beschaffung der Produktionsgenehmigung, Verwaltungs-, Konstruktionsarbeiten) begonnen wurde und Ausgaben entstanden sind, aktiviert werden. Bei Unterbrechung des Projekts über einen längeren Zeitraum ist die Aktivierung auszusetzen. Der Aktivierungszeitraum endet, wenn die Arbeiten im Wesentlichen abgeschlossen sind, um den qualifizierten Vermögenswert für seine beabsichtigte Nutzung oder Veräußerung herzurichten (IAS 23.17-25).

Sind am Bilanzstichtag **Dienstleistungen noch nicht vollständig erbracht**, also noch unfertig, ist es aber hinreichend wahrscheinlich, dass der mit dem Geschäft verbundene wirtschaftliche Nutzen zufließen wird (IAS 18.22) und kann der Erfolg des Dienstleistungsgeschäfts verlässlich geschätzt werden, so sind die Umsatzerlöse nach Maßgabe des Fertigstellungsgrades zu erfassen. Mit anderen Worten erfolgt bereits vor Abschluss der Dienstleistung am Bilanzstichtag eine Teilgewinnrealisierung proportional zum Fertigstellungsgrad (IAS 18.20). Hierzu kann auf die Behandlung der Teilgewinnrealisierung bei (langfristigen) Fertigungsaufträgen in Kapitel B.II.4.c)(5) verwiesen werden.

Merke:

Verwaltungsgemeinkosten			
↙		↘	
produktionsbezogene z.B. Lohnabrechnung für den Fertigungsbereich; Arbeitsvorbereitung		*sonstige/allgemeine* z.B. Aufwendungen für Buchhaltung und Bilanzabteilung	
↙	↘	↙	↘
HB+StB: Pflicht (= FGK)	*IFRS: Pflicht*	*HB+StB: WR*	*IFRS: Verbot*

Merke:

Sozialkosten							
↙				↘			
gesetzliche Arbeitgeberanteil an Renten-, Kranken-, Pflege-, Arbeitslosenversicherung; gleiche Klassifizierung wie zugehörige Basis (Arbeitslohn = FEK; Gehalt = FGK)				*freiwillige* z.B. Kantine, Kindergarten, Jubiläumsgeschenke, Altersversorgungszusagen			
↙		↘		↙		↘	
Produktionsbereich		allg. Verwaltung		Produktionsbereich		allg. Verwaltung	
↙	↘	↙	↘	↙	↘	↙	↘
HB+StB: Pflicht (FEK oder FGK)	*IFRS: Pflicht*	*HB+StB: WR*	*IFRS: Verbot*	*HB+StB: WR*	*IFRS: Pflicht*	*HB+StB: WR*	*IFRS: Verbot*

Merke:

Fremdkapitalkosten		
↙	↘	
Handels- und Steuerbilanz: Wahlrecht	**IFRS:**	
↓	↙	↘
Maßgeblichkeitsprinzip (§ 5 Abs. 1 S. 1 1. Halbs. EStG)	*Pflicht*	*Verbot*
	↓	↓
	bei „qualifying assets"	bei nicht „qualifying assets"

Merke:

Überhöhte Kosten (Ineffizienz), anormal hoher Ausschuss/Materialabfall	
↙	↘
HB+StB: in voller Höhe berücksichtigen; Abfall als MEK, Ausschuss als MGK	**IFRS:** nicht berücksichtigen (Normalkosten-/Standardkostenansatz)

Aufgabe 15: Herstellungskosten nach IFRS

(4) Bilanzpolitische Auswirkungen der Bestandsbewertung mit Herstellungskosten

Die bilanzpolitischen Auswirkungen unterschiedlicher Ausübung des Bewertungswahlrechts bei der Bestandsbewertung mit Herstellungskosten sollen anhand eines einfachen Zahlenbeispiels gezeigt werden.

Fall I: Bewertung der Vorräte an der Wertobergrenze der Herstellungskosten

Jahr 01: Produktion von Fertigerzeugnissen auf Lager

Dabei sind Aufwendungen (Material, Löhne, Gehälter in der Fertigung, Abschreibungen, anteilige Gehälter in der Verwaltung, freiwillige soziale Leistungen) in Höhe von 1.000 EUR entstanden, die im Einzelnen verbucht worden sind. Am Jahresende wird der Endbestand im Rahmen der Inventur mengenmäßig erfasst und mit den gesamten angefallenen Aufwendungen i.H.v. 1.000 EUR (= steuerrechtliche Herstellungskostenobergrenze) bewertet. Der Anfangsbestand der Fertigerzeugnisse soll vereinfachend gleich Null sein.

Buchungssätze:

(1) Verschiedene Aufwendungen 1.000 EUR
    an Kasse 1.000 EUR.

(2) Schlussbilanzkonto 1.000 EUR
    an Fertige Erzeugnisse 1.000 EUR.

(3) Fertige Erzeugnisse 1.000 EUR
    an Bestandsveränderungen 1.000 EUR.

(4) Bestandsveränderungen 1.000 EUR
    an GuV-Konto 1.000 EUR.

Ergebnis: erfolgsneutraler Vorgang

Bilanz 31.12.01 (EUR)		GuV-Konto Jahr 01 (EUR)	
Erhöhung der Fertigerzeugnisse (zu HK) +1.000 Verminderung des Finanzkontos -1.000		Verschiedene Aufwendungen 1.000	Erträge aus Bestandserhöhung (= HK) 1.000

Jahr 02: Verkauf der gelagerten Fertigerzeugnisse zu 1.200 EUR

Buchungssätze:
(1) Finanzkonto   1.200 EUR
    an Umsatzerlöse   1.200 EUR.
(2) Schlussbilanzkonto   0,- EUR
    an Fertige Erzeugnisse   0,- EUR.
(3) Bestandsveränderungen   1.000 EUR
    an Fertige Erzeugnisse   1.000 EUR.
(4) GuV-Konto   1.000 EUR
    an Bestandsveränderungen   1.000 EUR.

Ergebnis: Jahresüberschuss = 200 EUR.

Bilanz 31.12.02 (EUR)		GuV-Konto Jahr 02 (EUR)	
Verminderung der Fertigerzeugnisse -1.000 Erhöhung des Finanzkontos +1.200	Erhöhung des Eigenkapitals (Saldo) +200	Aufwendungen aus Bestandsverminderung 1.000 Jahresüberschuss 200	Umsatzerlöse 1.200

Fall II: Bewertung der Vorräte an der Wertuntergrenze der Herstellungskosten
Das obige Beispiel soll nun für den Fall der Teilkostenbewertung der Vorräte variiert werden.

Jahr 01: Produktion von Fertigerzeugnissen auf Lager
Dabei sind Material- und Fertigungskosten (Material, Löhne, Gehälter in der Fertigung, Abschreibungen) in Höhe von 800 EUR entstanden, weiterhin fielen 200 EUR anteilige Verwaltungsgemeinkosten und freiwillige soziale Aufwendungen an. Am Jahresende wird der Endbestand im Rahmen der Inventur mengenmäßig erfasst und mit den angefallenen Einzel- und Gemeinkosten der Fertigung und des Materials (= Herstellungskostenuntergrenze) i.H.v. 800 EUR bewertet. Der Anfangsbestand der Fertigerzeugnisse soll vereinfachend gleich Null sein.

Ergebnis: Jahresfehlbetrag = 200 EUR.

Bilanz 31.12.01		GuV-Konto Jahr 01	
Erhöhung der Fertigerzeugnisse (zu HK) + 800	Verminderung des Eigenkapitals (Saldo) - 200	Verschiedene Aufwendungen 1.000	Erträge aus Bestandserhöhung (= HK) 800
Verminderung des Finanzkontos - 1.000			Jahresfehlbetrag 200

Jahr 02: Verkauf der gelagerten Fertigerzeugnisse zu 1.200 EUR

Ergebnis: Jahresüberschuss = 400 EUR.

Bilanz 31.12.02 (EUR)		GuV-Konto Jahr 02 (EUR)	
Verminderung der Fertigerzeugnisse - 800	Erhöhung des Eigenkapitals (Saldo) + 400	Aufwendungen aus Bestandsverminderung 800	Umsatzerlöse 1.200
Erhöhung des Finanzkontos + 1.200		Jahresüberschuss 400	

Es wird deutlich, dass der Gesamtgewinn über zwei Jahre hinweg gesehen in beiden Fällen identisch ist. Im Falle der Vollkostenbewertung (Obergrenze der Herstellungskosten) ist das Jahresergebnis im Jahr des Lageraufbaus höher als bei Teilkostenrechnung (Untergrenze der Herstellungskosten). In den Jahren des Lagerabbaus kehrt sich die Gewinnsituation um.

Aufgrund des Wahlrechts bei der Bestandsbewertung mit Herstellungskosten ist offensichtlich eine bilanzpolitische Gewinnbeeinflussung möglich. Die handels- und steuerrechtliche Untergrenze der Herstellungskosten umfasst die Fertigungseinzel- und die Fertigungsgemeinkosten, die Sondereinzelkosten der Fertigung sowie die Materialeinzel- und -gemeinkosten, Obergrenze sind die Vollkosten abzüglich der Vertriebskosten. Das Wahlrecht gemäß § 255 Abs. 2 S. 3 HGB und R 6.3 Abs. 4 EStR umfasst somit die allgemeinen Verwaltungsgemeinkosten sowie die freiwilligen Sozialkosten.

Die betriebswirtschaftlich herrschende Meinung besagt, dass nur die variablen Kosten/ Einzelkosten von der Fertigung der Erzeugnisse verursacht werden und somit nur diese den Erzeugnissen zugerechnet werden können (***Kausalitätsprinzip***). Alle anderen Kosten sind Kosten der Betriebsbereitschaft und damit in der jeweiligen Periode aufwandswirksam. Bei Vollkostenbewertung werden auch diese Periodenfixkosten, soweit sie den Lagerbeständen zugeschlüsselt werden, in künftige Perioden verlagert. Die ältere betriebswirtschaftliche Gegenmeinung sieht den Nutzkostenanteil der Fixkosten als zweckgerichtet notwendig an, um die Herstellung der Erzeugnisse zu ermöglichen und folgert daraus eine Zurechenbarkeit (Finalitätsprinzip).

Eine Bewertung der Erzeugnisse nach dem Kausalitätsprinzip, also allein mit den Einzelkosten, ist seit 2010 auch in der Handelsbilanz nicht mehr zulässig. Der Gesetzgeber wollte offenbar den weiten Ermessensspielraum bei der Bewertung einschränken und außerdem eine Annäherung an die IFRS erreichen. Zudem wird im Bereich der Bilanzierung von der herrschenden Meinung das ***Finalitätsprinzip*** vertreten.[1] Als Vorteil der Zurechnung der Vollkosten (einschließlich der Nutzkosten) auf die Erzeugnisse wird darauf hingewiesen, dass sowohl die Generalnorm (§ 264 Abs. 2 HGB) aufgrund der Glättung der Gewinne über die Perioden hinweg als auch der Grundsatz der sachlichen Abgrenzung besser erfüllt werden.

---

[1] Vgl. z.B. Baetge, J./Kirsch, H.-J./Thiele, S., Bilanzen, 6. Aufl., Düsseldorf 2002, S. 175 f.

(5) Langfristige Fertigungsaufträge

(a) Langfristige Fertigungsaufträge nach HGB

Die nach HGB und auch nach dem Steuerrecht grundsätzlich anzuwendende Methode, bei der entsprechend dem Realisationsprinzip die *Gewinnrealisierung* erst nach vollständig erbrachter Lieferung bzw. Leistung des Gesamtauftrags verbunden mit der Endabrechnung vorliegt, wird *„Completed-Contract"-Methode* genannt.

Die strikte Beachtung des Realisationsprinzips führt bei *langfristiger Fertigung* (darunter sind z.B. langfristige Bauaufträge oder Aufträge über die Errichtung schlüsselfertiger Fabriken oder Großanlagen zu fassen) zu Problemen. So erstreckt sich z.B. die Herstellung eines Kreuzfahrtschiffes über mehrere Jahre. Bis zur Auslieferung des Schiffes dürfen keinerlei Gewinne verbucht werden. Aufgrund der Bewertungsvorschriften für Unfertige Erzeugnisse nach § 255 Abs. 2 HGB bzw. R 6.3 EStR können sich sogar bei profitablen Aufträgen so gen. Auftrags-Zwischenverluste ergeben, falls Selbstkosten in den Fertigungsperioden anfallen, die aufgrund nicht genutzter Wahlrechte nicht aktiviert werden (Fremdkapitalzinsen, allgemeine Verwaltungsgemeinkosten, freiwillige soziale Aufwendungen) oder aufgrund von Verboten nicht aktiviert werden dürfen (Sondereinzelkosten des Vertriebs, Vertriebsgemeinkosten). In diesen Fällen dürfte die Generalnorm des § 264 Abs. 2 HGB bzw. der Grundsatz der Klarheit (§ 243 Abs. 2 HGB) verletzt sein, denn die Ertragslage der Werft wird völlig verzerrt und falsch dargestellt. In den Jahren der Produktion ergeben sich Verluste, im Jahr der Auslieferung jedoch der Gesamtgewinn, der um die vorher nicht aktivierten Selbstkostenbestandteile noch erhöht ist. Die Ertragslage wird demnach nie realistisch gezeigt.

In Literatur wird daher vertreten, dass unter Umständen als begründete *Durchbrechung des Realisationsprinzips* gemäß § 252 Abs. 2 HGB bereits früher ein anteiliger Gewinn berücksichtigt werden kann (*Wahlrecht*), sofern andernfalls ein unzutreffendes Bild der Ertragslage gezeichnet würde und die langfristige Fertigung einen wesentlichen Teil der Unternehmenstätigkeit ausmacht. Als spezielle Voraussetzungen werden z.B. genannt[1]:

- der erwartete Gewinn muss sicher zu ermitteln sein, und es dürfen keine Risiken absehbar sein,
- für unvorhersehbare Garantieleistungen und Nachbesserungen müssen vorsichtig bemessene Beträge berücksichtigt sein,
- die Gesamtleistung muss in kalkulatorisch abgrenzbare Teilleistungen zerlegt werden können.

Die Folge der *Teilgewinnrealisierung* ist eine Verstetigung des Gewinnausweises während der Produktionsperioden bis zu Periode der Gesamtabrechnung. Eventuelle Ausschüttungen in den Produktionsperioden können allerdings eine Ausschüttung von Substanz (Haftungskapital) darstellen, falls die ausgewiesenen Teilgewinne z.B. durch Schlechterfüllung des Gesamtauftrags am Ende doch nicht in voller Höhe realisiert werden können. Solche Risiken müssten daher im Rahmen der Teilgewinnschätzung berücksichtigt werden. Aufgrund der Verletzung des Realisationsprinzips und der möglichen Beeinträchtigung des Kapitalerhaltungsziels ist diese Auffassung abzulehnen. In Ausnahmefällen mag auch dieser Weg einem Unternehmen als bilanzpolitische Maßnahme offenstehen, sofern der Wirtschaftsprüfer dies akzeptiert, hier soll diese Auffassung aber keine weitere Beachtung finden.

---

[1] Die Zulässigkeit der Teilgewinnrealisierung ohne besondere Voraussetzungen aufgrund der „Weiterentwicklung" des Realisationsprinzips vertritt mit Blick auf die nach IAS 11 zulässige „Percentage-of-Completion"-Methode z.B. Selchert, in: Küting/Weber § 252 Tz. 113 ff. Dies wird aber als unzulässige Durchbrechung des Realisationsprinzips in der Literatur mehrheitlich abgelehnt. Vgl. z.B. Grottel/Pastor in Beck Bil-Komm. § 255 Rz. 457 ff.

Eine *Erweiterung* (und nicht Durchbrechung) *des Realisationsprinzips* – und daher nach h.M. *handelsrechtlich* zulässig – ist der Fall der Teilgewinnrealisierung nach dem *Teilabnahmeprinzip*. Bei diesem müssen für einzelne vom Kunden jeweils abzunehmende Bauabschnitte (Teilaufträge) endgültige Teilabrechnungen vertraglich vereinbart sein. Dazu ist der Gesamtauftrag in Teilleistungen („Milestones"), die technisch in sich geschlossen und auch wirtschaftlich abgrenzbar sind, zu zerlegen. Darüber hinaus ist Voraussetzung, dass die Vertragsgegenstände ihrer Art nach auch rechtlich und wirtschaftlich auf den Käufer übergehen und dass an diesen zeitlich gestaffelten Realisierungszeitpunkten Forderungen aus Lieferungen und Leistungen entstehen, verbunden mit der verbindlichen Abnahme der Teilleistung und dem Gefahrenübergang. Die Umsatzerlöse werden also anteilig vereinnahmt und der Bilanzwert des Unfertigen Auftrags um den Wertanteil des abgenommenen Teilauftrags reduziert. Außerdem dürfen in den Folgeperioden keine Verluste drohen[1]. Ein Gefahrenübergang bezüglich der Teilleistungen und damit die Anwendung dieser Methode dürften im Anlagenbau allerdings eher selten möglich sein. Üblich ist nämlich, dass der Auftragnehmer das Gesamtfunktionsrisiko übernimmt, also nach Erfüllung aller Teilaufträge die Gesamtfunktionsfähigkeit der Anlage garantiert.

Der Gesetzgeber hat die Möglichkeit, durch eine Regelung im BilMoG den unbefriedigenden Zustand unterschiedlicher Auffassungen zur Bilanzierung langfristiger Fertigungsaufträge nach deutschem Handelsrecht zu beenden, leider nicht genutzt. Dies mag dadurch begründet sein, dass mit dem anerkannten Teilabnahmeprinzip eine ausreichende Möglichkeit zum sachgerechten Periodenerfolgsausweis besteht.

Die BFH-Rechtsprechung lässt nur im Falle des Teilabnahmeprinzips eine Teilgewinnrealisierung auch im *Bilanzsteuerrecht* zu.[2]

Beispielaufgabe:
Ein Kreuzfahrtschiff wird in einer Werft in Papenburg/Emsland in einem Zeitraum von drei Jahren hergestellt. Die Gesamtkosten betragen 300 Mio. EUR, als Festpreis werden 390 Mio. EUR vereinbart. Die Kosten seien jeweils am Jahresende kumulativ zu 40%, 60% und 100% angefallen.
a) Die Bezahlung erfolgt mit der Auslieferung des Schiffes am Ende des dritten Jahres.
b) Es werden Teilabrechnungen in Höhe der jeweils am Jahresende (= „Milestone") angefallenen Kosten zuzüglich 30% Gewinnaufschlag erstellt und vom Kunden kurz nach dem Bilanzstichtag bezahlt.

Stellen Sie für beide Fälle getrennt jeweils tabellarisch die Entwicklung der Auftragskosten, der Auftragserlöse, des Periodengewinns und der relevanten Bilanzposten dar. Geben Sie in beiden Fällen alle Buchungen für das erste Jahr der Fertigung sowie im Fall a) auch die Buchungen des dritten Jahres an.

Lösung:

(in Mio. EUR)	Fall a)			Fall b)		
Jahr	01	02	03	01	02	03
angefallene Auftragskosten	120	60	120	120	60	120
erfasste Auftragserlöse	0	0	390	156	78	156
erfasster Periodengewinn	0	0	90	36	18	36
am 31.12. aktiviertes Unfertiges Erzeugnis	120	180	0	0	0	0
am 31.12. aktivierte Forderungen LuL	---	---	390	156	78	156

---

[1] Vgl. Grottel/Pastor in Beck Bil.-Komm. 2012, § 255 Tz. 461.
[2] Vgl. z.B. BFH 5.5.1975, BStBl. III 1976, S. 541; BFH 8.12.1982, BStBl. 1983, S.369.

Fall a): Jahr 01:
BS: Angefallene Auftragskosten (Diverse Aufwendungen)   120 Mio. EUR
     an Bank   120 Mio. EUR.

BS: Unfertiges Erzeugnis   120 Mio. EUR
     an Bestandserhöhungen   120 Mio. EUR.

Fall a): Jahr 03:
BS: Forderungen LuL (Teilabrechnung)   390 Mio. EUR
     an Umsatzerlöse   390 Mio. EUR.

BS: Bestandsminderungen   390 Mio. EUR
     an Unfertiges Erzeugnis   390 Mio. EUR.

Fall b): Jahr 01:
BS: Angefallene Auftragskosten (Diverse Aufwendungen)   120 Mio. EUR
     an Bank   120 Mio. EUR.

BS: Unfertiges Erzeugnis   120 Mio. EUR
     an Bestandserhöhungen   120 Mio. EUR.

BS: Forderungen LuL (Teilabrechnung)   156 Mio. EUR
     an Umsatzerlöse   156 Mio. EUR.

BS: Bestandsminderungen   120 Mio. EUR
     an Unfertiges Erzeugnis   120 Mio. EUR.

Die Buchungen in den übrigen Jahren lauten entsprechend.

Fazit: Eine gesetzliche Regelung, in welcher Form das Realisationsprinzip bei langfristiger Fertigung modifiziert werden kann, existiert weder im HGB noch im EStG. Für generell zulässig gehalten wird in Literatur und Praxis die Teilgewinnrealisierung nach dem ***Teilabnahmeprinzip***, falls die genannten strengen Voraussetzungen erfüllt sind. Nach h.M. liegt dann keine Durchbrechung des Realisationsprinzips vor. Insofern muss das Unternehmen dafür sorgen, dass die Voraussetzungen erfüllt sind und dann die Möglichkeit zur Bilanzierung nach dem Teilabnahmeprinzip besteht (***faktisches Wahlrecht***). Bilanzpolitisch besteht die Wirkung in einem zeitlichen Vorziehen von Gewinnen im Vergleich zur Beachtung des Realisationsprinzips in der strengen Form. Diese bilanzpolitische Maßnahme ist deswegen relativ flexibel, weil das ***Stetigkeitsgebot*** nur greift, wenn auch alle Voraussetzungen für Anwendung des Teilabnahmeprinzips erfüllt sind.[1] Das bilanzierende Unternehmen kann aber sachverhaltsgestaltend darauf Einfluss nehmen. Da es sich um eine Bilanzierungs- und Bewertungsmethode handelt, ist eine entsprechende allgemeine Angabe im Anhang gemäß § 284 Abs. 2 Nr. 1 HGB erforderlich. Die Angabe gemäß § 284 Abs. 2 Nr. 3 HGB ist m.E. auch nur zwingend, wenn bei Vorliegen aller Voraussetzungen doch keine Teilgewinnrealisierung nach dem Teilabnahmeprinzip vorgenommen wird.

---

[1] Grottel/Pastor vertreten noch weitergehend die Auffassung, dass die Bewertungsstetigkeit (im Sinne einer Planmäßigkeit) nur für ein und denselben Auftrag gilt. Das Wahlrecht der Bewertung nach dem Teilabnahmeprinzip könne für jeden neuen Auftrag (auch wenn er von gleicher Art ist) neu ausgeübt werden. Vgl. Grottel/Pastor in Beck Bil-Komm. 2012, § 255 Tz. 464.

Aufgabe 16: Langfristige Fertigung nach HGB und IFRS

(b) Langfristige Fertigungsaufträge nach IFRS 15

Der neue Standard IFRS 15 „Erlöse aus Verträgen mit Kunden" ist spätestens für Geschäftsjahre, die am 1.1.2018 oder danach beginnen, anzuwenden und bezweckt, die Regeln zur Erlösrealisation für alle Arten von Leistungen zu vereinheitlichen. Er ersetzt auch den IAS 11, in dem bisher die Bilanzierung von Fertigungsaufträgen geregelt war. Kernprinzip gemäß IFRS 15.2 ist, dass Erlöse zu erfassen sind, wenn die zugesagten Güter oder Dienstleistungen auf den Kunden übertragen wurden, und zwar in Höhe der Gegenleistung, die das Unternehmen dafür vom Kunden voraussichtlich erhalten wird. Dabei wird ein Mehrkomponentenansatz verfolgt, durch den auch komplexe und kombinierte Leistungen geregelt werden. Im Mittelpunkt steht dabei die Identifizierung einzelner vertraglicher Leistungsverpflichtungen, denen Teile des zu ermittelnden Transaktionspreises zugeordnet werden müssen. Unter Erlösen sind weiterhin Erträge aus der gewöhnlichen Geschäftstätigkeit des Unternehmens zu verstehen (IFRS 15 Anhang A).

Das *Umsatzrealisationsmodell* als Kern des IFRS 15 besteht aus 5 Prüfungsschritten (IFRS 15.9 ff.):

1) Identifizierung des Vertrags mit einem Kunden (IFRS 15.9 ff.) Ist gegeben, wenn alle Kriterien erfüllt sind:	- Die Vertragsparteien haben dem Vertrag zugestimmt und zugesagt, ihre vertraglichen Pflichten zu erfüllen - Die Rechte der Vertragsparteien und die Zahlungsbedingungen sind feststellbar - Der Vertrag hat wirtschaftliche Substanz - Das Unternehmen wird die Gegenleistung, auf die es einen Anspruch hat, vom Kunden wahrscheinlich erhalten.
2) Identifizierung unterscheidbarer Leistungsverpflichtungen aus dem Kundenvertrag (IFRS 15.22 ff.)	Übertragung _eigenständig abgrenzbarer_ Güter oder Dienstleistungen oder auch einer Mehrzahl im Wesentlichen gleicher eigenständig abgrenzbarer Güter oder Dienstleistungen auf den Kunden.
3) Bestimmung des Transaktionspreises („Bewertung") (IFRS 15.46 ff.)	Ist eine Leistungsverpflichtung erfüllt, hat das Unternehmen den dieser Leistungsverpflichtung zugeordneten **Transaktionspreis** zu erfassen. Dieser ist als Gegenleistung, die das Unternehmen im Austausch für die Übertragung der zugesagten Güter oder Dienstleistungen auf einen Kunden voraussichtlich erhalten wird, zu ermitteln.
4) Aufteilung des Transaktionspreises auf die Leistungsverpflichtungen (IFRS 15.73 ff.)	Der Transaktionspreis ist auf die einzelnen unterscheidbaren Leistungsverpflichtungen entsprechend der Gegenleistung, die das Unternehmen im Austausch für die Übertragung der einzelnen zugesagten Güter oder Dienstleistungen voraussichtlich erhalten wird, also entsprechend den relativen Einzelveräußerungspreisen, aufzuteilen.
5) Erfüllung der Leistungsverpflichtungen (IFRS 15.31 ff.)	Ein Unternehmen hat einen *Erlös zu erfassen*, wenn es durch Übertragung eines zugesagten Gutes oder einer zugesagten Dienstleistung auf einen Kunden eine Leistungsverpflichtung erfüllt. Der Kunde erlangt dann die *Verfügungsmacht* über den Vermögenswert.

In Schritt 5 geht es um die **Umsatzrealisierung** bei Erfüllung der Leistungsverpflichtung. Unterschieden werden Leistungsverpflichtungen, die zu einem bestimmten Zeitpunkt erfüllt werden (IFRS 15.38), und solche, die über einen Zeitraum erfüllt werden (IFRS 15.35). Im zweiten Fall wird die Verfügungsmacht über ein Gut oder eine Dienstleistung über einen bestimmten Zeitraum übertragen, sodass der **Erlös** auch **über einen bestimmten Zeitraum nach dem Leistungsfortschritt erfasst** wird. Dies ist der Fall, wenn entweder

- wie etwa bei Dienstleistungsaufträgen dem Kunden der Nutzen aus der Leistung des Unternehmens zufließt und er gleichzeitig die Leistung nutzt, während diese erbracht wird (IFRS 15.35(a)) oder
- die Leistung die Erstellung oder Verbesserung eines Vermögenswerts beinhaltet und der Kunde während der Erstellung oder Verbesserung die Verfügungsmacht über den Vermögenswert erlangt, wie es etwa beim Bau von Anlagen auf dem Grundstück des Kunden der Fall ist, (IFRS 15.35(b)) oder
- durch die Leistung des Unternehmens ein Vermögenswert erstellt wird, der aufgrund vertraglicher oder praktischer Beschränkungen keinen alternativen Nutzen für das Unternehmen hat, weil der Kunde laut Vertrag oder Gesetz den Verkauf des Vermögenswerts an Dritte verhindern kann oder die alternative Nutzung mit erheblichen wirtschaftlichen Nachteilen (z.B. durch aufwendige Umbauten) verbunden ist (IFRS 15.B7 f.). Letzteres ist etwa im Anlagenbau bei Spezialanfertigungen nach den Vorgaben der Kunden der Fall. Außerdem muss das Unternehmen laut Vertrag oder Gesetz einen **durchsetzbaren Rechtsanspruch auf Bezahlung der bereits erbrachten Leistungen** einschließlich einer angemessenen Gewinnmarge haben, falls der Kunde den Vertrag aus anderen Gründen als der Nichterfüllung der vom Unternehmen zugesagten Leistung kündigt (IFRS 15.35(c), 15.37 und 15.B9).

Zur zweiten oder dritten Kategorie gehören die langfristigen Fertigungsaufträge, deren bilanzielle Behandlung bisher durch IAS 11 geregelt wurde. Sie gehören jetzt zu den „Leistungsverpflichtungen, die über einen bestimmten Zeitraum erfüllt werden". Der Begriff „Fertigungsaufträge" kommt in IFRS 15 nicht mehr vor. Ob eine Abgrenzung von einzelnen Leistungsverpflichtungskomponenten, wie in den Prüfschritten gefordert, im Falle von Fertigungsaufträgen möglich ist, hängt vom konkreten Einzelfall ab. Ist die Unterscheidbarkeit nicht gegeben, so bleibt es wie bisher bei der vertraglichen Verpflichtung zu einer Gesamtleistung. Beispiele für Leistungsverpflichtungen, die über einen Zeitraum erfüllt werden, sind Projekte (einschließlich der dazugehörigen Dienstleistungen) aus der Baubranche (Brücke, Straße, Damm), dem Schiffbau, dem Anlagenbau (Kraftwerke, Raffinerien) und aus der Verkehrsbranche (Flughäfen, Bahnhöfe).

In diesen Fällen erfolgt somit die Erlösrealisierung über einen bestimmten Zeitraum nach dem Leistungsfortschritt gegenüber der vollständigen Erfüllung dieser Leistungsverpflichtung, also wie im bisherigen IAS 11 nach der **„Percentage-of-Completion (PoC)"-Methode**, auch wenn diese Bezeichnung im neuen Standard nicht mehr vorkommt (IFRS 15.39). Die Realisierung der Umsätze und Gewinne erfolgt in diesem Fall nicht erst mit vollständiger Erfüllung bzw. Abnahme des Auftrags, sondern in den einzelnen Perioden der Fertigung werden Teilgewinne realisiert. Diese Teilgewinne werden nach dem Leistungsfortschritt aus dem kalkulierten Gesamtgewinn berechnet. Wenn etwa am Ende des ersten Jahres ein Drittel des Auftrags fertiggestellt ist, so müssen auch 33 1/3 des Gesamtumsatzes bzw. Transaktionspreises als Erlös und 33 1/3 des kalkulierten Ergebnisses als Gewinn ausgewiesen werden. Basierend auf dem Grundsatz der periodengerechten Erfolgsermittlung („Accrual Principle") wird auf diese Weise ein periodengerechter Ergebnisausweis angestrebt. Voraussetzung für die Anwendung der Umsatzrealisierung nach dem Fertigstellungsgrad ist, dass der Leistungsstand und der weitere Leistungsfortschritt in den einzelnen Perioden zuverlässig ermittelt werden kann (IFRS

15.44). Ist diese Voraussetzung - wie oft in frühen Vertragsphasen - nicht erfüllt, so darf die Percentage-of-Completion-Methode nicht angewandt werden. In diesem Fall darf der Erlös zunächst nur im Umfang der angefallenen Kosten als realisiert erfasst werden („Zero-Profit-Margin"-Methode). Ab dem späteren Zeitpunkt, an dem eine verlässliche Messung möglich ist, werden dann die Umsatzerlöse (einschließlich der Gewinnmarge) nach dem Leistungsfortschritt erfasst. Voraussetzung für dieses Vorgehen ist, dass das Unternehmen davon ausgehen kann, dass diese Kosten einbringbar sind (IFRS 15.45). Hier wird ein Ermessensspielraum des bilanzierenden Unternehmens sichtbar. Ist eine Teilgewinnrealisierung aus bilanzpolitischen Gründen unerwünscht, so dürfte es leicht sein nachzuweisen, dass die Voraussetzungen für eine verlässliche Bewertung nicht erfüllt sind. Insofern besteht ein *faktisches Wahlrecht* zur Teilgewinnrealisierung.

Bei der Bestimmung des *Transaktionspreises* und damit der *Umsatzerlöse* sind in der Regel mehrere Komponenten zu berücksichtigen (IFRS 15.46-90). Neben einem festen vertraglichen Transaktionspreis können auch *variable Entgelte* vereinbart sein, die von künftigen Ereignissen abhängen. In diesen Fällen ist eine Schätzung erforderlich, um die unsichere Höhe der Gegenleistung unter Berücksichtigung aller verfügbaren Informationen entweder als Erwartungswert oder als wahrscheinlichsten Wert unter den möglichen Werten zu bestimmen (IFRS 15.53). Dies ist notwendig, wenn es um ein Produkt mit Rückgaberecht veräußert wird oder eine Leistungsprämie bei Erreichen eines bestimmten Leistungsziels vereinbart wird. Aber auch Erlösschmälerungen (Skonti, Boni, Mengenrabatte) oder Strafzuschläge bei verzögertem Erreichen von Meilensteinen als Abzüge vom Transaktionspreis sind hier einzuordnen (IFRS 15.51). Bei längeren Zahlungszielen enthält der Kundenvertrag häufig signifikante *Finanzierungs-(Zins-)Komponenten*, die aus dem vereinbarten Transaktionspreis herausgerechnet werden müssen (IFRS 15.60). Aber auch wenn eine Finanzierungskomponente nicht explizit im Vertrag enthalten ist, müssen die vereinbarten Zahlungsbedingungen auf eine implizit enthaltene Finanzierungskomponente geprüft werden. Der Grund für die Bereinigung des Transaktionspreises ist, dass die realisierten Umsatzerlöse grundsätzlich den Barverkaufspreis der Leistungen zum Zeitpunkt der Übertragung an den Kunden widerspiegeln sollen (IFRS 15.61). Finanzierungskomponenten sind separat als Zinsaufwand oder Zinsertrag zu buchen (IFRS 15.65).

Welche Kosten als *Auftragskosten* Berücksichtigung finden können, regeln die Paragraphen IFRS 15.91 ff. Anders als nach IAS 11 gehören auch die Kosten der Anbahnung eines Vertrags zu den Auftragskosten, sofern sie dem noch abzuschließenden Kundenvertrag direkt zurechenbar sind und das Unternehmen diese Kosten sehr wahrscheinlich durch den Auftrag zurückerlangen wird (IFRS 15.91-94). Als Vertragserfüllungskosten sind alle Kosten zu berücksichtigen, die unmittelbar mit einem bestehenden oder erwarteten Vertrag zusammenhängen, zur Schaffung/Verbesserung von Ressourcen führen, die künftig zur Erfüllung von Leistungsverpflichtungen genutzt werden sollen und deren Erwirtschaftung durch den Auftrag vom Unternehmen erwartet wird (IFRS 15.95 ff.). Dazu gehören alle direkten Kosten in Verbindung mit dem Vertrag (z.B. Arbeitszeit, Material, Abschreibungen), alle indirekt dem Vertrag zurechenbaren Kosten (Gemeinkosten wie z.B. Gehaltsabrechnung für die beteiligten Arbeitnehmer oder Versicherungskosten) und alle sonstigen Kosten, die dem Kunden vertragsgemäß gesondert in Rechnung gestellt werden können. Da bei Realisierung anteiliger Umsatzerlöse in der Regel noch kein unbedingter Anspruch auf die Gegenleistung des Kunden besteht, sind die genannten Kosten als Vertragsvermögenswert zunächst zu aktivieren. Anzahlungen und andere Vertragsverpflichtungen sind gegebenenfalls mit diesem zu verrechnen. Dagegen sind zum Beispiel allgemeine Verwaltungskosten, Kosten für anormal hohe Materialabfälle, aufgrund von Ineffizienzen anormal hohe Löhne, die nicht im vereinbarten Preis berücksichtigt sind, sofort als Aufwand zu buchen (IFRS 15.98).

Erwartet das Unternehmen aus der Erfüllung des Kundenauftrags einen Verlust, so ist dieser durch Bildung von Rückstellungen nach IAS 37 zu berücksichtigen.

Zur *Messung des Leistungsfortschritts* stehen mehrere Messverfahren zur Verfügung. Das Unternehmen hat unter Berücksichtigung der Art des Gutes oder der Dienstleistung, deren Übertragung auf den Kunden erfolgen soll, dasjenige Verfahren anzuwenden, das den Leistungstransfer auf den Kunden bestmöglich abbildet, damit die jeweils erbrachte Teilleistung auch verlässlich und sachgerecht bewertet wird (IFRS 15.39 und 15.B15). Somit hat das Unternehmen **Ermessensspielraum bei der Wahl des Verfahrens**, der auch bilanzpolitisch genutzt werden kann. Die gewählte Methode ist konsistent auf alle ähnlichen Leistungsverpflichtungen anzuwenden und unterliegt dem Stetigkeitsgebot (IFRS 15.40 f.; F.39-42).

Grundsätzlich können inputorientierte und outputorientierte Methoden voneinander unterschieden werden (IFRS 15.B14-B19). *Inputorientierte Methoden* messen den Auftragsfortschritt anhand des Faktoreinsatzes. Bei der *„Effort-Expended"-Methode* wird der Fertigstellungsgrad durch Vergleich der am Stichtag eingesetzten Mengeneinheiten eines Inputfaktors und den geschätzten Gesamtverbrauchsmengen ermittelt. Die Inputfaktoren können dabei in verschiedenen Maßeinheiten gemessen werden, wie z.B. in Arbeitsstunden oder in Maschinenstunden.

$$\text{Fertigstellungsgrad} = \frac{\text{Isteinsatzmenge}}{\text{Erwartete Gesamteinsatzmenge}}$$

Da nur ein einziger Inputfaktor zur Ermittlung herangezogen wird, ist der Anwendungsbereich stark eingeschränkt. Die Methode ist nur sachgerecht, wenn dieser Inputfaktor bei der Leistungserstellung deutlich dominiert. Wird z.B. die benötigte Arbeitszeit als Inputfaktor gewählt, eignet sich diese Methode z.B. bei Organisations- und Softwareprojekten.

Die *„Cost-to-Cost"-Methode* ist aufgrund der einfachen Handhabung die am weitesten verbreitete Methode zur Ermittlung des Fertigstellungsgrades. Diese ermittelt den Fertigstellungsgrad durch den Vergleich der bis zum Stichtag angefallenen Auftragskosten und den voraussichtlichen gesamten kalkulierten Auftragskosten.

$$\text{Fertigstellungsgrad} = \frac{\text{Istkosten}}{\text{Geschätzte Gesamtkosten}}$$

Beträgt in der Fertigungsperiode z.B. der Anteil der angefallenen Kosten an den Gesamtkosten 25%, so wird unterstellt, dass auch 25% des Gesamtgewinns und der gesamten Umsatzerlöse realisiert sind. Es erfolgt eine erfolgswirksame Vereinnahmung der anteiligen Umsatzerlöse und der Wertansatz des Unfertigen Erzeugnisses wird um diesen Betrag jeweils erhöht. Im Jahr der Fertigstellung und Endabrechnung wird die Forderung aus Lieferungen und Leistungen wie üblich eingebucht und der Wert des Fertigen Erzeugnisses in Höhe der Herstellungskosten zuzüglich bisher realisierter Teilgewinne über „Bestandsverminderungen" ausgebucht. Im Vordergrund steht hier die Ermittlung eines periodengerechten Erfolgs und damit die Erfüllung der Informationsfunktion des Jahresabschlusses, nicht das Ziel der Kapitalerhaltung, welches durch diese Methode gefährdet wird. Im deutschen Handelsrecht ist diese

Methode nach h.M. ohne weitere Bedingungen nicht zulässig. Wie in den beiden Beispielaufgaben zu sehen ist, kann das handelsrechtlich zulässige Teilabnahmeprinzip jedoch zu demselben Ergebnis führen.

Ein Problem der inputorientierten Methoden ist, dass nicht immer eine direkte Beziehung zwischen den Inputs und der Übertragung der Verfügungsgewalt über Güter und Dienstleistungen auf den Kunden besteht. Dies kann zum Beispiel an außergewöhnlichen Ineffizienzen liegen, die sich in unerwartet hohen Materialabfällen, besonders hohem Ausschuss und unüblich hohem Verbrauch von Arbeitsstunden äußern, die nicht zum Leistungsfortschritt beitragen und sich auch nicht im vereinbarten Preis widerspiegeln. In diesem Fall ist es erforderlich, die anormal hohen Inputs aus der Bestimmung des Leistungsfortschritts auszusondern (IFRS 15.B19(a)).

Durch Anwendung *outputorientierter Methoden* wird der Fertigstellungsgrad grundsätzlich anhand des Verhältnisses der bereits erstellten Leistung zur vertraglich geschuldeten Gesamtleistung ermittelt. Es wird also die bereits erbrachte Leistung direkt bewertet. Bei einem zu erbringenden Gesamtwerk kann der Fertigstellungsgrad ermittelt werden, wenn das Gesamtwerk nach seinen physischen Bestandteilen differenziert wird. Dies ist z.B. beim Brückenbau möglich, wenn ein Brückenpfeiler als *physische Teilleistung* definiert wird. Beruht ein Auftrag auf mehreren nacheinander erbrachten einheitlichen Einzelleistungen, so kann die „Units-of-Work-Performed"- bzw. „Delivered"-Methode verwendet werden. Dabei wird der Fertigstellungsgrad durch die Relation der bereits fertiggestellten bzw. gelieferten Einheiten zum gesamten Auftragsvolumen ermittelt, z.B. bei einem Auftrag über die Lieferung von insgesamt 20 Flugzeugen. Kann ein Auftrag nicht in solche Einzelleistungen unterschieden werden, so erfolgt bei der *„Milestones"-Methode* die Einteilung des Auftrags in definierte Abschnitte, deren Ende durch sog. Meilensteine festgelegt ist, die vor Auftragsbeginn (ggf. vertraglich) bestimmt werden. In Abhängigkeit von der Erreichung eines Meilensteins wird dann der Fertigstellungsgrad bestimmt. Meilensteine werden in den Verträgen häufig zur Begründung von Abschlagszahlungen genutzt. Diese Abschlagszahlungen spiegeln allerdings nach IAS 11.30 häufig nicht die erbrachte Leistung wider und dürfen daher nicht zur Fertigstellungsgradermittlung verwendet werden. Auch bei den outputorientierten Methoden sollte eine annähernd lineare Beziehung zwischen den Output-Mengeneinheiten und dem Auftragsfortschritt bestehen, wie dies beim Bau einer einfachen Straße der Fall ist. Muss jedoch für die Weiterführung der Straße ein Tunnel oder eine Brücke gebaut werden, so ist eine Gewichtung der Outputmengen z.B. mit den Kosten erforderlich, womit eine Annäherung an die inputorientierten Methoden erfolgt. Eine Zerlegung des Auftrags in kleinere Teilprojekte mit entsprechenden Teilzielen und Arbeitspaketen kann zu genaueren Ergebnissen führen.

Der Ausweis im erfolgswirksamen Teil der Gesamtergebnisrechnung bzw. in der ggf. gesondert erstellten Gewinn- und Verlustrechnung unterstellt gedanklich eine Teilfakturierung. Entsprechend dem Leistungsfortschritt werden die Auftragserlöse und die Auftragskosten als Umsatzerlöse bzw. Aufwendungen erfasst. Je nach Wahl der Methode zur Ermittlung des Fertigstellungsgrades kann es zu Unterschieden zwischen den tatsächlich angefallenen und den nach der Höhe des ermittelten Fertigstellungsgrades zu berücksichtigenden Kosten kommen. Dann ist zwecks Ermittlung eines zutreffenden Periodengewinns eine *Kostenabgrenzung* erforderlich. Dadurch werden die gebuchten Kosten des Auftrags an die nach dem Fertigstellungsgrad auszuweisenden Auftragskosten angepasst. Sind die tatsächlich gebuchten Kosten höher, so ist die Differenz durch einen aktiven Abgrenzungsposten (Sonstige Forderung) zu neutralisieren und umgekehrt.[1]

---

[1] Vgl. z.B. Beck-IFRS-HB/Riese § 9 Rz. 92 und ADS International, Abschnitt 16, Rz. 161.

Da die verschiedenen Methoden zur Messung des Fertigstellungsgrades zu unterschiedlichen Ergebnissen kommen, besteht für die bilanzierenden Unternehmen die Möglichkeit, durch geeignete Wahl der Ermittlungsmethode unter Ausnutzung von *Ermessensspielräumen* bewusst die Höhe des realisierten Teilgewinns zu beeinflussen und *Bilanzpolitik* zu betreiben. Allerdings verbietet der Stetigkeitsgrundsatz einen sachlich nicht begründbaren Wechsel der Methode (F.39-42).

Zum Zeitpunkt des Vertragsschlusses mit einem Kunden darf weder ein Vermögenswert noch eine Schuld bilanziert werden, es sei denn, es droht aus dem schwebenden Vertrag ein Verlust und es ist eine Rückstellung für drohende Verlust aus belastenden Verträgen nach IAS 37.66 zu bilden. Erst wenn eine der Vertragsparteien ihre vertraglichen Pflichten erfüllt hat, kommt es zum *bilanziellen Ausweis* des Vertragsverhältnisses. Das Unternehmen muss eine *Vertragsverbindlichkeit* passivieren, wenn der Kunde ein Entgelt gezahlt hat bzw. wenn die Zahlung fällig wird, das Unternehmen aber seine Leistungsverpflichtung noch nicht in entsprechendem Umfang erfüllt hat. Die Vertragsverbindlichkeit[1] zeigt, dass das Unternehmen verpflichtet ist, noch Güter oder Dienstleistungen auf einen Kunden zu übertragen, für die es bereits eine Gegenleistung erhalten hat bzw. diese fällig ist (IFRS 15.106). Hat das Unternehmen hingegen seine Leistungsverpflichtung erfüllt, bevor der Kunde eine entsprechende Gegenleistung zahlt oder diese fällig ist, so muss ein *Vertragsvermögenswert* aktiviert werden. Dieser repräsentiert den Anspruch des Unternehmens auf Erhalt einer Gegenleistung für die auf den Kunden bereits übertragenen Güter und Dienstleistungen. Ein solcher Vertragsvermögenswert ist solange und insoweit zu aktivieren, als der Rechtsanspruch auf Zahlung der Gegenleistung lediglich ein bedingter Anspruch ist, d.h., wenn das Unternehmen laut Vertrag noch eine weitere (Teil-)Leistung erbringen muss, bevor es dem Kunden die Rechnung stellen kann (IFRS 15.107). Da aber entsprechend der bereits erbrachten (Teil-)Leistung die Erlöse bereits realisiert sind, ist im ersten Schritt zu buchen:

BS: Vertragsvermögenswert   50.000 EUR
        an Umsatzerlöse   50.000 EUR.

Sind vom Kunden bereits Zahlungen aufgrund von Teilabrechnungen für eine auftragsgemäß erbrachte Leistung geleistet worden, die den Leistungsfortschritt nicht überschreiten, so sind diese beim aktiven „Vertragsvermögenswert" als Abzug zu berücksichtigen.[2] Erhaltene Anzahlungen werden ebenfalls mit dem Vertragsvermögenswert verrechnet.

Eine *Forderung aus Lieferungen und Leistungen* darf erst dann aktiviert werden, wenn das Unternehmen einen unbedingten Entgeltanspruch an den Kunden hat. Dieser ist dann gegeben, wenn das Unternehmen alle seine Vertragsverpflichtungen erfüllt hat und die Fälligkeit des Rechnungsbetrags allein durch Zeitablauf eintritt (IFRS 15.105 und 108). Dann verwandelt sich der aktivierte Vertragsvermögenswert in eine Forderung. Hat das Unternehmern also schließlich die vertragliche Gesamtleistung erbracht, so entsteht ein unbedingter Zahlungsanspruch gegenüber dem Kunden und es ist im zweiten Schritt eine Forderung einzubuchen:

---

[1] Die Bezeichnung des Passivpostens als Vertragsverbindlichkeit und des Aktivpostens als Vertragsvermögenswert ist nicht verbindlich vorgeschrieben. Das bilanzierende Unternehmen kann auch eine andere Bezeichnung wählen, muss dann aber im Anhang ausreichende Informationen geben, um dem Bilanzleser den Unterschied dieses Postens zu den Forderungen zu vermitteln (IFRS 15.109).
[2] Vgl. Lüdenbach in Haufe IFRS-Kommentar § 18 Rz. 76. Es wird auch vertreten, dass ein Abzug bereits bei Erstellung der Teilabrechnung erforderlich sei, vgl. z.B. ADS International, Abschnitt 16, Rz. 151 f.

BS: Forderung aus Lieferungen und Leistungen　　　　　120.000 EUR
　　　　an Vertragsvermögenswert　　　　　　　　　　　　　　　　　　50.000 EUR
　　　　an Umsatzerlöse　　　　　　　　　　　　　　　　　　　　　　　　70.000 EUR.

Die *Folgebewertung* sowohl des aktivierten Vertragsvermögenswerts als auch der Forderung aus Lieferungen und Leistungen richtet sich nach IFRS 9, wonach bei signifikanter Wahrscheinlichkeit für einen erwarteten (teilweisen) Zahlungsausfall Wertberichtigungen und bei tatsächlichen Kreditausfällen Wertminderungen erfolgswirksam zu berücksichtigen sind. Droht dagegen aus dem Gesamtauftrag ein Verlust so werden im Vertragsvermögenswert keine Kosten mehr aktiviert und zuvor aktivierte Kosten sowie gegebenenfalls weitere Vermögenswerte abgeschrieben. Kann durch die Abschreibung der gesamte Verlust nicht erfasst werden, so muss statt der Abschreibung eine Rückstellung für drohende Verlust nach IAS 37 gebildet werden, in die der geringere Verlust aus Vertragserfüllung oder Vertragskündigung eingeht (IAS 37.68).

Damit sich der Bilanzleser ein Bild von Art, Höhe, Zeitpunkt und Unsicherheit von Erlösen und Zahlungsströmen aus Kundenverträgen machen kann, sind im *Anhang* umfangreiche qualitative und quantitative Angaben zu machen zu den Kundenverträgen, zu wesentlichen Ermessensentscheidungen und den Änderungen solcher Einschätzungen, zu aktivierten Auftragserlangungs- und Auftragserfüllungskosten. Außerdem sind die Umsatzerlöse aufzuschlüsseln, die Leistungsverpflichtungen zu beschreiben, die Transaktionspreise den verbleibenden Leistungsverpflichtungen zuzuordnen, die verwendeten Verfahren zur Bestimmung des Fertigungsgrades anzugeben (IFRS 15.110-128).

Beispielaufgabe:
Ein Kreuzfahrtschiff wird in einer Werft in Papenburg/Emsland in einem Zeitraum von drei Jahren erstellt. Die Gesamtkosten betragen 300 Mio. EUR, als Festpreis werden 390 Mio. EUR vereinbart. Die Zahlung wird bei Übergabe des Schiffes am 31.12.03 fällig. Der Fertigstellungsgrad wird nach
a) der Cost-to-Cost-Methode ermittelt und beträgt jeweils am Jahresende 40%, 60% und 100%,
b) dem „Milestones"-Verfahren output-orientiert ermittelt und beträgt jeweils am Jahresende 33 1/3 %, 66 2/3 % und 100 %.
Stellen Sie für beide Methoden getrennt jeweils tabellarisch die Entwicklung der Auftragskosten, der Auftragserlöse, des Periodengewinns, ggf. der Kostenabgrenzung und der relevanten Bilanzposten dar. Geben Sie für die „Milestones"-Methode alle Buchungen für das erste Jahr der Fertigung an. Welche Buchung müsste zusätzlich noch erfolgen, wenn eine Teilabrechnung vom Auftragnehmer am Ende des ersten Jahres in Höhe von 80 Mio. EUR (alternativ: 140 Mio. EUR) erstellt wird und der Kunde sofort bezahlt?

Lösung:

(in Mio. EUR)	*Cost-to-Cost-Methode*			*Outputorientierte Milestones-Methode*		
Jahr	01	02	03	01	02	03
angefallene Auftragskosten	120	60	120	120	60	120
erfasste Auftragskosten	120	60	120	100	100	100
Erfasste Auftragserlöse	156	78	156	130	130	130
erfasster Periodengewinn	36	18	36	30	30	30
Fertigstellungsgrad	40 %	60 %	100 %	33 1/3 %	66 2/3 %	100 %
Aktiv./Passiv. Kostenabgrenzung	---	---	---	aktiv.: 20	pass.: 20	---
Vertragsvermögenswert am 31.12.	156	234	---	130	260	---
Forderung L.u.L. am 31.12.			390	---	---	390

Grundlagen der Bilanzierung und Bewertung

Falls zum 31.12.01 eine Teilabrechnung in Höhe von a) 80 Mio. EUR (alternativ: von b) 140 Mio. EUR) erstellt und vom Kunden sofort bezahlt wurde:

Vertragsvermögenswert am 31.12.				a) 50	a) 180	a) ---
					b) 120	b) ---
Forderung L.u.L. am 31.12.						a) 310
						b) 250
Vertragsverbindlichkeit am 31.12.				b) 10	---	---
Bankguthaben am 31.12.01				a) 80		
				b) 140		

Buchungen für die „Milestones"-Methode:

BS: Angefallene Auftragskosten (Diverse Aufwendungen)   120 Mio. EUR
      an Bank   120 Mio. EUR.

BS: (Aktiver) Vertragsvermögenswert   130 Mio. EUR
      an Umsatzerlöse   130 Mio. EUR.

BS: Auftragskosten (nach Milestones-Methode)   100 Mio. EUR
      an angefallene Auftragskosten   100 Mio. EUR.

BS: Sonstige Forderungen (aktivische Abgrenzung)   20 Mio. EUR
      an angefallene Auftragskosten   20 Mio. EUR.

Wird eine Teilabrechnung vom Auftragnehmer im ersten Jahr in Höhe von 80 Mio. EUR erstellt und hat der Kunde sofort bezahlt, so ist zusätzlich noch zu buchen:

BS: Bank   80 Mio. EUR
      an (Aktiven) Vertragsvermögenswert   80 Mio. EUR.

Der Vertragsvermögenswert hat in der Bilanz dann nur noch die Höhe von 50 Mio. EUR. Sollte der Kunde am 31.12.01 die dann fällige Teilabrechnung noch nicht bezahlt haben, ist eine Forderung zu buchen, da ein unbedingter Zahlungsanspruch an den Kunden besteht:

BS: Forderungen aus Lieferungen und Leistungen   80 Mio. EUR
      an (Aktiven) Vertragsvermögenswert   80 Mio. EUR.

Bei der alternativen Höhe von 140 Mio. EUR der Teilabrechnung ergibt sich der Fall, dass die Teilabrechnung und Zahlung des Kunden den Wert der fertiggestellten Leistungsverpflichtung in Höhe eines Drittels der Gesamtleistung (= 130 Mio. EUR) um 10 Mio. EUR bzw. die angefallenen Kosten (nach Kostenabgrenzung!) zuzüglich der ausgewiesenen Gewinne übersteigen, so dass sich in der Bilanz gemäß IFRS 15.106 Vertragsverbindlichkeiten in Höhe von 10 Mio. EUR ergeben.

BS: Bank   140 Mio. EUR
      an (Aktiven) Vertragsvermögenswert   130 Mio. EUR.
      an Vertragsverbindlichkeiten   10 Mio. EUR

Aufgabe 16: Langfristige Fertigung nach HGB und IFRS

d) Tageswert nach HGB

Der Tageswert oder Zeitwert ist der *handelsrechtliche* Wert, der einem Vermögensgegenstand am Bilanzstichtag tatsächlich zukommt. Sofern es einen Börsen- oder Marktpreis gibt, handelt es sich dabei um einen aus diesen Preisen abgeleiteten Wert. Ganz allgemein wird im HGB in § 253 Abs. 3 und 4 auch vom "beizulegenden Wert" gesprochen. Dieser *handelsrechtliche* Tageswert (steuerrechtlich: Teilwert, vgl. Kapitel B.II.4.e)) ist der Vergleichswert zu den ursprünglichen Anschaffungs- oder Herstellungskosten bzw. zum letzten Buchwert. Ob der niedrigere Wert davon angesetzt werden darf oder muss, hängt davon ab, ob das strenge oder das eingeschränkt gemilderte Niederstwertprinzip gilt (vgl. Kapitel B.III.4 und B.III.3).

Falls ein Börsen- oder Marktpreis existiert, so stellt sich die Frage, ob es sich dabei um den Preis auf dem Beschaffungs- oder dem Absatzmarktpreis handelt. Die Antwort hängt nach handelsrechtlich herrschender Meinung von der Zweckbestimmung des Gegenstands ab. Ist ein Vermögensgegenstand zur Veräußerung bestimmt, so kommt nur ein Vergleich zwischen den Anschaffungs-/Herstellungskosten (bzw. dem letzten Buchwert) und dem aus dem Absatzmarktpreis abgeleiteten Wert in Frage. In allen anderen Fällen ist der aus dem Beschaffungsmarktpreis hergeleitete Wert als Vergleichswert heranzuziehen.

	Imparitätsprinzip ⇓ *Niederstwertprinzip:*	
ursprüngliche Anschaffungs-/ Herstellungskosten bzw. abweichender letzter Buchwert	*Niederstwerttest* ⇐ Vergleich ⇒	**Wert am Bilanzstichtag (Tageswert)** ⇓
		aus dem Börsen- oder Marktpreis abzuleitender Wert (Umlaufvermögen) oder beizulegender Wert (Anlage- und ggf. Umlaufvermögen) ↙ ↘
		BESCHAFFUNGS-MARKT / ABSATZ-MARKT

Wie der aus dem Marktpreis abgeleitete bzw. der beizulegende Wert im Einzelnen zu bestimmen ist, hängt wiederum von der Zweckbestimmung bzw. von der Art des in Frage kommenden Marktes ab. Ist der Vermögensgegenstand <u>nicht</u> zum alsbaldigen Verkauf bestimmt, ist folglich der Beschaffungsmarkt zur Bestimmung des Vergleichswerts maßgebend, so stellt sich die Frage:

> "Wie hoch sind die **Wiederbeschaffungskosten** für einen vergleichbaren Vermögensgegenstand am Bilanzstichtag einschließlich aller Nebenkosten und abzüglich von Anschaffungskostenminderungen?"

Soll der Vermögensgegenstand dagegen in absehbarer Zeit veräußert werden, so lautet die Fragestellung:

> "Wieviel würde das Unternehmen bei Veräußerung des Vermögensgegen-stands am Bilanzstichtag nach Abzug von Erlösschmälerungen und aller nach dem Stichtag noch anfallenden Kosten netto noch übrig behalten *(Nettoveräußerungserlös)*?"

In diesem Fall verlangt das *Imparitätsprinzip*, ihn mit dem voraussichtlichen Nettoerlös nach Abzug von Erlösschmälerungen, wie Rabatte und Skonti, von Veräußerungskosten und ggf. nach dem Stichtag noch anfallenden Vertriebs- und Verwaltungskosten zu bewerten und einen eventuell drohenden Verlust durch eine Abschreibung vorwegzunehmen. Falls es keinen Marktpreis für unfertige Erzeugnisse gibt, ist der voraussichtliche *modifizierte Nettoveräußerungserlös* aus dem Nettoerlös für das Fertigprodukt abzuleiten, indem von diesem noch anfallende Herstellungs-, Verwaltungs- und Vertriebskosten subtrahiert werden.

voraussichtlicher Verkaufspreis
- Erlösschmälerungen
= *Nettoveräußerungserlös*
- bis zur Veräußerung nach dem Stichtag noch anfallende Aufwendungen (Herstellkosten, Verwaltungs- und Vertriebskosten)
= *modifizierter Nettoveräußerungserlös*

Da die Zuordnung der einzelnen Bilanzpositionen zum "relevanten" Markt mitunter Schwierigkeiten bereitet, sollen hier die wesentlichen Positionen des Anlage- und Umlaufvermögens kurz erörtert werden.

Anlagevermögen:

Gebäude/Maschinen/BGA: Da in diesen Fällen regelmäßig keine Veräußerungs-, sondern nur eine Wiederbeschaffungsabsicht besteht, ist der Vergleichswert vom Beschaffungsmarkt her zu bestimmen (Wiederbeschaffungskosten am Bilanzstichtag). Nur im Ausnahmefall wird stattdessen der Absatzmarkt (Nettoveräußerungserlös) heranzuziehen sein, wenn nämlich etwa eine gebrauchte Maschine veräußert werden soll, weil sie veraltet ist oder weil sie aufgrund einer Änderung des Produktionsprogramm oder eines Beschäftigungsrückgangs nicht mehr benötigt wird.

Beteiligungen[1]: Grundsätzlich ist der Ertragswert am Bilanzstichtag der heranzuziehende Vergleichswert. Der (innere) Wert einer Beteiligung lässt sich mithin als Barwert einer Rente in Höhe der nachhaltigen (als dauerhaft erwarteten) zukünftigen Erträge aus der Beteiligung ermitteln (vgl. Formel (1)). Als Erträge kommen die Ausschüttungen in Frage, aber auch der schwer quantifizierbare Nutzen aus Synergieeffekten der Beteiligung für den Anteilseigner. Bei Mehrheitsbeteiligungen dürfte eher der von der Beteiligungsgesellschaft erzielte Gewinn als die Ausschüttung die wertbestimmende Größe sein, da es bei einem auf lange Dauer angelegten Engagement mit Einflußnahme auf die Geschäftsführung mehr auf das allgemeine Florieren der Tochtergesellschaft ankommt (vgl. Formel (2)). Die Berechnung des Ertragswerts erfolgt zunächst für die ganze Beteiligungsgesellschaft, das Ergebnis wird anschließend mit der Beteiligungsquote multipliziert.

---

[1] Zum Begriff der Beteiligung (§ 271 Abs. 1 HGB) vgl. Kapitel B.IV.1.c)(1).

$$\text{Ertragswert} = \text{Dividende} : i_{kalk} \quad (1)$$

$$\text{Ertragswert} = \text{Gewinn der Beteiligungsgesellschaft} : i_{kalk} \quad (2)$$

Bei beiden Formeln ist der Einfachheit halber die Kapitalisierungsformel für eine unendliche Rente herangezogen worden, es wird also eine zeitlich unbegrenzte Beteiligungsabsicht unterstellt (i_{kalk} = Kalkulationszinsfuß).

Ob bei *ausländischen Beteiligungen* eine voraussichtlich dauerhafte Verschlechterung des Kurses der ausländischen Währung der alleinige Grund (unabhängig von der Entwicklung des inneren Wertes und damit der Ertragssituation der Tochtergesellschaft) für ein Sinken des Ertragswertes sein kann, ist in der handels- und steuerrechtlichen Literatur umstritten. Die steuerliche Rechtsprechung (RFH, RStBl. 1943, S. 710) verneint diese Frage. Als herrschende Meinung in der handels- und steuerrechtlichen Literatur gilt, dass eine Abschreibung auch dann erforderlich ist, wenn aufgrund der Wechselkursänderung die in inländischer Währung nachhaltig erwarteten Einzahlungsüberschüsse gesunken sind und somit auch der in Euro umgerechnete Ertragswert der Beteiligung (WP-HdB 2012 Bd. I Teil E, Tz. 550). Dauerhafte Gewinntransferbeschränkungen und besondere wirtschaftliche oder politische Risiken (z.B. drohende Enteignungen) können dagegen unbestritten zu einer Verringerung des beizulegenden Wertes führen.

Die Zweckbestimmung entscheidet über die Art der Berücksichtigung von Nebenkosten. In der Regel wird bei Beteiligungen eine Veräußerungsabsicht nicht vorhanden sein, so dass der Beschaffungsmarkt maßgebend ist und somit zum Ertragswert noch eventuelle Anschaffungsnebenkosten (Bankspesen, Maklerprovisionen etc.) hinzuzurechnen sind. Ist im Ausnahmefall eine Veräußerung beabsichtigt, so sind entsprechende Veräußerungskosten vom Ertragswert abzuziehen (Absatzmarkt).

Wertpapiere des Anlagevermögens: Bei "Wertpapieren des Anlagevermögens" wird meistens ein Börsenkurs existieren, andernfalls wäre wie bei den Beteiligungen der Ertragswert heranzuziehen. Da diese Papiere nicht zum Verkauf bestimmt sind, ist auf den Beschaffungsmarkt abzustellen und der Vergleichswert als Börsenkurs plus Anschaffungsnebenkosten (Bankspesen, Courtage) zu bestimmen.

Umlaufvermögen:

Wertpapiere des Umlaufvermögens: Bei den "Wertpapieren des Umlaufvermögens" handelt es sich um solche, die nicht auf Dauer dem Unternehmen dienen sollen, so dass hier in der Regel Veräußerungsabsicht besteht und der Nettoveräußerungserlös (Börsenkurs minus Veräußerungskosten im Sinne von Bankspesen und Makler-Courtage) heranzuziehen ist. In der Literatur wird mit Rücksicht auf die gängige Bilanzierungspraxis eine Vernachlässigung der Nebenkosten als möglich angesehen (vgl. ADS § 253 Tz. 502). Dieses Vorgehen überstrapaziert jedoch m. E. den Grundsatz der Wesentlichkeit.

Grundlagen der Bilanzierung und Bewertung

RHB-Stoffe: Diese werden im Normalfalle nach ihrem Einsatz und Verbrauch in der Produktion wiederbeschafft. Mit den Anschaffungskosten sind also die Wiederbeschaffungskosten am Bilanzstichtag einschließlich der Nebenkosten zu vergleichen. Sollten sich ausnahmsweise durch Fehldispositionen beim Einkauf viel zu hohe Bestände gebildet haben oder aufgrund einer Produktionsprogrammänderung ein bestimmter Rohstoff nicht mehr benötigt werden, so wird man versuchen, diese sog. Überbestände zu verkaufen. Die geänderte Zweckbestimmung führt zu einem geänderten Vergleichswert, dem Nettoveräußerungserlös.

Fertige und Unfertige Erzeugnisse: Fertigerzeugnisse sind zur Veräußerung bestimmt, der Tageswert ist somit vom Absatzmarkt her abzuleiten. Der Bruttoveräußerungserlös ist hierbei nicht nur um die Erlösschmälerungen, sondern auch um die noch anfallenden Verwaltungs- und Vertriebsaufwendungen zu kürzen (retrograde Ermittlung des Tageswerts). Durch eine Abwertung auf den so ermittelten Tageswert (= modifizierter Nettoveräußerungserlös) wird das Fertigerzeugnis mit einem Wert angesetzt, der bei der späteren Veräußerung voraussichtlich zu keinem Verlust mehr führt (Imparitätsprinzip), aber auch zu keinem Gewinn.

Beispielaufgabe:
Handrasenmäher mit Herstellungskosten pro Stück von EUR 140,- erzielen am Bilanzstichtag noch einen Verkaufspreis von 153,- EUR pro Stück. Die Erlösschmälerungen (3,- EUR Rabatt und 3 % Skonto) betragen insgesamt 7,50 EUR. Bis zur Veräußerung fallen noch folgende Kosten an: zurechenbare Lagerkosten von EUR 8,50 und Verpackungs- und Transportkosten in Höhe von 10,- EUR. Der Tageswert ist vom Verkaufspreis ausgehend retrograd zu ermitteln.

Lösung:
Tageswert = 153,00 - 7,50 - 8,50 - 10,00 = 127,00 EUR.

Aufgrund des strengen Niederstwertprinzips (vgl. Kapitel B.IV.1.) ist der Rasenmäher nicht mit den Herstellungskosten von 140 EUR, sondern mit dem niedrigeren Tageswert von 127,00 EUR zu bewerten. Dabei spielt es keine Rolle, in welcher Weise das Wahlrecht bei der Bestimmung der Herstellungskosten ausgeübt wurde.

BS:	Bestandsminderungen	13 EUR	
	an Fertigerzeugnisse		13 EUR.

Treten die erwarteten Größen alle unverändert ein, so ergibt sich beim späteren Verkauf eines Rasenmähers ein Gewinn von Null. Der gesamte erwartete Verlust ist aufgrund des Imparitätsprinzips vollständig vorweggenommen.

Ein (modifizierter) Nettoveräußerungserlös für ***Unfertige Erzeugnisse*** ist mangels Veräußerungsmöglichkeit meist nicht direkt bestimmbar, er muss aus dem Verkaufspreis des entsprechenden Fertigprodukts abgeleitet werden. Unterstellt man, dass alle nach dem Bilanzstichtag noch zu tätigenden Aufwendungen vom Verkaufspreis des Fertigerzeugnisses abgedeckt werden und somit der Verlust dem Imparitätsprinzip entsprechend möglichst früh antizipiert wird, sind vom Nettoveräußerungserlös des Fertigerzeugnisses die noch ausstehenden Herstellungsaufwendungen zu subtrahieren, um zum beizulegenden Wert am Bilanzstichtag zu gelangen.

Beispielaufgabe:
Die LowTech GmbH hat am Bilanzstichtag 100 Stück unfertige Handrasenmäher auf Lager liegen. Diese sind grundsätzlich mit den bis zum Stichtag angefallenen Herstellungskosten pro Stück zu bewerten, die 65 EUR betragen. Für die fertigen Handrasenmäher lässt sich am Bilanzstichtag noch einen Verkaufspreis von 153 EUR pro Stück erzielen. Die Erlösschmälerungen (3 EUR Rabatt und 3 % Skonto) betragen insgesamt 7,50 EUR. Bis zur Veräußerung fallen noch folgende Kosten an:

Materialeinzelkosten:	20,00 EUR
Materialgemeinkosten:	10,00 EUR
Fertigungseinzelkosten:	20,00 EUR
Fertigungsgemeinkosten:	25,00 EUR
zurechenbare Absatzlagerkosten:	8,50 EUR
Verpackungs- und Transportkosten:	10,00 EUR
Summe	93,50 EUR

Ermitteln Sie den Tageswert eines unfertigen Handrasenmähers.

Lösung:
Der Tageswert ist vom Verkaufspreis des Fertigerzeugnisses ausgehend retrograd zu ermitteln, da es keinen Marktpreis für unfertige Rasenmäher gibt. Alle nach dem Bilanzstichtag noch anfallenden Kosten sind von diesem Verkaufspreis zu subtrahieren. Dabei gelten nicht die Vorschriften zur Ermittlung von Herstellungskosten, sondern es ist derjenige aus dem Marktpreis abgeleitete Tageswert der unfertigen Handrasenmäher zu ermitteln, bei dessen Ansatz alle absehbaren Verluste entsprechend dem Imparitätsprinzip bereits am Bilanzstichtag berücksichtigt werden.
Tageswert = 153,00 - 7,50 - 93,50 = 52,00 EUR.
Da der Tageswert unter den bisher angefallenen Herstellungskosten liegt, ist er gemäß dem strengen Niederstwertprinzip (vgl. Kapitel B.IV.1.) anzusetzen.

BS: Bestandsminderungen 8 EUR
an Unfertige Erzeugnisse 8 EUR.

Damit ist erreicht, dass bei der Veräußerung des fertigen Rasenmähers im Folgejahr weder ein Verlust noch ein Gewinn entsteht, sofern die erwarteten Kostenbeträge und der Verkaufspreis tatsächlich auch eintreten.

Sollten ausnahmsweise Fertige und Unfertige Erzeugnisse gleicher Art, Funktion und Güte auch von Dritten, also von Konkurrenzanbietern, beziehbar sein, so ist dies für die Ermittlung des (handelsrechtlichen) Tageswerts unbeachtlich. Da Erzeugnisse zum Absatz bestimmt sind, ist nur der vom Absatzmarkt her abgeleitete Wert als Vergleichswert zu den Herstellungskosten heranzuziehen. Dies folgt aus dem *Prinzip der verlustfreien Bewertung*, das weiter unten (bei den Handelswaren) erläutert wird.

Handelswaren: Da Handelswaren naturgemäß sowohl eingekauft als auch verkauft werden, kommen hierbei zur Bestimmung des Tageswertes grundsätzlich sowohl die Wiederbeschaffungskosten am Beschaffungsmarkt als auch die (modifizierten) Nettoveräußerungserlöse am Absatzmarkt in Frage. Beachtet man das im Umlaufvermögen geltende strenge Niederstwertprinzip formal, so scheint es klar zu sein, dass der niedrigste der drei Vergleichswerte anzusetzen ist.

Grundlagen der Bilanzierung und Bewertung

Beispiel:
Die LowTech GmbH handelt auch mit Rasierapparaten, für die folgende Wertekonstellation gilt: Anschaffungskosten (Einstandspreis) bzw. Buchwert = 100 EUR; Wiederbeschaffungskosten am Bilanzstichtag = 75 EUR; Verkaufspreis am Bilanzstichtag = 100 EUR; Rabatt und Skonto = 5 EUR; noch anfallende Vertriebskosten = 10 EUR.

Anschaffungskosten (Einstandspreis) = 100 EUR	Modifizierter Nettoverkaufserlös = 85 EUR	Wiederbeschaffungs- kosten = 75 EUR

Da der modifizierte Nettoveräußerungserlös 85 EUR beträgt, müsste der Wert der Wiederbeschaffungskosten in Höhe von 75 EUR angesetzt werden. Dieses sog. "Doppelte Niederstwertprinzip", wird zwar im Steuerrecht angewandt (vgl. das nachfolgende Kapitel), im Handelsrecht wird es jedoch von der herrschenden Meinung abgelehnt. Diese Ablehnung stützt sich auf die strikte Einhaltung des Imparitätsprinzips. Danach sind drohende Verluste durch eine Abwertung vorwegzunehmen, nicht aber ein "drohender Gewinnentgang".

Beispiel:
Angenommen die im vorigen Beispiel angegebenen Daten blieben bis zur tatsächlichen Veräußerung der Ware unverändert und die Abwertung ("Aufwendungen für bezogene Waren") sei bis auf die Wiederbeschaffungskosten von 75 EUR erfolgt, so würde (ohne Berücksichtigung der USt) ein Netto-Umsatzerlös von 85 EUR entstehen, und die verkaufte Ware würde den Wareneinsatz (=Aufwand) um EUR 75 erhöhen. Das Ergebnis wäre ein Rohgewinn von 10 EUR aus dem Warenverkauf, der als Folge der drastischen Abwertung von 100 EUR auf 75 EUR am Bilanzstichtag entstanden ist. Durch das Imparitätsprinzip wird jedoch nur eine Abwertung von 100 EUR auf den Nettoveräußerungserlös von 85 EUR gedeckt, da nur diese Differenz der Verlust ist, der tatsächlich dem Unternehmen droht. Die Ware ist also am Bilanzstichtag mit 85 EUR zu bewerten, so dass sich bei der späteren Warenveräußerung die Werte von Nettoumsatzerlös (= 85 EUR) und Wareneinsatz (= 85 EUR) genau entsprechen und weder ein Gewinn noch ein Verlust entsteht.

Dieses sog. *"Prinzip der verlustfreien Bewertung"*, das von der handelsrechtlich herrschenden Meinung vertreten wird, beachtet also die Preisentwicklung auf dem Beschaffungsmarkt überhaupt nicht, sondern stellt nur auf einen Vergleich zwischen Anschaffungskosten (Buchwert) und Nettoveräußerungserlös am Bilanzstichtag ab. Nur auf dem Absatzmarkt können nämlich echte (drohende) Verluste entstehen. Niedrigere Wiederbeschaffungskosten bedeuten dagegen lediglich, dass man die Waren oder ggf. die Erzeugnisse, die bereits auf Lager liegen, am Bilanzstichtag entsprechend billiger hätte einkaufen können, der zukünftige Veräußerungsgewinn also höher hätte ausfallen können. Hierbei handelt es sich also nicht um einen drohenden Verlust, sondern nur um einen drohenden entgangenen Gewinn, dessen Vorwegnahme vom Imparitätsprinzip nicht gedeckt ist.

Merke:
    Bei Waren, Fertigerzeugnissen und unfertigen Erzeugnissen gilt nach handelsrechtlich herrschender Meinung das

Prinzip der verlustfreien Bewertung:

Anschaffungskosten bzw. Buchwert	⇔ Vergleich ⇔	Tageswert = Nettoveräußerungserlös (Absatzmarkt)

Zusammenfassende Übersicht zur Ermittlung des Tageswerts:

Tageswert		
= aus dem Börsen- oder Marktpreis abgeleiteter Wert bzw. beizulegender Wert (§ 253 Abs. 3 u. 4 HGB), ermittelt am:		
Beschaffungsmarkt		*Absatzmarkt*
Anschaffungspreis (ggf. eines vergleichbaren Vermögensgegenstands)		voraussichtlicher Verkaufspreis
+ Anschaffungsnebenkosten (Frachten etc.)		- Erlösschmälerungen (Kundenskonti etc.)
- Anschaffungskostenminderungen (Lieferantenskonti etc.)		- noch bis zur Veräußerung anfallende Aufwendungen (Herstellkosten, Verwaltungs- und Vertriebskosten)
= Wiederbeschaffungswert am Bilanzstichtag		= vom Absatzmarktpreis abgeleiteter Wert am Bilanzstichtag (retrograde Ermittlung)
Anlagevermögen (Regelfall): 1. Sachanlagen 2. Beteiligungen (Ertragswert) 3. Wertpapiere		*Anlagevermögen* (Ausnahmefall): 1. Sachanlagen nur bei konkreter Veräußerungsabsicht 2. Finanzanlagen nur bei konkreter Veräußerungsabsicht
Umlaufvermögen: 1. Roh-, Hilfs- und Betriebsstoffe (Regelfall)		*Umlaufvermögen:* 1. Roh-, Hilfs- und Betriebsstoffe (Ausnahmefall: nur Überbestände bzw. nicht mehr in der Produktion verwertbare Stoffe) 2. fertige und unfertige Erzeugnisse 3. Handelswaren 4. Wertpapiere

Aufgabe 17: Tageswert

e) Beizulegender Zeitwert nach HGB

In § 255 Abs. 4 HGB ist durch das BilMoG der beizulegende Zeitwert als neuer Bewertungsmaßstab in das deutsche Handelsrecht aufgenommen worden. Der Begriff entspricht der Übersetzung des Fair Value aus dem IFRS-Regelwerk. Die Ermittlungsweise des beizulegenden Zeitwerts ist derjenigen für den Fair Value von Finanzinstrumenten angeglichen. Nach § 255 Abs. 4 HGB entspricht der beizulegende Zeitwert dem Marktpreis. Somit wird bei der

Bewertung die Zugehörigkeit des Gegenstands zu einem individuellen Betriebsvermögen nicht berücksichtigt. Es besteht eine Ermittlungshierarchie:[1]

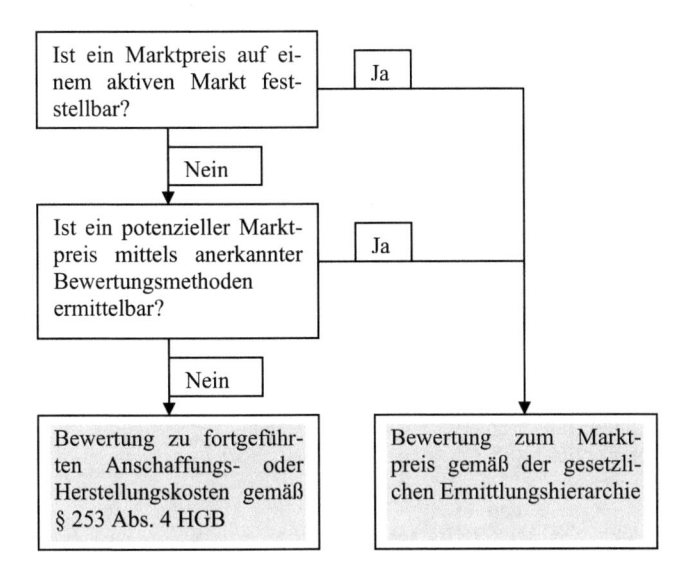

```
┌─────────────────────────┐
│ Ist ein Marktpreis auf  │      Ja
│ einem aktiven Markt     │─────────────┐
│ feststellbar?           │             │
└───────────┬─────────────┘             │
            │ Nein                      │
┌───────────▼─────────────┐             │
│ Ist ein potenzieller    │      Ja     │
│ Marktpreis mittels      │─────────────┤
│ anerkannter Bewertungs- │             │
│ methoden ermittelbar?   │             │
└───────────┬─────────────┘             │
            │ Nein                      │
┌───────────▼─────────────┐  ┌──────────▼──────────────┐
│ Bewertung zu fortge-    │  │ Bewertung zum Markt-    │
│ führten Anschaffungs-   │  │ preis gemäß der gesetz- │
│ oder Herstellungskosten │  │ lichen Ermittlungs-     │
│ gemäß § 253 Abs. 4 HGB  │  │ hierarchie              │
└─────────────────────────┘  └─────────────────────────┘
```

In erster Linie soll der beizulegende Zeitwert auf einem aktiven Markt bestimmt werden („mark-to-market-Bewertung"). Ein *aktiver Markt* ist dann gegeben, wenn der Preis leicht feststellbar ist (z.B. Börsenpreis) und auf regelmäßigen und aktuellen Transaktionen am Markt zwischen unabhängigen Dritten beruht. Sind die gehandelten Güter inhomogen oder die Handelsvolumina sehr gering, so liegt kein aktiver Markt vor und der beizulegende Zeitwert ist genau wie im Falle gänzlich fehlender aussagekräftiger Marktpreise mittels anerkannter *Bewertungsmethoden* zu bestimmen („mark-to-model-Bewertung"). In Anlehnung an die IFRS-Regelungen (IAS 39.AG74) wird in der Gesetzesbegründung auf anerkannte wirtschaftliche Bewertungsmethoden (z.B. Optionspreismodelle) und auf die Möglichkeit, Marktpreise vergleichbarer Geschäftsvorfälle heranzuziehen, verwiesen.

Kann auf beide Arten der beizulegende Wert nicht verlässlich bestimmt werden, d.h. lässt die Bewertungsmethode mehrere gleich wahrscheinliche mögliche Werte zu, so gilt die übliche Bewertung nach den Vorschriften für Vermögensgegenstände des Umlaufvermögens. Somit gilt der letzte zuverlässig ermittelte beizulegende Zeitwert als (fortgeführte) *Anschaffungs- oder Herstellungskosten* und durch Beachtung des strengen Niederstwertprinzips soll eine vorsichtige Bewertung erreicht werden (§ 255 Abs. 4 S. 3 u. 4 HGB).

---

[1] Quelle: Kessler, Harald, Bewertung, in: Kessler, Harald/Leinen, Markus/Strickmann, Michael (Hrsg.): Handbuch BilMoG, Freiburg 2009, S. 215.

Der beizulegende Zeitwert ist in besonderen Fällen anzuwenden, die in der folgenden Übersicht angegeben sind.

	Zugangsbewertung	*Folgebewertung*
Vermögensgegenstände, die Teil eines Planvermögens und mit den Altersversorgungsverpflichtungen zu verrechnen sind (§ 246 Abs. 2 S. 4, § 253 Abs. 1 S. 4 HGB). Siehe Kapitel B.X.1.b)(9).	Nach Zuweisung zu einem Planvermögen: Zeitwert	Zeitwert
Rückstellungen für Altersversorgungsverpflichtungen, deren Höhe sich nach dem beizulegenden Zeitwert von Wertpapieren des Anlagevermögens richtet, soweit dieser über einem ggf. garantierten Mindestbetrag liegt (§ 253 Abs. 1 S. 3 HGB). Siehe Kapitel B.X.1.b)(9).	Zeitwert	Zeitwert
Aktiv- und Passivposten (Ausnahme: Rückstellungen und latente Steuern) eines Tochterunternehmens im Rahmen des Konzernabschlusses (§ 301 Abs. 1 S. 2 u. 3)	Bei Erlangung der Beherrschung: Zeitwert	---
Aktiv- und Passivposten (Ausnahme: Rückstellungen und latente Steuern) von assoziierten Unternehmen (unter Beachtung der Anschaffungskostenobergrenze) (§ 312 Abs. 2 HGB)	Bei erstmaliger Einbeziehung in den Konzernabschluss: Zeitwert	---
Finanzinstrumente des Handelsbestands bei Kredit- und Finanzdienstleistungsinstituten (§ 340e Abs. 3 S. 1 HGB)	Zeitwert	Zeitwert

f) Weitere Wertmaßstäbe nach IFRS

(1) Allgemeine Wertmaßstäbe

Für die Bewertung der Positionen in Bilanz und GuV werden im „Framework" des IASB-Konzepts grundsätzliche Maßstäbe vorgegeben und allgemein definiert (F.100a-d).

a) Historische Anschaffungs- oder Herstellungskosten („Historical Costs")	• Vermögenswerte: entrichtete Zahlungsmittel oder beizulegender Zeitwert der Gegenleistung (Tausch) • Schulden: Betrag des bei Entstehen der Verpflichtung erhaltenen Erlöses oder erwartungsgemäß im normalen Geschäftsverlauf zur Tilgung zu zahlender Zahlungsmittelbetrag
b) Tageswert (Wiederbeschaffungskosten)	• Vermögenswerte: Zahlungsmittelbetrag, der zum gegenwärtigen Zeitpunkt für den Erwerb gezahlt werden müsste • Schulden: (nicht diskontierter) Zahlungsmittelbetrag, der zum gegenwärtigen Zeitpunkt für die Begleichung der Verpflichtung erforderlich wäre
c) Veräußerungswert (Erfüllungsbetrag) („Realisable Value")	• Vermögenswerte: Zahlungsmittelbetrag, der zum gegenwärtigen Zeitpunkt durch Veräußerung des Vermögenswerts im normalen Geschäftsverlauf erzielt werden könnte • Schulden: (nicht diskontierter) Zahlungsmittelbetrag, der erwartungsgemäß gezahlt werden muss, um die Schuld im normalen Geschäftsverlauf zu begleichen (Rückzahlungsbetrag)
d) Barwert (Gegenwartswert) („Present Value") (Nutzungswert)	• Vermögenswerte: Barwert des künftigen Nettomittelzuflusses, den dieser Posten erwartungsgemäß im normalen Geschäftsverlauf erzielen wird • Schulden: Barwert des künftigen Nettomittelabflusses, der erwartungsgemäß im normalen Geschäftsverlauf zur Erfüllung der Schuld erforderlich ist

Grundlagen der Bilanzierung und Bewertung

Der Passus „im normalen Geschäftsverkehr" soll außergewöhnliche Verhältnisse ausschließen, also z.B. Liquidations- oder Konkursverkäufe, da in diesen Fällen u.U. geringere Werte erzielt werden könnten. Die genaue Bewertung der einzelnen Bilanzpositionen ist in den IAS und IFRS vorgeschrieben, so dass die Regelung des „Framework" lediglich anzuwenden ist, wenn es an einer speziellen Bewertungsvorschrift mangelt.

(2) Fortgeführte Anschaffungskosten („Amortised Cost")

Die Bewertung mit fortgeführten Anschaffungs- oder Herstellungskosten („Anschaffungskostenmodell") ist bei Sachanlagen eine der beiden zulässigen Bewertungsmöglichkeiten. Die fortgeführten Anschaffungskosten sind zu ermitteln durch Abzug der kumulierten Abschreibungen und der kumulierten Wertminderungsaufwendungen von den ursprünglichen Anschaffungskosten (IAS 16.30).

Die *fortgeführten Anschaffungskosten* („Amortised Cost") ergeben sich nach IAS 39.9 im Falle von finanziellen Vermögenswerten und finanziellen Schulden als

```
   Betrag der Zugangsbewertung (= Fair Value plus Transaktionskosten)
   - Tilgungen
   +/- kumulierte Amortisation eines Unterschiedsbetrags zwischen
       erstmaliger Bewertung und Tilgungsbetrag bei Endfälligkeit
       (Disagio, Agio, Transaktionskosten) gemäß Effektivzinsmethode
   - außerplanmäßige Wertminderung (nur bei Vermögenswerten)
   = fortgeführte Anschaffungskosten
```

Die ursprünglichen Anschaffungskosten entsprechen dem beizulegenden Zeitwert der gegebenen (im Falle eines Vermögenswertes) oder erhaltenen (im Falle einer Schuld) Gegenleistung. Bei erstmaliger Bewertung sind Transaktionskosten einzubeziehen

Unter **kumulierter Amortisierung** eines Disagios/Agios ist die Summe der bis zum aktuellen Bilanzstichtag erfolgswirksam berücksichtigten Disagio-(Agio-)Teilbeträge gemeint. Die erfolgswirksame Verteilung der Differenz zwischen Anschaffungskosten und Nominalwert (Agio, Disagio) hat nach der *Effektivzinsmethode* (zum internen Zinsfuß der Finanzinvestition) zu erfolgen (IAS 39.9, IAS 39.46f.). Mit Hilfe dieses Zinssatzes erfolgt eine Aufzinsung des Ausgabebetrages. Der Aufzinsungsbetrag stellt beim Emittenten zusätzlichen Zinsaufwand und beim Gläubiger zusätzlichen Zinsertrag dar[1].

(3) Der beizulegende Zeitwert („Fair Value")

Der beizulegende Zeitwert („Fair Value") als zentraler Bewertungsmaßstab im IFRS-Regelwerk wird als der Betrag definiert, „zu dem zwischen sachverständigen, vertragswilligen und voneinander unabhängigen Geschäftspartnern ein Vermögenswert getauscht oder eine Schuld beglichen werden könnte" (IAS 16.6, IAS 18.7, IAS 32.11, IAS 39.9, IAS 40.5, IFRS 5 Anh. A). Transaktionskosten sind weder bei der erstmaligen Bewertung (Zugangsbewertung) zum Fair Value hinzuzurechnen noch bei Folgebewertungen vom Fair Value (als Veräußerungskosten) abzuziehen. (Grundsatz der Wesentlichkeit; IAS 39.43 u.46).

---

[1] Vgl. Kapitel B.IV.1.d(1) und B.VI.2.

Der beizulegende Wert („Fair Value") ist somit ein Oberbegriff für verschiedene marktnahe Werte, deren Anwendungsbereiche in folgender Übersicht zusammengefasst werden[1]:

Beizulegender Zeitwert („Fair Value")			
Marktwert evtl. festgestellt durch Gutachter (IAS 16.32) (falls erforderlich auf einem Markt für vergleichbaren Posten)	*Marktwert auf aktivem Markt[2] („market value")* (falls erforderlich auf einem Markt für vergleichbaren Posten)	*hilfsweise Emittlung* durch „mark-to-model"-Konzept: • *diskontierte Cash flows* • *Bewertungsmodelle*	*hilfsweise Emittlung mittels:* • *fortgeführter Wiederbeschaffungskosten*
• Sachanlagen beim Neubewertungsmodell[3] (IAS 16.31)	• Finanzinstrumente (IAS 39.A71) • Immaterielle Vermögenswerte (IAS 38.72)	• Finanzinstrumente, sofern kein Marktwert verfügbar (IAS 39.A74-82)	• Sachanlagen beim Neubewertungsmodell, sofern kein Marktpreis ermittelbar (IAS 16.33)

Falls beispielsweise bei (selbst erstellten) Sachanlagen kein Marktpreis vorhanden ist, muss der Fair Value dieser Sachanlagegüter hilfsweise als fortgeführte Wiederbeschaffungskosten ermittelt werden. Diese errechnen sich, indem von den i.d.R. preisindexbasiert geschätzten Wiederbeschaffungskosten für eine fabrikneue Anlage die bis zum Zeitpunkt der Neubewertung angefallenen kumulierten Abschreibungen, berechnet auf Basis der Wiederbeschaffungskosten, abgezogen werden (sog. Bruttomethode; IAS 16.35a)[4].

Beispielaufgabe:
Die LowTech International GmbH hat am 1.1.01 eine Maschine erworben:
Anschaffungskosten: 40.000 EUR;
Nutzungsdauer: 10 Jahre; lineare Abschreibung;
Wiederbeschaffungskosten für fabrikneue Maschine heute (31.12.03): 50.000 EUR.
Wie hoch sind Restbuchwert und beizulegender Wert (= fortgeführte Wiederbeschaffungskosten) per 31.12.03?

Lösung:
Lineare Abschreibung per annum: 4.000 EUR.
Restbuchwert zum 31.12.03 = 40.000 EUR – 3 * 4.000 EUR = 28.000 EUR.
Lineare Abschreibung auf Basis der Wiederbeschaffungskosten p.a.: 5.000 EUR.
Beizulegender Wert (=fortgeführte Wiederbeschaffungskosten) per 31.12.03 =
= 50.000 EUR – 3 * 5.000 EUR = 35.000 EUR.

Bis zum 31.12.2012 wurden die folgenden vier Bewertungsverfahren, die zu einer verlässlichen Schätzung des Fair Value führen, als angemessen betrachtet. Die Reihenfolge stellt eine **Ermittlungshierarchie** dar, wobei immer die höchstmögliche Hierarchie-Ebene zu realisieren ist (IAS 39.A74-82):

---

[1] Vgl. Mujkanovic, R.: Fair Value im Financial Statement nach International Accounting Standards, Stuttgart 2002, S.186.
[2] Ein *aktiver Markt* ist ein liquider Markt (d.h. mit genügend vertragswilligen Käufern und Verkäufern) mit homogenen Produkten und der Öffentlichkeit zugänglichen Preisen (IAS 36.6). Für Finanzinstrumente wird der aktive Markt noch konkreter als ein Markt definiert, an dem notierte Preise leicht und regelmäßig an einer Börse, bei Händlern, Brokern u.ä. erhältlich sind, und diese Preise aktuelle und regelmäßig auftretende Markttransaktionen widerspiegeln (IAS 39.A71).
[3] Genaueres zum Neubewertungsmodell siehe Kapitel B.III.7.a).
[4] Siehe auch Kapitel B.III.3.a)(9).

1. Rückgriff auf unlängst aufgetretene Geschäftsvorfälle zwischen sachverständigen, vertragswilligen und unabhängigen Geschäftspartnern,
2. Vergleich und Anpassung an den aktuellen Marktwert eines anderen Finanzinstruments, das hinsichtlich der Charakteristika im Wesentlichen identisch mit dem zu bewertenden Finanzinstrument ist,
3. Ermittlung des Barwerts der erwarteten zukünftig zufließenden Cash Flows („Discounted Cash Flow-Methode") und
4. Optionspreismodelle auf Basis von Daten aus einem aktiven Markt (z.B. Black and Scholes-Modell).

Bei der Ermittlung des Fair Value eröffneten sich dennoch vielfältige *Ermessensspielräume*. Zunächst einmal ist nicht immer eindeutig klar, ob ein *aktiver Markt* gegeben ist. Insbesondere bei immateriellen Vermögenswerten obliegt dies weitgehend der subjektiven Einschätzung des Managements. Wertgutachten können Bewertungsspielräume enthalten, die nach den Wünschen des Auftraggebers ausgeübt werden. Bei der Heranziehung von Marktwerten anderer, „im Wesentlichen identischer", Vermögenswerte ergeben sich ebenfalls Gestaltungsspielräume. Im Rahmen der Bewertung mit Hilfe eines *Ertragswertverfahrens bzw. der „Discounted Cash Flow" Methode* sind zukünftige Erträge bzw. Cash Flows, die sich aus der Nutzung des betreffenden Vermögenswerts ergeben, subjektiv zu schätzen. Eine (theoretische) Begrenzung des Ermessensspielraums ergibt sich allerdings durch die Koppelung an die internen Planungsrechnungen. Der Wert hängt zudem sehr stark vom subjektiv gewählten Diskontierungszinssatz ab, der vor allem durch Risikoaufschläge zum risikolosen Zinssatz bestimmt wird und nur bei börsennotierten Aktiengesellschaften eine gewisse Objektivierung durch die Anwendung des „Capital Asset Pricing"- Modells erfährt. Bei der Ermittlung der Wiederbeschaffungskosten ergibt sich ein Ermessensspielraum bei der Auswahl geeigneter Preisindices. Schließlich gibt es mehrere Bewertungsmodelle zu Auswahl, die auf unterschiedlichen Annahmen basieren, welche zudem häufig nicht der Realität entsprechen.

Mit dem Ziel, Ermessensspielräume zu verringern und möglichst zu beseitigen, ist am 1.1.2013 der neue *IFRS 13* in Kraft getreten, durch den der Begriff und die Ermittlung des *Fair Value* für alle Standards **vereinheitlicht** werden. Die Regelungen gelten also nicht nur für Finanzinstrumente, sondern z.B. auch für als Finanzinvestition gehaltene Immobilien (IAS 40). Allgemein orientiert sich die Bewertung an der Preiseinschätzung eines potenziellen Erwerbers, somit wird der beizulegende Zeitwert konsequent als Veräußerungspreis (Exit Price) verstanden (IFRS 13.24). Der Fair Value ist demnach der Preis, der im Rahmen einer auf einem definierten Markt vorgenommenen geordneten Transaktion (Verkauf) für einen Vermögenswert erzielbar wäre bzw. für eine Schuld bezahlt werden müsste (IFRS 13.9). Die hypothetische Transaktion soll auf dem für solche Transaktionen typischen Markt („Hauptmarkt") stattfinden (IFRS 13.16(a)). Nur wenn ein solcher nicht existiert, soll der für die gedachte Transaktion „vorteilhafteste Markt" herangezogen werden, also der Markt, der den höchsten Verkaufserlös verspricht, sofern das Unternehmen auch tatsächlich als Marktteilnehmer auf diesem agieren könnte (IFRS 13.16(b) i.V.m. IFRS 13.18 f.). Bei der Übertragung von Schulden ist der vorteilhafteste Markt dadurch gekennzeichnet, dass der aufzuwendende Ablösebetrag der niedrigste ist.[1] Wenn überhaupt kein Markt existiert, sind Schätzungen notwendig, die den Anforderungen eines *gedachten (fiktiven) Transaktionspreises auf dem vorteilhaftesten Markt* entsprechen (IFRS 13.21).[2]

---

[1] Vgl. Fischer, Daniel T.: Der Standardentwurf „Fair Value Measurement" (ED/2009/5), PiR 2009, S. 341. Näheres zur Bewertung bei Eigenkapitalinstrumenten siehe Fischer, Daniel T.: IFRS 13 – Fair Value Measurement, PiR 2011, S. 236.

[2] Ausnahmeregelungen für die Ermittlung des Fair Value bestehen für Gruppen von Vermögenswerten und Schulden, deren Markt- oder Kontrahentenrisiken kompensierend wirken (IFRS 13.48-56). Die Einzelbewertung wird in diesem Falle verlas-

Die *Marktteilnehmer*, zwischen denen die fiktive Transaktion zustande kommt, sollen
- unabhängig voneinander sein,
- alle für den Abschluss der Transaktion notwendigen Informationen besitzen und insbesondere keinen Informationsnachteil gegenüber dem bilanzierenden Unternehmen haben sowie
- in der Lage und gewillt sein, die Transaktion abzuschließen.

Hinsichtlich des Transaktionspreises werden für Vermögenswerte, Schulden und Eigenkapitalinstrumente jeweils eigenständige Bewertungsannahmen formuliert. Im Falle von nichtfinanziellen Vermögenswerten ist dabei eine bestmögliche Nutzungsart (*„Highest and Best Use"*) aus der Perspektive eines Erwerbers zu unterstellen (IFRS 13.29 f.).

Die optimale Nutzung eines *nicht-finanziellen Vermögenswerts* kann unterschiedlich geartet sein:
- Primär geht es um die optimale Nutzung im Zusammenspiel mit den vorhandenen Vermögenswerten und Schulden des erwerbenden Unternehmens (IFRS 13.31(a) i.V.m. IFRS 13.B3). Der Fair Value entspricht dann dem *aktuellen Veräußerungspreis* des nicht-finanziellen Vermögenswerts unter der Annahme, dass der Käufer über die Vermögenswerte (und Schulden, z.B. zur Finanzierung der ergänzenden Vorräte) die mit dem betrachteten Vermögenswert im Nutzungszusammenhang stehen, verfügen kann.
- Die optimale Verwendung kann auch unabhängig von den anderen Vermögenswerten und Schulden des erwerbenden Unternehmens sein und allein im Eigentum an dem betrachteten Vermögenswert bestehen. Dies soll vor allem bei der Bewertung von finanziellen Vermögenswerten unterstellt werden. Der Fair Value entspricht dann dem *Einzelveräußerungspreis* (IFRS 13.31(b)).

Beim Ablösebetrag von *Schulden* ist auf die Sicht des Gläubigers abzustellen, der beizulegende Zeitwert seiner spiegelbildlichen Forderung ist im Regelfalle maßgeblich. Bei Eigenkapitalinstrumenten erfolgt eine Orientierung an den Marktteilnehmern, die die Eigenkapitalinstrumente als Vermögenswerte halten.

Durch IFRS 13 wird die bislang geltende und oben dargestellte Ermittlungshierarchie für den beizulegenden Zeitwert geändert. Jetzt werden *drei Bewertungstechniken* genannt:
- Marktbasierte Ansätze: Hier wird auf Marktpreise identischer oder vergleichbarer Vermögenswerte abgestellt (IFRS 13.62 i.V.m. IFRS 13.B5-7).
- Kostenbasierte Ansätze: Bewertung auf Basis der Kosten, die für eine Wiederbeschaffung des zu bewertenden Vermögenswerts am Bewertungsstichtag anfallen würden (IFRS 13.62 i.V.m. IFRS 13.B8 f.). Dazu gehören auch Sachwert- bzw. Substanzwertverfahren.
- Einkommensbasierte Ansätze: Hierzu gehören barwertorientierte Verfahren, Optionspreismodelle und die Multi-Period Excess Earnings-Methode (IFRS 13.62 i.V.m. IFRS 13.B10-33).

Beispielsweise könnte der Fair Value mit Hilfe der *Ertragswertmethode*, also einem barwertorientierten Verfahren (= einkommensbasierter Ansatz), bestimmt werden. Dem betrachteten Vermögenswert sind im ersten Schritt zukünftig wahrscheinlich zufließende Zahlungsströme zuzuordnen, die danach mit einem beobachtbaren oder geschätzten Marktzinssatz diskontiert

---

sen und Nettovermögens- und Nettoschuldpositionen zusammengefasst mit dem fiktiven Marktpreis bewertet. Dieses Hedge Accounting ist jedoch nur zulässig, wenn bestimmte Bedingungen erfüllt sind, insbesondere dass ein auf (saldierte) Nettopositionen ausgerichtetes Risikomanagement besteht (IFRS 13.49).

Grundlagen der Bilanzierung und Bewertung

werden. Dazu sind verfügbare Marktdaten vergleichbarer Vermögenswerte heranzuziehen, um einen geeigneten Diskontierungszinssatz ableiten zu können. Vergleichbar sind Vermögenswerte dann, wenn sie mit einem ähnlich hohen Risiko (gemessen durch die Streuung bzw. Standardabweichung der möglichen Zahlungsströme um ihren Erwartungswert) verbunden sind (IFRS 13.B18-22).

Beispiel:[1]
Für Vermögenswert A werden folgende Cash Flow-Zuflüsse am Ende des ersten Jahres erwartet:

	Zukunftssituation 1	Zukunftssituation 2	Zukunftssituation 3
Cash Flow-Zufluss	120.000 EUR	70.000 EUR	200.000 EUR
Eintrittswahrscheinlichkeit	45 %	30 %	25 %
wahrscheinlichkeitsgewichtete Cash Flows	54.000 EUR	21.000 EUR	50.000 EUR

Erwartungswert der Cash Flows = 54.000 EUR + 21.000 EUR + 50.000 EUR = 125.000 EUR.

Auf dem etablierten Markt für vergleichbare Vermögenswerte lassen sich folgende Informationen und Preise beobachten:

Vermögenswert B hat einen Marktwert von 108.300 EUR und lässt am Ende des Jahres einen Cash Flow-Zufluss von 120.000 EUR erwarten. Die effektive Marktverzinsung (interner Zinssatz) ergibt sich für 1 Jahr als $(120.000/108.300 - 1) * 100 = 10,8\%$.

Vermögenswert C hat einen Marktwert in Höhe von 56.600 EUR und lässt einen Cash Flow-Zufluss am Ende des zweiten Jahres in Höhe von 70.000 EUR erwarten. Die Marktverzinsung (interne Rendite) für zwei Jahre beträgt dann $((70.000/56.600)^{1/2} - 1) * 100 = 11,2\%$.

Da Vermögenswert B aufgrund des übereinstimmenden Zeitraums besser mit Vermögenswert A vergleichbar ist als Vermögenswert C, wird dessen Rendite herangezogen, um durch Diskontierung des erwarteten Zahlungsstroms von Vermögenswert A dessen Fair Value zu ermitteln: 125.000 EUR/1,108 = 112.816 EUR.
Wären für Vermögenswert B keine Marktdaten beobachtbar, müsste man die Daten für Vermögenswert C heranziehen und die Zweijahres-Rendite in einen Marktzinssatz für 1 Jahr umrechnen.

Neu bei der Fair Value-Ermittlung nach IFRS 13 ist, dass keine Hierarchie der drei Bewertungsansätze mehr vorgesehen wird, wie das bislang grundsätzlich der Fall war. Die **Hierarchie** wird jedoch auf die Ebene der **Inputparameter (Ausgangswerte)** verlagert. Vorrang hat damit dasjenige Bewertungsverfahren, bei dem die größte Zahl an solchen Inputparametern Verwendung findet, die weitestgehend am Markt beobachtbar sind. Auf diese Weise ist eine Rangfolge der Verfahren festgelegt. Der Fair Value ist also aus der Perspektive eines Marktteilnehmers zu bestimmen, der zur Preisfindung nur öffentlich zugängliche Daten heranziehen kann. Rein unternehmensinterne Einschätzungen können allenfalls nachrangig Berücksichtigung finden. Gemäß IFRS 13.61 soll somit das Bewertungsverfahren gewählt werden, das die **größtmögliche Marktobjektivierung der Inputparameter** garantiert. Dieses Verfahren muss auch weiterhin beibehalten werden (IAS 8.13). Die **Bewertungsstetigkeit** darf nur durchbrochen werden, wenn dies zu einem repräsentativeren Abbild des beizulegenden Zeitwerts führt.

Für die **Inputfaktoren**, die in die genannten Bewertungsverfahren einfließen, wird eine **dreistufige Hierarchie** eingeführt (IFRS 13.72). Inputparameter einer höheren Stufe sind zwingend solchen auf einer niedrigeren Stufe vorzuziehen (IFRS 13.67):

---
[1] Vgl. IFRS 13.B20 f.

1) Stufe 1: Bewertungsrelevante Informationen (= Inputparameter), die auf *Preisnotierungen* für identische Vermögenswerte auf einem *aktiven Markt* basieren und somit eine hohe Objektivität aufweisen. Eine Anpassung ist nicht erforderlich, solche Inputfaktoren entsprechen unmittelbar den Fair Values (IFRS 13.76 f.).
2) Stufe 2: *Beobachtbare Inputparameter* (Ausgangswerte), die aber weniger objektiv sind und in größerem Maße angepasst werden müssen, um z.B. eine Vergleichbarkeit zu erreichen (IFRS 13.81 i.V.m. IFRS 13.B35). Dieser Stufe sind Preisnotierungen zuzuordnen, die sich auf lediglich *ähnliche Vermögenswerte* und Schulden beziehen (und somit modifiziert werden müssen) oder von Märkten ohne ausreichendes Maß an Aktivität stammen. Hier sind auch Inputparameter in Form von Zinssätzen einzuordnen sowie statistische Maßzahlen (Volatilitäten), die aus Marktdaten abgeleitet sind (IFRS 13.82) und der Ermittlung des Fair Value dienen können.
3) Stufe 3: *Nicht beobachtbare Inputfaktoren* mit der geringsten Objektivität (IFRS 13.86). Dabei kann es sich z.B. um externe Analystenschätzungen handeln oder auch um unternehmensinterne Informationen, aus denen der Fair Value abgeleitet werden kann.

Die verlässlichste Grundlage für die Ableitung des Fair Value eines Vermögenswerts bilden auf einem aktiven Markt notierte Preise, also Inputparameter der Stufe 1.

Beispiel:[1]

Inputfaktoren der Stufe 1 für börsengehandelte Wertpapiere				
Handelsplätze:	Börse Frankfurt am Main		Börse Stuttgart	
(in EUR)	Durchschnittskurs	Kosten	Durchschnittskurs	Kosten
BASF-Aktie	70,00	6,00	71,00	4,00
Dt. Bank-Aktie	38,00	3,00	37,00	3,00
Eon-Aktie	14,00	1,00	15,00	1,50

Bestand (Stück)	Bilanz 31.12.01	GuV Jahr 01	Bilanz 31.12.00
BASF: 1.000	71.000 EUR	+ 13.000 EUR	58.000 EUR
Dt. Bank: 500	19.000 EUR	- 4.000 EUR	23.000 EUR
Eon: 1.500	22.500 EUR	- 7.500 EUR	30.000 EUR

Das betrachtete Unternehmen handelt Wertpapiere an beiden Börsen. Der Fair Value ist primär auf dem für solche Transaktionen typischen Markt, dem so gen. Hauptmarkt, abzuleiten (IFRS 13.16(a)). Der Hauptmarkt ist der Markt, an dem das Unternehmen im Wesentlichen seine Geschäfte tätigt, hier also Wertpapiere handelt. Nur wenn ein Hauptmarkt nicht existiert, soll der für die gedachte Transaktion vorteilhafteste Markt herangezogen werden, also der Markt, der den höchsten Verkaufserlös verspricht, sofern das Unternehmen auch tatsächlich als Marktteilnehmer auf diesem agieren könnte (IFRS 13.16(b) i.V.m. IFRS 13.18 f.).
Fall 1: Ist Frankfurt der Hauptmarkt, so sind die Wertpapiere mit den dort erzielbaren Kursen zu bewerten, unabhängig davon, ob der Kurs in Frankfurt vorteilhaft ist oder nicht. Transaktionskosten dürfen nicht berücksichtigt werden. Die BASF-Aktie ist also beispielsweise mit 70 EUR zu bewerten.
Fall 2: Ist weder Frankfurt noch Stuttgart der Hauptmarkt, so ist der Kurs auf dem vorteilhaftesten Markt als Fair Value zu bestimmen. Bei der Bestimmung des höchsten Werts sind die Transaktionskosten vom Kurs zu subtrahieren, bei der Fair Value-Bewertung dürfen sie dagegen nicht berücksichtigt werden. Die in der obigen Tabelle eingetragenen Bestandswerte beziehen sich auf Fall 2. Die Vorjahreswerte zum 31.12.00 sind gesetzte Größen.

---

[1] Vgl. Alves, Winfried, a.a.O., S. 78 f. und ASC 820-10-55-43 ff.

Die gesamte Fair Value-Bewertung wird in die Ebene eingeordnet, der der niedrigst eingeordnete der herangezogenen Inputparameter, der signifikant ist, angehört (IFRS 13.73). Barwertorientierte Verfahren, aber auch kostenorientierte Verfahren, sind entsprechend der 2. oder der 3. Ebene zuzuordnen. Wird der Fair Value mit Hilfe eines Bewertungsverfahrens bestimmt, das nicht-beobachtbare Inputfaktoren verwendet, muss sichergestellt werden, dass das Bewertungsverfahren bei der Folgebewertung zum Bewertungsstichtag beobachtbare Marktdaten, d.h. den Marktpreis für ähnliche Vermögenswerte, widerspiegelt (IFRS 13.64).

Vom Bilanzierenden wird also verlangt, dass er im Sinne einer möglichst objektiven Bewertung vorrangig am aktiven Markt beobachtbare Informationen in die Bewertung einfließen lassen muss, und zwar auch dann, wenn diese von den eigenen Einschätzungen und unternehmensinternen Informationen abweichen. Das stellt hohe Anforderungen an den Bilanzierenden, die er nicht immer erfüllen kann oder will. Auch wenn durch das System der Inputparameter formal ein stringentes Gedankengebäude errichtet wurde, bleiben *Ermessensspielräume*, die vom bilanzierenden Unternehmen zu *bilanzpolitischen Zwecken* eingesetzt werden können. So muss z.B. beurteilt werden, ob es sich um einen aktiven Markt mit homogenen Produkten handelt, an dem bestimmte Preise beobachtbar sind. Ob ein *aktiver Markt* vorliegt, hängt auch davon ab, ob das Management zu dem *subjektiven Urteil* kommt, dass Transaktionshäufigkeit und Transaktionsvolumen auf diesem Markt hinreichend sind oder dass eine ausreichende Zahl voneinander unabhängiger Teilnehmer an diesem Markt agiert (IFRS 13.76 i.V.m. IFRS 13.Appendix A(active market)). Was ist, wenn die Teilnehmer auf dem vorteilhaftesten Markt nicht unabhängig voneinander sind? Nach IFRS 13.BC56 f. gilt ausnahmsweise eine Transaktion zwischen verbundenen (also abhängigen) Unternehmen bei marktgerechten Konditionen als zulässiger Fair Value-Inputfaktor. Es kann aber sein, dass es in diesen Fällen keinen objektiven Vergleichsmaßstab gibt, sodass das Management nach subjektivem Ermessen beurteilt, ob die Konditionen marktgerecht sind oder nicht.

Das Ermittlungssystem funktioniert nur dann wie gewünscht, wenn die verschiedenen Bewertungsansätze hinsichtlich der Klassifikation nach Inputparametern im Idealfall in eine klare und eindeutige Reihenfolge gebracht werden können. Die Wirklichkeit dürfte aber durch *Abwägungsprobleme* gekennzeichnet sein. Kommt dem tatsächlichen Marktwert einer Schuld der tatsächliche Preis einer ähnlichen Schuld (IFRS 13.37 u. 13.40) oder der tatsächliche Preis des korrespondierenden Vermögenswerts des Gläubiger (IFRS 13.BC83 u. BC 88) näher?[1] Ist ein Verfahren, mit dem Inputfaktoren der ersten und der dritten Ebene verbunden sind, einem Bewertungsverfahren vorzuziehen, das allein auf Inputparametern der zweiten Ebene basiert? Der Bilanzierende muss abwägen, ob die Anwendung z.B. eines <u>Optionspreismodells</u> in größerem oder geringerem Maße auf beobachtbaren Inputparametern mit hoher Objektivität basiert als die Bewertung auf der Grundlage von Marktpreisen von Vermögenswerten, die nur in geringem Maße mit dem zu bewertenden Vermögenswert vergleichbar sind. Selbst wenn für solche Abwägungen gewichtete Punktbewertungsverfahren genau vorgeschrieben wären, blieben immer noch Ermessensspielräume für das bewertende Unternehmen. Dieses wird ein Interesse daran haben, möglichst viele gestaltbare Inputparameter aus der dritten Stufe in das Bewertungsverfahren einfließen zu lassen.

Ermessensspielräume ergeben sich auch, wenn etwa in der 2. Ebene Marktpreise für ähnliche Vermögenswerte herangezogen werden und aufgrund der mangelnden Vergleichbarkeit der Vermögenswerte subjektive Anpassungen dieser Preise erfolgen müssen. Auch das Konzept der vorteilhaftesten Nutzungsart zur Bestimmung des Transaktionspreises eröffnet Bewertungsspielräume, die durch den Bilanzierenden *bilanzpolitisch genutzt* werden können. Wird

---

[1] Vgl. Große, Jan-Velten: IFRS 13 „Fair Value Measurement" – Was sich (nicht) ändert, KoR 2011, S. 294.

ein einkommensbasierter Ansatz für die Bewertung des Vermögenswerts (z.B. das Discounted Cash Flow–Verfahren) herangezogen, so ergeben sich weitere, quantitativ bedeutsamere Ermessensspielräume, die bei der alten Regelung bereits bestanden.

(4) Der erzielbare Betrag („Recoverable Amount")

Für die Bewertung von Sachanlagen (außer Immobilien, die als Finanzinvestition gehalten werden (IAS 40)), immateriellen Anlagewerten und Zahlungsmittel generierende Einheiten spielt außerdem der so gen. erzielbare Betrag („Recoverable Amount") eine Rolle. Gemäß IAS 36.9f. haben die Unternehmen für die einzelnen Vermögenswerte jährlich am Bilanzstichtag zu prüfen, ob Anzeichen für eine (unvorhergesehene) Wertminderung vorliegen. Hierbei sind sowohl externe Indizien, wie z.B. rapides Sinken des Marktwertes, als auch interne Indizien, wie z.B. physische Schadhaftigkeit, zu berücksichtigen. Ist dies der Fall, so ist der erzielbare Betrag („Recoverable Amount") zu ermitteln und ein Niederstwerttest („Impairment Test") vorzunehmen. Ergibt sich dabei, dass der erzielbare Betrag eines Vermögenswerts unter seinem Buchwert („Carrying Amount") liegt, so ist eine außerplanmäßige Abschreibung auf den erzielbaren Betrag vorzunehmen. Der Abwertungsverlust („Impairment Loss") ist als Aufwand zu erfassen, es sei denn, der entsprechende Vermögenswert wird nach dem Neubewertungsmodell[1] bewertet.

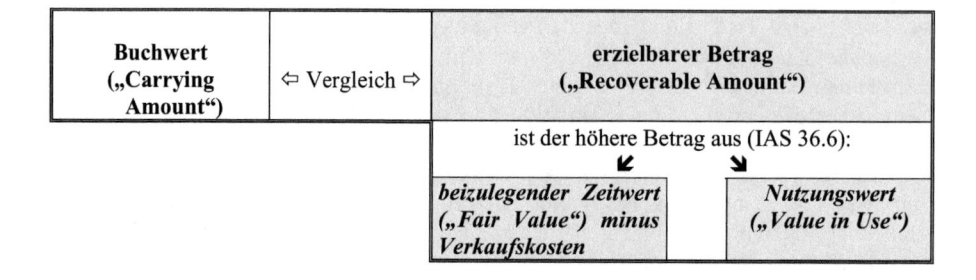

Buchwert („Carrying Amount")	⇔ Vergleich ⇔	erzielbarer Betrag („Recoverable Amount")
		ist der höhere Betrag aus (IAS 36.6):
		beizulegender Zeitwert („Fair Value") minus Verkaufskosten / *Nutzungswert („Value in Use")*

Die Ermittlung des erzielbaren Betrags ist in IAS 36.18-57 geregelt. Der erzielbare Betrag ist der jeweils höhere der beiden Werte Nutzungswert („Value in Use") oder Fair Value minus Verkaufskosten. Die beste Konkretisierung des Fair Value ist der notierte Kurs an einem aktiven Markt. Häufig wird dieser Wert mit dem *Nettoveräußerungswert („Net Realisable Value")* übereinstimmen, der als Absatzmarktwert auch im deutschen Bilanzrecht die übliche Konkretisierung des Tageswerts für alle zum Absatz bestimmten Vermögensgegenstände darstellt. Der Nettoveräußerungswert entspricht dem Veräußerungswert („Realisable Value" (F.100c)) nach Abzug eventueller Veräußerungskosten und/oder nach Abzug der bis zur Fertigstellung noch anfallenden Kosten bei unfertigen Erzeugnissen.

geschätzter Verkaufserlös
- geschätzten Kosten bis zu Fertigstellung
- geschätzten notwendigen Vertriebskosten.
= **Nettoveräußerungswert (gem. IAS 2.9)**

Allerdings ist der „Fair Value minus Verkaufskosten" (als Bestandteil des erzielbaren Betrags) nicht immer mit dem Nettoveräußerungswert gleichzusetzen. Zu Differenzen zwischen

---
[1] Vgl. Kapitel B.III.7.a) und B.IV.2.a)(10).

den beiden Werten kann es deshalb kommen, weil der Nettoveräußerungswert ein im Rahmen der gewöhnlichen Geschäftstätigkeit des Unternehmens zu erwartender Wert und damit unternehmensbezogen ist, während der Fair Value einen objektiven, unternehmensunabhängigen, gesamtmarktbezogenen Wert darstellt (IAS 2.7).

Somit ist die Bewertung streng **absatzmarktbezogen**, auch für Rohstoffe z.B., deren Wert retrograd aus dem Verkaufserlös des Fertigerzeugnisses abzuleiten ist. Bei Roh-, Hilfs- und Betriebsstoffen kann nach IAS 2.32 im Ausnahmefall aber eine beschaffungsmarktorientierte Wertermittlung angebracht sein. Sollten nämlich die gesunkenen Wiederbeschaffungskosten für RHB-Stoffe darauf hindeuten, dass auch die Nettoveräußerungspreise der Fertigprodukte gesunken sind und zwar unter deren Herstellungskosten, so sind die RHB-Stoffe auf den Nettoveräußerungswert abzuwerten. Die Wiederbeschaffungskosten der RHB-Stoffe können in diesem Falle als beste Schätzung heranzuziehen sein.

Der erzielbare Betrag ist jeweils der **höhere der beiden Werte** Nutzungswert und Nettoveräußerungswert. Dies ergibt sich aus der Überlegung, dass ein Unternehmen den immateriellen Vermögenswert veräußern würde, wenn der Nettoveräußerungserlös höher als der Nutzungswert wäre. Im umgekehrten Falle würde der Vermögenswert im Unternehmen weiterhin genutzt werden. Bei Vorräten stellt der Nettoveräußerungswert den alleinigen Vergleichswert zum Buchwert dar (IAS 2.9), weil der Nutzungswert bei absatzbestimmten Vermögenswerten als Barwert der erwarteten künftigen Cash Flows mit diesem übereinstimmt und somit keine eigenständige Bedeutung hat.

Unter dem **Nutzungswert („Value in Use")** ist der Barwert der subjektiv geschätzten künftigen Cash Flows aus dem betreffenden Vermögenswert zu verstehen (IAS 36.6, IAS 36.30). Der Begriff rührt daher, dass sich diese Cash Flows normalerweise aus der fortgesetzten Nutzung eines Vermögenswertes und seinem Abgang am Ende der Nutzungsdauer ergeben.[1]

Beispiel:
Die LowTech International hat ein spezielles Verfahren zur Herstellung von Ceranplatten für Elektroherde entwickelt, das sie patentieren ließ und in Höhe der Entwicklungskosten im Anlagevermögen aktiviert hat. Der Buchwert des Patents beträgt zum 31.12.01 noch 240.000 EUR, die Restnutzungsdauer noch 4 Jahre. Wegen neuer technologischer Entwicklungen soll das Patent einem Werthaltigkeitstest unterzogen werden. Mangels eines aktiven Markts für solche Patente und mangels Anhaltspunkten für die verlässliche Schätzung eines Veräußerungserlöses soll als erzielbarer Betrag der Nutzungswert beim Impairment-Test verwendet werden. Die Gesellschaft hält einen Diskontierungsfaktor in Höhe von 12 % unter Beachtung der spezifischen Geschäftsrisiken für angemessen. Für die restlichen 4 Jahre der Nutzungsdauer werden folgende dem Patent zuzuordnende Ein- und Auszahlungen erwartet:

Jahr	Einzahlungen	Auszahlungen	Cash Flow i.S.v. Einzahlungsüberschuss	Diskontierungsfaktor	Barwerte
02	80.000 EUR	5.000 EUR	75.000 EUR	$1/1{,}12 = 0{,}893$	66.975 EUR
03	84.000 EUR	2.000 EUR	82.000 EUR	$1/1{,}12^2 = 0{,}797$	65.354 EUR
04	76.000 EUR	8.000 EUR	68.000 EUR	$1/1{,}12^3 = 0{,}712$	48.416 EUR
05	50.000 EUR	5.000 EUR	45.000 EUR	$1/1{,}12^4 = 0{,}636$	28.620 EUR
Nutzungswert = Summe der Barwerte					209.365 EUR

---

[1] Bei Finanzinstrumenten, die nach IAS 39 zu bewerten sind, ist in bestimmten Kategorien dem Buchwert allein der Barwert der künftigen Cash Flows gegenüberzustellen, der dort allerdings nicht Nutzungswert genannt wird. In anderen Kategorien von Finanzinstrumenten wird allein der aktuelle Fair Value ohne Abzug der Verkaufskosten mit dem bisherigen Buchwert verglichen.

Da der erzielbare Betrag (= Nutzungswert) unter dem Buchwert zum 31.12.01 liegt, ist zwingend eine Abwertung vorzunehmen.

BS:	Wertminderungsaufwand	30.635 EUR
	an immateriellen Vermögenswert (Patent)	30.635 EUR.

Da es sowohl bei der Bestimmung des Fair Value[1] als auch bei der Ermittlung des Nutzungswerts für das Management des bilanzierenden Unternehmens Ermessensspielräume gibt, entsteht bei der Ableitung des erzielbaren Betrags ein *bilanzpolitisch nutzbarer Gestaltungsspielraum.*

Wie aus dem obigen Beispiel abzuleiten ist, eröffnet sich ein weiter *Ermessensspielraum* im Rahmen der Bestimmung des *Nutzungswerts* bei der Schätzung der unsicheren zukünftigen Cash Flows und bei der Festlegung eines angemessenen Diskontierungszinssatzes.[2] Letzterer wird vor allem durch Risikoaufschläge zum risikolosen Zinssatz bestimmt und erfährt nur bei börsennotierten Aktiengesellschaften eine gewisse Objektivierung durch die Anwendung des „Capital Asset Pricing"- Modells. Auch wenn in IAS 36.30-54 versucht wird, die Schätzung zukünftiger Cash Flows und die Festlegung des Diskontierungszinssatzes (IAS 36.55-57) durch konkretere Regelungen (z.B. Konsistenz der Schätzungen mit Vergangenheitswerten (IAS 36.34), Bezugnahme auf die mittelfristige Finanzplanung der Gesellschaft (IAS 36.35) und Darstellung zweier konkreter Ansätze zur Bestimmung des Nutzungswerts in IAS 36 Anhang A) objektiver zu machen, bleibt für das Management ein nicht unerheblicher Gestaltungsspielraum, da betriebsindividuelle Ressourcen, Synergien und Wachstumsaussichten einzubeziehen sind. So könnte gegebenenfalls der erzielbare Betrag mittels entsprechender Ermessensausübung bei der Ermittlung des Nutzungswerts über den (objektiver zu ermittelnden) Nettoveräußerungswert und sogar über den bisherigen Buchwert gehievt und so eine bilanzpolitisch unerwünschte außerplanmäßige Abschreibung vermieden werden. Im Extremfall könnte also das Management selbst entscheiden, ob eine Wertminderung zu berücksichtigen ist oder nicht (*faktisches Wahlrecht*).

Nicht selten kommt es vor, dass künftige Einzahlungsüberschüsse einem einzelnen Vermögenswert, z.B. einer einzelnen Maschine, nicht isoliert zugeordnet werden können. Nur durch eine Gesamtheit von Maschinen (z.B. eine Produktionsinsel mit mehreren zusammenwirkenden Maschinen oder eine gesamte Fertigungsstraße) kann ein verkaufsfähiges Produkt hergestellt werden und nur diese Gesamtheit erzeugt demnach Zahlungsmittelzuflüsse („Cash flows"), die unabhängig von denen anderer Vermögenswerte sind. Dies ist aber Voraussetzung dafür, den Nutzungswert und somit den erzielbaren Betrag bestimmen zu können. In einem solchen Fall hat das Unternehmen eine sog. *zahlungsmittel-generierende Einheit* („Cash-Generating Unit") zu bilden. Diese umfasst die Buchwerte sämtlicher Vermögenswerte, die dieser Gruppe in zuverlässig stetiger Weise direkt zugerechnet werden können. Sie ist definiert als kleinste identifizierbare Gruppe von Vermögenswerten, die Cash Flows erzeugen, die weitgehend unabhängig von den Cash Flows anderer Vermögenswerte sind (IAS 36.6, IAS 36.65-108).[3]

---

[1] Siehe das vorige Kapitel B.II.4.f)(3).
[2] Im deutschen Bilanzrecht findet der Barwert als theoretisch richtiger Vergleichswert beim Niederstwerttest nur bei Beteiligungen Verwendung. Aufgrund der Manipulationsgefahr bei der Schätzung der unsicheren zukünftigen Cash Flows und bei der Festlegung des Diskontierungszinssatzes wurde die Verwendbarkeit von Barwerten von deutschen Bilanztheoretikern immer sehr kritisch beurteilt und im deutschen Bilanzrecht nur ausnahmsweise zugelassen. Umso erstaunlicher ist, welch relativ große Bedeutung Barwerte im IFRS-Regelwerk haben.
[3] Genaueres dazu siehe Kapitel B.III.7.b).

g) Teilwert nach EStG

Der Teilwert ist der zentrale Bewertungsmaßstab in der Steuerbilanz. Die Teilwertdefinition enthält § 6 Abs. 1 Nr. 1 Satz 3 EStG:

Definition:

> "***Teilwert*** ist der Betrag, den ein Erwerber des ganzen Betriebs im Rahmen des Gesamtkaufpreises für das einzelne Wirtschaftsgut ansetzen würde; dabei ist davon auszugehen, dass der Erwerber den Betrieb fortführt."

Mit dieser Abgrenzung sind die charakteristischen Elemente des Teilwerts klar umrissen:
- gedachter Verkauf des Gesamtunternehmens,
- objektiver Wert,
- Einzelwert unter Beachtung des funktionalen Zusammenhangs mit dem Gesamtbetrieb,
- Fortführungshypothese ("going-concern-Prinzip").

Damit wird deutlich, dass der Teilwert i.d.R. kein Einzelveräußerungspreis (Liquidationswert, Zerschlagungswert) eines Wirtschaftsgutes ist, sondern auch dessen Bedeutung im Rahmen des funktionalen Zusammenhangs mit den übrigen Teilen des Gesamtbetriebes bei der Bewertung zu berücksichtigen ist. Es ist also der auf das betreffende Wirtschaftsgut entfallende "Teil" des Gesamtwertes der Unternehmung zu ermitteln. Dies schließt beispielsweise auch die Qualität der Innenorganisation ein, so dass theoretisch dem Wirtschaftsgut auch ein Anteil am Geschäftswert zuzurechnen ist ("Das Ganze ist mehr wert als die Summe der Werte der Einzelteile").

Die Ermittlung des Teilwertes in der Praxis bereitet allerdings erhebliche Schwierigkeiten. Eine Aufteilung des Firmenwertes auf die einzelnen Wirtschaftsgüter ("Zurechnungsmethode") ist logisch nicht eindeutig möglich; genauso wenig hilft die rein theoretische Vorstellung weiter, das Unternehmen als Ganzes zweimal zu bewerten, einmal mit und einmal ohne das betreffende Wirtschaftsgut, und die Differenz der beiden Gesamtwerte als Teilwert zu betrachten ("Differenzmethode"). Somit ist die Teilwertdefinition nicht praktikabel. Zum Zwecke der Schätzung des Teilwerts lassen sich aber auf logischem Wege eine Unter- und eine Obergrenze bestimmen (H 6.7 „Schätzung" EStH):

Untergrenze: Einzelveräußerungspreis (evtl. Schrottwert)
Im Falle, dass der fiktive Erwerber ein bestimmtes Wirtschaftsgut nicht mehr im Unternehmen benötigt, wird er (mindestens) den Betrag dafür bezahlen, den er bei sofortiger Veräußerung des Wirtschaftsguts erhalten würde.

Obergrenze: Wiederbeschaffungskosten
Mehr als er für den Kauf eines gleichartigen, in die betrieblichen Prozessabläufe hineinpassenden Wirtschaftsgutes im gleichen Abnutzungszustand aufbringen müsste (= Wiederbeschaffungskosten), wird der potenzielle Erwerber dafür im Rahmen des Gesamtkaufpreises nicht ansetzen.

Zwischen diesen beiden Werten, bei denen der Bezug zum Firmenwert allerdings bereits fehlt, liegt ein weiter Bereich, der im tatsächlichen Veräußerungsfalle als Verhandlungsspielraum anzusehen wäre. Für die konkrete Frage der Bewertung in der Steuerbilanz ist die Fixierung von Unter- und Obergrenzen nicht ausreichend, soll nicht ein weiter Manipulationsspielraum offen gelassen werden.

Um den Begriff "Teilwert" praktikabel zu machen, hat daher der BFH in seiner Rechtsprechung sog. Teilwertvermutungen entwickelt (H 6.7 „Teilwertvermutungen" EStH). Im Ergebnis stimmen diese Wertansätze der Steuerbilanz grundsätzlich mit den handelsrechtlichen Vorschriften überein. Die Teilwertvermutungen müssen vom Bilanzierenden widerlegt werden, wenn von diesem Wert abgewichen werden soll (R 6.7 EStR).

Teilwertvermutungen (H 6.7 EStH):		
Zeitpunkt der Bewertung / Art des Wirtschaftsgutes	Zeitpunkt der Anschaffung	später
nicht-abnutzbares Anlagevermögen	Anschaffungs- bzw. Herstellungskosten	Anschaffungs- bzw. Herstellungskosten
abnutzbares Anlagevermögen	Anschaffungs- bzw. Herstellungskosten	Anschaffungs-/ Herstellungskosten minus Abschreibungen[1]
Umlaufvermögen	Anschaffungs- bzw. Herstellungskosten (ggf. Nettoverkaufserlös)	Wiederbeschaffungskosten (ggf. Nettoverkaufserlös)

Die eigentliche Teilwertdefinition erhält erst dann wieder Bedeutung, wenn es um die Widerlegung der Teilwertvermutungen geht. Liegt nämlich der tatsächliche Teilwert unter dem vermuteten, so darf gemäß § 6 Abs. 1 Nr. 1 und 2 EStG eine außerplanmäßige Abschreibung ("Teilwert-Abschreibung") auf den niedrigeren tatsächlichen Teilwert vorgenommen werden.

Gründe für die Widerlegung der Teilwertvermutungen: (R 6.7 EStR; H 6.7 EStH)		
	kurz nach der Anschaffung oder Herstellung	zu späterem Zeitpunkt
Anlagevermögen	Fehlinvestition; Wegfall der Verwendungsmöglichkeit (Konjunktur, Modeänderung)	gesunkene Wiederbeschaffungskosten; gesunkener Ertragswert; techn./wirtschaftliche Überholung; Wegfall der Verwendungsmöglichkeit (Konjunktur, Modeänderung)
Umlaufvermögen	Ungängigkeiten (Modeänderung), ggf. Nettoveräußerungserlös gesunken (Waren, Erzeugnisse)	Wiederbeschaffungskosten oder Nettoveräußerungserlös gesunken; Ungängigkeiten (Modeänderung)

Beispiel:
Die LowTech GmbH gründet zu Beginn des Jahres 01 mit einem Aufwand von 2 Mio EUR (=Anschaffungskosten) eine Tochtergesellschaft, die handgestrickte Kleidungsstücke herstellen und vertreiben soll. Nach guter Geschäftsentwicklung in den ersten Jahren erwirtschaftet die Tochtergesellschaft im Jahre 09 einen Verlust i.H.v. 500.000 EUR. Es stellt sich die Frage, wie die Beteiligung bei der LowTech am 31.12.09 zu bewerten ist.

---

[1] Grundsätzlich ist dabei von der linearen AfA auszugehen (BFH 30.11.1988, BStBl 1989 II S. 183).

Der Teilwert lässt sich genauso wie der handelsrechtlich beizulegende Wert als Ertragswert der 100%igen *Beteiligung* ermitteln, der dem Ertragswert der Tochtergesellschaft insgesamt entspricht. Dabei könnte der realisierte Verlust als nachhaltig angesehen werden, so dass sich bei einem Kalkulationszinsfuß von 10% ein (vereinfacht durch Kapitalisierung einer unendlichen Rente berechneter) Ertragswert in Höhe von - 500.000 : 0,10 = - 5 Mio. EUR ergibt.

Handelsrechtlich muss die Beteiligung in diesem Fall auf den niedrigeren beizulegenden Wert von Null abgeschrieben werden, sofern es keine kompensierenden Synergievorteile gibt. Auch der (steuerliche) Teilwert beträgt Null bzw. 1,- EUR (Erinnerungswert), so dass Identität von Handels- und Steuerbilanz besteht:

Handelsbilanz	*Steuerbilanz*
Beteiligungen: 1,- EUR	Beteiligungen: 1,- EUR

Beispiel:
Wie voriges Beispiel, nur erfolgte die Gründung der Tochtergesellschaft erst im Jahre 07, liegt also erst zwei Jahre zurück, in denen jeweils Verluste erzielt wurden.

Handelsrechtlich ist der Fall genauso zu behandeln wie der vorige, sofern es keine Anhaltspunkte dafür gibt, dass es sich um einen einmaligen Verlust handelt. *Steuerrechtlich* wird dieser Sachverhalt aufgrund des BFH-Urteils vom 27.7.1988 (BStBl 1989 II, S. 274) als Widerlegung der Teilwertvermutung "Anschaffungs- oder Herstellungskosten" nicht anerkannt. Es sei üblich, dass ein neu gegründetes Unternehmen in den ersten 3 Jahren (mit Sitz im außereuropäischen Ausland in den ersten 5 Jahren) sog. *Anlaufverluste* erleidet, weil das Produkt noch nicht marktreif oder noch zu unbekannt ist. Der potentielle Erwerber würde berücksichtigen, dass ihm im Falle einer Neugründung die gleichen Anlaufverluste entstünden, und daher die gesamten Anschaffungs- oder Herstellungskosten zahlen. Anlaufverluste rechtfertigen also keine Teilwertabschreibung. Aufgrund des Bewertungsvorbehalts gemäß § 5 Abs. 6 EStG ergeben sich unterschiedliche Werte in Handels- und Steuerbilanz (Durchbrechung der Maßgeblichkeit):

Handelsbilanz	*Steuerbilanz*
Beteiligungen: 1,- EUR	Beteiligungen: 2 Mio. EUR

Der Teilwert für *Wirtschaftsgüter des Vorratsvermögens* entspricht nach der Rechtsprechung des BFH primär den Wiederbeschaffungskosten (Waren) bzw. den Wiederherstellungskosten (Erzeugnisse). Dies gilt auch dann, wenn es sich um absatzbestimmte Wirtschaftsgüter handelt und der voraussichtliche Nettoverkaufserlös einen Gewinn erwarten lässt (R 6.8 Abs. 2 Satz 1 EStR). Die Wiederherstellungskosten entsprechen den fiktiven Selbstkosten der Erzeugnisse am Bilanzstichtag.

Teilwert von Waren = *Wiederbeschaffungswert am Bilanzstichtag =*
Anschaffungspreis am Bilanzstichtag (ggf. eines vergleichbaren Vermögensgegenstands)
+ Anschaffungsnebenkosten (Frachten etc.)
- Anschaffungskostenminderungen (Lieferantenskonti etc.)

Beispiel:
Die LowTech GmbH handelt auch mit Rasierapparaten. Vereinfachend sei angenommen, dass der durchschnittlich kalkulierte Unternehmergewinn = 0 ist. Folgende Wertekonstellation gilt:
Anschaffungskosten (Einstandspreis) bzw. Buchwert = 100 EUR;
Wiederbeschaffungskosten am Bilanzstichtag = 75 EUR;
Verkaufspreis am Bilanzstichtag = 100 EUR;
Rabatt und Skonto = 5 EUR.

Anschaffungskosten (Einstandspreis) = 100 EUR	Nettoverkaufserlös = 95 EUR	Wiederbeschaffungskosten = 75 EUR

Gemäß R 6.8 Abs. 2 Satz 1 EStR entspricht der Teilwert (s. Teilwert-Definition, § 6 Abs. 1 Nr. 1 Satz 3 EStG) in diesem Falle den Wiederbeschaffungskosten i.H.v. 75 EUR, also dem niedrigsten der drei Werte. Dies gilt auch dann, wenn der Nettoverkaufserlös z.B. 120 EUR beträgt und somit ein Gewinn aus dem Verkauf der Waren zu erwarten ist. Für die Abwertung auf die Wiederbeschaffungskosten gäbe es dann nur die Rechtfertigung, dass der Gewinn noch höher ausfallen würde, hätte man die **Waren** nicht im Laufe des Geschäftsjahres zu 100 EUR, sondern am Bilanzstichtag zu 75 EUR eingekauft. Dieser hypothetisch höhere Gewinn wird durch die Abschreibung auf die Wiederbeschaffungskosten bei der Warenveräußerung dann tatsächlich ausgewiesen. Die eigentliche Ursache dieser dem handelsrechtlichen Prinzip der verlustfreien Bewertung (vgl. Kapitel "Tageswert") widersprechenden Bewertungsweise liegt in der Teilwertdefinition und der alleinigen Betrachtung des isolierten Beschaffungsgeschäfts, ohne den Zusammenhang zum Absatzgeschäft (mit ggf. bereits fest vereinbarten Verkaufspreisen) zu beachten[1]. Zweifel an dieser Betrachtungsweise im Hinblick auf das Imparitätsprinzip hat auch der BFH[2] geäußert.

Nach dem BFH-Urteil vom 29.4.1999 (BStBl. II 1999 S. 681) hängt der **Teilwert von zum Absatz bestimmten Waren** nicht nur von ihren Wiederbeschaffungskosten, sondern auch von ihrem voraussichtlichen Veräußerungserlös ab.

Teilwert = *aus dem Absatzmarktpreis abgeleiteter Wert am Bilanzstichtag (retrograde Ermittlung gem. R 6.8 Abs. 2 Satz 3 EStR)*
voraussichtlicher Verkaufspreis
- Erlösschmälerungen (Kundenskonti etc.)
- noch anfallende Produktionskosten bei Unfertigen Erzeugnissen
- nach dem Bilanzstichtag anfallende betriebliche Aufwendungen (für Verwaltung und Vertrieb)
- durchschnittlicher Unternehmergewinn

---

[1] Vgl. BFH 29.7.1965, BStBl. III S. 648.
[2] Die Zweifel wurden vom BFH im Zusammenhang mit Rückstellungen für drohende Verluste aus schwebenden Geschäften geäußert, vgl. BFH 16.12.1987, BStBl. 1988 II S. 338.

Grundlagen der Bilanzierung und Bewertung

Beispiel:
Für die Rasierapparate gelte nun eine leicht veränderte Wertekonstellation:
Anschaffungskosten (Einstandspreis) bzw. Buchwert = 100 EUR;
Wiederbeschaffungskosten am Bilanzstichtag = 75 EUR;
Verkaufspreis am Bilanzstichtag = 90 EUR; Rabatt und Skonto = 5 EUR;
nach dem Stichtag noch anfallende Aufwendungen = 10 EUR;
durchschnittlicher Unternehmergewinn = 20 EUR.

Anschaffungskosten (Einstandspreis) = 100 EUR	Nettoverkaufserlös 85 EUR - noch anfallende Aufwendungen 10 EUR - Unternehmergewinn 20 EUR = 55 EUR	Wiederbeschaffungs-kosten = 75 EUR

In diesem Falle entspricht der Teilwert von absatzbestimmten Wirtschaftsgütern des Vorratsvermögens dem Nettoverkaufserlös abzüglich des durchschnittlichen Unternehmergewinns und abzüglich betrieblicher Aufwendungen, die nach dem Bilanzstichtag noch anfallen werden (R 6.8 Abs. 2 Satz 3 EStR). Der Abzug des durchschnittlichen Unternehmergewinns hat zur Folge, dass bei der späteren Veräußerung dieser mit dem Teilwert bewerteten Waren der Gewinn dem ursprünglich kalkulierten Gewinn entspricht, falls alle Daten bis dahin unverändert bleiben. Dieses Vorgehen ist durch das Imparitätsprinzip nicht gedeckt, da hiernach nur Verluste vorweggenommen werden müssen, nicht aber darüber hinausgehende Abwertungen vorzunehmen sind, infolge derer der ursprünglich kalkulierte Gewinn später auch tatsächlich ausgewiesen wird.

Da zur Teilwertermittlung bei absatzbestimmten Wirtschaftsgütern des Vorratsvermögens zwei Werte mit den Anschaffungskosten (bzw. dem Buchwert) verglichen werden müssen, m.a.W. zweimal der Niederstwerttest durchzuführen ist, wird die steuerrechtliche Bewertungsregel auch als *"doppeltes Niederstwertprinzip"* bezeichnet. Einfacher ist jedoch, im ersten Schritt den steuerlichen modifizierten Nettoveräußerungserlös mit den Wiederbeschaffungskosten zu vergleichen. Der niedrigere Wert von beiden entspricht dem Teilwert und ist dann im zweiten Schritt im Rahmen des Niederstwertprinzips den Anschaffungs- oder Herstellungskosten gegenüber zu stellen.

Doppeltes Niederstwertprinzip		
ursprüngliche Anschaffungs-/ Herstellungskosten bzw. abweichender letzter Buchwert	⇔ Vergleich ⇔	**Teilwert am Bilanzstichtag** ⇩ ↙ Minimum aus ↘
	Wiederbeschaffungskosten	*steuerlicher (modifizierter) Nettoveräußerungserlös* = handelsrechtlicher (modifizierter) Nettoveräußerungserlös - durchschnittlicher Unternehmergewinn

Sofern die nach dem Bilanzstichtag bei den einzelnen Kostenarten noch jeweils anfallenden Kosten aus der Betriebsabrechnung ersichtlich sind, erlaubt R 6.8 Abs. 2 Satz 4 EStR die

Anwendung der sog. *Subtraktionsmethode*, d.h., die Kürzung des erzielbaren Verkaufserlöses um den nach dem Bilanzstichtag noch anfallenden Teil des durchschnittlichen Rohgewinnaufschlags.[1] Zweckmäßig ist sie insbesondere bei *Handelsbetrieben*.

Beispielaufgabe:
Anschaffungskosten (Wareneinstandspreise) der Rasierapparate pro Stück = 100 EUR;
Wiederbeschaffungskosten am Bilanzstichtag = 75 EUR;
Verkaufspreis am Bilanzstichtag = 90 EUR; Rabatt und Skonto = 5 EUR;
Rohgewinnaufschlagssatz = 100% (bezogen auf den Wareneinsatz /die Anschaffungskosten);
darin enthaltener durchschnittlicher Unternehmergewinnaufschlagssatz = 20%;
durchschnittlicher Unternehmergewinn = 20% von 100 EUR = 20 EUR;
lt. Betriebsabrechnung fallen 30% der betrieblichen Kosten nach dem Bilanzstichtag an;
Wie hoch ist der Teilwert der Waren pro Stück?

Lösung:

voraussichtlicher Verkaufspreis	90 EUR
- Erlösschmälerungen (Kundenskonti etc.)	- 5 EUR
= Nettoveräußerungserlös	= 85 EUR
- noch anfallende betriebliche Aufwendungen	- 24 EUR
- durchschnittlicher Unternehmergewinn (10%)	- 8,50 EUR
= Teilwert der Waren pro Stück	**= 52,50 EUR**

Durch Anwendung des Rohgewinnaufschlags (100%) auf die Anschaffungskosten von 100 EUR ergibt sich der geplante Nettoverkaufserlös von 200 EUR, auf den die zu erwartenden Preisnachlässe noch aufgeschlagen werden. Der durchschnittliche Unternehmergewinn lässt sich als Aufschlag (20%) auf die Anschaffungskosten (100 EUR) oder als sog. Handelsspanne (= Rohgewinnsatz = 10%) bezogen auf den Nettoveräußerungserlös (200 EUR) ausdrücken und beträgt 20 EUR. Der Abzug des durchschnittlichen Unternehmergewinns zwecks Ermittlung des Teilwerts erfolgt in Höhe von 10% vom (gesunkenen) Nettoveräußerungserlös (85 EUR). Die betrieblichen Kosten (v.a. Personalkosten, Raumkosten), von denen 30% nach dem Bilanzstichtag anfallen, ergeben sich aus folgender Rechnung:

geplanter Nettoveräußerungserlös (= Bezugsgröße)	200 EUR
- durchschnittlicher Unternehmergewinn (10%)	- 20 EUR
- Wareneinsatz (Anschaffungskosten) (50%)	- 100 EUR
= betriebliche Aufwendungen	= 80 EUR

Probe:

	Wareneinsatz (AK) (=Bezugsgröße)	100 EUR
= Rohgewinnaufschlagssatz (100%)	+ Reingewinnaufschlagssatz (20%)	+ 20 EUR
	+ Aufschlagssatz für betriebl. Aufwand (80 %)	+ 80 EUR
	= geplanter Nettoveräußerungserlös (200%)	= 200 EUR

Der durchschnittlich kalkulierte Unternehmergewinn beträgt, bezogen auf den Nettoveräußerungserlös, 10% und damit am Bilanzstichtag absolut 8,50 EUR. Die noch anfallenden betrieblichen Aufwendungen betragen 80 EUR. Sie sind nicht zu proportionalisieren, da sie sich nicht ändern, wenn der Nettoveräußerungserlös sinkt.

---

[1] Vgl. H 6.8 „Beispiele für die Bewertung von Wirtschaftsgütern des Vorratsvermögens…; Subtraktionsmethode" EStH.

Grundlagen der Bilanzierung und Bewertung 217

	Ursprüngliche Kalkulation			*Ermittlung des Teilwerts am Bilanzstichtag*	
Rohgewinn = 100 €	+ Ø Unternehmergewinn 20% des WES = 20 €	Nettoveräußerungserlös = 200 EUR	= 10% des NVE		
	+ betriebl. Aufwand 80% des WES = 80 €		= 40% des NVE	− Ø Unternehmergewinn 10% des NVE = 8,5 €	gesunkener NVE = 85 €
	Wareneinsatz (WES) (zu AK) = 100 €		= 50% des NVE	− noch anfallender Aufwand = 80€ * 0,3 = 24 €	
				= Teilwert = modifizierter NVE = 52,50 €	

Läßt sich der nach dem Bilanzstichtag noch anfallenden Teil des durchschnittlichen Rohgewinnaufschlags nicht ermitteln, weil z.B. kein entsprechend ausgestaltetes Warenwirtschaftssystem im Betrieb vorhanden ist, so kann der Teilwert der Waren auch nach folgender Rechnung ermittelt werden (sog. *Formelmethode*; vgl. R 6.8 Abs. 2 Sätze 5-6 EStR und H 6.8 „Beispiele für die Bewertung von Wirtschaftsgütern des Vorratsvermögens...; Formelmethode" EStH):

$$\frac{\text{Verkaufserlös}}{1 + \text{modifizierter Rohgewinnaufschlagssatz}}$$

Dabei setzt sich der modifizierte Rohgewinnaufschlagssatz aus einem Prozentsatz für den durchschnittlichen Unternehmergewinn und dem Anteil des restlichen Rohgewinnaufschlagssatzes zusammen, der erst nach dem Bilanzstichtag anfallen wird. Diese Modifikation der Teilwertberechnung in R 6.8 Abs. 2 EStR 2005 (genauso R 36 Abs. 2 EStR 2003) gegenüber R 36 Abs. 2 EStR 2001 ist vor dem Hintergrund der Teilwertdefinition durchaus einleuchtend, führt aber zu einem wesentlich höheren Teilwert als nach der alten Berechnungsweise ohne diese Modifikation des Rohgewinnaufschlagssatzes.

Beispielaufgabe:
Gesucht ist wieder der Teilwert der Waren pro Stück. Es gelten dieselben Angaben wie in der vorigen Beispielaufgabe mit dem Unterschied, dass die nach dem Bilanzstichtag noch anfallenden betrieblichen Aufwendungen (v.a. Personal- und Mietaufwand) geschätzt werden müssen, und zwar als Prozentsatz des im ursprünglichen Rohgewinnaufschlagssatz steckenden Kostenanteils. Der Prozentsatz wird auf durchschnittlich 30% geschätzt. Außerdem sei der exakte Rohgewinnaufschlag für die Rasierapparate nicht bekannt und muss aus der GuV jahresbezogen und somit als Durchschnitt entnommen werden. Angaben aus der GuV:
Warenverkaufserlöse = 20.000 EUR;
Wareneinsatz = 10.000 EUR;
betrieblicher Aufwand = 8.000 EUR;
Reingewinn = 2.000 EUR.

Lösung:
Rohgewinn = Reingewinn + betrieblicher Aufwand = 10.000 EUR;
Rohgewinnaufschlagssatz = Rohgewinn : Wareneinsatz =
= 10.000 EUR : 10.000 EUR = 1,0 bzw. 100%;
durchschnittlicher Reingewinnaufschlagssatz = Reingewinn : Wareneinsatz =
= 2.000 EUR : 10.000 EUR = 0,2 bzw. 20%;

Rohgewinnaufschlagsrest für betriebliche Aufwendungen (nach Abzug des Reingewinnaufschlagssatzes) = 1,0 – 0,2 = 0,8.
Der Teilwert der Waren beträgt gemäß R 6.8 Abs. 2 Sätze 5-6 EStR nach der Formelmethode bei entsprechenden Nachweisen = 85 : (1 + 0,2 + 0,8 * 0,3) = 59,03 EUR. Bei vergleichbaren Zahlen ergibt sich ein deutlich höherer Teilwert als bei der Subtraktionsmethode.
Nach der früheren Berechnungsweise nach R 36 Abs. 2 EStR 2001 hätte sich ein wesentlich geringerer Teilwert von 85 : (1 + 1,0) = 42,50 EUR mit entsprechend höheren Abschreibungsmöglichkeiten ergeben.

Sollten ausnahmsweise *Fertige und Unfertige Erzeugnisse* gleicher Art, Funktion und Güte auch von Dritten, also etwa von Konkurrenzanbietern, beziehbar sein, so gelten für die Ermittlung des Teilwerts dieselben Überlegungen wie bei Handelswaren *("doppeltes Niederstwertprinzip")*. Der durchschnittliche Unternehmergewinn muss nach dem Urteil des BFH vom 7.9.2005 (DStR 2005, S. 1975 ff.) bei der Ermittlung des Teilwerts eines unfertigen Erzeugnisses in voller Höhe berücksichtigt werden.

Bei *Wertpapieren* des Anlage- oder des Umlaufvermögens entspricht der Teilwert immer den Wiederbeschaffungskosten am Bilanzstichtag, auch wenn eine Veräußerung der Wertpapiere beabsichtigt ist. Die bei der Anschaffung angefallenen Anschaffungsnebenkosten (Bankenprovision, Maklercourtage) sind entsprechend dem Kursrückgang zu proportionalisieren.[1] Die Tatsache, dass der gedachte Erwerber des Betriebs die Nebenkosten nicht entgelten wird, wenn er die Wertpapiere im Betrieb nicht benötigt, da er sie bei Veräußerung noch einmal bezahlen müsste, wird vom BFH ignoriert mit der Begründung, dass z.B. ein zum Bilanzstichtag erworbenes Wertpapier auch keinen niedrigeren Teilwert haben könne als die Anschaffungskosten.

Beispielaufgabe:
Am 30.12.01 erwirbt die LowTech GmbH 100 Stück Aktien der Kuckucks-Uhr AG zum Börsenkurs von 500 EUR plus insgesamt 550 EUR Nebenkosten. Da eine alsbaldige Veräußerung geplant ist, werden die Aktien im Umlaufvermögen bilanziert. Mit welchem Wert sind die Wertpapiere einen Tag später am Bilanzstichtag (31.12.01) in Handels- und Steuerbilanz anzusetzen? Beachten Sie, dass die Börse am 31.12. geschlossen ist und der Börsenkurs somit unverändert ist.

Lösung:
Da Veräußerungsabsicht besteht, ist handelsrechtlich der Tageswert vom Absatzmarkt herzuleiten. Der Nettoveräußerungserlös ergibt sich aus dem Börsenkurs abzüglich der Veräußerungskosten, beträgt also 50.000 EUR - 550 EUR = 49.450 EUR.
Steuerrechtlich entspricht laut Rechtsprechung der Teilwert von Wertpapieren immer den Wiederbeschaffungskosten, so dass die Wertpapiere mit den Anschaffungskosten plus Anschaffungsnebenkosten = 50.000 EUR + 550 EUR = 50.550 EUR anzusetzen sind (Bewertungsvorbehalt gemäß § 5 Abs. 6 EStG).

Handelsbilanz	*Steuerbilanz*
Wertpapiere des Umlaufvermögens: 49.450 EUR	Wertpapiere des Umlaufvermögens: 50.550 EUR

---

[1] BFH 15.7.1966, BStBl. 1966 III S. 643.

Grundlagen der Bilanzierung und Bewertung

Beispielaufgabe:

Am 15.3.01 erwirbt die LowTech GmbH 100 Stück Aktien der Kuckucks-Uhr AG zum Börsenkurs von 500 EUR plus insgesamt 550 EUR Nebenkosten. Da eine alsbaldige Veräußerung geplant ist, werden die Aktien im Umlaufvermögen bilanziert. Mit welchem Wert sind die Wertpapiere am Bilanzstichtag (31.12.01) in Handels- und Steuerbilanz anzusetzen, wenn der Börsenkurs dann 300 EUR beträgt?

Lösung:

Auch in diesem Falle ist der Nettoveräußerungserlös *handelsrechtlich* maßgebend. Die Nebenkosten sind entsprechend dem Börsenkursrückgang zu vermindern. Da der Börsenkurs um 2/5 zurückgegangen ist, ergeben sich verringerte Veräußerungskosten i.H.v. 3/5 * 550 EUR = 330 EUR. Der Bilanzwert der Aktien beträgt also 30.000 EUR - 330 EUR = 29.670 EUR.

Steuerrechtlich sind die Wiederbeschaffungskosten einschließlich proportionalisierter Anschaffungsnebenkosten anzusetzen. Eine alternative Berechnungsweise der verringerten Nebenkosten besteht darin, diese als Prozentsatz des Börsenwerts der Papiere auszudrücken: 550 EUR/50.000 EUR = 1,1%. Steuerbilanzwert der Aktien: 30.000 EUR + 1,1% von 30.000 EUR = 30.330 EUR (Bewertungsvorbehalt gemäß § 5 Abs. 6 EStG).

Handelsbilanz	*Steuerbilanz*
Wertpapiere des Umlaufvermögens: 29.670 EUR	Wertpapiere des Umlaufvermögens: 30.330 EUR

Merke:

	Handelsbilanz: Tageswert	*Steuerbilanz: Teilwert*
Wertpapiere des Anlagevermögens	Wiederbeschaffungskosten = Börsenkurs + proportionalisierte Nebenkosten	Wiederbeschaffungskosten = Börsenkurs + proportionalisierte Nebenkosten
Wertpapiere des Umlaufvermögens	Nettoveräußerungserlös = Börsenkurs − proportionalisierte Nebenkosten	Wiederbeschaffungskosten = Börsenkurs + proportionalisierte Nebenkosten

Aufgabe 18: Teilwert

Aufgabe 19: Tageswert und Teilwert von Wertpapieren

III. Bewertungskonzeption für das Anlagevermögen und das Umlaufvermögen

Lernziele:

Der Leser soll

- Pflicht- und Wahlmöglichkeiten bei der Bewertung des Anlagevermögens unterscheiden und die bilanzpolitischen Wirkungen der Bewertungswahlrechte ermessen können

- Unterschiede zwischen der Bewertungskonzeption für das Anlagevermögen und derjenigen für das Umlaufvermögen erfahren

- Die Bewertungskonzeption für das Sachanlagevermögen nach dem IFRS-Regelwerk kennen und die Unterschiede zum deutschen Handelsrecht erkennen

1. Abgrenzung von Anlage- und Umlaufvermögen

Das Anlagevermögen stellt - abgesehen von bereits erwähnten Problempositionen - den ersten großen Block auf der Aktivseite der Bilanz dar. Für das Anlagevermögen und im Umkehrschluss auch für das Umlaufvermögen besteht eine Legaldefinition im HGB:

Definition:

> "Beim *Anlagevermögen* sind nur die Gegenstände auszuweisen, die bestimmt sind, dauernd dem Geschäftsbetrieb zu dienen." (§ 247 Abs. 2 HGB)

Die Zuordnung eines Vermögensgegenstands ist also abhängig von seiner Zweckbestimmung am Bilanzstichtag, wobei diese auch von einem Bilanzstichtag zum nächsten wechseln kann. Welchen Zeitraum der Begriff "dauernd" umfasst, ist handelsrechtlich nicht bestimmt und auch nicht maßgeblich. Wichtig ist, dass es sich nicht um Verbrauchsgüter und nicht um zum Absatz bestimmte Güter und Leistungen handelt, sondern um Gebrauchsgüter, die der Erfüllung der betrieblichen Teilfunktionen (Beschaffung, Produktion, Absatz, Verwaltung) dienen sollen.

Beispiele:
- Der von einem Autohändler als Vorführwagen genutzte PKW gehört zum Anlagevermögen, da er mehrere Monate lang "dauernd" dem Geschäftsbetrieb dient. Sobald sich die Zweckbestimmung ändert, der PKW also als Gebrauchtwagen veräußert werden soll, gehört er genauso wie alle Neuwagen zum Umlaufvermögen. Ebenso verhält es sich z.B. mit Musterküchen und Musterhäusern einer (Fertighaus-) Baufirma. Umgekehrt findet eine Umbuchung vom Umlaufvermögen ins Anlagevermögen statt, wenn ein zum Verkauf bestimmter PKW in seiner Zweckbestimmung umgewidmet und als Leasing-Fahrzeug verwendet wird.
- Wertpapiere gehören dann zum Umlaufvermögen, wenn am Bilanzstichtag beabsichtigt ist, die Papiere bei günstiger Gelegenheit wieder zu veräußern, sie also spekulativen Zwecken oder als zwischenzeitliche Anlage vorübergehend freigesetzter Mittel dienen. Wenn sie dagegen als langfristige Kapitalanlage gehalten werden sollen, sind die Wertpapiere dem Anlagevermögen zuzuordnen.

Probleme bei der Einordnung zum Anlage- oder zum Umlaufvermögen ergeben sich häufig bei Zusatzteilen zum Anlagevermögen. Die Beispiele sind vielfältig, sie reichen vom kleinen Bohrer als Verschleißwerkzeug bis hin zum Düsentriebwerk eines Verkehrsflugzeuges. In der Praxis hat sich als kaufmännische Übung herausgebildet, die Erstausstattung solcher Ergänzungsteile (also beim Neukauf der Gesamtanlage) als Anlagevermögen und die später zugekauften Ersatz-Ergänzungsteile als Vorräte im Umlaufvermögen auszuweisen.

2. Stille Reserven

Stille Reserven oder stille Rücklagen stellen nicht in der Bilanz ausgewiesenes (verstecktes) Eigenkapital dar. Bei der Bildung stiller Reserven wird nämlich der Gewinn zu niedrig ausgewiesen, so dass eine Erhöhung der „offenen" Gewinnrücklagen umgangen wird. Stille Reserven entstehen durch:
1. Unterbewertung von Aktiva (überhöhte Abschreibungen, steuerliche Abschreibungen, Vorratsbewertungsverfahren, Unterlassung von Zuschreibungen, Nichtaktivierung von immateriellen Vermögensgegenständen und wirtschaftlichen Vorteilen)
2. Überbewertung von Passiva (z.B. überhöhte Rückstellungen).

Motive zur Bildung stiller Reserven sind die Verschiebung von Steuerzahlungen in die Zukunft, Vorsorge für schlechtere Jahre (Dividendenkontinuität ermöglichen), Abwehr zu hoher Gewinnausschüttungswünsche der Gesellschafter etc. Dem Gläubigerschutz wird durch Bildung stiller Reserven allerdings nicht gedient, da für die Gläubiger die Höhe der stillen Reserven nicht erkennbar ist und auch eine spätere automatische oder gesteuerte Auflösung der Reserven von den Gläubigern unbemerkt vonstatten gehen kann. Die Darstellung der Vermögenslage wird durch stille Reserven verfälscht und die Vergleichbarkeit von Jahresabschlüssen im Zeit- und Betriebsvergleich zumindest erschwert.

Stille Reserven werden aufgelöst durch:
- Veräußerung der unterbewerteten Vermögensgegenstände
- planmäßige Abschreibungen von dem zu niedrigen Restbuchwert (automatisch)
- Veräußerung nicht aktivierter Vermögensgegenstände, z.B. von selbst erstellten immateriellen Vermögensgegenständen
- Liquidation des Unternehmens
- Auflösung der überhöhten Rückstellungen.

Man unterscheidet zwischen Zwangsreserven, Ermessensreserven und Willkürreserven.

Zwangsreserven sind gesetzlich erzwungen, d.h. sie ergeben sich aus der Beachtung gesetzlicher Vorschriften. So dürfen z.B. Gebäude wegen des Anschaffungswertprinzips (§ 253 Abs. 1 HGB) trotz oft hoher Wertsteigerungen nicht über die fortgeführten Anschaffungs- oder Herstellungskosten hinaus aufgewertet werden. Für bestimmte selbst geschaffene immaterielle Vermögensgegenstände, wie Marken, Kundenlisten o.ä., besteht nach § 248 Abs. 2 S. 2 HGB ein Aktivierungsverbot, obwohl sie einen hohen Marktwert haben können.

Ermessensreserven sind gesetzlich zulässig und können bei der Nutzung von Wahlrechten entstehen, z.B. wenn das Wahlrecht zur außerplanmäßigen Abschreibung im Falle voraussichtlich vorübergehender Wertminderung gemäß § 253 Abs. 3 HGB bei Finanzanlagen genutzt wurde. Sie entstehen darüber hinaus bei notwendigen Schätzungen zukünftiger Werte, z.B. bei zu kurz geschätzter Nutzungsdauer oder überdimensionierter Rückstellungshöhe.

Willkürreserven sind nicht zulässig, da sie dem Grundsatz der Willkürfreiheit widersprechen und auch nicht durch das Vorsichtsprinzip zu rechtfertigen sind. Willkürreserven werden vom Bilanzierenden bewusst oder leichtfertig durch willkürliche, einer vernünftigen kaufmännischen Beurteilung widersprechende Bilanzierungs- und Bewertungsmaßnahmen gelegt. So kann z.B. die Nutzungsdauer bewusst zu niedrig angesetzt werden, Rückstellungen können bewusst zu hoch angesetzt werden. Aus dem letzten Beispiel wird deutlich, dass eine Trennung zwischen Ermessens- und Willkürreserven oftmals nur schwer möglich ist. Ob eine steuerliche Sonderabschreibung oder erhöhte Absetzung zu Ermessensreserven führt oder zu Willkürreserven, ist fraglich. M.E. handelt es sich dem Wesen nach um ein Beispiel für Willkürreserven, wegen der gesetzlichen Zulässigkeit steuerlicher Abschreibungen ist eine Einordnung bei den Ermessensreserven jedoch systematisch sinnvoller.

3. Die handelsrechtliche Bewertungskonzeption für das Anlagevermögen

Im alten Recht waren die Vorschriften für Einzelunternehmen und Personengesellschaften weit weniger streng als diejenigen für die Kapitalgesellschaften und die diesen gleichgestellten Personenhandelsgesellschaften und luden zur Bildung stiller Reserven förmlich ein. Bei letztgenannten Rechtsformen handelt es sich um offene Handelsgesellschaften und Kommanditgesellschaften, bei denen die Haftung – analog zu Kapitalgesellschaften – endgültig auf das Gesellschaftsvermögen beschränkt ist, bei denen also nicht eine einzige natürliche Person persönlich haftender Gesellschafter (so gen. Vollhafter) ist oder wenigstens eine Personenhandelsgesellschaft mit einer natürlichen Person als Vollhafter ist (§ 264a HGB). Daran hat sich nichts geändert. Seit Inkrafttreten des BilMoG zum 1.1.2010 ist jedoch die handelsrechtliche Bewertungskonzeption für alle Rechtsformen einheitlich, und zwar einheitlich streng, gefasst.

Die Gegenstände des Anlagevermögens werden in solche mit zeitlich begrenzter und solche mit zeitlich nicht begrenzter Nutzung unterschieden. Die Gegenstände der ersten Gruppe (z.B. Maschinen, Gebäude) nutzen sich also im Gegensatz zu denen der zweiten Gruppe (Grund und Boden, Wertpapiere, Beteiligungen) auch bei planmäßigem Gebrauch im Laufe der Zeit stetig ab. Diese laufende Abnutzung und Wertminderung wird durch die so gen. planmäßigen Abschreibungen (§ 253 Abs. 3 Satz 1 HGB) berücksichtigt. Die Vornahme planmäßiger Abschreibungen ist aufgrund des Grundsatzes der sachlichen Abgrenzung verpflichtend. Da der Wertminderungsverlauf unterschiedlich sein kann, steht eine Reihe von Abschreibungsverfahren (vgl. Kapitel B.III.3.a) zur Verfügung, um die tatsächliche laufende Wertminderung möglichst exakt abbilden zu können.

Außerordentliche Wertminderungen können bei beiden genannten Gegenstandsgruppen durch die so gen. außerplanmäßigen Abschreibungen berücksichtigt werden. Auf diese Weise können bzw. müssen die Vermögensgegenstände auf ihren Tageswert (vgl. Kapitel B.II.4.d) abgeschrieben werden.

Einen Überblick über die gesamte Bewertungskonzeption gibt folgendes Schaubild:

Anlagevermögen	
Vermögensgegenstände mit zeitlich begrenzter Nutzung	Vermögensgegenstände mit zeitlich nicht begrenzter Nutzung
⇩ Anschaffungskosten (§ 255 Abs. 1 HGB) oder Herstellungskosten (§ 255 Abs. 2 HGB) ⇩	⇩ Anschaffungskosten (§ 255 Abs. 1 HGB) oder Herstellungskosten (§ 255 Abs. 2 HGB) ⇩
abzgl. planmäßiger Abschreibungen (§ 253 Abs. 3 Satz 1 HGB)	
abzgl. außerplanmäßiger Abschreibungen auf den am Abschlussstichtag beizulegenden Wert *(Niederstwerttest)*	
Pflicht bei:	***Wahlrecht bei:***
(1) voraussichtlich dauernder Wertminderung (§ 253 Abs. 3 Satz 5 HGB)	(2) voraussichtlich vorübergehender Wertminderung bei Finanzanlagen (§ 253 Abs. 3 Satz 6 HGB)
(3) ***Zuschreibungsgebot (Wertaufholungsgebot)*** bei Wegfall der Gründe für außerplanmäßige Abschreibungen Ausnahme: derivativer Geschäfts- oder Firmenwert: Zuschreibungsverbot (§ 253 Abs. 5 HGB)	
(4) **Sonderfall 1:** *Planvermögen*, ist erfolgswirksam mit dem beizulegenden Zeitwert zu bewerten (§ 253 Abs. 1 S. 4 HGB) **Sonderfall 2:** Wertpapiergebundene Pensionsverpflichtungen sind oberhalb eines garantierten Mindestbetrags zum beizulegenden Zeitwert zu bewerten (§ 253 Abs. 1 S. 3 HGB)	

Ausgangspunkt ist das so gen. *Anschaffungskostenprinzip* (§ 253 Abs. 1 Satz 1 HGB). Danach sind die Gegenstände mit zeitlich unbegrenzter Nutzung höchstens mit ihren Anschaffungs- oder (im Falle der Selbsterstellung) Herstellungskosten und die Gegenstände mit zeitlich begrenzter Nutzung mit den Anschaffungs- oder Herstellungskosten abzüglich der bis zum Bilanzstichtag aufgelaufenen planmäßigen Abschreibungen (sog. ***"fortgeführte Anschaffungs- oder Herstellungskosten"***[1]) anzusetzen. Eine höhere Bewertung verbietet das Realisationsprinzip (vgl. Kapitel A.V.2.b)(4)). Dagegen ist ein niedrigerer Wert aufgrund einer den handelsrechtlichen Bewertungsvorschriften entsprechenden außerplanmäßigen Abschreibung möglich oder zwingend.

Zu (1) und (2): Die Bewertungskonzeption des Anlagevermögens lässt sich mit dem Begriff "eingeschränkt gemildertes Niederstwertprinzip" umschreiben.

---

[1] Dieser Begriff kann auch als Ausgangsgröße einen an die Stelle der Anschaffungs- oder Herstellungskosten tretenden Wert, z.B. einen Einlagewert, beinhalten und neben den planmäßigen Abschreibungen zusätzlich Minderungen wie Sonderabschreibungen, erhöhte Absetzungen, Bewertungsabschläge nach § 6b EStG und ähnliche Abzüge umfassen (§ 6 Abs. 1 Nr. 1 Satz 1 EStG).

Definition:

> ***Eingeschränkt gemildertes Niederstwertprinzip:*** Es besteht die Pflicht, eine außerplanmäßige Abschreibung auf einen niedrigeren Tageswert vorzunehmen, wenn es sich um eine voraussichtlich dauerhafte Wertminderung handelt. Liegt lediglich eine voraussichtlich vorübergehende Wertminderung vor, so besteht nur beim Finanzanlagevermögen ein Wahlrecht zur Abwertung.

Danach dürfen Sachanlagen und immaterielle Anlagegüter bei vorübergehender Wertminderung nicht außerplanmäßig abgeschrieben werden, sie **müssen** dagegen außerplanmäßig abgeschrieben werden, wenn die Wertminderung voraussichtlich dauerhaft ist. Bei Finanzanlagen besteht ein Wahlrecht zu einer außerplanmäßigen Abschreibung bei voraussichtlich vorübergehender, eine Pflicht bei voraussichtlich dauernder Wertminderung.

Außerplanmäßige Abschreibung bei	*Finanzanlagevermögen*	*Sachanlagevermögen und immaterielle Vermögensgegenstände des Anlagevermögens*
vorübergehender Wertminderung	Wahlrecht	Verbot
dauerhafter Wertminderung	Pflicht	Pflicht

Das *(eingeschränkt) gemilderte Niederstwertprinzip* stellt eine Konkretisierung des Imparitätsprinzips dar, nach dem bereits verursachte und absehbare, aber noch nicht eingetretene Verluste zu antizipieren sind. Dieser strenge, immer als Verpflichtung anzusehende Grundsatz wurde im Anlagevermögen jedoch nur im Falle einer als dauerhaft erwarteten Wertminderung in die gesetzliche Bewertungskonzeption aufgenommen. Die Abmilderung des Imparitätsprinzips im Falle einer voraussichtlich vorübergehenden Wertminderung lässt sich vor dem Hintergrund verstehen, dass Gegenstände des Anlagevermögens im Allgemeinen während ihrer gesamten Nutzungsdauer im Unternehmen verbleiben. Eine temporäre Wertminderung muss in diesem Falle nicht mit der Pflicht zu einer außerplanmäßigen Abschreibung verbunden sein, da eine spätere Verlustrealisierung unwahrscheinlich ist. Andererseits stellt sich die Frage, warum dann überhaupt eine außerplanmäßige Abschreibung erlaubt ist, da auf diese Weise bewusst eine Unterbewertung (stille Reserven) herbeigeführt wird. Gerade bei Finanzanlagen sind kurzfristige Wertschwankungen an der Tagesordnung, sodass auf diesem Weg leicht Bilanzpolitik betrieben werden kann. Bei Sachanlagen dürfte dagegen eine vorübergehende Wertminderung nur sehr selten vorkommen, etwa eine vorübergehende Funktionsstörung an einer Maschine oder einem Gebäude am Bilanzstichtag (z.B. durch eine Überschwemmung im Dezember), die im Folgejahr wieder durch Reparatur behoben wird. Andere Beispiel sind eine Gebäudewertminderung durch eine temporäre Großbaustelle in der Nachbarschaft sowie die vorübergehende Preissenkung einer Maschine durch den Hersteller.

Bei Anlagegegenständen mit zeitlich begrenzter Nutzung kommt es auf die Reihenfolge an. Zuerst ist die planmäßige Abschreibung zu buchen und anschließend per 31.12. der Niederstwerttest durchzuführen. Führt dieser zu einer außerplanmäßigen Abschreibung, so muss die planmäßige Abschreibung ab dem Folgejahr in ihrer Höhe angepasst werden. Einzelheiten hierzu siehe Kapitel B.IV.2.a)(6).

Die Gründe für eine außerplanmäßige Abschreibung sind vielfältig und wurden in den Kapiteln "Tageswert" und "Teilwert" ausführlich behandelt. Daher genügt hier eine Zusammenstellung der wichtigsten Gründe in Tabellenform:

Gründe für außerplanmäßige Abschreibungen auf Anlagegegenstände
• Absinken des Beschaffungsmarktpreises (Hersteller senkt Listenpreis, Börsenkurs sinkt)
• Absinken des Ertragswertes (bei Beteiligungen)
• Stilllegung oder Unterauslastung von technischen Anlagen aufgrund von Ungängigkeiten (Modewechsel, Nachfrageverschiebungen)
• Absinken des Wertes infolge wirtschaftlicher Überholung durch technisch weiterentwickelte und kostengünstigere Anlagen (alte Anlage ist nicht mehr am Markt bzw. deren Angebotspreis wurde gesenkt)
• Extreme Beanspruchung und Abnutzung der Anlagen (ätzende Chemikalien, Mehrschichtbetrieb)

Beispielaufgabe (Handelsbilanz):

Im Dezember 01 wurden von der LowTech GmbH Aktien der Braunkohle AG zum Stückkurs von 300,- EUR, der gleichzeitig der Kurs am Abschlussstichtag 31.12.01 war, zwecks langfristiger Kapitalanlage erworben. Von Anschaffungs- oder Veräußerungsnebenkosten werde der Einfachheit halber abgesehen. Am 17.10.02 ereignete sich an der Börse ein Crash, der den Stückkurs der Braunkohle-Aktie bis auf 150,- EUR herabdrückte. Am nächsten Bilanzstichtag, dem 31.12.02, betrug der Börsenkurs pro Aktie 225,- EUR. Für den Börsenkurs am Tag der Bilanzaufstellung, dem 31.3.03, seien zwei Fälle unterschieden:
    a)   300,- EUR
    b)   75,- EUR.
Wie lautet der Handelsbilanzansatz für diese Wertpapiere des Anlagevermögens pro Stück?

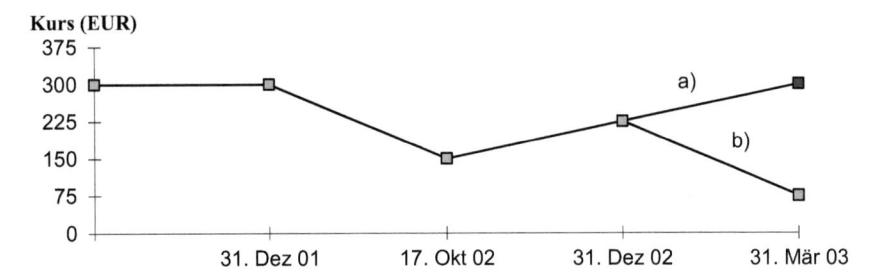

Lösung:
Nach dem Stichtagsprinzip kommt als Wertansatz neben dem Buchwert in der vorigen Bilanz von EUR 300,- (hier = Anschaffungskosten) nur der Börsenkurs am 31.12.02, also 225,- EUR in Frage, keinesfalls aber der Wert am 31.3.03. Das eingeschränkt gemilderte Niederstwertprinzip sieht bei Finanzanlagen eine Pflicht zur Abwertung auf 225,- EUR nur bei einer voraussichtlich dauerhaften Wertminderung vor, andernfalls besteht ein Wahlrecht. Diese Zukunftserwartung darf nicht willkürlich sein, sondern muss begründbar und von einem Dritten rational nachvollziehbar sein. Dabei hilft die Kursentwicklung nach dem Bilanzstichtag bis zum Tag der Bilanzaufstellung (31.3.03). Im Fall a) ist offenbar eine steigende Kurstendenz zu erkennen, sodass von einer **vorübergehenden Wertminderung** ausgegangen werden kann. Somit besteht ein Wahlrecht zwischen den Werten 300,- EUR und 225,- EUR. Im Falle b) spricht die Kursentwicklung für eine dauerhafte Wertminderung, sodass eine Abschreibung auf 225,- EUR verpflichtend ist (§ 253 Abs. 3 S. 5 u. 6 HGB).

BS: Abschreibungen auf Finanzanlagen   75 EUR
         an Wertpapiere des Anlagevermögens   75 EUR.

Bei Sachanlagen und immateriellen Vermögensgegenständen des Anlagevermögens liegt eine **voraussichtlich dauernde Wertminderung** vor, wenn der Tageswert aufgrund eines besonderen Ereignisses (z.B. Beschädigung, Umweltlasten) gesunken ist bzw. wenn dieser während eines erheblichen Teils der Restnutzungsdauer unter den fortgeführten Anschaffungskosten liegen wird.[1]

Aufgabe 20: Bewertungskonzeption beim Anlagevermögen (Handelsrecht)

Zu (3): Die Gründe für eine außerplanmäßige Abschreibung können in der Zukunft auch wieder wegfallen, so dass sich die Abschreibung erübrigt. Beispielsweise können die Beschaffungspreise für Rohstoffe oder Maschinen wieder ansteigen, eine am Markt aufgetauchte modernere Maschine sich als Fehlentwicklung erweisen, der Börsenkurs für Wertpapiere wieder ansteigen etc.

Gemäß § 253 Abs. 5 HGB darf nach einer außerplanmäßigen Abschreibung ein niedriger Wertansatz an späteren Bilanzstichtagen nicht beibehalten werden, wenn die Gründe dafür inzwischen ganz oder teilweise weggefallen sind (***Zuschreibungspflicht bzw. Wertaufholungsgebot***). Somit werden Unterbewertungen („stille Reserven"), die durch die Abwertung von Finanzanlagen bei voraussichtlich vorübergehender Wertminderung entstanden sind, - aus Sicht des externen Bilanzlesers glücklicherweise – wieder korrigiert. Allerdings ist eine Zuschreibung über die (fortgeführten) Anschaffungskosten hinaus wegen des Realisationsprinzips (§ 252 Abs. 1 Nr. 4 HGB) bzw. des Anschaffungskostenprinzips (§ 253 Abs. 1 HGB) nicht zulässig, sodass stille Zwangsreserven entstehen können. Eine Zuschreibung bis zu den (fortgeführten) Anschaffungskosten könnte allerdings ebenfalls als erfolgswirksame Berücksichtigung eines unrealisierten Gewinns angesehen werden. Nach herrschender Meinung ist diese Deutung hier nicht anwendbar, da es sich lediglich um die Rückgängigmachung außerplanmäßiger Abschreibungen, nicht aber um „echte Nettoerträge" handelt.

Bei Anlagegegenständen mit zeitlich begrenzter Nutzung ist es wichtig, die richtige Reihenfolge einzuhalten. Zuerst erfolgt eine planmäßige Abschreibung (Pflicht gemäß § 253 Abs. 3 S. 1 HGB und dem Grundsatz der sachlichen Abgrenzung) und anschließend erfolgt als Ergebnis des Niederstwerttests am 31.12. gegebenenfalls eine Zuschreibung.

Beispielaufgabe (Handelsbilanz, Fortsetzung):
Die Abschreibung der Braunkohle AG-Aktie auf 225 EUR pro Stück sei per 31.12.02 erfolgt. Am nächsten Bilanzstichtag (31.12.03) ist der Börsenkurs auf 375 EUR pro Stück angestiegen. Welche Bewertungsmöglichkeiten gibt es für die Aktie in der Handelsbilanz?

Lösung:
Der wieder angestiegene Börsenkurs bedeutet, dass die außerplanmäßige Abschreibung der Aktie nicht mehr begründet ist. Der tatsächliche Wert der Aktie liegt sogar oberhalb der Anschaffungskosten. Aufgrund des Zuschreibungsgebots muss eine Zuschreibung bis zum Wert von 300,- EUR vorgenommen werden, über den Anschaffungskosten liegende Werte verbietet das Realisationsprinzip bzw. das Anschaffungskostenprinzip. Die Folge ist in jedem Falle eine gesetzliche Zwangsreserve in Höhe von 375 – 300 = 75 EUR.

---

[1] Siehe auch Kapitel B.III.5.

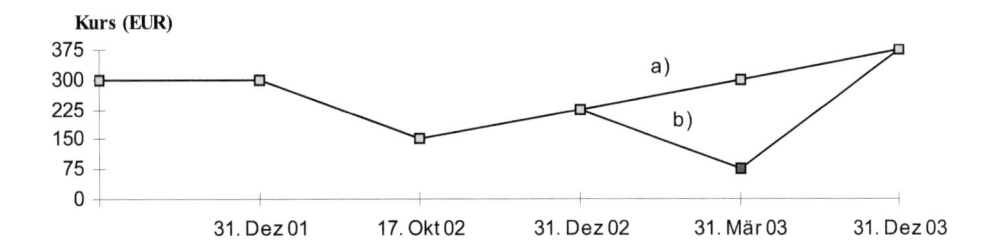

```
Kurs (EUR)
375 ┐                                           □
300 □──────□                        a)  □
225 ─                    □
150 ─            □
 75 ─                              b)  ■
  0 ┴────────┬────────┬────────┬────────┬────────
        31. Dez 01  17. Okt 02  31. Dez 02  31. Mär 03  31. Dez 03
```

Im Falle einer Zuschreibung auf 300,- EUR ist zu buchen:

BS: Wertpapiere des Anlagevermögens   75 EUR
an Erträge aus Werterhöhungen von Gegenständen des
Anlagenvermögens (Zuschreibungserträge)   75 EUR.

Bei Maschinen würde das Konto „Erträge aus Werterhöhungen von Gegenständen des Anlagevermögens", bei Rohstoffen das Konto „Aufwendungen für Rohstoffe" (Korrekturbuchung) und bei Erzeugnisvorräten das Konto „Bestandsveränderungen" im Haben berührt.

Das *Zuschreibungsgebot* gemäß § 253 Abs. 5 S. 1 HGB gilt seit dem 1.1.2010 für alle Rechtsformen. Aus Sicht des externen Bilanzlesers ist es uneingeschränkt positiv zu beurteilen, verhindert es doch, dass Unterbewertungen von Aktiva (stille Reserven) auf Dauer bestehen bleiben können. Insbesondere wird der Möglichkeit, aus bilanzpolitischen Gründen durch eine außerplanmäßige Abschreibung auf Finanzanlagen bei voraussichtlich vorübergehender Wertminderung stille Reserven zu legen, am jeweils nächsten Bilanzstichtag ein Ende gesetzt. Kapitalgesellschaften erfüllen damit jeweils wieder die Generalnorm des § 264 Abs. 2 HGB. Ohne dieses Wertaufholungsgebot würden die stillen Reserven bei Finanzanlagen bis zu deren Ausscheiden aus dem Betriebsvermögen (Veräußerung, Entnahme) bestehen bleiben. So aber können stille Reserven nur über eine Dauer von weniger als einem Jahr bestehen bleiben. Noch besser wäre es freilich, wenn auch bei Finanzanlagen keine außerplanmäßige Abschreibung bei voraussichtlich vorübergehender Wertminderung zulässig wäre.

Zu allen diesen Überlegungen ist noch hinzuzufügen, dass bei Wertsteigerungen über die Anschaffungs- oder Herstellungskosten hinaus aufgrund des *Realisations- bzw. Anschaffungsprinzips* generell stille Zwangsreserven entstehen und somit die Vermögenslage nicht den tatsächlichen Verhältnissen entsprechend dargestellt wird. Dieser partielle Informationsverlust des Jahresabschlusses ist dem Vorsichtsprinzip geschuldet und steht im Gegensatz zum Fair Value-Prinzip des IFRS-Regelwerks, das aber auch dort nicht für alle Vermögenswerte gilt. Bei Bewertung mit dem Fair Value (= beizulegender Zeitwert) gelten die Anschaffungskosten nicht als Bewertungsobergrenze. Eine solche Bewertung zu aktuellen Marktwerten bietet daher den höheren Informationsgehalt, hat aber in der Finanzmarktkrise von 2008 die Probleme infolge des dadurch größeren Abschreibungsbedarfs noch verstärkt. Siehe auch (4).

Eine Ausnahmevorschrift vom Zuschreibungsgebot besteht für den *derivativen Geschäfts oder Firmenwert*. Sollten die Gründe für dessen außerplanmäßige Abschreibung in einem Vorjahr am aktuellen Bilanzstichtag entfallen sein, so muss gemäß § 253 Abs. 5 S. 2 HGB der niedrigere Wert beibehalten werden (*Zuschreibungsverbot*). Begründbar ist diese Sonderregelung mit der problematischen Ermittlung des noch vorhandenen „bezahlten" Firmenwerts, die zu Bewertungsmanipulationen verleiten könnte. Außerdem bestünde bei einer Zuschreibung die Gefahr, dass es sich nicht um eine Erhöhung des entgeltlich erworbenen Geschäfts- oder Firmenwerts handelte, sondern ein im übernommenen Unternehmen neu aufgebauter originärer Firmenwert aktiviert werden würde.

<u>Zu (4):</u> Mit dem BilMoG ist seit 1.1.2010 ein Fremdkörper in die Bewertungskonzeption des HGB eingedrungen. Es geht um die aus dem IFRS-Regelwerk bekannte Fair Value-Bewertung, die ursprünglich noch stärker in die deutschen Handelsbilanzen Eingang finden sollte. Schließlich wurde die Bewertung mit dem beizulegenden Zeitwert (§ 255 Abs. 4 HGB; vgl. Kapitel B.II.4.d)) auf die hier nicht zu behandelnden Finanzinstrumente des Handelsbestands bei Kredit- und Finanzdienstleistungsinstituten (§ 340 Abs. 3 S. 1 HGB) und auf das so gen. Planvermögen sowie wertpapiergebundene Pensionszusagen beschränkt. Der beizulegende Zeitwert entspricht in der Regel dem Marktwert und kann auch die Anschaffungskosten mit Gewinn erhöhender Wirkung übersteigen.

Sonderfall 1: Vermögensgegenstände, die Teil eines *Planvermögens* und mit den Altersversorgungsverpflichtungen zu verrechnen sind, sind erfolgswirksam mit dem beizulegenden Zeitwert zu bewerten (§ 253 Abs. 1 S. 4 HGB). Das Planvermögen (z.B. Wertpapiere, Immobilien) muss dem Zugriff der übrigen Gläubiger entzogen sein und allein der Erfüllung von Altersversorgungsverpflichtungen oder vergleichbaren langfristig fälligen Verpflichtungen dienen. Es besteht in diesem Falle ein Saldierungsgebot, da das Unternehmen wirtschaftlich insoweit nicht mehr durch die Pensionsverpflichtungen belastet ist (§ 246 Abs. 2 S. 2 HGB). Falls das so bewertete Planvermögen die zugeordneten Pensionsrückstellungen betragsmäßig übersteigt, ist der Unterschiedsbetrag als Sonderposten *„Aktiver Unterschiedsbetrag aus der Vermögensverrechnung"* an letzter Stelle der Aktiva als Verrechnungsposten (also außerhalb des Anlagevermögens) auszuweisen. Da die Gegenstände nach den üblichen Kriterien dem Anlagevermögen zuzuordnen wären, wird der Sonderfall dennoch hier eingeordnet.[1]

Sonderfall 2: Rückstellungen für Altersversorgungsverpflichtungen, deren Höhe sich nach dem beizulegenden Zeitwert von Wertpapieren des Anlagevermögens richtet, soweit dieser über einem garantierten Mindestbetrag liegt, sind zum beizulegenden Zeitwert dieser Wertpapiere anzusetzen (§ 253 Abs. 1 S. 3 HGB).[2]

Aufgabe 21: Bewertungskonzeption beim Anlagevermögen (Handelsrecht)

---

[1] Genaueres siehe Kapitel B.X.1.b)(9).
[2] Genaueres siehe Kapitel B.X.1.b)(9).

4. Die handelsrechtliche Bewertungskonzeption für das Umlaufvermögen

Die handelsrechtliche Bewertungskonzeption beim Umlaufvermögen für alle Kaufleute ist in der folgenden Übersicht zusammengefasst:

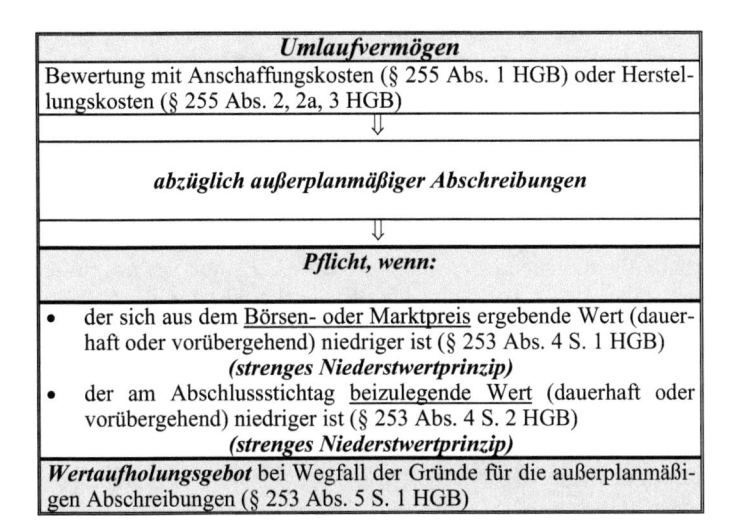

Umlaufvermögen
Bewertung mit Anschaffungskosten (§ 255 Abs. 1 HGB) oder Herstellungskosten (§ 255 Abs. 2, 2a, 3 HGB)
⇩
abzüglich außerplanmäßiger Abschreibungen
⇩
Pflicht, wenn:
• der sich aus dem <u>Börsen- oder Marktpreis</u> ergebende Wert (dauerhaft oder vorübergehend) niedriger ist (§ 253 Abs. 4 S. 1 HGB) *(strenges Niederstwertprinzip)*   • der am Abschlussstichtag <u>beizulegende Wert</u> (dauerhaft oder vorübergehend) niedriger ist (§ 253 Abs. 4 S. 2 HGB) *(strenges Niederstwertprinzip)*
Wertaufholungsgebot bei Wegfall der Gründe für die außerplanmäßigen Abschreibungen (§ 253 Abs. 5 S. 1 HGB)

Im *Umlaufvermögen* gilt *handelsrechtlich* als konkrete Ausprägung des Imparitätsprinzips das so gen. *strenge Niederstwertprinzip* (§ 253 Abs. 4 HGB).

Definition:

> *Strenges Niederstwertprinzip:* Liegt am Bilanzstichtag der aus dem Börsen- oder Marktpreis abgeleitete Wert oder, falls keine solchen Preise existieren, der beizulegende Wert unter dem bisherigen Buchwert, so muss zwingend eine Abwertung auf den niedrigeren Wert vorgenommen werden.

Auf diese Weise wird das Imparitätsprinzip, nach dem zukünftige Verluste bereits vor ihrem Eintritt zu berücksichtigen sind, erfüllt. Handelt es sich z.B. um absatzbestimmte Erzeugnisse oder Waren, so droht in nächster Zeit, nämlich beim Verkauf der Produkte, ein Verlust, wenn der Verkaufspreis am Bilanzstichtag unter den Buchwert gesunken ist. Dieser drohende Verlust muss bereits am Bilanzstichtag durch eine Herabsetzung des Buchwertes berücksichtigt werden, sodass im Falle gleich bleibender Verkaufspreise bei der späteren Veräußerung kein Verlust, aber auch kein Gewinn mehr zu verbuchen sein wird.

Im Unterschied zum gemilderten Niederstwertprinzip, das im Anlagevermögen Geltung besitzt, wird beim strengen Niederstwertprinzip nicht nach voraussichtlich vorübergehender und voraussichtlich dauerhafter Wertminderung unterschieden. In jedem Falle besteht eine Pflicht zur Abwertung auf den niedrigeren Vergleichswert, da auch bei voraussichtlich vorübergehender Wertminderung kaum zu erwarten ist, dass der Wert während des nur kurzfristigen Verbleibens des Vermögensgegenstands im Unternehmen wieder ansteigt.

Die Abwertung auf den niedrigeren Vergleichswert kann von Einzelunternehmen und Personenhandelsgesellschaften als außerplanmäßige Abschreibung gebucht werden. Aus der

GuV-Gliederungsvorschrift des § 275 Abs. 2 Position 7b) HGB, die nur für Kapitalgesellschaften verpflichtend ist, geht jedoch hervor, dass Kapitalgesellschaften im Umlaufvermögen nur Abschreibungen als solche buchen und ausweisen dürfen, wenn diese die üblichen Abschreibungen überschreiten. Im Regelfalle muss dann je nach Vermögensgegenstand wie folgt gebucht werden:

Vermögensgegenstand des Umlaufvermögens	*Buchung der Abwertung*
Rohstoffe	BS: "Rohstoffaufwendungen an Rohstoffe"
Erzeugnisse	BS: "Bestandsminderungen an Fertige/ Unfertige Erzeugnisse"
Waren	BS: "Aufwand für bezogene Waren an Waren"

Sind die Gründe für die außerplanmäßige Abschreibung auf Vermögensgegenstände des Umlaufvermögens in einem Folgejahr entfallen, so besteht wie im Anlagevermögen eine *Zuschreibungspflicht (Wertaufholungsgebot)* auf den gestiegenen Tageswert (§ 253 Abs. 5 HGB).

5. Die steuerrechtliche Bewertungskonzeption für das Anlage- und das Umlaufvermögen

Die steuerrechtliche Bewertungskonzeption für das Anlagevermögen gilt gleichermaßen für alle Rechtsformen. Außerdem gelten für das Umlaufvermögen dieselben Regeln wie für das nicht abnutzbare Anlagevermögen. Einen Überblick über die gesamte Bewertungskonzeption gibt das folgende Schaubild auf der nächsten Seite.

Anmerkungen zum Schaubild auf der nächsten Seite:

Zu (1): Es wird unterschieden zwischen voraussichtlich vorübergehender und voraussichtlich dauernder Wertminderung. Bei nachgewiesener dauernder Wertminderung besteht steuerrechtlich ein Wahlrecht zur Teilwertabschreibung (§ 6 Abs. 1 Nr. 1 und 2 EStG). Bei Abschreibungen, für die ein Wahlrecht besteht, sind steuerrechtlich grundsätzlich auch „beliebige" Zwischenwerte ansetzbar[1]. Eine voraussichtlich dauernde Wertminderung ist gegeben, wenn der Wert des Wirtschaftsguts voraussichtlich nachhaltig, d.h. während eines erheblichen Teils der voraussichtlichen Verweildauer im Unternehmen die Bewertungsobergrenze nicht erreichen wird. Dieser Fall ist bei Katastrophen oder dem technischen Fortschritt regelmäßig gegeben.[2]

Dieses steuerliche Bewertungswahlrecht kann in der Steuerbilanz unabhängig von der Handelsbilanz ausgeübt werden (§ 5 Abs. 1 S. 1 2. Halbs. EStG). Voraussetzung ist, dass das Wirtschaftsgut mit dem ggf. abweichenden Steuerbilanzwert in ein besonderes, laufend zu führendes Verzeichnis aufgenommen wird. Zwar besteht *handelsrechtlich* bei voraussichtlich dauerhafter Wertminderung eine Pflicht zur außerplanmäßigen Abschreibung, in der Steuerbilanz kann der Steuerpflichtige aufgrund des Wahlrechts durchaus auf eine

---

[1] Vgl. Verfügung der OFD Köln vom 10.1.91, DStR 1991, S. 513.
[2] Vgl. BMF-Schreiben vom 2.9.2016, BStBl 2016 I S. 995, Rn. 6.

Teilwertabschreibung verzichten.[1] Da dies jedoch eine freiwillige höhere Steuerzahlung zur Folge hätte, dürfte dieser Fall nur selten eintreten, etwa wenn hohe steuerliche Verlustvorträge bestehen.

Zu (2): Bei voraussichtlich vorübergehender Wertminderung ist in der Steuerbilanz generell keine Teilwertabschreibung zulässig. Dies gilt sowohl für Wirtschaftsgüter des Anlagevermögens als auch des Umlaufvermögens bei allen Rechtsformen.

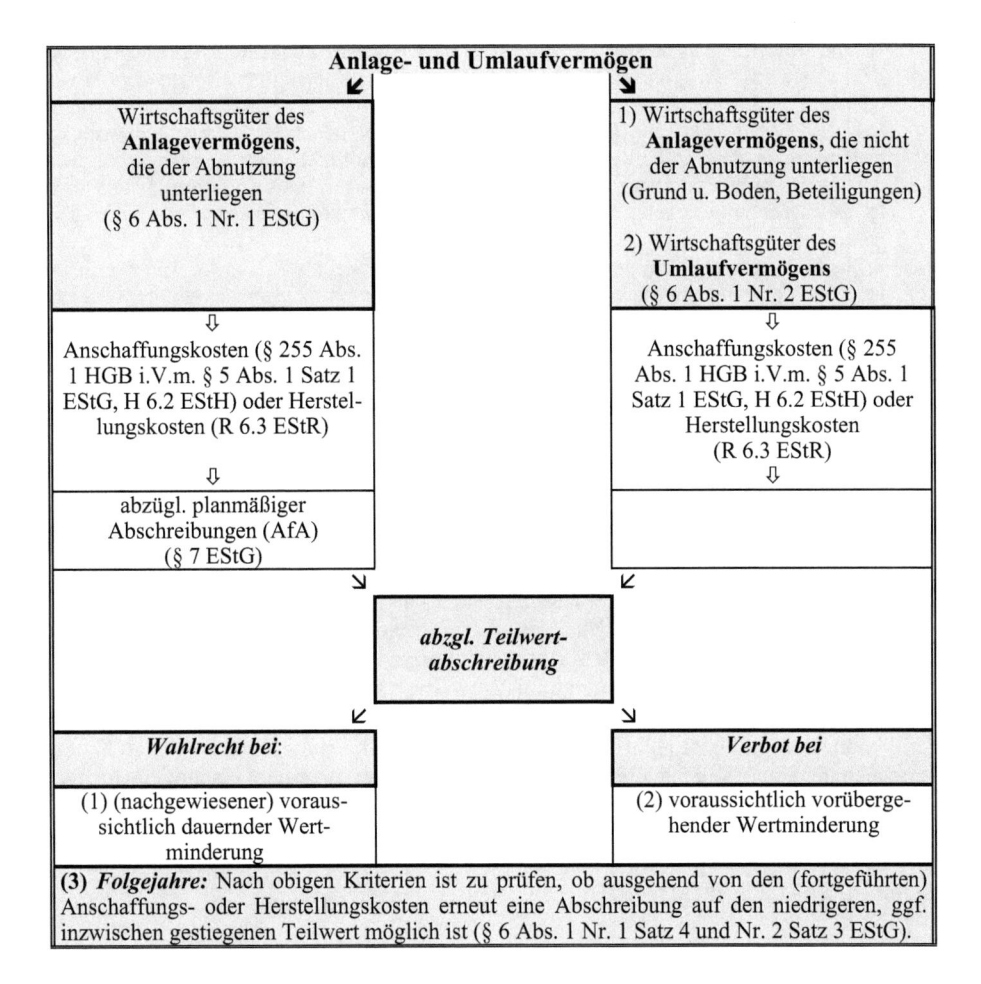

Anlage- und Umlaufvermögen	
Wirtschaftsgüter des **Anlagevermögens**, die der Abnutzung unterliegen (§ 6 Abs. 1 Nr. 1 EStG)	1) Wirtschaftsgüter des **Anlagevermögens**, die nicht der Abnutzung unterliegen (Grund u. Boden, Beteiligungen) 2) Wirtschaftsgüter des **Umlaufvermögens** (§ 6 Abs. 1 Nr. 2 EStG)
⇩	⇩
Anschaffungskosten (§ 255 Abs. 1 HGB i.V.m. § 5 Abs. 1 Satz 1 EStG, H 6.2 EStH) oder Herstellungskosten (R 6.3 EStR)	Anschaffungskosten (§ 255 Abs. 1 HGB i.V.m. § 5 Abs. 1 Satz 1 EStG, H 6.2 EStH) oder Herstellungskosten (R 6.3 EStR)
⇩	⇩
abzügl. planmäßiger Abschreibungen (AfA) (§ 7 EStG)	
abzgl. Teilwertabschreibung	
Wahlrecht bei:	***Verbot bei***
(1) (nachgewiesener) voraussichtlich dauernder Wertminderung	(2) voraussichtlich vorübergehender Wertminderung
(3) *Folgjahre:* Nach obigen Kriterien ist zu prüfen, ob ausgehend von den (fortgeführten) Anschaffungs- oder Herstellungskosten erneut eine Abschreibung auf den niedrigeren, ggf. inzwischen gestiegenen Teilwert möglich ist (§ 6 Abs. 1 Nr. 1 Satz 4 und Nr. 2 Satz 3 EStG).	

---

[1] Vgl. BMF-Schreiben vom 12.3.2010, BStBl. 2010 I, S. 239; Tz. 15. Nach Meinung des BMF könnte ggf. eine willkürliche Gestaltung vorliegen, wenn der Steuerpflichtige in einem Jahr eine Teilwertabschreibung vornimmt und im nächsten Jahr „auf den Nachweis der dauernden Wertminderung (verzichtet)", um z.B. Verlustvorträge zu nutzen. Sollte der BMF wirklich die Nachweisgepflogenheiten meinen, ergeben sich sowieso keine Konsequenzen. Sollte damit jedoch gemeint sein, dass bei der Wahlrechtsausübung der Grundsatz der Bewertungsstetigkeit zu beachten ist, so ist entgegen zu halten, dass dieser Grundsatz nur Bewertungsmethoden-Wahlrechte betrifft, die hier nicht vorliegen.

Zuerst soll wiederum auf den Fall der **börsennotierten Wertpapiere,** eingegangen werden. *Handelsrechtlich* wird sinnvollerweise die Börsenkursentwicklung nach dem Bilanzstichtag bis zum Bilanzaufstellungstag als quasi- „werterhellend" für die Beantwortung der Frage nach der Dauerhaftigkeit der Wertminderung am Bilanzstichtag angesehen. Die Beantwortung dieser Frage für die *Steuerbilanz* hat in den letzten 15 Jahren allerdings eine mehrfache Änderung erfahren.

> In einem BMF-Schreiben aus dem Jahr 2000[1] wurde die Übernahme dieser Vorgehensweise in die Steuerbilanz im Prinzip bestätigt und etwas konkretisiert. Bei Wertpapieren des Anlagevermögens muss allerdings zusätzlich ein längerer Zeitraum der Vergangenheit berücksichtigt werden und es müssen besondere Gründe für nachhaltig niedrigere Börsenkurse vorliegen, wie z.B. ein drohendes Insolvenzverfahren bei der betreffenden Aktiengesellschaft oder eine nachhaltige Erhöhung des Marktzinsniveaus bei festverzinslichen Wertpapieren. Im letzteren Fall kann eine Teilwertabschreibung jedoch höchstens bis zum Nennwert vorgenommen werden, da die Papiere am Ende ihrer Laufzeit i.d.R. zum Nennwert getilgt werden und im Anlagevermögen eine langfristige Betrachtungsweise vorzunehmen ist. „Normale" Börsenkursschwankungen stellen grundsätzlich nur vorübergehende Wertminderungen dar.
> In Reaktion auf ein später ergangenes BFH-Urteil[2] hat der BMF in einem weiteren Schreiben[3] die Voraussetzungen für eine voraussichtlich dauernde Wertminderung bei börsennotierten Aktien, die im Anlagevermögen gehalten werden, weiter konkretisiert. Danach ist eine zeitliche und rechnerische Komponente zu beachten. Von einer voraussichtlich dauernden Wertminderung ist nur dann auszugehen, „wenn der Börsenkurs zu dem jeweils aktuellen Bilanzstichtag um mehr als 40% unter die Anschaffungskosten gesunken ist oder zu dem jeweils aktuellen Bilanzstichtag und dem vorangegangenen Bilanzstichtag um mehr als 25% unter die Anschaffungskosten gesunken ist". Zusätzliche Erkenntnisse bis zum Zeitpunkt der Aufstellung der Handels- bzw. Steuerbilanz sind zu berücksichtigen.

Die **aktuelle steuerrechtliche Regelung** enthält das BMF-Schreiben vom 2.9.2016, welches das BMF-Schreiben von 2014 ersetzt.[4] Letzteres regelte die Anwendung zweier BFH-Urteile aus dem Jahre 2011.[5] In diesen schießt der BFH insbesondere gegen die 40%/25% - Regel des Finanzministeriums. Nach der Argumentation des BFH spiegeln sich in den aktuellen Börsenkursen die von den Marktteilnehmern zukünftig erwarteten Kurse wider, sodass auch ein kleiner Kursrückgang am Bilanzstichtag eine dauerhafte Wertminderung darstellt. Eine Beobachtung der Kursentwicklung nach dem Stichtag ist dann irrelevant, da wertbegründend und nicht mehr werterhellend. Als **Bagatellgrenze** schlägt der BFH einen Kursrückgang von 5 % gegenüber den Anschaffungskosten oder dem bisherigen Buchwert vor, der noch nicht als dauerhafte Wertminderung gelten soll. Die Auffassung des BFH stützt sich auf die These vom **effizienten Kapitalmarkt,** die von vielen Fachleuten längst als widerlegt angesehen wird.[6] Dennoch schloss sich das Finanzministerium im o.g. Schreiben der Argumentation des BFH an. Die Regelungen lauten:

---

[1] BMF-Schreiben vom 25. 2. 2000, BStBl. 2000 Teil I, S. 372 ff.
[2] Vgl. BFH-Urteil vom 4.6.2006, BStBl. 2009 II S. 187.
[3] Vgl. BMF-Schreiben vom 26.3.2009, GZ IV C 6 – S 2171-b/0, DOK 2009/0195335.
[4] Vgl. BMF-Schreiben vom 2.9.2016, BStBl 2016 I S. 995, und BMF-Schreiben vom 16.7.2014, BStBl 2014 I S. 1162.
[5] Vgl. BFH- Urteil vom 21.9.2011 – I R 89/10, BStBl 2014 II S. 612.
[6] Glaubte der BFH selbst fest an diese These, hätte er auf die Bagatellgrenze konsequenterweise verzichten müssen, da es dann ja weder Zufallsschwankungen noch eine kurzfristige spekulative Kursbeeinflussung durch institutionelle Anleger (Investmentfonds, Versicherungen, Banken, Pensionskassen) zum Bilanzstichtag („window dressing") geben könnte. Außerdem lässt er Abweichungen von der Regel zu, und zwar bei Insiderhandel oder der Börsenkurs aufgrund geringer Handelsumsätze nicht dem „objektiv nachprüfbaren" tatsächlichen Wert entspricht. Beide Fälle stehen in gewissem Widerspruch zur These vom effektiven Kapitalmarkt, die Eugene Fama in den 60ger Jahren des letzten Jahrhunderts statistisch zu untermauern versuchte. Dabei ist die Grundannahme, dass sich alle Marktteilnehmer rational verhalten. Er erhielt im Jahre 2013 dafür den Alfred Nobel-Gedächtnispreis für Wirtschaftswissenschaften, gemeinsam mit Robert Shiller, der seine gegenteilige These von der Ineffizienz der Kapitalmärkte (aufgrund irrationalen Verhaltens der Markt-

Aktien des Anlage- und des Umlaufvermögens[1]		
Regel: Es liegt eine voraussichtlich dauernde Wertminderung vor, wenn der Börsenkurs am Bilanzstichtag um mehr als 5% unter dem Kurs beim Erwerb der Aktien bzw. unter deren bisherigen Buchwert liegt. Die Kursentwicklung nach dem Stichtag ist als wertbeeinflussendes Ereignis bzw. wertbegründender Umstand irrelevant.		
Beispiel:		
Anschaffungskosten	Kurs am Bilanzstichtag	Art der Wertminderung
100 EUR	97 EUR	nicht dauerhaft
100 EUR	95 EUR	nicht dauerhaft
100 EUR	94 EUR	dauerhaft

Wurde auf die Aktien bereits am vorigen Bilanzstichtag eine Teilwertabschreibung vorgenommen, so gilt bei weiteren Kursverlusten am aktuellen Stichtag nach Auffassung des BMF der bisherige Buchwert als Bezugsgröße für die 5%-Bagatellgrenze. Fällt der Kurs z.B. um weitere 3%, so ist keine weitere Teilwertabschreibung zulässig, auch wenn der Kurs weit unter dem Aktienkurs bei Erwerb liegen sollte. Bei Kursgewinnen gilt die Bagatellgrenze hingegen nicht, sodass eine Pflicht zur Wertaufholung auf den gestiegenen Teilwert bis maximal zu den Anschaffungskosten bereits besteht, wenn der Aktienkurs um 1% steigt. Das Wertaufholungsgebot gilt auch, wenn der Teilwert aus anderen Gründen als einer Kurssteigerung gestiegen ist, etwa weil der Steuerpflichtige die dauernde Wertminderung nicht nachweisen kann.[2]

Festverzinsliche Wertpapiere des Anlage- und des Umlaufvermögens[3]		
Regel: Angenommen, das festverzinsliche Wertpapier wird am Laufzeitende zum Nominalwert von 100% getilgt. Eine Teilwertabschreibung ist dann nur zulässig, wenn die Anschaffungskosten über 100% liegen und der Kurs am Bilanzstichtag niedriger liegt. Die 5%-Bagatellgrenze gilt hier nicht. Die Kursentwicklung nach dem Stichtag ist irrelevant. Die Abschreibung ist nur bis maximal zum Nennwert (100%) zulässig. Der Grund dafür ist, dass der Inhaber des Wertpapiers am Ende von dessen Laufzeit eine Tilgung in Höhe von 100% erhält. Das bedeutet auch, dass bei Anschaffungskosten von 100% und darunter, überhaupt keine Teilwertabschreibung zulässig ist.		
Beispiel:		
Anschaffungskosten	Kurs am Bilanzstichtag	Zulässige Teilwertabschreibung
105 %	101 %	4 %
105 %	98 %	5 %
100 %	94 %	keine
92 %	88 %	keine

Bei festverzinslichen Wertpapieren gilt diese Regel nur für den Fall, dass die Kursabweichungen vom Rückzahlungskurs (100%) allein auf Änderungen des Kapitalmarktzinses beruhen und die Bonität des Wertpapieremittenten (Schuldners) unverändert bleibt. Die Änderung des Börsenkurses bewirkt eine Anpassung der Effektivverzinsung des Wertpapiers an den geänderten Kapitalmarktzins, obwohl die Nominalverzinsung unverändert bleibt („festverzinslich"). Der Börsenkurs steigt, wenn der Kapitalmarktzins während der Laufzeit des Papiers sinkt und umgekehrt. Verschlechtert sich dagegen die Kreditwürdigkeit („Rating") des Wertpapieremittenten oder wird er gar zahlungsunfähig, so ist eine Teilwertabschreibung immer zulässig.

---

teilnehmer) insbesondere anhand der Finanzmarktkrise von 2007 überzeugend nachweisen konnte. Hier hätte das Finanzministerium einhaken sollen und m.E. auf Nichtanwendung der weltfremden und naiven neuen BFH-Rechtsprechung bestehen sollen.

[1] Die Regeln gelten nicht nur für börsennotierte Aktien, sondern auch für börsengehandelte Optionen und Zertifikate.
[2] Vgl. BMF-Schreiben vom 2.9.2016, BStBl 2016 I S. 995, Rn. 17.
[3] Vgl. BFH-Urteil vom 8.6.2011, BStBl 2012 II S. 716.

Beispielaufgabe (Steuerbilanz):
Im Dezember 01 wurden von der LowTech GmbH Aktien der Braunkohle AG zum Stückkurs von 300,- EUR, der gleichzeitig der Kurs am Abschlussstichtag 31.12.01 war, zwecks langfristiger Kapitalanlage erworben. Von Anschaffungs- oder Veräußerungsnebenkosten werde der Einfachheit halber abgesehen. Am 17.10.02 ereignete sich an der Börse ein Crash, der den Stückkurs der Braunkohle-Aktie bis auf 150,- EUR herabdrückte. Am nächsten Bilanzstichtag, dem 31.12.02, betrug der Börsenkurs pro Aktie 225,- EUR. Für den Börsenkurs am Tag der Bilanzaufstellung, dem 31.3.03, seien zwei Fälle unterschieden:

    a) 300,- EUR
    b) 75,- EUR.

Wie lautet der Steuerbilanzansatz für diese Wertpapiere des Anlagevermögens pro Stück?

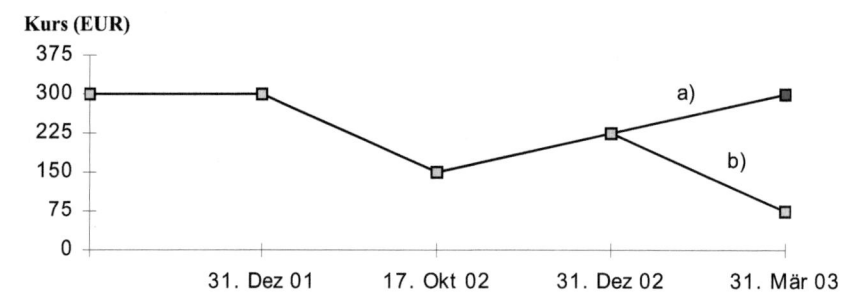

Lösung:
Nach dem Stichtagsprinzip (§ 252 Abs. 1 Nr. 3 HGB) kommt als niedrigerer Teilwert nur der Börsenkurs am 31.12.02, also 225,- EUR in Frage, keinesfalls aber der Wert am 31.3.03. Der Buchwert in der vorigen Bilanz von EUR 300,- (hier = Anschaffungskosten) entspricht dem vermuteten Teilwert. Da am Bilanzstichtag 31.12.02 der Börsenkurs um mehr als 5 % unter die Anschaffungskosten gesunken ist (hier: um 25%), liegt steuerrechtlich eine voraussichtlich dauernde Wertminderung vor. Die Entwicklung nach dem Bilanzstichtag ist irrelevant, da es sich nach Meinung des BFH um wertbeeinflussende (wertbegründende) Ereignisse handelt.

Im Fall a) besteht somit *steuerrechtlich* aufgrund der voraussichtlich dauernden Wertminderung ein Wahlrecht zur Teilwertabschreibung auf 225 EUR (§ 6 Abs. 1 Nr. 2 Satz 2 EStG).[1]
Im Fall b) gilt dasselbe. Genauso wie in Fall a) kann der Bilanzierende die Aktie weiterhin mit den Anschaffungskosten in Höhe von 300 EUR bewerten oder auf 225 EUR abschreiben. Zwischenwerte sind auch möglich, sollen hier im Weiteren aber der Einfachheit halber grundsätzlich nicht in die Überlegungen mit einbezogen werden. Der Buchungssatz bei Nutzung des Abschreibungswahlrechts lautet:

BS: Teilwertabschreibung auf Finanzanlagen   75 EUR
   an Wertpapiere des Anlagevermögens   75 EUR.

Bemerkung:
Handelsrechtlich liegt im Fall a) eine voraussichtlich vorübergehende Wertminderung vor, sodass ein Abschreibungswahlrecht besteht (§ 253 Abs. 3 S. 6 HGB).
Im Falle b) handelt es sich handelsrechtlich gesehen um eine voraussichtlich dauernde Wertminderung mit der Konsequenz einer Abschreibungspflicht (§ 253 Abs. 3 S. 5 HGB).

Bei **abnutzbarem Anlagevermögen** liegt nach Auffassung des Bundesfinanzministeriums[2] eine voraussichtlich dauerhafte Wertminderung vor, wenn die Wertminderung so stark ist, dass der gesunkene Wert (Teilwert) während mindestens der Hälfte der Restnutzungsdauer

---

[1] Das Schaubild passt nur dann exakt zur Argumentation, wenn der Anschaffungszeitpunkt auf Anfang 02 verlegt wird.
[2] Vgl. BMF-Schreiben vom 2.9.2016, BStBl 2016 I S. 995, Rn. 8 und BFH, Urteil vom 29.4.2009, BStBl 2009 II S. 899.

unter der normalen Entwicklung der fortgeführten Anschaffungs-/Herstellungskosten liegt. In der folgenden Abbildung wird bei einer linear abgeschriebenen Maschine am Ende des ersten Nutzungsjahres eine Teilwertabschreibung von 4.000 EUR auf 1.000 EUR vorgenommen. Da es drei Jahre dauert, also mehr als die Hälfte der Restnutzungsdauer von vier Jahren, bis der Wert der Maschine bei planmäßiger Abschreibung diesen niedrigeren Teilwert erreicht hat, handelt es sich um eine voraussichtlich dauernde Wertminderung. Bei der entsprechenden Berechnung wird der aktuelle Teilwert nicht durch die angepasste AfA fortgeschrieben, sondern bleibt unverändert.

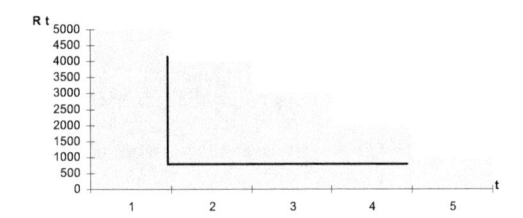

Bei **Wirtschaftsgütern des Umlaufvermögens** liegt eine voraussichtlich dauernde Wertminderung nach Meinung des BMF vor, wenn die Wertminderung bis zum Zeitpunkt der Aufstellung der Bilanz oder dem vorangegangenen Verkaufs- oder Verbrauchszeitpunkt anhält.[1] Damit ist klargestellt, wie der Begriff „dauernd" beim Umlaufvermögen, das ja gerade nicht dauernd dem Geschäftsbetrieb dient, zu verstehen ist. Die voraussichtlich dauernde Wertminderung muss gemäß R 6.8 Abs. 2 Sätze 7-9 EStR bei absatzbestimmten Wirtschaftsgütern vom Steuerpflichtigen anhand von Unterlagen über die in einer genügend großen Anzahl von Fällen tatsächlich erzielten Verkaufspreise nachgewiesen werden. Dieser Nachweis dürfte in der Praxis insbesondere bei kaum noch verkäuflichen Ladenhütern, dem bislang primären Anwendungsgebiet der Teilwertabschreibung, nur schwer möglich sein. Für Wertpapiere des Umlaufvermögens gelten dieselben (oben bereits erläuterten) Regelungen wie für Wertpapiere des Anlagevermögens.

Zu (3): Seit 1999 ist im Steuerrecht in den Folgejahren nach einer Teilwertabschreibung eine andere gedankliche Vorgehensweise einzuhalten als im Handelsrecht. Es wird nicht mehr die Frage der Zuschreibung gestellt, sondern an jedem folgenden Bilanzstichtag ist zu prüfen, ob - ausgehend von den (fortgeführten) Anschaffungs- oder Herstellungskosten - eine erneute Teilwertabschreibung zulässig ist, und wenn ja, auf welchen Wert.

Das folgende Schema gibt die gedankliche Abfolge im Einzelnen wieder (§ 6 Abs. 1 Nr. 1 Satz 4 und Nr. 2 Satz 3 EStG):

---

[1] Vgl. BMF-Schreiben vom 2.9.2016, BStBl 2016 I S 995, Rn. 16.

Schritt 1: Am folgenden Bilanzstichtag nach einer Teilwertabschreibung ist das Wirtschaftsgut grundsätzlich mit den (fortgeführten) Anschaffungs- oder Herstellungskosten zu bewerten.	
Schritt 2: Liegt am Stichtag eine voraussichtlich dauernde Wertminderung unter diesem Betrag vor und kann dies auch nachgewiesen werden?	
↙	↘
falls ja:	**falls nein:**
Ergebnis: Eine erneute Abschreibung auf den bisherigen oder veränderten niedrigeren Teilwert ist zulässig **_(Wahlrecht)_**.	**_Ergebnis:_** Eine erneute Teilwertabschreibung ist steuerrechtlich nicht zulässig **_(Verbot)_**.
Das steuerliche Wahlrecht kann unabhängig von der Handelsbilanz ausgeübt werden (§ 5 Abs. 1 S. 1, 2. Halbs. EStG).	Die Bewertung erfolgt zwingend mit (fortgeführten) Anschaffungs-/Herstellungskosten.
Voraussetzung ist die Aufnahme des Wirtschaftsguts in ein besonderes Verzeichnis (§ 5 Abs. 1 S. 2 u. 3 EStG)	Dies gilt unabhängig von der Bewertung in der Handelsbilanz (Bewertungsvorbehalt § 5 Abs. 6 EStG).

Dass an jedem Bilanzstichtag erneut von den (fortgeführten) Anschaffungs-/ Herstellungskosten auszugehen ist, stellt kein steuerliches Zuschreibungsgebot[1] dar, sondern ist nur Teil der Gesamtvorgehensweise nach § 6 Abs. 1 Nr. 1 Satz 4 bzw. Nr. 2 Satz 3 EStG, wird aber häufig auch als **_formales generelles Zuschreibungsgebot_** interpretiert. Im Anschluss erfolgt ja in der Regel wieder eine Abschreibung auf den niedrigeren – eventuell inzwischen wieder etwas gestiegenen Teilwert. Aus umgekehrter Blickrichtung (von unten nach oben gesehen), so wie dies im Handelsrecht üblich ist, lässt sich dieses Endergebnis präziser als **_faktisches Zuschreibungsgebot (Wertaufholungsgebot)_** auf den gestiegenen Teilwert bzw. auf die (fortgeführten) Anschaffungs- oder Herstellungskosten interpretieren. Der Zusatz „faktisch" soll dabei anzeigen, dass es sich im Steuerrecht formal nicht um eine direkte Zuschreibung auf den gestiegenen Teilwert, sondern um das Problem einer erneuten Abschreibung - ausgehend von den automatisch immer wieder anzusetzenden (fortgeführten) Anschaffungs-/Herstellungskosten - handelt.

Die grundsätzliche Änderung der Denkweise bezweckt offensichtlich, auch in den Folgejahren eine bestehende Wertminderung immer wieder darauf zu überprüfen, ob diese voraussichtlich dauernd geblieben oder sich in eine voraussichtlich vorübergehende verändert hat. Im letzteren Fall muss in der Steuerbilanz die Bewertung mit (fortgeführten) Anschaffungs- oder Herstellungskosten erfolgen. Beim *handelsrechtlichen* Zuschreibungsproblem muss dagegen nicht geprüft werden, ob die Werterhöhung bzw. die noch bestehende restliche Wertminderung voraussichtlich vorübergehend oder dauerhaft ist. Es besteht immer ein Zuschreibungsgebot auf den gestiegenen Tageswert (§ 253 Abs. 5 HGB).

In der Steuerbilanz kann genau wie in der Handelsbilanz die faktische Zuschreibung als Endergebnis der Überlegungen gebucht werden, da die beiden Schritte der gesetzlich erzwungenen Zuschreibung auf die Herstellungskosten und der erneuten Teilwertabschreibung nur zwei gedankliche formalrechtliche Schritte sind, deren Zusammenfassung zu einem Buchungssatz m.E. keine Saldierung (im Sinne des § 246 Abs. 2 HGB) darstellt.

---

[1] Vgl. Hoyos/Schramm/M.Ring in: Beck Bil.-Komm.§ 253 Tz. 15.

Bewertungskonzeption für das Anlagevermögen und das Umlaufvermögen

Beispielaufgabe (Fortsetzung Steuerbilanz):
Die Abschreibung der Aktie der Braunkohle AG auf 225 EUR pro Stück sei per 31.12.02 erfolgt. Am nächsten Bilanzstichtag (31.12.03) ist der Börsenkurs auf 375 EUR pro Stück angestiegen. Welche Bewertungsmöglichkeiten gibt es für die Aktie in der Steuerbilanz?

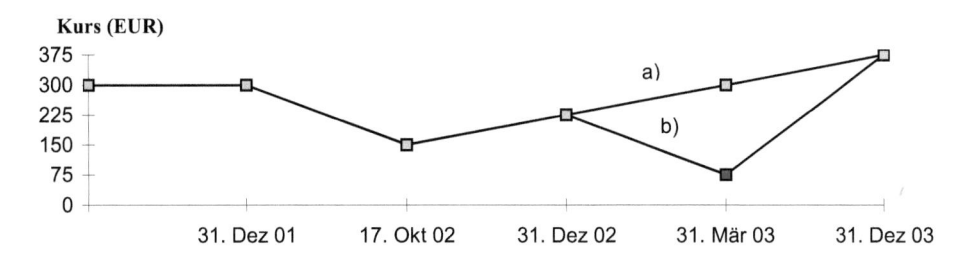

Lösung:
Am 31.12.03 ist die Aktie steuerrechtlich grundsätzlich erst einmal mit den Anschaffungskosten zu bewerten. Anschließend ist zu prüfen, ob eine erneute Teilwertabschreibung zulässig ist. Dies ist nicht der Fall, da der aktuelle Börsenkurs sogar noch über den Anschaffungskosten liegt. Eine Bewertung oberhalb der Anschaffungskosten widerspricht dem Realisationsprinzip bzw. Anschaffungskostenprinzip (§ 252 Abs. 1 Nr. 4 HGB) und ist daher nicht zulässig. Die Bewertung der Aktie in der Steuerbilanz hat mithin zwingend zu den Anschaffungskosten in Höhe von 300 EUR zu erfolgen (§ 6 Abs. 1 Nr. 2 Satz 3 EStG). Die Folge ist eine gesetzliche Zwangsreserve in Höhe von 375 – 300 = 75 EUR.

BS: Wertpapiere des Anlagevermögens   75 EUR
       an Erträge aus Werterhöhungen von Gegenständen des
           Anlagenvermögens (Zuschreibungserträge)   75 EUR.

Bei Maschinen würde das Konto „Erträge aus Werterhöhungen von Gegenständen des Anlagevermögens", bei Rohstoffen das Konto „Aufwendungen für Rohstoffe" (Korrekturbuchung) und bei Erzeugnisvorräten das Konto „Bestandsveränderungen" im Haben berührt.

Merke:

Teilwertabschreibung	Steuerbilanz
Bei voraussichtlich vorübergehender Wertminderung	Verbot
Bei voraussichtlich dauernder Wertminderung	Wahlrecht

Merke:

Folgejahre nach Teilwertabschreibung	Steuerbilanz
Bei wieder gestiegenem Teilwert an einem Folgestichtag und	(faktisches) Wertaufholungsgebot
a) Teilwert >= fortgeführte AK/HK	a) auf fortgeführte AK/HK
b) Teilwert < fortgeführte AK/HK und weiterhin dauernder Wertminderung	b) auf den gestiegenen Teilwert mit Wahlrecht der Zuschreibung auf die höheren fortgeführten AK/HK
c) Teilwert < fortgeführte AK/HK und nun vorübergehender Wertminderung	c) auf die fortgeführten AK/HK

6. Gegenüberstellung der handelsrechtlichen und der steuerrechtlichen Bewertungskonzeption

Einen Überblick über die handelsrechtliche und die steuerrechtliche Bewertungskonzeption geben folgende beiden Tabellen:

außerplanmäßige Abschreibung bzw. Teilwertabschreibung	Handelsbilanz	Steuerbilanz
bei voraussichtlich dauernder Wertminderung (Anlage- und Umlaufvermögen)	Pflicht	Wahlrecht (autonom nutzbar)
bei voraussichtlich vorübergehender Wertminderung (Sachanlagen, immaterielles Anlagevermögen)	Verbot	Verbot
bei voraussichtlich vorübergehender Wertminderung (Finanzanlagen)	Wahlrecht	Verbot (Bewertungsvorbehalt)
bei voraussichtlich vorübergehender Wertminderung (Umlaufvermögen)	Pflicht	Verbot (Bewertungsvorbehalt)

Erhöhung des Tageswerts bzw. Teilwerts an einem folgenden Bilanzstichtag	Handelsbilanz	Steuerbilanz
bei voraussichtlich dauernder Wertminderung am folgenden Bilanzstichtag im Vergleich zu den (fortgeführten) Anschaffungs-/Herstellungskosten	Pflicht zur Zuschreibung auf den gestiegenen Tageswert	(faktisches) Zuschreibungsgebot auf den gestiegenen Teilwert; autonomes Bewertungswahlrecht zwischen Teilwert und höheren (fortgeführten) Anschaffungs-/ Herstellungskosten; unabhängig von der Handelsbilanz ausübbar
bei voraussichtlich vorübergehender Wertminderung am folgenden Bilanzstichtag im Vergleich zu den (fortgeführten) Anschaffungs-/Her-stellungskosten	Pflicht zur Zuschreibung auf den gestiegenen Tageswert	(faktisches) Zuschreibungsgebot auf die (fortgeführten) Anschaffungs-/ Herstellungskosten; steuerrechtliches Verbot zur erneuten Teilwertabschreibung (Bewertungsvorbehalt)

Die Übersicht soll durch ein *Beispiel aus dem Umlaufvermögen* ergänzt werden, in dem insbesondere auch auf die Konstellation voneinander abweichender Tages- und Teilwerte abgestellt werden soll.

Im Umlaufvermögen kommt es aufgrund der besonderen Vorschriften zur Ermittlung des Teilwerts (R 6.8. Abs. 2 EStR) häufig zu Abweichungen zwischen Teilwert und Tageswert.[1] Bei absatzbestimmten Wirtschaftsgütern (Handelswaren, Fertigerzeugnisse, unfertige Erzeugnisse) ist dies der Regelfall. Der Teilwert liegt hier immer unterhalb des Tageswerts, weil entweder bei der Ermittlung des steuerlichen Teilwerts auf dem Absatzmarkt der durchschnittlich kalkulierte Unternehmergewinn (als Folge der Teilwertdefinition

---

[1] Hinsichtlich der Bestimmung der beiden Werte kann auf die Kapitel B.II.4.d) und g) verwiesen werden.

§ 6 Abs. 1 S. 3 EStG) zusätzlich zu subtrahieren ist oder der Teilwert den Wiederbeschaffungskosten entspricht, die den Tageswert unterschreiten. Ist die Voraussetzung einer voraussichtlich dauernden Wertminderung erfüllt, so ergibt sich in beiden Fällen in der Steuerbilanz ein Wahlrecht zur Teilwertabschreibung, das dem Umfang nach über die (handelsrechtlich verpflichtende) außerplanmäßige Abschreibung auf den Tageswert hinausgeht. Dieses Wahlrecht ist in vollem Umfang unabhängig von den Werten in der Handelsbilanz ausübbar (§ 5 Abs. 1 S. 1 2. Halbs. EStG), sofern die Wirtschaftsgüter mit abweichendem Wert in ein besonderes, laufend zu führendes Verzeichnis aufgenommen werden (§ 5 Abs. 1 S. 2 EStG).

Autonom durchführbare Teilwertabschreibungen im Umlaufvermögen (Steuerbilanz)
1. Teilwertabschreibung bei nicht zum Absatz bestimmten Wirtschaftsgütern des Umlaufvermögens auf die gesunkenen Wiederbeschaffungskosten (Roh-, Hilfs- und Betriebsstoffe)
2. Teilwertabschreibung bei absatzbestimmten Wirtschaftsgütern des Umlaufvermögens auf den gesunkenen (modifizierten) Nettoveräußerungserlös nach Abzug des durchschnittlich kalkulierten Unternehmergewinns (Waren, unfertige und fertige Erzeugnisse)
3. Teilwertabschreibung bei absatzbestimmten Wirtschaftsgütern des Umlaufvermögens auf die gesunkenen Wiederbeschaffungskosten im Falle eines unveränderten Nettoveräußerungserlöses (Waren, von Dritten beziehbare unfertige und fertige Erzeugnisse)

Beispielaufgabe (Umlaufvermögen):
Die LowTech GmbH handelt auch mit Rasierapparaten, für die an den Bilanzstichtagen 31.12.01 und 31.12.02 folgende Wertekonstellationen gelten, die jeweils als dauerhaft eingeschätzt und nachgewiesen werden:

(Werte in EUR)	31.12.01	31.12.02
Anschaffungskosten (Einstandspreis) bzw. Buchwert	100	100
Wiederbeschaffungskosten am Bilanzstichtag	75	75
Verkaufspreis am Bilanzstichtag	85	95
Rabatt und Skonto	5	5
noch anfallende betriebl. Aufwendungen (Vertrieb)	10	10
durchschnittlicher Unternehmergewinn	20	20

Wie ist in Handels- und Steuerbilanz zu bewerten, wenn der Gewinn jeweils so niedrig wie möglich ausgewiesen werden soll?

Lösung:
Gemäß R 6.8 Abs. 2 Satz 3 EStR entspricht der *steuerrechtliche Teilwert* der Rasierapparate in diesem Falle dem Nettoverkaufserlös abzüglich des durchschnittlichen Unternehmergewinns und der nach dem Bilanzstichtag noch anfallenden betrieblichen Aufwendungen, also dem niedrigsten der drei Vergleichswerte (*„doppeltes Niederstwertprinzip"*):

Anschaffungskosten (Einstandspreis) = 100 EUR	Nettoverkaufserlös 80 EUR - Unternehmergewinn 20 EUR - noch anfallende Aufwendungen 10 EUR = 50 EUR	Wiederbeschaffungskosten = 75 EUR

Da es sich nachweislich um eine dauernde Wertminderung handelt, ist in der Steuerbilanz eine Teilwertabschreibung gemäß § 6 Abs. 1 Nr. 2 S. 2 EStG auf 50 EUR möglich.

In der *Handelsbilanz* ist das Imparitätsprinzip streng zu beachten und daher nur der Nettoverkaufserlös abzüglich der nach dem Bilanzstichtag noch anfallenden betrieblichen Aufwendungen (= modifizierter Nettoverkaufserlös = 70 EUR) als Vergleichswert zu den Anschaffungskosten heranzuziehen, da nur so der tatsächliche drohende Verlust ermittelt wird („Prinzip der verlustfreien Bewertung").

Anschaffungskosten (Einstandspreis) = 100 EUR	Nettoverkaufserlös 80 EUR - noch anfallende Aufwendungen 10 EUR = 70 EUR

Wegen des **strengen Niederstwertprinzips** ist handelsrechtlich zwecks Antizipation der drohenden Verluste auf 70 EUR abzuwerten. Eine weitergehende Abschreibung würde entgangene Gewinne umfassen und ist daher nicht vom Imparitätsprinzip gedeckt. Das Wahlrecht zur Teilwertabschreibung in der Steuerbilanz kann unabhängig von der Handelsbilanz in Anspruch genommen werden (§ 5 Abs. 1 S. 1 2. Halbs. EStG) und wird wegen des bilanzpolitischen Ziels, den Gewinn möglichst niedrig auszuweisen, auch genutzt. Die Waren sind nach § 5 Abs. 1 S. 2 EStG in ein besonderes Verzeichnis aufzunehmen, da der Wert vom handelsrechtlichen Wert abweicht.

Handelsbilanz zum 31.12.01	*Steuerbilanz zum 31.12.01*
70 EUR	50 EUR
§ 253 Abs. 4 HGB	§ 6 Abs. 1 Nr. 2 Satz 2 i.V.m. § 5 Abs. 1 u. 2 EStG

Folgejahr: Die Gründe für die Abwertung sind teilweise entfallen:

Steuerbilanz:	Anschaffungskosten (Einstandspreis) = 100 EUR	Nettoverkaufserlös 90 EUR - Unternehmergewinn 20 EUR - noch anfallende Aufwendungen 10 EUR = 60 EUR	Wiederbeschaffungskosten = 75 EUR

Handelsbilanz:	Anschaffungskosten (Einstandspreis) = 100 EUR	Nettoverkaufserlös 90 EUR - noch anfallende Aufwendungen 10 EUR = 80 EUR

Der steuerliche Teilwert ist auf 60 EUR gestiegen, der handelsrechtliche Tageswert auf 80 EUR. In der Steuerbilanz sind gemäß § 6 Abs. 1 Nr. 2 S. 3 EStG grundsätzlich zunächst die Anschaffungskosten i.H.v. 100 EUR anzusetzen. Aufgrund der voraussichtlich und nachweislich dauernden Wertminderung besteht jedoch ein Wahlrecht, erneut auf den (jetzt gestiegenen) Teilwert von 60 EUR abzuwerten (§ 6 Abs. 1 Nr. 2 Satz 3 EStG). Dieses Wahlrecht darf unabhängig von der Handelsbilanz ausgeübt werden (§ 5 Abs. 1 S. 1 2. Halbs. EStG). Wegen des bilanzpolitischen Ziels, den Gewinn möglichst niedrig auszuweisen, wird das Wahlrecht in der Steuerbilanz genutzt. Mit umgekehrter Blickrichtung vom Ausgangswert 50 EUR aus gesehen kann man also von einem faktischen Zuschreibungsgebot auf den gestiegenen Teilwert von 60 EUR sprechen.

Handelsrechtlich besteht – unabhängig vom Bestehen einer voraussichtlich dauernden oder vorübergehenden Wertminderung am 31.12.02 – ein Zuschreibungsgebot bis zum Tageswert in Höhe von 80 EUR (§ 253 Abs. 5 HGB).

Handelsbilanz zum 31.12.02	*Steuerbilanz zum 31.12.02*
80 EUR	60 EUR
§ 253 Abs. 5 HGB	§ 6 Abs. 1 Nr. 2 S. 3 i.V.m. § 6 Abs. 1 Nr. 1 S. 4 EStG

> **Aufgaben 22 und 23: Bewertungskonzeption beim Anlagevermögen (Handelsrecht und Steuerrecht)**

> **Aufgabe 24: Anlaufverluste bei Beteiligungen**

> **Aufgaben 25 bis 28: Bewertungskonzeption beim Umlaufvermögen**

7. Die Bewertungskonzeption nach IFRS

a) Anschaffungskosten- oder Neubewertungsmodell für Sachanlagen und immaterielle Vermögenswerte

Die Bewertungskonzeption nach IFRS ist für verschiedene Vermögenswertpositionen unterschiedlich gestaltet, was zu einer hohen Komplexität des Regelwerks führt. Die Idealvorstellung des IASB ist offenbar das so gen. „Fair Value-Accounting". Danach sollen die Vermögenswerte und Schulden weitgehend mit zeitnahen Marktwerten bewertet werden, da auf diese Weise das Ziel der IASB-Rechnungslegung, den Adressaten entscheidungsrelevante Informationen zu liefern, weit besser erfüllt wird als durch das in der kontinentaleuropäischen Rechnungslegung herrschende Anschaffungskostenprinzip, das vom Gläubigerschutzgedanken geprägt ist. Wie gezeigt wird, ist die IFRS-Rechnungslegung kein reines „Fair Value Accounting", bei Sachanlagen und immateriellen Vermögenswerten steht das Anschaffungskostenmodell als gleichberechtigte Wahlrechtsalternative daneben. Bei Finanzinstrumenten gibt es gar noch weitere Bewertungsmodelle, die bei bestimmten Kategorien von Finanzinstrumenten anzuwenden sind.[1]

Die erstmalige Bewertung (*Zugangsbewertung*) von (abnutzbaren) Sachanlagen und immateriellen Vermögenswerten hat mit den Anschaffungs- oder Herstellungskosten zu erfolgen (IAS 16.15; IAS 38.24). An den folgenden Bilanzstichtagen (*Folgebewertung*) besteht ein Wahlrecht zwischen dem *Anschaffungskostenmodell*, also der Fortführung der Anschaffungs- oder Herstellungskosten durch (planmäßige) Abschreibungen und (außerplanmäßige) Wertminderungen, und dem *Neubewertungsmodell* (IAS 16.29: IAS 38.72). Das ausgewählte Modell muss nicht auf die Gesamtheit aller Sachanlagen des Unternehmens angewandt werden, jedoch auf eine gesamte ausgewählte Gruppe von Sachanlagen. Dadurch soll verhindert werden, dass die Anwendung auf einzelne Maschinen nach bilanzpolitischer Willkür erfolgt (IAS 16.36-38; IAS 38.72f.). Zentraler Bewertungsmaßstab im Neubewertungsmodell ist der beizulegende Zeitwert („Fair Value"), also der aktuelle Marktwert, der auch oberhalb der (fortgeführten) Anschaffungs- oder Herstellungskosten liegen kann. Durch ein solches „Fair Value Accounting" sollen den Adressaten der Rechnungslegung bestmögliche entscheidungsrelevante Informationen geliefert werden. Voraussetzung ist allerdings, dass ein solcher beizulegender Zeitwert verlässlich bestimmt werden kann. Sollte ausnahmsweise kein Marktwert feststellbar sein, muss eine Schätzung mit Hilfe eines Ertragswertverfahrens oder einer Wiederbeschaffungswertmethode erfolgen (IAS 16.31-33).[2]

---

[1] Siehe hierzu Kapitel B.IV.1.d).
[2] Genaueres zur Ermittlung des Fair Value enthält Kapitel B.II.4.f)(3).

Sachanlagevermögen (Zugangsbewertung)
Anschaffungskosten oder Herstellungskosten (IAS 16.16-28; IAS 38.27-32)

Anlagevermögen (Folgebewertung)		
↙	*Wahlrecht*	↘
Anschaffungskostenmodell (IAS 16.30; IAS 38.74): ⇩ (1) Anschaffungskosten (IAS 16.15-23) oder Herstellungskosten (IAS 16.15-23; IAS 38.23-32; IAS 38.62-67) ⇩ abzüglich (planmäßiger) Abschreibungen auf Basis der historischen Anschaffungs- oder Herstellungskosten		*Neubewertungsmodell* (IAS 16.31-42; IAS 38.75-87): ⇩ (4) Neubewertung zum beizulegenden Zeitwert („Fair Value"): Zuschreibung oder außerplanmäßige Abschreibung ⇩ abzüglich (planmäßiger) Abschreibungen auf Basis des beizulegenden Wertes („Fair Value")
↘	falls *Niederstwerttest* („Impairment Test") am Abschlussstichtag ergibt, dass der *erzielbare Betrag* („Recoverable Amount") unter dem Buchwert liegt	↙
(2) *Pflicht* zur außerplanmäßigen Erfassung einer Wertminderung auf den am Abschlussstichtag erzielbaren Betrag („Recoverable Amount") (IAS 36.59f.) *Auswirkung:* Minderung des Periodenergebnisses (Aufwand)		(5) *Pflicht* zur außerplanmäßigen Erfassung einer Wertminderung auf den am Abschlussstichtag erzielbaren Betrag („Recoverable Amount") (IAS 36.59f.) *Auswirkung:* dieselbe wie bei niedrigerem beizulegenden Zeitwert zum Neubewertungszeitpunkt
↘	bei *Wegfall der Gründe* für die außerplanmäßige Wertminderung, d.h. falls der erzielbare Betrag („Recoverable Amount") über dem Buchwert liegt	↙
(3) *Wertaufholungsgebot* (IAS 36.114-119) **Obergrenze:** fortgeführte historische Anschaffungs- oder Herstellungskosten *Auswirkung:* Erhöhung des Periodenergebnisses (Ertrag)		(6) *Wertaufholungsgebot* (IAS 36.114-120) **Obergrenze:** erzielbarer Betrag oder beizulegender Zeitwert (kann über den histor. AK/HK liegen) *Auswirkung:* wie bei der Aufwertung im Rahmen der Neubewertung

Voraussetzung für die Anwendung der Neubewertungsmethode ist, dass ein sog. aktiver Markt existiert, an dem der beizulegende Zeitwert („Fair Value") ermittelt werden kann (IAS 38.75 u. 78). Ein *aktiver Markt* ist dadurch charakterisiert, dass nur homogene Produkte gehandelt werden, die Preise öffentlich bekannt sind und jederzeit vertragswillige Käufer und Verkäufer gefunden werden können (IAS 38.8). Für *immaterielle Vermögenswerte* dürfte ein aktiver Markt eher *selten* existieren (z.B. bei Taxilizenzen, Fischereilizenzen), weil die Produkte i.d.R. nicht homogen, sondern Unikate sind (z.B. bei Markennamen, Urheberrechte, Patente), und weil die Preise daher i.d.R. individuell ausgehandelt und nicht öffentlich zugänglich sind. Demzufolge wird die Neubewertungsmethode bei immateriellen Vermögenswerten nur eine geringe Bedeutung haben. Im Folgenden wird daher nur noch auf das *Sachanlagevermögen* abgestellt.

Eine **Übersicht** über die IFRS-Bewertungskonzeption für Sachanlagen befindet sich auf der vorigen Seite und wird im Folgenden erläutert:

Zu (1): **Anschaffungskostenmodell**
Bei der Folgebewertung kann sich das Unternehmen für das Anschaffungskostenmodell, das eine Bewertung mit fortgeführten – d.h. um die kumulierten (planmäßigen und außerplanmäßigen) Abschreibungen geminderten – Anschaffungs- oder Herstellungskosten vorsieht, entscheiden (IAS 16.30; IAS 38.74).

Zu (2): (Außerplanmäßige) Wertminderungen
Gemäß IAS 36.9f. haben die Unternehmen für die einzelnen Vermögenswerte jährlich am Bilanzstichtag zu prüfen, ob Anzeichen für eine (unvorhergesehene) Wertminderung vorliegen. Hierbei sind sowohl externe Indizien, wie z.B. rapides Sinken des Marktwertes, als auch interne Indizien, wie z.B. physische Schadhaftigkeit, zu berücksichtigen Ist dies der Fall, so ist der erzielbare Betrag („Recoverable Amount") zu ermitteln und ein Niederstwerttest („Impairment Test") vorzunehmen. Dabei ist der bisherige Buchwert („Carrying Amount") mit dem erzielbaren Betrag („Recoverable Amount") zu vergleichen. Der erzielbare Betrag ist der jeweils höhere der beiden Werte Nutzungswert („Value in Use") oder Fair Value minus Verkaufskosten. Letzterer kann seine Konkretisierung häufig durch den Nettoveräußerungswert („Net Realisable Value") des Vermögenswerts erfahren[1].

Buchwert („Carrying Amount")	*Impairment Test* (IAS 36.8) ⇔ Vergleich ⇨	erzielbarer Betrag („Recoverable Amount")	
		ist der höhere Betrag aus (IAS 36.6): ↙ ↘	
		beizulegender Zeitwert („Fair Value") minus Verkaufskosten	*Nutzungswert* („Value in Use")

Ergibt sich dabei, dass der erzielbare Betrag eines Vermögenswerts unter dessen Buchwert („Carrying Amount") liegt, so ist eine außerplanmäßige Abschreibung auf den erzielbaren Betrag vorzunehmen. Der Abwertungsverlust („Impairment Loss") ist als Aufwand zu erfassen, es sei denn, der entsprechende Vermögenswert wird nach dem Neubewertungsmodell[2] bewertet. Im Anschluss an die Erfassung des Wertminderungsaufwands hat eine Anpassung der (planmäßigen) Abschreibung an die neue Abschreibungsbasis zu erfolgen

---
[1] Näheres zum „Recoverable Amount" siehe Kapitel B.II.4.e)(4).
[2] Vgl. Abschnitt C.VI.1.a).

(IAS 36.63). Abschreibungswahlrechte wie im deutschen Handelsrecht kennt das IFRS-Regelwerk in diesem Zusammenhang nicht.

Zu (3): Wertaufholung
Gemäß IAS 36.110 muss nach einer außerplanmäßigen Abschreibung jährlich überprüft werden, ob es Indizien gibt, dass die frühere außerplanmäßige Wertminderung sich vermindert hat oder gar nicht mehr besteht. Gibt es solche Anzeichen, so ist der erzielbare Betrag des Vermögenswertes am Bilanzstichtag zu schätzen. Liegt nun der erzielbare Betrag über dem Buchwert, dann hat gemäß IAS 36.114-119 eine als Ertrag ergebniswirksame Wertaufholung auf den erzielbaren Betrag zu erfolgen. Dabei bilden die fortgeführten Anschaffungs- bzw. Herstellungskosten die Obergrenze. Für einen Geschäfts- oder Firmenwert gilt ein Zuschreibungsverbot (IAS 38.124f.), da die Gefahr sehr groß ist, dass es sich nicht um eine Werterhöhung eines früher entgeltlich erworbenen Geschäfts- oder Firmenwerts handelt, sondern um den Aufbau eines neuen originären Geschäfts- oder Firmenwerts.

Zu (4): **Neubewertungsmodell**[1]
Das Unternehmen kann für die Folgebewertung aber auch das Neubewertungsmodell wählen, nach dem der Vermögenswert mit seinem Neubewertungsbetrag („Revalued Amount") anzusetzen ist (IAS 16.29 u. 31; IAS 38.72 u. 75). Der jeweilige Neubewertungsbetrag entspricht im Neubewertungszeitpunkt dem beizulegenden Zeitwert („Fair Value")[2], an späteren Zeitpunkten dem um die nachfolgenden kumulierten planmäßigen Abschreibungsbeträge und kumulierten Wertminderungsaufwendungen geminderten beizulegenden Zeitwert. Der beizulegende Zeitwert entspricht i.d.R. dem (geschätzten) Marktwert oder – wenn ein solcher nicht ermittelbar ist – den Wiederbeschaffungskosten. Da beide Werte höher sein können als die historischen Anschaffungs- oder Herstellungskosten stellt diese Regelung die gravierendste Abweichung des IFRS-Regelwerks vom deutschen Handelsrecht mit dem dort verankerten Anschaffungskostenprinzip dar. Die planmäßigen Abschreibungen sind nach einer Neubewertung auf der Basis des beizulegenden Zeitwertes zu bemessen[3].

Mit dem Neubewertungsmodell soll verhindert werden, dass stille Reserven im Anlagevermögen entstehen. Dies entspricht eher dem Ziel der „Fair Presentation" als die Fortführung der Anschaffungs- oder Herstellungskosten beim Anschaffungskostenmodell. Die Aufwertung im Zeitpunkt der Neubewertung beeinflusst allerdings das Jahresergebnis i.d.R. nicht. Problematisch ist dennoch, dass der beizulegende Zeitwert („Fair Value"), der eine marktorientierte Größe darstellt, nicht durch eine tatsächliche Veräußerung realisiert ist und somit Risiken für die Realisierung des bereits angesetzten Wertes bei einem späteren tatsächlichen Verkauf bestehen. Der Verzicht auf eine Ausschüttung der Neubewertungsrücklage (freiwillige Ausschüttungssperre)[4] könnte jedoch verhindern, dass durch Ausschüttung der offen gelegten stillen Reserven, soweit sie nicht als „realisiert" gelten, die Unternehmenssubstanz verringert wird.

Eine Neubewertung muss sich immer auf eine gesamte Gruppe von Sachanlagen (z.B. alle Maschinen und technischen Anlagen, alle Kraftfahrzeuge, die gesamte Geschäftsausstat-

---

[1] Latente Steuern werden hier vernachlässigt. Zur Berücksichtigung von latenten Steuern beim Neubewertungsmodell siehe Kapitel B.VII.2.
[2] Näheres zum „Fair Value" siehe Kapitel B.II.4.f)(3).
[3] Zur Technik der Abschreibungen in der Folge einer Neubewertung siehe Kapitel B.IV.2.a)(10).
[4] Grundsätzlich ist die Ausschüttungsbemessung kein erklärter Zweck für den Jahresabschluss nach IFRS.

tung) oder eine Gruppe gleichartiger immaterieller Vermögenswerte beziehen, die Neubewertung einzelner Sachanlagegüter und einzelner immaterieller Vermögenswerte ist nicht gestattet. Diese gruppenweise durchzuführende Neubewertung soll gewährleisten, dass alle Sachanlagegüter einer Kategorie der Neubewertung unterzogen werden und nicht z.B. nur jene, die im Wert gestiegen sind (IAS 16.36-38; IAS 38.72f.).

Gemäß IAS 16.31 ist die Neubewertung erneut durchzuführen, wenn beizulegender Zeitwert und Buchwert eines Vermögenswerts, der nach der Neubewertungsmethode bewertet wird, wiederum wesentlich voneinander abweichen. Bei nur geringen Zeitwertänderungen gilt es für das Sachanlagevermögen als ausreichend, wenn die Neubewertung alle drei bis fünf Jahre durchgeführt wird (IAS 16.34).

- *Erstmalige Neubewertung*

Ist bei der erstmaligen Neubewertung der beizulegende Zeitwert („Fair Value") geringer als die fortgeführten Anschaffungs- bzw. Herstellungskosten (Buchwert), so muss eine Wertminderung des Vermögenswerts gemäß IAS 16.40 und IAS 38.86 erfolgswirksam auf den niedrigeren beizulegenden Zeitwert vorgenommen werden. Ist der beizulegende Zeitwert jedoch höher als der Buchwert, so muss gemäß IAS 16.39 und IAS 38.85 eine Werterhöhung auf den beizulegenden Zeitwert erfolgen. Der Werterhöhungsbetrag[1] ist außerhalb des Gewinns oder Verlusts *erfolgsneutral im „Sonstigen Ergebnis"* zu erfassen und in eine *Neubewertungsrücklage* (die innerhalb des Eigenkapitals ausgewiesen wird) kumulativ einzustellen. Deren Entwicklung ist in der Eigenkapitalveränderungsrechnung nach IAS 1.106 darzustellen[2]. Das sonstige Ergebnis umfasst Ertrags- und Aufwandspositionen, die nicht im Gewinn oder Verlust erfasst werden dürfen oder müssen (IAS 1.7), also erfolgsneutral sind.[3] Die *Gesamtergebnisrechnung* beinhaltet gemäß IAS 1.82 sämtliche Eigenkapitalveränderungen, also sowohl den Gewinn/Verlust als auch den erfolgsneutralen „Sonstigen Gewinn/Verlust".[4]

Die Werterhöhung einer Maschine z.B. in Höhe von 10.000 EUR als Folge einer Neubewertung ist also am 31.12.01 zu buchen als:[5]

BS: Maschine 10.000 EUR
   an Neubewertungsrücklage 10.000 EUR.

---

[1] Die Zuschreibung wird nur zum Teil so erfasst, sie ist zum anderen Teil, der der zukünftigen Ertragssteuerbelastung entspricht, gemäß IAS 12.61A f. unter den latenten Steuern auszuweisen; siehe Kapitel B.VII.2.

[2] Vgl. Kapitel B.VIII.3.

[3] In diesem Lehrbuch wird bewusst vermieden, die <u>erfolgsneutralen</u> Veränderungen der Neubewertungsrücklage als Erträge oder Aufwendungen zu bezeichnen (auch wenn es die nach IFRS richtige Terminologie wäre), um die Gefahr einer fälschlichen Interpretation als erfolgswirksame Ergebnisbestandteile möglichst auszuschließen.

[4] Vgl. Kapitel C.I.4.

[5] Streng genommen müsste wie folgt gebucht werden:
BS: Maschine 10.000 EUR
   an Sonstiges Ergebnis (erfolgsneutral) 10.000 EUR.

Am 1.1.02 ist das erfolgsneutrale „Sonstige Ergebnis" der Neubewertungsrücklage zuzuführen und dort Jahr für Jahr zu kumulieren:
BS: Sonstiges Ergebnis (erfolgsneutral) 10.000 EUR
   an Neubewertungsrücklage 10.000 EUR.

Diese Buchung über das Sonstige Ergebnis ist etwas umständlich und mag zu der Fehlinterpretation verleiten, dass doch der „echte" Jahresgewinn erhöht wird. Daher wird im Folgenden die Werterhöhung immer direkt erfolgsneutral gegen die Neubewertungsrücklage gebucht und nur verbal auf den Ausweis im „Sonstigen Ergebnis" hingewiesen.

Im Falle der Neubewertung mit einem höheren Fair Value ergeben sich aufgrund der gestiegenen Abschreibungsbasis in den folgenden Jahren der Restnutzungsdauer höhere jährliche Abschreibungsbeträge.[1] Gemäß IAS 16.41 und IAS 38.87 gilt die Neubewertungsrücklage in den Folgejahren in Höhe des Differenzbetrages zwischen Abschreibungsbetrag auf der Basis des höheren beizulegenden Zeitwertes und Abschreibungsbetrag auf der Basis historischer Anschaffungs- bzw. Herstellungskosten als „realisiert" und ist daher insoweit aufzulösen.[2] Die Auflösung erfolgt *erfolgsneutral* über die *Gewinnrücklage*, die sich entsprechend erhöht (Umbuchung) *ohne Berührung der Gesamtergebnisrechnung*. Dieser Umbuchungsbetrag kann in einer weiten Interpretation als zur Ausschüttung freigegeben angesehen werden, obwohl dies in den IFRS explizit nicht in dieser Weise interpretiert wird und die Ausschüttungsbemessung nicht als Aufgabe des Abschlusses angesehen wird.

> Bei der erfolgsneutralen Umbuchung deutet der Wortlaut der beiden Standards ein Wahlrecht an, ist aber nicht eindeutig formuliert.[3] In IAS 12.64 wird allerdings ausdrücklich darauf hingewiesen, dass hierzu ein **Wahlrecht** besteht. Die Alternativen sind zum einen das unveränderte Stehenlassen der Neubewertungsrücklage, auch wenn der Vermögenswert bereits veräußert oder verschrottet ist, und zum anderen die Gewinn erhöhende schrittweise Auflösung in Höhe der Abschreibungsdifferenz. Letzteres würde dazu führen, dass per Saldo – dem Prinzip der Nominalkapitalerhaltung entsprechend – nur die Abschreibungen auf Basis der historischen Anschaffungs-/ Herstellungskosten aufwandswirksam wären. Nach der h.M in der Literatur[4] ist diese Alternative durch IAS 16.41 nicht gestattet. Ein Wahlrecht besteht somit nur zwischen dem Stehenlassen der Neubewertungsrücklage und ihrer sukzessiven erfolgsneutralen Umbuchung in die Gewinnrücklagen. Im Folgenden soll wegen ihrer Besonderheit hier nur die Umbuchung weiter behandelt werden, zumal diese m.E. die einzig sachgerechte Lösung darstellt.[5] Die Umbuchung hat den – offenbar erwünschten – Effekt, dass die Gewinnrücklage grundsätzlich dieselbe Höhe aufweist wie bei Wahl des Anschaffungskostenmodells, sofern das Unternehmen in diesem Falle den um die Abschreibungsdifferenz höheren Gewinn voll thesauriert.

Bei der Rücklagenumbuchung muss streng die Reihenfolge eingehalten werden, da sich sonst falsche Werte ergeben: Zuerst erfolgt die angepasste planmäßige Abschreibung, dann die Rücklagenumbuchung und schließlich die erneute Neubewertung! Eine Rückumbuchung der Neubewertungsrücklage in die Gewinnrücklage in Höhe einer eventuellen negativen Differenz zwischen der Abschreibung auf Basis eines niedrigeren Fair Value und derjenigen auf Basis der höheren historischen Anschaffungskosten ist nicht durch IAS 16.41 gedeckt und entbehrt m.E. auch jeder Logik. Beim Verkauf oder bei Stilllegung des Vermögenswerts kann die Neubewertungsrücklage unverändert stehengelassen oder in vollem Umfang erfolgsneutral in die Gewinnrücklagen umgebucht werden (IAS 16.41; IAS 38.87; IAS 12.64). Wie bereits gesagt, soll im Folgenden nur die überzeugendere zweite Möglichkeit Beachtung finden. Durch die Umbuchung wird erreicht, dass beim Neubewertungsmodell insgesamt derselbe Betrag (= Veräußerungsgewinn plus Stand der Neubewertungsrücklage) der Gewinnrücklage zugeführt wie beim Anschaffungskostenmodell (= Veräußerungsgewinn), wenn jeweils Gewinnthesaurierung angenommen wird.

---

[1] Genaueres zu Abschreibungen im Rahmen der Neubewertungsmethode siehe Kapitel B.IV.2.a)(10).
[2] M.E. kann man eher von einer Verringerung des unrealisierten Eigenkapitals sprechen, die dadurch entsteht, dass die planmäßigen Abschreibungen auf Basis des höheren Fair Value diejenigen auf Basis der historischen AK übersteigen.
[3] Es könnte auch gemeint sein, dass eine „Realisierung" der Neubewertungsrücklage nicht zwangsläufig ist, sondern erfolgen *kann*, falls der Fair Value die fortgeführten Anschaffungskosten übersteigt oder der Vermögenswert aus dem Betriebsvermögen ausscheidet.
[4] Vgl. Mujkanovic, R.: Fair Value im Financial Statement nach International Accounting Standards, Stuttgart 2002, S. 145.
[5] Siehe ein ausführliches Beispiel zu den Folgeabschreibungen in Kapitel B.IV.2.a)(10).

- **_Neubewertung in den Folgejahren_**
Ist in den Folgejahren bei einer erneuten Neubewertung der Buchwert des neubewerteten Vermögenswerts größer als der beizulegende Zeitwert, so ist gemäß IAS 16.40 und IAS 38.86 eine Wertminderung erforderlich. Diese Wertberichtigung wirkt sich allerdings insoweit ergebnisneutral aus, als noch eine Neubewertungsrücklage existiert, die zunächst rückgängig zu machen ist. Ein eventuell überschießender Restbetrag der Wertminderung ist als Gewinn mindernder Aufwand zu erfassen.

Übersteigt in einem Folgejahr der Fair Value den Buchwert des neubewerteten Vermögenswerts, so muss der Aufwertungsbetrag gemäß IAS 16.39 und IAS 38.85 erfolgswirksam als Ertrag verbucht werden, insoweit als dadurch ein im Rahmen einer früheren Neubewertung gebuchter erfolgswirksamer Abschreibungsaufwand rückgängig gemacht wird. Der darüber hinausgehende Aufwertungsbetrag ist erfolgsneutral im „Sonstigen Ergebnis" zu erfassen und im Eigenkapital unter der Position „Neubewertungsrücklage" zu kumulieren.

Zu (5): (Außerplanmäßige) Wertminderung und Neubewertungsmodell
Eine (außerplanmäßige) Wertminderung liegt immer dann vor, wenn der Buchwert eines Vermögenswerts den erzielbaren Betrag übersteigt. Die Verringerung des Buchwerts auf seinen erzielbaren Betrag muss Periodengewinn mindernd erfasst werden. Im Rahmen des Neubewertungsmodells ist die Wertminderung jedoch wie eine Verringerung des Fair Value zum Neubewertungszeitpunkt zu behandeln (IAS 36.60).

Zu (6): Wertaufholung und Neubewertungsmethode
Gemäß IAS 36.110 muss nach einer Wertminderung jährlich am Bilanzstichtag geprüft werden, ob es Indizien gibt, dass die in früheren Jahren erfasste Wertminderung sich verringert hat oder gar nicht mehr besteht. Ist dies der Fall, so muss der erzielbare Betrag („Recoverable Amount") geschätzt werden. Liegt dieser über dem Buchwert des Vermögenswerts, so ist eine Wertaufholung auf den erzielbaren Betrag verpflichtend (36.114). Bei neubewerteten Vermögenswerten wird eine solche Wertaufholung wie die Aufwertung eines Vermögensgegenstands im Rahmen der Neubewertung behandelt (IAS 36.119). Somit wirkt eine Wertaufholung (Zuschreibung) nur insoweit Gewinn erhöhend, als sie einem erfolgswirksamen Abwertungsaufwand bei diesem Vermögenswert in früheren Jahren entspricht. Darüber hinaus wird die Wertaufholung erfolgsneutral im „Sonstigen Gewinn" mit einer entsprechenden Erhöhung der Neubewertungsrücklage für diesen Vermögenswert erfasst (IAS 36.120). Im Rahmen des Neubewertungsmodells hat eine Wertaufholung bis zum erzielbaren Betrag und - da eine Wertaufholung mit einer Neubewertung gleichgesetzt wird - bis zum beizulegenden Zeitwert (Fair Value") zu erfolgen, also ohne Begrenzung durch die fortgeführten Anschaffung- oder Herstellungskosten.

Die Neubewertungsmethode im Überblick[1]:

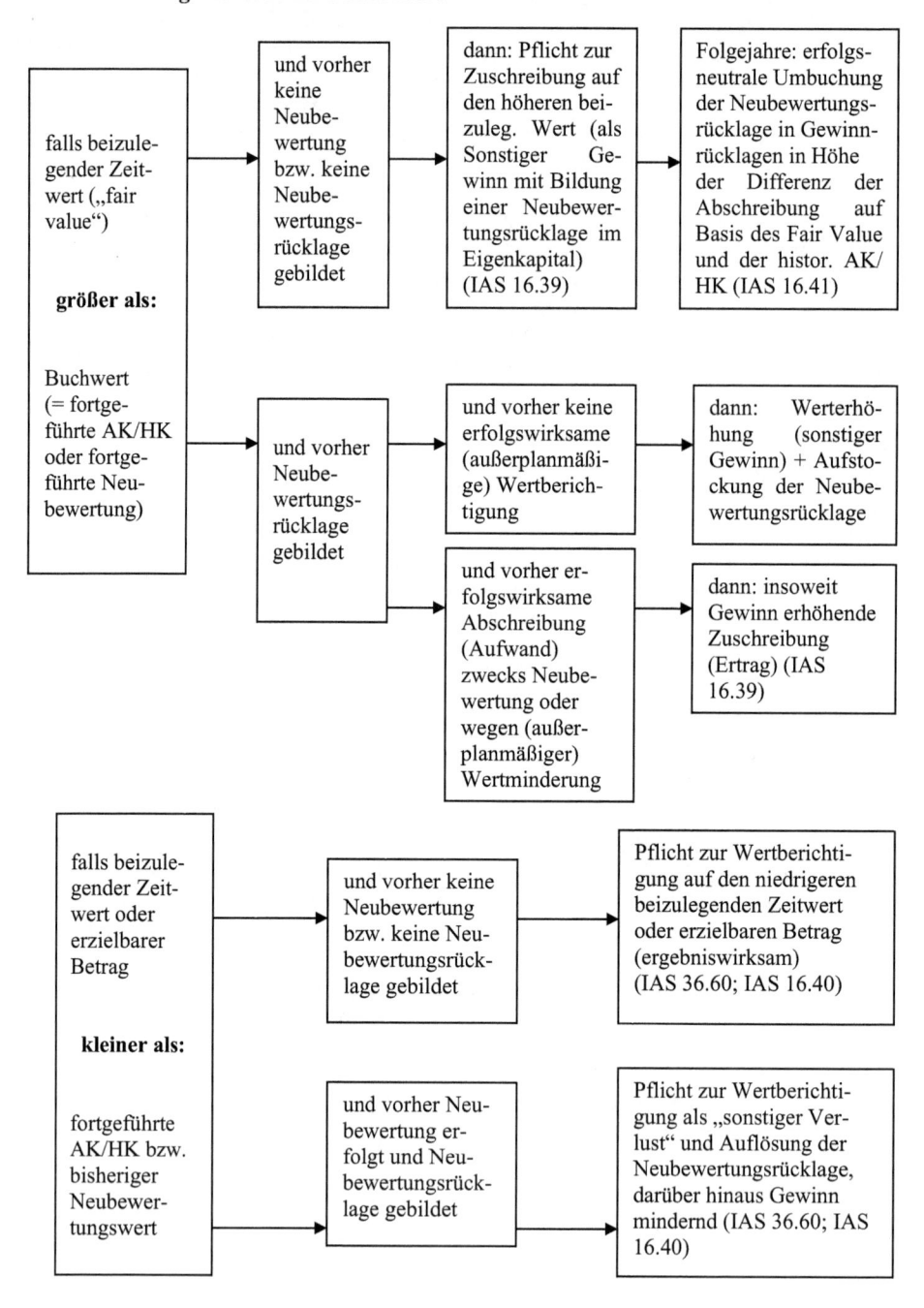

falls beizulegender Zeitwert („fair value")	und vorher keine Neubewertung bzw. keine Neubewertungsrücklage gebildet	dann: Pflicht zur Zuschreibung auf den höheren beizuleg. Wert (als Sonstiger Gewinn mit Bildung einer Neubewertungsrücklage im Eigenkapital) (IAS 16.39)	Folgejahre: erfolgsneutrale Umbuchung der Neubewertungsrücklage in Gewinnrücklagen in Höhe der Differenz der Abschreibung auf Basis des Fair Value und der histor. AK/HK (IAS 16.41)
größer als: Buchwert (= fortgeführte AK/HK oder fortgeführte Neubewertung)	und vorher Neubewertungsrücklage gebildet	und vorher keine erfolgswirksame (außerplanmäßige) Wertberichtigung	dann: Werterhöhung (sonstiger Gewinn) + Aufstockung der Neubewertungsrücklage
		und vorher erfolgswirksame Abschreibung (Aufwand) zwecks Neubewertung oder wegen (außerplanmäßiger) Wertminderung	dann: insoweit Gewinn erhöhende Zuschreibung (Ertrag) (IAS 16.39)
falls beizulegender Zeitwert oder erzielbarer Betrag	und vorher keine Neubewertung bzw. keine Neubewertungsrücklage gebildet	Pflicht zur Wertberichtigung auf den niedrigeren beizulegenden Zeitwert oder erzielbaren Betrag (ergebniswirksam) (IAS 36.60; IAS 16.40)	
kleiner als: fortgeführte AK/HK bzw. bisheriger Neubewertungswert	und vorher Neubewertung erfolgt und Neubewertungsrücklage gebildet	Pflicht zur Wertberichtigung als „sonstiger Verlust" und Auflösung der Neubewertungsrücklage, darüber hinaus Gewinn mindernd (IAS 36.60; IAS 16.40)	

---

[1] Latente Steuern werden hier vernachlässigt. Zur Berücksichtigung von latenten Steuern bei der Neubewertungsmethode siehe Kapitel B.VII.2.

Beispielaufgabe:

Die LowTech International GmbH bewertet ihre bebauten und unbebauten Grundstücke nach der alternativ zulässigen Neubewertungsmethode. Der Einfachheit halber soll hier nur ein unbebautes Grundstück betrachtet werden.

Das unbebaute Grundstück in Rastede wird am 18.7.01 zu Anschaffungskosten in Höhe von 400.000 EUR erworben. Es soll als Lagerplatz für Container genutzt und später mit einem Bürogebäude bebaut werden. Der durch einen Gutachter ermittelte Marktwert des Grundstücks zum 31.12.01 beträgt 420.000 EUR. Eine Neubewertung der Grundstücke hat jährlich zu erfolgen, da generell die Grundstückspreise in Rastede sehr flexibel auf Änderungen der Marktverhältnisse reagieren. Zum 31.12.02 beträgt der Marktwert laut Gutachten nur noch 360.000 EUR, da die Nachfrage nach Grundstücken sich konjunkturbedingt abgeschwächt hat. Im Jahre 03 zieht die Konjunktur wieder an und wegen eines neuen Bürgermeisters entwickelt sich speziell die Gemeinde Rastede wirtschaftlich in atemberaubendem Tempo. Entsprechend ermittelt der Gutachter zum 31.12.03 einen Grundstücksmarktwert von 800.000 EUR. Zum 31.12.04 beträgt der erzielbare Betrag (= Fair Value = Nettoveräußerungswert) des Grundstücks allerdings nur noch 280.000 EUR, da inzwischen in der Nachbarschaft eine Mülldeponie errichtet wurde. Da im Laufe des Folgejahres die zahlreichen Klagen gegen die Errichtung der Mülldeponie in einem Wohngebiet Erfolg zeitigen, beschließt die Gemeinde die Mülldeponie an diesem Ort wieder zu schließen. Der Wert des Grundstücks im Sinne des erzielbaren Betrags wird zum 31.12.05 mit 660.000 EUR festgestellt.

Wie ist das unbebaute Grundstück in den Bilanzen der Jahre 01 bis 05 zu bewerten, welchen Wert hat jeweils die Neubewertungsrücklage und welche Erfolgsauswirkungen haben die einzelnen Umbewertungen? Geben Sie auch alle Buchungssätze an.

Lösung:

Stichtag	Grund-stückswert (in EUR)	Neubewer-tungsrücklage (in EUR)	Neubewer-tungsertrag (in EUR)	Neubewer-tungsaufwand (in EUR)	Regelung
18.7.01	400.000	---	---	---	IAS 16.16
31.12.01	420.000	20.000	---	---	IAS 16.31 u. 39
31.12.02	360.000	0	---	40.000	IAS 16.40
31.12.03	800.000	400.000	40.000	---	IAS 16.39
31.12.04	280.000	0	---	120.000	IAS 36.61 u. IAS 16.40
31.12.05	660.000	260.000	120.000	---	IAS 36.120 u. IAS 16.39

Handelt es sich an den Stichtagen 31.12.01 bis 31.12.03 um veränderte beizulegende Zeitwerte („Fair Value"), so ist der Wert des Grundstücks zum 31.12.04 durch außergewöhnliche Gründe reduziert worden. IAS 36 behandelt solche (außerplanmäßigen) Wertminderungen von Vermögenswerten, die gegeben sind, wenn der erzielbare Betrag („Recoverable Amount") den bisherigen Buchwert unterschreitet und eine außerplanmäßige Abschreibung erfordert. Im Rahmen des Neubewertungsmodells ist dieser Fall gemäß IAS 36.60f. wie eine „Neubewertungsabnahme", also wie die Verminderung des Fair Value, zu behandeln. Die anschließende Wertaufholung aufgrund eines wieder angestiegenen erzielbaren Betrags ist verpflichtend und im Rahmen der Neubewertungsmethode wie eine Neubewertung zu einem gestiegenen beizulegenden Zeitwert zu behandeln (IAS 36.119f.).

Erhöhungen und Herabsetzungen der Neubewertungsrücklage sind in der Gesamtergebnisrechnung als „Sonstiger Gewinn/Verlust" auszuweisen. Dieser bezeichnet den erfolgsneutralen Teil des Gesamtergebnisses. Die Buchungssätze lauten chronologisch:

(1) Grund und Boden   400.000 EUR
     an Bank   400.000 EUR.

(2)	Grund und Boden	20.000 EUR	
	an Neubewertungsrücklage		20.000 EUR.
(3)	Neubewertungsrücklage	20.000 EUR	
	und außerplanmäßige Abschreibung (Aufwand)	40.000 EUR	
	an Grund und Boden		60.000 EUR.
(4)	Grund und Boden	440.000 EUR	
	an Zuschreibungserträge		40.000 EUR
	Neubewertungsrücklage		400.000 EUR.
(5)	Neubewertungsrücklage	400.000 EUR	
	und außerplanmäßige Abschreibung (Aufwand)	120.000 EUR	
	an Grund und Boden		520.000 EUR.
(6)	Grund und Boden	380.000 EUR	
	an Zuschreibungserträge		120.000 EUR
	Neubewertungsrücklage		260.000 EUR.

Die Technik der Neubewertungsmethode in IFRS-Abschlüssen kann auch auf folgende Weise – allerdings ohne Berücksichtigung von planmäßigen Abschreibungen – veranschaulicht werden[1]:

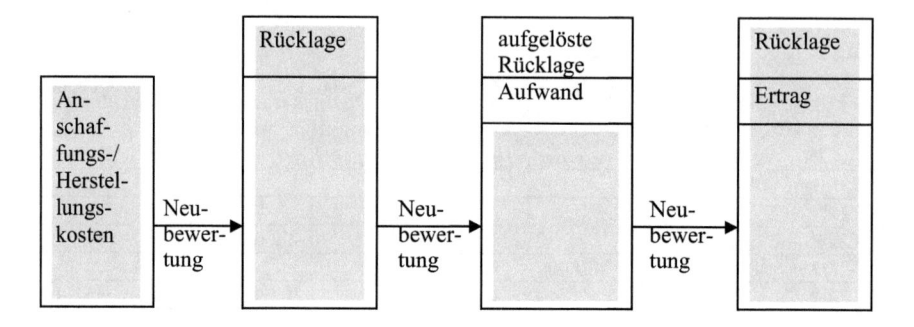

[Schaubild: Anschaffungs-/Herstellungskosten → Neubewertung → Rücklage; → Neubewertung → aufgelöste Rücklage / Aufwand; → Neubewertung → Rücklage / Ertrag]

Beispielaufgabe: [2]
Die LowTech International erwirbt am 10.1.01 eine Nähmaschine zu Anschaffungskosten von 100 TEUR. Die Nutzungsdauer wird auf 10 Jahre geschätzt, die lineare Abschreibung spiegelt den Wertminderungsverlauf am besten wider, eine getrennte Abschreibung einzelner Komponenten ist nicht erforderlich. Auf diese Nähmaschine soll – wie auch auf den übrigen Maschinenpark – die Neubewertungsmethode angewandt werden. Der Fair Value ist als Marktpreis zu bestimmen. Da die Preise solcher Maschinen stark schwanken, ist eine jährliche Neubewertung erforderlich. Der Fair Value der Nähmaschine möge folgende Wertentwicklung aufweisen, wobei der jeweilige Wert ein Marktpreis für eine Nähmaschine gleichen Alters ist:

---

[1] Quelle: Steiner, M.: IAS 25, Tz.59, in: Baetge u.a. (Hrsg.): Rechnungslegung nach International Accounting Standards (IAS), Stuttgart 1997.
[2] Genaueres zu Abschreibungen im Rahmen der Neubewertungsmethode, insbesondere zur Berücksichtigung eines Maschinenneuwerts als Fair Value, siehe Kapitel B.IV.2.a)(10). Die Berücksichtigung latenter Steuern im Rahmen der Neubewertungsmethode erfolgt in Kapitel B.VII.2.

(in TEUR)	31.12.01		31.12.02
Fall 1:	126	Fall 1.1	70
		Fall 1.2	130
Fall 2:	81	Fall 2.1	64
		Fall 2.2	105

Lösung:

Fall 1:

I. Zugangsbewertung am 10.1.01: Anschaffungskosten in Höhe von 100 TEUR

II. Folgebewertung und erstmalige Neubewertung am 31.12.01
Fall 1: Fair Value = 126

Am 31.12.01 weisen die fortgeführten Anschaffungskosten eine Höhe von AK – (planmäßige) Abschreibungen = 100 – 10 = 90 TEUR auf. Dabei ist die lineare Abschreibung als AK : ND = 100 TEUR : 10 Jahre = 10 TEUR pro Jahr berechnet.

Der als Marktpreis ermittelte Fair Value beträgt am 31.12.01 126 TEUR und liegt damit über den fortgeführten Anschaffungskosten von 90 TEUR.
In diesem Fall besteht im Rahmen des Neubewertungsmodells (in der Variante des Nettoverfahrens gemäß IAS 16.35b) eine Pflicht zur Erhöhung des Buchwerts der Nähmaschine bis auf 126, also über die fortgeführten Anschaffungskosten hinaus.

BS: Sachanlagen   36 TEUR
        an Neubewertungsrücklage   36 TEUR.

Da bei dieser Buchung kein Erfolgskonto berührt wird, ist die Buchung erfolgsneutral. Die Neubewertungsrücklage ist ein Passivposten, der – wie z.B. auch die Gewinnrücklage, die nicht ausgeschüttete Gewinne beinhaltet – zum Eigenkapital gehört. Somit wird kein unrealisierter Gewinn ausgewiesen, sondern unrealisiertes Eigenkapital, das vom übrigen Eigenkapital getrennt in der Neubewertungsrücklage gesammelt wird. Allerdings ist der Erhöhungsbetrag der Neubewertungsrücklage eines Jahres als „Sonstiges Ergebnis", also im erfolgsneutralen Teil des Gesamtergebnisses, auszuweisen. Die entsprechende Buchung wird hier vernachlässigt (s. weiter oben).

Bilanz der LowTech International zum 31.12.01	
Aktiva	Gezeichnetes Kapital
	Kapitalrücklage
	Gewinnrücklage
	Neubewertungsrücklage 36

Die (planmäßigen) Abschreibungen des Folgejahrs sind an die Neubewertung anzupassen, indem der Fair Value von 126 TEUR gleichmäßig über die Restnutzungsdauer von 9 Jahren verteilt wird: 126 TEUR : 9 Jahre = 14 TEUR.

BS: (Planmäßige) Abschreibungen auf Sachanlagen   14 TEUR
        an Sachanlagevermögen   14 TEUR.

Diese Buchung vermindert den Gewinn des Jahres 02 um 14 TEUR und führt zu einem fortgeführten Fair Value der Nähmaschine per 31.12.02 in Höhe von 126 TEUR – 14 TEUR = 112 TEUR. In Höhe der Differenz zur planmäßigen Abschreibung, die sich auf Basis der historischen Anschaffungskosten ergeben hätte, ist die Neubewertungsrücklage in die Gewinnrücklage erfolgsneutral umzubuchen.

Abschreibungsdifferenz = 14 TEUR – 10 TEUR = 4 TEUR.

In Höhe der Abschreibungsdifferenz wird das unrealisierte Eigenkapital, das sich in der Neubewertungsrücklage befindet, als realisiert angesehen und wird deshalb umgebucht. Die „Realisierung" ergibt sich dadurch, dass das überhöht (= unrealisiert) ausgewiesene Eigenkapital wieder schrittweise dadurch zurückgeführt wird, dass der Gewinn durch die um 4 TEUR überhöhte Abschreibungen entsprechend geringer ausgewiesen wird als beim Anschaffungskostenmodell. Die folgende Buchung ist erfolgsneutral und wird im Gegensatz zur obigen (erfolgsneutralen) Werterhöhungsbuchung nicht als „Sonstiges Ergebnis" in der Gesamtergebnisrechnung ausgewiesen.

BS: Neubewertungsrücklage 4 TEUR
an Gewinnrücklage 4 TEUR.

Damit hat die Gewinnrücklage dieselbe Höhe wie im Falle der Wahl des Anschaffungskostenmodells, wenn vorausgesetzt wird, dass der sich dort aufgrund der um 4 TEUR niedrigeren Abschreibung ergebende Mehrgewinn thesauriert wird. Die Interpretation, dass damit 4 TEUR zur Ausschüttung freigegeben werden, die übrige Neubewertungsrücklage aber faktisch (=freiwillig) für Ausschüttungen gesperrt ist, ist zwar m. E. sachgerecht. Sie kann aber nicht intendiert sein, da das IFRS-Regelwerk die Ausschüttungsbemessung als Jahresabschlusszweck nicht kennt. Auf jeden Fall wird auf diese Weise die *Neubewertungsrücklage* bis zum Ende der Restnutzungsdauer der Nähmaschine schrittweise *in die Gewinnrücklage überführt*, wenn sich im Verlauf keine weitere Änderung des Fair Value ergeben würde. Die unrealisierte Wertsteigerung ist dann am Ende der Nutzungsdauer aufgrund der auf Fair Value-Basis höheren Abschreibung vollständig abgeschrieben und in diesem Sinne „realisiert".

Bilanz der LowTech International zum 31.12.02	
Aktiva	Gezeichnetes Kapital
	Kapitalrücklage
	Gewinnrücklage 4
	Neubewertungsrücklage 32

Würde die Nähmaschine am 30.12.02 zum einem Verkaufspreis von 120 TEUR *veräußert*, so ergäbe sich nach dem Neubewertungsmodell ein Veräußerungsgewinn i.H.v. 120 TEUR – 112 TEUR = 8 TEUR. Im Falle des Anschaffungskostenmodells hätte der Veräußerungsgewinn 120 TEUR – 80 TEUR = 40 TEUR betragen. Die Differenz zwischen den alternativen Buchwerten der Nähmaschine (112 – 80 = 32 TEUR) und folglich auch zwischen den Veräußerungsgewinnen (40 – 8 = 32 TEUR) entspricht genau der Höhe der Neubewertungsrücklage. Diese wird beim Ausscheiden der Maschine aus dem Betriebsvermögen in voller Höhe aufgelöst und erfolgsneutral in die Gewinnrücklage umgebucht. Dadurch wird erreicht, dass beim Neubewertungsmodell insgesamt derselbe Betrag (Veräußerungsgewinn = 8 und Stand der Neubewertungsrücklage = 32) der Gewinnrücklage zugeführt wie beim Anschaffungskostenmodell (Veräußerungsgewinn = 40), wenn jeweils Gewinnthesaurierung angenommen wird.

III. Erneute Neubewertung im Folgejahr am 31.12.02 (Fortsetzung von Fall 1)	
Fall 1.1: Fair Value = 70	Fall 1.2: Fair Value = 130

Fall 1.1:
Der als Marktpreis ermittelte Fair Value beträgt am 31.12.02 70 TEUR und liegt damit unter dem fortgeführten Fair Value von 112 TEUR zu demselben Zeitpunkt.
In diesem Fall besteht im Rahmen des Neubewertungsmodells die Pflicht, den Buchwert der Nähmaschine auf 70 TEUR zu vermindern. Da bei der Anpassung des Buchwerts auf den höhe-

ren Fair Value im Vorjahr erfolgsneutral eine Neubewertungsrücklage gebildet wurde, ist diese nun wieder erfolgsneutral aufzulösen. Da die Verminderung des Fair Value jedoch die Höhe der Neubewertungsrücklage übersteigt, ist die Differenz als Neubewertungsaufwand erfolgswirksam zu erfassen.

BS:	Neubewertungsrücklage	32 TEUR	
	an Sachanlagen		32 TEUR.
BS:	Neubewertungsaufwand (erfolgswirksam)	10 TEUR	
	an Sachanlagevermögen		10 TEUR.

Fall 1.2.:
Der als Marktpreis ermittelte Fair Value beträgt am 31.12.02 130 TEUR und liegt damit über dem fortgeführten Fair Value von 112 TEUR zu demselben Zeitpunkt.
In diesem Fall besteht im Rahmen des Neubewertungsmodells die Pflicht, den Buchwert der Nähmaschine auf den gestiegenen Fair Value aufzustocken. Dies geschieht erfolgsneutral durch Erhöhung der Neubewertungsrücklage. Der Erhöhungsbetrag wird innerhalb der Gesamtergebnisrechnung im (erfolgsneutralen) „Sonstigen Ergebnis" ausgewiesen.

BS:	Sachanlagen	18 TEUR	
	an Neubewertungsrücklage		18 TEUR.

Fall 2:

I. Zugangsbewertung am 10.1.01: Anschaffungskosten in Höhe von 100 TEUR

II. Folgebewertung und erstmalige Neubewertung am 31.12.01
Fall 2: Fair Value = 81

Am 31.12.01 weisen die fortgeführten Anschaffungskosten eine Höhe von AK – (planmäßige) Abschreibungen = 100 – 10 = 90 TEUR auf. Dabei ist die lineare Abschreibung als AK : ND = 100 TEUR : 10 Jahre = 10 TEUR pro Jahr berechnet.

Der als Marktpreis ermittelte Fair Value beträgt am 31.12.01 81 TEUR und liegt damit unter den fortgeführten Anschaffungskosten von 90 TEUR.
In diesem Fall besteht im Rahmen der Neubewertungsmethode eine Pflicht zur erfolgswirksamen Erfassung der (außerplanmäßigen) Wertminderung.

BS:	Neubewertungsaufwand (erfolgswirksam)	9 TEUR	
	an Sachanlagevermögen		9 TEUR.

Die folgenden (planmäßigen) Abschreibungen sind verpflichtend an den gesunkenen Buchwert anzupassen, indem dieser gleichmäßig auf die Restlaufzeit verteilt wird. Die Abschreibung im Jahr 02 beträgt dann 81 TEUR : 9 Jahre = 9 TEUR.

BS:	(Planmäßige) Abschreibungen auf Sachanlagen	9 TEUR	
	an Sachanlagevermögen		9 TEUR.

Diese Buchung vermindert den Gewinn des Jahres 02 um 9 TEUR und führt zu einem fortgeführten Fair Value der Nähmaschine in Höhe von 81 TEUR – 9 TEUR = 72 TEUR per 31.12.02. Eine Rückumbuchung der (negativen) Abschreibungsdifferenz von der Gewinnrücklage in die Neubewertungsrücklage ist nicht zulässig.

III. Erneute Neubewertung im Folgejahr am 31.12.02 (Fortsetzung von Fall 2)	
Fall 2.1: Fair Value = 64	Fall 2.2: Fair Value = 105

Fall 2.1:
Der als Marktpreis ermittelte Fair Value beträgt am 31.12.02 64 TEUR und liegt damit unter dem fortgeführten Fair Value von 72 TEUR zu demselben Zeitpunkt.
In diesem Fall besteht im Rahmen des Neubewertungsmodells die Pflicht, den Buchwert der Nähmaschine erfolgswirksam auf den gesunkenen Fair Value zu vermindern.

BS: Neubewertungsaufwand (erfolgswirksam)   8 TEUR
       an Sachanlagevermögen   8 TEUR.

Fall 2.2:
Der als Marktpreis ermittelte Fair Value beträgt am 31.12.02 105 TEUR und liegt damit weit über dem fortgeführten Fair Value von 72 TEUR zu demselben Zeitpunkt.
In diesem Fall besteht im Rahmen des Neubewertungsmodells die Pflicht, den Buchwert der Nähmaschine auf den aktuellen Fair Value aufzustocken. Da im Rahmen der Neubewertung im Vorjahr eine erfolgswirksame Abwertung (in Höhe von 9 TEUR) gebucht wurde, ist diese bei der Zuschreibung zunächst erfolgserhöhend wieder rückgängig zu machen. In Höhe der darüber hinausgehenden Wertsteigerung ist erfolgsneutral eine Neubewertungsrücklage zu bilden und im (erfolgsneutralen) „Sonstigen Ergebnis" im Rahmen der Gesamtergebnisrechnung auszuweisen.

BS: Sachanlagevermögen   9 TEUR
       an Neubewertungsertrag (erfolgswirksam)   9 TEUR.

BS: Sachanlagen   24 TEUR
       an Neubewertungsrücklage   24 TEUR.

Auswirkungen des Neubewertungsmodells:

Der Neubewertungsbetrag, soweit er zu einer Erhöhung der Neubewertungsrücklage führt, wird im Rahmen des Gesamtergebnisses als (erfolgsneutraler) „Sonstiger Gewinn" ausgewiesen, gehört aber nicht zum (echten) Jahresgewinn („Profit"). Aufgrund der **höheren planmäßigen Abschreibungen** auf Basis eines über den fortgeführten Anschaffungs- oder Herstellungskosten liegenden Fair Value sind die Jahresüberschüsse in den Folgejahren nach einer Neubewertung geringer als im Falle des Anschaffungskostenmodells. Wird der Gesamtgewinn („Profit") der Unternehmung von der Gründung bis zur Liquidation betrachtet, ist festzustellen, dass dieser bei Anwendung des Neubewertungsmodells ebenfalls geringer ausfällt als bei Anwendung des Anschaffungskostenmodells. Dies ist der Fall, weil die Zuschreibung auf den höheren Buchwert *erfolgsneutral* erfolgt und nur als (erfolgsneutraler) Sonstiger Gewinn im Rahmen des Gesamtergebnisses ausgewiesen wird, während die planmäßigen Abschreibungen nach dem Neubewertungszeitpunkt auf Basis der höheren Bemessungsgrundlage höher sind und *erfolgswirksam* gebucht werden. Auch ist die Summe der Abschreibungen - anders als beim Anschaffungskostenmodell - höher als die historischen Anschaffungs- oder Herstellungskosten.

Das *Eigenkapital* des Unternehmens wird in diesen Fällen bei Anwendung der Neubewertungsmethode höher ausgewiesen als ohne Neubewertung. Damit ist ceteris paribus auch die Eigenkapitalquote (= Eigenkapital:Gesamtkapital) höher, was sich positiv auf die Kreditwürdigkeit des Unternehmens auswirken kann. Allerdings ist für die Banken deutlich sichtbar ein (abnehmender) Teil des erhöhten Eigenkapitals in der Neubewertungsrücklage ausgewiesen, so dass zumindest tendenziell das höhere Risiko dieses durch Neubewertung erzeugten „unrealisierten" Eigenkapitalbestandteils bei Kreditaufnahmeverhandlungen berücksichtigt werden wird. Eine klar negative Wirkung auf Investoren und Gläubiger hat die im Vergleich zum Anschaffungskostenmodell geringere Eigen- und Gesamtkapitalrentabilität in den Folgejahren (zur Definition vgl. Kapitel A.I.4.). Insofern müssen die Unternehmen bei ihrer Entscheidung zwischen Anschaffungskostenmodell und Neubewertungsmodell die sofortige Verbesserung der Eigenkapitalquote als Vorteil und die Verschlechterung der Rentabilität in den Folgejahren als Nachteil des Neubewertungsmodells gegeneinander abwägen.

Unabhängig davon ist die Wahl des Neubewertungsmodells mit bilanzpolitischem Potenzial verbunden. Wenn der *beizulegende Zeitwert (Fair Value)* nicht als Marktpreis auf einem aktiven Markt ermittelt werden kann, ist dessen Bestimmung mit Hilfe von Bewertungsmodellen oder der Discounted Cash Flow-Methode stark ermessensbehaftet und es entstehen enorme *bilanzpolitische Gestaltungsspielräume*.[1]

Schließlich kann das Unternehmen mit Hilfe des Neubewertungsmodells Gewinne aus einer künftigen Veräußerung stark im Wert steigender Vermögenswerte aus dem Periodenerfolg der Gewinn- und Verlustrechnung heraushalten und erfolgsneutral vereinnahmen.

Die *Berücksichtigung latenter Steuern* im Neubewertungsmodell kann an dieser Stelle noch nicht behandelt werden. Dazu ist auf das Kapitel B.VII.2. „Latente Steuern nach IFRS" zu verweisen.

| Aufgabe 29: Bewertungskonzeption nach IFRS |

| Aufgabe 43: Neubewertungsmodell (ohne latente Steuern) |

b) Bewertung Zahlungsmittel generierender Einheiten nach IFRS

Nicht selten kommt es vor, dass künftige Einzahlungsüberschüsse einem einzelnen Vermögenswert, z.B. einer einzelnen Maschine, nicht isoliert zugeordnet werden können. Nur durch eine Gesamtheit von Maschinen (z.B. eine Produktionsinsel mit mehreren zusammenwirkenden Maschinen oder eine gesamte Fertigungsstraße) kann ein verkaufsfähiges Produkt hergestellt werden und nur diese Gesamtheit erzeugt demnach Zahlungsmittelzuflüsse („Cash Flows"), die unabhängig von denen anderer Vermögenswerte sind. Dies ist aber Voraussetzung dafür, den Nutzungswert und somit den erzielbaren Betrag bestimmen zu können. In einem solchen Fall hat das Unternehmen eine sog. *Zahlungsmittel generierende Einheit* („Cash-Generating Unit") zu bilden. Diese umfasst die Buchwerte sämtlicher Vermögenswerte, die dieser Gruppe in zuverlässig stetiger Weise direkt zugerechnet werden können. Sie ist definiert als kleinste identifizierbare Gruppe von Vermögenswerten, die Cash Flows erzeugen, die weitgehend unabhängig von den Cash Flows anderer Vermögenswerte sind (IAS 36.6, IAS 36.65-108). *Ermessensspielräume* bei der Abgrenzung entstehen unweigerlich durch die Formulierung „weitgehend unabhängig", die aber unabdingbar ist, wenn Zahlungsmittel generierende Einheiten nicht generell mit Gesamtbetrieben oder Geschäftsbereichen gleichgesetzt werden sollen. Bei der Bildung von Zahlungsmittel generierenden Einheiten handelt es sich aber nicht um eine Durchbrechung des

---

[1] Genaueres siehe Kapitel B. II.4.f)(3).

Grundsatzes der Einzelbewertung, denn jeder Vermögenswert innerhalb der Gruppe behält seinen eigenen Buchwert.

Beim *Werthaltigkeits-Test (Impairment-Test)* ist im Falle Zahlungsmittel generierender Einheiten wie folgt vorzugehen. Kann bei vorliegenden Indizien für eine außerplanmäßige Wertminderung für den einzelnen Vermögenswert, der zugehörige erzielbare Betrag (etwa im Sinne des Nutzungswerts) nicht geschätzt werden, so ist der erzielbare Betrag für die gesamte Zahlungsmittel generierende Einheit zu ermitteln, zu der der Vermögensgegenstand gehört (IAS 36.66). So kann z.B. der erzielbare Betrag für eine private Eisenbahn eines Bergbauunternehmens deshalb nicht bestimmt werden, weil zum einen der Schrottwert (= Nettoverkaufspreis) gravierend unter dem Nutzungswert der Eisenbahn liegt und zum anderen die Eisenbahn aus ihrer fortgesetzten Nutzung keine Mittelzuflüsse erzeugt, die weitestgehend unabhängig von den Mittelzuflüssen anderer Vermögenswerte sind. Ein Nutzungswert und somit ein erzielbarer Betrag kann in diesem Falle nur für die Zahlungsmittel generierende Einheit, also das Bergwerk als Ganzes, bestimmt werden (IAS 36.67). Liegt der erzielbare Betrag für die ZGE unter dem gesamten Buchwert der ZGE, ist eine Abwertung auf den erzielbaren Betrag (i.d.R. Nutzungswert) vorzunehmen. Der Abwertungsverlust wird den einzelnen Vermögenswerten innerhalb der ZGE entsprechend ihrem Buchwertanteil zugeordnet und erfasst.

Bilanzpolitisch nutzbare Ermessensspielräume im Zusammenhang mit der Ermittlung des Nutzungswertes ergeben sich, wie bereits im Kapitel B.II.4.f)(4) ausgeführt, bei der Prognose der künftigen Zahlungsströme und der Bestimmung des Diskontierungszinssatzes. Eine objektive Bestimmung des Zinssatzes über das Capital Asset Pricing – Modell ist nicht möglich, da im Falle von Zahlungsmittel generierenden Einheiten weder auf die Aktienkurse des jeweiligen Unternehmens noch – falls keine Börsennotierung vorliegt – auf die Börsenkurse vergleichbarer Unternehmen zurückgegriffen werden kann. Begrenzt werden die Ermessensspielräume allerdings durch die Bindung an die internen Planungsrechnungen (IAS 36.33).

Ein bei einem Unternehmenserwerb („Business") in Form eines „Asset Deals"[1] bezahlter *(derivativer) Geschäfts- oder Firmenwert*, ist seit 2004 nicht mehr planmäßig über die voraussichtlich Nutzungsdauer abzuschreiben, sondern nach dem Asset-Impairment-Only-Approach fortzuschreiben, d.h. jährlich auf eine Wertminderung zu testen. Ein solcher derivativer Geschäfts- oder Firmenwert entsteht, wenn der Gesamtkaufpreis für das übernommene Unternehmen die Summe der Fair Values der einzelnen Vermögenswerte abzüglich der Schulden übersteigt. Gemäß IAS 36.80 werden die Buchwerte der erworbenen Geschäfts- oder Firmenwerte, die selbst keine von anderen Vermögenswerten unabhängigen Cash Flows erzeugen können, denjenigen Zahlungsmittel generierenden Einheiten zugeordnet, die aus den Synergien des Zusammenschlusses Nutzen ziehen sollen. Diese Einheiten, die nicht größer sein dürfen als ein Geschäftssegment im Sinne von IFRS 8.5, haben die tiefstmögliche Ebene der internen Steuerung darzustellen, auf der die Geschäfts- und Firmenwerte in die Steuerungsentscheidung einbezogen werden. Diese Zuordnung basiert primär auf den *Einschätzungen* des steuernden Managements und führt häufig dazu, dass die durch einen Unternehmenserwerb entstandenen Geschäfts- und Firmenwerte auf einer höheren Hierarchieebene geführt werden als die im selben Zusammenhang übernommenen Vermögenswerte und Schulden.

---

[1] Beim Asset Deal werden keine Anteilsrechte an einem anderen Unternehmen erworben („Share Deal"), sondern die dem übernommenen Unternehmen gehörenden Sachen, Rechte und Verbindlichkeiten erworben. Der Kaufpreis umfasst außerdem einen Betrag für den Geschäfts- oder Firmenwert des übernommenen Unternehmens, den der Käufer in seinem Einzelabschluss (und im Konzernabschluss) als derivativen (= bezahlten) Geschäfts- oder Firmenwert ausweisen muss.

Für den mindestens jährlich durchzuführenden **Werthaltigkeitstest** einer firmenwerttragenden Zahlungsmittel generierenden Einheit (fZGE), der auch ohne Vorliegen spezieller Wertminderungsindikatoren durchgeführt werden muss, werden die Buchwerte der hierarchisch tiefer liegenden Einheiten, die die erworbenen Vermögenswerte und Schulden beinhalten, übernommen (IAS 36.97). Letztere werden allerdings vor der Einbeziehung in den Buchwert der übergeordneten Zahlungsmittel generierenden Einheit (ZGE) gemäß IAS 36.88 auf einen Wertberichtigungsbedarf geprüft und gegebenenfalls um diesen korrigiert.[1] Im Anschluss wird der ermittelte Buchwert der firmenwerttragenden Einheit dem erzielbaren Betrag für diese Einheit in Form des **Nutzungswerts** gegenüber gestellt („zweistufiger Wertminderungstest" nach IAS 36.97). Ist der Buchwert höher, so ist die für die gesamte Einheit festgestellte Wertminderung zunächst dem Geschäfts- oder Firmenwert zuzuordnen und die übrige Wertminderung anschließend nach Maßgabe der Buchwerte proportional den einzelnen Vermögenswerten. Der Buchwert eines Vermögenswerts darf jedoch nicht unter den höheren Wert von Nettoveräußerungserlös und Nutzungswert abgewertet werden (IAS 36.104). Der Impairment-Test kann ausnahmsweise unterbleiben, wenn die in IAS 36.99 genannten Bedingungen erfüllt sind, insbesondere wenn die Wahrscheinlichkeit, dass der erzielbare Betrag unter dem aktuellen Buchwert liegen würde, „äußerst gering" ist.

Eine spätere **Wertaufholung** der Zahlungsmittel generierenden Einheit (ZGE) ist nach Maßgabe der Buchwerte anteilig den einzelnen Vermögenswerten (nicht jedoch dem Geschäfts- oder Firmenwert) zuzuordnen und zuzuschreiben (IAS 36.122 u. 119). Diese Zuschreibung ist maximal möglich bis zum niedrigeren Wert von erzielbarem Betrag und fortgeführtem Buchwert ohne die frühere außerplanmäßige Abschreibung. Der zugeordnete Zuschreibungsbetrag darüber hinaus ist dann anderen Vermögenswerten der Einheit zuzuordnen (mit Ausnahme des Geschäfts- oder Firmenwerts, der ggf. der Einheit zugeordnet wurde) (IAS 36.123). Eine Wertaufholung ist beim Geschäfts- oder Firmenwert generell unzulässig (IAS 36.124).

c) Die Bewertungskonzeption für das Umlaufvermögen nach IFRS

Die Bewertung aller finanziellen Vermögenswerte des Umlaufvermögens (Wertpapiere des Umlaufvermögens; Forderungen L.u.L.) ist in IAS 39 „Finanzinstrumente" geregelt. Da dieser Standard auch für Finanzinstrumente des Anlagevermögens gilt, wird er bei den Finanzanlagen in Kapitel B.IV.1.d) behandelt. Unfertige Erzeugnisse im Rahmen von Fertigungsaufträgen und Dienstleistungsverträgen werden in IAS 11 und IAS 18 geregelt.[2]

Die Bewertungskonzeption für Vorräte enthält IAS 2 („Inventories"). Danach sind Vorräte „Vermögenswerte,
- die zum Verkauf im normalen Geschäftsgang gehalten werden,
- (b) die sich in der Herstellung für einen solchen Verkauf befinden oder
- (c) die als Roh-, Hilfs- und Betriebsstoffe dazu bestimmt sind, bei der Herstellung oder der Erbringung von Dienstleistungen verbraucht zu werden" (IAS 2.6).

Die Zugangsbewertung solcher Vorräte hat mit Anschaffungs- oder Herstellungskosten zu erfolgen. Bei der Folgebewertung sind sie mit dem niedrigeren Wert von einerseits den (historischen) Anschaffungs- oder Herstellungskosten und andererseits dem **Nettoveräuße-**

---
[1] Vgl. Wohlgemuth, Frank, a.a.O., S. 247 f.
[2] Zu langfristigen Fertigungsaufträgen vgl. Kapitel B.II.4.c)(5).

rungswert („Net Realisable Value") zu bewerten (IAS 2.9). Es muss also zwingend eine Abwertung auf einen am Bilanzstichtag niedrigeren Nettoveräußerungserlös erfolgen, um zu verhindern, dass die Vorräte zu Werten bilanziert werden, die oberhalb der erwartungsgemäß aus ihrer Veräußerung oder Nutzung zu erzielenden Beträge liegen (IAS 2.28). Der Nutzungswert („Value in Use") als weitere Ausprägung des erzielbaren Betrags („Recoverable Amount") entspricht beim absatzbestimmten Umlaufvermögen als Barwert der erwarteten zufließenden Cash Flows dem Nettoveräußerungswert, hat also hier keine eigenständige Bedeutung. Steigt der Nettoveräußerungswert wieder an, so ist eine Wertaufholung verpflichtend und als Verminderung des Materialaufwands auszuweisen (IAS 2.34). Genauso wie im deutschen Handelsrecht bilden aber die (ursprünglichen) Anschaffungs- oder Herstellungskosten die Obergrenze der Wertaufholung (IAS 2.33).

Bewertung der Vorräte zum niedrigeren Wert von: (IAS 2.9)		
Anschaffungs- oder Herstellungskosten	⇔ Vergleich ⇒	*Nettoveräußerungswert („Net Realisable Value")*

Der Nettoveräußerungswert ergibt sich als geschätzter Verkaufserlös, der im normalen Geschäftsgang erzielbar ist, abzüglich der geschätzten Kosten bis zu Fertigstellung und der geschätzten notwendigen Vertriebskosten (IAS 2.6).

geschätzter Verkaufserlös
- geschätzte Kosten bis zu Fertigstellung
- geschätzte notwendige Vertriebskosten.
= Nettoveräußerungswert

Somit ist der Vergleichswert zu den Anschaffungs- oder Herstellungskosten im Rahmen des „Impairment"-Tests streng absatzmarktbezogen. Eine Besonderheit gilt für **Roh-, Hilfs- und Betriebsstoffe**. Diese werden grundsätzlich auch bei gesunkenen Wiederbeschaffungskosten nicht unter ihre Anschaffungskosten abgewertet, wenn die Fertigerzeugnisse, in die sie eingehen, voraussichtlich zu Preisen in Höhe ihrer Herstellungskosten oder darüber verkauft werden können. Eine Abwertung erfolgt somit nur, wenn der Nettoveräußerungswert der Fertigerzeugnisse unter deren Herstellungskosten gesunken ist. Folglich ist auch für Roh-, Hilfs- und Betriebsstoffe der Vergleichswert absatzbezogen, da deren Wert retrograd aus dem Verkaufserlös des Fertigerzeugnisses abzuleiten ist. Im Ausnahmefall kann jedoch bei RHB-Stoffen eine beschaffungsmarktorientierte Wertermittlung angebracht sein. Sollten nämlich die gesunkenen Wiederbeschaffungskosten für RHB-Stoffe darauf hindeuten, dass auch die Nettoveräußerungspreise der Fertigprodukte gesunken sind und zwar unter deren Herstellungskosten, so sind die RHB-Stoffe gemäß IAS 2.32 auf die Wiederbeschaffungskosten abzuwerten, die in diesem Falle als beste Schätzung für den Nettoveräußerungswert herangezogen werden können.

Das Bewertungskonzept für Vorräte beinhaltet also eine Vorwegnahme noch nicht realisierter Verluste, wie es im deutschen Handelsrecht nach dem Imparitätsprinzip üblich ist (vgl. § 253 Abs. 4 HGB; § 252 Abs. 1 Nr. 4 HGB).

IV. Bilanzierung und Bewertung des Anlagevermögens

Lernziele: Der Leser soll

- die Inhalte der Bilanzposten des Anlagevermögens, ihre Abgrenzungen, Aussagekraft und Problematik erfassen

- die Klassifikation der Finanzanlagen und Finanzverbindlichkeiten nach dem IFRS-Regelwerk einschließlich der spezifischen Bewertungskonzeption für die spezifischen Kategorien kennen lernen

- die verschiedenen Methoden der planmäßigen Abschreibung und deren Anwendungsvoraussetzungen sowie deren Kombination mit der außerplanmäßigen Abschreibung beherrschen

- die Arten steuerlicher Abschreibungen kennenlernen

- sich mit den Grundsätzen der Bilanzierung bei Leasing vertraut machen

- die Aussagefähigkeit des Anlagespiegels beurteilen lernen.

1. Die Bilanzierung und Bewertung der einzelnen Positionen

a) Immaterielle Vermögensgegenstände

(1) Allgemeines

Immaterielle Vermögensgegenstände sind Rechte, rechtsähnliche Werte und sonstige Vorteile. Im Gegensatz zu den materiellen Gütern fehlt es den immateriellen Gegenständen an der körperlichen Gestalt (z.B. Rechte) oder die körperliche Gestalt ist nur von untergeordneter Bedeutung und der Wert wird allein durch den geistigen Gehalt bestimmt (z.B. Buchmanuskript, Patentschrift). Die Erscheinungsformen der immateriellen Vermögensgegenstände sind vielfältig. Die in der Bilanzgliederungsvorschrift für Kapitalgesellschaften (§ 266 Abs. 2 HGB) aufgeführten Gruppen von immateriellen Vermögensgegenständen des Anlagevermögens sollen im Folgenden erläutert werden.

Geleistete Anzahlungen sind solche, die im Zusammenhang mit dem Erwerb eines immateriellen Vermögensgegenstands geleistet wurden. Sie haben Forderungscharakter. Bei Übergang des immateriellen Gegenstands in das Vermögen des Unternehmens erfolgt eine entsprechende Umbuchung. Nach h.M. ist auch eine Anzahlung zu bilanzieren, wenn diese sich auf Leistungen bezieht, die selbst nicht aktivierbar sind (z.B. Anzahlung an ein Marktforschungsinstitut für eine Marktbeobachtung).

§ 248 Abs. 2 S. 1 HGB enthält ein konkretes **handelsrechtliches Ansatzwahlrecht** für selbst geschaffene immaterielle Vermögensgegenstände des Anlagevermögens. Dies gilt für alle selbst bzw. durch eigene Arbeitnehmer entwickelten und im eigenen Geschäftsbetrieb genutzten Patente (Rezepturen, Produktionsverfahren), Modelle, Muster, Software und Know How. Entgeltlich erworbene immaterielle Vermögensgegenstände des Anlagevermögens, wozu auch Erfindungen eigener Arbeitnehmer, an die eine Erfindervergütung gezahlt wurde, gehören, müssen hingegen nach dem Vollständigkeitsprinzip aktiviert werden.

Die selbst geschaffenen immateriellen Werte müssen Vermögensgegenstände sein und zum Anlagevermögen gehören, also zur dauerhaften Nutzung im Betrieb bestimmt sein. Die Regelung gilt aber auch für unfertige selbst geschaffene Werte, die möglicherweise noch nicht einzelveräußerbar sind, bei denen aber mit hoher Wahrscheinlichkeit das Entstehen eines aktivierungsfähigen Vermögensgegenstands erwartet werden kann.[1]

Begründbar ist die Verankerung eines Aktivierungswahlrechts *selbst geschaffener immaterieller Gegenstände des Anlagevermögens* anstelle einer Aktivierungspflicht mit der Schwierigkeit der Bewertung dieser immateriellen Gegenstände. Wegen des Realisationsprinzips kann es sich nur um einen Kostenwert handeln, nie um einen Wert, der Gewinnbestandteile umfasst. Die Kosten eines selbst entwickelten Patentes oder ungeschützten neuen Verfahrens ("Know-how") lassen sich jedoch betriebswirtschaftlich oftmals nur schwer und nicht ohne Willkür von Aufwendungen zur Erhöhung des allgemeinen selbst geschaffenen Geschäfts- oder Firmenwerts trennen. Besonders die Abgrenzung von *(Grundlagen-) Forschungskosten* und *Entwicklungskosten* bestimmter (immaterieller) Gegenstände ist nur selten eindeutig möglich. Aktiviert werden dürfen nur die Entwicklungskosten.[2] Eine Aktivierung von Forschungskosten ist nicht zulässig, da diese weder einem konkreten immateriellen Projekt oder Verfahren zugeordnet werden können noch von den Kosten der Schaffung eines originären Geschäfts- oder Firmenwerts abgrenzbar sind. In der Praxis besteht somit oft ein erheblicher *Ermessensspielraum* bei der Abgrenzung und Bewertung der Entwicklungskosten immaterieller Anlagegegenstände. Ist jedoch eine verlässliche Abgrenzung zwischen Forschungs- und Entwicklungsaufwendungen nicht möglich, so darf eine Aktivierung gar nicht erfolgen, sondern dann ist der Gesamtbetrag als Aufwand zu buchen (§ 255 Abs. 2a S. 4 HGB). Aber auch bei der Beurteilung dieser Frage gibt es wiederum Ermessensspielräume für die Geschäftsleitung. Auch hinsichtlich der Nutzungsdauerschätzung der selbst geschaffenen immateriellen Vermögensgegenstände des Anlagevermögens besteht große Unsicherheit, die sich bilanzpolitisch nutzen lässt. Je kürzer die Nutzungsdauer geschätzt wird, desto niedriger ist der ausgewiesene Gewinn. Mit dem BilRUG von 2016 hat der Gesetzgeber versucht, hier einen Riegel vorzuschieben. Ist die Nutzungsdauer nämlich nicht verlässlich schätzbar, so muss ein Zehnjahreszeitraum verwendet werden (§ 253 Abs. 3 S. 3 HGB). Der unbestimmte Rechtsbegriff "verlässlich", der aus dem IFRS Regelwerk übernommen wurde, eröffnet aber weiterhin Ermessensspielräume, auch wenn er im IFRS-Rahmenwerk als frei von wesentlichen Fehlern, frei von verzerrenden Einflüssen und alle wesentlichen Aspekte berücksichtigend ein wenig konkretisiert wird (CF 4.38, CF QC 12 ff. bzw. F 31).

Fazit: Insbesondere hinsichtlich der Festlegung des Zeitpunkts, in dem der Übergang von einer allgemeinen Grundlagenforschung zu einer zielgerichteten Produkt- oder Projektentwicklung erfolgt, besteht für das bilanzierende Unternehmen ein großer, kaum vom Abschlussprüfer überprüfbarer Ermessensspielraum, der bilanzpolitisch genutzt werden kann. Je mehr Personal-, Material- und Verwaltungsaufwendungen den Entwicklungskosten zugeordnet und aktiviert werden, desto höher ist der Jahresüberschuss. Dem Bilanzleser ist immerhin gemäß § 285 Nr. 22 HGB im Anhang die Information zu geben, wie hoch die Forschungs- und Entwicklungskosten des Geschäftsjahres waren und welcher Betrag davon durch Nutzung des Wahlrechts nach § 248 Abs. 2 S. 1 HGB aktiviert wurde.

---

[1] Vgl. van Hall,Georg/Kessler, Harald, Selbst geschaffene immaterielle Vermögensgegenstände des Anlagevermögens, in: Kessler, Harald/Leinen, Markus/Strickmann, Michael (Hrsg.): Handbuch BilMoG, Freiburg 2009, S. 145.

[2] Genaueres siehe Kapitel B.II.4.c)(2)(b).

Beispiel:
Angenommen, für den Fall der Nichtaktivierung der Entwicklungskosten (TEUR 150) ergäbe sich ein Jahresüberschuss von Null.

BS: Verschiedene Aufwendungen
(Personal-, Materialaufwand)   150 TEUR
an Kasse   150 TEUR.

Eine Aktivierung führt dagegen zu einem Jahresüberschuss von 150 TEUR.

BS: Verschiedene Aufwendungen
(Personal-, Materialaufwand)   150 TEUR
an Kasse   150 TEUR.

BS: Bestandskonto „Selbst geschaffene
immaterielle Vermögensgegenstände des AV"   150 TEUR
an „Andere aktivierte Eigenleistungen"   150 TEUR.

Auf diese Weise könnte von wenig florierenden Unternehmen der Gewinn in die Höhe getrieben werden, um mehr Dividenden zahlen zu können.[1] Da die Ausschüttung solcher überhöhter Aktivierungsbeträge eine für externe Bilanzleser nicht erkennbare Verringerung der Unternehmenssubstanz bedeutete und somit dem Gläubigerschutz widerspräche, hat der Gesetzgeber in § 268 Abs. 8 HGB für Kapitalgesellschaften folgende *Ausschüttungssperre* vorgesehen:

„Werden selbst geschaffene immaterielle Vermögensgegenstände des Anlagevermögens in der Bilanz ausgewiesen, so dürfen Gewinne nur ausgeschüttet werden, wenn die nach der Ausschüttung verbleibenden frei verfügbaren Rücklagen zuzüglich eines Gewinnvortrags und abzüglich eines Verlustvortrags mindestens den insgesamt angesetzten Beträgen abzüglich der hierfür gebildeten passiven latenten Steuern entsprechen" (§ 268 Abs. 8 S. 1 HGB).

Die passiven latenten Steuern, die mit diesem Posten zusammenhängen, verursachen bereits eine Verminderung des Jahresüberschusses. Der entsprechende Aufwandsbetrag stellt keine Auszahlung dar und bleibt daher im Unternehmen gebunden, sofern er über die Umsätze verdient wird.[2]

Beispiel:

Bilanz 31.12.01 (in TEUR)

Aktiva		Passiva	Fall 1	Fall 2
Selbst geschaffene immaterielle Vermögensgegenstände des AV	1.500	Gezeichnetes Kapital	3.000	3.000
		Gesetzliche Gewinnrücklagen	300	300
		Andere Gewinnrücklagen	200	200
		Gewinnvortrag	100	850
Verschiedene Aktiva	10.000	Jahresüberschuss	500	500
		Passive latente Steuern	450	450
		Verschiedene Passiva	7.400	6.650
	11.500		11.500	11.500

Erläuterungen:
Fall 1:
Es ist keine Ausschüttung möglich, da die Summe der jederzeit auflösbaren Gewinnrücklagen (200) + Gewinnvortrag (100) + Jahresüberschuss (500) = 800 beträgt und damit die Höhe des Aktivums „Selbst geschaffene immaterielle Vermögensgegenstände" (1.500) abzüglich der passiven latenten Steuern (450) unterschreitet.

---

[1] Der Anreiz zur Gewinnerhöhung, um höhere Erfolgsvergütungen an das Management zahlen zu können, kann durch eine solche Ausschüttungssperre allerdings nicht verhindert werden.
[2] Näheres zu den latenten Steuern siehe Kapitel B.VII.

Fall 2:
Gewinnrücklagen (200) + Gewinnvortrag (850) + Jahresüberschuss (500) = 1.550 überschreiten den Wert der insgesamt aktivierten selbst geschaffenen Vermögensgegenstände (1.500) abzüglich der passiven latenten Steuern (450) um 500, sodass eine Ausschüttung maximal in Höhe von 500 möglich ist.

Im Anhang wird von Kapitalgesellschaften die Angabe des mit einer Ausschüttungssperre versehenen aktivierten Betrags selbst geschaffener immaterieller Vermögensgegenstände des Anlagevermögens verlangt (§ 285 Nr. 28 HGB). Außerdem ist der Gesamtbetrag der Forschungs- und Entwicklungskosten, die im Geschäftsjahr angefallen sind, sowie der davon auf die Aktivierung selbst geschaffener immaterieller Anlagegegenstände entfallende Betrag anzugeben (§ 285 Nr. 22 HGB).

Da sie nicht verlässlich bewertbar bzw. nicht verlässlich vom originären Geschäfts- oder Firmenwert unterscheidbar sind, dürfen jedoch selbst geschaffene **Marken, Drucktitel, Verlagsrechte, Kundenlisten** u.ä. nicht aktiviert werden (§ 248 Abs. 2 HGB). Damit soll ein zu großer Ermessensspielraum bei der Bewertung und damit bei der Gewinnermittlung verhindert werden.

Marken	Marken sind rechtlich geschützte Zeichen, durch die Waren oder Dienstleistungen eines Unternehmens von denen anderer Unternehmen unterscheidbar gemacht werden. Die Zeichen können Namen, Bilder, Zahlen, Farben u.ä. sein.
Drucktitel	Das Titelblatt eines Buches, einer Zeitschrift etc. unterscheidet ein bestimmtes Druckerzeugnis von anderen und kann wie eine Marke wirken.
Verlagsrechte	Es handelt sich um ein urheberrechtliches Nutzungsrecht. Der Urheber vergibt das ausschließliche Recht, ein Werk der Literatur oder Tonkunst zu vervielfältigen und zu verbreiten i.d.R. an einen Verlag.
Kundenlisten	Listen, Karteien von Personen bzw. Unternehmen mit denen ein Unternehmen absatzseitig in geschäftlichem Kontakt steht.

Die genannten Posten sind mit dem originären Geschäfts- oder Firmenwert verwandt (*„geschäftswertähnlich"*) und oft gar nicht von diesem zu trennen. Eine Abgrenzung der zugehörigen Ausgaben ist somit genauso wenig möglich wie die Ermittlung eines verlässlichen Wertes, Einzelveräußerbarkeit ist oft nicht gegeben. Somit liegen keine Vermögensgegenstände vor. Die Vorschrift des § 248 Abs. 2 S. 2 HGB verbietet aber auch die Aktivierung vergleichbarer immaterieller Vermögensgegenstände des Anlagevermögens. Hierbei könnte es sich beispielsweise um eine einzeln veräußerbare Produktmarke handeln. Der Gesetzgeber hat auch in diesem Falle ein Aktivierungsverbot ausgesprochen, um Abgrenzungsprobleme und die damit verbundenen bilanzpolitisch ausnutzbaren Ermessensspielräume nicht aufkommen zu lassen.

In der *Steuerbilanz* dürfen immaterielle Wirtschaftsgüter des Anlagevermögens, die **nicht entgeltlich erworben** worden sind, wegen der Manipulierbarkeit des Wertes und damit des steuerpflichtigen Gewinns gemäß § 5 Abs. 2 EStG generell **nicht aktiviert** werden. Auch hier geht es primär um selbst geschaffene Werte, weniger um unentgeltlich erworbene, d.h. geschenkte bzw. ererbte, immaterielle Wirtschaftsgüter. Liegt jedoch ein entgeltlicher Erwerb vor, so müssen sie aktiviert werden, da ein objektiver zwischen fremden Dritten ausgehandelter Marktpreis existiert und somit keine Wertmanipulation möglich ist.

Konzessionen sind behördliche Betriebserlaubnisse oder Erlaubnisse zur Nutzung von öffentlichen Sachen für ein Unternehmen; z.B.: Schankerlaubnis im Gaststättengewerbe, Apothekenkonzessionen, Güterfernverkehrskonzessionen, Mineralgewinnungsrechte.

Gewerbliche Schutzrechte sind z.B.: Patente, Warenzeichen, Urheberrechte, Geschmacksmuster, Gebrauchsmuster, Film- und Fernsehrechte	
	Patente: technisches Schutzrecht hinsichtlich der Ausgestaltung eines Gegenstands oder des Ablaufs eines Prozesses aufgrund einer Erfindung
	Warenzeichen: geschützter Hinweis (einschließlich der hinweisenden Ausstattung der Ware) auf die Herkunft einer Ware aus einem bestimmten Unternehmen (z.B. Maggi-Suppen).
	Urheberrechte: Schutzrecht für den schöpferischen Gehalt eines Werks (z.B. Bücher, Musikstücke etc.)
	Geschmacksmuster: urheberrechtliches Schutzrecht eines Musters oder Modells (Design von Möbeln, Teeservicen; Form und Farbe von Teigwaren, Bonbons etc.).
	Gebrauchsmuster: technisches Schutzrecht hinsichtlich der Gestaltung und/oder Funktionsweise eines Gebrauchsgegenstandes
Ähnliche Rechte sind z.B.: Nutzungsrechte, Bezugsrechte, Belieferungsrechte, Brenn- und Braurechte, Rezepturen, Wettbewerbsrechte, Optionsrechte zum Aktienerwerb, EDV-Software etc.	
Ähnliche Werte: Know how (= ungeschützte Erfindungen), Archive, Kundenkarteien etc.	
Lizenzen an solchen Rechten und Werten: vertragliche befristete Nutzungsüberlassung eines Rechts oder Wertes	

(2) Planmäßige Abschreibungen immaterieller Anlagegüter

Die Nutzungsdauer der immateriellen Anlagegegenstände wird von der vertraglichen Überlassungsdauer (z.B. bei Lizenzen) oder der rechtlichen Schutzdauer (z.B. bei Patenten 20 Jahre) bestimmt. Die rechtlichen Fristen können jedoch nicht garantieren, dass die Gegenstände über diese Zeiträume hinweg werthaltig sind. Wird ein Patent z.B. sofort nach seiner Anmeldung beim Patentamt erworben, so kann die wirtschaftliche Nutzungsdauer ein Jahr später schon beendet sein, wenn nämlich eine neue und bessere Erfindung am Markt erscheint, die das erworbene Patent wirtschaftlich wertlos macht. Da die wirtschaftliche Nutzungsdauer jedoch nicht vorhersehbar ist, werden in der Praxis Erfahrungswerte herangezogen, die z.T. auch von der Finanzverwaltung anerkannt werden.

Übliche Nutzungsdauern (in Jahren)		
	Handelsrecht	*Steuerrecht*
Patente	5	8
Marken-, Urheber-, Musterrechte u.ä.	3-5	15
Lizenzen	1 - 5	3 - 8
Wettbewerbsverbote	2 - 5	2 - 5
Software, betriebswirtschaftliche Systeme	3	5[1]

Lizenzen werden nur abgeschrieben, wenn eine sog. Einmalzahlung zu Beginn der Laufzeit geleistet wird. Erfolgen dagegen periodische z.B. umsatzabhängige Zahlungen, so erfolgt in der Praxis meist keine Aktivierung, sondern eine laufende Aufwandsbuchung der Lizenzzahlung.

Handelsrechtlich sind alle den Grundsätzen ordnungsmäßiger Buchführung entsprechenden Abschreibungsverfahren zulässig. *Steuerrechtlich* hingegen nur die lineare Abschreibung[2], da es sich bei den immateriellen Wirtschaftsgütern nicht um bewegliche Güter handelt (R 7.1 Abs. 1 u. 2 EStR und H 7.1 "Bewegliche Wirtschaftsgüter" EStH). Im Jahr des Zugangs muss generell monatsgenau zeitanteilig („pro rata temporis") abgeschrieben werden (§ 7 Abs. 1 Satz 4 EStG).

---

[1] OFD Chemnitz, 28.7.2005, S 2172-14/8 St 21.
[2] Die geometrisch-degressive AfA ist steuerrechtlich nur bei beweglichen Wirtschaftsgütern zulässig (§ 7 Abs. 2 EStG).

(3) Software

Frage: Handelt es sich bei Software um materielle oder immaterielle Wirtschaftsgüter?

Antwort: Nach der Rechtsprechung des BFH[1] kommt es hierbei darauf an, worin das hauptsächliche wirtschaftliche Interesse des Erwerbers besteht und wofür er vorrangig den Kaufpreis zu zahlen bereit ist. Dies lässt sich aus dem Wertverhältnis von Programminhalt und Datenträger meist eindeutig ableiten. Steht der geistig-schöpferische Gehalt des Programms im Vordergrund und dient die (materielle) Diskette nur dazu, das Programm unverlierbar, transportierbar und handelbar zu machen, so handelt es sich bei der Software um ein ***immaterielles*** Wirtschaftsgut. Wird dem Datenträger jedoch eine eigenständige Bedeutung zugemessen, so handelt es sich wie bei Standardsoftware (oder auch bei Büchern und Tonträgern) um materielle Wirtschaftsgüter.

Software ohne Befehlsstruktur, die nur jedermann zugängliche Datenbestände enthält, gehört gemäß Rechtsprechung eindeutig zu den abnutzbaren beweglichen *materiellen* Wirtschaftsgütern (H 5.5 "Keine immateriellen Wirtschaftsgüter" EStH). Die Finanzverwaltung zählt dazu auch ***Trivialprogramme***, das sind einfachste Programme, bei denen der geistige Gehalt gegenüber dem Datenträger Diskette nicht von hervorragender Bedeutung ist. Dies wird generell von Computerprogrammen, die Anschaffungskosten bis zu 800 EUR haben, angenommen (R 5.5 Abs. 1 S.3 EStR, die noch die veraltete Wertgrenze enthält). Dies ermöglicht eine Sofortabschreibung als geringwertiges Wirtschaftsgut. Auch die übrigen Regelungen für geringwertige Wirtschaftsgüter setzen voraus, dass es sich um ein bewegliches Wirtschaftsgut handelt. Bis zu Anschaffungskosten von 250 EUR (ohne USt) ist gemäß § 6 Abs. 2 u. 2a EStG eine sofortige Aufwandsbuchung möglich, darüber hinaus bis zu 800 EUR nach Dokumentation des Zugangs eine Sofortabschreibung oder bis maximal 1.000 EUR Anschaffungskosten (ohne USt) die Bildung eines Sammelpostens[2].

Systemsoftware, individuell programmierte und komplexere standardisierte betriebswirtschaftliche Anwendersoftware dürfen bei Anschaffungskosten über 800 EUR (ohne USt) nicht in den Sammelposten nach § 6 Abs. 2a EStG aufgenommen werden, da sie immateriell und daher nicht beweglich sind. Sie sind als immaterielles Wirtschaftsgut zu aktivieren und über die betriebsgewöhnliche Nutzungsdauer von 3-5 Jahren abzuschreiben.

Frage: Dürfen ***Software-Hersteller*** selbst geschaffene Software in ihrer Bilanz ausweisen?

Antwort: Entwickelt das Software-Haus Programme zum dauernden Gebrauch im eigenen Betrieb, so gehören diese zum ***Anlagevermögen***. Die dauerhafte Nutzung der selbst erstellten Software kann darin bestehen, dass diese vervielfältigt und durch Lizenzvergabe oder sonstige Überlassungsverträge oder Kaufverträge an Dritte vermarktet wird. Die so gen. "Master-CD-ROM", der sämtliche Programmierungskosten zuzurechnen sind und von der immer wieder neue "Abdrucke" auf CD-ROMs zwecks Veräußerung gemacht werden, gehört zum Anlagevermögen.

Handelsrechtlich besteht somit für die „Master-CD-ROM" im Hinblick auf die zurechenbaren Entwicklungskosten (Programmierungskosten) ein ***Aktivierungswahlrecht*** (§ 248 Abs. 2 S. 1 HGB), falls sich Forschungs- und Entwicklungskosten verlässlich voneinander trennen lassen

---

[1] Vgl. BFH-Urteile vom 30.10.2008, BStBl. 2009 II S. 421 und vom 3.7.1987, BStBl. 1987 II, S. 728 und S. 787. Vgl. H 5.5 „Abgrenzung zu materiellen Wirtschaftsgütern" EStH.
[2] Genaueres zur Behandlung der geringwertigen Wirtschaftsgüter siehe Erster Teil Kapitel B.III.2.b).

(§ 255 Abs. 2a S. 4 HGB). *Steuerrechtlich* fällt diese unter das **Aktivierungsverbot** nicht entgeltlich erworbener immaterieller Gegenstände des Anlagevermögens (§ 5 Abs. 2 EStG). Somit sind sämtliche Forschungs- und Entwicklungskosten als Aufwand zu buchen und mindern den Gewinn in der Steuerbilanz.

Dagegen sind teilweise fertig gestellte, noch nicht abgerechnete Auftragsarbeiten des Software-Herstellers den Vorräten (Umlaufvermögen) zuzuordnen und mit den bis zum Bilanzstichtag angefallenen Programmierungskosten oder dem niedrigeren Tageswert zu bewerten. Dies gilt ebenso für die Kopien der „Master-CD-ROM", die zum Verkauf bestimmt sind. Im *Umlaufvermögen* besteht sowohl handels- als auch steuerrechtlich eine *Aktivierungspflicht* für selbst geschaffene immaterielle Vermögensgegenstände bzw. Wirtschaftsgüter. Zudem könnte Standardsoftware als materiell einzustufen sein.

Warum gibt es zwar Sonderregeln für selbst geschaffene immaterielle Vermögensgegenstände oder Wirtschaftsgüter des Anlagevermögens, nicht aber für solche des Umlaufvermögens? Dies ist dadurch zu rechtfertigen, dass sich eine (bewusst oder unbewusst) falsche Bewertung absatzbestimmter immaterieller Erzeugnisse des Umlaufvermögens sehr zeitnah von selbst korrigiert. Dies geschieht im Zeitpunkt der Veräußerung zu einem zwischen Fremden ausgehandelten objektiven Verkaufspreis (Marktpreis). Wurden die Erzeugnisse zunächst niedrig bewertet, um den Gewinn nach unten zu drücken, so ergibt sich im Verkaufszeitpunkt als Differenz zwischen Preis und Buchwert ein umso höherer Gewinn und umgekehrt. Eine falsche Bewertung selbst geschaffener immaterieller Vermögensgegenstände bzw. Wirtschaftsgüter des Anlagevermögens korrigiert sich dagegen nicht, sondern wirkt sich über die gesamte Nutzungsdauer aus.

| Aufgabe 30: Immaterielle Vermögensgegenstände |

| Aufgabe 34: Selbst geschaffene immaterielle Anlagegegenstände |

(4) Geschäfts- oder Firmenwert

Als Geschäfts- oder Firmenwert wird die Quelle aller Gewinnchancen eines Unternehmens bezeichnet, soweit diese nicht in einzelnen Vermögensgegenständen verkörpert ist. Der Geschäftswert ist also eine Residualgröße, ein Sammelsurium nicht als Einzelheit ins Gewicht fallender (nicht "greifbarer") Geschäftswert bildender Faktoren. Diese sind: der gute Ruf, die Zuverlässigkeit des Unternehmens, die hohe Qualifikation des Managements und der Mitarbeiter, die hohe Qualität der Produkte, ein gut abgestimmtes Produktionsprogramm, die gute Organisation des Produktions-, Verwaltungs- und Vertriebsbereichs, etc.

Wie bereits erwähnt (vgl. Kapitel B.II.1.c), handelt es sich beim *originären* Geschäfts- oder Firmenwert weder um einen Vermögensgegenstand noch um ein Wirtschaftsgut, sodass er weder in der Handels- noch in der Steuerbilanz aktiviert werden darf. Das Aktivierungswahlrecht des § 248 Abs. 2 S. 1 HGB gilt hier nicht, da die Vorschrift sich nur auf Vermögensgegenstände bezieht und somit nicht anwendbar ist. Aufgrund ihrer schwierigen Abgrenzbarkeit vom originären Geschäfts- oder Firmenwert und damit kaum verlässlichen Bewertbarkeit gilt ein ausdrückliches Aktivierungsverbot für selbst geschaffene Marken, Drucktitel, Verlagsrechte, Kundenlisten oder vergleichbare immaterielle Vermögensgegenstände des Anlagevermögens (§ 248 Abs. 2 S. 2 HGB).

Der so gen. *derivative* (= abgeleitete) Geschäfts- oder Firmenwert hingegen ist selbständig bewertbar und somit ein Wirtschaftsgut, denn unabhängige Vertragsparteien haben beim Kauf eines Unternehmens als Ganzes einen Preis für dessen Firmenwert ausgehandelt. In der *Steuerbilanz* des Unternehmenserwerbers muss der derivative Geschäfts- oder Firmenwert also aktiviert werden.

Ob der derivative Geschäfts- oder Firmenwert *handelsrechtlich* ein Vermögensgegenstand ist, ist umstritten. M.E. ist dies wegen der mangelnden Einzelveräußerbarkeit nicht der Fall. Nur bestimmte Geschäftswert bildende Faktoren, wie z.B. der Kundenstamm, befristete Wettbewerbsverbote oder selbst erstellte Patente, können losgelöst vom Unternehmen einzeln veräußert werden und stellen somit Vermögensgegenstände dar. Wird dagegen der Betrieb als Ganzes übernommen und keine isolierende Abgrenzung mit speziellem Kaufpreis für diese wirtschaftlichen Vorteile vorgenommen (=Regelfall), so bleiben sie unselbständige Geschäftswert bildende Faktoren[1]. Der derivative Firmenwert als eigentliche Restgröße, als Summe aller nicht greifbaren immateriellen Vorteile ist nicht einzeln verwertbar und daher kein Vermögensgegenstand. Dieser Streit, ob Vermögensgegenstand oder nicht, spielt jedoch keine Rolle mehr, seit der Gesetzgeber festgelegt hat, dass er als ein *zeitlich begrenzt nutzbarer Vermögensgegenstand* „gilt", und daraus die Aktivierungspflicht des derivativen Geschäfts- oder Firmenwerts in der Handelsbilanz abgeleitet wird (§ 246 Abs. 1 S. 4 HGB).

Beispiel für die Berechnungsweise des Firmenwertes (§ 246 Abs. 1 S. 4 HGB):

Bilanz der Cash & Carry GmbH 31.12.01 (in TEUR)		
Aktiva	Eigenkapital	500
(Zeitwerte) 1.500	Verbindlichkeiten	1.000
1.500		1.500

Kaufpreis	900 TEUR
- Wert der einzelnen Vermögensgegenstände im Zeitpunkt der Übernahme	1.500 TEUR
+ übernommene Schulden	1.000 TEUR
= Derivativer Firmenwert	400 TEUR

Ob die Schulden übernommen werden oder nicht, ist also ein gravierender Unterschied, da die Schuldenübernahme als Erhöhung des Kaufpreises anzusehen ist. M.a.W. soll der Kaufpreis den aktuellen Wert (nach Auflösung der stillen Reserven in den Vermögensgegenständen) des Eigenkapitals abdecken. Alles, was darüber hinaus gezahlt wird, ist Entgelt für den Firmenwert. Die hier betrachtete Art des Unternehmenskaufs richtet sich auf die Übereignung aller zum Unternehmen gehörenden Sachen, Rechte und Verbindlichkeiten (sog. „asset deal"). Alternativ kann ein Unternehmen durch Erwerb des Unternehmensträgers übernommen werden, also durch Kauf aller Gesellschaftsanteile (sog. „share deal").

Merke:

	Handelsbilanz	*Steuerbilanz*
Originärer (= selbst geschaffener) *Geschäfts- oder Firmenwert*	Aktivierungsverbot, da kein Vermögensgegenstand vorliegt	Aktivierungsverbot, da kein Wirtschaftsgut vorliegt

---

[1] Vgl. BFH 16.9.1970, BStBl. 1971 II, S.175; FG Köln 23.1.1985 (rkr.), EFG 1985, S. 439.

Merke:

	Handelsbilanz	*Steuerbilanz*
Derivativer (= entgeltlich erworbener) **Geschäfts- oder Firmenwert**	Aktivierungsgebot, wurde entgeltlich erworben und gilt als Vermögensgegenstand (§ 246 Abs. 1 S. 4 HGB)	Aktivierungsgebot, da ein entgeltlich erworbenes Wirtschaftsgut vorliegt (§ 5 Abs. 2 EStG)

Steuerrechtlich darf der Firmenwert als (nicht bewegliches) immaterielles Wirtschaftsgut nur linear über die in § 7 Abs. 1 Satz 3 EStG generell festgelegte **Nutzungsdauer von 15 Jahren** abgeschrieben werden. Dies gilt auch dann, wenn es sich um den Kauf personenbezogener Betriebe handelt, d.h. wenn der Wert des übernommenen Betriebs eng an die Person des bisherigen Betriebsinhabers geknüpft ist und sich damit relativ schnell verflüchtigt (BMF-Erlass 20.11.1986, BStBl 1986 I, S. 532). Eine Teilwertabschreibung des Firmenwerts ist darüber hinaus zwar möglich, aber der entsprechende Nachweis dürfte nur schwer zu führen sein.

Eine Ausnahmebehandlung erfährt weiterhin der Praxiswert eines Freiberuflers, z.B. eines Steuerberaters, Arztes oder Anwalts. Wegen der starken Bindung an die Person des Inhabers, der mit der Veräußerung gewechselt hat, ist der Praxiswert nur begrenzt übertragbar, verflüchtigt sich schnell bzw. wird durch einen vom Erwerber der Praxis neu gebildeten Wert ersetzt. Er kann daher *steuerrechtlich* innerhalb einer im Einzelfall zu schätzenden Nutzungsdauer von zumeist 3 bis 5 Jahren abgeschrieben werden, bei einer Sozietät über 6 bis 10 Jahre.[1]

Handelsrechtlich muss der derivative Geschäfts- oder Firmenwert als fingierter zeitlich begrenzt nutzbarer Vermögensgegenstand planmäßig über die geschätzte Nutzungsdauer (im Zugangsjahr zeitanteilig[2]) abgeschrieben werden. Die **planmäßige Abschreibung** des Firmenwerts gründet auf sehr unsicheren Größen, da weder überzeugende Anhaltspunkte für die Wahl des Abschreibungsverfahrens noch für die Schätzung der Nutzungsdauer gegeben sind und somit die Gefahr der willkürlichen Festlegung besteht. Als Anhaltspunkte für die Nutzungsdauer werden in der Gesetzesbegründung z.B. angegeben:[3]

- Laufzeit wichtiger Absatz- und Beschaffungsverträge des erworbenen Unternehmens
- Lebenszyklus der Produkte des erworbenen Unternehmens
- voraussichtliche Tätigkeit von wichtigen Mitarbeitern oder Mitarbeitergruppen für das erworbene Unternehmen
- erwartetes Verhalten potenzieller Wettbewerber des erworbenen Unternehmens
- Auswirkungen von Veränderungen der Absatz- und Beschaffungsmärkte sowie der wirtschaftlichen Rahmenbedingungen auf das erworbene Unternehmen.

In § 285 Nr. 13 HGB wird daher auch eine "Erläuterung" der geschätzten Nutzungsdauer verlangt, das heißt, es ist anzugeben, mit Hilfe welcher Anhaltspunkte (Modelle, Prognosen, Indikatoren) die Nutzungsdauer abgeleitet wurde. Sollte die voraussichtliche Nutzungsdauer jedoch nicht verlässlich schätzbar sein, so ist der derivative Geschäfts- oder Firmenwert über einen Zeitraum von 10 Jahren abzuschreiben (§ 253 Abs. 3 S. 4 HGB). Der unbestimmte Rechtsbegriff "verlässlich", der aus dem IFRS-Regelwerk übernommen wurde, eröffnet je-

---

[1] Vgl. BMF-Schreiben vom 15.1.1995, BStBl. 1995 I S. 14, und BFH 24.2.1994, BStBl. 1994 II S. 590.
[2] Auch wenn es steuerrechtlich nicht zulässig ist, kann handelsrechtlich nach dem Grundsatz der Wirtschaftlichkeit durchaus eine Vereinfachungsregel für die planmäßige Abschreibung im Zugangsjahr angewendet werden.
[3] Vgl. Bundestagsdrucksache 16/10067, S. 48.

doch weiterhin Ermessensspielräume, auch wenn er im IFRS-Rahmenwerk als frei wesentlichen von Fehlern, frei von verzerrenden Einflüssen und alle wesentlichen Aspekte berücksichtigend ein wenig konkretisiert wird (CF 4.38, CF QC 12 ff. bzw. F31). Außerdem erscheint der Zehnjahreszeitraum übermäßig lang, wenn man bedenkt, dass es sich hierbei um einen problematischen Posten handelt, der m. E. eigentlich gar kein Vermögensgegenstand ist. Bei ausreichender Begründung für eine voraussichtliche Nutzungsdauer von 15 Jahren ist es aber auch möglich, in der Handels- und Steuerbilanz identisch abzuschreiben. Der Hinweis auf § 7 Abs. 1 S. 3 EStG allein genügt hierfür nicht. Andernfalls kommt der Bewertungsvorbehalt gemäß § 5 Abs. 6 EStG zum Tragen.

Ergibt die Unternehmensbewertung im Rahmen des *Niederstwerttest* am Bilanzstichtag, dass der derivative Geschäfts- oder Firmenwert stärker an Wert verloren hat als durch die planmäßige Abschreibung erfasst wurde, so besteht in der Handelsbilanz die Pflicht einer außerplanmäßigen Abschreibung auf den niedrigeren Tageswert, sofern es sich um eine voraussichtlich dauernde Wertminderung handelt. Bei einer voraussichtlich vorübergehenden Wertminderung besteht ein Abwertungsverbot (§ 253 Abs. 3 HGB). Sollte nach erfolgter außerplanmäßiger Abschreibung sich an einem der nachfolgenden Bilanzstichtage herausstellen, dass die Gründe dafür ganz oder teilweise entfallen sind, bestünde in der Handelsbilanz normalerweise ein Zuschreibungsgebot auf den gestiegenen Tageswert. Beim derivativen Geschäfts- oder Firmenwert weicht der Gesetzgeber jedoch von der allgemeinen Bewertungskonzeption ab und bestimmt für diesen speziellen Fall ein *Verbot der Zuschreibung* (§ 253 Abs. 5 S. 2 HGB). Begründet wird diese Sonderregelung damit, dass die Erhöhung des Geschäfts- oder Firmenwertes auf der Geschäftstätigkeit des Käuferunternehmens beruht, es sich mithin mit großer Wahrscheinlichkeit um den Neuaufbau eines originären Firmenwertes handelt, der nicht aktiviert werden darf.[1] Sicherlich soll mit dem Verbot auch eine schwer überprüfbare Möglichkeit zur Gewinnmanipulation wenigstens auf eine Richtung, nämlich nach unten, beschränkt werden.

Firmenwertähnliche Wirtschaftsgüter sind z.B. Verkehrsgenehmigungen (Omnibus, Güterfernverkehr) oder Verlagswerte. Während Verlagswerte *steuerrechtlich* genauso wie der Firmenwert zu behandeln sind, sieht die steuerliche Rechtsprechung Verkehrsgenehmigungen als nicht abnutzbare immaterielle Wirtschaftsgüter an. Nach Auffassung des BFH kann der Erwerber der Verkehrsgenehmigung nach der Verfahrensübung der Genehmigungsbehörden mit einer Verlängerung oder Erneuerung der Genehmigung rechnen, solange der Betrieb besteht. Planmäßige Abschreibungen sind deshalb nicht zulässig[2]. *Handelsrechtlich* gelten die gleichen Überlegungen, abgesehen von Spezialfällen ist eine planmäßige Abschreibung nicht zulässig[3]. Infolge des EU-Binnenmarktes und des erleichterten Zugangs zu einer Konzession wird aufgrund des Werteverfalls häufiger eine Teilwert-Abschreibung in Frage kommen[4].

Aufgaben 31 und 32: Geschäfts- oder Firmenwert

---

[1] Vgl. Bundestagsdrucksache 16/10067, S. 57.
[2] BFH 22.1.1992, BStBl. 1992 II S. 529 und BFH 4.12.1991, BStBl. 1992 II S. 383.
[3] Stellungnahme 1/1992 HFA des IdW, WPg 1992, S. 609.
[4] BMF-Schreiben vom 28.4.1993, DB 1993, S. 1263.

(5) Immaterielle Vermögenswerte nach IFRS

Nach 38.8 IAS ist ein immaterieller Vermögenswert („Intangible Asset") definiert als „ein identifizierbarer, nicht monetärer Vermögenswert ohne physische Substanz". Beispiele dafür sind in den beiden vorangegangenen Kapiteln enthalten.

Der bilanzielle Ansatz eines Vermögenswerts setzt in der 1. Stufe voraus, dass ein Vermögenswert vorliegt und somit folgende Kriterien erfüllt sind (vgl. Kapitel B.II.3.):

Voraussetzungen für das Vorliegen eines Vermögenswerts („Asset") nach IFRS		
1. Verfügungsmacht (IAS 38.13-16)	2. Ressource aufgrund eines vergangenen Ereignisses	3. erwarteter künftiger wirtschaftlicher Nutzenzufluss

Zusätzliche Ansatzkriterien der 2. Stufe, bei deren Erfüllung die so gen. **konkrete Aktivierbarkeit** und i.d.R. auch Aktivierungspflicht des Vermögenswerts gegeben ist
a) gewisse Wahrscheinlichkeit des wirtschaftlichen Nutzenzuflusses (F.89), die das Unternehmen anhand vernünftiger und begründeter Annahmen zu beurteilen hat, und
b) **verlässliche Bewertbarkeit/Schätzbarkeit** der Anschaffungs- oder Herstellungskosten (Nutzenzufluss, Wert) (F.89).

2. Stufe: Die so gen. **konkrete Aktivierbarkeit** und in der Regel auch Aktivierungspflicht eines Vermögenswerts ist gegeben, wenn er zusätzlich die beiden folgenden **Ansatzkriterien** („Recognition Criteria") erfüllt, anderenfalls besteht ein Aktivierungsverbot:

2. Stufe:	
Voraussetzungen für die konkrete Aktivierbarkeit (Aktivierungspflicht) eines Vermögenswerts („Asset") nach IFRS („Recognition Criteria"):	
a) Der mit dem Vermögenswert verbundene wirtschaftliche Nutzen muss mit einer gewissen *Wahrscheinlichkeit* tatsächlich zufließen (F.89).	b) Die Anschaffungs- oder Herstellungskosten (anderer Wert, Nutzenzufluss) müssen *verlässlich bewertbar/schätzbar* sein (F.89).
	Das ist nur der Fall, wenn der Vermögenswert *identifizierbar*, also vom originären Geschäfts- oder Firmenwert abgrenzbar ist.

Aus dem Ansatzkriterium b) der 2. Stufe ergibt sich konkret die in der obigen Definition enthaltene Voraussetzung der **Identifizierbarkeit**, was in diesem Zusammenhang Unterscheidbarkeit von der allgemeinen Residualgröße „Geschäfts- oder Firmenwert" bedeutet. Die Identifizierbarkeit ist gegeben (IAS 38.11 f.),
- wenn der Vermögenswert separierbar, also vom Gesamtunternehmen getrennt übertragbar, vermietbar, lizenzierbar ist oder
- wenn der Vermögenswert aus vertraglichen oder anderen gesetzlichen Rechten entsteht und somit der künftige wirtschaftliche Nutzen aus dem betrachteten immateriellen Vermögenswert aufgrund der Rechtsansprüche bestimmbar ist.

Ist eine der beiden Ansatzkriterien der 2. Stufe nicht erfüllt, besteht ein Aktivierungsverbot (IAS 38.21).

Bei *selbst geschaffenen immateriellen Vermögenswerten* fehlen vertragliche Rechtsansprüche, sodass bei diesen Identifizierbarkeit gegeben ist, sofern ein Markt für den immateriellen Wert existiert. Ob dies der Fall ist, lässt sich oftmals schwer beurteilen. Hier ist die subjektive Einschätzung der Unternehmensleitung maßgebend. Diese hat die Möglichkeit, das Vorliegen oder Nichtvorliegen der Aktivierungsvoraussetzungen des IAS 38.57 vor dem Hintergrund ihrer Kenntnisse der unternehmensspezifischen Gegebenheiten selbst einzuschätzen. Somit wird aus der Aktivierungspflicht ein *faktisches Wahlrecht*.

Ein faktisches Aktivierungswahlrecht ergibt sich auch, wenn es schwierig ist, die Aktivierbarkeit zu beurteilen, weil insbesondere die Herstellungskosten des selbst geschaffen immateriellen Vermögenswerts nicht abgrenzbar von solchen zur Erhöhung des allgemeinen selbst geschaffenen Geschäfts- oder Firmenwerts und damit nicht zuverlässig bestimmbar sind (IAS 38.51). Für Forschungs- und Entwicklungskosten, bei denen sich dieses Problem am häufigsten stellt, werden daher genaue Aktivierungsregeln angegeben.

Forschungskosten bzw. Kosten der Forschungsphase eines internen Projekts sind generell nicht aktivierbar, sondern sofort als Aufwand zu erfassen, da in dieser Phase das Entstehen eines immateriellen Vermögenswerts, der einen künftigen wirtschaftlichen Nutzen erzeugen wird, nicht nachweisbar sein dürfte (IAS 38.54 f.). Es mangelt also an einem direkten Bezug zu Produkten oder Produktionsverfahren, sodass keine marktorientierte Bewertungsmöglichkeit gegeben ist. Das Aktivierungsverbot gilt sogar für alle Forschung- und Entwicklungskosten eines internen Projekts, sofern die Entwicklungsphase nicht von der Forschungsphase unterscheidbar ist (IAS 38.53). Allgemein ist unter Forschung die eigenständige und planmäßige Suche zu verstehen mit der Aussicht, zu neuen wissenschaftlichen oder technischen Erkenntnissen zu gelangen (IAS 38.8).

Dagegen umfasst der Begriff *„Entwicklung"* die Anwendung von Forschungsergebnissen oder von anderem Wissen auf die Planung der Produktion von neuen oder beträchtlich verbesserten Gütern und Dienstleistungen vor Aufnahme der kommerziellen Produktion oder Nutzung (IAS 38.8). In der Entwicklungsphase ist es möglich, „einen immateriellen Vermögenswert zu identifizieren und nachzuweisen, dass der Vermögenswert einen voraussichtlichen künftigen wirtschaftlichen Nutzen erzeugen wird" (IAS 38.58). Ein Beispiel ist etwa der Entwurf, die Konstruktion und das Testen von Prototypen und Modellen vor Aufnahme der eigentlichen Produktion oder Nutzung (IAS 38.59). Für einen aus der Entwicklung oder der Entwicklungsphase eines internen Projekts entstehenden immateriellen Vermögenswert besteht eine Aktivierungspflicht, sofern die Erfüllung folgender Voraussetzungen nachgewiesen werden kann, andernfalls ein Aktivierungsverbot (IAS 38.57):

- die Fertigstellung bis zur Marktreife oder internen Nutzung muss technisch realisierbar und beabsichtigt sein,
- zur Nutzung oder zum Verkauf des immateriellen Vermögenswert muss das Unternehmen fähig sein,
- ein Markt für die Produkte des immateriellen Vermögenswerts oder für ihn selbst muss existieren oder die interne Nutzbarkeit des immateriellen Vermögenswerts im Unternehmen. Es muss also nachgewiesen werden, wie der voraussichtliche künftige wirtschaftliche Nutzen erzielt werden wird,
- adäquate technische, finanzielle und sonstige Ressourcen zum Abschluss der Entwicklung und zur Nutzung oder zum Verkauf des immateriellen Vermögenswerts müssen verfügbar sein,

- die dem immateriellen Vermögenswert während seiner Entwicklung zurechenbaren Ausgaben müssen zuverlässig bewertbar sein (z.B. durch ein funktionsfähiges Kostenrechnungssystem).

Insbesondere aus der letztgenannten Voraussetzung folgt, dass es für kleine und mittelständische Unternehmen möglicherweise erforderlich sein könnte, ihr Controllingsystem auszubauen und durch ein F&E-Projektcontrolling auf die Trennung von Forschungs- und Entwicklungskosten bzw. der entsprechenden Phasen auszurichten, wenn sie selbst geschaffene immaterielle Vermögenswerte aktivieren wollen. Ob der Aufwand lohnt, muss im Einzelfall entschieden werden. Aus diesen Überlegungen wird auch deutlich, dass es das Unternehmen weitgehend selbst in der Hand hat, ob eine Aktivierungspflicht besteht oder ob die genannten Voraussetzungen teilweise nicht erfüllt sind und somit ein Aktivierungsverbot gegeben ist. Zumindest lässt sich leicht dafür sorgen, dass eine Voraussetzung nicht erfüllt ist, wenn man aus bilanzpolitischen Gründen die Entwicklungskosten nicht aktivieren möchte. Dieses sog. *faktische Aktivierungswahlrecht* kommt somit dem formalen Wahlrecht nach § 248 Abs. 2 S. 1 HGB in der praktischen Anwendung sehr nahe.

Allerdings besteht nach IAS 1.113 f. die Pflicht, Angaben über die *Ermessensausübung* des Managements bei der Anwendung von Bilanzierungs- und Bewertungsmethoden zu machen. Da dies wohl nur selten geschieht, kann der externe Bilanzleser Ermessensausübungen i.d.R. nicht erkennen. Nach IAS 38.126 ist außerdem die Summe der nicht aktivierten Forschungs- und Entwicklungsaufwendungen der Periode anzugeben. Bei Wahl des Neubewertungsmodells sind nach IAS 38.124 zudem detaillierte Angaben über die Neubewertung zu machen und über den Wert, der sich beim Anschaffungskostenmodell ergeben hätte.

In der *Praxis* ist es üblich, für selbst geschaffene immaterielle Vermögenswerte und *aktivierte Entwicklungskosten* getrennte Bilanzposten auszuweisen. Für letztere werden beispielsweise auch die Postenbezeichnungen „angearbeitete Entwicklungsprojekte", angearbeitete immaterielle Vermögenswerte" und „Entwicklungskosten aus internen Entwicklungsprojekten" verwendet. Für diese besteht eine *Aktivierungspflicht*, wenn die oben genannten Voraussetzungen kumulativ erfüllt sind. In dem Zeitpunkt, in dem die Voraussetzungen erfüllt sind, ist innerhalb der Entwicklungsphase eines internen Projekts ein immaterieller Vermögenswert identifiziert und ein künftiger wirtschaftlicher Nutzen nachgewiesen, und es beginnt der Herstellungszeitraum des Vermögenswerts. Aufwendungen vor diesem Zeitpunkt dürfen nicht aktiviert werden (IAS 38.10 und 38.71). Ist die Entwicklungsphase am nächsten Bilanzstichtag noch nicht abgeschlossen, so werden die bis dahin angefallenen Entwicklungsaufwendungen z.B. als „angearbeitete Entwicklungsprojekte" aktiviert. Hierbei handelt es sich nicht nur um die Entwicklung von immateriellen Vermögenswerten wie z.B. Software. Auch etwa die Entwicklung eines neuen Automobil- oder Maschinentyps, die in Know-how oder in Patente mündet, ist gemeint.[1] Sind die Entwicklungskosten aktiviert, so werden diese planmäßig über den erwarteten Verkaufszeitraum der entsprechenden Produkte abgeschrieben. Die Abschreibungen werden in den Forschungs- und Entwicklungskosten ausgewiesen. Außerdem muss jährlich ein Wertminderungstest gemäß IAS 36.10(a) durchgeführt werden, in dem u.a. durch Aufstellung von Absatz- und Produktionsplänen nachzuweisen ist, ob die oben genannten Voraussetzungen weiterhin erfüllt sind. Nach Abschluss der internen Entwicklungsprojekte bzw. Erteilung der entsprechenden Patente erfolgt eine Umbuchung in die entsprechenden Gruppen immaterieller Vermögenswerte.

---

[1] Vgl. Theile in Heuser/Theile: IFRS-Handbuch, 2012, Rz. 1046 f.

Allgemein ist ein immaterieller Vermögenswert beim Zugang zum Betriebsvermögen mit seinen Anschaffungs- oder Herstellungskosten zu bewerten (IAS 38.24). Wie bei Sachanlagen besteht bei der **Folgebewertung** ein Wahlrecht zwischen einer Fortführung der Anschaffungs- oder Herstellungskosten (*Anschaffungskostenmodell*) und dem Neubewertungsmodell (IAS 38.72). Bei immateriellen Anlagegütern ist allerdings zusätzliche Voraussetzung für die Anwendung des *Neubewertungsmodells* (IAS 38.75-87), dass sie zuvor überhaupt mit ihren Anschaffungs- oder Herstellungskosten aktiviert worden sind und dass ein so gen. aktiver Markt existiert, an dem der beizulegende Zeitwert („Fair Value") ermittelt werden kann (IAS 38.76). Ein *aktiver Markt* ist dadurch charakterisiert, dass nur homogene Produkte gehandelt werden, die Preise öffentlich bekannt sind und jederzeit vertragswillige Käufer und Verkäufer gefunden werden können (IAS 38.8). Diese Voraussetzung der Existenz eines aktiven Marktes soll auf die zuverlässige Bewertung der immateriellen Vermögenswerte zielen. Da die Bedingung aufgrund der Einzigartigkeit der Werte meist nicht erfüllt sein dürfte, wird mit Ausnahme etwa bei Taxilizenzen oder Fischereilizenzen, eine Neubewertung i.d.R. nicht möglich sein (IAS 38.78). Eine hilfsweise Ermittlung des beizulegenden Zeitwerts durch Diskontierung von Cash Flows ist wohl wegen der beträchtlichen Manipulationsgefahr nicht zulässig.

Aktivierte immaterielle Vermögenswerte mit unbegrenzter Nutzungsdauer dürfen nicht abgeschrieben werden (IAS 38.107), solche mit begrenzter Nutzungsdauer sind planmäßig über ihre geschätzte Nutzungsdauer abzuschreiben (IAS 38.88). Bei der Schätzung der Nutzungsdauer sind technologische, wirtschaftliche und rechtliche Gesichtspunkte zu berücksichtigen (IAS 38.90-96). Als Abschreibungsmethode ist diejenige zu wählen, die den wirtschaftlichen Nutzenverbrauch des Vermögenswerts am besten widerspiegelt. Kann der Verlauf der Verringerung des Nutzenpotenzials nicht zuverlässig bestimmt werden, ist die lineare Abschreibung anzuwenden (IAS 38.97 f.). Ein Restwert ist i.d.R. nicht anzusetzen (IAS 38.100).

(Außerplanmäßige) Wertminderungen müssen durch eine Wertberichtigung gemäß IAS 36 berücksichtigt werden. Verschärfend gegenüber anderen Vermögenswerten gilt, dass bei immateriellen Vermögenswerten, die noch nicht genutzt werden, und bei solchen mit einer unbestimmten Nutzungsdauer an jedem Bilanzstichtag ein Niederstwerttest („Impairment Test") durchzuführen ist, auch wenn keine Indizien für eine Wertminderung vorliegen (IAS 36.10(a)).

Für *Software* gelten die allgemeinen Aktivierungsvoraussetzungen für immaterielle Vermögenswerte (IAS 38.21). Bereiten Beratungs- und Implementierungsleistungen die Software auf ihre beabsichtigte Nutzung vor, so sind sie bei direkter Zurechenbarkeit aktivierungspflichtig, andernfalls sind sie als Periodenaufwand zu buchen. Kosten der Modifikation von Software sind i.d.R. als Aufwand der Periode zu erfassen. Die Kosten der späteren Weiterentwicklung einer erworbenen Software sind nur dann aktivierungspflichtig, wenn die o.g. Kriterien für die Aktivierung von Entwicklungskosten lt. IAS 38.57 erfüllt sind und es wahrscheinlich ist, dass die Software durch diese direkt zurechenbaren und verlässlich ermittelbaren Kosten einen gesondert zurechenbaren zukünftigen wirtschaftlichen Nutzen über ihre ursprünglich bemessene Ertragskraft hinaus erzeugt.

Für einen *selbst geschaffenen Geschäfts- oder Firmenwert* besteht ein Aktivierungsverbot (IAS 38.48). Er stellt keinen aktivierbaren Vermögenswert dar, „da es sich hierbei nicht um eine durch das Unternehmen kontrollierte identifizierbare Ressource (d.h. er ist weder separierbar noch aus vertraglichen oder gesetzlichen Rechten entstanden) handelt, deren Herstellungskosten zuverlässig ermittelt werden können" (IAS 38.49). Ein *derivativer Geschäfts- oder Firmenwert („Goodwill")* muss dagegen aktiviert werden (IAS 38.33, IFRS 3.54 f., IFRS 3.32 f., IAS 36.80 f.). Die Anschaffungskosten entsprechen dem beizulegenden Zeitwert zum Erwerbszeitpunkt. Planmäßige Abschreibungen auf den Goodwill sind nicht zulässig (IFRS 3.55). Er ist stattdessen mindestens jährlich (immer zur gleichen Zeit) auf Wertminderung gemäß IAS 36.80-99 zu überprüfen[1], unabhängig davon, ob Indizien auf eine Wertminderung vorliegen oder nicht (IAS 36.10(b), IAS 36.96, IFRS 3.55). Liegt der erzielbare Betrag unter dem Buchwert („Impairment Test"), so ist die Wertminderung des Geschäfts- oder Firmenwerts gemäß IAS 36.59 u.104 erfolgswirksam zu berücksichtigen (so gen. „Impairment-only-Approach"). Spätere Wertaufholungen sind nicht zulässig, da es sich bei der Erhöhung des erzielbaren Betrages eher um einen neu geschaffenen originären Geschäfts- oder Firmenwert handeln dürfte (IAS 36.124 f.).

Für bestimmte selbst geschaffene langfristige immaterielle Vermögenswerte, bei denen es kaum möglich ist, eine Trennung vom originären Geschäfts- oder Firmenwert und damit eine verlässliche Bewertung vorzunehmen, besteht ein *konkretes Aktivierungsverbot*. In § 248 Abs.2 S. 2 HGB ist die Regelung auch für die deutsche Handelsbilanz übernommen worden. In der deutschen Steuerbilanz dürfen selbst geschaffene (= nicht entgeltlich erworbene) immaterielle Wirtschaftsgüter des Anlagevermögens generell nicht aktiviert werden (§ 5 Abs. 2 EStG).

Die Aktivierungsverbote in IAS 38 seien in folgender Tabelle zusammengefasst[2]:

Ein Aktivierungsverbot besteht für:	
selbst geschaffene immaterielle Werte (IAS 38.63)	*Aufwendungen (IAS 38.69)*
<ul><li>Markennamen</li><li>Drucktitel, Verlagsrechte</li><li>Kundenlisten</li><li>ähnliche Sachverhalte</li></ul>	<ul><li>Gründungs- und Anlaufkosten</li><li>Aus- und Weiterbildungskosten</li><li>Werbekampagnen,</li><li>Verkaufsförderungsmaßnahmen</li><li>Kosten der Verlegung oder Reorganisation von Unternehmensteilen oder des gesamten Unternehmens</li><li>Forschungskosten</li></ul>
Begründung des Verbots: deren Kosten können nicht von den Kosten für die Entwicklung des Unternehmens als Ganzes unterschieden werden (IAS 38.64)	Begründung des Verbots: es wird kein (immaterieller) Vermögenswert geschaffen, der angesetzt werden kann

---

[1] Dies hat gegebenenfalls im Zusammenhang mit der zugehörigen zahlungsmittelgenerierenden Einheit zu geschehen, vgl. IAS 36.104 f.).
[2] Zu den Begriffen siehe oben Kapitel B.IV.1.a)(1).

> **Aufgabe 33: Aktivierungspflicht, Aktivierungswahlrecht oder Aktivierungsverbot?**

> **Aufgabe 34: Selbst geschaffene immaterielle Anlagegegenstände**

b) Sachanlagen

Bei Sachanlagen handelt es sich um materielle, also körperliche Vermögensgegenstände, die in der Grundgliederung für Kapitalgesellschaften wie folgt unterteilt werden (§ 266 Abs. 2 Position A.II. HGB):

> 1. Grundstücke, grundstücksgleiche Rechte und Bauten einschließlich der Bauten auf fremden Grundstücken
> 2. technische Anlagen und Maschinen
> 3. andere Anlagen, Betriebs- und Geschäftsausstattung
> 4. geleistete Anzahlungen und Anlagen im Bau

(1) Grundstücke, grundstücksgleiche Rechte und Bauten einschließlich der Bauten auf fremden Grundstücken

In dieser Bilanzposition sind verschiedenartige Vermögensgegenstände zusammengefasst, die in der Buchführung zweckmäßigerweise auf verschiedenen Konten geführt werden.

Unter Grundstücken ist Grund und Boden zu verstehen, der bebaut oder unbebaut sein kann. *Grundstücke* gehören zu den Vermögensgegenständen, deren Nutzung nicht zeitlich begrenzt ist und werden daher nicht planmäßig abgeschrieben. Aufstehende Gebäude sind mit dem Grund und Boden i.d.R. fest verankert und bilden mit diesem als dessen wesentliche Bestandteile eine rechtliche Einheit (§ 94 BGB). Der Eigentümer des Grund und Bodens ist somit gleichzeitig Eigentümer des Gebäudes, es sei denn, es handelt sich um einen Scheinbestandteil (§ 95 BGB), z.B. eine Baracke (Büro-Container), die nur am Boden festgeschraubt ist und jederzeit wieder losgelöst und entfernt werden kann.

Der bilanziell bedeutsame Unterschied zwischen Gebäuden und Grundstücken besteht darin, dass *Gebäude* Vermögensgegenstände mit zeitlich begrenzter Nutzung sind und daher planmäßig abgeschrieben werden müssen. Zu den Gebäuden gehören Geschäftsgebäude, Wohngebäude, Fabrikgebäude, Lagergebäude etc. Zusammen mit den Gebäuden werden alle *Einrichtungen und Gebäudeteile* bilanziert, die mit den Gebäuden in einem engen Funktions- und Nutzungszusammenhang stehen, also mit diesen eine wirtschaftliche Einheit bilden (vgl. Kapitel "Grundsatz der Einzelbewertung"). Dazu gehören: Beleuchtung, Heizung, Installation, Lüftung, Rolltreppen, Personenaufzüge etc.

Grundstücksgleiche Rechte sind Rechte, die bürgerlich-rechtlich wie Grundstücke behandelt werden, die aber der Abnutzung durch Fristablauf unterliegen, wie z.B. Erbbaurechte, Dauerwohnrechte, Abbaurechte von Bodenschätzen etc.

Definition:

> Unter einem *Erbbaurecht* ist das dingliche, grundstücksähnliche, vererbbare und veräußerbare Recht zur Errichtung oder Unterhaltung eines Gebäudes auf einem Grundstück zu verstehen.

Als Laufzeit werden meistens 99 Jahre vereinbart. Dafür hat der Erbbauberechtigte einen Erbbauzins an den Erbbauverpflichteten, in dessen rechtlichem Eigentum das Grundstück bleibt, zu zahlen. Die Besonderheit des Erbbaurechts ist, dass ein vom Erbbauberechtigten errichtetes Gebäude nicht wesentlicher Bestandteil des Grundstücks und damit Eigentum des Erbbauverpflichteten wird, sondern als wesentlicher Bestandteil des Erbbaurechts im Eigentum des Erbbauberechtigten bleibt. Dieser hat das Gebäude als „Bauten auf fremden Grundstücken" zu aktivieren, falls es sich um Betriebsvermögen handelt. Für das Ende der Erbbaurechtsdauer wird vertraglich der Abriss des Gebäudes oder eine vom Erbbauverpflichteten und Grundstückseigentümer zu zahlende Abfindung vereinbart.

Beim Erbbaurechtsvertrag handelt es sich um ein schwebendes Dauerrechtsverhältnis, das grundsätzlich nicht bilanziert wird. Die laufenden Erbbauzinszahlungen sind beim Erbbauberechtigten als sonstiger betrieblicher Aufwand und beim Erbbauverpflichteten als sonstiger betrieblicher Ertrag zu verbuchen. Wird dagegen ein Erbbaurecht gegen eine größere einmalige Zahlung gewährt, so bestehen zwei Möglichkeiten der Bilanzierung beim Erbbauberechtigten:

1. Aktivierung des Erbbaurechts und Abschreibung über die vereinbarte Vertragsdauer (H 6.2 "Erbbaurecht" EStH)
2. Bildung eines aktiven Rechnungsabgrenzungspostens und Auflösung über die Laufzeit des Erbbaurechts.

Anders als bei Erbbaurechten geht ein Gebäude, das auf einem *gepachteten* oder "geleasten" *Grundstück* errichtet wird, als fest verbundener wesentlicher Bestandteil (§ 94 BGB) des Grundstücks in das Eigentum des Verpächters über (Ausnahme: Gebäude als Scheinbestandteil (§ 95 BGB), z.B. festgeschraubtes Fertighaus/Bürocontainer). Da der Pächter die Verfügungsmacht über das Gebäude besitzt und der wirtschaftliche Eigentümer des Gebäudes ist, hat es unter der Position "Bauten auf fremden Grundstücken" zu aktivieren.

Wie nach Ablauf des Pachtvertrages mit dem vom Pächter errichteten Gebäude verfahren wird, sollte vertraglich vereinbart werden. Entweder hat der Pächter das Grundstück unbebaut zurückzugeben, das Gebäude also abzubrechen, oder er hat einen Anspruch auf Entschädigung für das an den Verpächter fallende Gebäude. Letzteres gilt auch bei fehlender Vereinbarung (§ 951 BGB).

Fall 1: Die Anschaffungskosten des vom Pächter aktivierten Gebäudes betragen 350.000 EUR. Der Rückzahlungsanspruch beträgt 150.000 EUR. Dies entspricht dem geschätzten Restwert des Gebäudes nach Vertragsablauf. Die Differenz von 200.000 EUR ist während der Pachtlaufzeit abzuschreiben, d.h. die Pachtlaufzeit und nicht die längere Nutzungsdauer des Gebäudes ist hier entscheidend.

Fall 2: Das Gebäude soll am Ende der Pachtlaufzeit abgerissen werden. Der Verpächter zahlt keine Entschädigung. Der geschätzte Abbruchwert des Gebäudes beträgt 40.000 EUR, die geschätzten Abbruchkosten 10.000 EUR.

Der Pächter hat die Differenz zwischen den Anschaffungskosten und dem Abbruchwert (350.000 - 40.000 = 310.000 EUR) über die Laufzeit des Pachtvertrages abzuschreiben. Zusätzlich ist eine Rückstellung für Abbruchkosten in Höhe von 10.000 EUR zu bilden.

Fall 3: Das Gebäude soll am Ende der Pachtlaufzeit abgerissen werden. Der Verpächter zahlt keine Entschädigung. Der geschätzte Abbruchwert entspricht den geschätzten Abbruchkosten.

Das Gebäude wird über die Dauer des Pachtvertrags (< Nutzungsdauer des Gebäudes) voll abgeschrieben (Erinnerungswert = 1,- EUR)

Definition:

> **Betriebsvorrichtungen** dienen der Fertigung, der Lagerung und dem innerbetrieblichen Transport, sind also Vorrichtungen, mit denen das Gewerbe unmittelbar betrieben wird.

Betriebsvorrichtungen stehen nicht in einem einheitlichen Nutzungs- und Funktionszusammenhang mit einem Gebäude und sind deshalb selbständige Wirtschaftsgüter (R 7.1 Abs. 3 EStR). Sie gehören zu den beweglichen Wirtschaftsgütern (Position "Technische Anlagen") selbst dann, wenn sie mit einem Gebäude fest verbunden und rechtlich dessen wesentlicher Bestandteil (§ 94 BGB) sind. Beispiele: Kühleinrichtungen, Silos, Tanks, Abladevorrichtungen, Hebebühnen, Förderbänder, Gleisanlagen, Laufkrananlagen, Rohrleitungen, Lastenaufzüge

Definition:

> "Ein *Gebäude* ist ... ein Bauwerk auf eigenem oder fremdem Grund und Boden, das Menschen oder Sachen durch räumliche Umschließung Schutz gegen äußere Einflüsse gewährt, den Aufenthalt von Menschen gestattet, fest mit dem Grund und Boden verbunden, von einiger Beständigkeit und standfest ist" (R 7.1 Abs. 5 Satz 2 EStR).

Hinsichtlich der *Abgrenzung* von *Gebäuden und Betriebsvorrichtungen* verweist H 7.1 „Betriebsvorrichtungen" EStH auf die Ländererlasse vom 31.3.1992, BStBl. I, S. 342. Im konkreten Falle lässt sich oft schon anhand obiger Definition eine Zuordnung treffen. Z.B. bietet die Überdachung der Zapfsäulen einer Tankstelle keinen tatsächlichen Schutz gegen widrige Witterungseinflüsse wie Wind und Regen, so dass es sich hierbei um kein Gebäude oder Gebäudeteil, sondern um eine Betriebsvorrichtung handelt. In anderen Abgrenzungsfällen muss geprüft werden, ob der fragliche Gegenstand in einem einheitlichen Nutzungs- und Funktionszusammenhang mit dem Gebäude (Aufenthalt, Schutz, Wohnung) steht oder mit dem Betrieb. Bei einem Personenaufzug ist ersteres gegeben, da er der eigentlichen Gebäudenutzung dient (H 4.2 Abs. 5 „Unselbständige Gebäudeteile" EStH). Er ist ein *unselbständiger Gebäudeteil*, also Bestandteil der Bewertungseinheit "Gebäude". Ein Lastenaufzug ist jedoch nicht zur eigentlichen Gebäudenutzung, sondern zur Ermöglichung von Lagerung und Produktion in verschiedenen Etagen erforderlich, steht also in einem Funktionszusammenhang mit dem Betrieb. Er ist ein selbständiges bewegliches Wirtschaftsgut, eine Betriebsvorrichtung.

Die Klassifizierung als Gebäudeteil oder als Betriebsvorrichtung ist deshalb wichtig und in der Praxis häufig ein Streitobjekt zwischen Unternehmen und Finanzamt, weil Betriebsvorrichtungen als bewegliche Anlagegüter nach § 7 Abs. 1 oder 2 EStG über eine betriebsgewöhnliche Nutzungsdauer von 5-12 Jahren abgeschrieben werden können, während die Nutzungsdauer von Gebäuden gemäß § 7 Abs. 4 EStG i.d.R. mindestens 33 1/3 Jahre beträgt.

Ladeneinbauten, Gaststättentheken, Schaufensteranlagen Schalterhallen von Kreditinstituten etc. sind ebenfalls keine unselbständigen Gebäudeteile, da sie nicht dem eigentlichen Gebäudezweck, sondern primär dem Gewerbe dienen[1]. Sie stellen selbständige Gebäudeteile dar, sind *unbewegliche* Wirtschaftsgüter, und nach § 7 Abs. 5a i.V.m. § 7 Abs. 4 oder 5 EStG über ihre tatsächliche Nutzungsdauer (5-10 Jahre; § 7 Abs. 4 Satz 2 EStG) abzuschreiben. Sie werden meist als "Betriebs- und Geschäftsausstattung" ausgewiesen.

Scheinbestandteile sind Gegenstände, die meist vom Mieter oder Pächter nur zu einem vorübergehenden Zweck in das Gebäude eingefügt sind (§ 95 Abs. 2 BGB), wie z.B. Raumteiler, nach ihrem Entfernen aus dem Gebäude noch weiterverwendet werden können und somit einen Wert haben, der wesentlich über dem Schrottwert liegt. Sie sind bewegliche Wirtschaftsgüter, die unter der Position "Betriebs- und Geschäftsausstattung" ausgewiesen werden und nach § 7 Abs. 1 oder 2 EStG über ihre betriebsgewöhnliche Nutzungsdauer abzuschreiben sind (R 7.1 Abs. 4 EStR; H 7.1 "Scheinbestandteile" EStH).

Einbauten des Mieters in die gemieteten Räume sind grundsätzlich auch einer der erläuterten Kategorien zuzuordnen (R 7.1 Abs. 6 EStR). Das BMF-Schreiben vom 15.1.1976 (BStBl. I S. 66) regelt Einzelheiten hierzu.

Ein Gebäude kann maximal aus vier verschiedenen Wirtschaftsgütern (*"Sonstige selbständige Gebäudeteile"*) bestehen, die unabhängig voneinander dem Betriebs- oder dem Privatvermögen zugeordnet werden (R 4.2 Abs. 4 EStR):

Art der Nutzung des Gebäudeteils	*Zuordnung zum:*
eigenbetrieblich genutzte Gebäudeteile ⇨	notwendigen Betriebsvermögen
zur eigenen Wohnzwecken genutzte Gebäudeteile ⇨	notwendigen Privatvermögen
fremdbetrieblich genutzte Gebäudeteile ⇨	gewillkürten Betriebsvermögen oder Privatvermögen
zu fremden Wohnzwecken genutzte Gebäudeteile ⇨	gewillkürten Betriebsvermögen oder Privatvermögen

Die Zuordnung zum gewillkürten Betriebsvermögen ist jedoch nur möglich, wenn "die Grundstücksteile in einem gewissen Zusammenhang mit dem Betrieb stehen und ihn zu fördern bestimmt und geeignet sind" (R 4.2 Abs. 9 EStR). An eigene Arbeitnehmer vermietete Wohnungen sind notwendiges Betriebsvermögen, sofern für die Vermietung betriebliche Gründe maßgebend waren (R 4.2 Abs. 4 Satz 2 EStR). Der Grund und Boden gehört zu denselben Anteilen zum Betriebs- und Privatvermögen wie die zugehörigen sonstigen selbständigen Gebäudeteile (R 4.2 Abs. 7 Satz 2 und Abs. 9 Satz 7 EStR).

Für die Zuordnung der sonstigen selbständigen Gebäudeteile zum Betriebs- und Privatvermögen lässt die Finanzverwaltung folgende Vereinfachungsregelung zu:

Ein Gebäude kann zu 100 % als Privatvermögen behandelt werden, falls der eigenbetrieblich genutzte Teil von untergeordneter Bedeutung ist. Dies ist gegeben, wenn der Wert des eigenbetrieblich genutzten Gebäudeteils einschließlich des anteiligen Grund und Bodens höchstens 20% des gemeinen Werts (Verkehrswerts) des gesamten Grundstücks, höchstens aber 20.500 EUR (§ 8 EStDV; R 4.2 Abs. 8 EStR) beträgt. Dabei wird der prozentuale Wert i.d.R. entsprechend dem Anteil der Teilnutzfläche an der Gesamtnutzfläche ermittelt. Die Einhaltung dieser Grenzen ist für jeden Bilanzstichtag neu zu prüfen, ist eine davon überschritten, muss

---

[1] R 7.1 Abs. 6 EStR; R 4.2 Abs. 3 Satz 3 Nr. 3 EStR; H 7.1 „Gebäudeteile" EStH.

eine Einlage des eigenbetrieblich genutzten Teils in das Betriebsvermögen erfolgen. Die auf den eigenbetrieblich genutzten Teil entfallenden Gebäudeaufwendungen (z.B. direkt zuordenbare Fensterreparaturen; eine flächenanteilig zugerechnete Dachreparatur; anteilige Abschreibungen) sind trotz der Behandlung des Gebäudeteils als Privatvermögen Betriebsausgaben und mindern den betrieblichen Gewinn (R 4.7 Abs. 2 Satz 4 EStR). Die Einschränkung auf einen so geringen absoluten Wert des eigenbetrieblich genutzten Gebäudeteils, der wohl nur ein angebauter Lagerschuppen sein kann, liegt darin begründet, dass Veräußerungsgewinne für Gegenstände des Privatvermögens (Ausnahme: Gewinne aus privaten Veräußerungsgeschäften gemäß § 23 EStG) im Gegensatz zu solchen des Betriebsvermögens steuerfrei sind und dies hier auch für den eigenbetrieblich genutzten Teil gilt.

Aufgabe 35: Gebäude

(2) Technische Anlagen und Maschinen

Zu den größer dimensionierten technischen Anlagen gehören z.B. Hochöfen, Gießereien, Fertigungsstraßen, Transportanlagen, Kraftwerke. Beispiele für Maschinen sind Drehmaschinen, Fräsmaschinen, Stanzmaschinen, Werkzeugmaschinen, Abfüllmaschinen.

Hierzu gehören auch fest mit einem Gebäude verbundene Betriebsvorrichtungen wie z.B. Laufkräne, Rohrleitungen, Hebebühnen.

Ersatz- und Reserveteile sind, sofern sie speziell zu bestimmten Maschinen gehören, mit diesen zu aktivieren und abzuschreiben. Universell verwendbare Ersatz- und Reserveteile (z.B. Luftfilter, Ölfilter, Leitungen) sind im Vorratsvermögen auszuweisen. In der Praxis wird jedoch oft nur die Erstausstattung mit der Anlage selbst aktiviert, während später nachgekaufte Teile generell im Vorratsvermögen geführt werden.

(3) Andere Anlagen, Betriebs- und Geschäftsausstattung

Unter dieser Position sind alle anderen beweglichen Sachanlagegüter auszuweisen, die nicht zu "Technischen Anlagen und Maschinen" gehören. Beispiele: Werkzeuge, Büroeinrichtungen, Fuhrpark, Ladeneinbauten, Fernsprechanlagen.

(4) Geleistete Anzahlungen und Anlagen im Bau

In dieser Bilanzposition werden Anzahlungen von Unternehmen zum Erwerb von Sachanlagen sowie am Bilanzstichtag noch nicht fertig gestellte Vermögensgegenstände des Sachanlagevermögens ausgewiesen. Anzahlungen haben Forderungscharakter und sind mit den tatsächlich geleisteten Beträgen anzusetzen. Anlagen im Bau sind mit den bis zum Bilanzstichtag angefallenen Anschaffungs- oder Herstellungskosten zu bewerten. In beiden Fällen, die oft nur schwer trennbar sind, erfolgt später, nämlich bei Lieferung der angezahlten Anlage oder bei Fertigstellung der Anlagen im Bau, eine Umbuchung auf das entsprechende Sachanlagenkonto. Erst dann beginnt die planmäßige Abschreibung.

Bilanzierung und Bewertung des Anlagevermögens

(5) Begriff der Sachanlagen nach IFRS

Zum Sachanlagevermögen („Property, Plant and Equipment") zählen solche materiellen Vermögenswerte („Tangible Assets"),
„(a) die für Zwecke der Herstellung oder der Lieferung von Gütern oder Dienstleistungen, zur Vermietung an Dritte oder für Verwaltungszwecke gehalten werden, und die
(b) erwartungsgemäß länger als eine Periode genutzt werden" (IAS 16.6).

Die zweite Bedingung, wird in der Literatur nicht einheitlich interpretiert. Zum einen wird aus dem Wortlaut die Voraussetzung einer mehr als zwölfmonatigen Nutzung[1], zum anderen einer Nutzung über den Bilanzstichtag hinaus, gegebenenfalls nur während weniger Monate[2], geschlossen. M.E. ist aus dem Wortlaut und dem Gesamtregelungsgegenstand des IAS 16 zu schließen, dass die Vermögenswerte erwartungsgemäß länger als 12 Monate genutzt werden müssen.

Die traditionelle Bewertungsmethode für Sachanlagen ist die Bewertung mit fortgeführten Anschaffungskosten („Anschaffungskostenmodell" gemäß IAS 16.30). Die ursprünglichen Anschaffungskosten bei abnutzbaren Sachanlagen sind nach Abzug eines eventuellen Restwerts planmäßig durch Abschreibungen über die Nutzungsdauer zu verteilen. Bei der Wahl der Abschreibungsmethode ist darauf zu achten, dass diese den Nutzenverlauf widerspiegelt. Als alternativ zulässige Methode (Wahlrecht gemäß IAS 16.29) kann auch das Neubewertungsmodell[3] mit einer Bewertung zum jeweils am Bilanzstichtag beizulegenden Zeitwert („Fair Value"), der durchaus die ursprünglichen Anschaffungskosten überschreiten kann, gewählt werden (IAS 16.31ff.). Die Neubewertung ist in regelmäßigen Zeitabständen durchzuführen. Für das Sachanlagevermögen gilt es i.d.R. als ausreichend, wenn die Neubewertung alle drei bis fünf Jahre durchgeführt wird. Dabei ist diese gruppenweise für alle Sachanlagegüter durchzuführen, d.h. eine Neubewertung einzelner Sachanlagegüter einer Gruppe ist nicht gestattet.

c) Finanzanlagen nach HGB

Der gesonderte Ausweis von Finanzanlagen ist dadurch begründet, dass es sich um eine nicht adäquate Verwendung der von den Anteilseignern zur Verfügung gestellten Mittel handelt, die gesondert zu rechtfertigen ist. Die adäquate Verwendung ist zweifellos die Investition im eigenen Unternehmen. In § 266 Abs. 2 HGB werden die Finanzanlagen (Position A.III) folgendermaßen untergliedert:

> 1. Anteile an verbundenen Unternehmen
> 2. Ausleihungen an verbundene Unternehmen
> 3. Beteiligungen
> 4. Ausleihungen an Unternehmen, mit denen ein Beteiligungsverhältnis besteht
> 5. Wertpapiere des Anlagevermögens
> 6. Sonstige Ausleihungen

---

[1] Vgl. Hayn, S.: Die International Accounting Standards (Teil II), WPg 1994, S. 750.
[2] Vgl. Ballwieser, in: Baetge u.a. IAS 16, Tz. 3.
[3] Siehe dazu im Einzelnen die Kapitel B.III.7.a) und B.IV.2.a)(10).

Das Finanzanlagevermögen lässt sich in zwei große Gruppen unterteilen. Erstens in Anlagen, bei denen die Gesellschaft *Anteilseigner* ist, also aufgrund einer gesellschaftsrechtlichen Vereinbarung Eigenkapital hingegeben hat. Dies ist der Fall bei Anteilen, Beteiligungen und Wertpapieren. Zweitens handelt es sich um Finanzanlagen, die auf einem schuldrechtlichen Vertrag basieren, bei denen die Gesellschaft also *Gläubiger* (Fremdkapitalgeber) ist (Ausleihungen, Wertpapiere, gewährte Darlehen). Allen Finanzanlagen ist gemeinsam, dass es sich um eine Investition handelt, die dauernd dem Geschäftsbetrieb zu dienen bestimmt ist (§ 247 Abs. 2 HGB). Eine exakte Bestimmung, ab welchem Zeitraum diese Zweckbestimmung gegeben ist, gibt es jedoch nicht. Unter Ausleihungen sind jedenfalls keine Forderungen auszuweisen, die im Zusammenhang mit dem laufenden Geschäftsverkehr stehen.

Hauptgliederungskriterium ist die Art der Unternehmensbeziehung. Es wird zwischen verbundenen Unternehmen, Unternehmen, mit denen ein Beteiligungsverhältnis besteht und übrigen unterschieden.

(1) Beteiligungen

Als Beteiligungen sind gemäß § 271 Abs. 1 HGB "Anteile an anderen Unternehmungen, die bestimmt sind, dem eigenen Geschäftsbetrieb durch Herstellung einer dauernden Verbindung zu jenen Unternehmen zu dienen" auszuweisen. Voraussetzung ist also, dass mit dem Erwerb der Anteile eine langfristige Investition beabsichtigt ist und das Interesse über eine reine Kapitalanlage hinausgeht. Motiv für die Schaffung einer solchen dauerhaften Verbindung kann die Sicherung einer Bezugsquelle für Rohstoffe (z.B. in der Chemieindustrie) sein oder die Festigung der Beziehungen zu einer Einzelhandelskette als wichtigem Vertriebskanal. Auf die Höhe des Anteils kommt es dabei nicht an. Außerdem muss weder die Absicht noch die tatsächliche Realisierung der Absicht vorliegen, auf die Geschäftsführung gesellschaftsrechtlich Einfluss zu nehmen.

Ist es zweifelhaft, ob eine Beteiligung vorliegt oder Wertpapiere des Anlagevermögens, so wird das Vorliegen einer Beteiligung dann unterstellt, wenn es sich um *Anteile an einer Kapitalgesellschaft* handelt, die 20 % des gezeichneten Kapitals übersteigen. Diese Beteiligungsvermutung ist also bei entsprechender Begründung widerlegbar. Bei der Berechnung des Anteils am gezeichneten Kapital sind auch Anteile, die einem vom Anteilseigner abhängigen Unternehmen oder einem für Rechnung des Anteilseigner tätigen Unternehmen gehören, hinzuzuaddieren (§ 16 Abs. 4 AktG). Außerdem sind eigene Anteile der Kapitalgesellschaft, an der die Beteiligung besteht, als Korrekturposten von deren Nennkapital abzuziehen (§ 16 Abs. 2 AktG).

Anteile an Personenhandelsgesellschaften gelten stets als Beteiligungen, da hier aufgrund der mangelnden Fungibilität (=Handelbarkeit) der Anteile und der besonderen Stellung eines Gesellschafters einer Personenhandelsgesellschaft i.d.R. eine dauernde Verbindung zum Wohle des eigenen Geschäftsbetriebs beabsichtigt sein wird. Ob diese immer gültige Beteiligungsfiktion im Falle eines kleinen Kommanditanteils an einer Publikums-KG mit vielen hundert Kommanditisten ihre Berechtigung hat, ist zumindest zweifelhaft. Hier dürfte die langfristige Kapitalanlage eher das Motiv sein. Eine andere Zuordnung ist allerdings, abgesehen von der Bildung eines speziellen Postens, nicht möglich. Das Gesetz formuliert die Voraussetzung auch weniger streng, da es nur auf die Absicht, nicht auf das Erreichen dieses Ziels ankommt. Auch beim Besitz weniger Aktien einer großen Aktiengesellschaft mit entsprechender Zweckbestimmung ist fraglich, ob tatsächlich eine Verbindung durch die Anteile geschaffen wird oder nicht.

Die Beteiligung an einer Personenhandelsgesellschaft ist ein selbständiger Vermögensgegenstand, sodass die handelsrechtliche Bewertungskonzeption für das Anlagevermögen Geltung hat. Besonderheiten hinsichtlich dieses Postens in der *Handelsbilanz* gibt es nicht, es gibt auch keine grundsätzlichen Unterschiede zur Beteiligung an einer Kapitalgesellschaft. Ausgangspunkt sind die Anschaffungskosten, die im Kaufpreis bzw. einer Einlage und den Nebenkosten bestehen. Bei Minderungen des Ertragswertes unter die Anschaffungskosten ist § 253 Abs. 3 HGB, bei Wegfall der Minderungsgründe § 253 Abs. 5 HGB zu beachten. Verluste der Personengesellschaft sind also nur dann zu berücksichtigen, wenn der Wert der Beteiligung unter den Buchwert gesunken ist.

Steuerbilanz: Für Personengesellschaften (**Mitunternehmerschaften**) ist steuerlich vom Betriebsstättenfinanzamt eine einheitliche und gesonderte Gewinnfeststellung gemäß §§ 179, 180 AO durchzuführen. Der Grund für diese besondere Feststellung des Gewinnes liegt darin, dass die Personengesellschaft kein selbständiges Steuersubjekt ist und deren Gewinn daher anteilig Besteuerungsgrundlage für die Einkommensteuer der verschiedenen Gesellschafter ist. Der Gewinnfeststellungsbescheid enthält daher auch die Anteile der verschiedenen Gesellschafter (Mitunternehmer). Bei der Gewinnfeststellung werden alle Gesellschafter einheitlich behandelt, d.h. insbesondere, dass Sonder- und Ergänzungsbilanzen der Gesellschafter und die Gesellschaftsbilanz nach einheitlichen Regeln, z.B. Abschreibungsmethoden, aufgestellt sind.

Da der Gewinnfeststellungsbescheid des Betriebsstättenfinanzamts Grundlage für die Besteuerung des Gewinnanteils des Gesellschafters beim Wohnsitzfinanzamt ist, können Veränderungen des Beteiligungsbuchwerts beim bilanzierenden Gesellschafter keine Steuerwirkungen entfalten. Der Posten "Beteiligungen an Personengesellschaften" hat demnach keine eigenständige Bedeutung, sondern muss wertmäßig mit dem Kapitalkonto des Gesellschafters bei der Personengesellschaft übereinstimmen. Er ist also lediglich Spiegelbild des Kapitalkontos, und kein selbständiges Wirtschaftsgut. Nach dieser **"Spiegelbildmethode"** korrespondiert das Beteiligungskonto des Gesellschafters mit seinem Kapitalkonto bei der Personengesellschaft. Mit Ablauf des Geschäftsjahrs der Personengesellschaft wird dem Gesellschafter sein Gewinnanteil unabhängig von einer eventuellen Entnahme sofort gutgeschrieben.

Genossenschaftsanteile werden nicht als Beteiligungen angesehen (§ 271 Abs. 1 Satz 5). Diese Vorschrift soll verhindern, dass Kontokorrentkredite bei Kreditgenossenschaften (Volks- und Raiffeisenbanken) als "Verbindlichkeiten gegenüber Unternehmen, mit denen ein Beteiligungsverhältnis besteht" statt als "Bankverbindlichkeiten" ausgewiesen werden müssen. Heutzutage ist es jedoch allgemein nicht mehr erforderlich, Genossenschaftsanteile zu erwerben, um bei einer Kreditgenossenschaft einen Kontokorrentkredit aufnehmen zu können.

(2) Verbundene Unternehmen

Als verbundene Unternehmen im Sinne des HGB werden gemäß § 271 Abs. 2 HGB Mutter- und Tochtergesellschaften, die nach § 290 HGB in einen Konzernabschluss einzubeziehen sind, verstanden.

In folgenden Fällen muss ein Konzernabschluss von einer inländischen Kapitalgesellschaft als Muttergesellschaft aufgestellt werden:
- es besteht zwischen den Gesellschaften eine Beteiligung i.S.v. § 271 Abs. 1 HGB, und die Gesellschaften stehen unter einer einheitlichen Leitung der Muttergesellschaft, d.h. die

Muttergesellschaft setzt tatsächlich in diesen rechtlich zwar selbständigen Gesellschaften eine ihr genehme Geschäftspolitik durch (§ 290 Abs. 1 HGB),
- es besteht eine Beteiligung mit Mehrheit der Stimmrechte (§ 290 Abs. 2 Nr. 1 HGB),
- die Muttergesellschaft ist Gesellschafter mit beliebig hohem Anteil und hat das Recht zur Bestellung oder Abberufung der Organe (§ 290 Abs. 2 Nr. 2 HGB),
- die Muttergesellschaft kann aufgrund eines abgeschlossenen Beherrschungsvertrags oder aufgrund von Satzungsbestimmungen einen beherrschenden Einfluss auf die Gesellschaften ausüben (§ 290 Abs. 2 Nr. 3 HGB).

In den Fällen, in denen sowohl ein verbundenes Unternehmen als auch eine Beteiligung i.S.v. § 271 Abs. 1 HGB vorliegt, hat die besondere Klassifizierung als verbundenes Unternehmen Vorrang. Im Ausnahmefall kann bei wechselseitiger Beteiligung auch eine Tochtergesellschaft Anteile an verbundenen Unternehmen ausweisen. Eine Darlehensgewährung der Tochter- an die Muttergesellschaft ("Ausleihungen an verbundene Unternehmen") kommt dagegen häufiger vor.

Frage:
Warum ist ein gesonderter Ausweis der Eigen- oder Fremdkapitalhingabe an verbundene Unternehmen gefordert?

Antwort:
Zum einen werden auf diese Weise den Anteilseignern, Gläubigern und der interessierten Öffentlichkeit mehr Informationen über Verflechtungen und Machtbeziehungen zwischen Unternehmen zugänglich gemacht. Für einen (potenziellen) Gläubiger oder einen Anteilseigner ist es wichtig zu wissen, ob Forderungen größeren Volumens an ein fremdes Unternehmen oder an ein Mutter- oder Tochterunternehmen bestehen. Diese Informationen spielen eine wichtige Rolle im Zusammenhang mit einer Kreditwürdigkeitsprüfung durch eine Bank oder einen Lieferanten.

Eine Forderung gegen die Tochtergesellschaft wird in schlechter wirtschaftlicher Lage der Muttergesellschaft besonders skeptisch beurteilt werden, denn es ist zu erwarten, dass die Muttergesellschaft Liquidität und Kapital aus den Tochtergesellschaften bereits herausgezogen hat, bevor ihre eigene Schieflage an die Öffentlichkeit gedrungen ist. Somit wird die Tochter wohl kaum ihre Verpflichtung termingerecht oder gar vorzeitig erfüllen können. Eine Ausleihung der Tochtergesellschaft an die Muttergesellschaft könnte ebenfalls mit Vorsicht zu beurteilen sein, da die Muttergesellschaft sich möglicherweise bei der Tochter verschuldet hat, weil keine Bank sie noch als kreditwürdig einstufen würde. Die Forderung könnte daher bereits wertlos sein.

Auch die Verbindlichkeiten gegenüber verbundenen Unternehmen sind getrennt auszuweisen (§ 266 Abs. 3 Position C.6. HGB). Im Falle einer größeren Verbindlichkeit der Tochtergesellschaft gegenüber der Muttergesellschaft könnte die Verbundbeziehung einen (potenziellen) Gläubiger durchaus auch zu einer positiveren Beurteilung veranlassen als Kreditbeziehungen in gleicher Höhe zu einem fremden Dritten. Zumindest solange die Muttergesellschaft wirtschaftlich gesund ist, wird sie der Tochtergesellschaft z.B. bei einem Liquiditätsengpass problemlos Zins- und Tilgungsstundung gewähren.

(3) Wertpapiere des Anlagevermögens

Da es sich um Anlagevermögen handelt, sind diese Wertpapiere bestimmt, "dauernd dem Geschäftsbetrieb zu dienen" (§ 247 Abs. 2 HGB). Andererseits sind sie nicht der Bilanzposition "Beteiligungen" zuzuordnen, so dass sie daher nicht dazu bestimmt sein dürfen, "dem eigenen Geschäftsbetrieb durch Herstellung einer dauernden Verbindung zu jenen Unternehmen zu dienen" (§ 271 Abs. 1 HGB). Mit anderen Worten darf es sich somit nur um eine reine langfristige Kapitalanlage ohne die Absicht zu einer wirtschaftlichen Geschäftsverbindung mit dieser Kapitalgesellschaft handeln. Liegt dagegen die Absicht vor, kurzfristig Liquiditätsüberschüsse Zins bringend anzulegen, so handelt es sich um Wertpapiere des Umlaufvermögens.

In diesem Bilanzposten sind also Wertpapiere, die Eigentümerrechte oder Gläubigerrechte verbriefen und eine unbegrenzte oder eine lange Laufzeit haben, auszuweisen: Aktien, Genussscheine, Optionsanleihen, Wandelschuldverschreibungen, Gewinnschuldverschreibungen, Obligationen, Pfandbriefe etc. Die zu diesen Wertpapieren gehörenden Zins- und Dividendenscheine sind als Wertpapiere des Umlaufvermögens auszuweisen.

Problematisch ist die Einordnung von **GmbH-Anteilen**, bei denen die Beteiligungsabsicht fehlt und die deshalb nicht als Beteiligungen ausgewiesen werden dürfen. Da diese Anteile nicht verbrieft sind, handelt es sich nicht um Wertpapiere des Anlagevermögens. In der Literatur wird u.a. vertreten, sie unter § 266 Abs. 2 Position A.III.6 "Sonstige Ausleihungen" HGB mit angepasster Überschrift einzuordnen (vgl. ADS § 266, Tz. 92) oder generell als Beteiligungen auszuweisen. M.E. sind beide Ausweisformen sachlich unzutreffend, so dass nur die Bildung einer Sonderposition gemäß § 265 Abs. 5 HGB in Frage kommt.

(4) Ausleihungen und unverzinsliche Forderungen

Ausleihungen sind mit Daueranlageabsicht gewährte Darlehen an andere Unternehmen oder an Arbeitnehmer. Nach h.M. muss die Gesamtlaufzeit der Darlehen mindestens 1 Jahr betragen. Hier auszuweisen sind aber nur langfristige Finanzierungsgeschäfte, dagegen gehören Forderungen aus Lieferungen und Leistungen auch bei Zahlungszielen von mehr als 12 Monaten ins **Umlaufvermögen**, weil die Daueranlageabsicht fehlt. Unter "Sonstige Ausleihungen" sind alle langfristigen Forderungen auszuweisen, die weder gegenüber verbundenen Unternehmen noch gegenüber Beteiligungsgesellschaften bestehen. Im Anhang sind die Ausleihungen an Mitglieder des Vorstands, der Geschäftsführung, des Aufsichtsrats oder eines Beirats unter Angabe der wesentlichen Konditionen anzugeben (§ 285 Nr. 9c HGB). Dadurch sollen gegebenenfalls nicht marktgerechte Bedingungen bei solchen Krediten den Anteilseignern, Gläubigern etc. vor Augen geführt werden.

Fremdwährungsforderungen werden in Kapitel "Forderungen und Sonstige Vermögensgegenstände" im Umlaufvermögen behandelt.

Unverzinsliche oder niedrig verzinsliche Ausleihungen kommen in der Praxis häufig in der Form von Darlehen des Arbeitgebers an Arbeitnehmer ("Arbeitnehmer-Darlehen") zur Unterstützung bei der privaten Baufinanzierung oder bei Ausleihungen zwischen Mutter-, Tochter- und Schwestergesellschaften vor. Im ersteren Falle ergeben sich lohnsteuerliche Fragen, im zweiten Falle körperschaftsteuerliche Probleme (verdeckte Gewinnausschüttungen, verdeckte Einlagen), hinsichtlich derer auf die einschlägige steuerrechtliche Fachliteratur verwiesen werden muss.

Handelsrechtlich sind *zinslose langfristige Darlehen* mit dem Marktzins (= landesüblicher Zinssatz für Papiere mit der gleichen Laufzeit) und niedrig verzinsliche mit der Differenz zwischen dem vereinbarten Zinssatz und dem Marktzins abzuzinsen, um eine Vergleichbarkeit zu den zum Marktniveau verzinslichen Ausleihungen herzustellen. Der Zinsnachteil mindert also, sofern er nicht durch andere Gegenleistungen des Schuldners (z.B. durch Bierabnahmeverpflichtung von der Kredit gebenden Brauerei) ausgeglichen wird, den Wert der Forderung. Der Barwert ist demnach als beizulegender Wert der Forderung anzusehen und die Abzinsung als "Abschreibungen auf Finanzanlagen" nach § 253 Abs. 3 HGB. Vertritt man die Auffassung, dass der Zinsverlust den Wert der Forderung dauerhaft mindert, auch wenn dieser wieder stetig ansteigt und am Tag der Fälligkeit dem Nominalwert entspricht, besteht eine Abschreibungspflicht. Die späteren, auf die Gesamtlaufzeit des Darlehens verteilten Aufzinsungen sind entsprechend als Zuschreibungserträge auszuweisen (§ 253 Abs. 5 HGB)[1].

Steuerrechtlich wird der Nennbetrag einer Darlehensforderung als deren Anschaffungskosten angesehen. Bei Unverzinslichkeit oder Unterverzinslichkeit entspricht der Teilwert der Darlehensforderung ihrem Barwert, sofern nicht abgrenzbare andersartige Gegenleistungen des Schuldners (z.B. Bierlieferungsrechte; Bindung von Mitarbeitern an den Betrieb, s.u.) den Zinsnachteil ausgleichen[2]. Der Teilwert sinkt auch bei Forderungen aus Lieferungen und Leistungen auf den Barwert, wenn vertragswidrig eine verspätete Zahlung erwartet wird und Verzugszinsen nicht zu entrichten sind.[3] Maßgebender Vergleichszins ist der steuerlich übliche Zinssatz von 5,5 % (BMF-Schreiben vom 28.3.1980, DB 1980, S. 663). Der Teilwert steigt jedoch während der Darlehenslaufzeit sukzessive bis zum Nennwert bei Fälligkeit an. Je nachdem, ob man dies als dauerhafte (s.o. und Fußnote 1) oder vorübergehende Wertminderung interpretiert, ergibt sich ein Wahlrecht oder Verbot der Teilwertabschreibung. Nach den Grundsätzen des BMF-Schreibens vom 2.9.2016 (BStBl 2016 I S. 995, Rn. 15) müsste die Wertminderung am Bilanzstichtag jeweils noch mindestens bis zum Bilanzaufstellungstag (oder dem früheren Fälligkeitstag der Forderung) anhalten, um dauerhaft zu sein. Da der Teilwert (= Barwert) durch stetige Aufzinsung laufend etwas ansteigt, liegt somit nach dem o.g. BMF-Schreiben eine *vorübergehende Wertminderung* vor, sodass gemäß § 6 Abs. 1 Nr.2 Satz 2 EStG unabhängig von der handelsrechtlichen Regelung (§ 5 Abs. 6 EStG) ein Abschreibungsverbot gilt.

Handels- und Steuerrecht: Bei lang- und mittelfristigen *Forderungen aus Lieferungen und Leistungen*, z.B. aufgrund einer Lieferung in das Ausland, bei der der Kaufpreis längerfristig gestundet wird, ist davon auszugehen, dass im Forderungsbetrag *(versteckt) ein Zinsanteil enthalten* ist. Allerdings geht es jetzt nicht um die Vornahme einer Teilwertabschreibung, sondern um die Trennung der Lieferforderung von der Zinsforderung. Damit ist das im vorigen Absatz genannte Verbot der Teilwertabschreibung in der Steuerbilanz hier nicht relevant. Diese Zinsforderung aus dem Kreditgeschäft ist zu Beginn der Laufzeit noch nicht realisiert, sodass deren Aktivierung gegen das Realisationsprinzip verstoßen würde. Bei der so gen. Nettomethode wird der Barwert der Kaufpreisforderung, der dann dem eigentlichen Umsatzerlös entspricht, als deren Anschaffungskosten angesehen und muss angesetzt werden. Die so abgezinste Forderung wird schrittweise wieder aufgezinst („Zinserträge"), bis sie am Ende der Laufzeit den Nennwert (einschließlich der Zinsforderung aus dem Kreditgeschäft) erreicht hat. Die Abzinsung (und auch die Aufzinsung) werden als Pflicht bei lang- und mittelfristigen Forderungen angesehen, bei kurzen Restlaufzeiten und kleinen Forderungsbeträgen jedoch als

---

[1] Vgl. Knobbe-Keuk, B.: Bilanz- und Unternehmenssteuerrecht, 9. Aufl., 1993, S. 227 f. M.E. lässt sich der Sachverhalt auch als vorübergehende Wertminderung mit der handelsrechtlichen Konsequenz eines Wahlrechts zur außerplanmäßigen Abschreibung interpretieren. Ebenso offenbar Karrenbauer/Döring/Buchholz, in: Küting/Weber § 253 Tz. 42, 47 u. 49.
[2] Vgl. BFH 30.11.1988, BStBl. 1990 II, S. 117, S. 639; BFH; BStBl. 1981 II, S. 160; BFH 26.2.1975, BStBl. 1976 II, S.13.
[3] Vgl. Ellrott/Roscher in: Beck Bil-Komm. § 253 Tz. 593.

Wahlrecht (Grundsatz der Wirtschaftlichkeit). Alternativ ist auch die so gen. **Bruttomethode**[1] anwendbar. In diesem Falle wird die Forderung zum Nennwert angesetzt. Die Differenz zwischen dem Nennwert und dem Barwert der Forderung ist mit Hilfe eines passiven RAP über die Laufzeit zu verteilen.

Arbeitnehmer-Darlehen dürfen seit dem Urteil des BFH vom 30.11.1988 (BStBl. 1990 II S. 117) steuerlich nicht abgezinst werden. In diesem Urteil stellte der BFH fest, dass der Teilwert von unverzinslichen langfristigen Forderungen nicht unter dem Nominalwert liegt, da zwar keine konkrete Gegenleistung der Darlehensempfänger gegeben sei, wohl aber eine Auswirkung auf das Betriebsklima und die soziale Zufriedenheit der Darlehensnehmer und damit auf deren Arbeitsleistung und Arbeitseinsatz. Diese Rechtsprechung hat eine Bewertungsdifferenz zwischen Handels- und Steuerbilanz zur Folge, da die handelsrechtliche h.M. diese Wirkungen zwar als angestrebt, nicht aber als rechtswirksam gesichert und daher nicht als Zins ersetzenden Vorteil ansieht.[2]

Aufgabe 36: Unverzinsliche Forderungen

d) Finanzinstrumente nach IFRS 9

Finanzanlagen („Long-Term Investments") sind Vermögenswerte, die der Erzielung von Einnahmen oder Wertsteigerungen oder sonstigen Vorteilen voraussichtlich für mehr als eine Periode dienen. Sie fallen unter die Regelung des IFRS 9, der auch für die Bewertung der kurzfristigen Finanzinstrumente und der finanziellen Verbindlichkeiten maßgeblich ist.

Am 24.7.2014 wurde der neue Standard IFRS 9 in vollständiger und endgültiger Fassung veröffentlicht, der Ansatz und Bewertung von Finanzinstrumenten regelt und den bisherigen Standard für Finanzinstrumente IAS 39 ersetzt. Die Ablösung des IAS 39 war vom IASB für notwendig erachtet worden, um zum einen Klagen über die hohe Komplexität des Standards zu begegnen und zum anderen Regelungen, die sich in der Finanzmarktkrise ab 2007 nicht bewährt haben, zu verbessern. Der IFRS 9 ist für Geschäftsjahre, die am 1.1.2018 oder später beginnen, verpflichtend anzuwenden.

In folgenden Ausnahmefällen gibt es für Finanzinstrumente spezielle Regelungen in anderen Standards:
- Anteile an Tochterunternehmen, assoziierten Unternehmen und Gemeinschaftsunternehmen und Derivate auf diese (IFRS 10, IAS 27, IAS 28).
- Rechte und Verpflichtungen aus Leasingverhältnissen (IFRS 16)
- Rechte und Verpflichtungen eines Arbeitgebers aus Altersversorgungsplänen (IAS 19)
- vom betrachteten Unternehmen emittierte Eigenkapitalinstrumente und Optionen darauf; der Inhaber solcher Instrumente hat jedoch IFRS 9 anzuwenden, es sei denn die erstgenannte Ausnahme liegt vor
- Rechte und Verpflichtungen aus Versicherungsverträgen (IFRS 4)
- Termingeschäfte mit dem Ziel eines Gesamtunternehmenskaufs oder -verkaufs (IFRS 3)
- bestimmte Kreditzusagen
- Finanzinstrumente, Verträge und Verpflichtungen im Zusammenhang mit anteilsbasierten Vergütungen (IFRS 2)

---

[1] Vgl. BFH, BStBl. 1987 II, S. 556.
[2] Vgl. z.B. Hoyos/Gutike, in: Beck Bil.-Komm. § 253 Tz. 410.

- Ersatz für Ausgaben, für die nach IAS 37 eine Rückstellung gebildet wurde
- Bestimmte Rechte und Verpflichtungen aus Verträgen mit Kunden (IFRS 15).

Weiterhin sind spezielle (bisherige) Finanzanlagen in folgenden Standards geregelt:
- IAS 40: Als Finanzinvestition gehaltene Immobilien („Investment Property"),
- IFRS 5: Zur Veräußerung gehaltene langfristige Vermögenswerte und aufgegebene Geschäftsbereiche („Non-Current Assets Held for Sale and Discontinued Operations"), die die obige Definition der Finanzanlagen nicht mehr erfüllen und daher in das Umlaufvermögen umzugliedern sind.

(1) Definitionen

Ansatz und Bewertung von Finanzinstrumenten sind in IFRS 9 geregelt, Angaben und Darstellung (Ausweis) im IAS 32 und die Offenlegung von Finanzinstrumenten in IFRS 7, der für alle Branchen gültig ist. Durch diese drei Standards sollen Bilanzierung, Bewertung und Berichterstattung von Finanzinstrumenten für Banken, Versicherungen und Industrieunternehmen adäquat geregelt werden. Die Regelung ist sehr komplex, da sie umfassend angelegt ist und sowohl originäre als auch derivative, bilanzwirksame als auch bilanzunwirksame Finanzinstrumente betrifft. Insbesondere die Globalisierung der Kapitalmärkte und die Zunahme des Einsatzes von derivativen[1] Instrumenten zur Aufspaltung, Restrukturierung und zum Transfer von Finanzierungsrisiken haben zu gestiegenen Anforderungen an die Qualität der Rechnungslegung und der Risikoberichterstattung geführt.

Finanzinstrumente („financial instruments") (IAS 32)		
Finanzielle Vermögenswerte („Financial Assets")	*Finanzielle Verbindlichkeiten* („Financial Liabilities")	*Eigenkapitalinstrumente* („Equity Instruments")
z.B.: liquide Mittel, Forderungen, gehaltene Aktien, Geschäftsanteile, Bezugsrechte auf Aktien eines anderen Unternehmens (IAS 32.11)	z.B.: Darlehensverbindlichkeit; Industrieanleihe Wandel- und Optionsanleihen mit dem schuldrechtlichen Anteil) (IAS 32.11)	z.B.: gehaltene Stammaktien, GmbH-Anteile, Kapitalkonten von Gesellschaftern einer Personenhandelsgesellschaft unter bestimmten Voraus-setzungen (IAS 32.16A-D)

Ein *Finanzinstrument* ist ein Vertrag, der gleichzeitig zu einem finanziellen Vermögenswert („Financial Asset") bei einem Unternehmen und zu einer finanziellen Verbindlichkeit („Financial Liability") oder einem Eigenkapitalinstrument („Equity Instrument") bei einem anderen Unternehmen führt (IAS 32.11). Somit ist ein Warenverkauf auf Ziel an ein anderes Unternehmen ein Finanzinstrument, da es sich um einen Vertrag handelt, der beim verkaufenden Unternehmen zu einer Forderung und beim kaufenden Unternehmen zu einer Verbindlichkeit führt. *Eigenkapitalinstrumente* sind Finanzinstrumente eines Unternehmens, die einen An-

---

[1] Ein derivatives Finanzinstrument oder Derivat (lateinisch: derivare = ableiten) ist ein Finanzinstrument, dessen Preis vom Wert einer Basisgröße (sog. „Underlying", wie z.B. Wertpapier, Zinssatz, Marktindex, Wechselkurs), auf das Derivat bezogen ist, abgeleitet wird. Mit Derivaten, die keine oder nur eine geringe Anfangsauszahlung erfordern, können heute bereits Geschäfte abgeschlossen und deren Preise fixiert werden, die in der Zukunft erst erfüllt werden.

spruch auf das Reinvermögen einer anderen Gesellschaft beinhalten, also z.B. gehaltene Aktien oder GmbH-Anteile. Unter IFRS 9 fallen nur solche Anteile an anderen Unternehmen, die weder maßgeblichen Einfluss noch Kontrolle gewähren. Das *eigene Eigenkapital* des Unternehmens ist jedoch nach IFRS 9.2.1(d) vom Anwendungsbereich des IFRS 9 ausgenommen und entspricht dem Unterschiedsbetrag zwischen Vermögenswerten und Schulden. Gehaltene eigene Anteile sind also keine Finanzinstrumente. Steuererstattungsansprüche oder Steuerschulden stellen ebenfalls keine Finanzinstrumente dar.

Zu den *finanziellen Vermögenswerten* gehören (IFRS 9 Anh. A i.V.m. IAS 32.11):
- Flüssige Mittel,
- vertragliche Rechte auf den Erhalt von Zahlungsmitteln oder anderen finanziellen Vermögenswerten (z.B.: Ausleihungen, festverzinsliche Wertpapiere, Darlehensforderungen, Besitzwechsel, Forderungen aus Lieferungen und Leistungen),
- als Aktivum gehaltene Eigenkapitalinstrumente eines anderen Unternehmens (z.B.: Aktien, GmbH-Anteile),
- vertragliche Rechte auf Austausch von Finanzinstrumenten mit einem anderen Unternehmen unter potenziell vorteilhaften Bedingungen (Derivate, wie z.B. Kauf von Optionen auf einen finanziellen Vermögenswert einschl. Aktien anderer Unternehmen, Bezugsrechte auf Aktien eines anderen Unternehmens, Devisentermingeschäfte, Zinsswaps),
- Verträge, die der Vertragspartner durch Andienung/Lieferung einer variablen Zahl eigener Eigenkapitalinstrumente des Unternehmens, also z.B. Aktien oder GmbH-Anteile, erfüllt (erfüllen kann) und die derivativer oder nicht-derivativer Natur sein können.

Offensichtlich wird bei dem Begriff Finanzinstrumente keine Unterscheidung zwischen *Anlage- und Umlaufvermögen* getroffen. Die folgenden Ausführungen gelten also ebenso für Finanzinstrumente des Umlaufvermögens. Fällt die Restlaufzeit von zunächst langfristigen finanziellen Vermögenswerten unter ein Jahr, sind diese in das Umlaufvermögen umzugliedern.

Finanzielle Verbindlichkeiten sind nach IFRS 9 Anh. A i.V.m. IAS 32.11 gegeben, wenn eine vertragliche Verpflichtung vorliegt,
- Zahlungsmittel oder einen anderen finanziellen Vermögenswert an ein anderes Unternehmen zu liefern (z.B. Darlehensverbindlichkeiten, Verbindlichkeiten LuL, Schuldwechsel, Verbindlichkeiten aus emittierter Anleihe, Wandel- und Optionsanleihen mit dem schuldrechtlichen Anteil),
- Finanzinstrumente mit einem anderen Unternehmen zu möglicherweise nachteiligen Bedingungen auszutauschen (z.B. Verkauf von Optionen auf einen finanziellen Vermögenswert einschl. Aktien anderer Unternehmen, Devisentermingeschäfte),
- die durch Abgabe einer variablen Zahl eigener Eigenkapitalinstrumente des Unternehmens, also z.B. Aktien oder GmbH-Anteile, erfüllt wird (werden kann) und die derivativer oder nicht-derivativer Natur sein kann.

Unter einem *Eigenkapitalinstrument* versteht man einen Vertrag, der einen Residualanspruch an den Vermögenswerten eines Unternehmens nach Abzug aller dazugehörigen Schulden begründet (IFRS 9 Anh. A i.V.m. IAS 32.11). Es darf gemäß IAS 32.16 keine vertragliche Verpflichtung auf Abgabe von Zahlungsmitteln oder anderen finanziellen Vermögenswerten an ein anderes Unternehmen (feste Verzinsung; Kapitalrückzahlung) oder zum Austausch finanzieller Vermögenswerte oder Verbindlichkeiten mit einem anderen Unternehmen unter potenziell nachteiligen Bedingungen bestehen. Beispiele für Eigenkapitalinstrumente sind Aktien, GmbH-Anteile sowie Options- und Bezugsrechte, bei deren Ausübung das Unternehmen an den Inhaber eine feste Anzahl eigener Anteile gegen einen festen Betrag z.B. an flüssigen Mitteln zu liefern hat. Nicht dazu gehören z.B. Genussrechte mit fester Verzinsung und mit dem Recht auf außerordentliche Kündigung für den Inhaber. Außerdem sind z.B. Gesellschaftereinlagen bei Personenhandelsgesellschaften und Genossenschaftsanteile aufgrund der Kündigungsmöglichkeiten durch die Gesellschafter (§§ 132, 161 Abs. 2 HGB, § 65 GenG) prinzipiell als Fremdkapital auszuweisen. Die im Jahre 2009 eingefügten Regelungen IAS 32.16A-D ermöglichen allerdings, unter bestimmten Bedingungen, insbesondere bei Vorliegen der Nachrangigkeit[1], die Kapitalkonten der Gesellschafter deutscher Personenhandelsgesellschaften und Genossenschaften als Eigenkapital auszuweisen.

Die Klassifizierung eines Finanzinstruments als finanzieller Vermögenswert, als finanzielle Verbindlichkeit oder als Eigenkapitalinstrument hat beim erstmaligen Ansatz nicht nur aufgrund der rechtlichen Ausgestaltung, sondern vor allem auch unter Berücksichtigung der wirtschaftlichen Substanz des Finanzinstruments zu erfolgen (IAS 32.15; IAS 32.17 f.; IAS 32.25; IFRIC 2). So sind z.B. ausgegebene Vorzugsaktien, bei denen der Inhaber das Recht hat, vom Emittenten den späteren Rückkauf zu verlangen, den finanziellen Verbindlichkeiten zuzuordnen (IAS 32.18a).

Zu den Finanzinstrumenten gehören auch die so gen. *derivativen Finanzinstrumente.*[2] Gemäß IFRS 9 Anh. A liegt unter folgenden drei relativ allgemeinen Bedingungen ein Derivat vor:
- Der Wert des Finanzinstruments verändert sich infolge einer Änderung eines Zinssatzes, eines Wertpapierkurses, eines Rohstoffpreises, eines Wechselkurses, eines Preis- oder Zinsindexes, eines Bonitätsratings, eines Kreditindexes oder eines ähnlichen Basisobjektes.
- Es ist keine oder nur eine geringe Anfangsauszahlung erforderlich.
- Die Erfüllung erfolgt zu einem späteren Zeitpunkt.

Derivate sind somit beispielsweise Devisentermingeschäfte[3], Optionen[4], Futures[5], Zins-Caps[6], Zinsswaps[7], und ähnliche Instrumente. Derivate werden als finanzielle Vermögenswerte oder finanzielle Verbindlichkeiten bilanziert (IAS 32.26f. u. IAS 32.A27). Zu den finanziellen Vermögenswerten gehören vertragliche Rechte auf Austausch von Finanzinstrumenten mit

---

[1] Nachrangiges Kapital wird im Insolvenzfalle erst zurückgezahlt, wenn die Rückzahlungsansprüche aller bevorrechtigten Gläubiger und aller Gläubiger ohne besondere Rechte erfüllt worden sind. In der Regel geht es um Gläubiger mit so gen. Rangrücktritt, die Nachranganleihen oder Genussscheine besitzen. Hier sind Einlagen von Gesellschaftern einer Personenhandelsgesellschaft gemeint, die als haftendes Eigenkapital erst zurückgezahlt werden, wenn die Ansprüche aller Gläubiger befriedigt wurden.

[2] Ein derivatives Finanzinstrument oder Derivat (lateinisch: derivare = ableiten) ist ein Finanzinstrument, dessen Preis vom Wert einer Basisgröße (sogen. „Underlying", wie z.B. Wertpapier, Zinssatz, Marktindex, Wechselkurs), auf die das Derivat bezogen ist, abgeleitet wird. Mit Derivaten, die keine oder nur eine geringe Anfangsauszahlung erfordern, können heute bereits Geschäfte abgeschlossen und deren Preise fixiert werden, die in der Zukunft erst erfüllt werden.

[3] Devisentermingeschäfte beinhalten den Kauf oder Verkauf von Fremdwährungsguthaben zu einem bereits festgelegten Wechselkurs, wobei die Erfüllung des Geschäfts für einen in der Zukunft liegenden Zeitpunkt vereinbart ist.

[4] Optionen gewähren dem Käufer das Recht, beinhalten aber nicht die Verpflichtung, während eines festgelegten zukünftigen Zeitraums (oder zu einem bestimmten zukünftigen Zeitpunkt) einen bestimmten Basiswert (z.B. Aktien, Aktienindex, Rohstoffe) in vereinbarter Menge zu einem im Voraus festgelegten Preis erwerben (Kaufoption) oder veräußern (Verkaufsoption) zu können. Dafür hat er bei Vertragsschluss eine Optionsprämie an den Vertragspartner (zumeist: die EUREX) zu entrichten.

[5] Unter Futures sind börsenmäßig institutionalisierte Verträge zu verstehen, standardisierte Finanzinstrumente oder Waren zu kaufen oder zu verkaufen, deren Preis heute bereits festgelegt wird, deren Erfüllung jedoch erst zu einem (standardisierten) zukünftigen Zeitpunkt vereinbart ist.

[6] Zinscaps sind zeitlich aufeinander folgende Optionsbündel, die bei variabel verzinslichen Verbindlichkeiten, dem Käufer eine vereinbarte Zinsobergrenze garantieren.

[7] Unter einem Zinsswap versteht man den vertraglichen Austausch von festen und variablen Zinsverpflichtungen auf einen bestimmten Kapitalbetrag zwischen zwei Parteien. Es ist auch der Tausch verschiedenartiger variabler Zinsverpflichtungen gegeneinander möglich.

einem anderen Unternehmen unter potenziell vorteilhaften Bedingungen, z.B. der Kauf von Optionen auf einen finanziellen Vermögenswert einschl. Aktien anderer Unternehmen, Devisentermingeschäfte, Zinsswaps (IFRS 9 Anh. A i.V.m. IAS 32.11). Finanzielle Verbindlichkeiten liegen nach IFRS 9 Anh. A i.V.m. IAS 32.11 vor, wenn eine vertragliche Verpflichtung vorliegt, Finanzinstrumente mit einem anderen Unternehmen zu möglicherweise nachteiligen Bedingungen auszutauschen (z.B. Verkauf von Optionen auf einen finanziellen Vermögenswert einschl. Aktien anderer Unternehmen, Devisentermingeschäfte). Ob es sich um finanzielle Vermögenswerte oder finanzielle Verbindlichkeiten handelt, hängt somit letztlich davon ab, ob der Marktwert der Derivate am Bilanzstichtag positiv (aktuell: vorteilhafter Vertrag) oder negativ (aktuell: nachteiliger Vertrag) ist.[1]

Zusammengesetzte (strukturierte oder hybride) Finanzinstrumente bestehen aus einem Basisvertrag („Host Contract") und einem *eingebetteten Derivat* („Embedded Derivative"), das die Cash Flows des Finanzinstruments beeinflusst. Nach IFRS 9.4.3.1 sind Basisvertrag und eingebettetes Derivat vom Käufer des zusammengesetzten Finanzinstruments unter bestimmten Voraussetzungen getrennt zu erfassen und jeweils einer der Kategorien für Finanzinstrumente zuzuordnen. Beispielsweise setzt sich eine Wandelschuldverschreibung aus einer Anleihe und einer Option zur Umwandlung in Aktien zusammen. Die Voraussetzungen für die Trennung, die jeweils bei Zugang des Finanzinstruments geprüft werden müssen, sind (IFRS 9.4.3.3):
(a) die wirtschaftlichen Merkmale und Risiken des Derivats sind nicht eng mit denen des Basisvertrags, also des Hauptbestandteils des hybriden Finanzinstruments, verbunden,
(b) es würde sich bei Eigenständigkeit um ein Derivat handeln und
(c) das Derivat ist nicht in einem sowieso schon ergebniswirksam zum Fair Value bewerteten Finanzinstruments eingebettet.

Auch die Emittenten von zusammengesetzten Finanzinstrumenten müssen diese beim erstmaligen Ansatz in ihre Eigenkapital- und einer Fremdkapitalkomponente zerlegen und diese Komponenten getrennt als finanzielle Vermögenswerte, finanzielle Verbindlichkeiten oder Eigenkapitalinstrumente gesondert bilanzieren (IAS 32.28 ff.). Beispielsweise setzt sich eine Wandelschuldverschreibung aus einer Anleihe und einer Option zur Umwandlung in Aktien (= Eigenkapitalinstrument) zusammen. Sofern die Option das Recht auf Umwandlung in eine feste Anzahl Stammaktien garantiert, ist die Option als Eigenkapitalinstrument zu klassifizieren. Die Anleihe ist beim emittierenden Unternehmen als finanzielle Verbindlichkeit zu bilanzieren.

(2) Zugangserfassung und Ausbuchung

Ein Unternehmen hat einen finanziellen Vermögenswert oder eine finanzielle Verbindlichkeit einschließlich aller Derivate – anders als nach deutschem Handelsrecht - erstmalig dann in der Bilanz als *Zugang* („Recognition") zu erfassen, wenn es Vertragspartei der Regelungen des Finanzinstruments wird, also bei Vertragsabschluss (IFRS 9.3.1.1 und IFRS 9.B1.1 f.). Somit sind auch alle Termingeschäfte[2], die vertragliche Rechte und Pflichten repräsentieren, in der Bilanz zu erfassen, obwohl oftmals noch keine Zahlung erfolgt ist und der Wert daher Null ist. Allerdings ist das Unternehmen bereits einem Preisrisiko ausgesetzt.

---

[1] Ausnahmsweise werden Derivate als Eigenkapitalinstrumente eingestuft, wenn im Emissionszeitpunkt feststeht, wie viele eigene Eigenkapitalinstrumente das Unternehmen gegen welchen Gegenleistungsbetrag (z.B. in Form von flüssigen Mitteln) zu liefern hat (IAS 32.16b(ii)). Beispiele sind emittierte Options- und Bezugsrechte auf eigene Eigenkapitalinstrumente.

[2] Termingeschäfte sind dadurch charakterisiert, dass im vertraglichen Verpflichtungsgeschäft alle Konditionen festgelegt werden und die Ausführung (Erfüllungsgeschäft) für einen mitunter weit in der Zukunft liegenden Zeitpunkt vereinbart wird. Die Erfüllung kann für den Käufer ein Wahlrecht (z.B. Optionen) oder - wie für den Verkäufer immer – eine Pflicht sein (z.B. Devisentermingeschäfte, Financial Futures). Kassageschäfte müssen sofort (d.h. innerhalb von 2 Tagen nach Vertragsschluss) erfüllt werden.

Da bei *Kassageschäften* („marktüblicher Kauf") zwischen Verpflichtungs- und Erfüllungsgeschäft i.d.R. nur 2 Tage liegen, besteht hinsichtlich des *Erfassungstermins* ein *Wahlrecht*. Diese können gemäß IFRS 9.3.1.2 zum Verpflichtungstermin (Vertragsschluss, Handelstag, „Trade Date") oder zum Erfüllungstermin (Lieferung, Abnahme, „Settlement Date") erfasst werden. Das Wahlrecht muss stetig und einheitlich innerhalb jeder Kategorie von Finanzinstrumenten ausgeübt werden (IFRS 9.B3.1.3). Im HGB erfolgt die Erfassung immer am Erfüllungstermin („valutagerecht").

Erfassungszeitpunkt: Wahlrecht bei Kassageschäften:	
Trade Date Accounting	*Settlement Date Accounting*
Erfassung an dem Tag, an dem das Verpflichtungsgeschäft (Kaufvertrag, Vertrag) abgeschlossen wird (Handelstag; „Trade Date")	Erfassung an dem Tag, an dem das Erfüllungsgeschäft (Eigentumsverschaffung, Lieferung, Übertragung) stattfindet (Erfüllungstag; „Settlement Date")

Werden Finanzinstrumente erworben, die zum beizulegenden Zeitwert („Fair Value") zu bewerten sind, so sind bei Anwendung des „Settlement Date Accounting" (genauso wie im Falle des „Trade Date Accounting") Änderungen des beizulegenden Zeitwerts zwischen dem Handelstag (z.B. 29.12.01.) und dem Erfüllungstag (z.B. 2.1.02) im Gewinn oder Verlust bzw. im Sonstigen Ergebnis zu erfassen, auch wenn die Vermögenswerte selbst noch gar nicht erfasst worden sind (IFRS 9.5.7.4 und 9.B3.1.6). Hinsichtlich der Erfolgsauswirkungen gibt es also keinen Unterschied zwischen den beiden Erfassungsmethoden. Maßgebend ist die in Abschnitt (d) dargestellte Bewertung in den einzelnen Kategorien von Finanzinstrumenten. Bei Bewertung der Finanzinstrumente zu (fortgeführten) Anschaffungskosten werden die o.g. Marktwertänderungen in keinem der beiden Fälle erfasst. Der Handelstag gilt als Zeitpunkt des erstmaligen Ansatz im Zusammenhang mit den unten noch darzustellenden Wertminderungsregeln.

Beispiel:
Es handele sich um einen finanziellen Vermögenswert, der mit dem beizulegenden Zeitwert („Fair Value") bewertet wird, dessen Änderungen gemäß IFRS 9.4.1.2A erfolgsneutral im Sonstigen Ergebnis zu erfassen sind (FVTOCI-Kategorie = Fair Value through other Comprehensive Income).
29.12.01: Vertragsabschluss zum Kauf eines finanziellen Vermögenswerts für 1.000 EUR (einschließlich Transaktionskosten)
31.12.01: der beizulegende Zeitwert („Fair Value") des finanziellen Vermögenswerts steigt auf 1.007 EUR
2.1.02: der finanzielle Vermögenswert hat jetzt einen beizulegenden Zeitwert („Fair Value") von 1.010 EUR und wird gegen die vereinbarte Zahlung von 1.000 EUR übertragen.

	Trade Date Accounting		Settlement Date Accounting	
	Buchungssätze	*Wert der Bilanzpositionen*	*Buchungssätze*	*Wert der Bilanzpositionen*
29.12.01	Finanzieller Vermögenswert 1.000 an Verbindlichkeit 1.000	Finanzieller Vermögenswert: 1.000 Verbindlichkeit: 1.000	keine Erfassung	finanzieller Vermögenswert: 0 Verbindlichkeit 0
31.12.01	Finanzieller Vermögenswert 7 an Eigenkapital 7	Finanzieller Vermögenswert: 1.007 Eigenkapital: 7 Verbindlichkeit: 1.000	Sonst. Forderung 7 an Eigenkapital 7	Sonst. Ford.: 7 Eigenkapital: 7
2.1.02	Finanzieller Vermögenswert 3 an Eigenkapital 3 Verbindlichkeit 1.000 an Kasse 1.000	Finanzieller Vermögenswert: 1.010 Eigenkapital: 10 Sonst. Forderung: 0 Kasse: - 1.000	Finanzieller Vermögenswert 1.010 an Eigenkapital 3 an Sonst. Ford. 7 an Kasse 1.000	Finanzieller Vermögenswert: 1.010 Eigenkapital: 10 Sonst. Ford.: 0 Kasse: - 1.000

Im deutschen Handelsrecht (und Steuerrecht) werden die Geschäftsvorfälle bei Kassageschäften erst am Tag der Erfüllung erfasst. Vorher liegt ein schwebendes Geschäft vor, das nur bei absehbaren Verlusten am Bilanzstichtag zu bilanziellen Konsequenzen in Form einer Rückstellungsbildung für drohende Verluste führt. Im obigen Beispiel würde nach HGB erst am 2.1.02 die Buchung „Finanzieller Vermögenswert 1.000 an Kasse 1.000" (Bewertung zu Anschaffungskosten) erfolgen.

Ein finanzieller Vermögenswert ist ganz oder nur zum Teil[1] (IFRS 9.3.2.2-3.2.6 und IFRS 9.B3.2.1-12) *auszubuchen* („Derecognition"), wenn das Unternehmen die Verfügungsmacht über den Vermögenswert bzw. über den Teil des Vermögenswerts verliert, und zwar durch Realisierung der Nutzungsrechte, Verfall der Rechte aus dem Vertrag oder bei Übertragung an Dritte (z.B. Forderungsverkauf/Factoring), wobei der Übernehmer das Recht zur Veräußerung und Verpfändung des Vermögenswerts erhält. Besteht das Engagement teilweise weiter, so ist der Vermögenswert insoweit nicht auszubuchen.

Überträgt ein Unternehmen einen finanziellen Vermögenswert ganz oder teilweise, ist die Beurteilung der im Unternehmen verbliebenen Chancen und Risiken erforderlich. Eine Ausbuchung hat zu erfolgen, wenn „so gut wie alle" mit dem Eigentum des finanziellen Vermögenswerts verbundenen Chancen und Risiken übertragen wurden, und umgekehrt. Für den Fall, dass Chancen und Risiken weder übertragen noch behalten worden sind, hat das Management zu entscheiden, ob die Verfügungsmacht noch beim Unternehmen liegt, ob also das uneingeschränkte Recht zur Veräußerung des finanziellen Vermögenswertes beim Unternehmen noch besteht. Wenn nicht, hat das Unternehmen den finanziellen Vermögenswert auszubuchen. Bei der Beurteilung darüber, ob die Verfügungsmacht noch beim Unternehmen liegt, sowie darüber, ob „so gut wie alle" Chancen und Risiken übertragen wurden, ergeben sich *Spielräume des Managements*, die zu einem *faktischen Wahlrecht* führen. Außerdem kann bei der Vertragsgestaltung (z.B. durch Vereinbarung von Einspruchsklauseln) bereits *bilanzpolitisch* gesteuert werden, ob und wann die Voraussetzung des „uneingeschränkten" Veräußerungsrechts des Empfängers der übertragenen Finanzinstrumente erfüllt ist.

---

[1] Beispielsweise beim Bond-Stripping, also bei der Zerlegung der Cash Flow-Ströme in einzelne Zerobonds und deren Einzelveräußerung.

Bei *Kassageschäften* („marktüblichen Verkäufen") besteht hinsichtlich des Abgangs-Erfassungstermins dasselbe *Wahlrecht* wie beim Zugang. Diese können zum Verpflichtungstermin („Trade Date") oder zum Erfüllungstermin („Settlement Date") ausgebucht werden. Das *Wahlrecht* muss *stetig und einheitlich* innerhalb jeder Kategorie von Finanzinstrumenten ausgeübt werden (IFRS 9.B3.1.3).

Angabepflichten im Anhang sollen dem Bilanzleser vor allem partielle Abgänge eines Finanzinstruments nachvollziehbar machen und auf verbleibende Risiken hinweisen (IFRS 7.42A-H). Ob der Abgangszeitpunkt bilanzpolitisch gesteuert wurde, ist für den externen Bilanzanalysten jedoch nicht erkennbar.

(3) Klassifizierung und prinzipielle Bewertung

Eine wesentliche Änderung gegenüber der Vorgängerregelung des IAS 39 besteht in der Neufassung der Kategorien, denen die Finanzinstrumente zuzuordnen sind. Die Klassifizierung richtet sich nach zwei Kriterien und hat wichtige Konsequenzen für die Folgebewertung der Finanzinstrumente.[1] Sie erfolgt zum einen auf der Grundlage des *Geschäftsmodells* des Unternehmens zur Steuerung finanzieller Vermögenswerte auf aggregierter Ebene. Ein Unternehmen kann letztere nach einem oder mehreren Geschäftsmodellen steuern, beispielsweise sollen mit einem bestimmten Portfolio feste Zinseinnahmen generiert werden, bei einem anderen Portfolio besteht Handelsabsicht in dem Sinne, dass auf die Realisierung von möglichst hohen Kursgewinnen abgestellt wird. Dabei sind vom Unternehmen erwartete Entwicklungen zugrunde zu legen, keine Extrem-Szenarien, wie z.B. „worst case". Tritt z.B. letzterer Fall später unerwartet ein, ist keine Klassifikationsänderung erforderlich (IFRS 9.B4.1.2 und B4.1.2A). Zum anderen sind bei der Klassifizierung die Eigenschaften der *vertraglichen Zahlungsströme* („Cash Flow-Kriterium") des finanziellen Vermögenswerts auf Einzelgeschäftsebene zu berücksichtigen (IFRS 9.4.1.1). Diese neue Klassifikationssystematik könnte dazu führen, dass zukünftig nach IFRS 9 mehr Finanzinstrumente erfolgswirksam mit dem Fair Value zu bewerten sind als bisher nach IAS 39. Zum 1.1.2018 muss erstmalig festgestellt werden, nach welchem Geschäftsmodell die Finanzinstrumente eingesetzt werden. Dabei ist sowohl die Häufigkeit als auch die Wesentlichkeit von Veräußerungen zu beurteilen.

Folgendes Schema soll einen Überblick über die neuen Klassen und Klassifizierungskriterien für *finanzielle Vermögenswerte* geben:

---

[1] Vgl. Fischer, Daniel T.: IFRS 9:Veröffentlichung der vollständigen Fassung, PiR 9/2014, S 282 f.; Meier, Sabine/Mitscherlich, Alexander: IFRS 9 Financial Instruments, PiR 3/2015, S. 64 f.; Märkl, Helmut/Schaber, Mathias: IFRS 9 Financial Instruments: Neue Vorschriften zur Kategorisierung und Bewertung von finanziellen Vermögenswerten, KoR 2/2010, S. 65-74.

Geschäftsmodell: / Zahlungsstrom:	Halten („held to collect") Mit dem Finanzinstrument sollen Zahlungen wie Zinsen und Tilgungen vereinnahmt werden	Halten und Verkaufen („both held to collect and for sale") Das Geschäftsmodell ist sowohl auf die Vereinnahmung von laufenden Zahlungen als auch auf die Veräußerung der finanziellen Vermögenswerte ausgerichtet	Andere Geschäfts-modelle ("other business models") - Handelsportfolios mit Steuerung auf Fair Value-Basis - Maximierung der Zahlungsströme durch kurzfristige Käufe und Verkäufe - vertraglich vereinbarte Cash Flows sind nebensächlich
In den Vertragsbedingungen sind die konkreten Zeitpunkte der Zahlungen festgelegt, die ausschließlich in Zins- und Tilgungsleistungen auf den ausstehenden Kapitalbetrag bestehen[1]	AC-Kategorie (IFRS 9.4.1.2)	FVTOCI-Kategorie (IFRS 9.4.1.2A)	FVTPL-Kategorie (IFRS 9.4.1.4)
Die Vertragsbedingungen sehen keine konkreten Zahlungszeitpunkte vor oder es werden weitere (gewinnabhängige) Zahlungen vereinbart	FVTPL-Kategorie (IFRS 9.4.1.4)	FVTPL-Kategorie (IFRS 9.4.1.4)	

Legende: AC = Amortised Cost = fortgeführte Anschaffungskosten
FVTOCI = Fair Value through other Comprehensive Income
= erfolgsneutrale Fair Value-Bewertung
FVTPL = Fair Value through Profit and Loss
= ergebniswirksame Fair Value-Bewertung

Zur *AC-Kategorie* gehören also z.B. Forderungen aus Lieferungen und Leistungen oder vom Unternehmen gehaltene festverzinsliche Wertpapiere, deren Veräußerung nicht beabsichtigt ist. Eine spätere Veräußerung z.B. aufgrund einer unerwarteten Bonitätsverschlechterung des Emittenten steht nicht im Widerspruch zur Einordnung in diese Kategorie (IFRS 9.B4.1.2C – B4.1.4). Finanzielle Vermögenswerte, die dieser Kategorie zuzuordnen sind, sind zu fortgeführten Anschaffungskosten zu bewerten (IFRS 9.4.1.2).

---

[1] Diese Bedingung wird auch als SPPI-Kriterium bezeichnet („solely payments of principal and interest").

Das Geschäftsmodell, das der **FVTOCI-Kategorie** zugrunde liegt, ist auf die Vereinnahmung von vertraglich vereinbarten Zahlungsströmen ausgerichtet, beinhaltet aber auch den Verkauf der finanziellen Vermögenswerte. Hier geht es beispielsweise um festverzinsliche Wertpapiere, die nur zur zinsbringenden Zwischenanlage von Liquidität dienen, die gemäß Finanz- und Investitionsplanung mittelfristig zur Investitionsfinanzierung wieder benötigt wird (IFRS 9.B4.1.4A-C). Finanzielle Vermögenswerte der FVTOCI-Kategorie sind erfolgsneutral zum beizulegenden Zeitwert („Fair Value") im Sonstigen Ergebnis zu bewerten.

Im Falle dieser beiden genannten Kategorien muss allerdings jeweils bestimmt werden, ob die vertraglichen Zahlungsströme ausschließlich Tilgungs- und Zinszahlungen auf den ausstehenden Kapitalbetrag darstellen und es sich somit um einen elementaren Kreditvertrag handelt. Insbesondere darf der gezahlte Zins nur das Entgelt für den Zeitwert des Geldes, das Ausfallrisiko und andere Kreditrisiken, Kosten und eine Gewinnmarge umfassen (IFRS 9.4.1.3). Dies ist bei einem festverzinslichen Wertpapier mit fester Laufzeit, einem variabel verzinslichen Wertpapier, bei dem eine regelmäßige Anpassung an den adäquaten kurzfristigen Marktzins erfolgt, oder einem entsprechenden Kredit gegeben, Optionen und sonstige Termingeschäfte erfüllen die Bedingungen allein schon wegen ihrer Hebelwirkung nicht (IFRS 9.B4.1.7-14). Nicht erfüllt sind die Voraussetzungen zur Zuordnung zu einer der beiden Kategorien, wenn die vereinbarten Zahlungsströme sich nicht nur auf den ausstehenden Kapitalbetrag beziehen, sondern noch von anderen Faktoren beeinflusst werden, z.B. von der Anzahl der eine Mautstraße nutzenden Fahrzeuge (IFRS 9.B4.1.16).

Die **FVTPL-Kategorie** „Andere Geschäftsmodelle" ist dadurch gekennzeichnet, dass hier die Steuerung der Portfolios nach dem aktuellen Marktwert, dem Fair Value, erfolgt, d. h., dass Käufe und Verkäufe mit dem Ziel, mittels Wertänderungen Gewinne zu erzielen, im Vordergrund stehen (IFRS 9.B4.1.5 f.). Die Vereinnahmung vertraglicher Zahlungsströme (z.B. Zinszahlungen) ist dabei nebensächlich. Diese Kategorie wurde im IAS 39 „zu Handelszwecken gehalten" genannt und umfasst Portfolios aus Aktien und anderen Wertpapieren. Portfolios dieser Kategorie müssen folglich erfolgswirksam zum Fair Value bewertet werden (FVTPL = Fair Value through Profit and Loss).

Auch alle Schuldinstrumente, die die Zahlungsstrom-Voraussetzung („SPPI-Kriterium") nicht erfüllen (z.B. Aktienanleihen) und daher einem höheren Risiko ausgesetzt sind als einfache festverzinsliche Wertpapiere, und alle Eigenkapitalinstrumente, die aufgrund des fehlenden Rechtsanspruchs auf eine bestimmte Dividendenhöhe und auf Tilgung generell diese Voraussetzung nicht erfüllen, werden unabhängig vom Geschäftsmodell der FVTPL-Kategorie zugeordnet, sind also erfolgswirksam mit dem beizulegenden Zeitwert („Fair Value") zu bewerten. Allerdings sieht IFRS 9 das **Wahlrecht** für das bilanzierende Unternehmen vor, **Eigenkapitalinstrumente** unwiderruflich der **FVTOCI-Kategorie** zuzuordnen, wenn sie bei erstmaligem Ansatz nicht zu Handelszwecken gehalten werden, sondern aufgrund der Nichterfüllung der Zahlungsstrombedingung grundsätzlich der FVTPL-Kategorie zuzuordnen wären (sog. **„FVTOCI-Option"**; IFRS 9.4.1.4 und 5.7.5 f.). Die zugehörigen Dividenden sind allerdings dennoch erfolgswirksam zu erfassen.

Wie schon nach IAS 39 („Fair Value-Option") besteht zum Zeitpunkt des erstmaligen Ansatzes eines jeden finanziellen Vermögenswerts auch nach IFRS 9 das **Wahlrecht** der unwiderruflichen Zuordnung („Designation") in die FVTPL-Kategorie, um Inkongruenzen bei der Rechnungslegung hinsichtlich der Abbildung von Geschäftsvorfällen („Accounting Mismatch") zu beseitigen oder signifikant zu verringern (sog. **„FVTPL-Option"**; IFRS 9.4.1.5). Solche Unzulänglichkeiten in der Abbildung durch das Rechnungswesen treten z.B. dann ein, wenn ein risikobehaftetes Grundgeschäft und das zur Risikokompensation abgeschlossene

Sicherungsgeschäft nach unterschiedlichen Regeln zu bewerten sind, die Voraussetzungen für das Hedge Accounting[1] nicht erfüllt sind und dadurch Gewinnverzerrungen eintreten (IFRS 9.B4.1.30). Dies kann durch generelle Fair-Value-Bewertung, also der Nutzung der Fair Value-Option, weitgehend vermieden werden, da sich die beizulegenden Zeitwerte weitgehend gegenläufig entwickeln.

Trotz der detaillierten Anwendungshinweise in Anhang B (IFRS 9B4.1.4-26) zur richtigen Klassifizierung der vielfältigen finanziellen Vermögenswerte in der Praxis treten viele Auslegungsfragen auf, für die sich eine einheitliche Vorgehensweise in der Bilanzierungspraxis erst noch entwickeln muss. Allein bei einer Änderung des Geschäftsmodells darf das Unternehmen Reklassifizierungen der betroffenen finanziellen Vermögenswerte vorzunehmen, die dann auch verpflichtend sind (IFRS 9.4.4.1).

Die prinzipielle Folgebewertung der einzelnen Kategorien sei in der folgenden Tabelle noch einmal zusammengefasst:

Finanzielle Vermögenswerte („financial assets")		
Standardkategorie 1: *AC-Kategorie*	*Standardkategorie 2:* *FVTOCI-Kategorie bzw.* *FVTOCI-Option*	*Standardkategorie 3:* *FVTPL-Kategorie bzw.* *FVTPL-Option*
IFRS 9.4.1.2	IFRS 9.4.1.2A und IFRS 9.4.1.4	IFRS. 9.4.1.4 und IFRS 9.4.1.5
Bewertung zu *fortgeführten Anschaffungskosten*	*Fair Value*-Bewertung mit (erfolgsneutraler) Erfassung von Wertänderungen in Sonstigen Ergebnis (OCI)	*Fair Value*-Bewertung mit (erfolgswirksamer) Erfassung von Wertänderungen in der Gewinn- und Verlustrechnung
z.B. Forderungen L.u.L., Kredite mit Festzins, festverzinsliche Wertpapiere	z.B. festverzinsliche Wertpapiere; Aktien und GmbH-Anteile (per FVTOCI-Option, falls nicht zu Handelszwecken gehalten)	z.B. (spekulativ gehaltene) Aktien; GmbH-Anteile; freistehende Derivate (mit positivem Marktwert)

Derivative Finanzinstrumente, die als (effektive) Sicherungsinstrumente dienen, sind jedoch nicht der FVTPL-Kategorie zuzuordnen, für diese gelten besondere Bewertungsregeln („Hedge Accounting").[2]

Bei der Kategorisierung der *finanziellen Verbindlichkeiten* gibt es keine wesentlichen Änderungen gegenüber dem IAS 39. Eine nachträgliche Umgliederung von finanziellen Verbindlichkeiten ist nicht zulässig (IFRS 9.4.4.2).

---

[1] Vgl. Kapitel B.XII.3.
[2] Siehe dazu Kapitel B.III.5.

Finanzielle Verbindlichkeiten („financial liabilities")[1]		
I. Erstmalige Bewertung (Zugangsbewertung): *beizulegender Zeitwert („Fair Value")*		
II. Folgebewertung:		
Kategorie	*AC-Kategorie* (IFRS 9.4.2.1)	*FVTPL-Kategorie* bzw. *FVTPL-Option* (IFRS 9.4.2.2)
Bewertungsmaßstab	*Fortgeführte Anschaffungskosten* („Amortised Cost") abzügl. Transaktionskosten	beizulegender Zeitwert (*„Fair Value"*) ohne Berücksichtigung von Transaktionskosten
Behandlung der Wertänderung	*erfolgswirksame* Verteilung der Differenz zwischen Anschaffungskosten und Nominalwert (Agio, Disagio) mittels *Effektivzinsmethode*	*erfolgswirksame* Erfassung von Fair Value-Änderungen in der Gewinn- und Verlustrechnung
Beispiele	Verbindlichkeiten L.u.L., Verbindlichkeiten ggü. Kreditinstituten, emittierte Anleihen	zu Handelszwecken gehaltene Schulden und (eingebettete) Derivate mit negativem Marktwert

Im Regelfall werden finanzielle Verbindlichkeiten der AC-Kategorie zugeordnet und mit fortgeführten Anschaffungskosten bewertet. Die erfolgswirksame Bewertung finanzieller Verbindlichkeiten zum Fair Value ist nur für den sog. Handelsbestand vorgesehen. Dieser umfasst Verbindlichkeiten, die aufgenommen wurden, um kurzfristig getilgt zu werden oder zwecks Gewinnerzielung an andere Unternehmen übertragen zu werden. Außerdem gehören zu dieser Kategorie Derivate mit negativem Marktwert, die nicht als Sicherungsgeschäft einem Grundgeschäft zugeordnet sind.[2]

Darüber hinaus besteht zum Zeitpunkt des Ansatzes der finanziellen Verbindlichkeiten das **Wahlrecht**, diese der Fair Value-Bewertungskategorie unwiderruflich zuzuordnen (sog. **„FVTPL-Option"**; IFRS 9.4.2.2),
1. um Unzulänglichkeiten des Rechnungswesens bei der Abbildung von Geschäftsfällen durch Vermögenswerte und Verbindlichkeiten auf unterschiedlicher Wertbasis („Accounting Mismatch") zu beseitigen oder signifikant zu reduzieren[3] oder
2. wenn es sich um ein Portfolio von finanziellen Verbindlichkeiten oder solchen und finanziellen Vermögenswerten handelt, das gemäß einer dokumentierten Risikomanagement- oder Anlagestrategie auf Basis des Fair Value gesteuert wird (z.B. bei Banken, Investmentgesellschaften, Venture Capital Gesellschaften).

Bei Nutzung der Fair Value-Option hat das Unternehmen Angaben über die entsprechend klassifizierten finanziellen Vermögenswerte und Verbindlichkeiten zu machen und darzulegen, dass und in welcher Weise die Bedingungen dafür erfüllt sind (IFRS 7.9-10a und IFRS 7.B5).

Die umfangreichen **Berichtspflichten** zu den Finanzinstrumenten in der Bilanz, der Gesamtergebnisrechnung und/oder im Anhang sind in einem eigenen Standard geregelt. IFRS 7 zielt darauf ab, dem externen Bilanzleser die Bedeutung der Finanzinstrumente für die Vermögens- und Ertrags- und Finanzlage und die mit ihnen verbundenen Risiken für das Unternehmen

---

[1] Mit Ausnahme der finanziellen Verbindlichkeiten, die als Grundgeschäft im Rahmen des „Hedge Accounting" designiert wurden. Zu deren Bewertung vgl. Kapitel B.XII.3.
[2] Zu Derivaten als Sicherungsinstrumente im Rahmen des „Hedge Accounting" siehe Kapitel B.XII.3.
[3] Bei Nutzung der Option werden finanzielle Vermögenswerte und Verbindlichkeiten mit dem Fair Value (erfolgswirksam) bewertet und somit durch eine Änderung der Marktpreise gleichermaßen beeinflusst.

deutlich zu machen (IFRS 7.1). Finanzinstrumente, über die ähnliche Informationen zu geben sind, sind in Gruppen bzw. Klassen zusammenzufassen. Die Informationen zu den Klassen müssen dabei eine Überleitung zu den entsprechenden Bilanzposten ermöglichen (IFRS 7.6).

Im Einzelnen sind beispielsweise anzugeben:
- Detaillierte Informationen zur Darstellung der einzelnen Kategorien der Finanzinstrumente in Bilanz (IFRS 7.8-7.19) und Gesamtergebnisrechnung (IFRS 7.20)
- Angaben zur Ausübung der Fair Value Option (IFRS 7.9 f.)
- Angaben bei Gewährung oder Erhalt von Sicherheiten (IFRS 7.14 f.)
- Informationen über Zahlungsverzögerungen und Zahlungsausfälle bei vom Unternehmen aufgenommenen Darlehensverbindlichkeiten (IFRS 7.18 f.)
- In der Gesamtergebnisrechnung sind u.a. für jede Kategorie der Nettogewinn/-verlust, der gesamte Zinsertrag und Zinsaufwand (außer für die Kategorie „Erfolgswirksam zum beizulegenden Zeitwert bewertet") (IFRS 7.20).
- Angaben zu den angewandten Bilanzierungs- und Bewertungsmethoden (IFRS 7.21)
- Für jede Kategorie muss ein mit dem tatsächlichen Buchwert vergleichbarer Fair Value angegeben werden
- Angaben zur Ermittlung des Fair Value der Finanzinstrumente, insbesondere wenn ein aktiver Markt fehlt und andere Bewertungsmethoden herangezogen wurden (IFRS 7.28-7.30)
- Angabe von Art und Ausmaß der mit den verwendeten Finanzinstrumenten verbundenen Risiken (IFRS 7.31), wobei zumindest auf Kreditrisiken, Liquiditätsrisiken und Marktrisiken abzustellen ist (IFRS 7.32)
- Für jede Risikoart Informationen über die Methoden zur Risikomessung und die Funktionsweise des Risikomanagementsystems
- Quantitative Angaben zu den bestehenden Risiken auf Basis interner Managementinformationen und zu Risikokonzentrationen (IFRS 7.34-42)

Auch wenn die Angabepflichten sehr detailliert sind, bestehen an manchen Stellen durchaus *Ermessens- und Gestaltungsspielräume* für das Management bezüglich des Konkretisierungsgrades der Darstellung und der Ausführlichkeit der Erläuterung, selbst bei den quantitativen Risikoangaben, die auf den internen Managementinformationen basieren sollen.

(4) Bewertung im Einzelnen

Grundsätzlich ist das IASB der Auffassung, dass der Marktwert („Fair Value") der beste Wertansatz für Finanzinstrumente ist und dass Marktwertänderungen erfolgswirksam auszuweisen sind. Nur dann, wenn diese Bewertung nicht für die erwarteten und vereinbarten Zahlungsströme („Cash Flows) repräsentativ ist und auch nicht der primären Intention („Geschäftsmodell") für das Halten von Finanzinstrumenten entspricht, soll von diesem Grundsatz abgewichen werden.[1] Dies ist zumindest im „elementaren" Kreditgeschäft der Banken der Fall und bei finanziellen Vermögenswerten mit festen oder bestimmbaren Zahlungen und fester Laufzeit, die primär zur Generierung von Zinserträgen dienen. Bei solchen finanziellen Vermögenswerten wären dauernde Bewertungsänderungen aufgrund eines schwankenden Fair Value während des Haltezeitraums irreführend. Auch lassen die Kategorien des IFRS 9 erkennen, dass „solide" Anlageformen mit fortgeführten Anschaffungskosten und spekulative

---

[1] Oder wenn Schwierigkeiten bei der Ermittlung des Fair Value bestehen. So sind Anlagen in Eigenkapitalinstrumenten, für die kein auf einem aktiven Markt notierter Marktpreis existiert oder für die der beizulegende Zeitwert nicht verlässlich bestimmt werden kann (z.B. Kommanditanteile) mit Anschaffungskosten zu bewerten (IFRS 9.B5.2.3).

Anlageformen mit höherem Risiko erfolgswirksam mit dem Fair Value bewertet werden sollen. Als Kompromisskategorie kann FVTOCI angesehen werden, in der Fair Value- Änderungen nicht auf den Jahresüberschuss durchschlagen. Dennoch sollen auch in den Kategorien AC und FVTOCI nachhaltige Gewinne und Verluste während der Laufzeit den Jahresüberschuss beeinflussen. Dazu gehören die Zinserträge und Zinsaufwendungen, Dividenden, Wechselkursdifferenzen und erwartete Kreditverluste (Ausfallrisiken).

Aus dem geschilderten Marktwertgrundsatz ist auch die oben bereits erwähnte *„Fair Value-Option"* (IFRS 9.4.1.5) erwachsen. Diese ermöglicht dem Unternehmen (*Wahlrecht*), grundsätzlich jeden finanziellen Vermögenswert[1] und jede finanzielle Verbindlichkeit beim erstmaligen Ansatz freiwillig und unwiderruflich der *FVTPL-Kategorie* zuzuordnen und erfolgswirksam mit dem Fair Value zu bewerten. Um eine bessere Übereinstimmung der Bewertung mit dem primären Steuerungsprinzip („Geschäftsmodell") zu ermöglichen, wurde in den IFRS 9 das *Wahlrecht* neu aufgenommen, Eigenkapitalinstrumente, die i.d.R. die Zahlungsstrom-Bedingung nicht erfüllen und somit in die FVTPL-Kategorie einzuordnen wären, unwiderruflich der *FVTOCI-Kategorie* zuzuordnen, wenn sie bei erstmaligem Ansatz nicht zu Handelszwecken gehalten werden (sog. *„FVTOCI-Option"*; IFRS 9.4.1.4).

(a) Zugangsbewertung

Bei der *erstmaligen Bewertung (Zugangsbewertung)* sind sowohl finanzielle Vermögenswerte als auch finanzielle Verbindlichkeiten zu ihrem beizulegenden Zeitwert („Fair Value") zu bewerten. Der Fair Value ist grundsätzlich ein aktueller Marktwert, seine Ermittlung richtet sich nach IFRS 13.[2] Nur bei Finanzinstrumenten, die nicht zur Kategorie der erfolgswirksamen Zeitwert-Bewertung (FVTPL-Kategorie) gehören, sind direkt zurechenbare *Transaktionskosten* (Nebenkosten) in die Zugangsbewertung einzubeziehen, also im Falle von Vermögenswerten zu addieren und im Falle von Verbindlichkeiten abzuziehen (IFRS 9.5.1.1). In der Regel entspricht die Bewertung dann den gesamten Anschaffungskosten. Zu den Transaktionskosten gehören Maklergebühren, Händlerprovisionen, Börsenspesen, Steuern und Ähnliches. Im Falle der zum Fair Value erfolgswirksam bewerteten finanziellen Vermögenswerten und Verbindlichkeiten (FVTPL-Kategorie) sind Transaktionskosten dem Fair Value dagegen nicht hinzuzurechnen, sondern unmittelbar als Aufwand zu buchen.[3]

Der beste Beleg für die Höhe des Fair Value bei der Zugangsbewertung ist der Transaktionspreis (IFRS 13.58), also der Fair Value des gegebenen oder erhaltenen Entgelts.[4] Sollte jedoch der Fair Value[5] beim erstmaligen Ansatz des finanziellen Vermögenswerts oder der finanziellen Verbindlichkeit von den Transaktionskosten abweichen, so ist die Differenz sofort als Aufwand oder Ertrag zu erfassen (IFRS 9.5.1.1A i.V.m. IFRS 9.B5.1.2A), sofern es sich bei dem Unterschiedsbetrag nicht um einen selbständigen Vermögenswert handelt.

---

[1] Mit Ausnahme von Eigenkapitalinstrumenten, die keinen Marktpreis haben, der an der Börse ermittelbar ist, und deren Wert auch anderweitig nicht verlässlich ermittelt werden kann. Diese sind stets zu (fortgeführten) Anschaffungskosten zu bewerten.

[2] Siehe Kapitel B.II.4.f)(3).

[3] Die Nichtaktivierung (sofortige Aufwandsbuchung) der Transaktionskosten bei Finanzinstrumenten mit erfolgswirksamer Fair Value-Bewertung erklärt sich daraus, dass diese Beträge am folgenden Bilanzstichtag sowieso wieder erfolgswirksam abgeschrieben würden.

[4] Die Ermittlung des Fair Value ist umfassend in IFRS 13 geregelt. Siehe dazu Kapitel B.II.4.f)(3).

[5] Ermittelt als Preis für einen identischen Vermögenswert bzw. einer identischen Schuld auf einem aktiven Markt oder als berechneter Wert auf Basis von Daten aus beobachtbaren Märkten, z.B. bei festverzinslichen Wertpapieren als Barwert aller zukünftigen Zins- und Tilgungszahlungen, abgezinst mit dem adäquaten herrschenden Marktzinssatz.

Im Falle von Forderungen aus Lieferungen und Leistungen, die keine signifikante Finanzierungskomponente enthalten, erfolgt die Zugangsbewertung immer zum Transaktionspreis, der der Gegenleistung für die Übertragung zugesagter Güter oder Dienstleistungen auf einen Kunden entspricht (IFRS 15.47).

Nicht zu den Transaktionskosten gehören Finanzierungskosten, Agio und Disagio als Differenzbeträge zwischen Anschaffungskosten und Nominalwert von Schuldinstrumenten oder interne Verwaltungskosten (IFRS 9.B5.4.8). Ein *Disagio* ist ein Einmalzins, der zu Beginn der Kreditlaufzeit zu zahlen ist, so dass der laufende Nominalzinssatz dieses Kredits (oder der Anleihe) unter dem herrschenden Marktzins liegt. Rechnungsabgrenzungsposten zur Verteilung eines *Disagios* sind im IFRS-Regelwerk nicht erforderlich, da die *Zugangsbewertung* der finanziellen Vermögenswerte und der finanziellen Verbindlichkeiten nicht zum Nominalwert, sondern zum beizulegenden Zeitwert („Fair Value") erfolgt, der als Börsenwert oder Barwert i.d.R. dem ab- oder zugeflossenen Betrag (also nach Abzug des Disagios) entspricht. Je nach Kategorie des Finanzinstruments sind ggf. zusätzlich noch Transaktionskosten zu aktivieren bzw. vom zu passivierenden Betrag abzuziehen (IFRS 9.5.1.1). Für die Folgebewertung ist die Effektivzinsmethode anzuwenden. Dabei werden das Disagio und gegebenenfalls die Transaktionskosten unter Anwendung der *Effektivzinsmethode* erfolgswirksam über die Laufzeit zugeschrieben (IFRS 9.5.4.1 und B5.4.1-B5.4.7).

Die Effektivzinsmethode verlangt also im ersten Schritt die Ermittlung der effektiven (internen) Verzinsung des Finanzinstruments unter Einbeziehung aller unter den Vertragspartnern gezahlten Gebühren und sonstigen Entgelte. Der *Effektivzinssatz* ist derjenige Kalkulationszinssatz, mit dem die geschätzten zukünftigen Ein- und Auszahlungen – ohne Berücksichtigung künftig erwarteter Kreditausfälle – über die erwartete oder eine angemessene kürzere Laufzeit des Finanzinstruments auf den gegenwärtigen Bruttobuchwert des finanziellen Vermögenswerts bzw. die fortgeführten Anschaffungskosten einer finanziellen Verbindlichkeit abgezinst werden (IFRS 9 Anhang A). Im Falle der Zugangsbewertung ist der Effektivsatz also derjenige Diskontierungssatz, bei dessen Anwendung die abgezinsten künftigen Cash Flows genau die Anschaffungskosten ergeben.[1] Bei der Folgebewertung werden die Anschaffungskosten fortgeführt, d.h. mit diesem Effektivzinssatz jährlich finanzmathematisch auf den Kapitalbetrag, der bei Fälligkeit (der finanziellen Verbindlichkeit) zu zahlen ist bzw. (bei finanziellen Vermögenswerten) zufließen wird, aufgezinst.[2] Der auf das Geschäftsjahr entfallende Teil des Disagios steigt nach dieser Berechnungsweise während der Laufzeit an.

Beispielaufgabe:
Eine Bank gewährt einen Kredit in Höhe von 100.000 EUR an einen Kunden zum Nominalzins (Kupon) von 5% und einer Laufzeit von 5 Jahren. Ausgezahlt wird der Kredit zu 96% vom Nominalbetrag, d.h. das Disagio beträgt 4%. Die Transaktionskosten seien nicht angefallen. Die Zuordnung erfolgt zur Kategorie „Kredite und Forderungen". Ermitteln Sie den Barwert als Fair Value für die Zugangsbewertung bei einem Effektivzinssatz von 5,94825 %.

Lösung:
Die Zahlungen der folgenden Zahlungsreihe sind mit dem Effektivzinssatz von 5,94825 %) abzuzinsen, um die Anschaffungskosten zu erhalten. Dies gelingt, weil der adäquate effektive Markt-zinssatz dem Effektivsatz des Kredits genau entspricht. Die Anschaffungskosten und Fair Value sind hier identisch, da keine Transaktionskosten angefallen sind.

---

[1] Ist die Bonität des finanziellen Vermögenswerts bereits beim Erwerb beeinträchtigt, so ist ab Zugangsbewertung ein bonitätsangepasster Effektivzinssatz auf die fortgeführten Anschaffungskosten anzuwenden (IFRS 9.5.4.1(a)).
[2] Bei einem Agio (= Aufgeld) wird entsprechend abgezinst.

Die Barwertberechnung erfolgt nach folgender Formel (r = Diskontierungszinssatz):

$$\text{Barwert} = \frac{\text{Cash Flow}_1}{(1+r)^1} + \frac{\text{Cash Flow}_2}{(1+r)^2} + \ldots + \frac{\text{Cash Flow}_n}{(1+r)^n}$$

(in EUR)	1.1.01	31.12.01	31.12.02	31.12.03	31.12.04	31.12.05
Cash Flows		+ 5.000	+ 5.000	+ 5.000	+ 5.000	+ 105.000
Fair Value =	96.000					

Sonderfall: Weist ein finanzieller Vermögenswert, der zur AC-Kategorie gehört, bereits beim Erwerb oder bei Ausreichung des Kredits eine beeinträchtigte Bonität auf, so sind die fortgeführten Anschaffungskosten und damit die Zinserträge von Anfang an durch Anwendung eines bonitätsangepassten, d.h. um eine zusätzliche Risikoprämie erhöhten, Effektivzinssatzes auf die (fortgeführten) Anschaffungskosten zu ermitteln (IFRS 9.5.4.1(a).

Tritt die Bonitätsminderung erst später ein, so ist ab diesem Zeitpunkt der Effektivzinssatz auf die fortgeführten Anschaffungskosten des finanziellen Vermögenswerts anzuwenden (IFRS 9.5.4.1(b). Sollte im letzteren Falle das Ausfallrisiko später wieder sinken, so sind ab diesem Zeitpunkt die Zinserträge wieder durch Anwendung des Effektivzinssatzes auf den Bruttobuchwert zu berechnen (IFRS 9.5.4.2).

Die folgende Tabelle gibt einen Überblick über die jeweils für die verschiedenen Kategorien von finanziellen Vermögenswerten geltenden *Bewertungskonzepte für die Folgebewertung*:

Finanzielle Vermögenswerte[1]			
I. Erstmalige Bewertung (Zugangsbewertung) (IFRS 9.5.1.1): *beizulegender Zeitwert*			
II. Folgebewertung (IFRS 9.5.2.1 f., und IFRS 9.5.4.1 und IFRS 9.5.5.1 ff.):			
Kategorie (IFRS 9.4.1.1.)	*Standardkategorie 1:* *AC-Kategorie* IFRS 9.4.1.2	*Standardkategorie 2:* *FVTOCI-Kategorie bzw. FVTOCI-Option* IFRS 9.4.1.2A	*Standardkategorie 3:* *FVTPL-Kategorie bzw. FVTPL-Option* IFRS 9.4.1.4 und IFRS 9.4.1.5)
Bewertungsmaßstab (IFRS 9.5.2.1)	Fortgeführte Anschaffungskosten („Amortised Cost"); einschl. Transaktionskosten Anwendung der Effektivzinsmethode	beizulegender Zeitwert (*„Fair Value"*) zzgl. Transaktionskosten später: *Fair Value* ohne Abzug von Veräußerungskosten	beizulegender Zeitwert (*„Fair Value"*) ohne Berücksichtigung von Transaktionskosten
Behandlung der Wertänderung (IFRS 9.5.2.2)	*erfolgswirksame* Verteilung der Differenz zwischen Anschaffungskosten und Nominalwert (Agio, Disagio) mittels Effektivzinsmethode (IFRS 9.B5.1.2) *erfolgswirksame* Erfassung von *Wertminderungen* („Impairment") „Modell der erwarteten Verluste"	*erfolgsneutrale* Erfassung von Fair Value-Änderungen im Sonstigen Ergebnis (OCI) die mittels Effektivzinsmethode berechneten Zinsen sind *erfolgswirksam* zu erfassen; *erfolgswirksame* Erfassung von *Wertminderungen* („Modell der erwarteten Verluste"); Dividenden sind *erfolgswirksam* zu erfassen	*erfolgswirksame* Erfassung von Fair Value-Änderungen in der Gewinn- und Verlustrechnung

(b) Folgebewertung finanzieller Vermögenswerte und Verbindlichkeiten in der FVTPL-Kategorie

Die *Folgebewertung* von *finanziellen Vermögenswerten* der FVTPL-Kategorie, zu denen Eigenkapital- und Fremdkapitalinstrumente gehören können, ist zum *Fair Value* (ohne Abzug von Veräußerungskosten) vorzunehmen (IFRS 9.4.1.4). Die Fair Value-Ermittlung richtet sich nach IFRS 13.[2] In der Regel entspricht er dem Transaktionspreis (IFRS 13.58), hilfsweise, wenn das Eigenkapitalinstrument nicht an einem aktiven Markt notiert ist (z.B. GmbH-Anteile oder KG-Anteile), muss er mittels Bewertungsmodellen ermittelt werden. In wenigen Ausnahmefällen, in denen zu wenige Informationen für eine Ermittlung vorhanden sind oder es eine große Bandbreite von in Frage kommenden Werten gibt, können die Anschaffungs-

---

[1] Mit Ausnahme der finanziellen Vermögenswerte, die als Grundgeschäft im Rahmen des „Hedge Accounting" designiert wurden (IFRS 9.5.2.3). Zu deren Bewertung gemäß IFRS 9.6.5.8-14 vgl. Kapitel B.III.5.

[2] Zu IFRS 13 siehe Kapitel B.II.4.f)(3).

kosten die bestmögliche Schätzung für den Fair Value sein (IFRS 9.B5.2.3). Änderungen des beizulegenden Zeitwerts sind in der Gewinn- und Verlustrechnung bzw. der Gesamtergebnisrechnung als Gewinn oder Verlust („Profit or Loss") erfolgswirksam zu erfassen (IFRS 9.5.7.1). Dasselbe gilt für Dividenden, auf die genauer im Abschnitt „(d) Folgebewertung bei der FVTOCI-Kategorie" eingegangen wird.

Die Änderungen des beizulegenden Zeitwerts einer *finanziellen Verbindlichkeit* der FVTPL-Kategorie sind erfolgswirksam zu berücksichtigen. Es ist aber auch möglich, die Zinsen periodengerecht als Zinsaufwand getrennt zu erfassen und die Differenz zum jeweiligen Fair Value als Wertänderung separat erfolgswirksam zu buchen.

Im Zuge der Finanzmarktkrise 2007 ergab sich die paradoxe Situation, dass die von Banken emittierten Anleihen, die zum Fair Value bewertet wurden, aufgrund der Bonitätsverschlechterung der Banken in deren eigener Bilanz abgewertet werden mussten, weil der Börsenwert sank und die Banken theoretisch ihre Anleihen zum niedrigeren Marktwert zurückkaufen könnten statt sie am Ende der Laufzeit zum Nennwert zu tilgen. Die Auswirkung der Abwertung einer Verbindlichkeit ist jedoch die Erhöhung des Periodenerfolgs, sodass der Gewinn der Banken aufgrund der Verschlechterung ihrer Bonität stieg. Um diesen Effekt zu verhindern gibt es in IFRS 9 eine Sonderregelung für finanzielle Verbindlichkeiten, die aufgrund der Ausübung der Fair Value-Option in die FVTPL-Kategorie geraten sind. Alle Wertänderungen, die auf Markt- und Zinsrisiken beruhen, werden zwar *erfolgswirksam* erfasst. Wertänderungen, die auf Änderungen beim Ausfallrisiko, also auf Änderungen der eigenen Bonität des Unternehmens, zurückzuführen sind, müssen *erfolgsneutral* im Sonstigen Ergebnis erfasst werden (IFRS 9.5.7.7).[1] Damit wird berücksichtigt, dass die Möglichkeit für das Unternehmen, ihre Anleihe zum niedrigeren Marktwert zurückzukaufen, eine Vermögensmehrung darstellt. Daraus soll sich aber kein Gewinn ergeben, da der Vorteil durch z.B. höhere Refinanzierungskosten wieder verloren geht.

Die Änderungen des Fair Value müssen somit in zwei Teileffekte aufgespalten werden: Einen Teil, der auf die Änderung der eigenen Bonität des Unternehmens zurückzuführen ist, und einen Teil, der auf Veränderungen der Marktverhältnisse (Änderungen der Marktzinsen, Rohstoffpreise, Wechselkurse u.a.) beruht. Zu diesem Zweck kann eine Differenzrechnung vorgenommen werden, die mit Hilfe des unternehmensspezifischen Credit Spread die Aufspaltung bewerkstelligt.

Beispiel:

Das Unternehmen emittiert am 1.1.01 eine Anleihe im Volumen von 100.000 EUR zu 5% nachschüssigen Zinsen (= interner Zinssatz). Die Laufzeit beträgt 5 Jahre. Als beobachtbaren Referenzinssatz wählt das Unternehmen den Euribor, der mit einem adäquaten Laufzeitzuschlag im Emissionszeitpunkt 3% beträgt. Somit kann der unternehmensspezifische Risikoaufschlag (Credit Spread) als 2%-Punkte identifiziert werden. Vereinfachend soll der Barwert nur mit einem Zinssatz für die gesamte Laufzeit und nicht mit Hilfe einer Zinsstruktur ermittelt werden. Am 31.12.01 sei der Euribor auf 4% gestiegen. Nun kann der Barwert der Anleihe mit unveränderter Marge ermittelt werden, also mit dem Diskontierungszinssatz von 4% + 2% = 6% und mit dem tatsächlichen Marktwert verglichen werden. Liegt letzterer niedriger als der unter der Annahme einer unveränderten Bonität ermittelte Barwert, so ist der Differenzbetrag auf eine Verschlechterung der Bonität des Unternehmens zurückzuführen („bonitätsbedingter Gewinn") und erfolgsneutral im Sonstigen Ergebnis zu erfassen.

---

[1] Falls dies jedoch zu einer Rechnungslegungsanomalie im Gewinn oder Verlust führen oder eine solche vergrößern sollte, sind alle Gewinne und Verluste aus dieser Verbindlichkeit erfolgswirksam zu berücksichtigen (IFRS 9.5.7.8).

Am 1.1.01 (Emissionszeitpunkt) beträgt der Barwert der Anleihe 100.000 EUR, da diese mit dem laufzeit- und bonitätsadäquaten Zinssatz in Höhe von 5% ausgestattet ist. Am 31.12.01 kann der Barwert bei unveränderter Bonität (Risikomarge = 2%-Punkte) mit Hilfe des Diskontierungssatzes von 6% berechnet werden als:

(in EUR)	31.12.01	31.12.02	31.12.03	31.12.04	31.12.05
		+ 5.000	+ 5.000	+ 5.000	+ 105.000
Fair Value =	96.534,93				

Liegt nun der Marktwert (= Börsenwert) zum Beispiel bei 95.000 EUR, so ist die zusätzliche Verringerung des Marktwerts auf eine Bonitätsverschlechterung des Emittenten zurückzuführen. Da eine Verringerung des Marktwerts jedoch eine Gewinnerhöhung beim Emittenten bedeutet, soll der bonitätsinduzierte Rückgang des Marktwerts nicht in der Gewinn- und Verlustrechnung gezeigt werden, sondern nur erfolgsneutral im Sonstigen Ergebnis erfasst werden. Beide Wertkomponenten müssen im Anhang getrennt angegeben werden.

BS: Verbindlichkeit   3.465,07 EUR
     an Erträge aus Marktwertverlust (GuV)   3.465,07 EUR.

BS: Verbindlichkeit   1.534,93 EUR
     an Rücklage für Finanzinstrumente (Sonst. Ergebnis)   1.534,93 EUR.

oder:

BS: Verbindlichkeit   1.534,93 EUR
     an Sonstiges Ergebnis (OCI-Ertrag)   1.534,93 EUR.

Das Sonstiges Ergebnis 01 beträgt 1.534,93 EUR, stellt also einen erfolgsneutralen Gewinn aus der Verschlechterung der Bonität des Unternehmens dar.

(c) Folgebewertung finanzieller Vermögenswerte und Verbindlichkeiten in der AC-Kategorie

Für die **Folgebewertung** der mit fortgeführten Anschaffungskosten zu bewertenden finanziellen Vermögenswerte und Verbindlichkeiten (**AC-Kategorie**) ist die Effektivzinsmethode anzuwenden. Gewinne oder Verluste aus einem finanziellen Vermögenswert oder einer finanziellen Verbindlichkeit sind, abgesehen von den im Folgenden genannten Fällen, nur erfolgswirksam zu berücksichtigen, wenn eine Ausbuchung oder eine Reklassifikation erfolgt (IFRS 9.5.7.2).

Mit Hilfe der **Effektivzinsmethode** (IFRS 9.5.4.1 f.; IFRS 9.B5.4.1.-7.) werden somit die **fortgeführten Anschaffungskosten** eines finanziellen Vermögenswerts oder einer finanziellen Verbindlichkeit (oder einer Gruppe davon) berechnet sowie die Zinsaufwendungen und Zinserträge der Periode. Gleichzeitig erfolgt die **ergebniswirksame Verteilung des Disagios (und der Transaktionskosten)** durch jährliches Aufstocken des Buchwerts des finanziellen Vermögenswerts um den Teil des Disagios, der der gerade abgelaufenen Periode finanzmathematisch zuzuordnen ist, bis am Ende der Laufzeit der Rückzahlungsbetrag erreicht und das gesamte Disagio verteilt ist. Der Verteilungsbetrag pro Jahr wird **Amortisation** genannt. Der Schuldner bucht in dieser Höhe einen Zinsaufwand, der Gläubiger einen Zinsertrag, beides ist in der Gesamtergebnisrechnung oder im Anhang gesondert anzugeben (IFRS 7.20). Ein Beispiel zur Effektivzinsmethode im Zusammenhang mit einer finanziellen Verbindlichkeit mit Disagio findet sich in Kapitel B.VI.2.

Solange das Ausfallrisiko des finanziellen Vermögenswerts im Vergleich zum Zeitpunkt des erstmaligen Ansatzes nicht signifikant gestiegen ist und keine objektiven Hinweise auf eine Wertminderung vorliegen, werden die Zinsen auf Basis des (ungeschmälerten) Bruttobuchwerts mit Hilfe der Effektivzinsmethode berechnet. Erst wenn das Ausfallrisiko signifikant gestiegen ist und objektive Hinweise auf eine Wertminderung vorliegen, werden die Zinsen auf Basis des (um Wertminderungen geschmälerten) Nettobuchwerts mit Hilfe der Effektivzinsmethode berechnet.

Die *fortgeführten Anschaffungskosten* („amortised cost") ergeben sich im Falle von finanziellen Vermögenswerten und finanziellen Schulden als

> Betrag der Zugangsbewertung (= Fair Value +/- Transaktionskosten)
> - Tilgungen
> +/- kumulierte Amortisierung eines Unterschiedsbetrags zwischen
>   erstmaliger Bewertung und Tilgungsbetrag bei Endfälligkeit
>   (Disagio, Agio, Transaktionskosten) gemäß Effektivzinsmethode
> -/+ Wertminderungen/Werterhöhungen (Wertberichtigungen)
> = fortgeführte Anschaffungskosten

Bei der Zugangsbewertung werden die Transaktionskosten im Falle von Vermögenswerten addiert und im Falle von Verbindlichkeiten subtrahiert. Die Amortisation wird addiert, wenn der Zugangswert geringer ist als der Tilgungsbetrag bei Endfälligkeit (z.B. Disagio bei erhaltenen oder gewährten Krediten), und subtrahiert im umgekehrten Fall (z.B. festverzinsliches Wertpapier mit Agio; festverzinsliches Wertpapier mit wesentlichen Transaktionskosten beim Investor).

Beispielaufgabe (Forts.):
Ermitteln Sie die fortgeführten Anschaffungskosten des gewährten Kredits im vorangegangenen Beispiel unter Anwendung der *Effektivzinsmethode*.[1]

Lösung:
Der Kredit weist eine Differenz zwischen Ausgabe- und Rückzahlungsbetrag, ein so genanntes *Disagio* (= Abgeld), auf. Dieses stellt eine einmalige Zinszahlung des Kreditnehmers an die Bank dar, die wirtschaftlich als Zinsertrag auf die Jahre der Laufzeit zu verteilen ist. Diese Verteilung hat im Gegensatz zum deutschen Handelsrecht nach der Effektivzinsmethode zu erfolgen. Amortisation nennt man den jährlichen Teilbetrag.

Der Kreditauszahlungsbetrag ist über die Laufzeit mit Hilfe des ursprünglichen Effektivzinssatzes von 5,94825 % aufzuzinsen. Subtrahiert man von diesem Gesamtverzinsungsbetrag den Nominalzinsbetrag, so erhält man die Amortisation des Jahres 01, also den auf das Jahr 01 finanzmathematisch entfallenden Teil des Disagios.

96.000 EUR * 1,0594825 = 101.710,32 EUR
101.710,32 EUR – 5.000 EUR = 96.710,32 EUR

---

[1] Siehe auch das Beispiel in Kapitel B.VI.2.

Bilanzierung und Bewertung des Anlagevermögens

fortgeführte Anschaffungs-kosten am 31.12.01 =		Betrag der Zugangsbewertung	+ Amortisation des Jahres 01
96.710,32 EUR	=	96.000 EUR	+ 710,32 EUR

Im Anhang ist auch bei Finanzinstrumenten, die mit den fortgeführten Anschaffungskosten bilanziert werden, zur Information der beizulegende Zeitwert („Fair Value") anzugeben. Dieser wäre in diesem Falle als Barwert der zukünftigen Cash Flows zu ermitteln, da ein Marktpreis auf einem aktiven Markt nicht vorliegt:

Angenommen, der herrschende adäquate Marktzinssatz sei inzwischen auf 7% gestiegen, so ergibt sich durch Diskontierung mit 7%

(in EUR)	31.12.01	31.12.02	31.12.03	31.12.04	31.12.05
		+ 5.000	+ 5.000	+ 5.000	+ 105.000
Fair Value =	93.225,56				

Im Rahmen der Folgebewertung stellt sich auch die Frage nach der Berücksichtigung des Ausfallrisikos. Solche sog. *Wertberichtigungen* werden weiter unten behandelt.

(d) Folgebewertung in der FVTOCI-Kategorie

Die Fair Value-Ermittlung richtet sich nach IFRS 13[1]. In der Regel entspricht er dem Transaktionspreis eines finanziellen Vermögenswerts (IFRS 13.58). Beim Zugang sind Transaktionskosten im Zusammenhang mit der Anschaffung zusätzlich zum Fair Value zu aktivieren. Da die Folgebewertung zum Fair Value zu erfolgen hat, kommt es zu einer Abwertung in Höhe der Transaktionskosten, falls der Fair Value unverändert bleibt. Diese ist genau wie die Änderungen des Fair Value im Rahmen der Folgebewertung *erfolgsneutral im „Sonstigen Ergebnis"* in der Gesamtergebnisrechnung[2] zu erfassen und z.B. als „Rücklage für Finanzinstrumente" oder als „Neubewertungs-Rücklage (mit Ausweis in der Eigenkapitalveränderungsrechnung[3]) im Eigenkapital zu kumulieren (IFRS 9.4.1.2A). Latente Steuern sind zwar grundsätzlich erfolgswirksam zu bilden und aufzulösen, wenn sie sich jedoch wie hier auf Posten beziehen, deren Wertänderungen erfolgsneutral im Sonstigen Ergebnis erfasst werden, gilt dies auch für die latenten Steuern (IAS 12.61A). Die in der Rücklage zu erfassenden Beträge sind dann immer Nettobeträge nach Abzug der zugehörigen latenten Steuern.[4]

Bei *Schuldpapieren* (z.B. Zerobonds, festverzinsliche Wertpapiere) der FVTOCI-Kategorie sind – analog zur AC-Kategorie – die erfolgswirksamen Zinserträge mittels der *Effektivzinsmethode* zu ermitteln. Auch wird auf diese Weise der Buchwert des finanziellen Vermögenswerts im ersten Schritt erfolgswirksam fortgeschrieben. Im zweiten Schritt erfolgt dann die endgültige Bewertung mit dem Fair Value. Die Wertänderung des zweiten Schritts wird im Sonstigen Ergebnis (OCI) erfolgsneutral erfasst. *Wertminderungen/Wertberichtigungen* werden aber genau wie in der AC-Kategorie erfolgswirksam erfasst. Siehe dazu das folgende Kapitel (e). Ein umfassendes Beispiel hierzu enthält die Aufgabe 38.

---

[1] Zu IFRS 13 siehe Kapitel B.II.4.f)(3).
[2] Vgl. Kapitel C.I.4.
[3] Vgl. Kapitel B.VIII.3.
[4] Die Buchungstechnik entspricht derjenigen im Neubewertungsmodell beim Sachanlagevermögen. Siehe Kapitel B.VII.2.b) und die Aufgaben 57 und 58.

IFRS 9 sieht das *Wahlrecht* für das bilanzierende Unternehmen vor, gehaltene *Eigenkapitalinstrumente* (z.B. Aktien, GmbH-Anteile) statt mit dem beizulegenden Zeitwert („Fair Value") erfolgswirksam zu bewerten, diese unwiderruflich der *FVTOCI-Kategorie* zuzuordnen. Das bei Zugang auszuübende Wahlrecht kann auch auf einzelne Eigenkapitalinstrumente bezogen werden, setzt aber voraus, dass diese beim erstmaligem Ansatz nicht zu (spekulativen) Handelszwecken gehalten werden, sondern aufgrund der Nichterfüllung der Zahlungsstrombedingung grundsätzlich der FVTPL-Kategorie zuzuordnen wären (sog. *„FVTOCI-Option";* IFRS 9.4.1.4 und 5.7.5 f.). Wertänderungen werden erfolgsneutral im Sonstigen Ergebnis abgebildet und auch später nie erfolgswirksam umgegliedert, auch nicht bei der Veräußerung. Es gibt also im Gegensatz zu den Schuldinstrumenten der FVTOCI-Kategorie kein „Recycling". Allerdings können bei Veräußerung des Eigenkapitalinstruments die in der Neubewertungsrücklage steckenden kumulierten Gewinne oder Verluste als dann realisiertes Eigenkapital ohne Berührung der Ergebnisrechnung innerhalb des Eigenkapitals (erfolgsneutral) in die Gewinnrücklage übertragen werden (IFRS 9.B5.7.1). Hierbei ist jedoch das Stetigkeitsgebot nach IAS 8.12 zu beachten und die Angabepflicht im Anhang gemäß IAS 1.117.

Die zugehörigen Dividenden sind auch in dieser Kategorie erfolgswirksam zu erfassen. Dies hat generell zu geschehen, wenn die folgenden drei Voraussetzungen erfüllt sind (IFRS 9.5.7.1A):

- es besteht ein Rechtsanspruch auf Zahlung der Dividendenzahlung, also z.B. nach dem entsprechenden Beschluss der Hauptversammlung einer AG
- der wirtschaftliche Nutzenzufluss aus der Dividende an den Anteilseigner ist wahrscheinlich
- die Höhe der Dividende kann verlässlich bewertet werden.

Sind die Voraussetzungen erfüllt, so ist eine Dividendenforderung zu aktivieren und ein entsprechender Ertrag zu buchen, die im Zeitpunkt der Dividendenausschüttung erlischt. Gleichzeitig ist ab dem Ausschüttungsbeschluss der Fair Value z.B. der Aktie um die Dividende zu vermindern, um eine Doppelaktivierung der Dividende auszuschließen. Dies entspricht auch dem Dividendenabschlag vom Aktienkurs an der Börse. Diese Wertminderung ist hier erfolgsneutral im Sonstigen Ergebnis und der Rücklage zu erfassen, im Falle der FVTPL-Kategorie jedoch erfolgswirksam. Da die Dividende während des Geschäftsjahres der AG im Börsenkurs „heranwächst" (sog. Flat-Notierung), ist sie bereits in der Neubewertungsrücklage enthalten und wird faktisch mit dem Ausschüttungsbeschluss erfolgswirksam umgegliedert.

Beispielaufgabe:

Die NietenTec GmbH erwirbt am 22.7.01 1.000 Stück Aktien der Aerobus AG zum Börsenwert von 51.000 EUR (zuzüglich Maklercourtage und Bankprovisionen in Höhe von 500 EUR). Im Zugangszeitpunkt besteht keine spekulative Handelsabsicht, sodass das Wahlrecht der Zuordnung der Aktien zur FVTOCI-Kategorie besteht, von dem die GmbH auch Gebrauch macht. Am 31.12.01 liegt der Börsenwert („Fair Value") der Papiere bei 56.000 EUR. Zu diesem Zeitpunkt beschließt die Hauptversammlung der Aerobus AG, für das Jahr 01 eine Dividende von 1,20 EUR pro Aktie auszuschütten. Der wirtschaftliche Vorteil aus der Dividende wird der GmbH wahrscheinlich zufließen. Die tatsächliche Ausschüttung erfolgt auch am 10.1.02. Bis zum 31.12.02 sinkt jedoch der Börsenwert der Aktien auf 50.000 EUR. Zum 31.12.03 sind die Wertpapiere nochmals deutlich um 12.000 EUR im Wert gesunken. Ihr Börsenwert beträgt nur noch 38.000 EUR. Der Grund ist, dass der Emittent der gehaltenen Aktien aufgrund von Absatzproblemen in ernsthaften finanziellen Schwierigkeiten steckt und eine Sanierung des Unternehmens notwendig ist. Aufgrund einer erfolgreichen Sanierung ergibt sich im Jahr 04 wieder eine steigende Kursentwicklung. Der Börsenwert zum 31.12.04 beträgt 54.000 EUR. Am 1.6.05 werden die Aktien zum Börsenwert von a) 56.000 EUR, b) 50.000 EUR veräußert.
Stellen Sie die bilanzielle Wertentwicklung der Wertpapiere, die Entwicklung der Rücklage für Finanzinstrumente, die Dividende und die Erfolgsauswirkungen tabellarisch dar. Latente Steuern sollen vernachlässigt werden. Geben Sie alle Buchungssätze an.

Lösung:

(in EUR)	Aktien (FVTOCI-Kategorie)	Dividendenforderung	Ertrag (GuV)	Sonstiges Ergebnis (erfolgsneutral)	Rücklage für Finanzinstrumente (Eigenkapital)	Gewinnrücklage
22.7.01	51.500	---	---		---	
31.12.01	56.000			+ 4.500	4.500	
	54.800	1.200	1.200	- 1.200	3.300	
31.12.02	50.000	---	---	- 4.800	- 1.500	
31.12.03	38.000	---	---	- 12.000	- 13.500	
31.12.04	54.000	---	---	+ 16.000	2.500	
a) 1.6.05				+ 2.000	4.500	
	0	---			0	4.500
b) 1.6.05				- 4.000	- 1.500	
	0				0	- 1.500

Da die Aktien der **FVTOCI-Kategorie** gemäß IFRS 9.5.7.5 zugeordnet werden, sind sie erfolgsneutral mit dem beizulegenden Zeitwert („Fair Value") zu bewerten (IFRS 9.4.1.2A). Die Zugangsbewertung hat zum Fair Value zuzüglich Transaktionskosten zu erfolgen in Höhe von 51.500 EUR (IFRS 9.5.1.1). Bei Folgebewertungen ist der Fair Value ohne Abzug von Veräußerungskosten anzusetzen (IFRS 9.5.2.1 und B5.2.2). Marktwertänderungen sind erfolgsneutral z.B. in einer Rücklage für Finanzinstrumente im Rahmen des Eigenkapitals zu erfassen und im (erfolgsneutralen) Sonstigen Ergebnis auszuweisen (IFRS 9.5.7.1(b). Die Rücklage wird in der Regel nicht negativ werden, da die Wertänderungen einer Vielzahl von Wertpapieren dieser Kategorie in dieser erfasst werden. Da alle Voraussetzungen erfüllt sind, ist im Zeitpunkt des Ausschüttungsbeschlusses eine Dividendenforderung erfolgswirksam zu aktivieren (IFRS 9.5.7.6 i.V.m. IFRS 9.5.7.1A). Gleichzeitig ist der Dividendenabschlag im Börsenkurs erfolgsneutral im Sonstigen Ergebnis zu berücksichtigen, damit die Dividende nicht doppelt erfasst wird. Bei Ausschüttung im Jahr 02 wird die Dividendenforderung wieder ausgebucht. Bei Veräußerung der Aktien kann die Rücklage für Finanzinstrumente in die Gewinnrücklagen umgebucht werden (IFRS 9.B5.7.1). Das Wahlrecht unterliegt dem Stetigkeitsgebot. Ein Recycling gibt es bei Eigenkapitalinstrumenten nicht.

Buchungssätze:

BS: Wertpapiere   51.500 EUR
   an Bank   51.500 EUR.

BS: Wertpapiere   4.500 EUR
   an Rücklage für Finanzinstrumente (Sonst. Ergebnis)   4.500 EUR.

BS: Dividendenforderung   1.200 EUR
   an Dividendenerträge (GuV)   1.200 EUR.

BS: Rücklage für Finanzinstrumente (Sonst. Ergebnis) 1.200 EUR
   an Wertpapiere   1.200 EUR.

Sonstiges Ergebnis 01 = 4.500 + 1.200 = 5.700 EUR.

BS: Bank 1.200 EUR
      an Dividendenforderung 1.200 EUR.

BS: Rücklage für Finanzinstrumente (Sonst. Ergebnis) 4.800 EUR
      an Wertpapiere 4.800 EUR.

Sonstiges Ergebnis 02 = - 4.800 EUR.

BS: Rücklage für Finanzinstrumente (Sonst. Ergebnis) 12.000 EUR
      an Wertpapiere 12.000 EUR.

Sonstiges Ergebnis 03 = - 12.000 EUR.

BS: Wertpapiere 16.000 EUR
      an Rücklage für Finanzinstrumente (Sonst. Ergebnis) 16.000 EUR.

Sonstiges Ergebnis 04 = + 16.000 EUR.

a) Veräußerung zu 56.000 EUR:
BS: Wertpapiere 2.000 EUR
      an Rücklage für Finanzinstrumente (Sonst. Ergebnis) 2.000 EUR.

Sonstiges Ergebnis = + 2.000 EUR.

BS: Bank 56.000 EUR
      an Wertpapiere 56.000 EUR.

BS: Rücklage für Finanzinstrumente (Sonst. Ergebnis) 4.500 EUR
      an Gewinnrücklage 4.500 EUR.

b) Veräußerung zu 50.000 EUR:
BS: Rücklage für Finanzinstrumente (Sonst. Ergebnis) 4.000 EUR
      an Wertpapiere 4.000 EUR.

Sonstiges Ergebnis = - 4.000 EUR.

BS: Bank 50.000 EUR
      an Wertpapiere 50.000 EUR.

BS: Gewinnrücklage 1.500 EUR
      an Rücklage für Finanzinstrumente (Sonst. Ergebnis) 1.500 EUR.

Bei verzinslichen finanziellen Vermögenswerten dieser Kategorie, die **Fremdkapitalinstrumente** sind (z.B. Kreditforderungen, festverzinsliche Wertpapiere), sind die **Zinsen** mittels *Effektivzinsmethode* zu berechnen und *erfolgswirksam* in der Gewinn- und Verlustrechnung zu erfassen. Bei Schuldinstrumenten gibt es aber im Veräußerungszeitpunkt oder bei Ausbuchung ein sog. „Recycling". Das heißt, die über das Sonstige Ergebnis im Eigenkapital in einer Neubewertungsrücklage oder einer Rücklage für Finanzinstrumente kumulierten (erfolgsneutralen) Sonstigen Gewinne oder Verluste werden dann in die Gewinn- und

Verlustrechnung umgegliedert und somit *erfolgswirksam* ausgebucht. Das Sonstige Ergebnis wird in Höhe dieses sog. *„Umgliederungsbetrags"* entsprechend korrigiert, um Doppelerfassungen zu vermeiden (IFRS 9.5.7.10).

Im Rahmen der Folgebewertung stellt sich hier auch die Frage nach der Berücksichtigung des Ausfallrisikos. Solche sog. Wertberichtigungen werden im nächsten Abschnitt behandelt.

(e) Wertberichtigungen im Falle der AC- und der FVTOCI-Kategorie

Wesentliche Änderungen gegenüber IAS 39 enthält IFRS 9 hinsichtlich der Erfassung von Wertminderungen im Falle der Bewertung finanzieller Vermögenswerte zu fortgeführten Anschaffungskosten oder erfolgsneutral zum Fair Value. Für gehaltene Schuldinstrumente (z.B. festverzinsliche Wertpapiere, Kreditforderungen, Forderungen aus Lieferungen und Leistungen) und unwiderrufliche Kreditzusagen sowie für Leasingforderungen beim Finanzierungsleasing gemäß IFRS 16 muss nun eine *Risikovorsorge für erwartete Verluste* gebildet werden (IFRS 9.5.5.1). Während der Impairment-Test nach IAS 39 eine eingetretene Wertminderung mit Auswirkungen auf die zukünftigen Cash Flows berücksichtigte („Incurred Loss Model"), erfolgt er im Rahmen von IFRS 9 nach dem Modell der erwarteten Verluste (*„Expected Loss Model"*), das dem handelsrechtlichen Imparitätsprinzip stärker entspricht als die bisherige Vorgehensweise. Dabei sollen möglichst die statistischen Erwartungswerte der zukünftigen Ausfallrisiken Berücksichtigung finden. Für *eigene Verbindlichkeiten* (z.B. emittierte Anleihen, aufgenommene Bankkredite) ist *keine Vorsorge für das Kreditausfallrisiko* zu treffen, da dies zu einem Unterschreiten der Anschaffungskosten der Verbindlichkeiten und zu einer unplausiblen Gewinnerhöhung führen würde, wenn die eigene Bonität des Unternehmens sich verschlechtert.

Die Risikovorsorge ist pauschaliert und dreistufig geregelt. Bereits bei Anschaffung ist *erfolgswirksam* ein separater *Wertberichtigungsposten* für alle in *Stufe 1* befindlichen finanziellen Vermögenswerte (Portfolio-Wertberichtigung) in Höhe des erwarteten 12-monatigen Kreditverlusts (= Ausfallereignis in den nächsten 12 Monaten) zu bilden. Hierdurch soll abgemildert werden, dass bei späterer Verschlechterung der Bonität z.B. des Emittenten einer Anleihe sich der Wertminderungsaufwand kumuliert. Darüber hinaus wird ein Wertminderungsaufwand nur ausgelöst, wenn die Bonität (i.d.R. gemessen durch Schuldner-Ratings) sich bis zum Abschlussstichtag wesentlich verschlechtert. Dies liegt darin begründet, dass eine schon im Anschaffungszeitpunkt bestehende geringe Bonität des Emittenten bereits eingepreist ist. Entweder sind die Anschaffungskosten des festverzinslichen Wertpapiers geringer oder die Kreditzinsen sind aufgrund gestiegener Risikoprämien höher. In der Bilanz darf der Wertberichtigungsposten von finanziellen Vermögenswerten der AC-Kategorie mit deren Bruttobuchwert saldiert werden (= Nettobuchwert). Aber auch in diesem Falle muss die Wertberichtigung nach IFRS 7 im Anhang erläutert werden. Bei finanziellen Vermögenswerten der FVTOCI-Kategorie ist eine Saldierung nicht zulässig, da der Vermögenswert mit dem Fair Value bewertet werden muss. Die Wertberichtigung wird daher über das Sonstige Ergebnis erfolgsneutral im Eigenkapital erfasst.

Stufe 2 tritt ein, wenn das Ausfallrisiko seit dem erstmaligen Ansatz *signifikant*[1] gestiegen ist. Um dies zu beurteilen sind belastbare möglichst zukunftsorientierte Informationen heranzuziehen. Dies wird widerlegbar vermutet, wenn die vertraglichen Zahlungen – auch für ein anderes Finanzinstrument desselben Schuldners – mehr als 30 Tage überfällig sind (IFRS

---

[1] Zur Beurteilung, ob sich das Ausfallrisiko seit dem erstmaligen Ansatz signifikant erhöht hat oder nicht, werden in den Paragraphen 5.5.9 bis 5.5.20 und im Anhang B in den Paragraphen B5.5.22-B5.5.24 konkretisierende Hinweise gegeben.

9.5.5.4, 9.5.5.9 und 9.5.5.11). In Stufe 2 ist die Wertberichtigung auf der Grundlage der während der gesamten Vertragslaufzeit erwarteten Zahlungsausfälle zu bemessen und der Anstieg erfolgswirksam zu buchen (IFRS 9.5.5.8). Auf diese Weise wird berücksichtigt, dass die Verschlechterung der Bonität in der Höhe der Effektivzinsen nicht eingepreist ist. Sinkt das erwartete Kreditrisiko am Folgestichtag wieder, sodass im Vergleich zum Anschaffungszeitpunkt kein signifikanter Anstieg mehr besteht, so wird der finanzielle Vermögenswert auch wieder der 1. Stufe zugeordnet, die Wertberichtigung reduziert und ein entsprechender Wertminderungsertrag gebucht IFRS 9.5.5.7).

Kommen noch objektive Hinweise auf eine eingetretene Wertminderung des finanziellen Vermögenswerts hinzu, dann geht dieser in die *Stufe 3* über. In IFRS 9 Anhang A sind alternative Indikatoren für eine „beeinträchtigte Bonität eines finanziellen Vermögenswerts" angegeben, wie zum Beispiel[1]:
- Signifikante finanzielle Schwierigkeiten des Schuldners
- Zahlungsausfälle, überfällige Zins- und Tilgungszahlungen
- Hohe Wahrscheinlichkeit für die Eröffnung eines Insolvenzverfahrens
- Hohe bonitätsbedingte Preisabschläge bei Emissionen von finanziellen Vermögenswerten des Schuldners.

In Stufe 3 wird wie in Stufe 2 der erwartete Kreditverlust während der gesamten Vertragslaufzeit berücksichtigt. Bei wesentlichen Forderungen bietet sich in Stufe 3 die Bildung einer Einzelwertberichtigung an. Zur Bemessung des erwarteten Verlusts ist die Discounted-Cash Flow-Methode zu verwenden (IFRS 9 Anhang A „Kreditverlust". Der Zinsertrag wird in Stufe 3 nicht mehr durch Anwendung des (ursprünglichen) Effektivzinssatzes auf den Bruttobuchwert, sondern auf Basis des um die Wertberichtigung verminderten Nettobuchwerts ermittelt (IFRS 9.5.4.1(b). Dies verhindert jedoch lediglich eine Aufblähung der Gewinn- und Verlustrechnung. Steigt das Ausfallrisiko immer weiter an, so ist die Wertberichtigung immer weiter erfolgswirksam aufzustocken. Ist schließlich keine Zahlung mehr zu erwarten, muss die Forderung abgeschrieben und ausgebucht werden (IFRS 9.5.4.4). Auch die zugehörige Wertberichtigung ist auszubuchen.

Sind finanzielle Vermögenswerte bereits bei Erwerb oder (Kredit-)Ausreichung in ihrer Bonität beeinträchtigt, was sich z.B. an einem bonitätsbedingten Abschlag vom Kaufpreis äußert, so ist von Anfang an ein bonitätsangepasster Effektivzinssatz zur Ermittlung der Zinserträge (auf Basis des Nettobuchwerts) zu verwenden. Der erwartete Verlust ist somit bereits im Effektivzinssatz berücksichtigt. Wertberichtigungen (IFRS 9.5.5.13 und Anhang A) sind dann nur bei Veränderungen der erwarteten Zahlungen erforderlich.

In der folgenden Tabelle soll das 3-Stufen-Modell noch einmal zusammengefasst dargestellt werden:

---

[1] Nach IAS 39 wurde erst bei Eintritt eines dieser Wertminderungstatbestände eine Wertberichtigung durchgeführt.

	Wertminderungen nach dem Modell der erwarteten Verluste	
1. Stufe	Hier werden die finanziellen Vermögenswerte i.d.R. bei Zugang eingeordnet:	IFRS 9.5.5.5
	Erfassung aller Verluste aus erwarteten Ausfallereignissen in den <u>nächsten 12 Monaten</u> nach dem Abschluss-Stichtag in einer Portfolio-Wertberichtigung (auf Basis von statistischen Erwartungswerten)	IFRS 9.5.5.17-20
2. Stufe	Falls das Ausfallrisiko seit dem Zugangszeitpunkt signifikant gestiegen ist:	IFRS 9.5.5.3
	Berücksichtigung aller während der <u>Vertragslaufzeit</u> zu erwartenden Zahlungsausfälle (auf Basis von statistischen Erwartungswerten) im Rahmen einer Portfolio-Wertberichtigung. Die Zinsen werden weiterhin auf Basis des (ungeschmälerten) Bruttobuchwerts mit Hilfe der Effektivzinsmethode berechnet.	IFRS 9.5.5.17-20
3. Stufe	Falls das Ausfallrisiko seit dem Zugangszeitpunkt signifikant gestiegen ist und objektive Hinweise auf eine *Wertminderung* vorliegen:	IFRS 9.5.4.1 f.;
	Berücksichtigung aller während der <u>Vertragslaufzeit</u> zu erwartenden Zahlungsausfälle (auf Basis von statistischen Erwartungswerten). Die Zinsen werden jetzt auf Basis des (um Wertberichtigung geschmälerten) Nettobuchwerts mit Hilfe der Effektivzinsmethode berechnet.	IFRS 9.5.5 f.

Die Ermittlung erwarteter Kreditverluste aus einem Finanzinstrument muss alle belastbaren Informationen berücksichtigen, die zu angemessenen Kosten und Zeitaufwand über vergangene Ereignisse sowie gegenwärtige und zukünftige wirtschaftliche Bedingungen erhältlich sind. Auf dieser Grundlage ist ein wahrscheinlichkeitsgewichteter Betrag aus mehreren Zukunfts-Szenarien als Barwert zu ermitteln (IFRS 9.5.5.17). Dies kann für einzelne finanzielle Vermögenswerte gesondert oder für eine Gruppe (Portfolio) gleichartiger finanzieller Vermögenswerte erfolgen. Externe und interne Ratings des Schuldners werden in der Regel herangezogen, um die Bonität und das Ausfallrisiko zu messen. Der *erwartete Kreditverlust* ergibt sich dann als:

Ausfallwahrscheinlichkeit * Verlustquote bei Eintritt eines Ausfallereignisses * Investitionsbetrag.

Ausnahmeregelung (Vereinfachung): Für *Forderungen aus Lieferungen und Leistungen* aus Umsätzen ohne signifikante Finanzierungskomponente gemäß IFRS 15 besteht die Pflicht, statt des 3-Stufen-Modells ein vereinfachtes Wertminderungsmodell anzuwenden. Danach ist bereits bei Zugang der gesamte erwartete Verlust über die Laufzeit zu erfassen, d.h. die Vermögenswerte werden bereits bei Zugang in Stufe 2 eingeordnet (IFRS 9.5.5.15). Dies ist sinnvoll, da diese Forderungen in der Regel eine Laufzeit haben, die 12 Monate unterschreitet, sodass die Betrachtung der nächsten 12 Monate identisch ist mit der Berücksichtigung der gesamten Laufzeit. Auch hinsichtlich der Ermittlung erwarteter Verluste gibt es Vereinfachungsmöglichkeiten. Hier kann eine Wertberichtigungsmatrix nach dem Zeitraum, in dem Zahlungen des Schuldners überfällig sind, und der Höhe der Ausfallquote nach den Erfahrungen des Unternehmens verwendet werden (IFRS 9.B5.5.35). Für Forderungen aus

Lieferungen und Leistungen mit signifikanter Finanzierungskomponente gemäß IFRS 15, die generell barwertig bewertet werden, besteht ein entsprechendes Methodenwahlrecht zur sofortigen Zuordnung zu Stufe 2 ebenso wie für Leasingforderungen beim Finanzierungsleasing. Das Wahlrecht ist auf alle derartigen Forderungen einheitlich auszuüben.

Die Berücksichtigung von *Wertberichtigungen* bei finanziellen Vermögenswerten der AC-Kategorie und der FVTOCI-Kategorie veranschaulicht die folgende Tabelle:

Finanzielle Vermögenswerte: Zugangsbewertung	
AC-Kategorie (IFRS 9.4.1.2)	**FVTOCI-Kategorie** (IFRS 9.4.1.2A)
Buchwert: *Anschaffungskosten* („Amortised Costs")	Buchwert: *beizulegender Wert* („Fair Value")
Pflicht zur *Wertberichtigung* in Höhe des erwarteten 12-Monats-Kreditverlusts (Stufe 1)	Pflicht zur *Wertberichtigung* in Höhe des erwarteten 12-Monats-Kreditverlusts (Stufe 1)

Finanzielle Vermögenswerte: Folgebewertung: Wertminderung („Impairment")	
AC-Kategorie (IFRS 9.4.1.2)	**FVTOCI-Kategorie (IFRS 9.4.1.2A)**
Buchwert: *fortgeführte Anschaffungskosten* („Amortised Costs") Zugehörige Wertberichtigung in Höhe des erwarteten 12-Monats-Kreditverlusts (Stufe 1)	Buchwert: *beizulegender Wert* („Fair Value") Zugehörige Wertberichtigung in Höhe des erwarteten 12-Monats-Kreditverlusts (Stufe 1)
Impairment-Test am Abschlussstichtag	
(1) Falls eine signifikante Erhöhung des Ausfallrisikos seit dem erstmaligen Ansatz vorliegt: *Pflicht* zur Wertberichtigung in Höhe der über die Laufzeit erwarteten Kreditverluste (Stufe 2) (IFRS 9.5.5.3) *(2)* Falls keine signifikante Erhöhung des Ausfallrisikos vorliegt: Wertberichtigung in Höhe des erwarteten 12-Monats-Kreditverlusts muss ggf. angepasst werden (Stufe 1) (IFRS 9.5.5.5) Auswirkung in beiden Fällen: *Minderung des Jahresüberschusses (Wertminderungsaufwand)*	*(1)* Falls eine signifikante Erhöhung des Ausfallrisikos seit dem erstmaligen Ansatz vorliegt: *Pflicht* zur Wertberichtigung in Höhe der über die Laufzeit erwarteten Kreditverluste (Stufe 2) (IFRS 9.5.5.3) *(2)* Falls keine signifikante Erhöhung des Ausfallrisikos vorliegt: Wertberichtigung in Höhe des erwarteten 12-Monats-Kreditverlusts muss ggf. angepasst werden (Stufe 1) (IFRS 9.5.5.5) Auswirkung in beiden Fällen: *Minderung des erfolgsneutralen Sonstigen Ergebnisses;* Keine Verringerung des Buchwerts des finanziellen Vermögenswerts!! (IFRS 9.5.5.2)
Impairment-Test am folgenden Abschlussstichtag	
Falls im Gegensatz zum Vorjahr keine signifikante Erhöhung des Ausfallrisikos im Vergleich zum erstmaligen Ansatz mehr vorliegt: *Pflicht zur erwarteten Wertaufholung* (IFRS 9.5.5.7) Wertberichtigung in Höhe des erwarteten 12-Monats-Kreditverlusts (Stufe 1) (IFRS 9.5.5.5) Auswirkung: *Erhöhung des Jahresüberschusses (Wertminderungsertrag)*	Falls im Gegensatz zum Vorjahr keine signifikante Erhöhung des Ausfallrisikos im Vergleich zum erstmaligen Ansatz mehr vorliegt: *Pflicht zur erwarteten Wertaufholung* (IFRS 9.5.5.7.) Wertberichtigung in Höhe des erwarteten 12-Monats-Kreditverlusts (Stufe 1) (IFRS 9.5.5.5) Auswirkung: *Erhöhung des erfolgsneutralen Sonstigen Ergebnisses;* Keine Veränderung des Buchwerts des finanziellen Vermögenswerts!! (IFRS 9.5.5.2)

Sofern nach angemessener Einschätzung nicht davon auszugehen ist, dass die vertraglichen Zahlungsströme eines finanziellen Vermögenswerts ganz oder teilweise realisierbar sind, besteht nach IFRS 9.5.4.4 die Pflicht zur **Abschreibung**, also zur direkten Verringerung des Bruttobuchwerts. Dies entspricht einem (teilweisen) Ausbuchungsvorgang.

Beispielaufgabe zur AC-Kategorie: (Fortsetzung)
Eine von Anfang an beeinträchtigte Bonität des Kreditnehmers beim obigen Kredit besteht nicht. Im Zeitpunkt des erstmaligen Ansatzes der **Kreditforderung** wird aufgrund eines internen Ratings der Bank die Ausfallwahrscheinlichkeit für die nächsten 12 Monate auf 2% und für die gesamte Restlaufzeit auf 10 % geschätzt. Die Bank geht bei Eintritt eines Ausfallereignisses von einem Verlust in Höhe von 50% der Kreditforderung aus. Am nächsten Bilanzstichtag (31.12.01) eingeholte Informationen (Schufa) belegen, dass der Kreditnehmer andere Zahlungsverpflichtungen nicht oder nur verspätet erfüllt hat, sodass aufgrund des internen Ratings der Bank am 31.12.01 das Kreditausfallrisiko der nächsten 12 Monate auf 6% und das Ausfallrisiko der gesamten Restlaufzeit des Kreditvertrags (4 Jahre) auf 24 % geschätzt wird. Am 31.12.03 gibt es objektive Hinweise, dass der Kreditnehmer aufgrund eines mit großer Wahrscheinlichkeit kurz bevorstehenden Insolvenzverfahrens, am Ende der Laufzeit (mit Beendigung des Insolvenzverfahrens) wahrscheinlich nur 50% tilgen wird. Am 30.6.05 erfährt die Bank, dass das Insolvenzverfahren über den Kreditnehmer mangels Masse eingestellt wurde. Eine Zahlung des Kunden ist nicht mehr zu erwarten.
Ermitteln Sie die fortgeführten Anschaffungskosten und die Zinserträge des obigen Kredits, sowie die erforderlichen Wertberichtigungen während der Kreditlaufzeit. Geben Sie auch alle Buchungssätze an.

Lösung:
Bei Ausreichung des obigen Kredits (erstmaliger Ansatz am 1.1.01) ist dieser finanzielle Vermögenswert der Stufe 1 des 3-Stufen-Modells zuzuordnen. Daher muss eine Wertberichtigung in Höhe des (auf Basis von statistischen Erwartungswerten) geschätzten Kreditausfalls in den nächsten 12 Monaten gebildet werden. Somit muss in Höhe von 960 EUR = 0,02 * 0,5 *96.000 EUR eine Wertberichtigung gebildet werden.

BS: Kreditforderung 96.000 EUR
an Finanzkonto 96.000 EUR.

BS: Wertminderungsaufwand 960 EUR
an Wertberichtigungskonto 960 EUR.

31.12.01:
Wie weiter oben bereits berechnet, betragen die fortgeführten Anschaffungskosten des Kredits am Bilanzstichtag 96.710,32 EUR.

96.000 EUR * 1,0594825 = 101.710,32 EUR
101.710,32 EUR − 5.000 EUR = 96.710,32 EUR.

BS: Kreditforderung 710,32 EUR
Finanzkonto 5.000,00 EUR
an Zinserträge in 01 5.710,32 EUR.

Außerdem muss an diesem Bilanzstichtag geprüft werden, ob das Ausfallrisiko seit dem Zugangszeitpunkt signifikant gestiegen ist. Eingeholte Informationen (Schufa) belegen, dass der Kreditnehmer andere Zahlungsverpflichtungen nicht oder nur verspätet erfüllt hat, sodass aufgrund des internen Ratings der Bank von einer signifikanten Erhöhung (Verdreifachung!) des Kreditausfallrisikos auf 6% auszugehen ist. Somit ist die Forderung der Stufe 2 zuzuordnen und das Ausfallrisiko der gesamten Restlaufzeit des Kreditvertrags (4 Jahre) der Wertberichtigung zugrunde zu legen. Dieses ist (grob geschätzt) von 10% auf 24% gestiegen. Somit muss die Wertberichtigung von 960 EUR auf 11.520 EUR = 96.000 EUR * 0,24 * 0,5 erhöht werden.

BS: Wertminderungsaufwand 10.560 EUR
an Wertberichtigungskonto 10.560 EUR.

Die Zinsen werden weiterhin auf Basis des (ungeschmälerten) Bruttobuchwerts mit Hilfe der Effektivzinsmethode wie oben berechnet.

fortgeführte Anschaffungskosten am 31.12.01 =	Betrag der Zugangsbewertung	+ Amortisation des Jahres 01	Wertberichtigung am 31.12.01
96.710,32 EUR =	96.000 EUR	+ 710,32 EUR	11.520 EUR

Im Rahmen der AC-Kategorie kann der Wertberichtigungsposten direkt vom Wert der Kreditforderung auf der Aktivseite abgesetzt werden, worauf im Rahmen dieser Beispielaufgabe verzichtet werden soll.

31.12.02:
Durch nochmalige Aufzinsung der fortgeführten Anschaffungskosten der obigen Kreditforderung per 31.12.01 ergeben sich die fortgeführten Anschaffungskosten zum 31.12.02 als
96.710,32 EUR * 1,0594825 = 102.462,89 EUR
102.462,89 EUR – 5.000 EUR = 97.462,89 EUR.

BS: Kreditforderung 752,57 EUR
Finanzkonto 5.000,00 EUR
an Zinserträge in 02 5.752,57 EUR.

Eine Änderung der erwarteten Ausfallverluste hat sich offenbar nicht ergeben, sodass die Wertberichtigung unverändert bleibt.

fortgeführte Anschaffungskosten am 31.12.02 =	Betrag der Zugangsbewertung	+ Amortisation der Jahre 01 und 02 (kumuliert)	Wertberichtigung am 31.12.02
97.462,89 EUR =	96.000 EUR	+ 1.462,89 EUR	11.520 EUR

31.12.03:
Zunächst sind durch Aufzinsung die fortgeführten Anschaffungskosten der Kreditforderung per 31.12.03 und der Zinsertrag für 03 zu ermitteln.

97.462,89 * 1,0594825 = 103.260,23
103.260,23 – 5.000 = 98.260,23 fortgeführte Anschaffungskosten der Forderung
Gesamter Zinsertrag in 03 = 5.797,34 EUR.

BS: Kreditforderung 797,34 EUR
Finanzkonto 5.000,00 EUR
an Zinserträge in 03 5.797,34 EUR.

Hinsichtlich der Wertberichtigung haben sich nun neue Informationen über die zu erwartenden Zahlungsausfälle ergeben. Da aber aufgrund objektiver Indizien eine Wertminderung der Kreditforderung eingetreten ist, ist diese nun in die Stufe 3 einzuordnen. Somit ist weiterhin das Ausfallrisiko der gesamten Restlaufzeit als Wertberichtigung zu berücksichtigen, jetzt aber sinnvollerweise als Einzelwertberichtigung. Außerdem ist nun zur Ermittlung der Wertberichtigung die Discounted-Cash Flow-Methode anzuwenden. Danach sind ist der Barwert der geminderten zukünftigen Zahlungseingänge zu berechnen. Der Barwert der Kreditforderung zum 31.12.03 ergibt sich aus der Diskontierung des korrigierten erwarteten Zahlungsstroms mit dem ursprünglichen Effektivzinssatz (5,94825%).

(in EUR)	31.12.03	31.12.04	31.12.05
		+ 5.000	+ 50.000
			+ 5.000
Barwert =	53.716,92		

Die Wertberichtigung beträgt nun 98.260,23 EUR - 53.716,92 EUR = 44.543,31 EUR und ist entsprechend aufzustocken.

BS: Wertminderungsaufwand 33.023,31 EUR
an Wertberichtigungskonto 33.023,31 EUR.

fortgeführte Anschaffungskosten am 31.12.03 =	Betrag der Zugangsbewertung	+ Amortisation der Jahre 01 bis 03 (kumuliert)	Wertberichtigung am 31.12.03
98.260,23 EUR =	96.000 EUR	+ 2.260,23 EUR	44.543,31 EUR

31.12.04
Da die Kreditforderung der Stufe 3 zugeordnet ist, wird das Ausfallrisiko weiterhin auf Basis der gesamten Restlaufzeit als Einzelwertberichtigung erfasst. Außerdem ist der Zinsertrag in Periode 4 nicht mehr als Effektivverzinsung des Bruttobuchwerts der Forderung, sondern des Nettobuchwerts (nach Abzug der Wertberichtigung) zu ermitteln.

53.716,92 EUR * 0,0594825 = 3.195,21 EUR.

BS: Kreditforderung 844,76 EUR
Finanzkonto 5.000,00 EUR
an Wertberichtigungskonto 2.649,55 EUR
an Zinserträge 3.195,21 EUR.

Dadurch soll eine Aufblähung der Gewinn- und Verlustrechnung verhindert werden. Normalerweise wäre brutto gebucht worden:

BS: Kreditforderung 844,76 EUR
Finanzkonto 5.000,00 EUR
an Zinserträge 5.844,76 EUR.

98.260,23 EUR * 1,0594825 = 104.104,99 EUR
104.104,99 EUR − 5.000 EUR = 99.104,99 EUR (fortgeführte Anschaffungskosten der Forderung)
Gesamter Zinsertrag in 04 = 104.104,99 EUR - 98.260,23 EUR = 5.844,76 EUR

Bei unveränderter Informationslage ist die Wertberichtigung ebenfalls aufzuzinsen:
44.543,31 EUR * 1,0594825 = 47.192,86 EUR
47.192,86 EUR - 44.543,31 EUR = 2.649,55 EUR.

BS: Wertminderungsaufwand 2.649,55 EUR
an Wertberichtigungskonto 2.649,55 EUR.

Dies hätte per Saldo zum gleichen Nettoaufwand in Höhe von 3.195,21 EUR geführt.

fortgeführte Anschaffungskosten am 31.12.04 =	Betrag der Zugangsbewertung	+ Amortisation der Jahre 01 bis 04 (kumuliert)	Wertberichtigung am 31.12.04
99.104,99 EUR =	96.000 EUR	+ 3.104,99 EUR	47.192,86 EUR

30.6.05
Da nun sicher ist, dass keine Zahlungen des Kreditnehmers mehr erfolgen werden, wird die Kreditforderung gänzlich abgeschrieben und ausgebucht. Auch die zugehörige Wertberichtigung wird ausgebucht. Zunächst sind aber Forderung und Wertberichtigung bis zum 30.6.05 aufzuzinsen.

Zinsertrag bis 30.6.05: 51.912,13 EUR * 0,0594825 * 180/360 = 1.543,93 EUR

BS: Kreditforderung 447,51 EUR
Zinsforderung 2.500,00 EUR
an Wertberichtigungskonto 1.403,58 EUR
an Zinserträge 1.543,93 EUR.

BS: Abschreibungsaufwand 99.552,50 EUR
an Kreditforderung 99.552,50 EUR.

BS: Wertberichtigungskonto 48.596,44 EUR
an sonstige betriebliche Erträge 48.596,44 EUR.

Der Nettoverlust aus dem Forderungsausfall beträgt im Jahre 05 somit 50.956,06 EUR.

Bei Schuldinstrumenten, die der *FVTOCI-Kategorie* zuzuordnen sind, ergibt sich die Schwierigkeit, dass zwar eine Wertberichtigung in Höhe der erwarteten Zahlungsausfälle erfolgswirksam vorzunehmen ist, gleichzeitig aber der finanzielle Vermögenswert mit dem Fair Value ausgewiesen werden muss. Daher darf kein Wertberichtigungskonto gebildet werden, sondern erwartete Zahlungsausfälle werden in einer Nebenrechnung im Sonstigen Ergebnis erfasst, was zur gewünschten Gewinnauswirkung führt und zur Sammlung der für die Abgangsbuchung und die Anhangangaben nötigen Daten dient. Im Prinzip wird also die Wertberichtigung aktivisch abgesetzt und der Buchwert auf den Fair Value wieder erfolgsneutral aufgestockt. Außerdem sind latente Steuern, die sich auf erfolgsneutrale Wertänderungen, die im Sonstigen Ergebnis (OCI) gezeigt werden, beziehen, ebenfalls erfolgsneutral zu erfassen, ohne dass Bestandsgrößen in der Bilanz auftauchen, weil dies bei den „Wertberichtigungen" als Ursache der latenten Steuern ebenfalls nicht der Fall ist (IAS 12.61A). Bei Veräußerung des Fremdkapitalinstruments erfolgt ein Recycling, d.h., die zuvor im Eigenkapital über das Sonstige Ergebnis berücksichtigten Beträge werden nun in die Gewinn- und Verlustrechnung umgegliedert und damit erfolgswirksam gemacht. Damit keine Doppelzählung erfolgt, wird das Sonstige Ergebnis um diesen „Umgliederungsbetrag" korrigiert.

Beispielaufgabe zur FVTOCI-Kategorie:

Ein Unternehmen erwirbt zum Emissionszeitpunkt 1.1.01 eine börsennotierte Industrieanleihe eines anderen Unternehmens im Werte von 100.000 EUR zum Emissionskurs von 100% zuzüglich Bankprovision in Höhe von 1.200 EUR. Konditionen: Nominalzins (Kupon) 5% nachschüssig, Laufzeit 5 Jahre, Rückzahlungskurs: 100 %. Für die Anleihe liegt zum Zugangszeitpunkt ein externes Rating von A („investment grade") der Ratingagentur Standard & Poor's vor. Für dieses Rating möge eine Ausfallwahrscheinlichkeit für die nächsten 12 Monate in Höhe von 0,5% gelten. Beim Eintritt des Ausfallereignisses wird von einem Verlust in Höhe von 60% des Anlagebetrags ausgegangen. Da das Unternehmen die Anleihe lediglich zur Erzielung von Zinserträgen und zur Liquiditätssteuerung, gegebenenfalls auch mittels (Teil-) Verkäufen erworben hat und die Zahlungsstrom-Voraussetzung („SPPI-Kriterium") erfüllt ist, ist die Anleihe als Fremdkapitalinstrument der FVTOCI-Kategorie zuzuordnen. Am 31.12.01 liegt der Börsenkurs der Anleihe bei 106%, das Rating ist unverändert, die 12-Monats-Ausfallrate steigt geringfügig auf 0,8% an. Am 31.12.02 bricht der Börsenkurs der Anleihe auf 94% ein, weil der Marktzinssatz gestiegen ist und außerdem S&P das Rating für den Emittenten (und die Anleihe) auf BBB, dem ein 12-Monats-Ausfallrisiko von 1,5% und ein Ausfallrisiko für die gesamte Restlaufzeit von 6% entsprechen möge, herabgesetzt hat. Am 1.1.03 wird die Anleihe zum Börsenkurs von 94% veräußert.

a) Ermitteln Sie an den Bilanzstichtagen jeweils den Buchwert der Anleihe und den Wertberichtigungsaufwand. Geben Sie alle Buchungssätze an, auch diejenigen im Zeitpunkt der Veräußerung. Die laufenden Zinsen und die latenten Steuern sind zu vernachlässigen.

b) <u>Exkurs:</u> Geben Sie alle Buchungssätze einschließlich latenter Steuern (Steuersatz: 30%) an.

Lösung zu a):

Die Anleihe ist erfolgsneutral zum Fair Value zu bewerten. Die Zugangsbewertung der Anleihe erfolgt zum Fair Value, der hier dem Börsenkurs ohne Berücksichtigung von Nebenkosten entspricht. Letztere sind sofort als Aufwand zu buchen. Die Anleihe ist der Stufe 1 im 3-stufigen Wertminderungsmodell zuzuordnen. Der erwartete Verlust in den nächsten 12 Monaten in Höhe von $0{,}005 * 0{,}6 * 100.000$ EUR = 300 EUR wird durch Bildung einer Wertberichtigung erfolgswirksam erfasst. Die Erhöhung des Fair Value am 31.12.01 auf 106.000 EUR wird erfolgsneutral im sonstigen Ergebnis (und im Eigenkapital) berücksichtigt.

BS: Anleihe	100.000 EUR	
an Bank		100.000 EUR.

BS: Sonstiger betrieblicher Aufwand	1.200 EUR	
an Bank		1.200 EUR.

BS: Wertberichtigungsaufwand (GuV-Konto)	300 EUR	
an Sonstiges Ergebnis (OCI-Ertrag)		300 EUR.

oder:

BS: Wertberichtigungsaufwand (GuV-Konto)	300 EUR	
an Rücklage für Finanzinstrumente (Sonst. Ergebnis)		300 EUR.

31.12.01:
Da das Ausfallrisiko für die nächsten 12 Monate nicht signifikant gestiegen ist, verbleibt die Anleihe in Stufe 1.

BS: Anleihe	6.000 EUR	
an Sonstiges Ergebnis (OCI-Ertrag)		6.000 EUR.

BS: Wertberichtigungsaufwand (GuV-Konto)	180 EUR	
an Sonstiges Ergebnis (OCI-Ertrag)		180 EUR.

Sonstiges Ergebnis (OCI) 01: + 6.480 EUR.

31.12.02:
Aufgrund des gesunkenen Börsenkurses, der dem Fair Value entspricht, muss die Anleihe auf 94.000 EUR erfolgsneutral abgewertet werden. Ein Teil der Wertminderung ist durch den gestiegenen Marktzins induziert, der übrige Teil durch die gesunkene Bonität des Emittenten. Da die erwartete 12-Monats-Ausfallwahrscheinlichkeit sich seit dem Zeitpunkt des erstmaligen Ansatzes entsprechend der Ratingabstufung verdreifacht hat, liegt eine signifikante Erhöhung vor. Somit ist der erfolgswirksame Wertberichtigungsaufwand auf Basis aller während der Restlaufzeit zu erwartenden Zahlungsausfälle zu berechnen: 0,06 * 0,6 * 100.000 EUR = 3.600 EUR, eine Aufstockung um 3.120 EUR ist also erforderlich.

BS: Wertberichtigungsaufwand (GuV-Konto)	3.120 EUR	
Sonstiges Ergebnis (OCI-Aufwand)	8.880 EUR	
an Anleihe		12.000 EUR.

Sonstiges Ergebnis (OCI) 02 = - 8.880 EUR.

1.1.03:
Bei der Veräußerung der Anleihe wird ein Recycling durchgeführt, d.h., alle zuvor im Eigenkapital und Sonstigen Ergebnis erfolgsneutral kumulierten Wertänderungen werden nun in der Gewinn- und Verlustrechnung über einen „Umgliederungsbetrag", der der Höhe der Rücklage für Finanzinstrumente entspricht, erfolgswirksam gemacht. Außerdem wird das Sonstige Ergebnis entsprechend korrigiert, damit es keine Doppelberücksichtigung gibt. Dieser kumulierte Umgliederungsbetrag hat die Höhe von 300 + 6.000 + 180 – 8.880 = - 2.400 EUR.

| *BS:* | Bank | 94.000 EUR | |
| | an Anleihe | | 94.000 EUR. |

| *BS:* | Sonstiger betrieblicher Aufwand (GuV-Konto) | 2.400 EUR | |
| | an Sonstiges Ergebnis (OCI-Ertrag) | | 2.400 EUR. |

Da in den Vorjahren bereits erfolgswirksame Wertberichtigungen in Höhe von kumuliert 300 + 180 + 3.120 = 3.600 EUR vorgenommen worden sind, ist im Verkaufszeitpunkt insgesamt ein Verlust von 2.400 EUR + 3.600 EUR erfolgswirksam berücksichtigt. Dieser entspricht genau dem Verlust von 100.000 − 94.000 = 6.000 EUR, der auch in der Kategorie FVTPL und in der Kategorie AC erfolgswirksam berücksichtigt worden wäre.

Fazit: Alle Kategorien führen im Zeitpunkt der Veräußerung bzw. der vollständigen Abschreibung des Finanzinstruments kumulativ zu denselben Gewinnauswirkungen.

Lösung zu b) (Exkurs):

Die Wertberichtigung, die Ursache für die **latenten Steuern** ist, zeigt sich nicht in der IFRS-Bilanz, kann also auch nicht zu einem Bilanzposten für latente Steuern führen.

| *BS:* | Anleihe | 100.000 EUR | |
| | an Bank | | 100.000 EUR. |

| *BS:* | Sonstiger betrieblicher Aufwand | 1.200 EUR | |
| | an Bank | | 1.200 EUR. |

| *BS:* | Wertberichtigungsaufwand (GuV-Konto) | 300 EUR | |
| | an Sonstiges Ergebnis (OCI-Ertrag) | | 300 EUR. |

| *BS:* | Sonstiges Ergebnis (OCI-Steueraufwand) | 90 EUR | |
| | an (latente) Steuererträge (GuV) | | 90 EUR. |

31.12.01:
| *BS:* | Anleihe | 6.000 EUR | |
| | an Sonstiges Ergebnis (OCI-Ertrag) | | 6.000 EUR. |

Die Aufwertung der Anleihe über die Anschaffungskosten hinaus ist in der Steuerbilanz nicht zulässig.

| *BS:* | Sonstiges Ergebnis (OCI-Steueraufwand) | 1.800 EUR | |
| | an latente Steuerverbindlichkeiten | | 1.800 EUR. |

| *BS:* | Wertberichtigungsaufwand (GuV-Konto) | 180 EUR | |
| | an Sonstiges Ergebnis (OCI-Ertrag) | | 180 EUR. |

| *BS:* | Sonstiges Ergebnis (OCI-Steueraufwand) | 54 EUR | |
| | an (latente) Steuererträge (GuV) | | 54 EUR. |

31.12.02:
BS:	Wertberichtigungsaufwand (GuV-Konto)	3.120 EUR	
	Sonstiges Ergebnis (OCI-Aufwand)	8.880 EUR	
	an Anleihe		12.000 EUR.

In der Steuerbilanz ist keine Teilwertabschreibung möglich, da der Inhaber der Anleihe am Ende der Laufzeit 100.000 EUR zurückerhält.

BS: Latente Steuerverbindlichkeiten 1.800 EUR
Latente Steuerforderungen 1.800 EUR
an Steuerertrag (GuV-Konto) (3.120 EUR * 0,3) 936 EUR
an Sonstiges Ergebnis (OCI-Steuerertrag) (8.880 EUR * 0,3) 2.664 EUR.

1.1.03:
BS: Bank 94.000 EUR
an Anleihe 94.000 EUR.

BS: Sonstiger betrieblicher Aufwand (GuV-Konto) 2.400 EUR
an Sonstiges Ergebnis (OCI-Ertrag) 2.400 EUR.

Die latente Steuerforderung verwandelt sich durch die Veräußerung der Anleihe in eine echte Erstattungsforderung gegenüber dem Finanzamt. Die im Sonstigen Ergebnis enthaltenen Auswirkungen der latenten Steuern werden in die Gewinn- und Verlustrechnung umgegliedert („Recyling"). Der kumulierte Umgliederungsbetrag ergibt sich als - 90 - 54 + 2.664 = + 2.520 EUR.

BS: Erstattungsforderung ggü. Finanzamt 1.800 EUR
an latente Steuerforderung 1.800 EUR

BS: Sonstiges Ergebnis (OCI-Steueraufwand) 2.520 EUR
an Steuererträge (GuV) 2.520 EUR.

(f) Bewertungsregeln bei Reklassifizierungen gemäß IFRS 9.5.6

Eine Änderung der Zuordnung eines finanziellen Vermögenswerts in eine andere Kategorie („Reklassifzierung") ist nach IFRS 9.4.4.1 nur zulässig, wenn das Unternehmen sein Geschäftsmodell zu deren Steuerung ändert.[1] Finanzielle Verbindlichkeiten dürfen nicht reklassifiziert werden. Eine Reklassifizierung finanzieller Vermögenswerte ist **prospektiv** durchzuführen, d.h., dass sich erst ab dem Zeitpunkt der Reklassifizierung Auswirkungen ergeben und keine Änderung der in der Vergangenheit erfassten Gewinne, Verlust oder Zinsen erfolgt. Im Einzelnen gelten folgende Bewertungsregeln bei Reklassifizierungen von finanziellen Vermögenswerten in eine andere Kategorie.

---

[1] Leitlinien für Reklassifizierungen enthalten die Paragraphen 5.6.1-5.6.7, B4.4.1-B4.4.3 und B5.6.1-B5.6.2 des IFRS 9.

Art der Reklassifizierung	Bewertungsregeln
von AC nach FVTPL (IFRS 9.5.6.2)	1) Ermittlung des Fair Value zum Reklassifikationszeitpunkt. 2) Der Differenzbetrag (Gewinn oder Verlust) zwischen den bisher angesetzten fortgeführten Anschaffungskosten und dem Fair Value ist erfolgswirksam zu berücksichtigen.
Von FVTPL nach AC (IFRS 9.5.6.3)	Der bisherige Fair Value wird zum Zeitpunkt der Reklassifizierung zum neuen Bruttobuchwert.
Von AC nach FVTOCI (IFRS 9.5.6.4)	1) Ermittlung des Fair Value zum Reklassifikationszeitpunkt. 2) Der Differenzbetrag (Gewinn oder Verlust) zwischen den bisher angesetzten fortgeführten Anschaffungskosten und dem Fair Value ist erfolgsneutral im Sonstigen Ergebnis zu erfassen. 3) Effektivzinssatz und Höhe der erwarteten Kreditverluste bleiben unverändert.
Von FVTOCI nach AC (IFRS 9.5.6.5)	1) Bewertung mit dem Fair Value zum Reklassifikationszeitpunkt. 2) Der kumulierte Gewinn oder Verlust, der zuvor im Sonstigen Ergebnis erfasst wurde, wird aus dem Eigenkapital ausgebucht und „gegen den Fair Value angepasst". Dies geschieht erfolgsneutral durch Änderung des Sonstigen Ergebnisses. (kein Umgliederungsbetrag!). 3) Effektivzinssatz und Höhe der erwarteten Kreditverluste bleiben unverändert.
Von FVTPL nach FVTOCI (IFRS 9.5.6.6)	Der Zeitwert ist beizubehalten, der Effektivzinssatz und die Wertberichtigung zum Zeitpunkt der Reklassifzierung sind zu ermitteln
Von FVTOCI nach FVTPL (IFRS 9.5.6.7)	1) Der Fair Value ist beizubehalten. 2) Der kumulierte Gewinn oder Verlust, der zuvor im Sonstigen Ergebnis erfasst wurde, wird aus dem Eigenkapital in den Gewinn oder Verlust umgegliedert (Umgliederungsbetrag gemäß IAS 1.7).

Aufgabe 37: Kategorisierung und Bewertung von Finanzinstrumenten nach IFRS 9

Aufgabe 38: Finanzinstrumente: Bewertung

(5) Beteiligungen im separaten IFRS-Einzelabschluss

Die Bilanzierung und Bewertung von Beteiligungen an Tochterunternehmen, gemeinschaftlich geführten Unternehmen und assoziierten Unternehmen in Konzernabschlüssen regeln die Standards IFRS 3, IFRS 10, IFRS 11 und IAS 28. Hierauf kann in diesem Lehrbuch, das sich nur mit Einzelabschlüssen beschäftigt, nicht eingegangen werden. Für einen separaten IFRS-Einzelabschluss des beteiligten Unternehmens, der in Deutschland selten aufgestellt wird

(Wahlrecht nach § 325 Abs. 2a HGB), enthält IAS 27 die entsprechenden Regelungen. Die folgenden Definitionen sind allerdings im Anhang A zu IFRS 10 zu finden.

Ein *Tochterunternehmen* ist ein Unternehmen, das von einem anderen Unternehmen, dem sog. Mutterunternehmen, beherrscht wird, d.h., dass das Mutterunternehmen zwar schwankenden Renditen aus seinem Engagement in dem Beteiligungsunternehmen ausgesetzt ist, jedoch die Fähigkeit besitzt, diese Renditen aufgrund seiner Verfügungsgewalt über das Beteiligungsunternehmen zu beeinflussen (IFRS 10.6 f. und Anhang A). Zum Vorliegen einer Beherrschung ist dazu erforderlich, dass der Investor eine entsprechende Verfügungsgewalt über das Beteiligungsunternehmen hat, er also die maßgeblichen Tätigkeiten lenken kann. Wenn sonst keine anderen Faktoren (z.B. besondere Rechte aufgrund der Satzung) zu beachten sind, liegt eine Beherrschung vor, wenn der Investor die Mehrheit der Stimmrechte besitzt, sodass er die Betriebs- und Finanzpolitik des Beteiligungsunternehmens bestimmen kann (IFRS 10.B2-B85). In der Regel ist ein solches Tochterunternehmen in den Konzernabschluss des Mutterunternehmens einzubeziehen (IFRS 10.19 f.).

Ein Unternehmen wird als *assoziiertes Unternehmen* bezeichnet, wenn der Anteilseigner auf dieses Unternehmen einen maßgeblichen Einfluss ausüben kann, es jedoch weder ein Tochterunternehmen des Anteilseigners noch ein Anteil an einem Gemeinschaftsunternehmen ist (IAS 28.3). Der Anteilseigner kann dann einen maßgeblichen Einfluss auf das Beteiligungsunternehmen ausüben, wenn er die Möglichkeit hat, an dessen finanz- und geschäftspolitischen Entscheidungsprozessen mitzuwirken, ohne diese Entscheidungsprozesse beherrschen oder gemeinschaftlich führen zu können (IAS 28.3). Ein maßgeblicher Einfluss wird widerlegbar vermutet, wenn der Anteilseigner direkt oder indirekt mindestens 20% der Stimmrechte des assoziierten Unternehmens hält. Anzeichen für das Vorliegen eines maßgebenden Einflusses des Anteilseigners sind z.B. seine Zugehörigkeit zum Geschäftsführungs- oder Aufsichtsorgan des assoziierten Unternehmens (IAS 28.5 f.). Unter einem *Gemeinschaftsunternehmen* ist eine gemeinschaftliche Vereinbarung zu verstehen, an deren Nettovermögen zwei oder mehr Parteien Rechte haben und die von allen Parteien gemeinschaftlich, d.h. nach dem Einstimmigkeitsprinzip, geführt wird (IAS 28.3).

Im separaten Einzelabschluss eines Mutterunternehmens sind Anteile an Tochterunternehmen, gemeinschaftlich geführten Unternehmen und assoziierten Unternehmen, nach IAS 27.10 wahlweise

- zu Anschaffungskosten, ggf. abzüglich Wertminderungen gemäß IAS 36, oder
- in Übereinstimmung mit IFRS 9, also als Eigenkapitalinstrument erfolgswirksam zum Fair Value oder wahlweise erfolgsneutral zum Fair Value („FVTOCI-Option") (IFRS 9.4.1.4, 9.5.7.1(b), 9.5.7.5), oder
- nach der Equity-Methode (IAS 28) zu bilanzieren und zu bewerten.

Für alle drei Kategorien von Anteilen müssen allerdings die gleichen Rechnungslegungsmethoden verwendet werden. Werden Anteile an assoziierten Unternehmen oder Gemeinschaftsunternehmen allerdings im Konzernabschluss gemäß IFRS 9 erfolgswirksam zum Fair Value bewertet (IAS 28.18), so sind sie im Einzelabschluss genauso zu behandeln (IAS 27.11).

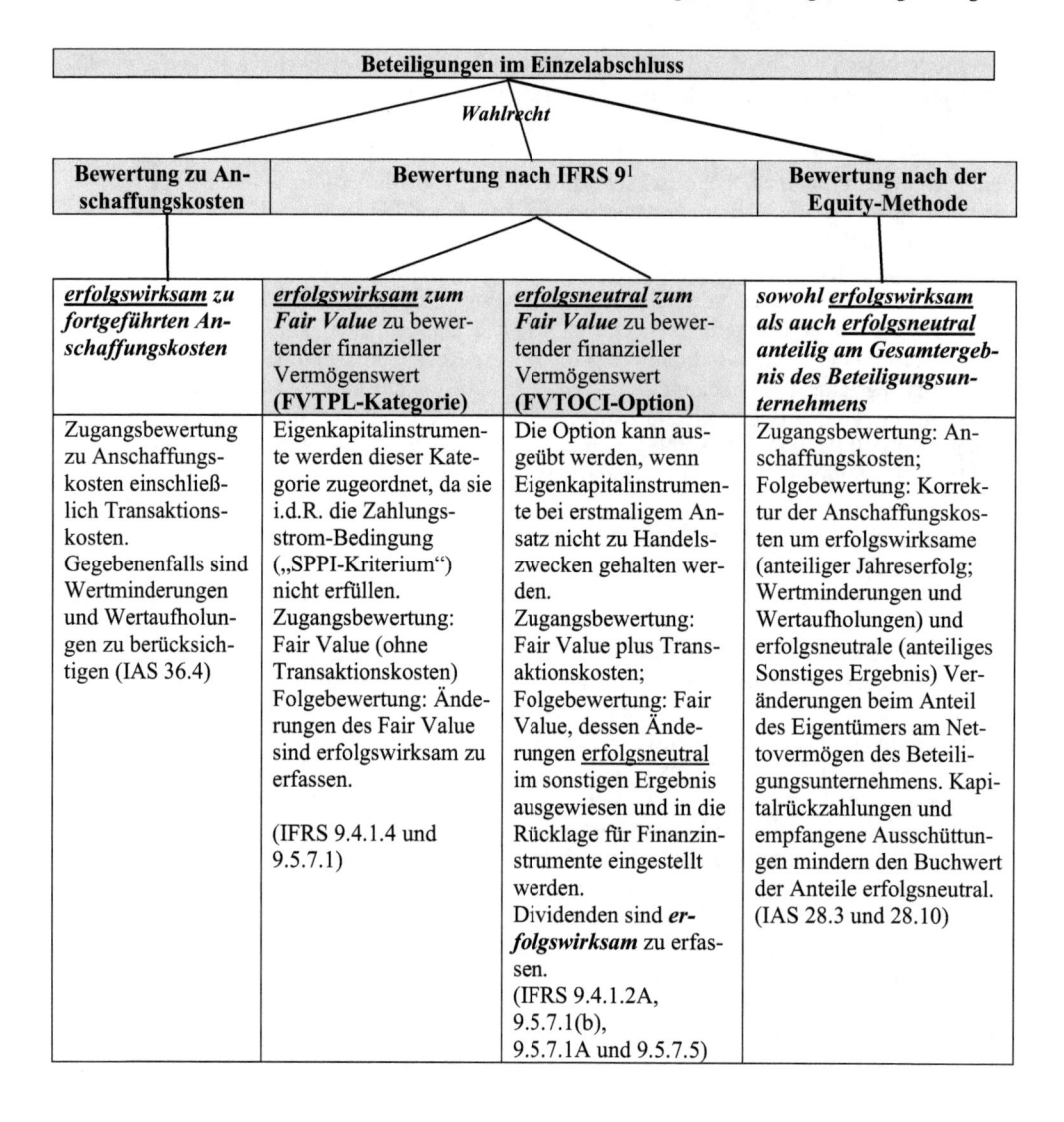

Beteiligungen im Einzelabschluss			
Bewertung zu Anschaffungskosten	**Bewertung nach IFRS 9**[1]		**Bewertung nach der Equity-Methode**
erfolgswirksam zu fortgeführten Anschaffungskosten	*erfolgswirksam zum Fair Value* zu bewertender finanzieller Vermögenswert **(FVTPL-Kategorie)**	*erfolgsneutral zum Fair Value* zu bewertender finanzieller Vermögenswert **(FVTOCI-Option)**	sowohl *erfolgswirksam* als auch *erfolgsneutral* anteilig am Gesamtergebnis des Beteiligungsunternehmens
Zugangsbewertung zu Anschaffungskosten einschließlich Transaktionskosten. Gegebenenfalls sind Wertminderungen und Wertaufholungen zu berücksichtigen (IAS 36.4)	Eigenkapitalinstrumente werden dieser Kategorie zugeordnet, da sie i.d.R. die Zahlungsstrom-Bedingung („SPPI-Kriterium") nicht erfüllen. Zugangsbewertung: Fair Value (ohne Transaktionskosten) Folgebewertung: Änderungen des Fair Value sind erfolgswirksam zu erfassen. (IFRS 9.4.1.4 und 9.5.7.1)	Die Option kann ausgeübt werden, wenn Eigenkapitalinstrumente bei erstmaligem Ansatz nicht zu Handelszwecken gehalten werden. Zugangsbewertung: Fair Value plus Transaktionskosten; Folgebewertung: Fair Value, dessen Änderungen *erfolgsneutral* im sonstigen Ergebnis ausgewiesen und in die Rücklage für Finanzinstrumente eingestellt werden. Dividenden sind *erfolgswirksam* zu erfassen. (IFRS 9.4.1.2A, 9.5.7.1(b), 9.5.7.1A und 9.5.7.5)	Zugangsbewertung: Anschaffungskosten; Folgebewertung: Korrektur der Anschaffungskosten um erfolgswirksame (anteiliger Jahreserfolg; Wertminderungen und Wertaufholungen) und erfolgsneutrale (anteiliges Sonstiges Ergebnis) Veränderungen beim Anteil des Eigentümers am Nettovermögen des Beteiligungsunternehmens. Kapitalrückzahlungen und empfangene Ausschüttungen mindern den Buchwert der Anteile erfolgsneutral. (IAS 28.3 und 28.10)

Wenn es sich um Anteile an einem anderen Unternehmen handelt, die weder Tochterunternehmen noch assoziierte Unternehmen noch Gemeinschaftsunternehmen sind, erfolgt die Bilanzierung und Bewertung als finanzielle Vermögenswerte nach IFRS 9, sodass nur die beiden in der Tabelle gezeigten Kategorien nach diesem Standard in Frage kommen.

Falls ausnahmsweise eine konkrete Veräußerungsabsicht besteht, sind die Beteiligungen als „zur Veräußerung gehaltene langfristige Vermögenswerte" zu klassifizieren und unter den kurzfristigen Vermögenswerten auszuweisen. Sie sind dann gemäß IFRS 5.15 zum niedrigeren Wert aus bisherigem Buchwert und Fair Value abzüglich Veräußerungskosten anzusetzen.[2] Sofern diese jedoch zuvor nach IFRS 9 bilanziert wurden, wird die Bewertung unverändert beibehalten (IFRS 10.10).

---

[1] Zu Einzelheiten der Bewertung von Finanzinstrumenten nach IFRS 9 siehe Abschnitt B.IV.1.d).
[2] Siehe dazu Kapitel B.V.1.e).

Das Klassifizierungs- und Bewertungswahlrecht enthält **bilanzpolitisches Potenzial**, das die Unternehmensleitung nutzen kann. Die Auswirkungen auf den Bilanzwert und den Periodenerfolg können jedoch nicht allgemeingültig beurteilt werden.

(6) Als Finanzinvestitionen gehaltene Immobilien nach IAS 40

Nicht nach IAS 16, sondern nach IAS 40 sind „als Finanzinvestition gehaltene Immobilien" („Investment Properties") zu bilanzieren und bewerten. Darunter sind Grundstücke und Gebäude und/oder Teile von Gebäuden zu verstehen, die zur Erzielung von Mieteinnahmen und/oder zum Zwecke der Wertsteigerung und nicht zur Unterstützung der gewöhnlichen Geschäftstätigkeit eines Industrie-, Handels- oder Dienstleistungsunternehmens gehalten oder im Rahmen der gewöhnlichen Geschäftstätigkeit des Unternehmens verkauft werden (IAS 40.5). Dazu gehören also beispielsweise die Renditeimmobilien von Immobiliengesellschaften oder Gebäude eines Leasinggebers, die im Rahmen eines oder mehrerer Operating-Leasingverhältnisse vermietet werden. Dabei kann es sich auch um Immobilien handeln, die vom Leasingnehmer (als wirtschaftlichem Eigentümer) im Rahmen eines Finanzierungs-Leasingverhältnisses gehalten und weitervermietet werden (IAS 40.8).

Die **Bewertung bei erstmaligem Ansatz** der als Finanzinvestition gehaltenen Immobilien hat zu Anschaffungs- oder Herstellungskosten einschließlich Transaktionskosten zu erfolgen (IAS 40.20).

Für die **Folgebewertung** dieser als Finanzinvestition gehaltenen Immobilien besteht ein **Wahlrecht**, das für alle Immobilien dieser Kategorie einheitlich auszuüben ist (IAS 40.30). Entweder entscheidet sich das Unternehmen für das Modell des beizulegenden Zeitwerts (IAS 40.33-55) oder für das Anschaffungskostenmodell (IAS 40.56). Das **Modell des beizulegenden Zeitwerts** sieht die Folgebewertung aller als Finanzinvestition gehaltenen Immobilien mit dem beizulegenden Zeitwert („Fair Value") vor. Dabei sind die Änderungen des Fair Value erfolgswirksam im Periodenergebnis („Profit or Loss") in der Periode des Entstehens zu erfassen (IAS 40.35). Planmäßige Abschreibungen werden nicht vorgenommen.

Eine im Rahmen eines Operating-Leasingverhältnisses vom Leasingnehmer gehaltene Immobilie, die alle Voraussetzungen des IAS 40 erfüllt, kann vom Leasing-Nehmer in die Kategorie „Als Finanzinvestition gehaltene Immobilien" umgewidmet werden. Sie muss dann aber auch zum Fair Value bewertet werden. Die Umwidmung hat außerdem zur Folge, dass alle in dieser Kategorie befindlichen Immobilien mit dem beizulegenden Zeitwert bewertet werden müssen, dass das Bewertungswahlrecht also erlischt (IAS 40.6, IAS 40.34).[1]

Ab 1.1.2013 ist der neue IFRS 13 in Kraft getreten, der nicht nur für Finanzinstrumente sondern auch für als Finanzinvestition gehaltene Immobilien gilt. Durch IFRS 13 wird die Fair Value-Bewertung aller Standards vereinheitlicht und die Ermittlungshierarchie für den beizulegenden Zeitwert geändert.[2]

Das alternativ wählbare **Anschaffungskostenmodell** beinhaltet die Folgebewertung aller als Finanzinvestition gehaltenen Immobilien zu den fortgeführten Anschaffungskosten. Dann sind diese nach den entsprechenden Regelungen für das Anschaffungskostenmodell in IAS 16 für Sachanlagen zu bewerten. Auch bei Wahl des Anschaffungskostenmodells müssen im

---

[1] Vgl. Petersen, Karl/Bansbach, Florian/Dornbach, Eike (Hrsg.), a.a.O., S. 174.
[2] Genaueres hierzu siehe Kapitel B.II.4.f)(3).

Anhang die beizulegenden Zeitwerte der als Finanzinvestition gehaltenen Immobilien angegeben werden (IAS 40.79). Das einmal gewählte Bewertungsmodell darf nur dann freiwillig geändert werden, wenn die Änderung zu einer sachgerechteren Darstellung der Geschäftsvorfälle im Abschluss des Unternehmens führt. Dies ist unwahrscheinlich im Falle eines Wechsels vom Zeitwert- zum Anschaffungskostenmodell (IAS 40.31, IAS 8.14). Erfüllen als Finanzinvestition gehaltene Immobilien zusätzlich die Kriterien von „zur Veräußerung gehaltenen" langfristigen Vermögenswerte und –gruppen oder für „aufgegebene Geschäftsbereiche", so sind sie in Übereinstimmung mit IFRS 5 zu bewerten.[1] Für diese ist das Anschaffungskostenmodell nicht zulässig (IAS 40.56).

Die *Auswirkungen* der beiden Bewertungsalternativen auf den Bilanzwert und den Periodenerfolg lassen sich nicht allgemeingültig angeben. Das Zeitwertmodell muss nicht zu höheren Bilanzwerten führen, da in beiden Modellen außerplanmäßige Abschreibungen auf den gesunkenen beizulegenden Zeitwert bzw. erzielbaren Betrag zwingend erfolgen müssen, die in beiden Fällen, den Periodenerfolg mindern. Es kann sogar sein, dass das Zeitwertmodell zu niedrigeren Bilanzwerten führt, da hier alle Zeitwertminderungen, also auch die voraussichtlich vorübergehenden, berücksichtigt werden müssen. Dagegen sind im Anschaffungskostenmodell nur dann außerplanmäßige Abschreibungen vorzunehmen, wenn konkrete Wertminderungsindikatoren (IAS 36.12) vorliegen.[2]

2. Abschreibungsmethoden und steuerliche Abschreibungen

a) Planmäßige Abschreibungen/AfA-Regelungen
(1) Funktionen der Abschreibung

Mit Hilfe der planmäßigen Abschreibungen soll der normale Werteverzehr abnutzbarer Vermögensgegenstände bzw. Wirtschaftsgüter in einem Geschäftsjahr erfasst werden. Die statischen Bilanztheorien sehen die Aufgabe der Abschreibungen primär in der Anpassung der abnutzbaren Vermögenswerte in der Bilanz. Dagegen sind die Abschreibungen in den dynamischen Bilanztheorien ein Mittel, um einen aussagefähigen Periodengewinn zu ermitteln. Die Vornahme von Abschreibungen ist durch den Grundsatz der sachlichen Abgrenzung geboten, d.h. die Anschaffungsausgaben für den Vermögensgegenstand, z.B. eine Maschine, sind in den Perioden als Abschreibungsaufwand erfolgswirksam zu berücksichtigen, in denen die mit Hilfe dieser Maschine produzierten Erzeugnisse zu Umsatzerlösen führen. Fritz Schmidt legt im Rahmen seiner organischen Tageswertbilanz den Schwerpunkt auf die Funktion der Abschreibung, eine Substanz erhaltende Ersatzbeschaffung der Anlagegüter auch in Inflationszeiten zu gewährleisten. Bei Preissteigerungen sichern nur Abschreibungen auf Basis der geschätzten Wiederbeschaffungskosten im Ersatzzeitpunkt der Maschine die Erhaltung der gütermäßigen Unternehmenssubstanz.[3] Im geltenden Handelsrecht ist die Vornahme von planmäßigen Abschreibungen nach § 253 Abs. 3 HGB geboten.

---

[1] Siehe dazu Kapitel B.V.1.e).
[2] Vgl. Kirsch, Hanno, a.a.O., S. 16.
[3] Vgl. Kapitel B.II.4.b)(2)(e). In allen Fällen wird vorausgesetzt, dass die Gegenwerte der bei der Preiskalkulation berücksichtigten Abschreibungen über die Umsatzerlöse in das Unternehmen zurückfließen, um dort der Finanzierung der Ersatzinvestition dienen zu können.

(2) Abschreibungsursachen und Abschreibungsarten in Handels- und Steuerrecht

Ursachen und Anwendungsfälle	Handelsrecht	Steuerrecht
normaler technischer Verschleiß, Ruheverschleiß, Fristablauf, Substanzverringerung	Planmäßige Abschreibung (§ 253 Abs. 3 HGB)	Absetzung für Abnutzung (AfA) (§ 7 Abs. 1 u. 2 EStG); Absetzung für Substanzverringerung (§ 7 Abs. 6 EStG)
Katastrophenverschleiß, erhöhte Inanspruchnahme, technischer Fortschritt	Außerplanmäßige Abschreibung auf den niedrigeren am Stichtag beizulegenden Wert (§ 253 Abs. 3 Satz 3 HGB)	Absetzung für außergewöhnliche Abnutzung (AfaA) (§ 7 Abs. 1 EStG)
Fehlmaßnahme (Fehleinschätzung der wirtschaftlichen Entwicklung), Nachfrageverschiebungen, Fallen der Wiederbeschaffungspreise		Teilwertabschreibung (§ 6 Abs. 1 Nr. 1 und 2 EStG)
wirtschaftspolitische Gründe	Keine entsprechende Abschreibung; das steuerliche Wahlrecht kann unabhängig von der Handelsbilanz ausgeübt werden (§ 5 Abs. 1 S. 1 2.Halbsatz EStG)	Sonderabschreibungen (z.B. § 7g EStG für kleine und mittlere Betriebe) und erhöhte Absetzungen für Abnutzung (z.B. 7h EStG Gebäude in Sanierungsgebieten)

(3) Abschreibungsplan

Zu Beginn der Nutzungsdauer eines abnutzbaren Anlagegegenstands ist gemäß § 253 Abs. 3 HGB ein Abschreibungsplan zu erstellen, in dem die Verteilung der Anschaffungs- oder Herstellungskosten auf die Jahre der voraussichtlichen Nutzungsdauer festgelegt wird.

Der Abschreibungsplan für einen Vermögensgegenstand enthält:
- Anschaffungs- oder Herstellungskosten
- gewählte Abschreibungsmethode.
- Beginn der planmäßigen Abschreibung
- geschätzte Nutzungsdauer
- geschätzter Liquidationserlös/Restbuchwert am Ende der Nutzungsdauer.

Traditionell besteht *handelsrechtlich* ein **Wahlrecht** zwischen den verschiedenen denkbaren **Abschreibungsmethoden.** Zum einen fällt jedoch auf, dass das HGB gar kein explizites Methodenwahlrecht beinhaltet, zum anderen ist zu berücksichtigen, dass die gewählte Abschreibungsmethode den Grundsätzen ordnungsmäßiger Buchführung und Bilanzierung entsprechen muss. Das bedeutet, dass insbesondere die Grundsätze der Richtigkeit und Willkürfreiheit und der sachlichen Abgrenzung zu beachten sind, wenn es um die Wahl der Abschreibungsmethode geht. Schließlich ist auch die Generalnorm zu beachten, die zumindest von Kapitalgesellschaften fordert, die Vermögens-, Finanz- und Ertragslage den tatsächlichen Verhältnissen entsprechend darzustellen (§§ 238 Abs. 1, 264 Abs. 2 S. 1 HGB). Mit anderen Worten: Der Bilanzierende hat diejenige Abschreibungsmethode auszuwählen, die dem Grad der tatsächlichen Inanspruchnahme des Anlagegegenstands Rechnung trägt bzw. den tatsächlichen Wertminderungsverlauf des Vermögensgegenstands am exaktesten widerspiegelt. Außerdem dürfen die jährlichen Abschreibungsbeträge nicht nach Maßgabe der Jahresgewinne ermittelt werden und auch nicht der Bildung stiller Rücklagen zwecks Substanzerhaltung oder zur Abdeckung des allgemeinen Unternehmerrisikos dienen. Ergebnis der Überlegungen ist, dass es eigentlich gar *kein Wahlrecht* hinsichtlich der Abschreibungsmethode gibt.

In diesem Sinne äußert sich auch das IDW in einem Rechnungslegungshinweis[1] mit Blick darauf, dass das ab 1.1.2010 verbindliche neue HGB (BilMoG) eine Angleichung an das IFRS-Regelwerk bezweckte und die Gesetzesbegründung den Passus, die Methoden müssten „den tatsächlichen Verlauf des Werteverzehrs abbilden"[2] enthält. Nur wenn es bei einer neu konstruierten Maschine an Erfahrung bezüglich des Wertminderungsverlaufs mangelt bzw. wenn die Abnutzung schwer prognostizierbar ist, dann besteht für den Bilanzierenden ein *Ermessensspielraum* bei der Wahl der adäquaten Abschreibungsmethode, der auch bilanzpolitisch genutzt werden kann. Die gewählte Methode muss von Kapitalgesellschaften gemäß § 284 Abs. 2 Nr. 1 HGB im Anhang angegeben und beibehalten werden (*Grundsatz der Stetigkeit*, § 252 Abs. 1 Nr. 6 HGB). Nur in begründeten Ausnahmefällen darf die Abschreibungsmethode geändert werden, z.B. wenn aufgrund des technischen Fortschritts der Wertminderungsverlauf einer Maschine durch eine andere Methode genauer erfasst werden kann als mit der bisher angewandten Methode. Die Änderung der Methode ist gemäß § 284 Abs. 2 Nr. 3 HGB im Anhang anzugeben und zu begründen. Außerdem ist der Einfluss der Methodenänderung auf die Vermögens-, Finanz- und Ertragslage darzustellen.

Im *Steuerrecht* ist die Auswahl der AfA-Methoden (AfA = Absetzung für Abnutzung) auf die lineare und die leistungsabhängige Abschreibung eingeschränkt (§ 7 Abs. 1 S 1 u. 6 EStG). Grundsätzlich gelten dieselben Überlegungen wie im Handelsrecht. Aufgrund der geringen Wahlmöglichkeiten und des Nachweiserfordernisses bei der Leistungsabschreibung treten zwangsläufig solche theoretischen Überlegungen in den Hintergrund.

Die Nutzungsdauer ist den Grundsätzen ordnungsmäßiger Buchführung und Bilanzierung entsprechend, also insbesondere willkürfrei und vorsichtig, zu schätzen. Die steuerrechtlichen Nutzungsdauern können als Anhaltspunkte dienen. Sind diese vor allem unter dem Aspekt des Vorsichtsprinzips übernehmbar, so ist eine "Einheitsbilanz" (= Identität von Handels- und Steuerbilanz) möglich. Im Steuerrecht verfügt die Finanzverwaltung über "AfA-Tabellen", die die sog. *betriebsgewöhnliche Nutzungsdauer* für eine Vielzahl von Wirtschaftsgütern umfasst. Die Tabellen enthalten branchenunabhängige und auch branchenbezogene Erfahrungswerte der Finanzverwaltung, insbesondere der Außenprüfer. Die betriebsgewöhnlichen Nutzungsdauern sind oft länger als die für die Handelsbilanz geschätzten Nutzungsdauern. Die Finanzverwaltung ist nicht strikt an die AfA-Tabellen gebunden, maßgeblich ist eine pflichtgemäße Schätzung. Ein Abweichen der Finanzverwaltung von ihren AfA-Tabellen hin zu kürzeren, eher dem Vorsichtsprinzip entsprechenden Nutzungsdauern ist mithin zwar möglich, aber nur wenn überzeugende betriebsindividuelle Gründe dafür vorgebracht werden.

Bei Gebäuden sind steuerrechtlich ganz bestimmte Nutzungsdauern, nämlich je nach den gegebenen Voraussetzungen 33 1/3, 40 oder 50 Jahre, vorgeschrieben. Nur § 7 Abs. 4 Satz 2 EStG eröffnet die Möglichkeit einer im Einzelfall kürzeren Nutzungsdauer bei linearer Abschreibung (R 7.4 Abs. 3 EStR). Die Schätzung eines Liquidationswertes (Veräußerungswertes, Schrotterlöses) des Gegenstands am Ende seiner voraussichtlichen Nutzungsdauer ist naturgemäß sehr unsicher. Daher wird ein solcher nur bei relativ hohem geschätztem Wert berücksichtigt, z.B. der Schrottwert bei Schiffen (H 7.3 "Anschaffungskosten" EStH). Dieser Liquidationserlös wird als Restbuchwert in den Abschreibungsplan aufgenommen und nur die Wertdifferenz zu den Anschaffungs-/Herstellungskosten wird abgeschrieben.

Beginn der planmäßigen Abschreibung: Steuerrechtlich ist der Beginn der planmäßigen Abschreibung in R 7.4 Abs. 1 EStR als Zeitpunkt der Anschaffung oder Herstellung festgelegt.

---

[1] IDW RH HFA 1.015, Rz. 5f. und 9. Ebenso Kozikowski/Roscher/Andrejewski in Beck Bil-Komm., § 253 Rz. 238.
[2] Regierungsbegründung zum BilMoG, BT-Drucks. 16/10067, S. 56.

Der Zeitpunkt der Ingebrauchnahme spielt deshalb keine Rolle, weil eine Abnutzung auch schon vorher eintreten kann. Der Abschreibungsbeginn wird in der Richtlinie noch weiter konkretisiert. Danach ist bei Anschaffung der Zeitpunkt der Lieferung und bei Herstellung des Vermögensgegenstands der Zeitpunkt der Fertigstellung relevant (vgl. auch § 9a EStDV).

Der Umfang der Abschreibung im ersten Jahr wird vom Grundsatz der Abgrenzung der Zeit und der Sache nach bestimmt. Bei der Leistungsabschreibung wird entsprechend der im ersten Nutzungsjahr erstellten Leistungen (Stück, Meter, km etc.) abgeschrieben, in allen anderen Fällen wird im Grundsatz eine rein zeitliche Abgrenzung vorgenommen, also zeitanteilig für den Zeitraum zwischen Anschaffung oder Herstellung und dem Bilanzstichtag abgeschrieben (§ 7 Abs. 1 Satz 4 und Abs. 2 Satz 3 EStG). Diese *zeitanteilige oder "pro rata temporis"-Abschreibung* wird nach angefangenen Monaten berechnet und ist seit 1.1.2004 generell (mit Ausnahme bestimmter Gebäude, s.u.) anzuwenden. Die früher bei beweglichen Wirtschaftsgütern des Anlagevermögens meist angewandte sog. Vereinfachungsregel, nach der die volle Jahres-AfA angesetzt werden konnte, wenn das Wirtschaftsgut in der ersten Hälfte des Geschäftsjahres angeschafft oder hergestellt wurde, die halbe Jahres-AfA berücksichtigt werden konnte, wenn das Wirtschaftsgut in der zweiten Hälfte des Geschäftsjahres angeschafft oder hergestellt wurde, ist nicht mehr zulässig.

Die einzige Ausnahme von der obigen generell anzuwendenden zeitanteiligen Abschreibung im Zugangsjahr sind Gebäude, die gemäß § 7 Abs. 5 EStG abgeschrieben werden. Falls die Voraussetzungen für eine Absetzung für Abnutzung gemäß § 7 Abs. 5 EStG erfüllt sind und diese staffeldegressive Abschreibung angewandt wird, ist im ersten Jahr der volle Jahresbetrag zwingend abzuschreiben (Gesetzeswortlaut und H 7.4 "Teil des auf ein Jahr entfallenden AfA-Betrags" EStH).

Handelsrechtlich gibt es keine kodifizierten Vorschriften, jedoch ist aufgrund der GoB die zeitanteilige Abschreibung im Zugangsjahr ebenfalls die Grundregel. Die kaufmännische Übung mit Blick auf den Grundsatz der Wirtschaftlichkeit lässt jedoch auch im Handelsrecht vielfältige Vereinfachungen zu, sofern diese nicht willkürlich sind. Zu diesen Möglichkeiten zählt auch die oben genannte, steuerlich nicht mehr zulässige Vereinfachungsregel. Die Vereinfachung kann aber auch darin bestehen, dass immer die halbe Jahresabschreibung gebucht wird, sofern sich die Zugänge ungefähr gleichmäßig auf das Jahr verteilen (vgl. ADS § 253 Tz. 441).

Das *Ende der planmäßigen Abschreibung* wird bestimmt durch das Ausscheiden des Vermögensgegenstands aus dem Betriebsvermögen bei Ablauf der Nutzungsdauer, bei Veräußerung oder bei Entnahme. Hier gilt handels- wie steuerrechtlich, dass im Falle des Ausscheidens vor Ablauf der Nutzungsdauer die letzte Abschreibung immer zeitanteilig vorzunehmen ist (R 7.4 Abs. 8 EStR).

Bewertungsstetigkeit: Eine Ausnahme vom Grundsatz der Beibehaltung einer einmal gewählten Bewertungs-, also Abschreibungsmethode (§ 252 Abs. 1 Nr. 6 HGB) ist nur zulässig, wenn dies mit einem Wechsel in den wirtschaftlichen Gegebenheiten begründbar ist. Wird dann der Wertminderungsverlauf durch eine andere Abschreibungsmethode exakter wiedergegeben, dann ist zumindest für Kapitalgesellschaften aufgrund der Generalnorm des § 264 Abs. 2 HGB ein Wechsel der Methode verpflichtend, für andere Rechtsformen nur, wenn die bisherige Methode nun dem Vorsichtsprinzip widerspricht. In der *handelsrechtlichen* Literatur und Kommentierung wird ein Methodenwechsel auch dadurch als begründet angesehen, wenn "zu hoher Abschreibungsaufwand die Ausschüttung einer angemessenen Dividende nicht mehr erlaubt" (ADS § 253 Tz. 435). Ein jährlicher Wechsel der Methode zwecks Anpassung an eine veränderte Ertragslage sei jedoch nicht zulässig, da dies einer Abschreibung nach Maßgabe des Gewinns sehr nahe käme und den Grundsätzen planmäßiger Abschreibung und der Bewertungsstetigkeit widersprechen würde (vgl. ADS § 253 Tz. 436). Diese subtile Unterscheidung in einmaligen und mehrmaligen gewinnabhängigen Methodenwechsel ist allerdings abhängig vom Betrachtungszeitraum und m.E. nicht überzeugend. Ein Methodenwechsel aus rein bilanzpolitischen Gründen stellt m.E. keine zulässige Ausnahme vom Stetigkeitsgrundsatz dar, da kein anderer Grundsatz ordnungsmäßiger Buchführung und Bilanzierung dadurch besser erfüllt wird.

Der häufig in der Praxis angewandte planmäßige Übergang von der geometrisch-degressiven zur linearen Abschreibungsmethode erfolgt, um am Ende der geschätzten Nutzungsdauer einen Restbuchwert von Null erreichen zu können, ist bereits im Abschreibungsplan festgelegt und gilt daher als eine einzige Abschreibungsmethode. Die Frage nach der Bewertungsstetigkeit stellt sich somit nicht.

Ein Wechsel der Abschreibungsmethode mit Darstellung des Einflusses auf die Vermögens-, Ertrags- und Finanzlage ist von Kapitalgesellschaften im Anhang gemäß § 284 Abs. 2 Nr. 3 HGB anzugeben.

(4) Abschreibungsmethoden bei beweglichen Vermögensgegenständen

__Lineare Abschreibung:__
Die lineare Abschreibungsmethode ist dadurch charakterisiert, dass die Anschaffungs- oder Herstellungskosten (AK/HK) gleichmäßig auf die Jahre der voraussichtlichen Nutzungsdauer (ND) verteilt werden. Der jährliche Abschreibungsbetrag A_t ergibt sich also als

$$A_t = AK/HK : ND.$$

Der jährliche Abschreibungssatz (p) in Prozent von den Anschaffungs-/ Herstellungskosten (ggf. nach Abzug eines Restwerts) ist ebenfalls konstant:

$$p = A_t * 100 : AK/HK.$$

Die lineare Abschreibung belastet die einzelnen Perioden der Nutzungsdauer in gleicher Höhe und zeichnet sich durch besonders einfache Handhabung aus. Aus ersterem Grund ist sie die Standardmethode in der Kostenrechnung.

__Beispielaufgabe:__
  AK = 5.000 EUR, Nutzungsdauer (ND) = 5 Jahre, Restwert am Ende der Nutzungsdauer (R_n) = 0.
  Wie hoch sind jährlicher Abschreibungsbetrag und jährlicher Abschreibungssatz? Wie entwickeln sich Abschreibungsbetrag und Restbuchwert im Laufe der Nutzungsdauer?

__Lösung:__
  A_t = 5.000 EUR : 5 Jahre = 1.000 EUR
  p = 1.000 EUR * 100 : 5.000 EUR = 20 %.

Bilanzierung und Bewertung des Anlagevermögens

Jahr	Abschrei-bungsbetrag A_t (in EUR)	Restwert R_t (in EUR)
01	1.000	4.000
02	1.000	3.000
03	1.000	2.000
04	1.000	1.000
05	1.000	-----

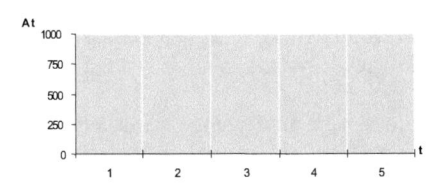

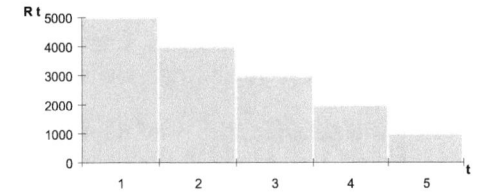

Beispielaufgabe:

AK = 5.000 EUR, ND = 5 Jahre, Restwert am Ende der Nutzungsdauer (R_n) = 500 EUR. Wie hoch sind jährlicher Abschreibungsbetrag und jährlicher Abschreibungssatz? Wie entwickeln sich Abschreibungsbetrag und Restbuchwert im Laufe der Nutzungsdauer?

Lösung:

A_t = 4.500 EUR : 5 Jahre = 900 EUR

p = 900 EUR * 100 : 5.000 EUR = 18 %.

Jahr	Abschrei-bungsbetrag A_t (in EUR)	Restwert R_t (in EUR)
01	900	4.100
02	900	3.200
03	900	2.300
04	900	1.400
05	900	500

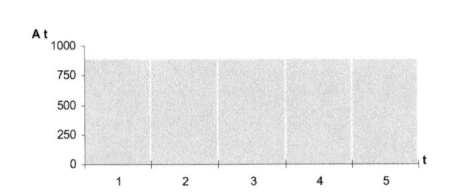

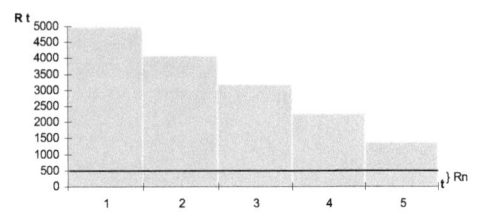

Wird im Betrieb in mehreren Schichten, ggf. „rund um die Uhr", gearbeitet, so ist die Abnutzung der Maschinen und Anlagen wesentlich höher als im Fall des Ein-Schicht-Betriebs. Dies kann durch erhöhte Abschreibungssätze berücksichtigt werden bzw. durch Schätzung einer entsprechend kürzeren Nutzungsdauer. Handelsrechtlich werden die linearen Sätze üblicherweise um 25-50 % erhöht (ADS § 253 Tz. 413). Die amtlichen AfA-Tabellen der Finanzverwaltung, die auch handelsrechtlich eine Richtschnur bieten können, enthalten folgende Regelung für den ganzjährigen *Mehrschichtbetrieb:*

- bei 2 Schichten: lineare AfA laut Tabelle + 25 % (bzw. Nutzungsdauer - 20 %)
- bei 3 Schichten: lineare AfA laut Tabelle + 50 % (bzw. Nutzungsdauer - 33,33 %).

Bei Gebäuden ist steuerrechtlich eine Erhöhung des AfA-Satzes ausgeschlossen. Es steht bei mehrschichtiger Nutzung nur die Möglichkeit der AfaA (vgl. Kapitel B.III.3.b) offen.

Nachteilig bei der linearen Abschreibung ist, dass
- Änderungen in der Ausbringungsmenge nicht berücksichtigt werden,
- die Gesamtaufwandsbelastung einer Periode aufgrund steigender Reparaturen nicht konstant ist,
- neben der Verschleißabnutzung keine anderen Wertminderungsursachen berücksichtigt werden, wie z.B. Wertminderung allein durch verlorene Neuwertigkeit.

Handels- sowie steuerrechtlich wird die lineare Methode sehr häufig angewandt, eine Einschränkung ihrer Anwendbarkeit gibt es nicht.

Die Leistungsabschreibung:
Bei der Leistungsabschreibung wird eine Proportionalität der Wertminderung des Gegenstands zu dessen Inanspruchnahme unterstellt. Die Höhe der Abschreibung richtet sich mithin nach der tatsächlichen Leistung. Über einen Abschreibungssatz pro Leistungseinheit erfolgt die Verteilung der Anschaffungs-/Herstellungskosten auf die Perioden der Nutzungsdauer. Die lineare Abschreibung ergibt sich als Spezialfall dieser Methode für eine unverändert bleibende Periodenleistung. Die Leistungsabschreibung bietet sich besonders bei stark schwankender Inanspruchnahme des Gegenstands an. Der Nachteil ist hier, dass bei Stilllegung oder Ruhepausen keine Abschreibung durchgeführt, somit also der Ruheverschleiß nicht berücksichtigt wird, und dass eine Minderung des Marktwertes allein infolge der Ingebrauchnahme nicht erfasst wird.

Auch *steuerrechtlich* ist diese Abschreibungsmethode bei beweglichen Wirtschaftsgütern des Anlagevermögens zulässig. Das heißt, dass die Methode bei Gebäuden und auch nicht bei immateriellen Wirtschaftsgütern, die keine beweglichen Güter sind (H 7.1 "Bewegliche Wirtschaftsgüter" EStH), nicht angewendet werden darf. In § 7 Abs. 1 Satz 6 EStG wird außerdem verlangt, dass der auf das einzelne Jahr entfallende Leistungsumfang nachgewiesen wird. Dies kann durch ein die Arbeitsvorgänge erfassendes Maschinenzählwerk oder durch den Kilometerzähler eines Kraftfahrzeugs erfolgen. Dass die Leistungsabschreibung auch bei Speditionsunternehmen (Frachtführern) selten vorgenommen wird, ist durch den höheren Ermittlungs- und Nachweisaufwand begründet.

Beispielaufgabe:
Die geschätzte Kilometerleistung eines Lastkraftwagens beträgt 700.000 km, die Anschaffungskosten liegen bei 350.000 EUR. Als tatsächliche Fahrleistung in den einzelnen Jahren wurde gemessen: 1. Jahr: 100.000 km, 2. Jahr: 75.000, 3. Jahr: 90.000 km, 4. Jahr 80.000 km, 5. Jahr: 65.000 km, 6. Jahr: 120.000 km, 7. Jahr: 70.000 km, 8. Jahr: 100.000 km.

Lösung:
Abschreibungsbetrag pro km = 350.000 EUR : 700.000 km = 0,50 EUR pro km.

Jahr	gefahrene km	Abschreibungsbetrag pro Jahr (A_t)	Restbuchwert am Jahresende
01	100.000 km	50.000 EUR	300.000 EUR
02	75.000 km	37.500 EUR	262.500 EUR
03	90.000 km	45.000 EUR	217.500 EUR
04	80.000 km	40.000 EUR	177.500 EUR
05	65.000 km	32.500 EUR	145.000 EUR
06	120.000 km	60.000 EUR	85.000 EUR
07	70.000 km	35.000 EUR	50.000 EUR
08	100.000 km	50.000 EUR	0 EUR

Die geometrisch-degressive Abschreibung:

Die geometrisch-degressive Abschreibungsmethode, die auch Buchwertmethode genannt wird, ist *handelsrechtlich* ohne jede Beschränkung anwendbar, sofern sie den Grundsätzen ordnungsmäßiger Buchführung entspricht. Sie ist dadurch charakterisiert, dass ein konstanter Prozentsatz auf den Restbuchwert eines jeden Jahres (R_t) angewandt wird, um den Jahresabschreibungsbetrag zu erhalten.

$$A_t = p * R_t$$

Dadurch ergeben sich zu Beginn der Nutzungsdauer relativ hohe Abschreibungsbeträge, die stetig entsprechend einer geometrischen Reihe abnehmen. Auf diese Weise kann z.B. berücksichtigt werden, dass der Marktwert eines Gegenstands deutlich sinkt, wenn dieser nicht mehr ungebraucht ist (vgl. PKW). Zusammen mit steigenden Reparaturaufwendungen im Laufe der Nutzungsdauer ergibt sich außerdem tendenziell eine konstante jährliche Aufwandsbelastung.

Der konstante Abschreibungssatz kann allerdings nur berechnet werden, wenn ein Liquidationserlös bzw. Restwert am Ende der Nutzungsdauer bekannt ist oder geschätzt werden kann.

$$p = 1 - (R_n : AK)^{1/n}$$

Beispielaufgabe:

AK = 5.000 EUR, ND = 5 Jahre, Restwert am Ende der Nutzungsdauer (R_n) = 500 EUR. Wie hoch sind jährlicher Abschreibungsbetrag und jährlicher Abschreibungssatz? Wie entwickeln sich Abschreibungsbetrag und Restbuchwert im Laufe der Nutzungsdauer?

Lösung:

$p = (1 - (500:5.000)^{0,2}) * 100 = 36,9\ \%$

$A_t = 0,369 * 5.000\ \text{EUR} = 1.845\ \text{EUR}.$

Jahr	Abschrei-bungsbetrag A_t (in EUR)	Restwert R_t (in EUR)
01	1.845	3.155
02	1.164	1.991
03	735	1.256
04	464	792
05	292	500

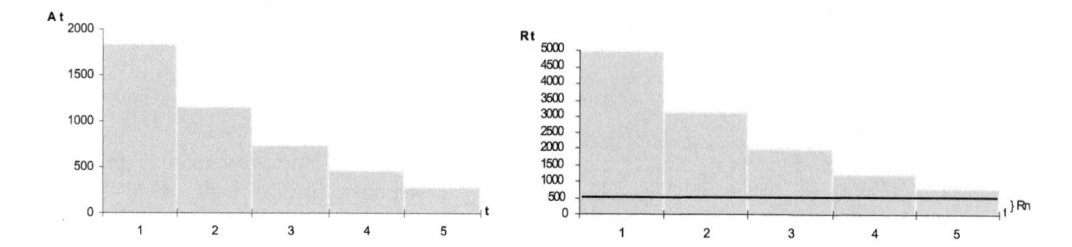

Bei einem geschätzten Restwert von Null ist allerdings kein Abschreibungssatz berechenbar. Ein weiterer Nachteil der geometrisch-degressiven Abschreibung ist, dass der Restwert des Gegenstands rechnerisch nie Null wird, sodass nach Ablauf der betriebsgewöhnlichen Nutzungsdauer ein (ungewollter) Restwert verbleibt. Dieser muss im letzten Jahr der Nutzung in voller Höhe abgesetzt werden. Eine andere Lösung ist der Übergang von der geometrisch-degressiven zur linearen Abschreibung, der in der Praxis meist von Anfang an vorgesehen ist. Der **optimale Übergangszeitpunkt** ist dann gegeben, wenn der Abschreibungsbetrag bei geometrisch-degressiver Abschreibung unter den bei linearer Abschreibung sinkt. Dabei ist zum Vergleich mit dem degressiven Abschreibungsbetrag der lineare Abschreibungsbetrag jährlich nach der Formel Restbuchwert : Restnutzungsdauer neu zu berechnen. Der günstigste Zeitpunkt (t_{opt}) lässt sich mit Hilfe zweier Formeln (alternativ) berechnen:

$$t_{opt} = 1 + ND - 100/p$$ oder: t_{opt} ist erreicht, sobald Rest-ND < 100/p

Beispielaufgabe:
AK = 5.000 EUR, ND = 5 Jahre, Restwert am Ende der Nutzungsdauer (R_n) = 0 EUR, (geschätzter) Abschreibungssatz p = 40 %. Welches ist das günstigste Jahr, von der degressiven zur linearen Abschreibungsmethode zu wechseln?

Lösung:
$t_{opt} = 1 + 5 - 100/40 = 6 - 2,5 = 3,5$ (also im 4. Jahr) oder: t_{opt} ist erreicht, sobald Rest-ND < 2,5. Die letzten beiden Jahre werden somit linear abgeschrieben. Probe:

Jahr	Abschreibungsbetrag A_t bei geometrisch-degressiver Abschreibung	Abschreibungsbetrag A_t bei linearer Abschreibung (Rest-Buchwert : Rest-ND)	Restbuchwert
01	0,4 * 5.000 EUR = 2.000 EUR	5.000 EUR : 5 Jahre = 1.000 EUR	3.000 EUR
02	0,4 * 3.000 EUR = 1.200 EUR	3.000 EUR : 4 Jahre = 750 EUR	1.800 EUR
03	0,4 * 1.800 EUR = 720 EUR	1.800 EUR : 3 Jahre = 600 EUR	1.080 EUR
04	0,4 * 1.080 EUR = 432 EUR	1.080 EUR : 2 Jahre = 540 EUR	540 EUR
05	0,4 * 540 EUR = 216 EUR	540 EUR : 1 Jahr = 540 EUR	---------

Beim **Mehrschichtbetrieb** ist es handelsrechtlich üblich, die Abschreibungssätze unverändert zu lassen, dafür aber die Nutzungsdauer - auch nachträglich - entsprechend zu verkürzen (vgl. ADS § 253 Tz. 413). Steuerrechtlich kann der erhöhte Verschleiß der Maschinen auf diese Weise nicht mehr berücksichtigt werden.

Steuerrechtlich ist die geometrisch-degressive Absetzung für Abnutzung im Zuge der Unternehmenssteuerreform 2008 aus fiskalischen Gründen abgeschafft worden. Für Neuanschaffungen im Jahre 2009 und 2010 wurde sie wieder eingeführt, um den Unternehmen einen Investitionsanreiz zu gewähren und damit die Konjunktur zu stützen (§ 7 Abs. 2 EStG). Allerdings war der Anwendungsbereich auf **bewegliche** Wirtschaftsgüter des Anlagevermögens beschränkt. Zudem war der zulässige Abschreibungssatz zweifach nach oben begrenzt:
- maximal das Zweieinhalbfache des linearen Abschreibungssatzes _und_
- absolute Obergrenze: 25 %.

Für Zugänge ab dem 1.1.2011 gilt nun wieder das **Verbot** der geometrisch-degressiven Absetzung für Abnutzung in der Steuerbilanz. Wenn also in der Handelsbilanz geometrisch-degressiv abgeschrieben wird, greift der **_steuerliche Bewertungsvorbehalt (§ 5 Abs. 6 EStG)_**. In der Steuerbilanz muss dann linear abgeschrieben werden oder es kann die Absetzung für Abnutzung nach der Leistung gewählt werden, sofern der auf das einzelne Jahr entfallende Umfang der Leistung nachgewiesen wird. Dieses Verbot der geometrisch-degressiven Absetzung für Abnutzung in der Steuerbilanz wird zu einer verstärkten Nutzung der Teilwertabschreibung führen. Bei vielen Wirtschaftsgütern (z.B. Fuhrpark) übersteigt die Wertminderung in der ersten Zeit nach der Inbetriebnahme die Höhe der linearen Abschreibung. Falls die Wertminderung dauerhaft ist, kommt es in Handels- und Steuerbilanz zu einer Teilwertabschreibung, die aber im Folgejahr durch das Wertaufholungsgebot gemäß § 6 Abs. 1 Nr. 1 S. 4 EStG wieder rückgängig gemacht werden muss, sofern die Wertminderung dann nur noch voraussichtlich vorübergehend ist.[1]

Aufgabe 39: Geometrisch-degressive Abschreibung

**Arithmetisch-degressive Abschreibung (digitale Abschreibung):**
Auch bei der arithmetisch-degressiven Abschreibung nehmen die jährlichen Abschreibungsbeträge A_t ab, allerdings immer um einen absolut gleich bleibenden Betrag. Vorteilhaft ist, dass mit dieser Methode ein Restwert von Null am Ende der Nutzungsdauer erreicht werden kann.

Am einfachsten berechnet man zuerst den sog. Degressionsbetrag D, also den konstanten Betrag, um den der Abschreibungsbetrag A_t jedes Jahr sinkt. Im letzten Jahr der Nutzungsdauer entspricht daher der Abschreibungsbetrag dem Degressionsbetrag. Die Berechnung des Degressionsbetrags erfolgt durch Division der Anschaffungs-/Herstellungskosten durch die Summe der Jahresziffern der Nutzungsdauer. Die Gaußsche Summenformel für eine endliche arithmetische Reihe n*(n+1)/2 vereinfacht die Rechnung bei längeren Nutzungsdauern. Der Degressionsbetrag ist anschließend für das erste Jahr mit der höchsten Jahresziffer (=Nutzungsdauer in Jahren), für das zweite Jahr mit der zweithöchsten Jahresziffer (=Nutzungsdauer minus 1) etc. zu multiplizieren, um zu den jährlichen Abschreibungsbeträgen A_t zu gelangen.

---
[1] Vgl. Erster Teil Kapitel B.III.5.

$$D = AK/HK : (1+2+....+ND)$$

$$\boxed{D = AK/HK : ND*(ND+1)/2}$$

$A_1 = D * ND$
$A_2 = D * (ND - 1)$
$A_3 = D * (ND - 2)$
....
$A_{ND} = D * 1$

Beispielaufgabe:
AK = 5.000 EUR, ND = 5 Jahre, Restwert am Ende der Nutzungsdauer (R_n) = 500 EUR. Wie hoch sind jährlicher Abschreibungsbetrag und jährlicher Abschreibungssatz? Wie entwickeln sich Abschreibungsbetrag und Restbuchwert im Laufe der Nutzungsdauer?

Lösung:
D = 4.500 EUR : (1+2+3+4+5) = 4.500 EUR : 15 = 300 EUR oder:
D = 4.500 EUR : 5* (5+1)/2 = 4.500 EUR : 15 = 300 EUR.

Abschreibungsbetrag At (in EUR)		Restbuchwert Rt (in EUR)		Abschreibung in %
$A_1 = 300 * 5 =$	1.500	$R_1 = AK - A_1 =$	3.500	33,33%
$A_2 = 300 * 4 =$	1.200	$R_2 = R_1 - A_2 =$	2.300	26,66%
$A_3 = 300 * 3 =$	900	$R_3 = R_2 - A_3 =$	1.400	20,00%
$A_4 = 300 * 2 =$	600	$R_4 = R_3 - A_4 =$	800	13,33%
$A_5 = 300 * 1 =$	300	$R_5 = R_4 - A_5 =$	500	6,66%

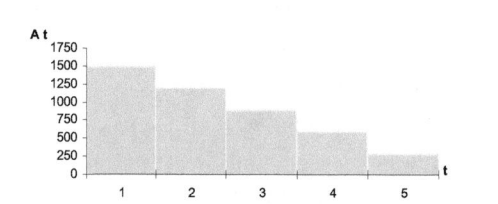

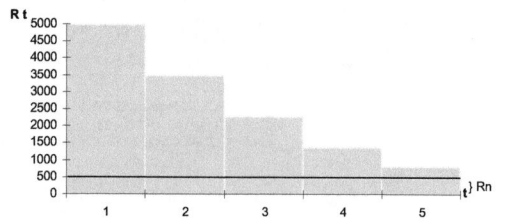

Steuerrechtlich ist diese „digitale" Abschreibung jedoch seit dem 1.1.1985 nicht mehr zulässig. *Handelsrechtlich* ist sie weiterhin anwendbar, aufgrund des steuerlichen Verbots ist ihre Bedeutung für die Handelsbilanz allerdings gering.

Aufgabe 40: Arithmetisch-degressive Abschreibung

Die progressive Abschreibung:
Bei der Methode der progressiven Abschreibung nehmen die jährlichen Abschreibungsbeträge über die Nutzungsdauer hinweg zu. Praktikabel ist die arithmetisch-progressive Variante, bei der im Unterschied zur degressiven Methode ein konstanter "Progressionsbetrag" mit zunehmenden Jahresziffern multipliziert wird, und die staffelprogressive Methode, die im Unterschied zu § 7 Abs. 5 EStG im Zeitablauf steigende Sätze aufweist. Aufgrund der sehr niedrigen Abschreibungsbeträge zu Beginn der Nutzungsdauer und der damit verbundenen Gefahr der Überbewertung des Vermögensgegenstands ist diese Methode in der Regel nicht mit dem Vorsichtsprinzip vereinbar. Nur in Ausnahmefällen wird die Methode *handelsrechtlich* als zulässig angesehen, und zwar immer dann, wenn die Anlage zu Beginn der Nutzungsdauer

nur in geringerem Umfang Leistungen zu erbringen vermag (Anlaufphase) und erst allmählich in die Kapazitätsausnutzung hineinwächst. Die Anwendung der progressiven Methode in diesen Fällen lässt sich mit dem Grundsatz der sachlichen Abgrenzung begründen, die die Abschreibungsaufwendungen den Ertragsperioden zuordnet. *Beispiele* für die Anwendbarkeit der Methode sind: Kraftwerke, Erdgasleitungen, Pipelines, Verkehrsbetriebe, Obstplantagen, Milchkühe.

Ob die progressive Abschreibung auch bei Produktinnovationen angewendet werden darf, weil dem Betrieb andernfalls unzumutbar hohe Verluste entstünden, ist umstritten und m.E. zu verneinen. Dies käme einer Abschreibung nach der Tragfähigkeit der Periode gleich, m.a.W. einer gewinnabhängigen Abschreibung, die mit den Grundsätzen ordnungsmäßiger Buchführung und Bilanzierung nicht vereinbar ist. Im Unterschied zur Produktinnovation ist bei oben genannten Beispielen die Ausbringungsmenge aus technischen und natürlichen Gründen ansteigend, nicht aber primär der Periodengewinn. Bei den zulässigen Fällen hätte also eine Leistungsabschreibung einen ähnlichen Effekt wie die progressive Abschreibung.

Im *Steuerrecht* ist die progressive Abschreibung nicht zulässig, wohl aber die Leistungsabschreibung, die bei zeitlich ansteigender Leistung zu einem ähnlichen Abschreibungsverlauf führen kann.

Das Prinzip der *Maßgeblichkeit* gilt für die Abschreibungsmethoden *nicht*, da es eine eigenständige (abweichende) Regelung der Methoden im Einkommensteuerrecht gibt. Das heißt, dass das steuerrechtliche Wahlrecht zwischen der linearen und der leistungsabhängigen Abschreibung *unabhängig von der Handelsbilanz* ausgeübt werden kann (§ 5 Abs. 1 S. 1, 2. Halbs. EStG).

Handelsbilanz	Steuerbilanz
lineare Abschreibungsmethode	zulässig gemäß § 7 Abs. 1 S. 1 EStG; die HB-Werte können übernommen werden, sofern die Nutzungsdauern in der HB den betriebsgewöhnlichen oder im EStG vorgeschriebenen Nutzungsdauern entsprechen; es kann aber auch die Leistungsabschreibung angewandt werden, wenn entsprechende Leistungsnachweise vorhanden sind
*Leistungs*abschreibung	zulässig gemäß § 7 Abs. 1 S 6 EStG; die HB-Werte können übernommen werden, sofern wirtschaftlich vertretbar und entsprechende Aufzeichnungen als Leistungsnachweise vorhanden sind; es kann aber auch linear abgeschrieben werden
geometrisch-degressive Abschreibungsmethode	Nicht mehr zulässig bei Zugängen von beweglichen Wirtschaftsgütern seit dem 1.1.2011; in der StB darf nur linear oder, sofern der auf das einzelne Jahr entfallende Umfang der Leistung nachgewiesen wird, nach der Leistung abgeschrieben werden;
arithmetisch-degressive Abschreibungsmethode	nicht zulässig; in der StB darf nur linear oder, sofern der auf das einzelne Jahr entfallende Umfang der Leistung nachgewiesen wird, nach der Leistung abgeschrieben werden;
progressive Abschreibung zulässig, sofern den GoB entsprechend (in Ausnahmefällen);	nicht zulässig; in der StB darf nur linear oder, sofern der auf das einzelne Jahr entfallende Umfang der Leistung nachgewiesen wird, nach der Leistung abgeschrieben werden;
Ein *Wechsel der Abschreibungsmethode* ist zulässig, wenn die neue Methode mit den GoB vereinbar ist und wenn bei ein und demselben Vermögensgegenstand die Durchbrechung des Grundsatzes der Planmäßigkeit der Abschreibungen begründbar ist.	Ein Wechsel der Abschreibungsmethode ist bei ein und demselben beweglichen Wirtschaftsgut nicht erlaubt; bei Gebäuden ist ebenfalls grundsätzlich kein Wechsel zulässig (Ausnahmen in R 7.4 Abs. 7 EStR).
Liquidationserlös (Restverkaufserlös) am Ende der Nutzungsdauer schätzen; wegen der hohen Unsicherheit wird im Zusammenhang mit dem Vorsichtsprinzip i.d.R. kein Liquidationserlös berücksichtigt;	Grundsätzlich darf ein Liquidationserlös nicht berücksichtigt werden, ausgenommen bei beträchtlicher Höhe, z.B. im Falle von Schiffen, Milchkühen u.ä. (H 7.3 „Anschaffungskosten" EStH).
Die *Nutzungsdauer* beweglicher Vermögensgegenstände wird unter Beachtung des Vorsichtsprinzips und des Prinzips der Willkürfreiheit geschätzt; das Vorsichtsprinzip verlangt, die Nutzungsdauer eher kürzer einzuschätzen.	*AfA-Tabellen* enthalten allgemeine und branchenspezifische betriebsgewöhnliche Nutzungsdauern für eine Vielzahl von *beweglichen* Wirtschaftsgütern, von denen nur mit individueller Begründung abgewichen werden kann; Übernahme der handelsrechtlich angesetzten Nutzungsdauer nur, wenn diese mindestens genauso lang ist wie die betriebsgewöhnliche Nutzungsdauer, andernfalls Abweichung aufgrund des Bewertungsvorbehalts § 5 Abs. 6 EStG.

(5) Abschreibungsmethoden bei Gebäuden

Handelsrechtlich sind grundsätzlich alle Abschreibungsmethoden zulässig. Auch hier ist die Methode zu wählen, die unter Berücksichtigung der Grundsätze ordnungsmäßiger Buchführung und Bilanzierung den Wertminderungsverlauf des Gebäudes am exaktesten widerspiegelt. Zumeist wird die lineare Abschreibung angewandt. Die Nutzungsdauer ist im Einklang mit den Grundsätzen ordnungsmäßiger Buchführung im Einzelfall zu schätzen.

Auch bei *Gebäuden* ist die **lineare AfA** zulässig, *steuerrechtlich* gibt es jedoch – unabhängig von den handelsrechtlich gewählten – vorgeschriebene Abschreibungssätze für verschiedene Gebäudekategorien, wodurch gleichzeitig die Nutzungsdauern festgelegt sind. So sind Gebäude, die zu einem Betriebsvermögen gehören, nicht Wohnzwecken dienen und für die der Bauantrag bzw. der obligatorische Vertrag nach dem 31.12.2000[1] gestellt/geschlossen wurde, mit 3% per annum abzuschreiben (Nutzungsdauer: 100%/3% = 33 1/3 Jahre). Ist eine dieser Voraussetzungen nicht erfüllt (§ 7 Abs. 4 Nr. 2 EStG), so beträgt der Abschreibungssatz jährlich 2 % (Nutzungsdauer: 100%/2% = 50 Jahre), es sei denn, das Gebäude ist vor dem 1.1.1925 fertig gestellt worden, dann sind 2,5 % p.a. abzuschreiben (Nutzungsdauer:100%/2,5% = 40 Jahre). Nach jeder Veräußerung eines Gebäudes beginnt die AfA bzw. die Nutzungsdauer wieder von vorne. Ist das Gebäude inzwischen schon etwas „baufällig" geworden, eröffnet § 7 Abs. 4 Satz 2 EStG die Möglichkeit, das Gebäude über die im Einzelfall geschätzte *kürzere Nutzungsdauer* linear abzuschreiben.

Bei *Gebäuden* ist steuerrechtlich die zwar abgeschaffte, aber bei älteren Gebäuden noch weiterlaufende, sog. staffeldegressive Absetzung für Abnutzung gemäß § 7 Abs. 5 EStG unter bestimmten Voraussetzungen möglich. Die Nutzungsdauer wird dabei in zeitliche Abschnitte (Staffeln) unterteilt, denen sinkende Abschreibungssätze zugeordnet sind. Innerhalb der Staffeln bleiben die Sätze jedoch unverändert. Es handelt sich um eine steuerliche Vergünstigungsvorschrift, der Steuerpflichtige hat das Wahlrecht zu einer **erhöhten Absetzung für Abnutzung**.

Voraussetzungen für die steuerliche Anwendbarkeit der staffeldegressiven Gebäude-AfA:
- im Inland gelegene Gebäude,
- selbst hergestellte oder bis zum Ende des Fertigstellungsjahres angeschaffte Gebäude,
- Bauantrag vor dem 1.1.1994 gestellt oder aufgrund eines vor dem 1.1.1994 geschlossenen obligatorischen Vertrages angeschafft,
- in der Handelsbilanz muss hinsichtlich der Methode und der Einzelbeträge übereinstimmend abgeschrieben werden.[2]

Bezug nehmend auf die Gebäudeklassen des § 7 Abs. 4 EStG sind unter obigen Voraussetzungen unterschiedliche Abschreibungsstaffeln anwendbar. Bei Gebäuden, die zu einem Betriebsvermögen gehören, nicht Wohnzwecken dienen und für die der Bauantrag nach dem 31.3.1985 gestellt wurde, können gemäß § 7 Abs. 5 Nr. 1 EStG folgende Abschreibungssätze angewandt werden (Nutzungsdauer: 25 Jahre):

> - Im Jahr der Fertigstellung/Anschaffung und in den folgenden 3 Jahren jeweils 10 %
> - in den darauf folgenden 3 Jahren jeweils 5 %
> - in den darauf folgenden 18 Jahren jeweils 2,5 %.

---

[1] Alle Gebäude, die die ersten beiden Voraussetzungen erfüllen, für die aber der Bauantrag bzw. der obligatorische Vertrag nach dem 31.3.1985 und vor dem 1.1.2001 gestellt bzw. geschlossen wurde, sind gemäß § 7 Abs. 4 Nr. 1 EStG mit 4 % per annum planmäßig abzuschreiben (Nutzungsdauer: 25 Jahre).
[2] Vgl. § 5 Abs. 1 Satz 2 EStG a.F.; BFH 24.1.1990, BStBl. 1990 II S 681; OFD Frankfurt a.M. Rundverfügung 23.1.1998, BB 1998, S. 689. Diese so gen. umgekehrte Maßgeblichkeit ist seit 1.1.2010 abgeschafft worden, vgl. § 5 Abs. 1 S. 1 2. Halbs. EStG n.F.

Wurde der Bauantrag vor dem 1.4.1985 gestellt oder dient das Gebäude Wohnzwecken oder gehört es zum Privatvermögen, so können gemäß § 7 Abs. 5 Nr. 2 EStG die folgenden geringeren Sätze abgeschrieben werden (Nutzungsdauer: 50 Jahre):

- Im Jahr der Fertigstellung/Anschaffung und in den folgenden 7 Jahren jeweils 5 %
- in den darauf folgenden 6 Jahren jeweils 2,5 %
- in den darauf folgenden 36 Jahren jeweils 1,25 %.

Schließlich enthält § 7 Abs. 5 EStG noch eine andere Staffel über eine Nutzungsdauer von 40 Jahren, die nur für Gebäude, die Wohnzwecken dienen, unter weiteren Voraussetzungen anwendbar ist.

Aufgabe 41: Gebäudeabschreibungen in Handels- und Steuerbilanz

Zusammenfassung:

Handelsbilanz	Steuerbilanz
lineare Abschreibungsmethode zulässig, sofern den GoB entsprechend	zulässig gemäß § 7 Abs. 4 EStG für Gebäude; die Übernahme der HB-Werte ist möglich, sofern die Nutzungsdauern in der HB den betriebsgewöhnlichen oder den im EStG vorgeschriebenen Nutzungsdauern entsprechen.
Die *Nutzungsdauer* von *Gebäuden* und Gebäudeteilen wird unter Beachtung des Vorsichtsprinzips und des Prinzips der Willkürfreiheit geschätzt; das Vorsichtsprinzip verlangt, die Nutzungsdauer eher kürzer einzuschätzen.	Die betriebsgewöhnliche Nutzungsdauer bei Gebäuden und Gebäudeteilen ist gesetzlich in § 7 Abs. 4 und 5 EStG (indirekt) auf 33 1/3, 40 und 50 Jahre je nach Gebäudekategorie festgelegt; ist die geschätzte tatsächliche Nutzungsdauer geringer, so kann bei linearer Gebäude-AfA auch steuerlich die tatsächliche kürzere Nutzungsdauer (wie in der HB) zugrunde gelegt werden (§ 7 Abs. 4 Satz 2 EStG). Eine längere Nutzungsdauer als in § 7 Abs. 4 u. 5 EStG festgelegt, ist dagegen nicht zulässig.
Ist die geschätzte *Nutzungsdauer* in der Handelsbilanz länger als die steuerliche Nutzungsdauer nach § 7 Abs. 4 Satz 1 EStG greift der Bewertungsvorbehalt, da die steuerrechtlichen Nutzungsdauern zwingend sind und es nicht möglich ist, die Abschreibungshöhe und damit auch die Nutzungsdauer in der Handelsbilanz an die Steuerbilanz anzupassen.	Übersteigt die in der HB angesetzte Nutzungsdauer die steuerlich vorgeschriebene in der entsprechenden Gebäudeklasse, so führt bei linearer AfA der *Bewertungsvorbehalt* (§ 5 Abs. 6 EStG) zu einer Steuerbilanz:Handelsbilanz-Differenz.
Die Handelsbilanz wird durch steuerrechtliche Vergünstigungsregelungen nicht beeinflusst.	Die staffeldegressive Abschreibung (§ 7 Abs. 5 EStG) und andere steuerliche Vergünstigungen dürfen nur in der Steuerbilanz angewandt werden. Diese Wahlrechte können unabhängig von der Handelsbilanz ausgeübt werden (§ 5 Abs. 1 S. 1, 2. Halbs. EStG).

(6) Planmäßige Abschreibungen nach einer außerplanmäßigen Abschreibung

- **Bei beweglichen Vermögensgegenständen**

Im Falle der linearen Abschreibungsmethode gilt die allgemeine Regelung:
Abschreibungsbetrag =
$$\frac{\text{Restbuchwert nach außerplanmäßiger Abschreibung}}{\text{Restnutzungsdauer}}$$

Bei der Leistungsabschreibung wird der Abschreibungsbetrag pro Leistungseinheit neu berechnet:
$$\frac{\text{Restbuchwert nach außerplanmäßiger Abschreibung}}{\text{geschätzte Gesamtleistung während der Restnutzungsdauer}}$$

Beispielaufgabe:
AK = 5.000 EUR, ND = 5 Jahre, Restwert am Ende der Nutzungsdauer (R_n) = 0. Wie entwickeln sich Abschreibungsbetrag und Restbuchwert im Laufe der Nutzungsdauer, wenn in der Periode 02 eine außerplanmäßige Abschreibung in Höhe von 1.500 EUR vorgenommen wird, da der beizulegende Wert auf 1.500 EUR gesunken ist?

Lösung:
A_3 = Rest-BW : Rest-ND = 1.500 EUR : 3 Jahre = 500 EUR. Dieser Abschreibungsbetrag wird bis zum Ende der Nutzungsdauer beibehalten.

Jahr	Abschreibungsbetrag A_t (in EUR)	außerplanmäßige Abschreibung	Restwert R_t (in EUR)
01	1.000		4.000
02	1.000	1.500	1.500
03	500		1.000
04	500		500
05	500		-----

Bei der geometrisch-degressiven Abschreibung wird der bisherige prozentuale Abschreibungssatz auf den niedrigeren beizulegenden Wert bzw. Teilwert angewendet.

Beispielaufgabe:
AK = 5.000 EUR, ND = 5 Jahre, Restwert am Ende der Nutzungsdauer (R_n) = 500 EUR, Abschreibungssatz p = 36,9 %. Im Jahr 02 erfolgt eine außerplanmäßige Abschreibung in Höhe von 591 EUR auf einen beizulegenden Wert von 1.400 EUR. Wie hoch sind die folgenden Abschreibungsbeträge in der Handelsbilanz?

Lösung:

Jahr	Abschreibungsbetrag A_t (in EUR)	außerplanmäßige Abschreibung	Restwert R_t (in EUR)
01	1845		3.155
02	1.164	591	1.400
03	517		883
04	326		557
05	57		500

In diesem Falle wäre im Jahre 04 ein Übergang auf die lineare Abschreibung zweckmäßig, der Abschreibungsbetrag wäre in den Jahren 04 und 05 jeweils 442,50 EUR.

Aufgabe 42: Planmäßige und außerplanmäßige Abschreibung

- **Bei Gebäuden**

Konkrete Regelungen gibt es nur im Steuerrecht, im Handelsrecht dürften im Allgemeinen noch weitere Möglichkeiten offen stehen. Nach einer außerplanmäßigen Abschreibung auf den niedrigeren beizulegenden Wert bzw. Teilwert oder nach einer AfaA (vgl. Kapitel B.IV.2.b) ist der bisherige Abschreibungssatz nach § 7 Abs. 4 Satz 1 (und bei unveränderter Nutzungsdauer auch im Falle von Satz 2) ab dem Folgejahr auf eine niedrigere Bemessungsgrundlage, nämlich die Anschaffungs- oder Herstellungskosten abzüglich der Teilwertabschreibung oder AfaA, anzuwenden (§ 11c Abs. 2 Satz 2 EStDV; R 7.4 Abs. 11 EStR).

Beispielaufgabe:
Die Anschaffungskosten eines Gebäudes, das nach § 7 Abs. 4 Satz 1 Nr. 1 EStG abgeschrieben wird, betragen 1 Mio. EUR. Im zweiten Jahr der Nutzungsdauer erfolgt eine außerplanmäßige Abschreibung bzw. Teilwertabschreibung in Höhe von 0,2 Mio. EUR.

Lösung:
Planmäßige Abschreibung ab dem 3. Jahr: 0,03 * (1.000.000 - 200.000) = 24.000 EUR.
Auf diese Weise wird das Gebäude um 1/2 Jahr früher abgeschrieben sein.

Jahr	planmäßige Abschreibung nach § 7 Abs. 4 Nr. 1 EStG (EUR)	außerplanmäßige Abschreibung bzw. Teilwertabschreibung (EUR)	Restbuchwert des Gebäudes am Jahresende
01	30.000		970.000
02	30.000	200.000	740.000
03	24.000		716.000
04	24.000		692.000
etc.	etc.		etc.

Bei der staffeldegressiven Gebäudeabschreibung gemäß § 7 Abs. 5 EStG ist ebenso zu verfahren (R 7.4 Abs. 11 EStR).

(7) Korrektur der Nutzungsdauer-Schätzung

- **Die Nutzungsdauer wurde zu lang geschätzt**

Nach dem Vorsichtsprinzip ist sowohl im Handels- als auch im Steuerrecht eine Korrektur des Abschreibungsplanes erforderlich nach der allgemeinen Formel

$$\frac{\text{Rest-Buchwert}}{\text{neue Restnutzungsdauer}}$$

Eine rückwirkende Änderung der bisherigen Abschreibungsbeträge ist nicht möglich. *Handelsrechtlich* ist eine außerplanmäßige Abschreibung gemäß § 253 Abs. 3 Satz 3 HGB nur zulässig, wenn der beizulegende Wert im Zeitpunkt der Nutzungsdauer-Korrektur bereits niedriger ist als der Restbuchwert. Sollte die Maschine unerwartet bereits am Ende der Nutzungsdauer sein, so wird der Restbuchwert außerplanmäßig abgeschrieben bzw. eine Teilwertabschreibung oder AfaA vorgenommen.

Beispielaufgabe:
AK = 5.000 EUR, ursprünglich geschätzte Nutzungsdauer = 5 Jahre, Restwert am Ende der Nutzungsdauer (R_n) = 0. Am Ende des 2. Jahres stellt sich heraus, dass das Wirtschaftsgut insgesamt nur eine Nutzungsdauer von 4 Jahren hat.
a) Der Teilwert am 31.12.02 beträgt 3.000 EUR,
b) Der Teilwert am 31.12.02 beträgt 1.400 EUR.
Wie entwickeln sich Abschreibungsbetrag und Restbuchwert?

Lösung:

Jahr	ursprünglicher Abschreibungsplan		zu a): korrigierter Abschreibungsplan		zu b): korrigierter Abschreibungsplan mit Teilwertabschreibung	
	Abschreibungsbetrag A_t (in EUR)	Restwert R_t (in EUR)	Abschreibungsbetrag A_t (in EUR)	Restwert R_t (in EUR)	Abschreibungsbetrag A_t (in EUR)	Restwert R_t (in EUR)
01	1.000	4.000	1.000	4.000	1.000	4.000
02	1.000	3.000	1.000	3.000	1.000+1.600	1.400
03	1.000	2.000	1.500	1.500	700	700
04	1.000	1.000	1.500	1.500	700	------
05	1.000	-----				

- **Die Nutzungsdauer wurde zu kurz geschätzt**

Eine Zuschreibung zur Korrektur der zu hohen früheren planmäßigen Abschreibungen ist handelsrechtlich nach herrschender Meinung sowie steuerrechtlich nicht zulässig.[1] Das Vorsichtsprinzip wurde durch die zu hohen Abschreibungen nicht verletzt. Eine Korrektur des Abschreibungsplans hat insofern zu erfolgen, als die künftigen Abschreibungen nach der Formel

$$\frac{\text{Rest-Buchwert}}{\text{neue Restnutzungsdauer}}$$

zu vermindern sind. Ist der Vermögensgegenstand bereits voll auf den Schrottwert oder Erinnerungswert abgeschrieben, so ist dieser über die neue Restnutzungsdauer unverändert fortzuführen. Weitere Abschreibungen über die ursprünglichen Anschaffungskosten hinaus sind nicht zulässig ("Einmaligkeit der Abschreibung").

---

[1] Ausnahmsweise ist in der Handelsbilanz dann eine Zuschreibung möglich, wenn eine Anpassung an eine längere Nutzungsdauer als Ergebnis der steuerlichen Außenprüfung vorgenommen werden soll.

(8) Nachträgliche Anschaffungs- oder Herstellungskosten

- **Bei beweglichen Vermögensgegenständen**

Nachträgliche Anschaffungs- oder Herstellungskosten ergeben sich bei einer Erweiterung und Verbesserung des Vermögensgegenstands bzw. Wirtschaftsguts. Sie sind gemäß § 255 Abs. 1 und 2 HGB zu aktivieren.

Wird der bewegliche Gegenstand *linear* abgeschrieben, so werden die nachträglichen Anschaffungs- oder Herstellungskosten gleichmäßig auf die Restnutzungsdauer verteilt, und es ergeben sich die weiteren planmäßigen Abschreibungen nach der Aktivierung entsprechend der allgemeinen Formel (H 7.3 "Nachträgliche Anschaffungs- oder Herstellungskosten" EStH):

$$\frac{\text{Restbuchwert} + \text{nachträgliche AK/HK}}{\text{Restnutzungsdauer}}$$

Bei *degressiver* Abschreibungsmethode wird der bisherige prozentuale Abschreibungssatz auf den um die nachträglichen Anschaffungs- oder Herstellungskosten vermehrten Restbuchwert angewendet.

In beiden Fällen ist die Restnutzungsdauer des Gegenstands im Zeitpunkt des Erhalts der nachträglichen Lieferung oder der Beendigung der nachträglichen Herstellungsarbeiten neu zu schätzen und ggf. der Abschreibungssatz entsprechend zu ändern (R 7.4 Abs. 9 Satz 1 EStR und H 7.4 „AfA nach nachträglichen Anschaffungs- oder Herstellungskosten: Beispiel 1" EStH).

Steuerrechtlich müssen die nachträglichen Kosten für das Jahr der nachträglichen Anschaffung oder Herstellung so berücksichtigt werden, als seien sie zu Jahresbeginn aufgewendet worden. (R 7.4 Abs. 9 Satz 3 EStR)

Beispielaufgabe:
Die Anschaffungskosten eines im Januar erworbenen Pritschen-LKW betrugen 300.000 EUR; im zweiten Nutzungsjahr wird nachträglich ein 50.000 EUR teurer Flüssigkeitsbehälter-Aufbau installiert.
a) Der LKW wird über eine Nutzungsdauer von 6 Jahren linear abgeschrieben.
b) Der LKW wird geometrisch-degressiv mit 25 % abgeschrieben (nur handelsrechtlich).

Lösung:
a) Abschreibungsbetrag im ersten Nutzungsjahr: 300.000 EUR : 6 Jahre = 50.000 EUR. Abschreibungsbetrag im zweiten Nutzungsjahr: (250.000 EUR + 50.000 EUR) : 5 Jahre = 60.000 EUR.
b) Abschreibungsbetrag im ersten Nutzungsjahr: 25 % von 300.000 EUR = 75.000 EUR. Abschreibungsbetrag im zweiten Nutzungsjahr: 25 % von (225.000 EUR + 50.000 EUR) = 68.750 EUR.

- **Bei Gebäuden**

Sind bei Gebäuden z.B. aufgrund eines Anbaus oder einer Aufstockung nachträgliche Anschaffungs- oder Herstellungskosten zu berücksichtigen, so sind gemäß H 7.3 und H 7.4 "Nachträgliche Anschaffungs- oder Herstellungskosten" EStH die bisherige AfA-Methode und der bisherige Afa-Satz beizubehalten und auf die um die nachträglichen Anschaffungs- oder Herstellungskosten erhöhten ursprünglichen Anschaffungs- oder Herstellungskosten[1] anzuwenden. Die Folge ist, dass sich die gesamte Abschreibungsdauer verlängert. Bei linearer Abschreibung gemäß § 7 Abs. 4 Satz 1 EStG kann ab Beendigung der nachträglichen Herstel-

---

[1] Bei Abschreibung nach § 7 Abs. 4 S. 2 EStG ist der bisherige AfA-Satz auf den Restbuchwert anzuwenden.

lungsarbeiten die kürzere tatsächliche Nutzungsdauer zugrunde gelegt werden. Bei staffeldegressiver Abschreibung gemäß § 7 Abs. 5 EStG ist der Restbuchwert ab dem Ende der vorgesehenen Nutzungsdauer (nach 25 bzw. 40 oder 50 Jahren) linear abzuschreiben (BFH, BStBl. 1987 II, S. 491). Auch bei Gebäuden sind die nachträglichen Anschaffungs- oder Herstellungskosten bei der Abschreibungsberechnung so zu berücksichtigen, als seien sie zu Beginn des Jahres aufgewendet worden (R 7.4 Abs. 9 S. 3 EStR).

Beispiel:
An einem Gebäude, das Herstellungskosten von 1 Mio EUR verursachte und nach § 7 Abs. 4 Satz 1 Nr. 1 EStG mit 3 % linear abgeschrieben wird, wird im 21. Jahr der Nutzungsdauer ein Anbau (Herstellungskosten 200.000 EUR) errichtet. Ab dem 21. Jahr ergibt sich als Abschreibungsbetrag 0,03 * (1 Mio EUR + 200.000 EUR) = 36.000 EUR. Der Abschreibungszeitraum von rechnerisch 33 1/3 Jahren erhöht sich dann um 3 1/3 Jahre. Alternativ könnte zu Beginn des 21. Jahres die Restnutzungsdauer - sofern dies begründbar wäre - auch neu z.B. auf 13 1/3 Jahre geschätzt werden mit der Folge, dass die Abschreibung pro Jahr 60.000 EUR betrüge und das Gebäude nach 33 1/3 Jahren voll abgeschrieben wäre.

Jahr	planmäßige Abschreibung (EUR)	nachträgliche Herstellungskosten (in EUR)	Restbuchwert Gebäude (EUR) am 31.12.
01	30.000	---	970.000
.....	.....	.....	.....
20	30.000	---	400.000
21	36.000	200.000	564.000
.....	.....	.....	.....
33	36.000	---	132.000
34	36.000	---	96.000
35	36.000	---	60.000
36	36.000	---	24.000
37	24.000	---	0

Beispielaufgabe:
Die Anschaffungskosten eines am 15. Oktober des Jahres seiner Fertigstellung erworbenen Betriebsgebäudes (Bauantrag nach dem 31.3.1985 und vor dem 1.1.1994), das nicht Wohnzwecken dient, betrugen 800.000 EUR; im dritten Jahr nach dem Erwerb wird eine Aufstockung mit Herstellungskosten in Höhe von 200.000 EUR vorgenommen. Wie entwickeln sich die Abschreibungsbeträge und der Restbuchwert in den ersten drei Jahren der Nutzungsdauer in folgenden alternativen Fällen:
a) Das Gebäude wird gemäß § 7 Abs. 4 Nr. 1 EStG linear mit 3 % abgeschrieben,
b) das Gebäude wird gemäß § 7 Abs. 5 Nr. 1 EStG staffeldegressiv abgeschrieben?

Lösung:
a) Abschreibungsbetrag im ersten Jahr: 3% von 800.000 EUR = 24.000 EUR, zeitanteilig für 3 Monate: 6.000 EUR (R 7.4 Abs. 2 Satz 1 EStR); Restbuchwert: 794.000 EUR.
Abschreibungsbetrag im zweiten Jahr: 3% von 800.000 EUR = 24.000 EUR, Restbuchwert: 770.000 EUR.
Abschreibungsbetrag im dritten Jahr: 3% von (800.000 EUR + 200.000 EUR) = 30.000 EUR, Restbuchwert: 770.000 EUR + 200.000 EUR - 30.000 EUR = 940.000 EUR.

b) Abschreibungsbetrag im ersten Jahr: 10 % von 800.000 EUR = 80.000 EUR (zwingend volle Jahresabschreibung gemäß Gesetzeswortlaut und H 7.4 „Teil des auf ein Jahr entfallenden AfA-Betrags" EStH); Restbuchwert: 720.000 EUR.
Abschreibungsbetrag im zweiten Jahr: 10 % von 800.000 EUR, Restbuchwert: 640.000 EUR.
Abschreibungsbetrag im dritten Jahr: 10 % von (800.000 EUR + 200.000 EUR) = 100.000 EUR; Restbuchwert: 640.000 EUR + 200.000 EUR - 100.000 EUR = 740.000 EUR.

Merke:

	Planmäßige Abschreibungen nach:	
	Bewegliche VG/WG	*Gebäude*

Außerplanmäßiger Abschreibung bzw. Teilwertabschreibung	(1) lineare Abschreibung (§ 7 Abs. 1 EStG)
	
	$\dfrac{\text{Rest-BW*}}{\text{Rest-ND}}$
	
	(2) geometrisch-degressive Abschreibung (§ 7 Abs. 2 EStG; nur 2009 u. 2010):
	unveränderter Prozentsatz auf den Rest-BW*
		Unveränderter Prozentsatz auf AK/HK* (§ 7 Abs. 4 Nr. 1 EStG)
		=> Gebäude ist etwas früher abgeschrieben
		
		Beispiel: AK = 1 Mio. EUR
		Nach 10 Jahren:
		  Restbuchwert = 700.000 EUR
		- Teilwertabschreibung -100.000 EUR
		  Rest-BW* = 600.000 EUR
		- planmäßige Abschreibg. -27.000 EUR
		31.12.11 Restbuchwert = 573.000 EUR
		
		Berechnung:
		0,03 x AK* = 0,03 x (1 Mio. EUR – 100.000 EUR) = 27.000 EUR

Nachträglichen Anschaffungs- oder Herstellungskosten	(1) lineare Abschreibung (§ 7 Abs. 1 EStG) $\dfrac{\text{Rest-BW**}}{\text{Rest-ND}_{neu}}$ (2) geometrisch-degressive Abschreibung (§ 7 Abs. 2 EStG; nur 2009 u. 2010): unveränderter Prozentsatz auf den Rest-BW** *Steuerrecht:* nachträgliche AK/HK sind auf den Beginn des GJ. zurückzubeziehen (R 7.4 Abs. 9 EStR; H 7.3 u. 7.4 „Nachträgliche AK/HK" EStH; H 7.4 „AfA nach....Beispiel 1")	Unveränderter Prozentsatz auf AK/HK** (§ 7 Abs. 4 Nr. 1 EStG) => Verlängerung der ND Ggf. § 7 Abs. 4 S. 2 EStG anwendbar *Beispiel:* AK = 1 Mio. EUR Anbau nach 20 Jahren Rest-BW Gebäude: 400.000 EUR + AK/HK Anbau +200.000 EUR = Rest-BW** = 600.000 EUR - planmäßige Abschreibg. -36.000 EUR 31.12.21 Restbuchwert = 564.000 EUR => abgeschrieben nach 36 2/3 Jahren *Berechnung:* 0,03 x AK** = 0,03 x (1 Mio. EUR + 200.000 EUR) = 36.000 EUR

Legende: Rest-BW* = Rest-Buchwert nach Abzug der außerplanmäßigen Abschreibung, Teilwert-Abschreibung bzw. Sonderabschreibung
Rest-BW** = Rest-Buchwert nach Addition der nachträglichen Anschaffungs- oder Herstellungskosten
AK/HK* = Anschaffungs- oder Herstellungskosten nach Abzug der außerplanmäßigen Abschreibung, Teilwert-Abschreibung bzw. Sonderabschreibung
AK/HK** = Anschaffungs- oder Herstellungskosten nach Addition der nachträglichen Anschaffungs- oder Herstellungskosten

(9) Allgemeine Abschreibungsregeln nach IFRS

Aktivierte immaterielle Vermögenswerte mit unbegrenzter Nutzungsdauer dürfen nicht abgeschrieben werden (IAS 38.107), solche mit begrenzter Nutzungsdauer sind planmäßig über ihre *geschätzte Nutzungsdauer* abzuschreiben (IAS 38.88). Bei der Schätzung der Nutzungsdauer sind technologische, wirtschaftliche und rechtliche Gesichtspunkte zu berücksichtigen (IAS 38.90-96). Als *Abschreibungsmethode* ist diejenige zu wählen, die den wirtschaftlichen Nutzenverbrauch des Vermögenswerts am besten widerspiegelt. Kann der Verlauf der Verringerung des Nutzenpotenzials nicht zuverlässig bestimmt werden, ist die lineare Abschreibung anzuwenden (IAS 38.97 f.). Ein Restwert ist i.d.R. nicht anzusetzen (IAS 38.100).

Gemäß IAS 16.50 und IAS 16.60-62 ist das Abschreibungsvolumen einer Sachanlage planmäßig mit Hilfe der Abschreibungsmethode über die wirtschaftliche Nutzungsdauer des Vermögenswerts zu verteilen. Die *Abschreibungsmethode* soll den Verbrauch des Nutzenpotenzials des Vermögenswertes im Zeitablauf abbilden. Dabei sind prinzipiell alle Abschreibungsmethoden zulässig. Im Falle der Bewertung von Sachanlagen nach dem Anschaffungskostenmodell sind die Anschaffungs- oder Herstellungskosten die Abschreibungsbasis bzw. das zu verteilende Abschreibungsvolumen. Im Rahmen des alternativ wählbaren Neubewertungsmodells stellt der beizulegende Zeitwert („Fair Value") die Abschreibungsbasis dar. Sofern sie den Werteverzehr des Sachanlagegutes zutreffend wiedergeben, sind alle denkbaren Abschreibungsmethoden erlaubt, ein explizites Wahlrecht besteht aber nicht.

Grundsätzlich ist die einmal gewählte Abschreibungsmethode für art- und funktionsgleiche Sachanlagegüter so lange beizubehalten, wie sie den tatsächlichen Werteverzehr des Sachanlagegutes zutreffend abbildet (IAS 16.62 und IAS 8.13). Wird dagegen bei der periodisch vorzunehmenden Überprüfung der Abschreibungsmethode oder auch der Nutzungsdauer und des Restwerts (IAS 16.51 und 16.61, IAS 38.102, 38.104 und 38.109) eine Änderung des Nutzenverlaufs des Gegenstands festgestellt, sind Abschreibungsmethode und/oder Abschreibungsdauer entsprechend anzupassen (IAS 16.61 und IAS 8.14(b)). Die Anpassungen stellen eine Abweichung von der ursprünglichen Schätzung der Nutzungsdauer bzw. eine Änderung der Bewertungsmethode dar und müssen daher gemäß IAS 8.39 f. im Anhang erläutert werden.

Die Bestimmung der voraussichtlichen wirtschaftlichen *Nutzungsdauer* sowie des spezifischen *Nutzenverlaufs* birgt *bilanzpolitisches Potenzial* in sich, da sie in der Regel nur anhand von subjektiven Prognosen ermittelt werden können und somit im Ermessen des Bilanzierenden liegen. Darüber hinaus bietet IAS 16.57 dem bilanzierenden Unternehmen bei Sachanlagen noch das *explizite Wahlrecht*, statt der geschätzten wirtschaftlichen Nutzungsdauer die im Rahmen der betrieblichen Investitionspolitik geplante kürzere Einsatzdauer der Sachanlage bis zu deren geplanter Veräußerung zugrunde zu legen. Insbesondere der zeitliche Nutzenverlauf ist aufgrund unvollständiger Information nicht eindeutig bestimmbar, sodass der Bilanzierende einen bilanzpolitisch nutzbaren *Ermessensspielraum und somit eine Wahlmöglichkeit hinsichtlich der Abschreibungsmethode* hat.

Allerdings wird der bilanzpolitische Spielraum durch die qualitative Anforderung der Vergleichbarkeit der Jahresabschlüsse, also den Grundsatz der *Bewertungsstetigkeit* (IAS 8.13), stark eingegrenzt. Dies gilt nicht für die Nutzungsdauer, da *Individualschätzungen* jederzeit verbessert werden müssen. Die Abschreibungsmethode gehört dagegen zu den *Schätzverfahren bei Unsicherheit (Verfahrensspielräume)*, die vom Stetigkeitsgebot erfasst werden und ebenso wie Rechnungslegungsmethoden beibehalten werden müssen. Nur wenn sich neue Erkenntnisse oder Sachverhalte ergeben haben, die bisher noch nicht vorhanden waren oder bisher nach objektiven Maßstäben für eine verlässliche und relevante Darstellung im Abschluss als weniger geeignet erschienen, dürfen diese bei entsprechender sachlicher Begründung geändert werden.[1] Die einmal getroffene Entscheidung über Nutzungsdauer und Abschreibungsmethode kann und muss nur dann revidiert werden, wenn aufgrund geänderter Konstruktion und Funktion der neu zugegangenen Sachanlagen die bisher angewandte Abschreibungsmethode nicht mehr angemessen ist und der Vermögens- und Erfolgsausweis durch eine andere Methode zutreffender erfolgen würde.[2] Die Änderung der Abschreibungsmethode wirkt sich prinzipiell genauso auf den Periodenerfolg aus wie nach deutschem HGB.[3] Neben der generellen Berichtspflicht über die angewandten Abschreibungsmethoden nach IAS 16.73 u.75 müssen auch Art und Betrag der Schätzungsänderung im *Anhang* angegeben werden einschließlich der quantitativen Auswirkungen auf zukünftige Zeiträume. Können die Auswirkungen auf zukünftige Perioden nicht abgeschätzt werden („undurchführbar"), so muss auf diesen Umstand hingewiesen werden (IAS 8.39 f.).[4]

Eine Besonderheit gegenüber den HGB-Regelungen stellt der so gen. *„Komponentenansatz"* dar. Nach IAS 16.43 wird jeder unselbständige Teil einer Sachanlage mit einem bedeutsamen Anschaffungswert im Vergleich zum Gesamtwert der Sachanlage getrennt abgeschrieben.[5] Als Beispiel werden die Triebwerke eines Flugzeugs, die Druckwalze einer Druckmaschine oder der Fahrstuhl eines Gebäudes genannt. Die Abschreibung der einzelnen Komponenten richtet sich nach den allgemeinen Grundsätzen unter Berücksichtigung der individuellen Nutzungsdauer und Nutzenabgabe dieser Komponenten im Zeitablauf. Das bedeutet, dass bei vorzeitigem Abgang einer Komponente auch die entsprechenden Verluste oder Gewinne zu erfassen sind oder bei Generalüberholungen ggf. bei einzelnen Komponenten nachträgliche Anschaffungskosten zu aktivieren sind.

Zu Beginn der Nutzungsdauer der Sachanlage hat also eine entsprechende Aufteilung in einzelne unselbständige bedeutsame Bestandteile zu erfolgen, die eine kürzere Nutzungsdauer als die Sachanlage insgesamt haben oder eine abweichende Abschreibungsmethode erfordern. Bedeutsame Bestandteile, die eine übereinstimmende geschätzte Nutzungsdauer haben und die nach der gleichen Methode abzuschreiben sind, können zu Abschreibungszwecken zu einer Komponente zusammengefasst werden (IAS 16.45). Der Rest der Sachanlage, der aus Teilen besteht, die im Einzelnen nicht bedeutsam sind, wird unter Berücksichtigung des erwarteten Wertminderungsverlaufs und der geschätzten Nutzungsdauer des „Rests" getrennt abgeschrieben (IAS 16.46). Zur Ermittlung des den einzelnen Komponenten zuzurechnenden Anteils an den Anschaffungs- oder Herstellungskosten ist im Zweifel auf den Betrag abzustellen, der für ihren Austausch aufgewendet werden müsste.

Die geschilderte ermessensbehaftete Bestimmung der wirtschaftlichen Nutzungsdauer und des Nutzenverlaufs spielt eine besonders große Rolle im Komponentenansatz nach IAS 16.43 ff. Wie erwähnt, werden nach diesem Ansatz komplexe Vermögenswerte in einzelne bedeutsame (signifikante) Bestandteile unterteilt, die jeweils eine unterschiedliche Nutzungsdauer und einen unterschiedlichen Nutzenverlauf besitzen, und individuell abgeschrieben werden. Da der Begriff der „Bedeutsamkeit" im IFRS-Regelwerk nicht durch quantitative Schwellwerte festgelegt ist, bestimmt der Bilanzierende subjektiv die Bedeutsamkeits- bzw. Wesentlich-

---

[1] Vgl. Beck-IFRS-HB 2013/Driesch § 45 Rz. 18.

[2] Vgl. Wohlgemuth, Frank, IFRS: Bilanzpolitik und Bilanzanalyse, Berlin 2007, S. 216 f.

[3] Die begründete Änderung der Abschreibungsmethode stellt nach IAS 8.32 eine *Schätzungsänderung* dar, die *prospektiv* zu erfolgen hat, d.h. durch Änderung des Buchwerts eines Vermögenswerts in der aktuellen Periode mit Folgewirkungen für spätere Perioden (IAS 8.5 und 8.36 f.).

[4] Genaueres zur Änderung von Rechnungslegungsmethoden und zur Änderung von Schätzungen siehe Abschnitt C.IV.

[5] Ein Unternehmen kann auch einzelne Bestandteile der Sachanlage, die nicht im Verhältnis zu den gesamten Anschaffungskosten der Anlage bedeutsam sind, getrennt abschreiben (IAS 16.47).

keitsgrenze mit der Folge eines *Gestaltungsspielraums* bei der grundsätzlichen Frage der Aufteilung in Komponenten und bei der Festlegung der einzelnen Komponenten. Schließlich erlaubt IAS 16.47 auch die getrennte Abschreibung nicht-bedeutsamer Teile (*explizites Wahlrecht*). Weitere Ermessensspielräume ergeben sich bei der Aufteilung der Anschaffungskosten auf die einzelnen Komponenten. Wiederbeschaffungskosten können nicht immer für die Komponenten ermittelt werden und dürften in der Summe zumeist auch nicht mit den Anschaffungskosten der Sachanlage übereinstimmen.[1]

Welche Auswirkungen hat die Entscheidung für den *Komponentenansatz* auf die Bilanz und die Gewinn- und Verlustrechnung? Wird eine Komponente ersetzt, kommt es gemäß IAS 16.13 bzw. 16.14 zur Aktivierung von nachträglichen Anschaffungskosten. Hierbei wird die zu ersetzende Komponente mit ihrem Restbuchwert ausgebucht und es erfolgt eine Zugangsbuchung in Höhe der Anschaffungskosten des Ersatzes. Da in der Regel der ausgebuchte Restbuchwert und die Anschaffungskosten des Ersatzes differieren, erhöht sich unregelmäßig der Gesamtbuchwert des komplexen Vermögenswerts, dessen Komponente ersetzt wurde, in den Jahren des Ersatzes. In der Gewinn- und Verlustrechnung kommt es dagegen zu gleichmäßig anfallenden Abschreibungsaufwendungen. Ohne Anwendung des Komponentenansatzes wird die Gewinn- und Verlustrechnung in den Perioden des Ersatzes mit den entsprechenden Aufwendungen belastet und in der Bilanz kommt es (z.B. bei der linearen Abschreibungsmethode) zu einem gleichmäßigen Rückgang des Wertansatzes des Vermögenswerts. Da sich also durch den Komponentenansatz „die Grenze zwischen als Aufwand zu berücksichtigenden Reparaturmaßnahmen und aktivierungspflichtigen nachträglichen Anschaffungs- und Herstellungskosten verschiebt"[2], lässt sich aufgrund des Ermessensspielraums zur Anwendung des Komponentenansatzes der Erfolg beeinflussen.

(10) Abschreibungen im Rahmen des Neubewertungsmodells

Sachanlagen können nach dem so gen. Neubewertungsmodell bewertet werden[3]. In diesem Fall werden die neubewerteten Vermögenswerte mit dem *beizulegenden Zeitwert („Fair Value")* im Zeitpunkt der Neubewertung angesetzt, um dem (potenziellen) Investor aktuelle entscheidungsrelevante Informationen zu liefern (Grundsatz der „Fair Presentation"). Der Fair Value kann höher oder niedriger als der bisherige Buchwert sein, der vor der erstmaligen Neubewertung den fortgeführten Anschaffungs- oder Herstellungskosten entspricht. Falls der beizulegende Zeitwert höher ist, wird die im deutschen Handelsrecht entsprechend dem Vorsichtsprinzip verankerte Bewertungsobergrenze, die den Ausweis von unrealisierten Gewinnen (§ 252 Abs. 1 Nr. 4 HGB) verhindert, überschritten.

Eine echte Gewinnbeeinflussung durch die Neubewertung ist aber auch im IFRS-Regelwerk nicht gegeben. Die Werterhöhung wird nämlich erfolgsneutral durchgeführt, d.h. sie erhöht nicht über die Buchung von Zuschreibungserträgen den Jahresüberschuss, sondern sie erhöht direkt das Eigenkapital. Dafür wird eine eigene Unterposition des Eigenkapitals, die sog. *Neubewertungsrücklage („Revaluation Surplus"),* reserviert. Allerdings wird die jahresbezogene Erhöhung der Neubewertungsrücklage im Rahmen des Gesamtergebnisses als *(erfolgsneutraler) „Sonstiger Gewinn"* ausgewiesen. Wenn auch im IFRS-Regelwerk die Ausschüttungsbemessung nicht als Funktion des Jahresabschlusses angesehen wird, ließe sich der Neubewertungsrücklage zweckmäßigerweise eine (freiwillige) Ausschüttungssperre für die darin kumulierten, nicht-realisierten Aufwertungsbeträge zuordnen. Bei planmäßig abzu-

---

[1] Vgl. Wohlgemuth, Frank, a.a.O., S. 217 f.
[2] Ebenda, S. 219.
[3] Zum Neubewertungsmodell allgemein vgl. Kapitel B.III.7.a). Das Neubewertungsmodell wird hier ohne Berücksichtigung von latenten Steuern dargestellt. Zum Problem der latenten Steuern in diesem Zusammenhang siehe Kapitel B.VII.2.

schreibenden Vermögenswerten kann diese Neubewertungsrücklage - wiederum erfolgsneutral - sukzessiv in die ebenfalls zum Eigenkapital gehörende Gewinnrücklage umgebucht werden (IAS 16.41). Da diese Möglichkeit m.E. sachgerecht ist, soll nur diese hier weiter verfolgt werden. Die Umbuchung erfolgt in Höhe des als „realisiert" geltenden Eigenkapitals, und zwar in Höhe des Unterschiedsbetrags zwischen der planmäßigen Abschreibung auf Basis des höheren Fair Value und der planmäßigen Abschreibung auf Basis der historischen Anschaffungs- oder Herstellungskosten. Bei Ausscheiden der Sachanlage aus dem Betriebsvermögen (durch Verkauf oder Verschrottung) wird die gesamte zugehörige Neubewertungsrücklage erfolgsneutral in die Gewinnrücklage umgebucht.

In diesem Kapitel soll dargestellt werden, wie beim Neubewertungsmodell im Einzelnen zu buchen ist, insbesondere im Hinblick auf die planmäßigen Abschreibungen in der Folge einer Neubewertung. Dazu soll das Beispiel aus Kapitel B.II.4.e)(3) „Der beizulegende Zeitwert („Fair Value")" noch einmal aufgegriffen werden. Hierbei geht es um die Berücksichtigung einer Spezialmaschine, für die ein Marktwert nicht feststellbar ist, im Anlagenspiegel.

Beispielaufgabe:
Die LowTech International GmbH hat am 1.1.01 eine Maschine erworben:
Anschaffungskosten: 50.000 EUR;
Nutzungsdauer: 10 Jahre; lineare Abschreibung;
Wiederbeschaffungskosten einer gleichartigen neuen Maschine heute (31.12.03): 60.000 EUR.
Wie hoch sind Restbuchwert und beizulegender Zeitwert (= Fair Value = fortgeführte Wiederbeschaffungskosten) per 31.12.03?

Lösung:
Lineare Abschreibung per annum: 5.000 EUR.
Restbuchwert zum 31.12.03 = 50.000 EUR – 3 * 5.000 EUR = 35.000 EUR.
Lineare Abschreibung auf Basis der Wiederbeschaffungskosten p.a.: 6.000 EUR.
Beizulegender Zeitwert (= Fair Value = fortgeführte Wiederbeschaffungskosten) per 31.12.03 =
= 60.000 EUR – 3 * 6.000 EUR = 42.000 EUR.

Können also zum Zeitpunkt der Neubewertung die Wiederbeschaffungskosten einer art- und funktionsgleichen, aber fabrikneuen Sachanlage - zumeist mit Hilfe von Preisindizes - geschätzt werden, so sind die kumulierten Abschreibungsbeträge und der Restbuchwert jeweils im gleichen Verhältnis zu erhöhen, in dem die Wiederbeschaffungskosten des neuen Sachanlageguts im Vergleich zu den historischen Anschaffungskosten gestiegen sind (so gen. **Bruttomethode**; IAS 16.35(a)).

In der obigen *Beispielaufgabe* steigen die bis zur Neubewertung angefallenen kumulierten Abschreibungen um 20% (von 15.000 EUR auf 18.000 EUR), da die Wiederbeschaffungskosten (60.000 EUR) die Anschaffungskosten (50.000 EUR) ebenfalls um 20% übersteigen. Der beizulegende Zeitwert per 31.12.03 nach dem Neubewertungsmodell beträgt demnach 60.000 EUR – 18.000 EUR = 42.000 EUR, ist also auch um 20% höher als der Restbuchwert vor Neubewertung (35.000 EUR) zum gleichen Zeitpunkt.

Können dagegen im Zeitpunkt der Neubewertung die Wiederbeschaffungskosten für ein art- und funktionsgleiches Sachanlagegut gleichen Alters geschätzt werden, bietet sich die so gen. **Nettomethode** an, die häufig bei Gebäuden verwendet wird (IAS 16.35(b). Danach sind die kumulierten Abschreibungen sowie die Wiederbeschaffungskosten einer neuen Sachanlage (als Abschreibungsbasis) durch Aufstockung der bisher gebuchten kumulierten Abschreibungen und der historischen Anschaffungskosten um denselben Prozentsatz zu erhöhen, um den die geschätzten Wiederbeschaffungskosten einer gleichaltrigen Sachanlage den Restbuchwert übersteigen.

Werden in der obigen **_Beispielaufgabe_** die Wiederbeschaffungskosten einer ebenfalls 3 Jahre alten art- und funktionsgleichen Sachanlage zum 31.12.03 auf 42.000 EUR geschätzt, dann liegen sie um 20% über dem aktuellen Buchwert (35.000 EUR) der vorhandenen Maschine. Die Wiederbeschaffungskosten für eine fabrikneue gleichartige Maschine entsprechen dann den um 20% erhöhten historischen Anschaffungskosten (50.000 EUR * 1,20 = 60.000 EUR), und die kumulierten Abschreibungen auf Wiederbeschaffungskostenbasis ergeben sich entweder als Differenz der beiden Werte oder durch Erhöhung der gebuchten kumulierten Abschreibungen ebenfalls um 20% (15.000 EUR * 1,20 = 18.000 EUR).[1] In den Folgejahren werden die planmäßigen Abschreibungen weiter auf Basis des höheren Fair Value berechnet (= 6.000 EUR p.a.).

Liegt nun der beizulegende Zeitwert (hier: die Wiederbeschaffungskosten zum Neubewertungszeitpunkt) über dem Buchwert, so ist im Rahmen des Neubewertungsmodells eine entsprechende Werterhöhung der Sachanlage erforderlich (IAS 16.39). Diese Werterhöhung wird erfolgsneutral durchgeführt, sie erhöht die zum Eigenkapital gehörige Neubewertungsrücklage. Es kommt zu einer Bilanzverlängerung. Der Betrag, um den sich die Neubewertungsrücklage erhöht, wird innerhalb der Gesamtergebnisrechnung des Jahres als **_(erfolgsneutraler) „Sonstiger Gewinn"_** ausgewiesen. Das sonstige Ergebnis umfasst Ertrags- und Aufwandspositionen, die nicht im Gewinn oder Verlust erfasst werden dürfen oder müssen (IAS 1.7), also erfolgsneutral sind. Die **_Gesamtergebnisrechnung_** beinhaltet gemäß IAS 1.82 sämtliche Eigenkapitalveränderungen, also sowohl den Gewinn/Verlust als auch den erfolgsneutralen „Sonstigen Gewinn/Verlust".[2]

Beispielaufgabe (Fortsetzung):
Wie lautet der Buchungssatz zur Bildung der Neubewertungsrücklage in der vorigen Beispielaufgabe?

Lösung:
Vereinfachend wird im Folgenden die Werterhöhung immer direkt erfolgsneutral gegen die Neubewertungsrücklage gebucht und nur verbal auf den Ausweis im „Sonstigen Ergebnis" hingewiesen.

_BS:_ Maschine 7.000 EUR
      an Neubewertungsrücklage 7.000 EUR.

Stand per 31.12.03: Maschine: 42.000 EUR
                     Neubewertungsrücklage: 7.000 EUR
                     Gewinnrücklagen: 0 EUR.

Damit wird die Maschine zum 31.12.03 mit 42.000 EUR statt bisher mit 35.000 EUR bewertet.[3]

---

[1] Um die Korrektur der planmäßigen Abschreibungen der Vergangenheit zu vermeiden, wird in der Literatur auch vorgeschlagen, im Anlagenspiegel (vgl. Kapitel B.IV.4.) die historischen Anschaffungskosten per 31.12.03 von 50.000 EUR um die zugehörigen bisherigen kumulierten Abschreibungen i.H.v. 15.000 EUR auf 35.000 EUR zu kürzen, also beide Spalten entsprechend zu verringern. Anschließend erfolgt die Aufstockung der „historischen" Anschaffungskosten um 7.000 EUR auf den Fair Value von 42.000 EUR. Gleichzeitig wird der Wert der Neubewertungsrücklage um 7.000 EUR aufgestockt. Vgl. Ballwieser, W., IAS 16, Tz. 34, in Baetge u.a., Rechnungslegung nach IAS, 2002.

[2] Vgl. Kapitel C.I.4.

[3] Die Werterhöhung der Maschine in Höhe von 7.000 EUR als Folge der Neubewertung müsste streng genommen wie folgt gebucht werden. Am 31.12.03 ist zu buchen:
_BS:_ Maschine 7.000 EUR
      an Sonstiges Ergebnis (erfolgsneutral) 7.000 EUR.
Am 1.1.04 ist das erfolgsneutrale „Sonstige Ergebnis" der Neubewertungsrücklage zuzuführen und dort Jahr für Jahr zu kumulieren:
_BS:_ Sonstiges Ergebnis (erfolgsneutral) 7.000 EUR
      an Neubewertungsrücklage 7.000 EUR.

Die *planmäßigen Abschreibungen nach der Neubewertung* werden auf der Grundlage des beizulegenden Zeitwerts („Fair Value") bemessen. Für den Fall, dass die Neubewertung zu einer Erhöhung der Buchwerte führt, sind die Abschreibungsbeträge nach der Neubewertung höher als bei Beibehaltung der Bewertung zu fortgeführten Anschaffungs- oder Herstellungskosten. Dem entsprechend sind die Jahresüberschüsse in der Folgezeit geringer als bei der Abschreibung zu fortgeführten Anschaffungs- oder Herstellungskosten. Insoweit verringert sich auch die Bilanzverlängerung schrittweise wieder.

Die Differenz der jährlichen Abschreibungsbeträge auf Basis des höheren beizulegenden Zeitwerts und der jährlichen Abschreibungsbeträge auf Basis der historischen Anschaffungskosten wird als teilweise „Realisation" der unrealisierten Wertsteigerung bzw. des unrealisierten Eigenkapitals in der Neubewertungsrücklage interpretiert (IAS 16.41).[1] In Höhe dieser Abschreibungsdifferenz kann die Neubewertungsrücklage **ohne Berührung der Gesamtergebnisrechnung erfolgsneutral in die Gewinnrücklagen**, die ebenfalls Bestandteil des Eigenkapitals sind, umgebucht werden. Sinn der Transaktion könnte demnach m.E. nur sein, dass das Unternehmen freiwillig beschließt, in der Neubewertungsrücklage befindliche Beträge nicht auszuschütten, und durch die Umbuchung in die Gewinnrücklage eine Freigabe zur Ausschüttung erfolgt. In den IFRS wird zu dieser Frage nicht Stellung genommen, da die Ausschüttungsbemessung nicht als Aufgabe des IFRS-Abschlusses angesehen wird. Zumindest erhöht sich durch diese Vorgehensweise die Transparenz. Bei der Umbuchung handelt es sich gemäß IAS 16.41 (ebenso IAS 38.87) und IAS 12.64 um ein *Wahlrecht*. Die Alternativen sind zum einen das unveränderte Stehenlassen der Neubewertungsrücklage, auch wenn der Vermögenswert bereits veräußert oder verschrottet ist, und zum anderen die Gewinn erhöhende schrittweise Auflösung in Höhe der Abschreibungsdifferenz. Letzteres würde dazu führen, dass per Saldo – dem Prinzip der Nominalkapitalerhaltung entsprechend – nur die Abschreibungen auf Basis der historischen Anschaffungs-/ Herstellungskosten aufwandswirksam wären. Nach der h.M in der Literatur[2] ist diese Alternative durch IAS 16.41 nicht gestattet. Ein Wahlrecht besteht somit nur zwischen dem Stehenlassen der Neubewertungsrücklage und ihrer sukzessiven erfolgsneutralen Umbuchung in die Gewinnrücklagen. Im Folgenden soll lediglich die m.E. allein sachgerechte Umbuchung weiter behandelt werden. Die Umbuchung hat den – offenbar erwünschten – Effekt, dass die Gewinnrücklage grundsätzlich dieselbe Höhe aufweist wie bei Wahl des Anschaffungskostenmodells, sofern das Unternehmen in diesem Falle den um die Abschreibungsdifferenz höheren Gewinn voll thesauriert.

Bei der Rücklagenumbuchung muss streng die Reihenfolge eingehalten werden, da sich sonst andere Werte ergeben: Zuerst erfolgt die angepasste planmäßige Abschreibung, dann die Rücklagenumbuchung und schließlich die erneute Neubewertung! Eine Rückumbuchung der Neubewertungsrücklage in die Gewinnrücklage in Höhe einer eventuellen negativen Differenz zwischen der Abschreibung auf Basis eines niedrigeren Fair Value und derjenigen auf Basis der höheren historischen Anschaffungskosten ist nicht durch IAS 16.41 gedeckt und entbehrte m.E. auch jeder Logik. Beim Verkauf oder bei Stilllegung des Vermögenswerts kann die Neubewertungsrücklage unverändert stehen gelassen oder in vollem Umfang erfolgsneutral in die Gewinnrücklagen umgebucht werden (IAS 16.41; IAS 38.87; IAS 12.64). Wie bereits gesagt, soll im Folgenden nur die überzeugendere zweite Möglichkeit Beachtung finden.

Diese Buchung über das Sonstige Ergebnis ist etwas umständlich und mag zu der Fehlinterpretation verleiten, dass doch der „echte" Jahresgewinn erhöht wird.

[1] M.E. kann man eher von einer Verringerung des unrealisierten Eigenkapitals sprechen, die dadurch entsteht, dass die planmäßigen Abschreibungen auf Basis des höheren Fair Value diejenigen auf Basis der historischen AK übersteigen.

[2] Vgl. Mujkanovic, R.: Fair Value im Financial Statement nach International Accounting Standards, Stuttgart 2002, S. 145.

Beispielaufgabe (Fortsetzung):
Wie hoch ist die planmäßige (lineare) Abschreibung der neubewerteten Maschine der LowTech International GmbH im Jahre 04? Wie verändert sich die Neubewertungsrücklage? Geben Sie alle Buchungssätze an.

Lösung:
Die planmäßige Abschreibung bei einer Restnutzungsdauer von 7 Jahren beträgt 42.000 EUR : 7 Jahre = 6.000 EUR pro Jahr. Auf Basis der historischen Anschaffungskosten hätte die jährliche Abschreibung 5.000 EUR betragen. Somit ist die Neubewertungsrücklage in Höhe von 1.000 EUR im Jahre 04 „teilrealisiert" und kann insoweit in die Gewinnrücklagen umgebucht werden.

Buchungssätze per 31.12.04:
(1)   Abschreibungen auf Maschinen   6.000 EUR
      an Maschine   6.000 EUR.

(2)   Neubewertungsrücklage   1.000 EUR
      an Gewinnrücklagen   1.000 EUR.

Stand per 31.12.04:   Maschine: 36.000 EUR
                      Neubewertungsrücklage: 6.000 EUR
                      Gewinnrücklagen: 1.000 EUR.

Eine sofortige Vollrealisation der Neubewertungsrücklage erfolgt, sobald das Sachanlagegut veräußert wird. Somit kann im Jahr der Veräußerung die Umbuchung der Neubewertungsrücklage in die Gewinnrücklage in voller Höhe erfolgen. Bei einer Veräußerung ist die Wertsteigerung tatsächlich und vollständig realisiert. Nach dem Anschaffungskostenmodell (fortgeführte Anschaffungs-/Herstellungskosten) erhöht sich der Jahresüberschuss um den jetzt realisierten Veräußerungsgewinn. Nach dem Neubewertungsmodell ist der Veräußerungsgewinn als Differenz zwischen Veräußerungspreis und erhöhtem Neubewertungswert geringer und die „Realisierung" der Neubewertungsrücklage vollzieht sich durch Umbuchung in die (ausschüttbaren) Gewinnrücklagen, wodurch der Jahresüberschuss aber nicht berührt wird.

Beispielaufgabe (Fortsetzung):
Am Ende des Jahres 05 wird die Maschine zu einem Preis von 34.000 EUR veräußert. Wie hoch ist der Veräußerungsgewinn? Wie verändert sich die Neubewertungsrücklage? Geben Sie alle Buchungssätze sowie den Stand der relevanten Bilanzposten zum 31.12.05 an. Welcher Veräußerungsgewinn hätte sich im Falle des Anschaffungskostenmodells ergeben?

Lösung:
Buchungssätze per 31.12.05
(1)   Abschreibungen auf Maschinen   6.000 EUR
      an Maschine   6.000 EUR.

(2)   Bank   34.000 EUR
      an Maschinen   30.000 EUR
      an sonstige betriebliche Erträge   4.000 EUR.

(3)   Neubewertungsrücklage   6.000 EUR
      an Gewinnrücklagen   6.000 EUR.

Buchungssatz (3) kann auch aufgesplittet werden in die jährliche Umbuchung in Höhe von 1.000 EUR und die Umbuchung infolge der Veräußerung der Maschine in Höhe von 5.000 EUR. Durch die Umbuchung wird erreicht, dass beim *Neubewertungsmodell* insgesamt derselbe Betrag (Veräußerungsgewinn = 4.000 EUR und Stand der Neubewertungsrücklage = 5.000 EUR) der Gewinnrücklage zugeführt wird wie beim Anschaffungskostenmodell (Veräußerungsgewinn = 9.000 EUR), wenn jeweils Gewinnthesaurierung angenommen wird.

Stand per 31.12.05:
- Maschine: 0 EUR
- Bank: 34.000 EUR
- Neubewertungsrücklage: 0 EUR
- Gewinnrücklagen: 7.000 EUR
- Veräußerungsgewinn: 4.000 EUR
- Gebuchte kumulierte Abschreibungen: 27.000 EUR.

Die im Anlagenspiegel ausgewiesenen (aufgrund der Neubewertung aufgestockten) historischen Anschaffungskosten in Höhe von 60.000 EUR und die kumulierten Abschreibungen in Höhe von 30.000 EUR werden beim Abgang der Maschine aus der jeweiligen Spalte eliminiert.

Bei Anwendung des *Anschaffungskostenmodells* hätte der Restbuchwert 25.000 EUR betragen, die gebuchten kumulierten Abschreibungen ebenfalls 25.000 EUR und der Veräußerungsgewinn 9.000 EUR. Die Gewinnrücklage ist zum 31.12.03 und zum 31.12.04 aufgrund der niedrigeren planmäßigen Abschreibung jeweils um 1.000 EUR stärker gestiegen als bei Wahl des Neubewertungsmodells. Annahme: Thesaurierung dieses Mehrgewinns.

Stand per 31.12.05:
- Maschine: 0 EUR
- Bank: 34.000 EUR
- Gewinnrücklagen: 2.000 EUR
- Veräußerungsgewinn: 9.000 EUR
- Gebuchte kumulierte Abschreibungen: 25.000 EUR.

Aufgabe 43: Neubewertungsmodell (ohne latente Steuern)

b) Absetzungen für außergewöhnliche Abnutzung/Teilwertabschreibungen

Die Gründe für eine Teilwertabschreibung wurden bereits im Ersten Teil Kapitel B.I.3.c) behandelt. Nun gilt es, die Absetzung für außergewöhnliche Abnutzung (AfaA) von der Teilwertabschreibung abzugrenzen. Es kann zwischen Absetzung für außergewöhnliche technische Abnutzung und Absetzung für außergewöhnliche wirtschaftliche Abnutzung unterschieden werden.

Der Fall *außergewöhnlicher technischer Abnutzung* liegt bei Gebäudeabbruch, Brand, Beschädigung, Überschwemmung, Erdbeben, übermäßiger Beanspruchung einer Maschine im Mehrschichtbetrieb, vorzeitigem Ende der technischen Nutzungsdauer u. ä. vor. Der Fall *außergewöhnlicher wirtschaftlicher Abnutzung* ist gegeben bei Modewechsel, Nachfrageverschiebungen, wirtschaftlicher Überholung durch technischen Fortschritt, vorzeitigem Ende der wirtschaftlichen Nutzungsdauer, Übergang zur Automation u. ä.

Es kommt somit zu Überschneidungen zwischen Teilwertabschreibungen und AfaA, da teilweise dieselben Gründe, die zu einer AfaA führen, eine Teilwertabschreibung rechtfertigen. Auch wenn von der Systematik her die AfaA dann vorgeht, spielt es steuerlich keine Rolle, welche Abschreibungsart von beiden gewählt wird.

Bilanzierung und Bewertung des Anlagevermögens

Teilwertabschreibung	Absetzung für außergewöhnliche Abnutzung (AfaA)
(§ 6 Abs. 1 Nr. 1 u. 2 EStG; R 6.7; R. 6.8 Abs. 1 u. 2 EStR)	§ 7 Abs. 1 S. 6 EStG; R 7.4 Abs. 11 EStR; H 7.4. „AfaA EStH)
1) Gründe:	
- technischer Fortschritt - Mode-/Präferenzenwandel - Absinken des Marktpreises - Fehlkalkulationen	- übermäßige technische Beanspruchung der Anlagegüter - Brand, Erdbeben, Überschwemmung - Gebäudeabbruch - außergewöhnliche wirtschaftliche Abnutzung (techn. Fortschritt, Nachfrageverschiebungen
2) Anwendungsmöglichkeiten	
a) nur von bilanzierenden Steuerpflichtigen vornehmbar; nur bei Einkünften aus Gewerbebetrieb	a) von allen Steuerpflichtigen vornehmbar; bei allen Einkunftsarten anwendbar
b) bei allen Wirtschaftsgütern anwendbar	b) nur bei abnutzbaren Wirtschaftsgütern anwendbar
c) kann auch in einem späteren Jahr nach Eintritt der Voraussetzungen noch erfolgen	c) muss in dem Jahr erfolgen, in dem der Grund entstanden ist
d) vorzunehmen neben der planmäßigen AfA	d) vorzunehmen neben der planmäßigen AfA; allerdings nicht zulässig neben der degressiven Abschreibung beweglicher abnutzbarer Wirtschaftsgüter

c) Steuerliche Sonderabschreibungen und erhöhte Absetzungen

(1) Überblick

Bei steuerlichen Abschreibungen handelt es sich um Instrumente der Wirtschaftspolitik, mit denen regionalpolitische, konjunkturelle und strukturelle Ziele verfolgt werden. Abgesehen von zeitlich begrenzten Wirtschaftsförderungsmaßnahmen in den neuen Bundesländern gibt es zurzeit nur strukturpolitisch motivierte steuerliche Vergünstigungen. Beispiele sind Förderungen des Mittelstandes, der Seeschifffahrt und des Luftverkehrs, privater Krankenhäuser, des Mietwohnungsbaus und der Städtesanierung.

Sonderabschreibungen sind dadurch charakterisiert, dass sie zusätzlich zur linearen Absetzung für Abnutzung (gemäß § 7 Abs. 1 oder 4 EStG) in Anspruch genommen werden können. Weiteres Merkmal der Sonderabschreibungen ist das Vorliegen eines Begünstigungszeitraums von meist 5 Jahren, in denen das Unternehmen den möglichen Gesamtbetrag der Sonderabschreibung beliebig verteilen kann.

In Einzelunternehmen und Personengesellschaften ist u. U. sogar eine echte Steuerersparnis erzielbar, indem die Sonderabschreibung im Jahr des höchsten Gewinns und damit des höchsten Einkommensteuersatzes der Gesellschafter in Anspruch genommen wird und der Gewinn scheibchenweise in zukünftige Perioden verlagert wird, in denen der Steuersatz geringer ist. Da die Anschaffungskosten eines abnutzbaren Anlagegutes nur einmal abgeschrieben werden können, bedeutet eine zusätzliche Sonderabschreibung zu Beginn der Nutzungsdauer eine sofortige Gewinnminderung, gleichzeitig aber aufgrund der verringerten restlichen Abschreibungsmasse höhere Gewinne über die Restnutzungsdauer hinweg. Bei Kapitalgesellschaften hat die aufgrund des konstanten Körperschaftsteuersatzes nur einen Zinsgewinn aufgrund der Verschiebung der Steuerschuld zur Folge.[1]

Aus der Existenz eines Begünstigungszeitraums erwächst jedoch ein Problem. Würde nach Durchführung der Sonderabschreibung entsprechend der üblichen Formel "Rest-Buchwert dividiert durch Restnutzungsdauer" die weiteren AfA-Beträge neu bestimmt, so könnten sich je nach Terminierung der Sonderabschreibung sehr unterschiedliche Abschreibungsabläufe sowohl innerhalb als auch außerhalb des Begünstigungszeitraums mit entsprechend unterschiedlichen Begünstigungseffekten ergeben. Um dies zu verhindern, ist bei Sonderabschreibungen während des Begünstigungszeitraums ganz normal weiter planmäßig abzuschreiben und die Formel Restbuchwert : Restnutzungsdauer ist erst zur Bestimmung der AfA-Beträge nach Ablauf des Begünstigungszeitraumes anzuwenden (§ 7a Abs. 9 EStG).

Erhöhte Absetzungen können im Gegensatz zu den Sonderabschreibungen nicht zusätzlich zu den Absetzungen für Abnutzung vorgenommen werden, sondern ersetzen (und übersteigen) diese. Gemäß § 7a Abs. 3 EStG ist während des Begünstigungszeitraums jedoch ein gänzlicher Verzicht auf eine Abschreibung nicht möglich, sondern es sind mindestens lineare AfA-Beträge (gemäß § 7 Abs. 1 oder 4 EStG) anzusetzen. Davon abgesehen wird die normale AfA erst nach Ablauf des Begünstigungszeitraums wieder angesetzt, wiederum berechnet nach der Formel Restbuchwert : Restnutzungsdauer.

Bewertungsabschläge sind eine dritte Gruppe von steuerlichen Abschreibungsvergünstigungen. Hierbei handelt es sich um einmalige Abwertungen, die aus unterschiedlichen Gründen im Anlage- und Umlaufvermögen vorgenommen werden können. Allgemein entsprechen die Buchungstechnik sowie die Berechnung ggf. folgender AfA-Beträge dem Fall einer Teilwertabschreibung. Da sie meist mit der Bildung steuerfreier Rücklagen verbunden sind, werden sie im Zusammenhang mit diesen Passivposten im Ersten Teil Kapitel B.VII. behandelt.

Einen Überblick über steuerliche Abschreibungen gibt folgende Tabelle[2]:

Steuerliche Abschreibungen	
I. Sonderabschreibungen	
§ 7f EStG	Anlagegüter privater Krankenhäuser
§ 7g Abs. 5 EStG	bewegl. Anlagegüter kleiner und mittlerer Betriebe
§ 81 EStDV	Anlagegüter im Kohlen- und Erzbergbau
§ 82f EStDV	Handels- und Seefischereischiffe sowie Luftfahrzeuge
II. Erhöhte Absetzungen	
§ 7 Abs. 5 EStG	staffeldegressive Gebäude-AfA, soweit außerhalb des handelsrechtlich vertretbaren Schätzungsrahmens
§ 7c EStG	Schaffung neuer Mietwohnungen
§ 7h EStG	Gebäude in Sanierungsgebieten
§ 7i EStG	Baudenkmäler
§ 7k EStG	Wohnungen mit Sozialbindung
III. Bewertungsabschläge	
§ 6b EStG	Übertragung von Veräußerungsgewinnen
R 6.5 EStR	Übertragung von Investitionszuschüssen
R 6.6 EStR	Übertragung stiller Reserven bei Ersatzbeschaffung
§ 7g Abs.1 u.2 EStG	Investitionsabzug bei kleinen und mittleren Betrieben

---

[1] Ein Zahlenbeispiel findet sich im Kapitel A.V.2.a)(4).

[2] Die meisten dieser steuerlichen Subventionen sind allerdings für aktuelle Zugänge nicht anwendbar, sondern werden nur noch im Rahmen des Abschreibungsplans älterer Zugänge berücksichtigt. Bei aktuellen Zugängen anwendbar sind nur §§ 7g Abs. 5, 7h, 7i EStG sowie alle genannten Bewertungsabschläge.

In allen diesen Fällen handelt es sich um steuerliche Vergünstigungen, denen keine entsprechende Regelung im Handelsrecht gegenüber steht, also um GoB-fremde Wahlrechte. Seit dem 1.1.2010 können diese *steuerrechtlichen Wahlrechte unabhängig* vom handelsrechtlichen Jahresabschluss ausgeübt werden, sofern die entsprechenden Wirtschaftsgüter in besondere, laufend zu führende Verzeichnisse aufgenommen werden. Diese Verzeichnisse müssen Angaben über den Tag der Anschaffung oder Herstellung, die Anschaffungs- oder Herstellungskosten, die Vorschriften des ausgeübten steuerlichen Wahlrechts und die vorgenommenen Abschreibungen enthalten (§ 5 Abs. 1 S. 1 2. Halbs. und S. 2 EStG).

(2) Steuerliche Sonderabschreibungen bei beweglichen Wirtschaftsgütern

Als Beispiel für steuerliche Sonderabschreibungen soll hier die Vorschrift des *§ 7g Abs. 5 EStG* herangezogen werden, die die Anschaffung abnutzbarer beweglicher Wirtschaftsgüter des Anlagevermögens durch **kleine und mittlere Betriebe** begünstigen soll. Danach können innerhalb des Begünstigungszeitraums zusätzlich zur planmäßigen Abschreibung bis zu insgesamt 20% der Anschaffungs- oder Herstellungskosten (eventuell gekürzt um den Gewinnneutralisierungsbetrag gemäß § 7g Abs. 2 S. 2 EStG – siehe dazu das übernächste Kapitel B.IV.2.c)(4)) abgeschrieben werden. Der Begünstigungszeitraum umfasst gemäß § 7g Abs. 5 EStG das Zugangsjahr plus vier weitere Jahre. In diesem Zeitraum können die 20% Sonderabschreibung beliebig verteilt werden.

Die *Voraussetzungen* (§ 7g Abs. 6 EStG) für die Nutzung dieser Sonderabschreibungsmöglichkeit finden sich auch als Voraussetzungen für die Inanspruchnahme des Investitionsabzugs in Höhe von 40% in § 7g Abs. 1 S. 2 EStG wieder:[1]
- das Eigenkapital des Betriebes in der Steuerbilanz (Betriebsvermögen eines Gewerbebetriebs oder eines Betriebs, der selbständiger Arbeit dient) beträgt am Bilanzstichtag höchstens 235.000 EUR oder bis zu einem nach § 4 Abs. 3 EStG ermittelten Gewinn in Höhe von 100.000 EUR (§ 7g Abs. 6 Nr. 1 EStG i.V.m. § 7g Abs. 1 S.2 Nr. 1 EStG).
- die ausschließlich oder fast ausschließlich (mindestens zu 90%) betriebliche Nutzung des Wirtschaftsguts in einer inländischen Betriebsstätte bis mindestens zum Ende des auf das Jahr der Anschaffung oder Herstellung folgenden Wirtschaftsjahrs (§ 7g Abs. 6 Nr. 2 EStG).[2]

Beispielaufgabe:
Anschaffung einer Maschine zu AK von 10.000 EUR; betriebsgewöhnliche Nutzungsdauer: 10 Jahre; lineare AfA. Es soll eine Sonderabschreibung gemäß § 7g Abs. 5 EStG für kleine und mittlere Betriebe in Höhe von 20% der AK/HK im ersten Jahr der Nutzungsdauer und alternativ auf die beiden letzten Jahre des Begünstigungszeitraumes verteilt vorgenommen werden. Alle Voraussetzungen gemäß § 7g Abs. 6 EStG seien erfüllt.

---

[1] Vgl. das übernächste Kapitel B.IV.2.c)(4).
[2] Vgl. BMF-Schreiben vom 20.3.2017, BStBl 2017 I S. 423 Rn. 42.

Lösung:

Jahr	lineare AfA und Sonderabschreibung im ersten Jahr der Nutzungsdauer (in EUR)		lineare AfA und Sonderabschreibung gleichmäßig auf die beiden letzten Jahre des Begünstigungszeitraums verteilt (in EUR)	
	AfA-Betrag	Restbuchwert	AfA-Betrag	Restbuchwert
01	3.000	7.000	1.000	9.000
02	1.000	6.000	1.000	8.000
03	1.000	5.000	1.000	7.000
04	1.000	4.000	1.000+1.000	5.000
05	1.000	3.000	1.000+1.000	3.000
06	600	2.400	600	2.400
07	600	1.800	600	1.800
08	600	1.200	600	1.200
09	600	600	600	600
10	600	0	600	0

Für das sechste und die folgenden Jahre der Nutzungsdauer im Anschluss an den Begünstigungszeitraum ermittelt sich der Abschreibungsbetrag bei linearer Abschreibung nach der üblichen Formel Restbuchwert : Restnutzungsdauer = 3.000 EUR : 5 Jahre = 600 EUR/Jahr. Die Restnutzungsdauer sollte dabei neu geschätzt werden (R 7a Abs. 9 EStR). § 7a Abs. 9 EStG soll sicherstellen, dass die im Ermessen des Unternehmens stehende Verteilung des Sonderabschreibungsbetrages im Rahmen des Begünstigungszeitraums keine Auswirkungen auf die Höhe der planmäßigen Abschreibungsbeträge sowohl innerhalb als auch nach Ablauf dieses Zeitraumes haben.

Die Sonderabschreibung gemäß § 7g Abs. 5 EStG durfte bisher als einzige Sonderabschreibung auch zusätzlich zur geometrisch-degressiven AfA nach § 7 Abs. 2 EStG genutzt werden. Allerdings ist für Zugänge ab dem 1.1.2011 die AfA in fallenden Jahresbeträgen nicht mehr zulässig.

Stellt sich heraus, dass das begünstigte Wirtschaftsgut nicht bis zum Ende des ersten auf das Jahr der Anschaffung oder Herstellung folgenden Wirtschaftsjahrs fast ausschließlich betrieblich in einer inländischen Betriebsstätte genutzt wurde, so sind die bis dahin vorgenommenen Sonderabschreibungen rückgängig zu machen und die ursprünglichen Steuerbescheide zu korrigieren.

Aufgabe 44: Sonderabschreibungen nach § 7g Abs. 5 EStG

(3) Steuerliche Sonderabschreibungen und erhöhte Absetzungen bei Gebäuden

Als Beispiel für *Sonderabschreibungen bei Gebäuden* soll § 7f EStG für Gebäude in privaten Krankenhäusern angeführt werden. Allerdings sind diese nur noch für Gebäude gewährt worden, für die vor dem 1.1.1996 der Bauantrag gestellt worden ist.

Beispielaufgabe:
Sonderabschreibungen bei Gebäuden in privaten Krankenhäusern gemäß § 7f EStG in Höhe von insgesamt 30 % der Anschaffungs-/Herstellungskosten in Höhe von 100.000 EUR; Begünstigungszeitraum = 5 Jahre; die Sonderabschreibung soll a) im ersten Jahr der Nutzungsdauer und b) gleichmäßig auf die beiden letzten Jahre des Begünstigungszeitraums verteilt erfolgen; nach § 7a Abs. 4 EStG ist neben der Sonderabschreibung nur die lineare Abschreibung gemäß § 7 Abs. 4 EStG möglich; das Gebäude fällt in die Kategorie § 7 Abs. 4 Nr. 1 EStG.

Lösung:

Jahr	lineare AfA und Sonderabschreibung im ersten Jahr der Nutzungsdauer (in EUR)		lineare AfA u. Sonderabschreibung gleichmäßig auf die beiden letzten Jahre des Begünstigungszeitraums verteilt (€)	
	AfA-Betrag	Restbuchwert	AfA-Betrag	Restbuchwert
01	33.000	67.000	3.000	97.000
02	3.000	64.000	3.000	94.000
03	3.000	61.000	3.000	91.000
04	3.000	58.000	3.000+15.000	73.000
05	3.000	55.000	3.000+15.000	55.000
06	1.964,28	53.035,72	1.964,28	53.035,72
07	1.964,28	51.071,44	1.964,28	51.071,44
08	1.964,28	49.107,16	1.964,28	49.107,16
09	1.964,28	47.142,88	1.964,28	47.142,88
10	1.964,28	45.178,60	1.964,28	45.178,60
	etc.	etc.	etc.	etc.
33	1.964,44	0	1.964,44	0

Nach Ablauf des Begünstigungszeitraums ist ein neuer Abschreibungsprozentsatz auf Basis des Abschreibungszeitraums nach § 7 Abs. 4 Satz 1 EStG abzüglich des Begünstigungszeitraums zu ermitteln. Auf den Restbuchwert am Ende des Begünstigungszeitraums in Höhe von 55.000 EUR ist somit ein Satz von 3,57142 % (= 1/28) anzuwenden, sodass sich insgesamt der vorgeschriebene Abschreibungszeitraum von 33 Jahren ergibt.[1]

Ein Beispiel für **erhöhte Absetzungen bei Gebäuden** ist die staffeldegressive AfA gemäß § 7 Abs. 5 EStG. Bezug nehmend auf die Gebäudeklassen des § 7 Abs. 4 EStG sind unter obigen Voraussetzungen unterschiedliche Abschreibungsstaffeln anwendbar. Beispielsweise könne bei Gebäuden, die zu einem Betriebsvermögen gehören, nicht Wohnzwecken dienen und für die der Bauantrag nach dem 31.3.1985 gestellt wurde, gemäß § 7 Abs. 5 Nr. 1 EStG folgende Abschreibungssätze angewandt werden (Nutzungsdauer: 25 Jahre):

- Im Jahr der Fertigstellung/Anschaffung und in den folgenden 3 Jahren jeweils 10 %
- in den darauf folgenden 3 Jahren jeweils 5 %
- in den darauf folgenden 18 Jahren jeweils 2,5 %.

Für Betriebsgebäude, die vom Steuerpflichtigen aufgrund eines nach dem 31.12.1993 gestellten Bauantrags hergestellt oder aufgrund eines nach diesem Zeitpunkt geschlossenen obligatorischen Vertrags angeschafft worden sind, ist allerdings die staffeldegressive Abschreibung nach § 7 Abs. 5 EStG nicht mehr zulässig. In der Praxis kann man die staffeldegressive Abschreibung also noch bis Ende 2018 antreffen.

Sowohl für Sonderabschreibungen als auch für erhöhte Absetzungen gilt seit dem 1.1.2010 auch bei Gebäuden, dass diese (GoB-fremden) **steuerrechtlichen Wahlrechte unabhängig** vom handelsrechtlichen Jahresabschluss ausgeübt werden können, sofern die entsprechenden Wirtschaftsgüter in besondere, laufend zu führende Verzeichnisse aufgenommen werden. Diese Verzeichnisse müssen Angaben über den Tag der Anschaffung oder Herstellung, die Anschaffungs- oder Herstellungskosten, die Vorschriften des ausgeübten steuerlichen Wahlrechts und die vorgenommenen Abschreibungen enthalten (§ 5 Abs. 1 S. 1 2. Halbs. und S. 2 EStG).

---

[1] Vgl. § 7a Abs. 9 EStG; R 7a Abs. 9 EStR; H 7a "Beispiel 4" EStH; BFH 20.6.1990, BFHE 161, S. 462.

Aufgabe 45: Erhöhte Absetzungen bei Gebäuden

Merke:

	Planmäßige Abschreibungen nach:	
	Bewegliche VG/WG	**Gebäude**
Sonder-abschreibung	(1) lineare Abschreibung (§ 7 Abs. 1 EStG) $$\frac{\text{Rest-BW*}}{\text{Rest-ND}}$$ Anwendung der Formel erst nach Ablauf des Begünstigungszeitraums (= 5 Jahre) (§ 7a Abs. 9 EStG) (2) geometrisch-degressive Abschreibung (§ 7 Abs. 2 EStG; nur 2009 u. 2010) (nur bei § 7g Abs. 5 EStG): unveränderter Prozentsatz auf den Rest-BW*	*Beispiel:* § 7f EStG: Private Krankenhäuser Lineare Abschreibung gemäß § 7 Abs. 4 Nr. 1 EStG Regel wie bei beweglichen VG/WG H 7a „Beispiel 4" EStH

Legende:	Rest-BW* = Rest-Buchwert nach Abzug der außerplanmäßigen Abschreibung, Teilwert-Abschreibung bzw. Sonderabschreibung Rest-BW** = Rest-Buchwert nach Addition der nachträglichen Anschaffungs- oder Herstellungskosten AK/HK* = Anschaffungs- oder Herstellungskosten nach Abzug der außerplanmäßigen Abschreibung, Teilwert-Abschreibung bzw. Sonderabschreibung AK/HK** = Anschaffungs- oder Herstellungskosten nach Addition der nachträglichen Anschaffungs- oder Herstellungskosten

(4) Investitionsabzug gemäß § 7g Abs. 1 EStG

Mit der Unternehmenssteuerreform zum 1.1.2008 wurde die bis dahin geltende steuerrechtliche Regelung zur Sonderabschreibung und zur Ansparrücklage (bzw. Ansparabschreibung) durch eine Neufassung des § 7g EStG ersetzt, die stattdessen einen Investitionsabzugsbetrag vorsieht.[1] Der grundlegende Unterschied im Vergleich zur vorigen Regelung ist, dass der neue Abzugsbetrag außerhalb der Bilanz angewendet wird. Durch das Steueränderungsgesetz 2015 wurde die Inanspruchnahme des Investitionsabzugs deutlich vereinfacht. Dazu und zu aktuellen BFH-Urteilen hat die Finanzverwaltung mit Schreiben vom 20.3.2017 Stellung genommen.[2]

Der Investitionsabzugsbetrag gemäß § 7g EStG dient der Förderung kleinerer und mittlerer Betriebe und beinhaltet die Vorwegnahme eines Bewertungsabschlags in Höhe von maximal 40% der Anschaffungskosten von neuen oder gebraucht angeschafften beweglichen Wirt-

---

[1] Gemäß § 52 Abs. 23 EStG ist der neue Investitionsabzugsbetrag bereits ab dem Veranlagungszeitraum 2007 anzuwenden.
[2] Vgl. BMF-Schreiben vom 20.3.2017, BStBl 2017 I S 423 ff.

schaftsgütern, deren Anschaffung oder Herstellung in den nächsten beiden Wirtschaftsjahren konkret beabsichtigt ist. Dadurch wird eine Gewinnverschiebung und somit eine Steuerstundung (Finanzierungseffekt) erreicht, verbunden mit dem entsprechenden Zinsvorteil. Der Investitionsabzug ist nicht Voraussetzung für die Vornahme von Sonderabschreibungen für kleine und mittlere Betriebe gemäß § 7g Abs. 5 EStG.

Die *Voraussetzungen* für die Vornahme des Investitionsabzugsbetrags sollen sicherstellen, dass nur kleine und mittelgroße Betriebe in den Genuss dieser steuerrechtlichen Vergünstigung kommen und dass dadurch auch Arbeitsplätze im Inland geschaffen oder gesichert werden. Im Einzelnen sind es folgende Voraussetzungen, die am Schluss des Wirtschaftsjahres, in dem der Abzug vorgenommen wird, erfüllt sein müssen:

- das Eigenkapital des Betriebes in der Steuerbilanz (Betriebsvermögen eines Gewerbebetriebs oder eines Betriebs, der selbständiger Arbeit dient) beträgt bei Gewinnermittlung nach § 5 Abs. 1 EStG höchstens 235.000 EUR (§ 7g Abs. 1 Nr. 1a EStG) oder bei einem nach § 4 Abs. 3 EStG ermittelten Gewinn bis zu 100.000 EUR (§ 7g Abs. 1 S. 2 Nr. 1c EStG),
- die ausschließliche oder fast ausschließlich (mindestens zu 90%) betriebliche Nutzung des Wirtschaftsguts in einer inländischen Betriebsstätte wird bis mindestens zum Ende des auf die Anschaffung oder Herstellung folgenden Wirtschaftsjahrs beabsichtigt (§ 7g Abs. 1 S. 1 EStG),[1]
- der Investitionsabzugsbetrag und die nach den Absätzen 2-4 hinzuzurechnenden oder rückgängig zu machenden Beträge sind durch Datenfernübertragung an das Finanzamt zu übermitteln (E-Bilanz bzw. Vordruck EÜR),
- die Obergrenze für die insgesamt in Anspruch genommenen Investitionsabzugsbeträge im Wirtschaftsjahr des Abzugs und in den drei vorangegangenen Wirtschaftsjahren beträgt, abzüglich der nach Absatz 2 hinzugerechneten oder nach den Absätzen 3 oder 4 rückgängig gemachten Beträge, je Betrieb 200.000 EUR (§ 7g Abs. 1 S.4).

Eine der wesentlichen Änderungen durch das Steueränderungsgesetz 2015 ist, dass weder die konkrete Investitionsabsicht noch die genaue Benennung der Funktion des anzuschaffenden Investitionsguts Voraussetzung für die Nutzung des Investitionsabzugsbetrags ist. Wird allerdings in den folgenden drei Wirtschaftsjahren keine Investition vorgenommen, die auf den Investitionsabzugsbetrag angerechnet wird, wird der ursprüngliche Steuerbescheid des Abzugsjahres geändert und das Unternehmen muss die damalige Steuerminderung zuzüglich Zinsen zurückzahlen.

Sind alle Voraussetzungen erfüllt, so können bis zu 40% der voraussichtlichen Anschaffungs- oder Herstellungskosten geplanter Investitionen außerhalb der Steuerbilanz bei der Ermittlung des steuerpflichtigen Gewinns in der Steuererklärung abgezogen werden (§ 7g Abs. 1 EStG). Dies ist auch dann möglich, wenn dadurch ein Verlust entsteht oder sich erhöht (§ 7g Abs. 1 S. 3 EStG). Da der Investitionsabzugsbetrag nicht mehr auf ein zu konkretisierendes Wirtschaftsgut bezogen ist, genügt eine realistische Schätzung des für die nächsten Jahre geplanten gesamten Investitionsvolumens. Die zeitliche Verteilung des Investitionsabzugs kann das Unternehmen frei vornehmen, wobei die Unsicherheit der Investitionsdurchführung und die gegebenenfalls drohenden Steuerrück- und Zinszahlungen häufig für einen jährlich schrittweisen Investitionsabzug sprechen dürfte.

Der in Anspruch genommene Investitionsabzugsbetrag war für bis einschließlich 2015 gebildete Investitionsabzüge gemäß § 7g Abs. 2 EStG außerhalb der Steuerbilanz in Höhe von

---

[1] Vgl. BMF-Schreiben vom 20.3.2017, BStBl 2017 I S. 423 Rn. 42.

40% der tatsächlichen Anschaffungs- oder Herstellungskosten des begünstigten Wirtschaftsgutes wieder gewinnerhöhend hinzuzurechnen, wenn das Wirtschaftsgut angeschafft bzw. hergestellt wird. Seit 2016 besteht jedoch diesbezüglich ein Wahlrecht, auch Teilbeträge hinzuzurechnen oder die Hinzurechnung zu verschieben und einer anderen Investition zuzuordnen. Begünstigt sind bewegliche Wirtschaftsgüter des Anlagevermögens, auch wenn es sich um geringwertige Wirtschaftsgüter gemäß § 6 Abs. 2 und 2a EStG oder um gebrauchte Wirtschaftsgüter handelt. Die Hinzurechnung ist auf die Höhe des früher vorgenommenen Investitionsabzugsbetrags begrenzt, auch wenn die tatsächlichen Anschaffungs- oder Herstellungskosten des Wirtschaftsguts höher als geplant ausfallen sollten. Unterschreiten die Anschaffungs- oder Herstellungskosten der Investition das 2,5-Fache des Investitionsabzugsbetrags, so dürfen maximal 40 % davon dem Gewinn hinzugerechnet werden. Der restliche Investitionsabzugsbetrag kann innerhalb der Dreijahresfrist einer anderen Investition zugeordnet werden oder führt zur Auflösung im Jahr der ursprünglichen Bildung mit Steuernachzahlung zuzüglich Zinsen.

Hat das Unternehmen im Jahr der Anschaffung oder Herstellung eines begünstigten Wirtschaftsguts vom Wahlrecht, den Gewinn um bis zu 40% der Anschaffungs- oder Herstellungskosten zu erhöhen, Gebrauch gemacht, so kann es gleichzeitig durch einen gewinnmindernden Abschlag bis zu 40% der Anschaffungs- oder Herstellungskosten (höchstens aber in Höhe des berücksichtigten Hinzurechnungsbetrags) den Gewinnerhöhungsbetrag neutralisieren (Wahlrecht gemäß § 7g Abs. 2 S. 1 EStG). Das Wahlrecht wird das Unternehmen etwa in Verlustjahren nicht nutzen. Auf diese Weise entsteht wirtschaftspolitisch gewollt eine Unterbewertung der Anlage, also stille Reserven. Durch die Herabsetzung der Anschaffungskosten um den Neutralisierungsbetrag verringern sich die **Basis für AfA, erhöhte Absetzungen und Sonderabschreibungen** (also auch solche gemäß § 7g Abs. 5 EStG[1]) sowie die maßgebenden Anschaffungs- oder Herstellungskosten bei der Prüfung, ob **geringwertige Wirtschaftsgüter**[2] im Sinne von § 6 Abs. 2 oder 2a EStG vorliegen (R 6.13 Abs. 2 EStR). Die Herabsetzung der Abschreibungsbasis um 40% führt zu niedrigeren planmäßigen Absetzungen für Abnutzung, sodass der ertragsteuerpflichtige Gewinn in den Jahren der Nutzungsdauer entsprechend höher ist und sich die stillen Reserven über die Nutzungsdauer hinweg wieder auflösen. Die Liquiditätshilfe kann somit um bis zu drei Jahre vor den Anschaffungs- oder Fertigstellungszeitpunkt vorgezogen werden. Wird auf den Abzug des Gewinnneutralisierungsbetrags verzichtet, so erfolgen AfA, erhöhte Absetzungen und Sonderabschreibungen auf Basis der ungeminderten Anschaffungs- oder Herstellungskosten.

Im Idealfall wird also der Hinzurechnungsbetrag im Jahr der Anschaffung oder Herstellung durch einen gleich hohen Abzugsbetrag genau ausgeglichen. Ein übersteigender Hinzurechnungsbetrag ist möglich, wenn das Wahlrecht des Bewertungsabschlags von den AK/HK, nicht voll genutzt wird oder wenn die Anschaffungs- oder Herstellungskosten niedriger ausfallen als im Jahr des Investitionsabzugs vorhergesehen. Eine umgekehrte Differenz ist aufgrund der Höchstgrenzenregelungen nicht möglich.

Sollte der Investitionsabzugsbetrag bis zum Ende des dritten auf das Jahr des Abzugs folgenden Wirtschaftsjahrs nicht im Zusammenhang mit der Anschaffung oder Herstellung von begünstigten Wirtschaftsgütern vollständig hinzugerechnet sein, so ist der Abzug insoweit nach § 7g Abs. 3 EStG rückgängig zu machen, was wiederum durch gewinnerhöhende Hinzurechnung im Jahr der Vornahme des Investitionsabzugs, also vor drei Jahren, erfolgt. Steuer- oder Feststellungsbescheide sind insoweit zu ändern. Als Folge der Änderung der Veranlagung im

---

[1] Siehe den vorvorigen Abschnitt (2) zu Sonderabschreibungen bei beweglichen Wirtschaftsgütern.
[2] Siehe Kapitel A.V.2.a)(5).

Jahr des Investitionsabzugs erfolgt eine Verzinsung der sich ergebenden Steuernachforderung gemäß § 233a AO. Dies betrifft folgende Fälle:

- innerhalb des dreijährigen Investitionszeitraums wurde keine Investition realisiert
- die tatsächlichen Anschaffungs- oder Herstellungskosten fallen geringer als geplant aus.

Stellt sich heraus, dass das begünstigte Wirtschaftsgut nicht bis zum Ende des ersten auf das Jahr des Investitionsabzugs folgenden Wirtschaftsjahrs fast ausschließlich betrieblich in einer inländischen Betriebsstätte genutzt wurde, so sind der Investitionsabzug und die Herabsetzung der Anschaffungs- oder Herstellungskosten nachträglich rückgängig zu machen und die Steuer- oder Festsetzungsbescheide insoweit zu ändern (§ 7g Abs. 4 EStG). Somit wird auch die durch den Investitionsabzug verursachte Steuerminderung nachträglich wieder rückgängig gemacht.

Im Jahr der Anschaffung oder Herstellung kann das Unternehmen nun außerdem noch die im vorvorigen Abschnitt behandelte Sonderabschreibung für kleine und mittlere Betriebe gemäß § 7g Abs. 5 EStG in Anspruch nehmen. Diese beträgt maximal 20% der gegebenenfalls um einen Gewinnneutralisierungsbetrag nach § 7g Abs. 2 S. 2 geminderten Anschaffungs- oder Herstellungskosten. Auf diese Weise lässt sich der begünstigende Finanzierungseffekt (Zinsersparnis) noch weiter in die Zukunft verlängern.

Schematisch lassen sich die steuerlichen Vergünstigungen für kleine und mittlere Betriebe folgendermaßen veranschaulichen (geschätzte = tatsächliche Anschaffungskosten = 10.000 EUR; betriebsgewöhnliche Nutzungsdauer = 10 Jahre; volle Ausnutzung der Vergünstigungsvorschrift; Wirtschaftsjahr = Kalenderjahr):

	Maßnahme außerhalb der Steuerbilanz	Bilanzielle Maßnahme
31.12.01: Benennung des Wirtschaftsguts, das künftig angeschafft oder hergestellt wird	Investitionsabzug = 4.000 EUR <u>Auswirkung:</u> Steuerpflichtiger Gewinn (Einkommen) sinkt um 4.000 EUR	
Jahr 02		
Jahr 03		
1.11.04: Anschaffung des begünstigten Wirtschaftsguts	Hinzurechnung = 4.000 EUR <u>Auswirkung:</u> Steuerpflichtiger Gewinn (Einkommen) steigt um 4.000 EUR	Herabsetzung der Anschaffungskosten um 4.000 EUR (Bewertungsabschlag) <u>Auswirkung:</u> Bilanzieller Gewinn sinkt um 4.000 EUR
Jahr 04		Sonderabschreibung gemäß §7g Abs. 5 EStG (Wahlrecht) höchstens 0,20*6.000 EUR = 1.200 EUR <u>Auswirkung:</u> Bilanzieller Gewinn sinkt um 1.200 EUR (Wahlrecht)
Jahr 04		Zeitanteilige planmäßige Abschreibung auf Basis der verringerten AK = 6.000 EUR *1/10*2/12 = 100 EUR (§ 7a Abs. 9 EStG) <u>Auswirkung:</u> Bilanzieller Gewinn sinkt um 100 EUR
Jahr 05		Planmäßige Abschreibung = 600 EUR (vgl. § 7a Abs. 9 EStG) <u>Auswirkung:</u> Bilanzieller Gewinn sinkt um 600 EUR

Beispielaufgabe:

Die LowTech GmbH, die die Voraussetzungen des § 7g Abs. 1 S. 2 EStG erfüllt, plant im Jahre 01 die Anschaffung einer Fertigungsanlage (Nutzungsdauer: 10 Jahre), deren Anschaffungskosten voraussichtlich 160.000 EUR betragen werden, für das Jahr 04.

a) Kann die geplante Anschaffung der Anlage bereits im Jahr 01 berücksichtigt werden? Es werde ein möglichst niedriger steuerpflichtiger Gewinn (Einkommen) angestrebt.

b) Welche Folgen ergeben sich, wenn sich im Jahr 04 herausstellt, dass die tatsächlichen Anschaffungskosten nur 120.000 EUR betragen? Neben der linearen AfA soll für die Anlage (Anschaffung am 15.1.04) zusätzlich die Sonderabschreibung gemäß § 7g Abs. 5 EStG in Anspruch genommen werden.

c) Wie hoch ist die planmäßige Abschreibung im Jahr 05 und im Jahr 09?

d) Handelt es sich um eine endgültige Steuerersparnis, die durch § 7g EStG kleinen und mittleren Betrieben gewährt wird?

Lösung:

Zu a): Da die Voraussetzungen gemäß § 7g Abs. 1 S. 2 EStG laut Aufgabenstellung erfüllt sind, darf im Jahre 01 Gewinn mindernd ein Investitionsabzug außerhalb der Steuerbilanz in Höhe von maximal 0,40 * 160.000 EUR = 64.000 EUR vorgenommen werden.

Steuererklärung 01 (Körperschaftsteuer):	
Steuerbilanzgewinn	100.000 EUR
- Investitionsabzug gemäß § 7g Abs. 1 EStG	- 64.000 EUR
= steuerpflichtiges Einkommen 01	= 36.000 EUR

Zu b): Am 15.1.04 wird die Fertigungsanlage angeschafft, allerdings betragen die Anschaffungskosten nur 120.000 EUR. Im Jahre 04 sind 0,40 * 120.000 EUR = 48.000 EUR, im Jahre 01 sind rückwirkend die restlichen 16.000 EUR außerhalb der Steuerbilanz Gewinn erhöhend hinzuzurechnen.

(1)

Steuererklärung 04 (Körperschaftsteuer):	
Steuerbilanzgewinn	100.000 EUR
- Hinzurechnung gemäß § 7g Abs. 2 EStG	+ 48.000 EUR
= steuerpflichtiges Einkommen 04	= 148.000 EUR

(2) Herabsetzung der Anschaffungskosten um höchstens 40 % der Anschaffungs- oder Herstellungskosten = 0,40 * 120.000 EUR = 48.000 EUR. Die geminderten AK betragen somit 120.000 EUR – 48.000 EUR = 72.000 EUR.
Planmäßige AfA = 72.000 EUR * 1/10 = 7.200 EUR.

BS: Bewertungsabschlag auf AK   48.000 EUR
  an Technische Anlagen   48.000 EUR.

BS: AfA   7.200 EUR
  an Technische Anlagen   7.200 EUR.

(3) Inanspruchnahme der Sonderabschreibung gemäß § 7g Abs. 5 EStG in Höhe von maximal 0,20 * 72.000 EUR = 14.400 EUR.

BS: Sonderabschreibungen gem. § 7g Abs. 5 EStG 14.400 EUR
  an Technische Anlagen   14.400 EUR.

(4) Buchwert der Anlage per 31.12.04
= 120.000 EUR – 48.000 EUR – 7.200 EUR – 14.400 EUR = 50.400 EUR.

Bilanzierung und Bewertung des Anlagevermögens

Zu c): (5) Planmäßige Abschreibung im Folgejahr 05: 7.200 EUR (§ 7a Abs. 9 EStG).
(6) Planmäßige Abschreibung im Jahr 09 nach Ablauf des Begünstigungszeitraums:
Restbuchwert : Restnutzungsdauer = 21.600 EUR : 5 Jahre = 4.320 EUR
(§ 7a Abs. 9 EStG).

Zu d): Es würde sich nur um eine endgültige Steuerersparnis handeln, wenn im Jahr nach der Anschaffung der Steuersatz gesenkt würde oder wenn ein Einzelunternehmer im Jahr des Investitionsabzugs infolge eines sehr hohen steuerpflichtigen Gewinns einem weit höheren Einkommensteuersatz („Progression") unterläge als in den Folgejahren. Im Normalfall handelt es sich jedoch nur um eine Steuerverschiebung in die Zukunft. Da die Steuerzahlung an das Finanzamt später erfolgt, kann das Geld bis dahin Zins bringend angelegt werden bzw. der Kredit zur Steuerzahlung muss erst später aufgenommen werden. Es verbleibt also ein Zinsgewinn für das Unternehmen. Den reinen Steuerverschiebungseffekt zeigt folgende Tabelle. Angenommen wird ein Steuersatz von 40%. Die Verringerung der Steuerschuld ergibt sich im Jahre 01 als Investitionsabzugsbetrag * Steuersatz = 48.000 EUR * 0,4 = 19.200 EUR.

Jahr	AfA ohne Nutzung des Investitionsabzugs gemäß § 7g Abs. 1 EStG Basis: 120.000 EUR	AfA nach Inanspruchnahme des Investitionsabzugsbetrags gemäß § 7g Abs. 1 EStG; Basis: 100.000- 48.000 = 72.000 EUR	AfA-Differenz = Gewinndifferenz	Veränderung der Steuerschuld aufgrund der Investition (Steuersatz = 40%)
01				- 19.200
....				......
04	12.000	7.200	4.800	+ 1.920
05	12.000	7.200	4.800	+ 1.920
06	12.000	7.200	4.800	+ 1.920
......	......	......	......	.....
12	12.000	7.200	4.800	+ 1.920
13	12.000	7.200	4.800	+ 1.920
Summe	120.000	72.000	48.000	0

Durch Inanspruchnahme der Sonderabschreibung gemäß § 7g Abs. 5 EStG erfolgt noch eine Verstärkung dieses Steuerverschiebungseffekts:

Jahr	AfA ohne Nutzung des Investitionsabzugs gemäß § 7g Abs. 1 EStG Basis: 120.000 EUR	AfA nach Inanspruchnahme des Investitionsabzugsbetrags gemäß § 7g Abs. 1 EStG; Basis: 100.000- 48.000 = 72.000 EUR	AfA-Differenz = Gewinndifferenz	Veränderung der Steuerschuld aufgrund der Investition (Steuersatz = 40%)
01				- 19.200
....				......
04	12.000	7.200+14.400	- 9.600	- 3.840
05	12.000	7.200	+ 4.800	+ 1.920
06	12.000	7.200	+ 4.800	+ 1.920
07	12.000	7.200	+ 4.800	+ 1.920
08	12.000	7.200	+ 4.800	+ 1.920
09	12.000	4.320	+ 7.680	+ 3.072
10	12.000	4.320	+ 7.680	+ 3.072
11	12.000	4.320	+ 7.680	+ 3.072
12	12.000	4.320	+ 7.680	+ 3.072
13	12.000	4.320	+ 7.680	+ 3.072
Summe	120.000	72.000	48.000	0

Aufgabe 46: Investitionsabzug

3. Leasing

a) Allgemeines

Definition:

> Unter **Leasing** versteht man die entgeltliche Gebrauchs- oder Nutzungsüberlassung von Investitions- oder Konsumgütern. Bei einem Leasingvertrag handelt es sich um einen Mietvertrag mit Kaufelementen und gegebenenfalls zusätzlichen Dienstleistungen.

Bei einem Leasinggeschäft bestehen zumeist folgende Vertragsbeziehungen der Leasingpartner:

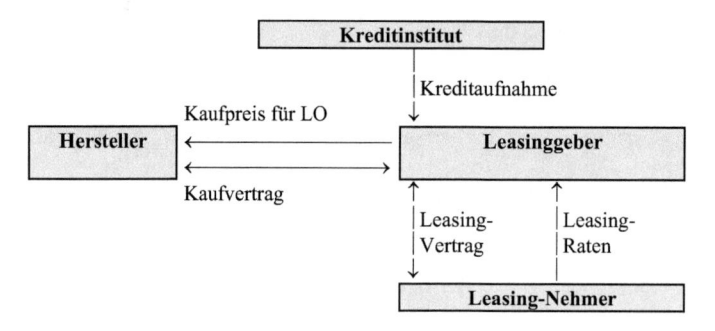

```
                          ┌─────────────────┐
                          │  Kreditinstitut │
                          └─────────────────┘
                                  │ Kreditaufnahme
                                  ↓
                 Kaufpreis für LO
      ┌──────────┐  ←──────────────→  ┌─────────────┐
      │ Hersteller│                    │ Leasinggeber │
      └──────────┘  ←──────────────→  └─────────────┘
                    Kaufvertrag          ↑         ↑
                                  │ Leasing- │ Leasing-
                                  │ Vertrag  │ Raten
                                  ↓
                          ┌─────────────────┐
                          │  Leasing-Nehmer │
                          └─────────────────┘
```

LO = Leasing-Objekt

Der Leasing-Nehmer hat die Position des Mieters inne, er nutzt das Leasing-Objekt und zahlt die Leasing-Raten. Der Leasing-Geber hat die Position des Vermieters, er kauft, finanziert und vermietet das Leasing-Objekt. Der Leasing-Geber ist entweder eine unabhängige Leasing-Gesellschaft ("indirektes Leasing") oder der Hersteller des Leasing-Gegenstands selbst bzw. eine Tochtergesellschaft des Herstellers ("direktes Leasing", z.B. Leasingtöchter der Automobilhersteller). Das Leasing-Objekt wird oft vom Hersteller an den Leasing-Geber geliefert, bei Investitionsgütern (vor allem bei Spezial-Leasing, vgl. unten) aber auch direkt an den Leasing-Nehmer.

Der Leasingvertrag kann ohne jegliches Optionsrecht, aber auch mit einer Mietverlängerungsoption oder einer Kaufoption für den Mieter nach Beendigung der Mietzeit abgeschlossen sein. Ob der Leasingnehmer vom Optionsrecht Gebrauch macht, ist während der Mietzeit völlig offen.

Bei einem ***echten Mietkauf*** erhält der Mieter das Recht, jederzeit das Mietobjekt unter Anrechnung der bis dahin gezahlten Miete auf den Kaufpreis zu erwerben. Bis zum Erwerb des Gegenstands entspricht die bilanzielle Behandlung derjenigen bei einem Mietvertrag ohne Kaufoption. Im Zeitpunkt des Erwerbs werden steuerlich die bisherigen Betriebsausgaben in Höhe der Miete durch eine Ertragsbuchung wieder rückgängig gemacht und der Gegenstand ist vom Käufer in Höhe des Kaufpreises (Restzahlung plus angerechnete Mieten ggf. minus Abschreibungen) zu aktivieren. Steht, nach den Vertragsbedingungen zu urteilen, dagegen von Anfang an fest, dass die Kaufoption ausgeübt wird und es sich somit eigentlich um einen ***Kauf auf Raten*** handelt, so hat der Mieter auch von Anfang an den Gegenstand zu aktivieren. Indizien für das Vorliegen eines solchen ***unechten Mietkaufvertrags*** sind die Vereinbarung außergewöhnlich hoher Mietzahlungen und/oder eines sehr niedrigen Übernahmepreises bei

Nutzung der Kaufoption, dessen Höhe ohne die vorher geleisteten Mietraten wirtschaftlich nicht verständlich wäre.

Im Folgenden sollen nur die für die Bilanzierung wichtigen Leasingformen erwähnt werden.

Beim *Spezial-Leasing* wird das Leasing-Objekt speziell auf die Verhältnisse des Leasing-Nehmers abgestimmt und kann daher nach Ablauf der Mietzeit nur vom Leasing-Nehmer sinnvoll weiterverwendet werden. Nach den Konstruktionsplänen und den besonderen Anforderungen des Leasing-Nehmers wird z.B. eine Fertigungsanlage vom Leasing-Geber beim Hersteller in Auftrag gegeben, erworben und an den Leasing-Nehmer vermietet. Das Anlagegut wird in diesem Fall direkt vom Hersteller an den Leasing-Nehmer geliefert.

Operating-Leasing	*Finanzierungs-Leasing*
kurzfristige Verträge	mittel- und langfristige Verträge (ab 24 Monate)
jederzeitiges Kündigungsrecht ggf. mit Kündigungsfristen (wie Mietvertrag)	während der vereinbarten Grundmietzeit unkündbar
mehrfache Vermietung des Leasing-Objekts (Konsumgüter, Universalmaschinen)	i.d.R. einmalige oder zweimalige Vermietung
Leasing-Rate wird auf Basis der Nutzungsdauer, nicht auf Basis der wesentlich kürzeren Vertragslaufzeit kalkuliert	*Vollamortisationsverträge* (Die Leasing-Raten während der Grundmietzeit decken Anschaffungskosten, Zins- und Verwaltungskosten, Steuern und Gewinn des Leasing-Gebers) oder *Teilamortisationsverträge* (Der Leasing-Geber erhält während der Grundmietzeit nicht seine gesamten Kosten für das Leasing-Objekt plus Gewinn erstattet)
Investitionsrisiken beim Leasing-Geber: • zufälliger Untergang • wirtschaftliche Entwertung (techn. Fortschritt, Wegfall der Verwendungsmöglichkeit) • Wartung, Reparatur	Investitionsrisiken beim Leasing-Nehmer: • zufälliger Untergang • wirtschaftliche Entwertung (technischer Fortschritt, Wegfall der Verwendungsmöglichkeit) • Wartung, Reparatur

Das *Operating-Leasing* entspricht also grundsätzlich einem Mietvertrag, bei dem die Verfügungsmacht über das Objekt, sämtliche Wertsteigerungs-Chancen und sämtliche Risiken bezüglich des Objekts beim Vermieter liegen. Ebenso wie der Vermieter ist mithin der Operating-Leasing-Geber sowohl juristischer als auch wirtschaftlicher Eigentümer des Leasing-Objekts. Als solcher hat er dieses auch in seiner Bilanz als Anlagevermögen zu bilanzieren und planmäßig abzuschreiben. Die Leasing-Raten stellen bei ihm Erträge (Betriebseinnahmen) und beim Leasing-Nehmer (Mieter) Aufwendungen (Betriebsausgaben) dar.

b) Finanzierungs-Leasing: Vollamortisationsverträge

Beim Finanzierungs-Leasing liegt nicht generell fest, wer wirtschaftlicher Eigentümer des Leasing-Objekts ist und dieses daher zu aktivieren hat, da der Leasing-Nehmer aufgrund der unkündbaren Grundmietzeit auch Verfügungsmacht über das Objekt hat sowie objektbezogene Risiken trägt. Je nach dem zeitlichen Ausmaß der Verfügungsmacht kann der Leasing-Nehmer folglich auch wirtschaftlicher Eigentümer sein.

Vergleicht man Leasing und die Alternative "kreditfinanzierter Kauf" allein unter dem Aspekt der Kosten, so kann Leasing kaum günstiger sein, da der Leasing-Geber, meist eine Leasing-Gesellschaft, zusätzlich mit seinen Verwaltungskosten, den Steuern und dem Gewinn finanziell getragen werden muss. Spezielle Vorteile können dennoch die Alternative „Leasing" günstiger machen. Dazu gehören die Vermeidung von Besicherungskosten, die Verzinsung freigehaltenen Eigenkapitals, Zinsgewinne aus Steuerverschiebungen und die Gewerbesteuerersparnis auf das Darlehen zur Finanzierung des Objektkaufs sowie auf die Finanzierungskosten, falls die Leasing-Gesellschaft z.B. eine Bankentochtergesellschaft mit gewerbesteuerlicher Organschaft ist.

Eine Zinsersparnis durch Steuerverschiebung ergibt sich dann, wenn das Leasing-Objekt beim Leasing-Geber aktiviert wird, was generell insbesondere auch wegen des Gewerbesteuereffekts angestrebt wird. Die Ursache für die Ertragssteuerverschiebung liegt darin, dass in der Regel die Grundmietzeit kürzer ist als die betriebsgewöhnliche Nutzungsdauer, beispielsweise beträgt die Grundmietzeit 4 Jahre und die Nutzungsdauer 10 Jahre. Werden die Finanzierungskosten der Einfachheit halber außer Acht gelassen, so genügt es, die Jahresabschreibung mit der jährlichen Leasing-Rate (ohne Zinsanteil) zu vergleichen. Bei Vollamortisationsverträgen decken die Leasing-Raten während der Grundmietzeit (mindestens) die Anschaffungskosten, die Abschreibung pro Jahr ist demnach geringer als die jährlich Leasing-Rate. Da der Leasing-Nehmer im unterstellten Fall steuerlich wie ein Mieter behandelt wird, darf er die Leasing-Raten als Betriebsausgaben behandeln, so dass sein Gewinn während der Grundmietzeit geringer ist als bei Kauf des Objekts und Ertragsteuern in die Zukunft verschoben werden.

Im Extremfall könnte also eine Grundmietzeit von 1 Jahr vereinbart werden mit der Folge, dass der Leasing-Nehmer im ersten Jahr der Nutzungsdauer Leasing-Raten in Höhe der gesamten Anschaffungskosten des Leasing-Objekts als Betriebsausgaben abziehen könnte. Dieser Missbrauch ist jedoch dadurch ausgeschlossen, dass der Leasing-Nehmer in diesem Falle zur Aktivierung des Leasing-Objekts verpflichtet ist und daher nicht mehr die gesamte Leasing-Rate als Aufwand berücksichtigen darf. In einem *Leasing-Erlass[1]* hat die Finanzverwaltung die Zuordnung des wirtschaftlichen Eigentums auf Leasing-Geber und Leasing-Nehmer wie folgt geregelt.

Zuordnung des wirtschaftlichen Eigentums beim Finanzierungs-Leasing (Vollamortisationsverträge)			
Relation Grundmietzeit zu betriebsgewöhnlicher Nutzungsdauer	*ohne Option*	*mit Mietverlängerungsoption*	*mit Kaufoption*
< 40 %	Leasing-Nehmer	Leasing-Nehmer	Leasing-Nehmer
zwischen 40 % und 90 %	Leasing-Geber	Leasing-Geber, falls Anschlussmiete angemessen	Leasing-Geber, falls Kaufpreis angemessen
> 90 %	Leasing-Nehmer	Leasing-Nehmer	Leasing-Nehmer

---

[1] Vgl. Mobilien-Leasing-Erlass, BdF 19.4.1971, BStBl. 1971 Teil I, S. 264. Auf den Immobilien-Leasing-Erlass für Vollamortisationsverträge (BMF-Schreiben 21.3.1972, BStBl. 1972 I S.188 ff.) kann hier nicht eingegangen werden.

Beim *Spezial-Leasing* ist das wirtschaftliche Eigentum generell dem Leasing-Nehmer zuzurechnen, da das Leasing-Objekt individuell auf ihn zugeschnitten ist, so dass es nach Ablauf der Grundmietzeit nur von ihm weitergenutzt werden kann. Der Leasing-Nehmer wird also in der Regel über das Objekt während der gesamten Nutzungsdauer verfügen.

Beträgt die unkündbare *Grundmietzeit* mehr als 90% der betriebsgewöhnlichen Nutzungsdauer, so verfügt auch hier der Leasing-Nehmer fast während der ganzen Nutzungsdauer über das Leasing-Objekt und ist daher als wirtschaftlicher Eigentümer einzustufen. Der Leasing-Geber ist von der tatsächlichen Verfügungsmacht über das Objekt praktisch voll ausgeschlossen. Eine Neuvermietung an einen anderen Leasing-Nehmer kommt kaum in Frage.

Macht die vereinbarte Grundmietzeit weniger als 40 % der Nutzungsdauer aus, so zahlt der Leasing-Nehmer innerhalb dieser relativ kurzen Zeit mehr als die gesamten Anschaffungs- und Finanzierungskosten des Leasing-Objekts. Dies wäre wirtschaftlich völlig unvernünftig, wenn er nicht im Anschluss an die Grundmietzeit von der Mietverlängerungsoption oder der Kaufoption zu günstigen Bedingungen Gebrauch machen würde. Enthält der Vertrag keine Option, so geht die Finanzverwaltung davon aus, dass entsprechende außervertragliche Vereinbarungen getroffen wurden. In allen Fällen ist der Leasing-Nehmer wirtschaftlicher Eigentümer, da von Anfang an feststeht, dass er das Objekt (fast) über die ganze Nutzungsdauer nutzen wird.

Beträgt die Grundmietzeit 40 % bis zu 90 %, so liegt der erwünschte Standardfall vor, der Leasing-Geber ist wirtschaftlicher Eigentümer, da eine Vermietung an einen anderen Leasing-Nehmer nach Ablauf der Grundmietzeit möglich ist. Das gleiche gilt, wenn der Kaufpreis bei vereinbarter Kaufoption oder die Anschlussmiete bei vereinbarter Mietverlängerungsoption angemessen ist, da dann völlig offen ist, ob der Leasing-Nehmer von der Option Gebrauch machen wird. Werden günstigere Konditionen vereinbart, so steht wiederum von Anfang an fest, dass der Leasing-Nehmer die Option nutzen wird, und ihm wird das wirtschaftliche Eigentum zugeordnet. Der Kaufpreis ist angemessen, wenn er mindestens dem Buchwert des Leasing-Objekts bei linearer Abschreibung am Ende der Grundmietzeit entspricht. Die Anschlussmiete ist angemessen, wenn sie mindestens den linearen Abschreibungen auf das Objekt im Mietverlängerungszeitraum entspricht.

Handelsrechtlich hat die Aktivierung des Leasing-Objekts ebenfalls beim wirtschaftlichen Eigentümer zu erfolgen. Im Einzelnen ist jedoch die Zuordnung des Leasing-Objekts in der Literatur umstritten. Aufgrund dieser Unsicherheiten folgt die derzeitige handelsrechtliche Bilanzierung weitgehend den steuerlichen Regelungen.

Fall 1: *Bilanzierung beim Finanzierungs-Leasing mit Aktivierung beim Leasing-Geber (Regelfall)*

Bilanz des Leasing-Gebers	
Leasing-Objekt zu Anschaffungskosten	Verbindlichkeiten zur Finanzierung des Leasing-Objekts

Die Abschreibungen auf das Leasing-Objekt und Zinsen für ein eventuelles Bankdarlehen zur Finanzierung des Leasing-Objekts stellen beim Leasing-Geber Aufwand dar, die Leasing-Raten sind Erträge.

Bilanz des Leasing-Nehmers	
-----	-----

Der Leasing-Nehmer kann die gesamten Leasing-Raten als Aufwand verbuchen. Eine eventuelle Sonderzahlung zu Beginn der Laufzeit stellt eine Mietvorauszahlung dar und ist über einen Rechnungsabgrenzungsposten (bei konstanten Leasingraten) linear auf die Grundmietzeit zu verteilen.

Fall 2: *Bilanzierung beim Finanzierungs-Leasing mit Aktivierung beim Leasing-Nehmer ("Verunglücktes Finanzierungs-Leasing")*

Im Falle der Zuordnung des wirtschaftlichen Eigentums zum Leasing-Nehmer wird das Leasing steuerlich wie ein Kauf auf Raten behandelt, weil von Anfang an die (fast) ausschließliche Nutzung des Objekts durch den Leasing-Nehmer feststeht. Im Folgenden wird die Methode des BFH[1] vorgestellt. Auf die Darstellung der weiteren Möglichkeit, finanzmathematisch exakte Barwerte zu verwenden, wird der Einfachheit halber verzichtet. Auch die Umsatzsteuer bleibt unberücksichtigt.

Bilanz des Leasing-Nehmers	
Leasing-Objekt zu Anschaffungskosten (= Summe der Tilgungsanteile an den Leasing-Raten)	Leasing-Verbindlichkeiten (= Summe der Tilgungsanteile an den Leasing-Raten)

Der Leasing-Geber ist gehalten, dem Leasing-Nehmer seine Anschaffungskosten für das Leasing-Objekt bzw. den (höheren) Betrag, der seiner Berechnung der Leasing-Raten zugrunde liegt, mitzuteilen. Der Leasing-Nehmer hat das Leasing-Objekt mit diesem Betrag (oder ggf. mit dem Listenpreis des Herstellers) zuzüglich etwaiger Anschaffungsnebenkosten (z.B. Fundamentierungskosten) zu aktivieren und planmäßig abzuschreiben. Der Zins- und Kostenanteil der Leasing-Raten ist als Aufwand zu verbuchen. Der Tilgungsanteil der Leasing-Raten vermindert erfolgsneutral schrittweise die Leasing-Verbindlichkeiten.

Σ Leasingraten über die Grundmietzeit
- Σ Tilgungsanteile an den Raten (Kaufpreis, AK)
= Σ Zins- und Verwaltungskostenanteile an den Raten

Die Summe aller Leasing-Raten während der Grundmietzeit übersteigt die Leasing-Verbindlichkeit (= Summe aller Tilgungsanteile = Kaufpreis) um die Summe der Zins- und Kostenanteile. Aufgrund der Ähnlichkeit der konstanten Leasing-Rate mit einer Annuität, innerhalb derer der Zinsanteil wegen inzwischen getilgter Kreditteile im Zeitablauf abnimmt, der Tilgungsanteil dagegen zunimmt, schlägt der BFH bei seiner Methode eine zeitlich abnehmende Verteilung der Zins- und Kostensumme auf die Grundmietzeit vor. Die Verteilung soll arithmetisch-degressiv erfolgen ("Zinsstaffelmethode"). Zunächst ist ein Degressionsbetrag D nach der Formel D = Zins-u. Kostensumme/ $(n*(n+1)/2)$ zu berechnen, wobei n die Länge der Grundmietzeit in Jahren (oder Monaten) angibt.

---

[1] Vgl. BFH 26.1.1970, BStBl. 1970 II S. 264 und BMF 13.12.1973, DB 1973, S. 2485.

Zins- und Kostenanteil der Leasingrate:

1. Jahr der Grundmietzeit:	n * D
2. Jahr der Grundmietzeit:	(n-1) * D
3. Jahr der Grundmietzeit:	(n-2) * D
....	
letztes Jahr der Grundmietzeit:	1 * D

Die Differenz zur konstanten Leasing-Rate entspricht in jedem Jahr dem zunehmenden Tilgungsanteil der Leasingrate. Eine eventuelle Sonderzahlung zu Beginn der Grundmietzeit ist analog zu den Zinsanteilen arithmetisch-degressiv auf die Grundmietzeit zu verteilen.

Bilanz des Leasing-Gebers

Leasing-Forderung (= Summe der Tilgungsanteile an den Leasing-Raten = Kaufpreisforderung)	Bankverbindlichkeiten zur Finanzierung des Leasing-Objekts

Beim Leasing-Geber ist der Ablauf spiegelbildlich zu demjenigen beim Leasing-Nehmer. Der Zins- und Kostenanteil der Leasing-Raten stellt Ertrag dar, die Tilgungsanteile der Leasing-Raten vermindern erfolgsneutral schrittweise die Leasing-Forderung.

Aufgabe 47: Leasing

c) Finanzierungs-Leasing: Teilamortisationsverträge

Teilamortisationsverträge haben z.B. im Bereich des Kraftfahrzeug-Leasings eine immer größere Bedeutung erlangt. Bei diesen Verträgen besteht am Ende der Grundmietzeit noch ein **Restamortisationsbetrag** als Differenz zwischen den Gesamtkosten plus Gewinn des Leasing-Gebers und den während der Grundmietzeit vom Leasing-Nehmer gezahlten Leasing-Raten. Über die mögliche Verwertung des Leasing-Objekts am Ende der Vertragsdauer muss dann eine Vereinbarung getroffen werden. Es gibt eine Vielfalt von vertraglichen Möglichkeiten, wie der Leasing-Geber diesen Restamortisationsbetrag absichern kann. Die Reaktion der Finanzverwaltung auf diese Entwicklung stellt der **Teilamortisations-Leasing-Erlass**[1] für bewegliche Wirtschaftsgüter dar, der jedoch nur drei Grundtypen von Verträgen regelt.

Gegenstand des Erlasses ist wiederum die Zuordnung des wirtschaftlichen Eigentums und damit der Aktivierungspflicht auf Leasing-Geber oder Leasing-Nehmer. Angestrebt wird in der Praxis auch hier die Aktivierung beim Leasing-Geber. Kriterium für die Zuordnung des wirtschaftlichen Eigentums ist dabei, wer die Chance auf etwaige Wertsteigerungen des Leasing-Objektes hat. In diesem Erlass werden folgende Vertragstypen von Teilamortisationsverträgen unterschieden:

(1) Verträge mit Andienungsrecht des Leasing-Gebers

Der Leasing-Geber hat das Recht, nach Vertragsablauf das Leasing-Objekt dem Leasing-Nehmer zu einem im Voraus vereinbarten Kaufpreis (= kalkulierter Restwert des Objekts)

---

[1] Vgl. BMF-Schreiben v. 22.12.1975, BB 1976, S. 72. Auf den Teilamortisations-Leasing-Erlass für Immobilien kann hier nicht eingegangen werden, vgl. BMF-Schreiben v. 23.12.1991, BStBl. 1992 I, S. 13.

anzubieten. Der Leasing-Nehmer muss das Angebot akzeptieren. Der Leasing-Geber wird das Leasing-Objekt dem Leasing-Nehmer nur dann andienen, wenn der Zeitwert (Marktpreis) unter dem vereinbarten Kaufpreis liegt. Im umgekehrten Fall wird der Leasing-Geber das Objekt am Markt veräußern. Der Leasing-Nehmer trägt somit das Risiko der Wertminderung, der Leasing-Geber hat dagegen die Chance auf eventuelle Wertsteigerungen. In diesen Fällen wird das wirtschaftliche Eigentum dem Leasinggeber zugeordnet.

(2) Verträge mit Aufteilung des Mehrerlöses

Das Leasing-Objekt wird am Ende der Vertragslaufzeit veräußert. Liegt der Zeitwert (Marktpreis) unter dem kalkulierten Restwert, so muss der Leasing-Nehmer die Differenz nachschießen, er trägt also allein das Risiko. Das wirtschaftliche Eigentum wird dem Leasing-Geber zugerechnet, wenn dieser mindestens 25 % eines etwaigen Mehrerlöses erhält, somit also eine nicht unwesentliche Gewinnchance völlig ohne Risiko besitzt.

(3) Verträge mit Kündigungsrecht des Leasing-Nehmers

Hier besteht eine Kündigungsmöglichkeit des Leasing-Nehmers frühestens nach Ablauf der Grundmietzeit (von 40% der betriebsgewöhnlichen Nutzungsdauer). Wirtschaftlicher Eigentümer des Leasing-Objekts ist der Leasing-Geber, falls der Leasing-Nehmer im Falle der Kündigung durch eine Schlusszahlung alle noch nicht gedeckten Kosten (Restamortisation) des Leasing-Gebers tragen muss. Auf die Schlusszahlung kann maximal 90 % des vom Leasing-Geber erzielten Verkaufserlöses angerechnet werden. Der Leasing-Nehmer erhält dagegen keinen Anteil an einem eventuellen Mehrerlös.

d) Die Bilanzierung von Leasingverhältnissen nach IFRS

(1) Identifizierung von Leasingverhältnissen nach IFRS 16

Der Reformprozess der Leasing-Bilanzierung nach IAS 17 begann mit der Veröffentlichung eines Diskussionspapiers im Jahre 2009 und des Entwurfs ED/2010/9 im August 2010. Nach erheblicher Kritik daran wurde im Mai 2013 ein überarbeiteter Entwurf ED/2013/6 veröffentlicht. Auch dieser zweite Entwurf wurde nach kontroversen Diskussionen stark verändert und im Januar 2016 als neuer Standard IFRS 16 verabschiedet und inzwischen von der EU-Kommission anerkannt („Endorsement"). Der neue Standard ist für Jahresabschlüsse ab 1.1.2019 verpflichtend anzuwenden. Im Ergebnis ändert sich bei der Bilanzierung durch den Leasing-Geber gegenüber IAS 17 nichts, der Leasing-Nehmer hat jedoch im Gegensatz zur alten Regelung auch im Falle des Operating-Leasings einen bilanziellen Ausweis zu erbringen. Nach der bisherigen Regelung in IAS 17 wurde das Leasing-Objekt grundsätzlich nur beim wirtschaftlichen Eigentümer bilanziert, beim Operating-Leasing also generell beim Leasing-Geber. Die Bilanz des Leasing-Nehmers gab keine Hinweise auf entsprechende Leasing-Verpflichtungen, nur die Leasing-Zahlungen wurden gewinnmindernd gebucht. Außerdem gab es deutliche Ermessensspielräume bei der Klassifizierung eines Leasing-Vertrags als Operating-Leasing oder Finanzierungsleasing, sodass die Qualität der Jahresabschlussinformationen den üblichen Anforderungen nicht entsprach.

IFRS 16 ist grundsätzlich auf alle Leasingverhältnisse anzuwenden, ausgenommen sind Leasingverhältnisse zur Exploration von Öl und anderen nicht-regenerativen Ressourcen, bei biologischen Vermögenswerten (Landwirtschaft, IAS 41), Dienstleistungskonzessionsvereinbarungen (IFRIC 12), Lizenzen zur Nutzung geistigen Eigentums (IFRS 15) und Rechte des Leasing-Nehmers aus Lizenzvereinbarungen für Filme, Videoaufnahmen, Theaterstücke, Manuskripte, Patente und Urheberrechte (IAS 38). Bei Rechten des Leasing-Nehmers auf die Nutzung anderer immaterieller Vermögenswerte als die zuletzt genannten steht es dem Leasing-Nehmer frei, IFRS 16 anzuwenden oder IAS 38 (IFRS 16.3 f.). Der Leasing-Nehmer braucht die Regeln des IFRS 16 außerdem **nicht auf kurzfristige Leasingverhältnisse** und solche, die sich auf **geringwertige Vermögenswerte** beziehen, anzuwenden (IFRS 16.5 f.). Bei kurzfristigen Leasingverhältnissen muss die Entscheidung für die ganze Klasse der zugrunde liegenden Vermögenswerte einheitlich getroffen werden, während das *Wahlrecht* bei geringwertigen Vermögenswerten einzelfallbezogen ausgeübt werden kann (IFRS 16.8). Im letzteren Falle kommt es nicht darauf an, ob der Vermögenswert für den Leasing-Nehmer wesentlich ist oder nicht, sondern es muss sich um Vermögenswerte mit objektiv relativ niedrigem Neuwert handeln, wie etwa Tablets, Computer, Telefone und kleinere Gegenstände der Büroausstattung (IFRS 16.B3-8). Eine Wertgrenze ist in IFRS 16 nicht angegeben. Nach IFRS 16 Anhang A („Kurzfristiges Leasingverhältnis") liegt ein kurzfristiges Leasingverhältnis vor, wenn dessen Laufzeit maximal 12 Monate beträgt und nicht mit einer Kaufoption verknüpft ist. Wendet der Leasing-Nehmer die Regeln des IFRS 16 in den genannten Fällen nicht an, so hat er die Leasing-Zahlungen linear oder nach einer anderen repräsentativen Systematik über die Laufzeit des Leasingverhältnisses verteilt als Aufwand zu erfassen (IFRS 16.5 f.).

Nach IFRS 16.9 muss ein Unternehmen bei Vertragsbeginn jeweils beurteilen, ob durch den Vertrag ein Leasingverhältnis begründet wird. Ein *Leasingverhältnis* ist eine Vereinbarung zwischen Leasing-Geber und Leasing-Nehmer, nach der der Leasing-Nehmer das Recht erhält, die Nutzung eines Vermögenswerts („Leasing-Objekt") für einen vereinbarten Zeitraum gegen Zahlung von Leasingraten zu kontrollieren. Einschränkend muss es sich um einen „identifizierten" Vermögenswert handeln, der vorliegt, wenn der Vermögenswert in einem Vertrag ausdrücklich spezifiziert wird oder wenn der Vermögenswert dem Kunden zu einem bestimmten Zeitpunkt zur Nutzung zur Verfügung gestellt wird (IFRS 16.B13). Dabei kann es sich auch um einen physisch abgrenzbaren Teil eines Vermögenswerts handeln (IFRS 16.B20). Dennoch kann es sein, dass kein Leasingverhältnis vorliegt, wenn nämlich der Lieferant das Recht hat, den Vermögenswert während des gesamten Verwendungszeitraums jederzeit durch verfügbare alternative Vermögenswerte zu ersetzen und ihm dadurch ein wirtschaftlicher Nutzen entsteht („substanzielles Recht"). Dabei ist auf die Verhältnisse bei Vertragsbeginn abzustellen (IFRS 16.B14-16). Keine Einschränkung des Rechts des Kunden auf Nutzung des identifizierten Vermögenswerts stellt das Recht oder die Pflicht des Lieferanten, den Vermögenswert zum Zwecke der Reparatur oder Instandhaltung zu ersetzen (IFRS 16.B18).

Ein Kunde kann nur dann die Nutzung eines identifizierbaren Vermögenswerts kontrollieren, wenn er während des gesamten Verwendungszeitraums im Wesentlichen direkt oder indirekt den gesamten wirtschaftlichen Nutzen aus der Verwendung des Vermögenswerts zur eigenen Nutzung oder z.B. zur Untervermietung ziehen kann (IFRS 16.B21). Außerdem muss der Leasing-Geber Art und Zweck der Nutzung des Leasing-Gegenstands während des gesamten Verwendungszeitraums bestimmen und gegebenenfalls ändern können (IFRS 16.B24 f.).

Zusammenfassend ergibt sich folgendes Prüfschema zur Identifizierung eines Leasingverhältnisses (Quelle: IFRS 16.B31):

Prüfschema:

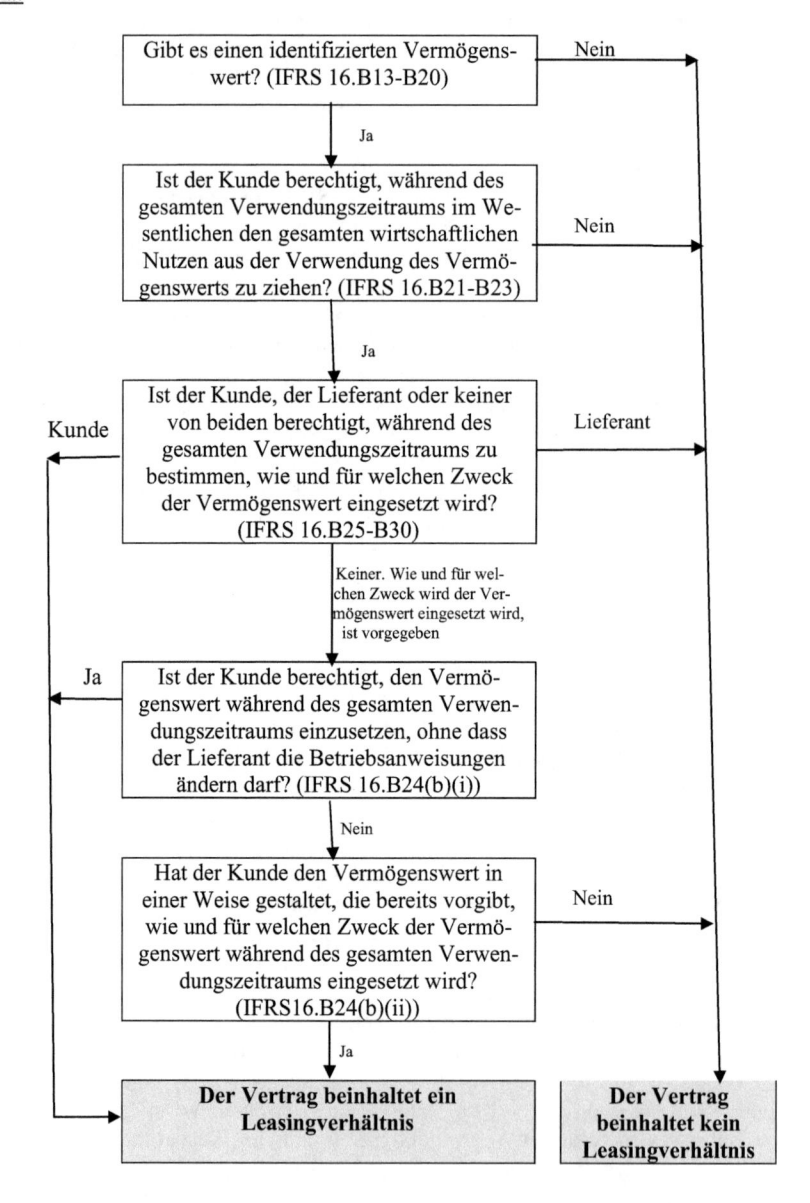

```
                    ┌─────────────────────────────┐
                    │ Gibt es einen identifizierten│   Nein
                    │ Vermögenswert? (IFRS 16.B13-B20)├──────►
                    └─────────────┬───────────────┘
                                  │ Ja
                                  ▼
                    ┌─────────────────────────────┐
                    │ Ist der Kunde berechtigt,   │
                    │ während des gesamten Ver-   │
                    │ wendungszeitraums im We-    │   Nein
                    │ sentlichen den gesamten     ├──────►
                    │ wirtschaftlichen Nutzen aus │
                    │ der Verwendung des Vermö-   │
                    │ genswerts zu ziehen?        │
                    │ (IFRS 16.B21-B23)           │
                    └─────────────┬───────────────┘
                                  │ Ja
                                  ▼
                    ┌─────────────────────────────┐
          Kunde     │ Ist der Kunde, der Lieferant│  Lieferant
        ◄───────────│ oder keiner von beiden      ├──────►
                    │ berechtigt, während des     │
                    │ gesamten Verwendungszeit-   │
                    │ raums zu bestimmen, wie und │
                    │ für welchen Zweck der Ver-  │
                    │ mögenswert eingesetzt wird? │
                    │ (IFRS 16.B25-B30)           │
                    └─────────────┬───────────────┘
                                  │ Keiner. Wie und für welchen
                                  │ Zweck wird der Vermögenswert
                                  │ eingesetzt wird, ist vorgegeben
                                  ▼
            Ja      ┌─────────────────────────────┐
        ◄───────────│ Ist der Kunde berechtigt,   │
                    │ den Vermögenswert während   │
                    │ des gesamten Verwendungs-   │
                    │ zeitraums einzusetzen, ohne │
                    │ dass der Lieferant die      │
                    │ Betriebsanweisungen ändern  │
                    │ darf? (IFRS 16.B24(b)(i))   │
                    └─────────────┬───────────────┘
                                  │ Nein
                                  ▼
                    ┌─────────────────────────────┐
                    │ Hat der Kunde den Vermö-    │
                    │ genswert in einer Weise     │   Nein
                    │ gestaltet, die bereits vor- ├──────►
                    │ gibt, wie und für welchen   │
                    │ Zweck der Vermögenswert     │
                    │ während des gesamten Ver-   │
                    │ wendungszeitraums einge-    │
                    │ setzt wird?                 │
                    │ (IFRS16.B24(b)(ii))         │
                    └─────────────┬───────────────┘
                                  │ Ja
                                  ▼
            ┌──────────────────────────┐    ┌──────────────────────────┐
            │ Der Vertrag beinhaltet   │    │ Der Vertrag beinhaltet   │
            │ ein Leasingverhältnis    │    │ kein Leasingverhältnis   │
            └──────────────────────────┘    └──────────────────────────┘
```

Liegt ein Vertrag vor, der ein Leasingverhältnis begründet oder beinhaltet, muss das Unternehmen jede einzelne Leasingkomponente des Vertrags als Leasingverhältnis bilanzieren und Nichtleasingkomponenten separieren, die nach anderen Standards zu bilanzieren sind (IFRS 16.12 und 16.16). Leitlinien für die Separierung enthalten die Paragraphen B32-B33. Alternativ kann der Leasingnehmer für einzelne Klassen von Vermögenswerten von der genannten Separierung absehen und stattdessen jede Leasingkomponente zusammen mit allen damit verbundenen Nichtleasingkomponenten als eine einzige Leasingkomponente bilanzieren („praktischer Behelf", IFRS 16.15). Das vereinbarte Entgelt muss der Leasing-Nehmer allerdings im Verhältnis der Einzelveräußerungspreise der Komponenten, die notfalls zu schätzen sind, auf diese aufteilen (IFRS

16.13 f.). Dagegen hat der Leasing-Geber das vereinbarte Entgelt auf die Komponenten gemäß IFRS 15.73-90 aufzuteilen.

Die **Laufzeit** des Leasingverhältnisses ist auf Basis der unkündbaren Grundlaufzeit, also dem Zeitraum, in dem keine der beiden Vertragsparteien den Vertrag ohne Zustimmung der anderen Vertragspartei kündigen darf, unter Berücksichtigung des Zeitraums einer Verlängerungsoption des Leasingverhältnisses und der Zeiträume einer Kündigungsoption zu bestimmen, sofern der Leasing-Nehmer hinreichend sicher ist, dass er die Verlängerungsoption ausüben bzw. die Kündigungsoption nicht ausüben wird. Dabei kommt es auf die Beurteilung der entsprechenden wirtschaftlichen Anreize zur Optionsausübung an (IFRS 16.18 f.). So ist es beispielsweise umso wahrscheinlicher, dass ein Leasing-Nehmer eine Verlängerungsoption ausübt und eine Kündigungsoption nicht ausübt, je kürzer die unkündbare Grundlaufzeit eines Leasingverhältnisses ist (IFRS 16.B39). Anreize zur Ausübung einer Verlängerungsoption können auch Kostenersparnissen oder andere Gegebenheiten, wie z.B. aufwendige Mietereinbauten in ein geleastes Gebäude, sein (IFRS 16.B37). Ändern sich die wirtschaftlichen Umstände signifikant, die eine Ausübung der Optionen beeinflussen und/oder ändert sich die unkündbare Grundlaufzeit, so ist die Laufzeit des Leasingverhältnisses zu überprüfen und gegebenenfalls zu ändern.

(2) Bilanzierung beim Leasing-Nehmer nach IFRS 16

Zum Zeitpunkt, an dem der Leasing-Geber das Leasing-Objekt dem Leasing-Nehmer zur Verfügung stellt, muss dieser in seiner Bilanz ein *Nutzungsrecht* („Right of Use Asset") aktivieren und eine gleich hohe *Leasing-Verbindlichkeit* („Lease Liability") passivieren. Zuvor ist das Leasingverhältnis ein schwebendes Geschäft und wird nicht bilanziert. Eine Klassifizierung des Leasingverhältnisses in Operating-Leasing oder Finanzierung-Leasing findet nicht statt.

Am Bereitstellungsdatum muss der Leasing-Nehmer sowohl das Nutzungsrecht also auch die Leasing-Verbindlichkeit erstmalig bewerten. Beide Werte korrespondieren zu Beginn des Leasingverhältnisses und haben eine weitgehend gleiche Höhe.

Erstmalige Bewertung des Nutzungsrechts (IFRS 16.23-25)	*Erstmalige Bewertung der Leasing-Verbindlichkeit* (IFRS 16.26-28)
Die **Anschaffungskosten** umfassen: <ul><li>den Wert der Leasing-Verbindlichkeit</li><li>vor oder bei Bereitstellung geleistete Leasing-Zahlungen abzüglich erhaltener Leasinganreize</li><li>anfängliche, dem Leasing-Nehmer direkt zurechenbare Kosten für den Abschluss des Leasingvertrags</li><li>Geschätzte Kosten der späteren Demontage des Leasing-Objekts und der Wiederherstellung des vertraglich verlangten Zustands; hierfür ist eine Rückstellung (IAS 37) zu bilden. Die Kosten für die Beseitigung von später produzierten Vorräten sind nicht einzubeziehen.</li></ul>	**Barwert** <ul><li>der nach dem Bereitstellungsdatum noch zu leistenden **Leasing-Zahlungen**.</li></ul> Dazu gehören feste und variable (von einem Index oder (Zins-)Satz[1] abhängige) Leasing-Zahlungen, Zahlungen für eine Restwertgarantie, der Ausübungspreis einer (hinreichend sicher auszuübenden) Kaufoption, Strafzahlungen für eine Kündigung, falls diese hinreichend sicher ist. Als *Diskontierungszinssatz* wird der dem Leasingverhältnis zugrunde liegende Zinssatz verwendet. Falls sich dieser nicht ohne Weiteres bestimmen lässt, ist der Grenzfremdkapitalzinssatz des Leasing-Nehmers heranzuziehen.

---

[1] Beispielsweise könnten die Leasing-Zahlungen vom variablen 6-Monats-Euribor abhängen. Das ist der Zinssatz, den Banken höchster Bonität untereinander für Kredite zahlen müssen.

Die Diskontierung der künftigen Leasing-Zahlungen erfolgt mit Hilfe des dem Leasingverhältnis zugrunde liegenden Zinssatzes. Dies ist der Zinssatz, der dazu führt, dass der Barwert der Leasing-Zahlungen und des nicht-garantierten Restwerts dieselbe Höhe aufweist wie die Summe aus dem Fair Value des Leasing-Objekts und den anfänglichen direkten Kosten des Leasing-Nehmers (IFRS 16 Anhang A). Hilfsweise ist der Grenzfremdkapitalzinssatz des Leasing-Nehmers zu verwenden (IFRS 16.26). Dies ist der Zinssatz den ein Leasing-Nehmer für einen Kredit mit vergleichbarer Laufzeit und Besicherung zahlen müsste, um einen dem Nutzungsrecht vergleichbaren Vermögenswert zu erwerben.

An den folgenden Bilanzstichtagen sind das Nutzungsrecht und die Leasing-Verbindlichkeit vom Leasing-Nehmer wie folgt zu bewerten:

Folgebewertung des Nutzungsrechts (IFRS 16.29-35)	*Folgebewertung der Leasing-Verbindlichkeit* (IFRS 16.36-43)
a) *Anschaffungskostenmodell* falls b) und c) nicht gewählt wird bzw. anzuwenden ist: Anschaffungskosten - kumulierte Abschreibungen (IAS 16) - kumulierte Wertminderungsaufwendungen (IAS 36) +/- Berichtigung um eventuelle Neubewertungen der Leasing-Verbindlichkeit	*Buchwert am Bereitstellungsdatum* + Zinsaufwand für die Leasing-Verbindlichkeit - geleistete Leasing-Zahlungen +/- Neubewertung gemäß IFRS 16.B39-B46 Grundsätzlich ist die Verbindlichkeit mittels *Effektivzinsmethode* fortzuführen. Die Leasing-Raten sind in einen Zins- und einen Tilgungsanteil aufzuspalten.
b) Wahlrecht: *Neubewertungsmodell* für alle Nutzungsrechte, die sich auf eine Klasse von Sachanlagen beziehen, die der Leasingnehmer nach dem Neubewertungsmodell gemäß IAS 16 bewertet	Die Zinsbeträge sind so zu bemessen, dass über die Perioden ein konstanter Zinssatz auf die verbleibende Leasing-Verbindlichkeit entsteht (IFRS 16.37). Variable Leasingzahlungen, die nicht bei der Bewertung der Leasingverbindlichkeit berücksichtigt sind, sind als Aufwand zu erfassen (IFRS 16.38).
c) Pflicht: *Zeitwertmodell* gemäß IAS 40, falls der Leasing-Nehmer seine als Finanzinvestition gehaltenen Immobilien zum Fair Value bewertet und das Nutzungsrecht der Definition in IAS 40 entspricht	Eine *Neubewertung* der Leasing-Verbindlichkeit wird ausgelöst durch Änderungen bei den Leasing-Zahlungen und führt zu einer Berichtigung des Werts des Nutzungsrechts. Hat dieses jedoch den Wert Null, so sind Neubewertungen der Leasing-Verbindlichkeit erfolgswirksam zu erfassen (IFRS 16.39).

Aufgrund der Folgebewertung der Leasing-Verbindlichkeit ergibt sich kein linearer Aufwandsverlauf, sondern ein sog. „front loading"-Effekt, d.h., dass aufgrund des degressiven Verlaufs der Zinsen und weiterer variabler Aufwendungen am Anfang der Laufzeit des Leasingverhältnisses ein relativ hoher Aufwand entsteht, am Ende der Laufzeit dagegen ein relativ niedriger Aufwand.

Abschreibungszeitraum: Das *Nutzungsrecht* ist ab dem Bereitstellungsdatum über den kürzeren Zeitraum von Laufzeit des Leasingverhältnisses und wirtschaftlicher Nutzungsdauer des zugrunde liegenden Vermögenswerts planmäßig (i.d.R. linear) abzuschreiben. Ist allerdings vereinbart, dass das Eigentum am Leasing-Objekt am Ende der Laufzeit des Leasingverhältnisses auf den Leasing-Nehmer übergeht oder enthalten die Anschaffungskosten des Nutzungsrechts innerhalb des Werts der Leasing-Verbindlichkeit den Ausübungspreis einer Kaufoption, die mit hinreichender Sicherheit wahrgenommen wird, so ist das Nutzungsrecht über die Nutzungsdauer des Leasing-Objekts abzuschreiben (IFRS 16.32).

Die **_Neubewertung der Leasing-Verbindlichkeit_** wird ausgelöst durch Änderungen bei den Leasing-Zahlungen und führt zu einer (erfolgsneutralen) Berichtigung des Werts des Nutzungsrechts. Hat dieses jedoch den Wert Null, so sind Neubewertungen der Leasing-Verbindlichkeit erfolgswirksam zu erfassen (IFRS 16.39).

Anlässe zur Neubewertung	Konsequenzen der Neubewertung	Berechnung
1) Eintritt einer signifikanten Änderung von Umständen, die zu einer *Änderung der Laufzeit* des Leasingverhältnisses führt, weil dadurch die Ausübung/Nichtausübung einer *Verlängerungs-/ Kündigungsoption* hinreichend sicher wird (IFRS 16.40(a))	Auf Basis der geänderten Laufzeit sind die Leasing-Zahlungen neu zu bestimmen.	Bestimmung und Anwendung eines *geänderten*, dem Leasingverhältnis zugrunde liegenden *Abzinsungssatzes* für die Restlaufzeit des Leasingverhältnisses; hilfsweise ist der Grenzfremdkapitalzinssatz des Leasingnehmers zum Zeitpunkt der Neubeurteilung zu verwenden. (IFRS 16.41)
2) Eintritt einer signifikanten Änderung von Umständen, die zu einer geänderten Beurteilung einer *Kaufoption* für das Leasing-Objekt führt (IFRS 16.40(b))	Auf Basis der geänderten, im Zusammenhang mit der Kaufoption zu zahlenden Beträge sind die Leasing-Zahlungen neu zu bestimmen.	
3) Eintritt einer Änderung der voraussichtlich zu zahlenden Beträge im Rahmen einer *Restwertgarantie* (IFRS 16.42(a))	Auf Basis der geänderten zu zahlenden Beträge sind die Leasing-Zahlungen neu zu bestimmen.	Es ist ein *unveränderter Abzinsungssatz* zu verwenden. Ausnahme: Der Abzinsungssatz ist zu ändern, wenn ein veränderter variabler Zinssatz Ursache für die Veränderung der Leasing-Zahlungen ist (IFRS 16.43)
4) Eintritt einer Änderung eines *Mietpreis- oder sonstigen verwendeten Indexes oder (variablen) Zinssatzes*, wenn diese sich in einer Änderung der künftigen Leasingzahlung niederschlägt (IFRS 16.42(b))	Auf Basis der geänderten vertraglichen Zahlungen sind die Leasing-Zahlungen für die Restlaufzeit neu zu bestimmen.	
5) Eintritt einer *Änderung des Leasingverhältnisses*, die nicht als gesondertes Leasingverhältnis bilanziert wird (s. unten) (IFRS 16.45 f.)	Auf Basis eines neu aufgeteilten Entgelts und einer neu ermittelten Laufzeit sind die Leasing-Zahlungen im effektiven Zeitpunkt der Änderung neu zu bestimmen. a) Im Regelfall ist eine entsprechende *Anpassung des Nutzungsrechts* (erfolgsneutral) vorzunehmen. b) Bei Verringerungen des Umfangs des Leasingverhältnisses, die zur teilweisen oder vollständigen *Beendigung des Leasingverhältnisses* führen, ist der Buchwert des Nutzungsrechts erfolgsneutral herabzusetzen; etwaige Gewinne oder Verlust aufgrund der teilweisen oder vollständigen Beendigung des Leasingverhältnisses sind erfolgswirksam zu erfassen.	Die geänderten Leasing-Zahlungen sind mit einem *modifizierten Zinssatz* abzuzinsen (hilfsweise mit dem Grenzfremdkapitalzinssatz des Leasingnehmers im effektiven Zeitpunkt der Änderung). (IFRS 16.45)

Die *Änderung eines Leasingverhältnisses* hat der Leasing-Nehmer dann als ein gesondertes Leasingverhältnis zu bilanzieren, wenn ein zusätzliches Nutzungsrecht eingeräumt wird und sich dadurch das zu zahlende Entgelt um den angemessenen Einzelveräußerungspreis dieser Ausweitung des Leasingverhältnisses erhöht (IFRS 16.44).

Beim *bilanziellen Ausweis* des *Nutzungsrechts* hat der Leasing-Nehmer ein *Wahlrecht*. Entweder wird das Nutzungsrecht als gesonderter Posten in der Bilanz ausgewiesen oder im Anhang angegeben. Alternativ kann der Leasing-Nehmer das Nutzungsrecht in denjenigen Bilanzposten aufnehmen, in dem der zugrunde liegende Vermögenswert (Leasing-Objekt) ausgewiesen würde, wenn dieser im juristischen Eigentum des Leasing-Nehmers stünde. Der betreffende Bilanzposten muss im Anhang angegeben werden. Für den Ausweis der *Leasing-Verbindlichkeiten* gilt ein entsprechendes *Wahlrecht*. Entweder sind diese gesondert in der Bilanz oder im Anhang auszuweisen oder es ist im Anhang anzugeben, in welchem Bilanzposten die Leasing-Verbindlichkeiten enthalten sind (IFRS 16.47). Die Zinsaufwendungen für die Leasing-Verbindlichkeit sind als Bestandteil der *Finanzierungsaufwendungen* getrennt vom Abschreibungsbetrag für das Nutzungsrecht in der Gewinn- und Verlustrechnung auszuweisen.

Nach IFRS 16.51-60 hat der Leasing-Nehmer zahlreiche *Angaben* zu seinen Leasingverhältnissen *im Anhang* zu machen, damit der externe Bilanzleser beurteilen kann, wie sich die Leasingverhältnisse auf die Vermögens-, Finanz- und Ertragslage des Leasing-Nehmers auswirken. Dazu gehören unter anderem die Angabe des Abschreibungsbetrags der Nutzungsrechte, der Zinsaufwendungen für die Leasing-Verbindlichkeiten, der Aufwendungen für kurzfristige Leasingverhältnisse und für solche über einen geringwertigen Vermögenswert, der Art der Leasingaktivitäten und eventueller künftiger Zahlungsmittelabflüsse, die bei der Bewertung der Leasingverbindlichkeit unberücksichtigt geblieben sind.

Beispielaufgabe 1:[1]
Die LowTech International GmbH schließt mit Wirkung zum 1.1.01 als Leasing-Nehmer mit der Deutschen Produktionsanlagen-Leasing GmbH einen Leasingvertrag. Leasing-Objekt ist eine vom Leasing-Geber neu erworbene Stanzmaschine mit einer Nutzungsdauer von 10 Jahren und Anschaffungskosten (= Fair Value) für den Leasing-Geber in Höhe von 72.000 EUR. Die adäquate Abschreibungsmethode für die Maschine ist die lineare Abschreibung (erwarteter Restwert = 0). Der Leasing-Vertrag hat eine unkündbare Laufzeit von 3 Jahren, jährlich nachschüssig zu zahlende Leasing-Raten werden in Höhe von 15.000 EUR vereinbart. Da sich der dem Leasingverhältnis zugrunde liegende Zinssatz nicht ohne Weiteres bestimmen lässt, verwendet der Leasing-Nehmer seinen Grenzfremdkapitalzinssatz in Höhe von 10 % zur Bewertung des Nutzungsrechts. Die Maschine ist nach IAS 16 zu ihren fortgeführten Anschaffungskosten (lineare Abschreibung) zu bewerten. Verlängerungs- oder Kündigungsoptionen bestehen nicht. Wie ist der Leasingvertrag beim *Leasing-Nehmer* zu bilanzieren? Geben Sie die wesentlichen Buchungssätze an. Auf eine Berücksichtigung der Umsatzsteuer ist zu verzichten.

Lösung:
Die LowTech International GmbH erhält ein entgeltliches Nutzungsrecht bezüglich eines identifizierten und nicht austauschbaren Vermögenswerts für eine bestimmte Zeit. Es liegt also ein Leasingverhältnis gemäß IFRS 16.9 und 16.B31 vor. Der Leasing-Nehmer hat ein Nutzungsrecht zu aktivieren und eine korrespondierende Leasing-Verbindlichkeit zu passivieren. Die erstmalige Bewertung beider Posten am Bereitstellungsdatum erfolgt zum Barwert der Leasingzahlungen 15.000 EUR * $1/1,1$ + 15.000 EUR * $1/1,1^2$ + 15.000 EUR * $1/1,1^3$ = 11.269,72 EUR + 12.396,69 EUR + 13.636,36 EUR = 37.302,77 EUR.

1.1.01:
BS: Nutzungsrecht   37.302,77 EUR
       an Leasing-Verbindlichkeiten   37.302,77 EUR.

---

[1] Die Lösung dieser Beispielaufgabe aus Sicht des Leasing-Gebers findet sich in Kapitel B.IV.3.d)(3) weiter unten.

Das Nutzungsrecht ist über den kürzeren Zeitraum von Laufzeit des Leasingverhältnisses und der Nutzungsdauer des Leasing-Objekts planmäßig (in der Regel linear) abzuschreiben, hier also über 3 Jahre. Gemäß IFRS 16.37 sind die Zinsbeträge sind so zu bemessen, dass über die Perioden ein konstanter Zinssatz auf die verbleibende Leasingverbindlichkeit entsteht, d.h. die Leasingverbindlichkeit ist nach der Effektivzinsmethode fortzuführen und die Leasing-Raten sind auf diese Weise in einen Zinsaufwandsanteil und in einen Tilgungsanteil aufzuspalten. Hierzu ist der Grenzfremdkapitalzinssatz des Leasing-Nehmers heranzuziehen, da der dem Leasingverhältnis zugrunde liegende Zinssatz unbekannt ist. Der periodische Zinsaufwand ist durch Multiplikation des Zinssatzes mit dem Barwert der Leasing-Verbindlichkeit zu ermitteln, der Tilgungsbetrag ist der Differenzbetrag zwischen Leasing-Rate und Zinsanteil. Die Leasing-Verbindlichkeit sinkt jeweils erfolgsneutral um den Tilgungsbetrag.

Termin	*Nutzungsrecht (EUR)*		*Leasing-Raten (EUR)*			*Verbindlichkeit*
	Buchwert	Abschreibung	Leasing-Rate p.a. (= Auszahlung)	Zinsanteil (erfolgswirksamer Zinsaufwand)	Tilgungsanteil (erfolgsneutral)	Barwert (= Bilanzansatz) (EUR)
1.1.01	37.302,77	-	-	-	-	37.302,77
31.12.01	24.868,51	12.434,26	15.000	3.730,28	11.269,72	26.033,05
31.12.02	12.434,25	12.434,26	15.000	2.603,31	12.396,69	13.636,36
31.12.03	0,00	12.434,25	15.000	1.363,64	13.636,36	0,00
Summe	-	37.302,77	45.000	7.697,23	37.302,77	-

31.12.01:
BS: Abschreibungen auf Nutzungsrecht   12.434,26 EUR
      an Nutzungsrecht   12.434,26 EUR.

BS: Leasing-Verbindlichkeit   11.269,72 EUR
      Zinsaufwand   3.730,28 EUR
      an Bank   15.000,00 EUR.

Die Buchungen am 31.12.01 sind prinzipiell gleich, erfolgen aber mit den entsprechenden Werten aus der Tabelle. Es ist ersichtlich, dass der Gesamtaufwand beim Leasing-Nehmer, der sich aus Abschreibung des Nutzungswerts und Zinsaufwand zusammensetzt, über die Laufzeit des Leasingverhältnisses sinkt.

Beispielaufgabe 1a) (Variante):[1]

Alle Angaben wie oben zu Beispielaufgabe 1 mit der Ausnahme, dass die vereinbarten Leasing-Raten im ersten Jahr in Höhe von 5.000 EUR, im 2. Jahr und 3. Jahr jeweils in Höhe von 20.000 EUR gezahlt werden. Wie ist der Leasingvertrag beim **Leasing-Nehmer** zu bilanzieren? Geben Sie die wesentlichen Buchungssätze an. Auf eine Berücksichtigung der Umsatzsteuer ist zu verzichten.

Lösung:

An der Lösung zu Beispielaufgabe 1) ändert sich grundsätzlich nichts. Der Leasing-Nehmer aktiviert ein Nutzungsrecht, das zum Barwert der Leasing-Raten bewertet wird und dem Wert der zu passivierenden Leasing-Verbindlichkeit entspricht. Der Barwert der geänderten Leasing-Zahlungen ist etwas niedriger und beträgt 5.000 EUR * $1/1,1$ + 20.000 EUR * $1/1,1^2$ + 20.000 EUR * $1/1,1^3$ = 36.100,68 EUR.

---

[1] Die Lösung dieser Beispielaufgabe aus Sicht des Leasing-Gebers findet sich in Kapitel B.IV.3.d)(3) weiter unten.

Beispielaufgabe 2:[1]

Die LowTech International GmbH schließt mit Wirkung zum 1.1.01 als Leasing-Nehmer mit der Deutschen Produktionsanlagen-Leasing GmbH einen Leasingvertrag. Leasing-Objekt ist eine Bohrmaschine mit einer Nutzungsdauer von 6 Jahren und Anschaffungskosten (= Fair Value) für den Leasing-Geber in Höhe von 80.000 EUR. Die adäquate Abschreibungsmethode für die Maschine ist die lineare Abschreibung. Der Leasing-Vertrag hat eine Laufzeit von 6 Jahren, als jährlich nachschüssig zu zahlende Leasing-Raten werden 17.600 EUR per annum vereinbart. Die Leasing-Raten einschließlich der garantierten Restwertzahlung sind an einen Verbraucherpreisindex geknüpft, an dessen Entwicklung sie (vereinfachend) allein am Ende des dritten Jahres der Vertragslaufzeit für die zweite Hälfte der Laufzeit angepasst werden. Der Index sei zum 31.12.03 um insgesamt 5% gestiegen. Außerdem steht dem Leasing-Geber am Ende der Laufzeit ein Andienungsrecht des Leasing-Objekts zum garantierten Restwert des Leasing-Objekts von 6.000 EUR zu. Verlängerungs- oder Kündigungsoptionen bestehen nicht. Der dem Leasingverhältnis zugrunde liegende Zinssatz ist dem Leasing-Nehmer nicht bekannt. Der Grenzfremdkapitalzinssatz des Leasing-Nehmers beträgt 10%. Zu Beginn des Leasingverhältnisses fallen beim Leasing-Geber Vertragsabschlusskosten in Höhe von 2.000 EUR an, beim Leasing-Nehmer fallen Beratungskosten hinsichtlich des Leasingvertragsabschlusses in Höhe von 1.200 EUR an. Die Maschine ist nach IAS 16 zu ihren fortgeführten Anschaffungskosten zu bewerten. Wie ist der Leasingvertrag *beim Leasing-Nehmer* zu behandeln? Geben Sie die wesentlichen Buchungssätze an. Auf eine Berücksichtigung der Umsatzsteuer ist zu verzichten.

Lösung:

Die LowTech International GmbH erhält ein entgeltliches Nutzungsrecht bezüglich eines identifizierten und nicht austauschbaren Vermögenswerts für eine bestimmte Zeit. Es liegt also ein Leasingverhältnis gemäß IFRS 16.9 und 16.B31 vor. Der Leasing-Nehmer hat ein Nutzungsrecht zu aktivieren und eine korrespondierende Leasing-Verbindlichkeit zu passivieren. Die Bewertung erfolgt mit dem Barwert der Leasing-Zahlungen, wobei in das Nutzungsrecht auch anfängliche direkte Kosten in Höhe von 1.200 EUR eingehen. Außerdem umfassen die Leasing-Zahlungen auch die Restwertgarantie in Höhe von 6.000 EUR. Da der dem Leasingverhältnis zugrunde liegende Zinssatz nicht bekannt ist, wird der Grenzfremdkapitalzinssatz (10%) des Leasing-Nehmers zur Diskontierung herangezogen. Eine Anpassung der Leasing-Raten an die erwartete Entwicklung des Verbraucherpreisindexes vor dem vereinbarten Anpassungszeitpunkt ist nicht zulässig.

Zugangsbewertung des Nutzungsrechts	
= Barwert der Leasing-Zahlungen + anfängliche direkte Kosten =	= 17.600 EUR * DSF[2] (6 Jahre; 10 % p.a.) + 6.000 EUR * $1{,}1^{-6}$ + 1.200 EUR = 17.600 EUR * 4,355261 + 3.386,84 EUR + 1.200 EUR = 76.652,59 EUR + 3.386,84 EUR + 1.200 EUR = <u>81.239,43 EUR</u>

1.1. 01:
BS: Nutzungsrecht 81.239,43 EUR
  an Leasing-Verbindlichkeiten 80.039,43 EUR
  an Bank (anfängliche direkte Kosten) 1.200,00 EUR.

Bilanz des Leasing-Nehmers zum 1.1.01	
Nutzungsrecht 80.039,43 EUR + 1.200,00 EUR = 81.239,43 EUR	Leasing-Verbindlichkeit 80.039,43 EUR

---

[1] Die Lösung dieser Beispielaufgabe aus Sicht des Leasing-Gebers findet sich in Kapitel B.IV.3.d)(3) weiter unten.
[2] DSF = Diskontierungssummenfaktor bzw. Rentenbarwertfaktor. Durch Multiplikation des DSF mit einem konstanten Zahlungsstrom (=Rente), lässt sich der heutige Barwert dieser Rente ermitteln.

Das *Nutzungsrecht* ist vom Leasing-Nehmer planmäßig linear über 6 Jahre abzuschreiben, die Nutzungsdauer des Leasing-Objekts entspricht hier der Laufzeit des Leasingverhältnisses. Für die Folgebewertung der Leasing-Verbindlichkeit sind die Leasing-Raten in einen Tilgungs- und einen Zinsaufwandsanteil aufzuspalten. Mit Hilfe der Effektivzinsmethode wird ermittelt, wie hoch der Zinsaufwand aus der Aufzinsung (zu 10 %) der Leasingverbindlichkeit über die Laufzeit ist. Die Differenz zu den Leasingzahlungen stellt den jeweiligen Tilgungsanteil dar.

31.12.01:
BS: Planmäßige Abschreibung auf Nutzungsrecht   13.277,09 EUR
     an Nutzungsrecht   13.277,09 EUR.

Ohne Berücksichtigung der für Ende des dritten Jahres vereinbarten Anpassung der Leasing-Raten an den Verbraucherpreisindex ergibt sich folgende Entwicklung:

Termin	*Nutzungsrecht* (EUR)		*Leasing-Raten* (EUR)			*Leasing-Verbind-lichkeit*
	Buchwert	Abschrei-bung	Leasing-Rate insges. p.a. (= Auszah-lung)	Zinsanteil (erfolgs-wirksamer Zinsauf-wand)	Tilgungs-anteil (erfolgs-neutral)	Barwert (= Bilanz-ansatz) (EUR)
1.1.01	81.239,43	-	-	-	-	80.039,43
31.12.01	67.699,53	13.539,90	17.600	8.003,94	9.596,06	70.443,37
31.12.02	54.159,63	13.539,90	17.600	7.044,34	10.555,66	59.887,71
31.12.03	40.619,73	13.539,90	17.600	5.988,77	11.611,23	48.276,48
31.12.04	27.079,83	13.539,90	17.600	4.827,65	12.772,35	35.504,13
31.12.05	13.539,93	13.539,90	17.600	3.550,41	14.049,59	21.454,54
31.12.06	0,00	13.539,93	17.600 + 6.000	2.145,45	21.454,55	0,00
Summe	-	81.239,43	111.600	31.560,56	80.039,44	-

Der Gesamtaufwand (= Abschreibung des Nutzungsrechts + Zinsanteil an den Leasing-Raten) beim Leasing-Nehmer ist im ersten Jahr mit 13.539,93 + 8.003,94 = 21.543,87 EUR am höchsten und sinkt aufgrund des sinkenden Zinsaufwands schrittweise bis er im 6. Jahr nur noch 15.685,38 EUR beträgt.

31.12.01:
BS: Zinsaufwand (Finanzaufwendungen)   8.003,94 EUR
     an Leasing-Verbindlichkeit (Aufzinsung)   8.003,94 EUR.

BS: Leasing-Verbindlichkeit   17.600,00 EUR
     an Bank   17.600,00 EUR.

Oder als zusammengesetzter Buchungssatz:

BS: Leasing-Verbindlichkeit   9.596,06 EUR
   Zinsaufwand   8.003,94 EUR
     an Bank   17.600,00 EUR.

Bilanz des Leasing-Nehmers zum 31.12.01		Gewinn- u. Verlust Jahr 01
Nutzungsrecht 67.699,53 EUR	Leasing-Verbindlichkeit 70.443,37 EUR	Zinsaufwand 8.003,94 EUR

Die Buchungssätze am 31.12.02 und am 31.12.03 sind entsprechend mit den Werten aus der Tabelle durchzuführen.

Am 31.12.03 wird vertragsgemäß eine Anpassung der Leasing-Raten an die Entwicklung des Verbraucherpreisindexes für die letzten drei Jahre der Laufzeit des Leasingverhältnisses vorgenommen. Da der Verbraucherpreisindex um 5% gestiegen ist, werden die Leasing-Raten für die Jahre 04 bis 06 um 5% angehoben auf 17.600 EUR * 1,05 = 18.480 EUR pro Jahr. Somit wird eine Neubewertung der Leasing-Verbindlichkeit erforderlich. Der Zinssatz bleibt jedoch unverändert bei 10%. Zum 1.1.04 ist demnach die Leasing-Verbindlichkeit um 5 % aufzustocken, dasselbe gilt für den Nutzungswert. Die Anpassung der Buchwerte erfolgt erfolgsneutral. Das Nutzungsrecht wird nach der Formel Restbuchwert/Restnutzungsdauer = 43.033,55 EUR/3 Jahre =14.344,52 EUR weiter planmäßig abgeschrieben.

Termin	Nutzungsrecht (EUR)		Leasing-Raten (EUR)			Leasing-Verbindlichkeit
	Buchwert	Abschreibung	Leasing-Rate insges. p.a. (= Auszahlung)	Zinsanteil (erfolgswirksamer Zinsaufwand)	Tilgungsanteil (erfolgsneutral)	Barwert (= Bilanzansatz) (EUR)
1.1.04	40.619,73 + 2.413,82 =43.033,55					48.276,48 + 2.413,82 (5%) = 50.690,30
31.12.04	28.689,03	14.344,52	18.480	5.069,03	13.410,97	37.279,33
31.12.05	14.344,51	14.344,52	18.480	3.727,93	14.752,07	22.527,26
31.12.06	0,00	14.344,51	18.480 + 6.300	2.252,73	22.527,27	0,00
Summe	-	43.033,55	61.740	11.049,69	50.690,31	-

1.1.04:
BS: Nutzungsrecht   2.413,82 EUR
      an Leasing-Verbindlichkeit   2.413,82 EUR.

31.12.04:
BS: Planmäßige Abschreibung auf Nutzungsrecht   14.344,52 EUR
      an Nutzungsrecht   14.344,52 EUR.

BS: Leasing-Verbindlichkeit   13.410,97 EUR
     Zinsaufwand   5.069,03 EUR
      an Bank   18.480,00 EUR.

Die Buchungen am 31.12.05 und am 31.12.06 sind dieselben mit den jeweils anderen Werten aus der Tabelle.

(2) Bilanzierung beim Leasing-Geber nach IFRS 16

Der Leasing-Geber hat zu Beginn des Leasingverhältnisses dieses zu klassifizieren, d.h., entweder der Kategorie „Operating-Leasingverhältnis" oder der Kategorie „Finanzierungsleasing" zuzuordnen. Dabei ist primär der wirtschaftliche Gehalt des Leasingverhältnisses und weniger die Vertragsform zu würdigen. Eine Einstufung als *„Finanzierungsleasing"* erfolgt, wenn das Leasingverhältnis im Wesentlichen alle mit dem Eigentum verbundenen Risiken und Chancen an den Leasing-Nehmer überträgt. Anderenfalls ist das Leasingverhältnis als *„Operating-Leasing-*

verhältnis" zu klassifizieren (IFRS 16.61 f.). IFRS 16.63-64 enthalten eine Reihe von Beispielen für vertragliche Vereinbarungen, die zu einer Klassifikation des Leasingverhältnisses als Finanzierungsleasing führen würden. Aus diesen ergibt sich das folgende Prüfschema.

Prüfschema:

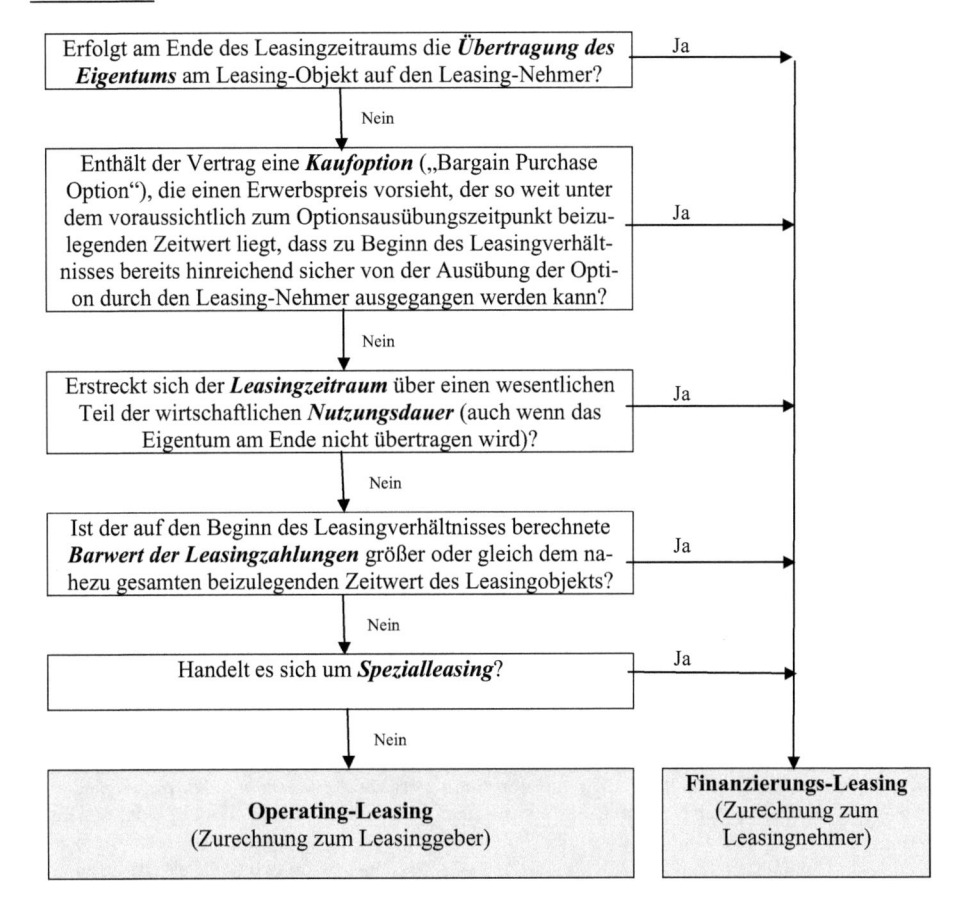

```
┌─────────────────────────────────────────────────────┐
│ Erfolgt am Ende des Leasingzeitraums die            │   Ja
│ Übertragung des Eigentums am Leasing-Objekt auf     │ ─────►
│ den Leasing-Nehmer?                                 │
└─────────────────────────────────────────────────────┘
                      │ Nein
                      ▼
┌─────────────────────────────────────────────────────┐
│ Enthält der Vertrag eine Kaufoption („Bargain       │
│ Purchase Option"), die einen Erwerbspreis vorsieht, │
│ der so weit unter dem voraussichtlich zum           │   Ja
│ Optionsausübungszeitpunkt beizulegenden Zeitwert    │ ─────►
│ liegt, dass zu Beginn des Leasingverhältnisses      │
│ bereits hinreichend sicher von der Ausübung der     │
│ Option durch den Leasing-Nehmer ausgegangen         │
│ werden kann?                                        │
└─────────────────────────────────────────────────────┘
                      │ Nein
                      ▼
┌─────────────────────────────────────────────────────┐
│ Erstreckt sich der Leasingzeitraum über einen       │   Ja
│ wesentlichen Teil der wirtschaftlichen Nutzungs-    │ ─────►
│ dauer (auch wenn das Eigentum am Ende nicht         │
│ übertragen wird)?                                   │
└─────────────────────────────────────────────────────┘
                      │ Nein
                      ▼
┌─────────────────────────────────────────────────────┐
│ Ist der auf den Beginn des Leasingverhältnisses     │   Ja
│ berechnete Barwert der Leasingzahlungen größer      │ ─────►
│ oder gleich dem nahezu gesamten beizulegenden       │
│ Zeitwert des Leasingobjekts?                        │
└─────────────────────────────────────────────────────┘
                      │ Nein
                      ▼
┌─────────────────────────────────────────────────────┐   Ja
│ Handelt es sich um Spezialleasing?                  │ ─────►
└─────────────────────────────────────────────────────┘
                      │ Nein
                      ▼
        ┌──────────────────────────┐     ┌──────────────────────────┐
        │   Operating-Leasing      │     │  Finanzierungs-Leasing   │
        │ (Zurechnung zum          │     │  (Zurechnung zum         │
        │  Leasinggeber)           │     │   Leasingnehmer)         │
        └──────────────────────────┘     └──────────────────────────┘
```

Weitere Anzeichen für ein Vorliegen eines *Finanzierungsleasing-Verhältnisses* sind (IFRS 16.64):
- Wenn der Leasing-Nehmer das Leasingverhältnis auflösen kann, hat er die daraus resultierenden Verluste des Leasing-Gebers zu tragen;
- dem Leasing-Nehmer stehen die Chancen und Risiken zu, die sich aus Schwankungen des beizulegenden Zeitwertes des Restwertes ergeben (z.B. erhält der Leasing-Nehmer einen Großteil des Verkaufserlöses am Ende des Leasingverhältnisses in Form von Mietrückerstattungen);
- der Leasing-Nehmer hat eine Mietverlängerungsoption zu einer Miethöhe, die wesentlich niedriger ist als die marktübliche Miete.

Trotz des Vorliegens einiger der genannten Indikatoren und Beispiele kann es sein, dass aus anderen Merkmalen hervorgeht, dass ein Leasingverhältnis doch nicht im Wesentlichen alle mit dem Eigentum an dem zugrunde liegenden Vermögenswert verbundenen Risiken und

Chancen auf den Leasing-Nehmer überträgt. Dies kann bei variablen Leasing-Zahlungen der Fall sein oder wenn dem Leasing-Nehmer am Ende des Leasingverhältnisses das Eigentum am Leasing-Objekt gegen eine variable Zahlung in Höhe des dann geltenden Fair Value übertragen wird, sodass er diesbezüglich kein Risiko hat. In diesen Fällen ist das Leasingverhältnis als Operating-Leasingverhältnis zu klassifizieren (IFRS 16.65).

Das Leasingverhältnis ist beim Leasing-Geber je nachdem, ob ein Operating-Leasingverhältnis oder ein Finanzierungsleasing vorliegt, wie folgt zu bilanzieren:

	Finanzierungsleasing	*Operating-Leasingverhältnis*
Grundsatz	Der Leasing-Geber weist anstelle des Leasing-Objekts eine **Forderung in Höhe der Nettoinvestition in das Leasingverhältnis** aus. Dies entspricht dem Barwert der Bruttoinvestition in das Leasingverhältnis, die sich aus der Summe der Mindestleasingzahlungen und einem erwarteten nicht-garantierten Restwert zusammensetzt.	Ausweis der dem Operating-Leasingverhältnis zugrunde liegenden Vermögenswerte (IFRS 16.88).
Erstmalige Bewertung am Bereitstellungsdatum	Die Forderung ist in Höhe des Barwerts der **(Mindest)Leasing-Zahlungen** zu bewerten, die in die Bewertung der **Leasing-Verbindlichkeit** beim Leasing-Nehmer eingehen. Dazu gehören feste und variable (von einem Index oder (Zins-)Satz[1] abhängige) Leasing-Zahlungen, Zahlungen für eine Restwertgarantie, der Ausübungspreis einer (hinreichend sicher auszuübenden) Kaufoption, Strafzahlungen für eine Kündigung, falls diese hinreichend sicher ist. Nicht dazu gehört ein erwarteter nicht-garantierter Restwert des Leasing-Objekts. Außerdem umfasst die Forderung den Barwert des erwarteten **nicht-garantierten Restwerts**. Als **Abzinsungszinssatz** ist der dem Leasingverhältnis zugrunde liegende Zinssatz heranzuziehen. Dieser wird so festgelegt, dass anfängliche direkte Kosten in die Bewertung der Nettoinvestition in das Leasingverhältnis einbezogen werden (IFRS 16.68 f.).	**Leasing-Zahlungen** sind linear oder auf einer anderen repräsentativeren systematischen Basis als Ertrag zu erfassen (IFRS 16.81). **Anfängliche direkte Kosten**[2], die bei der Erlangung eines Operating-Leasingverhältnisses entstehen, sind dem Buchwert des Leasing-Objekts hinzuzurechnen und auf der gleichen Basis wie die Leasingerträge über die Laufzeit des Leasingverhältnisses als Aufwand zu erfassen.
Folgebewertung	Es sind die **Finanzerträge** als konstante periodische Verzinsung der Nettoinvestition des Leasing-Gebers in das Leasingverhältnis über dessen Laufzeit hinweg zu erfassen (IFRS 16.75 f.). Die periodischen **Leasing-Zahlungen** werden mit der Bruttoinvestition in das Leasingverhältnis verrechnet, sodass sowohl der Kapitalbetrag als auch der noch nicht realisierte Finanzertrag sinkt. Auf die Nettoinvestition in das Leasingverhältnis ist hinsichtlich **Wertminderung** und Ausbuchung IFRS 9 anzuwenden. Die in der Bruttoinvestition in das Leasingverhältnis enthaltenen **geschätzten nicht garantierten Restwerte** sind regelmäßig zu überprüfen und bei einer Minderung die Ertragsverteilung zu korrigieren und die abgegrenzten Beträge zu mindern (IFRS 16.77).	**Leasing-Zahlungen** sind linear oder auf einer anderen repräsentativeren systematischen Basis als Ertrag zu erfassen (IFRS 16.81). **Kosten einschließlich der Abschreibungen** des Leasing-Objekts, die mit den Abschreibungsgrundsätzen für ähnliche Vermögenswerte übereinstimmen müssen, sind als Aufwand zu buchen (IFRS 16.82). **Wertminderungen** des Leasing-Objekts sind gemäß IAS 36 zu erfassen (IFRS 16.85).

---

[1] Beispielsweise könnten die Leasing-Zahlungen vom variablen 6-Monats-Euribor abhängen. Das ist der Zinssatz, den Banken höchster Bonität untereinander für Kredite zahlen müssen.

[2] Solche Kosten zu Beginn des Leasingverhältnisses, die dem Leasing-Geber direkt zurechenbar sind können etwa Provisionen, Rechtsberatungsgebühren und Kosten der Bonitätsprüfung sein.

Die Leasing-Bilanzierung beim Leasing-Geber ist im neuen Standard IFRS 16 gegenüber der früheren Regelung in IAS 17 prinzipiell unverändert geblieben. Der IASB hat darauf verzichtet, eine konsistente bzw. korrespondierende Nutzungsrechtsbilanzierung bei beiden Partnern des Leasing-Vertrags einzuführen. Aufgrund der vielfältigen Kritik wurden lediglich die Bilanzierungsregeln beim Leasing-Nehmer geändert, der nun ein Nutzungsrecht bilanziert, unabhängig davon, ob der Vertrag als Operating Leasingverhältnis oder als Finanzierungsleasing einzustufen ist. Unterschiedliche Bilanzierungsregeln ergeben sich dagegen beim Leasing-Geber.

- *Operating-Leasing*

Liegt ein Operating-Leasingverhältnis vor, so hat der **Leasing-Geber** das Leasing-Objekt in seiner Bilanz zu erfassen und über die wirtschaftliche Nutzungsdauer entsprechend den allgemeinen Regelungen des IAS 16 bzw. IAS 38 abzuschreiben, gegebenenfalls auch außerplanmäßige Wertminderungen gemäß IAS 36 zu berücksichtigen. Dem Grundsatz der (sachlichen) Periodenabgrenzung zufolge sind die Leasingerträge korrespondierend zu der wirtschaftlichen Abnutzung des Leasing-Objekts zu erfassen. Die erfolgswirksame *Erfassung der Erträge* aus dem Leasinggeschäft hat grundsätzlich *linear* zu erfolgen, auch wenn die Leasing-Zahlungen unregelmäßig erfolgen. Von der gleichmäßigen Verteilung ist allerdings abzuweichen, wenn durch eine andere planmäßige zeitliche Ertragsverteilung der zeitliche Verlauf der Nutzenverringerung aus dem Leasing-Objekt besser abgebildet, d.h. eine periodengerechtere Erfolgsermittlung erreicht wird, auch wenn die Einnahmen einen anderen Verlauf aufweisen. Dies ist etwa dann der Fall, wenn das Leasing-Objekt aufgrund des Verlaufs der wirtschaftlichen Nutzung z.B. degressiv oder nach der Leistung abgeschrieben wird. Dann sind auch die Erträge aus den erhaltenen Leasing-Zahlungen entsprechend verteilt zu vereinnahmen. Der Unterschied zwischen Einzahlung und Ertragsbuchung ist dann aktivisch oder passivisch abzugrenzen[1]. Da Rechnungsabgrenzungsposten im IFRS-Regelwerk als Bilanzposten nicht existieren, erfolgt die Periodenabgrenzung über Sonstige Forderungen und Sonstige Verbindlichkeiten, sofern die jeweiligen Aktivierungs-/ Passivierungsvoraussetzungen erfüllt sind.

Beispielaufgabe 1:[2]
Die LowTech International GmbH schließt mit Wirkung zum 1.1.01 als Leasing-Nehmer mit der Deutschen Produktionsanlagen-Leasing GmbH einen Leasingvertrag. Leasing-Objekt ist eine vom Leasing-Geber neu erworbene Stanzmaschine mit einer Nutzungsdauer von 10 Jahren und Anschaffungskosten (= Fair Value) für den Leasing-Geber in Höhe von 72.000 EUR. Die adäquate Abschreibungsmethode für die Maschine ist die lineare Abschreibung (erwarteter Restwert = 0). Der Leasing-Vertrag hat eine unkündbare Laufzeit von 3 Jahren, jährlich nachschüssig zu zahlende Leasing-Raten werden in Höhe von 15.000 EUR vereinbart. Die Maschine ist nach IAS 16 zu ihren fortgeführten Anschaffungskosten (lineare Abschreibung) zu bewerten. Verlängerungs- oder Kündigungsoptionen bestehen nicht. Wie ist der Leasingvertrag beim *Leasing-Geber* zu bilanzieren? Geben Sie die wesentlichen Buchungssätze an. Auf eine Berücksichtigung der Umsatzsteuer ist zu verzichten.

Lösung:
Da weder der Laufzeittest (3 Jahre Laufzeit : 10 Jahre Nutzungsdauer) noch der Barwerttest (Barwert der Leasing-Raten = 15.000 EUR * DSF (z.B. 10%, 3 Jahre) = 15.000 EUR * 2,486852 = 37.302,78 EUR ist wesentlich geringer als der Fair Value des Leasing-Objekts in Höhe von 72.000

---

[1] Zu weiteren Fällen mit Zahlenbeispielen vgl. Kirsch, in: Baetge, u.a. IAS 17, Tz. 54 ff.
[2] Die Lösung dieser Beispielaufgabe aus Sicht des Leasing-Nehmers findet sich in Kapitel B.IV.3.d)(2) weiter oben.

EUR) noch ein anderes Kriterium der in IFRS 16.63 f. genannten Klassifizierungskriterien (s. Prüfschema) für das Finanzierungsleasing erfüllt ist, handelt es sich um ein *Operating-Leasingverhältnis*. Das Leasing-Objekt ist vom Leasing-Geber mit den Anschaffungskosten zu aktivieren und an den folgenden Bilanzstichtagen laut Aufgabenstellung gemäß IAS 16 zu bewerten und linear über die wirtschaftliche Nutzungsdauer von 10 Jahren abzuschreiben. Da das Leasing-Objekt linear abgeschrieben wird, kann angenommen werden, dass sich der darin verkörperte Nutzenvorteil linear verringert. Somit sind die Erträge und die Aufwendungen aus dem Leasinggeschäft gleichmäßig über die Vertragslaufzeit im Periodenergebnis zu erfassen.

1.1. 01:
BS: Stanzmaschine   72.000 EUR
     an Bank   72.000 EUR.

31.12.01:
BS: Bank   15.000 EUR
     an Mietertrag   15.000 EUR.

BS: Abschreibungen auf Sachanlagen   7.200 EUR
     an Stanzmaschine   7.200 EUR.

In den Jahren 02 und 03 sind dieselben Buchungen durchzuführen.

Beispielaufgabe 1a) (Variante):[1]

Alle Angaben wie oben zu Beispielaufgabe 1 mit der Ausnahme, dass die vereinbarten Leasing-Raten im ersten Jahr in Höhe von 5.000 EUR, im 2. Jahr und 3. Jahr jeweils in Höhe von 20.000 EUR gezahlt werden. Wie ist der Leasingvertrag beim *Leasing-Geber* zu bilanzieren? Geben Sie die wesentlichen Buchungssätze an. Auf eine Berücksichtigung der Umsatzsteuer ist zu verzichten.

Lösung:

Es handelt es sich wiederum um ein *Operating-Leasingverhältnis*, Da keines der in IFRS 16.63 f. genannten Klassifizierungskriterien für das Finanzierungsleasing erfüllt ist. Auch entspricht der Barwert der Mindestleasingraten mit 5.000 EUR * $1/1{,}1$ + 20.000 EUR * $1/1{,}1^2$ + 20.000 EUR * $1/1{,}1^3$ = 36.100,68 EUR nicht mindestens dem beizulegenden Zeitwert (= 72.000 EUR) des Leasing-Objekts. Der Leasing-Geber hat somit das Leasing-Objekts zu Anschaffungskosten zu aktivieren und linear abzuschreiben. Da das Leasing-Objekt linear abgeschrieben wird, kann angenommen werden, dass sich der darin verkörperte Nutzenvorteil linear verringert. Somit sind die Erträge und die Aufwendungen aus dem Leasinggeschäft gleichmäßig, also in Höhe von 15.000 EUR p.a., über die Vertragslaufzeit im Periodenergebnis zu erfassen. Die Leasing-Zahlungen erfolgen jedoch nicht in konstanter Höhe, so dass eine Rechnungsabgrenzung erforderlich ist.

1.1. 01:
BS: Stanzmaschine   72.000 EUR
     an Bank   72.000 EUR.

31.12.01:
BS: Bank   5.000 EUR
     Sonstige Forderungen (Aktiver RAP)   10.000 EUR
     an Mietertrag   15.000 EUR.

BS: Abschreibungen auf Sachanlagen   7.200 EUR
     an Stanzmaschine   7.200 EUR.

---

[1] Die Lösung dieser Beispielaufgabe aus Sicht des Leasing-Nehmers findet sich in Kapitel B.IV.3.d)(2) weiter oben.

In den Jahren 02 und 03 ist jeweils zu buchen:
BS: Bank   20.000 EUR
    an Mietertrag   15.000 EUR
    an Sonstige Forderungen (Aktiver RAP)   5.000 EUR.

BS: Abschreibungen auf Sachanlagen   7.200 EUR
    an Stanzmaschine   7.200 EUR.

	Bilanzierung beim Leasing-Geber (EUR)							
Jahr	*Leasing-Objekt*			*Leasing-Raten*				
	Buch-wert 1.1.	Abschrei-bung	Buch-wert 31.12.	Leasing-Rate (Einzah-lung)	Ertrag	Sonst. Forde-rung 1.1.	Δ Sonsti-ge Forde-rung	Sonst. Forde-rung 31.12.
1	72.000	7.200	64.800	5.000	15.000	0	+ 10.000	10.000
2	64.800	7.200	57.600	20.000	15.000	10.000	- 5.000	5.000
3	57.600	7.200	50.400	20.000	15.000	5.000	-5.000	0

- *Finanzierungsleasing*

Bei einem Finanzierungsleasing hat der **Leasing-Geber** dagegen ein Veräußerungsgeschäft auf Raten zu bilanzieren. Das heißt, dass das Leasing-Objekt vom Leasing-Geber an den Leasing-Nehmer zum Fair Value, der dem Buchwert entspricht, veräußert wird, somit eine Forderung in der Bilanz an die Stelle des Buchwerts des Leasing-Objekts tritt, aber kein Veräußerungsgewinn zu Beginn des Leasingverhältnisses realisiert wird. Der Leasing-Geber aktiviert also eine **Forderung in Höhe des Nettoinvestitionswertes** in das Leasingverhältnis. Der Nettoinvestitionswert ergibt sich als abgezinster Bruttoinvestitionswert in das Leasingverhältnis, also als Summe aus dem Barwert aller Mindestleasingzahlungen und dem Barwert des Restwerts des Leasing-Objekts am Ende der Vertragslaufzeit, der dem Leasing-Geber zufällt. Dieser Betrag entspricht dem beizulegenden Zeitwert des Leasing-Objekts zuzüglich eventueller anfänglicher direkter Kosten des Leasing-Gebers beim Abschluss des Leasingvertrags, was durch entsprechende Wahl des Kalkulationszinsfußes, der dem Leasingverhältnis zugrunde liegt, definitionsgemäß erreicht wird. Mit anderen Worten wird auf diese Weise ein Verkauf des Leasing-Objekts zum Fair Value (=Buchwert) ohne einen Veräußerungsgewinn unterstellt.

Die **Mindestleasingzahlungen** aus der Sicht des Leasing-Gebers umfassen alle vereinbarten fixen und variablen Leasing-Zahlungen sowie etwaige vom Leasing-Nehmer oder von Dritten (z.B. einer Bank) garantierte Restwerte des Leasing-Objekts. Restwerte, die der Leasing-Geber bei seiner Kalkulation berücksichtigt, die aber niemand garantiert, sind nicht Bestandteil der Mindestleasingzahlungen, gehen aber dennoch in die Bruttoinvestition in das Leasingverhältnis ein und sind barwertig auch Teil der Nettoinvestition des Leasing-Gebers in das Leasingverhältnis.

Die Leasing-Raten bestehen aus einem Kapitalrückzahlungs- und einem Zinsanteil. Die Zinserträge sind so verteilt zu erfassen, dass sich eine konstante periodische Verzinsung der jeweils noch ausstehenden Nettoinvestition, d.h. der jeweils zu Beginn der Periode aktivierten Forderung des Leasing-Gebers, ergibt. Mit anderen Worten ist die Effektivzinsmethode bei der Folgebewertung der Leasing-Forderung anzuwenden. Die Leasing-Raten werden mit Hilfe des dem Leasingverhältnis zugrunde liegenden (internen) Zinssatzes aufgeteilt.

Beispiel:
Die LowTech International GmbH schließt mit Wirkung zum 1.1.01 als Leasing-Nehmer mit der Deutschen Produktionsanlagen-Leasing GmbH einen Leasingvertrag. Leasing-Objekt ist eine Bohrmaschine mit einer Nutzungsdauer von 6 Jahren und Anschaffungskosten (= Fair Value) in Höhe von 80.000 EUR. Die Maschine wird linear abgeschrieben. Der Leasing-Vertrag hat eine Laufzeit von 6 Jahren, als jährlich nachschüssig zu zahlende Leasing-Raten werden 18.000 EUR per annum vereinbart. Der Laufzeittest gemäß IFRS 16.63 ist erfüllt, da der Leasingzeitraum der Nutzungsdauer des Leasing-Objekts entspricht. Auch der Barwerttest ist erfüllt, da der Barwert der Leasingraten dem Fair Value des Leasing-Objekts, abgesehen von den anfänglichen direkten Kosten des Leasing-Gebers, entspricht. Somit handelt es sich um ein Finanzierungsleasingverhältnis.

Wie hoch ist der zugrunde liegende (interne) Zinssatz?
Der Zinssatz ist derjenige Diskontierungszinssatz der Leasing-Zahlungen, bei dessen Anwendung der Barwert der Zahlungen dem Fair Value des Leasing-Objekts entspricht. Mit anderen Worten wird auf diese Weise ein Verkauf des Leasing-Objekts zum Fair Value (=Buchwert) ohne einen Veräußerungsgewinn konstruiert. Der Leasing-Geber hat die Leasingforderung in Höhe der Nettoinvestition in das Leasingverhältnis zu aktivieren.

Nettoinvestition in das Leasingverhältnis =	
= Barwert der Leasing-Zahlungen =	= 18.000 EUR * $1,09312^{-1}$ + 18.000 EUR * $1,09312^{-2}$ +......+ 18.000 EUR * $1,09312^{-6}$ = 80.000 EUR
= Fair Value des Leasing-Objekts	= 80.000 EUR

Der dem Leasingverhältnis zugrunde liegende (interne) Zinssatz kann durch Iterationsverfahren oder „regula falsi" ermittelt werden und beträgt hier 9,312 %.

Die Bruttoinvestition in das Leasingverhältnis entspricht der Summe der Mindestleasing-Zahlungen plus dem nicht-garantierten Restwert (hier = 0), beträgt also 6 * 18.000 EUR = 108.000 EUR. Die Nettoinvestition in das Leasingverhältnis stellt den Barwert der Bruttoinvestition dar, der hier mit 80.000 EUR dem Barwert der Mindestleasing-Zahlungen und dem Fair Value des Leasing-Objekts entspricht. Die Differenz zwischen der Bruttoinvestition und der Nettoinvestition in das Leasingverhältnis beträgt 28.000 EUR und entspricht den zu Beginn des Leasingverhältnisses noch nicht realisierten Finanzerträgen, die sukzessive während der Laufzeit des Leasingverhältnisses erfolgswirksam vereinnahmt werden.

Beispielaufgabe 2:[1]
Die LowTech International GmbH schließt mit Wirkung zum 1.1.01 als Leasing-Nehmer mit der Deutschen Produktionsanlagen-Leasing GmbH einen Leasingvertrag. Leasing-Objekt ist eine Bohrmaschine mit einer Nutzungsdauer von 6 Jahren und Anschaffungskosten (= Fair Value) für den Leasing-Geber in Höhe von 80.000 EUR. Die adäquate Abschreibungsmethode für die Maschine ist die lineare Abschreibung. Der Leasing-Vertrag hat eine Laufzeit von 6 Jahren, als jährlich nachschüssig zu zahlende Leasing-Raten werden 17.600 EUR per annum vereinbart. Die Leasing-Raten einschließlich der garantierten Restwertzahlung sind an einen Verbraucherpreisindex geknüpft, an dessen Entwicklung sie (vereinfachend) allein am Ende des dritten Jahres der Vertragslaufzeit für die zweite Hälfte der Laufzeit angepasst werden. Der Index sei zum 31.12.03 um insgesamt 5% gestiegen. Außerdem steht dem Leasing-Geber am Ende der Laufzeit ein Andienungsrecht des Leasing-Objekts zum garantierten Restwert des Leasing-Objekts von 6.000 EUR zu. Verlängerungs- oder Kündigungsoptionen bestehen nicht. Dem Leasingverhältnis liegt ein Zinssatz von 9,209 % p.a. zugrunde. Zu Beginn des Leasingverhältnisses fallen beim Leasing-Geber Vertragsabschlusskosten in Höhe von 2.000 EUR an, beim Leasing-Nehmer fallen Beratungskosten hinsichtlich des Leasingvertragsabschlusses in Höhe von 1.200 EUR an. Die Maschine ist nach IAS 16 zu ihren fortgeführten Anschaffungskosten zu bewerten. Wie ist der Leasingvertrag

---

[1] Die Lösung dieser Beispielaufgabe aus Sicht des Leasing-Nehmers findet sich in Kapitel B.IV.3.d)(2) weiter oben.

beim Leasing-Geber zu behandeln? Geben Sie die wesentlichen Buchungssätze an. Auf eine Berücksichtigung der Umsatzsteuer ist zu verzichten.

Lösung:

Der Laufzeittest im Rahmen des Prüfschemas gemäß IFRS 16.63 ist erfüllt, da der Leasingzeitraum der Nutzungsdauer des Leasing-Objekts entspricht. Auch der Barwerttest ist erfüllt, da der Barwert der Leasingraten dem Fair Value des Leasing-Objekts, abgesehen von den anfänglichen direkten Kosten des Leasing-Gebers, entspricht. Somit liegt Finanzierungsleasing vor und der Leasing-Geber hat eine Forderung in Höhe des Nettoinvestitionswerts in das Leasingverhältnis zu aktivieren.

Der zugrunde liegende Zinssatz ergibt sich jetzt unter Einbeziehung der garantierten Restwertzahlung durch den Leasing-Nehmer in die Leasing-Zahlungen, die barwertig der Summe aus Fair Value des Leasing-Objekts und der anfänglichen direkten Kosten entsprechen müssen. Er beträgt in diesem Falle laut Aufgabenstellung 9,209 % und sorgt dafür, dass der Verkauf des Leasing-Objekts zum Fair Value (=Buchwert) ohne einen Veräußerungsgewinn erfolgt.

Nettoinvestition in das Leasingverhältnis =	
= Barwert der Leasing-Zahlungen =	= 17.600 EUR * $1,09209^{-1}$ + 17.600 EUR * $1,09209^{-2}$ +...+ + 17.600 EUR * $1,09209^{-6}$ + 6.000 EUR * $1,09209^{-6}$ = 82.000 EUR
= Fair Value des Leasing-Objekts plus anfängliche direkte Kosten =	= 80.000 EUR + 2.000 EUR = 82.000 EUR

Eine Anpassung der Leasing-Raten an die erwartete Entwicklung des Verbraucherpreisindexes vor dem vereinbarten Anpassungszeitpunkt ist nicht zulässig. Die Mindestleasing-Zahlungen enthalten die Leasing-Raten und den vom Leasing-Nehmer garantierten Restwert, betragen also 17.600 EUR * 6 + 6.000 EUR = 111.600 EUR. Die Bruttoinvestition in das Leasingverhältnis entspricht der Summe der Mindestleasing-Zahlungen plus dem nicht-garantierten Restwert (hier = 0), beträgt also ebenfalls 111.600 EUR. Die Nettoinvestition in das Leasingverhältnis stellt den Barwert der Bruttoinvestition dar, umfasst also immer auch den abgezinsten Restwert.

Die Differenz zwischen der Bruttoinvestition und der Nettoinvestition in das Leasingverhältnis beträgt 111.600 EUR – 82.000 EUR = 29.600 EUR und stellt die insgesamt während der Laufzeit des Leasingverhältnisses noch zu realisierenden Finanzerträge dar. Diese werden durch die anfänglichen direkt dem Leasing-Geber zurechenbaren Kosten reduziert.

Bilanz des Leasing-Gebers zum 1.1.01	
Leasing-Forderung (= Nettoinvestition in das Leasingverhältnis) 80.000 EUR + 2.000 EUR = 82.000 EUR	

Da nach IFRS 16.75 f. die periodisch zu vereinnahmenden Finanzerträge als konstante Verzinsung der Nettoinvestition des Leasing-Gebers in das Leasingverhältnis zu erfassen sind, muss in der Folgebewertung die Effektivzinsmethode angewandt werden. Mit deren Hilfe werden die Leasing-Raten in einen Zinsertragsanteil und in einen Tilgungsanteil aufgesplittet. In Höhe des jeweiligen Tilgungsanteils vermindert sich die Leasing-Forderung des Leasing-Gebers. Ohne Berücksichtigung der für Ende des dritten Jahres vereinbarten Anpassung der Leasing-Raten an den Verbraucherpreisindex ergibt sich folgende Entwicklung:

Termin	Leasing-Forderung des Leasing-Gebers (EUR)			Leasing-Raten (EUR) (Zinssatz = 9,209 %)		
	Bruttoinvestition	Zinsanteil (9,209 %) (noch nicht realisiert)	Nettoinvestition (= Barwert = Bilanzansatz)	Leasing-Rate insges. p.a. (Einzahlg.)	Zinsanteil (erfolgswirksamer Zinsertrag)	Tilgungsanteil (erfolgsneutral)
1.1.01	111.600	29.600,00	82.000,00	-	-	-
31.12.01	94.000	22.048,62	71.951,38	17.600	7.551,38	10.048,62
31.12.02	76.400	14.942,43	60.977,38	17.600	6.626,00	10.974,00
31.12.03	58.800	9.807,20	48.992,79	17.600	5.615,41	11.984,59
31.12.04	41.200	5.295,46	35.904,54	17.600	4.511,75	13.088,25
31.12.05	23.600	1.989,01	21.610,99	17.600	3.306,45	14.293,55
31.12.06	0	Rundungsdifferenz -1,15	Rundungsdifferenz 1,15	17.600 + 6.000	1.990,16	21.609,84
Summe	-	-	-	111.600	29.601,15	81.998,15

Der Barwert der Forderung verringert sich jeweils um den Tilgungsanteil in den Leasingraten, der Zinsanteil der Forderung verringert sich jeweils um die vereinnahmten Zinserträge. Die erfolgswirksamen Zinsanteile sind als Finanzerträge gesondert in der Gesamtergebnisrechnung auszuweisen.

<u>1.1. 01:</u>
<u>BS</u>: Leasing-Forderung 82.000,00 EUR
    an Leasing-Objekt (Bohrmaschine) 80.000,00 EUR
    an Kasse (dir. anfängliche Kosten) 2.000,00 EUR.

<u>31.12.01</u>
<u>BS</u>: Leasing-Forderung (Aufzinsung) 7.551,38 EUR
    an Zinserträge (Finanzerträge) 7.551,38 EUR.

<u>BS</u>: Bank 17.600,00 EUR
    an Leasing-Forderung 17.600,00 EUR.

Oder als zusammengesetzter Buchungssatz:

<u>BS</u>: Bank 17.600,00 EUR
    an Leasing-Forderung 10.048,62 EUR
    an Zinsertrag 7.551,38 EUR.

Bilanz des Leasing-Gebers zum 31.12.01	Gewinn- u. Verlust Jahr 01
Leasing-Forderung (= Nettoinvestition in das Leasingverhältnis) 71.951,38 EUR	Finanzerträge 7.551,38 EUR

Die Buchungen am 31.12.02 und am 31.12.03 entsprechen denen am 31.12.01, die Werte sind aus der Tabelle zu ersehen. Am 31.12.03 wird vertragsgemäß eine Anpassung der Leasing-Raten an die Entwicklung des Verbraucherpreisindexes für die letzten drei Jahre der Laufzeit des Leasingverhältnisses vorgenommen. Da der Verbraucherpreisindex um 5% gestiegen ist, werden die Leasing-Raten für die Jahre 04 bis 06 um 5% angehoben auf 17.600 EUR * 1,05 = 18.480 EUR pro Jahr.

Bilanzierung und Bewertung des Anlagevermögens

Zur Fortschreibung der Leasingforderung und Ermittlung der Finanzerträge mit Hilfe der Effektivzinsmethode muss der zugrunde liegende Zinssatz neu ermittelt werden.

Termin	Leasing-Forderung des Leasing-Gebers (EUR)			Leasing-Raten (EUR) (Zinssatz = 9,209 %)		
	Bruttoinvestition	Zinsanteil (9,209 %) (noch nicht realisiert)	Nettoinvestition (= Barwert = Bilanzansatz)	Leasing-Rate insges. p.a. (Einzahlg.)	Zinsanteil (erfolgswirksamer Zinsertrag)	Tilgungsanteil (erfolgsneutral)
1.1.04	61.440	12.447,21	48.992,79	---	---	---
31.12.04	42.960	6.754,25	36.205,75	18.480	5.692,96	12.787,04
31.12.05	24.480	2.547,14	21.932,86	18.480	4.207,11	14.272,89
31.12.06	0	Rundungsdifferenz -1,46	Rundungsdifferenz 1,46	18.480 + 6.000	2.548,60	21.931,40
Summe	-	-	-	111.600	12.448,67	48.991,33

Die Bruttoinvestition beträgt zum 1.1.04 jetzt 3 * 18.480 EUR + 6.000 EUR = 61.440 EUR. Die Nettoinvestition (Bilanzbuchwert der Leasing-Forderung) beträgt 48.992,79 EUR und stellt den Barwert der Bruttoinvestition dar. Der neue zugrunde liegende Zinssatz ergibt sich demnach als 18.480 EUR * $1{,}1162^{-1}$ + 18.480 EUR * $1{,}1162^{-2}$ + 18.480 EUR * $1{,}1162^{-3}$ + 6.000 EUR * $1{,}1162^{-3}$ = 48.992,79 EUR durch Iteration oder „regula falsi". Er beträgt 11,62%.

31.12.04
BS: Leasing-Forderung (Aufzinsung)   5.692,96 EUR
      an Zinserträge (Finanzerträge)   5.692,96 EUR.

BS: Bank   18.480,00 EUR
      an Leasing-Forderung   18.480,00 EUR.

Oder als zusammengesetzter Buchungssatz:

BS: Bank   18.480,00 EUR
      an Leasing-Forderung   12.787,04 EUR
      an Zinsertrag   5.692,96 EUR.

Die Buchungssätze am 31.12.05 und am 31.12.06 erfolgen analog mit den Werten aus der Tabelle.

Die **Änderung eines Finanzierungsleasingverhältnisses** hat der Leasing-Geber dann als ein gesondertes Leasingverhältnis zu bilanzieren, wenn ein zusätzliches Nutzungsrecht eingeräumt wird und sich dadurch das zu zahlende Entgelt um den angemessenen Einzelveräußerungspreis dieser Ausweitung des Leasingverhältnisses erhöht (IFRS 16.79). Ist dies nicht der Fall und wäre das Leasingverhältnis als Operating-Leasing eingestuft worden, wenn die Änderung bereits zu Beginn des Leasingverhältnisses wirksam gewesen wäre, so ist die Änderung ab dem effektiven Zeitpunkt der Änderung als neues Leasingverhältnis zu bilanzieren und der Buchwert des Leasing-Objekts als Nettoinvestition in das Leasingverhältnis anzusetzen (IFRS 16.80). In allen anderen Fällen ist IFRS 9 anzuwenden, wenn die Änderung eines Finanzierungsleasingverhältnisses nicht als gesondertes Leasingverhältnis bilanziert wird. Die Änderung eines Operating-Leasingverhältnisses hat der Leasing-Geber ab dem effektiven Zeitpunkt der Änderung als neues

Leasingverhältnis zu bilanzieren. Dabei sind die im Rahmen des ursprünglichen Leasingverhältnisses im Voraus geleisteten oder abgegrenzten Leasingzahlungen als Teil der Leasingzahlungen des neuen Leasingverhältnisses anzusehen (IFRS 16.87).

Ein **Sonderfall** liegt vor, wenn der Leasing-Geber gleichzeitig *Hersteller oder Händler* des Leasing-Objekts ist. In diesem Falle wird ein Finanzierungsleasing bilanziell wie ein Veräußerungsgeschäft auf Raten behandelt. Der Leasing-Geber veräußert das Leasing-Objekt an den Leasing-Nehmer, sodass anstelle des Buchwerts des Leasing-Objekts die Forderung tritt und Umsatzerlöse realisiert werden. Sind diese höher als die Anschaffungs- oder Herstellungskosten des Leasing-Objekts, der hier die Umsatzkosten darstellt, so ergibt sich bereits zu Beginn des Leasingverhältnisses ein Veräußerungsgewinn. Der Leasing-Geber muss somit am Bereitstellungsdatum für das Finanzierungsleasingverhältnis Folgendes erfassen (IFRS 16.71):

Umsatzerlös	Dieser entspricht dem niedrigeren Betrag aus Fair Value des zugrunde liegenden Vermögenswerts und Barwert der Leasing-Zahlungen, abgezinst zu einem marktüblichen Zinssatz.
Umsatzkosten	Das sind die Anschaffungs- oder Herstellungskosten des Leasing-Objekts oder (falls abweichend) der Buchwert abzüglich des Barwerts des nicht-garantierten Restwerts.
Veräußerungs-gewinne oder -verluste *= Umsatzerlös* *- Umsatzkosten*	Pflicht zur Erfassung am Bereitstellungsdatum entsprechend der Methode zur Erfassung direkter Verkaufsgeschäfte nach IFRS 15, auch wenn das Leasing-Objekt nicht gemäß IFRS 15 übertragen wird. Der Veräußerungsgewinn ist auf den Betrag zu beschränken, der bei einem marktüblichen Zinssatz erzielt würde, auch wenn der angebotene Zinssatz künstlich niedrig gehalten wurde (IFRS 16.73). Beim Abschluss eines Operating-Leasingverhältnisses ist kein Veräußerungsgewinn zu berücksichtigen, weil dieses nicht mit einem Verkauf gleichzusetzen ist (IFRS 16.86).
Kosten der Erlangung des Finanzierungs-leasings am Bereit-stellungsdatum	Stellen keine anfänglichen direkten Kosten dar und werden daher nicht in die Nettoinvestition in das Leasingverhältnis einbezogen. Sie werden als Aufwand gebucht, weil sie durch Vorarbeiten zur Erzielung des Veräußerungsgewinns verursacht werden (IFRS 16.74).

Beispielaufgabe 3:
Die LowTech International GmbH schließt mit Wirkung zum 1.1.01 als Leasing-Nehmer mit der LKW-Handels-AG einen Leasingvertrag. Leasing-Objekt ist ein Sattelschlepper mit einer Nutzungsdauer von 6 Jahren, den die LKW-Handels-AG (=Leasing-Geber) für 200.000 EUR vom Hersteller bezogen hat. Der Listenpreis des Händlers beträgt 230.000 EUR. Der Sattelschlepper wird linear abgeschrieben. Der Leasing-Vertrag hat eine Laufzeit von 6 Jahren. Die Leasing-Raten betragen nachschüssig 48.000 EUR pro Jahr, 8 % ist der zugrunde liegende marktübliche Zinssatz. Der erwartete, nicht-garantierte Restwert am Ende der Laufzeit des Leasingverhältnisses beträgt 30.000 EUR. Wie ist das Leasingverhältnis aus Sicht des *Leasing-Gebers* zu bilanzieren?

Lösung:
Der Laufzeittest im Rahmen des Prüfschemas gemäß IFRS 16.63 ist erfüllt, da der Leasingzeitraum der Nutzungsdauer des Leasing-Objekts entspricht. Auch wenn der Barwerttest hier nicht erfüllt ist,[1] so liegt doch Finanzierungsleasing vor und der Leasing-Geber hat eine Forderung in Höhe des

---

[1] Der Barwerttest ist zumindest dann nicht erfüllt, wenn man den Barwert der Leasing-Raten mit dem Fair Value vergleicht, wie es IFRS 16.63 vorschreibt. Logisch wäre aber, den Barwert des nicht-garantierten Restwerts vom Fair Value abzuziehen, dann wäre hier auch der Barwerttest erfüllt.

Nettoinvestitionswerts in das Leasingverhältnis zu aktivieren. Dieser entspricht dem Barwert aller Leasing-Zahlungen, zu denen der erwartete, aber nicht-garantierte Restwert nicht gehört. Zudem handelt es sich hier um ein Händler-Leasingverhältnis, da der Leasing-Geber gleichzeitig Händler des Leasing-Objekts ist und das Leasing nur eine Zusatzleistung darstellt (IFRS 16.71 ff.). Somit ergibt sich bei diesem Veräußerungsgeschäft auf Raten in der Regel zu Beginn des Leasingverhältnisses ein Veräußerungsgewinn.

Der Umsatzerlös entspricht hier dem Barwert der Leasingraten, da der Fair Value (230.000 EUR) des Sattelschleppers etwas höher liegt. Der Barwert der Leasingraten ergibt sich als 48.000 EUR * DSF (8%, 6 Jahre) = 48.000 EUR * 4,62288 = 221.898,24 EUR. Die Umsatzkosten entsprechen den Anschaffungskosten für das Leasing-Objekt (200.000 EUR) oder (falls abweichend) dem Buchwert abzüglich des Barwerts des nicht-garantierten Restwerts (200.000 EUR − 30.000 EUR * $1,08^{-6}$ = 181.094,91 EUR). Somit ergibt sich ein Umsatzgewinn in Höhe von 221.898,24 EUR − 181.094,91 EUR = 40.803,33 EUR.

1.1.01:
BS: Handelswaren (LKW) 200.000,00 EUR
 an Bank 200.000,00 EUR.

BS: Leasing-Forderung 221.898,24 EUR
 an Umsatzerlöse 221.898,24 EUR.

BS: Wareneinsatz (Umsatzkosten) 181.094,91 EUR
 Restwertforderung (Barwert) 18.905,09 EUR
 an Handelswaren 200.000,00 EUR.

Als Saldo ergibt sich ein Umsatzgewinn in Höhe von 40.803,33 EUR. Im Weiteren sind wieder die Leasing-Zahlungen in einen Tilgungsanteil und einen Zinsertragsteil mit Hilfe der Effektivzinsmethode aufzuspalten. Die Restwertforderung wird mit 8% jährlich aufgezinst und wird am Laufzeitende mit dem tatsächlichen Restwert des Sattelschleppers „getilgt". Sollte sich während des Laufzeit des Leasingverhältnisses der erwartete nicht-garantierte Restwert aufgrund von Marktveränderungen („Dieselskandal") verringern, so würde dies den Umsatzgewinn vermindern, weil der Wareneinsatz (Aufwand) dann ursprünglich zu niedrig angesetzt war. Diese nachträgliche Gewinnminderung ist durch eine Wertminderung der Restwert-Forderung zu erfassen.

Für **Sale-and-Lease-back-Transaktionen** ist nach IFRS 15 zu prüfen, ob die Übertragung des Vermögenswerts einen Verkauf darstellt oder nicht. Je nach Ergebnis der Prüfung haben die Transaktionen unterschiedliche Auswirkungen auf den Jahresabschluss, die in IFRS 16.98-103 geregelt sind.

Zahlreiche Informationen sind über die allgemeinen Vorschriften des IFRS 7 hinaus gemäß IFRS 16.90-97 im **Anhang** des **Leasing-Gebers** anzugeben, damit die Abschlussadressaten beurteilen können, wie sich die Leasingverhältnisse auf die Vermögens-, Finanz- und Ertragslage des Leasing-Gebers auswirken. Allgemein geht es um Informationen über die Art der Leasingaktivitäten des Leasing-Gebers, seine Art des Risikomanagements hinsichtlich seiner Rechte an den Leasing-Objekten. Speziell gehören zu den geforderten Informationen beim **Finanzierungsleasing** unter anderem die Angabe wesentlicher Änderungen des Buchwerts der Nettoinvestition in Finanzierungsleasingverhältnisse, der nicht-diskontierten zukünftigen nach Fälligkeiten gestaffelten Leasing-Zahlungen (Bruttoinvestitionswert) mit Überleitung auf den Nettoinvestitionswert, des Veräußerungsgewinns oder -verlusts, des Finanzertrags auf die Nettoinvestition in das Leasingverhältnis sowie der nicht in diese einbezogenen Erträge aus variablen Leasingzahlungen. Bei **Operating-Leasingverhältnissen** sind die Leasing-Erträge und gesondert auch die Erträge aus variablen Leasing-Zahlungen, die nicht von einem Index oder (Zins-)Satz abhängen, anzugeben.

Auch hier sind mindestens für die ersten 5 Jahre gestaffelt die jährlich fälligen und für die übrigen Jahre in einem Betrag zusammengefassten nicht-diskontierten Leasing-Zahlungen zu zeigen. Im Übrigen sind für die zugrunde liegenden Sachanlagen die allgemein nach anderen Standards (insbesondere IAS 16) geforderten Informationen getrennt für Leasing-Objekte anzugeben. Der **Leasing-Nehmer** hat nach IFRS 16.51-60 ebenfalls allgemeine Angaben über seine Leasingverhältnisse zu machen sowie unter anderem den Abschreibungsbetrag auf das Nutzungsrecht, die Zinsaufwendungen für Leasingverbindlichkeiten, den Buchwert des Nutzungsrechts am Ende der Berichtsperiode (nach Klassen der Leasing-Objekte) anzugeben.

Aufgabe 48: Leasing nach IFRS

4. Der Anlagenspiegel

a) Der Anlagenspiegel nach HGB

Die Aufgabe des Anlagenspiegels, der auch „Anlagengitter" genannt wird, liegt in der Erweiterung der Aussagekraft der zeitpunktbezogenen Bilanz durch die Darstellung der Veränderungen der einzelnen Posten des Anlagevermögens während des Geschäftsjahres. Die zeitraumbezogene Darstellung der Entwicklung des Anlagevermögens wird zuweilen auch als "horizontale Gliederung" des Anlagevermögens bezeichnet. Die Erstellung des Anlagenspiegels als Bestandteil des Anhangs ist für Kapitalgesellschaften gem. § 284 Abs. 3 HGB vorgeschrieben. Kleine Kapitalgesellschaften und Kleinstkapitalgesellschaften sind gemäß § 288 Abs. 1 Nr. 1 HGB von der Aufstellung eines Anlagenspiegels befreit.

Grundsätzlich kann die Entwicklung des Anlagevermögens auf drei verschiedene Arten dargestellt werden, die am Beispiel des Bilanzpostens "Maschinen und technische Anlagen" gezeigt werden sollen:

- **direkte Nettomethode:**

Anlagenspiegel (in EUR)			Bilanz (in EUR)	
Restbuchwert zu Beginn des Jahres	abzüglich Abschreibungen des Geschäftsjahres	= Restbuchwert am Ende des Geschäftsjahres	Maschinen	
100.000	- 20.000	= 80.000	80.000	

Die obige Darstellungsweise wurde vor der Bilanzrechtsreform von 1985/86 angewandt und hat den Nachteil, dass ein Bilanzleser keine Vorstellung von der Größe des Maschinenparks erhält, da der Restbuchwert eines großen, aber relativ alten Maschinenbestandes eine ähnliche Größenordnung aufweist wie der eines kleinen, aber relativ neuen Maschinenparks. Maschinen, die bereits voll abgeschrieben sind, aber noch im Betrieb genutzt werden, sind überdies im ausgewiesenen Wert nicht enthalten.

- **indirekte Bruttomethode:**

Anlagenspiegel (in EUR)		
Ursprüngliche Anschaffungs- oder Herstellungskosten	abzüglich Wertberichtigungen (=Summe aller bisherigen Abschreibungen)	= Restbuchwert am Ende des Geschäftsjahres
200.000	- 120.000	= 80.000

Bilanz (in EUR)	
Maschinen 200.000	Wertberichtigungen zu Maschinen 120.000

Die indirekte Bruttomethode war damals wahlweise auch möglich, wurde jedoch nur in bestimmten Branchen, z.B. in der Energiewirtschaft oder in der Luftfahrt, angewandt. Der Vorteil dieser Darstellungsweise ist, dass der Bilanzleser sich einen tendenziellen Eindruck von der Größe und dem ungefähren durchschnittlichen Alter des Maschinenparks verschaffen kann und dass noch genutzte, aber voll abgeschriebene Maschinen im bilanziellen Wert noch enthalten sind (sowie in gleicher Höhe in der Position "Wertberichtigungen zu Maschinen") und erst beim Abgang aus beiden Posten eliminiert werden. Auch lässt sich die Abschreibungspolitik tendenziell abschätzen. Nachteilig ist die Aufblähung der Bilanz infolge des Bruttoausweises.

- **direkte Bruttomethode:**

Anlagenspiegel (in EUR)		
Ursprüngliche Anschaffungs- oder Herstellungskosten	abzüglich kumulierte Abschreibungen (=Summe aller bisherigen Abschreibungen)	= Restbuchwert am Ende des Geschäftsjahres
200.000	- 120.000	= 80.000

Bilanz (in EUR)
Maschinen 80.000

Die direkte Bruttomethode ist seit der Bilanzrechtsreform von 1985/86 verbindlich vorgeschrieben. Sie enthält alle Vorteile der indirekten Bruttomethode, ohne eine Aufblähung der Bilanz zu bewirken, da in die Bilanz nur der Restbuchwert am Jahresende Eingang findet.

§ 284 Abs. 3 HGB schreibt ein Schema für den Anlagenspiegel mit mindestens elf Spalten vor, die im Folgenden erläutert werden sollen:

Historische Anschaffungs- oder Herstellungskosten:
In der ersten Spalte sind die ursprünglichen Anschaffungs- oder Herstellungskosten ungekürzt anzugeben, auch wenn der Vermögensgegenstand bereits voll abgeschrieben ist. Erst wenn der Gegenstand mengenmäßig aus dem Betriebsvermögen ausscheidet, werden die ursprünglichen Anschaffungs-/Herstellungskosten aus dieser Spalte eliminiert. Es wird zwar nicht vom Gesetzgeber verlangt, aber es erscheint sinnvoll, in einer zusätzlichen Spalte nach den Zugängen, Abgängen und Umbuchungen den Endbestand der historischen Anschaffungs- oder Herstellungskosten zum 31.12. anzugeben, der zu Beginn des Folgejahres in die erste Spalte verschoben wird.

Zugänge:
Unter Zugängen sind mengenmäßige Ausweitungen des Anlagevermögens durch Kauf, Tausch oder Schenkung zu verstehen, die allerdings nur wertmäßig angegeben werden. Bei immateriellen Gegenständen wird mit der Buchung der gleichzeitige Zugang angenommen. Nach § 284 Abs. 3 S. 4 HGB sind die in den Herstellungskosten der Zugänge enthaltenen Fremdkapitalzinsen (Wahlrecht gemäß § 255 Abs. 3 HGB) für jeden Posten des Anlagevermögens anzugeben. Zweckmäßigerweise erfolgt die Angabe als Davon-Vermerk in der Zu-

gangsspalte des Anlagenspiegels. Ausnahmsweise können Vermögensgegenstände, deren Anschaffungs-/Herstellungskosten höchstens 250 EUR betragen, sofort als Aufwand behandelt werden, der Ausweis eines Zugangs kann also entfallen. Hierbei wird davon ausgegangen, dass die neue steuerrechtliche Regelung für geringwertige Wirtschaftsgüter (§ 6 Abs. 2 EStG) als handelsrechtliche Übung übernommen wird.[1]

Abgänge:
Als Abgänge bezeichnet man das mengenmäßige (körperliche) Ausscheiden von Anlagegegenständen aus dem Betriebsvermögen, z.B. durch Verkauf, Entnahme, Untergang, Verschrottung oder Tausch. Die Abgangsspalte ist eine Korrekturspalte zur ersten Spalte der historischen Anschaffungs-/Herstellungskosten, so dass abgehende Gegenstände hier ebenfalls mit den historischen Anschaffungs-/Herstellungskosten ausgewiesen werden müssen.

Umbuchungen:
Hierbei handelt es sich um reine Ausweisänderungen aufgrund von Vermögensumschichtungen innerhalb des Anlagenspiegels. Grundsätzlich sind die historischen Anschaffungs-/ Herstellungskosten zum Bilanzstichtag des Vorjahres in der Umbuchungsspalte zu berücksichtigen. Im Folgejahr ist dann die erste Spalte der beiden Anlagepositionen entsprechend zu korrigieren.

Beispiel:
Ein in der Position "Gebäude im Bau" bilanziertes Gebäude wird fertig gestellt.

	Umbuchungen
Gebäude	+ 1 Mio EUR
Gebäude im Bau	- 1 Mio EUR

Beispiel:
Ein Vorführwagen eines PKW-Händlers soll verkauft werden. Es handelt sich hierbei um eine Verschiebung des Vermögensgegenstandes in das Umlaufvermögen. Es findet somit keine Umschichtung *innerhalb* des Anlagevermögens statt. Somit ist dieser Vorgang auch nicht unter Umbuchungen, sondern unter Abgängen zu erfassen.

Zuschreibungen:
Hierunter werden die reinen Werterhöhungen bei Anlagegegenständen erfasst. Es handelt sich um eine Rückgängigmachung früherer außerplanmäßiger Abschreibungen. Zuschreibungen werden nicht kumuliert ausgewiesen, sondern immer nur für das laufende Geschäftsjahr. Dies stellt einen Systembruch dar, der vom Gesetzgeber damit begründet wurde, dass andernfalls die kumulierten Abschreibungen die historischen Anschaffungs-/Herstellungskosten überschreiten könnten, da die kumulierten Abschreibungen dann noch die kumulierten Zuschreibungen umfassen würden. Um dennoch den Anlagenspiegel von der ersten Spalte bis zum Restbuchwert am Ende des Geschäftsjahres durchrechenbar zu machen, ist es erforderlich, die Zuschreibungen im Folgejahr von den kumulierten Abschreibungen zu subtrahieren. Damit wird erreicht, dass die aufsummierten Zuschreibungswirkungen über die Verminderung der kumulativen Abschreibung berücksichtigt werden und daher die kumulierten Abschreibungen die historischen Anschaffungs-/Herstellungskosten nicht übersteigen können. Schließlich wird verdeutlicht, dass mit den Zuschreibungen Abschreibungen rückgängig gemacht werden.

Schematisches Aussehen des Anlagenspiegels:

---

[1] Auf die Behandlung der geringwertigen Wirtschaftsgüter im Anlagenspiegel wird unten noch ausführlicher eingegangen.

Werte in TEUR oder Mio. EUR	Bestand zum 1.1. (historische AK/HK)	Zugänge zu AK/HK (davon: in HK aktivierte FK-Zinsen)	Abgänge (zu historischen AK/HK)	Umbuchungen (zu histor.) AK/HK)	Bestand zum 31.12. (zu historischen AK/HK)	Kumulierte Abschreibungen						Buchwert am Ende des Geschäftsjahres	Buchwert am Ende des Vorjahres
						Stand am 1.1.	Abschreibungen des Gj.	Zuschreibungen des Gj.	Zugänge des Gj.	Abgänge des Gj.	Umbuchungen des Gj.	Stand am 31.12.		
Immaterielle Vermögensgegenstände: 1. Selbst geschaffene gewerbliche Schutzrechte u.ä. Rechte /Werte 2. Entgeltlich erworbene Konzessionen, gewerbliche Schutzrechte u.ä. Rechte /Werte und Lizenzen 3. Geschäfts oder Firmenwert 4. Geleistete Anzahlungen														
Sachanlagen: 1. Grundstücke etc. 2. technische Anlagen und Maschinen 3. Andere Anlagen, Betriebs- und Geschäftsausstattung 4. geleistete Anzahlungen und Anlagen im Bau														
Finanzanlagen: 1. Anteile an verbundenen Unternehmen 2. Ausleihungen an verbundene Unternehmen 3. Beteiligungen 4. Ausleihungen an Unternehmen, mit denen ein Beteiligungsverhältnis besteht 5. Wertpapiere des Anlagevermögens 6. Sonstige Ausleihungen														

Kumulierte Abschreibungen („Abschreibungen in ihrer gesamten Höhe"):
In dieser Spalte sind sämtliche in den vorausgegangenen und im gerade abgelaufenen Geschäftsjahr angefallenen Abschreibungen auf die Vermögensgegenstände, die sich am Ende des Geschäftsjahres noch im Betriebsvermögen befinden, zu berücksichtigen. Erst beim Abgang des Gegenstands aus dem Anlagevermögen werden die entsprechenden kumulierten Abschreibungen eliminiert.

Um dem Bilanzleser das Nachvollziehen der Entwicklung des Anlagevermögens zu erleichtern, hat der Gesetzgeber mit dem BilRUG die weitere Aufspaltung der kumulierten Abschreibungen, die viele Unternehmen bis dahin schon freiwillig vorgenommen hatten, für verpflichtend erklärt. Diese Untergliederung wird auch als *„Abschreibungsspiegel"* bezeichnet. Nach § 284 Abs. 3 S. 3 HGB müssen der Anfangsbestand der kumulierten Abschreibungen zum 1.1. und deren Endbestand zum 31.12. angegeben werden sowie die Änderungen der kumulierten („gesamten") Abschreibungen, also die Untergliederung dieses Differenzbetrags. Die Änderungen der gesamten Abschreibungen sind in solche im Zusammenhang mit Zugängen, Abgängen und Umbuchungen des Geschäftsjahrs zu unterteilen. Nach § 284 Abs. 3 S. 3 Nr. 2 HGB müssen außerdem die Geschäftsjahresabschreibungen gezeigt werden. Diese stellen das Bindeglied zur Gewinn- und Verlustrechnung dar, in der die Summe aller im Anlagenspiegel bilanzpostenweise enthaltenen Geschäftsjahresabschreibungen auf das Anlagevermögen ausgewiesen wird.

Es stellt sich nun die Frage nach dem Zusammenspiel der Geschäftsjahresabschreibungen und der Änderungen der kumulierten Abschreibungen z.B. im Zusammenhang mit Zugängen des Geschäftsjahrs. Geht man davon aus, dass letztere nur mit Geschäftsjahresabschreibungen verknüpft sind, wären dieselben Beträge doppelt berücksichtigt und die Durchrechenbarkeit des Anlagenspiegels erschwert. Dann hätte der Gesetzgeber vielleicht an einen „Davon-Vermerk"[1] gedacht. Es gibt aber auch Fälle, in denen im Zugangszeitpunkt historische Anschaffungskosten sowie früher vorgenommene kumulierte Abschreibungen im Anlagenspiegel zu erfassen sind, z.B. bei der Übernahme von Anlagevermögen bei Umwandlungen nach § 24 UmwG (Verschmelzung) unter Anwendung der Buchwertfortführung. Aus diesem Grunde und um die Durchrechenbarkeit zu erleichtern, werden in die Änderungen der gesamten Abschreibungen im Zusammenhang mit Zugängen, Abgängen und Umbuchungen zweckmäßigerweise nur die kumulierten Abschreibungen ohne die in den Geschäftsjahresabschreibungen enthaltenen Beträge einbezogen.[2] Bei den Umbuchungen kann es ebenfalls vorkommen, dass bereits vor Fertigstellung z.B. des Gebäudes im Bau und damit vor der Umbuchung außerplanmäßige Abschreibungen vorgenommen werden mussten.

Da die letztgenannten Fälle eher selten vorkommen, wird in der Praxis zumeist auf die Spalten „Abschreibungen des Geschäftsjahrs" und „Umbuchungen" im Rahmen des *(vereinfachten) Abschreibungsspiegels* verzichtet. Dann entsprechen die „Zugänge" zu den kumulierten Abschreibungen – wie es vor dem BilRUG auch meist freiwillig dargestellt wurde – den Geschäftsjahresabschreibungen.

Da der Anlagenspiegel als von links nach rechts durchrechenbar konzipiert ist, ist es zweckmäßig in einer Spalte ganz rechts den jeweiligen Netto-Buchwert zum 31.12. anzugeben, auch wenn dies der Gesetzgeber nicht verlangt, weil dieser Wert wiederum das Bindeglied zu den

---

[1] Zum Beispiel: Abschreibungen des Geschäftsjahres = 1.000 EUR, davon auf Zugänge des Geschäftsjahres entfallender Betrag.= 50 EUR.
[2] Vgl. z.B. Grottel, Bernd in Beck Bil-Komm. § 284 Rz. 230 ff.

Bilanzpostenwerten darstellt. Außerdem ist es üblich, auch den Vorjahres-Buchwert zum Vergleich anzugeben. Somit ergibt sich letztlich ein 14-Spalten-Schema.

Allgemein werden beim *Abgang von Anlagegütern* folgende Spalten des Anlagenspiegels berührt:

Historische Anschaffungs-/ Herstellungskosten	*Abgänge*	*Kumulierte Abschreibungen*	*Restbuchwert am Ende des Geschäftsjahres*
Eliminierung der historischen Anschaffungs-/Herstellungskosten der abgegangenen Anlagegegenstände erst *im Folgejahr* des Abgangs	*im Abgangsjahr*: historische Anschaffungs-/ Herstellungskosten der abgegangenen Anlagegegenstände; der Wert wird *im Folgejahr* aus der ersten Spalte eliminiert	Subtraktion aller auf die abgegangenen Vermögensgegenstände entfallenden kumulierten Abschreibungen (unter Berücksichtigung der dort bereits subtrahierten kumulierten Zuschreibungen)	Herausnahme des Restbuchwertes der aus dem Betriebsvermögen ausgeschiedenen Anlagegüter[1]

Im seltenen Einzelfall könnte auch die Spalte "Zuschreibungen (des Geschäftsjahres)" berührt sein, wenn im Jahr des Abgangs eine Zuschreibung auf den Anlagegegenstand vorgenommen wurde, die dann im Anlagenspiegel nicht ausgewiesen würde.

Ein Sonderproblem taucht bei der Sofortabschreibung von sog. *Geringwertigen Wirtschaftsgütern* (= GWG, § 6 Abs. 2 u. 2a EStG; vgl. Kapitel A.V.2.(5) und B.IV.2.c)(4)) auf. Wird davon ausgegangen, dass die steuerrechtliche Regelung für geringwertige Wirtschaftsgüter (§ 6 Abs. 2 EStG) als handelsrechtliche Übung übernommen wird, so ergeben sich folgende Berücksichtigungsweisen im Anlagenspiegel:

- Vermögensgegenstände, deren Anschaffungs-/ Herstellungskosten **höchstens 250 EUR** (ohne USt) betragen, können vor dem Hintergrund des GoB der Wirtschaftlichkeit *sofort als Aufwand* gebucht werden, der Ausweis eines Zugangs kann somit entfallen.

- Bei GWG mit Anschaffungs-/ Herstellungskosten von **über 250 EUR bis 800 EUR** (ohne USt) ist ein Zugang zu buchen und im Anlagenspiegel auszuweisen. Am Jahresende kann (Wahlrecht) eine *Sofortabschreibung* in voller Höhe mit entsprechendem Ausweis im Anlagenspiegel erfolgen. Wann ist jedoch ein Abgang zu berücksichtigen? Eigentlich müssten die historischen Anschaffungs-/ Herstellungskosten der GWG sowie die kumulierten Abschreibungen in gleicher Höhe bis zum Jahre des tatsächlichen Ausscheidens des Vermögensgegenstands aus dem Betriebsvermögen unverändert fortgeführt werden. Dazu müssten jedoch alle GWG jährlich auf ihr Noch-Vorhandensein überprüft werden, damit im Jahr des tatsächlichen Abgangs die beiden genannten Spalten des Anlagenspiegels entsprechend vermindert werden können. Dieser hohe Verwaltungsaufwand würde den Vereinfachungseffekt durch die Sofortabschreibungsmöglichkeit zumindest zum Teil wieder zunichte machen. Daher ist es zweckmäßig und üblich, die GWG im Jahr des Zugangs voll abzuschreiben und gleichzeitig einen Abgang zu fingieren. Zu beachten ist, dass als Folge dieser Fiktion die Spalte „Kumulierte Abschreibungen" gar nicht mehr berührt wird, wohingegen der Sofortabschreibungsbetrag in der Spalte „Abschreibungen des Geschäftsjahres" ent-

---

[1] Dies erfolgt automatisch durch die Vornahme einer Horizontaladdition.

halten sind. Vorteilhaft ist neben der Verwaltungsvereinfachung, dass der externe Bilanzleser das Investitionsvolumen des Unternehmens erkennen kann, da die GWG in den Zugängen enthalten sind.

- Wird aufgrund des Grundsatzes der Wirtschaftlichkeit auch die steuerliche mögliche **Bildung eines Sammelpostens** für bewegliche, selbständig nutzbare Wirtschaftsgüter mit Anschaffungs- oder Herstellungskosten *über 250 EUR bis 1.000 EUR* (ohne USt) als handelsrechtliche kaufmännische Übung übernommen, so muss auf jeden Fall im Interesse der Klarheit und Nachvollziehbarkeit ein Zugang im Anlagenspiegel ausgewiesen werden. Auch die jährliche pauschale Abschreibung von 20% solcher jahresbezogener Sammelposten kann als handelsrechtliche kaufmännische Übung übernommen werden. Schließlich ist es aus Gründen der Wirtschaftlichkeit der Rechnungslegung zweckmäßig einen Abgang im Zeitpunkt der vollständigen Abschreibung des Sammelpostens am Ende des vierten auf das Zugangsjahr folgenden Jahres zu fingieren. Eine jährliche inventurmäßige Überprüfung des Vorhandenseins des Sammelpostens und schließlich des tatsächlichen Abgangs der GWGs ist auch hier nicht erforderlich. Da man sich handelsrechtlich nicht an die steuerrechtlichen Regelungen halten muss, könnte der Grundsatz der Wirtschaftlichkeit in der Handelsbilanz auch so umgesetzt werden, dass z.B. bis 900 EUR oder 1.000 EUR eine Sofortabschreibung vorgenommen wird. Abgesehen von dem wertmäßig begrenzten bilanzpolitischen Effekt, wäre der Wirtschaftlichkeitseffekt ebenfalls begrenzt, da für die Steuerbilanz der Buchwert des Sammelpostens sowieso bis zur völligen Abschreibung weitergeführt werden muss.

Vertiefung:

Erkenntnisse des externen Bilanzlesers aus dem Anlagenspiegel:

1. Der Ausweis der historischen Anschaffungs-/Herstellungskosten sämtlicher aktivierter Anlagegüter ermöglicht einen Einblick in das gesamte im Anlagevermögen investierte Kapital.

2. *Gesamtabschreibungsquote* (=Anlagenabnutzungsgrad) =

$$\frac{\text{kumulierte Abschreibungen}}{\text{historische Anschaffungs-/Herstellungskosten}}$$

Aufgrund der Gesamtabschreibungsquote sind tendenzielle Aussagen zur Altersstruktur des Anlagevermögens und zum Reinvestitionsbedarf möglich. Um genauere Aussagen treffen zu können, sind jedoch noch Informationen über die Nutzungsdauern, die angewandten Abschreibungsmethoden und die voll abgeschriebenen, aber noch genutzten Vermögensgegenstände erforderlich.

3. *Abschreibungsquote* =

$$\frac{\text{Abschreibungen des Geschäftsjahres}}{\text{historische Anschaffungs-/Herstellungskosten}}$$

Mit Hilfe der Abschreibungsquote können tendenzielle Aussagen über die Abschreibungspolitik des Unternehmens gemacht werden. Bei florierenden Unternehmen wird die Abschreibungsquote durch Inanspruchnahme z.B. der geometrisch-degressiven Abschreibung oder des

Wahlrechts zur außerplanmäßigen Abschreibung auf Finanzanlagen eher hoch sein, bei ertragsschwachen Unternehmen dagegen niedriger.

Aufgaben 49 und 50: Anlagenspiegel über mehrere Jahre

Aufgabe 51: Anlagenspiegel

b) Der Anlagenspiegel nach IFRS

Auch nach dem IFRS-Regelwerk sind im Anhang Angaben über die Entwicklung des Sachanlagevermögens im Laufe des Geschäftsjahres zu machen. Infolge der komplizierteren Bewertung der Vermögenswerte sind nicht nur die im HGB geforderten, sondern darüber hinaus noch weitergehende Angaben erforderlich. So sind z.B. auch erfolgsneutrale Erhöhungen oder Verminderungen des Buchwertes der Sachanlagen während der Periode auf Grund von Neubewertungen (nach IAS 16.31 ff.) und erfolgsneutral im Rahmen des Neubewertungsmodells erfasste oder aufgehobene Wertminderungsaufwendungen gemäß IAS 36 gesondert anzugeben (IAS 16.73). Auch für immaterielle Vermögenswerte sind entsprechende Angaben vorgeschrieben (IAS 38.118), nicht jedoch für die Finanzanlagen. Eine bestimmte Form für die Angaben ist jedoch nicht vorgeschrieben.

Der *Anlagenspiegel* für den Einzelabschluss nach IFRS könnte folgendes schematische Aussehen haben:

	Histor. AK/ HK bzw. Fair Value	Kum. Abschreibungen/ Wertminderungen	Zugänge	Abgänge u. zur Veräußerung gehalten klassif.Verm.-werte IFRS 5	Wertänderungen beim Neubewertungsmodell	Wertminderungsaufwendungen IAS 36	Zuschreibungen nach IAS 36	Abschreibungen des Gj.	Histor. AK/ HK bzw. Fair Value	Kum. Abschreibungen/ Wertminderungen
	1.1.	1.1.							31.12.	31.12.
Sachanlagen										
......										
......										
Immaterielle Vermögenswerte										
......										
......										

V. Bilanzierung und Bewertung des Umlaufvermögens

Lernziele:

Der Leser soll
- die Inhalte der Bilanzposten des Umlaufvermögens, ihre Abgrenzungen, Aussagekraft und Problematik erfassen

- sich die verschiedenen im Umlaufvermögen angewandten Bewertungsvereinfachungsverfahren aneignen und deren Zulässigkeit in Handels- und Steuerrecht erfahren.

1. Die Bilanzierung und Bewertung der einzelnen Positionen

a) Vorräte

Zu den Vorräten gehören:
1. Roh-, Hilfs- und Betriebsstoffe:
   Rohstoffe bilden den Hauptbestandteil des Produktes (z.B. Holz, Metall), während Hilfsstoffe nur ergänzend benötigt werden (z.B. Leim, Nägel). Betriebsstoffe werden während des Produktionsprozesses verbraucht, ohne in das Erzeugnis einzugehen (z.B. Schmierstoffe, Treibstoffe).

2. unfertige Erzeugnisse und unfertige Leistungen:
   Bei diesen hat eine Be- oder Verarbeitung von Rohstoffen bereits stattgefunden, sie ist jedoch am Bilanzstichtag noch nicht beendet. Da noch nicht abgerechnete Dienstleistungen keine Sachen sind, sondern Forderungen, diente eine Untergliederung des Postens dem Grundsatz der Bilanzklarheit, sofern beide Positionen im Unternehmen vorkommen.

3. fertige Erzeugnisse und Waren:
   Hier sind verkaufs- und versandfertige Produkte auszuweisen. Ein Ausweis als Forderungen L.u.L. erfolgt erst nach Auslieferung der Produkte.[1]

4. geleistete Anzahlungen:
   Geleistete Anzahlungen des Unternehmens an einen Lieferanten haben Forderungscharakter, da die Lieferung oder Leistung des Lieferanten noch nicht erbracht worden ist. Sie sind gem. § 266 HGB zwecks Erhöhung des Informationsgehalts jeweils bei den Positionen auszuweisen, auf die sie sich beziehen. Hier sind also nur Anzahlungen auf Vorräte.

b) Forderungen und Sonstige Vermögensgegenstände

Diese Bilanzposition wird in § 266 Abs. 2 HGB wie folgt untergliedert:

1. Forderungen aus Lieferungen und Leistungen
2. Forderungen gegen verbundene Unternehmen
3. Forderungen gegen Unternehmen, mit denen ein Beteiligungsverhältnis besteht
4. sonstige Vermögensgegenstände

---

[1] Vgl. Kapitel A.V.2.b)(4).

Die Frage der *Abzinsung* von Forderungen ist in Kapitel B.IV.1.c)(4) „Ausleihungen" behandelt, da kurzfristige Forderungen i.d.R. aus Vereinfachungsgründen (Grundsatz der Wirtschaftlichkeit) nicht abgezinst werden.

Im Folgenden soll nur auf zwei besondere Aspekte bei Forderungen, nämlich die Wertberichtigungen auf Forderungen und die Fremdwährungsforderungen, und auf den Inhalt der Position "Sonstige Vermögensgegenstände" eingegangen werden.

(1) Wertberichtigungen auf Forderungen

Forderungen aus Lieferungen und Leistungen sind mit dem Nominalbetrag zu bewerten bzw. mit dem gemäß § 253 Abs. 4 HGB beizulegenden Wert am Bilanzstichtag. Dieser entspricht bei Forderungen, deren Eingang zweifelhaft ist, dem wahrscheinlichen Wert des Zahlungseingangs. Auf diesen muss die Forderung *einzelwertberichtigt* werden. Dazu ist eine von Dritten nachprüfbare Beurteilung der Bonität des Kunden auf der Basis objektiver Anhaltspunkte notwendig. Dennoch existiert bei der konkreten Schätzung des voraussichtlichen Geldeingangs (und damit der Höhe der Wertberichtigung) ein *bilanzpolitisch einsetzbarer Ermessensspielraum* für den Bilanzierenden. Handelt es sich um eine *uneinbringliche Forderung*, weil z.B. der Schuldner Insolvenz angemeldet hat und diese mangels Masse abgelehnt wurde oder weil eine fruchtlose Zwangsvollstreckung betrieben wurde oder ein entsprechender Prozess verloren wurde, so ist diese Forderung gänzlich abzuschreiben. Dabei sind *Wert aufhellende Ereignisse* bis zum Tag der Bilanzaufstellung zu berücksichtigen, nicht jedoch Wert beeinflussende Faktoren <u>nach</u> dem Bilanzstichtag. Die Umsatzsteuerverbindlichkeiten auf die uneinbringlichen Forderungen sind gemäß § 17 Abs. 2 Nr. 1 UStG zu berichtigen. Die entsprechenden Buchungen erfolgen i.d.R. am Jahresende im Rahmen der vorbereitenden Abschlussbuchungen.

Eine andere Möglichkeit, Wert mindernde Faktoren zu berücksichtigen, ist die Bildung von *Pauschalwertberichtigungen auf Forderungen ("Delkredere")*. Als prozentualer Abschlag von der Summe aller nicht einzelwertberichtigten Forderungen werden pauschal Forderungsausfallrisiken, Zahlungsverzögerungen, Zinslosigkeit, Mahnkosten etc. berücksichtigt. Da die Ermittlung des Wertes und der Risiken jeder einzelnen Forderung kaum möglich und viel zu aufwendig wäre, ist hier eine Ausnahme nach § 252 Abs. 2 HGB vom Grundsatz der Einzelbewertung gegeben. Während *handelsrechtlich* das Vorsichtsprinzip (§ 252 Abs. 1 Nr. 4 HGB) eine eher zu hohe als zu niedrige Schätzung des wahrscheinlichen Forderungsausfalls verlangt, wird *steuerlich* als Pauschalwertberichtigung zu Forderungen nur derjenige Prozentsatz anerkannt, der aufgrund der tatsächlichen Forderungsausfälle in der Vergangenheit nachweisbar ist (§ 6 Abs. 1 Nr. 2 u. Nr. 3a Buchst. a) analog). Hierdurch können sich Unterschiede zwischen Handels- und Steuerbilanz ergeben. Der *Ermessensspielraum* des Bilanzierenden bei der Festlegung des Prozentsatzes der Pauschalwertberichtigung, der zu bilanzpolitischen Zwecken genutzt werden kann, ist demnach in der *Handelsbilanz wesentlich höher als in der Steuerbilanz*.

(2) Fremdwährungsforderungen

Fremdwährungsforderungen (Valutaforderungen) sind solche Forderungen, die in ausländischer Währung vom Schuldner zu erfüllen sind. Da der Jahresabschluss gemäß § 244 HGB in Euro aufzustellen ist, müssen die Valutaforderungen mit Hilfe des Wechselkurses umgerechnet werden. Maßgebend zur Berechnung der Anschaffungskosten ist im Falle der Forderungen der Briefkurs vom Tag der Lieferung oder Ausleihung.

Definition:

> Zum **Geldkurs** kaufen die Banken Euro gegen ausländische Devisen und Sorten von ihren Kunden an.
> Der **Briefkurs** ist der Wechselkurs, zu dem die Banken dem Publikum Euro gegen ausländische Devisen und Sorten anbieten[1].
> Der Briefkurs ist um die sog. Marge („spread") höher als der Geldkurs.

Der **Briefkurs** ist also deshalb relevant, weil der Forderungsinhaber nach Erhalt des Erfüllungsbetrags die empfangenen Devisen einer Bank zum Ankauf anbieten bzw. Euro nachfragen wird.

Aus Vereinfachungsgründen wurde es schon immer für möglich gehalten, statt des Briefkurses den Devisenmittelkurs zu verwenden. Wird der neue § 256a HGB auch als für die Zugangsbewertung (erstmalige Einbuchung) relevant angesehen, so muss allerdings der **Devisenmittelkurs** verwendet werden. Formal bezieht sich § 256a HGB jedoch nur auf die Umrechnung von Fremdwährungsforderungen und Fremdwährungsverbindlichkeiten an den folgenden Bilanzstichtagen (Folgebewertung).

Bei der Frage der *handelsrechtlichen* Bewertung von Fremdwährungsforderungen am Bilanzstichtag gab es bislang keine Besonderheiten (vgl. ADS § 253 Tz. 101 f.). Bei einer Euro-Aufwertung ist das strenge Niederstwertprinzip gemäß § 253 Abs. 4 HGB zu beachten, sofern es sich um Forderungen des Umlaufvermögens handelt. Das eingeschränkt gemilderte Niederstwertprinzip nach § 253 Abs. 3 S. 3 HGB ist im Falle einer langfristigen Ausleihung in fremder Währung zu beachten. Der durch das BilMoG neu aufgenommene § 256a HGB, der ab 1.1.2010 zu beachten ist, enthält jedoch eine Besonderheit. Danach hat die Umrechnung von Fremdwährungsforderungen mit einer Restlaufzeit von bis zu 1 Jahr an den folgenden Bilanzstichtagen mit dem Devisenkassamittelkurs ohne Rücksicht auf das Realisations- bzw. Anschaffungswertprinzip zu erfolgen. Die Fremdwährungsforderung ist demnach bei einem am Bilanzstichtag gesunkenen Eurokurs mit einem höheren Wert (in EUR) zu bilanzieren.

Steuerrechtlich ist eine Bewertung über den Anschaffungskosten der Forderung aufgrund des Realisations- und Anschaffungswertprinzip nicht zulässig. Bei einer voraussichtlich dauernden Euro-Aufwertung besteht ein Abschreibungswahlrecht auf den niedrigeren Teilwert (§ 6 Abs. 1 Nr. 1 u. 2 EStG). Dieses Wahlrecht kann unabhängig von der Abschreibungspflicht in der Handelsbilanz ausgeübt werden. Das Maßgeblichkeitsprinzip ist insofern durchbrochen (vgl. Kapitel B.II.2.).

Die Buchung im Fall einer Abschreibung lautet:

<u>BS:</u> Sonstige betriebliche Aufwendungen (Währungsverluste) an Forderungen.

---

[1] Seit der Euro-Einführung (1.1.1999) haben sich die Begriffe umgekehrt, da die Wechselkursangabe nun in der sog. Mengennotierung mit dem Euro als Basiseinheit erfolgt, also z.B. 1 EUR = 0,95 USD (Geld) und 1 EUR = 0,97 USD (Brief). Der Briefkurs ist nun der Angebotskurs der Bank für Euro und nicht mehr der Angebotskurs für US-Dollar. Dagegen ist der Geldkurs der Nachfragekurs nach Euro aus Sicht der Bank. Bezogen auf die ausländische Währung ist somit der reziproke Euro-Geldkurs der Devisenverkaufskurs der Bank und damit der für Käufe in Fremdwährung relevante Kurs (hier: 1 USD = 1,0526 EUR). Wirtschaftlich hat sich nichts geändert, da die Bank nach wie vor mehr Euro für 1 US-Dollar verlangt, als sie dafür zahlt.

Beispielaufgabe:

Die LowTech GmbH liefert am 30.8.01 an die schweizerische Firma Pipa Geige Messinstrumente auf Ziel. Die Fakturierung erfolgt in Schweizer Franken (SFR), der Rechnungsbetrag beläuft sich auf 0,8 Mio. SFR. Geldkurs am Tag der Lieferung (= Buchungstag): 1 EUR = 0,7667 SFR, Briefkurs am selben Tag: 1 EUR = 0,8333 SFR und Mittelkurs 1 EUR = 0,8 SFR. Am Bilanzstichtag (31.12.01) betragen die Kurse: 1 EUR = 0,9524 SFR (Geldkurs) und 1 EUR = 1,0476 SFR (Briefkurs) und 1 EUR = 1,00 SFR (Mittelkurs). Kurse am Bilanzaufstellungstag (31.3.02): 1 EUR = 1,0600 SFR (Geldkurs) und 1 EUR = 1,1400 SFR (Briefkurs) und 1 EUR = 1,10 SFR (Mittelkurs) Wie kann oder muss die Fremdwährungsverbindlichkeit am Bilanzstichtag bewertet werden, wenn es sich um

a) einen kurzfristigen Lieferantenkredit,
b) eine langfristige Ausleihung (Laufzeit: 10 Jahre) handelt?

Gehen Sie davon aus, dass die GmbH ihren Gewinn in Handels- und Steuerbilanz so niedrig wie möglich ausweisen möchte. Geben Sie auch alle Buchungssätze an.

Lösung:

Zu a: Die kurzfristige Forderung L.u.L. ist grundsätzlich mit dem Briefkurs vom Tage ihres Entstehens umzurechnen. Aus Vereinfachungsgründen ist auch die Verwendung des Devisenmittelkurses möglich. Sie ist handelsrechtlich sogar geboten, wenn man davon ausgeht, dass § 256a HGB sich auch auf die Zugangsbewertung bezieht. Dementsprechend soll hier immer der Mittelkurs angewendet werden. Auf Basis des Mittelkurses ist die Fremdwährungsforderung in Höhe von 1 Mio. EUR einzubuchen (1/0,8 = 1,25 EUR pro SFR) und am Bilanzstichtag aufgrund des strengen Niederstwertprinzips (§ 253 Abs. 4 HGB) mit 0,8 Mio. EUR zu bewerten.

Steuerrechtlich besteht bei voraussichtlich nachhaltiger Wechselkursänderung (hier erkenntlich an dem bis zum Bilanzaufstellungstag weiter gestiegenen EUR-Wechselkurs) ein Wahlrecht zur Teilwertabschreibung, das unabhängig von der Handelsbilanz ausgeübt werden kann (§ 5 Abs. 1 S. 1 2. Halbs. EStG). Zu vergleichen ist gemäß § 256a HGB der EUR-Forderungsbetrag (umgerechnet zum Devisenkassamittelkurs am Bilanzstichtag) 800.000 EUR mit dem Forderungsbetrag (umgerechnet zum Briefkurs oder (hier) zum Mittelkurs am Tag des Entstehens der Forderung) 1.000.000 EUR. Das Wahlrecht, auf den niedrigeren EUR-Betrag abzuschreiben, wird aufgrund des bilanzpolitischen Ziels genutzt.

BS: Forderungen L.u.L.   1.000.000 EUR
      an Umsatzerlöse   1.000.000 EUR.

BS: Sonstige betriebliche Aufwendungen
      (Währungsverluste)   200.000 EUR
      an Forderungen L.u.L.   200.000 EUR.

Zu b): Wird die EUR-Aufwertung als dauerhaft bzw. nachhaltig angesehen, so besteht in der Steuerbilanz ein Wahlrecht zur Wertberichtigung bzw. Teilwertabschreibung (6 Abs. 1 Nr. 2 EStG), das unabhängig von der Handelsbilanz ausgeübt werden kann (§ 5 Abs. 1 S. 1 2. Halbs. EStG), und handelsrechtlich nach dem Imparitätsprinzip bzw. § 253 Abs. 3 HGB eine Verpflichtung zur Abwertung der Ausleihung (Anlagevermögen), also dieselbe Lösung wie unter a). Ist die Kursänderung voraussichtlich vorübergehend, so darf in der Steuerbilanz der bisherige Buchwert der Forderung nicht verändert werden, in der Handelsbilanz besteht ein Wahlrecht.

Aufgabe 52: Fremdwährungsforderungen

(3) Sonstige Vermögensgegenstände

Hier sind alle kurzfristigen Forderungen auszuweisen, die nicht zu einer anderen Position gehören. Dabei kann es sich um Gehaltsvorschüsse, Schadensersatzansprüche, Ansprüche auf Investitionszuschüsse, Forderungen aus Bürgschaften, Regressansprüche gegen Versicherungen, Steuererstattungsansprüche gegen das Finanzamt. Außerdem sind hier GmbH- und Genossenschaftsanteile auszuweisen, die nur vorübergehend gehalten werden sollen.

c) Wertpapiere

Hier sind Wertpapiere auszuweisen, die nicht dazu bestimmt sind, dauernd dem Geschäftsbetrieb zu dienen, also aus verschiedenen Gründen nur vorübergehend gehalten werden sollen. Dazu gehören Aktien, festverzinsliche Wertpapiere, Zinsscheine, Dividendenscheine u.ä. Die Bilanzposition ist gegliedert in Anteile an verbundenen Unternehmen (vgl. Kapitel B.IV.1.c), eigene Anteile (vgl. Kapitel B.VII.2.d) und die in keine Kategorie von beiden eingeordneten "sonstigen" Wertpapiere.

d) Positionen des Umlaufvermögens nach IFRS

Nach der beispielhaften Bilanzgliederung im Anhang zu IAS 1 kann das Umlaufvermögen folgendermaßen gegliedert sein:

Kurzfristige Vermögenswerte
• Vorräte
• Forderungen aus Lieferungen u. Leistungen und sonstige Forderungen
• Zahlungsmittel und Zahlungsmitteläquivalente

Eine weitere Untergliederung der Vorräte ist nicht vorgeschrieben, aber möglich. Die Bewertungskonzeption für Vorräte enthält IAS 2 („Inventories"). Danach sind Vorräte „Vermögenswerte,
- die zum Verkauf im normalen Geschäftsgang gehalten werden,
- (b) die sich in der Herstellung für einen solchen Verkauf befinden oder
- (c) die als Roh-, Hilfs- und Betriebsstoffe dazu bestimmt sind, bei der Herstellung oder der Erbringung von Dienstleistungen verbraucht zu werden" (IAS 2.6).

Grundsätzlich das Prinzip der Einzelbewertung, und dabei bleibt es auch im Falle von Vorräten, die normalerweise nicht austauschbar sind, und im Falle von solchen Erzeugnissen, Waren oder Leistungen, die für spezielle Projekte hergestellt und ausgesondert werden (IAS 2.23). In allen anderen Fällen kann vom Grundsatz der Einzelbewertung aus Praktikabilitäts- und Wirtschaftlichkeitsgründen abgewichen und eine Bewertung mit Hilfe von Verbrauchsfolgeverfahren vorgenommen werden (s. unten Kapitel B.IV.3.e)).

Im Gegensatz zum deutschen Recht sind geleistete Anzahlungen kein Sachverhalt, der unter den Vorräten auszuweisen ist. Sie sind vielmehr unter „Prepaid Expenses" gesondert oder unter den Sonstigen Vermögensgegenständen auszuweisen. Erhaltene Anzahlungen dürfen nicht bei den Vorräten abgesetzt werden, sondern sind als Verbindlichkeiten zu passivieren.

Forderungen L.u.L., sonstige Forderungen und Wertpapiere des Umlaufvermögens sind nach IAS 39 „Finanzinstrumente" zu bilanzieren und bewerten. Dazu müssen sie auch den dort vorgesehenen Kategorien zugeordnet werden. Hier ist auf Kapitel B.III.2.e) zu verweisen.

e) Zur Veräußerung bestimmte langfristige Vermögenswerte (IFRS)

Hält das Unternehmen im Anlagevermögen einzelne Vermögenswerte oder auch Gruppen von Vermögenswerten, die mit einer Zahlungsmittel generierenden Einheit (ZGE) übereinstimmen können, oder auch ganze Geschäftsbereiche, die als zur Veräußerung gehalten klassifiziert werden, sind diese gesondert als kurzfristige Vermögenswerte auszuweisen (IFRS 5.3 f., IFRS 5.38). Die genannte Klassifizierung hat dann zu erfolgen, wenn der zugehörige Buchwert des langfristigen Vermögenswerts oder der Veräußerungsgruppe überwiegend durch eine Veräußerung und nicht durch fortgesetzte Nutzung realisiert wird (IFRS 5.6). Voraussetzung ist, dass eine Veräußerung zu üblichen Bedingungen möglich und höchstwahrscheinlich ist (IFRS 5.7). Zweck des Standards ist eine Abtrennung dieser zur Veräußerung bestimmten Posten von den übrigen zur dauernden Nutzung bestimmten Vermögenswerten. Dabei gibt es keine Beschränkung auf bestimmte Arten von Vermögenswerten[1]. Zu einer Veräußerungsgruppe können auch kurzfristige Vermögenswerte und Schulden gehören. Auch in der Gesamtergebnisrechnung ist das Ergebnis aufgegebener Geschäftsbereiche getrennt von dem Ergebnis fortzuführender Geschäftsbereiche auszuweisen (IFRS 5.33).

Die **Bewertung** zur Veräußerung (oder zur Ausschüttung an Eigentümer) gehaltener langfristiger Vermögenswerte[2] erfolgt zum niedrigeren Wert aus Buchwert und beizulegendem Zeitwert („Fair Value") abzüglich Veräußerungskosten (IFRS 5.15). Bei einer Klassifikation als zur Ausschüttung an Eigentümer gehaltene Vermögenswerte sind vom beizulegenden Zeitwert die Ausschüttungskosten abzuziehen (IFRS 5.15A). Diesbezüglich ist auf **Ermessensspielräume** bei der Bestimmung des beizulegenden Zeitwerts[3] und bei der Abschätzung zukünftiger Veräußerungskosten hinzuweisen. Planmäßige Abschreibungen gemäß IFRS 5.25 werden nicht mehr vorgenommen. Allerdings sind eventuelle Minderungen des Fair Value (abzüglich Veräußerungskosten) als Gewinn mindernde Wertminderungsaufwendungen und eventuelle spätere Wertaufholungen (bis zu maximal den vorherigen kumulierten Wertminderungen) als Gewinn erhöhend zu buchen (IFRS 5.20-25). Wird der Verkauf erst nach Ablauf eines Jahres erwartet, so sind die Veräußerungskosten mit ihrem Barwert zu bewerten. Die spätere Erhöhung des Barwerts der Veräußerungskosten ist Ergebnis mindernd zu berücksichtigen und als Finanzierungskosten auszuweisen (IFRS 5.17).

Sollten zu einem späteren Zeitpunkt die Zuordnungsvoraussetzungen zu Kategorie „Zur Veräußerung gehalten" nicht mehr erfüllt sein, so muss eine Umgliederung in das Anlagevermögen gemäß IFRS 5.26 f. vorgenommen werden. Die Vermögenswerte sind dann mit dem niedrigeren Wert aus dem Buchwert (abzüglich der zwischenzeitlichen planmäßigen Abschreibungen) vor der Einstufung nach IFRS 5 und dem erzielbaren Betrag im Zeitpunkt der Entscheidung, doch nicht zu verkaufen, anzusetzen.

---

[1] Nicht anwendbar ist dieser Standard jedoch auf Vermögenswerte, die nach IAS 12, 19, 39, 40, 41 und IFRS 4 zu behandeln sind.

[2] Auf die Bewertung von Veräußerungsgruppen soll hier der Einfachheit halber nicht eingegangen werden.

[3] Vor allem bei Fehlen eines aktiven Marktes, vgl. Abschnitt C.VIII.1.a).

2. Bewertungsmethoden

a) Festwert

Definition:

> Unter *Festbewertung* versteht man den Ansatz mehrerer Vermögensgegenstände mit einem gleich bleibenden Wert und einer gleich bleibenden Menge, unabhängig von den tatsächlichen Wert- und Mengenveränderungen.

Alle Zugänge zum Festwert werden als Aufwand, nicht aber als Abschreibung, alle Abgänge (Veräußerungen) als Ertrag gebucht. Der Festwert selbst bleibt unberührt.

Zugang: *BS:* Aufwand für RHB-Stoffe an Bank

Abgang (Veräußerung): *BS:* Bank an sonstige betriebliche Erträge.

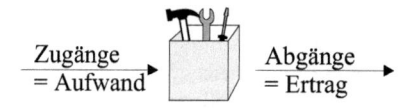

$$\xrightarrow{\text{Zugänge} = \text{Aufwand}} \boxed{} \xrightarrow{\text{Abgänge} = \text{Ertrag}}$$

Die Bildung von Festwerten ist zwecks Erleichterung der Inventur gemäß § 240 Abs. 3 HGB und nach R 5.4 Abs. 3 sowie H 5.4 u. H 6.8 „Festwert" EStH zulässig. Die damit verbundene Durchbrechung des Grundsatzes der Einzelbewertung wird durch den Grundsatz der Wesentlichkeit/Wirtschaftlichkeit begründet. Dieses Vorgehen ist nur dann gerechtfertigt, wenn der Mehrarbeitsaufwand, den eine Einzelbewertung verursachen würde, in keinem Verhältnis zur Verbesserung der Genauigkeit und zur wertmäßigen Bedeutung dieser Wirtschaftsgüter steht. Entsprechend ist die Festbewertung auch nur unter folgenden Voraussetzungen zulässig (§ 240 Abs. 3 HGB):

1. die Vermögensgegenstände werden regelmäßig ersetzt,
2. der Gesamtwert der mit einem Festwert bewerteten Vermögensgegenstände ist für das Unternehmen von nachrangiger Bedeutung,
3. der Bestand unterliegt in seiner Größe, seinem Wert und seiner Zusammensetzung nur geringen Veränderungen.

Die Bildung von Festwerten als Mittel gegen das Entstehen von Scheingewinnen aufgrund von Preissteigerungen ist nach H 6.8 „Festwert" EStH nicht zulässig.

Nach § 240 Abs. 3 ist der mögliche Anwendungsbereich der Festbewertung folgender:

Anwendungsbereich	*Beispiele*
im Anlagevermögen: *Sachanlagevermögen*	Gerüst- und Schalungsteile, Werkzeuge, Schreibmaschinen, Rechenmaschinen, Beleuchtung, Stromleitungen, Bettwäsche im Hotel, Gleisanlagen
im Umlaufvermögen: *Roh-, Hilfs- und Betriebsstoffe*	Schrauben, Nägel, Leim, Blech, Holz, Farbe, Schmierstoffe, Heizöl, Gase

Eine Festwertbildung ist demzufolge dann nicht erlaubt, wenn es sich um besonders wertvolle Gegenstände (z.B. Edelmetalle, maschinelle Anlagen etc.) oder um leicht verderbliche Güter (der Bestand ändert sich häufig in Wert und Zusammensetzung) handelt.

Im Anlagevermögen wird der Festwert im Falle linearer Abschreibung meist zu 50% der Anschaffungs- oder Herstellungskosten entsprechend der durchschnittlichen Höhe der Restwerte (Kapitalbindung) angesetzt, beim Umlaufvermögen entspricht der Festwert 100% der Anschaffungs- oder Herstellungskosten. Das Anlagevermögen, das den Festwert bilden soll, wird so lange abgeschrieben, bis 50% der Anschaffungskosten erreicht sind. Anschließend werden die Zugänge als sonstige betriebliche Aufwendungen gebucht.

Im Hinblick auf den Grundsatz der Richtigkeit sowie den Grundsatz der Vorsicht muss in der Regel an jedem dritten, spätestens an jedem fünften Bilanzstichtag, eine körperliche Bestandsaufnahme durchgeführt werden (§ 240 Abs. 3 HGB, R 5.4 Abs. 3 Satz 1 EStR). Liegt der so ermittelte Wert mehr als 10 % oberhalb des bisherigen Festwertes, so muss dieser angepasst werden, beträgt die Differenz bis zu 10 %, so besteht eine Anpassungswahlrecht. Unterschreitet der tatsächliche Inventurwert den Festwert, so besteht ein Herabsetzungswahlrecht (R 5.4 Abs. 3 Sätze 2-5 EStR). Beim Festwert handelt es sich um die vereinfacht ermittelten Anschaffungskosten, so dass im zweiten Schritt die Möglichkeit einer Teilwertabschreibung gemäß § 6 Abs. 1 Nr. 1 u. 2 EStG zu prüfen ist.

Die Herabsetzung des Festwerts erfolgt im Umlaufvermögen durch eine zusätzliche Aufwandsbuchung, im Anlagevermögen durch eine Abschreibung und/oder einen Abgang bei Mengenänderungen. Die Heraufsetzung erfolgt durch Stornierung der als Aufwand gebuchten Zugänge des gerade abgelaufenen Geschäftsjahres und Durchführung von Zugangsbuchungen zum Festwert im laufenden Geschäftsjahr, bis dieser die erforderliche Höhe erreicht hat. Falls die Zugänge nicht ausreichen, so ist dieselbe Prozedur im Folgejahr fortzusetzen. Hat der Festwert die richtige Höhe erreicht, dann sind die weiteren Zugänge wieder als Aufwand zu buchen.

Im BMF-Schreiben vom 12.3.2010 (BStBl. I 2010, S.239) wird die Festbewertung als Beispielfall für die Geltung des *Grundsatzes der Maßgeblichkeit* der Handelsbilanz für die Steuerbilanz angegeben mit der Begründung, dass „(keine) steuerlichen Regelungen" hierzu bestehen, obwohl in der Richtlinie R 5.4 Abs.3 EStR sogar detailliertere Regelungen zur Anpassung des Festwerts zu finden sind als in § 240 Abs. 3 HGB.

Aufgabe 53: Festwert

b) Retrograde Ermittlung der Anschaffungskosten

Die retrograde Ermittlung der Anschaffungskosten ("Verkaufswertverfahren") ist eine wichtige handels- und steuerrechtlich zulässige Vereinfachungsmöglichkeit insbesondere für Handelsbetriebe. Sofern noch nicht mit sog. Strich-Kodierungen für Scanner gearbeitet wird, ist es nämlich nicht möglich, bei den einzelnen Waren neben dem Verkaufspreis noch den bei der Inventur benötigten Einstandspreis auszuzeichnen. Es ist daher *handels- und steuerrechtlich* zulässig, den Einstandspreis durch Abschlag des Rohgewinnaufschlags vom Verkaufspreis zu ermitteln. Dies ist allerdings nur möglich, wenn bei bestimmten Warengruppen mit einem einheitlichen Gewinnaufschlag gearbeitet wird.

Beispiel:

Anschaffungskosten (Einstandspreis)	100 EUR
+ Rohgewinnaufschlag (100 %)	100 EUR
= Verkaufspreis	200 EUR

Rohgewinn-Abschlag vom Verkaufspreis zur retrograden Ermittlung der Anschaffungskosten: 100 : 200 = 0,5 bzw. 50%.

Probleme ergeben sich allerdings dann, wenn preisreduzierte Ware zu bewerten ist. Beträgt im obigen Beispiel der reduzierte Warenpreis 150 EUR, so führte ein Abschlag in Höhe der üblichen Handelsspanne zu falschen Anschaffungskosten in Höhe von 75 EUR. Die tatsächliche Handelsspanne beträgt in diesem Fall nur 33,33 %. Während in der Literatur auch der Abschlag der normalen Handelsspanne für zulässig angesehen wird, verlangt die Finanzverwaltung die Anwendung der reduzierten tatsächlichen Handelsspanne, die zu den richtigen Einstandspreisen führt (H 6.2 „Waren" EStH).

c) Gruppenbewertung

Handelsrecht: Auch bei der Gruppenbewertung handelt es sich um eine Ausnahme vom Einzelbewertungsgrundsatz mit dem Ziel, die Bewertung des Inventars (§ 240 Abs. 4 HGB) sowie die Bewertung in der Bilanz (§ 256 Satz 2 HGB) zu vereinfachen. Danach dürfen bestimmte Gegenstände zu einer Gruppe zusammengefasst und mit dem gewogenen Durchschnittswert angesetzt werden.

Beispiel:

Mengen (Paar Socken)	Preis pro Mengeneinheit	Gesamtwert
Anfangsbestand: 1.000 Paar	à 1,50 EUR	1.500 EUR
Zugang: 500 Paar	à 3,00 EUR	1.500 EUR
Summe: 1.500 Paar		3.000 EUR

Der gewogenen Durchschnittswert beträgt 3.000 EUR : 1.500 Paar Socken = 2,00 EUR pro Paar Socken. Ein angenommener Endbestand von 1.000 Paar Socken am Bilanzstichtag ist also mit 2.000 EUR zu bewerten.

Der Anwendungsbereich des Bewertungsvereinfachungsverfahrens ist in § 240 Abs. 4 HGB angegeben:
- gleichartige Vermögensgegenstände des Vorratsvermögens (Roh-, Hilfs- und Betriebsstoffe, unfertige und fertige Erzeugnisse, Waren) sowie
- andere gleichartige *oder* annähernd gleichwertige bewegliche Vermögensgegenstände des Anlage- und Umlaufvermögens.

Das bedeutet also eine Anwendbarkeit der Gruppenbewertung auf alle beweglichen Vermögensgegenstände, die gleichartig sind, insbesondere auch auf Wertpapiere des Anlage- und Umlaufvermögens. Ausgenommen sind nur Immobilien, weil bei diesen aufgrund ihrer erheblichen Preisabweichungen und ihrer geringen Zahl kaum mit einem Ausgleich positiver und negativer Abweichungen vom gewogenen Durchschnittswert zu rechnen ist.

Unter **gleichartigen Vermögensgegenständen** sind solche zu verstehen, die der gleichen Warengattung angehören, also z.B. verschiedene Ausführungen und Qualitäten von Socken, Hosen, Krawatten, Gläsern, Schokolade, Porzellan etc., oder solche, die den gleichen Verwendungszweck erfüllen, z.B. Bierkisten aus Kunststoff oder Holz, Werkzeuge mit Metall- oder Kunststoffgriffen bzw. -gehäusen. Genauso wenig wie nach dem HGB-Gesetzeswortlaut muss auch *steuerrechtlich* eine annähernde ***Gleichwertigkeit zusätzlich nicht*** gegeben sein (R 6.8 Abs. 4 Satz 3 EStR). *Handelsrechtlich* ist die ungeschriebene Zusatzforderung mancher Fachleute, dass sowohl Gleichartigkeit als auch Gleichwertigkeit gegeben sein sollte, umstritten, ist jedoch m.E. aufgrund des Grundsatzes der Richtigkeit zu fordern, denn Wirtschaftlichkeitserwägungen dürfen nicht dazu führen, dass die Wertansätze völlig verzerrt sind (vgl. ADS § 240 Tz. 127 ff.). So ist z.B. eine Zusammenfassung von Plastik- und Silberlöffeln, die funktionsgleich sind, zu einer Gruppe m.E. nicht zulässig und wird in der Praxis auch nicht vorgenommen, da u.U. ein Plastiklöffel in der Bilanz mit einem Durchschnittspreis bewertet wird, der ein Vielfaches der sehr geringen tatsächlichen Anschaffungskosten ausmacht. Im Zusammenhang mit der lifo-Methode gelten offenbar abweichend von R 6.8 Abs. 4 Satz 3 EStR im Steuerrecht die gleichen Überlegungen (vgl. R 6.9 Abs. 3 Sätze 3 u. 4 EStR).

Darüber hinaus ist eine Anwendung bei **gleichwertigen beweglichen Vermögensgegenständen** zulässig, die nicht zum Vorratsvermögen gehören, also bei Maschinen, Betriebsvorrichtungen, Werkzeugen. Annähernd gleichwertig sind Gegenstände, wenn ihre Preise am Bilanzstichtag nicht wesentlich voneinander abweichen, d.h. nach h.M. bis zu 20 %, sofern es sich nicht um große absolute Beträge handelt. Eine Gleichartigkeit muss zusätzlich nicht gegeben sein. Auch hier ist es sinnvoll, nicht zu verschiedenartige Gegenstände zu einer Gruppe zusammenzufassen, entsprechend den Grundsätzen der Klarheit und Richtigkeit zumindest nicht Gegenstände verschiedener Bilanzpositionen. So können zwar Aktien verschiedener Emittenten bei Gleichwertigkeit zu einer Gruppe zusammengefasst werden, nicht jedoch Aktien und festverzinsliche Wertpapiere.

Steuerrecht: Gleichartige - nicht notwendigerweise auch gleichwertige - Wirtschaftsgüter des Vorratsvermögens, können zu einer Gruppe zusammengefasst und zwecks Erleichterung von Inventur und Bewertung mit dem gewogenen Durchschnittswert bewertet werden (R 6.8 Abs. 4 Satz 1 EStR). Der genannte Anwendungsbereich ist offenbar nur beispielhaft gemeint. Aufgrund des Verweises auf § 240 Abs. 4 HGB in H 6.8 „Gruppenbewertung" EStH stimmt der Anwendungsbereich dieser Methode mit dem oben behandelten handelsrechtlichen überein, kann also auf das bewegliche abnutzbare Anlagevermögen ausgedehnt werden. Voraussetzung dafür ist, dass die Wirtschaftsgüter der Gruppe in demselben Wirtschaftsjahr angeschafft worden sind, die gleiche Nutzungsdauer, die gleichen Anschaffungskosten aufweisen und nach derselben Methode abgeschrieben werden (R 5.4 Abs. 2 S. 3 EStR). Nur wenn diese Voraussetzungen vorliegen, ist gesichert, dass z.B. bei Veräußerung der zutreffende Veräußerungsgewinn ermittelt werden kann. Somit können insbesondere kleinere Maschinen und Werkzeuge zu einer Gruppe zusammengefasst bewertet werden.

Nach § 5 Abs. 1 S. 1 2. Halbs. EStG können steuerliche Wahlrechte unabhängig von der Handelsbilanz ausgeübt werden. Diese Vorschrift hat die Finanzverwaltung im BMF-Schreiben vom 12.3.2010 (BStBl. I 2010, S.239) so ausgelegt, dass sie nur für Wahlrechte gelten solle, für die eine „eigenständige steuerliche Regelung besteht", womit wohl eine vom Handelsrecht abweichende Wahlrechtsregelung (insbesondere im EStG) gemeint sein muss, wie sich aus dem im BMF-Schreiben angegebenen Beispielen schließen lässt. Da im betrachteten Fall nur eine Regelung in den EStR existiert, die mit den handelsrechtlichen Vorschriften übereinstimmt, gilt für die Gruppenbewertung die **Maßgeblichkeit der in der Handelsbilanz** gewählten Verfahren. Das steuerliche Methodenwahlrecht wird insoweit in der Handelsbilanz für die Steuerbilanz mit ausgeübt.

Merke:

> Die **Methode der Gruppenbewertung** ist in Handels- und Steuerbilanz für gleichartige bewegliche Wirtschaftsgüter des Umlaufvermögens und unter bestimmten Bedingungen auch des Anlagevermögens anwendbar. In diesem Falle gilt der **Grundsatz der Maßgeblichkeit** der Handelsbilanz für die Steuerbilanz.

d) Verfahren der Sammelbewertung

(1) Durchschnittspreisverfahren

Handelsrecht: Das Durchschnittspreisverfahren ist im HGB nicht explizit geregelt, sondern entspringt als Ergebnis kaufmännischer Übung dem Grundsatz der Wirtschaftlichkeit der Rechnungslegung. Im alten Bilanzrecht (vor 1985) war bei der Gruppenbewertung der Ansatz eines einfachen Durchschnittswerts bzw. eines aus Erfahrung bekannten Durchschnittswerts zulässig.[1] Beim Durchschnittspreisverfahren im Rahmen der Sammelbewertung musste jedoch schon immer ein gewogener Durchschnittspreis berechnet werden. Seit 1985/86 wird auch bei der Gruppenbewertung die Ermittlung des gewogenen Durchschnittspreises gefordert (§ 240 Abs. 4 HGB). Insofern entsprechen sich die beiden Verfahren seitdem. Unterschiede bestehen nur im Anwendungsbereich, der im Falle des Durchschnittspreisverfahrens nach h.M. enger ist, nämlich auf gleichartige Vermögensgegenstände des Vorratsvermögens – eventuell einschließlich der Wertpapiere des Umlaufvermögens (vgl. ADS § 256 Zf. 24) – begrenzt ist. Eine weitere Diskussion über den Anwendungsbereich von identischen Methoden erübrigt sich, letztlich ist nur der weitere Anwendungsbereich der Gruppenbewertung relevant.

Es gibt zwei Varianten der Durchschnittspreismethode. Bei der einfacher zu handhabenden Variante (**"Perioden-Durchschnittspreismethode"** oder "Perioden-Durchschnittsbewertung") wird der gewogene Durchschnittspreis erst am Jahresende ermittelt und der Endbestand damit bewertet. Auch alle verbrauchten Mengen werden mit demselben Durchschnittspreis bewertet. Bei der zweiten Variante wird vor jedem Lagerabgang (Verbrauch) ein neuer gewogener Durchschnittspreis berechnet, so dass die Verbräuche mit unterschiedlichen Preisen bewertet werden, wenn zwischen den Verbrauchszeitpunkten Zugänge zu anderen Preisen liegen. Der Endbestand wird mit dem zuletzt berechneten Durchschnittspreis angesetzt. (**"Permanente Durchschnittspreismethode"** oder "Gleitende Durchschnittsbewertung"). Ein umfassendes Zahlenbeispiel folgt im nächsten Kapitel „Verbrauchsfolgeverfahren".

Steuerrecht: Für vertretbare Wirtschaftsgüter des Vorratsvermögens mit schwankendem Einstandspreis, die nach Maß, Zahl oder Gewicht bestimmt zu werden pflegen (§ 91 BGB), und bei denen die Anschaffungs- oder Herstellungskosten durch Einzelbewertung wegen Schwankungen der Einstandspreise und aufgrund der Lagerung nicht mehr einwandfrei feststellbar sind, z.B. für Baustoffe, Heizöl, Kraftstoffe, stellt die Durchschnittsbewertung (Bewertung nach dem gewogenen Mittel der im Laufe des Wirtschaftsjahrs erworbenen und gegebenenfalls zu Beginn des Wirtschaftsjahrs vorhandenen Wirtschaftsgüter) ein zweckentsprechendes Schätzungsverfahren dar (R 6.8 Abs. 3 Satz 3 EStR). Außerdem ist die Durchschnittsbewertung für Wertpapiere des Umlauf- und des Anlagevermögens derselben Gattung zulässig (BFH 24.11.1993, BStBl. 1994 II S. 591).

Das Durchschnittspreisverfahren ist im Gegensatz zur Gruppenbewertung im BMF-Schreiben vom 12.3.2010 (BStBl. I 2010, S.239) leider nicht erwähnt. Interpretiert man beide Verfahren als identische Verfahren, so müsste das Maßgeblichkeitsprinzip ebenso wie für die Gruppenbewertung auch für das Durchschnittspreisverfahren gelten. Da aber beide Verfahren in R 6.8 EStR in verschiedenen Absätzen „geregelt" sind, werden beide offenbar als verschiedene Verfahren betrachtet. Somit ist das Durchschnittspreisverfahren als ein Wahlrecht aufzufassen, für das eine „eigenständige steuerliche Regelung besteht". Das Durchschnittspreisverfahren ist nämlich nicht im HGB kodifiziert, sondern aus dem GoB der Wirtschaftlichkeit abgeleitet.

---

[1] Dies ist in der Steuerbilanz noch immer möglich, vgl. R 6.8 Abs. 4 EStR.

Daher müsste die Finanzverwaltung die Regelung in R 6.8 Abs. 3 EStR als eine „eigenständige steuerliche Regelung" ansehen. Für das Durchschnittspreisverfahren gilt dann, dass dieses steuerliche Wahlrecht nach § 5 Abs. 1 S. 1 2. Halbs. EStG unabhängig von der Handelsbilanz ausgeübt werden kann. Für diese Einordnung spricht auch, dass dieses Verfahren als vielfältig anwendbares Standardverfahren in der Steuerbilanz gilt und anderenfalls nur noch anwendbar wäre, wenn in der Handelsbilanz ebenfalls die Durchschnittspreisbewertung gewählt würde.

Merke:

> Die **Methode der Durchschnittsbewertung** ist in der Steuerbilanz für vertretbare bewegliche Wirtschaftsgüter des Umlaufvermögens und zumindest auch für Wertpapiere des Umlauf- und des Anlagevermögens anwendbar. Die Methode kann in der Steuerbilanz **unabhängig von der Handelsbilanz** angewendet werden.

(2) Verbrauchsfolgeverfahren

Die Sammelbewertungsverfahren nach der Verbrauchsfolge führen dadurch zu einer Vereinfachung der Bewertung in der Bilanz, dass eine bestimmte einfache Verbrauchsfolge unterstellt werden kann, die nicht unbedingt der tatsächlichen entsprechen muss. Gemäß § 256 HGB sind das fifo- und das lifo-Verfahren in der *Handelsbilanz* zulässig. Seit 2010 sind andere Verfahren wie das hifo-Verfahren ("highest in - first out"), das lofo-Verfahren ("lowest in - first out") und das kifo-Verfahren ("Konzern in - first out") nicht mehr erlaubt.

Die Anwendbarkeit ist *handelsrechtlich* in § 256 HGB auf gleichartige Vermögensgegenstände des Vorratsvermögens begrenzt. Nach früher h.M. sind diese Methoden jedoch auch auf andere gleiche Vermögensgegenstände des Umlaufvermögens (z.B. Wertpapiere) anwendbar, da dies der kaufmännischen Übung (Grundsatz der Wirtschaftlichkeit) und der Auslegung der entsprechenden Vorschrift im alten Bilanzrecht (§ 155 Abs. 1 AktG 1965) entspricht[1]. Inzwischen scheint die h.M. eher der Auslegung nach dem Wortlaut zuzuneigen und eine Anwendbarkeit der Verbrauchsfolgeverfahren außerhalb des Vorratsvermögens abzulehnen. Begründet wird diese Umkehr mit dem Entwurf einer Gesetzesbegründung zu § 256 HGB und der ausdrücklichen Zulassung der Anwendung auf Wertpapiere für Versicherungsunternehmen in § 341b Abs. 2 HGB[2].

Die gesetzlich möglichen Verbrauchsfolgeverfahren sollen im Folgenden zunächst allgemein charakterisiert und durch ein Zahlenbeispiel verdeutlicht werden, bevor auf ihre Zulässigkeit vor dem Hintergrund der Grundsätze ordnungsmäßiger Buchführung eingegangen wird. Grundsätzlich besteht die Vorstellung, dass z.B. die RHB-Stoffe vom Lieferanten angeliefert werden und in das Lager hineingelangen ("in"), wonach sie später aus dem Lager herausgenommen werden ("out"), um im Produktionsbereich eingesetzt und verbraucht zu werden. Bezugspunkt der Formulierung ist also das Rohstoff-, Erzeugnis- oder Warenlager. Bei jedem Verfahren gibt es genauso wie bei der Durchschnittspreismethode sowohl eine Perioden-Variante als auch eine Permanent-Variante. Bei der fifo-Methode führen beide Varianten immer zu demselben Ergebnis.

---

[1] Vgl. ADS § 256 Zf. 24f.

[2] Danach bestehe kein Bedürfnis für eine Zulassung der Verbrauchsfolgeverfahren für Wertpapiere und andere bewegliche Gegenstände (Begründung zum früheren Regierungsentwurf, Bundestags-Drucksache 10/317, S. 91), vgl. Mayer-Wegelin in: Küting/Weber § 256 Tz. 35; Ellrott in: Beck Bil-Komm. § 256 Tz. 4.

Bei allen Verfahren erleichtert die Anwendung der so gen. **Skontrationsformel** die Berechnung des Wertes der Verbräuche in einem bestimmten Zeitraum, wenn die Bestandsgrößen vorher bereits berechnet worden sind:

> Die Differenz zwischen dem Wert des Anfangsbestands plus den Werten aller Zugänge des Jahres einerseits und dem Wert des Endbestandes andererseits entspricht generell dem Wert der Verbräuche des gesamten Jahres.
> **Verbräuche = Anfangsbestand + Σ Zugänge - Endbestand**

- **Die fifo-Methode**

Bei der fifo-Methode wird angenommen, dass die Gegenstände, die zuerst angeschafft oder hergestellt wurden, zuerst verbraucht oder veräußert werden ("first in - first out"). Dahinter steht die Vorstellung einer Silo-Lagerung: Das Getreide wird von oben eingefüllt und von unten wieder entnommen. Ein anderes Beispiel findet man im Frischeregal eines Lebensmittel-Ladens, in dem die Frischmilch auf Rollen lagert und die von hinten nachgefüllten Packungen immer weiter nach vorne geschoben werden. Folge dieser angenommenen Verbrauchsfolge ist, dass die am Bilanzstichtag noch vorhandenen Mengen aus den letzten Lagerzugängen stammen und mit entsprechend aktuellen Preisen bewertet werden. Dass bei tendenziell fallenden Preisen die fifo-Methode zu einer niedrigen Bestandsbewertung führt, zeigt folgendes Diagramm:

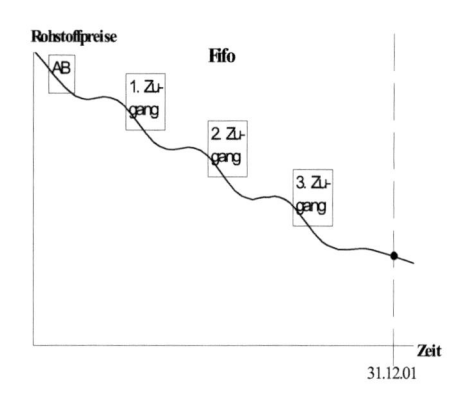

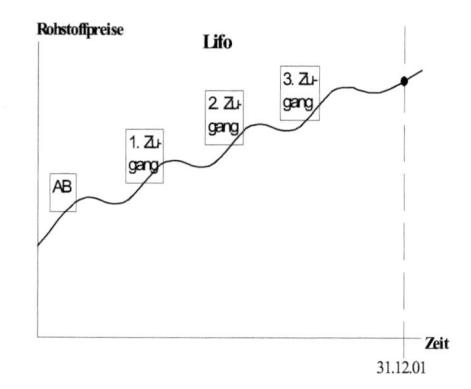

- **Die lifo-Methode**

Bei der lifo-Methode wird unterstellt, dass die Gegenstände, die zuletzt angeschafft oder hergestellt wurden, zuerst verbraucht oder veräußert werden ("last in - first out"). Die zugrunde liegende Vorstellung ist die Haldenlagerung bei Kohle, Kies, Sand etc. Entnehmbar sind nur die zuletzt oben auf die Halde aufgefüllten Mengen. Die Konsequenz dieser unterstellten Verbrauchsfolge ist, dass die am Bilanzstichtag noch vorhandenen Mengen aus dem Anfangs-Lagerbestand und den ersten Lagerzugängen stammen und daher mit sehr weit zurückliegenden Preisen bewertet werden. Bei tendenziell steigenden Preisen werden also die Bestände relativ niedrig bewertet (vgl. obiges Diagramm), die Verbräuche dagegen relativ hoch.

Während bei der Permanten lifo-Methode immer zuerst die Verbrauchsbewertung zu erfolgen hat, kann beim Perioden-lifo-Verfahren zwecks einfacherer Ermittlung auch zuerst der Endbestand bewertet werden. Ist dieser nämlich kleiner oder gleich dem Anfangsbestand, so kann der Wert pro Mengeneinheit des Anfangsbestandes übernommen werden.

Bilanzierung und Bewertung des Umlaufvermögens 415

Bei der Perioden-lifo-Methode mit Layer(=Schichten)-Ausweis wird die jeweilige Mehrmenge am Ende eines Jahres gegenüber dem Jahresanfangsbestand selbständig bewertet und separat fortgeführt, so dass unterschiedlich bewertete Bestandsposten entstehen. Bei einem Jahresendbestand, der kleiner als der Jahresanfangsbestand ist, werden nicht nur die Zugänge der Periode als Verbräuche gebucht, sondern auch die letzten Bestandserhöhungen (layer) mit ihren jeweiligen Anschaffungskosten. Bei stetig steigenden Preisen werden dadurch Teile der stillen Reserven aufgelöst.

Beispielaufgabe zu allen Sammelbewertungsverfahren:
Für einen Rohstoff (Schüttgut) wurde bei der Inventur zum 31.12.00 ein Bestand von 1.000 kg ermittelt, der mit EUR 15,- pro kg bewertet wurde. Die Inventur zum 31.12.01 ergab einen Endbestand von 18.000 kg.
Für das Jahr 01 ergeben sich folgende Lagerbewegungen:
        Zugang 1. 3.   10.000 kg   zu EUR 11,70 pro kg
        Abgang 4. 6.   7.000 kg
        Zugang 5. 9.   9.000 kg   zu EUR 16,00 pro kg
        Zugang 3.12.   5.000 kg   zu EUR 14,80 pro kg.
Ermitteln Sie die Anschaffungskosten des Bestands zum 31.12.01 insgesamt und je kg
        a) nach der Perioden-Durchschnittspreismethode
        b) nach der Permanenten Durchschnittspreismethode
        c) nach der fifo-Methode
        d) nach der Perioden-lifo-Methode
        e) nach der Permanenten lifo-Methode
        f) nach der Perioden-lifo-Methode mit Layer
In welcher Höhe ist der Rohstoff-Endbestand in Handels- und Steuerbilanz bei jedem der Verfahren insgesamt und je kg zu bewerten, wenn der Wiederbeschaffungspreis am 31.12.01 EUR 14,50 beträgt?

Lösung:

ad a) Perioden-Durchschnittspreismethode

	Menge (kg)	Preis (EUR pro kg)	Wert in EUR
Anfangsbestand	1.000	15,00	15.000,-
Zugang 1. 3.01	10.000	11,70	117.000,-
Zugang 5. 9.01	9.000	16,00	144.000,-
Zugang 3.12.01	5.000	14,80	74.000,-
Summe	25.000		350.000,-

Gewogener Durchschnittspreis = 350.000,- : 25.000 kg = 14,- EUR pro kg.
Endbestand: 18.000 kg * 14,- EUR pro kg = 252.000,- EUR
Keine Abwertung des Endbestands, da der Tagespreis höher liegt.
Verbrauch = 7.000 kg * 14,- EUR pro kg = 98.000,-EUR (= 350.000 - 252.000).

ad b) Permanente Durchschnittspreismethode

	Menge (kg)	Preis (EUR pro kg)	Wert in EUR
Anfangsbestand	1.000	15,-	15.000,-
Zugang 1.3.01	10.000	11,70	117.000,-
Bestand	11.000		132.000,-
Abgang 4.6.01	-7.000	132.000 :11.000 kg = 12,-	-84.000,-
Bestand	4.000	12,00	48.000,-
Zugang 5.9.01	9.000	16,00	144.000,-
Zugang 3.12.01	5.000	14,80	74.000,-
Summe	18.000		266.000,-

Gewogener Durchschnittspreis = 266.000,- : 18.000,- = 14,78 EUR pro kg.
Anschaffungskosten des Endbestands: 266.000,- EUR.
Verbrauch = 7.000 kg * 12,- EUR = 84.000,- EUR (= 350.000 EUR - 266.000 EUR).
Abwertung des Endbestands aufgrund des strengen Niederstwertprinzips (§ 253 Abs. 4 Satz 1 HGB) auf 18.000 kg * 14,50 EUR pro kg = 261.000,- EUR.

BS: Aufwendungen für Rohstoffe   5.000 EUR
            an Rohstoffe   5.000 EUR.

ad c) Perioden-fifo-Methode

Der Endbestand i.H.v. 18.000 kg setzt sich zusammen aus:

5.000 kg	à 14,80 EUR pro kg =	74.000 EUR
9.000 kg	à 16,00 EUR pro kg =	144.000 EUR
4.000 kg	à 11,70 EUR pro kg =	46.800 EUR
18.000 kg		264.800 EUR

Anschaffungskosten des Endbestands = 264.800 EUR.
Preis pro kg = 264.800 EUR : 18.000 kg = 14,71 EUR pro kg.
Verbrauch = 350.000 EUR - 264.800 EUR = 85.200 EUR.
Verbrauch pro kg = 85.200 EUR : 7.000 kg = 12,17 EUR pro kg.
Abwertung des Endbestands aufgrund des strengen Niederstwertprinzips (§ 253 Abs. 4 Satz 1 HGB) auf 18.000 kg * 14,50 EUR pro kg = 261.000,- EUR.

BS: Aufwendungen für Rohstoffe   3.800 EUR
            an Rohstoffe   3.800 EUR.

ad d) Perioden-lifo-Methode

Der Endbestand i.H.v. 18.000 kg setzt sich zusammen aus:

1.000 kg	à 15,00 EUR pro kg =	15.000 EUR
10.000 kg	à 11,70 EUR pro kg =	117.000 EUR
7.000 kg	à 16,00 EUR pro kg =	112.000 EUR
18.000 kg		244.000 EUR

Anschaffungskosten des Endbestands = 244.000 EUR.
Preis pro kg = 244.000 EUR : 18.000 kg = 13,56 EUR pro kg.
Keine Abwertung des Endbestands, da der Tagespreis höher liegt.
Verbrauch = 350.000 EUR - 244.000 EUR = 106.000 EUR.
Verbrauch pro kg = 106.000 EUR : 7.000 kg = 15,14 EUR/kg.

ad e) Permanente lifo-Methode

	Menge (kg)	*Preis (EUR pro kg)*	*Wert in EUR*
Anfangsbestand	1.000	15,-	15.000,-
Zugang 1.3.01	10.000	11,70	117.000,-
Bestand	11.000		132.000,-
Abgang 4.6.01	-7.000		-81.900,-

7.000 kg	* 11,70 EUR pro kg =	81.900 EUR

| Zugang 5.9.01 | 9.000 | 16,00 | 144.000,- |
| Zugang 3.12.01 | 5.000 | 14,80 | 74.000,- |

Der Endbestand i.H.v. 18.000 kg setzt sich zusammen aus:

1.000 kg	à 15,00 EUR pro kg	15.000 EUR
3.000 kg	à 11,70 EUR pro kg	35.100 EUR
9.000 kg	à 16,00 EUR pro kg	144.000 EUR
5.000 kg	à 14,80 EUR pro kg	74.000 EUR
18.000 kg		268.100 EUR

Anschaffungskosten des Endbestands = 268.100 EUR.
Preis pro kg = 268.100 EUR : 18.000 kg = 14,89 EUR pro kg.
Verbrauch = 81.900 (=350.000 EUR - 268.100 EUR).
Verbrauch pro kg = 81.900 EUR : 7.000 kg = 11,70 EUR pro kg.
Abwertung des Endbestands aufgrund des strengen Niederstwertprinzips
(§ 253 Abs. 4 Satz 1 HGB) auf 18.000 kg * 14,50 EUR pro kg = 261.000 EUR.

BS:	Aufwendungen für Rohstoffe	7.100 EUR	
	an Rohstoffe		7.100 EUR

ad f) Perioden-lifo-Methode mit Layer

Für den Endbestand i. H.v. 18.000 kg ergibt sich folgender Wertansatz:
Layer 1: für den Anfangsbestand am 1.1.01: 1.000 kg = 15.000 EUR.
Layer 2: für die Bestandszunahme im Jahr 01: 17.000 kg = 229.000 EUR.

Wertermittlung	aus 1. Zugang 01:	10.000 kg à 11,70 EUR pro kg =	117.000 EUR
für Layer 2:	aus 2. Zugang 02:	7.000 kg à 16,00 EUR pro kg =	112.000 EUR
		17.000 kg	229.000 EUR

Anschaffungskosten des Endbestands zum 31.12.01 = 244.000 EUR.
Preis pro kg = 244.000 EUR : 18.000 kg = 13,56 EUR pro kg.
Keine Abwertung des Endbestands, da der Tagespreis höher liegt.
Verbrauch 01 = 350.000 EUR - 244.000 EUR = 106.000 EUR.
Verbrauch pro kg = 106.000 EUR : 7.000 kg = 15,14 EUR/kg.

Als Exkurs seien hier noch die beiden Folgejahre 02 und 03 betrachtet, in denen erst die Besonderheiten der Layer-Bildung zur Geltung kommen:
31.12.02: Layer 3: Mehrbestand gegenüber 31.12.01: 3.000 kg = 43.800 EUR
31.12.03: kein neuer Layer, da der Endbestand gegenüber dem 31.12.02 um 4.700 kg gesunken ist.
    Wertermittlung: nach dem Prinzip des Perioden-lifo-Verfahrens ist zunächst ist der Layer 3 (3.000 kg mit Wertansatz von 43.800 EUR) aufzulösen; im zweiten Schritt ist entsprechend der weiteren Mengenabnahme ein Teil des Layers 2 (1.700 kg/17.000 kg von 229.000 EUR = 22.900 EUR) aufzulösen. Ergebnis:

Layer 1 (unverändert):	15.000 EUR
Layer 2 (229.000 EUR - 22.900 EUR):	206.100 EUR
Neuer Gesamtwert:	221.100 EUR.

Gewählte Methode in der Handels- bilanz	Bewertung in der Handelsbilanz	Bewertung in der Steuerbilanz (Eine Abwertung darf nur erfolgen, wenn die Wertminderung voraussichtlich dauernd ist (§ 6 Abs. 1 Nr. 2 EStG)
Perioden-Durchschnitts-preismethode	Endbestand: 252.000 EUR (14,- EUR/kg) Verbrauch: 98.000 (14,- EUR/kg)	Endbestand: 252.000 EUR (14,- EUR/kg) Verbrauch: 98.000 (14,- EUR/kg)
Permanente Durchschnitts-preismethode	Endbestand: 261.000 EUR (14,50 EUR/kg) Verbrauch: 84.000 EUR (12,- EUR/kg) Abwertung: 5.000 EUR	Endbestand: 261.000 EUR (14,50 EUR/kg) Verbrauch: 84.000 EUR (12,- EUR/kg) Abwertung: 5.000 EUR
fifo-Methode	Endbestand:261.000 EUR (14,50 EUR/kg) Verbrauch: 85.200 EUR (12,17 EUR/kg) Abwertung: 3.800 EUR	Perioden- oder Permanente Durchschnittspreismethode; Perioden-lifo oder Permanente lifo-Methode
Perioden-lifo-Methode	Endbestand: 244.000 EUR (13,56 EUR/kg) Verbrauch: 106.000 EUR (15,14 EUR/kg)	Endbestand: 244.000 EUR (13,56 EUR/kg) Verbrauch: 106.000 EUR (15,14 EUR/kg)
Permanente lifo-Methode	Endbestand: 261.000 EUR (14,50 EUR/kg) Verbrauch: 81.900 EUR (11,70 EUR/kg) Abwertung: 7.100 EUR	Endbestand: 261.000 EUR (14,50 EUR/kg) Verbrauch: 81.900 EUR (11,70 EUR/kg) Abwertung: 7.100 EUR
Perioden-lifo mit Layer	Endbestand: 244.000 EUR (13,56 EUR/kg) Verbrauch: 106.000 EUR (15,14 EUR/kg)	Endbestand: 244.000 EUR (13,56 EUR/kg) Verbrauch: 106.000 EUR (15,14 EUR/kg)

Die Ergebnisse der Beispielaufgabe sind nicht repräsentativ. Bestimmend für die Auswirkungen der Methoden ist die konkrete Preisentwicklung.

Steuerrecht: Von den Verbrauchsfolgeverfahren ist lediglich bei gleichartigen Wirtschaftsgütern des Vorratsvermögens die *lifo-Methode* zulässig (§ 6 Abs. 1 Nr. 2a EStG), und zwar in allen ihren Varianten (R 6.9 Abs. 4 EStR). Voraussetzung für deren Anwendung ist insbesondere, dass die Anwendung der lifo-Methode den handelsrechtlichen Grundsätzen ordnungsmäßiger Buchführung entsprechen muss (R 6.9 Abs. 2 S.1 EStR). Im Falle der lifo-Methode gilt nach Meinung der Finanzverwaltung nicht der Grundsatz der Maßgeblichkeit, sondern das Methodenwahlrecht kann in der Steuerbilanz gemäß § 5 Abs. 1 S. 1 2. Halbs. EStG **unabhängig von der Handelsbilanz** ausgeübt werden (BMF-Schreiben vom 12.3.2010, BStBl. I 2010, S. 239, Tz. 17). Nach der in diesem Schreiben vorgenommenen Klassifikation gilt Maßgeblichkeit der Handelsbilanz in diesem Falle nicht, weil es eine „eigenständige steuerliche Regelung" § 6 Abs. 1 Nr. 2a EStG gibt, die inhaltlich von der handelsrechtlichen Vorschrift des § 256 HGB abweicht. In seinem Schreiben vom 12.5.2015[1] konkretisiert der Bundesfinanzminister Voraussetzungen für die Anwendbarkeit der lifo-Methode. So darf gemäß R 6.9 Abs. 2 EStR die lifo-Methode bei leicht verderblichen Gütern nicht angewandt werden. Das BMF-Schreiben verschärft diese Voraussetzung dahingehend, dass die Vorräte eine Mindesthaltbareit von 1 Jahr haben müssen. Außerdem sieht der BMF die lifo-Methode als unzulässig an, wenn es der Einsatz von EDV-Systemen ermöglicht, Handelswaren die individuellen Anschaffungskosten zuzuordnen (Einzelbewertung), es sei denn, dass dies erheblichen Aufwand oder weitere Rechenschritte erfordern würde.

Alle anderen Verbrauchsfolgeverfahren außer der lifo-Methode sind gemäß R 6.9 Abs. 1 EStR (unterstellte Verbrauchsfolge) und R 6.8 Abs. 4 Satz 6 EStR (tatsächliche Verbrauchsfolge) steuerlich unzulässig. Wird also in der Handelsbilanz die fifo-Methode gewählt, so greift der Bewertungsvorbehalt (§ 5 Abs. 6 EStG). In der Steuerbilanz kann in diesem Falle die lifo-Methode angewandt werden, da diese unabhängig von der Handelsbilanz gewählt

---

[1] Vgl. BMF-Schreiben vom 12.5.2015, BStBl 2015 I S. 462.

werden kann (§ 5 Abs. 1 S. 1 2. Halbs. EStG). Aber auch die vielfältig anwendbare Durchschnittsbewertung kann unabhängig von der Handelsbilanz gewählt werden.

Die Frage der *Maßgeblichkeit* soll in folgender Tabelle beantwortet werden:

Die Maßgeblichkeit bei Bewertungsvereinfachungsverfahren			
Handelsbilanz		**Steuerbilanz**	**Bemerkungen**
Festwertmethode (§ 240 Abs. 3 HGB)	Maßgeblichkeit →	Festwertmethode (H 5.4 u. H 6.8 „Festwert" EStH)	keine eigenständige Regelung im Steuerrecht (R 5.4 Abs. 3 EStR = § 240 Abs. 3 HGB)
Gruppenbewertung (§ 240 Abs. 4 HGB)	Maßgeblichkeit →	Gruppenbewertung (R 6.8 Abs. 4 EStR)	keine eigenständige Regelung im Steuerrecht (R 6.8 Abs. 4 EStR = § 240 Abs. 4 HGB)
fifo-Methode (§ 256 HGB)	→	in StB nicht zulässig	Bewertungsvorbehalt § 5 Abs. 6 EStG
		Wahlrecht: lifo-Methode oder Durchschnittspreisbewertung	Für lifo- und Durchschnittspreisbewertung besteht eine eigenständige Regelung im Steuerrecht. Somit kann das steuerliche Wahlrecht unabhängig von der Handelsbilanz ausgeübt werden. Bei der Ausübung des Wahlrechts ist das bilanzpolitische Ziel zu beachten.
lifo-Methode (§ 256 HGB)			
Durchschnittspreisbewertung (GoB der Wirtschaftlichkeit)			
Einzelbewertung			

Bisher wurde der in § 256 HGB, § 6 Abs. 1 Nr. 2a EStG, R 6.8 Abs. 4 EStR und R 6.9 Abs. 2 EStR enthaltenen einschränkenden Bedingung für die Zulässigkeit eines der Bewertungsvereinfachungsverfahren *"soweit es den Grundsätzen ordnungsmäßiger Buchführung entspricht"* noch keine Beachtung geschenkt. Im Folgenden soll die Bedeutung dieser Klausel erörtert werden.

Der Grundsatz der *Richtigkeit* könnte verlangen, dass die Verfahren nur dann Verwendung finden dürften, wenn die unterstellte Verbrauchsfolge der tatsächlichen entspricht. Diese Auslegung würde einerseits den Anwendungsbereich drastisch auf Wirtschaftszweige mit Halden- oder Silolagerung einschränken und andererseits den angestrebten Vereinfachungszweck völlig übersehen. Nach herrschender handelsrechtlicher und nach der Meinung der Finanzverwaltung führt hier der Grundsatz der Wirtschaftlichkeit zu Abstrichen bei der Genauigkeit. Ein Vereinfachungsverfahren verstößt also nur dann gegen den Grundsatz der Richtigkeit, wenn die angenommene Verbrauchsfolge in krassem Widerspruch zur tatsächlichen steht oder unter den tatsächlichen Bedingungen gar nicht vorkommen kann. Bei leicht verderblichen Gütern kann demzufolge der Endbestand nicht, wie es die lifo-Methode unterstellt, aus Gütern des Anfangsbestandes bestehen. Genauso wenig anwendbar ist die lifo-Methode, wenn immer erst dann eine neue Lieferung z.B. von Rohstoffen eintrifft, wenn das Lager völlig leer geräumt ist.

Das *Vorsichtsprinzip* verlangt, dass die Endbestände nicht zu hoch bewertet werden. Dies wird oft so interpretiert, dass alle Vereinfachungsverfahren, die nicht zur niedrigst möglichen Bewertung führen, dem Vorsichtsprinzip zuwiderlaufen. Dies gilt z.B. für das fifo-Verfahren, wenn die Preise tendenziell steigen und für das lifo-Verfahren, wenn die Preise tendenziell fallen. Daraus kann aber nicht der Schluss gezogen werden, dass je nach Preisentwicklungstendenz das Bewertungsverfahren zu ändern ist, denn das widerspräche dem Grundsatz der Bewertungsstetigkeit. Auch kann keines der Verfahren für unzulässig erklärt werden, weil seine Ergebnisse unter bestimmten Bedingungen dem Vorsichtsprinzip widersprechen.

Die Problematik wird dadurch entschärft, dass alle vorgestellten Bewertungsvereinfachungsverfahren lediglich Methoden zur Ermittlung der Anschaffungskosten (oder der Herstellungskosten) sind und somit im zweiten Schritt nach dem Niederstwertprinzip der Niederstwerttest gemäß § 253 Abs. 3 oder 4 HGB durchzuführen ist. Dadurch wird z.B. verhindert, dass bei tendenziell steigenden, aber schwankenden Preisen der Endbestand bei Anwendung des fifo-Verfahrens mit Preisen bewertet wird, die über dem Preis am Bilanzstichtag liegen. An den beiden folgenden Diagrammen lässt sich leicht ablesen, dass das fifo-Verfahren bei stetig steigenden Preisen zu einer relativ hohen Endbestandsbewertung (Preise der letzten Zugänge) führt, durch das strenge Niederstwertprinzip bei der Preisentwicklung P2 aber eine Abwertung geboten ist. Bei stetig sinkenden Preisen gilt Ähnliches für die lifo-Methode, da der Endbestand mit den Preisen des Anfangsbestands und der ersten Zugänge bewertet wird.

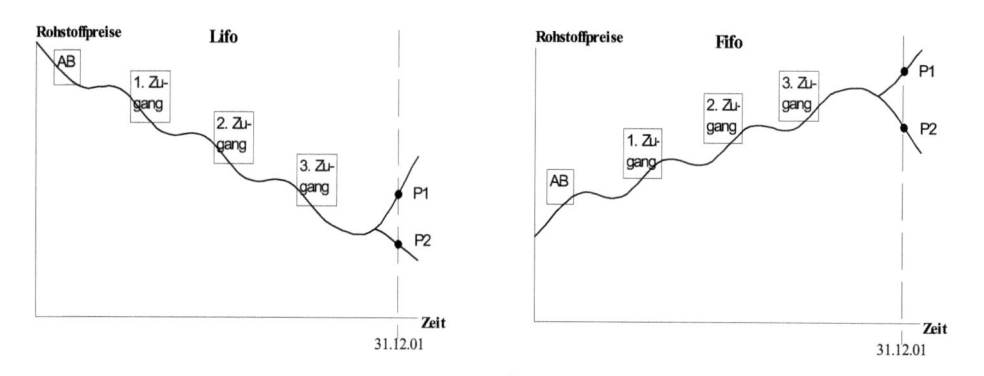

Der Grundsatz der *Stetigkeit* verlangt, dass gleichartige Gegenstände bei gleicher Lagerungsart auch nach der gleichen Methode zu bewerten sind. Er verlangt außerdem, dass die einmal gewählten Bewertungsmethoden beizubehalten sind, sofern es sich nicht um begründete Ausnahmefälle handelt. Ein solcher Ausnahmefall liegt z.B. vor, wenn sich die Art der Lagerhaltung geändert hat und die bisher angewandte Bewertungsmethode in krassem Widerspruch zur neuen Lagerhaltungsart steht.

Im Anhang des handelsrechtlichen Jahresabschlusses sind mittelgroße und große Kapitalgesellschaften gemäß § 284 Abs. 2 Nr. 3 i.V.m. § 288 HGB verpflichtet, für jede Gruppe von Vermögensgegenständen jeweils einen Unterschiedsbetrag pauschal anzugeben, sofern dieser erheblich ist. Und zwar handelt es sich um den Differenzbetrag zwischen dem Buchwert bei Anwendung der Gruppenbewertung (§ 240 Abs. 4 HGB) oder eines Verbrauchsfolgeverfahrens (§ 256 HGB) einerseits und einer Bewertung auf Grundlage des letzten vor dem Bilanzstichtag bekannt gewordenen Börsenkurses oder Marktpreises andererseits. Hierbei kann es sich nur um den Fall eines unter dem Tageswert liegenden Buchwerts handeln, also um die Angabe stiller Reserven, da im umgekehrten Falle das Niederstwertprinzip zu einer Herabsetzung des Buchwertes verpflichten würde. Der zusätzliche Aufwand der Parallelbewertung wird dadurch gemindert, dass keine exakten, sondern nur pauschale Beträge angegeben werden müssen. Außerdem wird die Angabe nur für den Fall erheblicher Wertunterschiede, etwa ab 10%, verlangt.

Aufgabe 54: Vorratsbewertungsverfahren

e) Methoden der Vorratsbewertung nach IFRS

Die Bilanzierung und Bewertung für Vorräte enthält IAS 2 („Inventories"). Für Vorräte gilt grundsätzlich das Prinzip der Einzelbewertung. Dabei bleibt es auch im Falle von Vorräten, die normalerweise nicht austauschbar sind, und im Falle von solchen Erzeugnissen, Waren oder Leistungen, die für spezielle Projekte hergestellt und ausgesondert werden (IAS 2.23).

Als Vereinfachungsverfahren zur Ermittlung der Anschaffungs- und Herstellungskosten von austauschbaren („vertretbaren") Vorratswerten können z.B. die *retrograde Methode*, die vor allem für den Einzelhandel interessant ist, oder die Standardkostenmethode bei Industrieunternehmen angewandt werden, sofern die Ergebnisse den tatsächlichen Anschaffungs- oder Herstellungskosten nahe kommen (IAS 2.21). Bei der Standardkostenmethode werden die Herstellungskosten auf Basis des normalen Material- und Arbeitseinsatzes sowie der normalen Kapazitätsauslastung ermittelt. Voraussetzung für deren Anwendung zur Vorratsbewertung ist die regelmäßige Überprüfung und Anpassung an veränderte Gegebenheiten. Bei der retrograden Methode werden die Anschaffungskosten von Vorratsposten mit ähnlichen Brutto- bzw. Rohgewinnaufschlägen durch Abzug dieses Aufschlags vom Verkaufspreis ermittelt, wobei ein durchschnittlicher Rohgewinnaufschlags-satz z.B. für die Waren einer Einzelhandelsabteilung verwendet werden kann (IAS 2.22).

Für alle Vorräte, die nicht in IAS 2.23 (s.o.) erwähnt sind, also für austauschbare Güter, ist aus Praktikabilitäts- und Wirtschaftlichkeitsgründen ein Abweichen vom Grundsatz der Einzelbewertung durch Anwendung von Verbrauchsfolgeverfahren zulässig. Zur Ermittlung der Anschaffungs- oder Herstellungskosten sind das *fifo-Verfahren* und die (gewogene) **Durchschnittsmethode** („Average Cost") zulässig (IAS 2.25). Für Vorräte mit ähnlicher Beschaffenheit muss das gleiche Bewertungsverfahren („Zuordnungsverfahren") angewandt werden. Unterschiedliche Zuordnungsverfahren können bei Vorräten unterschiedlicher Beschaffenheit gerechtfertigt sein. Die einmal gewählte Methode ist nach dem Stetigkeitsgrundsatz beizubehalten.

V. Rechnungsabgrenzungsposten

1. Rechnungsabgrenzungsposten nach HGB

Handelsrechtlich besteht eine Pflicht, Ausgaben vor dem Stichtag, soweit sie Aufwand für eine bestimmte Zeit nach diesem Tag darstellen, als aktiven Rechnungsabgrenzungsposten auszuweisen (§ 250 Abs. 1 Satz 1 HGB).

BS: Aktiver Rechnungsabgrenzungsposten an Bank.

Die Erfolgswirksamkeit wird durch Auflösung des Abgrenzungspostens in der Periode/den Perioden nach dem Stichtag hergestellt.

BS: Aufwand an aktiven Rechnungsabgrenzungsposten.

Voraussetzung zu Bildung eines aktiven Rechnungsabgrenzungspostens ist, dass er Aufwand *für eine bestimmte Zeit* nach dem Stichtag darstellt. Der Zeitraum muss also genau abgrenzbar sein, wie das bei Mietzahlungen im Voraus für bestimmte Monate des Folgejahres der Fall ist. Nicht gegeben ist diese Voraussetzung, wenn sich der Zeitraum nur durch Schätzung ermitteln lässt (H 5.6 „Bestimmte Zeit nach dem Abschlussstichtag" EStH). So existiert z.B. bei Ausgaben für einen Werbefeldzug, dessen Wirkungen in das nächste Jahr reichen, vielleicht aber auch – mit abnehmender Wirkung – in das übernächste und weitere Jahre keine feste zeitliche Begrenzung, sodass die Ausgaben für den Werbefeldzug sofort als Aufwand zu verbuchen sind.

Beispiel:

| Mietausgaben in Höhe von 6.000,- EUR am 1.8.01 im Voraus für die Raumnutzung bis zum 31.1.02 | Bildung eines *(transitorischen) aktiven Rechnungsabgrenzungspostens (ARAP)*
BS: Mietaufwand an Bank   6.000 EUR.
BS: ARAP an Mietaufwand   1.000 EUR.
Folgejahr 02:
BS: Mietaufwand an ARAP   1.000 EUR. | Mittels transitorischer Rechnungsabgrenzungsposten werden die Gewinnauswirkungen in spätere Perioden übertragen |

§ 5 Abs. 5 Nr. 2 EStG und § 250 Abs. 2 HGB enthalten die gleiche Regelung für den Fall, dass Einnahmen vor dem Abschlussstichtag erzielt werden, die Ertrag für eine bestimmte Zeit nach dem Stichtag darstellen.

Beispiel:

| Mieteinnahmen in Höhe von 6.000,- EUR am 1.8.01 im Voraus für die Raumüberlassung bis zum 31.1.02 | Bildung eines *(transitorischen) passiven Rechnungsabgrenzungspostens (PRAP)*
BS: Bank an Mieterträge   6.000 EUR.
BS: Mieterträge an PRAP   1.000 EUR.
Folgejahr 02:
BS: PRAP an Mieterträge   1.000 EUR. | mittels transitorischer Rechnungsabgrenzungsposten werden die Gewinnauswirkungen in spätere Perioden übertragen |

Aktivisch abzugrenzen sind ferner allein *steuerrechtlich*:
"1. als Aufwand berücksichtigte **Zölle und Verbrauchsteuern**, soweit sie auf am Abschlussstichtag auszuweisende Wirtschaftsgüter des Vorratsvermögens entfallen,

2. als Aufwand berücksichtigte Umsatzsteuer auf am Abschlussstichtag auszuweisende Anzahlungen" (§ 5 Abs. 5 Satz 2 EStG).

Als Aufwand berücksichtigte Zölle und Verbrauchsteuern (z.B. Biersteuer) auf am Stichtag noch vorhandene Vorräte sind als Rechnungsabgrenzungsposten zu aktivieren. Dadurch werden sie zunächst neutralisiert. Es ergibt sich auf diese Weise dieselbe Wirkung wie bei einer Einbeziehung der Zölle und Verbrauchsteuern in die Herstellungskosten der Vorräte. Bei Veräußerung der Erzeugnis- oder Warenvorräte ist der Rechnungsabgrenzungsposten wieder aufzulösen, und die Zölle und Verbrauchsteuern sind als Aufwand zu berücksichtigen.

Die *Umsatzsteuer auf empfangene Anzahlungen* (= Verbindlichkeit) entsteht bereits mit Ablauf des Voranmeldungszeitraums, in dem die Anzahlungen vereinnahmt worden sind (§ 13 Abs. 1 Nr. 1a und 1b UStG). Bei Bruttobuchung müsste die Umsatzsteuer eigentlich als Aufwand berücksichtigt werden. Durch die Regelung in § 5 Abs. 5 Satz 2 Nr. 2 EStG wird steuerrechtlich eine Neutralisierung erzwungen, der Rechnungsabgrenzungsposten wird im Jahr der Lieferung des angezahlten Gegenstands bzw. der Erfüllung der Dienstleistung wieder erfolgsneutral aufgelöst.

BS: Kasse   119 EUR
       an Sonstige Verbindlichkeiten   119 EUR.
BS: ARA für USt/Anzahlungen   19 EUR
       an USt-Verbindlichkeiten   19 EUR.

Handelsrechtlich ist in beiden Fällen die Bildung eines Rechnungsabgrenzungspostens seit dem 1.1.2010 nicht mehr zulässig. Zölle und Verbrauchsteuern müssen als Sondereinzelkosten der Fertigung in die Herstellungskosten der Erzeugnisse einbezogen werden. Die Umsatzsteuer auf empfangene Anzahlungen kann erfolgsneutral (Nettobuchung, s.u.) oder aufwandswirksam als Verbindlichkeit gegenüber dem Finanzamt (Bruttobuchung) ausgewiesen werden.

BS: Kasse   100 EUR
       an Sonstige Verbindlichkeiten   100 EUR.

BS: Kasse   19 EUR
       an USt-Verbindlichkeiten   19 EUR.

Im Gegensatz zum Steuerrecht gibt es handelsrechtlich in § 250 Abs. 3 HGB eine Sonderregelung für das sog. Disagio. Unter einem **Disagio oder Damnum** versteht man den Unterschiedsbetrag zwischen dem Erfüllungsbetrag einer aufgenommenen Verbindlichkeit und dem Auszahlungsbetrag durch den Gläubiger. Dieser Unterschiedsbetrag stellt einen Einmalzins dar, der zu Beginn der Kreditlaufzeit durch Verzicht auf eine höhere Auszahlung geleistet wird. Der aufgenommene Kredit ist dann mit einem entsprechend geringeren laufenden Zinssatz verbunden.

§ 250 Abs. 3 HGB enthält das (*handelsrechtliche*) Bilanzierungswahlrecht, das Disagio sofort voll als Zinsaufwand zu verbuchen oder mit Hilfe eines aktiven Rechnungsabgrenzungspostens zu verteilen. Im Falle der Aktivierung wird offen gelassen, in welcher Weise und über welchen Zeitraum im Rahmen der Kreditlaufzeit das Disagio planmäßig verteilt wird. Der Gesetzgeber spricht hier unglücklicherweise von "Abschreibung" des aktiven Rechnungsabgrenzungsposten, der allerdings kein Vermögensgegenstand ist. Da das Disagio wirtschaftlich der gesamten Laufzeit zugehörig ist, ist es betriebswirtschaftlich zweckmäßig, das Disagio mittels eines aktiven Rechnungsabgrenzungspostens anteilig auf die gesamte Laufzeit zu verteilen. Die Vorschrift öffnet somit der bilanzpolitischen Gewinnbeeinflussung Tür und Tor und torpediert somit die Aussagekraft des handelsrechtlichen Jahresabschlusses. Wenigstens besteht gemäß § 268 Abs. 6 HGB die Pflicht, den im aktiven Rechnungsabgrenzungsposten enthaltenen Disagiobetrag entweder in der Bilanz gesondert auszuweisen oder im Anhang anzugeben. Dadurch wird dem Bilanzanalysten die Möglichkeit der Bereinigung des Jahresüberschusses gegeben.

Steuerrechtlich gibt es keine spezielle Vorschrift für das Disagio. Da in diesem Falle die Voraussetzung „bestimmte Zeit nach dem Abschlussstichtag" kalendermäßig exakt erfüllt ist, muss zwingend über die Bildung eines Rechnungsabgrenzungspostens eine Verteilung auf die gesamte Laufzeit erfolgen (§ 5 Abs. 5 EStG; H 6.10 „Damnum" EStH). Dies gebietet auch der Grundsatz der zeitlichen Abgrenzung (§ 252 Abs. 1 Nr. 5 HGB). Sollte der vereinbarte Zinsfestschreibungszeitraum kürzer als die Darlehenslaufzeit sein, so ist das Disagio auf den kürzeren Zeitraum zu verteilen (H 6.10 „Zinsfestschreibung" EStH).

Diese Verteilung kann linear oder auch arithmetisch-degressiv (sog. digitale Methode oder Zinsstaffelmethode) erfolgen. Die **lineare** Verteilung ist bei Fälligkeitsdarlehen, die erst am Ende der Laufzeit in einer Summe getilgt werden und bei denen daher der kreditierte Betrag konstant bleibt, zweckmäßig. Die degressive Verteilung ist bei (Raten-) Tilgungskrediten, die aufgrund der laufenden Tilgung mit sinkenden Zinsen verbunden sind, vom BFH als sachgerecht empfohlen.[1]

Bei der **arithmetisch-degressiven Verteilung („Zinsstaffelmethode")** sinkt der Zinsaufwand bzw. Auflösungsbetrag des aktivischen Rechnungsabgrenzungspostens jährlich um denselben Degressionsbetrag D, der dem Zinsaufwand der letzten Periode der Kreditlaufzeit n entspricht.

Disagiobetrag in EUR : n * (n+1)/ 2 = Degressionsbetrag D

Die erfolgswirksamen jährlichen Auflösungsbeträge des aktiven Rechnungsabgrenzungspostens betragen:

1. Jahr: n * D
2. Jahr: (n-1) * D
3. Jahr: (n-2) * D
4. Jahr: (n-3) * D
....
n-tes Jahr: 1 * D

Beispielaufgabe:
Die LowTech nimmt bei der Sparkasse Norden zu Beginn des Jahres 01 ein langfristiges Darlehen in Höhe von 100.000 EUR auf. Der laufende Zinssatz beträgt 6%, als Disagio werden 5% vereinbart, die Laufzeit ist 10 Jahre. Welche handelsrechtlichen Bilanzierungsmöglichkeiten gibt es? Geben Sie die Buchungssätze an.

Lösung:
Generell ist eine Verbindlichkeit mit dem Rückzahlungsbetrag zu passivieren (§ 6 Abs. 1 Nr. 3 EStG; H 6.10 „Damnum" EStH; § 253 Abs. 1 HGB). Die laufenden Zinsen stellen Zinsaufwand dar, jährlich in Höhe von 6.000 EUR.

---

[1] Vgl. BFH BStBl. 1978 II S. 262. Danach besteht bei (Raten-)Tilgungsdarlehen ein Wahlrecht, das Disagio linear oder degressiv zu verteilen, wenn auch der BFH die (degressive) Zinsstaffelmethode empfiehlt.

Das Disagio ist in einen aktiven Rechungsabgrenzungsposten einzustellen und planmäßig linear über die Laufzeit des Darlehens zu verteilen.

BS: Bank 95.000 EUR
Aktiver Rechnungsabgrenzungsposten 5.000 EUR
an Verbindlichkeiten gegenüber Kreditinstituten 100.000 EUR.

Am Ende des ersten Jahres der Laufzeit ist der Rechnungsabgrenzungsposten zu einem Zehntel aufzulösen.

BS: Zinsaufwand 500 EUR
an aktiven Rechnungsabgrenzungsposten 500 EUR.

Allein *handelsrechtlich* steht noch folgende Alternative offen: Buchung des Disagios als Zinsaufwand bei Aufnahme des Darlehens.

BS: Bank 95.000 EUR
Zinsaufwand 5.000 EUR
an Verbindlichkeiten gegenüber Kreditinstituten 100.000 EUR.

Aufgabe 55: Disagio

2. Zeitliche Abgrenzung nach IFRS

Rechnungsabgrenzungsposten sind im IFRS-Regelwerk gar nicht erwähnt und somit kein eigenständiger Abschlussposten. Der wichtige Grundsatz der Periodenabgrenzung (F.22) verlangt jedoch generell und in bestimmten Sonderfällen, z.B. beim Leasing oder bei latenten Steuern, nach einer zeitlichen Abgrenzung. Die Periodenabgrenzung kann somit aktivisch nur erfolgen, wenn die Voraussetzungen zur Aktivierung eines Vermögenswerts („Sonstige Forderung") erfüllt sind, und passivisch, wenn die Voraussetzungen zur Passivierung eines Schuldpostens („Sonstige Verbindlichkeit") erfüllt sind. Dies gilt i.d.R bei antizipativer Abgrenzung, also wenn z.B. der Mieter die Miete nachträglich im Folgejahr zahlt (IAS 37.11). Bei transitorischer Abgrenzung, also z.B. bei vorausgezahlter Miete, ist eine Aktivierung als Vermögenswert („Sonstige Forderung") ebenfalls nur zulässig, wenn die Voraussetzungen für die Aktivierung eines Vermögenswerts vorliegen, wenn also der erwartete künftige Nutzen mit gewisser Wahrscheinlichkeit tatsächlich zufließen wird und verlässlich bewertbar ist (IAS 1.27 f.; F49(a) u. F89). Auch dies dürfte i.d.R. der Fall sein.

Rechnungsabgrenzungsposten zur Verteilung des *Disagios* sind nicht erforderlich, da die erstmalige Bewertung der finanziellen Vermögenswerte und der finanziellen Verbindlichkeiten nicht zum Nominalwert, sondern zum beizulegenden Zeitwert („Fair Value") erfolgt, der als Börsenwert oder Barwert i.d.R. dem ab- oder zugeflossenen Betrag (also nach Abzug des Disagios) entspricht. Je nach Kategorie des Finanzinstruments sind ggf. zusätzlich noch Transaktionskosten zu aktivieren bzw. – wie im vorliegenden Falle – vom zu passivierenden Betrag abzuziehen (IFRS 9.5.1.1.)[1]. Für die Folgebewertung ist die Effektivzinsmethode anzuwenden. Dabei wird das Disagio und gegebenenfalls die Transaktionskosten unter Anwendung der *Effektivzinsmethode* erfolgswirksam über die Laufzeit zugeschrieben.

---

[1] Vgl. Kapitel B.IV.1.d)(4)(a).

Mit Hilfe der *Effektivzinsmethode* (IFRS 9.5.4.1. und B5.4.1-B5.4.7) werden die fortgeführten Anschaffungskosten eines finanziellen Vermögenswerts oder einer finanziellen Verbindlichkeit (oder einer Gruppe davon) berechnet. Gleichzeitig erfolgt die ergebniswirksame Verteilung des Disagios (und der Transaktionskosten) durch jährliches Aufstocken des Buchwerts des finanziellen Vermögenswerts um den Teil des Disagios, der der gerade abgelaufenen Periode finanzmathematisch zuzuordnen ist, bis am Ende der Laufzeit der Rückzahlungsbetrag erreicht und das gesamte Disagio verteilt ist. Der Verteilungsbetrag pro Jahr wird *Amortisation* genannt. Der Schuldner bucht in dieser Höhe einen Zinsaufwand, der Gläubiger einen Zinsertrag, beides ist in der Gesamtergebnisrechnung oder im Anhang gesondert anzugeben (IFRS 7.20). Die Effektivzinsmethode verlangt also im ersten Schritt die Ermittlung der effektiven (internen) Verzinsung des Finanzinstruments unter Einbeziehung aller unter den Vertragspartnern gezahlten Gebühren und sonstigen Entgelte. Der *Effektivzinssatz* ist derjenige Kalkulationszinssatz, mit dem die geschätzten zukünftigen Ein- und Auszahlungen – ohne Berücksichtigung künftig erwarteter Kreditausfälle – über die erwartete oder eine angemessene kürzere Laufzeit des Finanzinstruments auf den gegenwärtigen Buchwert des Finanzinstruments abgezinst werden (IFRS 9 Anhang A). Im Falle der Zugangsbewertung ist der Effektivsatz also derjenige Diskontierungssatz, bei dessen Anwendung die abgezinsten künftigen Cash Flows genau die Anschaffungskosten ergeben. Bei der Folgebewertung werden die Anschaffungskosten fortgeführt, d.h. mit diesem Effektivzinssatz jährlich finanzmathematisch auf den Rückzahlungsbetrag aufgezinst.[1] Der auf das Geschäftsjahr entfallende Teil des Disagios steigt nach dieser Berechnungsweise während der Laufzeit an.

Beispielaufgabe:

Ein Unternehmen emittiert eine nicht an der Börse notierte Anleihe über 100 Mio. EUR zu einem Kupon (Nominalzinssatz) von 8 % mit einer Laufzeit von 10 Jahren mit einem Ausgabekurs von 96,5 %. In diesem Ausgabekurs findet der aktuelle adäquate Marktzinssatz, der über dem Nominalzinssatz liegt, Berücksichtigung. Der Rückzahlungsbetrag am Ende der Laufzeit entspricht dem Nominalbetrag von 100 Mio. EUR. Bei der Emission fällt zusätzlich ein Transaktionskostenbetrag (Bankenprovisionen u.ä.) in Höhe von 0,5 Mio. EUR an. Die Zuordnung erfolgt zur AC-Kategorie ("amortised cost"). Ermitteln Sie die fortgeführten Anschaffungskosten zu den Bilanzstichtagen der Laufzeit und die Amortisation mit Hilfe der Effektivzinsmethode.

Lösung:

Die Anleihe gehört nicht zur Kategorie der finanziellen Verbindlichkeiten, deren Folgebewertung nach dem beizulegenden Zeitwert erfolgswirksam erfolgt, sondern zu den finanziellen Verbindlichkeiten der AC-Kategorie, die in der Folge zu fortgeführten Anschaffungskosten unter Anwendung der Effektivzinsmethode zu bewerten sind. Daher müssen bei der Zugangsbewertung die Transaktionskosten berücksichtigt werden. Die Zugangsbewertung erfolgt also zum beizulegenden Zeitwert („Fair Value"), der hier dem Emissionsbetrag entspricht, abzüglich der direkt zurechenbaren Transaktionskosten (IFRS 9.5.1.1.).

(in TEUR)	1.1.01	31.12.01	31.12.02	......	31.12.09	31.12.10
		- 8.000	- 8.000	......	- 8.000	- 108.000
Emissionskurs (= Fair Value)	96.500					
- Transakt. Kosten	- 500					
= Zugangswert	96.000					

---

[1] Bei einem Agio (= Aufgeld) wird entsprechend abgezinst.

Für die Folgebewertung ist nun die Differenz zwischen dem Zugangswert (= „Anschaffungskosten" der Verbindlichkeit) und dem Nominalwert, die dem Barwert der Finanzierungskosten entspricht, finanzmathematisch mit Hilfe der Effektivzinsmethode erfolgswirksam auf die Laufzeit der Anleihe zu verteilen (jährliche Amortisation). Das auf die Laufzeit zu verteilende Disagio und die Transaktionskosten betragen zusammen 100.000 TEUR – 96.000 TEUR = 4.000 TEUR. Dazu ist zunächst der (ursprüngliche) Effektivzinssatz der Anleihe, der bei Verbindlichkeiten besser als Effektiv(finanzierungs)kostensatz bezeichnet werden kann, im Zeitpunkt der erstmaligen Bewertung zu ermitteln. Dieser lässt sich mit Hilfe von Computerprogrammen, aber auch manuell mit Hilfe der linearen Approximierungsformel „regula falsi" ermitteln. Er beträgt in diesem Falle 8,615 %. Die folgende Tabelle zeigt die Berechnung der jährlichen Amortisationsbeträge, die in das Periodenergebnis eingehen und als Gesamtzinsaufwand in der Gesamtergebnisrechnung oder im Anhang anzugeben sind (IFRS 7.20), und die Ableitung der fortgeführten Anschaffungskosten.

In der folgenden Tabelle wird die Entwicklung des Buchwerts der Anleihe und die Entwicklung des Zinsaufwands über die Laufzeit der Anleihe, berechnet mit Hilfe der Effektivzinsmethode, dargestellt:

Jahr	Buchwert am 1.1.	Gesamtes Zinsergebnis (EUR)	Aufgezinster Gesamtbetrag (EUR)	Nominalzinsbetrag (Kupon) (TEUR)	Aufzinsungsbetrag (Amortisation) (TEUR)	(fortgeführte) Anschaffungskosten (TEUR) am 31.12.
(1)	(2)	(3) = (2)*0,08615	(4)= (2)+(3)= (2) * 1,08615	(5) = 8% * 100.000	(6) =(3) – (5)	(7) = (2) + (6)
1	96.000,00	8.270,40	104.270,40	8.000	270,40	96.270,40
2	96.270,40	8.293,70	104.564,10	8.000	293,70	96.564,10
3	96.564,10	8.318,99	104.883,09	8.000	318,99	96.883,09
4	96.883,09	8.346,48	105.229,57	8.000	346,48	97.229,57
5	97.229,57	8.376,33	105.605,90	8.000	376,33	97.605,90
6	97.605,90	8.408,75	106.014,65	8.000	408,75	98.014,65
7	98.014,65	8.443,96	106.458,61	8.000	443,96	98.458,61
8	98.458,61	8.482,21	106.940,82	8.000	482,21	98.940,82
9	98.940,82	8.523,75	107.464,57	8.000	523,75	99.464,57
10	99.464,57	8.535,43	108.000,00	8.000	535,43	100.000,00
					Σ = 4.000 Disagio + Transaktionskosten	

Bei erstmaliger Bewertung ist zu buchen:

BS: Bank   96.000,00 TEUR
 an Sonstige finanzielle Verbindlichkeiten   96.000,00 TEUR.

Am Ende des ersten Jahres ist zu buchen (Folgebewertung):

BS: Zinsaufwand   8.270,40 TEUR
 an Bank   8.000,00 TEUR
 an Sonstige finanzielle Verbindlichkeiten   270,40 TEUR.

Zinsaufwand und Zinsertrag sind nach IAS 18.30(a) immer auf Basis der Effektivzinsmethode zu erfassen und gemäß IFRS 7.20 in der Gesamtergebnisrechnung (oder im Anhang) gesondert auszuweisen. Für die weiteren Bilanzstichtage lauten die Buchungen entsprechend.

VII. Latente Steuern

1. Latente Steuern nach HGB

Die tatsächliche Ertragsteuerschuld eines Unternehmens wird nach dem steuerlichen Einkommen, dem der Steuerbilanzgewinn zugrunde liegt, bemessen. Die sich nach Abzug der Vorauszahlungen ergebende Ertragsteuer-Rückstellung wird in gleicher Höhe in der Steuerbilanz und in der Handelsbilanz gebildet. Bestehen Unterschiede im Wertansatz von Aktiva oder Passiva zwischen der Handels- und der Steuerbilanz, so spiegeln sich diese (in der Regel) in Unterschieden zwischen dem handelsrechtlichen und dem steuerrechtlichen Jahresergebnis wider. Als Folge davon korrespondiert der aus der Steuerbilanz übernommene Ertragsteueraufwand im handelsrechtlichen Jahresabschluss nicht mit dem dort ausgewiesenen Jahresüberschuss. *Aufgabe von latenten Steuern*, die generell nur in der Handelsbilanz gebildet werden, ist es, in solchen Fällen Zusatzinformationen über künftige Steuerzahlungen zu liefern bzw. die Kongruenz des Steueraufwands zum Handelsbilanzgewinn herzustellen.
Seit 1.1.2010 gilt auch nach HGB das international übliche und insbesondere im IFRS-Regelwerk angewandte Konzept der *bilanzorientierten Verbindlichkeiten-Methode*. Bei dieser wird auf die Unterschiede zwischen Handels- und Steuerbilanz bei Ansatz und Bewertung von Vermögen und Schulden abgestellt. Ziel der Berücksichtigung latenter Steuern ist der zutreffende Ausweis des *bilanziellen Nettovermögens*. Das heißt, es wird verlangt, dass die Handelsbilanz alle Steuerverbindlichkeiten und -forderungen vollständig enthält, also auch die Verbindlichkeiten für zukünftige Ertragssteuerzahlungen bzw. künftige Forderungen gegen das Finanzamt, soweit sie sich aus den Bilanzposten ergeben könnten.

Latente Steuern sind nach diesem Konzept nur relevant bei *temporären Differenzen* der Handels- und Steuerbilanzwerte („Temporary"-Konzept). Dabei handelt es sich um alle Abweichungen des Ansatzes oder der Bewertung von Vermögensgegenständen und Schulden in Handels- und Steuerbilanz, die sich irgendwann später (ohne zeitliche Einschränkungen; spätestens bei der Liquidation) voraussichtlich wieder abbauen, zu berücksichtigen. Dazu gehören auch Abweichungen zwischen Handels- und Steuerbilanz, die nichts mit der Periodisierung von Ertragssteueraufwendungen zu tun haben, sondern erfolgsneutral direkt im Eigenkapital erfasst werden. Noch nicht genutzte steuerliche Verlustvorträge führen nach diesem Konzept zu aktiven latenten Steuern, da diese künftig voraussichtlich zu einer Steuerschuldminderung („Steuerentlastung") führen, sofern das Unternehmen in der Zukunft über ein ausreichendes steuerliches Einkommen verfügen wird. Da es sich im Grunde um ein Konzept der zeitlichen Abgrenzung handelt, sind keine latenten Steuern zu berücksichtigen, wenn permanente Differenzen vorliegen, die sich zukünftig nicht wieder abbauen.

Latente Steuern haben also die Aufgabe, den Informationsgehalt des handelsrechtlichen Jahresabschlusses zu erhöhen. Der Buchwert eines Vermögensgegenstands in der Handelsbilanz gibt dem Leser die Information, dass bei einer Veräußerung (mindestens) dieser Wert in Form von Zahlungsmitteln zufließen würde. Diese Information ist aber dann unzutreffend, wenn der entsprechende Wert in der Steuerbilanz vom Wert in der Handelsbilanz abweicht. Ist er z.B. niedriger, so würde bei Veräußerung in Höhe der Wertdifferenz ein steuerpflichtiger Gewinn anfallen, der zu einem entsprechenden Zahlungsmittelabfluss an das Finanzamt führen würde. Genau diese Zusatzinformation wird in der Handelsbilanz durch Passivierung des zu erwartenden Mittelabflusses als latente Steuern gegeben.

Beträgt z.B. der Wertansatz einer Ware in der Handelsbilanz z.B. 100 EUR und in der Steuerbilanz z.B. 80 EUR, so wird die Veräußerung der Ware (Annahme: HB-Buchwert = Nettoveräußerungserlös = 100 EUR) zwar einen Zufluss in Höhe von 100 EUR – wie in der Handelsbilanz angezeigt - bewirken, gleichzeitig wird aber ein Mittelabfluss in Form von Steuern verursacht, da ein steuerpflichtiger Veräußerungsgewinn in Höhe von (100 EUR – 80 EUR) = 20 EUR entsteht. Bei einem Ertragsteuersatz von 30% beträgt bei Realisation des Buchwerts die künftige Steuerzahlung 6 EUR, die als latente Steuerschuld zu passivieren ist, um den Informationsgehalt des handelsrechtlichen Jahresabschlusses zu erhöhen.

Drei Arten von Wertdifferenzen in Handels- und Steuerbilanz können unterschieden werden:

(1) Zu versteuernde temporäre Differenzen:	Handels-bilanz	Steuer-bilanz
Aktueller Wert des Aktivums (HB-Buchwert = erwarteter Zufluss): Es besteht ein **HB-Mehrvermögen** (HB-Wert > StB-Wert des Aktivums) in Höhe von 20.	100	80
Zukünftiger StB-Veräußerungsgewinn bei Veräußerung zum HB-Buchwert: Der erwartete Zufluss i.H. des HB-Buchwerts wird gemindert um den Steuerabfluss aufgrund des sich in der StB ergebenden Veräußerungsgewinns in Höhe von 100-80=20. Allgemein: Die aktuelle Wertdifferenz wird im Folgejahr oder später abgebaut bzw. kehrt sich um. Dies kann durch die unterschiedliche Höhe der planmäßigen Abschreibungen in HB und StB oder (wie hier unterstellt) durch Veräußerung erfolgen.	0	20
Entsprechende zukünftige **Steuerbelastung**, die in der Handelsbilanz durch **passive latente Steuern** bereits heute berücksichtigt werden müssen **(Pflicht)**: zwecks Verbesserung des Informationsgehalts der Handelsbilanz (Steuersatz: 30 %)	6	(6)

Mit Handelsbilanz-Mehrvermögen ist also gemeint, dass das Reinvermögen (Eigenkapital) in der Handelsbilanz größer ist als das Reinvermögen in der Steuerbilanz, hier ausgelöst durch ein Aktivum, das in der Handelsbilanz einen höheren Wert hat als in der Steuerbilanz (cet. par.).

Handelsbilanz		Steuerbilanz	
Aktivum 100	Reinvermögen 100	Aktivum 80	Reinvermögen 80

Bei **Passiva** ist die Relation umgekehrt: Zu versteuernde temporäre Differenzen entstehen, wenn der HB-Buchwert einer Rückstellung oder einer Verbindlichkeit kleiner ist als der entsprechende Steuerbilanzwert. Damit ergibt sich wie oben ein **HB-Mehrvermögen** in dem Sinne, dass das Reinvermögen in der Handelsbilanz höher ist als das Reinvermögen in der Steuerbilanz („die Schulden in der Handelsbilanz sind geringer"). Bei Realisation des HB-Reinvermögenswerts entstünde in diesem Falle ein steuerpflichtiger Gewinn, wofür bereits jetzt durch Bildung **passiver latenter Steuern** vorgesorgt werden muss.

Handelsbilanz			Steuerbilanz	
Aktivum 200	Reinvermögen 100		Aktivum 200	Reinvermögen 80
	Rückstellung 100			Rückstellung 120

(2) Abzugsfähige temporäre Differenzen:	*Handelsbilanz*	*Steuerbilanz*
Aktueller Wert des Aktivums (HB-Buchwert = erwarteter Zufluss): Es besteht ein **HB-Mindervermögen** (HB-Wert < StB-Wert des Aktivums) in Höhe von (- 20).	80	100
Zukünftiger StB-Veräußerungsverlust bei Veräußerung zum HB-Buchwert: Der erwartete Zufluss i.H. des HB-Buchwerts wird erhöht um die Steuererstattung bzw. verursachte Minderung des Steueraufwands infolge des sich in der StB ergebenden Veräußerungsverlustes in Höhe von 80 – 100 = - 20. Allgemein: Die aktuelle Wertdifferenz wird im Folgejahr oder später abgebaut bzw. kehrt sich um. Dies kann durch die unterschiedliche Höhe der planmäßigen Abschreibungen in HB und StB oder (wie hier unterstellt) durch Veräußerung erfolgen.	0	- 20
Entsprechende zukünftige **Steuerentlastung**, die in der Handelsbilanz durch **aktive latente Steuern** bereits heute berücksichtigt werden kann **(Wahlrecht)**: zwecks Verbesserung des Informationsgehalts der Handelsbilanz (Steuersatz: 30 %)	- 6	(- 6)

Mit Handelsbilanz-Mindervermögen ist also gemeint, dass das Reinvermögen (Eigenkapital) in der Handelsbilanz kleiner ist als das Reinvermögen in der Steuerbilanz, hier ausgelöst durch ein Aktivum, das in der Handelsbilanz einen geringeren Wert hat als in der Steuerbilanz (cet. par.).

Handelsbilanz			Steuerbilanz	
Aktivum 80	Reinvermögen 80		Aktivum 100	Reinvermögen 100

Bei Passiva ist die Relation umgekehrt: Abzugsfähige temporäre Differenzen entstehen, wenn der HB-Buchwert einer Rückstellung oder einer Verbindlichkeit größer ist als der entsprechende Steuerbilanzwert. Damit ergibt sich wie oben ein **HB-Mindervermögen** in dem Sinne, dass das Reinvermögen in der Handelsbilanz geringer ist als das Reinvermögen in der Steuerbilanz („die Schulden in der Handelsbilanz sind höher"). Bei Realisation des HB-Reinvermögenswerts entstünde in diesem Falle ein steuerlicher Verlust, dessen steuermindernder Effekt durch Bildung **aktiver latenter Steuern** bereits jetzt berücksichtigt werden kann.

Handelsbilanz			Steuerbilanz	
Aktivum 200	Reinvermögen 80		Aktivum 200	Reinvermögen 100
	Rückstellung 120			Rückstellung 100

(3) Permanente Differenzen:	Handels-bilanz	Steuer-bilanz	Steuer-erklärung
Außerbilanzielle Hinzurechnungen zum oder Kürzungen des Steuerbilanzwerts werden bei der Ermittlung des steuerlichen Einkommens berücksichtigt und beeinflussen ebenfalls die Höhe des Ertragsteueraufwands (z. B. nicht-abziehbare Betriebsausgaben, steuerfreie Betriebseinnahmen). Da sich hierbei mangels Abschreibungen kein Abbau des Unterschiedsbetrags ergibt, dürfen darauf latente Steuern *nicht* berücksichtigt werden. *Beispiele:*			Steuerpflichtiger Gewinn =
1) Eine außerplanmäßige Abschreibung (Teilwertabschreibung) auf die Beteiligung an einer Kapitalgesellschaft in HB und StB wirkt sich infolge der Freistellungsmethode (§ 8b KStG) nicht auf die Ertragssteuerschuld aus. Dies wird durch die Hinzurechnung der Abschreibung in der Steuererklärung erreicht.	− 100	− 100	− 100 + 100 0
2) Erhalt einer steuerfreien Investitionszulage, die sowohl in HB als auch StB als Ertrag gebucht wird. Damit sie aber auch unversteuert bleibt, ist der Betrag außerhalb der Steuerbilanz in der Steuererklärung vom steuerpflichtigen Gewinn wieder abzuziehen.	+ 50	+ 50	+ 50 −50 0

Daneben gibt es noch so gen. *quasi-permanente Differenzen*. Das sind Wertunterschiede zwischen Handels- und Steuerbilanz bei Vermögensgegenständen des Anlagevermögens, die zeitlich unbegrenzt nutzbar sind, also z.B. Grund und Boden oder Beteiligungen. Grund für die Wertdifferenz ist in der Regel eine außerplanmäßige Abschreibung in der Handelsbilanz, die steuerrechtlich nicht anerkannt wurde. Da diese Vermögensgegenstände nicht planmäßig abgeschrieben werden, kehrt sich die Wertdifferenz erst bei späterer Veräußerung, der für Gegenstände des Anlagevermögens nicht geplant ist. Dennoch sind quasi-permanente Differenzen entsprechend der international üblichen Praxis nach dem „Temporary"-Konzept in die Berechnung latenter Steuern mit *einzubeziehen*.[1]

Auszuweisen sind die latenten Steuern in der Bilanz gemäß § 266 Abs. 2 u. 3 HGB unter den Positionen „D. Aktive latente Steuern" auf der Aktivseite bzw. „E. Passive latente Steuern" auf der Passivseite. Die jeweilige Veränderung dieser beiden Bilanzposten ist in der Gewinn- und Verlustrechnung gesondert unter dem Posten „Steuern vom Einkommen und Ertrag" auszuweisen (§ 274 Abs. 2 S. 3 i.V.m. § 275 Abs. 2 u. 3 HGB).

---

[1] Vgl. Gesetzesbegründung zum BilMoG in BT-Drucks. 16/10067, S. 67 und van Hall,Georg/Kessler, Harald: Latente Steuern, in: Kessler, Harald/Leinen, Markus/Strickmann, Michael (Hrsg.): Handbuch BilMoG, Freiburg 2009, S. 390, sowie Kozikowski/Fischer in Beck Bil-Komm. 2012, § 274 Rz. 13.

Die Buchungssätze der Bildung latenter Steuern lauten demnach:

BS: Latenter Aufwand für Steuern vom Einkommen und Ertrag
an Passive latente Steuern

BS: Aktive latente Steuern
an latenten Aufwand für Steuern vom Einkommen und Ertrag

Die Auflösung latenter Steuern erfolgt durch entsprechende Stornobuchungen.

§ 274 HGB ist eine Spezialvorschrift für Kapitalgesellschaften, gilt also für Einzelunternehmen und Personengesellschaften nicht. Auch *kleine Kapitalgesellschaften* sind von der Anwendung des § 274 HGB *befreit* (§ 274 a Nr. 5 HGB).

§ 274 Abs. 2 S. 1 HGB bestimmt, dass die latenten Steuern mit Hilfe von unternehmensindividuellen Steuersätzen, die voraussichtlich bei der künftigen Steuerbe- oder -entlastung gelten werden, zu ermitteln sind. Außerdem darf keine Abzinsung erfolgen. Sollte in der Zukunft eine nicht vorhergesehene Steuersatzsenkung eintreten, so sind die vorhandenen latenten Steuern entsprechend zu verringern, da nur noch mit einer geringeren Steuerbe- oder -entlastung zu rechnen ist (§ 274 Abs. 2 S. 2 HGB). Kapitalgesellschaften sind körperschaftsteuer- und gewerbesteuerpflichtig. Die Höhe der gesamten Ertragssteuerbelastung hängt vom Gewerbesteuer-Hebesatz ab, der von der Betriebsstätten-Gemeinde autonom bestimmt werden kann. Bei einem Hebesatz von z.B. 400% beträgt sie (mit Solidaritätszuschlag) 29,83 %. Eine Steuersatzänderung ist in absehbarer Zeit nicht zu erwarten. Somit soll im Folgenden jeweils ein *pauschaler Ertragsteuersatz von 30%* angewandt werden.

Vertiefung:

Beispiel (1):

Die LowTech GmbH nimmt am 2.1.01 eine neue Software zur Fertigungssteuerung im Bereich der handkurbelbetriebenen Taschenlampen in Betrieb. Diese Software ist von den Mitarbeitern der LowTech selbst entwickelt und zum Patent angemeldet worden und soll die Fertigungskosten um 20% senken. Die Kosten der Entwicklung haben gemäß § 255 Abs. 2a HGB 300.000 EUR betragen und sind verlässlich unterscheidbar von den zuvor angefallenen allgemeinen Forschungskosten. Das handelsrechtliche Wahlrecht gemäß § 248 Abs. 2 S.1 HGB zur Aktivierung dieses selbst geschaffenen immateriellen Vermögensgegenstands wird genutzt, die lineare Abschreibung erfolgt über eine geschätzte Nutzungsdauer von 6 Jahren. Steuerrechtlich besteht nach § 5 Abs. 2 EStG ein Aktivierungsverbot, da das immaterielle Wirtschaftsgut zum Anlagevermögen gehört und nicht entgeltlich erworben wurde. Die gesamten Entwicklungskosten sind daher als sofort abzugsfähige Betriebsausgaben zu behandeln. Es sei angenommen, dass sowohl handelsrechtlich als auch steuerrechtlich jedes Jahr ein Jahresüberschuss vor Ertragsteuern und ohne Berücksichtigung der Aufwendungen im Zusammenhang mit der selbst geschaffenen Software in Höhe von 700.000 EUR erzielt wird. Der Ertragsteuersatz sei pauschal mit 30% angenommen.

Steuerrechtlich erfolgt also im Jahr 01 ein voller Abzug der Entwicklungskosten als Betriebsausgaben, sodass der Gewinn vor Ertragsteuern 400.000 EUR und der Ertragsteueraufwand (=Zuführung zur Ertragsteuerrückstellung) 120.000 EUR beträgt.

Steuerbilanz 31.12.01 (in EUR)

Selbst geschaffene immaterielle Wirtschaftsgüter	----	Ertragsteuerrückstellung	120.000
		Gewinn nach Ertragsteuern	280.000

In der *Handelsbilanz* wird die selbst entwickelte Software im Anlagevermögen mit ihren Herstellungskosten von 300.000 EUR aktiviert. Damit enthält die Handelsbilanz ein Mehrvermögen gegenüber der Steuerbilanz, das einen erwarteten zukünftigen Nutzenzufluss (z.B. Veräußerungserlös) anzeigen soll. Da es sich um eine Wertdifferenz zwischen Steuerbilanz und Handelsbilanz handelt, die sich in späteren Geschäftsjahren voraussichtlich durch die planmäßigen Abschreibungen abbaut (§ 274 Abs. 1 HGB), handelt es sich um temporäre Differenzen und somit sind latente Steuern relevant. Würde man die Software jetzt zum Preis von 250.000 EUR veräußern, so kämen auf das Unternehmen Ertragsteuern in Höhe von 0,30 * 250.000 EUR = 75.000 EUR zu. Grund ist, dass in der Steuerbilanz der Buchwert gleich Null ist und daher der Veräußerungsgewinn 250.000 EUR betrüge. Für diese „Steuerbelastung", die auf dem Mehrvermögen in der Handelsbilanz (latent) lastet, muss ein Passivposten für latente Steuern gebildet werden, damit die Vermögenslage richtig abgebildet wird.[1]

Die Berechnung der Höhe der latenten Steuern kann auf zwei Weisen erfolgen:
1. durch Multiplikation des Steuersatzes mit dem **Mindervermögen in der Steuerbilanz**:
   = 0,30 * (Wert in HB – Wert in StB) = 0,30 * (250.000 – 0) = 75.000 EUR.
2. durch Anwendung des pauschalen Ertragsteuersatzes von 30% auf den **Steuerbilanz-Mindergewinn** in 01 vor Ertragsteuern:
   = 0,30 * (HB-Gewinn – StB-Gewinn) = 0,30 * (650.000 - 400.000) = 75.000 EUR.

---

[1] Im GuV-orientierten vor dem BilMoG in Deutschland üblichen **„Timing"-Konzept** standen Überlegungen der richtigen Periodisierung des Ertragsteueraufwands und damit der richtigen Darstellung der Ertragslage im Vordergrund. Latente Steuern dienen nach diesem Konzept primär der Anpassung des Steueraufwands bzw. der Steuerrückstellungen an die Verhältnisse in der Handelsbilanz. Die zukünftige „Steuerbelastung" in der Handelsbilanz ergibt sich allein daraus, dass zwar im aktuellen Jahr zu wenig Steueraufwand aus der Steuerbilanz übernommen wurde, dafür aber als Bumerang-Effekt in den folgenden Jahren im Verhältnis zum HB-Gewinn zu viel Steueraufwand aus der Steuerbilanz übernommen wird. Allein darin ist die Steuerbelastung zu sehen, für die durch die passiven latenten Steuern Vorsorge getroffen werden muss, da sie heute bereits verursacht ist und zwangsläufig eintritt.
Im vorliegenden **Beispiel (1)** wäre die Argumentation folgendermaßen verlaufen: Der Abschreibungsaufwand beträgt 300.000 EUR : 6 Jahre = 50.000 EUR. Damit beträgt der Jahresüberschuss vor Ertragsteuern in 01 650.000 EUR und ist damit höher als der Steuerbilanzgewinn. Da die Zuführung zur Ertragsteuerrückstellung und damit der Ertragsteueraufwand aus der Steuerbilanz übernommen wird (Höhe: 0,30 * 400.000 = 120.000 EUR). Es wird deutlich, dass der Ertragssteueraufwand nicht im richtigen Verhältnis von 30 % (=Ertragsteuersatz) zum Jahresüberschuss vor Ertragsteuern steht. Die Ertragssteuerrückstellung (= 120.000 EUR) in der Handelsbilanz passt nicht zum vorläufigen Jahresüberschuss von 650.000 EUR. Sie müsste 0,30 * 650.000 EUR = 195.000 EUR betragen, ist also um 75.000 EUR zu niedrig. Das liegt daran, dass der durch die Aktivierung der Software allein in der Handelsbilanz berücksichtigte Gewinnbeitrag nicht mit einem Steueraufwand belastet ist. Bei richtiger Relation müsste der Ertragssteueraufwand handelsrechtlich 195.000 EUR betragen. Daher ist in der Handelsbilanz ein Passivposten für latente Steuern in Höhe von 75.000 EUR zu bilden, was zur Folge hat, dass jetzt Steuerrückstellung und passive latente Steuern zusammen in der richtigen (Steuersatz-) Relation zum handelsrechtlichen Jahresüberschuss (vor Ertragsteuern) stehen (0,30 * 650.000 EUR = 195.000 EUR = 120.000 EUR + 75.000 EUR). Die Ertragslage wird in der Handelsbilanz also nur bei Berücksichtigung des latenten Ertragsteueraufwands i.H.v. 75.000 EUR richtig dargestellt. Auf diese Weise wird die künftige Steuerbelastung antizipiert, die auf dem durch die Software-Aktivierung entstandenen Mehrertrag in der Handelsbilanz entfällt.

BS: Latenter Aufwand für Steuern
vom Einkommen und Ertrag 75.000 EUR
an Passive latente Steuern 75.000 EUR.

Handelsbilanz 31.12.01 (in EUR)

Selbst geschaffene immaterielle Vermögensgegenstände 250.000	Ertragsteuerrückstellung 120.000 Passive latente Steuern 75.000 Gewinn nach Ertragsteuern 455.000

Gemäß § 274 Abs. 1 S. 1 HGB besteht die **Pflicht**, eine sich aus HB-StB-Wertdifferenzen „ergebende Steuerbelastung" als passive latente Steuern in der Handelsbilanz anzusetzen. Diese Pflicht wird aus dem Prinzip der vollständigen Schuldenerfassung abgeleitet. Steuerschulden müssen einschließlich zukünftiger Steuerbelastungen passiviert werden. Worin besteht aber die sich ergebende Steuerbelastung? Es liegt hier eine *zu versteuernde temporäre Differenz* vor. Wie oben gezeigt, tritt die Steuerbelastung bei (fiktiver) Veräußerung des Vermögensgegenstands ein.

Folgejahr 02:
In der Handelsbilanz erfolgt im Jahr 02 eine weitere Abschreibung des aktivierten selbst geschaffenen immateriellen Vermögensgegenstands von 250.000 auf 200.000 EUR, während es in der Steuerbilanz keine Auswirkungen mehr gibt. Die Differenz zwischen den Wertansätzen in Handels- und Steuerbilanz hat sich abgebaut und beträgt nur noch 200.000 EUR.[1] Dieser Effekt steht beim bilanzorientierten Konzept im Mittelpunkt.

Betrachtet man – wie es dem bilanzorientierten Konzept entspricht – allein die Bilanzpositionen, so wird deutlich, dass das Mindervermögen in der Steuerbilanz gegenüber der Handelsbilanz um 50.000 EUR (= planmäßige Abschreibung) gesunken ist.

Würde man die Software jetzt zum Preis von 200.000 EUR veräußern, so kämen auf das Unternehmen Ertragsteuern in Höhe von 0,30 * 200.000 EUR = 60.000 EUR zu. Für diese „Steuerbelastung", die aus der Handelsbilanz nicht erkennbar ist, weil der Buchwert der Software dem Marktwert entspricht, muss Vorsorge getroffen werden. Diese ist aber niedriger als der im Vorjahr gebildete Passivposten für latente Steuern, der insoweit aufzulösen ist.

Berechnung der Höhe der passivierten latenten Steuern (Bestandsgröße per 31.12.02):
= 0,30 * (Wert in HB – Wert in StB) = 0,30 * (200.000 – 0) = 60.000 EUR.

Der Passivposten für latente Steuern ist also von 75.000 EUR auf 60.000 EUR zu vermindern, da die „Steuerbelastung" eingetreten ist (§ 274 Abs. 2 S. 2 HGB).

BS: Passive latente Steuern 15.000 EUR
an Latenten Aufwand für Steuern
vom Einkommen und Ertrag 15.000 EUR.

Berechnung der Höhe der Veränderung der latenten Steuern (Erfolgsauswirkung):
= 0,30 * (HB-Gewinn – StB-Gewinn) = 0,30 * (650.000 - 700.000) = - 15.000 EUR.

---

[1] Damit verbunden hat sich aber auch das Verhältnis zwischen Handels- und Steuerbilanzgewinn umgekehrt: In der Steuerbilanz beträgt der Gewinn vor Ertragsteuern 700.000 EUR und übersteigt damit den erneut um die planmäßige Abschreibung auf die Software geminderten Jahresüberschuss (= 650.000 EUR).

Latente Steuern

Steuerbilanz 31.12.02 (in EUR)

Selbst geschaffene immaterielle Wirtschaftsgüter	----	Ertragsteuerrückstellung	210.000
		Gewinn nach Ertragsteuern	490.000

Handelsbilanz 31.12.02 (in EUR)

Selbst geschaffene immaterielle Vermögensgegenstände	200.000	Ertragsteuerrückstellung	210.000
		Passive latente Steuern	60.000
		Gewinn nach Ertragsteuern	455.000

Berechnung der Höhe der passiven latenten Steuern (Bestandsgröße zum 31.12.02):
= 0,30 * (Wert in HB – Wert in StB) = 0,30 * (200.000 – 0) = 60.000 EUR.

Ab dem 2. Jahr bleibt die Konstellation unverändert, bis sich am Ende der handelsrechtlichen Nutzungsdauer des Aktivums (6 Jahre) die Umkehrung vervollständigt hat, das StB-Mindervermögen auf Null gesunken und der Passivposten für latente Steuern voll aufgelöst ist.

Gewinn vor Steuern (Handelsbilanz)	*	Ertragsteuersatz	=	Steueraufwand (übernommen aus der Steuerbilanz) = 0,30 * 700.000	-	Storno Steueraufwand (Auflösung Passivposten für latente Steuern)
650.000 EUR	*	0,3	=	210.000 EUR	-	15.000 EUR

Für die Bildung eines *Passivpostens für latente Steuern* besteht gemäß § 274 Abs. 1 S. 1 HGB ein *Gebot*, sofern sich ein Abbau der Wertdifferenzen zwischen Handels- und Steuerbilanz in der Zukunft ergibt, sofern also temporäre Differenzen vorliegen. Im obigen Beispiel baut sich das Mehrvermögen in der Handelsbilanz schrittweise aufgrund der planmäßigen Abschreibungen über die Nutzungsdauer ab. Am Ende der Nutzungsdauer stimmen Handels- und Steuerbilanz wieder überein.[1]

Die folgende Tabelle gibt einen Überblick (in TEUR) über die Entwicklung der einzelnen Positionen im Gesamtzeitraum von 6 Jahren für das Beispiel (1).

---

[1] Greift man das alte „Timing"-Konzept (GuV-orientiert; Ertragslage) noch einmal auf und betrachtet man den Gesamtzeitraum, so wird deutlich, warum die Passivierung von latenten Steuern verpflichtend ist. Im ersten Jahr wird der steuerpflichtige Gewinn zwar weit stärker gemindert als der handelsrechtliche, gleichzeitig wird dadurch aber auch die wirtschaftliche Verursachung dafür gelegt, dass der steuerpflichtige Gewinn den handelsrechtlichen übersteigt (Steuerbilanz-Mehrgewinn = 5 Jahre * 15.000 EUR = 75.000 EUR). Für die dadurch ausgelöste voraussichtliche Steuerbelastung nachfolgender Geschäftsjahre muss in der Handelsbilanz Vorsorge getroffen werden. Als Nebeneffekt wird dadurch i.d.R. bewirkt, dass auch im handelsrechtlichen Jahresabschluss die Höhe des Ertragsteueraufwands auf die Höhe des Jahresüberschusses vor Ertragsteuern nach Maßgabe des Ertragssteuersatzes abgestimmt ist.

Jahr	01	02	03	04	05	06	Summe
Software (HB)	250	200	150	100	50	0	---
Software (StB)	0	0	0	0	0	0	---
StB-Mindervermögen	-250	-200	-150	-100	-50	0	
0,3*StB-Mindervermögen	-75	-60	-45	-30	-15	0	
Passivposten für latente Steuern (in der HB):	75	60	45	30	15	0	---
Veränderung der passiven latenten Steuern (HB):	+75	-15	-15	-15	-15	-15	0

Die Veränderungen der passiven latenten Steuern in der Handelsbilanz in der letzten Zeile entsprechen der Auswirkung auf den handelsrechtlichen Jahresüberschuss, allerdings mit umgekehrten Vorzeichen, da es sich um Veränderungen eines Passivpostens handelt. Erhöhungen werden als Aufwand gebucht und verringern den Jahresüberschuss und umgekehrt.

Ergänzend werden die Zusammenhänge zwischen latenten Steuern und den Gewinndifferenzen zwischen Handels- und Steuerbilanz sowie die Auswirkungen auf die *Ertragslage* durch folgende Tabelle beleuchtet:

Jahr	01	02	03	04	05	06	Summe
HB-JÜ vor Ertragsteuern und latenten Steuern:	650	650	650	650	650	650	3.900
StB-Jahresüberschuss vor Ertragsteuern:	400	700	700	700	700	700	3.900
Ertragsteuern gem. HB-Jahresüberschuss:	195	195	195	195	195	195	1.170
Ertragsteuern gem. StB-Jahresüberschuss	120	210	210	210	210	210	1.170
Passivposten für latente Steuern (in der HB):	75	60	45	30	15	0	---
Veränderung der passiven latenten Steuern (HB):	+75	-15	-15	-15	-15	-15	0
HB-JÜ nach tatsächlichen Ertragsteuern und nach latenten Steuern	455	455	455	455	455	455	2.730
StB-Jahresüberschuss nach Ertragsteuern	280	490	490	490	490	490	2.730

Beispiel (2):

Die LowTech GmbH erwirbt am 2.1.01 ein Unternehmen als Ganzes und zahlt für dessen Geschäfts- oder Firmenwert einen Betrag von 300.000 EUR. Handelsrechtlich gilt der Geschäfts- oder Firmenwert als zeitlich begrenzt nutzbarer Vermögensgegenstand (§ 246 Abs. 1 S. 4 HGB) und muss demzufolge aktiviert werden. Die lineare Abschreibung erfolgt über eine geschätzte Nutzungsdauer von 5 Jahren. Steuerrechtlich besteht nach § 5 Abs. 2 EStG ebenfalls ein Aktivierungsgebot und die Pflicht, den Firmenwert linear über 15 Jahre abzuschreiben (§ 7 Abs. 1 Satz 3 EStG). Es sei angenommen, dass sowohl handelsrechtlich als auch steuerrechtlich jedes Jahr ein Jahresüberschuss vor Ertragsteuern und ohne Berücksichtigung der Aufwendungen im Zusammenhang mit dem Firmenwert in Höhe von 700.000 EUR erzielt wird. Der Ertragsteuersatz sei pauschal mit 30% angenommen.

Steuerrechtlich erfolgt also im Jahr 01 eine Abschreibung auf den Firmenwert in Höhe von 20.000 EUR, so dass der Gewinn vor Ertragsteuern 680.000 EUR, der Ertragsteueraufwand (=Zuführung zur Ertragsteuerrückstellung) 0,30 * 680.000 EUR = 204.000 EUR und der Gewinn nach Ertragsteuern 680.000 EUR − 204.000 EUR = 476.000 EUR beträgt. Im Ergebnis besteht eine "Kongruenz", d.h. ein prozentual richtiges Verhältnis, zwischen Ertragsteueraufwand und Gewinn vor Ertragsteuern.

Steuerbilanz (in EUR)	31.12.01 (in EUR)	
Firmenwert 280.000	Ertragsteuerrückstellung	204.000
	Gewinn nach Ertragsteuern	476.000

In der *Handelsbilanz* wird der Geschäfts- oder Firmenwert infolge der höheren planmäßigen Abschreibung von 60.000 EUR nur mit 240.000 EUR bewertet. Damit enthält sie gegenüber der Steuerbilanz ein Mindervermögen, das einen erwarteten zukünftigen Nutzenzufluss (z.B. Veräußerungserlös) anzeigen soll. Da es sich um eine Wertdifferenz zwischen Steuerbilanz und Handelsbilanz handelt, die sich in späteren Geschäftsjahren voraussichtlich durch die planmäßigen Abschreibungen abbaut (§ 274 Abs. 1 HGB), handelt es sich um temporäre Differenzen und somit sind latente Steuern relevant. Würde man den Geschäfts- oder Firmenwert jetzt zum Preis von 240.000 EUR (= HB-Buchwert = Marktwert) veräußern,[1] so ergäbe sich in der Steuerbilanz ein Verlust in Höhe von 40.000 EUR, da der Geschäfts- oder Firmenwert dort mit 280.000 EUR zu Buche steht. Die Transaktion würde also die Ertragsteuerschuld des Unternehmens um 0,30 * 40.000 EUR = 12.000 EUR vermindern. Diese „Steuerentlastung", die aus der Handelsbilanz nicht erkennbar ist, weil der Buchwert der Software dem Marktwert entspricht, kann durch den Aktivposten für latente Steuern abgebildet werden.

Die Berechnung der Höhe kann auf zwei Weisen erfolgen:
1. durch Multiplikation des Steuersatzes mit dem **Mehrvermögen in der Steuerbilanz**:
    = 0,30 * (Wert in StB − Wert in HB) = 0,30 * (280.000 − 240.000) = 12.000 EUR.
2. durch Anwendung des pauschalen Ertragsteuersatzes von 30% auf den **Steuerbilanz-Mehrgewinn** in 01 vor Ertragsteuern:
    = 0,30 * (StB-Gewinn − HB-Gewinn) = 0,30 * (680.000 - 640.000) = 12.000 EUR.

Gemäß § 274 Abs. 1 S. 2 HGB besteht für **Kapitalgesellschaften** ein **Wahlrecht**[2], eine sich aus HB-StB-Wertdifferenzen „ergebende Steuerentlastung" als aktive latente Steuern in der Handelsbilanz anzusetzen. Eigentlich verfolgt das Temporary-Konzept das Ziel, das Nettovermögen einschließlich zukünftiger Steuerentlastungen vollständig auszuweisen. Dass der Gesetzgeber ein Wahlrecht und nicht eine Pflicht vorschreibt, resultiert aus dem Vorsichtsprinzip bzw. dem Realisationsprinzip. Der Ertrag aus der Aktivierung latenter Steuern ist nämlich keinesfalls zum Bilanzstichtag realisiert, auch hat dieser Aktivposten keinen echten Forderungscharakter. Worin besteht nun die sich ergebende Steuerentlastung? Es liegt hier eine **abzugsfähige temporäre Differenz** vor. Wie oben gezeigt, tritt die Steuerentlastung bei (fiktiver) Veräußerung des Vermögensgegenstands ein.

---

[1] Bei dieser Überlegung geht es nur um die formale Ermittlung der latenten Steuern. Die Frage, ob der derivative Geschäfts- oder Firmenwert überhaupt einzeln veräußerbar und damit ein Vermögensgegenstand ist, soll hier nicht nochmals aufgeworfen werden. M.E. können höchstens Teile davon einzeln veräußert werden. Vgl. dazu Kapitel B.II.1.b).

[2] Genau genommen besteht das Aktivierungswahlrecht nach § 274 Abs. 1 S. 2 HGB nur, wenn auch das Saldierungswahlrecht gemäß § 274 Abs. 1 S. 3 HGB genutzt wird. Darauf wird am Kapitelende noch eingegangen.

Wird das Aktivierungswahlrecht des § 274 Abs. 1 S. 2 HGB von der LowTech GmbH genutzt, so ergibt sich folgende Handelsbilanz am Ende des Zugangsjahres:

Handelsbilanz (in EUR) 31.12.01 (in EUR)			
Firmenwert	240.000		
		Ertragsteuerrückstellung	204.000
Aktive latente Steuern	12.000	Gewinn nach Ertragsteuern	448.000

BS: Aktive latente Steuern 12.000 EUR
an latenten Aufwand für Steuern
vom Einkommen und Ertrag 12.000 EUR.

Durch diese Buchung ergibt sich eine Erhöhung des Handelsbilanzgewinns, sodass bei florierenden Gesellschaften, die ihren Gewinn möglichst niedrig ausweisen möchten, von diesem Wahlrecht kein Gebrauch gemacht werden dürfte.

Folgejahre 02-05:
In der Steuerbilanz erfolgt im Jahr 02 eine weitere Abschreibung des aktivierten Firmenwertes von 280.000 EUR auf 260.000 EUR, in der Handelsbilanz von 240.000 EUR auf 180.000 EUR. Die Differenz zwischen dem Steuerbilanzwert und dem Handelsbilanzwert steigt von 40.000 EUR auf 80.000 EUR. Die Differenz zwischen den Wertansätzen in Handels- und Steuerbilanz hat sich erhöht und beträgt nun 80.000 EUR. Dieser Effekt steht beim bilanzorientierten Konzept im Mittelpunkt. Betrachtet man – wie es dem bilanzorientierten Konzept entspricht – allein die Bilanzpositionen, so wird deutlich, dass das Mehrvermögen in der Steuerbilanz gegenüber der Handelsbilanz um weitere 40.000 EUR (= Differenz der planmäßige Abschreibung) auf 80.000 EUR gestiegen ist.

Würde man den Geschäfts- oder Firmenwert jetzt zum Preis von 180.000 EUR (= HB-Buchwert = Marktwert) veräußern, so ergäbe sich in der Steuerbilanz ein Verlust in Höhe von 80.000 EUR, da der Geschäfts- oder Firmenwert dort mit 260.000 EUR zu Buche steht. Die Transaktion würde also die Ertragsteuerschuld des Unternehmens um 0,30 * 80.000 EUR = 24.000 EUR vermindern. Diese „Steuerentlastung", die aus der Handelsbilanz nicht erkennbar ist, weil der Buchwert der Software dem Marktwert entspricht, kann durch den Aktivposten für latente Steuern abgebildet werden. Dieser ist aber höher als der im Vorjahr gebildete Aktivposten für latente Steuern, der insoweit aufzustocken ist.
Berechnung der Höhe der aktiven latenten Steuern (Bestandsgröße per 31.12.02):
= 0,30 * (Wert in StB – Wert in HB) = 0,30 * (260.000 – 180.000) = 24.000 EUR.

Die aktiven latenten Steuern können also auf 24.000 EUR aufgestockt werden.

BS: Aktive latente Steuern 12.000 EUR
an latenten Aufwand für Steuern
vom Einkommen und Ertrag 12.000 EUR.

Berechnung der Höhe der Veränderung der latenten Steuern (Erfolgsauswirkung):
= 0,30 * (StB-Gewinn – HB-Gewinn) = 0,30 * (680.000 - 640.000) = - 12.000 EUR.

Steuerbilanz (in EUR) 31.12.02 (in EUR)

Firmenwert	260.000	Ertragsteuerrückstellung	204.000
		Gewinn nach Ertragsteuern	476.000

Handelsbilanz (in EUR) 31.12.02 (in EUR)

Firmenwert	180.000		
		Ertragsteuerrückstellung	204.000
Aktive latente Steuern	24.000	Gewinn nach Ertragsteuern	448.000

Bis zum Ende des Jahres 05 bleibt also die Konstellation unverändert, sodass in der Handelsbilanz der Aktivposten für latente Steuern jährlich um 12.000 EUR aufgestockt wird, bis er am 31.12.05 den Betrag von 5 * 12 = 60.000 erreicht hat.

Berechnung der Höhe der aktiven latenten Steuern (Bestandsgröße per 31.12.05):
 = 0,30 * (Wert in StB – Wert in HB) = 0,30 * (200.000 – 0) = 60.000 EUR.

Steuerbilanz (in EUR) 31.12.05 (in EUR)

Firmenwert	200.000	Ertragsteuerrückstellung	204.000
		Gewinn nach Ertragsteuern	476.000

Handelsbilanz (in EUR) 31.12.05 (in EUR)

Firmenwert	----		
		Ertragsteuerrückstellung	204.000
Aktive latente Steuern	60.000	Gewinn nach Ertragsteuern	448.000

Folgejahre 06-15:
Ab dem Jahr 06 erfolgt in der Handelsbilanz keine Abschreibung des Firmenwerts mehr, dagegen wird in der Steuerbilanz weiterhin ein Betrag von 20.000 EUR pro Jahr abgeschrieben. Zum 31.12.06 hat sich die Differenz zwischen den Wertansätzen in Handels- und Steuerbilanz abgebaut und beträgt nur noch 180.000 EUR.[1] Dieser Effekt steht beim bilanzorientierten Konzept im Mittelpunkt.

Betrachtet man – wie es dem bilanzorientierten Konzept entspricht – allein die Bilanzpositionen, so wird deutlich, dass das Mehrvermögen in der Steuerbilanz gegenüber der Handelsbilanz Ende des Jahres 05 mit 200.000 EUR maximal ist und bis zum Jahre 15 infolge der planmäßigen Abschreibungen in der Steuerbilanz kontinuierlich bis auf Null sinkt.

Würde man den Geschäfts- oder Firmenwert jetzt zum Preis von 0 EUR (= HB-Buchwert = Marktwert) veräußern, so ergäbe sich in der Steuerbilanz ein Verlust in Höhe von 180.000 EUR, da der Geschäfts- oder Firmenwert dort mit 180.000 EUR zu Buche steht. Die Transaktion würde also die Ertragsteuerschuld des Unternehmens um 0,30 * 180.000 EUR = 54.000 EUR vermindern. Diese kumulierte „Steuerentlastung", die aus der Handelsbilanz nicht erkennbar ist, weil der Buchwert der Software dem Marktwert entspricht, kann durch den Aktivposten für latente Steuern abgebildet werden. Dieser ist aber niedriger als im Vorjahr und muss insoweit aufgelöst werden.

---

[1] Damit verbunden hat sich aber auch das Verhältnis zwischen Handels- und Steuerbilanzgewinn umgekehrt: In der Steuerbilanz beträgt der Gewinn vor Ertragsteuern 700.000 EUR und übersteigt damit den erneut um die planmäßige Abschreibung auf die Software geminderten Jahresüberschuss (= 650.000 EUR).

Berechnung der Höhe der aktivierten latenten Steuern (Bestandsgröße per 31.12.06):
= 0,30 * (Wert in StB – Wert in HB) = 0,30 * (180.000 – 0) = 54.000 EUR.

Die aktiven latenten Steuern *müssen* um 6.000 EUR auf 54.000 EUR verringert werden, da die Steuerentlastung insoweit eingetreten ist (§ 274 Abs. 2 S. 2 HGB).

BS: Latenter Aufwand für Steuern
vom Einkommen und Ertrag   6.000 EUR
an aktive latente Steuern   6.000 EUR.

Berechnung der Höhe der Veränderung der aktiven latenten Steuern (Erfolgsauswirkung):
= 0,30 * (StB-Gewinn – HB-Gewinn) = 0,30 * (680.000 - 700.000) = - 6.000 EUR.

Steuerbilanz (in EUR) 31.12.06 (in EUR)			
Firmenwert	180.000		
		Ertragsteuerrückstellung	204.000
		Gewinn nach Ertragsteuern	476.000

Handelsbilanz (in EUR) 31.12.06 (in EUR)			
Firmenwert	-------		
		Ertragsteuerrückstellung	204.000
Aktive für latente Steuern	54.000	Gewinn nach Ertragsteuern	490.000

Ab dem 6. Jahr bleibt die Konstellation unverändert, bis sich am Ende der steuerrechtlichen Nutzungsdauer des Aktivums (15 Jahre) die Umkehrung vervollständigt hat, das StB-Mehrvermögen auf Null gesunken und der Aktivposten für latente Steuern voll aufgelöst ist.

Gewinn vor Steuern (Handelsbilanz)	*	Ertragsteuersatz	=	Steueraufwand (übernommen aus der Steuerbilanz) = 0,30 * 680.000	+	Steueraufwand (Auflösung Aktivposten für latente Steuern)
700.000 EUR	*	0,3	=	204.000 EUR	+	15.000 EUR

Für die Bildung eines *Aktivpostens für latente Steuern* besteht gemäß § 274 Abs. 1 S. 2 HGB ein **Wahlrecht**, sofern sich ein Abbau der Wertdifferenzen zwischen Handels- und Steuerbilanz in der Zukunft ergibt, sofern also temporäre Differenzen vorliegen. Im obigen Beispiel baut sich das Mehrvermögen in der Steuerbilanz bis zum Ende des Jahres 05 schrittweise auf und danach aufgrund der planmäßigen Abschreibungen über die Nutzungsdauer wieder ab. Am Ende der Nutzungsdauer stimmen Handels- und Steuerbilanz wieder überein.

Die folgende Tabelle gibt einen Überblick (in TEUR) über die Entwicklung der einzelnen Positionen im Gesamtzeitraum von 15 Jahren:

Jahr	01	02	03	04	05	06	.....	15	Summe
Firmenwert (HB)	240	180	120	60	---	---	---	---	---
Firmenwert (StB)	280	260	240	220	200	180	.....	0	---
StB-Mehrvermögen	+ 40	+ 80	+ 120	+ 160	+ 200	+180		0	
0,3 * StB-Mehrvermögen	+ 12	+ 24	+ 36	+ 48	+ 60	+ 54		0	
Aktivposten für latente Steuern (in der HB):	12	24	36	48	60	54	.....	0	---
Veränderungen der aktiven latenten Steuern (HB)	+ 12	+ 12	+ 12	+ 12	+ 12	- 6		-6	0

Die Veränderungen der passiven latenten Steuern in der Handelsbilanz in der letzten Zeile entsprechen der Auswirkung auf den handelsrechtlichen Jahresüberschuss. Erhöhungen des Aktivpostens werden als Verminderung des Steueraufwands gebucht und erhöhen den Jahresüberschuss und umgekehrt.

Ergänzend werden die Zusammenhänge zwischen latenten Steuern und den Gewinndifferenzen zwischen Handels- und Steuerbilanz sowie die Auswirkungen auf die *Ertragslage* durch folgende Tabelle beleuchtet:

Jahr	01	02	03	04	05	06	.....	15	Summe
HB-JÜ vor Ertragsteuern und latenten Steuern:	640	640	640	640	640	700	.....	700	10.200
StB-Jahresüberschuss vor Ertragsteuern	680	680	680	680	680	680	.....	680	10.200
Ertragsteuern gemäß HB-Jahresüberschuss:	192	192	192	192	192	210	.....	210	3.060
Ertragsteuern gemäß StB-Jahresüberschuss	204	204	204	204	204	204	.....	204	3.060
Aktivposten für latente Steuern (in der HB):	12	24	36	48	60	54	.....	0	---
Veränderung der aktiven latenten Steuern (HB):	+12	+12	+12	+12	+12	-6	.....	-6	0
HB-JÜ nach tatsächlichen Ertragsteuern und nach latenten Steuern	448	448	448	448	448	490	.....	490	7.140
StB-Jahresüberschuss nach Ertragsteuern:	476	476	476	476	476	476	.....	476	7.140

Zum besseren Verständnis soll soll nun noch einmal anhand des *Beispiels (2)* gezeigt werden, wie Bestandsgrößen und Stromgrößen zusammenhängen und dass (im Regelfall) Differenzen in den einzelnen Posten von Handels- und Steuerbilanz mit Differenzen in den handels- und steuerrechtlichen Periodenerfolgen korrespondieren. Das neue Konzept der temporären Differenzen stellt allein auf *Bilanzpostendifferenzen* ab. Alle Erläuterungen zur Ertragslage (Aufwandsbetrachtung) erfolgen nur ergänzend. Folgende Tabelle enthält die Steuerbilanz-Handelsbilanz-Differenzen bei den Bilanzposten (= Bestandsgrößen) der ersten 7 Jahre sowie die entsprechenden Periodengewinne.

	Firmen-wert in der Steuer-bilanz	Firmen-wert in der Handels-Bilanz	Mehrvermö-gen in der Steuerbilanz (=Differenz der Bilanz-postenwerte)	Veränderung des Mehr-vermögens in der Steuerbi-lanz ggü. dem Vorjahr	StB-Mehrge-winn (StB-HB-Gewinn-differenz)	Steuer-bilanz-Gewinn (vor Ertrag-steuern)	Handelsbi-lanz-Gewinn (vor Ertragsteu-ern u. laten-ten Steuern)
31.12.00	---	---	---	---	0	700	700
31.12.01	280	240	+ 40	+ 40	+ 40	680	640
31.12.02	260	180	+ 80	+ 40	+ 40	680	640
31.12.03	240	120	+ 120	+ 40	+ 40	680	640
31.12.04	220	60	+ 160	+ 40	+ 40	680	640
31.12.05	200	0	+ 200	+ 40	+ 40	680	640
31.12.06	180	0	+ 180	- 20	- 20	680	700
31.12.07	160	0	+ 160	- 20	- 20	680	700

Es zeigt sich, dass die Veränderung des Steuerbilanz-Mehrvermögens gegenüber dem Vorjahr dem Steuerbilanz-Mehrgewinn bzw. -Mindergewinn entspricht. Die Berechnung der latenten Steuern über die Bilanzpostendifferenzen (StB-Mehrvermögen) führt direkt zum Stand der latenten Steuern und ist auch bei einer großen Zahl von Abweichungen von Handels- und Steuerbilanz einfach zu handhaben.

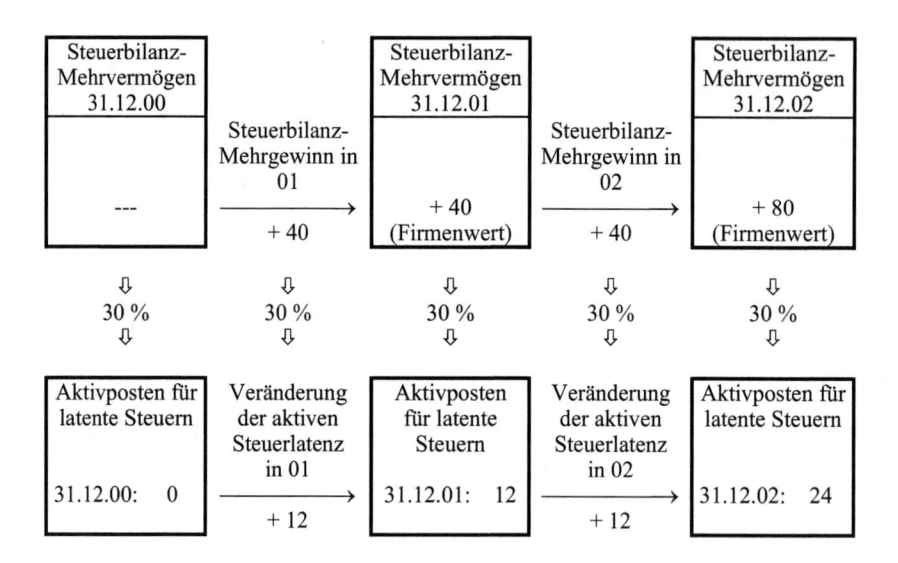

```
┌─────────────────┐                    ┌─────────────────┐                    ┌─────────────────┐
│ Steuerbilanz-   │                    │ Steuerbilanz-   │                    │ Steuerbilanz-   │
│ Mehrvermögen    │   Steuerbilanz-    │ Mehrvermögen    │   Steuerbilanz-    │ Mehrvermögen    │
│ 31.12.00        │   Mehrgewinn in    │ 31.12.01        │   Mehrgewinn in    │ 31.12.02        │
│                 │        01          │                 │        02          │                 │
│       ---       │  ────────────→     │      + 40       │  ────────────→     │      + 80       │
│                 │       + 40         │   (Firmenwert)  │       + 40         │   (Firmenwert)  │
└─────────────────┘                    └─────────────────┘                    └─────────────────┘
       ⇩                ⇩                      ⇩                ⇩                      ⇩
      30 %             30 %                   30 %             30 %                   30 %
       ⇩                ⇩                      ⇩                ⇩                      ⇩
┌─────────────────┐  Veränderung       ┌─────────────────┐  Veränderung       ┌─────────────────┐
│ Aktivposten für │  der aktiven       │ Aktivposten für │  der aktiven       │ Aktivposten für │
│ latente Steuern │  Steuerlatenz      │ latente Steuern │  Steuerlatenz      │ latente Steuern │
│                 │  in 01             │                 │  in 02             │                 │
│ 31.12.00:   0   │  ────────────→     │ 31.12.01:  12   │  ────────────→     │ 31.12.02:  24   │
│                 │      + 12          │                 │      + 12          │                 │
└─────────────────┘                    └─────────────────┘                    └─────────────────┘
```

Da ein *Aktivposten für latente Steuern* kein Vermögensgegenstand ist, gehört er eigentlich nicht in die Bilanz hinein, da Gläubiger über die Verwertbarkeit eines solchen Postens getäuscht werden können. Der Posten ist nicht einzeln veräußerbar, schon gar nicht in der Insolvenz. Es handelt sich um eine so gen. *Bilanzierungshilfe*, die es dem Bilanzierenden ausnahmsweise ermöglichen, einen Nicht-Vermögensgegenstand zu aktivieren. Um Gläubiger vor Fehlinterpretationen zu schützen, sind aktive latente Steuern unter Position § 266 Abs. 2 D. getrennt auszuweisen. Ebenso ist die Erfolgsauswirkung in der Gewinn- und Verlustrechnung unter dem Posten „Steuern vom Einkommen und vom Ertrag" gesondert auszuweisen (§ 274 Abs. 2 S. 3 HGB).

Zudem hat der Gesetzgeber zum Schutze der Gläubiger eine Ausschüttungssperre vorgeschrieben, damit nicht schwächelnde Unternehmen ihren Handelsbilanz-Gewinn durch die Aktivierung latenter Steuern allein deshalb in die Höhe treiben, um ihre Ausschüttungsmöglichkeit auszuweiten. Vereinfacht ausgedrückt, muss der Gegenwert eines solchen nicht einzelverwertbaren Postens im Unternehmen gebunden bleiben, um nicht Unternehmenssubstanz auszuschütten und damit die Gläubiger zu schädigen.[1] Die *Ausschüttungssperre* ist nur für Kapitalgesellschaften vorgesehen, da nur diese latente Steuern aktivieren dürfen, und ist im Einzelnen wie folgt ausgestaltet (§ 268 Abs. 8 HGB):

> Werden aktive latente Steuern in der Bilanz ausgewiesen, „so dürfen Gewinne nur ausgeschüttet werden, wenn die nach der Ausschüttung verbleibenden frei verfügbaren Rücklagen zuzüglich eines Gewinnvortrags und abzüglich eines Verlustvortrags mindestens den insgesamt angesetzten Beträgen" abzüglich der passiven latenten Steuern entsprechen" (§ 268 Abs. 8 S. 2 i.V.m. S. 1 HGB).

Beispiel:

Bilanz 31.12.01 (in TEUR)

Aktiva		Passiva	Fall 1	Fall 2
Verschiedene Aktiva	10.000	Gezeichnetes Kapital	3.000	3.000
		Gesetzliche Gewinnrücklagen	300	300
		Andere Gewinnrücklagen	200	200
		Gewinnvortrag	100	850
		Jahresüberschuss	500	500
Aktive latente Steuern	1.500	Passive latente Steuern	450	450
		Verschiedene Passiva	7.400	6.650
	11.500		11.500	11.500

Erläuterungen:

Fall 1:
Es ist keine Ausschüttung möglich, da die Summe der jederzeit auflösbaren Gewinnrücklagen (200) + Gewinnvortrag (100) + Jahresüberschuss (500) = 800 beträgt und damit die Höhe Saldos der aktiven und passiven latenten Steuern (1.500 – 450 = 1.050) unterschreitet.

Fall 2:
Gewinnrücklagen (200) + Gewinnvortrag (850) + Jahresüberschuss (500) = 1.550 überschreiten die Höhe des Saldos der aktiven und passiven latenten Steuern (1.500 – 450 = 1.050) um 500, sodass eine Ausschüttung maximal in Höhe von 500 möglich ist.

Schließlich muss der Betrag der Ausschüttungssperre im Anhang angegeben werden (§ 285 Nr. 28 HGB).

Da im Normalfall sowohl HB-StB-Differenzen bei einzelnen Bilanzposten, die zu aktiven latenten Steuern, als auch Differenzen, die zu passiven latenten Steuern führen, vorkommen, stellt sich die Frage der Saldierungsmöglichkeit bzw. -pflicht. Nach § 274 Abs. 1 S.1-3 HGB besteht ein *Saldierungswahlrecht* zwischen den aktiven und den passiven latenten Steuern. Grundsätzlich ist das Saldierungswahlrecht als Ausweiswahlrecht nach § 265 Abs. 1 HGB *stetig auszuüben*. Wird nicht saldiert, so müssen aktive und passive latente Steuern getrennt

---

[1] Der Anreiz zur bilanzpolitisch motivierten Gewinnerhöhung, um z.B. höhere Erfolgsvergütungen an das Management zahlen zu können oder den Gläubigern eine höhere Bonität suggerieren zu können, kann durch eine solche Ausschüttungssperre allerdings nicht verhindert werden.

bilanziert werden. Eine Beschränkung auf den Ausweis passiver latenter Steuern ist nach der Gesetzeslogik nicht zulässig. Wird das Saldierungswahlrecht genutzt und ergibt sich eine aktivischer Überhang, was der Regelfall in der Praxis sein dürfte, so besteht das Aktivierungswahlrecht für aktive latente Steuern gem. § 274 Abs. 1 S. 2 HGB. In diesem Falle kann das Unternehmen gänzlich auf einen Ausweis latenter Steuern verzichten, es kann aber auch durch deren Aktivierung eine gegebenenfalls bilanzpolitisch erwünschte Gewinnerhöhung erreichen. Die Ausübung des Aktivierungswahlrechts hat als *Ansatzwahlrecht gemäß § 246 Abs. 3 HGB* jedoch *stetig* zu erfolgen, wodurch den bilanzpolitischen Möglichkeiten Grenzen gesetzt wird. Werden keine aktiven latenten Steuern gebildet, so müssen die Berechnungen allerdings in einer Nebenrechnung weitergeführt werden. Ergibt sich ein passivischer Überhang, so besteht die Pflicht zur Bilanzierung passiver latenter Steuern nach § 274 Abs. 1 S. 1 HGB. In der Literatur wird auch vertreten, dass bei unsaldiertem Ausweis der latenten Steuern ebenfalls ein Aktivierungswahlrecht hinsichtlich des Überhangs der aktiven über die passiven latenten Steuern bestehe.[1] Diese Auffassung ist m.E. vom Gesetzeswortlaut und der Gesetzeslogik nicht gedeckt, hat aber den Vorzug, dass das Aktivierungswahlrecht nicht von der Ausübung des Saldierungswahlrechts abhängt.

Wie bereits erwähnt führen *noch nicht genutzte steuerliche Verlustvorträge* zu aktiven latenten Steuern, da diese künftig voraussichtlich zu einer Steuerschuldminderung („Steuerentlastung") führen, sofern das Unternehmen in der Zukunft über ein ausreichendes steuerliches Einkommen verfügen wird. Bei der Beurteilung über die künftige Realisierbarkeit der Verlustvorträge schreibt der Gesetzgeber einen Zukunftszeitraum von fünf Jahren vor (§ 274 Abs. 1 S. 4 HGB). Mit der Erstellung einer solchen subjektiven Prognose ergibt sich für die Unternehmensleitung ein *Ermessensspielraum*, der ebenfalls *bilanzpolitisch genutzt* werden kann.

---

[1] Vgl. Grottel/Larenz, in Beck Bil-Komm., 2016, § 274 Rz, 14 f.

Differenzen zwischen Handelsbilanz- und Steuerbilanzwerten		
Permanente Differenzen	*Temporäre Differenzen* ↙	↘
	Handelsbilanz-Mindervermögen (*Steuerbilanz-Mehrvermögen*)	*Handelsbilanz-Mehrvermögen* (*Steuerbilanz-Mindervermögen*)
Teilwertabschreibung auf Beteiligungen an Kapitalgesellschaften (Freistellungsmethode gemäß § 8 b KStG)	Höhere planmäßige Abschreibungen in der Handelsbilanz als in der Steuerbilanz (geometrisch-degressiv oder über eine kürzere Nutzungsdauer)	Aktivierung der Entwicklungskosten selbst geschaffener immaterieller Anlagegüter in der Handelsbilanz; Verbot in der Steuerbilanz
nicht-abziehbare Betriebsausgaben (§ 4 Abs. 5 EStG, § 10 KStG)	planmäßige Abschreibung des derivativen Firmenwerts über eine Nutzungsdauer < 15 J. in der Handelsbilanz	planmäßige Abschreibung des derivativen Firmenwerts über eine Nutzungsdauer > 15 J. in der Handelsbilanz
steuerfreie Erträge aus Auslandsbeteiligungen	Zuschreibung auf den derivativen Firmenwert in der Steuerbilanz; Zuschreibungsverbot in der Handelsbilanz	Lineare Gebäudeabschreibung in der Handelsbilanz über eine Nutzungsdauer von mehr als 33 bzw. 40 bzw. 50 Jahren
Steuerfreie Erträge aus Investitionszulagen	Fifo-Vorratsbewertung in der Handelsbilanz bei fallenden Preisen	fifo-Vorratsbewertung in der Handelsbilanz bei steigenden Preisen
	Disagio in der Handelsbilanz als Sofortaufwand oder schneller als über die Darlehenslaufzeit verteilt	Abschreibung von Waren in der Steuerbilanz auf einen Teilwert, der unter dem handelsrechtlichen Tageswert liegt
	Mögliche Sofortabschreibung von GWG bis zu AK von etwa 1.000 EUR in der Handelsbilanz (GoB der Wirtschaftlichkeit); in Steuerbilanz: Sammelposten bilden, falls AK/HK > 410 EUR	Erhöhung des Wertes einer kurzfristigen Fremdwährungsforderung (Restlaufzeit bis zu 1 Jahr) aufgrund eines gesunkenen Eurokurses über die Anschaffungskosten hinaus (nur in der Handelsbilanz)
	Pensions-, Prozess- oder Urlaubsrückstellungen werden in der Handelsbilanz höher bewertet als in der Steuerbilanz	Sonderabschreibung z.B. gemäß § 7g Abs. 5 EStG allein in der Steuerbilanz; Investitionsabzugsbetrag gem. § 7g Abs. 1 EStG
	Drohverlustrückstellungen in der Handelsbilanz	Steuerfreie Rücklagen, die nur in der Steuerbilanz gebildet werden
	Abwertung einer Fremdwährungsforderung aufgrund eines voraussichtlich nur vorübergehend gestiegenen Eurokurses in der Handelsbilanz; Verbot in der Steuerbilanz	Abzinsung von Rückstellungen (Restlaufzeit > 1 J.) mit einem höheren Zinssatz in der Handelsbilanz als in der Steuerbilanz
keine latenten Steuern	***Summierung und Pflicht zum Ansatz aktiver latenter Steuern***	***Summierung und Pflicht zum Ansatz passiver latenter Steuern***
	oder:	
	Saldierung *(Wahlrecht gem. § 274 Abs. 1 S. 3 HGB)*	
	↙ *aktivischer Überhang*	↘ *passivischer Überhang*
	Wahlrecht für Kapitalgesellschaften zur Aktivierung latenter Steuern gemäß § 274 Abs. 1 S. 2 HGB	***Pflicht*** für Kapitalgesellschaften zur Passivierung latenter Steuern gemäß § 274 Abs. 1 S. 1 HGB

Generell sind auch die Wertdifferenzen, die zur Berücksichtigung latenter Steuern geführt haben, die steuerlichen Verlustvorträge sowie die der Ermittlung der latenten Steuern zugrunde gelegten Steuersätze von <u>großen</u> Kapitalgesellschaften im *Anhang* anzugeben (§ 285 Nr. 29, § 288 Abs. 1 u. 2 HGB). Dabei sind verpflichtend nur die Gruppen von Vermögensgegenständen oder Schulden anzugeben, bei denen Wertdifferenzen bestehen, und die Art der latenten Steuern, also ob Aktiv- oder Passivlatenzen vorliegen. Die Höhe der Wertdifferenzen muss nicht angegeben werden.[1]

Weitere Beispiele für temporäre Wertunterschiede der Posten in Handels- und Steuerbilanz, die zu latenten Steuern führen, zeigt die Übersicht auf der vorigen Seite ohne Anspruch auf Vollständigkeit der Aufzählung.

Einzelunternehmen und Personengesellschaften sind von § 274 HGB als Spezialvorschrift für Kapitalgesellschaften nicht betroffen, kleine Kapitalgesellschaften sind nach § 274a Nr. 5 HGB davon befreit. Allerdings galt schon im alten Recht und wird durch die Gesetzesbegründung zur Neufassung bestätigt, dass diese Rechtsformen, latente Steuern passivieren müssen, wenn die Voraussetzungen des § 249 Abs. 1 HGB zur Bildung von Rückstellungen für ungewisse Verbindlichkeiten erfüllt sind. Aufgrund der fehlenden rechtlichen Verpflichtung zur Zahlung zukünftiger Steuern ist dies häufig bei passiven latenten Steuern nicht der Fall.[2] Eine Rückstellungspflicht besteht dagegen, wenn die zukünftige Umkehr-Steuerbelastung vom Kaufmann nicht verhindert werden kann, so z.B. bei der Inanspruchnahme einer Sonderabschreibung nach § 7g Abs. 5 EStG oder des entsprechenden unversteuerten Investitionsabzugsbetrags nach § 7g Abs. 1 EStG.[3] Zu beachten ist noch, dass die Einkommensteuer der Einzelunternehmer und der Gesellschafter einer Personengesellschaft keine betriebliche Steuer ist, und daher eine Rückstellung nur für latente Gewerbeertragsteuer in Höhe von 15–20% (je nach Hebesatz der Gemeinde) zu bilden ist.

Merke:

Zu versteuernde temporäre Differenzen (bei Aktiva)	*Abzugsfähige temporäre Differenzen (bei Aktiva)*
HB-Buchwert des Vermögensgegenstands > Steuer(bilanz)wert	HB-Buchwert des Vermögensgegenstands < Steuer(bilanz)wert
Folge: Bei Realisation des HB-Buchwerts entsteht ein steuerpflichtiger Gewinn	*Folge:* Bei Realisation des IHB-Buchwerts entsteht ein steuerrechtlicher Verlust
Beispiel: in der Handelsbilanz werden Entwicklungskosten selbst geschaffener immaterieller Anlagegüter aktiviert, in der Steuerbilanz ist die Aktivierung nicht zulässig	*Beispiel:* planmäßige Abschreibung des derivativen Firmenwerts über eine Nutzungsdauer < 15 J. in der Handelsbilanz; in der Steuerbilanz sind 15 Jahre Nutzungsdauer vorgeschrieben
=> **passive latente Steuern**	=> **aktive latente Steuern**

---

[1] Ellrott in Beck Bil-Komm. 2012, § 285 Rz.471.

[2] Lüdenbach vertritt die Meinung, dass Einzelunternehmen und Personenhandelsgesellschaften keine latenten Steuern bilanzieren müssen und dürfen, da es sich auch bei passiven latenten Steuern um einen Bilanzposten eigener Art handelt und nicht um eine Rückstellung gemäß § 249 Abs. 1 HGB. Vgl. Lüdenbach, N.: Keine latenten Steuern bei Personenunternehmen, StuB 2011, S. 68 f.

[3] Van Hall, Georg/Kessler, Harald: Latente Steuern, in: Kessler, Harald/Leinen, Markus/Strickmann, Michael (Hrsg.): Handbuch BilMoG, Freiburg 2009, S. 399 f.

Merke:

Zu versteuernde temporäre Differenzen (bei Passiva)	Abzugsfähige temporäre Differenzen (bei Passiva)
Handelsbilanz-Buchwert der Schuld < Steuer(bilanz)wert	Handelsbilanz-Buchwert der Schuld > Steuer(bilanz)wert
Folge: Bei Realisation des HB-Buchwerts entsteht ein steuerpflichtiger Gewinn	*Folge:* Bei Realisation des HB-Buchwerts entsteht ein steuerrechtlicher Verlust
Beispiel: Abzinsung von Rückstellung (Restlaufzeit > 1 J.) mit einem höheren Zinssatz in der Handelsbilanz als in der Steuerbilanz	*Beispiel:* Prozessrückstellungen oder Urlaubsrückstellungen werden in der Handelsbilanz höher bewertet als in der Steuerbilanz
=> **passive latente Steuern**	=> **aktive latente Steuern**

Aufgaben 56 und 57 : Latente Steuern nach HGB

2. Latente Steuern nach IFRS

a) Allgemeines

Im IFRS-Regelwerk ist schon immer in IAS 12[1] die **bilanzorientierte Verbindlichkeiten-Methode** („Balance Sheet Liability Method") verankert, die nun auch im HGB seit 1.1.2010 Gültigkeit hat. Wie im vorigen Kapitel bereits ausgeführt, steht dabei der zutreffende Ausweis des bilanziellen Reinvermögens im Mittelpunkt (statische Bilanztheorie). Das heißt, es wird verlangt, dass die Bilanz alle Ertragsteuerverbindlichkeiten, also auch die latenten Steuern als Verbindlichkeiten für zukünftige Ertragsteuerzahlungen, bzw. alle Forderungen gegen das Finanzamt, also auch die latenten Steuern als Vorauszahlungen auf künftige Steuern, vollständig enthält. Hintergrund ist, dass der IFRS-Abschluss den Adressaten entscheidungsrelevante Informationen über zukünftige Mittelzuflüsse („Cash Flows") aus der Verwertung der Vermögenswerte und Mittelabflüsse zur der Schuldentilgung liefern soll. Dieses Ziel erfordert zusätzliche Informationen, wenn etwa der Vermögenswert in der IFRS-Bilanz in seiner Höhe vom entsprechenden Wert in der Steuerbilanz abweicht.

Der Begriff der **temporären Differenzen** („Temporary Differences"; sog. Temporary-Konzept; IAS 12.5) zwischen IFRS-Wertansatz und Steuerbilanzwert verlangt grundsätzlich die Berücksichtigung latenter Steuern bei allen Abweichungen des Ansatzes oder der Bewertung von Vermögenswerten und Schulden in Handels- und Steuerbilanz, die sich irgendwann später (ohne zeitliche Einschränkungen; spätestens bei der Liquidation) voraussichtlich abbauen. Nur so gen. **permanente Differenzen** im Sinne von außerbilanziellen Hinzurechnungen oder Kürzungen bei der Ermittlung des steuerlichen Einkommens (z. B. nicht-abziehbare Betriebsausgaben, steuerfreie Betriebseinnahmen) dürfen nicht berücksichtigt werden, weil es hier keinen späteren Abbau der Differenz geben kann.

---

[1] Seit 2009 liegt ein Entwurf zur Revision des IAS 12 vor, der sich vor allem auf latente Steuern bezieht und zurzeit zur Diskussion gestellt ist. Zu den geplanten Änderungen vgl. Fischer, D.T.: Der Standardentwurf „Income Tax (ED/2009/2)" des IASB zur Bilanzierung von Ertragsteuern, PiR 2009, S. 143 ff.

Die Höhe der künftigen Steuerschulden hängt vom künftig in den Jahren der Umkehrung der Differenzen geltenden *Ertragsteuersatz* ab. Somit sind die Steuerabgrenzungsbeträge auf Basis erwarteter Ertragsteuersätze zu berechnen und bei Steuersatzänderungen anzupassen. Abgesehen vom Fall einer zuverlässig angekündigten Steuersatzänderung ist aber mit dem am Bilanzstichtag gültigen Steuersatz zu arbeiten (IAS 12.47 f.).

IAS 12 enthält die konkreten Regelungen zur Behandlung sowohl der tatsächlichen Ertragsteuern als auch der latenten Steuern. In IAS 12.5 f. sind die tatsächlichen Ertragsteuern als diejenigen Beträge definiert, die aus dem zu versteuernden Einkommen der Periode resultieren. Der auszuweisende Steueraufwand („Tax Expense") bzw. Steuerertrag einer Periode umfasst den tatsächlichen Steueraufwand („Current Tax Expense") bzw. Steuerertrag und den latenten Steueraufwand („Deferred Tax Expense") bzw. latenten Steuerertrag.

Latente Steuerschulden („Deferred Tax Expense") sind diejenigen Beträge, die „in zukünftigen Perioden resultierend aus zu versteuernden temporären Differenzen zahlbar sind" (IAS 12.5). Temporäre Differenzen („Temporary Differences") sind die Unterschiede zwischen dem IFRS-Buchwert eines Vermögenswertes („Asset") oder dem IFRS-Buchwert einer Schuld („Liability") und der jeweiligen steuerlichen Basis. Die steuerliche Basis ist der diesem Vermögenswert oder dieser Schuld für steuerliche Zwecke beizulegende Betrag (Steuerbilanz-Buchwert). Temporäre Differenzen können künftig zu versteuernde oder künftig steuerlich abzugsfähige Beträge zur Folge haben, wenn der Buchwert des Vermögenswerts realisiert (z.B. veräußert) oder der Schuld erfüllt wird (IAS 12.5). Beispiele sind die Vornahme von Sonderabschreibungen in der Steuerbilanz, die die IFRS-Bilanz nicht berühren, oder die Aktivierung von selbst geschaffenen immateriellen Vermögenswerten in der IFRS-Bilanz, die steuerlich nach § 5 Abs. 2 EStG nicht zulässig ist.

Latente Steueransprüche („Deferred Tax Assets") sind die Beträge, die in zukünftigen Perioden erstattungsfähig sind und aus abzugsfähigen temporären Differenzen und aus bislang ungenutzten steuerlichen Verlustvorträgen resultieren (IAS 12.5). Beispiele für solche temporären Differenzen sind die Abwertung eines zum Fair Value zu bewertenden Vermögenswerts, ohne dass eine voraussichtlich dauernde Wertminderung vorliegt (Verbot der steuerlichen Teilwertabschreibung gemäß § 6 Abs. 1 Nr. 1 und 2 EStG) und die Passivierung von Drohverlustrückstellungen in der IFRS-Bilanz, die in der Steuerbilanz gemäß § 5 Abs. 4a EStG nicht gebildet werden dürfen.

Für latente Steueransprüche (aktivische latente Steuern) besteht - anders als nach HGB - eine *Aktivierungspflicht*, für latente Steuerschulden besteht eine Passivierungspflicht. Eine *Saldierung ist grundsätzlich nicht zulässig*, IAS 12.74 enthält allerdings zwei Ausnahmefälle, in denen eine Saldierung erfolgen muss. Eine Abzinsung latenter Steueransprüche bzw. Steuerschulden ist allerdings nicht zulässig (IAS 12.53).

Grundsätzlich erfolgt die Bildung latenter Steuern *erfolgswirksam*, bei Steueransprüchen als latenter Steuerertrag, bei Schulden als latenter Steueraufwand. Wird jedoch der Posten, auf die sich die latente Steuer bezieht in der gleichen oder einer anderen Periode *erfolgsneutral* im sonstigen Ergebnis oder direkt im Eigenkapital erfasst, so sind auch latente Steuern (sowie tatsächliche Ertragsteuern) erfolgsneutral im sonstigen Ergebnis bzw. als erfolgsneutrale direkte Eigenkapitaländerung auszuweisen (IAS 12.61A). Ein Beispiel für den ersten Fall sind Sachanlagen, die nach dem *Neubewertungsmodell*[1] bewertet werden (IAS 12.62). Ein

---

[1] Hierauf wird am Kapitelende ausführlicher eingegangen.

Beispiel für den zweiten Fall ist die Korrektur des Anfangsbestands der Gewinnrücklagen im Rahmen einer rückwirkend angewandten Änderung der Rechnungslegungsmethoden (IAS 12.62A).

Voraussetzung für eine Aktivierung *latenter Steueransprüche* ist, dass es wahrscheinlich ist, „in künftigen Perioden" (IAS 12.25) ein positives zu versteuerndes Ergebnis verfügbar zu haben, gegen das die abzugsfähigen temporären Differenzen verrechnet werden können (IAS 12.24). Diese Voraussetzung ist deshalb erforderlich, weil der wirtschaftliche Vorteil aus abzugsfähigen temporären Differenzen nur in Form einer Verringerung der Steuerzahlungen in der Zukunft, nicht aber durch einen Erstattungsanspruch gegenüber dem Finanzamt realisierbar ist. Wie hoch die Wahrscheinlichkeit sein muss, wird nicht angegeben. Das Management hat es also in der Hand, aufgrund seiner besonderen Kenntnisse der spezifischen betrieblichen Gegebenheiten zu entscheiden, ob die latenten Steueransprüche durch Verrechnung mit zukünftigen tatsächlichen Ertragssteuerschulden „wahrscheinlich" genutzt werden können oder nicht. Demzufolge liegt trotz der formellen Aktivierungspflicht ein *faktisches Wahlrecht* zur Aktivierung latenter Steueransprüche vor.

Dasselbe gilt für noch nicht genutzte *steuerliche Verlustvorträge*. Diese führen zu aktivischen latenten Steuern, sofern es wahrscheinlich ist, dass sie durch die Erzielung eines positiven zu versteuernden Einkommens in der Zukunft genutzt werden können, sich also steuermindernd auswirken können (IAS 12.34). Sollte die Voraussetzung noch nicht gegeben und eine Aktivierung latenter Steueransprüche daher nicht zulässig sein, so ist an jedem Bilanzstichtag erneut zu prüfen, ob zu diesem Zeitpunkt die Voraussetzung zur Aktivierung erfüllt ist (IAS 12.37).

Generell unterliegen *latente Steueransprüche* einer *jährlichen Überprüfung* ihrer Werthaltigkeit (IAS 12.56). Damit ist aber noch zusätzlich eine bilanzpolitische Beeinflussbarkeit des Periodenerfolgs aufgrund der subjektiven Einschätzung der Geschäftsleitung gegeben, es liegt also ein *faktisches Wahlrecht* vor. Die Geschäftsleitung kann somit die Höhe der aktiven latenten Steuern und insbesondere auch solche auf steuerliche Verlustvorträge über mehrere Perioden hinweg sogar mit unterschiedlicher Zielrichtung und ohne Einengung durch das Stetigkeitsgebot *bilanzpolitisch gestalten*, obwohl es keine formellen Wahlrechte diesbezüglich im IFRS-Regelwerk gibt.

Die in der folgenden Tabelle aufgeführten Ausnahmefälle beziehen sich jeweils auf den erstmaligen Ansatz. Neutrale Geschäftsvorfälle, die außerhalb von Unternehmenszusammenschlüssen weder das handels- noch das steuerrechtliche Periodenergebnis beeinflussen, gibt es in Deutschland kaum.[1] Der Ausnahmefall des steuerlich nicht nutzbaren Geschäfts- oder Firmenwerts bezieht sich auf den Konzernabschluss. Der in diesem Lehrbuch allein behandelte Geschäfts- oder Firmenwert im Einzelabschluss des Unternehmenserwerbers im Rahmen eines „Asset Deals" führt auch nach IFRS zu latenten Steuern.

---

[1] Ein Beispiel ist ein öffentliches Wohnungsunternehmen, das in die Privatwirtschaft überführt wird. Stille Reserven können in diesem Falle handelsrechtlich neutral und steuerfrei aufgedeckt werden.

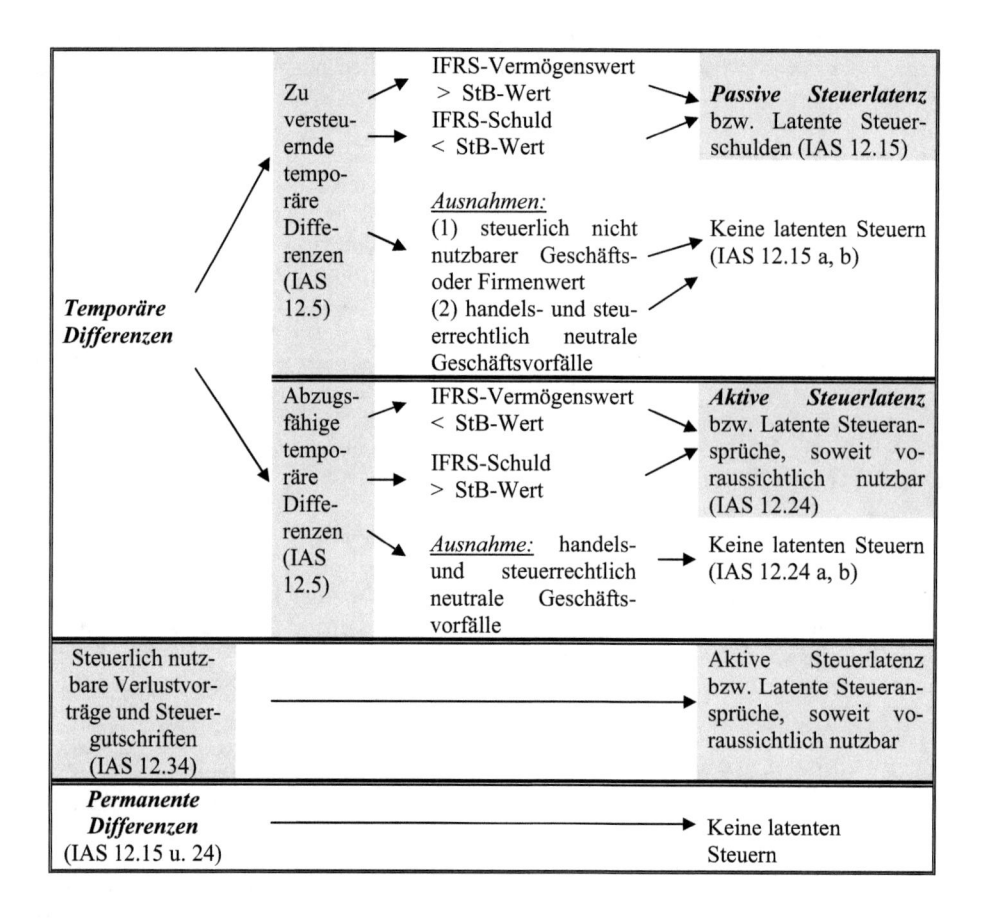

Temporäre Differenzen	Zu versteuernde temporäre Differenzen (IAS 12.5)	IFRS-Vermögenswert > StB-Wert IFRS-Schuld < StB-Wert	***Passive Steuerlatenz*** bzw. Latente Steuerschulden (IAS 12.15)
		Ausnahmen: (1) steuerlich nicht nutzbarer Geschäfts- oder Firmenwert (2) handels- und steuerrechtlich neutrale Geschäftsvorfälle	Keine latenten Steuern (IAS 12.15 a, b)
	Abzugsfähige temporäre Differenzen (IAS 12.5)	IFRS-Vermögenswert < StB-Wert IFRS-Schuld > StB-Wert	***Aktive Steuerlatenz*** bzw. Latente Steueransprüche, soweit voraussichtlich nutzbar (IAS 12.24)
		Ausnahme: handels- und steuerrechtlich neutrale Geschäftsvorfälle	Keine latenten Steuern (IAS 12.24 a, b)
Steuerlich nutzbare Verlustvorträge und Steuergutschriften (IAS 12.34)			Aktive Steuerlatenz bzw. Latente Steueransprüche, soweit voraussichtlich nutzbar
Permanente Differenzen (IAS 12.15 u. 24)			Keine latenten Steuern

Latente Steuerschulden im Zusammenhang mit ***Anteilen an Tochterunternehmen***, assoziierten Unternehmen und Anteilen an Joint Ventures sind zu bilanzieren, soweit es sich nicht um Fälle handelt, in denen der zeitliche Verlauf der Umkehrung der temporären Differenz vom Mutterunternehmen, dem Anteilseigener oder dem Partnerunternehmen gesteuert werden kann und es wahrscheinlich ist, dass sich die temporäre Differenz in absehbarer Zeit nicht umkehren wird (IAS 12.39 u. 44). Abweichungen im Wertansatz dieser Vermögenswerte treten auf, wenn die Anteile zum „Fair Value" bewertet werden (Wahlrecht) oder die Fortschreibung der Anschaffungskosten nach IFRS von derjenigen nach dem Steuerrecht abweicht. Entsprechende latente Steueransprüche sind nur insoweit zu aktivieren, als sich die temporären Differenzen „wahrscheinlich in absehbarer Zeit" umkehren werden und dann ein „ausreichend hohes" zu versteuerndes Ergebnis vorliegen wird. Ob diese Bilanzierungsvoraussetzung erfüllt ist, kann nur von der Geschäftsleitung aufgrund ihrer besonderen Kenntnis der betrieblichen Gegebenheiten subjektiv eingeschätzt werden. Somit liegt auch hier ein ***faktisches Wahlrecht*** vor. Sollten die Anteile allerdings von einer Kapitalgesellschaft gehalten werden und der Steuerwert der Anteile höher sein als der Wert nach IFRS[1], so mangelt es bereits an der Umkehr der temporären Differenzen, da eine Veräußerung nach § 8b KStG steuerfrei ist und Veräußerungsverluste steuerrechtlich keine Wirkung haben.

---

[1] Zum Beispiel aufgrund einer steuerlich nicht anerkannten Wertberichtigung nach IAS 36.

b) Latente Steuern im Neubewertungsmodell

An dieser Stelle soll kurz auf die Berücksichtigung *latenter Steuern* bei Anwendung des Neubewertungsmodells eingegangen werden, da es einige Besonderheiten gibt.

Grundsätzlich sind die Bildung und die Auflösung latenter Steueransprüche bzw. -schulden erfolgswirksam. Jedoch sind latente Steuern „außerhalb des Gewinns oder Verlusts zu erfassen, wenn sich die Steuer auf Posten bezieht, die in der gleichen oder einer anderen Periode außerhalb des Gewinns oder Verlusts erfasst werden" (IAS 12.61A). Die entsprechenden Posten und die zugehörigen latenten Steuern können in diesem Falle entweder direkt im Eigenkapital oder im „Sonstigen Ergebnis" erfasst werden. Letzteres gilt bei Anwendung des *Neubewertungsmodells* gemäß IAS 16.31 ff..[1] Die Möglichkeit einer Neubewertung des Anlagevermögens ist im deutschen Steuerrecht nicht gegeben. Bei vorheriger Identität zwischen den Bilanzwerten nach IFRS und den Steuerbilanzwerten entsteht in Höhe der Werterhöhung (oder Wertminderung) in der IFRS-Bilanz zum Neubewertungszeitpunkt eine Differenz. Nach dem IFRS-Konzept für latente Steuern muss bei einer Werterhöhung in demselben Zeitpunkt ein Passivposten für latente Steuern gebildet werden, der sich durch Anwendung des Ertragsteuersatzes auf die Wertdifferenz ergibt (IAS 12.61). Der restliche Teil der Wertdifferenz wird in die Neubewertungsrücklage („Revaluation Surplus") eingestellt. Beide Vorgänge sind erfolgsneutral, werden aber im „Sonstigen Ergebnis" erfasst (IAS 12.61A u. 62a).[2]

Im Folgenden werden die mit einer Neubewertung zusammenhängenden *latenten Steuern direkt erfolgsneutral gebucht*. Ist allerdings die Werterhöhung teilweise erfolgswirksam, weil in früheren Perioden eine erfolgswirksame Wertminderung erfolgt ist, so ist auch die Veränderung der latenten Steuern erfolgswirksam zu buchen. Dies gilt auch für die Umbuchung der Neubewertungsrücklage in die Gewinnrücklage in Höhe der Abschreibungsdifferenz zum Fall des Anschaffungskostenmodells. Zwar hat diese *Umbuchung* selbst (nach Abzug der damit verbundenen latenten Steuern; IAS 12.64) *erfolgsneutral* innerhalb des Eigenkapitals ohne Berührung der Gesamtergebnisrechnung zu erfolgen (IAS 16.41). Die zugehörige Auflösung der *passiven latenten Steuern* erfolgt dagegen *erfolgswirksam* gemäß IAS 12.58. Damit soll erreicht werden, dass die Ertragslage realistischer dargestellt wird, indem dem hohen (erfolgswirksamen) Abschreibungsaufwand auf Basis des höheren Fair Value eine entsprechend erfolgswirksame Verringerung der latenten Steuern gegenübergestellt wird und bei allen erfolgsneutralen Neubewertungsvorgängen auch die latenten Steuern erfolgsneutral erfasst werden.[3]

---

[1] Siehe dazu Kapitel B.III.7.a) und Kapitel B.IV.2.a) (10).

[2] Wie Kapitel B.III.7.a) bereits vereinbart, soll die Zwischenbuchung über das „Sonstige Ergebnis" bei den Buchungen im Zusammenhang mit der Neubewertungsrücklage aus Gründen der Vereinfachung und der klareren Interpretation jeweils weggelassen werden. Dasselbe erscheint für die damit zusammenhängenden latenten Steuern als sinnvoll. Ausführlich müsste gebucht werden:

BS:	Latenter Steueraufwand	1.000 EUR	
	an latente Steuerschulden		1.000 EUR.
BS:	Sonstiges Ergebnis (erfolgsneutral)	1.000 EUR	
	an latenten Steueraufwand		1.000 EUR.

[3] Vgl. Beck-IFRS-HB/Schulz-Danso § 25 Rz. 116.

Beträgt der Werterhöhungsbetrag bei einer Maschine 100.000 EUR und der gegenwärtige und künftig erwartete Ertragsteuersatz 30%, so lautet der Buchungssatz im Zeitpunkt der Neubewertung:

BS: Maschinen 100.000 EUR
an Neubewertungsrücklage 70.000 EUR
an latente Steuerschulden 30.000 EUR.

In Höhe der künftigen Ertragsteuerbelastung sind passive latente Steuern auf den allein in der IFRS-Bilanz zugeschriebenen Betrag zu berücksichtigen. Dies ist konsequent, da das Temporary-Konzept des IFRS-Regelwerks sich an bilanziellen Differenzen orientiert und grundsätzlich alle solchen Differenzen zu latenten Steuern führen, die sich spätestens mit der Liquidation der neubewerteten Vermögenswerte oder des gesamten Unternehmens umkehren. Es ist aber nicht nur formal, sondern auch materiell konsequent. Werden nämlich die Vermögenswerte mit dem „Fair Value" bewertet und wird dadurch das erwartete künftige Erfolgspotenzial gezeigt, das in den Vermögenswerten steckt und durch Nutzung und/oder Verkauf realisiert werden kann, so muss auch die mit den Erfolgen zusammenhängende künftige Steuerbelastung gezeigt werden. Das heißt aber nicht, dass durch die Neubewertung selbst eine höhere Ertragsteuer verursacht wird. Der künftig zu versteuernde Veräußerungsgewinn ändert sich durch die Neubewertung nicht, da die Wertentwicklung in der Steuerbilanz durch das Neubewertungsmodell nicht beeinflusst wird.

Aufgabe 58: Bewertungskonzeption nach IFRS (mit latenten Steuern)

Aufgabe 59: Neubewertungsmodell (mit latenten Steuern)

Latente Steuern im Vergleich		
	IFRS	**HGB**
Art von Differenzen	temporäre Differenzen („Temporary Differences")	temporäre Differenzen („Temporary Differences")
Abgrenzungskonzept	bilanzorientierte Verbindlichkeitenmethode: zutreffender Vermögensausweis	bilanzorientierte Verbindlichkeitenmethode: zutreffender Vermögensausweis
Pflicht/ Wahlrecht/ Saldierung	Aktivierungs- und Passivierungspflicht. Saldierung ist grundsätzlich nicht zulässig (IAS 12.74)	Ansatzpflicht für passive, Ansatzwahlrecht für aktive latente Steuern; Saldierungswahlrecht
Erfolgswirksamkeit	grundsätzlich ja; aber erfolgsneutrale Eigenkapitaländerung, wenn die Bezugsgröße genauso behandelt wird (IAS 12.61)	ja
Steuersatz	Im Jahr der Umkehrung der Latenzen gültiger Steuersatz; bis zur Ankündigung von Steuersatzänderungen: aktuell gültiger Steuersatz (IAS 12.47)	Im Jahr der Umkehrung der Latenzen gültiger Steuersatz; bis zur Ankündigung von Steuersatzänderungen: aktuell gültiger Steuersatz (§ 274 Abs. 2 S. 1 HGB)

Latente Steuern im Vergleich		
	IFRS	**HGB**
Abzinsung	keine Abzinsung zulässig (IAS 12.53);	keine Abzinsung zulässig (§ 274 Abs. 2 S. 1 HGB)
Verlustvorträge/ Steuergutschriften	Pflicht zur Aktivierung latenter Steuern, soweit Vorträge wahrscheinlich zukünftig verwertbar	Wahlrecht zur Aktivierung latenter Steuern, soweit Vorträge wahrscheinlich zukünftig verwertbar (5-Jahreszeitraum)
Ausweis	Gesonderter Ausweis aktiver bzw. passiver latenter Steuern; Bildung und Auflösung gesondert bei den Steueraufwendungen	Gesonderter Ausweis aktiver bzw. passiver latenter Steuern; Saldierungswahlrecht; Bildung und Auflösung gesondert bei den Steueraufwendungen
Angabepflichten	ausführliche Angabepflichten; u.a. Erläuterung der Relation zwischen Steueraufwand und dem handelsrechtlichen Periodenergebnis vor Ertragsteuern (IAS 12.81)	Pflicht zur Angabe der zugrunde liegenden Differenzen, der steuerlichen Verlustvorträge, der Steuersätze und der mit einer Ausschüttungssperre versehenen Beträge (§ 285 Nr. 28 u. 29 HGB)

VIII. Bilanzierung des Eigenkapitals

Lernziele:

Der Leser soll

- *die Komponenten des Eigenkapitals bei Kapitalgesellschaften unterscheiden lernen*
- *sich mit den verschiedenen Arten und Aufgaben der Gewinnrücklage befassen*
- *sich mit den verschiedenen Aufstellungsformen der Bilanz hinsichtlich der Verwendung des Jahresergebnisses vertraut machen.*

1. Einzelunternehmen und Personenhandelsgesellschaften

Definition:

> **Eigenkapital** ist das von Eigentümern und Miteigentümern (Gesellschaftern) dem Unternehmen unbefristet zur Verfügung gestellte Geld- oder Sachkapital, das mit dem Risiko behaftet ist, von Verlusten aufgezehrt zu werden (Haftungs-/Risikokapital).

Das vom Einzelunternehmer oder den Gesellschaftern einer Personenhandelsgesellschaft aus ihrem Privatvermögen in das Betriebsvermögen überführte Kapital kann auf der Passivseite der Gesellschaftsbilanz unterschiedlich ausgewiesen werden. Beim Ausweis in Form *variabler Kapitalkonten* ist jedem Gesellschafter ein einziges Konto zugewiesen, das sich variabel durch Einlagen aus dem Privatvermögen und nicht entnommene Gewinnanteile erhöht und durch Entnahmen in das Privatvermögen und Verlustanteile vermindert.

Bei Personenhandelsgesellschaften werden oft *feste Kapitalkonten* ("Kapitalkonto I") ausgewiesen, die die Höhe der im Gesellschaftsvertrag vereinbarten sog. Pflichteinlage aufweisen. Sofern diese Pflichteinlage von einem Gesellschafter noch nicht voll erbracht ist, wird auf der Aktivseite ein Korrekturposten "Ausstehende Einlagen" ausgewiesen. Außerdem existiert für jeden Gesellschafter ein zusätzliches variables Kapitalkonto ("Kapitalkonto II"), das die Veränderungen durch Einlagen, Entnahmen, Gewinnanteile und Verlustanteile aufnimmt. Ist der tatsächliche Stand der Einlage durch Verlustanteile unter die bereits erbrachte Pflichteinlage herabgemindert, wird auf der Aktivseite der Bilanz als Korrekturposten zum festen Kapitalkonto das "Verlustsammelkonto des Gesellschafters" ausgewiesen, das im Gegensatz zu den "Ausstehenden Einlagen" keinen Forderungscharakter hat, denn die Gesellschafter sind grundsätzlich nicht verpflichtet, während des Bestehens des Unternehmens Verluste auszugleichen. Im Gesellschaftsvertrag kann dies anders geregelt sein.

Eine Besonderheit ergibt sich für den Kommanditisten einer Kommanditgesellschaft. Hat dieser seine Pflichteinlage erbracht, so sind dessen Gewinnanteile auf einem "Sonderkonto" gutzuschreiben, das aus Sicht der Gesellschaft Verbindlichkeitscharakter hat, weil der Kommanditist die Auszahlung jederzeit verlangen kann (§§ 167 Abs. 2 und 169 Abs. 1 HGB).

2. Kapitalgesellschaften

a) Allgemeines

Das Eigenkapital einer Kapitalgesellschaft ist generell in einen festen Bestandteil ("Gezeichnetes Kapital") und in einen variablen Bestandteil ("Rücklagen") zerlegt. In § 266 Abs. 3 HGB ist folgende weitere Untergliederung für große Kapitalgesellschaften vorgeschrieben:

A. Eigenkapital
    I. Gezeichnetes Kapital
    II. Kapitalrücklage
    III. Gewinnrücklagen
        1. gesetzliche Rücklage
        2. Rücklage für Anteile an einem herrschenden oder mehrheitlich beteiligten Unternehmen
        3. satzungsmäßige Rücklagen
        4. andere Gewinnrücklagen
    IV. Gewinnvortrag/Verlustvortrag
    V. Jahresüberschuss/Jahresfehlbetrag

b) Gezeichnetes Kapital

Das gezeichnete Kapital ist der festgeschriebene Bestandteil des Eigenkapitals einer Kapitalgesellschaft. Auf diesen Betrag ist die Haftung der Gesellschafter für Verbindlichkeiten der Kapitalgesellschaft gegenüber den Gläubigern beschränkt ("Haftungskapital"; § 272 Abs. 1 HGB). Üblich ist auch die Bezeichnung Nennkapital oder Nominalkapital, durch die deutlich gemacht wird, dass dieser Teil des Eigenkapitals der Summe der Nennwerte (Nominalwerte) der ausgegebenen ("gezeichneten") Anteile entspricht. Im Falle einer Aktiengesellschaft wird auch speziell von Grundkapital, im Falle einer GmbH von Stammkapital gesprochen.

Der Posten „Gezeichnetes Kapital" taucht aber nur dann in der Bilanz (Hauptspalte) auf, wenn es auch voll eingezahlt ist. Haben die Anteilseigner das übernommene ("gezeichnete") Nominalkapital nur teilweise eingezahlt, so sind nach § 272 Abs. 1 HGB die nicht eingeforderten ausstehenden Einlagen vom Passivposten "Gezeichnetes Kapital" in der Vorspalte offen abzusetzen. In der Hauptspalte ist dann der Saldo als „Eingefordertes Kapital" auszuweisen. Unter den Forderungen ist zusätzlich der eingeforderte, aber noch nicht eingezahlte Betrag getrennt auszuweisen. Etwas irreführend ist hierbei die Bezeichnung "eingefordertes Kapital" auf der Passivseite, denn diese Position beinhaltet nicht nur das ausstehende, aber bereits eingeforderte Kapital, sondern auch das tatsächlich eingezahlte Kapital.

Beispiel:
Das gezeichnete Kapital der LowTech GmbH per 31.12.01 beträgt 10 Mio. EUR. Davon sind 4 Mio. EUR noch nicht eingezahlt, wovon wiederum 1 Mio. EUR aufgrund eines Beschlusses der Gesellschafterversammlung vom 28.11.01 eingefordert sind.

Bilanz der LowTech GmbH zum 31.12.01 (EUR)

A. Anlagevermögen	A. Eigenkapital	
	I. Gezeichnetes	
B. Umlaufvermögen	Kapital	10 Mio.
I. Vorräte	- nicht eingeforderte	
II. Forderungen und sonstige	ausstehende	
Vermögensgegenstände	Einlagen	- 3 Mio.
5. Eingeforderte, aber	= Eingefordertes Kapital	7 Mio.
noch nicht einge-		
zahlte Einlagen 1 Mio.		
	B. Rückstellungen	
	C. Verbindlichkeiten	

Haben Verluste dazu geführt, dass die Schulden der Gesellschaft die bilanziellen Werte der Aktiva übersteigen (= buchmäßige Überschuldung), so ist das Eigenkapital negativ geworden und auf der Aktivseite als letzte Position der Bilanz auszuweisen. Die Postenbezeichnung lautet gemäß § 268 Abs. 3 HGB "Nicht durch Eigenkapital gedeckter Fehlbetrag".

c) Eigene Anteile

Kapitalgesellschaften, haben unter bestimmten Voraussetzungen die Möglichkeit, Anteile der eigenen Gesellschaft – ggf. an der Börse – zu erwerben und im eigenen Vermögen zu halten oder auch zu vernichten. Die Motive dafür können vielfältig sein. Mithilfe des Kaufs eigener Aktien soll(en) beispielsweise

- Anteile als Erfolgsbeteiligung vergünstigt an die Mitarbeiter weitergegeben werden
- Anteile als „Währung" bei Unternehmenskäufen dienen
- der Aktienkurs in die Höhe getrieben werden, um die Aktionäre zufrieden zu stellen, die Bonuszahlungen („Aktienoptionen") an den Vorstand erhöht oder durch den höheren Kurs potentielle feindliche Übernahmen verhindert werden
- Aktien eingezogen (eingestampft) und so das Gezeichnete Kapital verringert werden, um etwa die Kennzahlenwerte, nach denen sich Fondsmanager und Aktienanalysten richten (Eigenkapitalrentabilität, Gewinn pro Aktie), zu verbessern
- Haftkapital zurückgezahlt werden, da die Gesellschaft die vorhandenen liquiden Mittel im eigenen Betrieb nicht rentabel genug investieren kann.

In § 272 Abs. 1a u. 1b HGB wird die bilanzielle Behandlung des *Erwerbs eigener Anteile* geregelt. Im Unterschied zum alten Recht ist es mit BilMoG seit 1.1.2010 nicht mehr zulässig, eigene Aktien im Umlaufvermögen zu aktivieren, entsprechend ist auch keine Rücklage für eigene Anteile mehr zu bilden. Damit entfällt auch die problematische Frage der Werthaltigkeit der eigenen Anteile im Umlaufvermögen, wenn die Gesellschaft auf die Insolvenz zusteuert, ein Problem, das bisher durch die gleich hohe Rücklage (als Ausschüttungssperre) entschärft wurde. Im neuen Recht gilt, dass unabhängig von der Rechtsform und unabhängig vom Erwerbszweck das Eigenkapital um die Anschaffungskosten der eigenen Aktien zu kürzen ist. Dadurch wird ebenfalls eine Ausschüttungssperre erreicht, die aber in Höhe der Kürzung des Nennkapitals nicht wirksam ist, weil dieses ohne formelle Kapitalherabsetzung sowieso nicht ausschüttbar ist. Der Erwerb eigener Aktien wird also wie eine Kapitalrückzahlung behandelt und stellt buchungstechnisch eine Bilanzverkürzung („Aktiv-Passiv-Minderung") dar. Die eventuelle spätere Veräußerung der eigenen Anteile z.B. aufgrund eines Hauptversammlungsbeschlusses, oder weil ein Beschluss zur Einziehung der Aktien nicht zustande kommt, wird konsequenterweise wie eine Kapitalerhöhung behandelt. Allerdings ist ein Mehrerlös bis zum Betrag der früheren Rücklagenminderung erst einmal den frei verfügbaren Rücklagen zuzuweisen, um die Ausschüttbarkeit dieses Betrags zu erhalten. Bei einem Mindererlös aus dem Verkauf der eigenen Anteile ist die Wiederaufstockung der frei verfügbaren Rücklagen entsprechend geringer.

Im Einzelnen ist nach er neuen Vorschrift folgendermaßen zu verfahren:

Fall 1: *Erwerb eigener Aktien*		
	(1) Der Nennbetrag oder rechnerische Wert (bei Stückaktien) der eigenen Anteile ist in der Vorspalte offen vom Gezeichneten Kapital abzusetzen BS: Gezeichnetes Kapital an Kasse	§ 272 Abs. 1a S. 1 HGB
	(2) Liegen die Anschaffungskosten darüber, so ist der Unterschiedsbetrag mit den frei verfügbaren Rücklagen zu verrechnen BS: Rücklage an Kasse	§ 272 Abs. 1a S. 2 HGB
	(3) Anschaffungsnebenkosten sind sofort als Aufwand zu buchen	§ 272 Abs. 1a S. 3 HGB
Fall 2: *Spätere Veräußerung eigener Aktien*		
	(1) Der offene Ausweis in der Vorspalte zum Gezeichneten Kapital entfällt	§ 272 Abs. 1b S. 1 HGB
	(2) Falls der Veräußerungserlös den Nennbetrag oder rechnerischen Wert (bei Stückaktien) übersteigt, ist der Unterschiedsbetrag bis zu dem beim damaligen Erwerb verrechneten Betrag in die frei verfügbaren Rücklagen einzustellen	§ 272 Abs. 1b S. 2 HGB
	(3) Ein darüber hinausgehender Unterschiedsbetrag ist in die Kapitalrücklage gemäß § 272 Abs. 2 Nr. 1 HGB einzustellen	§ 272 Abs. 1b S. 3 HGB
	(4) Veräußerungsnebenkosten sind sofort als Aufwand zu buchen	§ 272 Abs. 1b S. 4 HGB

Durch diese Art der Darstellung soll der wirtschaftliche Gehalt des Anteilsrückkaufs richtig und für den Bilanzleser informativ abgebildet werden. Der Erwerb eigener Anteile (Aktien, Geschäftsanteile an der Gesellschaft selbst)[1] durch eine Kapitalgesellschaft bedeutet die Rückzahlung des den Anteilen entsprechenden Gezeichneten Kapitals und anteiliger frei verfügbarer Rücklagen.[2] Damit vermindert sich das effektive Haftungskapital, auch wenn (noch) keine formelle Kapitalherabsetzung stattgefunden hat und sich auch der Umfang der ausgegebenen Anteile (noch) nicht verringert hat. Änderungen des Börsenkurses während der Haltenszeit der eigenen Anteile wirken sich bilanziell nicht aus.

---

[1] Anteile eines herrschenden oder eines mit Mehrheit beteiligten Unternehmens werden genauso behandelt (§ 71d AktG und § 272 Abs. 4 S.4 HGB).

[2] Zu den frei verfügbaren Rücklagen gehören sowohl „andere" Gewinnrücklagen (gem. § 266 Abs. 3 Position A.III.4.) als auch Kapitalrücklagen im Sinne von § 272 Abs. 2 Nr. 4 HGB.

Beispielaufgabe:
Die XYZ AG hat 2 Mio. Aktien im Nennwert von 5 EUR pro Stück ausgegeben. Das Grundkapital (Gezeichnetes Kapital) beträgt somit 10 Mio. EUR. Die frei verfügbaren „anderen Gewinnrücklagen" betragen 2,5 Mio. EUR. Die AG möchte mit den Aktien eine geplante Unternehmensübernahme finanzieren. Der Aktienrückkauf der AG umfasst 200.000 Aktien und wird zum Börsenkurs von 12 EUR realisiert. An Bank- und Börsenmaklerprovisionen fallen insgesamt 20.000 EUR an.
a) Wie ist der Aktienrückkauf bilanziell zu behandeln? Geben Sie alle Buchungssätze an.
b) Ein Jahr später platzt die geplante Unternehmensübernahme und die eigenen Aktien werden über die Börse wieder veräußert zum Kurs von 17 EUR pro Aktie. Die Bank- und Börsenmaklerprovisionen betragen 30.000 EUR. Wie ist der Verkauf der eigenen Anteile bilanziell zu behandeln? Geben Sie alle Buchungssätze an.

Lösung:
Zu a):
BS: Gezeichnetes Kapital (Eigene Anteile)   1.000.000 EUR
Andere Gewinnrücklagen   1.400.000 EUR
Sonstige betriebliche Aufwendungen   20.000 EUR
an Bank   2.420.000 EUR.

Bilanz der XYZ AG zum 31.12.01 (EUR)

A. Anlagevermögen	A. Eigenkapital
	I. Gezeichnetes Kapital
	10 Mio.
B. Umlaufvermögen	- 1 Mio. Eigene Anteile
	9,0 Mio.
	II. Kapitalrücklage 1,5 Mio.
	III. Gewinnrücklagen
	1. Gesetzliche Rücklage 0,5 Mio.
	2. Satzungsmäßige Rücklagen 0,8 Mio.
	3. Andere Gewinnrücklagen 1,1 Mio.
	IV. Jahresüberschuss
	B. Rückstellungen
	C. Verbindlichkeiten

Zu b):
BS: Bank   3.430.000 EUR
an Gezeichnetes Kapital (Eigene Anteile)   1.000.000 EUR
an Andere Gewinnrücklagen   1.400.000 EUR
an Kapitalrücklage gem. § 272 Abs. 2 Nr. 1 HGB   1.000.000 EUR
an Sonstige betriebliche Aufwendungen   30.000 EUR.

Bilanz der XYZ AG zum 31.12.01 (EUR)

A. Anlagevermögen	A. Eigenkapital
	I. Gezeichnetes Kapital 10,0 Mio.
B. Umlaufvermögen	II. Kapitalrücklage 2,5 Mio.
	III. Gewinnrücklagen
	1. Gesetzliche Rücklage 0,5 Mio.
	2. Satzungsmäßige Rücklagen 0,8 Mio.
	3. Andere Gewinnrücklagen 2,5 Mio.
	IV. Jahresüberschuss
	B. Rückstellungen
	C. Verbindlichkeiten

Im Ergebnis ist jetzt die Kapitalrücklage um ein zusätzlich erzieltes Agio von 1 Mio. EUR angestiegen.

Der Erwerb eigener Anteile durch eine Kapitalgesellschaft ist als Rückgewähr von Einlagen (Haftungskapital) grundsätzlich verboten, sofern er nicht gemäß § 71 AktG ausdrücklich für zulässig erklärt ist (§ 57 AktG; § 30 Abs. 1 GmbHG). Die Rückzahlung von Haftungskapital an die Anteilseigner unterliegt den formalen Vorschriften über die Kapitalherabsetzung, die vor allem einen weitgehenden Schutz der Gläubiger beinhalten (Ordentliche Kapitalherabsetzung gemäß §§ 222 ff. AktG; § 58 GmbHG).

Vom Verbot des Erwerbs eigener Anteile gibt es **Ausnahmen**. Für GmbHs werden in § 33 GmbHG nur allgemeine Voraussetzungen genannt, für AGs sind die Ausnahmefälle in § 71 Abs. 1 AktG einzeln aufgeführt.

§ 71 Abs. 1 AktG	*In folgenden Fällen ist der Erwerb eigener Aktien erlaubt:*	*Beispiele:*
Nr. 1	zur Abwendung schweren, unmittelbar bevorstehenden Schadens	z. B. durch einen Kurseinbruch der eigenen Aktien, der durch die Eigennachfrage verringert wird
Nr. 2	um sie den eigenen Arbeitnehmern oder denjenigen eines verbundenen Unternehmens zum Erwerb anzubieten.	z.B. als verbilligte Belegschaftsaktien im Rahmen einer Erfolgsbeteiligung
Nr. 3	zur Abfindung von Aktionären nach a) § 305 Abs. 2 oder b) § 320b Abs. 5 AktG oder c) § 29 Abs. 1, § 125 Satz 1 i.V.m. § 29 Abs. 1, § 207 Abs. 1 Satz 1 UmwG	ad a) zur Sicherung außenstehender Aktionäre bei Beherrschungsverträgen (§ 291 AktG) ad b) Abfindung an ausgeschiedene Aktionäre bei Eingliederung der AG in eine andere AG, die mindestens 95 % der Aktien hält ad c) Abfindungen bei Verschmelzung durch Aufnahme, bei Spaltung und bei Formwechsel
Nr. 4	a) bei unentgeltlichem Erwerb oder b) bei Erwerb durch ein Kreditinstitut zur Ausführung einer Einkaufskommission	ad a) bei Schenkung, Erbschaft ad b) das Kreditinstitut erwirbt die eigenen Aktien im eigenen Namen für Rechnung eines Dritten
Nr. 5	bei Erwerb durch Gesamtrechtsnachfolge	z.B. Erbschaft
Nr. 6	bei Erwerb zwecks Herabsetzung des Grundkapitals aufgrund eines Beschlusses der Hauptversammlung	die erworbenen eigenen Aktien werden eingezogen (vernichtet), um das Kapital herabzusetzen; z.B. wegen Überliquidität der Gesellschaft oder zwecks Sanierung
Nr. 7	bei Kredit- oder Finanzinstituten auf Beschluss der Hauptversammlung, befristet auf 18 Monate (max. 5% des Grundkapitals)	nur zum Zwecke des Wertpapierhandels mit eigenen Aktien
Nr. 8	auf Beschluss der Hauptversammlung; Ermächtigung befristet auf 18 Monate; kein Handel mit eigenen Aktien; Unterrichtung des Bundesaufsichtsamts für den Wertpapierhandel erforderlich (§ 71 Abs. 3 Satz 3 AktG)	z.B. zur Kursstützung bei ungünstiger Börsenentwicklung; Abwehr feindlicher Übernahmen; Kurssteigerungen als Alternative zu Dividendenzahlungen; Ausschüttung vorübergehend im Unternehmen nicht ertragreich investierbarer liquider Mittel an die Aktionäre

In den Fällen Nr. 1 bis Nr. 3, 7 und 8 dürfen alle für diese Zwecke gehaltenen Aktien zusammen *maximal 10% des Grundkapitals* betragen (§ 71 Abs. 2 Satz 1 AktG). Außerdem bleibt als Voraussetzung erhalten, dass die AG oder KGaA in der Lage sein muss, im Zeitpunkt des Erwerbs in Höhe der Anschaffungskosten für die eigenen Aktien eine **Rücklage bilden zu können**, ohne das Grundkapital oder eine nach Gesetz oder Satzung zu bildende Rücklage zu mindern, die nicht zu Zahlungen an die Aktionäre verwendet werden darf (§ 71 Abs. 2 S. 2 AktG). Entsprechendes gilt auch für die GmbH nach § 33 Abs. 2 S. 1 GmbHG. Diese Voraussetzung ist nunmehr rein fiktiv zu erfüllen, da nach neuem Bilanzrecht keine Rücklage für eigene Aktien mehr gebildet werden muss. Beim Erwerb zur Schadensabwendung (Nr. 1) und im Falle der Nr. 8 hat der Vorstand die nächste Hauptversammlung genau über Einzelheiten zu informieren. Belegschaftsaktien nach Nr. 2 sind innerhalb eines Jahres nach dem Erwerb an die Arbeitnehmer auszugeben (§ 71 Abs. 3 AktG). Die Fälle Nr. 1, 2, 4, 7 und 8 sind nur zulässig, wenn auf die Aktien der Nennbetrag oder der höhere Emissionsbetrag voll geleistet ist (§ 71 Abs. 2 Satz 3 AktG). In keinem Fall kann die Gesellschaft Rechte aus eigenen Aktien geltend machen (§ 71b AktG).

d) Kapitalrücklage

Den variablen Teil des Eigenkapitals bilden die Rücklagen, die in die Kapitalrücklage und die Gewinnrücklagen unterteilt werden. Die Kapitalrücklage ist dadurch charakterisiert, dass sie nur Beträge enthält, die von außerhalb der Gesellschaft stammen, also direkt von Gesellschaftern der Gesellschaft zugeführt wurden. Im Einzelnen handelt es sich um folgende Einzahlungen, die in die Kapitalrücklage einzustellen sind (§ 272 Abs. 2 HGB):

- Nr. 1: Agio aus der Ausgabe von Anteilen, also die Differenz zwischen Emissionskurs und Nominalbetrag bei Aktien, die beträchtlich sein kann. Der Nominalbetrag der Aktien wird als Gezeichnetes Kapital (Grundkapital) ausgewiesen.
- Nr. 2: Erhaltener Gegenwert für Wandlungs- und Optionsrechte bei der Ausgabe von Schuldverschreibungen, der z.B. als Ausgabe-Agio über 100 % Nominalkurs hinaus gestaltet ist.
- Nr. 3: Zuzahlungen der Gesellschafter gegen Gewährung von Vorzugsrechten, etwa bei der Umwandlung von Stammaktien in Vorzugsaktien.
- Nr. 4: Andere Zuzahlungen der Gesellschafter. Hierbei kann es sich z.B. um Nachschüsse bei einer GmbH handeln oder um direkte Zuschüsse einer Muttergesellschaft an ihre Tochtergesellschaft.

In der Kapitalrücklage sind auch <u>eingeforderte</u> Nachschüsse der Gesellschafter einer GmbH gesondert auszuweisen. Solange keine Einzahlung erfolgt ist, muss die GmbH einen entsprechenden Betrag unter den Forderungen als "Eingeforderte Nachschüsse" aktivieren (§ 42 Abs. 2 GmbHG). In der Gewinn- und Verlustrechnung dürfen Veränderungen der Kapitalrücklagen erst nach dem Posten "Jahresüberschuss/Jahresfehlbetrag" ausgewiesen werden. Eine Beeinflussung des Periodengewinns ist somit ausgeschlossen (§ 275 Abs. 4 HGB; § 158 Abs. 1 AktG). Die Veränderungen der Kapitalrücklagen sind außerdem bereits bei der Aufstellung der Bilanz zu berücksichtigen (§ 270 Abs. 1 HGB).

e) Gewinnrücklagen

Gewinnrücklagen entstehen durch (teilweise) Einbehaltung ("Thesaurierung") erwirtschafteter und versteuerter Jahresüberschüsse (§ 272 Abs. 3 HGB). Gewinnrücklagen werden also im Zuge der Gewinnverwendung dotiert. In der Gewinn- und Verlustrechnung dürfen Veränderungen der Gewinnrücklagen erst nach dem Posten "Jahresüberschuss/ Jahresfehlbetrag" ausgewiesen werden. Eine Beeinflussung des Periodengewinns ist somit ausgeschlossen (§ 275 Abs. 4 HGB; § 158 Abs. 1 AktG).

(1) Gesetzliche Rücklage

Zur Bildung einer gesetzlichen Rücklage sind nur Aktiengesellschaften verpflichtet (§ 150 AktG). Sie muss zusammen mit der Kapitalrücklage (ohne andere Zuzahlungen der Gesellschafter, § 272 Abs. 2 Nr. 4 HGB) mindestens 10% des Gezeichneten Kapitals betragen. Solange diese Mindestsumme noch nicht erreicht ist, müssen 5% des Jahresüberschusses der gesetzlichen Rücklage zugeführt werden.

(2) Rücklage für Anteile an einem herrschenden oder mehrheitlich beteiligten Unternehmen

Erwirbt eine Gesellschaft X Anteile an einem Unternehmen A, das die Gesellschaft X beherrscht bzw. die Mehrheit der Anteile von X besitzt, so sind die Anteile an A gemäß § 272 Abs. 4 S. 1 HGB bei der Gesellschaft X im Anlage- oder Umlaufvermögen mit den Anschaffungskosten zu aktivieren und in gleicher Höhe ist auf der Passivseite eine entsprechende Rücklage zu bilden. Die genannten Anteile werden also als Vermögensgegenstände angesehen. Deren Werthaltigkeit ist jedoch aufgrund der Verbundenheit „des Schicksals" der beiden Unternehmen mit großer Wahrscheinlichkeit gefährdet, wenn die Gesellschaft X selbst auf die Insolvenz zusteuert. Die Rücklage soll daher für eine entsprechende Eigenkapitaldeckung der Anteile („Ausschüttungssperre") sorgen.

Dieser Fall ist nach § 71 d AktG genauso geregelt und mit denselben Einschränkungen und Anforderungen versehen wie der Erwerb eigener Anteile. Daher kann hier diesbezüglich auf das Kapitel B.VIII:2.c) „Eigene Anteile" verwiesen werden.

Die Rücklage nach § 272 Abs. 4 S. 2 HGB ist bereits bei Aufstellung der Bilanz zu bilden. Somit kann ihre Bildung durch eine Aufwandsbuchung Gewinn mindernd erfolgen oder – ausdrücklich als Wahlrecht im Gesetz erwähnt – auch ergebnisneutral aus vorhandenen frei verfügbaren Rücklagen. Bei außerplanmäßigen Abschreibungen der Anteile ist die Rücklage entsprechend zu verringern, bei Veräußerung, Einziehung oder Ausgabe der Anteile aufzulösen.

(3) Satzungsmäßige Rücklage

Die Gesellschaft kann für in der Satzung (Gesellschaftsvertrag) festgelegte Zwecke (z.B. für Forschung, soziale Zwecke) eine spezielle Rücklage bilden, die aus einbehaltenen versteuerten Gewinnen dotiert wird.

(4) Andere Gewinnrücklagen

In dieser Sammelposition können Eigenkapitalreserven aus versteuerten Gewinnen zu den verschiedensten Zwecken offen gebildet werden. Die Rücklagen können für zukünftige große und riskante Investitionsvorhaben bestimmt sein, zum Auffangen von Verlusten aus speziellen Auslandsrisiken oder allgemeinen konjunkturellen Risiken und vieles mehr.

Grundsätzlich besteht ein Interessenkonflikt zwischen dem Vorstand der AG bzw. der Geschäftsführung der GmbH und den (Klein-)Aktionären bzw. Gesellschaftern. Die Kleinaktionäre haben im Gegensatz zum Vorstand wenig Interesse an einer langfristigen Sicherung und Stärkung des Unternehmens durch Thesaurierung von Gewinnen. Sie sind primär an einer möglichst hohen Ausschüttung interessiert. Da die Hauptversammlung der AG bzw. Gesellschafterversammlung der GmbH über die Gewinnverwendung entscheidet, wäre eine Rücklagenbildung in den meisten Fällen nicht realisierbar.

Der Gesetzgeber hat daher mit § 58 Abs. 2 AktG eine Kompromissregelung geschaffen, die im Falle der Feststellung des Jahresabschlusses durch Vorstand und Aufsichtsrat darin besteht, dass Vorstand und Aufsichtsrat bis zu 50% des Jahresüberschusses ohne Mitwirkung der Hauptversammlung den anderen Gewinnrücklagen zuweisen können. Bei der GmbH gibt es keine entsprechende gesetzliche Regelung, aber in § 29 Abs. 1 u. 2 GmbHG wird ausdrücklich auf die Möglichkeit analoger Regelungen im Gesellschaftsvertrag hingewiesen. Über die Verwendung (Einbehaltung, Ausschüttung oder Gewinnvortrag) des restlichen Jahresüberschusses, also des Bilanzgewinns, beschließt dann die Hauptversammlung bzw. Gesellschafterversammlung (*"gespaltene Gewinnverwendungskompetenz"*; § 58 Abs. 3 AktG; § 29 Abs. 2 GmbHG). Die Obergrenze von 50% des Jahresüberschusses kann in der Satzung noch erhöht, bei nicht-börsennotierten AGs auch verringert werden. Die Nutzung einer solchen Satzungsregelung ist jedoch gesetzlich unterbunden, sofern die anderen Gewinnrücklagen die Hälfte des Gezeichneten Kapitals übersteigen oder nach der Einstellung übersteigen würden (§ 58 Abs. 2 AktG). Die Hauptversammlung kann im Rahmen des Gewinnverwendungsbeschlusses weitere Beträge in die Rücklagen einstellen oder als Gewinn vortragen (§ 58 Abs. 3 AktG). Buchungsmäßig wird dies erst im nächsten Geschäftsjahr berücksichtigt.

Für den Ausnahmefall, in dem die Hauptversammlung den Jahresabschluss feststellt, kann in der Satzung bestimmt sein, dass Beträge aus dem Jahresüberschuss in die anderen Gewinnrücklagen eingestellt werden müssen, um die Substanz des Unternehmens zu erhalten oder zu stärken. Eine solche Verpflichtung darf maximal die Hälfte des um einen Verlustvortrag und um die in die gesetzliche Rücklage einzustellenden Beträge gekürzten Jahresüberschusses umfassen (§ 58 Abs. 1 AktG).

Alle Arten von Rücklagen dienen unabhängig von ihrer ursprünglichen Zweckbestimmung im Notfalle als Risikopolster. Die gesetzliche Rücklage und die Kapitalrücklage (außer den anderen Zuzahlungen der Gesellschafter) sind ausdrücklich als letzte Reserve ("Notgroschen") zur Abdeckung von Verlusten bestimmt und deshalb von Aktiengesellschaften zwingend zu bilden. In § 150 Abs. 3 u. 4 AktG ist die Reihenfolge der Verlustabdeckung durch Rücklagen, Gewinnvortrag und Jahresüberschuss vorgeschrieben. Eine Sonderstellung nimmt die Kapitalrücklage aus anderen (freiwilligen) Zuzahlungen der Gesellschafter gemäß § 272 Abs. 2 Nr. 4 HGB ein, die von Vorstand und Aufsichtsrat frei von allen Reglementierungen aufgelöst werden kann.

Reihenfolge der Verlustdeckung bei einer AG *(§ 150 Abs. 3 u. 4 AktG)*	
1) Abdeckung eines Jahresfehlbetrags durch einen Gewinnvortrag aus dem Vorjahr	1) Abdeckung eines Verlustvortrags aus dem Vorjahr durch einen Jahresüberschuss
2) Abdeckung des restlichen Jahresfehlbetrags oder des restlichen Verlustvortrags durch andere Gewinnrücklagen oder, sofern nicht gleichzeitig Gewinnrücklagen ausgeschüttet werden (§ 150 Abs. 4 AktG), durch die gesetzliche Rücklage und die Kapitalrücklage (§ 272 Abs. 2 Nr. 1-3 HGB), soweit die gesetzliche Rücklage und die Kapitalrücklage (§ 272 Abs. 2 Nr. 1-3 HGB) zusammen 10 % des Grundkapitals bzw. den höheren Satz lt. Satzung übersteigen. Soll eine Ausschüttung aus Gewinnrücklagen erfolgen, so muss der Jahresfehlbetrag oder der Verlustvortrag zuvor ebenfalls aus diesen gedeckt sein.	
3) Abdeckung des restlichen Jahresfehlbetrags oder des restlichen Verlustvortrags durch die gesetzliche Rücklage und durch die Kapitalrücklage (§ 272 Abs. 2 Nr. 1-3 HGB), die zusammen 10 % des Grundkapitals betragen.	

f) Jahresüberschuss und Bilanzgewinn

Den Zusammenhang zwischen Jahresüberschuss und Bilanzgewinn gibt folgendes Schema wieder:

      Jahresüberschuss
+ Entnahmen aus den Kapital- und Gewinnrücklagen
- Einstellungen in die Gewinnrücklagen
+ Gewinnvortrag aus dem Vorjahr
- Verlustvortrag aus dem Vorjahr
= Bilanzgewinn

Der *Jahresüberschuss* ist der im abgelaufenen Geschäftsjahr erwirtschaftete Überschuss der Erträge über die Aufwendungen.

Ein *Gewinnvortrag* ergibt sich als Restbetrag aus der Verwendung des Bilanzgewinns zur Ausschüttung und zur Thesaurierung, da als Ausschüttung und als Thesaurierung meist glatte Beträge gewählt werden. Der Gewinnvortrag steht im Folgejahr wieder zur Disposition der Hauptversammlung.

Ein *Verlustvortrag* ist ein nicht durch Rücklagenauflösung oder Gesellschafterzuzahlungen ausgeglichener Bilanzverlust aus dem Vorjahr, der in Erwartung der baldigen Erzielung eines zur Deckung heranziehbaren Jahresüberschusses in der Bilanz stehen gelassen wird.

Nach § 268 Abs. 1 HGB darf die Bilanz *vor Gewinnverwendung, bei teilweiser und bei vollständiger Gewinnverwendung* aufgestellt werden. In den letzten beiden Fällen "sind Entnahmen aus Gewinnrücklagen sowie Einstellungen in Gewinnrücklagen, die nach Gesetz, Gesellschaftsvertrag oder Satzung vorzunehmen sind oder auf Grund solcher Vorschriften beschlossen worden sind, bereits bei der Aufstellung der Bilanz zu berücksichtigen" (§ 270 Abs. 2 HGB). Wird die Bilanz unter Berücksichtigung der teilweisen Verwendung des Jahresergebnisses aufgestellt, so werden die Positionen Jahresüberschuss/Jahresfehlbetrag und Gewinn-/Verlustvortrag durch die Position Bilanzgewinn/-verlust ersetzt, zusätzlich ist ein vorhandener Gewinn-/Verlustvortrag in der Bilanz oder im Anhang gesondert anzugeben (§ 268 Abs. 1 HGB).

Da die Hauptversammlung vom Gewinnverwendungsvorschlag des Vorstands und des Aufsichtsrats abweichen kann, ist eine Bilanzaufstellung bei vollständiger Verwendung des Jahresergebnisses normalerweise bei Publikums-Aktiengesellschaften nicht möglich. Sollte der gesamte Bilanzgewinn ausgeschüttet werden, so wäre er nicht den anderen Gewinnrücklagen zuzuschlagen, sondern als Sonstige Verbindlichkeit zu passivieren. Eine Bilanzaufstellung vor Verwendung Jahresergebnisses ist in dem Falle nicht mehr möglich, wenn eine Rücklage für eigene Anteile aus dem Jahresüberschuss gebildet wird, da dies bereits eine Gewinnverwendung darstellt, die ausnahmsweise bereits bei Aufstellung der Bilanz vorgenommen werden muss.

Beispiel:
Der Jahresüberschuss der LowTech GmbH im Jahre 01 beträgt 2,5 Mio. EUR. Aus dem Vorjahr besteht noch ein Gewinnvortrag von 0,5 Mio. EUR. Vorstand und Aufsichtsrat beschließen, vom Jahresüberschuss 1 Mio. EUR in die anderen Gewinnrücklagen einzustellen. Dies wird bei der Bilanzaufstellung bei teilweiser Verwendung des Jahresergebnisses bereits berücksichtigt. Der Hauptversammlung soll vorgeschlagen werden, auch den Bilanzgewinn den anderen Gewinnrücklagen zuzuweisen.

Aufstellung der Bilanz gemäß § 268 Abs. 1 HGB					
vor Verwendung des Jahresergebnisses	in Mio. EUR	*bei teilweiser Verwendung des Jahresergebnisses*	in Mio. EUR	*bei vollständiger Verwendung des Jahresergebnisses*	in Mio. EUR
A. Eigenkapital		A. Eigenkapital		A. Eigenkapital	
I. Gezeichnetes Kapital	15,0	I. Gezeichnetes Kapital	15,0	I. Gezeichnetes Kapital	15,0
II. Kapitalrücklage	6,0	II. Kapitalrücklage	6,0	II. Kapitalrücklage	6,0
III. Gewinnrücklage		III. Gewinnrücklage		III. Gewinnrücklage	
1. gesetzliche Rücklage	1,0	1. gesetzliche Rücklage	1,0	1. gesetzliche Rücklage	1,0
2. Rücklage für eigene Anteile	---	2. Rücklage für eigene Anteile	---	2. Rücklage für eigene Anteile	---
3. Satzungsmäßige Rücklage	2,0	3. Satzungsmäßige Rücklage	2,0	3. Satzungsmäßige Rücklage	2,0
4. andere Gewinnrücklagen	20,0	4. andere Gewinnrücklagen	21,0	4. andere Gewinnrücklagen	23,0
IV. Gewinnvortrag	0,5	IV. Bilanzgewinn davon Gewinnvortrag 0,5	2,0		
V. Jahresüberschuss /Jahresfehlbetrag	2,5				

3. Eigenkapitalausweis nach IFRS

Nach IAS 1.54 besteht als Mindestuntergliederung des Eigenkapitals in der Bilanz nur eine Zweiteilung in gezeichnetes Kapital und Rücklagen. In der Bilanz oder im Anhang sind beide Positionen in Unterposten zu untergliedern, wie z.B. eingezahltes Kapital und Agio sowie verschiedene Rücklagenarten (IAS 1.78), und weitere Informationen zu den ausgegebenen Anteilen (z.B. Anzahl der ausgegebenen Anteile, Nennwerte) und zu den verschiedenen Rücklagen (Arten, Zwecke) anzugeben (IAS 1.79).

Somit ergibt sich folgende Mindestgliederung für das Eigenkapital:

Eigenkapital	**Shareholder's Equity**
Eigenkapital und Rücklagen	**Shareholders equity and reserves**
Gezeichnetes Kapital	Issued Capital
Rücklagen (Gewinnrücklagen)	Retained earnings
Neubewertungsrücklage	Revaluation Surplus

Hält die Gesellschaft eigene Anteile, so sind diese – wie im deutschen Handelsrecht – offen vom Gezeichneten Kapital zu kürzen. Dabei können wahlweise der Nennbetrag oder die Anschaffungskosten subtrahiert werden. Ein Ausweis als Wertpapiere auf der Aktivseite ist nicht möglich. Solche eigenen Anteile haben keine Dividendenberechtigung.

Die „Retained Earnings" zeigen das Ausschüttungspotenzial des Unternehmens. Nach dem Beschluss über die Ausschüttung wird diese von den „Retained Earnings" in die „Current Liabilities" (oder „Dividends Payable") umgebucht.

Die nach HGB nicht zulässige Neubewertungsrücklage ist ebenfalls - soweit vorhanden - als Bestandteil des Eigenkapitals gesondert auszuweisen.

Setzen sich Finanzierungsinstrumente sowohl aus einem Eigenkapital- als auch aus einem Fremdkapitalanteil zusammen, werden diese Komponenten nach IAS 32.28 f. getrennt unter dem Eigenkapital und den Verbindlichkeiten ausgewiesen.

Beispiel für eine *Eigenkapitalveränderungs-Rechnung*:

(in TEUR)	Gez. Kapital	Kapitalrücklage	Gewinnrücklage	Erfolgsneutrale Eigenkapitalveränderungen (= kumuliertes Sonstiges Ergebnis)		Kum. übriges Eigenkapital	Gesamt
				Neubewertungsrücklage	Rücklage Finanzinstrumente (IAS 39)		
Stand zum 31.12.01/1.1.02	1.000	200	600	300	150	250	2.500
Auswirkungen von rückwirkenden Änderungen der Bilanzierungs- und Bewertungsmethoden (IAS 8)			- 100				- 100
Rückwirkende Berichtigung gravierender Fehler, die erfolgsneutral mit Gewinnrücklagen verrechnet wurden (IAS 8)			+ 50				+ 50
= Angepasster Stand zum 31.12.01/1.1.02	1.000	200	550	300	150	250	2.450
+/- Periodenergebnis 02			+ 40	+ 350	+ 80	+ 400	+ 870
Zuführung/Entnahme wegen:							
1) Versich.-math. Veränderungen aus Pensionszusagen (netto nach Steuern)			0				0
2) Bewertung zur Veräußerung verfügbarer Finanzinstrumente					+ 40		+ 40
3) Bewertung derivativer Finanzinstrumente (Cash Flow-Hedge), netto nach Steuern			0		0		0
4) Neubewertung Sachanlagen				+ 24			+ 24
5) Gewinnrücklagen							
• Umgliederung im Rahmen des Neubewertungsmodells (IAS 16 u. IAS 38)			+ 4	- 4			0
• Thesaurierung			+ 200			- 200	0
Kapitaltransaktionen mit Anteilseignern und Ausschüttungen an diese							
• Dividenden			- 200				- 200
• Emission von Anteilen	+ 600	+ 300					+ 900
Stand am 31.12.01	1.600	500	594	670	270	450	4.084

Die Veränderungen des Eigenkapitals im Laufe eines Geschäftsjahres sind gesondert in einer *Eigenkapitalveränderungsrechnung* („Statement of Changes in Equity") darzustellen (s. obige Abbildung). Diese soll die Beziehung des Unternehmens zu seinen Anteilseignern verdeutlichen und eine Beurteilung ermöglichen, ob die vorgenommenen Ausschüttungen angemessen sind oder die finanzielle Stabilität gefährden. Auch eine Beurteilung der erfolgsneutral im Sonstigen Ergebnis erfassten Wertänderungen, deren Ansteigen ein zukünftig höheres Ausschüttungspotenzial anzeigt, soll ermöglicht werden. Somit gibt die Eigenkapitalveränderungsrechnung wichtige Informationen über die Struktur des Eigenkapitals und deren Veränderung, aus denen Anhaltspunkte für die Ausschüttungsbemessung faktisch abgeleitet werden können.[1] Ein festes Gliederungsschema ist nicht vorgeschrieben, jedoch sind mindestens das Gesamtergebnis, die Änderungen nach IAS 8 und die Entwicklung der Eigenkapitalkomponenten in den Eigenkapitalspiegel aufzunehmen (Pflichtbestandteile gemäß IAS 1.106). Im obigen Beispiel sind die Bestandteile des Sonstigen Ergebnisses weiter aufgegliedert. Einziger Wahlbestandteil der Eigenkapitalveränderungsrechnung sind die **Dividenden**, die im Geschäftsjahr als Ausschüttung an die Anteilseigner erfasst werden sowie der betreffende Betrag je Anteil (IAS 1.107). Alternativ kann ein Ausweis im Anhang erfolgen (IAS 1.137a).

Die Bestandteile des Gesamtergebnisses, vor allem die Komponenten des (erfolgsneutralen) Sonstigen Ergebnisses, werden in der Gesamtergebnisrechnung („Statement of Comprehensive Income") ausgewiesen. Erfolgsneutral verrechnete versicherungsmathematische Gewinne/Verluste aus der Bilanzierung von Pensionsplänen (IAS 19.93A) sind im sonstigen Ergebnis auszuweisen und direkt in den Gewinnrücklagen zu berücksichtigen. Werterhöhungen bei Sachanlagen oder bei immateriellen Vermögenswerten werden im Rahmen des Neubewertungsmodells als erfolgsneutrale Sonstige Gewinne ausgewiesen und in der Neubewertungsrücklage kumuliert (IAS 16.31 ff. und IAS 38.75 ff.).

Nicht in der Eigenkapitalveränderungsrechnung enthalten sind die so gen. **Umgliederungsbeträge**, also *erfolgswirksame* Veränderungen von zuvor im Eigenkapital erfassten Erfolgsbestandteilen, sind nach IAS 1.92-96 gesondert in der Gesamtergebnisrechnung oder im Anhang anzugeben. Deren Entwicklung muss also in einer zusätzlichen Überleitungsrechnung gezeigt werden. Dabei handelt es sich z.B. um zunächst unrealisierte erfolgsneutrale Sonstige Gewinn von „zur Veräußerung verfügbaren finanziellen Vermögenswerten", die in der aktuellen Periode zu realisierten (echten) Gewinnen werden. Genauso ist es bei Cash Flow-Hedges. Der Teil, der als effektive Absicherung ermittelt wird, ist erfolgsneutral direkt im Eigenkapital (z.B. als Cash Flow-Hedge-Rücklage) zu erfassen. In der Periode oder in den Perioden, in denen die abgesicherten erwarteten Zahlungsströme den Gewinn oder Verlust beeinflussen, sind die im Eigenkapital als „Cash Flow-Hedge-Rücklage" kumulierten Beträge in den (echten) Gewinn oder Verlust („Profit or Loss") umzugliedern und erfolgswirksam zu machen (IAS 39.95 u. 100). Die Entwicklung der Cash Flow-Hedge-Rücklage sollte in der Eigenkapitalveränderungsrechnung ebenfalls – wie auch die Rücklage für Finanzinstrument (für „zur Veräußerung verfügbare finanzielle Vermögenswerte") - gesondert ausgewiesen werden. Aus Platzgründen konnte diese allerdings in der obigen Abbildung nicht als eigene Spalte einbezogen werden. Die schrittweise Umbuchung der Neubewertungsrücklage in die Gewinnrücklage im Rahmen der Bewertung von Sachanlagen (IAS 16.31 ff.) und immateriellen Vermögenswerten (IAS 38.75 ff.) nach dem Neubewertungsmodell ist keine Umgliederung i.S.v. IAS 1.93, da sie erfolgsneutral ohne Berührung der Gesamtergebnisrechnung durchzuführen ist.

---

[1] Vgl. Beck-IFRS-HB/Senger/Brune § 17 Rz. 4-10 und Küting/Göth/Strickmann: Die Dokumentation des Konzerneigenkapitals (Teil 1), DStR 1997, S. 935.

IX. Steuerfreie Rücklagen in der Steuerbilanz

Lernziele:

Der Leser soll

- *die Arten und Entstehungsgründe der steuerfreien Rücklagen erfahren*
- *sich mit der Technik der Bildung und Auflösung der steuerfreien Rücklagen vertraut machen.*

1. Allgemeines

Im Steuerrecht gibt es aus unterschiedlichen wirtschaftspolitischen Gründen eine Reihe spezieller Vergünstigungen für Unternehmen, die nicht in Form einer zusätzlichen Abschreibung eines Wirtschaftsguts, sondern in Form einer so genannten "Steuerfreien Rücklage" auf der Passivseite gestaltet sind. Es handelt sich also nicht um die Bildung stiller Reserven mit steuerlicher Wirkung, sondern um die offene Bildung "unversteuerter" Rücklagen im Rahmen der Gewinnentstehung. Tatsächlich wird jedoch – analog zum Effekt der steuerlichen Sonderabschreibungen – nur eine zeitlich begrenzte, wenn auch teilweise längerfristige, zinslose Steuerstundung gewährt, die lediglich aufgrund der Einkommensteuerprogression bei Einzelkaufleuten und Gesellschaftern einer Personengesellschaft sowie im Falle einer Steuersatzsenkung allgemein zu einer Steuerersparnis führen kann.

Seit dem Wegfall der umgekehrten Maßgeblichkeit aufgrund des BilMoG zum 1.1.2010 können diese steuerlichen Vergünstigungen unabhängig von der Handelsbilanz in Anspruch genommen werden, da es sich um Wahlrechte handelt, die von den handelsrechtlichen Bilanzierungs- und Bewertungsvorschriften abweichen. Die bisher notwendigen „Sonderposten mit Rücklageanteil" in der Handelsbilanz gibt es folglich nicht mehr.

Aus demselben Grund gibt es auch in IFRS-Bilanzen keinen Sonderposten mit Rücklageanteil. Eine Ausnahme gibt es: Ein Sonderposten kann in der Bilanz nach IFRS vorkommen, wenn Zuwendungen der öffentlichen Hand für Vermögenswerte mit angemessener Sicherheit gewährt werden (Sonderposten für Subventionen). Es ist aber auch möglich, die Zuwendungen vom Buchwert des Vermögenswertes abzusetzen (IAS 20.24). Die Regelung entspricht weitgehend dem „Sonderposten für Investitionszuschüsse zum Anlagevermögen" im deutschen Handelsrecht (vgl. Kapitel B.VIII.4.).

Allein in der Steuerbilanz dürfen diese „steuerfreien Rücklagen" gebildet werden, und zwar sind sie dann bereits bei Aufstellung der Steuerbilanz zu bilden mit der Folge der Gewinnminderung. Ob die steuerfreien Rücklagen gemäß § 5 Abs. 1 S. 2 EStG auch in ein besonderes, laufend zu führendes Verzeichnis aufgenommen werden müssen, ist unklar, aber zu vermuten.

Die Bildung der unversteuerten Rücklage mindert also zunächst den steuerpflichtigen Gewinn (Aufwandsbuchung). In der jeweiligen steuerrechtlichen Vorschrift ist geregelt, wie die Rücklage verwendet werden kann und nach welcher Frist sie andernfalls Gewinn erhöhend aufgelöst werden muss (Ertragsbuchung). Im letzteren Fall führt dies dann zu einer sofortigen und vollen Steuerpflicht des Rücklagenbetrags. Diese Ertragsteuererhöhung folgt im Grundsatz zwangsläufig auf die steuermindernde Bildung einer solchen unversteuerten Rücklage. Insofern läge es nahe, aufgrund des Vorsichtsprinzips eine Rückstellung als Vorsorge für die später entstehende Steuerschuld bereits im Jahr der Rücklagendotierung zu bilden, da eine wirtschaftliche Verursachung dann bereits vorliegt. Das Problem wurde jedoch anders eleganter gelöst. Die Vorsorge für die zukünftigen Ertragssteuerzahlungen wird nicht durch Bildung einer Rückstellung getroffen, sondern in der steuerfreien Rücklage selbst. Deren Höhe setzt sich aus einem Betrag für die zukünftige Steuerzahlung (= Fremdkapital) und dem restlichen Betrag, der dem Unternehmen nach Auflösung als Gewinn verbleibt (= Eigenkapital) zusammen. Bei einem Ertragsteuersatz von 30% besteht die steuerfreie Rücklage zu 70% aus Eigenkapital und zu 30% aus Fremdkapital. In der Handelsbilanz wird die Steuerwirkung durch latente Steuern nach § 274 HGB erfasst.

Arten "steuerfreier" Rücklagen	*steuerrechtliche Vorschrift*
Rücklage für Ersatzbeschaffung	R 6.6 EStR
Reinvestitionsrücklage	§ 6b EStG
Zuschuss-Rücklage	R 6.5 EStR

2. Rücklage für Ersatzbeschaffung

Es kommt nicht gerade selten vor, dass sich ein Brand oder eine Explosion in einem Industrie- oder auch Handelsbetrieb ereignet. Einem solchen Katastrophenfall kann der Unternehmer gelassen entgegensehen, sofern ein ausreichender Versicherungsschutz besteht. Oft genug gibt es dennoch eine unangenehme Überraschung: Handelt es sich bei dem abgebrannten Gebäude um ein älteres Bauwerk, das zu niedrigen Kosten hergestellt oder angeschafft wurde, so wird der Buchwert des Gebäudes sehr gering sein, weit unterhalb des aktuellen Marktwerts (Verkehrswerts) bzw. der heutigen Herstellungskosten, an denen die Versicherungssumme ausgerichtet wurde. Durch die Vereinnahmung der Versicherungssumme werden somit stille Reserven aufgedeckt, es entsteht quasi ein Veräußerungsgewinn, der besteuert wird. Die abzuführenden Steuern stehen als Finanzierungsmittel für den Neubau des abgebrannten Gebäudes nicht mehr zur Verfügung und erschweren mithin die Errichtung eines entsprechenden neuen Gebäudes.

Beispiel:
Ein Brand vernichtet die gesamte Lagerhalle des Geschäftsbereichs "Küchengeräte" der LowTech GmbH. Zum Glück war die Versicherungssumme mit 1 Mio. EUR ausreichend bemessen. Der Buchwert des abgebrannten Gebäudes lag bei 200.000 EUR (Ertragsteuersatz: 40%).

Der Ertrag aus der Auflösung der stillen Reserven beträgt somit 800.000 EUR. Die dadurch verursachte Steuerschuld von 320.000 EUR führt dazu, dass dem Unternehmen nur noch 680.000 EUR Finanzierungsmittel zur Verfügung stehen und das neue Ersatzgebäude mithin beträchtlich kleiner ausfallen muss als das abgebrannte Gebäude.

In diesen Fällen soll R 6.6 EStR Abhilfe schaffen. Danach können stille Reserven, die aufgedeckt werden, weil ein Wirtschaftsgut infolge **höherer Gewalt** (Brand, Explosion, Sturm, Überschwemmung etc.) aus dem Betriebsvermögen ausscheidet, auf ein Wirtschaftsgut übertragen werden, das wirtschaftlich dieselbe oder eine entsprechende Aufgabe erfüllt *(Ersatzwirtschaftsgut)*. Damit wird die bisherige Unterbewertung beim Ersatzwirtschaftsgut zunächst fortgeführt. Wird das Ersatzwirtschaftsgut im Jahr des Ausscheidens angeschafft oder fertig gestellt, so ist eine direkte Übertragung der stillen Reserven durch Abzug von den Anschaffungs- oder Herstellungskosten möglich. Im Falle des Ausscheidens eines bebauten Betriebsgrundstücks aus dem Betriebsvermögens können die beim Grund und Boden aufgedeckten stillen Reserven, deren Übertragung auf den neu angeschafften Grund und Boden nicht möglich ist, auf das neue Gebäude übertragen werden, gegebenenfalls auch umgekehrt (R 6.6 Abs. 3 EStR).

Scheidet ein Wirtschaftsgut (durch Veräußerung) aus dem Betriebsvermögen aus, um einen behördlichen Eingriff (z.B. Enteignung) gegen Entschädigung zu vermeiden, ist außerdem sogar eine Übertragung auf ein Ersatzwirtschaftsgut möglich, das vorher angeschafft oder hergestellt wurde, sofern ein ursächlicher Zusammenhang zwischen Veräußerung und Ersatzbeschaffung besteht (vgl. H 6.6 Abs. 3 „Vorherige Anschaffung" EStH). Im dritten Falle sind die stillen Reserven in einer "steuerfreien" Rücklage zu deponieren, bis das Ersatzwirtschaftsgut angeschafft oder fertig gestellt ist.

Möglichkeiten der Übertragung stiller Reserven auf ein Ersatzwirtschaftsgut	steuerrechtliche Vorschrift
(1) direkte Übertragung im Katastrophenjahr	R 6.6 Abs. 1 u. 3 EStR
(2) direkte Übertragung auf ein vor einem behördlichen Eingriff zugegangenes Ersatzwirtschaftsgut	H 6.6 Abs. 3 „Vorherige Anschaffung" EStH;
(3) Bildung einer "steuerfreien" Rücklage für Ersatzbeschaffung und Übertragung in einem Folgejahr	R 6.6 Abs. 4 EStR

Das Wahlrecht in allen drei Fällen kann *unabhängig von der Handelsbilanz* ausgeübt werden (§ 5 Abs. 1 S. 1 2.Halbs. EStG). Sonderposten mit Rücklageanteil in der Handelsbilanz als Pendant für die steuerfreien Rücklagen gibt es seit 1.1.2010 nicht mehr. Die Wirtschaftsgüter, die in der Steuerbilanz aufgrund des Bewertungsabschlags (= direkte Übertragung) nicht mit dem handelsrechtlich eigentlich maßgeblichen Wert angesetzt werden, müssen jedoch in ein besonderes, laufend zu führendes Verzeichnis aufgenommen werden. Dieses muss die Anschaffungs- oder Herstellungskosten, den Tag der Anschaffung oder Herstellung, die Vorschrift des ausgeübten steuerlichen Wahlrechts und die vorgenommenen Abschreibungen enthalten (§ 5 Abs. 1 S.2 EStG). Entsprechendes gilt vermutlich für die lediglich in der Steuerbilanz zu bildenden steuerfreien Rücklagen.

Ein pfiffiger Steuerpflichtiger könnte nun auf die Idee kommen, eine "steuerfreie" Rücklage zu bilden, um in den Genuss der steuerlichen Vergünstigung zu kommen, ohne die Absicht zu hegen, jemals ein Ersatzwirtschaftsgut anzuschaffen. Um solche Missbräuche auszuschalten, legt R 6.6 Abs. 4 Satz 1 EStR zunächst einmal fest, dass eine solche Rücklage nur dann gebildet werden kann, "wenn zu diesem Zeitpunkt eine Ersatzbeschaffung ernstlich geplant und zu erwarten ist". Darüber hinaus ist die Rücklage nach R 6.6 Abs. 4 Satz 3 EStR "am Schluss des ersten auf ihre Bildung folgenden Wirtschaftsjahrs Gewinn erhöhend aufzulösen, wenn bis dahin ein Ersatzwirtschaftsgut weder angeschafft oder hergestellt noch bestellt worden ist". Diese Frist verdoppelt sich bei Grundstücken oder Gebäuden auf zwei Jahre und kann außerdem bei allen Wirtschaftsgütern in besonders begründeten Einzelfällen noch verlängert werden.

Beispielaufgabe:
  Am 31.8.01 wird die Lagerhalle der LowTech durch einen Brand völlig zerstört. Der Buchwert der Halle belief sich am Tage des Brandes auf 93.333 EUR (nach anteiligen Absetzungen für Abnutzung für das Jahr 01). Glücklicherweise besteht ein Feuerversicherungsanspruch in Höhe von 133.333 EUR (= Entschädigungssumme). Wie ist dieser Vorgang in den beiden folgenden Fällen bilanziell zu behandeln und zu verbuchen, wenn die LowTech ihren Steuerbilanzgewinn in 01 minimieren möchte?
  a) Noch im Jahr des Brandes wird eine neue Lagerhalle errichtet
     (Herstellungskosten = 100.000 EUR).
  b) Die Lagerhalle wird erst im Folgejahr fertig gestellt (Herstellungskosten = 100.000 EUR).

Lösung:

Fall a): Da das Ersatzwirtschaftsgut noch im Katastrophenjahr fertig gestellt wird, ist eine direkte Übertragung der stillen Reserven möglich.
Durch die Vereinnahmung der Entschädigungssumme der Feuerversicherung werden im Lagergebäude enthaltene stille Reserven aufgedeckt:

Entschädigungssumme	133.333 EUR
- Buchwert der Lagerhalle	- 93.333 EUR
= stille Reserven	= 40.000 EUR

Da die Anschaffungs- oder Herstellungskosten des Ersatzwirtschaftsguts unter der Entschädigungssumme liegen, sind die aufgedeckten stillen Reserven nicht vollständig, sondern nur anteilig im Verhältnis

$$\frac{\text{Anschaffungs- oder Herstellungskosten des Ersatzwirtschaftsguts}}{\text{Entschädigungssumme der Versicherung}}$$

übertragbar (H 6.6 Abs. 3 "Mehrentschädigung" EStH). Dieses Verhältnis beträgt 100.000 EUR : 133.333 EUR = 3/4, so dass auch nur 3/4 der aufgedeckten stillen Reserven auf das Ersatzwirtschaftsgut übertragbar sind, also 30.000 EUR. Falls diese Relation größer als Eins ist, können naturgemäß nicht mehr als die aufgedeckten stillen Reserven übertragen werden.

Die Buchungen sollen entsprechend dem Verrechnungsverbot des § 246 Abs. 2 S. 1 HGB unsaldiert erfolgen. Die zeitanteilige Absetzung für Abnutzung des Gebäudes für 01 bis zum Tag des Brandes ist laut Aufgabenstellung bereits erfolgt.

Buchungssätze:

(1) Absetzung für außergewöhnliche Abnutzung   93.333 EUR
     an alte Lagerhalle   93.333 EUR.

(2) Bank   133.333 EUR
     an außerordentliche Erträge   133.333 EUR.

(3) Neue Lagerhalle   100.000 EUR
     an Bank   100.000 EUR.

Mit diesem Buchungssatz (3) sei der Einfachheit halber die Begleichung sämtlicher Handwerkerrechnungen durch die LowTech GmbH als Bauherrn erfasst.

(4) Bewertungsabschlag gem. R 6.6 Abs. 1 EStR
     (Außerplanmäßige Abschreibung)   30.000 EUR
     an neue Lagerhalle   30.000 EUR.

Ergebnis: Die aufgedeckten stillen Reserven wurden in Höhe von 30.000 EUR auf die neue Lagerhalle übertragen, ein Viertel (= 10.000 EUR) bleibt erfolgswirksam und ist sofort zu versteuern, da die Herstellungskosten des Ersatzwirtschaftsguts nur drei Viertel der Entschädigungssumme betragen.

Fall b): Wird das Ersatzwirtschaftsgut (die neue Lagerhalle) erst im nächsten oder übernächsten Jahr angeschafft oder hergestellt, so kann im Jahr des Brandes zunächst eine "steuerfreie" Rücklage in der Steuerbilanz gebildet werden, um eine sofortige Versteuerung der stillen Reserven zu verhindern. Da in diesem Falle die Höhe der Anschaffungs- oder Herstellungskosten noch nicht feststeht, darf die "steuerfreie" Rücklage für Ersatzbeschaffung in voller Höhe der stillen Reserven gebildet werden (R 6.6 Abs. 4 Satz 1 EStR).

Die zeitanteilige Absetzung für Abnutzung des Gebäudes für 01 bis zum Tag des Brandes ist laut Aufgabenstellung bereits erfolgt.

Buchungssätze:

(1)	Absetzung für außergewöhnliche Abnutzung	93.333 EUR	
	an alte Lagerhalle		93.333 EUR.
(2)	Bank	133.333 EUR	
	an außerordentliche Erträge		133.333 EUR.
(3)	Sonstige betriebliche Aufwendungen	40.000 EUR	
	an steuerfreie Rücklage gemäß R 6.6 Abs. 4 EStR		40.000 EUR.

Auf die Abschlussbuchungen wird der Einfachheit halber verzichtet.

Folgejahr:
Alle Eröffnungsbuchungen seien bereits durchgeführt.

(4)	Neue Lagerhalle	100.000 EUR	
	an Bank		100.000 EUR.

Mit diesem Anschaffungs-Buchungssatz (4) sei vereinfachend die Begleichung sämtlicher Handwerkerrechnungen durch die LowTech GmbH als Bauherr erfasst.

(5)	Steuerfreie Rücklage gemäß R 6.6 Abs. 4 EStR	40.000 EUR	
	an sonstige betriebliche Erträge		40.000 EUR.
(6)	Bewertungsabschlag gem. R 6.6 Abs. 1 EStR (Außerplanmäßige Abschreibung)	30.000 EUR	
	an neue Lagerhalle		30.000 EUR.

Ergebnis: Im ersten Jahr werden die gesamten stillen Reserven der Besteuerung entzogen. Im Folgejahr werden die aufgedeckten stillen Reserven anteilig in Höhe von 30.000 EUR auf das Ersatzwirtschaftsgut übertragen, ein Viertel (= 10.000 EUR) bleibt erfolgswirksam und ist zu versteuern, da die Herstellungskosten des Ersatzwirtschaftsguts nur drei Viertel der Entschädigungssumme betragen.

Frage:
Führt die Übertragung stiller Reserven auf das Ersatzwirtschaftsgut (nach R 6.6 EStR) zu einer **dauerhaften Steuerersparnis?**

Antwort:
Für abnutzbare Ersatzwirtschaftsgüter gilt, dass die um die übertragbaren stillen Reserven (=Abzugsbetrag) gekürzten Anschaffungs- oder Herstellungskosten die Basis für die planmäßigen Abschreibungen darstellen (R 7.3 Abs. 4 Satz 1 EStR). Das bedeutet, dass die Absetzungen für Abnutzung nach der Übertragung der stillen Reserven niedriger und der laufende steuerpflichtige Gewinn entsprechend höher ausfällt als bei sofortiger Besteuerung der stillen Reserven.

Beispielaufgabe:
Stellen Sie in der vorigen Beispielaufgabe die Beträge der Absetzungen für Abnutzung mit und ohne Übertragung der stillen Reserven einander gegenüber. Die Abschreibung der Lagerhalle soll gemäß § 7 Abs. 4 Nr. 1 EStG erfolgen, also linear in Höhe von 3 % p.a. Der Einfachheit halber sollen auch im Zugangs- und Abgangsjahr die vollen Jahresbeträge berücksichtigt werden.

Jahr	AfA ohne Übertragung der stillen Reserven, d.h. bei sofortiger Versteuerung (§ 7 Abs. 4 Nr. 1 EStG) Basis: 100.000 EUR	AfA nach Übertragung der stillen Reserven gem. R 6.6 EStR (§ 7 Abs. 4 Nr. 1 EStG); Basis: 100.000- 30.000 = 70.000 EUR	AfA-Differenz = Gewinndifferenz
01	3.000	2.100	900
02	3.000	2.100	900
03	3.000	2.100	900
04	3.000	2.100	900
05	3.000	2.100	900
.....	....	....	....
33	3.000	2.100	900
34	1.000	700	300
Summe	100.000	70.000	30.000

Es handelt sich also keineswegs um eine endgültige Steuerersparnis. Vielmehr werden die übertragenen stillen Reserven infolge der verringerten planmäßigen Abschreibungen über die Nutzungsdauer des Ersatzwirtschaftsguts verteilt wieder aufgelöst und versteuert. Bei Rücklagenbildung wird die zinslose Steuerstundung lediglich zeitlich verlängert. Als Hinweis darauf wird hier der Begriff "steuerfreie" Rücklage immer in Anführungszeichen gesetzt. Allerdings kann bei Einzelkaufleuten und Gesellschaftern von Personengesellschaften aufgrund der Einkommensteuerprogression durchaus eine Steuerersparnis eintreten, wenn Gewinne in Perioden mit geringeren anderen Einkünften verlagert werden. Schließlich können auch Steuersatzsenkungen bei allen Rechtsformen zu Steuerersparnissen führen.

Unabhängig von der Rechtsform führt die Übertragung stiller Reserven auf nicht abnutzbare Ersatzwirtschaftsgüter (Grund und Boden, Beteiligungen, Wertpapiere) nicht zu deren schrittweiser Aufdeckung und Versteuerung, da keine Absetzungen für Abnutzung vorzunehmen sind. Erst bei einer späteren Veräußerung der Ersatzwirtschaftsgüter oder bei Liquidation des Betriebes käme es zu einer Versteuerung der übertragenen stillen Reserven.

Frage:
Sind im Falle der Rücklage für Ersatzbeschaffung **latente Steuern** zu berücksichtigen?

Anwort:
Da die steuerfreie Rücklage nur in der Steuerbilanz gebildet wird und später auf ein Ersatzwirtschaftsgut übertragen oder zwangsweise aufgelöst wird, handelt es sich um eine temporäre Differenz zwischen Handels- und Steuerbilanz. Folglich sind latente Steuern relevant. Durch Übertragung der Rücklage auf ein Ersatzwirtschaftsgut wird der Betrag der latenten Steuern fortgeführt, denn es ist nun im entsprechenden Bilanzposten, zu dem das Ersatzwirtschaftsgut gehört, wieder eine gleichartige Differenz zwischen Handels- und Steuerbilanzwert entstanden. Auch hierbei handelt es sich um eine temporäre Differenz, da sich das Mehrvermögen durch die unterschiedliche Höhe der planmäßigen Abschreibungen schrittweise verringert und die stillen Reserven sich über die Restnutzungsdauer auflösen.

Handelsbilanz		Steuerbilanz	
Aktiva 200.000	Reinvermögen 200.000	Aktiva 200.000	Reinvermögen 160.000
	Stfr. Rücklage 0		Stfr. Rücklage 40.000

Da das Reinvermögen in der Handelsbilanz dasjenige in der Steuerbilanz übersteigt (der Wert der Aktiva ist frei angenommen), handelt es sich um ein HB-Mehrvermögen in Höhe von 40.000 EUR, sodass passive latente Steuern gebildet werden müssen (§ 274 Abs. 1 S. 1 HGB). Bei einem Ertragsteuersatz von 30 % ergibt sich folgende Buchung:

BS: Latenter Aufwand für Steuern
vom Einkommen und Ertrag   12.000 EUR
an Passive latente Steuern   12.000 EUR.

Bei der Übertragung der Rücklage auf das Ersatzwirtschaftsgut bleibt in der Regel der Betrag der passiven latenten Steuern unverändert. Wenn allerdings, wie im obigen Falle, nur drei Viertel der Rücklage übertragen werden dürfen, da die Herstellungskosten des Ersatzwirtschaftsguts nur drei Viertel der Entschädigungssumme betragen, muss auch ein Viertel der passiven latenten Steuern aufgelöst werden, da sich das HB-Mehrvermögen auf 30.000 EUR verringert hat.

Handelsbilanz		Steuerbilanz	
Lagerhalle 100.000	Reinvermögen 100.000	Lagerhalle 70.000	Reinvermögen 70.000

BS: Passive latente Steuern   3.000 EUR
an Latenten Aufwand für Steuern
vom Einkommen und Ertrag   3.000 EUR.

In den Folgejahren verringert sich das HB-Mehrvermögen schrittweise bis zum Ende der Nutzungsdauer, da die planmäßigen Abschreibungen in der Handelsbilanz höher sind als diejenigen in der Steuerbilanz. Die passiven latenten Steuern sind entsprechend schrittweise zu verringern, da sie immer 30% (= Steuersatz) des HB-Mehrvermögens ausmachen müssen, bis sie am Ende der Nutzungsdauer Null betragen.

Frage:
Kann durch Übertragung stiller Reserven gemäß R 6.6 Abs. 1 EStR ein **geringwertiges Wirtschaftsgut** im Sinne von § 6 Abs. 2 oder Abs. 2a EStG entstehen?

Antwort:
Die ist möglich, allerdings nur dann, wenn es sich bei dem Ersatzwirtschaftsgut um ein bewegliches Wirtschaftsgut handelt. Die um den Abzugsbetrag geminderten Anschaffungs- oder Herstellungskosten treten nämlich für die Prüfung der Wertgrenzen von 150 EUR bzw. 410 EUR bzw. 1.000 EUR (jeweils ohne USt) an die Stelle der ursprünglichen Anschaffungs- oder Herstellungskosten (R 6.13 Abs. 2 Nr. 4 EStR).

Beispiel:

Anschaffung eines beweglichen Wirtschaftsguts im Jahr 02;	
Anschaffungskosten:	4.150 EUR
- Übertrag nach R 6.6 Abs. 1 EStR im Jahr 02	- 4.000 EUR
= geminderte Anschaffungskosten	= 150 EUR

Da die um den Abzugsbetrag geminderten Anschaffungskosten maßgebend für die Prüfung der Wertgrenze nach § 6 Abs. 2 EStG sind, liegt hier ein geringwertiges Wirtschaftsgut vor, das sofort voll als Aufwand gebucht werden kann.

3. Rücklage für Veräußerungsgewinne gemäß § 6b EStG

Zweck dieser Rücklage zur Übertragung von Veräußerungsgewinnen gemäß § 6b EStG, die auch Re-Investitionsrücklage genannt wird, ist die Förderung von Rationalisierungsinvestitionen, der Umstrukturierung von Unternehmen sowie von Stadtsanierungen. Das Problem entspricht demjenigen bei der Ersatzbeschaffung. Ein (bilanzierender) Unternehmer mit einem alten lärmintensiven Handwerksbetrieb in einer historischen Altstadt beispielsweise hat selbst bei günstigem Veräußerungspreis für sein Areal Schwierigkeiten, im Gewerbegebiet auf der "grünen Wiese" vor der Stadt einen entsprechenden Betrieb neu zu errichten. Aufgrund sehr niedriger Buchwerte der Wirtschaftsgüter wird ein großer Teil des Veräußerungspreises als Gewinn ausgewiesen, was zu einem entsprechend hohen Liquiditätsentzug durch die Steuerzahlung an das Finanzamt führt. Im Falle der Veräußerung eines Gesamtbetriebs oder Teilbetriebs gibt es allerdings gewisse Steuerermäßigungen (§§ 16 und 34 EStG). Bei der Veräußerung von einzelnen Gebäuden und Produktionsanlagen zur Durchführung von Rationalisierungsinvestitionen unterliegen die Veräußerungsgewinne jedoch immer dem vollen Ertragssteuersatz.

Um diesen durch die Besteuerung ausgelösten Bremseffekt abzumildern, gewährt § 6b EStG die Möglichkeit, Gewinne aus der Veräußerung von Gegenständen des Anlagevermögens, also aufgedeckte stille Reserven, auf neu zugehende (d.h. angeschaffte oder hergestellte) Anlagegüter zu übertragen. Dabei muss es sich nicht um Ersatzwirtschaftsgüter handeln, allerdings sind die Übertragungsmöglichkeiten nicht beliebig, sondern in einem Katalog festgelegt, der in der Vergangenheit stark reduziert wurde. Allerdings muss in diesem Zusammenhang auch gesehen werden, dass Gewinne aus der Veräußerung von Anteilen an Kapitalgesellschaften für Einzelkaufleute und Gesellschafter einer Personengesellschaft nur zum Anteil von 40% (§ 3 Nr. 40 EStG) und für Kapitalgesellschaften völlig steuerfrei sind (§ 8b Abs. 2 KStG).

Dieser **Katalog der Übertragungsmöglichkeiten** (§ 6b Abs. 1 EStG) folgt dem Prinzip, dass das Finanzamt nicht schlechter gestellt werden darf als im Falle ohne Veräußerung des (alten) Wirtschaftsguts. Konkret heißt dies, dass die stillen Reserven nur auf solche Wirtschaftsgüter übertragen werden dürfen, bei denen sie sich nicht langsamer als beim veräußerten Wirtschaftsgut auflösen, die also dieselbe oder eine kürzere Nutzungsdauer haben.

Veräußerungsgewinn ist die Differenz zwischen Veräußerungspreis (nach Abzug von Veräußerungskosten) und dem Buchwert des veräußerten Gegenstands im Zeitpunkt der Veräußerung (§ 6b Abs. 2 EStG, R 6b.1 Abs. 2 EStR). Werden die stillen Reserven durch Tausch (= entgeltliche Veräußerung; R 6b.1 Abs. 1 EStR) aufgedeckt, so ergibt sich gemäß § 6 Abs. 6 EStG der Veräußerungsgewinn als Differenz zwischen dem gemeinen Wert und dem Buchwert des hingegebenen Wirtschaftsguts.

Einen Überblick über alle Übertragungsmöglichkeiten aufgedeckter stiller Reserven mittels § 6b EStG gibt folgende Tabelle:

Übertragungs-möglichkeit auf: / Gewinn aus der Veräußerung von:	Grund und Boden (und Aufwuchs in Land- u. Forstwirtschaft)	Gebäude	Binnenschiffe	abnutzbare bewegliche Wirtschaftsgüter	Anteile an Kapitalgesellschaften
Grund und Boden (und Aufwuchs)	100 %	100 %	-----	-----	-----
Gebäude	-----	100 %	-----	-----	-----
Binnenschiffe	-----	-----	100 %	-----	-----
Anteilen an einer Kapitalgesellschaft durch Einzelunternehmen oder Personenhandelsgesellschaften	-----	60 %	-----	60 %	100 %

Die Erweiterung, der Ausbau oder der Umbau von Gebäuden wird einer Anschaffung oder Herstellung gleichgestellt. Der Abzug kann jedoch nur von den entsprechenden Erweiterungskosten etc. vorgenommen werden (§ 6b Ab. 1 S.3 EStG).

Gewinne, die bei Einzelunternehmen und Personenhandelsgesellschaften aufgrund der *Veräußerung von Anteilen an Kapitalgesellschaften* anfallen, sind nicht wie bei einer Veräußerung durch Kapitalgesellschaften steuerfrei (§ 8b Abs. 2 KStG), sondern unterliegen dem *Teileinkünfteverfahren*, d.h. sie sind zum Anteil von 60% steuerpflichtig (§ 3 Nr. 40 EStG). Um die Benachteiligung auszugleichen, ist in diesem Falle eine Übertragung des steuerpflichtigen Teils des Veräußerungsgewinns[1] bis zur Höhe von 500.000 EUR auf Gebäude oder bewegliche Wirtschaftsgüter möglich. Bei Übertragung auf neu angeschaffte Anteile an Kapitalgesellschaften muss der Veräußerungsgewinn zu 100 % (also einschließlich des steuerbefreiten Anteils) die Anschaffungskosten der neuen Anteile mindern. Damit soll verhindert werden, dass durch Wiederholung der Transaktion unter denselben Bedingungen der steuerpflichtige Gewinn systematisch jeweils um 40% gemindert werden kann. Eine Reinvestitionsrücklage kann in Höhe des vollen Veräußerungsgewinns bis maximal 500.000 EUR gebildet werden[2]. Bei Übertragung der Rücklage auf Gebäude oder abnutzbare bewegliche Wirtschaftsgüter ist die Rücklage in Höhe von 60% zu übertragen und zu 40% steuerfrei aufzulösen. Auch die Nachverzinsung bezieht sich nur auf den 60%igen steuerpflichtigen Teil der Rücklage.

Allgemeine Voraussetzung der Anwendung des § 6b EStG ist, dass das veräußerte Wirtschaftsgut seit mindestens 6 Jahren ununterbrochen zum Anlagevermögen einer inländischen Betriebsstätte gehört hat. Weitere Voraussetzungen enthält § 6b Abs. 4 EStG.

---

[1] Bei dessen Berechnung dürfen die zugehörigen Veräußerungskosten auch nur zu 60 % abgezogen werden (§ 3c Abs. 2 EStG).

[2] Die Betragsgrenze gilt für jeden Mitunternehmer einer Personengesellschaft, ist also nicht gesellschafts-, sondern personenbezogen. Vgl. OFD Frankfurt/M. Rdvfg. v. 1.9.2003, DStR 2003, S. 2072 f.

Anspruchsberechtigter für die Rücklagenbildung nach § 6b EStG ist der Steuerpflichtige, d. h. die Kapitalgesellschaft, der Einzelunternehmer oder der Gesellschafter einer Personengesellschaft. Somit ist es beispielsweise möglich, Veräußerungsgewinne, die bei einer Personengesellschaft entstanden sind, auf im Einzelunternehmen eines Gesellschafters angeschaffte Wirtschaftsgüter zu übertragen, soweit sie auf diesen Gesellschafter entfallen (R 6b Abs. 7 Nr. 3 EStR).

Je nachdem, wann das neue Wirtschaftsgut, auf das die stillen Reserven übertragen werden sollen, dem Betriebsvermögen zugeht, kann eine der drei folgenden Möglichkeiten gewählt werden:

Möglichkeiten der Übertragung von Veräußerungsgewinnen nach § 6b EStG	steuerrechtliche Vorschrift
(1) direkte Übertragung bei Zugang im Jahr der Veräußerung	§ 6b Abs. 1 und 10 Sätze 1-3 EStG; R 6b.2 Abs. 1 Sätze 3 u. 4 EStR
(2) direkte Übertragung bei Zugang im Jahr vor der Veräußerung	§ 6b Abs. 1 u. 5 EStG; R 6b.2 Abs. 1 Satz 6 EStR
(3) Bildung einer "steuerfreien" Rücklage zur Übertragung von Veräußerungsgewinnen gemäß § 6b EStG und Übertragung in einem Folgejahr	§ 6b Abs. 3 und 10 Sätze 4-9 EStG; R 6b.2 Abs. 2 u. 3 EStR

Durch die Rückübertragungsmöglichkeit (Fall 2) auf einen Zugang des Vorjahres wird den Unternehmen ermöglicht, z.B. ihre Fabrik- und Bürogebäude steuerbegünstigt zu erneuern, ohne den Produktions- bzw. Verwaltungsablauf zu unterbrechen zu müssen. Im dritten Falle sind die stillen Reserven in einer "steuerfreien" Rücklage zu deponieren, bis das Wirtschaftsgut, auf das die stillen Reserven übertragen werden können, angeschafft oder fertig gestellt ist.

Das Wahlrecht in allen drei Fällen kann *unabhängig von der Handelsbilanz* ausgeübt werden (§ 5 Abs. 1 S. 1 2.Halbs. EStG). Sonderposten mit Rücklageanteil in der Handelsbilanz als Pendant für die steuerfreien Rücklagen gibt es seit 1.1.2010 nicht mehr. Die Wirtschaftsgüter, die in der Steuerbilanz aufgrund des Bewertungsabschlags (= direkte Übertragung) nicht mit dem handelsrechtlich eigentlich maßgeblichen Wert angesetzt werden, müssen jedoch in ein besonderes, laufend zu führendes Verzeichnis aufgenommen werden. Dieses muss die Anschaffungs- oder Herstellungskosten, den Tag der Anschaffung oder Herstellung, die Vorschrift des ausgeübten steuerlichen Wahlrechts und die vorgenommenen Abschreibungen enthalten (§ 5 Abs. 1 S.2 EStG). Entsprechendes gilt vermutlich für die lediglich in der Steuerbilanz zu bildenden steuerfreien Rücklagen.

Die Übertragung des Veräußerungsgewinns auf ein zugegangenes Wirtschaftsgut erfolgt durch einen Abzug von dessen Anschaffungs- oder Herstellungskosten („Bewertungsabschlag"). Die um den Abzugsbetrag geminderten Anschaffungs- oder Herstellungskosten von Gebäuden stellen dann die Basis für die Absetzungen für Abnutzung dar (§ 6b Abs. 6 EStG; R 7.3 Abs. 4 Satz 1). Im Falle der *Rückübertragung* auf ein im Vorjahr angeschafftes oder hergestelltes Gebäude gilt hinsichtlich der planmäßigen Folgeabschreibungen dasselbe (R 7.3 Abs. 4 Satz 2 EStR), der Abzug des Veräußerungsgewinns ist jedoch vom Restbuchwert des Gebäudes am Bilanzstichtag des Vorjahres vorzunehmen (§ 6b Abs. 5 EStG). Im letzteren Falle wird also die Absetzung für Abnutzung nicht zeitanteilig bezogen auf den Zeitpunkt der Veräußerung berücksichtigt, sondern vereinfachend bereits zum vorigen Bilanzstichtag angepasst.

Beispiel für die Rückübertragung auf ein im Vorjahr neu zugegangenes Gebäude:

Zugang Gebäude (neu) am 5.9.01 (lineare AfA gemäß § 7 Abs. 4. Nr.1 EStG); Anschaffungskosten:	1.000.000 EUR
- Abschreibung für 01 (3% p.a.; zeitanteilig für 4 Monate)	- 10.000 EUR
= Buchwert zum 31.12.01	990.000 EUR
Veräußerung Gebäude (alt) am 10.5.02 mit einem Veräußerungsgewinn von 600.000 EUR; Rückübertragung auf Gebäude (neu) (= außerplanmäßige Abschreibung gem. § 6b Abs. 1 und 5EStG)	- 600.000 EUR
	390.000 EUR
- AfA des Gebäudes (neu) im Jahr 02 (0,03 * (1.000.000 EUR – 600.000 EUR)) gemäß § 6b Abs. 6 S. 2 EStG und R 7.3 Abs. 4 S. 2 EStR	- 12.000 EUR
= Buchwert per 31.12.02	378.000 EUR

Durch Übertragung stiller Reserven auf ein bewegliches Wirtschaftsgut gemäß § 6 b Abs. 10 Satz 1 EStG kann ein *geringwertiges Wirtschaftsgut* im Sinne von § 6 Abs. 2 oder 2a EStG entstehen, da die um den Abzugsbetrag geminderten Anschaffungs- oder Herstellungskosten auch für der Prüfung der Wertgrenze von 150 EUR bzw. 410 EUR bzw. 1.000 EUR (jeweils ohne USt) an die Stelle der ursprünglichen Anschaffungs- oder Herstellungskosten treten (§ 6b Abs. 6 EStG und R 6.13 Abs. 2 EStR). Ein Zahlenbeispiel dazu befindet sich im vorhergehenden Kapitel B.VII.2.

Auch im Falle des § 6b EStG wird bei abnutzbaren Wirtschaftsgütern in der Regel nicht eine Steuerersparnis erlangt, sondern nur eine zinslose Steuerstundung (Zinsersparnis). Die Erläuterung entspricht derjenigen im vorhergehenden Kapitel B.VII.2.

Schließlich kann auch im Hinblick auf das Problem der *latenten Steuern* im Zusammenhang mit der steuerfreien Rücklage und der Übertragung des Veräußerungsgewinns auf an anderes Wirtschaftsgut auf das vorige Kapitel B.VII.2 verwiesen werden.

Der *Zeitraum* bis zur Übertragung einer *Re-Investitionsrücklage*, in dem die Steuerstundung voll wirksam ist, erfährt durch § 6b Abs. 3 EStG eine Begrenzung. Ist die Rücklage bis zum Ende des vierten auf die Veräußerung folgenden Wirtschaftsjahres nicht übertragen worden, so ist sie Gewinn erhöhend *aufzulösen*. Dieser Zeitraum verlängert sich bei Gebäuden auf sechs Jahre, sofern mit deren Herstellung bis zum Ende des vierten Jahres begonnen worden ist. Diese Fristen verlängern sich jeweils um 3 Jahre im Falle der Veräußerung an Gebietskörperschaften, Gemeindeverbände, Sanierungsträger u.ä. zum Zwecke der Vorbereitung oder Durchführung von städtebaulichen Sanierungs- oder Entwicklungsmaßnahmen. Die vorausgesetzte Dauer der ununterbrochenen Zugehörigkeit zum Anlagevermögen verkürzt sich in diesen Fällen auf 2 Jahre (§ 6b Abs. 8 EStG).

Um Missbräuche einzuschränken, in denen ohne Übertragungsabsicht eine "steuerfreie" Rücklage gebildet wird, allein um den zinslosen Steuerkredit zu nutzen, verlangt § 6b Abs. 7 EStG in den Fällen, in denen die Rücklage ohne Übertragung der stillen Reserven auf ein zugegangenes Wirtschaftsgut aufgelöst wird, eine *Nachverzinsung*. Zu diesem Zweck "ist der Gewinn des Wirtschaftsjahrs, in dem die Rücklage aufgelöst wird, für jedes volle Wirtschaftsjahr, in dem die Rücklage bestanden hat, um 6 vom Hundert des aufgelösten Rücklagenbetrags zu erhöhen" (§ 6b Abs. 7 EStG). Soweit es sich um Gewinne aus der Veräußerung von Anteilen an Kapitalgesellschaften durch Einzelunternehmen oder Personenhandelsgesellschaften handelt, ist der Prozentsatz nur auf den nicht nach § 3 Nr. 40 Satz 1 a) u. b) i.V.m. §

3c Abs. 2 EStG steuerbefreiten Rücklagenbetrages zu beziehen. Dieser Gewinnzuschlag erfolgt außerhalb der Steuerbilanz in der Steuererklärung, eine Buchung ist nicht möglich. Der „Zinssatz" für den gewährten Steuerkredit ist somit abhängig von der Höhe des Ertragsteuersatzes. Er beträgt bei einem Ertragsteuersatz von 30% (Kapitalgesellschaften: Körperschaft- plus Gewerbeertragsteuer) nach Steuern nur 0,3 ∗ 6% = 1,8 %. Die Gewinnerhöhung in Höhe von 6% ist bei einer Entscheidungsrechnung mit dem Kreditzinssatz zu vergleichen, z.B. mit 5% für einen mittelfristigen Bankkredit. In der Nach-Steuer-Betrachtung ist letzterer mit (1 - Steuersatz) = (1 - 0,3) = 0,7 zu multiplizieren und beträgt 3,5 %, da Kreditzinsen abzugsfähige Betriebsausgaben sind und somit nach Maßgabe des Steuersatzes zu einer Steuerersparnis führen[1].

Aufgabe 60: Steuerfreie Rücklage gem. § 6b EStG

4. Zuschussrücklage

Definition:

> *Echte verlorene Investitionszuschüsse* sind einmalige oder wiederkehrende Zahlungen ohne Rückzahlungsverpflichtung und ohne unmittelbaren Zusammenhang mit einer Leistung des Zuschussempfängers. Sie werden als Anreiz und als Finanzierungshilfe für bestimmte Investitionen geleistet.

Hier sollen nur echte verlorene Investitionszuschüsse (Kapitalzuschüsse) behandelt werden. Zu den Abgrenzungen von anderen Zuschussarten vgl. Kapitel B.I.3.a)(2)(d). Die steuerliche Behandlung von echten verlorenen Investitionszuschüssen regelt R 6.5 EStR:

Wahlrecht	
↙	↘
sofortige erfolgswirksame Vereinnahmung (R 6.5 Abs. 2 Satz 2 EStR)	1.) *"erfolgsneutrale" Behandlung*, d.h. Absetzung von den Anschaffungs-/ Herstellungskosten (R 6.5 Abs. 2 Satz 3 EStR)
	2.) Bildung einer *"steuerfreien" Zuschussrücklage*, die im Folgejahr "erfolgsneutral" von den Anschaffungs-/ Herstellungskosten abgesetzt wird (R 6.5 Abs. 4 EStR)
Folge: sofortige Versteuerung des Zuschusses	Folge: Versteuerung des Zuschusses über die Nutzungsdauer verteilt (aufgrund geringerer Abschreibungsbeträge)

Die *"erfolgsneutrale" Behandlung* ist die übliche und soll hier für unterschiedliche Fälle vorgestellt werden.[2]

Beispiel:
Zur Anschaffung einer Maschine mit Anschaffungskosten i.H.v. 3.000 EUR wird ein staatlicher Zuschuss von 1.000 EUR gewährt. Die Maschine wird jeweils im Januar angeschafft, hat eine Nut-

---

[1] Eine genauere Berechnung hat noch zu berücksichtigen, dass ein Viertel der Zinsen über die so gen. Hinzurechnungen zusätzlich der Gewerbeertragsteuer unterliegt. Bei einem Hebesatz von 400% ergibt sich für eine Kapitalgesellschaft eine Belastung von 0,14∗ 0,25 ∗ 5% = 0,175, die die Steuerersparnis verringert. Der vergleichbare Bankkredit-Zinssatz beträgt somit nach Steuern 3,5% + 0,175% = 3,675%.

[2] Die beiden Fälle ohne die Notwendigkeit der Bildung einer Zuschussrücklage enthält Kapitel B.I.3.a)(2)(d).

zungsdauer von 10 Jahren und soll linear abgeschrieben werden. Die Umsatzsteuer soll wie immer vernachlässigt werden.

Fall 1: "Zuschuss heute, Maschine morgen"

Der Zuschuss wird im Jahr 01 gezahlt, die Maschine jedoch erst im Januar 02 angeschafft. Ist eine "erfolgsneutrale" Behandlung des Zuschusses beabsichtigt, so besteht im Jahre 01 die Möglichkeit, eine "steuerfreie" Zuschussrücklage zu bilden, um die der steuerpflichtige Gewinn gemindert wird (R 6.5 Abs. 4 EStR). Die "steuerfreie" Zuschuss-Rücklage dient der "Aufbewahrung" des Zuschussbetrages, bis dieser im Folgejahr von den Anschaffungskosten der Maschine abgesetzt werden kann. Die steuerliche Vergünstigung kann *unabhängig von der Handelsbilanz* gewählt werden (§ 5 Abs. 1 S. 1, 2. Halbs. u. S. 2 EStG).

Der Vorgang ist in beiden Jahren erfolgsneutral.

Buchungssätze im Jahr 01:
BS: Bank   1.000 EUR
an sonstige betriebliche Erträge   1.000 EUR.

BS: Sonstiger betrieblicher Aufwand   1.000 EUR
an "Steuerfreie" Zuschussrücklage
gemäß R 6.5 Abs. 4 EStR   1.000 EUR.

Buchungssätze im Jahr 02:
BS: Maschinen   3.000 EUR
an Bank   3.000 EUR.

BS: "Steuerfreie" Zuschussrücklage
gemäß R 6.5 Abs. 4 EStR   1.000 EUR
an sonstige betriebliche Erträge   1.000 EUR.

BS: Bewertungsabschlag
(außerplanmäßige Abschreibung)   1.000 EUR
an Maschine   1.000 EUR.

BS: AfA auf Sachanlagen   200 EUR
an Maschinen   200 EUR.

Fall 2: Zuschuss ist beantragt, aber noch nicht eingegangen

a) Der Zuschuss ist bereits genehmigt

Falls ein Rechtsanspruch auf den Zuschuss besteht, was hier angenommen werden soll, muss eine Forderung aktiviert werden. Dies gilt handelsrechtlich ebenfalls. Je nachdem, ob die Maschine bereits angeschafft ist oder dies erst im Folgejahr geschieht, ist zu buchen:

BS: Sonstige Forderung   1.000 EUR
an Maschine   1.000 EUR.

BS: Sonstige Forderung   1.000 EUR
an "Steuerfreie" Zuschussrücklage
gemäß R 6.5 Abs. 4 EStR)   1.000 EUR.

b) Der Zuschuss ist noch nicht genehmigt

Steuerrechtlich besteht ebenso wie handelsrechtlich die Pflicht zur Aktivierung einer Forderung, wenn die sachlichen Voraussetzungen erfüllt sind, ein Antrag gestellt wurde bzw. (spätestens kurz nach Bilanzaufstellung) gestellt wird und ein Rechtsanspruch auf den Zuschuss besteht.[1]

Handelsrecht: Die übliche Behandlung von Zuschüssen in der Handelsbilanz ist die ***Absetzung des Zuschussbetrags von den Anschaffungskosten*** des betreffenden Vermögensgegenstands. In Höhe des Zuschusses wird das Unternehmen nicht belastet, sodass die Anschaffungskosten entsprechend geringer sind. Latente Steuern sind dann nur relevant, wenn in der Steuerbilanz die sofortige erfolgswirksame Vereinnahmung des Zuschusses gewählt werden sollte. Dann besteht ein HB-Mindervermögen, das sich aufgrund der in der Handelsbilanz geringeren planmäßigen Abschreibungen über die Nutzungsdauer abbaut (= temporäre Differenz). Es besteht demnach für Kapitalgesellschaften ein ***Wahlrecht, aktive latente Steuern*** gemäß § 274 Abs. 1 S.2 zu bilden.

In der Stellungnahme 1/1984 (WPg 1984, S. 612; 1990 neu gefasst) ***empfiehlt der HFA*** des IDW die Verteilung der Erfolgswirksamkeit von Investitionszuschüssen und Investitionszulagen über die Nutzungsdauer des Vermögensgegenstands, für den sie gewährt werden. Eine sofortige erfolgswirksame Vereinnahmung würde die Periodenergebnisse verzerren. Technisch solle keine Absetzung des Zuschussbetrags von den Anschaffungskosten vorgenommen, sondern dessen Einstellung in einen gesonderten Passivposten mit der Bezeichnung ***"Sonderposten für Investitionszuschüsse zum Anlagevermögen"*** vorgezogen werden, da auf diese Weise die tatsächliche Vermögens- und Ertragslage der Gesellschaft besser verdeutlicht werde. Dieser Sonderposten, der die Funktion einer Wertberichtigung zu dem bezuschussten Vermögensgegenstand hat, solle entweder in einem gesonderten Ertragsposten oder als Absetzung von den Abschreibungen oder unter den sonstigen betrieblichen Erträgen über die Nutzungsdauer des Vermögensgegenstands verteilt aufgelöst werden.

Beispiel:
Zahlenangaben wie im vorigen Beispiel.

Handelsbilanz (in EUR)		Steuerbilanz (in EUR)	
Maschine 3.000	Sonderposten für Investitionszuschüsse zum Anlagevermögen 1.000	Maschine 2.000	

Diese Empfehlung des IDW wird in der Praxis allerdings relativ selten befolgt. Der Grund dürfte in der Verkomplizierung der technischen Durchführung liegen Außerdem steht die Verfahrensweise im Falle der steuerfreien Investitionszulagen (Investitionszulagengesetz 2010 für die neuen Bundesländer einschließlich Berlin), die genauso behandelt werden sollen, im Widerspruch zu den Gepflogenheiten in der Praxis, ***Investitionszulagen*** handels- und steuerrechtlich als Ertrag zu buchen und in der Steuererklärung steuerfrei zu stellen.[2] Schließlich ist die grundsätzliche Zulässigkeit eines solchen Wertberichtigungspostens für Kapitalgesellschaften nicht unumstritten.

---

[1] Vgl. Stellungnahme 1/1984 HFA des IdW, WPg 1984, S. 612, 1990 neu gefasst.
[2] Investitionszulagen mindern nicht die steuerlichen Anschaffungs- und Herstellungskosten. Sie sind steuerfrei (H 2 „Keine Einnahmen oder Einkünfte" EStH) und werden üblicherweise zunächst (auch handelsrechtlich) als sonstige betriebliche Erträge gebucht, um außerhalb der Steuerbilanz in der Steuererklärung wieder abgezogen und somit steuerfrei gestellt zu werden (H 6.5 „Investitionszulagen sind keine Zuschüsse" EStH; § 12 InvZulG 2007).

X. Bilanzierung und Bewertung des Fremdkapitals

Lernziele: Der Leser soll

- *die inhaltliche Abgrenzung des Rückstellungsbegriffs von den Positionen Verbindlichkeiten und Eventualverbindlichkeiten kennen lernen*
- *einen Überblick über verschiedene Rückstellungskategorien und eine Reihe von Rückstellungsarten erhalten*
- *sich mit einigen ausgewählten Rückstellungsarten vertieft vertraut machen*
- *sich die Problematik von Fremdwährungsverbindlichkeiten bewusst machen*
- *Beispiele für Haftungsverhältnisse (Eventualverbindlichkeiten) kennen lernen.*

1. Rückstellungen

a) Begriff und Arten

Definition:

> Bei *Rückstellungen* handelt es sich um die bilanzielle Vorsorge für zukünftige, hinsichtlich ihres Entstehens oder ihrer Höhe und gegebenenfalls ihres Fälligkeitszeitpunkts ungewisse Auszahlungen oder für drohende Verluste, deren wirtschaftliche Ursache bereits vor dem Bilanzstichtag liegt.

Nach Auffassung der Vertreter der älteren so genannten statischen Bilanztheorien sind unter der Position "Rückstellungen" nur am Stichtag bereits juristisch oder wirtschaftlich bestehende Verbindlichkeiten gegenüber Dritten, deren Höhe ungewiss ist, auszuweisen. Mit Hilfe dieser so gen. *Rückstellungen für Außenverpflichtungen* soll vor allem aus Gründen des Gläubigerschutzes ein vollständiger Ausweis aller bestehenden Schulden und des diesen gegenüberstehenden Vermögens in der Bilanz erreicht werden („Schuldendeckungspotential"). Nach Meinung der Vertreter der jüngeren dynamischen Bilanztheorien sind diese um *Rückstellungen für Innenverpflichtungen* zu ergänzen. Darunter sind Verpflichtungen des Kaufmanns gegenüber sich selbst zu verstehen, also bislang unterlassene Ausgaben in ungewisser Höhe, die aber wirtschaftlich bereits notwendig gewesen wären. Beispielsweise handelt es sich um Ausgaben für Reparaturen, die im abgelaufenen und/oder in früheren Geschäftsjahren wirtschaftlich verursacht wurden und damit Aufwand dieser Perioden darstellen, die aber aus verschiedenen Gründen verschoben worden sind. Solche Rückstellungen für Innenverpflichtungen haben lediglich die Aufgabe, eine verursachungs-gerechte zeitliche Aufwandszuordnung und damit die Ermittlung aussagefähiger Periodengewinne zu gewährleisten. Sie stehen mit keinerlei rechtlichen oder wirtschaftlichen Verpflichtungen gegenüber Dritten in Zusammenhang.

Die Bildung von Rückstellungen fußt auf dem Vollständigkeitsprinzip, das u.a. den vollständigen Ausweis aller ungewissen Verbindlichkeiten verlangt, und dem allgemeinen Vorsichtsprinzip, das zu einer Vorsorge für bereits verursachte zukünftige Ausgaben verpflichtet. Bei bestimmten Rückstellungsarten wird primär auf das Imparitätsprinzip abgestellt. Das Realisationsprinzip und der Grundsatz der sachlichen Abgrenzung verpflichten ebenfalls zur Bildung von Rückstellungen. Auch bei der Bewertung der Rückstellungen sind die genannten Grundsätze ordnungsmäßiger Buchführung und Bilanzierung zu beachten. Die Bedeutung dieser Prinzipien ist im Einzelnen sehr umstritten.[1]

Grundsätzlich stellen Rückstellungen Fremdkapital dar, da bereits Ansprüche Dritter bestehen oder Vorsorge für Zahlungen an Dritte getroffen wird. In Ausnahmefällen können Rückstellungen auch Eigenkapitalteile enthalten. Dies ist dann der Fall, wenn sie infolge der Unsicherheit höher bemessen wurden, als sich später als notwendig herausstellt. Der überhöhte Teil der Rückstellung stellt stille Reserven dar und ist erfolgserhöhend ("sonstige betriebliche Erträge") aufzulösen, wenn die Überhöhung erkennbar wird (§ 249 Abs. 2 Satz 2 HGB). Dagegen wird derjenige Teil der Rückstellung, der der Höhe der tatsächlichen Ausgabe entspricht, "verbraucht", d.h. erfolgsneutral gebucht.

Durch die Bildung, den Verbrauch und die Auflösung von Rückstellungen wird erreicht, dass künftige Ausgaben als Aufwendungen bereits der Periode der wirtschaftlichen Verursachung zugeordnet werden und im späteren Jahr der Zahlung keine Erfolgsauswirkungen mehr eintreten, es sei denn, die Rückstellung war nicht in der letztlich erforderlichen Höhe bemessen. Am *Beispiel* der *Rückstellung für Schadensersatzleistungen* sollen die notwendigen Buchungen gezeigt werden. Die Schadensersatzverpflichtung könnte sich aus gesetzlicher oder vertraglicher Gewährleistung, aus der Produkt- oder Produzentenhaftpflicht oder aus der Haftung für unerlaubte Handlungen (§ 823 BGB) ergeben. Etwaige Ansprüche aus Haftpflichtversicherungen sind bei der Rückstellungshöhe zu berücksichtigen.

Buchungssätze:
Die Rückstellung ist im Jahr der wirtschaftlichen Verursachung zu bilden, d.h. wenn Tatsachen bekannt werden, welche Schadensersatzansprüche der Kunden begründen, bzw. ganz konkret, wenn ein Unfall mit dem vom Unternehmen mangelhaft produzierten Erzeugnis passiert und Schadensersatz geltend gemacht werden.

(1) Sonstige betriebliche Aufwendungen
(Aufwendungen für Schadensersatzleistungen) 10.000 EUR
an Rückstellung für Produkthaftung 10.000 EUR.

Fall a): (Erfolgsneutraler) Verbrauch der richtig bemessenen Rückstellung im Jahr der tatsächlichen Inanspruchnahme:

(2) Rückstellung für Produkthaftung 10.000 EUR
an Bank 10.000 EUR.

Eigentlich verlangt das Saldierungsverbot gemäß § 246 Abs. 2 HGB, das generell Bruttobuchungen durchgeführt werden müssen, da anderenfalls Erträge und Aufwendungen saldiert werden. An die Stelle der Buchung (2) hätten danach 2 Buchungssätze treten müssen:

(2a) Rückstellungen für Produkthaftung 10.000 EUR
an Erträge aus der Auflösung von Rückstellungen 10.000 EUR.

(2b) Sonstige betriebliche Aufwendungen
(Aufwendungen für Schadensersatzleistungen) 10.000 EUR
an Bank 10.000 EUR.

Nachteil dieser beiden Bruttobuchungen ist, dass im Jahr der Zahlung wie auch schon im Jahr der Rückstellungsbildung wiederum Aufwendungen gebucht werden, obwohl es sich streng genommen lediglich um Auszahlungen handelt. Außerdem erfolgt eine Aufblähung der Aufwendungen, was

---

[1] Vgl. dazu die Ausführungen zur Alimentationsthese von A. Moxter im folgenden Kapitel B.X.1.b).

zur Verfälschung von Aufwandskennzahlen bei der Jahresabschlussanalyse und beim internen Controlling führt.

Fall b): Verbrauch bzw. Auflösung der überhöhten Rückstellung im Jahr der tatsächlichen Inanspruchnahme (Auszahlung: 6.000 EUR):

(3) Rückstellung für Produkthaftung 10.000 EUR
 an Bank 6.000 EUR
 an sonstige betriebliche Erträge (periodenfremd) 4.000 EUR.

Fall c): Verbrauch der nicht ausreichenden Rückstellung im Jahr der tatsächlichen Inanspruchnahme (Auszahlung: 15.000 EUR)

(4) Rückstellung für Produkthaftung 10.000 EUR
 Aufwendungen/Schadensersatzleistungen (periodenfremd) 5.000 EUR
 an Bank 15.000 EUR.

Gemäß § 249 Abs. 2 Satz 2 HGB kann eine einmal gebildete Rückstellung (z.B. aus bilanzpolitischen Gründen) nicht willkürlich wieder aufgelöst werden. Andererseits ist eine Auflösung nach dem Grundsatz der Richtigkeit und der Willkürfreiheit verpflichtend, wenn die Gründe für die Rückstellungsbildung weggefallen sind (R 5.7 Abs. 13 EStR; H 5.7 Abs. 13 „Auflösung" EStH). Rückstellungen für andere als die in § 249 Abs. 1 HGB bezeichneten Zwecke zu bilden, ist nicht zulässig (Passivierungsverbot gemäß § 249 Abs. 2 Satz 1 HGB).

Zur Frage der *Maßgeblichkeit* der Handelsbilanz für die Steuerbilanz bei Rückstellungen ist auf die materielle Maßgeblichkeit für Passivierungsgebote und -verbote sowie auf die Durchbrechung der Maßgeblichkeit durch den BFH-Beschluss vom 3.2.1969 (BStBl. 1969 II, S. 291) hinzuweisen, der für die Fälle handelsrechtlicher Passivierungswahlrechte ein steuerrechtliches Passivierungsverbot festlegt (H 5.7 Abs. 1 „Handelsrechtliches Passivierungswahlrecht" EStH).

Handelsbilanz	*Steuerbilanz*
Passivierungsgebot	Passivierungsgebot
Passivierungsverbot	Passivierungsverbot
Passivierungswahlrecht	Passivierungsverbot

In einer Reihe von Fällen gibt es jedoch steuerliche Sondervorschriften, die strengere Voraussetzungen der Rückstellungsbildung als im Handelsrecht beinhalten oder bestimmte Rückstellungsarten generell verbieten (R 5.7 Abs. 1 EStR; z.B. § 5 Abs. 4a EStG).

Generell ist keine Rückstellungsbildung zulässig, sofern die künftigen Auszahlungen zum überwiegenden Teil weder Aufwendungen heute noch Aufwendungen in der Zukunft darstellen. Für künftige Anschaffungs- oder Herstellungskosten eines Wirtschaftsguts dürfen mithin weder in der Handels- noch in der Steuerbilanz Rückstellungen gebildet werden (§ 5 Abs. 4b EStG; WP-HdB. 2000, Bd. I, Teil E, Tz. 92). Ein Rückstellungsverbot gilt in der Steuerbilanz auch dann, wenn für die zukünftigen Ausgaben ein steuerliches Abzugsverbot besteht (H 5.7 (1) „Abzugsverbot" EStH).

Rückstellungsarten		
Rückstellungen für Außenverpflichtungen		Rückstellungen für Innenverpflichtungen
Rückstellungen für ungewisse Verbindlichkeiten (§ 249 Abs. 1 S. 1 HGB)	*Rückstellungen für drohende Verluste aus schwebenden Geschäften* (§ 249 Abs. 1 S. 1 HGB; § 5 Abs. 4a EStG)	*Aufwandsrückstellungen* (§ 249 Abs. 1 S. 2 Nr. 1 HGB; R 5.7 Abs. 11 EStR; H 5.7 Abs. 3 „Aufwandsrückstellungen" EStH)
Rückstellungen für Patentrechtsverletzung (§ 5 Abs. 3 EStG; R 5.7 Abs. 10 EStR)	Schwebende Beschaffungsgeschäfte	Rückstellungen für unterlassene Instandhaltung bei Nachholung innerhalb von 3 Monaten (§ 249 Abs. 1 Satz 2 Nr. 1 HGB; R 5.7 Abs. 11 EStR)
Prozesskostenrückstellungen (H 5.7 Abs. 5 „Prozesskosten" EStH)	Schwebende Absatzgeschäfte	Rückstellungen für unterlassene Abraumbeseitigung, die im Folgejahr nachgeholt wird (§ 249 Satz 2 Nr. 1 HGB; R 5.7 Abs. 11 EStR)
Rückstellungen für Garantieverpflichtungen (H 5.7 Abs. 5 „Garantierückstellungen" EStH)	Dauerrechtsverhältnisse:	
Rückstellungen für Kulanzleistungen (§ 249 Satz 2 Nr. 2 HGB; R 5.7 Abs. 12 EStR)	Miet- und Leasingverträge	
Rückstellungen für Jahresabschluss- und Prüfungskosten (H 5.7 Abs. 4 „Rückstellungen für öffentlich-rechtliche Verpflichtungen" EStH)	Ausbildungsverträge	
Rückstellungen für Handelsvertreterabfindungen (H 5.7 Abs. 5 „Ausgleichsanspruch Handelsvertreter" EStH)	Urlaubsrückstellungen	
Rückstellungen für Wechselobligo	Jubiläumsrückstellungen (§ 5 Abs. 4 EStG)	
Steuerrückstellungen		
Pensionsrückstellungen (§ 6a EStG)		

Die obige Tabelle soll einen Überblick über die handelsrechtlich zulässigen Arten von Rückstellungen geben, die anschließend ausführlich behandelt werden. Mit dem BilMoG und der Angleichung an internationale Bilanzierungsregeln (IFRS) ist seit 1.1.2010 bis auf eine Ausnahme die Passivierungsmöglichkeit von Aufwandsrückstellungen auch handelsrechtlich weggefallen. Mit *Aufwandsrückstellungen* sind Rückstellungen gemeint, die allein der richtigen Periodengewinnermittlung dienen. Da ihnen keine Verpflichtung gegenüber Dritten zugrunde liegt werden sie auch als Rückstellungen für Innenverpflichtungen bezeichnet. Die Rückstellungen für drohende Verluste aus schwebenden Geschäften werden, wie es üblich ist, den Außenverpflichtungen zugerechnet, da Verpflichtungen gegenüber Dritten die Ursache für die drohenden Verluste sind.

Die *Bewertung* von Rückstellungen[1] ist in § 253 Abs. 1 Satz 2 HGB geregelt. Danach sind Rückstellungen in Höhe des nach vernünftiger kaufmännischer Beurteilung notwendigen Er-

---

[1] Auf das Abzinsungsgebot von Rückstellungen mit einer Laufzeit von mehr als einem Jahr gem. § 253 Abs. 2 HGB und § 6 Abs. 1 Nr. 3a Buchst. e) EStG wird weiter unten noch ausführlich eingegangen.

füllungsbetrags anzusetzen.[1] Dies ist der Betrag, mit dem der Kaufmann voraussichtlich in Anspruch genommen wird bzw. der zur Erfüllung der Verpflichtung aufzubringen ist und damit das bestehende Risiko abdeckt. Damit sind Rückstellungen unter Berücksichtigung zukünftiger Preis- und Kostensteigerungen, soweit sie am Bilanzstichtag konkret zu erwarten sind, zu bewerten. Da dies über den Grundsatz der Maßgeblichkeit auch für das Steuerrecht gelten würde und die Bundesregierung hohe Steuerausfälle befürchtete, wurde im Zuge des BilMoG ein neuer Passus in § 6EStG eingefügt, nach dem künftige Preis- und Kostensteigerungen bei der Bewertungen von Rückstellungen in der Steuerbilanz nicht berücksichtigt werden dürfen (§ 6 Abs. 1 Nr. 3a Buchst. f EStG).

Die Bewertung von Rückstellungen wird vornehmlich vom Vorsichtsprinzip bestimmt. Der Bewertende hat demnach bei der Schätzung des zukünftigen Auszahlungsbetrags den wahrscheinlichsten Wert bzw. den Erwartungswert der Auszahlung zu ermitteln und anzusetzen. Nur wenn es aus seiner Sicht mehrere gleich wahrscheinliche Werte gibt, so besteht faktisch ein Bewertungswahlrecht. Nach "vernünftiger kaufmännischer Beurteilung" kann aber auch heißen, aus Vorsichtsgründen vom Erwartungswert der zukünftigen Ausgaben abzuweichen. Während der Erwartungswert mit 50% Wahrscheinlichkeit unterschritten und mit 50% Wahrscheinlichkeit überschritten wird, könnte ein vernünftiger Kaufmann doch lieber einen höheren Wert auswählen, der z.B. mit 90% Wahrscheinlichkeit erreicht oder unterschritten, dagegen nur in 10 von 100 Fällen überschritten wird. Diese Abweichung vom Erwartungswert, wird von der persönlichen Risikoneigung des Bewertenden abhängen, muss aber dem Grundsatz der Willkürfreiheit entsprechend von einem Dritten nachprüfbar sein.

b) Rückstellungen für ungewisse Verbindlichkeiten

(1) Allgemeine Ansatz- und Bewertungsfragen

(a) Ansatzfragen

Gemäß § 249 Abs. 1 Satz 1 HGB besteht eine Pflicht, in der *Handelsbilanz* Rückstellungen für hinsichtlich ihres Entstehens oder ihrer Höhe ungewisse Verbindlichkeiten zu bilden. Folgende Voraussetzungen müssen zur Bildung von Rückstellungen für ungewisse Verbindlichkeiten erfüllt sein:

Voraussetzungen (R 5.7 Abs. 2 EStR)
1. Das Bestehen einer rechtlichen oder wirtschaftlichen Verpflichtung gegenüber einem Dritten oder einer öffentlich-rechtlichen Verpflichtung, die den Verpflichteten wesentlich belastet,
2. wirtschaftliche Verursachung im abgelaufenen Wirtschaftsjahr (vor dem Bilanzstichtag),
3. gewisse Wahrscheinlichkeit der Inanspruchnahme, d.h. es muss mit einer Inanspruchnahme ernsthaft zu rechnen sein,
4. die Aufwendungen dürfen nicht in zukünftigen Jahren als Anschaffungs- oder Herstellungskosten eines Vermögensgegenstands oder Wirtschaftsguts zu aktivieren sein.

---

[1] Für Rückstellungen für Altersversorgungsverpflichtungen, deren Höhe sich ausschließlich nach dem beizulegenden Zeitwert von Wertpapieren bestimmt, ist dieser zur Bewertung heranzuziehen, soweit er einen garantierten Mindestbetrag übersteigt (§ 253 Abs. 1 S. 3 HGB).

Diese Voraussetzungen müssen auch prinzipiell erfüllt sein, um in der Handelsbilanz eine Rückstellung bilden zu können. Auf graduelle Unterschiede zwischen Handels- und Steuerbilanz hinsichtlich des Konkretisierungsgrades der ungewissen Verpflichtung wird im Weiteren noch eingegangen. Liegen alle diese Voraussetzungen am Bilanzstichtag objektiv nachprüfbar vor, so besteht *handels- und steuerrechtlich* (Maßgeblichkeitsgrundsatz) die **Pflicht**, eine Rückstellung für ungewisse Verbindlichkeiten zu bilden (R 5.7 Abs. 1 u. 2 EStR).

- ***Zu 1.: Verpflichtung gegenüber einem Dritten oder öffentlich-rechtliche Verpflichtung***

Eine gesetzliche oder vertragliche Verpflichtung muss nicht zwingend vorliegen, es genügt eine wirtschaftliche (faktische) Verpflichtung, derer sich der Kaufmann nicht ohne größere wirtschaftliche Nachteile (Schädigung des guten Rufes und Käuferabwanderung) entziehen kann.

Beispiel:
Für eine Rückrufaktion von PKW's wegen möglicher Getriebeschäden, obwohl sowohl die gesetzliche als auch die vertragliche Gewährleistungsfrist abgelaufen ist, kann eine wirtschaftliche Verpflichtung bestehen. Vgl. auch H 5.7 Abs. 3 „Faktischer Leistungszwang" EStH.

Darüber hinaus wird bei *öffentlich-rechtlichen Verpflichtungen* (z.B. Umweltschutzaltlasten) eine Konkretisierung derart verlangt, dass entweder eine Verfügung der zuständigen Behörde oder eine gesetzliche Regelung vorliegen muss, worin ein inhaltlich genau bestimmtes Handeln innerhalb eines bestimmten Zeitraums gefordert wird, verknüpft mit Sanktionen bei Nichterfüllung, so dass sich der Kaufmann einer Erfüllung nicht entziehen kann (R 5.7 Abs. 4 EStR). Andernfalls läge eine unzulässige Aufwandsrückstellung vor. Beispiele sind in H 5.7 Abs. 4 „Rückstellungen für öffentlich-rechtliche Verpflichtungen angegeben.

Verbindlichkeitsrückstellungen sind in Handels- und Steuerbilanz auch dann zu bilden, wenn die Voraussetzungen einer erst künftig entstehenden Verpflichtung im Zeitablauf kontinuierlich geschaffen werden. Entsprechend ist die Rückstellung für Erfüllungsrückstände beispielsweise bei Verpflichtungen zur Erneuerung oder zum Abbruch von Betriebsanlagen gemäß R. 6.11 Abs. 2 S. 2 EStR kontinuierlich über die Jahre anzusammeln (so gen. *Ansammlungsrückstellung*). Auch bei sog. *Rekultivierungsverpflichtungen* von Bodenabbauunternehmen (z.B. Braunkohlen-Tagebau) wird in jedem Geschäftsjahr nur ein der jeweiligen Ausbeutungs- und Verwüstungstätigkeit entsprechender Teil der Gesamtverpflichtung rechtlich und wirtschaftlich verursacht, also etwa derjenige Teil, der dem Anteil der in der abgelaufenen Periode geförderten Menge an der geschätzten Gesamtmenge entspricht[1]. Zudem ist der Wert solcher Rückstellungen durch einen einmaligen Aufstockungsbetrag anzuheben, um auch die früher bereits angesammelten Rückstellungsraten auf das Preis-/Kostenniveau des Bilanzstichtags zu bringen (R 6.11 Abs. 2 S. 4-6 EStR). Ein weiteres Beispiel ist die Verpflichtung zur Stilllegung eines Kernkraftwerks, für die ab dem Zeitpunkt der erstmaligen Nutzung bis zum Zeitpunkt, in dem mit der Stilllegung begonnen werden muss, eine Rückstellung zeitanteilig in gleichen Raten anzusammeln ist. Sollte der Stilllegungszeitpunkt nicht festliegen, so hat steuerrechtlich die Ansammlung über 25 Jahre hinweg zu erfolgen (§ 6 Abs. 1 Nr. 3a Buchst. d EStG). Bei beiden genannten Ansammlungsrückstellungen handelt es sich im Übrigen um sog. *Sachleistungsverpflichtungen*, also um Verpflichtungen zu einer Leistung, die nicht in der Zahlung eines Geldbetrages besteht.

---

[1] BFH 5.2.1987, BStBl. 1987 II S. 847; BFH 19.5.1983, BStBl. 1983 II S. 670; BFH 19.2.1975, BStBl. 1975 II S. 480; BFH 16.9.1970, BStBl. 1971 II S. 85.

- **Zu 2.: *Wirtschaftliche Verursachung vor dem Bilanzstichtag***

Die Zuordnung des Aufwands zur gerade abgelaufenen Periode durch Rückstellungsbildung setzt handels- und steuerrechtlich voraus, dass die (ungewisse) Verpflichtung bereits vor dem Bilanzstichtag wirtschaftlich verursacht wurde. Diese relativ unbestimmte Voraussetzung wurde durch die Rechtsprechung des BFH konkretisiert. Danach muss hierzu der Tatbestand, an den das Gesetz oder der Vertrag die Verpflichtung knüpft, vor dem Stichtag wirtschaftlich im Wesentlichen verwirklicht sein (R 5.7 Abs. 5 EStR).[1] Es sind demnach alle, aber auch nur solche Umstände wirtschaftlich zu werten, die für den Tatbestand und die rechtliche Entstehung der Verpflichtung von Bedeutung sind. Da durch die Formulierung „Erfüllung der Tatbestandsmerkmale" auch die rechtliche Entstehung der Schuld mit umfasst wird, erfüllt das so definierte Verursachungskriterium auch den Grundsatz der Vollständigkeit des Schuldenausweises.

Seit 1987 ist der BFH in mehreren Urteilen[2] von dieser Auslegung abgerückt bzw. hat sie ergänzt, indem er verlangt, dass die Erfüllung der Verpflichtung nicht nur an Vergangenes anknüpfen darf, sondern auch Vergangenes abgelten muss. Dies soll heißen, dass ungewisse Verbindlichkeiten, also künftige Ausgaben, nur dann als Rückstellungen passiviert werden dürfen, wenn sie bereits in der Vergangenheit realisierten Erträgen zuzuordnen sind. Der BFH stellt mithin nicht auf die Ursache, sondern auf den Zweck der künftigen Ausgaben ab. Für Verpflichtungen, die mit der künftigen Gewinnsituation des Unternehmens verknüpft sind, dürfen somit erst im späteren Jahr der Entstehung des Gewinns Rückstellungen gebildet werden (vgl. auch Kapitel B.VIII.1.b)(5).

Für die Konkretisierung der wirtschaftlichen Verursachung zieht der BFH somit Moxters sog. *Alimentationsthese*[3] heran. Nach Moxter ist das **Realisationsprinzip** das grundlegende Abgrenzungsprinzip und regelt nicht nur den Zeitpunkt der Entstehung von Erträgen, sondern auch den Zeitpunkt der Berücksichtigung von Ausgaben (Aufwendungen), da diese der Periode zuzuordnen sind, in der diejenigen Erträge erwirtschaftet und erfasst werden, welche durch die in Frage stehenden Ausgaben ermöglicht („alimentiert") werden. In diesem Sinne wird nach Moxter die Periode der wirtschaftlichen Verursachung festgelegt. Rückstellungen sind zwecks richtiger Periodenergebnisdarstellung notwendig für solche künftigen Ausgaben, die in der Vergangenheit erwirtschaftete Erträge alimentieren. Nicht rückstellungsfähig ist danach eine Verpflichtung, wenn sie dazu dient, Erträge in der Zukunft zu erzielen, d.h. wenn die entsprechenden Aufwendungen zukünftige Erträge alimentieren und daher wirtschaftlich noch nicht verursacht sind, selbst wenn die Verbindlichkeit bereits vor dem Bilanzstichtag rechtlich entstanden ist[4]. Damit wird konsequenterweise einer dynamischen Betrachtungsweise Vorrang eingeräumt vor dem Prinzip des vollständigen Schuldenausweises unter statischen Aspekten.[5] Der BFH scheint allerdings der Auffassung zuzuneigen, dass die rechtliche Entstehung einer Verbindlichkeit für die Passivierung ausreicht, auch wenn die wirtschaftliche Verursachung später liegen sollte, übernimmt die Alimentationsthese somit nicht vollständig[6].

Insbesondere in der handelsrechtlichen Literatur wird heftig Kritik an der Neuorientierung der BFH-Rechtsprechung an der *Alimentationsthese* geübt, da das Realisationsprinzip kein umfassendes Abgrenzungsprinzip sei, sondern sich nur auf die Aktivseite beziehe, und auch nicht

---

[1] Vgl. z.B. BFH 1.8.1984, BStBl. 1985 II S. 44; BFH 10.12.1992, BStBl. 1994 II S 158.
[2] Z.B. BFH 19.5.1987, BStBl. 1987 II S 848; BFH 25.8.1989, BStBl. 1989 II S. 893.
[3] Vgl. Moxter, A., Bilanzrechtsprechung, 4. Aufl., Tübingen 1996, S. 103 f.
[4] Diese Argumentation Moxters hat die Finanzverwaltung jetzt vollständig übernommen, vgl. H 31c Abs. 4 „Entstandene Verpflichtungen" EStH und BMF 21.1.2003, BStBl. I S.125.
[5] Vgl. Mayer-Wegelin in: Küting/Weber § 249 Tz. 33.
[6] Z.B. BFH 12.12.1991, BStBl. 1992 II S. 600.

in allen Fällen anwendbar sei[1]. Auch führe die Alimentationsformel nicht immer zu eindeutigen Ergebnissen. Vollständigkeits- und Vorsichtsprinzip seien vorrangig zu beachten. Das Vollständigkeitsprinzip verlange den Ausweis von Rückstellungen für rechtlich bereits entstandene Verbindlichkeiten, auch wenn diese künftigen Erträgen zuzuordnen seien. Nach dem Vorsichtsprinzip seien bereits entstandene Verluste grundsätzlich im Jahre des Eintritts der Vermögensminderung zu berücksichtigen. Nur so könnten Vermögens- und Ertragslage richtig dargestellt werden, nur so könnten Gläubigerschutz und Kapitalerhaltung erreicht werden. Der BFH verwendet den Alimentationsgedanken - wohl aus solchen Erwägungen heraus - auch nur ergänzend und im Einzelfall. Baetge kommt zu denselben Ergebnissen wie der BFH, indem er das auf Leffson zurückgehende GoB-System, wie es auch in diesem Lehrbuch vertreten wird, anwendet. Danach regelt das Realisationsprinzip den Berücksichtigungszeitpunkt für Erträge und nur indirekt - über den Grundsatz der Abgrenzung der Sache nach - den Berücksichtigungszeitpunkt für die damit zusammenhängenden Aufwendungen. Der Grundsatz der Abgrenzung der Sache nach regelt also die Frage, wann und inwieweit künftige Ausgaben wirtschaftlich verursacht sind. Bei nur zeitlich zuordenbaren oder bei außerordentlichen Aufwendungen oder auch u.U. zwecks Objektivierung muss der Grundsatz der Abgrenzung der Zeit nach im Sinne einer zeitlichen Gleichverteilung der Aufwendungen vorrangig herangezogen werden[2]. Zusammenfassend bietet sich die Anwendung einer Kombination der angeführten Kriterien an, die die Einhaltung sowohl des Vollständigkeits- und des Vorsichtsprinzips auf der einen Seite als auch des Realisationsprinzips im weiteren Sinne (Alimentationsthese) bzw. des Grundsatzes der sachlichen und zeitlichen Abgrenzung auf der anderen Seite sicherstellen können[3].

- *Zu 3. Wahrscheinlichkeit der Inanspruchnahme*

In der Rechtsprechung des Bundesfinanzhofs sind die Voraussetzungen für die Passivierung von Rückstellungen für ungewisse Verbindlichkeiten entwickelt und konkretisiert worden. Die Wahrscheinlichkeit der Inanspruchnahme ist aus Sicht eines sorgfältigen und gewissenhaften Kaufmanns anhand objektiver Tatsachen zu beurteilen (R 5.7 Abs. 6 EStR; BFH 2.10.1992, BStBl. 1993 II S. 153). Die Verpflichtung muss bis zum Bilanzstichtag entstanden sein oder mit einiger Wahrscheinlichkeit noch entstehen. Spätestens bei Bilanzaufstellung muss ernsthaft mit einer Inanspruchnahme gerechnet werden. Es müssen mehr Gründe für als gegen eine Inanspruchnahme sprechen (so gen. **51%-Regel des BFH**, R 5.7 Abs. 5 letzter Halbsatz EStR). Eine hinreichende Konkretisierung einer wirtschaftlichen Belastung in diesem Sinne ist auch handelsrechtlich vorauszusetzen, da andernfalls der Grundsatz der Willkürfreiheit verletzt werden könnte. Ist die Voraussetzung nicht erfüllt, d.h., wird die Wahrscheinlichkeit für eine Inanspruchnahme aus der Verpflichtung als Null oder gering eingeschätzt, liegt *rein handelsrechtlich* ohne steuerliche Folgen eine Eventualverbindlichkeit (§ 251 HGB) vor, die "unter dem Strich" der Bilanz bzw. im Anhang zu vermerken ist. Beispielsweise stellen Indossamentverpflichtungen (aus der Weitergabe von Wechseln) so lange Eventualverbindlichkeiten dar, bis konkrete Anhaltspunkte über eine mögliche Zahlungsunfähigkeit des Wechselschuldners (des Bezogenen) auftauchen. Dann ist anstelle der Eventualverbindlichkeit eine Rückstellung für Wechselobligo zu bilden. Zumindest im Zusammenhang mit Rückstellungen für öffentlich-rechtliche Verpflichtungen aus Umweltaltlasten legt der BFH strengere Maßstäbe für die steuerliche Zulässigkeit von Rückstellungen an. Danach

---

[1] Z.B. dann nicht, wenn den Aufwendungen gar keine Erträge zuzuordnen sind, etwa bei bestimmten Schadensersatzverpflichtungen. Vgl. zur Kritik Christiansen, A., Das Erfordernis der wirtschaftlichen Verursachung ungewisser Verbindlichkeiten vor dem Hintergrund der Rspr. des BFH, BFuP 1994, S. 25 ff.; Siegel, Th., Umweltschutz im Jahresabschluss, BB 1993, S. 326 ff.; ders.: Das Realisationsprinzip als allgemeines Periodisierungsprinzip?, BFuP 1994, S. 1 ff.; Meinungsspiegel zum Thema Realisationsprinzip und Rückstellungsbildung, BFuP 1994, S. 39 ff.

[2] Vgl. Baetge, Jörg, Meinungsspiegel zum Thema Realisationsprinzip und Rückstellungsbildung, BFuP 1994, S. 39 ff.

[3] Vgl. Moxter, A., Rückstellungskriterien im Streit, ZfbF 1995, S. 311 ff.; Mayer-Wegelin, E., Die wirtschaftliche Verursachung von Verbindlichkeitsrückstellungen, DB 1995, S. 1241 ff.

darf eine Rückstellung erst gebildet werden, wenn der Gläubiger Kenntnis von seinem Anspruch erlangt hat oder dies unmittelbar bevorsteht[1].

- *Zu 4.: Keine zukünftigen Anschaffungs- oder Herstellungskosten*

Rückstellungen haben die Aufgabe, die Aufwandsbuchung losgelöst vom Auszahlungszeitpunkt in der Periode der wirtschaftlichen Verursachung zu ermöglichen. Liegt kein Aufwandscharakter vor, sondern ein Fall der zukünftigen Aktivierung von Anschaffungs- oder Herstellungskosten, kann keine Rückstellung gebildet werden (§ 5 Abs. 4b EStG).

(b) Bewertungsfragen

Allgemein erfolgt die Bewertung der Rückstellungen für ungewisse Verbindlichkeiten in Höhe ihres *Erfüllungsbetrags* (§ 253 Abs. 1 S. 2 HGB). Das ist der Betrag, der nötig ist, um sich der entsprechenden Verpflichtung zu entledigen. Zukünftige Preis- und Kostensteigerungen, soweit sie am Bilanzstichtag konkret absehbar sind (z.B. bevorstehende Lohnerhöhungen), sind *handelsrechtlich* demzufolge einzubeziehen, weil sie den Erfüllungsbetrag beeinflussen. Da es um die Bemessung der zukünftig erforderlichen Ausgaben geht, kann das Stichtagsprinzip hier nur so verstanden werden, dass die Bewertung nach den am Stichtag vorhandenen Informationen und konkreten Erwartungen über die zukünftigen Preis- und Kostenverhältnisse zu erfolgen hat. *Steuerrechtlich* dürfen allerdings nur die **Preis- und Kostenverhältnisse** des Bilanzstichtags berücksichtigt werden (§ 6 Abs. 1 Nr. 3a Buchst. f EStG).

In sachlich unmittelbarem Zusammenhang mit der Verpflichtung stehende Rückgriffsrechte auf Versicherungen, Subunternehmer etc. sind handels- und steuerrechtlich mindernd zu berücksichtigen. Das gilt im *Steuerrecht* auch für zukünftige Vorteile, soweit diese nicht auf einer vertraglichen Vereinbarung beruhen und als Forderung zu aktivieren sind (§ 6 Abs. 1 Nr. 3a Buchst. c EStG). Sofern mehr Gründe für als gegen den Eintritt des Vorteils sprechen, muss steuerrechtlich eine so gen. *Gegenrechnung von Vorteilen* vorgenommen werden. *Handelsrechtlich* steht einer solchen Verrechnung künftiger Vorteile allerdings das Vorsichtsprinzip entgegen.[2]

Bei *Sachleistungsverpflichtungen*, also bei Verpflichtungen zu einer Leistung, die nicht in der Zahlung eines Geldbetrages besteht, stellt sich das Problem der schätzweisen Bewertung der geschuldeten Sachleistung. Beispiele sind die Verpflichtung zur Rekultivierung von Bodenabbaugebieten, zur Stilllegung eines Kernkraftwerks oder zur Jahresabschlusserstellung. Die Rückstellung umfasst den Erfüllungsbetrag einer solchen Verpflichtung, der dem Geldwert der erforderlichen Aufwendungen entspricht. *Handels- wie steuerrechtlich* hat die Bewertung einer solchen Rückstellung mit den Einzelkosten und angemessenen Teilen der notwendigen Gemeinkosten der Sachleistung zu erfolgen (§ 6 Abs. 1 Nr. 3a Buchst. b EStG).

- *Abzinsung*

Während bei Pensionsrückstellungen aufgrund des Prinzips der Einzelbewertung bisher schon eine Barwertberechnung zu erfolgen hatte, durften die übrigen Rückstellungen in der Handelsbilanz bisher nur abgezinst werden, soweit sie einen Zinsanteil enthielten, da anderenfalls das Realisationsprinzip durch die Vorwegnahme unrealisierter Zinserträge verletzt würde, die das Unternehmen in der Zukunft erst noch erwirtschaften müsste. Zwecks Annäherung an die internationalen Bilanzierungsregeln hat der Gesetzgeber mit Gültigkeit ab 1.1.2010 durch das

---

[1] Vgl. BFH 19.10.1993, DB 1994, S.19.
[2] Zur Bildung einer Gegenrechnungsgewinn-Rücklage vgl. Kapitel B.IX.5.

BilMoG in § 253 Abs. 2 HGB die **generelle Pflicht** zur Abzinsung von Rückstellungen kodifiziert, wenn diese eine **Restlaufzeit von mehr als 12 Monaten** haben. Auf diese Weise ist insoweit auch eine Übereinstimmung mit der steuerrechtlichen Regelung erreicht worden. Die Abzinsung in der Handelsbilanz hat allerdings mit dem **Marktzinssatz** für die entsprechende Restlaufzeit, der sich als Durchschnitt der vergangenen sieben Geschäftsjahre ergibt, zu erfolgen (§ 253 Abs. 2 S. 1 HGB). Bei Rückstellungen für Altersvorsorgeverpflichtungen und vergleichbare langfristig fällige Verpflichtungen besteht zum Zwecke der Vereinfachung allerdings das Wahlrecht, pauschal einen durchschnittlichen Zinssatz anzuwenden, der einer angenommenen Restlaufzeit von 15 Jahren entspricht. Zum Zwecke der Objektivierung und Einschränkung des bilanzpolitischen Spielraums werden die Abzinsungszinssätze von der Deutschen Bundesbank nach Maßgabe einer Rechtsverordnung verbindlich ermittelt und monatlich bekannt gegeben (§ 253 Abs. 2 S. 4 HGB). Dies soll in Form einer Zinsstrukturkurve[1] für ganzjährige Restlaufzeiten zwischen einem und fünfzig Jahren geschehen. Mit der Entscheidung für durchschnittliche Zinssätze, abgeleitet aus Festzinsswaps, hat sich der Gesetzgeber bewusst gegen international übliche aktuelle und volatilere Renditen von Industrieanleihen gewandt.

Übergangsvorschrift: Sind Rückstellungen aufgrund der neuen Bewertungsvorschriften des BilMoG in ihrer Höhe zu vermindern, besteht ein Beibehaltungswahlrecht, soweit in den folgenden Geschäftsjahren bis spätestens zum 31.12.2024 insgesamt Zuführungen in Höhe des überhöhten Rückstellungsbetrags erforderlich sind. Der Überdeckungsbetrag ist im Anhang anzugeben. Wird das Wahlrecht nicht genutzt, ist der Überdeckungsbetrag erfolgs-neutral in die Gewinnrücklagen einzustellen (Art. 67 Abs. 1 S. 2 u. 4 EGHGB).

Erträge aus der Abzinsung und Aufwendungen aus der Aufzinsung von Rückstellungen sind gemäß § 277 Abs. 5 HGB in der Gewinn- und Verlustrechnung gesondert unter den Posten „Sonstige Zinsen und ähnliche Erträge" und „Zinsen und ähnliche Aufwendungen" auszuweisen. Damit soll eine klare Zuordnung dieser Effekte zum **Finanzergebnis** geschaffen und die Jahresabschlussanalyse erleichtert werden. Alle übrigen Änderungen der Rückstellungshöhe haben ihre Ursache in Veränderungen des „Mengengerüsts" und der preis- und kostenabhängigen Bewertung der Rückstellung und sind dem Betriebsergebnis zuzuordnen.

Gemäß § 6 Abs. 1 Nr. 3a Buchst. e) EStG besteht in der *Steuerbilanz* eine **Abzinsungspflicht** für Rückstellungen mit einer Laufzeit von mindestens 12 Monaten, es sei denn, diese beruhen auf einer verzinslichen Verbindlichkeit oder auf einer Anzahlung oder Vorausleistung. Der Abzinsungssatz beträgt zwingend 5,5%. Aufgrund des BilMoG gilt seit 1.1.2010 ebenfalls eine Abzinsungspflicht für Rückstellungen mit einer Rest-Laufzeit von mehr als einem Jahr (ohne weitere Einschränkungen[2]) auch in der *Handelsbilanz*. Insoweit wird es wegen unterschiedlicher Zinssätze praktisch immer Bewertungsdifferenzen in Handels- und Steuerbilanz geben.

Ein Problem stellt in der Praxis insbesondere die Bestimmung des **Abzinsungszeitraums**, also die Bestimmung der Laufzeit der Rückstellungen dar. Vereinfachende Regeln wurden für Sonderfälle sehr langfristiger Rückstellungen bereits aufgestellt[3]. Bei Sachleistungsverpflichtungen (z.B. behördliche Anordnung zur Dekontaminierung des Bodens) entspricht die Abzinsungsperiode dem Zeitraum bis zum Beginn der Erfüllung der Verpflichtung. Steht bei

---

[1] Genauer handelt es sich um eine Zerobond-Zinsswapkurve auf der Grundlage von auf Euro lautenden Festzinsswaps, vgl. Bundestagsdrucksache 16/10067, S. 54.

[2] Nur wenn im Rückstellungsbetrag ein (verdeckter) Zinsbetrag enthalten ist, widerspricht die Abzinsung nach h.M. nicht dem Realisationsprinzip.

[3] Vgl. z.B. zur Abzinsung von Rückstellungen für bergrechtliche Verpflichtungen das BMF-Schreiben v. 9.12.1999, BStBl. 1999 I, S. 1127. Eine umfassende Regelung zur Abzinsung von Verbindlichkeiten und Rückstellungen (mit Abzinsungsfaktoren) enthält das BMF-Schreiben v. 26.5.2005, DStR 2005, S. 1005 ff.

Kernkraftwerken der Zeitpunkt der Stilllegung nicht fest, so ist über 25 Jahre abzuzinsen (§ 6 Abs. 1 Nr. 3a Buchst. e EStG). Auch Ansammlungsrückstellungen sind nach Auffassung der Finanzverwaltung abzuzinsen (R 6.11 Abs. 2 EStR; BMF-Schreiben v. 9.12.1999, BStBl. I S. 1127). Bei der Verpflichtung zur Erneuerung oder zum Abbruch von Gebäuden oder technischen Anlagen ist der laufende Betrieb ursächlich für die Entstehung der Verpflichtung und daher ist der Erfüllungsbetrag jährlich sukzessive anzusammeln.

Beispielaufgabe:
Die LowTech GmbH hat am 1.1.01 unbebauten Grund und Boden gepachtet und darauf eine Lagerhalle errichtet. Sie ist laut **Pachtvertrag** verpflichtet, nach Vertragsablauf in 20 Jahren das Grundstück im ursprünglichen Zustand wieder zurückzugeben, muss also die Lagerhalle dann abreißen. Die **Abbruch- und Entsorgungskosten** werden am 31.12.01 auf 200.000 EUR geschätzt. Die Preis- und Kostensteigerungen in diesem Bereich werden jährlich auf 4 % geschätzt. Der durchschnittliche Marktzinssatz für eine Laufzeit von 19 Jahren betrage 5%, für eine Laufzeit von 18 Jahren 4,5% und für 17 Jahre Laufzeit 4%. Welche Höhe hat die Rückstellung in Handels- und Steuerbilanz zum 31.12.01 und an den beiden folgenden Bilanzstichtagen?

Lösung:
Die Bildung einer Rückstellung für ungewisse Verbindlichkeiten ist nach § 249 Abs. 1 Satz 1 HGB in Handels- und Steuerbilanz (§ 5 Abs. 1 Satz 1 EStG) geboten. *Steuerrecht:* Es liegt eine **Ansammlungsrückstellung** vor, da der laufende Betrieb des Unternehmens wirtschaftlich ursächlich für die Verpflichtung ist. Nur die Preis- und Kostenverhältnisse am Bilanzstichtag dürfen bei der Rückstellungsbewertung berücksichtigt werden. Aufgrund der Langfristigkeit ist eine Abzinsung vorzunehmen (§ 6 Abs. 1 Nr. 3a Buchst. e EStG). *Handelsrecht:* Es handelt sich um eine Sachleistungsverpflichtung, die wirtschaftlich mit Abschluss des Pachtvertrages entstanden ist, also sofort in voller Höhe zu bilden ist. Da sich der Umfang der Verpflichtung im Zeitablauf nicht nach und nach ausweitet, liegt keine Ansammlungsrückstellung vor[1]. Zum Vergleich sind in der Tabellenspalte „Handelsbilanz (a.A.)" auch die Ergebnisse angegeben für den Fall, dass in der Handelsbilanz eine Ansammlungsrückstellung gebildet wird. Eine Abzinsung ist mit dem für die Restlaufzeit von 19 Jahren geltenden durchschnittlichen Marktzins vorzunehmen. Die Rückstellung ist mit dem zukünftigen Erfüllungsbetrag zu bewerten, der die Aufwendungen nach den Preis- und Kostenverhältnissen in 19 Jahren umfasst.

Rückstellung	*Handelsbilanz*	*Handelsbilanz (a.A.)*	*Steuerbilanz*
per 31.12.01	200.000 EUR * $1{,}04^{19}$ = 421.370 EUR; 421.370 EUR * $1{,}05^{-19}$ = 166.750 EUR	166.750 EUR * 1/20 = 8.337,50 EUR	200.000 * $1{,}055^{-19}$ * 1/20 = 3.616 EUR
per 31.12.02	421.370 EUR * $1{,}045^{-18}$ = 190.796 EUR	190.796 EUR * 2/20 = 19.079,60 EUR	200.000 * $1{,}055^{-18}$ * 2/20 = 7.629 EUR
per 31.12.03	421.370 EUR * $1{,}04^{-17}$ = 216.320 EUR	216.320 EUR * 3/20 = 32.448 EUR	200.000 * $1{,}055^{-17}$ * 3/20 = 12.073 EUR

Hinsichtlich der **Buchungs- und Bilanzierungstechnik der Abzinsung** gibt es zwei alternative Methoden[2]. Entweder wird die Rückstellung in Höhe des geschätzten Erfüllungsbetrags bemessen und der Zinsbetrag wird aktiv abgegrenzt (sog. Bruttomethode) oder die Rückstellung wird mit dem Barwert bewertet und dann im Zeitablauf auf den Erfüllungsbetrag erhöht (sog. Nettomethode).

---

[1] Vgl. Mayer-Wegelin/Kessler/Höfer, in: Küting/Weber § 249 Tz. 350(6). In der Literatur wird auch handelsrechtlich eine ratierliche Verteilung des Erfüllungsaufwands vertreten, wohl um Überschuldungsprobleme zu vermeiden, vgl. ADS § 253 Tz. 240.
[2] Siehe auch BMF vom 26.5.2005 DStR 2005, S. 1005, und ADS § 253 Tz. 85.

Beispielaufgabe:
Für eine Rückstellung für ungewisse Verbindlichkeiten, die wirtschaftlich gesehen einen Zinsanteil enthält, wird der in etwa 4 Jahren fällig werdende Erfüllungsbetrag auf 100.000 EUR geschätzt; Diskontierungszinssatz: 8 %; Barwert: $100.000 * 1,08^{-4} = 73.503$ EUR; Barwert am Ende des Folgejahres: $100.000 * 1,08^{-3} = 79.383$ EUR. Zeigen Sie anhand der Buchungssätze für die ersten zwei Jahre die beiden alternativen Bilanzierungstechniken.

Lösung:
1. Möglichkeit (Bruttomethode):

BS: Sonstige betriebliche Aufwendungen   100.000 EUR
       an Rückstellungen für ungewisse Verbindlichkeiten   100.000 EUR.

BS: Aktiver Rechnungsabgrenzungsposten   26.497 EUR
       an Zinserträge   26.497 EUR.

Folgejahr:
BS: Zinsaufwendungen   5.880 EUR
       an Aktiven Rechnungsabgrenzungsposten   5.880 EUR.

2. Möglichkeit (Nettomethode):

BS: Sonstige betriebliche Aufwendungen   73.503 EUR
       an Rückstellungen für ungewisse Verbindlichkeiten   73.503 EUR.

Folgejahr:
BS: Zinsaufwendungen   5.880 EUR
       an Rückstellungen für ungewisse Verbindlichkeiten   5.880 EUR.

(2) Rückstellungen für Patentrechtsverletzung

Für den Fall, dass ein Unternehmen durch Entwicklung eines Fertigungsverfahrens oder Herstellung und Vertrieb eines Produktes bewusst oder unbewusst bestehende Patente verletzt und der Patentinhaber dagegen eine Klage anstrengt, können erhebliche Aufwendungen auf das Unternehmen zukommen. Dafür im Jahr der wirtschaftlichen Verursachung, also der Patentverletzung, Vorsorge zu treffen, ist die Aufgabe von Rückstellungen für Patentverletzung. Der Patentinhaber hat die Möglichkeit, den ihm entgangenen Gewinn, eine angemessene Lizenzgebühr oder den Verletzergewinn einzufordern (BFH, BStBl 1970 Teil II S. 802). Die Verletzung fremder Urheber- oder ähnlicher Schutzrechte ist analog zu behandeln.

In § 5 Abs. 3 EStG sind die Voraussetzungen aufgeführt, unter denen eine Rückstellung für Verletzung von Patentrechten (analog bei Urheber- oder ähnlichen Schutzrechten) in der Steuerbilanz gebildet werden darf:
- der Rechtsinhaber muss bereits Ansprüche wegen der Rechtsverletzung geltend gemacht haben oder
- mit einer Inanspruchnahme wegen der Rechtsverletzung muss ernsthaft zu rechnen sein.

Im ersten Fall muss noch nicht Klage erhoben worden sein, es genügt, wenn der Patentinhaber vom Verletzer Schadensersatz verlangt. Im zweiten Fall muss ein Patent objektiv verletzt worden sein, so dass der Patentinhaber begründete Schadensersatzansprüche geltend machen kann. Allerdings ist es nicht erforderlich, dass der Patentinhaber bereits etwas von der Patentverletzung erfahren hat (H 5.7 Abs. 10 EStH). Eine aufgrund dessen gebildete Rückstellung "ist spätestens in der Bilanz des dritten auf ihre erstmalige Bildung folgenden Wirtschaftsjahrs Gewinn erhöhend aufzulösen, wenn Ansprüche nicht geltend gemacht worden sind" (§ 5 Abs. 3 Satz 2 EStG). Solange die Schadensersatzforderung ihrer Höhe nach noch nicht konkretisiert ist, muss die Höhe der Rückstellung nach dem Vorsichtsprinzip so bemessen werden, dass sie nach "vernünftiger kaufmännischer Beurteilung" zur Erfüllung ausreicht.

Die Formulierung "dürfen erst gebildet werden" in § 5 Abs. 3 EStG lässt nicht eindeutig erkennen, ob ein steuerliches Wahlrecht oder eine Pflicht zur Rückstellungsbildung besteht. Nach den Grundsätzen der Vorsicht, der sachlichen Abgrenzung und der Vollständigkeit, die nach § 5 Abs. 1 Satz 1 EStG auch im Steuerrecht zu beachten sind, muss in der Steuerbilanz eine Rückstellung gebildet werden, sofern eine der beiden Bedingungen in § 5 Abs. 3 EStG erfüllt ist.

Im *Handelsrecht* besteht bereits dann eine Pflicht zur Rückstellungsbildung, wenn eine Patentrechtsverletzung tatsächlich oder mit großer Wahrscheinlichkeit[1] erfolgte, auch wenn sie dem Inhaber der Rechte noch nicht bekannt geworden ist. Aufgrund der Maßgeblichkeit ist dann auch eine entsprechende Rückstellung in der Steuerbilanz zu bilden, allerdings nur dann, wenn die genannten Bedingungen des § 5 Abs. 3 EStG erfüllt sind.

Aufgabe 61: Rückstellungen für Patentrechtsverletzung

(3) Rückstellungen für Prozesskosten

Durch Rückstellungen für Prozesskosten soll für den Fall, dass der Kaufmann einen bestimmten Gerichtsprozess verliert, Vorsorge für nach dem Bilanzstichtag zu zahlende Gerichtskosten getroffen werden.

Handelsrecht: Es besteht nicht nur die Pflicht zur Bildung einer Prozessrückstellung, wenn der Prozess anhängig ist, sondern auch dann schon, wenn der Prozess nur in Aussicht steht. Die Höhe der Rückstellung umfasst die Prozesskosten aller Instanzen, die voraussichtlich angerufen werden (Vorsichtsprinzip). Die Höhe der Prozesskosten hängt von der Höhe des Streitwerts und der Anzahl der voraussichtlich zu durchlaufenden Instanzen ab. Die Pflicht zur Rückstellungsbildung hängt nicht davon ab, ob der Bilanzierende einen für ihn ungünstigen Prozessausgang erwartet, da jeder Prozessbeteiligte aufgrund der Kompliziertheit der Rechtsvorschriften mit dem Verlieren des Prozesses rechnen muss (BFH, BStBl 1964 Teil III, S. 478). In der Regel beschränkt sich die Prozessrückstellung beim Kläger allerdings auf die Gerichtskosten, die er im Falle des Prozessverlusts tragen müsste. Der Beklagte muss darüber hinaus die geschätzte oder bekannte Schadensersatzforderung des Klägers zurückstellen. Dies kann jedoch auch in einer anderen Rückstellung getrennt erfolgen (z.B. Rückstellung für Patentverletzung, Rückstellung für Schadensersatz).

Steuerrecht: Für noch nicht anhängige Prozesse dürfen keine Prozessrückstellungen gebildet werden (BFH, BStBl 1970 Teil II S. 802). Außerdem dürfen nur die Kosten bis einschließlich der am Bilanzstichtag angerufenen Instanz zurückgestellt werden (H 5.7 Abs. 5 „Prozesskosten" EStH).

---

[1] In diesem Fall ist auch dem Unternehmen, das z.B. eine Produktinnovation auf den Markt gebracht hat, noch nicht zweifelsfrei bekannt, ob überhaupt ein Patentrecht verletzt wurde.

Merke:

Handelsbilanz	Steuerbilanz
Rückstellungspflicht für Kläger und Beklagten bei hoher Wahrscheinlichkeit für einen Prozess	Rückstellungspflicht bei Kläger und Beklagtem nur für bereits anhängige Prozesse, sonst Verbot
Höhe: Gerichtskosten aller voraussichtlich zu durchlaufenden Instanzen	Nur in Höhe der Gerichtskosten der bis zum Stichtag angerufenen Instanz(en) (H 5.7 Abs. 5 EStH)

Aufgabe 62: Rückstellungen für Prozesskosten

(4) Rückstellungen für Gewährleistungen mit und ohne rechtliche Verpflichtung

Unter dem Begriff "Gewährleistungen" sind Nacharbeiten, Ersatzlieferungen oder gar Schadensersatz wegen Nichterfüllung zusammengefasst, die im Zusammenhang mit einem von Seiten des Unternehmens schlecht erfüllten früheren Rechtsgeschäft stehen. So können z.B. die gelieferten Produkte mit Funktions- und Qualitätsmängeln behaftet sein, deren Beseitigung der Kunde auf Kosten des Unternehmens verlangt. Dabei kann er sich auf gesetzliche Gewährleistungspflichten (z.B. §§ 459-493 BGB), auf vertragliche Gewährleistungspflichten oder auf regelmäßig vom Unternehmen in der Vergangenheit erbrachte Kulanzleistungen ohne rechtliche Verpflichtung (dauernde Übung) berufen.

Kostenlos erbrachte Nacharbeiten und Ersatzlieferungen aufgrund von Gewährleistungen schmälern nachträglich die Erlöse des Unternehmens. Zwecks richtiger Periodenabgrenzung *muss* im Geschäftsjahr, in dem die mangelhafte Leistung erbracht wurde und in dem somit die wirtschaftliche Verursachung späterer Ausgaben liegt, der geschätzte Aufwand berücksichtigt, also eine Rückstellung für Gewährleistungen ("Garantierückstellung") gebildet werden. Unabhängig davon, ob es sich um eine gesetzliche, eine vertragliche oder eine wirtschaftliche (faktische) Verpflichtung handelt, liegt der Fall einer Rückstellung für ungewisse Verbindlichkeiten vor (§ 249 Abs. 1 S. 1 u. S. 2 Nr. 2 HGB; § 5 Abs. 1 Satz 1 EStG; H 5.7 Abs. 5 „Garantierückstellungen" EStH).

§ 249 Abs. 1 S. 2 Nr. 2 HGB macht unmissverständlich deutlich, dass es bei wirtschaftlicher Betrachtungsweise keinen Unterschied macht, ob eine gesetzliche, eine vertragliche oder eine rein wirtschaftliche (faktische) Verpflichtung zur Gewährleistung vorliegt. In allen Fällen besteht *handelsrechtlich* und wegen des Maßgeblichkeitsprinzips auch *steuerrechtlich* eine **Pflicht** zur Bildung von Rückstellungen für ungewisse Verbindlichkeiten. Lt. Finanzverwaltung sind **Kulanzrückstellungen** nur zulässig, "wenn sich der Kaufmann dem Gewährleistungen aus geschäftlichen Erwägungen nicht entziehen kann" (R 5.7 Abs. 12 EStR; H 5.7 Abs. 12 „Geschäftliche Erwägungen" EStH). Dies ist der Regelfall, denn Gewährleistungen ohne rechtliche Verpflichtung werden erbracht, wenn Mängel an abgesetzten Erzeugnissen nicht zum Abwandern von Stammkunden führen sollen, wenn solche Mängel eine Existenz bedrohende Publizitätswirkung haben können (z.B. in der Automobilbranche; Rückrufaktionen), wenn Nachfragemacht gegeben ist etc.

Die Ermittlung der Garantierückstellungen ist im Einzel- und/oder Pauschalverfahren möglich. Eine Einzelrückstellung bezieht sich auf die zu erwartenden Kosten für Gewährleistungen aus einem ganz bestimmten Absatzvertrag unter Abzug eventueller Rückgriffsmöglichkeiten auf Vorlieferer. Sie wird im Jahr des Umsatzes gebildet, damit in dieser Periode auch der echte Erfolg aus diesem Geschäft im Jahresabschluss berücksichtigt wird. Werden später Garantieleistungen erbracht, so handelt es sich um einen erfolgsneutralen Verbrauch der Rückstellung, soweit diese ausreichend hoch dotiert ist. Sind gesetzliche und vertragliche Garantiefristen abgelaufen und besteht auch aus wirtschaftlichen Gründen keine Verpflichtung mehr, so ist die Rückstellung, soweit sie noch besteht, erfolgserhöhend aufzulösen.

Die Grundlage für die Berechnung der Garantierückstellungen nach dem *Pauschalverfahren*[1] bildet der am Bilanzstichtag noch garantiebehaftete Umsatz. Umsätze, bei denen Rückgriffsrechte auf Vorlieferer (Subunternehmer) bestehen, sind auszusondern ebenso wie Umsätze, bei denen die Garantiezeit bereits abgelaufen ist, sowie die nicht garantiepflichtigen Handelsumsätze. Auf den so ermittelten garantiebehafteten Umsatz ist ein Erfahrungsprozentsatz als Durchschnitt der tatsächlichen prozentualen Kosten in der Vergangenheit anzuwenden (§ 6 Abs. 1 Nr. 3a Buchst. a) EStG). Hier kann es Differenzen zwischen Handels- und Steuerbilanz geben. Während handelsrechtlich aufgrund der Unsicherheit über die zukünftige Entwicklung und wegen des Vorsichtsprinzips eher mit einem höheren Satz gearbeitet wird, muss steuerrechtlich der angewandte Prozentsatz anhand der Erfahrungen bezüglich des tatsächlichen Garantieaufwands der Vergangenheit nachgewiesen werden (§ 6 Abs. 1 Nr. 3a Buchst. a EStG; H 5.7 Abs. 5 „Garantierückstellungen" EStH).

Beispiel:

	Jahr 01	Jahr 02
Umsatz	2.000.000 EUR	2.400.000 EUR
- Umsätze mit Rückgriffsrechten	- 400.000 EUR	- 500.000 EUR
= garantiebehafteter Umsatz	1.600.000 EUR	1.900.000 EUR
davon 3% =	48.000 EUR	57.000 EUR

Der Garantiezeitraum beträgt zwei Jahre. Um das Beispiel möglichst einfach und überschaubar zu halten, sei angenommen, dass die Umsätze alle jeweils zum Ende eines Jahres realisiert werden. Der Stand der Garantierückstellung zum 1.1.01 sei 0,- EUR.

Tatsächlich erbrachte Garantieleistungen:

erbrachte Garantieleistungen im Jahr	02	03	04
für Umsätze aus dem Jahr 01	25.000 EUR	12.000 EUR	---
für Umsätze aus dem Jahr 02	---	30.000 EUR	14.000 EUR

Bezüglich der weiteren Vorgehensweise gibt es zwei Möglichkeiten:

1. Möglichkeit: Die tatsächlichen Garantieaufwendungen werden jeweils rückstellungsmindernd gebucht.

Am Ende des Jahres 01 wird die Garantie-Rückstellung in voller Höhe gebildet (Stand per 31.12.01: 48.000 EUR):

BS: Sonstige betriebliche Aufwendungen
(Garantieaufwand) 48.000 EUR
an Garantierückstellungen 48.000 EUR.

---

[1] Es handelt sich um eine Gruppenbewertung gleichartiger (ungewisser) Schulden gemäß § 240 Abs. 4 HGB.

Wären im Jahr 01 bereits Garantieleistungen angefallen, so hätte die Höhe der neu gebildeten Rückstellung um die in 01 erbrachten Garantieleistungen gekürzt werden müssen, andernfalls hätte sich eine doppelte Berücksichtigung der Aufwendungen ergeben.

Im Jahr 02 werden Garantieleistungen in Höhe von 25.000 EUR für den Umsatz aus 01 erbracht:
BS: Garantie-Rückstellungen 25.000 EUR
 an Bank 25.000 EUR.

Die Zuführung zur Garantie-Rückstellung zur Vorsorge für den Umsatz aus dem Jahre 02 beträgt 57.000 EUR, so dass sich als Stand der Rückstellung per 31.12.02 EUR 80.000 ergibt.

BS: Sonstige betriebliche Aufwendungen
 (Garantieaufwand) 57.000 EUR
 an Garantierückstellungen 57.000 EUR.

Im Jahr 03 werden 12.000 EUR aus der Rückstellung für das Jahr 01 verbraucht, die restliche Rückstellung in Höhe von 11.000 EUR wird erfolgserhöhend aufgelöst. Die Rückstellung für Umsätze aus dem Jahr 03 wird zu 30.000 EUR verbraucht. Stand der Rückstellung per 31.12.03: EUR 27.000.

BS: Garantierückstellung 23.000 EUR
 an Bank 12.000 EUR
 an sonstige betriebliche Erträge 11.000 EUR.

BS: Garantierückstellungen 30.000 EUR
 an Bank 30.000 EUR.

Im Jahr 04 ist analog folgende Buchung durchzuführen, so dass die Rückstellung per 31.12.04 wieder auf dem Stand 0,- EUR ist.

BS: Garantierückstellung 27.000 EUR
 an Bank 14.000 EUR
 an sonstige betriebliche Erträge 13.000 EUR.

2. Möglichkeit: Die tatsächlichen Garantieaufwendungen werden jeweils auf einem besonderen Konto erfolgsmindernd verbucht. Diese vom BFH angewandte Methode hat den Vorteil der größeren Übersichtlichkeit und Einfachheit gegenüber der vorigen Methode. Die Rückstellungen werden nach ihrer Bildung schematisch wieder erfolgserhöhend ("sonstiger betrieblicher Ertrag") aufgelöst. Das Auflösungsmodell soll in etwa der tatsächlichen zeitlichen Verteilung der Garantieleistungen entsprechen. Gibt es hierüber keine Informationen oder ist die Inanspruchnahme offenbar zufallsbestimmt, so ist eine zeitliche Gleichverteilung der tatsächlichen Kosten über die Garantiezeit anzunehmen. Im Beispiel sind die erbrachten Garantieleistungen ungefähr im Verhältnis 2:1 über die beiden Garantiejahre verteilt, so dass die Auflösung der Rückstellung diesem Schema folgen soll:

(in EUR)	31.12.01	31.12.02	31.12.03	31.12.04
Stand der Rückstellung für Umsätze aus 01	48.000	16.000	---	---
Stand der Rückstellung für Umsätze aus 02		57.000	19.000	---
Erfolgsauswirkung der Rückstellungsentwicklung (Aufwand: - ; Ertrag: +)	- 48.000	- 25.000	+ 54.000	+ 19.000
tatsächlicher Garantieaufwand		- 25.000	- 12.000 - 30.000	- 14.000
Nettoaufwand	- 48.000	- 50.000	+ 12.000	+ 5.000
Zum Vergleich: Nettoaufwand nach 1. Methode	- 48.000	-57.000	+ 11.000	+ 13.000

Aufgabe 63: Garantie-Rückstellungen

(5) Rückstellungen für Jahresabschlusskosten

Die Kosten der Erstellung des Jahresabschlusses, der Abschlussprüfung, der Veröffentlichung des Jahresabschlusses und der Anfertigung der betrieblichen Steuererklärungen sind wirtschaftlich in dem Geschäftsjahr verursacht, für das der Jahresabschluss erstellt wird. Am Jahresende steht bereits fest, dass alle diese Arbeiten durchgeführt werden. Da aber in dem betreffenden Jahr nur einige Vorbereitungsarbeiten stattfinden und als Aufwand berücksichtigt werden können, fällt der weitaus größte Teil der Ausgaben im Folgejahr an, so dass insoweit in der *Handelsbilanz* Rückstellungen für ungewisse Verbindlichkeiten zu bilden sind.

Steuerrechtlich besteht ebenfalls eine Pflicht zur Passivierung einer Rückstellung für ungewisse Verbindlichkeiten, sofern es sich um hinreichend konkretisierte gesetzliche Verpflichtungen handelt, "d.h. es muss ein inhaltlich genau bestimmtes Handeln durch Gesetz oder Verwaltungsakt innerhalb eines bestimmten Zeitraums vorgeschrieben und an die Verletzung der Verpflichtung müssen Sanktionen geknüpft sein" (R 5.7 Abs. 4 S. 1 EStR; H 5.7 Abs. 4 „Rückstellungen für öffentlich-rechtliche Verpflichtungen sind u.a. zulässig für" EStH). Eine Rückstellung für eine freiwillige Jahresabschlussprüfung ist als reine Aufwandsrückstellung daher nicht zulässig (H 5.7 Abs. 3 „Aufwandsrückstellungen" EStH). Außerdem lehnt der BFH eine Rückstellung für die voraussichtlichen Kosten der Hauptversammlung ab (H 5.7 Abs. 4 „Rückstellungen für öffentlich-rechtliche Verpflichtungen sind u.a. nicht zulässig für" EStH).

Bewertung: Der Jahresabschluss und oft auch die Steuererklärungen werden bei mittleren und großen Unternehmen meist von eigenen Mitarbeitern erstellt, während die Abschlussprüfung und Veröffentlichung Fremdleistungen darstellen. Bei kleinen Betrieben ist der Anteil der Fremdleistungen in der Regel höher. *Steuerrechtlich* darf die Rückstellung nur die externen Kosten und/oder die internen <u>Einzel</u>kosten plus angemessene Teile der notwendigen Gemeinkosten (§ 6 Abs. 1 Nr. 3a Buchst. b) EStG) umfassen, und zwar nur variable Kosten[1] und ohne Berücksichtigung von Preissteigerungen nach dem Bilanzstichtag (§ 6 Abs. 1 Nr. 3a Buchst. f EStG). *Handelsrechtlich* besteht eine Rückstellungsverpflichtung sowohl für externe als auch für interne Kosten. Bei den internen Kosten sind Einzel- und Gemeinkosten zu berücksichtigen, wobei die Höhe der Zahlung an Dritte für die gleiche Leistung keine Obergrenze darstellt[2]. Ist die Jahresabschlussprüfung nicht gesetzlich vorgeschrieben, sondern wird sie auf freiwilliger Basis durchgeführt, liegt kein Fall einer Rückstellung für ungewisse Verbindlichkeiten vor, sondern es handelte sich um eine Aufwandsrückstellung zur richtigen Periodenabgrenzung, die weder handels- noch steuerrechtlich zulässig ist.

Merke:

Handelsbilanz	Steuerbilanz
Generelle Rückstellungspflicht, bei gesetzlicher Verpflichtung auch für die Kosten der Jahresabschlussprüfung (§ 249 Abs. 1 Satz 1 HGB)	Generelle Rückstellungspflicht, bei gesetzlicher Verpflichtung auch für die Kosten der Jahresabschlussprüfung (R 5.7 Abs. 4 S. 1 EStR; H 5.7 Abs. 4 „Rückstellungen für öffentlich-rechtliche Verpflichtungen sind u.a. zulässig" EStH)
Für freiwillige Prüfung und Kosten der Hauptversammlung darf keine Rückstellung gebildet werden.	Passivierungsverbot für freiwillige Prüfung und Kosten der Hauptversammlung (H 5.7 Abs. 4 „Aufwandsrückstellungen" u. „Rückstellungen für öffentlich-rechtliche Verpflichtungen sind u.a. nicht zulässig für" EStH)

---

[1] BFH 24.11.1983, BStBl. 1984 II S. 301, und BFH 25.2.1986, BStBl. 1986 II S. 788.
[2] Vgl. HFA-Stellungnahme des IdW 2/1973, WPg 1973, S. 503.

(6) Rückstellungen für Ausgleichsansprüche von Handelsvertretern nach § 89b HGB

Nach § 89b HGB steht einem Handelsvertreter im Falle der Kündigung durch das Unternehmen eine Abfindung höchstens in Höhe einer im Durchschnitt der letzten fünf Jahre der Tätigkeit gezahlten Jahresprovision zu. Eine solche Zahlung an den Handelsvertreter soll einen Ausgleich dafür darstellen, dass der Handelsvertreter während seiner Tätigkeit neue Kunden geworben hat und aus diesen Geschäftsbeziehungen dem Unternehmen auch nach der Kündigung des Handelsvertreters Erfolge erwachsen.

Handelsrechtlich ist eine Pflicht zur Bildung einer Rückstellung für ungewisse Verbindlichkeiten nach § 249 Abs. 1 Satz 1 HGB gegeben. Dies gilt nach h.M. nicht erst nach der erfolgten Kündigung, sondern bereits vorher (vgl. ADS § 253 Tz. 235). Eine Rückstellungsbildung ist jedoch wegen fehlender Konkretisierung so lange nicht zulässig, bis das Unternehmen eine Kündigung für wahrscheinlich hält und bereits konkretere Kündigungspläne ins Auge gefasst wurden. Ist dies gegeben, so muss eine Rückstellung gebildet werden. Die wirtschaftliche Verursachung für die Ausgleichszahlung liegt vor dem Bilanzstichtag, denn die Konkretisierung Kündigungspläne und die Kundenanwerbung durch den Handelsvertreter haben in der Vergangenheit stattgefunden.

Vor Beendigung des Vertrags mit dem Handelsvertreter ist *steuerrechtlich* eine Rückstellung für Ausgleichszahlungen nicht zulässig, danach jedoch verpflichtend (H 5.7 Abs. 5 „Ausgleichsanspruch eines Handelsvertreters" EStH). Das BFH-Urteil[1] mit diesem Inhalt gründet auf der Überlegung, dass keine wirtschaftliche Verursachung vor dem Bilanzstichtag vorliege, solange keine Kündigung erfolgt sei, weil in § 89b HGB die Verpflichtung zur Ausgleichszahlung von Erfolgen des Unternehmens in der Zukunft, also nach dem Bilanzstichtag, abhängig gemacht werde. Daher werde nicht Vergangenes abgegolten, die zukünftigen Abfindungszahlungen seien also nicht in der Vergangenheit realisierten Erträgen zuzuordnen. Für Verpflichtungen, die mit der künftigen Gewinnsituation des Unternehmens verknüpft seien, dürften erst im späteren Jahr der Entstehung des Gewinns Rückstellungen gebildet werden.[2]

Es ist zwar richtig, dass der Ausgleichsanspruch nach § 89 b Abs. 1 Nr. 1 HGB nur besteht, "wenn und soweit der Unternehmer ... auch nach Beendigung des Vertragsverhältnisses erhebliche Vorteile hat". In der Praxis wird die Ausgleichszahlung jedoch überwiegend als Festbetrag (unabhängig von zukünftigen Gewinnen) vereinbart, der dann ggf. in einigen Raten zu zahlen ist. Folgerichtig lässt das BFH-Urteil vom 24.1.2001[3] in einem solchen Falle, in dem die wirtschaftliche Verursachung eindeutig in der Vergangenheit liegt und die Verbindlichkeit nicht eng mit der zukünftigen Gewinn- oder Ertragssituation verknüpft ist, eine Rückstellungsbildung in der Steuerbilanz zu.

Merke:

Handelsbilanz	*Steuerbilanz*
Pflicht zur Rückstellungsbildung gemäß § 249 Abs. 1 Satz 1 HGB bereits vor Beendigung des Vertragsverhältnisses	Verbot vor Beendigung des Vertragsverhältnisses (H 5.7 Abs. 5 „Ausgleichsanspruch eines Handelsvertreters" EStH); Rückstellungspflicht nach Beendigung des Vertragsverhältnisses (§ 5 Abs. 1 Satz 1 EStG)

---

[1] BFH 20.1.1983, BStBl. 1983 II, S. 375.

[2] Zur Grundsatzfrage der wirtschaftlichen Verursachung vgl. Beginn des Kapitels B.X.1.b)(1)(a).

[3] Vgl. BFH 24.1.2001, BFH/NV 2001, S. 1063, und BB 2001, S. 1403. Da das Urteil von der Finanzverwaltung nicht im BStBl. veröffentlicht wurde, hat es nur Geltung für den entschiedenen Einzelfall und wird nicht generell angewandt (s. BMF 21.6.2005, BStBl. I, S. 802). Vgl. auch den BFH Beschluss vom 4.2.1999, BFH/NV 1999, S. 1076, und BFH 20.1.1983, BStBl. 1983 II, S. 375.

(7) Rückstellungen für Wechselobligo und andere Haftungsrisiken

Haftungsrisiken bzw. Eventualverbindlichkeiten sind *handelsrechtlich* gemäß § 251 HGB unter dem Strich der Bilanz zu vermerken, droht jedoch eine Inanspruchnahme, so sind für solche Risiken stattdessen Rückstellungen für ungewisse Verbindlichkeiten gemäß § 249 Abs. 1 Satz 1 HGB zu bilden. Grundsätzlich sind Ansprüche z.B. gegenüber einer Haftpflichtversicherung bei einer Rückstellung wegen drohender Schadensersatzleistung im Falle der Gefährdungshaftung gegen zu rechnen. Zwar werden *steuerrechtlich* keine Eventualverbindlichkeiten „unter dem Strich" berücksichtigt, davon abgesehen gelten aber die genannten Regelungen, die zum Teil von der BFH-Rechtsprechung entwickelt worden sind. Im Einzelnen handelt es sich um:

```
Wechselobligo
Bürgschaften
Gewährleistungsverträge
Patronatserklärungen
Haftung für Verbindlichkeiten
Produkthaftung
Gefährdungshaftung (z.B. Kfz)
```

Als Beispiel soll die **Rückstellung für Wechselobligo** etwas näher erläutert werden. Dabei handelt es sich um Regressverpflichtungen aus weitergegebenen ("indossierten") Besitzwechseln (Kundenwechseln). Sofern konkretere Anhaltspunkte für die mögliche Zahlungsunfähigkeit des Wechselschuldners ("Bezogenen") bekannt werden, muss eine entsprechende Rückstellung gebildet werden. Dabei sind die Verhältnisse am Bilanzstichtag maßgebend, d.h. für alle bis dahin eingelösten Kundenwechsel dürfen keine Rückstellungen gebildet werden. Dasselbe gilt für Wechsel, die bis zum Bilanzaufstellungstag eingelöst worden sind, da diese Wert aufhellende Tatsache deutlich macht, dass am Bilanzstichtag aufgrund der Bonität der Kunden kein Risiko bestand.[1] Davon abweichend ist im Ausnahmefall auch bei Einlösung des Wechsels bis zum Bilanzaufstellungstermin eine Rückstellung zu dotieren, wenn es sich nämlich um eine Wert beeinflussende Tatsache handelt, die erst nach dem Bilanzstichtag eingetreten ist (z.B. eine Erbschaft des Bezogenen).

Für Risiken aus weitergegebenen Kundenwechseln, die nicht durch eine solche **Einzelrückstellung** Berücksichtigung gefunden haben, ist eine **Pauschalrückstellung** zu bilden. Die Höhe, z.B. 3% auf die Summe der weitergegebenen Wechsel, für die keine Einzelrückstellung gebildet wurde, richtet sich nach betrieblichen Erfahrungssätzen der Regressinanspruchnahme in der Vergangenheit (§ 6 Abs. 1 Nr. 3a Buchst. a EStG). Sind die weitergegebenen Wechsel, für die eine Pauschalrückstellung gebildet werden soll, bis zum Bilanzaufstellungstag zum Teil bereits schon eingelöst, so darf die Rückstellungshöhe die Gesamtsumme der bis zur Bilanzaufstellung noch nicht eingelösten Wechsel nicht übersteigen[2]. Dieser Betrag stellt die Obergrenze für die Rückstellungshöhe bezogen auf alle am Bilanzstichtag weitergegebenen Wechsel dar, ist also nicht als 100%ige Absicherung der am Aufstellungstag noch nicht eingelösten Wechsel misszuverstehen.

In der Praxis können sich Unterschiede in der Höhe der Pauschalrückstellung für Wechselobligo zwischen Handels- und Steuerbilanz dadurch ergeben, dass der Prozentsatz der üblichen Regress-Inanspruchnahmen *handelsrechtlich* unter Betonung des Vorsichtsprinzips höher

---

[1] Vgl. BFH 19.12.1972, BStBl. 1973 II S. 218.
[2] Vgl. BFH 19.12.1972, BStBl. 1973 II S. 218.

geschätzt wird als er *steuerrechtlich* anerkannt wird. Von der Finanzverwaltung werden nur nachweisliche Erfahrungssätze der Vergangenheit akzeptiert.

> **Aufgabe 64: Rückstellungen für Wechselobligo**

(8) Pensionsrückstellungen

Verpflichtet sich ein Unternehmen durch Einzelzusage, Betriebsvereinbarung oder Tarifvertrag, seinen Mitarbeitern nach deren Pensionierung eine betriebliche Altersrente zu zahlen, so ist es *handelsrechtlich* zur Bildung von Pensionsrückstellungen **verpflichtet**. Es handelt sich um ungewisse Verbindlichkeiten (§ 249 Abs. 1 Satz 1 HGB), und zwar um eine Außenverpflichtung gegenüber Dritten zur Zahlung einer Rente von der Pensionierung an bis zum Lebensende des Mitarbeiters. Der Gesamtbetrag der Rente ist daher ungewiss. Der Mitarbeiter erwirbt die Rentenansprüche durch seine langjährige Tätigkeit im Betrieb. Demnach stellt die Betriebsrente einen Teil des Lohnes (Lohn- und Gehaltsaufwand) während der aktiven Tätigkeit des Mitarbeiters dar, der vom Arbeitgeber zunächst einbehalten und nach der Pensionierung erst ausgezahlt wird. Begrifflich wird unterschieden zwischen Rückstellungen für *Pensionsanwartschaften* (der Mitarbeiter ist noch im Betrieb tätig) und Rückstellungen für *laufende Pensionen* (der Mitarbeiter ist bereits pensioniert). Diese Unterscheidung ist jedoch nur für die Berechnungstechnik von Bedeutung.

BS: Aufwendungen für Altersversorgung an Pensionsrückstellungen.

Gemäß § 6a EStG besteht *steuerrechtlich* unter bestimmten Voraussetzungen ein **Wahlrecht** zur Bildung von Pensionsrückstellungen. Diese Voraussetzungen sind:

1. Der Pensionsberechtigte muss einen Rechtsanspruch auf Pensionsleistungen haben.
2. Die Pensionsleistung darf nicht an künftigen gewinnabhängigen Bezügen anknüpfen
3. Die Pensionszusage darf nicht unter einem Vorbehalt gewährt worden sein.
   Die Pensionszusage darf also weder an Bedingungen bezüglich der Leistung des Mitarbeiters noch an bestimmte Entwicklungskennzahlen des Unternehmens geknüpft noch jederzeit widerrufbar sein. Allerdings ist der Vorbehalt, die Pensionszusage bei geänderten Verhältnissen, also bei nachhaltigen Verlusten unter Abwägung der Interessen der Pensionsberechtigen und der Interessen des Betriebes zu widerrufen, steuerlich nicht schädlich (R 6a Abs. 4 und 5 EStR).
4. Die Pensionszusage muss schriftlich erteilt werden.

Liegen diese Voraussetzungen vor, so darf eine Pensionsrückstellung in der Steuerbilanz erstmalig für das Jahr, in dem die Pensionszusage gegeben wurde (frühestens im 28. Lebensjahr des Pensionsberechtigten), oder für das Jahr, in dem die Anwartschaft unverfallbar wird, gebildet werden.

Hinsichtlich der Bildung von Pensionsrückstellungen für **beherrschende Gesellschafter-Geschäftsführer** einer Kapitalgesellschaft enthält R 6a Abs. 8 EStR einige Einschränkungen, um Missbräuche zu vermeiden. So muss sich z.B. die Berechnung auf ein geburtsjahrabhängiges Mindestrentenalter beziehen, auch wenn ein früheres Rentenalter vertraglich vorgesehen ist.[1] Für Gesellschafter-Geschäftsführer einer Personengesellschaft ist die Bildung einer Pensionsrückstellung nicht zulässig, da eine solche Pensionszusage als Gewinnverteilungsabrede zwischen den Gesellschaftern anzusehen ist, die den Gewinn der Gesellschaft nicht mindern darf.

Das Passivierungswahlrecht gemäß § 6a EStG für **unmittelbare Pensionszusagen** (ohne Zwischenschaltung eines anderen Rechtsträgers) in der Steuerbilanz wird aufgrund des Maßgeblichkeitsprinzips dem Grunde nach (§ 5 Abs. 1 S. 1 EStG)[2] von der **Passivierungspflicht** in der Handelsbilanz generell überlagert, sodass auch in der Steuerbilanz Pensionsrückstellungen gebildet werden müssen, sofern die Voraussetzungen des § 6a Abs. 1 u. 2 EStG vorliegen.[3] Allerdings gilt für Erhöhungen der vor dem 1.1.1987 begründeten unmittelbaren Rentenansprüche *("Altzusagen")* in der Handelsbilanz und damit auch in der Steuerbilanz weiterhin ein Wahlrecht (Artikel 28 Einführungsgesetz zum HGB).[4] Handelsrechtlich gilt für die Ausübung des Wahlrechts sowohl die sachliche Stetigkeit, wonach das Wahlrecht in allen vergleichbaren Fällen gleich auszuüben ist, als auch die zeitliche Stetigkeit, wonach nach erstmaliger Rückstellungsbildung in den Folgejahren ebenso zu verfahren ist.[5] Auch in diesem Fall gilt das Prinzip der Maßgeblichkeit der Handelsbilanz für die Steuerbilanz hinsichtlich des Ansatzes.[6] Für mittelbare Verpflichtungen aus einer Pensionszusage sowie ähnliche unmittelbare und unmittelbare Verpflichtungen besteht ein handelsrechtliches Passivierungswahlrecht (Art. 28 Abs. 1 EGHGB) und steuerrechtlich (gemäß BFH-Beschluss von 1969 zum Maßgeblichkeitsgrundsatz) ein Passivierungsverbot. Steuerrechtlich sind in diesem Falle die laufenden Zahlungen an die Versorgungskassen gewinnmindernd zu erfassen. **Mittelbare Verpflichtungen** aus einer Pensionszusage entstehen dadurch, dass Pensionen und Anwartschaften über besondere Rechtsträger gewährt werden, also z.B. über rechtlich selbständige Unterstützungskassen oder Pensionsfonds. Der Arbeitgeber übernimmt in diesem Falle die Verpflichtung, die **Unterstützungskasse** so zu dotieren, dass sie die gemachten Zusagen erfüllen kann. Bei **Pensionskassen** steht der Arbeitgeber nur für eine bestimmte vereinbarte Zahlung ein, wie hoch die Altersrente ausfallen wird, hängt vom Anlagegeschick der Pensionskasse ab. Nach h. M. ist die Kategorie *„Ähnliche Verpflichtungen"* ein restriktiv auszulegender Auffangbegriff, unter dem gegenwärtig nichts zu subsumieren ist[7].

Da *handelsrechtlich* Rückstellungen, also auch Pensionsrückstellungen, mit dem Erfüllungsbetrag, der nach vernünftiger kaufmännischer Beurteilung voraussichtlich notwendig ist, zu bewerten sind (§ 253 Abs. 1 S. 2 HGB), müssen **künftige Preis- und Kostensteigerungen**, soweit sie am Bilanzstichtag konkret absehbar sind, berücksichtigt werden. Das heißt bei Pensionsrückstellungen, dass etwa allgemein anerkannte zukünftig erwartete Entwicklungen bei Löhnen, Gehältern, Renten sowie bei den Kosten der medizinischen Versorgung zu berücksichtigen sind, m.E. aber keine Karrieretrends. Ermessensspielräume sind aufgrund der Schätzungen gegeben. Generell dürfte es in den Bilanzen deutscher Unternehmen zu einer deutlichen Erhöhung der Pensionsrückstellungen kommen. Fraglich ist, ob § 6 Abs. 1 Nr. 3a Buchst. f EStG, der bei der Rückstellungsbewertung in der *Steuerbilanz* nur die Wertverhältnisse am Bilanzstichtag zulässt, auch auf Pensionsrückstellungen anzuwenden ist. Bisher wa-

---

[1] Für Geburtsjahrgänge bis 1952 beträgt dieses Mindest-Pensionsalter 65 Jahre, ab Jahrgang 1953 bis 1961 beträgt es 66 Jahre und ab Geburtsjahr 1962 67 Jahre. Zu Rückstellungen für Pensionszusagen an nicht beherrschende Gesellschafter-Geschäftsführer von Kapitalgesellschaften vgl. das BMF-Schreiben v. 7.3.1997, BStBl. 1997 I S. 637.

[2] Vgl. R 6a Abs. 1 S. 2 EStR.

[3] Vgl. BFH 13.2.2008, BStBl. 2008 II, S. 673.

[4] Aufgrund eines BGH-Urteils von 1961 bestand bis 1986 ein Passivierungswahlrecht für Pensionsrückstellungen in der Handelsbilanz, das für Erhöhungen der damals begründeten Ansprüche weiter besteht.

[5] Vgl. WP-HdB 2012 Bd. I, Teil E Rz. 223.

[6] Vgl. ebenda, Teil E Rz. 614.

[7] Vgl. ADS § 249 Tz.114 ff. und Ellroth/Rhiel in: Beck Bil-Komm. § 249 Tz.162 f.

ren bei der Bewertung von Pensionsrückstellungen in der Steuerbilanz bereits begrenzt künftige Erhöhungen einzubeziehen, wenn sie nach Ausmaß und Zeitpunkt am Bilanzstichtag feststehen (R 6a Abs. 17 EStR). In der Regel dürften aber die Pensionsrückstellungen in der Handelsbilanz wegen der in größerem Umfang zu berücksichtigenden künftigen Preis- und Kostensteigerungen einen höheren Wert aufweisen als in der Steuerbilanz.

Die Bewertung von bereits laufenden Pensionen hat wie bei allen Rentenverpflichtungen mit dem *Barwert* (= auf den Bilanzstichtag abgezinste Summe aller noch zu erbringenden Rentenzahlungen) zu erfolgen (§ 253 Abs. 2 S. 3 HGB[1]), der *nach versicherungsmathematischen Grundsätzen* zu ermitteln ist. Auch bei den Rückstellungen für Pensionsanwartschaften erfolgt die Ermittlung des nach vernünftiger kaufmännischer Beurteilung notwendigen Erfüllungsbetrags (§ 253 Abs. 1 S. 2 HGB) auf versicherungsmathematischer Basis, also unter Berücksichtigung der in Sterbetafeln enthaltenen Sterbewahrscheinlichkeiten. *Steuerrechtlich* allein zulässig ist das (eingeschränkte) Teilwertverfahren (§ 6a Abs. 4 EStG; R 6a Abs. 11-14 EStR; Bewertungsvorbehalt gemäß § 5 Abs. 6 EStG), nach dem prinzipiell eine jährlich gleich bleibende Prämie den Rückstellungen zugeführt wird. *Handelsrechtlich* ist das Teilwertverfahren nur in ganz bestimmten (Ausnahme-)Fällen zulässig, mehrere andere Verfahren kommen aber wahlweise in Betracht, z.B. das sog. Gegenwartswertverfahren, in Betracht. Grundsätzlich kann auch das nach IAS 19 vorgeschriebene Ansammlungsverfahren ("projected unit credit"-Methode verwendet werden, Vorschriften über bestimmte Bewertungsparameter und die Behandlung von versicherungsmathematischer Gewinne oder Verluste führen aber dazu, dass die Bewertungsergebnisse nicht unmodifiziert übernommen werden dürfen.[2] Das gewählte Bewertungsverfahren ist gemäß § 285 Nr. 24 HGB von Kapitalgesellschaften im Anhang anzugeben. Der bedeutendste Unterschied zwischen dem Teilwert- und dem Gegenwartswertverfahren ist, dass bei letzterem der Betrachtungszeitraum im Zeitpunkt der Pensionszusage, bei ersterem im Zeitpunkt des Diensteintritts beginnt. Da bei beiden Methoden eine Rückstellung erst bei Pensionszusage gebildet werden darf, die erst Jahre nach dem Diensteintritt erfolgen kann, muss beim Teilwertverfahren – im Gegensatz zum Gegenwartswertverfahren - den Pensionsrückstellungen zunächst ein hoher Einmalbetrag zugeführt werden, der aber auf drei Wirtschaftsjahre verteilt werden kann (§ 6a Abs. 4 S. 3 EStG). Steuerrechtlich ergibt sich aus der Begrenzung des Zuführungsbetrags zu den Pensionsrückstellungen auf die jährliche Erhöhung des Teilwerts der Pensionszusage gemäß § 6a Abs. 4 S. 1 EStG ein *Nachholverbot* für früher nicht oder in zu geringem Umfang vorgenommene Zuführungen.

Die Berechnungsweise kann hier nicht im Einzelnen dargelegt, sondern nur grob plausibel gemacht werden:

1. Schritt:	Berechnung des auf den Pensionszeitpunkt bezogene Barwerts der von dann ab bis zum Tode des Mitarbeiters zu zahlenden Betriebsrente
2. Schritt:	Ermittlung der jährlichen "Ansparsumme", d.h. der jährlichen Zuführung (Aufzinsung) zu den Pensionsrückstellungen so, dass bei Pensionierung des Mitarbeiters der im ersten Schritt berechnete Barwert innerhalb des Unternehmens "angespart" ist.

Erträge aus der Abzinsung und Aufwendungen aus der Aufzinsung von Rückstellungen sind gemäß § 277 Abs. 5 HGB in der Gewinn- und Verlustrechnung gesondert unter den Posten

---

[1] Zu Einzelheiten vgl. HFA des IdW: Stellungnahme 2/1988 "Pensionsverpflichtungen im Jahresabschluss", WPg 1988, S. 403.
[2] Vgl. Grottel/Rhiel in Beck Bil-Komm., 2016, § 249 Rz. 198; WP-HdB 2012 Bd. I, Teil E Rz. 235.

„Sonstige Zinsen und ähnliche Erträge" und „Zinsen und ähnliche Aufwendungen" auszuweisen. Damit soll eine klare Zuordnung dieser Effekte zum **Finanzergebnis** geschaffen und die Jahresabschlussanalyse erleichtert werden. Alle übrigen Änderungen der Rückstellungshöhe haben ihre Ursache in Veränderungen des „Mengengerüsts" und der preis- und kostenabhängigen Bewertung der Rückstellung und sind dem Betriebsergebnis zuzuordnen.

Als *Abzinsungszinssatz* ist in § 6 a Abs. 3 Satz 3 EStG ein Satz von 6% fest vorgeschrieben.[1] *Handelsrechtlich* verpflichtend ist die Abzinsung mit einem der Restlaufzeit adäquaten durchschnittlichen Marktzinssatz (§ 253 Abs. 2 S. 1 HGB). Bei Rückstellungen für Altersvorsorgeverpflichtungen und vergleichbare langfristig fällige Verpflichtungen besteht zum Zwecke der Vereinfachung allerdings das stetig auszuübende Wahlrecht, pauschal einen durchschnittlichen Zinssatz anzuwenden, der einer angenommenen Restlaufzeit von 15 Jahren entspricht (§ 253 Abs. 2 S. 2 HGB). Dies bedeutet eine Durchbrechung des Prinzips der Einzelbewertung, nach dem jede einzelne Pensionsverpflichtung mit einem individuellen Zinssatz abzuzinsen wäre. Das Wahlrecht darf dann jedoch nicht genutzt werden, wenn dies zu einer Darstellung der Vermögens, Finanz- und Ertragslage führen würde, die nicht den tatsächlichen Verhältnissen entspricht. Das wäre dann der Fall, wenn das Unternehmen einen Überhang an jüngeren Arbeitnehmern aufweist, so dass die Restlaufzeit wesentlich mehr als 15 Jahre betrüge. Zum Zwecke der Objektivierung und Einschränkung des bilanzpolitischen Spielraums werden die Abzinsungszinssätze von der Deutschen Bundesbank nach Maßgabe einer Rechtsverordnung verbindlich ermittelt und monatlich bekannt gegeben (§ 253 Abs. 2 S. 4 HGB). Dies soll in Form einer Zinsstrukturkurve[2] für ganzjährige Restlaufzeiten zwischen einem und fünfzig Jahren geschehen. Mit der Entscheidung für durchschnittliche Zinssätze, abgeleitet aus Festzinsswaps, hat sich der Gesetzgeber bewusst gegen international übliche aktuelle und volatilere Renditen von Industrieanleihen gewandt. Der handelsrechtlich angewandte Abzinsungszinssatz dürfte also höchstens zufällig mit dem steuerrechtlich vorgeschriebenen Zinssatz von 6% übereinstimmen. Daher wird die Höhe der Pensionsrückstellung in Handels- und Steuerbilanz praktisch immer unterschiedlich sein.

Die Frage, wie sich unterschiedliche Zinssätze in Handels- und Steuerbilanz auf den Stand und die jährliche Zuführung (= Aufwand) zu den Pensionsrückstellungen auswirken, kann durch folgende Überlegung beantwortet werden. Eine Erhöhung des Zinssatzes hat mehrere Auswirkungen im komplizierten Berechnungs-Prozess, die jedoch insgesamt hinsichtlich der Richtung mit der direkten barwertmindernden Wirkung einer Erhöhung des Kalkulationszinsfußes übereinstimmen. Dem Barwert entspricht der Stand der Pensionsrückstellungen, der mithin aufgrund der Zinserhöhung sinkt. Folglich sinken auch die jährlichen Zuführungen zu den Pensionsrückstellungen, also die Aufwandsposition in der GuV, und der Jahresgewinn steigt ceteris paribus.

Führen die unterschiedlichen Berechnungsverfahren, die unterschiedliche Berücksichtigung zukünftiger Preis- und Kostensteigerungen und/oder unterschiedliche Abzinsungs-zinssätze in Handels- und Steuerbilanz dazu, dass die Pensionsrückstellungen in der Handelsbilanz einen höheren Wert aufweisen als in der Steuerbilanz, so liegt ein HB-Mindervermögen vor und für große und mittelgroße Kapitalgesellschaften besteht ein Wahlrecht zur Berücksichtigung *aktiver latenter Steuern* gemäß § 274 Abs. 1 S. 2 HGB.

---

[1] Dem Bundesverfassungsgericht liegt zurzeit die Frage zur Entscheidung vor, ob der steuerliche Abzinsungssatz in Höhe von 6 % in Niedrigzinszeiten noch verfassungskonform sei.

[2] Genauer handelt es sich um eine Zerobond-Zinsswapkurve auf der Grundlage von auf Euro lautenden Festzinsswaps, vgl. Bundestagsdrucksache 16/10067, S. 54.

Übergangsregelung: Sollten die Pensionsrückstellungen aufgrund der neuen Bewertungsvorschriften des BilMoG (z.B. Einbeziehung künftiger Preis- und Kostensteigerungen) in ihrer Höhe aufzustocken sein, gewährt der Gesetzgeber den Unternehmen das Wahlrecht, den Betrag, der den Pensionsrückstellungen zuzuführen ist, auf einen Zeitraum von 15 Jahren (bis spätestens 31.12.2024) zu verteilen. Die Zuführung muss in jedem Jahr mindestens ein Fünfzehntel des Fehlbetrages, der zum Umstellungszeitpunkt ermittelt worden ist, betragen (Art. 67 Abs. 1 S. 1 EGHGB). Der noch nicht verrechnete Fehlbetrag ist im Anhang anzugeben (Art. 67 Abs. 2 EGHGB). Sollten die Pensionsrückstellungen aufgrund der neuen Bewertungsvorschriften (z.B. höherer Abzinsungszinssatz) in ihrer Höhe zu vermindern sein, besteht ein Beibehaltungswahlrecht, soweit in den folgenden Geschäftsjahren bis spätestens zum 31.12.2024 insgesamt Zuführungen in Höhe des überhöhten Rückstellungsbetrags erforderlich sind. Der Überdeckungsbetrag ist im Anhang anzugeben. Wird das Wahlrecht nicht genutzt, ist der Überdeckungsbetrag erfolgsneutral in die Gewinnrücklagen einzustellen (Art. 67 Abs. 1 S. 2 u. 4 EGHGB).

(9) Sonderfälle bei Altersversorgungsverpflichtungen

- **Sonderfall 1:**

> Vermögensgegenstände, die Teil eines Planvermögens und mit den Altersversorgungsverpflichtungen zu verrechnen sind (§ 246 Abs. 2 S. 2, § 253 Abs. 1 S. 4 HGB)

In der Praxis kommt es nicht selten vor, dass die erteilten Altersversorgungszusagen durch bestimmte Vermögenswerte gedeckt sind. Aus den Erträgen dieser Vermögenswerte werden die vom Unternehmen an die Ruheständler gezahlten Betriebsrenten ganz oder zum Teil finanziert. Meist geschieht dies durch Zuwendung der Vermögensgegenstände an einen vom Unternehmen gegründeten Treuhandgesellschaft (z.B. Verein), auf die auch die Pensionsverpflichtungen übertragen werden. Falls die Vermögensgegenstände unwiderruflich und ausschließlich der Finanzierung der Pensionsverpflichtungen dienen und ist im Insolvenzfall der Zugriff der übrigen Unternehmensgläubiger auf die Vermögensgegenstände ausgeschlossen ist, sodass dann allein der Treuhänder die betrieblichen Altersrenten zahlt, dann ist das Unternehmen durch die Pensionsverpflichtungen wirtschaftlich nicht mehr belastet.

Pensionsrückstellungen und die zugeordneten Vermögensgegenstände (*„Planvermögen"*) sind in diesem Falle aufgrund des BilMoG ab 1.1.2010 nicht mehr getrennt auszuweisen, sondern gemäß § 246 Abs. 2 S. 2 HGB zu **saldieren**. Diese Ausnahme vom Verrechnungsverbot gilt auch für vergleichbare langfristig fällige Verpflichtungen, wie z.B. Verpflichtungen aus Altersteilzeit oder Lebensarbeitszeitmodellen. Damit will der Gesetzgeber erreichen, dass nur die tatsächliche wirtschaftliche Belastung in der Bilanz abgebildet wird. Als positiver Nebeneffekt ergibt sich durch die Saldierung eine Erhöhung der Eigenkapitalquote des Unternehmens. Um zu einem sinnvollen Saldierungsergebnis zu kommen, verlangt § 253 Abs. 1 S. 4 HGB die Bewertung der zu verrechnenden Vermögensgegenstände mit ihrem **beizulegenden Zeitwert**. Dieser ist in der Regel ein Marktwert, der auch mit Gewinn erhöhender Wirkung über die Anschaffungskosten hinaus ansteigen kann.[1] Falls das so bewertete Planvermögen die zugeordneten Pensionsrückstellungen betragsmäßig übersteigt, ist der Unterschiedsbetrag als Sonderposten *„Aktiver Unterschiedsbetrag aus der Vermögensverrechnung"* an letzter Stelle der Aktiva auszuweisen. Im umgekehrten Falle werden die Pensionsrückstellungen um den Zeitwert des Planvermögens gekürzt ausgewiesen. Sollten zu einem späteren Zeitpunkt die Vermögensgegenstände zu einem späteren Zeitpunkt nicht mehr zur Deckung der Ver-

---

[1] Siehe Kapitel B.II.4.e).

pflichtungen eingesetzt werden, so sind sie mit ihren fortgeführten Anschaffungskosten wieder in die Bilanz aufzunehmen.

Kann der beizulegende Zeitwert weder als Marktwert verlässlich bestimmt werden noch nach anerkannten theoretischen Bewertungsmethoden, d.h. lässt die Bewertungsmethode mehrere gleich wahrscheinliche mögliche Werte zu, so schreibt der Gesetzgeber die übliche Bewertung nach den Vorschriften für Vermögensgegenstände des Umlaufvermögens vor, obwohl die Vermögensgegenstände nach den üblichen Kriterien zum Anlagevermögen gehören dürften. Der letzte zuverlässig ermittelte beizulegende Zeitwert gilt dann als (fortgeführte) **Anschaffungs- oder Herstellungskosten** und durch Beachtung des im Umlaufvermögen gültigen strengen Niederstwertprinzips soll eine vorsichtige Bewertung erreicht werden (§ 255 Abs. 4 S. 3 u. 4 HGB).

Das Saldierungsgebot bezieht sich auch auf Erträge und Aufwendungen, die mit den saldierten Vermögensgegenständen und Schulden im Zusammenhang stehen und nach § 277 Abs. 5 HGB im Finanzergebnis erfasst werden. Dabei geht es vor allem um die Erträge bzw. Aufwendungen aus der Auf- und Abzinsung der Pensionsrückstellungen, um Erträge aus der Verzinsung oder Vermietung des Planvermögens oder um Erträge bzw. Aufwendungen aus dessen Neubewertung.

Liegt der beizulegende Zeitwert der Vermögensgegenstände des Planvermögens oberhalb der Anschaffungskosten, so sind in Höhe des Unterschiedsbetrags ausnahms- und zulässigerweise unrealisierte Gewinne berücksichtigt worden. Damit diese nicht unter Missachtung des Gläubigerschutzes ausgeschüttet werden, hat der Gesetzgeber in § 268 Abs. 8 S. 3 HGB für Kapitalgesellschaften eine **Ausschüttungssperre** vorgeschrieben. Sie umfasst den Unterschiedsbetrag zwischen beizulegendem Zeitwert und Anschaffungskosten der Vermögensgegenstände abzüglich der hierfür gebildeten passiven latenten Steuern. Gewinne dürfen danach nur ausgeschüttet werden, wenn die nach der Ausschüttung verbleibenden frei verfügbaren Rücklagen zuzüglich eines Gewinnvortrags und abzüglich eines Verlustvortrags mindestens dem vorgenannten Unterschiedsbetrag entsprechen. § 268 Abs. 8 S. 3 HGB stellt hierbei auf die einzelnen Vermögensgegenstände ab, nicht auf den Gesamtwert des Planvermögens.

Beispiel:
Der Aktive Unterschiedsbetrag aus der Vermögensverrechnung entspricht dem Betrag, um den das zu beizulegenden Zeitwerten angesetzte Planvermögen die Pensionsrückstellungen am Bilanzstichtag überschreitet: 4 Mio. EUR – 3,85 Mio. EUR (Pensionsrückstellungen) = 150.000 EUR. Das Planvermögen setzt sich im Einzelnen wie folgt zusammen:

Gegenstand des Planvermögens	Beizulegender Zeitwert (Handelsbilanz)	Fortgeführte Anschaffungskosten	Wert in der Steuerbilanz
Gebäude	3 Mio. EUR	1 Mio. EUR	1 Mio. EUR
Wertpapiere	1 Mio. EUR	2 Mio. EUR	1 Mio. EUR

Die passiven latenten Steuern, die mit dem Planvermögen zusammenhängen, verursachen bereits eine Verminderung des Jahresüberschusses. Der entsprechende Aufwandsbetrag stellt keine Auszahlung dar und bleibt daher im Unternehmen gebunden, sofern er über die Umsätze verdient wird.[1] Eine große oder mittelgroße Kapitalgesellschaft ist in diesem Fall zur Bildung passiver latenter Steuern verpflichtet in Höhe von:
Steuersatz * (HB-Wert – StB-Wert) = 0,30 * (4 Mio. EUR – 2 Mio. EUR) = 0,6 Mio. EUR.

---

[1] Näheres zu den latenten Steuern siehe Kapitel B.VII.

Die Ausschüttungssperre bezieht sich nur auf den Unterschiedsbetrag zwischen beizulegendem Zeitwert und fortgeführten Anschaffungskosten bei den einzelnen Vermögensgegenständen. Also:
Gebäude: 3 Mio. EUR – 1 Mio. EUR = 2 Mio. EUR
Wertpapiere: Keine Ausschüttungssperre, da der beizulegende Zeitwert nicht die Anschaffungskosten übersteigt.
Somit unterliegt ein Betrag von 2 Mio. EUR – 0,6 Mio. EUR (latente Steuern) = 1,4 Mio. EUR der Ausschüttungssperre. Ein saldierter Unterschiedsbetrag für das Planvermögen, der hier 4 Mio. EUR – 3 Mio. EUR – 0,6 Mio. EUR (latente Steuern) = 0,4 Mio. EUR betrüge, entspricht nicht § 268 Abs. 8 S. 3 HGB.

Bilanz 31.12.01 (in TEUR)

Aktiva		*Passiva*	*Fall 1*	*Fall 2*
Verschiedene Aktiva	10.000	Gezeichnetes Kapital	3.000	3.000
		Gesetzliche Gewinnrücklagen	300	300
		Andere Gewinnrücklagen	200	200
		Gewinnvortrag	100	850
Aktiver Unterschieds-		Jahresüberschuss	500	500
betrag aus der Vermö-		Passive latente Steuern	600	600
gensverrechnung	1.500	Verschiedene Passiva	7.250	6.500
	11.500		11.500	11.500

Erläuterungen:

Fall 1:
Es ist keine Ausschüttung möglich, da die Summe der jederzeit auflösbaren Gewinnrücklagen (200) + Gewinnvortrag (100) + Jahresüberschuss (500) = 800 beträgt und damit die Höhe des Aktivums „Selbst geschaffene immaterielle Vermögensgegenstände" (1.500) abzüglich der passiven latenten Steuern (450) unterschreitet.

Fall 2:
Gewinnrücklagen (200) + Gewinnvortrag (850) + Jahresüberschuss (500) = 1.550 überschreiten den Wert der insgesamt aktivierten selbst geschaffenen Vermögensgegenstände (1.500) abzüglich der passiven latenten Steuern (450) um 500, sodass eine Ausschüttung maximal in Höhe von 500 möglich ist.

Im *Anhang* wird von Kapitalgesellschaften nicht nur die Angabe des für die Ausschüttung gesperrten Betrags (§ 285 Nr. 28 HGB) verlangt, sondern auch die Angabe die Anschaffungskosten und des beizulegenden Zeitwerts der verrechneten Vermögensgegenstände, des Erfüllungsbetrags der verrechneten Schulden (Pensionsrückstellungen) sowie die verrechneten Aufwendungen und Erträge (§ 285 Nr. 25 HGB). Somit lässt sich die Saldierung für den Bilanzleser mit Hilfe der Anhangangaben nachvollziehen.

In der *Steuerbilanz* ist eine Saldierung von aktiven Wirtschaftsgütern und Schulden wegen des Grundsatzes der Einzelbewertung und der Vorschrift des § 5 Abs. 1a S. 1 EStG nicht zulässig. Die Übernahme des mit dem beizulegenden Zeitwert bewerteten Planvermögens in die Steuerbilanz ist gemäß § 6 Abs. 1 Nr. 1 u.2 EStG nur unter Beachtung der Anschaffungs- oder Herstellungskostenobergrenze möglich.[1] Übersteigt der beizulegende Zeitwert des Planvermögens die Anschaffungskosten, besteht eine Pflicht zur Bildung passiver latenter Steuern in der Handelsbilanz (§ 274 Abs. 1 S. 1 HGB).

---

[1] Als einzige Ausnahme haben Kredit- und Finanzdienstleistungsinstitute ihre Finanzinstrumente des Handelsbestandes auch in der Steuerbilanz mit dem beizulegenden Zeitwert abzüglich eines Risikoabschlags zu bewerten (§ 6 Abs. 1 Nr. 2b EStG i.V.m.§ 340 HGB).

- **Sonderfall 2:**

> Rückstellungen für Altersversorgungsverpflichtungen, deren Höhe sich nach dem beizulegenden Zeitwert von Wertpapieren des Anlagevermögens richtet, soweit dieser über einem ggf. garantierten Mindestbetrag liegt (§ 253 Abs. 1 S. 3 HGB).

Bei so gen. wertpapiergebundenen Pensionszusagen garantiert das Unternehmen seinen Mitarbeitern im Ruhestand eine gewisse Mindestversorgung, gewährt aber darüber hinaus gegebenenfalls eine zusätzliche Versorgung, die vom Wert bestimmter Wertpapiere des Anlagevermögens zu einem festgelegten Zeitpunkt (z.B. zum Eintritt des Versorgungsfalls) abhängt. Für diesen Fall hat der Gesetzgeber in § 253 Abs. 1 S. 3 HGB eine vereinfachende Bewertungsregel geschaffen:

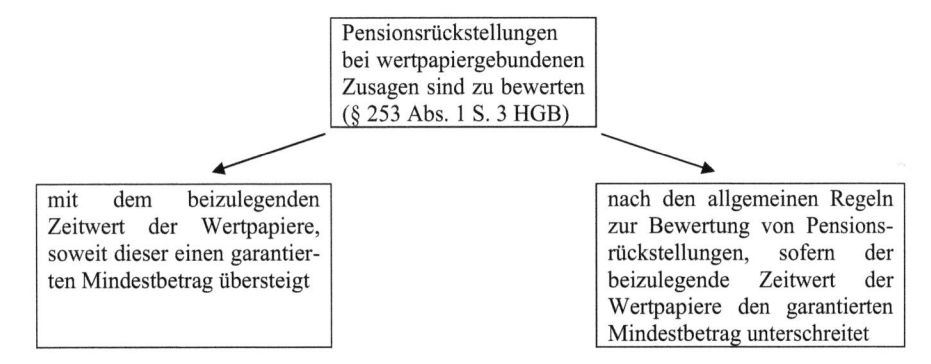

```
        Pensionsrückstellungen
        bei wertpapiergebundenen
        Zusagen sind zu bewerten
          (§ 253 Abs. 1 S. 3 HGB)
         /                      \
mit dem beizulegenden        nach den allgemeinen Regeln
Zeitwert der Wertpapiere,    zur Bewertung von Pensions-
soweit dieser einen garantier- rückstellungen, sofern der
ten Mindestbetrag übersteigt beizulegende Zeitwert der
                             Wertpapiere den garantierten
                             Mindestbetrag unterschreitet
```

Die Vereinfachung besteht darin, dass keine versicherungsmathematischen Gutachten und Berechnungen für die Höhe der Pensionsrückstellungen erforderlich sind, falls der beizulegende Zeitwert der Wertpapiere den garantierten Mindestbetrag überschreitet. Die Gesetzesformulierung „soweit" bedeutet nicht, dass saldiert werden muss, und hat in diesem Falle keine andere Bedeutung als „sofern".

(10) Steuerrückstellungen

Im Jahresabschluss müssen alle Betriebssteuern, die sich auf das abgelaufene Geschäftsjahr beziehen und eventuelle Nachzahlungen für frühere Jahre, als Steueraufwand berücksichtigt werden, um den richtigen Periodengewinn auszuweisen. In der Regel sind vom Unternehmen vierteljährliche, als Steueraufwand zu buchende Vorauszahlungen auf die geschätzte Steuerschuld zu leisten. Die tatsächliche Steuerschuld des Geschäftsjahres ergibt sich bei den Ertragsteuern (= gewinnabhängige Steuern, wie Körperschaftsteuer und Gewerbeertragsteuer) erst nach Ablauf des Geschäftsjahres und Ermittlung des Jahresüberschusses.

Im jeweiligen Jahresabschluss muss also für jede Steuerart, bei der Vorauszahlungen geleistet wurden, nur noch die Rest- oder Abschlusszahlung als Steueraufwand berücksichtigt werden. Zwar kann das Unternehmen die endgültige Steuerschuld exakt berechnen, doch ist dennoch die Abschlusszahlung in ihrer Höhe eine unsichere Größe, weil das Finanzamt in Zweifelsfragen der Steuererklärungen anderer Auffassung als das Unternehmen sein kann. Demzufolge kann keine Steuerverbindlichkeit, sondern nur eine Steuerrückstellung bilanziell berücksichtigt werden. Erst wenn der vom Finanzamt erstellte Steuerbescheid (mit der festgesetzten

Steuerschuld) dem Unternehmen vorliegt, handelt es sich um eine auch der Höhe nach festgelegte Schuld, somit also um eine Steuerverbindlichkeit.

Beispiel:

Vom Unternehmen berechnete Jahres-Steuerschuld	680.000 EUR
- bereits geleistete Vorauszahlungen	- 600.000 EUR
= Steuerrückstellung (Zuführung)	= 80.000 EUR

Zu beachten ist, dass es sich bei diesem Rückstellungsbetrag meist um die Erhöhung einer bereits bestehenden Steuerrückstellung handelt, die noch nicht gezahlte ungewisse Steuerschulden z.B. aus dem Vorjahr beinhaltet.

BS: bei Ertragsteuern:
    Steuern vom Einkommen und vom Ertrag   80.000 EUR
    an Steuerrückstellungen   80.000 EUR.

BS: bei allen übrigen Steuern (z.B. Kfz-Steuer):
    Sonstige Steuern   80.000 EUR
    an Steuerrückstellungen   80.000 EUR.

Die Bildung von Steuerrückstellungen ist nicht zulässig für die Einkommensteuer und Vermögensteuer bei Einzelkaufleuten und Personengesellschaften, da es sich jeweils um die private Steuerschuld des Einzelkaufmanns sowie der Gesellschafter bezogen auf deren Gewinnanteil bzw. Vermögensanteil handelt, die nicht in der Bilanz der Gesellschaft erscheinen darf.

Liegen Höhe und Fälligkeitstermin einer Steuer fest, da diese bereits rechtskräftig veranlagt ist (Steuerbescheid vorhanden), handelt es sich um eine Sonstige Verbindlichkeit und nicht um eine Rückstellung. Dies gilt generell für Steuervorauszahlungen, für die das Finanzamt einen besonderen Vorauszahlungsbescheid erstellt. Eine Sonstige Verbindlichkeit ist auch dann zu bilanzieren, wenn die Steuerschulden am Bilanzstichtag exakt berechenbar und sicher sind. Dies ist bei der Umsatzsteuer bei Versteuerung nach vereinbarten Entgelten der Fall.

Handels- und Steuerbilanz stimmen hinsichtlich der Steuerrückstellungen und der Steuerverbindlichkeiten völlig überein. Die Ertragsteuern werden auf Basis des Steuerbilanzgewinns unter Berücksichtigung von Ergänzungen und Korrekturen, die in den steuerlichen Einzelgesetzen vorgeschrieben sind, ermittelt und in die Handelsbilanz unverändert übernommen. Zu einer Differenz kann es nur bei Rückstellungen für Steuernachzahlungen aufgrund einer Außenprüfung des Finanzamtes kommen. Solche Außenprüfungen (Betriebsprüfungen), die eine genaue Überprüfung der Berechnung der Steuerrückstellungen, insbesondere aber eine Überprüfung der steuerlichen Behandlung betrieblicher Sachverhalte zur Aufgabe haben, erfolgen oft erst mit großer zeitlicher Verzögerung und können zu erheblichen Steuernachzahlungen führen. Für solche Nachzahlungsrisiken innerhalb der Steuerrückstellungen Vorsorge zu treffen, gebietet das Vorsichtsprinzip. Im Gegensatz zur Handelsbilanz sind in der Steuerbilanz diese Risikorückstellungen nicht zulässig, solange keine konkreten Sachverhalte bekannt sind und nicht ernsthaft mit einer Inanspruchnahme gerechnet werden muss.

c) Rückstellungen für drohende Verluste aus schwebenden Geschäften

Definition:

> *Schwebende Geschäfte* sind bereits abgeschlossene zweiseitig verpflichtende Verträge, die auf einen Leistungsaustausch gerichtet sind und bei denen der zur Sach-, Dienst- oder Werksleistung Verpflichtete am Bilanzstichtag seine Hauptverpflichtung noch nicht erbracht hat[1].

Es kann also sein, dass am Bilanzstichtag der Vertrag von beiden Vertragsseiten noch nicht erfüllt worden ist oder dass der Käufer zwar den Kaufpreis entrichtet, der Verkäufer aber die (Haupt-)Lieferung oder (Haupt-)Leistung noch nicht erbracht hat. Begründet wird ein *schwebendes Geschäft* i.d.R. im Zeitpunkt des Vertragsabschlusses oder bereits bei Vorlage eines bindenden Vertragsangebotes, dessen Annahme sicher ist. Der Schwebezustand ist nach h.M. beendet, wenn die Hauptlieferung oder -leistung vom dazu Verpflichteten (i.d.R. Verkäufer genannt) erbracht ist. In diesem Zeitpunkt ist dessen Gewinn bzw. Verlust realisiert. Sollte die andere Vertragspartei (i.d.R. Käufer genannt) ihre Geldverpflichtung dann noch nicht erfüllt haben, so hätte der Verkäufer eine Forderung aus Lieferung und Leistungen einzubuchen. Der Schwebezustand ist demnach noch nicht beendet, wenn der Käufer die gesamte Geldverpflichtung oder einen Teil davon als An- oder Vorauszahlung erfüllt. Diese Vorleistungen aus schwebenden Geschäften sind vor Beendigung des Schwebezustandes gewinnneutral als geleistete bzw. erhaltene Anzahlungen zu buchen.[2]

Prinzipiell ist davon auszugehen, dass Verträge zwischen fremden Dritten (also nicht Familienangehörigen u.ä.) hinsichtlich der Leistung und der Gegenleistung ausgeglichen sind, da vom Käufer der übliche Marktpreis bzw. der Verkehrswert gezahlt wird (so gen. *„Ausgeglichenheitsvermutung"*). Denkbar wäre es, dass in der Bilanz jeweils die eigene Leistung des Käufers oder des Verkäufers als Verbindlichkeit und die Gegenleistung als Forderung berücksichtigt würden. Wegen der wertmäßigen Übereinstimmung von Leistung und Gegenleistung wäre die Berücksichtigung erfolgsneutral und stellte nur eine Aufblähung der Bilanz dar. Daher werden schwebende Geschäfte grundsätzlich im Jahresabschluss nicht berücksichtigt.

Das aus dem Vorsichtsprinzip abgeleitete *Imparitätsprinzip* verlangt jedoch zwingend, absehbare drohende Verluste, die wirtschaftlich bereits (durch Vertragsabschluss etc.) verursacht sind und für deren Eintritt eine gewisse Wahrscheinlichkeit besteht, am Bilanzstichtag erfolgsmindernd vorwegzunehmen. Bei richtiger Schätzung der Höhe des drohenden Verlustes wirkt sich demnach der spätere tatsächliche Eintritt des Verlustes nicht mehr auf das Ergebnis aus. Wird ein Gewinn aus dem abgeschlossenen Geschäft erwartet, so verhindert das Realisationsprinzip dessen Berücksichtigung im Jahresabschluss.

Dies bedeutet im Falle schwebender Geschäfte, dass dann und nur dann eine bilanzielle Berücksichtigung erfolgt, wenn das Gleichgewicht zwischen Leistung und Gegenleistung zuungunsten des Bilanzierenden gestört ist, d.h. wenn ein Verpflichtungsüberhang besteht. Ein solcher drohender Verlust kann in der Regel nur durch eine Rückstellung erfasst werden, da z.B. der zugehörige, eventuell nach dem Niederstwertprinzip abzuwertende Gegenstand noch nicht empfangen bzw. erstellt ist.

---

[1] Vgl. IDW RS HFA 4, Tz. 1 ff., WPg 2000, S. 716 ff. und BFH 7.10.1997, BStBl. 1998 II, S. 331; BFH-Beschluss 23.6.1997, BStBl. 1997 II S. 735; BFH 25.10.1994, BStBl. 1995 II, S. 312; BFH 25.8.1989, BStBl. 1989 II, S. 893 ff.

[2] Vgl. z.B. Hoyos/M. Ring, in: Beck Bil.-Komm. § 249 Tz. 56, und IDW RS HFA 4, Tz. 11 f., WPg 2000, S. 716 ff. In der Literatur wird auch vertreten, dass ein schwebendes Geschäft nur dann vorliegt, wenn beide Vertragsseiten ihre Hauptverpflichtungen noch nicht erbracht haben, vgl. ADS § 249, Tz. 139.

Diese *handelsrechtlich* nach § 249 Abs. 1 S. 1 HGB **verpflichtend** zu bildenden so gen. Drohverlustrückstellungen gehören nach h.M. zu den Rückstellungen für ungewisse Verbindlichkeiten[1], obwohl die Unterschiede zwischen beiden Arten m.E. deutlich sind. So ist etwa bei den Rückstellungen für ungewisse Verbindlichkeiten der gesamte Erfüllungsbetrag, bei der Drohverlustrückstellung nur die ungünstige Differenz des Wertes der eigenen Leistung und des Wertes der Gegenleistung anzusetzen. Dieser Verlust oder Verpflichtungsüberschuss wird somit nur indirekt durch die Höhe einer Verpflichtung gegenüber Dritten mit bestimmt, er hängt vorrangig von den veränderlichen Marktpreisen bzw. der internen Kostensituation des Unternehmens ab. Im Falle von Dauerschuldverhältnissen umfasst eine Verbindlichkeitsrückstellung nur die bereits entstandenen Erfüllungsrückstände, während die Drohverlustrückstellung für zukünftige Verluste zu bilden ist.

In der Regel ist die **Saldierung** entsprechend dem Grundsatz der Einzelbewertung nur innerhalb eines schwebenden Geschäfts vorzunehmen. Dies gilt auch dann, wenn der Kaufmann bewusst ein Verlustgeschäft eingeht in der Hoffnung, an anderer Stelle wirtschaftliche Vorteile zu erzielen. Mehrere Verträge können jedoch dann zu einem einzigen schwebenden Geschäft, also zu einer sog. **Bewertungseinheit**, zusammengefasst werden, wenn zwischen ihnen ein enger rechtlicher und wirtschaftlicher Zusammenhang besteht. Dies ist etwa der Fall bei miteinander verknüpften Verträgen (sog. Koppelungsgeschäften) oder bei Zins- oder Devisensicherungsgeschäften. Bei vollständiger Absicherung des Risikos würden Ertrags-, Vermögens- und Finanzlage falsch dargestellt, wenn aufgrund des Imparitätsprinzips nur der drohende Verlust durch eine Rückstellung erfasst würde, wegen des Realisationsprinzips nicht aber der kompensierende Gewinn des Sicherungsvertrags.[2] Diese Möglichkeit der Bildung von Bewertungseinheiten wurde durch das BilMoG in § 254 HGB kodifiziert und wird auch über die konkrete Maßgeblichkeit in die Steuerbilanz übernommen (§ 5 Abs. 1a EStG).

Mit Geltung des BilMoG hat sich auch die bisherige kontroverse Diskussion über das Problem der Abzinsung von Drohverlust-Rückstellungen erübrigt. Die **Abzinsung** ist nunmehr generell für Rückstellungen mit einer Restlaufzeit von mehr als einem Jahr handelsrechtlich vorgeschrieben (§ 253 Abs. 2 S. 1 HGB).

Steuerrecht: Seit dem 1.1.1997 ist die Bildung von Rückstellungen für drohende Verluste aus schwebenden Geschäften **nicht mehr zulässig** (§ 5 Abs. 4a EStG). Diese Gesetzesänderung setzt sich trotz der Vorschrift des § 5 Abs. 1 Satz 1 EStG allein aus fiskalischen Gründen willkürlich über fundamentale Grundsätze ordnungsmäßiger Buchführung hinweg.

In den Fällen, in denen handelsrechtlich eine Drohverlustrückstellung gebildet wird, ergibt sich aufgrund des steuerrechtlichen Passivierungsverbots ein geringeres Reinvermögen in der Handelsbilanz als in der Steuerbilanz, also ein HB-Mindervermögen. Da dieses Mindervermögen in der Handelsbilanz in dem Jahr, in dem der drohende Verlust eintritt, abbaut, handelt es sich um temporäre Differenzen, sodass mittelgroße und große Kapitalgesellschaften gemäß § 274 Abs. 1 S. 2 HGB das Wahlrecht haben, aktive latente Steuern zu berücksichtigen. Der Aktivposten wird im Verlusteintrittsjahr wieder aufgelöst.

---

[1] Vgl. ADS § 249 Tz. 76 und Mayer-Wegelin/Kessler/Höfer, in: Küting/Weber § 249 Tz. 61.
[2] Vgl. Kapitel B.III.5. und Mayer-Wegelin/Kessler/Höfer, in: Küting/Weber § 249 Tz. 64 und 67.

Schwebende Geschäfte werden in drei Gruppen eingeteilt:

(1) Schwebende Beschaffungsgeschäfte (Einkaufsgeschäfte)	(2) Schwebende Absatzgeschäfte (Verkaufsgeschäfte)	(3) Dauerschuldverhältnisse (Dauerrechtsverhältnisse)

(1) Schwebende Beschaffungsgeschäfte

Nach Abschluss eines Kaufvertrages über den Kauf von Anlagegütern, insbesondere aber über den Bezug von Roh-, Hilfs- und Betriebsstoffen, Zwischenprodukten oder Waren kann es sein, dass am Bilanzstichtag der Wert der Gegenleistung unter den Wert der eigenen Leistung des Käufers (= vereinbarter Kaufpreis) gesunken ist. Der Wert der Gegenleistung bemisst sich nach den gleichen Bilanzierungsregeln, nach denen dieser Vermögensgegenstand auch bewertet würde, wenn er sich bereits am Lager befände.[1] Wegen der größeren Praxisrelevanz werden hier nur Gegenstände des Umlaufvermögens behandelt. Bei Anlagegegenständen gelten die gleichen Grundsätze mit der Ausnahme, dass bei voraussichtlich vorübergehender Wertminderung keine Rückstellung zu bilden ist.

Wert der Gegenleistung < Wert der eigenen Leistung

Handelsrecht: Umlaufvermögen:

Börsen-/Marktpreis bzw. beizulegender Wert am Bilanzstichtag		<	vereinbarter Kaufpreis
Beschaffungsmarkt:	**Absatzmarkt:**		
gesunkene Wiederbeschaffungskosten	gesunkener Nettoveräußerungserlös		
bei: - RHB-Stoffen	bei: - Fertigerzeugnissen - Unfertigen Erzeugnissen - Waren		

Beispielaufgabe:
Fernsehhändler Gert Glotz importiert japanische Geräte und verkauft sie auf dem deutschen Markt. Laut Liefervertrag wird der Hersteller im Folgejahr 1.000 Geräte zum Einkaufspreis von 1.800 EUR pro Stück liefern. Seit Vertragsabschluss ist der Nettoveräußerungserlös in Deutschland von 2.000 EUR auf 1.500 EUR (am Bilanzstichtag 31.12.01) gesunken. Wie ist der Sachverhalt bilanziell zum 31.12.01 zu berücksichtigen?

Lösung:
Der Wert der zur Veräußerung bestimmten Fernsehgeräte ist vom Absatzmarkt herzuleiten. Da der Nettoveräußerungserlös am Bilanzstichtag auf EUR 1.500,- gesunken ist, droht dem Fernsehhändler aus diesem Kontrakt ein Verlust in Höhe von 1.800 EUR - 1.500 EUR = 300 EUR pro Fernsehgerät. Gemäß § 249 Abs. 1 Satz 1 HGB besteht handelsrechtlich die Pflicht zur Bildung einer Rückstellung für drohende Verluste aus schwebenden Beschaffungsgeschäften in Höhe von 300 EUR * 1.000 Stück = 300.000 EUR.

---

[1] Vgl. Hoyos/M.Ring, in: Beck Bil-Komm. § 249 Tz. 69 ff.; vgl. auch Kapitel B.II.4.c).

BS: Sonstige betriebliche Aufwendungen 300.000 EUR
an Rückstellungen für drohende Verluste
aus schwebenden Beschaffungsgeschäften 300.000 EUR.

Da in der *Steuerbilanz* eine Rückstellungsbildung nicht zulässig ist (§ 5 Abs. 4a EStG), hätte eine mittelgroße oder große Kapitalgesellschaft das Wahlrecht zur Berücksichtigung aktiver latenter Steuern. Nach h.M. handelt es sich bei § 274 Abs. 1 S. 2 HGB um eine spezielle Vorschrift für Kapitalgesellschaften, die für den Einzelunternehmer Gert Glotz nicht gilt.

Durch die Rückstellung wird *handelsrechtlich* eine sonst erforderliche außerplanmäßige Abschreibung zeitlich vorweggenommen, da ein abwertbarer Vermögensgegenstand nicht vorhanden ist. Diese Abwertung ist vorzunehmen, wenn die Vermögensgegenstände im Folgejahr angeliefert werden. Infolge der gleichzeitigen Auflösung der Rückstellung ist der Vorgang erfolgsneutral. In der *Steuerbilanz* wird der drohende Verlust auch durch eine Teilwertabschreibung auf die angelieferten Waren im Folgejahr mit zeitlicher Verzögerung gegenüber der Handelsbilanz berücksichtigt. Es handelt sich immer noch um eine Antizipation, da der Verlust erst bei Veräußerung der Waren realisiert werden wird.

Beispielaufgabe:
Im obigen Beispiel sind folgende Buchungen durchzuführen, wenn die Fernsehgeräte im Folgejahr 02 angeliefert werden und am nächsten Bilanzstichtag (31.12.02) noch auf Lager liegen:

Lösung:
Buchungssätze:
(1) Wareneinkauf 1.800.000 EUR
 an Verbindlichkeiten L.u.L. 1.800.000 EUR.

(2) Außerplanmäßige Abschreibungen
 (StB: Teilwertabschreibung) 300.000 EUR
 an Waren(einkauf) 300.000 EUR.

(3) Rückstellungen für drohende
 Verluste aus schwebenden
 Beschaffungsgeschäften 300.000 EUR
 an Sonstige betriebliche Erträge 300.000 EUR.

Handelsrechtlich werden alle drei Buchungen durchgeführt, die zusammen genommen erfolgsneutral sind. Der drohende Verlust wurde ja bereits im Vorjahr durch die Rückstellungsbildung vorweggenommen. Buchung (2) ist nach dem strengen Niederstwertprinzip zwingend.

Steuerrechtlich entfällt der Buchungssatz (3), da im Vorjahr keine Rückstellung gebildet werden durfte. Der zweite Buchungssatz führt nun zur Verlustvorwegnahme in der Steuerbilanz nach § 6 Abs. 1 Nr. 2 EStG, sofern es sich um eine voraussichtlich dauernde Wertminderung handelt.

Beispielaufgabe:
In der vorigen Beispielaufgabe sei der Nettoveräußerungserlös unverändert bei 2.000 EUR geblieben, der Einstandspreis sei aber bis zum Bilanzstichtag (31.12.01) auf EUR 1.400 gesunken. Kann bzw. muss handelsrechtlich zum 31.12.01 eine Rückstellung für drohende Verluste gebildet werden?

Lösung:

Folgt man in diesem Falle streng dem Imparitätsprinzip, so darf in der Handelsbilanz zum 31.12.01 keine Rückstellung gebildet werden, da bei der späteren Veräußerung eines Fernsehgerätes kein Verlust, sondern wie geplant ein Gewinn in Höhe von 200 EUR zu erwarten ist.[1]

(2) Schwebende Absatzgeschäfte

Hat sich das Unternehmen vertraglich verpflichtet, Produkte an den Abnehmer zu liefern, aber bis zum Bilanzstichtag noch nicht mit deren Produktion begonnen, so besteht am Stichtag eine Pflicht zur Rückstellungsbildung, wenn der Wert der Gegenleistung inzwischen unter den Wert der eigenen Leistung gesunken ist. Da die Gegenleistung, der Kaufpreis, vertraglich festgelegt wurde, kann dieser Fall nur aufgrund von Kostensteigerungen im Zusammenhang mit der geplanten Herstellung der Produkte eintreten.

Wert der Gegenleistung	<	Wert der eigenen Leistung
vereinbarter Verkaufspreis	<	*Vollkosten*[2] *(ohne allg. Verwaltungs- und allg. Vertriebsgemeinkosten)*

Bei der Bewertung der eigenen Leistung wird das Imparitätsprinzip im Sinne der *Vollkosten* bei leistungsbezogener Fixkostenverrechnung interpretiert. Zu den Vollkosten der noch zu erstellenden Absatzleistung gehören somit die Einzel- und Gemeinkosten des Produktionsbereichs (ohne Leerkosten), direkt zurechenbare Sondereinzelkosten des Vertriebs, sonstige direkt zurechenbare Kosten (z.B. Lagerkosten, zukünftige Gewährleistungskosten, zurechenbare Finanzierungsaufwendungen). Allgemeine Verwaltungs- und Vertriebsgemeinkosten gehören nicht dazu, so dass der gesamte antizipierbare Verlust um diese beiden Komponenten kleiner ist als der Gesamtverlust aus dem Geschäft.

Beispielaufgabe:

Die Maschinenbau-GmbH schloss Ende Oktober 01 einen Vertrag über die Lieferung einer Fräsmaschine bis zum 30.3. des Folgejahres zum Festpreis von 42.000 EUR, mit deren Produktion im Februar 02 begonnen werden soll. Zum Bilanzstichtag erwiesen sich die Erwartungen über die Kostenentwicklung aufgrund der inzwischen eingetretenen extremen Lohn- und Materialpreiserhöhungen als nicht mehr realistisch und mussten revidiert werden.

---

[1] Vgl. Hoyos/M.Ring, in: Beck Bil.-Komm. § 249 Tz. 70.

[2] Vgl. IDW RS HFA 4, Tz. 35 ff., WPg 2000, S. 716 ff. bzw. in der redaktionell geänderten Fassung WPg 2001, S. 216 ff. A. A. sind z.B. ADS § 253 Tz. 254 und Hoyos/ M. Ring, in: Beck Bil.-Komm. § 253 Tz. 169 ff., die mit Blick auf die Herstellungskosten gem. § 255 Abs. 2 HGB und auf die handelsbilanzielle Übung ein Wahlrecht zwischen Teilkosten (= variable Kosten) und Vollkosten zur Bewertung der eigenen Leistung vertreten.

	ursprüngliche Kalkulation	Kalkulation am Bilanzstichtag		
	gesamte Kosten	gesamte Kosten	davon variable Kosten	davon fixe Kosten
Herstellkosten	30.000 EUR	36.500 EUR	20.000 EUR	16.500 EUR
dir. zurechenbare Finanzierungsaufwendungen	3.000 EUR	4.500 EUR	0 EUR	4.500 EUR
Sondereinzelkosten des Vertriebs	5.000 EUR	5.000 EUR	1.500 EUR	3.500 EUR
Summe	38.000 EUR	46.000 EUR	21.500 EUR	24.500 EUR
vereinbarter Festpreis	42.000 EUR	42.000 EUR	42.000 EUR	↓
Deckungsbeitrag			20.500 EUR	↓
Summe Fixkosten			- 24.500 EUR	←↓
kalkulierter Gewinn	4.000 EUR	- 4.000 EUR	- 4.000 EUR	

Lösung:

Handelsrecht: Bei Berücksichtigung der Gesamtkosten droht ein Verlust in Höhe von 4.000 EUR, sodass eine Rückstellung in dieser Höhe zu bilden ist.

BS: Sonstige betriebliche Aufwendungen 4.000 EUR
an Rückstellungen für drohende Verluste aus
schwebenden Absatzgeschäften 4.000 EUR.

Da die Rückstellungsbildung in der Steuerbilanz nicht zulässig ist, übersteigt das Reinvermögen in der Steuerbilanz dasjenige in der Handelsbilanz, m.a.W., es liegt ein HB-Mindervermögen vor. Dieses Mindervermögen wird bei Eintritt des Verlustes abgebaut, sodass eine temporäre Differenz zwischen der Handels- und der Steuerbilanz besteht. Dies ermöglicht mittelgroßen und großen Kapitalgesellschaften gemäß § 274 Abs. 1 S. 2 HGB die Berücksichtigung aktiver latenter Steuern in der Handelsbilanz. Bei Nutzung des Wahlrechts ist zu buchen (Ertragsteuersatz: 30%):

BS: Aktive latente Steuern 1.200 EUR
an latente Steuern vom Einkommen und vom Ertrag 1.200 EUR.

Im Folgejahr wird die Fräsmaschine hergestellt und ausgeliefert. Während der Herstellungsperiode werden die zugehörigen Lohn- und Gehaltsaufwendungen, die Materialverbräuche sowie nach der Auslieferung die Umsatzerlöse verbucht. Die Umsatzsteuer wird der Einfachheit halber vernachlässigt. Die Auflösung der Rückstellung bewirkt, dass der gesamte Vorgang erfolgsneutral ist, sofern die Kostenerwartungen genau eintreten.

Buchungssätze:
(1) Verschiedene Aufwendungen 46.000 EUR
    an Finanzkonto (Kasse, Bank, Verbindl.) 46.000 EUR.

(2) Forderungen L.u.L. 42.000 EUR
    an Umsatzerlöse 42.000 EUR

(3) Rückstellungen für drohende Verluste
    aus schwebenden Absatzgeschäften 4.000 EUR
    an sonstige betriebliche Erträge 4.000 EUR.

Steuerrechtlich entfällt der Buchungssatz (3), da im Vorjahr keine Rückstellung gebildet werden durfte. Aus den Buchungen (1) und (2) resultiert der Verlust von 4.000 EUR, der nun realisiert ist und steuerlich erst zu diesem Zeitpunkt berücksichtigungsfähig ist.

Handelsrechtlich werden alle drei Buchungen durchgeführt, die zusammen genommen erfolgsneutral sind. Der drohende Verlust wurde ja bereits im Vorjahr durch die Rückstellungsbildung vorweggenommen. Hinzu kommt noch die Auflösung der aktiven latenten Steuern, da sich die Differenz zwischen Handels- und Steuerbilanzwerten abbaut und die Steuerentlastung eintritt (§ 274 Abs. 2 S. 2).

(4) Latente Steuern vom Einkommen und vom Ertrag   1.200 EUR
    an Aktive latente Steuern   1.200 EUR.

Es wird auch die Auffassung vertreten[1], es bestehe ein **Wahlrecht**, die eigene Leistung mit Vollkosten oder mit den durch diese Leistung zusätzlich verursachten *Teilkosten*, also mit den variablen Kosten, zu bewerten.

Folgt man dieser Ansicht, lässt sich bei Wahl der **Teilkostenmethode** folgende Rechnung aufmachen:

Wert der Gegenleistung	42.000 EUR
- Wert der eigenen Leistung	- 21.500 EUR
= Positiver Deckungsbeitrag	20.500 EUR

Im Ergebnis braucht keine Rückstellung gebildet zu werden.

Nach der hier vertretenen Meinung eröffnet das Wahlrecht zwischen Teilkosten- und Vollkostenbewertung der eigenen Leistung bei der Ermittlung des drohenden Verlustes einen allzu weiten bilanzpolitischen Spielraum. Außerdem wird bei einer Entscheidung für das Teilkostenkonzept das Vorsichtsprinzip verletzt, da eine Rückstellungsbildung gar nicht oder nur in zu geringer Höhe erfolgt. Um den drohenden Verlust dem Imparitätsprinzip und dem Finalitätsprinzip (Berücksichtigung anteiliger Fixkosten) entsprechend in voller Höhe zu antizipieren, muss also immer das Vollkostenkonzept angewandt werden[2].

Vertiefung:
Frage: Dürfen bei der Bemessung der Höhe der Drohverlustrückstellung auch **Preissteigerungen** nach dem Bilanzstichtag einbezogen werden?

Antwort:
Die **Bewertung** von Rückstellungen ist in § 253 Abs. 1 Satz 2 HGB geregelt. Danach sind Rückstellungen in Höhe des nach vernünftiger kaufmännischer Beurteilung notwendigen Erfüllungsbetrags anzusetzen. Dies ist der Betrag, mit dem der Kaufmann voraussichtlich in Anspruch genommen wird bzw. der zur Erfüllung der Verpflichtung aufzubringen ist und damit das bestehende Risiko abdeckt. Da es hier um die Bemessung des zukünftig drohenden Verlustes geht, kann das Stichtagsprinzip hier nur so verstanden werden, dass die Bewertung nach den am Stichtag vorhandenen Informationen, Vergangenheitserfahrungen und konkreten Erwartungen über die zukünftigen Preis- und Kostenverhältnisse bis zur Beendigung des Schwebezustands zu erfolgen hat. Ein gewisses Maß an Lohn- und Preissteigerungen ist daher zwingend zu berücksichtigen (vgl. IDW RS HFA 4, Tz. 38 f., WPg 2000, S. 716 ff.). *Steuer-*

---
[1] Vgl. z.B. ADS § 253 Tz. 254 und Hoyos/ M. Ring, in: Beck Bil.-Komm. § 253 Tz. 169 ff.
[2] Vgl. IDW RS HFA 4, Tz. 35, WPg 2000, S. 716 ff. bzw. in der redaktionell geänderten Fassung WPg 2001, S. 216 ff.

rechtlich dürfen jedoch künftige Preis- und Kostensteigerungen bei der Bewertungen von Rückstellungen nicht berücksichtigt werden (§ 6 Abs. 1 Nr. 3a Buchst. f EStG).

Vertiefung:
Frage: Wie ist zu bilanzieren, wenn der zu liefernde Gegenstand am Bilanzstichtag bereits *teilweise fertiggestellt* ist?

Antwort:
Das **Unfertige Erzeugnis** ist in Handels- und Steuerbilanz grundsätzlich mit den bis dahin angefallenen Herstellungskosten (§ 255 Abs. 2 u. 3 HGB; § 6 Abs. 1 Nr. 2 EStG) zu bewerten.

Steuerrechtlich ist eine Teilwertabschreibung auf das Unfertige Erzeugnis in diesem Zusammenhang nicht zulässig. Der Teilwert ist ein dem betreffenden Wirtschaftsgut beizumessender objektiver Wert, der durch eine falsche Vorkalkulation des Unternehmens nicht beeinträchtigt wird[1]. Sollten dagegen die Wiederbeschaffungskosten des Unfertigen Erzeugnisses gesunken sein, dann ist eine Teilwertabschreibung auf diesen Wert in der Steuerbilanz möglich, sofern die Wertminderung nachweisbar dauerhaft ist (§ 6 Abs. 1 Nr. 2 Satz 2 EStG). Die noch anfallenden Herstell-, Verwaltungs- und Vertriebskosten dürfen nicht zusätzlich Wert mindernd bei dem betreffenden Wirtschaftsgut berücksichtigt werden, sondern sind bei der Berechnung des drohenden Verlustes des schwebenden Absatzgeschäfts einzubeziehen[2]. Dieser drohende Verlust darf jedoch seit dem 1.1.1997 nicht mehr durch eine Rückstellung antizipiert werden (§ 5 Abs. 4a EStG).

Sofern der aus dem Börsen- oder Marktpreis abgeleitete oder der beizulegende Wert niedriger ist, muss das Unfertige Erzeugnis *handelsrechtlich* gemäß § 253 Abs. 4 HGB auf diesen abgewertet werden. Nur wenn der drohende Verlust dadurch nicht in voller Höhe berücksichtigt werden kann oder die Vorratsbestände (noch) nicht auftragsbezogen sind, ist nach handelsrechtlich herrschender Meinung insoweit eine Rückstellung für drohende Verluste zu bilden[3].

Die Art des Ausweises ist durchaus nicht unwichtig. denn das Bilanzbild wird unterschiedlich berührt, denn die Rückstellungsbildung führt im Vergleich zur Abwertung der Erzeugnisse zu einer Verschlechterung der Eigenkapitalquote.

Bereits angefallene, aber nicht aktivierte Kosten dürfen bei der Ermittlung des Werts der eigenen Lieferungsverpflichtung und damit bei der Berechnung der Höhe des drohenden Verlustes nicht berücksichtigt werden, da sonst derselbe Aufwand doppelt verbucht würde. Dabei kann es sich um Sondereinzelkosten des Vertriebs, direkt zurechenbare Finanzierungskosten, Material- und Fertigungsgemeinkosten handeln oder um Teile der Anschaffungs-/Herstellungskosten, die bereits nach § 253 Abs. 4 HGB abgeschrieben wurden.

Merke:
> Bereits angefallene, aber nicht aktivierte Kosten dürfen bei der Ermittlung des Werts der eigenen Lieferungsverpflichtung und damit bei der Berechnung der Höhe des drohenden Verlustes nicht berücksichtigt werden.

---

[1] Vgl. H 35a „Teilwertbegriff" EStH sowie z.B. BFH BStBl. 1952 III S. 169; BFH BStBl. 1955 III S.306; Bordewin, Arno, BB 1974, S. 974.
[2] Vgl. BMF-Schreiben vom 27.4.2001, DB 2001, S. 2018 f.
[3] Vgl. Berger/M. Ring, in: Beck Bil-Komm. § 249 Tz. 68, und IDW RS HFA 4, Tz. 20 ff., WPg 2000, S. 716 ff.

Berechnung des drohenden Verlustes:

```
  Nettoveräußerungserlös (Fertigerzeugnis)
- alle in 02 noch anfallenden Kosten
     (Anschaffungs-/Herstellkosten, direkt zurechenbare Finanzierungs-
     kosten, Sondereinzelkosten des Vertriebs,
     keine kalkulatorischen Kosten, kein Unternehmergewinn)
= Wert der Gegenleistung (bezogen auf das unfertige Erzeugnis)
     (= beizulegender Wert zum 31.12.01)
- Wert der eigenen unfertigen Leistung
     (Aktivierungsbetrag vor außerplanmäßiger Abschreibung)
= Drohender Verlust
```

Bei dieser Berechnungsweise wird deutlich, dass der Verlust in voller (zurechenbarer) Höhe antizipiert wird, da angenommen wird, dass die Kosten des Folgejahres voll durch den Preis abgedeckt sind und somit ein Verlust allein in der aktuellen Periode anfällt. Anders ausgedrückt werden vom erwarteten Nettoveräußerungserlös alle mit der zu erbringenden Leistung verbundenen Aufwendungen abgezogen, die noch nicht ergebnismindernd berücksichtigt worden sind.

Beispielaufgabe:

Dabei soll das Grundbeispiel am Beginn des Kapitels "(2) Schwebende Absatzgeschäfte" insofern modifiziert werden, als die Fräsmaschine am Bilanzstichtag bereits zur Hälfte fertiggestellt sei und in allen Kostenkategorien die Beträge bereits zur Hälfte angefallen seien. Es sei angenommen, dass es aufgrund der Kürze des Zeitraums bis zur Auslieferung der Maschine zu keinen weiteren Lohn- und Preiserhöhungen mehr kommen wird.

	am Bilanzstichtag (31.12.01) bereits angefallene Kosten	im Folgejahr 02 noch anfallende Kosten
Materialeinzelkosten	4.000 EUR	4.000 EUR
+ Fertigungseinzelkosten	6.000 EUR	6.000 EUR
+ Materialgemeinkosten	1.250 EUR	1.250 EUR
+ Fertigungsgemeinkosten	7.000 EUR	7.000 EUR
= Herstellkosten	18.250 EUR	18.250 EUR
+ dir. zurechenbare Finanzierungskosten	2.250 EUR	2.250 EUR
+ Sondereinzelkosten des Vertriebs	2.500 EUR	2.500 EUR
= Summe	23.000 EUR	23.000 EUR

Variante:
Wie ist die halbfertige Fräsmaschine zu bewerten, wenn das halbfertige Erzeugnis auch von Dritten (Konkurrenten) am Bilanzstichtag zum Preis von 18.000 EUR beschafft werden kann?

Die Höhe des zu berücksichtigenden drohenden Verlustes wird jeweils durch die Ausübung des Wahlrechts bei der Bewertung des unfertigen Erzeugnisses zu Herstellungskosten bestimmt.

Fall a): Aktivierung der halbfertigen Maschine in Handels- und Steuerbilanz per 31.12.01 zu maximal zulässigen Herstellungskosten (§ 255 Abs. 2 u. 3 HGB, R 6.3 Abs. 1 EStR)

Lösung: Berechnung des drohenden Verlustes und der außerplanmäßigen Abwertung zum Bilanzstichtag 31.12.01:

Nettoveräußerungserlös (Fertigerzeugnis)	42.000	
- alle in 02 noch anfallenden Kosten (Anschaffungs-/Herstellkosten, direkt zurechenbare Finanzierungskosten, Sondereinzelkosten des Vertriebs, keine kalkulatorischen Kosten, kein Unternehmergewinn)	- 23.000	
= Wert der Gegenleistung (bezogen auf das unfertige Erzeugnis) (= beizulegender Wert zum 31.12.01)		= 19.000
- Wert der eigenen unfertigen Leistung (Aktivierungsbetrag vor außerplanmäßiger Abschreibung)		- 20.500
= Drohender Verlust		= - 1.500

Die halbfertige Fräsmaschine wird *handelsrechtlich* mit dem beizulegenden Wert von 19.000 EUR am Bilanzstichtag bewertet. Als Aufwand wurden einerseits die bereits angefallenen Sondereinzelkosten des Vertriebs (2.500 EUR) und andererseits die außerplanmäßige Abwertung („Bestandsminderung bei Unfertigen Erzeugnissen") in Höhe von 1.500 EUR gebucht. Die Bildung einer Drohverlustrückstellung ist somit nicht erforderlich. Da *steuerrechtlich* eine Teilwertabschreibung aufgrund einer Fehlkalkulation nicht möglich und Drohverlust-Rückstellungen gemäß § 5 Abs. 4a EStG nicht zulässig sind, greift der Bewertungsvorbehalt (§ 5 Abs. 6 EStG). Die unfertige Maschine wird in der Steuerbilanz mit den bis zum Bilanzstichtag angefallenen Herstellungskosten (20.500 EUR) bewertet. Der Steuerbilanzgewinn ist daher um 1.500 EUR höher als der Handelsbilanzgewinn. Somit besteht in der Steuerbilanz ein Mehrvermögen (HB-Mindervermögen) in Höhe von 20.500 EUR – 19.000 EUR = 1.500 EUR, das sich voraussichtlich abbauen wird, also eine temporäre Differenz darstellt. Die sich daraus ergebende zukünftige Steuerentlastung kann von großen und mittelgroßen Kapitalgesellschaften in Höhe von 450 EUR (Ertragsteuersatz: 30%) als **aktive latente Steuern** in der Handelsbilanz angesetzt werden (§ 274 Abs. 1 S. 2 HGB). Dieser Posten ist im Jahr der Lieferung (Jahr 02) wieder aufzulösen, da sich dann die Differenz in den Bilanzpostenwerten abbaut, die Steuerentlastung eintritt und die Gewinnrelation genau umkehrt.

Lösung zur Variante:
In diesem Falle ist der steuerliche Teilwert, der den Wiederbeschaffungskosten entspricht, auf 18.000 EUR gesunken. Gemäß § 6 Abs. 1 Nr. 2 EStG kann daher eine Teilwertabschreibung vorgenommen werden (Wahlrecht). Handelsrechtlich spielen die Wiederbeschaffungskosten nach dem Prinzip der verlustfreien Bewertung (vgl. Kapitel B.II.3.c) keine Rolle. Die Teilwertabschreibung kann in vollem Umfang in der Steuerbilanz gemäß § 5 Abs. 1 S. 1 2. Halbs. EStG *unabhängig von der Handelsbilanz* durchgeführt werden, sofern das Wirtschaftsgut in ein besonderes, laufend zu führendes Verzeichnis aufgenommen wird. Im Fall der Nutzung des Abschreibungswahlrechts ergibt sich ein Steuerbilanz-Mindervermögen (HB-Mehrvermögen) in Höhe von 19.000 EUR – 18.000 EUR = 1.000 EUR. Somit sind **passive latente Steuern** in Höhe von 0,30 * 1.000 EUR = 300 EUR in der Handelsbilanz zu bilden (§ 274 Abs. 1 S. 1 HGB). Dieser Posten ist im Jahr der Lieferung (Jahr 02) wieder aufzulösen, da sich dann die Differenz in den Bilanzpostenwerten abbaut und die Steuerbelastung eintritt, sodass keine latenten Steuern mehr erforderlich sind. Wird das Wahlrecht zur Teilwertabschreibung nicht genutzt, bleibt es bei der oben angegebenen Lösung des Falles a).
Die Lösung zur Variante ergibt sich in Fall b) entsprechend. Eine Zusammenstellung aller Lösungen findet sich am Ende der Beispielaufgabe.

Fall b): Aktivierung der halbfertigen Maschine in Handels- und Steuerbilanz per 31.12.01 zu Herstellungskosten in Höhe der Wertuntergrenze (§ 255 Abs. 2 u. 3 HGB, R 6.3 Abs. 1 EStR)

Lösung: Berechnung des drohenden Verlustes und der außerplanmäßigen Abwertung zum Bilanzstichtag 31.12.01:

Nettoveräußerungserlös (Fertigerzeugnis)	42.000
- alle in 02 noch anfallenden Kosten (Anschaffungs-/Herstellkosten, direkt zurechenbare Finanzierungskosten, Sondereinzelkosten des Vertriebs, keine kalkulatorischen Kosten, kein Unternehmergewinn)	- 23.000
= Wert der Gegenleistung (bezogen auf das unfertige Erzeugnis) (= beizulegender Wert zum 31.12.01)	= 19.000
- Wert der eigenen unfertigen Leistung (Aktivierungsbetrag vor außerplanmäßiger Abschreibung)	- 18.250
= Drohender Verlust (hier: Gewinn)	= + 750

Die halbfertige Fräsmaschine wird zum 31.12.01 in Handels- und Steuerbilanz mit 18.250 EUR bewertet. Eine steuerrechtliche Teilwertabschreibung aufgrund einer Fehlkalkulation ist nicht möglich. Eine außerplanmäßige Abschreibung in der Handelsbilanz kommt nicht in Frage, da der handelsrechtlich beizulegende Wert um 750 EUR höher ist. Im Jahre 01 wird bereits ein Verlust (Aufwand) berücksichtigt, der den Gesamtverlust aus dem Geschäft von 4.000 EUR um 750 EUR übersteigt, und zwar werden die bereits angefallenen direkt zurechenbaren Finanzierungskosten und Sondereinzelkosten des Vertriebs (insgesamt 4.750 EUR) Gewinn mindernd berücksichtigt. Im Folgejahr entsteht folglich ein Gewinn in Höhe von 750 EUR, da vom Nettoveräußerungserlös (42.000 EUR) nach Abdeckung der im Jahre 02 anfallenden Aufwendungen (23.000 EUR) noch 19.000 EUR übrig bleiben, die den Buchwert von 18.250 EUR übersteigen. Infolge der identischen Werte der Fräsmaschine in Handels- und Steuerbilanz sind *latente Steuern* nicht relevant.

Zusammenfassung der Ergebnisse: Bewertung der unfertigen Maschine und latente Steuern per 31.12.01:

(EUR)	Handels-bilanz	Steuer-bilanz	Aktive latente Steuern	Variante Handelsbilanz	Steuerbilanz	Passive latente Steuern
Fall a)	19.000	20.500	450	19.000	18.000	300
Fall b)	18.250	18.250	---	18.250	18.000	75

Aufgabe 65: Rückstellungen für drohende Verluste aus schwebenden Beschaffungsgeschäften

Aufgaben 66 und 67: Rückstellungen für drohende Verluste aus schwebenden Absatzgeschäften

(3) Dauerschuldverhältnisse

(a) Überblick

Definition:
> *Dauerschuldverhältnisse* oder *Dauerrechtsverhältnisse* sind langfristige Verträge, die in regelmäßig wiederkehrenden Teilleistungen Zug um Zug erfüllt werden. Es handelt sich insoweit um schwebende Geschäfte, als sie zumindest von der zur Sach-, Dienst- oder Werksleistung verpflichteten Vertragsseite für den in der Zukunft liegenden Teil noch nicht erfüllt sind.

Beispiele:
Miet- und Leasingverträge, Arbeitsverträge, Dienst-, Versicherungs- und Darlehensverträge.

Eine Bilanzierung solcher Dauerschuldverhältnisse erfolgt normalerweise nicht, da Leistung und Gegenleistung der Vertragsparteien quasi "Zug um Zug" erbracht werden und sich daher im Gleichgewicht befinden (so gen. ***Ausgeglichenheitsvermutung***). Falls jedoch ein Ungleichgewicht zuungunsten des Betriebs entstanden ist, ein sog. ***"Verpflichtungsüberschuss"***, sind Rückstellungen für drohende Verluste aus schwebenden Geschäften aufgrund des Imparitätsprinzips zu bilden. Eine solche Unausgewogenheit kann dadurch zustande kommen, dass der Wert der über die Vertragsrestlaufzeit noch zu erbringenden Leistung den Wert des Gegenleistungsanspruchs übersteigt. Es handelt sich nämlich insoweit um ein schwebendes Geschäft, als der Vertrag noch nicht durchgeführt ist.

Bei ***Miet- und Leasingverträgen*** ist zur Bemessung der Rückstellungshöhe dem Zahlungsanspruch des Vermieters aus dem Mietvertrag der Wert der Verpflichtung zur Überlassung und Erhaltung der vermieteten Sache (Selbstkosten, insbesondere AfA, Wartungs- und Reparaturkosten, Finanzierungskosten) gegenüberzustellen[1]. Kalkulatorische Kosten oder ein kalkulierter Gewinn sind bei der Ermittlung des drohenden Verlustes nicht einzubeziehen. Bei einem Leasingnehmer ergibt sich ein ***Verpflichtungsüberschuss***, wenn der Barwert der zu zahlenden Leasingraten den beizulegenden Wert des Leasingobjekts übersteigt[2]. Eine solche Konstellation kann sich ergeben, wenn das Leasingobjekt aufgrund von Modeänderungen oder Nachfrageverschiebungen nicht mehr genutzt werden kann. Drohverlustrückstellungen können gemäß BFH-Rechtsprechung allerdings nur gebildet werden, wenn dem Dauerschuldverhältnis ein negativer Erfolgsbeitrag zugeordnet werden kann. Dies ist oft nicht möglich, da sich einem Absatzgeschäft nur ausnahmsweise ein bestimmtes Beschaffungsgeschäft zuordnen lässt oder - allgemeiner ausgedrückt - da der Unternehmensgesamterfolg sich i.d.R. nicht anteilig einem bestimmten Produktionsfaktor zuordnen lässt. So ist die Verpflichtung des Leasingnehmers zur Zahlung von Leasingraten leicht feststellbar, nicht aber der betriebsinterne Wert des geleasten Grundstücks im Sinne seines Erfolgsbeitrags für das Gesamtunternehmen des Leasingnehmers. Nur im oben genannten extremen Beispiel, wenn nämlich durch Nachfrageverschiebungen das Leasingobjekt nicht mehr nutzbar ist und die Leasingraten nachhaltig nicht mehr erwirtschaftet werden können, ist offenkundig, dass das Leasingobjekt für das Unternehmen keinen Wert mehr hat.

Die Frage nach dem ***Saldierungserfordernis*** zur Ermittlung des drohenden Verlustes oder Verpflichtungsüberschusses stellt sich besonders bei Dauerschuldverhältnissen. Grundsätzlich ist die Saldierung entsprechend dem Grundsatz der Einzelbewertung nur innerhalb eines schwebenden Geschäfts vorzunehmen. Mehrere Verträge können jedoch dann zu einem einzigen schwebenden Geschäft, also zu einer sog. ***Bewertungseinheit***, zusammengefasst werden, wenn zwischen ihnen ein enger rechtlicher und wirtschaftlicher Zusammenhang besteht. Dies ist etwa der Fall bei miteinander verknüpften Verträgen (sog. Koppelungsgeschäften) oder bei Zins- oder Devisensicherungsgeschäften.[3] Diese Möglichkeit der Bildung von Bewertungseinheiten wurde durch das BilMoG in § 254 HGB kodifiziert und wird auch über die konkrete Maßgeblichkeit in die Steuerbilanz übernommen (§ 5 Abs. 1a EStG).

---

[1] Nach BFH 19.7.1983, BStBl. 1984 II S. 56, sind die Barwerte zu vergleichen. Nach BFH 7.10.1997, BStBl. 1998 II, S. 331 sind Mietzahlungsverpflichtungen nur dann abzuzinsen, wenn sie einen Zinsanteil enthalten. IDW RS HFA 4 stellt ebenfalls grundsätzlich auf Barwerte ab, vereinfachend kann auf eine Abzinsung aber auch verzichtet werden, wenn der Diskontierungszinssatz dem voraussichtlichen Fremdfinanzierungszinssatz oder den erwarteten Kostensteigerungen etwa entspricht und deren Höhe dann bei den voraussichtlichen Aufwendungen nicht berücksichtigt wird.

[2] BFH 8.10.1987, BStBl. 1988 II S. 57.

[3] Vgl. Mayer-Wegelin/Kessler/Höfer, in: Küting/Weber § 249 Tz. 64 u. 67.

In der neueren Rechtsprechung des BFH wird, z.B. bei Arbeitsverträgen, die Ausgeglichenheitsvermutung stark betont, somit wird auch der Saldierungsbereich weit gezogen. Im sog. Apotheker-Fall wurde allerdings erst mit dem Beschluss des Großen Senats des BFH vom 23.6.1997 (BStBl. 1997 II, S. 735) eine Saldierung des drohenden Verlustes eines Apothekers aus der Vermietung von Praxisräumen an einen Arzt in räumlicher Nähe zur Apotheke mit zukünftig erwarteten wirtschaftlichen Vorteilen des Apothekers aufgrund dieses günstigen Standorts der Arztpraxis für geboten erklärt, so dass grundsätzlich keine Drohverlustrückstellung gebildet werden darf. Dieser Beschluss hat auch Bedeutung für verwandte Fragestellungen, etwa für die Bilanzierung von Finanzinnovationen.

Arbeitsverträge sind nach Meinung des BFH i.d.R. ausgeglichen. Dies gilt z.B. auch für Ausbildungsverträge, sofern die Bedingungen als üblich anzusehen sind, also mit tarifvertraglichen Vereinbarungen übereinstimmen. Sollten sich in einzelnen Jahren Ungleichgewichte ergeben, z.B. könnte im ersten Lehrjahr von Auszubildenden deren Leistung für den Betrieb die Vergütung unterschreiten, so gibt es andere Vorteile für den Arbeitgeber, die wieder zu einer Ausgeglichenheit des Vertrags über die Gesamtlaufzeit führen. Dazu gehört z.B. auch der Vorteil für das Unternehmen, aus im eigenen Haus ausgebildeten Fachkräften auswählen zu können[1]. *Handelsrechtlich* besteht ebenfalls grundsätzlich ein Passivierungsverbot, bei Überausbildung über den Eigenbedarf des Unternehmens hinaus wird jedoch in der Literatur[2] eine Rückstellungspflicht wegen Unausgeglichenheit des schwebenden Geschäfts vertreten. Die Rechtsprechung des BFH ließ auch in diesem Falle keine Rückstellungsbildung zu (3.2.1993, BStBl. 1993 II S. 441).

Das *gesetzliche Verbot* seit dem 1.1.1997 zur Bildung von Rückstellungen für drohende Verluste aus schwebenden Geschäften in der **Steuerbilanz** (§ 5 Abs. 4a EStG) gilt auch für Drohverlustrückstellungen bei Dauerschuldverhältnissen. Diese sind also nur in der Handelsbilanz unter Beachtung der dargestellten Grundsätze verpflichtend zu bilden.

Auf zwei wichtige Arten von Dauerschuldverhältnissen, die von § 5 Abs. 4a EStG nicht betroffen sind, da hierbei Verbindlichkeitsrückstellungen zu bilden sind (vgl. R 5.7 Abs. 8 u. 9 EStR), soll nun noch etwas ausführlicher eingegangen werden.

(b) Urlaubsrückstellungen

Die Ausgeglichenheit der vertraglich voneinander abhängigen Leistungen und Gegenleistungen kann aber nicht nur durch einen in der Restlaufzeit des Vertrages drohenden Verlust, sondern auch dadurch ergeben, dass der Vertragspartner bis zum Bilanzstichtag seine (Teil-)Gegenleistung erbracht hat, das betrachtete Unternehmen aber die entsprechende eigene (Teil-)Leistung noch schuldet und erst nach dem Stichtag erfüllen wird. Für die Verpflichtung zur Nachholung der überfälligen (Teil-) Leistungen (so gen. *Erfüllungsrückstände*[3]) ist handels- und auch steuerrechtlich (!) gemäß § 249 Abs. 1 S. 1 HGB i.V.m. § 5 Abs. 1 S. 1 HGB eine **Rückstellung für ungewisse Verbindlichkeiten** zu bilden. Solche zeitlichen Verschiebungen können durchaus auch vereinbart sein (z.B. bei Arbeitsverträgen). Bauen sich Erfüllungsrück-

---

[1] Vgl. BFH 25.1.1984, BStBl. 1984 II, S. 344. Mit gleichem Ergebnis bei Leistungen nach dem Mutterschutzgesetz BFH 2.10.1997, BStBl. 1998 II, S. 205, bei Gehaltsfortzahlungen im Krankheitsfalle BFH 27.6.2001, BStBl. 2001 II, S. 758.
[2] Vgl. Schülen, W. Entwicklungstendenzen bei der Bildung von Rückstellungen, WPg, 1983, S. 658-665.
[3] Vgl. BFH 3.12.1991, BStBl. 1993 II S. 89; R 5.7 Abs. 8 EStR; H 5.7 Abs. 8 „Erfüllungsrückstand" EStH).

stände im Zeitablauf kontinuierlich auf, dann ist die entsprechende Rückstellung kontinuierlich über die Jahre anzusammeln (sog. *Ansammlungsrückstellung*, z.B. für Jubiläumszuwendungen, s.u.).

Gerät der Arbeitgeber bei Arbeitsverträgen dadurch in Erfüllungsrückstand, dass der Arbeitnehmer den ihm zustehenden Urlaub bis zum Bilanzstichtag nur zum Teil genommen hat, so besteht die Pflicht zur Bildung einer Verbindlichkeitsrückstellung, einer sog. *Urlaubsrückstellung*. Die *handelsrechtlich* herrschende Meinung geht davon aus, dass der Erfüllungsrückstand in diesem Falle allein in der Gewährung von Freizeit besteht, da der Arbeitgeber alle Gehaltszahlungen geleistet hat. Zur Bemessung der Urlaubsrückstellung ist der Erfüllungsrückstand, also die noch ausstehenden Urlaubstage ("Freizeitgewährung"), am Bilanzstichtag zu bewerten[1]. Die Kosten pro Arbeitstag bzw. pro Urlaubstag sind nach folgendem Schema zu berechnen:

Jahreslohn (unter Berücksichtigung bereits vereinbarter Lohnerhöhungen nach dem Bilanzstichtag)			
+ Einmalzahlungen (13. Monatsgehalt, Weihnachtsgeld, Erfolgsbeteiligung, Urlaubsgeld u.ä.)			
+ Arbeitgeberanteil zur Sozialversicherung			
+ Zuführungen zu den Pensionsrückstellungen	Arbeitstage pro Jahr		
+ anteilige Personalverwaltungsgemeinkosten	- (z.T. geschätzte) Ausfallzeiten (Krankheit, Kur, Mutterschutz, Urlaub)		
= **Summe Entgelte**	:	**Summe der tatsächlich geleisteten Arbeitstage**	= **Kosten pro Arbeitstag**

Steuerrechtlich ist diese Bewertung der Urlaubsrückstellung nicht zulässig. Der BFH hat die alte Berechnungsweise, die früher auch handelsrechtlich angewandt wurde, in neuerer Zeit bestätigt.[2] Danach handelt es sich bei der Urlaubsrückstellung um eine Rückstellung für ungewisse Verbindlichkeiten gegenüber Dritten, und zwar nicht für Sachleistungen, sondern für Geldleistungen. Daher darf nur der während des noch ausstehenden Urlaubs fortzuzahlende Arbeitslohn und der darauf entfallende Arbeitgeberanteil zur Sozialversicherung zurückgestellt werden. Außerdem sind Kostensteigerungen nach dem Bilanzstichtag nicht zu berücksichtigen (H 6.11 „Urlaubsverpflichtung" EStH; § 6 Abs. 1 Nr. 3a Buchst. f EStG).

Aufgabe 68: Urlaubsrückstellungen

(c) Jubiläumsrückstellungen

Jubiläumszusagen eines Unternehmens an seine Arbeitnehmer werden für 10-, 15-, 20-, 25- und/oder 30-jährige Betriebszugehörigkeit des Mitarbeiters gegeben, um dessen Betriebstreue durch Geschenke oder Zahlung eines (anteiligen) Monatslohnes zu belohnen. Diese Jubiläumszuwendungen sind erfolgsunabhängig und werden vom Arbeitnehmer durch seine Arbeitsleistung während seiner Betriebsangehörigkeit kontinuierlich verdient. Sie lassen sich als

---

[1] Vgl. Olbrich, Chr., Zur Berechnung der Urlaubsrückstellung, WPg 1985, S. 174 ff.; IDW-Schreiben, WPg 1992, S.330.
[2] BFH 6.12.1995, BStBl. 1996 II S. 406; BFH 8.7.1992, DStR 1992, S. 1353.

Leistungs- oder *Erfüllungsrückstand* des Arbeitgebers auffassen, da der Arbeitnehmer seine Tätigkeit bis zum jeweiligen Bilanzstichtag bereits anteilig erfüllt hat, die entsprechende Jubiläumszahlung jedoch erst in Zukunft erbracht wird. Für diesen Erfüllungsrückstand, der wirtschaftlich vor dem Bilanzstichtag verursacht ist und zeitanteilig bis zum Jubiläumszeitpunkt anwächst, ist nach handelsrechtlicher h.M.[1] eine Rückstellung für *ungewisse Verbindlichkeiten* zu bilden (*Ansammlungsrückstellung*). Eine entsprechende Änderung seiner Rechtsprechung vollzog der BFH mit seinem Urteil vom 5.2.1987.[2] Bei der Berechnung der Höhe der Rückstellung sollte nach den Vorstellungen des BFH eine *Abzinsung* der Verpflichtungen auf den Bilanzstichtag erfolgen und ein Abschlag für zukünftiges vorzeitiges Ausscheiden von Mitarbeitern, die ihren Jubiläumsanspruch nicht realisieren können ("Fluktuationsabschlag"), gemacht werden. Aus rein fiskalischen Gründen mussten die Jubiläumsrückstellungen in der Steuerbilanz am 31.12.1988 zumindest zu einem Drittel wieder aufgelöst werden (§ 52 Abs. 6 EStG), um ab 1.1.1993 unter restriktiven Voraussetzungen wieder aufgebaut werden zu dürfen. § 5 Abs. 4 enthält diese Bedingungen[3]:

- Rückstellungen dürfen nur für nach dem 31.12.1992 erworbene Anwartschaften gebildet werden, eine Nachholung früher verdienter Jubiläumsrückstellungen ist nicht zulässig.
- Rückstellungen dürfen nur gebildet werden, wenn das Dienstverhältnis mindestens 10 Jahre bestanden hat. Damit soll die Fluktuation berücksichtigt werden.
- Rückstellungen dürfen nur für Dienstjubiläen ab 15jähriger Betriebszugehörigkeit gebildet werden. Damit soll dem fiskalischen Ziel gehuldigt werden.
- Rückstellungen dürfen nur gebildet werden, wenn die Zusage schriftlich erteilt ist.

In seinem Urteil vom 18.1.2007 (BStBl. 2008 II, S. 956) entschied der BFH, dass die Bildung der Jubiläumsrückstellungen in der Steuerbilanz nicht voraussetzt, dass sich der Arbeitgeber rechtsverbindlich, unwiderruflich und vorbehaltlos zu der Leistung verpflichtet hat. Die Finanzverwaltung prüft jedoch bei Betriebsvereinbarungen mit Wiederrufsvorbe-halten besonders, ob nach der bisherigen betrieblichen Übung oder nach objektiv erkennbaren Tatsachen am jeweiligen Bilanzstichtag die Entstehung der Verbindlichkeit wahrscheinlich ist.

Für die Bewertung der zugesagten Leistungen sind die Wertverhältnisse am Bilanzstichtag maßgebend. Neben der einer Bewertung nach versicherungsmathematischen Grundsätzen ist alternativ ein pauschales Bewertungsverfahren (Tabelle in den BMF-Schreiben) zulässig.
Handelsrechtlich besteht nach dem Imparitätsprinzip eine Pflicht zur Rückstellungsbildung, wobei die Höhe der Rückstellung unabhängig von den Einschränkungen gemäß § 5 Abs. 4 EStG nach den Überlegungen des BFH und ggf. statistischen Methoden zu berechnen ist. Aufgrund des BilMoG sind seit 1.1.2010 auch in der Handelsbilanz Rückstellung mit einer Restlaufzeit von mehr als einem Jahr abzuzinsen, allerdings nicht mit 5,5% wie in der Steuerbilanz, sondern mit dem durchschnittlichen Marktzinssatz für die jeweilige Restlaufzeit, der von der Deutschen Bundesbank ermittelt und bekannt gegeben wird (§ 253 Abs. 2 HGB). Der Maßgeblichkeitsgrundsatz (§ 5 Abs. 1 S. 1 EStG) führt zu einer Passivierungspflicht in der Steuerbilanz, der Bewertungsvorbehalt zu einer drastischen Beschränkung der Rückstellungshöhe zugunsten der Steuereinnahmen des Fiskus.

---

[1] Vgl. z.B. Hoyos/M. Ring, in: Beck Bil-Komm. § 249 Tz. 100 „Jubiläumszuwendungen"; Mayer-Wegelin/ Kessler/ Höfer, in: Küting/Weber § 249 Tz. 151.

[2] BFH 5.2.1987, BStBl. 1987 II S. 845.

[3] Vgl. dazu im Einzelnen und zur Bewertung die BMF-Schreiben vom 29.10.1993, BStBl. 1993 I, S. 898, vom 12.4.1999, BStBl. 1999 I, S.434, und vom 8.12.2008, BStBl. 2008 I, S. 1013.

d) Rückstellungen für unterlassene Aufwendungen für Instandhaltung oder für Abraumbeseitigung

Handelsrechtlich muss gemäß § 249 Abs. 1 S. 2 Nr. 1 HGB eine Rückstellung für unterlassene Instandhaltung in Höhe der geschätzten späteren Ausgaben gebildet werden, sofern die Instandhaltung in den ersten drei Monaten des folgenden Geschäftsjahrs nachgeholt wird. Nachholung heißt hierbei Fertigstellung der Reparaturarbeiten. Es genügt also nicht, wenn die Arbeiten innerhalb der Dreimonatsfrist zwar begonnen, nicht aber abgeschlossen werden. Werden die unterlassenen Reparaturarbeiten erst nach Ablauf der Dreimonatsfrist fertiggestellt, so ist seit 1.1.2010 keine Rückstellungsbildung mehr zulässig.

Beispiele:
- Beschädigungen von Produktionsanlagen, Gegenständen der Betriebs- und Geschäftsausstattung, Kraftfahrzeugen, Gebäuden u.ä. und Verschiebung der notwendigen Reparatur, um eine Produktionsunterbrechung zu vermeiden,
- Verschiebung einer regelmäßig jährlich erfolgenden Wartung von Produktionsanlagen wegen Terminschwierigkeiten der Handwerker.

Die Rückstellung dient nur der richtigen Periodengewinnermittlung, es handelt sich also um eine reine **Innenverpflichtung**. Eine Verbindlichkeit gegenüber Dritten besteht nicht, also insbesondere nicht gegenüber einem externen Handwerker. Dieser hat noch keine Leistung erbracht oder es wurde mit ihm noch gar kein Vertrag geschlossen. Man kann nur von einer Verpflichtung des Kaufmanns "gegenüber sich selbst" zur Nachholung der Reparatur sprechen.

Bei unterlassener Abraumbeseitigung im Falle des Abbaus von Braunkohle, Kalk u.ä. im Tagebau oder im Falle von Bauschutt ist die Frist der Nachholung mit Rückstellungspflicht auf das gesamte folgende Geschäftsjahr verlängert. Besteht eine rechtliche Verpflichtung zur Abraumbeseitigung, so ist eine Rückstellung für ungewisse Verbindlichkeiten zu bilden.

Steuerrechtlich besteht aufgrund des Maßgeblichkeitsprinzips genau wie *handelsrechtlich* ein **Passivierungsgebot** für Rückstellungen für unterlassene Instandhaltung, sofern die Instandhaltung innerhalb der ersten 3 Monate des folgenden Geschäftsjahrs nachgeholt wird, und ein **Passivierungsverbot** im Falle der späteren Nachholung (§ 249 Abs. 1 S. 2 Nr. 1 HGB i.V.m. § 5 Abs. 1 S. 1 EStG; R 5.7 Abs. 11 EStR). Eine solche steuerlich zulässige und sogar verpflichtende Bildung von Aufwandsrückstellungen, die allein der richtigen Periodenabgrenzung dienen, ist ein Ausnahmefall. Die Dreimonatsfrist verhindert jedoch Missbrauch und Manipulation. Bis zum Bilanzaufstellungstag steht nämlich fest, ob die Nachholung erfolgt ist und damit eine Rückstellung zulässig ist und auch die Höhe der Aufwendungen ist weitgehend konkretisiert. Die BFH-Rechtsprechung[1] hat allerdings zu einer Einschränkung der Passivierungspflicht gegenüber den handelsrechtlichen Möglichkeiten geführt, die darin besteht, dass turnusmäßige, in gleichen Zeitabständen anfallende Erhaltungsarbeiten i.d.R. steuerrechtlich nicht als unterlassene Instandhaltungen angesehen werden (H 5.7 Abs. 11 „Turnusgemäße Erhaltungsarbeiten" EStH).

Rückstellungen für unterlassene Abraumbeseitigung sind in der Steuerbilanz ebenfalls verpflichtend, wenn diese innerhalb des folgenden Geschäftsjahrs nachgeholt werden.

---

[1] Vgl. BFH 15.2.1955, BStBl. 1955 III S. 172.

> **Aufgabe 69: Rückstellung für unterlassene Instandhaltung und Abraumbeseitigung**

2. Bilanzierung und Bewertung von Rückstellungen nach IFRS

a) Rückstellungen gemäß IAS 37

IAS 37 regelt die Bilanzierung und Bewertung von Rückstellungen, Eventualverbindlichkeiten und Eventualforderungen.[1]

Unter **Schulden** sind gemäß IAS 37.10 gegenwärtige rechtliche oder wirtschaftliche Verpflichtungen zu verstehen, die durch Ereignisse in der Vergangenheit entstanden sind und deren Erfüllung mit einem erwarteten Nutzenabfluss für das Unternehmen verbunden ist. Auf finanzielle Verbindlichkeiten (einschließlich Garantien) ist IAS 39 (Finanzinstrumente) anzuwenden.

Eine *Eventualverpflichtung ("Contingent Liability")* (IAS 37.10) ist eine
- mögliche Verpflichtung, die aus vergangenen Ereignissen resultiert, deren Existenz aber noch durch das Eintreten oder Nichteintreten unsicherer künftiger Ereignisse, die nicht vollständig unter der Kontrolle des Unternehmens stehen, bestätigt wird
- gegenwärtige Verpflichtung, die auf vergangenen Ereignissen beruht, aber nicht den Ansatzkriterien genügt und daher nicht erfasst wird, weil ein Abfluss von Ressourcen mit wirtschaftlichem Nutzen nicht wahrscheinlich ist oder weil deren Höhe sich nicht ausreichend verlässlich schätzen lässt.

Eventualverpflichtungen dürfen nicht passiviert werden. Sie sind lediglich als Eventualschulden im Anhang anzugeben, sofern ein Abfluss von Ressourcen mit wirtschaftlichem Nutzen nicht unwahrscheinlich ist (IAS 37.27 u. 86). Analoges gilt für Eventualforderungen wie beispielsweise einen Schadensersatzanspruch, den das Unternehmen mit unsicherem Ausgang gerichtlich durchzusetzen versucht (IAS 37.10 u. 31 u. 89)[2].

Rückstellungen ("Provisions") stellen eine eigenständige Bilanzposition dar (IAS 1.54). Sie sind – wie auch im deutschen Handelsrecht – als Schulden definiert, die bezüglich ihrer Fälligkeit oder ihrer Höhe ungewiss sind (IAS 37.10). Für die Passivierung von Rückstellungen sind Ansatzkriterien zu beachten, die im Folgenden näher erläutert werden. Eine Rückstellung muss passiviert werden (Pflicht), wenn
- „(a) ein Unternehmen aus einem Ereignis der Vergangenheit eine gegenwärtige Verpflichtung (rechtlich oder faktisch) hat,
- (b) der Abfluss von Ressourcen mit wirtschaftlichem Nutzen zur Erfüllung dieser Verpflichtung wahrscheinlich ist, und
- (c) eine zuverlässige Schätzung der Höhe der Verpflichtung möglich ist" (IAS 37.14).

---

[1] Weitere Vorschriften zu Rückstellungen bzw. Schulden finden sich z.B. in IAS 11 (Fertigungsaufträge), IAS 12 (Ertragsteuern), IAS 17 (Leasingverhältnisse), IAS 19 (Leistungen an Arbeitnehmer), IAS 39 (Finanzinstrumente) oder IFRS 4 (Versicherungsverträge).

[2] Sofern Eventualverbindlichkeiten, Eventualforderungen oder auch Rückstellungen aus Finanzinstrumenten resultieren, die zum beizulegenden Zeitwert bewertet werden, sind sie nach IAS 39 zu bilanzieren und zu bewerten.

Ist eine dieser Voraussetzungen nicht erfüllt, darf keine Rückstellung gebildet werden.

In Fällen, in denen unklar ist, ob eine *gegenwärtige Verpflichtung* vorliegt, kann von einer solchen ausgegangen werden, wenn mehr Hinweise für als gegen ein Vorliegen sprechen (IAS 37.15). Die gegenwärtige Verpflichtung kann rechtlicher oder faktischer Natur sein. Eine *rechtliche* Verpflichtung liegt vor, wenn das bilanzierende Unternehmen aufgrund vertraglicher oder gesetzlicher Vorschriften zu einer bestimmten Handlung verpflichtet wird. Ob eine gegenwärtige rechtliche Verpflichtung besteht, kann bei Rechtsstreitigkeiten unklar sein. Gegebenenfalls müssen Sachverständige zur Klärung dieser Frage herangezogen werden (IAS 37.16). Eine *wirtschaftliche oder faktische* Verpflichtung entsteht aus den Aktivitäten des Unternehmens und liegt vor, wenn das Unternehmen – z.B. aufgrund des bisherigen Geschäftsgebarens – keine realistische Alternative zur Erfüllung der Verpflichtung hat, auch wenn weder Gesetz noch Verträge eine rechtliche Grundlage schaffen. Das Unternehmen kann etwa durch sein bisheriges Verhalten (z.B. Kulanzleistungen, öffentlich angekündigte Übernahme von Verpflichtungen) Erwartungen bei den Kunden bzw. in der Öffentlichkeit geweckt haben, die zu erfüllen es gezwungen ist, um wirtschaftliche Nachteile zu vermeiden. Ein vergangenes Ereignis gilt als verpflichtend, wenn das Unternehmen sich der Erfüllung der Verpflichtung unabhängig von der künftigen Geschäftstätigkeit nicht entziehen kann. Dies ist etwa bei der Beseitigung in der Vergangenheit unrechtmäßig verursachter Umweltschäden der Fall. Wenn das Unternehmen aber diese Ausgaben, z.B. für gesetzliche Umweltschutzauflagen (Einbau von Filteranlagen), durch seine künftigen Aktivitäten, z.B. durch die Änderung des Produktionsverfahrens, vermeiden kann, liegt keine gegenwärtige Verpflichtung für solche Ausgaben vor, und eine Rückstellung darf in diesem Fall nicht gebildet werden (IAS 37.19).

Ferner muss die Verpflichtung stets *einem Dritten gegenüber* (IAS 37.20) bestehen, wobei es jedoch unwesentlich ist, ob der Dritte bekannt oder identifizierbar ist. Sie kann sogar gegenüber der Öffentlichkeit in ihrer Gesamtheit bestehen. Allerdings stellen nicht veröffentlichte Entscheidungen der Unternehmensleitung noch keine faktische Verpflichtung dar, sofern sie nicht vor dem Bilanzstichtag den betroffenen Parteien mitgeteilt wurden und bei diesen die gerechtfertigte Erwartung hervorgerufen haben, dass das Unternehmen seine Verpflichtungen erfüllen wird. Da im Falle der nach § 249 Abs. 1 S. 2 Nr. 1 HGB zu passivierenden Aufwandsrückstellungen keine Verpflichtung gegenüber Dritten gegeben ist, dürfen solche Rückstellungen für Innenverpflichtungen nach IFRS nicht gebildet werden.

Eine weitere Voraussetzung für den Ansatz einer Rückstellung ist, dass der Abfluss von nutzenstiftenden Ressourcen *wahrscheinlich („probable")* ist, d.h., dass mehr Gründe dafür als dagegen sprechen und somit die Eintrittswahrscheinlichkeit größer ist also die Wahrscheinlichkeit, dass das Ereignis nicht eintritt (IAS 37.23). Schließlich ist Voraussetzung für die Passivierung einer Rückstellung, dass die Höhe der Verpflichtung verlässlich geschätzt werden kann. Ist dies nicht der Fall, so ist eine Eventualschuld im Anhang anzugeben (IAS 37.25 f. u. 86).

Der Bilanzierende muss sich also folgende Fragen stellen und beantworten (IAS 37.14 und IAS 37.27 f.):
- Besteht gegenwärtig eine Verpflichtung verbunden mit einem Ressourcenabflusses aufgrund eines vergangenen Ereignisses oder ist die Verpflichtung lediglich möglich?
- Ist ein Abfluss von Ressourcen wahrscheinlich (also Wahrscheinlichkeit größer als 50%) oder nur „nicht wahrscheinlich" (aber auch „nicht unwahrscheinlich") oder gänzlich unwahrscheinlich?
- Ist die Höhe des Ressourcenabflusses verlässlich schätzbar?

Es wird unmittelbar deutlich, dass mehrere unbestimmte Rechtsbegriffe („wahrscheinlich", „nicht unwahrscheinlich", „verlässlich") dem bilanzierenden Unternehmen *Ermessensspielräume* bei der Abgrenzung von Eventualverbindlichkeiten und Rückstellungen eröffnen.

Der folgende Entscheidungsbaum gibt einen Überblick über die zu prüfenden Ansatzvoraussetzungen und die Abgrenzung zwischen Rückstellungen und Eventualschulden.

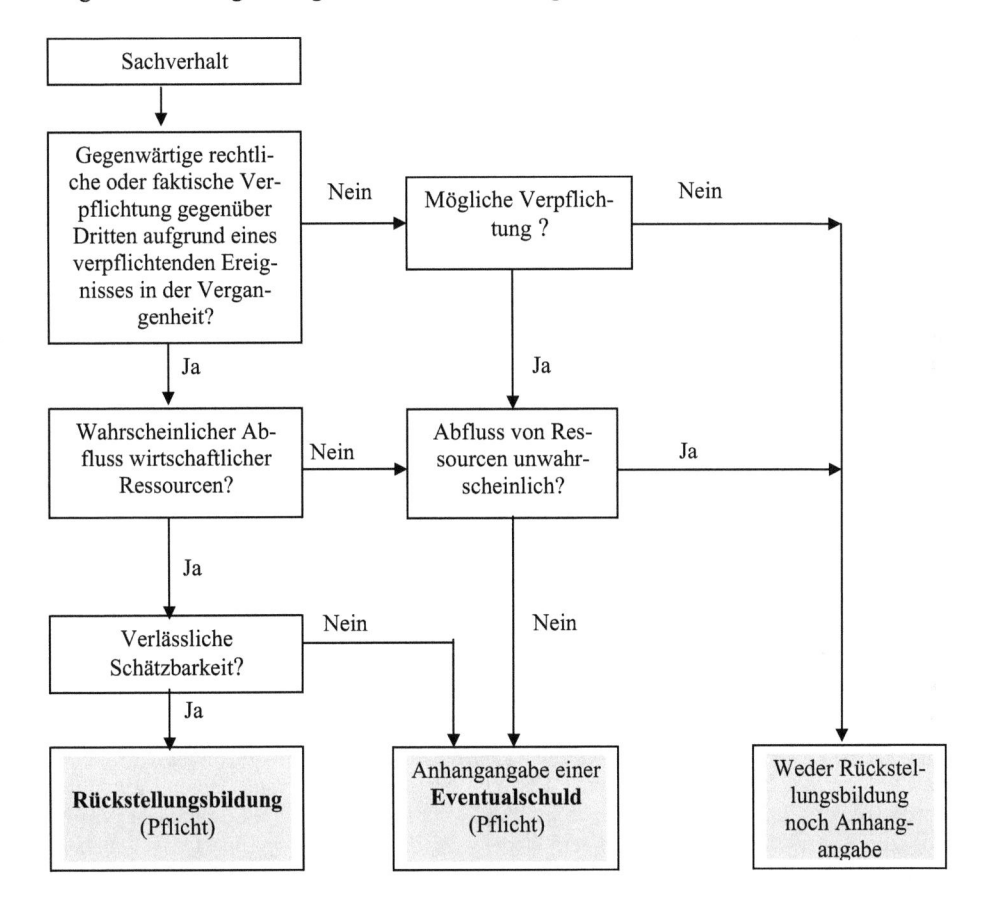

```
                    Sachverhalt
                         ↓
        ┌────────────────────────────┐
        │ Gegenwärtige rechtli-      │         ┌──────────────┐
        │ che oder faktische Ver-    │  Nein   │ Mögliche Ver-│  Nein
        │ pflichtung gegenüber       │────────→│ pflichtung ? │────────→
        │ Dritten aufgrund eines     │         └──────────────┘
        │ verpflichtenden Ereig-     │                 │
        │ nisses in der Vergan-      │                 │
        │ genheit?                   │                 │
        └────────────────────────────┘                 │
                     │ Ja                              │ Ja
                     ↓                                 ↓
        ┌────────────────────┐   Nein   ┌──────────────────┐  Ja
        │ Wahrscheinlicher Ab-│─────────→│ Abfluss von Res- │────→
        │ fluss wirtschaftlicher│        │ sourcen unwahr-  │
        │ Ressourcen?         │          │ scheinlich?      │
        └────────────────────┘           └──────────────────┘
                     │ Ja                          │ Nein
                     ↓                             │
        ┌─────────────┐   Nein                     │
        │ Verlässliche│──────────┐                 │
        │ Schätzbarkeit?         │                 │
        └─────────────┘          │                 │
                     │ Ja        ↓                 ↓
        ┌─────────────────┐  ┌──────────────┐  ┌──────────────┐
        │ Rückstellungsbildung│ │Anhangangabe einer│ │Weder Rückstel-│
        │ (Pflicht)       │  │ Eventualschuld│ │ lungsbildung │
        │                 │  │ (Pflicht)     │ │ noch Anhang- │
        │                 │  │               │ │ angabe       │
        └─────────────────┘  └──────────────┘  └──────────────┘
```

Sofern die Ansatzvoraussetzungen zur Bildung einer Rückstellung vorliegen, *muss* eine Rückstellung *passiviert werden*. Liegt mindestens eine Ansatzvoraussetzung nicht vor, darf keine Rückstellung gebildet werden, sondern es ist eine Eventualschuld anzugeben. Im Rahmen der Rechnungslegung nach IFRS sind Wahlrechte zur Bildung von Rückstellungen nicht vorgesehen. Wie nach § 249 Abs. 2 HGB dürfen auch hier Rückstellungen nur für die Ausgaben verbraucht werden, für die sie ursprünglich gebildet wurden (IAS 37.61). An jedem Bilanzstichtag ist die Höhe der Rückstellung zu überprüfen und gegebenenfalls an eine verbesserte Schätzung anzupassen. Rückstellungen sind erfolgserhöhend aufzulösen, wenn ein Abfluss von Ressourcen mit wirtschaftlichem Nutzen nicht mehr wahrscheinlich ist (IAS 37.59).

Als *Rückstellungsarten* werden die folgenden unterschieden:
- Rückstellungen für ungewisse Verbindlichkeiten (IAS 37.10, 11 f. u. 14)
- Rückstellungen für drohende Verluste aus belastenden Verträgen (IAS 37.66)

- Rückstellungen für Restrukturierungsmaßnahmen (IAS 37.70-83)
- Rückstellungen für Entsorgungs-, Wiederherstellungs- und ähnliche Verpflichtungen (IAS 16.18 und IFRIC 1).

Alle oben genannten Definitionen und Anforderungen beziehen sich auf Rückstellungen allgemein, d.h. also auf *Rückstellungen für ungewisse Verbindlichkeiten*. Es gibt aber noch einige spezifische Fälle von Rückstellungen, die im Folgenden erläutert werden.

Außerdem besteht auch eine Pflicht zur Bildung von Rückstellungen für drohende Verluste, die in IAS 37.66 *Rückstellungen für belastende Verträge* genannt werden. Verträge, die ohne Entschädigung stornierbar sind, oder noch zu erfüllende Verträge, die sowohl Rechte als auch Verpflichtungen für jede Vertragspartei begründen, aber ausgeglichen oder vorteilhaft sind, sind keine belastenden Verträge (IAS 37.67). Belastend sind Verträge dann, wenn die mit deren Erfüllung verbundenen unvermeidbaren Kosten höher sind als der erwartete wirtschaftliche Nutzen. Die unvermeidbaren Kosten sind dabei der niedrigere Betrag von Vertragserfüllungskosten (Einzel- und produktionsbedingte Gemeinkosten) oder Entschädigungs-/Strafgeldern bei Nichterfüllung (IAS 37.68). Die Rückstellung ist in Höhe der gegenwärtigen vertraglichen Verpflichtung anzusetzen und zu bewerten (IAS 37.10 u. 66). Bevor es zur Rückstellungsbildung kommt, hat das Unternehmen außerplanmäßige Abschreibungen auf Vermögenswerte, die mit dem Vertrag verbunden sind, zu erfassen (IAS 37.69). Rückstellungen im Zusammenhang mit künftigen betrieblichen Verlusten sind nicht zulässig, da das Ansatzkriterium „gegenwärtige Verpflichtung aus einem Ereignis der Vergangenheit" nicht erfüllt ist (IAS 37.63). Solche künftigen Verluste können ein Indiz von (außerplanmäßigen) Wertminderungen von Vermögenswerten sein, die nach IAS 36 zu berücksichtigen sind (IAS 37.65).

Als besondere Art von Rückstellungen für ungewisse Verbindlichkeiten werden in IAS 37.70-83 die *Rückstellungen für Restrukturierungsmaßnahmen („Restructuring Provisions")* angeführt, da es notwendig erscheint, die Anwendung der allgemeinen Ansatzkriterien auf diesen Fall klarzustellen. Unter Restrukturierungsmaßnahmen sind z.B. Verkauf oder Aufgabe eines Geschäftszweigs, Stilllegung oder Verlegung von Werken oder Niederlassungen, Änderungen in der Managementstruktur, tiefgreifende Änderungen der Geschäftstätigkeit (IAS 37.70) zu verstehen. Eine *rechtliche Verpflichtung* zur Restrukturierung liegt vor, wenn vor dem Stichtag bereits ein bindender Vertrag über den Verkauf eines Bereichs geschlossen wurde (IAS 37.78). Da oftmals keine rechtliche, sondern lediglich eine faktische Verpflichtung zur Restrukturierung gegeben sein wird, wird im Standard detailliert angegeben, unter welchen Voraussetzungen dies der Fall ist und eine Rückstellungsbildung somit verpflichtend ist. Eine solche *faktische Verpflichtung* liegt vor, wenn ein detaillierter formaler Restrukturierungsplan vorliegt, der mindestens folgende Angaben enthält: den betroffenen Geschäftsbereich, die wichtigsten betroffenen Standorte, Standort, Funktion und ungefähre Anzahl der Arbeitnehmer, die eine Abfindung erhalten werden, die zu erwartenden Ausgaben und den Realisierungszeitpunkt des Plans. Außerdem muss das Unternehmen vor dem Bilanzstichtag mit der Umsetzung des Plans (Demontage oder Verkauf von Sachanlagen) begonnen haben oder auch durch die öffentliche Ankündigung der Hauptpunkte des Plans bei den Betroffenen eine gerechtfertigte Erwartung geweckt haben, dass der Plan durchgeführt wird (IAS 37.72). Die *Höhe der Rückstellung* darf nur die direkt im Zusammenhang mit der Restrukturierung stehenden Ausgaben umfassen, also keine Ausgaben, die aus den laufenden Aktivitäten des Unternehmens resultieren oder im Zusammenhang mit der künftigen Geschäftstätigkeit entstehen (IAS 37.80). Nach deutschem Handels- und Steuerrecht sind für Sozialplanverpflichtungen Rückstellungen zu bilden, sobald ernsthaft mit einer Betriebsänderung (Stilllegung,

Betriebseinschränkung) zu rechnen ist, für die nach dem Betriebsverfassungsgesetz ein Sozialplan aufgestellt werden muss.

Rückstellungen für Entsorgungs-, Wiederherstellungs- und ähnliche Verpflichtungen sind beim Erwerb von Sachanlagen zu bilden und in deren Anschaffungskosten einzubeziehen. Es handelt sich um den Barwert der geschätzten Kosten der Demontage oder des Entfernens der Sachanlage und die Kosten für die Wiederherstellung des Standortes nach Ablauf der Nutzungsdauer (IAS 16.18). Auf diese Weise erfolgt die Bildung der Rückstellung erfolgsneutral und durch entsprechend höhere Abschreibungen wird der Barwert der Entsorgungskosten auf die Laufzeit der Sachanlage verteilt. Ändert sich später die Höhe des geschätzten Ressourcenabflusses oder die Höhe des Zinssatzes, so ist die Rückstellungshöhe anzupassen und auch (in begrenztem Umfang) die fortgeführten Anschaffungskosten der Sachanlage bzw. die Neubewertungsrücklage bei Anwendung der Neubewertungsmethode (IFRIC 1.4-6).

Die ***Bewertung*** der Rückstellungen hat gemäß IAS 37.36 f. mit der bestmöglichen Schätzung („Best Estimate") der Ausgabe zu erfolgen, die bei vernünftiger Betrachtung zur Erfüllung der gegenwärtigen Verpflichtung oder zur Übertragung der Verpflichtung auf einen Dritten zum Bilanzstichtag erforderlich ist. Die Schätzung wird auf der Basis von Erfahrungswerten oder gegebenenfalls unabhängigen Sachverständigengutachten vom Management vorgenommen, wobei auch Wert aufhellende Tatsachen bei der Bemessung der Rückstellung zu berücksichtigen sind (IAS 37.38). Die Ermittlung der bestmöglichen Schätzung ist ***ermessensbehaftet***, da diese von der subjektiven Einschätzung der spezifischen Sachverhalte durch das Management abhängen. Dies gilt insbesondere dann, wenn keine konkreten Erfahrungswerte aus der Vergangenheit vorliegen.[1]

Zwei Fälle sind dabei zu unterscheiden:
(1) Geht es um die Bewertung einer ***Einzelverpflichtung***, so dürfte das wahrscheinlichste Ergebnis die bestmögliche Schätzung der Verpflichtung darstellen, es sei denn, andere mögliche Ergebnisse liegen größtenteils über (unter) dem wahrscheinlichsten Wert. Dann ist die bestmögliche Schätzung ein höherer (niedrigerer) Betrag (IAS 37.40). Da es keine konkretere Regelung darüber gibt, wie die Bedingung „größtenteils" auszulegen ist, liegt es im ***Ermessen*** des bilanzierenden Unternehmens, ob es den wahrscheinlichsten Wert oder einen anderen zur Bewertung der Verpflichtung heranzieht.[2]

(2) Sind bei Risiken aus ***Massenereignissen*** sowohl die Wahrscheinlichkeiten als auch die Höhe der möglichen Inanspruchnahme unterschiedlich, so muss die Höhe der Rückstellung durch Anwendung der ***statistischen Erwartungswertmethode*** ermittelt werden, indem ein gewogener Durchschnittswert der für wahrscheinlich gehaltenen Beträge der Inanspruchnahme gebildet wird, wobei die zugehörigen Wahrscheinlichkeiten als Gewichtungen verwendet werden (vgl. IAS 37.39). Zwar ist die Berechnung des Erwartungswerts eine objektive Vorgehensweise, die Grundlagen der Berechnung, nämlich die prognostizierte(n) Höhe(n) der Erfüllungsbeträge und die Schätzung der zugehörigen Eintrittswahrscheinlichkeiten, hängen jedoch allein von der ***subjektiven Einschätzung*** des Bilanzierenden ab.

Beispiel (vgl. IAS 37.39):
Ein Unternehmen verkauft Erzeugnisse mit der Garantie, dass Kunden eine Erstattung der Reparaturkosten für die innerhalb der ersten sechs Monate nach Kauf aufgetretenen Produktmängel erhalten. Es wird erwartet, dass mit einer Wahrscheinlichkeit von 75% keine Repara-

---
[1] Vgl. Wohlgemuth, Frank, a.a.O., S. 293.
[2] Vgl. ebenda, S. 294.

turkosten anfallen, mit einer Wahrscheinlichkeit von 20% Reparaturkosten in Höhe von 1 Mio EUR und mit einer Wahrscheinlichkeit von 5% Reparaturkosten in Höhe von 4 Mio EUR anfallen. Der Erwartungswert errechnet sich wie folgt: (0,75 * 0 EUR) + (0,20 * 1 Mio EUR) + (0,05 * 4 Mio EUR) = 400.000 EUR. Demnach müsste eine Rückstellung in Höhe von 400.000 EUR gebildet werden.

Bei der Bewertung einzelner Verpflichtungen dürfte der Wert mit der höchsten Eintrittswahrscheinlichkeit die bestmögliche Schätzung darstellen. Im Einzelfall ist es allerdings vernünftig, eine höhere Rückstellung zu bilden, und zwar dann, wenn ein wesentliches Risiko besteht, dass z.B. die Reparaturkosten eines Produktionsfehlers höher ausfallen könnten als der wahrscheinlichste Betrag (IAS 37.40). Die Berücksichtigung von Risiken und Unsicherheiten darf jedoch nicht zur Bildung übermäßiger Rückstellungen oder vorsätzlichen Überbewertung von Schulden führen (IAS 37.43). An jedem Bilanzstichtag ist die Höhe der Rückstellung zu überprüfen und gegebenenfalls an eine verbesserte Schätzung anzupassen. Dies kann auch eine Auflösung der Rückstellung bedeuten, wenn ein Abfluss von Ressourcen mit wirtschaftlichem Nutzen zur Erfüllung der Verpflichtung nicht mehr wahrscheinlich ist (IAS 37.59).

Zukünftige Ereignisse, die sich auf den zur Erfüllung der Verpflichtung erforderlichen Betrag auswirken können, sind bei der Bemessung der Rückstellung einzubeziehen. Voraussetzung ist aber, dass es für den Eintritt dieser Ereignisse ausreichende substanzielle objektive Hinweise gibt (IAS 37.48). So können künftige technische Veränderungen dazu führen, dass die Kosten der geplanten Stilllegung eines Standorts bei einer Restrukturierungsmaßnahme geringer ausfallen werden als auf Basis von Vergangenheitserfahrungen erwartet (IAS 37.49). Ähnliches gilt für mögliche Gesetzesänderungen, wenn ausreichend objektive substanzielle Hinweise vorliegen, dass diese so gut wie sicher sind (IAS 37.50).

Sofern die Auszahlung des Rückstellungsbetrags nicht unmittelbar nach dem Bilanzstichtag erfolgt und sofern der durch die Abzinsung hervorgerufene Zinseffekt für das Unternehmen bedeutsam ist, sind Rückstellungen gemäß IAS 37.45-47 mit dem **Barwert** des geschätzten Ausgabenbetrags zu bewerten. Aktuelle Markterwartungen hinsichtlich des Zinssatzes und die spezifischen Risiken der Verpflichtung sind bei der Höhe des Diskontierungszinssatzes zu berücksichtigen. Abgezinste Rückstellungen sind jährlich aufzuzinsen. Der Erhöhungsbetrag ist als Fremdkapitalkosten auszuweisen (IAS 37.60). Sowohl die Frage, was eine in IAS 37.45 genannte „wesentliche Wirkung des Zinseffekts" darstellt, als auch das Verbot der „Bildung übermäßiger Rückstellungen" aus IAS 37.43 lässt erkennen, dass durch die Verwendung unbestimmter Rechtsbegriffe der Unternehmensleitung de facto erhebliche Bewertungsspielräume gewährt werden.

Hat das bilanzierende Unternehmen z.B. bei Verpflichtungen aus Gewährleistungen Rückgriffsansprüche auf Dritte, wie z.B. Lieferanten oder Versicherungen, so muss es diese ***Rückgriffsansprüche (Erstattungen; „Reimbursements")*** in der Bilanz als eigenständigen Vermögenswert ausweisen und im Anhang erläutern. Das gilt allerdings nur, wenn zuverlässig davon ausgegangen werden kann, dass der zur Erstattung Verpflichtete seiner Verpflichtung auch nachkommt. In der Gesamtergebnisrechnung kann ein saldierter Nettoaufwand erfasst werden. Die aktivierte Erstattung darf die Höhe der Rückstellung nicht übersteigen. Eine Saldierung der Rückstellung mit dem Rückgriffsanspruch in der Bilanz darf nur in dem Ausnahmefall stattfinden, in dem das bilanzierende Unternehmen nicht in Anspruch genommen werden kann, selbst wenn der Dritte seine Verpflichtung nicht erfüllt. Bei gesamtschuldnerischer Haftung des Unternehmens ist eine Eventualschuld anzugeben, sofern eine Erfüllung dieser Verpflichtung durch andere Parteien erwartet wird (IAS 37.53-58).

Sobald Rückstellungen nach IAS 37 gebildet werden, ist ein *Rückstellungsspiegel* gemäß IAS 37.84 aufzustellen. Ähnliche Rückstellungen müssen gruppenweise zusammengefasst werden. Ein Beispiel dafür sind die Garantierückstellungen, die aufgrund von vertraglichen Verpflichtungen gebildet werden. Aus diesem Rückstellungsspiegel muss sich für jede Rückstellungsgruppe die Höhe am Anfang und am Ende der Periode ergeben. Angegeben werden müssen auch die neu passivierten Rückstellungen sowie die Erhöhung bereits bestehender Rückstellungen. Ferner muss diese Übersicht Angaben über die Verwendung von Rückstellungen sowie die Höhe der aufgelösten Rückstellungen enthalten, da beispielsweise der Grund, der zur Passivierung geführt hat, entfallen ist. Neben Angaben zur sukzessiven Erhöhung der zuvor abgezinsten Beträge und zu den Auswirkungen der Änderung des zuvor genutzten Abzinsungssatzes sind kurze Beschreibungen der Art und der voraussichtlichen Fälligkeit der Verpflichtung sowie der Hinweis auf etwaige Unsicherheiten bezüglich des Betrags oder der Fälligkeit erforderlich. Ebenso gehören die Höhe der erwarteten Erstattungen und die dazu gehörigen aktivierten Vermögenswerte zu den angabepflichtigen Mitteilungen des Rückstellungsspiegels (vgl. IAS 37.84 f.). Eine mögliche Gestaltung eines Rückstellungsspiegels zeigt folgende Abbildung:

	Buchwert 31.12.01	*Neubildung*	*Erhöhung bestehender Rückstellungen*	*Verbrauch*	*Auflösung ohne Inanspruchnahme*	*Buchwert 31.12.02*
Gruppe 1						
Gruppe 2						
etc.						

IAS 37.92 sieht eine Ausnahme von der Veröffentlichungspflicht vor, wenn das berichtende Unternehmen durch die Veröffentlichung Nachteile in einem Rechtsstreit zu befürchten hat. Jedoch ist dann der Rechtsstreit allgemein zu erläutern und die Gründe für die Nichtveröffentlichung zu nennen.

Aufgabe 70: Rückstellung nach IFRS

Aufgabe 71: Rückstellung für Gewährleistungen nach IFRS

b) Pensionsrückstellungen gemäß IAS 19

Nach IAS 19 (rev. 2011) sind zwei Arten von Versorgungszusagen für Mitarbeiter zu unterscheiden. Zum einen kann sich das Unternehmen für **beitragsorientierte Versorgungszusagen** *("Defined Contribution Plans")* entscheiden. Bei dieser Art verpflichtet sich das Unternehmen, regelmäßig Zahlungen in bestimmter Höhe an einen getrennten Versorgungsträger (Fonds) zu leisten. Dieser legt die Beiträge des Unternehmens Ertrag bringend an und verpflichtet sich, die Erträge den anspruchsberechtigen Arbeitnehmern zukommen zu lassen. Das Unternehmen ist nicht verpflichtet, darüber hinausgehende Beträge zu zahlen, wenn der Fonds nicht alle Leistungen an die Arbeitnehmer erbringen kann (IAS 19.8 u. 19.28). In Deutschland ist diese Art als mittelbare Zusage über Pensionskassen und Direktversicherungen ebenfalls üblich. Die jährlichen Beiträge stellen den im Anhang gesondert anzugebenden Periodenaufwand (19.53) dar. Eine Rückstellung ist in diesem Fall nicht erforderlich. Sollte den vom Arbeitnehmer erbrachten Arbeitsleistungen zum Bilanzstichtag ein zu hoher oder ein zu niedriger Beitrag (Aufwand) gegenüberstehen, so ist der Aufwand in Höhe der Differenz periodengerecht abzugrenzen, d.h. es ist ein Vermögenswert oder eine Schuld zu bilanzieren (IAS 19.51(a)).

Zum anderen kann das Unternehmen sich durch *leistungsorientierte Versorgungszusagen („Defined Benefit Plans")* verpflichten, für eine bestimmte Höhe der betrieblichen Altersrente ihrer Mitarbeiter zu sorgen (IAS 19.8 u. IAS 19.30). In Deutschland werden meist unmittelbare Zusagen an die Mitarbeiter gegeben und die Mittel über die Dotierung von Pensionsrückstellungen im Unternehmen selbst angesammelt. Eine mittelbare Zusage über selbständige Unterstützungskassen, die die Mittel Ertrag bringend anlegen, ist aber ebenfalls üblich. In diesem Falle muss die aus den zugesagten künftigen Pensionsleistungen resultierende rechtliche Verpflichtung passiviert werden. Gleiches gilt auch für eine aus der üblichen betrieblichen Praxis begründete faktische Verpflichtung (IAS 19.61). Die jährlichen Zuführungen zu den Pensionsrückstellungen sind mittels der versicherungsmathematischen PUC-Methode („Projected Unit Credit Method"), die auch als „Verfahren der laufenden Einmalprämien" oder „Anwartschaftsbarwertverfahren" bezeichnet wird, zu berechnen (IAS 19.67).

In der Praxis kommt es nicht selten vor, dass die erteilten Altersversorgungszusagen durch bestimmte Vermögenswerte gedeckt sind. Aus den Erträgen dieser Vermögenswerte werden die vom Unternehmen an die Ruheständler gezahlten Betriebsrenten ganz oder zum Teil finanziert. Die Gesamtheit dieser Vermögenswerte wird als *Planvermögen* bezeichnet. Das Planvermögen wird zur Erfüllung der künftigen Pensionsverpflichtungen über die Dienstzeit der Arbeitnehmer angespart und umfasst laut IAS 19.8 neben Vermögen, das durch einen langfristig angelegten Mitarbeiterfonds gehalten wird, qualifizierte Versicherungspolicen, sofern deren Erlöse ausschließlich der Erbringung von Leistungen für einen leistungsorientierten Pensionsplan dienen und die Mittel des Versicherers im Insolvenzfall geschützt sind.

In der folgenden Tabelle werden die wichtigsten Merkmale dieser beiden Arten von Versorgungszusagen wiedergegeben:

	Beitragsorientierte Pensionspläne („**Defined Contribution Pension Plans**"; IAS 19.50 ff.)	**Leistungsorientierte Pensionspläne** („**Defined Benefit Pension Plans**"; IAS 19.55 ff.)
Charakterisierung	Das Unternehmen entrichtet festgelegte Beiträge an eine eigenständige Einheit (Fonds), ist aber nicht zu weiteren Zahlungen verpflichtet, wenn der Fonds die den Arbeitsleistungen entsprechenden Pensionsleistungen aus eigenen Mitteln nicht erfüllen kann (IAS 19.8 u. 19.28). Das versicherungsmathematische und das Anlagerisiko trägt der Arbeitnehmer.	Hierzu gehören alle nicht beitragsorientierten Pensionspläne (IAS 19.8 u. 19.30). Die Altersversorgung kann über die Bildung von Rückstellungen oder über einen ausgelagerten Pensionsfonds abgewickelt werden. In beiden Fällen bleibt die Verpflichtung zur Pensionszahlung beim Unternehmen, das damit den wesentlichen Anteil der versicherungsmathematischen und der Anlagerisiken trägt.
Erfolgsauswirkung	Die Beitragszahlungen sind beim Unternehmen laufender Aufwand, es sei denn, ein anderer IAS verlangt oder erlaubt die Einbeziehung des Beitrages in die AK/HK eines erstellten Vermögenswertes (z.B. IAS 2 „Vorräte" und IAS 16 „Sachanlagen") (IAS 19.51(b))	Der Saldo folgender Beträge ist als laufender Aufwand ggf. Ertrag *erfolgswirksam* im Periodenergebnis zu erfassen, es sei denn, ein anderer IAS verlangt oder erlaubt deren Einbeziehung in die AK/HK eines Vermögenswerts (IAS 19.57(c)): • laufender Dienstzeitaufwand im Sinne des Barwertanstiegs der leistungsorientierten Verpflichtung in der laufenden Periode • nach(träglich) zu verrechnender Dienstzeitaufwand, sofern die Leistungen aus dem Pensionsplan verändert wurden • Gewinn/Verlust bei Abgeltung der Verpflichtungen an den Arbeitnehmer • Nettozinsaufwand auf die Nettoschuld Dagegen sind die Auswirkungen der jeweils am Jahresende erfolgenden Neubewertung der Nettoschuld bzw. des Vermögenswerts *erfolgsneutral* im Sonstigen Ergebnis zu erfassen (IAS 19.57(d)): • versicherungsmathematische Gewinne oder Verluste (aus z.B. Änderungen der Sterbetafeln u.ä.) • Ertrag aus Planvermögen (ohne die in den o.g. Nettozinsen enthaltenen Beträge) • Veränderungen in den Auswirkungen der Vermögensobergrenze

	Beitragsorientierte Pensionspläne („Defined Contribution Pension Plans"; IAS 19.50 ff.)	**Leistungsorientierte Pensionspläne** („Defined Benefit Pension Plans"; IAS 19.55 ff.)
Bilanzierung und Bewertung	Ein Bilanzposten kann sich ergeben (IAS 19.51(a)) a) als Verbindlichkeit, soweit der an den beitragsorientierten Plan zu zahlende Betrag noch nicht beglichen wurde, b) als Vermögenswert, soweit in einer Periode mehr gezahlt wurde als der bis zum Bilanzstichtag erbrachten Arbeitsleistung entspricht und damit zukünftige Beiträge vermindert werden. Eine Abzinsung hat nur zu erfolgen, soweit die Beträge nicht in voller Höhe innerhalb von 1 Jahr nach dem Ende der Periode, in der die entsprechende Arbeitsleistung erbracht wurde, fällig werden (IAS 19.52)	Eine Pensionsverpflichtung („Defined Benefit Liability") muss passiviert werden, soweit sie nicht durch das Planvermögen gedeckt ist. Ggf. ist eine Vermögensüberdeckung zu aktivieren. Ein passivischer oder aktivischer Saldo ergibt sich aus folgenden Größen (IAS 19.57(a,b)): • Barwert der leistungsorientierten Verpflichtung zum Bilanzstichtag einschließlich des laufenden Dienstzeitaufwands der gerade abgelaufenen Periode (versicherungsmathematisch berechnet; IAS 19.67f.) • abzüglich des am Bilanzstichtag beizulegenden Zeitwerts des vom rechtlich selbstständigen Fonds gehaltenen Planvermögens, mit dem die Verpflichtungen unmittelbar abzugelten sind • Berücksichtigung einer Vermögensobergrenze (IAS 19.64(b)) • Korrekturen aus der Neubewertung der Nettoschuld bzw. des Vermögenswerts am Ende der aktuellen Periode
Angabepflichten	Der Aufwandsbetrag ist im Anhang gesondert anzugeben, ggf. unter Angabe der Beiträge an Versorgungspläne für Mitglieder der Geschäftsleitung (IAS 19.53 f.).	Pflichtangaben gemäß IAS 19.135 ff.: • Angabe und Erläuterung der aufgrund leistungsorientierter Pensionspläne im Abschluss enthaltenen Beträge mit diversen Überleitungsrechnungen • Beschreibung, wie sich die leistungsorientierten Versorgungspläne auf die künftigen Zahlungsströme des Unternehmens auswirken könnten (hinsichtlich der Höhe und der Fälligkeiten sowie der Unsicherheit der Cash Flows) • Aufgliederung der Neubewertungen der Nettoschuld am Jahresende (IAS 19.141) • Erhebliche versicherungsmathematische Annahmen bei der Ermittlung des Barwerts der Leistungsverpflichtung mit entsprechenden Sensitivitätsanalysen (IAS 19.144 f.)

Ziel der *Neufassung des IAS 19* (rev. 2011; verbindliche Anwendung ab 2013) ist eine Vereinfachung der Bilanzierung von Pensionsverpflichtungen und eine Einschränkung des bilanzpolitischen Potenzials. So wird der Pensionsaufwand klarer strukturiert, die Wahlrechte zur Verteilung der versicherungsmathematischen Gewinne und Verluste abgeschafft und die Berichtspflicht erweitert, um dem Bilanzleser die Risiken besser erkennbar zu machen. Bislang gab es ein enormes bilanzpolitisches Potenzial durch die verschiedenen Möglichkeiten (explizites Wahlrecht), versicherungsmathematische Gewinne und Verluste zu erfassen und

Planänderungen zu verteilen.[1] In der Praxis wurden auf diese Weise häufig Verpflichtungen nicht vollständig in der Bilanz ausgewiesen, sondern im Anhang versteckt. Zudem konnte der Altersversorgungsaufwand durch aggressive Kapitalanlagen (Planvermögen) mit einer hohen erwarteten Rendite kurzfristig gesenkt werden, weil sich die erwartete und nicht die tatsächliche Rendite aufwandsmindernd auswirkte und die Korrekturen erst einmal im „Korridor" verschwanden.[2]

Die Neuregelung erlaubt nicht mehr das Verstecken einer Unterdeckung der Pensionsverpflichtungen im Anhang, sondern verlangt mit dem Ziel der Erhöhung des Informationsgehalts der Abschlüsse den vollständigen bilanziellen Ausweis der Pensionsverpflichtungen. Dennoch bestehen auch in der ab 2013 verbindlich anzuwendenden Neufassung des IAS 19 noch zahlreiche **bilanzpolitisch nutzbare Ermessensspielräume**, auf die weiter unten eingegangen werden soll.

Die zu passivierenden Pensionsverpflichtungen bzw. die gegebenenfalls zu aktivierende Vermögensüberdeckung sind gemäß IAS 19.57(a,b) und IAS 19.64 wie folgt zu berechnen:

Verpflichtungsumfang (versicherungsmathemat. Barwert) (Defined Benefit Obligation)
- externes Planvermögen (beizulegender Zeitwert) (Plan Assets)
+ evtl. erforderliche Begrenzung einer Überdeckung (Asset Ceiling)

= Höhe der Pensionsrückstellungen bzw. der Vermögensüberdeckung

---

Der versicherungsmathematisch berechnete Barwert der leistungsorientierten Verpflichtung entspricht den auf den Bilanzstichtag abgezinsten zukünftigen Verpflichtungen gegenüber aktiven und bereits ausgeschiedenen Mitarbeitern. Er erhöht sich in jeder Periode um die Verzinsung der Vorjahresrückstellung und um den in IAS 19.8 definierten laufenden Dienstzeitaufwand. Die zukünftige Verpflichtung wird unter Anwendung der **Projected-Unit-Credit-Methode** berechnet, einem Anwartschaftsbarwertverfahren, bei dem auch künftig zu erwartende Steigerungen von Gehältern und Rechten berücksichtigt werden. Hierzu werden **versicherungsmathematische Annahmen** zugrunde gelegt. Diese werden in demographische und finanzielle Annahmen unterteilt und in IAS 19.76 angeführt. Die demographischen Annahmen umfassen u.a. die Sterblichkeit der Begünstigten, die Fluktuationsrate, die Invalidisierungsrate und das Frühpensionierungsverhalten. Zu den finanziellen Annahmen zählen beispielsweise der zugrunde gelegte Diskontierungszinssatz sowie das künftige Gehalts- und Leistungsniveau.[3] Gemäß IAS 19.83 ist der **Diskontierungszinssatz** in Anlehnung an Renditen zu bestimmen, die am Bilanzstichtag für erstrangige festverzinsliche Industrieanleihen am Markt erzielt werden, wobei diese Anleihen sowohl bezüglich der Laufzeit als auch der Währung kongruent zu der Pensionsverpflichtung sein müssen.

Das **Planvermögen** wird zur Erfüllung der künftigen Pensionsverpflichtungen über die Dienstzeit der Arbeitnehmer angespart und umfasst laut IAS 19.8 neben Vermögen, das durch einen langfristig angelegten Mitarbeiterfonds gehalten wird, qualifizierte Versicherungspolicen, sofern deren Erlöse ausschließlich der Erbringung von Leistungen für einen leistungsori-

---

[1] Zum Begriff der versicherungsmathematischen Gewinne und Verluste siehe weiter unten. Diese durften (1) nach der so gen. Korridormethode so lange unberücksichtigt bleiben, als sie kumuliert 10% des Maximums aus Barwert der Pensionsverpflichtung und Fair Value eines etwaigen Planvermögens nicht überschritten. Ein den 10%-Korridor übersteigender Betrag war über die Restdienstzeit der Mitarbeiter erfolgswirksam zu verteilen. Alternative (2) war eine schnellere erfolgswirksame Berücksichtigung nach einem gewählten systematischen Verfahren. Als Alternative (3) stand die erfolgsneutrale Erfassung im Sonstigen Ergebnis und Verrechnung mit den Gewinnrücklagen offen.
[2] Vgl. Neumeier, Günter, Bilanzierung von Pensions- und ähnlichen Verpflichtungen gem. IAS 19, PiR 2012, S. 145.
[3] Vgl. ebenda, S. 144.

entierten Pensionsplan dienen und die Mittel des Versicherers im Insolvenzfall geschützt sind. Die Verzinsung des Planvermögens richtet sich nicht mehr (wie in der alten Fassung des IAS 19) nach der manipulierbaren erwarteten Rendite, sondern es wird der vorgeschriebene Rechnungszins sowohl auf die Verpflichtung als auch auf das Planvermögen angewendet. Damit entfällt der Anreiz, aggressive Kapitalanlagen mit hoher erwarteter Rendite für das Planvermögen zu suchen. Als Folge davon erhöht sich tendenziell der Periodenaufwand.

Der *Altersversorgungsaufwand* in der Gewinn- und Verlustrechnung setzt sich aus drei Komponenten zusammen (IAS 19.57(c)):
- Dienstzeitaufwand (Service Cost)
- Nettoverzinsung (Net Interest)
- Bewertungsänderungen (Remeasurement).

Der *Dienstzeitaufwand* umfasst den laufenden Dienstzeitaufwand, also den Aufwand für die im laufenden Jahr von den Mitarbeitern hinzu erdienten Altersversorgungsleistungen sowie alle Effekte aus Planänderungen, die auf vergangene Dienstzeiten entfallen, und mindert den Periodenerfolg in der Gewinn- und Verlustrechnung. Die *Nettoverzinsung* ist die Differenz aus der Verzinsung der Altersversorgungsverpflichtung und der Verzinsung des Planvermögens, wobei für beide derselbe Rechnungszins angewandt wird. Fall es eine Begrenzung einer Überdeckung der Pensionsverpflichtungen (Vermögenswertbegrenzung) gibt, muss diese auch verzinst werden. Die *Bewertungsänderungen* bestehen aus den versicherungsmathematischen Gewinnen bzw. Verlusten, der Abweichung des tatsächlichen Ertrags aus dem Planvermögen vom Ertrag auf Basis des Rechnungszinses und der von der Verzinsung mit dem Rechnungszins abweichenden Änderung der Vermögenswertbegrenzung. Die Bewertungsänderungen werden zwingend erfolgsneutral und endgültig im Eigenkapital in einer *Neubewertungs-Rücklage* erfasst und im *sonstigen (erfolgsneutralen) Ergebnis* ausgewiesen. Damit wird die bisherige hohe Volatilität der Periodenaufwendungen verringert.[1]

Dieser in einer Periode anzusetzende Altersversorgungsaufwand wird bereits zu Beginn des jeweiligen Geschäftsjahres auf Basis der zu diesem Zeitpunkt geltenden Annahmen kalkuliert. Zu den versicherungsmathematischen Annahmen gehören der Diskontierungssatz, Lohn- und Gehaltstrends, Rentensteigerungen, Fluktuationsrate und biometrische Annahmen. Außerdem werden die erwarteten Erträge aus dem Planvermögen einbezogen. Am Ende der Periode wird dieser Schätzwert des Altersversorgungsaufwands dem tatsächlich entstandenen Betrag gegenübergestellt. Weichen diese Beträge voneinander ab, stellt der Differenzbetrag einen so gen. *versicherungsmathematischen Gewinn bzw. Verlust* dar. IAS 19.128 nennt als Gründe für die Entstehung solcher versicherungsmathematischer Gewinne und Verluste beispielsweise die Abweichung von der erwarteten Fluktuations- und Sterberate, die Änderung des Abzinsungssatzes oder Abweichung des tatsächlichen vom erwarteten Ertrag aus dem Planvermögen. Gewinne sind also Überdeckungen, Verluste Unterdeckungen bei den erfassten Pensionsverpflichtungen.

Bei der Bestimmung der Determinanten eines leistungsorientierten Pensionsplans gibt es eine Vielzahl von *Ermessensentscheidungen*, die der Bilanzierende bilanzpolitisch nutzen kann. Beispielsweise sind gemäß IAS 19.57(a)(i) und IAS 19.70 ff. die Pensionsleistungen anhand

---

[1] Für Unternehmen, die bisher die Korridormethode angewandt haben, dürften sich zum Teil deutliche Auswirkungen auf die Höhe des Eigenkapitals und der Pensionsrückstellungen ergeben. Im Normalfall werden sich die Pensionsrückstellungen als Folge bisher noch nicht amortisierter versicherungsmathematischer Verluste erhöhen. Vgl. Pellens, Bernhard/Obermüller, Philipp/Riemenschneider, Sebastian: Reform der Bilanzierung von leistungsorientierten Pensionsverpflichtungen nach IFRS: Der IAS 19 revised im Überblick, KoR 2011, S. 561 ff., die in einer Simulationsrechnung ermittelt haben, dass sich im Durchschnitt der Pensionsrückstellungen der im HDAX notierten Unternehmen, die bisher die Korridor-Methode angewendet haben, um 45,59% erhöhen würden.

des *leistungsorientierten Pensionsplans (Planformel)* auf die Dienstjahre zu verteilen. Dieser wird jedoch nicht weiter spezifiziert und liegt daher im Ermessen des Bilanzierenden, der so beispielsweise die Möglichkeit hat, spätere Dienstjahre stärker bei der Bemessung der Versorgungsleistung zu berücksichtigen und somit den anfallenden Pensionsaufwand in die Zukunft zu verlagern. Vielfältige bilanzpolitische Möglichkeiten bestehen bei den erwähnten versicherungsmathematischen Annahmen. Mit Ausnahme des Abzinsungssatzes unterliegen alle in IAS 19.76 genannten *Trendannahmen* Ermessensentscheidungen, da sie auf den subjektiven Erfahrungen und Zukunftseinschätzungen des Bilanzierenden basieren. Auch die *Bewertung des Planvermögens* enthält bilanzpolitisches Potenzial, da sie gemäß IAS 19.113 mit Hilfe des Discounted Cash Flow – Verfahrens erfolgt, sofern Marktwerte nicht verfügbar sind. Der anzuwendende Zinssatz soll sowohl die Risiken als auch die Veräußerungs- oder Rückzahlungstermine des Planvermögens berücksichtigen. Da die Einschätzung der Risikosituation ermessensbehaftet ist, lässt sich eine bilanzpolitisch motivierte Bestimmung des Zinssatzes nicht ausschließen.[1]

3. Verbindlichkeiten

a) Allgemeines

Für die Zuordnung von Verbindlichkeiten zu einer Bilanzposition (§ 266 Abs. 3 HGB) ist die Art der Verbindlichkeit (z.B. Wechselschulden), die gesellschaftsrechtliche Beziehung zum Gläubiger (z.B. Verbindlichkeiten gegenüber verbundenen Unternehmen) und die Restlaufzeit bestimmend. Gemäß § 268 Abs. 5 HGB ist zwecks Darstellung der Liquiditätslage des Unternehmens bei jedem gesondert ausgewiesenen Posten derjenige Schuldenbetrag, dessen Restlaufzeit höchstens ein Jahr beträgt, zu vermerken. Da dies leicht zur Unübersichtlichkeit der Passivseite führt und zudem Kapitalgesellschaften noch weitere Angaben zu den Verbindlichkeiten machen müssen (§ 285 Nr. 1 u. 2 HGB), fassen die meisten Kapitalgesellschaften ihre Verbindlichkeiten in wenigen Bilanzposten zusammen (§ 265 Abs. 7 HGB) und veröffentlichen im Anhang einen ausführlichen sog. *Verbindlichkeitenspiegel* (s. Kapitel C. II.).

Verbindlichkeiten sind *handelsrechtlich* mit dem Erfüllungsbetrag zu bewerten (§ 253 Abs. 1 S. 2 HGB). Der Erfüllungsbetrag ist der Betrag, der zur Erfüllung einer Verbindlichkeit aufgebracht werden muss. Bei Darlehensverbindlichkeiten spricht man vom Rückzahlungsbetrag. *Steuerrechtlich* sind Verbindlichkeiten mit ihren Anschaffungskosten anzusetzen (§ 6 Abs. 1 Nr. 3 i.V.m. Nr. 2 EStG). Als Anschaffungskosten wiederum gilt der Nennwert (Rückzahlungsbetrag) der Verbindlichkeit (H 6.10 „Anschaffungskosten" EStH). Der Rückzahlungsbetrag ist der Betrag, der benötigt wird, damit eine Verbindlichkeit erlischt („Wegschaffungskosten"). Bei Sach- oder Dienstleistungsverpflichtungen ist dies der Geldwert der Aufwendungen (Vollkosten), die mit der Erfüllung der Sach- oder Dienstleistung verbunden sind. Verbindlichkeiten aus Rentenverpflichtungen (z.B. Erwerb eines Unternehmens oder eines Grundstücks gegen Zahlung einer Leibrente) sind sowohl handels- als auch steuerrechtlich mit dem Barwert zu bewerten (§ 253 Abs. 2 S. 3 u. 4 HGB; R 6.2 EStR, H 6.2 „Rentenverpflichtung" EStH).

Durch den Verweis in § 6 Abs. 1 Nr. 3 EStG auf die Nr. 2, die das steuerliche Abwertungswahlrecht auf den niedrigeren Teilwert und das Beibehaltungswahlrecht beinhaltet, wird deutlich gemacht, dass auch für Verbindlichkeiten das Imparitätsprinzip gilt, nur in einer anderen

---

[1] Vgl. Neumeier, Günter, a.a.O., S. 150 f. und 154 f.

Konkretisierung als auf der Aktivseite, nämlich in der Form des *Höchstwertprinzips*. Dieses hat jedoch nur Auswirkungen bei einem Agio und bei Fremdwährungsverbindlichkeiten (Valutaverbindlichkeiten), die im übernächsten Kapitel behandelt werden.

b) Abzinsung von Verbindlichkeiten

Steuerrechtlich gilt seit 1.1.1999 eine Pflicht zur *Abzinsung* aller unverzinslichen Verbindlichkeiten (Geld- und Sachleistungsverbindlichkeiten) mit einer Laufzeit ab 12 Monaten mit Ausnahme solcher, die auf einer Anzahlung oder Vorausleistung beruhen (§ 6 Abs. 1 Nr. 3 EStG). Bei Verbindlichkeiten mit einer Verzinsung nahe Null % könnte die Finanzverwaltung dies als Missbrauch von Gestaltungsmöglichkeiten (§ 42 AO) ansehen und dennoch eine Abzinsung verlangen. Als Diskontierungszinssatz ist der steuerrechtlich übliche Zins in Höhe von 5,5% zu verwenden. Sollten verdeckte Zinsleistungen vorliegen, so ist die Verbindlichkeit nicht abzuzinsen. Beispiele solcher verdeckten Zinsleistungen sind Abnahmeverpflichtungen eines Gaststättenpächters gegenüber der Brauerei, die ihm ein unverzinsliches Darlehen gewährt hat, oder Reduzierung der Leasingraten des Leasingnehmers, wenn dieser dem Leasinggeber ein zinsloses Darlehen gewährt. Fehlt die Vereinbarung einer Laufzeit im Darlehensvertrag, wird diese von der Finanzverwaltung nach den Gesamtumständen des konkreten Einzelfalls ermittelt[1].

Hinsichtlich der Buchungs- und Bilanzierungstechnik der Abzinsung ist auf Kapitel B.X.1.b)(1)(b) zu verweisen.[2]

In der *Handelsbilanz* wird eine Verbindlichkeit auch dann mit dem Erfüllungsbetrag passiviert, wenn sie tatsächlich *unverzinslich oder unterverzinslich* ist, d.h. wenn der Gläubiger z.B. aus marketingpolitischen Erwägungen auf den vollen Marktzins verzichtet (vgl. ADS § 253 Tz. 81). Eine Abzinsung würde dem Realisationsprinzip widersprechen, da es sich bei der Abzinsungs(ertrags)buchung um die Vorwegnahme zukünftiger Zinserträge aus der Verwendung des zinsgünstig zugeflossenen Kreditbetrags handelte. Eine Abzinsung[3] und somit eine Passivierung der un-/unterverzinslichen Verbindlichkeit zum Barwert ist dagegen dann *handelsbilanziell* zulässig und geboten, wenn (weitere) Zinszahlungen verdeckt im Erfüllungsbetrag enthalten sind, es sich also tatsächlich um eine normal verzinsliche Verbindlichkeit handelt (§ 253 Abs. 1 S. 2 HGB analog). Die abgezinste Verbindlichkeit ist dann jeweils am Bilanzstichtag um den zeitraumäquivalenten Zinsbetrag aufzustocken, bis bei Laufzeitende der Rückzahlungsbetrag erreicht ist. Dieser Fall ist etwa bei den sog. Null-Kupon-Anleihen („Zero-Bonds") gegeben, die nicht mit dem Rückzahlungsbetrag, sondern mit dem Ausgabebetrag (= Barwert) plus zeitanteiliger Aufzinsungsbeträge zu passivieren sind (sog. Nettomethode). Für die Bewertung mit dem Barwert spricht, dass Null-Kupon-Anleihen im Falle vorzeitiger Rückzahlung auch zum Barwert eingelöst werden. Gegen die alternativ mögliche (materiell identische) Bruttomethode, von Anfang an die Verbindlichkeit mit dem Rückzahlungsbetrag zu passivieren und in Höhe der Differenz zum Barwert einen aktiven Rechnungsabgrenzungsposten, der über die Laufzeit aufgelöst wird, zu bilden, spricht folgende Überlegung. Der jeweilige Abzinsungsbetrag stellt eine Verpflichtung aus einem noch schwebenden Kreditgeschäft dar, dem der Vorteil (das Recht) der Nutzungsmöglichkeit des überlassenen Kapitals gleichgewichtig gegenübersteht und der daher nicht zu passivieren ist.

---

[1] Vgl. BMF-Schreiben vom 23.8.1999, BStBl.1999 I, S. 818. Abzinsungsgrundsätze enthält das BMF-Schreiben vom 15.9.1997, BStBl. 1997 I, S. 832.
[2] Siehe auch BMF-Schreiben vom 26.5.2005 Abzinsung von Verbindlichkeiten und Rückstellungen, DStR 2005, S. 1005 ff.
[3] Vgl. Hoyos/M.Ring, in: Beck Bil.-Komm. § 253 Tz. 63 ff.

Anschaffungsgeschäfte, bei denen der Kaufpreis formal zinslos (längerfristig) gestundet wird, können verdeckte Zinsen enthalten, sofern die Beteiligten objektiv auch ein Kreditgeschäft gewollt haben. Dies ist etwa beim Ratenkauf der Fall, bei dem die Summe der Raten den üblichen Barpreis übersteigt. Die entsprechenden Verbindlichkeiten sind ebenfalls mit dem Barwert zu bewerten, der jährlich um die aufgelaufenen Zinsen (BS: Zinsaufwand an Verbindlichkeit) zu erhöhen ist (Nettomethode). Die Anschaffungskosten der erworbenen Vermögensgegenstände entsprechen dem Barwert im Lieferungszeitpunkt. Bankverbindlichkeiten mit einem Ausgabe-Disagio (bzw. einem Rückzahlungs-Agio) könnten genauso behandelt werden, da sie insoweit über die unter dem Marktzins liegende laufende Verzinsung hinaus mit einem echten laufzeit- und kapitalabhängigen zusätzlichen Zins ausgestattet sind. Üblicherweise erfolgt im letzteren Falle jedoch eine Passivierung zum Rückzahlungsbetrag und handelsrechtlich gemäß § 250 Abs. 3 HGB wahlweise (steuerrechtlich jedoch verpflichtend) die Bildung eines aktiven Rechnungsabgrenzungspostens in Höhe des Disagios, was allerdings im Ergebnis prinzipiell mit der Abzinsung der Verbindlichkeit gleichkommt.

Aufgabe 72: Abzinsung von Verbindlichkeiten

c) Fremdwährungsverbindlichkeiten

Fremdwährungsverbindlichkeiten sind solche Verbindlichkeiten, die in fremder Währung erfüllt werden müssen. Gemäß § 244 HGB ist der Jahresabschluss in Euro aufzustellen, sodass Fremdwährungsverbindlichkeiten mit Hilfe des Wechselkurses in EUR umzurechnen sind.

Bei Entstehen der Valutaverbindlichkeit (Kreditaufnahme oder Eingang einer Importwarenlieferung) ist sie mit ihren Anschaffungskosten zu bewerten. Diese sind mit Hilfe des *Geldkurses* des Tages, an dem die Verbindlichkeiten entstanden sind, zu ermitteln.

Definition:

> Zum *Geldkurs* kaufen die Banken Euro gegen ausländische Devisen und Sorten von ihren Kunden an.
> Der *Briefkurs* ist der Wechselkurs, zu dem die Banken dem Publikum Euro gegen ausländische Devisen und Sorten anbieten.
> Der Briefkurs ist um die sog. Marge („Spread") höher als der Geldkurs.

Der Geldkurs ist bei der Bewertung von Fremdwährungsverbindlichkeiten also deshalb relevant, weil der Schuldner am Fälligkeitstag den Erfüllungsbetrag in Fremdwährung von einer Bank gegen Euro ankaufen muss. Er bietet also der Bank Euro an und möchte dafür ausländische Devisen erhalten.[1]

---

[1] Seit der Euro-Einführung (1.1.1999) haben sich die Begriffe umgekehrt, da die Wechselkursangabe nun in der sog. Mengennotierung mit dem Euro als Basiseinheit erfolgt, also z.B. 1 EUR = 0,95 USD (Geld) und 1 EUR = 0,97 USD (Brief). Der Briefkurs ist nun der Angebotskurs der Bank für Euro und nicht mehr der Angebotskurs für US-Dollar. Dagegen ist der Geldkurs der Nachfragekurs nach Euro aus Sicht der Bank. Bezogen auf die ausländische Währung ist somit der reziproke Euro-Geldkurs der Devisenverkaufskurs der Bank und damit der für Käufe in Fremdwährung relevante Kurs (hier: 1 USD = 1,0526 EUR). Wirtschaftlich hat sich nichts geändert, da die Bank nach wie vor mehr Euro für 1 US-Dollar verlangt, als sie dafür zahlt.

Aus Vereinfachungsgründen wurde es schon immer für möglich gehalten, statt des Briefkurses den Devisenmittelkurs zu verwenden. Wird der neue § 256a HGB auch als für die Zugangsbewertung (erstmalige Einbuchung) relevant angesehen, so muss allerdings der *Devisenmittelkurs* verwendet werden. Formal bezieht sich § 256a HGB jedoch nur auf die Umrechnung von Fremdwährungsforderungen und Fremdwährungsverbindlichkeiten an den folgenden Bilanzstichtagen (Folgebewertung).

An den folgenden Bilanzstichtagen das *Höchstwertprinzip* zu beachten. Die Bewertung am Bilanzstichtag hat handelsrechtlich mit demjenigen Euro-Betrag zu erfolgen, der am Bilanzstichtag nötig ist, um die Verbindlichkeiten in ausländischer Währung zurückzuzahlen. Gemäß § 256a HGB muss vereinfachend mit dem Devisenkassamittelkurs am jeweiligen Stichtag umgerechnet werden. Ist der Euro-Kurs inzwischen gestiegen, der Wert der ausländischen Währung somit gesunken, so ist der Euro-Tilgungsbetrag niedriger als am Entstehungstag der Verbindlichkeit. Eine Abwertung der Fremdwährungsverbindlichkeit unter die Anschaffungskosten verbietet jedoch das Realisationsprinzip, da der Währungsgewinn erst bei der zukünftigen tatsächlichen Tilgung der Verbindlichkeit entstanden („realisiert") ist. Bewertungsuntergrenze der Valutaverbindlichkeit sind demnach die Anschaffungskosten.

Dies gilt infolge des BilMoG handelsrechtlich ab 1.1.2010 aus Vereinfachungsgründen nicht mehr für Fremdwährungsverbindlichkeiten mit einer Restlaufzeit von bis zu 12 Monaten. In diesem Falle werden durch § 256a HGB zwingend das *Realisations- und Anschaffungswertprinzip suspendiert*, sodass der Umrechnungswert am Bilanzstichtag auch dann anzusetzen ist, wenn er niedriger ist als die Anschaffungskosten. Insofern gilt das Höchstwertprinzip nicht mehr.

Ist der Euro-Kurs inzwischen gesunken bzw. der Kurs der ausländischen Währung gestiegen, so ist der Tilgungsbetrag in Euro am Bilanzstichtag ebenfalls gestiegen. Dieser drohende Währungsverlust ist nach dem Imparitätsprinzip bereits vor seiner Realisation zu berücksichtigen. Ob eine Aufwertungspflicht oder ein Aufwertungswahlrecht besteht, ist nicht unumstritten. Die herrschende *handelsrechtliche* Meinung vertritt aus Vorsichtsgründen generell das *strenge Höchstwertprinzip*, also eine Verpflichtung zur Aufstockung der Verbindlichkeit, unabhängig von ihrer Fristigkeit und von der Dauerhaftigkeit der Kursänderung (vgl. ADS § 253 Tz.97).

BS: Sonstige betriebliche Aufwendungen (Wechselkursverluste)
 an Fremdwährungs-(Valuta-)verbindlichkeiten.

Steuerrechtlich ist nach § 6 Abs. 1 Nr. 3 EStG die Nr. 2 derselben Vorschrift zu beachten, so dass nur dann ein Wahlrecht besteht, auf den *höheren Teilwert* (= Rückzahlungsbetrag in Euro) aufzuwerten, wenn es sich um eine voraussichtlich dauernde Werterhöhung handelt. Dieses Wahlrecht kann gemäß § 5 Abs. 1 S. 1 2. Halbs. EStG unabhängig von der Handelsbilanz ausgeübt werden. Dagegen ist bei voraussichtlich vorübergehender Werterhöhung in der Steuerbilanz eine Erhöhung des Wertes der Fremdwährungsverbindlichkeiten nach § 6 Abs. 1 Nr. 3 i.V.m. Nr. 2 EStG nicht zulässig (Bewertungsvorbehalt § 5 Abs. 6 EStG). Die 5%-Bagatellgrenze wie bei Aktien gilt hier nicht. Bei langfristigen Valutaverbindlichkeiten müssen besondere Gründe (z.B. gesunkene Wettbewerbsfähigkeit der EU) vorliegen, die für eine *Dauerhaftigkeit* bzw. Nachhaltigkeit der Euro-Abwertung bis zum Tilgungszeitpunkt sprechen. Wechselkursschwankungen stellen nur vorübergehende Teilwertänderungen dar, sodass zumindest bei Fremdwährungsverbindlichkeiten mit langer Restlaufzeit keine Teilwerterhöhung zulässig ist. Bei Fremdwährungsverbindlichkeiten des laufenden Geschäftsverkehrs, die nicht die Anschaffung oder Herstellung von Wirtschaftsgütern des Anlagevermögens betreffen, ist die Teilwerterhöhung voraussichtlich dauerhaft, wenn die ungünstige Wechselkursänderung bis zum Zeitpunkt der Bilanzaufstellung oder dem vorangegangenen Tilgungszeitpunkt anhält. Somit besteht in diesem Falle ein Wahlrecht zur Teilwerterhöhung gemäß § 6 Abs. 1 Nr. 3 i.V.m. Nr. 2.[1] Eine Verletzung des Realisations- und Anschaffungswertprinzips bei kurzfristigen Fremdwährungsverbindlichkeiten, wie sie § 256a HGB beinhaltet, ist steuerrechtlich nicht zulässig.

Beispielaufgabe:
Die LowTech GmbH nimmt bei der Schweizerischen Bankgesellschaft am 1.10.01 einen (verzinslichen) Bankkredit in Höhe von 1 Mio. Schweizer Franken (SFR) auf. Geldkurs am Tag der Kreditaufnahme: 1 EUR = 1,3491 SFR, Briefkurs am selben Tag: 1 EUR = 1,4285 SFR, Mittelkurs am selben Tag: 1 EUR = 1,3888 SFR. Am Bilanzstichtag (31.12.01) betragen die Kurse: 1 EUR = 1,2180 SFR (Geldkurs), 1 EUR = 1,2820 SFR (Briefkurs) und 1 EUR = 1,25 SFR (Mittelkurs). Wie kann oder muss die Fremdwährungsverbindlichkeit am Bilanzstichtag in Handels- und Steuerbilanz bewertet werden, wenn es sich
a) um ein langfristiges Darlehen (Laufzeit: 10 Jahre),
b um ein langfristiges Darlehen (Laufzeit: 10 Jahre) mit einem Auszahlungs-Disagio in Höhe von 5% handelt? Geben Sie auch die Buchungssätze an.
Die LowTech GmbH möchte den Jahresüberschuss in Handels- und Steuerbilanz jeweils so niedrig wie möglich ausweisen.

Lösung:
Zu a): Es wird in Handels- und Steuerbilanz der Devisenkassamittelkurs verwendet, auch wenn § 256a HGB sich streng genommen nur auf die folgenden Bilanzstichtage bezieht. Die Verbindlichkeiten gegenüber Kreditinstituten sind mit 720.000 EUR (reziproker Mittelkurs (gerundet) * Fremdwährungsbetrag) einzubuchen. Am Bilanzstichtag ist der Buchwert (= Euro-Erfüllungsbetrag umgerechnet zum Mittelkurs am Tag des Entstehens: 720.000 EUR) mit dem Euro-Erfüllungsbetrag am Bilanzstichtag (umgerechnet zum reziproken Mittelkurs am Bilanzstichtag: 1/1,25 EUR/SFR * 1 Mio. SFR = 800.000 EUR) zu vergleichen.

Handelsrecht: Der höhere Euro-Betrag ist entsprechend dem Höchstwertprinzip, das laut h.M. generell eine Aufwertungspflicht beinhaltet, anzusetzen. Die Fremdwährungsverbindlichkeit ist also am Bilanzstichtag (31.12.01) mit 800.000 EUR zu bewerten.

BS: Bank 720.000 EUR
an Verbindlichkeiten gegenüber Kreditinstituten
(Fremdwährungsverbindlichkeiten) 720.000 EUR.

BS: Sonstige betriebliche Aufwendungen
(Währungsverluste) 80.000 EUR
an Verbindlichkeiten gegenüber Kreditinstituten
(Fremdwährungsverbindlichkeiten) 80.000 EUR.

Steuerrecht: Hier ist zunächst zu prüfen, ob die Euro-Abwertung und damit die Erhöhung des Euro-Erfüllungsbetrags voraussichtlich dauerhaft ist oder nicht. Ist der Teilwert der Verbindlichkeit voraussichtlich dauerhaft höher, so besteht nach § 6 Abs. 1 Nr. 3 i.V.m. Nr. 2 EStG ein Wahlrecht zur Höherbewertung. Dieses Wahlrecht kann gemäß § 5 Abs. 1 S. 1 2. Halbs. EStG unabhängig von der Handelsbilanz ausgeübt werden. Da die GmbH als bilanzpolitisches Ziel einen möglichst niedrigen Gewinnausweis verfolgt, wird das Wahlrecht in der Steuerbilanz genutzt. Handelsbilanz und Steuerbilanz sind dann insoweit identisch. Ist die Euro-Abwertung dagegen voraussichtlich nur vorübergehend, so darf der höhere Teilwert in der Steuerbilanz nicht angesetzt werden, sondern es

---
[1] Vgl. BMF-Schreiben vom 2.9.2016, BStBl 2016 I S. 995, Rn. 33 und 36.

bleibt bei der Bewertung zu Anschaffungskosten in Höhe von 720.000 EUR (Bewertungsvorbehalt § 5 Abs. 6 EStG).

Zu b): Es gelten die grundsätzlichen Erwägungen wie zu a). Bei der Berücksichtigung des Disagios ergibt sich im Falle von Fremdwährungsverbindlichkeiten keine Besonderheit. Für die handelsrechtliche Rechnungslegung soll von der Buchung des Disagios als sofortigem Zinsaufwand ausgegangen werden (Wahlrecht gemäß § 250 Abs. 3 HGB), steuerrechtlich besteht die Pflicht, einen aktiven Rechnungsabgrenzungsposten zu bilden (§ 5 Abs. 5 Nr. 1 EStG; H 6.10 „Damnum" EStH).

Handelsrecht:

BS:	Bank	684.000 EUR	
	Zinsaufwand	36.000 EUR	
	an Verbindlichkeiten gegenüber Kreditinstituten		
	(Fremdwährungsverbindlichkeiten)		720.000 EUR.

BS:	Sonstige betriebliche Aufwendungen		
	(Währungsverluste)	80.000 EUR	
	an Verbindlichkeiten gegenüber Kreditinstituten		
	(Fremdwährungsverbindlichkeiten)		80.000 EUR.

Steuerrecht:

BS:	Bank	684.000 EUR	
	Aktiver Rechnungsabgrenzungsposten	36.000 EUR	
	an Verbindlichkeiten gegenüber Kreditinstituten		
	(Fremdwährungsverbindlichkeiten)		720.000 EUR.

BS:	Sonstige betriebliche Aufwendungen		
	(Währungsverluste)	80.000 EUR	
	an Verbindlichkeiten gegenüber Kreditinstituten		
	(Fremdwährungsverbindlichkeiten)		80.000 EUR.

BS:	Zinsaufwand	900 EUR	
	an Aktiven Rechnungsabgrenzungsposten (Disagio)		900 EUR.

Bei der Bewertung von **Fremdwährungsverbindlichkeiten** in den **Folgejahren** nach einer Aufwertung nach dem Höchstwertprinzip ist zu beachten, dass § 253 Abs. 1 Satz 2 HGB eine spezielle Bewertungsvorschrift für Verbindlichkeiten enthält, die losgelöst von der Bewertungskonzeption für die Aktiva ist.[1] Verbindlichkeiten sind danach immer mit dem auf den Bilanzstichtag zu ermittelnden Rückzahlungsbetrag zu bewerten. Somit besteht ein generelles Gebot zur Ermäßigung des Werts der (in einem Vorjahr höher bewerteten) Verbindlichkeit bei wieder gestiegenem Euro-Wechselkurs am folgenden Bilanzstichtag (vgl. ADS § 253 Tz. 97; Tz. 98 ist überholt). Aufgrund des Realisationsprinzips stellen die ursprünglichen Anschaffungskosten die Bewertungsuntergrenze dar. Sofern die Restlaufzeit der Fremdwährungsverbindlichkeit jedoch höchstens 1 Jahr beträgt, sind Realisations- und Anschaffungswertprinzip durch § 256a HGB suspendiert und die Verbindlichkeit ist mit dem Umrechnungswert auch dann anzusetzen, wenn er unter den ursprünglichen Anschaffungskosten liegt.

---

[1] Folglich gelten die handelsrechtlichen Zuschreibungsregeln für Aktiva (§ 253 Abs. 5) nach h.M. für Passiva grundsätzlich nicht. Die spiegelbildlich Anwendung der handelsrechtlichen Zuschreibungsregeln würde jedoch zu demselben Ergebnis führen.

Steuerrechtlich gilt grundsätzlich dasselbe, solange es sich noch um eine voraussichtlich dauerhafte Erhöhung des Teilwerts der Fremdwährungsverbindlichkeit handelt. Sollte der höhere Teilwert nur noch als vorübergehend eingeschätzt werden, so müssen die Verbindlichkeiten mit den ursprünglichen Anschaffungskosten bewertet werden (siehe dazu Aufgabe 70). Eine Verletzung des Realisations- und Anschaffungswertprinzips, wie sie handelsrechtlich durch § 256a HGB für zulässig erklärt wird, ist steuerrechtlich wegen § 6 Abs. 1 und § 5 Abs. 6 EStG nicht zulässig.

Aufgabe 73: Fremdwährungsverbindlichkeiten

d) Schulden nach IFRS

Unter Schulden sind nach IFRS gegenwärtige rechtliche oder wirtschaftliche Verpflichtungen des Unternehmens zu verstehen, die durch Ereignisse in der Vergangenheit entstanden sind und deren Erfüllung mit einem erwarteten Nutzenabfluss für das Unternehmen verbunden ist (IAS 37.10). Liegen weder Rückstellungen noch Eventualschulden (IAS 37[1]) vor, so handelt es um Verpflichtungen, deren Höhe und Fälligkeit sicher feststehen oder nur deshalb mit einer geringen Unsicherheit behaftet ist, weil z.B. die Rechnung noch nicht vorliegt. Auf solche Verpflichtungen sind je nach wirtschaftlichem Gehalt insbesondere die Standards IAS 17 (Leasing)[2], IAS 19 (Leistungen an Arbeitnehmer)[3], IFRS 4 (Versicherungsverträge) und IAS 39 (Finanzinstrumente)[4] anzuwenden.

---

[1] Siehe Kapitel B.X.2.a).
[2] Siehe Kapitel B.IV.3.d).
[3] Siehe Kapitel B.X.2.b).
[4] Siehe Kapitel B.IV.1.d)(1).

XI. Haftungsverhältnisse

1. Haftungsverhältnisse nach HGB

Definition:

> Bei *Haftungsverhältnissen* i.S.v. § 251 HGB handelt es sich um mögliche Verpflichtungen des Unternehmens, die vor dem Bilanzstichtag wirtschaftlich verursacht sind, deren Höhe i.d.R. unsicher ist, deren Maximalbetrag aber meist feststeht und deren Eintritt unwahrscheinlich ist.

Diese Haftungsverhältnisse werden auch als **Eventualverbindlichkeiten** bezeichnet und "unter dem Strich der Bilanz" (Passivseite) als sog. Bilanzvermerk angegeben. Sobald sich eine nennenswerte Wahrscheinlichkeit der Inanspruchnahme einstellt, sind für diese Verpflichtungen Rückstellungen oder bei Gewissheit der Inanspruchnahme und feststehendem Betrag Verbindlichkeiten zu passivieren.

In § 251 HGB sind folgende Haftungsverhältnisse aufgeführt, die als Bilanzvermerk zu berücksichtigen sind, sofern sie weder als Verbindlichkeiten noch als Rückstellungen auszuweisen sind:
- Verbindlichkeiten aus der Begebung und Übertragung von Wechseln (Wechselobligo),
- Verbindlichkeiten aus Bürgschaften, Wechsel- und Scheckbürgschaften,
- Verbindlichkeiten aus Gewährleistungsverträgen,
- Haftungsverhältnisse aus der Bestellung von Sicherheiten für fremde Verbindlichkeiten.

Diese Haftungsverhältnisse müssen nicht in Einzelbeträgen, sondern dürfen in einem Betrag angegeben werden. Sie sind auch dann zu vermerken, wenn ihnen gleichwertige **Rückgriffsforderungen** gegenüberstehen. Kapitalgesellschaften müssen die Haftungsverhältnisse im Anhang angeben, und zwar jeweils gesondert unter Angabe der gewährten Pfandrechte und sonstigen Sicherheiten (als Davon-Vermerk) (§ 268 Abs. 7 HGB). Darüber hinaus sind bei Verpflichtungen im Zusammenhang mit der Altersversorgung solche gegenüber verbundenen oder assoziierten Unternehmen jeweils gesondert zu vermerken. Zweckmäßig wäre wohl eine Darstellung in Tabellenform.

Neben dem **Wechselobligo** haben in der Praxis vertraglich übernommene Gewährleistungen für fremde und für eigene Leistungen eine große Bedeutung. So gibt es im Bereich des Außenhandels eine Vielzahl unterschiedlicher **Garantieverträge**, z.B. Bietungsgarantien, Lieferungsgarantien, die i.d.R. von Banken gewährt werden, aber auch von Muttergesellschaften zugunsten ihrer Tochtergesellschaften. Garantien der Mutter- zugunsten der Tochtergesellschaft werden oft auch von Banken als Sicherheit für einen Kredit an die Tochtergesellschaft verlangt bzw. von der Muttergesellschaft freiwillig gegeben, um für die Tochtergesellschaft günstigere Kreditkonditionen zu erreichen.

Um die unter der Bilanz zu vermerkenden Garantieerklärungen der Muttergesellschaft betragsmäßig nicht in riesige Dimensionen anwachsen zu lassen, werden den Banken gegenüber, wenn möglich, nur sog. **Patronatserklärungen** abgegeben, die den gleichen Zweck erfüllen. Sie haben den Vorteil, dass bei entsprechend vager Formulierung ein Ausweis als Eventualverbindlichkeit nicht erforderlich ist (vgl. Stellungnahme 2/76 des HFA des IdW, WPg 1976, S. 528). Diese Behandlung durch die Wirtschaftsprüfer ist nicht unbedenklich, da "weiche" Patronatserklärungen im Ernstfalle, nämlich beim Konkurs der Tochtergesellschaft, für die Muttergesellschaft, will sie ihre Kreditfähigkeit erhalten, genauso verpflichtend ist wie ein Garantievertrag. Solche "weichen" Patronatserklärungen können etwa folgende Formulierung haben:

- "Wir, die X AG, sind an der Y GmbH zu 100 % beteiligt und beabsichtigen nicht, während der Dauer des in Frage stehenden Kreditverhältnisses unsere Beteiligungsquote zu verändern."

- "Wir, die X AG, sind an der Y GmbH zu 100 % beteiligt und werden, soweit dies uns möglich ist, auf die Kreditnehmerin einwirken, den in Frage stehenden Kredit ordnungsgemäß zu bedienen."

Ist die Patronatserklärung dagegen "hart" formuliert, dann sind Patronatserklärungen wie Garantien bilanzvermerkpflichtig. Beispiel für eine feste Zusage zur Liquiditätsausstattung der Tochter:

- "Wir, die X AG, sind an der Y GmbH zu 100 % beteiligt und werden die Kreditnehmerin für die Dauer des Kreditverhältnisses finanziell so ausgestattet halten, dass sie ihren Verpflichtungen aus dem Kreditvertrag nachkommen kann."

2. Eventualverbindlichkeiten nach IFRS

Im *IFRS-Regelwerk* ist eine *Eventualverpflichtung ("Contingent Liability")* eine
- mögliche Verpflichtung, die aus vergangenen Ereignissen resultiert, deren Existenz aber noch durch das Eintreten oder Nichteintreten unsicherer künftiger Ereignisse, die nicht vollständig unter der Kontrolle des Unternehmens stehen, bestätigt wird
- gegenwärtige Verpflichtung, die auf vergangenen Ereignissen beruht, aber nicht den Ansatzkriterien genügt und daher nicht erfasst wird, weil ein Abfluss von Ressourcen mit wirtschaftlichem Nutzen nicht wahrscheinlich ist oder weil deren Höhe sich nicht ausreichend verlässlich schätzen lässt (IAS 37.10).

Eventualverpflichtungen dürfen nicht passiviert werden. Sie sind lediglich als Eventualschulden im *Anhang* anzugeben, sofern ein Abfluss von Ressourcen mit wirtschaftlichem Nutzen nicht unwahrscheinlich ist (IAS 37.27 f. u. 86). Analoges gilt für *Eventualforderungen* (IAS 37.10 u. 31 u. 89)[1].

---

[1] Sofern Eventualverbindlichkeiten, Eventualforderungen oder auch Rückstellungen aus Finanzinstrumenten resultieren, die zum beizulegenden Zeitwert bewertet werden, sind sie nach IAS 39 zu bilanzieren und zu bewerten.

XII. Grundzüge der Hedge-Bilanzierung nach HGB und IFRS

1. Problemstellung

Unter Hedging (übersetzt: Sicherungsmaßnahmen) versteht man die Absicherung einer sog. offenen Risikoposition, also eines speziellen Marktrisikos (Preis-, Zins-, Wechselkursrisiko) oder Ausfallrisikos, das ein Unternehmen bei seiner wirtschaftlichen Aktivität eingegangen ist, durch ein geeignetes Sicherungsgeschäft, das mit entsprechend kompensierenden Preis-, Zins- oder Wechselkurs-Chancen ausgestattet ist. Durch den Abschluss dieses gegenläufigen Sicherungsgeschäfts soll erreicht werden, dass eventuelle Verluste aus dem Grundgeschäft durch in der gleichen Zukunftssituation erwartete Gewinne aus dem Sicherungsgeschäft möglichst exakt ausgeglichen werden.

Bei allen Transaktionen, bei denen Waren- oder Finanzgeschäfte durch Finanzinnovationen, wie z.B. Termingeschäfte,[1] gegen Preis- oder Ausfallrisiken abgesichert werden sollen, stellt sich bilanziell gesehen folgende Frage: Kann das Grundgeschäft mit dem Sicherungsgeschäft zu einer *Bewertungseinheit* zusammengefasst werden oder müssen die Geschäfte *getrennt bilanziert* werden?

Der *Grundsatz der Einzelbewertung* (§ 252 Abs. 1 Nr. 3 HGB) verlangt, dass jeder Vermögensgegenstand und jeder Schuldposten einzeln zu bewerten ist, dass also keine Verrechnung von Wertsteigerungen und Wertminderungen verschiedener Gegenstände miteinander erfolgen darf. Die Risiken eines jeden Vermögensgegenstands sind für sich zu beurteilen und in dessen Bewertung zu berücksichtigen. Demzufolge kann z.B. das Grundgeschäft mit einem dem *Imparitätsprinzip* entsprechenden negativen Erfolgsbeitrag (Abschreibung; Rückstellung) zu berücksichtigen sein, obwohl keinerlei Verluste drohen, denn diese werden durch das Absicherungsgeschäft (weitgehend) kompensiert. Die Gewinne aus dem Sicherungsgeschäft dürfen aber nach dem handelsrechtlichen Realisationsprinzip erst in einer späteren Periode berücksichtigt werden. Es würde sich dann zunächst ein hoher Verlust und in einer Folgeperiode ein gleich hoher Gewinn ergeben, die Periodengewinne schwankten sehr stark und würden in keiner der beiden Perioden die Ertragslage richtig widerspiegeln.

2. Bewertungseinheiten nach § 254 HGB

Die Möglichkeit der Bildung von Bewertungseinheiten ist in § 254 HGB für alle bilanzierenden Kaufleute gesetzlich geregelt. Über § 5 Abs. 1a S. 2 EStG werden die handelsrechtlichen Vorschriften zu Bewertungseinheiten als für die Steuerbilanz maßgeblich akzeptiert.

Unter den Voraussetzungen des § 254 S. 1 HGB können betriebliche Grundgeschäfte und dazugehörige Sicherungsgeschäfte zu einer Bewertungseinheit zusammengefasst werden. Es handelt sich hierbei um ein *explizites Wahlrecht.* Das bilanzierende Unternehmen kann zwischen einer isolierten Bilanzierung und Bewertung der beiden Geschäfte und der Bildung von Bewertungseinheiten frei wählen, wenn alle Voraussetzungen für die Bildung von Bewer-

---

[1] Termingeschäfte sind dadurch charakterisiert, dass im vertraglichen Verpflichtungsgeschäft alle Konditionen festgelegt werden und die Ausführung (Erfüllungsgeschäft) für einen mitunter weit in der Zukunft liegenden Zeitpunkt vereinbart wird. Die Erfüllung kann für den Käufer ein Wahlrecht (z.B.bei Optionen) oder - wie für den Verkäufer immer – eine Pflicht sein (z.B. Devisentermingeschäfte, Financial Futures). Kassageschäfte müssen dagegen sofort (d.h. 2 Tage nach Vertragsschluss) erfüllt werden.

tungseinheiten, vor allem im Risikomanagement des Unternehmens, vollständig erfüllt sind.[1] In diesem Falle gibt es aber eine *Empfehlung des IDW* zur Bildung von Bewertungseinheiten.[2] Auch bei Vorliegen eines perfekten Micro-Hedge, d.h. der Absicherung eines Grundgeschäfts gegen ein bestimmtes Risiko in voller Höhe über die gesamte Laufzeit des Grundgeschäfts im Rahmen des Risikomanagements, bleibt es dabei, dass unabhängig davon über die Nutzung oder Nichtnutzung des handelsbilanziellen Wahlrechts entschieden werden kann. Wird in diesem Falle keine bilanzielle Bewertungseinheit gebildet, so müssen allerdings Kapitalgesellschaften und Personenhandelsgesellschaften i.S.d. § 264a HGB im *Lagebericht* gemäß § 289 Abs. 2 Nr. 2 Buchst. a HGB darüber berichten.[3] Der Grundsatz der *sachlichen Stetigkeit* für gleichartige Sachverhalte gilt hier *nicht*, die Entscheidung zur Bildung von Bewertungseinheiten kann immer neu getroffen werden. Einmal gebildete Bewertungseinheiten müssen jedoch aufrechterhalten bleiben (zeitliche Stetigkeit).[4]

Das folgende Schaubild gibt einen Überblick über die bilanzpolitisch nutzbaren Wahlrechte bei der Bilanzierung und Bewertung von Finanzinstrumenten, die der Absicherung von Finanzrisiken dienen können.[5]

Sicherungsinstrumente gegen Finanzrisiken

Wahlrecht

Bewertungseinheit
|
kompensatorische Bewertung
der Sicherungsbeziehung
Voraussetzungen:
- effektive Absicherung
  (Kongruenz)
- Dokumentation
|
Wahlrecht:

Einfrierungs-   Durchbuchungsmethode   methode
(empfohlen in IDW
RS HFA 35 Tz. 76)

Einzelbewertung
|
isolierte Bilanzierung und
Bewertung von Grundgeschäft
und Sicherungsinstrument

Zur isolierten bilanziellen Behandlung von *derivativen Finanzinstrumenten* (außerhalb von Bewertungseinheiten) findet sich am Ende dieses Abschnitts ein kurzer **Exkurs**. Im Folgenden sollen wegen der großen Bedeutung in der Praxis die Voraussetzungen und die Techniken der Bildung von Bewertungseinheiten ausführlich erläutert werden. Aufgrund der in § 5 Abs. 1a S. 2 EStG kodifizierten *konkreten Maßgeblichkeit* handelsrechtlich gebildeter Bewertungseinheiten für die Steuerbilanz einschließlich der Bildung einer (Drohverlust-) Rückstel-

---
[1] Vgl. WP-Handbuch 2012, Bd. I, Tz. E 445.
[2] Vgl. IDW RS HFA 35, Tz. 12.
[3] Vgl. ebenda, Tz. 101.
[4] Vgl. ebenda, Tz. 12 und 15.
[5] Die meisten Absicherungsinstrumente können auch aus rein spekulativen Motiven gehalten werden.

lung für Bewertungseinheiten (§ 5 Abs. 4a, S. 2 EStG) gelten die folgenden Ausführungen für **Handels- und Steuerbilanz** gleichermaßen.

Damit die oben geschilderten unerwünschten Effekte einer isolierten Bilanzierung von Grund- und Sicherungsgeschäft nicht eintreten, bestimmt § 254 HGB als **Rechtsfolgen** einer Bildung von Bewertungseinheiten aus Grundgeschäften und Absicherungsgeschäften mit Hilfe von Finanzinstrumenten, dass sowohl das Prinzip der Einzelbewertung (§ 252 Abs. 1 Nr. 3 HGB) als auch das Realisations- und Imparitätsprinzip (§ 252 Abs. 1 Nr. 4 HGB) einschließlich seiner Konkretisierung in Form von Drohverlustrückstellungen (§ 249 Abs. 1 HGB) als auch das Anschaffungskostenprinzip (§ 253 Abs. 1 S. 1 HGB) und die Währungsumrechnung (§ 256a HGB) im Referenzzeitraum **nicht anzuwenden** sind. Als Referenzzeitraum ist der Zeitraum definiert, „in dem die gegenläufigen Wertänderungen oder Zahlungsströme sich ausgleichen" (§ 254 S. 1 HGB). Auch Warentermingeschäfte gelten im Sinne des § 254 als Finanzinstrumente. Alle weiteren Anforderungen an die Bildung von Bewertungseinheiten sind in der Gesetzesbegründung genannt.[1]

Als absicherungsfähige **Grundgeschäfte** sind in § 254 S. 1 HGB zugelassen, sofern sie risikobehaftet sind:
- Vermögensgegenstände
- Schulden
- schwebende Geschäfte
- mit hoher Wahrscheinlichkeit erwartete Transaktionen. Diese werden auch antizipative Grundgeschäfte genannt (z.B. künftige Rohstoffeinkäufe) und müssen im Anhang oder im Lagebericht erläutert werden (§ 285 Nr. 23c HGB).

Die Bildung von Bewertungseinheiten ist nach dem Gesetzeswortlaut nur zulässig, wenn Grundgeschäft und Sicherungsgeschäft „vergleichbaren Risiken" unterliegen, die zu einer gegenläufigen Wertentwicklung führen. Diese Risiken müssen eindeutig identifizierbare Einzelrisiken sein, da sich nur dann die gegenläufigen Wertänderungen verlässlich messen lassen. Dabei kommen Zins-, Währungs-, Ausfall- oder Preisrisiken in Frage.

Nur **Finanzinstrumente** einschließlich der Warentermingeschäfte werden als **Sicherungsinstrumente** akzeptiert. Die Bestimmung eines Finanzinstruments als Absicherungsinstrument (**„Designation"**) und die Zuordnung zu Grundgeschäften muss im Vorhinein („prospektiv") erfolgen und im Anhang (oder im Lagebericht) einschließlich der Art und der Höhe der abgesicherten Risiken angegeben werden (§ 285 Nr. 23a HGB). Es kann sich um **originäre** Finanzinstrumente (z.B. Fremdwährungsforderungen oder -verbindlichkeiten) oder **derivative** Finanzinstrumente[2] (z.B. Swaps, Kauf von Optionen, Futures, Termingeschäfte, Warenkontrakte) handeln. Sicherungsinstrumente müssen nicht in ihrer Gänze als solche designiert werden. Um eine höhere Effektivität der Absicherung zu erreichen, können sie auch nur zu einem Teilumfang oder auch nur zu einem Teil nach einer qualitativen Zerlegung als Sicherungsinstrument designiert werden. Voraussetzung ist, dass der designierte Teil verlässlich bewertbar ist. Qualitativ können z.B. Optionen in ihren inneren Wert und ihren Zeitwert zerlegt werden und nur der innere Wert zur Absicherung bestimmt werden. Auch kann der Wert eines Devisentermingeschäfts in eine Kassakurs- und eine Zinskomponente aufgesplittet werden. Auch die Designation einer Kombination von Sicherungsinstrumenten ist möglich, wenn sich

---

[1] Vgl. Bundestagsdrucksache 16/10067, S. 53 ff.

[2] Ein derivatives Finanzinstrument ist ein „schwebendes Vertragsverhältnis, dessen Wert auf Änderungen des Wertes eines Basisobjektes – bspw. eines Zinssatzes, Wechselkurses, Rohstoffpreises, Preis- oder Zinsindexes, der Bonität, eines Kreditindexes oder einer anderen Variablen – reagiert, bei dem Anschaffungskosten nicht oder nur in sehr geringem Umfang anfallen und das erst in der Zukunft erfüllt wird", Bundestagsdrucksache 16/10067, S. 53.

daraus keine synthetische Verkaufsoption, die als Sicherungsinstrument nicht zulässig ist, ergibt.

Wie aus der Gesetzesbegründung[1] hervorgeht, hält der Gesetzgeber alle in der Praxis üblichen **Formen von Bewertungseinheiten** für zulässig. Welche Form das Unternehmen verwendet, muss im **Anhang oder Lagebericht** angegeben werden (§ 285 Nr. 23a HGB). Die üblichen Formen sind:
- Micro-Hedging
- Portfolio-Hedging
- Macro-Hedging.

a) Micro-Hedge (Einzelabsicherung): Zwischen einem einzelnen Grundgeschäft auf der einen Seite und einem einzelnen Sicherungsinstrument auf der anderen Seite wird eine vollständige oder eine teilweise (d.h. nicht der gesamte Betrag oder nicht alle Risiken) Sicherungsbeziehung designiert. Die Anforderungen an den Nachweis der Effektivität sind hier am geringsten. Es ist lediglich zu belegen, dass die wesentlichen Bedingungen (Beträge, Termine, Laufzeiten u.ä.) beim Grundgeschäft und beim Sicherungsinstrument übereinstimmen und sich daher Wertänderungen oder Zahlungsströme ausgleichen.

b) Absicherung eines homogenen Portfolios (Portfolio-Hedge)[2]: Es handelt sich um die Absicherung eines Portfolios aus gleichartigen Grundgeschäften durch ein oder mehrere Sicherungsinstrumente gegen ein spezifisches Risiko. Beispielsweise werden mehrere Beschaffungsgeschäfte in Fremdwährung gegen Wechselkursrisiken abgesichert. Voraussetzung ist, dass der Homogenitätstest erfüllt ist, da anderenfalls die Gleichartigkeit des Risikoprofils bei den zusammengefassten Grundgeschäften nicht gegeben ist. Der Homogenitätstest gilt als erfüllt, wenn die Wertänderung des Portfolios bei 10% liegt und die Werte der einzelnen Posten des Portfolios zwischen 9 und 11 % streuen. Dabei darf es sich jeweils nur um die Wertänderung handeln, die dem gesicherten Risiko zuzurechnen ist.[3]

c) Pauschale Absicherung einer Nettorisikoposition (Macro-Hedge): Diese Art der Absicherung ist nur üblich im Bereich der Absicherung gegen unerwünschte Zinsentwicklungen und wird vor allem von Banken betrieben. Im Zinsrisikomanagement werden üblicherweise mehrere sich zum Teil risikomäßig kompensierenden Grundgeschäfte (Vermögensgegenstände und Verbindlichkeiten) nach den erwarteten Zinsanpassungsterminen bzw. Laufzeiten einander zugeordnet und saldiert und der sich ergebende Saldobetrag („Nettoposition") wird z.B. durch ein Derivat (Zinsswap) oder ein Portfolio von Derivaten abgesichert. Beim Macro-Hedge sind hohe Anforderungen an den Effektivitätsnachweis zu stellen. Der Gesetzgeber hat jedoch keine Methode vorgeschrieben oder empfohlen, sondern überlässt es dem bilanzierenden Unternehmen, eine geeignete Wahl zu treffen. International übliche Methoden können herangezogen werden.

Aufgrund weiterer Stellungnahmen des Rechtsausschusses des Bundestags[4] kann allerdings eine Mehrzahl von Grundgeschäften nicht mehr zusammengefasst abgesichert werden, wenn die Grundgeschäfte unterschiedlichen Risiken ausgesetzt sind. Damit dürfte die Anwendung

---

[1] Vgl. Bundestagsdrucksache 16/10067, S. 58.

[2] Die Begriffe Portfolio-Hedge und Macro-Hedge werden in der Praxis und in der Literatur auch mit genau umgekehrtem Begriffsinhalt gebraucht. Vgl. Löw/Scharpf/Weigel, Auswirkungen des Regierungsentwurfs zur Modernisierung des Bilanzrechts von Finanzinstrumenten, WPg 2008, S. 1017.

[3] Vgl. dazu auch IAS 39.83.

[4] Vgl. Bundestagsdrucksache 16/12407, S. 112.

sowohl eines Portfolio-Hedges als auch eines Macro-Hedges in der Praxis, die bisher zumindest für Kreditinstitute als zulässig angesehen wurde[1], kaum noch möglich sein. Absicherungsfähig ist dann nur noch der Fall eindeutig ermittelbarer einzelner Risiken durch einen *Micro-Hedge*.

Die Rechtsfolgen des § 254 HGB, nämlich die Suspendierung des Einzelbewertungs-, Imparitäts-, Realisations- und Anschaffungskostenprinzips sowie die Aufhebung der Pflicht zur Bildung von Drohverlustrückstellungen, treten nach § 254 S.1 HGB nur hinsichtlich *effektiver Bewertungseinheiten* ein bzw. nur hinsichtlich des *effektiven Teils* der Bewertungseinheit. Dies ist mit der Gesetzesformulierung gemeint: „in dem Umfang und für den Zeitraum…, in dem die gegenläufigen Wertänderungen oder Zahlungsströme sich ausgleichen" (§ 254 S. 1 HGB). Für den *ineffektiven Teil* sind demnach Rückstellungen für drohende Verluste aus schwebenden Geschäften zu bilden, unrealisierte Gewinne dürfen dagegen nicht berücksichtigt werden. Entsprechendes gilt für Wertänderungen des Grundgeschäfts, die aus nicht abgesicherten Risiken resultieren.[2] Die Effektivitätsmessung erfolgt am Bilanzstichtag für vergangene Zeiträume (*„retrospektive Effektivitätsmessung"*), Mindesteffektivitätsgrenzen sind nicht vorgeschrieben. Darüber hinaus ist aber an jedem Bilanzstichtag eine Feststellung über den Umfang der Risikokompensation durch gegenläufige Wertänderungen oder Zahlungsströme innerhalb der Bewertungseinheit zu treffen, die sich auf den Bilanzstichtag und die voraussehbare Zukunft bezieht (*„prospektiver Effektivitätsnachweis"*) und im *Anhang* anzugeben ist (§ 285 Nr. 23b) HGB).

Weitere Voraussetzung für die Bildung von Bewertungseinheiten gemäß § 254 HGB ist deren *hinreichende Dokumentation*. Die Art der Dokumentation ist wiederum nicht gesetzlich vorgeschrieben, sondern von der Art der Sicherungsbeziehung abhängig. Es soll vor allem eine missbräuchliche (nachträgliche) Bildung von Bewertungseinheiten verhindert werden. Auch hier können IFRS-Vorschriften herangezogen werden.[3] Demnach ist bereits zu Beginn der Sicherungsbeziehung zu dokumentieren, um welches Grundgeschäft es geht, welches Risiken abgesichert werden sollen, welches Sicherungsinstrument eingesetzt wird, ob dieses in seiner Gesamtheit oder nur partiell zur Risikoabsicherung designiert ist und welche Methode zur Effektivitätsmessung herangezogen wird. Diese Informationen verlangt der deutsche Gesetzgeber im Wesentlichen auch im *Anhang* anzugeben (§ 285 Nr. 23 HGB). Alternativ können alle geforderten Anhangangaben auch im *Lagebericht* gemacht werden. Dies dürfte für Einzelunternehmen und Personenhandelsgesellschaften der Regelfall sein, da sie nicht zur Erstellung eines Anhangs verpflichtet sind.

Grundsätzlich besteht bei der Bildung von Bewertungseinheiten für die buchhalterische und bilanzielle Abbildung ein *Wahlrecht* zwischen der Einfrierungsmethode und der Durchbuchungsmethode.[4] Bei der *Einfrierungsmethode* wird das Grundgeschäft zum Sicherungskurs bilanziert und ein drohender Verlust beim Grundgeschäft wird nicht berücksichtigt (Nichtanwendung des Imparitätsprinzips). Auf der anderen Seite wird ein erwarteter unrealisierter Gewinn aus dem Sicherungsinstrument (schwebendes Geschäft) nicht erfasst. Entsprechendes gilt auch umgekehrt. Die Vorgehensweise gilt jedoch nur für den effektiven Teil der Sicherung, d.h. bis zu den sich ausgleichenden Wertänderungen von Grund- und Sicherungsgeschäft. Der *ineffektive Teil* der Bewertungseinheit wird nach den allgemeinen Bewertungsre-

---

[1] Vgl. IDW Stellungnahme des BFA 2/1995: Bilanzierung von Optionsgeschäften, WPg 1995, S 421 ff.

[2] So kann der Kurs eines erworbenen festverzinslichen Wertpapiers, der gegen Marktzinsänderungsrisiken abgesichert wurde, auch aufgrund der Verschlechterung der Bonität des Emittenten sinken.

[3] Vgl. z.B. Cassel, Jochen: Bewertungseinheiten, in: Kessler, Harald/Leinen, Markus/Strickmann, Michael (Hrsg.): Handbuch BilMoG, Freiburg 2009, S. 441.

[4] Ein Beispiel („Beispiel 2") zu beiden Methoden findet sich weiter unten.

geln behandelt, also insbesondere unter Beachtung des Realisations- und des Imparitätsprinzips. Ein drohender Verlust wird also saldiert imparitätisch erfasst, d.h. es wird eine entsprechende Rückstellung für drohende Verluste aus schwebenden Geschäften (§ 249 Abs. 1 S. 1 HGB) gebucht. Diese Rückstellung ist grundsätzlich in der Steuerbilanz gemäß § 5 Abs. 4a S. 1 EStG verboten, im Rahmen einer Bewertungseinheit aber nach § 5 Abs. 4a S. 2 EStG) zulässig.

Bei der **Durchbuchungsmethode**, die nach IFRS in einer etwas modifizierten Form üblich ist, wird bezüglich des effektiven Teils sowohl der unrealisierte Gewinn aus einem Sicherungsgeschäft ertragswirksam ausgewiesen (Nichtanwendung des Realisationsprinzips) als auch der erwartete Verlust aus dem Grundgeschäft aufwandswirksam (Imparitätsprinzip) behandelt. Entsprechendes gilt auch umgekehrt. Für den ineffektiven Teil gelten wieder die allgemeinen Bewertungsvorschriften des HGB.

Beide Methoden kommen hinsichtlich der Gewinn- und Verlustrechnung zu denselben Ergebnissen. Die Durchbuchungsmethode führt als Bruttomethode lediglich zu einer Aufblähung von Bilanz und Gewinn- und Verlustrechnung. Da die Anwendung der Durchbuchungsmethode u.a. bei auf erwartete Transaktionen bezogenen Bewertungseinheiten umstritten ist, wird die *Einfrierungsmethode vom IDW empfohlen*.[1]

Fazit: Nach § 254 HGB besteht ein *explizites Wahlrecht*, bei Vorliegen der Voraussetzungen Bewertungseinheiten zu bilden oder Grundgeschäfte und Sicherungsgeschäfte isoliert zu bilanzieren und zu bewerten. Dies gilt trotz der Empfehlung des IDW zur Bildung von Bewertungseinheiten.[2] Mit Hilfe dieses *bilanzpolitischen Instruments* kann die Höhe des *Jahresüberschusses erheblich beeinflusst* werden. Bei der Bildung einer Bewertungseinheit gehen zumindest vom effektiven Teil keinerlei Erfolgswirkungen aus, bei isolierter Bewertung muss der drohende Verlust beim Grundgeschäft vorweggenommen werden, sodass der Jahresüberschuss u.U. erheblich niedriger ausgewiesen würde (obwohl das Risiko abgesichert ist). Das Darstellungswahlrecht zwischen der Einfrierungs- und der Durchbuchungsmethode hat keinerlei Einfluss auf den Periodenerfolg, wohl aber auf das Bilanzbild.

Bei der Frage, ob die Voraussetzungen zur Bildung von Bewertungseinheiten erfüllt sind, ergeben sich für das bilanzierende Unternehmen **mehrere Ermessensspielräume**, sodass es letztlich auf jeden Fall dafür sorgen kann, dass die Voraussetzungen nicht erfüllt sind, sofern es aus bilanzpolitischen Gründen keine Bewertungseinheit bilden möchte, der Wirtschaftsprüfer die Empfehlung des IDW aber als verpflichtend betrachtet. Die einfachste Möglichkeit für das Unternehmen, aus bilanzpolitischen Gründen die Bildung von Bewertungseinheiten zu verhindern, ist es, die weitreichenden Dokumentationspflichten nicht zu erfüllen. Sollen dagegen im Jahresabschluss aus bilanzpolitischen Gründen Bewertungseinheiten gebildet werden, so gibt es in Grenzen ebenfalls Gestaltungsspielräume, z.B. bei der Wahl der Methode der Effizienzmessung, um die Voraussetzungen erfüllen zu können. Zudem sind Mindesteffektivitätsgrenzen und auch die Art der Dokumentation nicht vorgeschrieben. Auch gibt es keine speziellen gesetzlichen Vorschriften über die Art des Nachweises der hohen Eintrittswahrscheinlichkeit erwarteter Transaktionen oder hinsichtlich der Methode der Effektivitätsmessung. Ein Interpretationsspielraum ergibt sich auch bezüglich des Begriffs der „hohen" Eintrittswahrscheinlichkeit für erwartete Transaktionen. Es ist nicht festgelegt, ab welcher zahlenmäßigen Wahrscheinlichkeitsgrenze die Bedingung erfüllt ist. Zudem handelt es sich

---

[1] Vgl. Lüdenbach, Norbert, Brutto- vs. Nettodarstellung bei Bilanzierung von Sicherungszusammenhängen, StuB 2009, S. 694, IDW RS HFA 35, Tz. 76.
[2] Sollte diese Empfehlung sich zu einem verpflichteten Grundsatz ordnungsmäßiger Buchführung entwickeln, läge aufgrund der Beeinflussbarkeit der Voraussetzungen (insbesondere der Dokumentationspflichten) ein *faktisches Wahlrecht* vor.

sowieso um keine objektiven Wahrscheinlichkeiten, sondern nur um subjektive Überzeugtheitsgrade der Geschäftsleitung. Insgesamt liegt ein *weiter bilanzpolitischer Spielraum zur Gewinnbeeinflussung* vor.

Entschließt sich das Unternehmen zur Bildung von Bewertungseinheiten, so hat es wegen der Suspendierung wichtiger Grundsätze ordnungsmäßiger Buchführung *ausführliche Angaben im Anhang oder im Lagebericht* zu machen (§ 285 Nr. 23 und § 289 Abs. 2 Nr. 2 HGB).

Zur Veranschaulichung sollen noch einige *Beispiele zum Micro-Hedge* ergänzt werden.

Beispiel 1:
Originäres Finanzinstrument als Sicherungsinstrument: Fremdwährungsverbindlichkeit

Ein Unternehmen hat eine Forderung L.u.L. gegenüber einem US-amerikanischen Kunden in Höhe von 20.000 US-$, gleichzeitig gegenüber einem chinesischen Lieferanten eine Verbindlichkeit L.u.L. mit derselben Laufzeit ebenfalls in Höhe von 20.000 US-$. Offensichtlich gleichen sich Ansprüche und Verpflichtungen derselben Währung hinsichtlich ihres Betrages und der Fälligkeitsfristen aus und es liegt daher eine sog. *geschlossene Position* vor. Ein Währungsrisiko besteht nicht mehr, denn bei Ansteigen des US-Dollarkurses ist zwar ein höherer Euro-Betrag zu Tilgung der Fremdwährungsverbindlichkeit aufzuwenden, jedoch steigt auch der Euro-Gegenwert der Fremdwährungsforderung in gleichem Umfang an. In diesem Falle können diese Beträge als Einheit bewertet werden[1]. Die Bildung einer Bewertungseinheit ist ebenfalls möglich, wenn die Laufzeiten unterschiedlich sind, aber für die länger laufende Position eine Anschlussdeckung des Währungsrisikos gesichert ist.

Dient ein einzelnes Sicherungsgeschäft der Absicherung eines bestimmten Risikos eines einzelnen direkt zugeordneten Grundgeschäfts (sog. *Micro-Hedge*), können beide Geschäfte als Bewertungseinheit behandelt werden. In diesem Falle werden sie hinsichtlich ihrer Ertrags- und Aufwandswirkungen als ausgeglichen angesehen, so dass insgesamt gesehen hinsichtlich dieser Bewertungseinheit kein künftiger Verlust droht. Nach den allgemeinen handelsrechtlichen Regeln würde nach dem Imparitätsprinzip (§ 252 Abs. 1 Nr. 4 HGB) für das risikobehaftete Grundgeschäft eine aufwandswirksame Rückstellung für drohende Verluste aus schwebenden Geschäften zu bilden sein, wohingegen der „drohende Gewinn" aus dem speziell zu diesem Zweck eingegangenen Sicherungsgeschäft wegen des Realisationsprinzips bilanziell keinen Niederschlag findet. Die Ertragslage des Unternehmens würde somit verschlechtert ausgewiesen aufgrund eines drohenden Verlustes, der mit Sicherheit nicht eintreten wird, weil er durch den entsprechenden Gewinn beim Sicherungsgeschäft kompensiert wird.

Beispiel 2:
Derivatives Finanzinstrument als Sicherungsinstrument: Devisentermingeschäft

Ein Unternehmen hat eine Forderung L.u.L. gegenüber einem US-amerikanischen Kunden in Höhe von 10.000 US-$, die in 6 Monaten am 31.3.02 fällig wird. Der Wechselkurs am Entstehungstag (1.10.01) beträgt 1 EUR – 1 US-$. Aus Vereinfachungsgründen wird angenommen, dass das Zinsniveau im Euroraum und in den USA gleich hoch ist. Außerdem wird auf eine Abzinsung auf den Barwert verzichtet. Da ein steigender Euro-Kurs befürchtet wird, verkauft das Unternehmen die US-Dollar aus der Forderung L.u.L. sofort per Termin 6 Monate zum Devisenterminkurs, der auch 1 EUR – 1 US-$ beträgt, an eine ausländische Bank. Für die Entwicklung des Wechselkurses sollen zwei Fälle unterschieden werden.
Fall 1: Wechselkurs am 31.12.01 und am 31.3.02: 1 EUR – 2,00 US-$ (Eurokurs steigt),
Fall 2: Wechselkurs am 31.12.01 und am 31.3.02: 1 EUR – 0,50 US-$ (Eurokurs fällt).

---

[1] Vgl. HFA, WPg 1986, S. 664 ff.

Zeitpunkt	Einfrierungsmethode	Soll EUR	Haben EUR	Durchbuchungsmethode	Soll EUR	Haben EUR
1.10.01: (1€ – 1 $)	Forderung an Umsatzerlöse	10.000	10.000	Forderung an Umsatzerlöse	10.000	10.000
Fall 1						
31.12.01 (1 € – 2 $)	Keine Buchung			(1) Sonst. betr. Aufwand an Forderung (2) Derivat aus Bewertungseinheit an sonst. betr. Erträge	5.000 5.000	5.000 5.000
31.3.02 (1 € – 2 $)	(1) Bank (Zahlung durch Schuldner) an Forderung (2) Bank (Zahlung der Auslandsbank aus dem Terminkontrakt) an Forderung	5.000 5.000	5.000 5.000	(1) Bank (Zahlung durch Schuldner) an Forderung (2) Bank (Zahlung der Auslandsbank aus dem Terminkontrakt) an Derivat aus Bewertungseinheit	5.000 5.000	5.000 5.000
Fall 2						
31.12.01 (1 € – 0,5 $)	Keine Buchung			(1) Forderung an sonst. betr. Erträge (2) sonst. betr. Aufwand an Derivat aus Bewertungseinheit	10.000 10.000	10.000 10.000
31.3.02 (1 € – 0,5 $)	(1) Bank (Zahlung durch Schuldner) an Forderung an sonst. betr. Erträge (2) Sonst betr. Aufwand an Bank (Zahlung der Differenz aus Terminkontrakt)	20.000 10.000	10.000 10.000 10.000	(1) Bank (Zahlung durch Schuldner) an Forderung (2) Derivat aus Bewertungseinheit an Bank (Zahlung der Differenz aus Terminkontrakt)	20.000 10.000	20.000 10.000

Bei der Durchbuchungsmethode werden im Gegensatz zur Einfrierungsmethode die gegenläufigen Wertänderungen gebucht. Soweit es den effektiven Teil der Bewertungseinheit betrifft, hat das Durchbuchen keinen Effekt auf die Gewinn- und Verlustrechnung. Im Beispiel gibt es keinen ineffektiven Teil, die Wertänderungen gleichen sich vollkommen aus. Beide Methoden kommen zu demselben Ergebnis in Bilanz und Gewinn- und Verlustrechnung nach Beendigung der Bewertungseinheit. Die Durchbuchungsmethode führt allerdings gegenüber der Einfrierungsmethode zu einer Bilanzverlängerung und damit zu einer niedrigeren Eigenkapitalquote. Da in IFRS-Abschlüssen die Durchbuchungsmethode anzuwenden ist, können Unternehmen, die IFRS-Konzernabschlüsse aufstellen, in diesem Punkt eine Vereinheitlichung erzielen.

Beispiel 3:
Derivatives Finanzinstrument als Sicherungsinstrument: Zinsswap
Ein Unternehmen hat am 1.10.01 ein Bankdarlehen in Höhe von 1000.000 EUR mit einer variablen Verzinsung in Höhe des 6 Monats-EURIBOR[1] plus 1% Marge aufgenommen. Zur Absicherung gegenüber steigenden 6-Monatszinsen wurde gleichzeitig ein marktkonformer Payer-Zinsswap[2] von der Bank erworben. Mit Hilfe eines solchen Zinsswaps werden die kurzfristigen variablen Zinsen gegen marktgerechte feste langfristige Zinsen eingetauscht. Das Unternehmen muss in diesem Falle 8% Festzins an die Bank zahlen und erhält dafür aus dem Zinsswap variable Zinsen in Höhe des 6-Monats-EURIBOR plus 0,5% Marge.
Am Bilanzstichtag 31.12.01 sind die variablen Zinsen gesunken, sodass der Payer-Zinsswap ökonomisch nachteilig ist und daher einen negativen Marktwert aufweist.

Auch hier liegt ein Micro-Hedge vor, der zu 100% effektiv ist. Die Wertänderungen von Grundgeschäft (variabel verzinsliches Darlehen) und Sicherungsinstrument (Zinsswap-Vereinbarung) kompensieren sich völlig. Bei hinreichender Dokumentation ist also die Bildung einer Bewertungseinheit nach § 254 HGB zulässig. Als Folge sind unrealisierte Verluste innerhalb der Bewertungseinheit nicht zu berücksichtigen.

Beispiel 4:
Derivatives Finanzinstrument als Sicherungsinstrument: Kauf einer Verkaufsoption
Ein Unternehmen erwirbt am 22.7.01 festverzinsliche Wertpapiere zu 51.000 EUR (= 102%). Am 31.12.01 liegt der Börsenwert bei 56.000 EUR (= 112%), zum 31.12.02 ist er auf 50.000 EUR (100%) gesunken. In Erwartung weiterer Kursrückschläge aufgrund weiterer Marktzinssteigerungen sichert das Unternehmen zu Beginn des Jahres 03 diesen Kurs durch Kauf einer ausreichenden Anzahl von Verkaufsoptionen („long put") zum Basispreis von 100% zu einem Preis (Optionsprämie) von 1.500 EUR ab (Annahme: perfekte Absicherung). Zum 31.12.03 sind die Wertpapiere tatsächlich um 6.000 EUR im Wert gesunken. Ihr Börsenwert beträgt nur noch 44.000 EUR (= 88%). Der Marktwert (Börsenwert) des Sicherungsinstruments (Verkaufsoption) hat sich gegenläufig in gleichem Umfang verändert und beträgt jetzt 7.500 EUR.

(in EUR)	Bilanzierung bei strenger Einzelbewertung				Bilanzierung bei Bildung einer Bewertungseinheit gem. § 254 HGB			
Stichtag	festverzinsliche Wertpapiere	Finanzderivat (Verkaufsoption)	Ertrag (GuV)	Aufwand (GuV)	festverzinsliche Wertpapiere	Finanzderivat (Verkaufsoption)	Ertrag (GuV)	Aufwand (GuV)
22.07.01	51.000	---	---	---	51.000	---	---	---
31.12.01	51.000	---	---	---	51.000	---	---	---
31.12.02	50.000	---	---	1.000	50.000	---	---	1.000
01.01.03	50.000	1.500	---	---	50.000	1.500	---	---
31.12.03	44.000	1.500	---	6.000	50.000	---	---	1.500

Bei isolierter Einzelbewertung sind die festverzinslichen Wertpapiere zum 31.12.02 auf den gesunkenen Börsenkurs (es sei eine dauerhafte Wertminderung angenommen) außerplanmäßig abzuschreiben. Die Verkaufsoption ist mit den Anschaffungskosten (Optionsprämie) zu aktivieren. Zum

---

[1] Der EURIBOR (= Euro Interbank Offered Rate) ist ein Durchschnittszinssatz, zu dem ein erstklassiges Kreditinstitut bereit ist, einem anderen Kreditinstitut mit höchster Bonität Gelder bis zu einer Laufzeit von 12 Monaten in der Währung Euro zur Verfügung zu stellen.

[2] Bei einem Payer-Zinsswap zahlt ein Unternehmen einen vereinbarten Festzinssatz und empfängt von der Bank als Kontraktpartner den variablen Zinszahlungsstrom.

31.12.03 sind die Wertpapiere auf den weiter gesunkenen Börsenkurs abzuschreiben. Die Ertragslage ist zu schlecht dargestellt, da über den Einsatz der Optionsprämie hinaus kein Verlust droht, weil der Basispreis von 50.000 EUR für die Wertpapiere durch Ausübung der Verkaufsoption immer erzielt werden kann. Eine Aufwertung der Verkaufsoption über ihre Anschaffungskosten hinaus auf den Börsenkurs ist aufgrund des Realisationsprinzips nicht zulässig.

Bei Bildung einer Bewertungseinheit gemäß § 254 HGB wird berücksichtigt, dass der Basispreis für die Wertpapiere mit Sicherheit erzielt werden kann, so dass dieser die Bewertungsuntergrenze darstellt. Da aber der „Einsatz" in Form der gezahlten Optionsprämie bei Ausübung der Verkaufsoption nicht entgolten wird, m.a.W. die Option unter Annahme der Ausübung ihren eigenständigen Wert verliert, wird die Option voll abgeschrieben. Dasselbe Ergebnis würde sich einstellen, wenn man die Wertuntergrenze der Wertpapiere mit (50.000 – Optionsprämie) = 48.500 EUR annehmen würde und die Verkaufsoption mit 1.500 EUR aktiviert ließe[1]. Die Ertragslage ist somit sachgerecht dargestellt.

Exkurs: Isolierte Bilanzierung und Bewertung von Sicherungsinstrumenten

Wird auf die Bildung einer Bewertungseinheit wird verzichtet, gelten die allgemeinen Bilanzierungs- und Bewertungsvorschriften. Grundgeschäft und Sicherungsinstrument sind einzeln zu bewerten, das Realisationsprinzip und das Anschaffungskostenprinzip verhindern den Ausweis noch nicht realisierter Gewinne beim Sicherungsinstrument (z.B. dürfen die Anschaffungskosten eines Zinsswaps in Höhe von 0,- EUR nicht überschritten werden), das Imparitätsprinzip verlangt jedoch die Vorwegnahme drohender Verluste beim Grundgeschäft durch eine außerplanmäßige Abschreibung. Wenn es sich z.B. um Wertpapiere des Anlagevermögens handelt, besteht bei voraussichtlich dauernder Wertminderung eine Pflicht, bei voraussichtlich vorübergehender Wertminderung ein Wahlrecht zur Abwertung.

- **Zinsswaps**

Zinsswaps sind vertragliche Vereinbarungen zumeist mit einer Bank, nach denen über einen festgelegten Zeitraum die auf einen bestimmten Kapitalbetrag bezogenen Zinsen getauscht werden, um sich gegen erwartete ungünstige Zinsentwicklungen abzusichern. Der Kapitalbetrag wird jedoch nicht ausgetauscht. Zumeist werden feste Zinsen gegen variable getauscht (Kuponswap), aber es können auch variable Zinsen mit unterschiedlicher Laufzeit oder unterschiedlichem Referenzzins gegeneinander getauscht werden. Zinsswaps führen bei Geschäftsabschluss in der Regel nicht zu Zahlungen zwischen den Vertragsparteien, bis zu der Erfüllung der vereinbarten Zahlungen handelt es sich daher um *schwebende Geschäfte*. Diese werden grundsätzlich nicht bilanziert. Wenn jedoch am Bilanzstichtag ein Verlust aus den mittels Zinsswaps getauschten Zahlungsströmen droht, so ist in entsprechender Höhe eine **Rückstellung für drohende Verluste aus schwebenden Geschäften** (§ 249 Abs. 1 S. 1 HGB) zu bilden. Das ist dann der Fall, wenn der Swap einen **negativen Marktwert** aufweist, d.h. wenn aufgrund veränderter Marktbedingungen ein umgekehrtes Swapgeschäft („Glattstellung") nicht zu einem Ausgleich der barwertigen Zahlungsverpflichtungen führen, sondern ein Verpflichtungsüberhang verbleiben würde.[2]

- **Devisentermingeschäfte**

Bei einem *Devisentermingeschäft* wird heute der Kauf oder Verkauf eines Fremdwährungsbetrags zum festgelegten Terminkurs zumeist mit einer Bank vertraglich vereinbart, aber als Erfüllungszeitpunkt ein Termin in der Zukunft festgelegt. Der Devisenterminkurs ergibt sich aus *Arbitrageüberlegungen* als Devisenkassakurs plus Swapsatz, da ein Devisentermingeschäft sich auch durch

---

[1] Scharpf, P./Luz, G.: Risikomanagement, Bilanzierung und Aufsicht von Finanzderivaten, 2. Aufl., Stuttgart 2000, S. 428.
[2] Vgl. Küting, Karlheinz/Pfitzer, Norbert /Weber, Claus-Peter (Hrsg.): Handbuch der Rechnungslegung, Einzelabschluss, Kapitel 6, Tz. 851; Freidl, David/Kühn, Bettina: Bewertung, Einsatz und Bilanzierung von Zinsswaps in Industrieunternehmen, BBK 2008, S. 751 ff.

Kreditaufnahme und Geldanlage im Ausland bzw. Inland über die Laufzeit des Termingeschäfts darstellen lässt. Der *Swapsatz* drückt die Differenz zwischen dem inländischen und dem ausländischen Zinsniveau aus. Er stellt dann ein Aufschlag (Report) dar, wenn das ausländische Zinsnineau höher ist als das inländische, und ein Abschlag (*Deport*) im umgekehrten Falle. Ein *Report* führt beim Exporteur zu Wechselkursabsicherungskosten, da er einen niedrigeren Euro-Betrag per Termin für den vereinbarten Fremdwährungsbetrag (künftiger Exporterlös in Fremdwährung) erhält als aktuell am Kassamarkt. Für den Importeur ergibt sich dann ein Absicherungsertrag. Ein Deport führt für den Importeur zu Wechselkursabsicherungskosten, da er einen höheren Euro-Betrag per Termin für den vereinbarten Dollarbetrag hingeben muss als aktuell am Kassamarkt. In diesem Falle ergibt sich für den Exporteur ein Absicherungsertrag.

Devisentermingeschäfte sind *schwebende Geschäfte* und damit grundsätzlich nicht zu bilanzieren. Wird jedoch ein negativer Erfolgsbeitrag (negativer Marktwert) aus dem schwebenden Geschäft erwartet, so ist eine *Rückstellung für drohende Verluste aus schwebenden Geschäften* zu bilden. Der Marktwert am Bilanzstichtag ergibt sich aus dem Preis, zu dem man das abgeschlossene Termingeschäft *glattstellen*, d.h. sich durch ein kongruentes Gegengeschäft von der Verpflichtung aus dem Termingeschäft befreien könnte.[1]

- **Optionsgeschäfte**

Optionen sind börsengehandelte, standardisierte Termingeschäfte, bei denen der Käufer, das Optionsrecht auch ungenutzt verfallen lassen kann (*bedingtes Termingeschäft*). Der Käufer einer *Kaufoption* („Call") erwirbt gegen Zahlung einer Optionsprämie an den so gen. Stillhalter (Verkäufer der Kaufoption) das Recht, von diesem ein bestimmtes Basisobjekt („Underlying") während eines bestimmten zukünftigen Zeitraums zu einem bereits festgelegten *Basispreis* („Strike") zu erwerben. *Basisobjekte* können z.B. Aktien, Aktienindizes und Devisen sein. Zur Absicherung gegen sinkende Aktienkurse eignet sich der Kauf einer *Verkaufsoption* („Put") gegen Zahlung einer Optionsprämie an den Verkäufer. Damit ist das Recht, nicht aber die Pflicht, verbunden, beispielsweise einen vorhandenen Aktienbestand an den Put-Verkäufer („Stillhalter") zu einem festgelegten (hohen) Preis während eines bestimmten Zeitraums verkaufen zu können.

Der Käufer einer Option muss dem Stillhalter (vermittelt durch die Börse, z.B. die Terminbörse EUREX) einen *Preis („Optionsprämie")* zahlen, der als Anschaffungskosten eines nicht abnutzbaren *Vermögensgegenstands „Optionsrecht"* zu interpretieren ist. Zumeist ist das Optionsrecht dem Umlaufvermögen zuzuordnen. Dann gilt beim Niederstwerttest am Bilanzstichtag das strenge Niederstwertprinzip. Falls der Marktpreis (Optionsprämie) einer Option mit identischer Ausstattung an der Börse (*bei Glattstellung*, also Aufhebung des Optionsgeschäfts durch ein umgekehrtes Geschäft) niedriger ist als die Anschaffungskosten, muss eine *außerplanmäßige Abschreibung* (wegen § 275 Abs. 2 Nr. 7b HGB als „sonstige betriebliche Aufwendungen" gebucht) auf das Optionsrecht vorgenommen werden.

Bei *Ausübung einer Option* ist ein Ertrag oder Aufwand in Höhe der Differenz zwischen dem Buchwert der Wertpapiere und dem Basispreis der Option zu buchen. Außerdem ist die aktivierte Optionsprämie ergebnismindernd zu buchen (kann ggf. auch als Erlösschmälerung berücksichtigt werden).

Ende des Exkurses

---

[1] Vgl. Küting, Karlheinz/Pfitzer, Norbert /Weber, Claus-Peter (Hrsg.), a.a.O., Kapitel 6, Tz. 859c.

3. Hedge Accounting nach IFRS 9 und IAS 39

Der neue Standard IFRS 9, der neben Ansatz und Bewertung von Finanzinstrumenten[1] auch das sog. General Hedge Accounting (nur Micro Hedge-Beziehungen) regelt und den bisherigen Standard IAS 39 ersetzen soll, ist spätestens für Geschäftsjahre, die nach dem 31.12.2017 beginnen, verpflichtend anzuwenden. Da das Projekt des IASB zur Entwicklung von Bilanzierungsregeln für die Absicherung offener Portfolios durch Macro Hedges noch lange nicht abgeschlossen ist, besteht für die Unternehmen bei der erstmaligen Anwendung des IFRS 9 das Wahlrecht, Sicherungsbeziehungen nach IFRS 9 oder weiterhin nach IAS 39 (bis zum Inkrafttreten neuer Regeln zum Macro Hedge Accounting) zu bilanzieren.[2] Das Wahlrecht ist für alle Sicherungsbeziehungen einheitlich auszuüben (IFRS 9.7.2.21). Da die meisten Unternehmen zwecks Verringerung des Umstellungsaufwands das Wahlrecht zur weiteren Anwendung der Regeln des IAS 39 nutzen dürften, sollen diese im Folgenden dargestellt und durch jeweils abweichende Regelungen in IFRS 9 ergänzt werden.

Ähnlich wie im deutschen Handelsrecht besteht im IFRS-System bei Sicherungsmaßnahmen das Problem, dass die Abbildung im Jahresabschluss insofern verzerrt sein kann, als (drohende) Verluste berücksichtigt werden, obwohl das Risikomanagement des Unternehmens eine weitgehende Absicherung gegen diese Verluste vorgenommen hat (sog. *„Accounting Mismatch"*). Beispielsweise werden als Sicherungsinstrument verwendete Derivate immer erfolgswirksam zum Fair Value bewertet, das abgesicherte Grundgeschäft kann aber einer anderen Bewertungskategorie angehören (z.B. Bewertung zu fortgeführten Anschaffungskosten), sodass sich Inkonsistenzen und schwankende Gewinnauswirkungen ergeben, die in der Realität gar nicht existieren. Vorübergehend können sogar Gewinne aus dem Sicherungsgeschäft ausgewiesen werden, die später durch die abgesicherten Verluste kompensiert werden. Das ist etwa dann der Fall, wenn ein lediglich geplantes Grundgeschäft gegen Wechselkursänderungen abgesichert wird und zunächst nur die Gewinnauswirkungen aus dem derivativen Sicherungsinstrument (z.B. Devisentermingeschäft) im Jahresabschluss gezeigt werden. Das mit dem Währungsrisiko behaftete geplante Grundgeschäft wird noch gar nicht bilanziert, weil noch kein Vertrag geschlossen wurde. Die Inkonsistenz wird somit auch die Unterschiede zwischen dem zukunftsorientierten Risikomanagement und der vergangenheitsorientierten Rechnungslegung hervorrufen.

In einigen Fällen lässt sich eine realitätsgerechte Erfolgsabbildung durch Inanspruchnahme der *Fair Value-Option* erreichen, die aber an bestimmte Bedingungen geknüpft ist[3] und weitere Offenlegungspflichten auslöst (IFRS 7.B5a und IFRS 7.9 f.). Bei Ausübung der Option wird das Grundgeschäft ebenfalls mit dem Fair Value erfolgswirksam bewertet, genauso wie das Sicherungsderivat. Marktwert des Grundgeschäfts und Marktwert des Sicherungsgeschäfts entwickeln sich dann gegenläufig und die entsprechenden Erfolgsauswirkungen gleichen sich in derselben Periode aus, sofern es sich um ein effizientes Sicherungsinstrument handelt. Allerdings gibt es ineffiziente Absicherungen und eventuell werden nur Teilrisiken abgesichert. Offensichtlich gar nicht funktioniert diese Vorgehensweise etwa bei geplanten

---

[1] Siehe Kapitel B.IV.1.d).

[2] Außerdem gelten die Regeln des IAS 39 für Fair Value Hedges bei der Absicherung von Zinsrisiken für Portfolios (IAS 39.81A), die nicht in europäisches Recht übernommen worden sind, auch bei Anwendung des IFRS 9 bis dahin weiter (IFRS 9.6.1.3).

[3] Zur Fair Value-Option siehe Kapitel B.IV.1.d)(3). Die oben genannten Bedingungen sind (IAS 39.9):
  1. durch die Nutzung der Fair Value-Option werden Unzulänglichkeiten des Rechnungswesens bei der Abbildung von Sicherungsgeschäften („Accounting Mismatch") wesentlich reduziert oder
  2. das Risikomanagement oder die Anlagestrategie dieser Finanzinstrumente erfolgt auf Fair-Value-Basis (z.B. bei Banken, Investmentgesellschaften, Venture Capital Gesellschaften).

Grundgeschäften. Besondere Regeln für die Bilanzierung von Sicherungsbeziehungen („Hedge Accounting") sind also nötig.

Somit zielt das „Hedge Accounting" gemäß IAS 39.71ff. bzw. IFRS 9.6 darauf ab, Verzerrung und Volatilität der bilanziellen Jahresergebnisse möglichst zu verhindern durch Synchronisierung und somit Ausgleich der Ergebniseffekte aus dem Grund- und dem Sicherungsgeschäft. Die gegenläufigen Wertentwicklungen eines risikobehafteten Grundgeschäfts („Hedged Item") und eines Sicherungsgeschäfts („Hedge Instrument") sollen in der Buchführung kompensatorisch abgebildet werden. Bei geplanten Grundgeschäften werden z.B. die Ergebniswirkungen des Sicherungsgeschäfts in die Periode(n) verlagert, in der (denen) das geplante Grundgeschäft realisiert wird. Ist die Absicherung vollständig („Perfect Hedge"), so führt das Hedge Accounting sachgerecht zu einem Ergebnissaldo von Null in der Gewinn- und Verlustrechnung. Ist die Absicherung nicht effektiv oder werden nur Teilrisiken abgesichert, so werden insoweit die einschlägigen Standards weiter angewendet und es wird gegebenenfalls ein Verlust gebucht.

IAS 39

Voraussetzung für die Anwendung des „Hedge Accounting" ist die Beachtung der Dokumentations-, Zuordnungs- und Wirksamkeitsvoraussetzungen, die IAS 39.88 enthält:
- Es erfolgt eine *Dokumentation* der Ziele und Strategien des Risikomanagements, des Grundgeschäfts und der Art des abzusichernden Risikos, der formalen Designation des Sicherungsinstruments sowie der Art der Effektivitätsmessung der Sicherungsbeziehung.
- Die Absicherung wird als in hohem Maße *effektiv* eingeschätzt.
- Hohe Eintrittswahrscheinlichkeit einer abzusichernden erwarteten künftigen Transaktion beim Cash Flow-Hedge.
- Der Fair Value des Sicherungsinstruments sowie der Fair Value bzw. die Cash Flows des Grundgeschäfts, die auf das abgesicherte Risiko zurückzuführen sind, können verlässlich bestimmt werden, mithin auch die Wirksamkeit der Sicherungsbeziehung.
- Die Sicherungsbeziehung wird über die gesamte Sicherungsperiode als hoch wirksam eingeschätzt und fortlaufend bewertet.

Somit besteht für das bilanzierende Unternehmen ein *faktisches Wahlrecht*, ein Hedge Accounting vorzunehmen oder die Finanzinstrumente einzeln zu bilanzieren und zu bewerten. Dieses faktische Wahlrecht ergibt sich daraus, dass das Unternehmen dafür sorgen kann, dass die Voraussetzungen für das Hedge Accounting erfüllt sind, sofern ein effizientes Sicherungsinstrument verfügbar ist, sodass nach IAS 39.89 ein Hedge Accounting durchzuführen ist (Pflicht!). Möchte das Unternehmen keine Sicherungsbeziehung bilanzieren, wird es dafür sorgen, dass mindestens eine der Voraussetzungen nicht gegeben ist, zumal aufgrund unbestimmter Begriffe ("hoch wirksam", „in hohem Maße effektiv", „hohe Eintrittswahrscheinlichkeit", „verlässliche Bestimmbarkeit") Ermessensspielräume darüber bestehen, wann die Voraussetzung erfüllt ist. Allerdings sind zumindest quantitative Bandbreiten vorgegeben, z.B. liegt nach IAS 39.A105(b) eine *hochgradige Effektivität* vor, wenn diese in einer Bandbreite von 80% und 125% liegt. Da aber keine bestimmte Methode zur Beurteilung der Wirksamkeit vorgeschrieben wird, sondern diese sich nach der Risikomanagementstrategie des Unternehmens richtet (IAS 39.A107), dürfte sich die *Effektivitätsmessung* vom Unternehmen häufig so steuern lassen, dass sich die gewünschten Ergebnisse einstellen. Am leichtesten kann das faktische Wahlrecht zugunsten der separaten Bilanzierung durch die Nichterfüllung der Dokumentationspflichten ausgeübt werden. Kirsch spricht hier von einem „Nachweiswahlrecht".[1] In diesem Falle wäre das Sicherungsinstrument als derivatives Finanzinstrument der Kategorie „Zu Handelszwecken gehaltene Vermögenswerte" zuzuordnen und erfolgswirksam zum beizulegenden Zeitwert zu bewerten.[2] Im Folgenden soll die Bilanzierung und Bewertung beim Vorliegen aller Voraussetzungen für das Hedge Accounting dargestellt werden.

IFRS 9

IFRS 9.6.1.2 enthält nun -wie im deutschen Handelsrecht - ein **explizites Wahlrecht**, eine Sicherungsbeziehung zwischen einem Sicherungsinstrument und einem gesicherten Grundgeschäft zu designieren. Die Nutzung des Wahlrechts ist aus bilanzpolitischen Gründen für viele Unternehmen interessant, da das Hedge Accounting zu einer Glättung der Periodenergebnisse führt. Um das Wahlrecht ausüben zu können und ein Hedge Accounting durchzuführen, müssen gemäß IFRS 9.6.4.1 prinzipiell dieselben Voraussetzungen erfüllt sein wie nach IAS 39 (siehe oben). So ist etwa auch nach IFRS 9 keine bestimmte Methode zur Messung der Wirksamkeit der Sicherungsbeziehung vorgeschrieben. Zudem wird der Umfang der erforderlichen **Effektivitätsmessungen** reduziert. So wird nicht mehr vorgeschrieben, dass die Effektivität in einer Bandbreite zwischen 80% und 125% liegen muss. Die Effektivität einer Sicherungsbeziehung ist zu Beginn des Hedge Accounting prospektiv (zukunftsorientiert) anhand **qualitativer Kriterien** zu bestimmen:

- Zwischen gesichertem Grundgeschäft und Sicherungsgeschäft muss eine wirtschaftliche Beziehung bestehen, die aus ökonomischen Gründen eine gegenläufige Wertentwicklung – induziert vom abgesicherten Risiko – erwarten lässt.
- Das Ausfallrisiko darf keinen dominanten Einfluss auf die Wertänderungen haben. Dies muss gegebenenfalls durch zusätzliche Sicherheiten erreicht werden, die aber das gesicherte Risiko nicht verändern dürfen.
- Die Sicherungsquote der designierten Sicherungsbeziehung muss der Sicherungsquote im tatsächlichen Risikomanagement entsprechen. Unter **Sicherungsquote** ist das mengen- bzw. betragsmäßige Verhältnis des vom Unternehmen eingesetzten Sicherungsinstruments zum gesicherten Grundgeschäft zu verstehen. Sie wird häufig „**Hedge Ratio**" genannt. Sollte das Unternehmen tatsächlich z.B. nur 85% des Risikos aufgrund der gewählten Sicherungsquote absichern, so die Sicherungsbeziehung im Rechnungswesen mit derselben Quote designiert werden (IFRS 9.B6.4.9). Eine tatsächliche Sicherungsquote, die ein Ungleichgewicht enthält, das zu einer Ineffektivität führt, darf im Rechnungswesen nicht verwendet werden. Geringe Ineffektivitäten aus wirtschaftlichen Gründen sind zulässig, z.B. weil die standardisierte Kontraktgröße eines Futures nicht mit der tatsächlichen übereinstimmt (IFRS 9.B6.4.11b). Sollte durch Veränderung der Korrelation zwischen Grund- und Sicherungsgeschäft ein Ungleichgewicht während der Dauer der Sicherungsbeziehung entstehen, so ist es nun zulässig, die Absicherungsquote nachträglich anzupassen, ohne die Sicherungsbeziehung auflösen zu müssen (sog. „**Rekalibrierung**"; IFRS 9.6.5.6).

Die **schriftliche Dokumentation** muss also zumindest die als Grund- und Sicherungsgeschäft designierten Vermögenswerte, die Sicherungswirkung, die Effektivitätsmessung, die Sicherungsquote und die Art und Weise ihrer Bestimmung enthalten. Mindestens an den Abschlussstichtagen muss die Effektiviät anhand qualitativer oder quantitativer Methoden (z.B. Senitivitätsanalyse, Dollar offset-Methode), die auch im Risikomanagement verwendet werden, vergangenheitsbezogen gemessen und überprüft werden (IFRS 9.B6.4.13-19).

---

[1] Vgl. Kirsch, Hanno, a.a.O., S. 119.
[2] Siehe Abschnitt B.IV.1.d).

IAS 39

Ein *gesichertes Grundgeschäft (GG) („Hedged Item")* ist
- ein bereits bilanziell erfasster Vermögenswert (z.B. ein festverzinsliches Wertpapier) oder eine Verbindlichkeit (**GG1**) (z.B. variabel verzinsliche Anleihe; Fremdwährungsverbindlichkeit),
- eine (noch) nicht bilanziell erfasste („schwebende") feste Verpflichtung („firm commitment") (**GG2**) (z.B. ein abgeschlossener Rohstoffbezugsvertrag zu fest vereinbartem Preis, ggf. auch in Fremdwährung; ein noch nicht erfüllter Vertrag im Rahmen der Auftragsfertigung),
- eine mit hoher Wahrscheinlichkeit eintretende künftige Transaktion (**GG3**) (z.B. eine geplante Emission einer Anleihe; geplante Umsätze in Fremdwährung, konkrete zwingend erforderliche Rohstoffeinkäufe) oder
- eine Nettoinvestition in einen ausländischen Geschäftsbetrieb im Sinne von IAS 21 (**GG4**) (z.B. Errichtung eines weiteren Werks in der US-amerikanischen Tochtergesellschaft),

sofern damit Risiken bezüglich des beizulegenden Zeitwerts („Fair Value") oder bezüglich der künftigen Cash Flows verbunden sind und das Geschäft als „gesichert" designiert ist (IAS 39.9). Dabei kann es sich um Einzelgeschäfte oder eine Gruppe mit vergleichbarem Risikoprofil oder den Teil eines *Portfolios* handeln (IAS 39.78). Unerheblich ist es auch, ob die Gesamtheit oder nur ein Teil der Cash Flows oder des beizulegenden Zeitwerts des Grundgeschäfts Risiken unterliegt, sofern das Teilrisiko identifizierbar und gesondert bewertbar ist (z.B. als prozentualer Anteil am Gesamtrisiko; als Teil des Zinsrisikos eines verzinslichen Vermögenswerts bzw. einer Verbindlichkeit; als Schwankungen des Referenzzinses LIBOR[1]) (IAS 39.81; IAS 39.A99C). Naturgemäß kann ein Wertpapier der Kategorie[2] „Bis zur Endfälligkeit gehaltene Finanzinvestition" nur ein gesichertes Grundgeschäft hinsichtlich Währungs- und Ausfallrisiken, nicht aber hinsichtlich Zinsrisiken sein, da letztere entsprechend der Absicht, das Papier bis zur Tilgung zum Nominalwert zu halten, unbeachtlich sind (IAS 39.79).

IFRS 9

Nach IFRS 9.6.3.1 können dieselben Fälle wie in IAS 39.9 Grundgeschäfte sein. Hier gibt es aber unter bestimmten Bedingungen eine Ausweitung auf *aggregierte Risikopositionen* als gesicherte Grundgeschäfte, die eine Kombination von einem Grundgeschäft und einem Derivat darstellen (IFRS 9.6.3.4). Beide Komponenten werden aber weiterhin getrennt bilanziert. Beispielsweise wird eine hochwahrscheinliche Einkaufstransaktion mittels eines Futurekontrakts gegen Preissteigerungen in Fremdwährung abgesichert. Beide Geschäfte in Kombination stellen eine aggregierte Risikoposition dar, da sie dem Währungsrisiko ausgesetzt sind, das durch ein weiteres Derivat (z.B. Devisentermingeschäft) abgesichert werden kann IFRS 9.B6.3.3-4). Mit Ausnahme der Nettoinvestitionen in einen ausländischen Geschäftsbetrieb (GG4) müssen alle genannten Arten von Grundgeschäften mit unternehmensexternen Geschäftspartnern abgeschlossen sein (IFRS 9.6.3.5).

Auch eine *Gruppe von Grundgeschäften* kommt als gesichertes Grundgeschäft in Frage, wenn alle einzelnen Grundgeschäfte als gesicherte Grundgeschäfte in Frage kommen, wenn sie vom Risikomanagement auch als Gruppe gesteuert wird, wenn bei Absicherung von Zah-

---

[1] LIBOR (=London Interbank Offered Rate) ist ein zwischen Banken gezahlter Euro-Geldmarkt-Basiszins, auf den bei mittel- und langfristigen Schuldpapieren mit variablem Zins oft Bezug genommen wird. Der vom emittierenden Unternehmen zu zahlende Gesamtzins ist aber um einen Aufschlag (Spread) höher, durch den der Bonitätsnachteil (Rating-Abstand) gegenüber erstklassigen Banken berücksichtigt wird.

[2] Zu den Kategorien von Finanzinstrumenten siehe Abschnitt B.IV.1.d)(3).

lungsströmen deren Schwankungen im einzelnen Geschäft und in der Gruppe insgesamt proportional verlaufen. Ist letzteres bei einem Cash Flow-Hedge nicht der Fall, so liegt eine Netto-Risikoposition mit gegenläufigen Risikopositionen vor, die nur dann als gesichertes Grundgeschäft zulässig ist, wenn das Währungsrisikos abgesichert wird und in der Dokumentation dieser Nettoposition auch deren Art und Volumen sowie bei erwarteten Transaktionen die Periode, in der diese sich voraussichtlich erfolgswirksam auswirken werden, angegeben wird (IFRS 9.6.6.1). Auch eine prozentuale **Komponente** (einzelne Cash Flows oder ein bestimmter Teil eines Nominalbetrags) oder eine Layer-Komponente (z.B. ein Bodensatz eines Kontokorrentkredits) einer Gruppe von Grundgeschäften können als Grundgeschäft designiert werden, sofern die einzelne Risikokomponente getrennt identifizierbar und verlässlich bewertbar ist und wenn dies mit der Zielsetzung des **Risikomanagements des Unternehmens** im Einklang steht und (IFRS 9.6.3.7 und 6.6.2-6.6.6). Es zeigt sich also, dass durch IFRS 9 der **Anwendungsbereich** des Hedge Accounting im Vergleich zu IAS 39 **erweitert** wird. Damit soll die Bilanzierung der Sicherungsbeziehungen enger mit dem tatsächlichen Risikomanagement der Unternehmen verknüpft werden. Da die Bezugnahme der Rechnungslegung auf das betriebsindividuelle Risikomanagement (sog. „Management Approach") die Vergleichbarkeit der Jahresabschlüsse einschränkt, sind umfassende Anhangangaben verpflichtend (IFRS 7.21A-7.24F).

IAS 39

Ein *Sicherungsinstrument („Hedge Instrument")* ist ein als solches designiertes derivatives Finanzinstrument oder – nur bei Absicherung von Währungsrisiken – ein nicht-derivativer finanzieller Vermögenswert (oder eine Verbindlichkeit) mit im Vergleich zum Grundgeschäft gegenläufiger Entwicklung des beizulegenden Zeitwerts („Fair Value") bzw. der Cash Flows (IAS 39.9). Allerdings sind Optionen, für die das Unternehmer Stillhalter ist, i.d.R. zur Absicherung unwirksam und werden deshalb nicht als Sicherungsinstrumente anerkannt (IAS 39.72 i.V.m. IAS 39.A94). Ein Derivat kann zur Absicherung verschiedener Risiken eingesetzt werden, sofern die abzusichernden Risiken eindeutig ermittelbar sind, die Wirksamkeit nachweisbar und eine exakte Zuordnung zu den verschiedenen Risikopositionen (z. B. Zinsänderungs- und Währungsrisiken) möglich ist (IAS 39.76). Grundsätzlich wird ein Sicherungsinstrument als Gesamtheit zur Sicherung designiert und bewertet. Die einzigen Ausnahmen stellen Devisentermingeschäfte und Optionen dar. Bei **Optionen** z.B. stellt nur der sog. *innere Wert*, der genau dem Betrag der unerwünschten Preisänderung des Grundgeschäfts entspricht (= tatsächlicher Kurs/Preis des Grundgeschäfts minus vereinbarter Basispreis), logischerweise das eigentliche Sicherungsinstrument dar. Änderungen des sog. Zeitwerts, der zukünftige Gewinnchancen widerspiegelt, dagegen werden getrennt davon erfolgswirksam erfasst (IAS 39.74).

IFRS 9

Als Sicherungsinstrumente kommen nur Verträge mit unternehmensexternen Parteien in Frage. Der Kreis der als Sicherungsgeschäft designierbaren Finanzinstrumente ist etwas weiter gefasst als in IAS 39. Neben Derivaten und den bisher schon designierbaren Forderungen und Verbindlichkeiten der AC-Kategorie in Fremdwährung zur Absicherung von Währungsrisiken, können nun generell nicht-derivative Finanzinstrumente als Sicherungsinstrumente designiert werden, sofern sie der Kategorie FVTPL[1] zugeordnet sind, sofern also ihre Fair Value-Änderungen erfolgswirksam in der Gewinn- und Verlustrechnung und nicht erfolgsneutral im Sonstigen Ergebnis erfasst werden (IFRS 9.6.2.2).

---

[1] Zu den Kategorien für Finanzinstrumente nach IFRS 9 siehe Kapitel B.IV.1.d)(2).

Auch Kombinationen von Derivaten und nicht-derivativen Finanzinstrumenten (oder ein jeweiliger prozentualer Anteil davon, um das Volumen mit dem Grundgeschäft abzustimmen) können nun zusätzlich als Sicherungsinstrumente designiert werden, es sei denn, es ergibt sich netto eine Stillhalterposition (IFRS 9.6.2.5 f.). Weiterhin können Finanzinstrumente auch partiell als Sicherungsinstrumente designiert werden (z.B. der innere Wert einer Option oder das Kassaelement eines Devisentermingeschäfts). Eine Unterteilung der Restlaufzeit des Sicherungsinstruments ist jedoch – wie bereits nach IAS 39 – anders als bei Grundgeschäften nicht möglich (IFRS 9.6.2.4).

IAS 39

Eine Sicherungsbeziehung kann grundsätzlich drei Formen annehmen:

a) Einzelabsicherung („one to one"; Micro-Hedge): Zwischen einem einzelnen Vermögenswert, einer einzelnen Verbindlichkeit, einem einzelnen noch nicht bilanziell erfassten Geschäft oder einer einzelnen erwarteten Transaktion auf der einen Seite und einem einzelnen Sicherungsinstrument auf der anderen Seite wird eine vollständige oder eine teilweise (d.h., nicht der gesamte Betrag wird oder nicht alle Risiken werden abgesichert) Sicherungsbeziehung designiert (IAS 39.78).

b) Absicherung eines homogenen Portfolios: Erlaubt ist eine Absicherung eines Portfolios von Vermögenswerten, Verbindlichkeiten (keine Saldierung mit Vermögenswerten zulässig) oder geplanten Transaktionen mit ähnlicher Risikostruktur (IAS 39.78, 39.83; 39.A101): Dabei darf die Fair Value-Änderung eines Wertpapiers höchstens um 10% von der Wertänderung des Gesamtportfolios abweichen. Diese Homogenitätsanforderung ist z.B. im Falle der Absicherung eines Aktienportfolios durch ein Index-Derivat (DAX-Future-Kontrakt) i.d.R. nicht erfüllt, ein „Hedge Accounting" somit in diesem Falle nicht zulässig.

c) Pauschale Absicherung der Gesamtrisikoposition (Macro-Hedge): Dabei werden verschiedene Grundgeschäfte (Vermögenswerte und Verbindlichkeiten) nach den erwarteten Zinsanpassungsterminen bzw. Laufzeiten einander zugeordnet und saldiert. Der abstrakte Saldobetrag („Nettoposition") wird z.B. durch ein Derivat (z.B. einen Zinsswap) oder ein Portfolio von Derivaten abgesichert. In IAS 39.84 wird diese Art der Absicherung *nicht* als effektives Sicherungsinstrument im Rahmen des Hedge Accounting *zugelassen*. In IAS 39.A101 wird stattdessen vorgeschlagen, das Hedging einer solchen Nettoposition auf einen Portfolio-Hedge oder auch einen Micro Hedge zurückzuführen.

IFRS 9

Wie schon erwähnt, ist das Projekt des IASB zu Macro-Hedges erst angelaufen. Bis zu dessen Abschluss besteht das einmalige und einheitlich auszuübende Wahlrecht, Sicherungsbeziehungen entweder nach IFRS 9 oder weiterhin nach IAS 39 zu bilanzieren. Auch bei Entscheidung für IFRS 9 gelten bis dahin die Regeln des IAS 39 für Fair Value Hedges bei der Absicherung von Zinsrisiken für Portfolios (IAS 39.81A), die nicht in europäisches Recht übernommen worden sind, weiter (IFRS 9.6.1.3).

IAS 39

Besteht zwischen einem Sicherungsinstrument und einem Grundgeschäft eine designierte Sicherungsbeziehung und sind alle genannten Voraussetzungen des IAS 39.88 erfüllt (s.o.), so wird durch Anwendung des „Hedge Accounting" die Kompensation der Periodenergebniseffekte des Sicherungsinstruments und des Grundgeschäfts in derselben Periode berücksichtigt

("Synchronisation"). Um dies zu erreichen, sind drei Arten von Sicherungsbeziehungen zu unterscheiden (IAS 39.86):
1. *Absicherung des beizulegenden Zeitwerts ("Fair Value-Hedge")* (IAS 39.89): Absicherung der Grundgeschäfte GG1 und GG2 oder abgrenzbarer Teile davon gegen das Risiko einer Änderung des beizulegenden Zeitwerts, das Auswirkungen auf das Periodenergebnis haben könnte.
2. *Absicherung von Zahlungsströmen ("Cash Flow-Hedge")* (IAS 39.95): Absicherung der Grundgeschäfte GG1 und GG3 gegen das Risiko schwankender Zahlungsströme, das Auswirkungen auf das Periodenergebnis haben könnte.
3. *Absicherung einer Nettoinvestition in einen ausländischen Geschäftsbetrieb ("Hedge of a Net Investment in a Foreign Entity")* (IAS 39.89): Absicherung des Grundgeschäfts GG4.

IFRS 9

Die Einteilung der Sicherungsbeziehungen bleibt gegenüber IAS 39 unverändert bestehen IFRS 9.6.5.2).

Zu 1.: Fair Value-Hedge:

IAS 39

Bilanziell sind im Falle der *Absicherung des beizulegenden Zeitwerts ("Fair Value-Hedge")* (IAS 39.89) zwei Schritte vorzunehmen.

Erster Schritt: Die Veränderungen des Fair Value des **Sicherungsinstruments** (z.B. einer Aktienoption, eines Zinsswaps, einer Devisenoption) in der Gewinn- und Verlustrechnung werden erfolgswirksam berücksichtigt. Bei gestiegenem Marktwert wäre zu buchen:

BS: Sicherungsinstrument
    an Sonstige betriebliche Erträge (Ertrag aus Fair Value Hedges).

Zweiter Schritt: Das **Grundgeschäft** kann z.B. eine Forderung L.u.L. oder eine festverzinsliche Geldanlage sein, die zu der Kategorie „Kredite und Forderungen („Loans and Receivables") gehört und zu fortgeführten Anschaffungskosten zu bewerten ist. Dieses wird im Rahmen des Hedge Accounting in seiner Bewertung an die **spiegelbildliche Wertänderung des Sicherungsinstruments** angepasst. Gewinne oder Verluste, die durch das abgesicherte Risiko verursacht sind, gehen *erfolgswirksam in die Gewinn- und Verlustrechnung* ein und führen zu einer entsprechenden Buchwertänderung („basis adjustment") des Grundgeschäfts in der Bilanz (nach unten oder oben), allerdings nur in Höhe des abgesicherten Risikos. Damit wird erreicht, dass z.B. die Wertsteigerung beim Grundgeschäft und die spiegelbildliche Wertminderung beim Sicherungsgeschäft durch eine erfolgswirksame symmetrische Erfassung in der Gewinn- und Verlustrechnung zum *Ausgleich* gebracht werden. Nur der ***ineffektive Teil*** der Sicherungsbeziehung schlägt sich als Gewinn oder Verlust in der Gewinn- und Verlustrechnung nieder.

Im Falle eines gesunkenen Marktwerts bei „Krediten und Forderungen" wäre zu buchen:

BS: Aufwand aus Fair Value Hedges
    an Grundgeschäft (z.B. Kredite und Forderungen)

Bei abgesicherten „Sonstigen finanziellen Verbindlichkeiten" ergäben sich die gleiche Buchung für den Fall, dass der Marktwert des Grundgeschäfts gestiegen ist.

Ohne Hedge Accounting wäre das Grundgeschäft mit fortgeführten Anschaffungskosten zu bewerten und ein Gewinn aufgrund der Tatsache, dass sich das abgesicherten Risiko als Chance erwiesen hat, würde die Bewertung des Grundgeschäfts gar nicht berühren. Dagegen wäre beim Sicherungsinstrument ein Verlust zu erfassen. Das Ergebnis wäre unbefriedigend, da sowohl die Vermögens- als auch die Ertragslage zu schlecht dargestellt würden („Accounting Mismatch"). Im Verlustfalle wäre allerdings eine Wertberichtigung beim Grundgeschäft gemäß IAS 39.63-70 durchzuführen, deren Höhe mit dem Gewinn aus dem Sicherungsinstruments jedoch nicht zwangsläufig übereinstimmen muss.

Falls das Grundgeschäft zur Kategorie „Zur Veräußerung verfügbare finanzielle Vermögenswerte" gehört, so ist damit normalerweise eine erfolgsneutrale Fair Value-Bewertung verbunden. Im Rahmen des „Hedge Accounting muss im zweiten Schritt die Fair Value-Änderung des Grundgeschäfts jedoch *erfolgswirksam* berücksichtigt, also im Periodenerfolg („Profit or Loss") erfasst werden (IAS 39.89b). Sollte der auf das abgesicherte Risiko zurückzuführende Verlust bereits früher erfolgsneutral in das Eigenkapital („Rücklage für Finanzinstrumente") eingestellt und im Sonstigen Ergebnis ausgewiesen worden sein, so ist er in das Periodenergebnis umzugliedern und so erfolgswirksam zu machen, und zwar dann, wenn der Gewinn aus dem Sicherungsinstrument realisiert wird. Der *Umgliederungsbetrag* ist nach IAS 1.93 vom Sonstigen Ergebnis abzuziehen, damit er nicht doppelt im Gesamtergebnis berücksichtigt wird. Hier wäre also der Verlust dem Sonstigen Ergebnis wieder hinzuzurechnen.

Frühere Buchung:
BS: Rücklage für Finanzinstrumente
an Zur Veräußerung verfügbare finanzielle Vermögenswerte

Umgliederungsbuchung:
BS: Sonstige betriebliche Aufwendungen (Aufwand aus Fair Value Hedges).
an Rücklage für Finanzinstrumente (OCI).

Beispielaufgabe:
Ein Unternehmen erwirbt am 22.7.01 festverzinsliche Wertpapiere zu 51.000 EUR (= 102%) und ordnet sie der Kategorie „Available-for-Sale" (IAS 39.9) bzw. der FVTOCI-Kategorie (IFRS 9.4.1.2A) zu. Damit sind die Wertpapiere mit dem beizulegenden Zeitwert („Fair Value") zu bewerten, und Wertänderungen werden erfolgsneutral in einer „Rücklage für Finanzinstrumente" im Rahmen des Eigenkapitals erfasst und im (erfolgsneutralen) sonstigen Ergebnis ausgewiesen. Am 31.12.01 liegt der Börsenwert („Fair Value") bei 58.000 EUR (= 116%). In Erwartung von Kursrückschlägen aufgrund einer künftigen Marktzinserhöhung sichert das Unternehmen zu Beginn des Jahres 02 diesen Kurs durch Kauf einer ausreichenden Anzahl von Verkaufsoptionen („Long Put") zum Gesamt-Basispreis von 58.000 EUR (116%) zu einem Preis von 2.500 EUR ab (Annahme: perfekte Absicherung). Zum 31.12.02 sind die Wertpapiere tatsächlich um 6.000 EUR im Wert gesunken. Ihr Börsenwert beträgt nur noch 52.000 EUR (104%). Der Marktwert des Sicherungsinstruments hat sich gegenläufig in gleichem Umfang verändert und beträgt jetzt 8.500 EUR.

(in EUR)	festverzins- liche Wertpapiere	Finanzderivat (Verkaufs- Option)	Ertrag (GuV)	Aufwand (GuV)	Rücklage für Finanzinstrumente (Eigenkapital)
22.07.01	51.000	---	---	---	---
31.12.01	58.000	---	---	---	7.000
1.01.02	58.000	2.500	---	---	7.000
31.12.02	52.000	8.500	6.000	6.000	7.000

Der Wert der Verkaufsoption am 1.1.02 entspricht dem sog. Zeitwert der Option, der für die Chance auf Steigerung des inneren Werts der Option während der Laufzeit gezahlt wird. Der sog. innere Wert der Option, die Differenz zwischen Basiswert (58.000 EUR) und Marktwert der Wertpapiere (85.000 EUR), beträgt zum 1.1.02 somit 0,- EUR. Am 1.1.02 wird der Kauf der Verkaufsoption (Optionsprämie) gebucht:

BS: Optionsprämie (Aktivum)   2.500 EUR
     an Bank   2.500 EUR.

Per 31.12.02 erfolgt zunächst die erfolgsneutrale Anpassung auf den aktuellen „Fair Value" der festverzinslichen Wertpapiere:

BS: Rücklage für Finanzinstrumente (Sonstiges Ergebnis „OCI")   6.000 EUR
     an Wertpapiere
     („Zur Veräußerung verfügbare finanzielle Vermögenswerte")   6.000 EUR.

Die Werterhöhung der Verkaufsoption (Derivat) von 2.500,- auf 8.500,- EUR, also um den inneren Wert der Option, der den effektiven Teil der Sicherungsbeziehung darstellt, ist erfolgswirksam zu buchen.

BS: Optionsprämie (Aktivum)   6.000 EUR.
     an Ertrag (Ergebnis des Sicherungsgeschäfts)   6.000 EUR.

Der effektive Teil der Sicherungsbeziehung soll die Abwertung der festverzinslichen Wertpapiere kompensieren, soweit die Abwertung den Basispreis (58.000,-) unterschreitet. Dieser Teil der Abwertung der festverzinslichen Wertpapiere muss nun ebenfalls erfolgswirksam gebucht werden, um eine Kompensation mit dem Erfolg des Sicherungsinstruments zu erreichen. Die entsprechende Buchung wäre:

BS: Aufwand (Ergebnis des Grundgeschäfts)   6.000 EUR
     an Wertpapiere   6.000 EUR.

Allerdings ist hier der Verlust des Grundgeschäfts bereits erfolgsneutral im Sonstigen Ergebnis gegen die Rücklage für Finanzinstrumente gebucht worden, sodass statt der vorigen Buchung eine entsprechende Umgliederung (IAS 1.93) in den Periodenerfolg („Profit or Loss") erfolgen muss, die die *Erfolgswirksamkeit* und damit die gewünschte **Kompensation** mit dem Erfolg des Sicherungsgeschäfts herstellt. Der Umgliederungsbetrag ist aus dem (erfolgsneutralen) sonstigen Ergebnis herauszurechnen (hier: zu addieren). Statt der vorigen Buchung ist also wie folgt zu buchen:

BS: Aufwand (Ergebnis des Grundgeschäfts)   6.000 EUR
     an Rücklage für Finanzinstrumente (Sonstiges Ergebnis „OCI")   6.000 EUR.

Ohne Hedge-Accounting, also bei separater (Markt-)Bewertung, wäre der Verlust bei den festverzinslichen Wertpapieren per 31.12.02 erfolgsneutral als Verminderung der Rücklage für Finanzinstrumente verrechnet worden. Somit wäre im Jahre 02 ein Gewinn von 6.000 EUR (aus der Marktwertentwicklung des Finanzderivats) ausgewiesen worden. Die Ertragslage wäre zu positiv dargestellt worden. Hinsichtlich der Bewertung der Wertpapiere hätte sich allerdings kein Unterschied ergeben.

Bei Beendigung der Sicherungsbeziehung durch Veräußerung, Ausübung oder Auslaufen des Sicherungsinstruments, durch Zurückziehen der Designation als Sicherungsinstrument oder wenn die Voraussetzungen insbesondere hinsichtlich der Effektivität nicht mehr erfüllt sind, ist vom „Hedge Accounting" nach IAS 39.89 wieder zur „normalen" Bilanzierung der Finanzinstrumente nach IAS 39.43 ff. überzugehen (IAS 39.91 f.).

IFRS 9

Die Regeln für die bilanzielle Abbildung für die einzelnen Arten von Sicherungsbeziehungen stimmen grundsätzlich mit denen in IAS 39 überein (IFRS 9.6.5.2). Nach IFRS 9.6.5.8 sind beim Fair Value-Hedge sowohl die Gewinne oder Verluste aus dem Sicherungsinstrument als auch die durch das abgesicherte Risiko induzierten Wertänderungen des Grundgeschäfts erfolgswirksam zu erfassen. Die einzige *Ausnahme* von dieser Regel ist neu und besteht bei *Eigenkapitalinstrumenten* (z.B. Aktien, GmbH-Anteile), bei denen das Unternehmen von der *Option* Gebrauch gemacht hat, diese der *FVTOCI-Kategorie* zuzuordnen, sie also mit dem Fair Value erfolgsneutral bewertet. In diesem Falle sind nicht nur die Wertänderungen des Grundgeschäfts sondern auch die Wertänderungen des Sicherungsinstruments im Sonstigen Ergebnis (OCI) erfolgsneutral zu erfassen (IFRS 9.6.5.8).

Wird eine bilanzunwirksame feste Verpflichtung des Unternehmens („schwebendes Geschäft", GG2) als gesichertes Grundgeschäft designiert, so wird die kumulierte Änderung des Fair Value dieses Grundgeschäfts erfolgswirksam erfasst und als Vermögenswert oder Verbindlichkeit angesetzt. Dieser Posten wird später, wenn das schwebende Geschäft sich in einem erworbenen Vermögenswert oder einer übernommenen Verbindlichkeit bilanziell niedergeschlagen hat, dessen anfänglichem Buchwert hinzugefügt bzw. davon subtrahiert (IFRS 9.6.5.9).

Die Bilanzierung von Sicherungsgeschäften muss nur dann, und zwar prospektiv, d.h. ohne Rückwirkungen in die Vergangenheit, aufgelöst werden, wenn die Sicherungsbeziehung nicht mehr die Kriterien erfüllt, also wenn das Sicherungsinstrument ausläuft, veräußert, beendet oder ausgeübt wird, nicht aber wenn es durch ein anderes ersetzt oder fortgesetzt wird (IFRS 9.6.5.6). Erfüllt eine Sicherungsbeziehung aufgrund einer Veränderung der Korrelation zwischen Grund- und Sicherungsgeschäft während ihrer Laufzeit nicht mehr die geforderte Effektivität, führt dies nicht mehr zwangsläufig zu einer Auflösung. Sofern das Risikomanagement die Ziele hinsichtlich dieser Sicherungsbeziehung weiterhin verfolgt, ist eine sog. „Rekalibrierung" vorzunehmen, d.h., dass die Absicherungsquote („Hedge Ratio") nachträglich so anzupassen ist, dass die Wirksamkeit wiederhergestellt wird (IFRS 9.6.5.5 und B6.5.7-21).

Während einer Sicherungsbeziehung, bei der das gesicherte Grundgeschäft der *AC-Kategorie* zugeordnet ist, das also zu fortgeführten Anschaffungskosten zu bewerten ist, ist dessen Buchwert aufgrund von Sicherungsgewinnen oder -verlusten erfolgswirksam anzupassen („basis adjustment"). Spätestens nach Beendigung der Sicherungsbeziehung ist die Anpassung zu „amortisieren", d.h., die Änderung des Buchwerts aufgrund von Sicherungsgewinnen oder -verlusten ist per Effektivzinsmethode über die Restlaufzeit auf die Anschaffungskosten aufzustocken oder abzusenken. Dazu muss der Effektivzins neu berechnet werden. Die Amortisation kann aber auch schon vorher bei jeder Buchwertanpassung erfolgen (IFRS 9.6.5.10). Ist das gesicherte Grundgeschäft der *FVTOCI-Kategorie* zugeordnet so erfolgt die Amortisation genauso, nur ohne Anpassung des Buchwerts, der ja in dieser Kategorie immer dem Fair Value entspricht.

Zu 2.: Cash Flow-Hedge:

Durch Cash Flow-Hedges werden Schwankungen künftiger Zahlungsströme abgesichert, die entweder im Zusammenhang mit bilanzierten Vermögenswerten bzw. Verbindlichkeiten stehen oder mit sehr wahrscheinlich erwarteten Transaktionen (z.B. erforderliche künftige Rohstoffeinkäufe). Somit geht es primär um die Absicherung von Beschaffungs- oder Absatzpreisen gegen ungünstige künftige Veränderungen durch Futures oder Devisentermingeschäfte sowie um die Absicherung gegen steigende variable Schuldzinsen z.B. durch Abschluss eines Payer Swaps. In einigen Fällen kann die Abbildung der Sicherungsbeziehung durch einen Fair Value-Hedge oder einen Cash Flow-Hedge erfolgen, so z.B. bei der Absicherung einer festen Verpflichtung („schwebendes Geschäft") gegen Währungsrisiken. Auch die Absicherung einer Exportforderung in Fremdwährung gegen Wechselkursänderungen durch ein Devisentermingeschäft kann wahlweise durch einen Fair Value-Hedge (Sicherung des Werts der Exportforderung) oder einen Cash Flow-Hedge (Sicherung des zukünftigen Exporterlöses) erfolgen.

IAS 39

Bilanziell ist beim *Cash Flow-Hedge* (IAS 39.95 f. u. IAS 39.100) der Gewinn oder Verlust aus einem Sicherungsinstrument in zwei Teile aufzuspalten: Der Teil, der als effektive Absicherung ermittelt wird, ist erfolgsneutral direkt im Eigenkapital (z.B. als Cash Flow-Hedge-Rücklage) zu erfassen und im Sonstigen Ergebnis („Other Comprehensive Income"), dem erfolgsneutralen Teil des Gesamtergebnisses, auszuweisen. In der Periode oder in den Perioden, in denen die abgesicherten erwarteten Zahlungsströme den Gewinn oder Verlust beeinflussen, sind die im Eigenkapital als „Cash Flow-Hedge-Rücklage" kumulierten Beträge in den (echten) Gewinn oder Verlust („Profit or Loss") umzugliedern und erfolgswirksam zu machen. Der Umgliederungsbetrag wird gleichzeitig vom Sonstigen Ergebnis subtrahiert, um Doppelzählungen zu vermeiden (IAS 1.93).[1] Auf diese Weise wird der Erfolgsbeitrag des Sicherungsinstruments in die Periode der Erfolgswirksamkeit des Grundgeschäfts verlagert. Der Vorteil der Ergebniskompensation wird durch den Nachteil schwankenden Eigenkapitals erkauft. Der (geringere) ineffektive Teil ist jeweils sofort erfolgswirksam im Periodenergebnis („Profit or Loss") zu berücksichtigen.

Beispielaufgabe:
Ein Exportunternehmen erwartet in 15 Monaten (am 31.1.03) Exporterlöse aufgrund eines bevorstehenden Verkaufs von Erzeugnissen *(„sehr wahrscheinliche Transaktion")* in Höhe von 1 Mio. Britischen Pfund (GBP). Da ein Steigen des Wechselkurses (= Eurokurs) erwartet wird, schließt das Unternehmen mit der Hausbank ein Devisentermingeschäft ab. Es werden daher heute (am 1.11.01) 1 Mio. GBP per Termin 15 Monate verkauft. Maßgeblich ist der Briefterminkurs des Euro (aus Sicht der Bank handelt es sich um einen Euro-Terminverkauf gegen Britische Pfund).

Die Voraussetzung einer hohen Eintrittswahrscheinlichkeit der erwarteten Transaktion gemäß IAS 39.88(c) bzw. IFRS 9.6.3.3 sei erfüllt. Nach IAS 39.86(b) bzw. IFRS 9.6.5.11 wird ein *Cash Flow-Hedge* bilanziert. Die notwendige Effektivität sei als gegeben unterstellt. Angenommen sei ein perfekter Hedge, sodass keine unwirksamen Ergebnisteile nach IAS 39.95(b) im Periodenergebnis berücksichtigt werden müssen. Das abgesicherte Risiko besteht darin, dass der erwartete Mittelzufluss in EUR aus dem Exportgeschäft aufgrund eines steigenden (Euro-) Wechselkurses sinken könnte. Das Unternehmen designiert das Devisentermingeschäft auf Basis des Terminkurses als Sicherungsinstrument. Aufgrund des höheren Zinsniveaus in England ergibt sich der Devisenterminkurs aus dem Kassakurs und einem die Zinsdifferenz berücksichtigenden Swapsatz-Aufschlag („Report").

---

[1] Vgl. Kapitel C.I.4. und Kapitel B.VIII.3.

Datum	Kassakurs EUR/GBP (Briefkurs)	Terminkurs EUR/GBP (Briefkurs)	Devisentermingeschäft	
			Fair Value (in EUR)	Änderung des Fair Value (in EUR)
01.11.01	0,80	0,8220	0	0
31.12.01	0,95	0,9680	183.487,16	+ 183.487,16
31.12.02	0,89	0,9000	105.433,90	- 78.053,26
31.01.03	0,90	0,9000	105.433,90	0

Wie ist die Sicherungsbeziehung zu den angegebenen Stichtagen zu bilanzieren? Latente Steuern sollen nicht berücksichtigt werden.

Lösung:
Da die Anschaffungskosten ebenso wie der Fair Value eines Devisentermingeschäfts zu Beginn den Wert Null haben, ist dieses zumindest theoretisch mit 0,- EUR zum 1.10.01 einzubuchen (Zugangsbewertung). Die erwartete Transaktion bleibt bilanziell unberücksichtigt.

BS: Devisentermingeschäft (Aktivum)   0,- EUR
    an Bank   0,- EUR.

Zum 31.12.01 ist der Teil des Gewinns oder Verlusts aus dem ***Devisentermingeschäft***, der als wirksame Absicherung ermittelt wird, *im sonstigen Ergebnis erfolgsneutral* zu erfassen (IAS 39.95). Dies ist hier annahmegemäß die gesamte Wertänderung des Devisentermingeschäfts.[1] Die Wertänderung des Devisentermingeschäfts ergibt sich aus der Veränderung des Devisenterminkurses im Zeitablauf („mark-to-market-Bewertung"). Konkret ist an jedem Bilanzstichtag zu prüfen, welche Höhe der zu zahlende Devisenterminkurs für ein Gegengeschäft hat, welches das ursprüngliche Devisentermingeschäft genau neutralisiert („Glattstellungsfiktion"). Die (kumulierte) Veränderung gegenüber dem Preis bei Abschluss des ursprünglichen Termingeschäfts entspricht dessen Fair Value. Anders ausgedrückt ist zu fragen, um welchen Betrag es günstiger oder ungünstiger wäre, wenn man per 31.12.01 das Devisentermingeschäft abgeschlossen hätte statt bereits zum 1.11.01. Hätte das Unternehmen erst am 31.12.01 das Sicherungsgeschäft abgeschlossen, so hätte es am Fälligkeitszeitpunkt 31.1.03 gegen Hingabe der 1 Mio. Britischen Pfund 1.033.057,85 EUR (= 1 Mio. GBP/0,968) erhalten. Da das Devisentermingeschäft aber tatsächlich bereits zum 1.11.01 zum damals geltenden Terminkurs abgeschlossen wurde, erhält der Exporteur am 31.1.03 tatsächlich aber wesentlich mehr, nämlich 1 Mio. GBP/0,8220 = 1.216.545,01 EUR. In der Differenz der beiden Werte besteht der Wert dieses abgeschlossenen Sicherungsgeschäfts zum 31.12.01: Fair Value = 183.487,16 EUR.

Somit ist das ***Devisentermingeschäft*** als Finanzinstrument mit dem ***Fair Value*** zu bewerten und die Wertsteigerung ist gemäß IAS 39.95(a) *erfolgsneutral in das Eigenkapital (**„Cash Flow-Hedge-Rücklage"**)* einzustellen und im Sonstigen Ergebnis, dem erfolgsneutralen Teil des Gesamtergebnisses, auszuweisen. Die Begründung dafür ist, dass der Wert des Sicherungsgeschäfts noch nicht wirksam ist, weil die erwartet Transaktion noch nicht eingetreten ist.

BS: Devisentermingeschäft (für Cash Flow-Hedge)   183.487,16 EUR
    an Rücklage für Cash Flow-Hedges   183.487,16 EUR.

Zum nächsten Bilanzstichtag (31.12.02) ergibt sich der Fair Value des Devisentermingeschäfts aus dem vereinbarten Eurobetrag im Vergleich zu dem Betrag, den das Unternehmen bei Umtausch der Britischen Pfunde zum aktuellen Devisenterminkurs am 31.12.02 erhalten hätte: 1 Mio. GBP / 0,90 = 1.111.111,11 EUR. Die Differenz zum tatsächlichen Erlös aus dem Devisentermingeschäft beträgt 1.216.545,01 EUR - 1.111.111,11 EUR = 105.433,90 EUR.

---

[1] Alternativ könnte auch nur die Kassakomponente (ohne Zinskomponente) des Devisenterminkurses als Absicherungsinstrument designiert werden (IAS 39.74(b)) bzw. IFRS 9.6.2.4b)).

Das Devisentermingeschäft ist mit dem geänderten Fair Value in der Bilanz zu bewerten und die **Wertminderung** (183.487,16 EUR - 105.433,90 EUR = 78.053,26 EUR) gegenüber dem Vorjahr ist *erfolgsneutral* mit dem Eigenkapital *("Rücklage für Cash Flow-Hedges")* zu verrechnen. Zusätzlich erfolgt ein Ausweis als (erfolgsneutraler) Sonstiger Verlust („Other Comprehensive Income (OCI)") in der Gesamtergebnisrechnung.

BS: Rücklage für Cash Flow-Hedges ("OCI") 78.053,26 EUR
    an Devisentermingeschäft (für Cash Flow-Hedge) 78.053,26 EUR.

Zum Fälligkeitstermin des Devisentermingeschäfts (31.1.03) ergibt sich dessen *Fair Value im Vergleich* zu dem Betrag, den das Unternehmen bei Umtausch der Britischen Pfunde *zum Kassakurs* erhalten hätte: 1 Mio. GBP / 0,90 = 1.111.111,11 EUR. Dieser ist hier vereinfachend mit dem Terminkurs vom 31.12.02 gleichgesetzt worden. Die Differenz zwischen Devisenterminkurs und Kassakurs (= Swapsatz) ist am 31.1.03 gleich Null, da die Restlaufzeit des Termingeschäfts gleich Null ist und somit internationale Zinsdifferenzen nicht mehr wirken können. Die Differenz zum tatsächlichen Erlös aus dem Devisentermingeschäft beträgt 1.216.545,01 EUR - 1.111.111,11 EUR = 105.433,90 EUR.

Da sich nun der *Cash Flow des Grundgeschäfts* mit einem Wechselkursverlust *realisiert*, sind gemäß IAS 39.100 bzw. IFRS 9.6.11(d)(ii) die bisher nur im Sonstigen Ergebnis erfolgsneutral erfassten *zum Sicherungsinstrument* gehörigen Beträge *in das Periodenergebnis umzugliedern*, um einen Ausgleich zum Verlust aus dem Cash Flow zu schaffen. Der Umgliederungsbetrag ist vom Sonstigen Ergebnis zu subtrahieren, um eine doppelte Erfassung in der Gesamtergebnisrechnung zu vermeiden (IAS 1.23). Gleichzeitig ist die *Rücklage für Cash Flow-Hedges aufzulösen*.

BS: Rücklage für Cash Flow-Hedges 105.433,90 EUR
    an Erträge aus Wechselkursabsicherung (bzw. Umsatzerlöse) 105.433,90 EUR.

BS: Bank 1.111.111,11 EUR
    an Umsatzerlöse 1.111.111,11 EUR.

Die am 31.1.03 tatsächlich zufließenden Umsatzerlöse werden mit dem dann geltenden Kassakurs umgerechnet und gebucht. Somit wird der Verlust im Vergleich zum Kassakurs am 1.11.01 (es wären 1 Mio. GBP/0,80 = 1.250.000 EUR zugeflossen; die Absicherungskosten in Höhe von 1.250.000 – 1.216.545,01 = 33.454,99 EUR schlagen sich in verringerten Umsatzerlösen nieder) als realisiert berücksichtigt. Dagegen steht der Fair Value-Anstieg des Devisentermingeschäfts, der nun in das erfolgswirksame Periodenergebnis umgegliedert wird. Gleichzeitig muss dieser Umgliederungsbetrag vom Sonstigen Ergebnis abgezogen werden. Insgesamt ergibt sich aus beiden Buchungssätzen die Höhe der aufgrund des abgeschlossenen Devisentermingeschäfts zufließenden tatsächlichen Cash Flows (1.111.111,11 EUR + 105.433,90 EUR = 1.216.545,01 EUR).

BS: Bank 105.433,90 EUR
    an Devisentermingeschäft (für Cash Flow-Hedge) 105.433,90 EUR.

Mit der letzten Buchung wird das Devisentermingeschäft ausgebucht und der tatsächlich auf dem Bankkonto eingehende Euro-Betrag insgesamt berücksichtigt. Dies bedeutet, dass das Devisentermingeschäft durch ein Gegengeschäft (= Kauf von 1 Mio. GBP per Termin) zum Fair Value glattgestellt wird. Die Devisenzuflüsse werden zum aktuellen Kassakurs umgetauscht. Tatsächlich kann aber auch der Devisenterminkontrakt zum mit der Bank vereinbarten Devisenterminkurs erfüllt werden.

IFRS 9

Die Regeln für die bilanzielle Abbildung für die einzelnen Arten von Sicherungsbeziehungen stimmen grundsätzlich mit denen in IAS 39 überein (IFRS 9.6.5.2). Nach IFRS 9.6.5.11 sind in Höhe des wirksamen Teils der Sicherungsbeziehung Aufwendungen oder Erträge *erfolgsneutral in einer Rücklage für Cash Flow-Hedges* im Eigenkapital zu erfassen. Diese ist danach unterschiedlich zu behandeln, je nachdem, ob der Eintritt der erwarteten Transaktion erfolgsneutral oder erfolgswirksam ist.

- Handelt es sich bei dem abgesicherten Grundgeschäft um eine *abgesicherte erwartete Transaktion*, die später zum Ansatz eines *nicht-finanziellen Vermögenswerts oder einer solchen Verbindlichkeit* führt, so ist die Rücklage auszubuchen und ohne Berührung des Sonstigen Ergebnisses direkt in die Anschaffungskosten bzw. den Buchwert dieses Vermögenswerts oder dieser Verbindlichkeit einzubeziehen („basis adjustment"). Die Absicherung wirkt sich dann z.B. über die Abschreibung oder den Rohstoffverbrauch auf die Gewinn- und Verlustrechnung aus. Analoges gilt, wenn sich die erwartete Transaktion in ein *schwebendes Geschäft* verwandelt, das mit Hilfe eines Fair Value-Hedges abgesichert wird.
- Bei allen anderen Zahlungsströmen wird in der Periode (oder den Perioden), in denen die Zahlungsströme erfolgswirksam werden, ein entsprechender Betrag aus der Rücklage umgegliedert. Das heißt, dass dieser Betrag in die Gewinn- und Verlustrechnung verschoben und dort erfolgswirksam gemacht wird und dass das Sonstige Ergebnis entsprechend korrigiert wird, um eine Doppelzählung zu vermeiden (sog. *„Recycling"* bzw. *„Umgliederungsbetrag"* gemäß IAS 1.93). Auf diese Weise werden die Erfolgswirkungen von Grundgeschäft und Sicherungsinstrument *zeitlich synchronisiert* und gleichen sich in Höhe des wirksamen Teils der Sicherungsbeziehung aus.
- Sollte die Rücklage für Cash Flow-Hedges jedoch einen Verlust beinhalten und somit negativ sein und die Unternehmensleitung nicht erwarten, dass dieser in den folgenden Perioden ganz oder teilweise ausgeglichen wird, so muss sofort eine Umgliederung des Verlusts in die Gewinn- und Verlustrechnung erfolgen.

Der *unwirksame Teil* der Sicherungsbeziehung, also der Saldo zwischen den Änderungen des Sicherungsinstruments und des gesicherten Zahlungsstroms, ist erfolgswirksam zu erfassen. Wird z.B. ein künftiger Rohstoffeinkauf durch Kauf eines entsprechenden Futures gegen Preissteigerungen abgesichert, so kann die Unwirksamkeit in einer zu geringen oder einer zu hohen Volatilität des Sicherungsinstruments bestehen. Diese wird als Aufwand bzw. Ertrag in der Gewinn- und Verlustrechnung erfasst. Stammt die Unwirksamkeit vom Grundgeschäft, so kann diese nicht abgebildet werden, da die zukünftige Transaktion noch gar nicht bilanzwirksam ist. Daher kommt in diesem Falle abweichend von der wirtschaftlichen Effektivität im Risikomanagement, die für die Designation, Beibehaltung und eventuelle Anpassung der Sicherungsquote relevant ist, eine buchmäßige Effektivität zum Tragen, die mindestens an jedem Stichtag und am Ende der Sicherungsbeziehung ermittelt werden muss.[1] Die erfolgsneutrale Erfassung in der Rücklage für Cash Flow-Hedges gilt somit nur insoweit, als Grund- und Sicherungsgeschäft dieselbe kumulierte Wertänderung aufweisen. Bei Abweichungen wird in der Rücklage nur der kleinere Betrag aus kumulierter Wertänderung des Sicherungsinstruments und derjenigen des Grundgeschäfts erfasst (IFRS 9.6.5.11).

Beispielaufgabe:[2]
Ein Unternehmen weiß am 22.4.01, dass es am 22.10.01 10 Tonnen Kupfer zu Produktionszwecken benötigt (sehr wahrscheinliche zukünftige Transaktion) und befürchtet bis dahin größere Preissteigerungen. Zurzeit kostet eine Tonne Kupfer 5.600 EUR. Das Unternehmen sichert sich gegen die Preissteigerungen ab, indem es zum 22.4.01 einen Kupfer-Future über die benötigte Menge mit 6 Monaten Laufzeit erwirbt. Der Futurepreis im Kaufzeitpunkt sei vereinfachend als identisch mit

---

[1] Vgl. Grünberger, David: IFRS 2017, 14. Aufl., Herne 2017, S. 266.
[2] Vgl. das Beispiel ebenda, S. 267.

dem Kupferpreis angenommen. Die buchmäßige Effektivitätsmessung und die entsprechende Buchung soll im Monatsabstand erfolgen.

(in EUR)	22.4.01	22.5.01	22.6.01	22.7.01
Kupferpreis (10 t)	56.000	58.500	60.000	64.000
kumulierte Wertänderung	-----	2.500	4.000	8.000
Kupfer-Future-Preis (10 t)	(56.000)	58.200	60.100	63.600
kumulierte Wertänderung	-----	2.200	4.100	7.600
Rücklage für Cash Flow-Hedges (kleinerer Betrag)	-----	2.200	4.000	7.600
wirtschaftliche Effektivität	-----	2.500/2.200 = 1,14	1.500/1.900 = 0,79	4.000/3.500 = 1,14

Da jedoch für den Future am 22.4.01 keine Anschaffungskosten anfallen, weil am Laufzeitende erst die Zahlung anfällt bzw. eine Glattstellung erfolgt, wird der Future (Derivat, Sicherungsinstrument) am 22.4.01 noch nicht eingebucht. Am 22.5.01 ist der Future um 2.200 EUR im Wert gestiegen, sodass gebucht wird:

BS: Sicherungsinstrument (Kupfer-Future)   2.200 EUR
      an Rücklage für Cash Flow-Hedges   2.200 EUR.

Buchung am 22.6.01:

BS: Sicherungsinstrument (Kupfer-Future)   1.900 EUR
      an Rücklage für Cash Flow-Hedges   1.800 EUR
      an Ertrag (Handelsergebnis)   100 EUR

Buchung am 22.7.01:

BS: Sicherungsinstrument (Kupfer-Future)   3.500 EUR
      Aufwand (Handelsergebnis)   100 EUR
      an Rücklage für Cash Flow-Hedges   3.600 EUR.

Der stärkere Wertanstieg des Grundgeschäfts kann nicht gebucht werden, vermindert aber die Effektivität der Sicherungsbeziehung im Rahmen der Effektivitätsmessung. Der am 22.7.01 gebuchte Aufwand aufgrund des geringeren Wertanstiegs des Futures im Vergleich zum Grundgeschäft neutralisiert den am 22.6.01 gebuchten Ertrag aus Ineffektivität (stärkerer Wertanstieg des Futures im Vergleich zum Grundgeschäft).

Wird die **Bilanzierung der Sicherungsbeziehung** gegebenenfalls nach „Rekalibrierung" prospektiv (d.h. ohne bilanzielle Rückwirkungen in die Vergangenheit) **beendet**, weil die Sicherungsbeziehung nicht mehr die Kriterien erfüllt, also wenn das Sicherungsinstrument ausläuft, veräußert, beendet oder ausgeübt wird (IFRS 9.6.5.6), so ist gemäß IFRS 9.6.5.12 wie folgt zu verfahren:
- Wenn weiterhin mit dem Eintreten der abgesicherten Zahlungsströme gerechnet wird, bleibt die Rücklage für „Cash Flow-Hedges" bis zu deren Eintritt bestehen und wird dann erfolgswirksam umgegliedert.

- Wenn nicht mehr erwartet wird, dass die abgesicherten Zahlungsströme eintreten werden, ist die Rücklage sofort in die Gewinn- und Verlustrechnung erfolgswirksam umzugliedern.

Anhangangaben zum Hedge Accounting:
Grundsätzlich sind alle Berichtspflichten zu Finanzinstrumenten nach IFRS 7 zu beachten, insbesondere die geforderten qualitativen und quantitativen Angaben über die bestehenden Ausfallrisiken, Liquiditätsrisiken und Marktrisiken und die verlangten Erläuterungen über Ziele, Methoden und Prozesse des Risikomanagements (IFRS 7.31-7.42).

Darüber hinaus wird aber auch eine Vielzahl *spezieller Angaben über die Bilanzierung von Sicherungsgeschäften* verlangt. Unter anderem geht es um folgende Informationen (IFRS 7.21A und 7.22A):
- die vom Unternehmen verfolgte Risikomanagementstrategie und die Risikosteuerungsmethoden
- das Risikoausmaß
- die verwendeten Sicherungsinstrumente
- die Wirkungen der Sicherungsgeschäfte
- die Sicherungsquote und die wirtschaftliche Beziehung zwischen Grund- und Sicherungsgeschäft.
- die Auswirkungen der Bilanzierung von Sicherungsgeschäften auf den Jahresabschluss
- ob die Geschäfte gegen sämtliche Risiken oder nur gegen einzelne Risikokomponenten abgesichert werden

Getrennt nach Risikokategorien und Art des Hedge Accounting sind tabellarisch anzugeben IFRS 7.24A):
- Bilanzposten, Nominalbetrag und spezifischer Buchwert der Sicherungsinstrumente
- Betrag der Unwirksamkeit der Absicherung

Bei *Fair Value-Hedges* sind gemäß IFRS 7.24B.a) u.a. anzugeben:
- Bilanzposten und spezifischer Buchwert des gesicherten Grundgeschäfts
- kumulierter Betrag der sicherungsbedingten Anpassungen des Buchwerts des Grundgeschäfts
- Wertänderung des gesicherten Grundgeschäfts zur Ermittlung der Unwirksamkeit der Absicherung

Bei *Cash Flow-Hedges* sind gemäß IFRS 7.24B.b) u.a. folgende Informationen offenzulegen:
- Wertänderung des gesicherten Grundgeschäfts zur Ermittlung der Unwirksamkeit der Absicherung
- die Salden in der Rücklage für Cash Flow-Hedges für laufende Absicherungen und die Salden, bei denen ein Hedge Accounting nicht mehr angewandt wird
- die Sicherungsgewinne oder -verluste, die in der aktuellen Periode im Sonstigen Ergebnis (OCI) erfasst wurden
- der erfolgswirksam erfasste Betrag der Unwirksamkeit der Absicherung
- der Umgliederungsbetrag (IFRS 7.24C).

Aufgabe 74: Fair Value-Hedge

TEIL C. GEWINN- UND VERLUSTRECHNUNG, ANHANG, KAPITALFLUSSRECHNUNG UND LAGEBERICHT

I. Gewinn- und Verlustrechnung

Lernziele:

Der Leser soll

- sich einen Überblick über die Gliederung und die einzelnen Positionen der Gewinn- und Verlustrechnung verschaffen
- das Gesamtkostenverfahren und das Umsatzkostenverfahren im Vergleich beurteilen können.

1. Allgemeines

In der Gewinn- und Verlustrechnung als Zeitraumrechnung werden die Aufwendungen den Erträgen eines Geschäftsjahres gegenübergestellt und auf diese Weise der Jahresüberschuss ermittelt. Durch Aufgliederung nach Ertrags- und Aufwandsarten werden die Komponenten bzw. die Quellen des Jahresergebnisses aufgezeigt.

Obwohl die Kontoform übersichtlicher ist, schreibt § 275 Abs. 1 die Staffelform für Kapitalgesellschaften verbindlich vor. Die Staffelform hat den Vorteil, dass mehr oder weniger aussagekräftige Zwischensummen gebildet werden können.

Im neuen Bilanzrecht besteht ein Wahlrecht zwischen zwei Darstellungsweisen, dem Gesamtkostenverfahren, das im Aktiengesetz 1965 die einzig zulässige Form war, und dem Umsatzkostenverfahren, das im angelsächsischen Raum üblich ist. Auf die Unterschiede zwischen beiden Verfahren wird unten noch eingegangen werden. Grundsätzlich soll hier jedoch immer das **Gesamtkostenverfahren** betrachtet werden, das in Deutschland die vorherrschende Darstellungsweise ist.

2. Die Gliederung der Gewinn- und Verlustrechnung

a) Allgemeiner Überblick

Für Kapitalgesellschaften ist die Gliederung der Gewinn- und Verlustrechnung in § 275 Abs. 2 und 3 HGB verbindlich vorgeschrieben. Für Einzelkaufleute und Personengesellschaften existiert keine Gliederungsvorschrift. In § 242 Abs. 2 HGB wird die Gewinn- und Verlustrechnung lediglich definiert als "Gegenüberstellung der Aufwendungen und Erträge des Geschäftsjahrs". Dennoch werden auch diese Gesellschaften die Gliederung in § 275 HGB, eventuell in der verkürzten Form (§ 276 HGB) als Anhaltspunkt für ihre Gewinn- und Verlustrechnung verwenden.

Gliederung der Gewinn- und Verlustrechnung nach dem Gesamtkostenverfahren (§ 275 Abs. 2 HGB)
1. Umsatzerlöse
2. Erhöhung oder Verminderung des Bestands an fertigen und unfertigen Erzeugnissen
3. andere aktivierte Eigenleistungen
4. Sonstige betriebliche Erträge
5. Materialaufwand: a) Aufwendungen für Roh-, Hilfs- und Betriebsstoffe und für bezogene Waren   b) Aufwendungen für bezogene Leistungen
6. Personalaufwand: a) Löhne und Gehälter   b) soziale Abgaben und Aufwendungen für Altersversorgung und für Unterstützung, davon für Altersversorgung
7. Abschreibungen: a) auf immaterielle Vermögensgegenstände des Anlagevermögens und Sachanlagen   b) auf Vermögensgegenstände des Umlaufvermögens, soweit diese die in der Kapitalgesellschaft üblichen Abschreibungen überschreiten
8. sonstige betriebliche Aufwendungen
9. Erträge aus Beteiligungen, davon aus verbundenen Unternehmen
10. Erträge aus anderen Wertpapieren und Ausleihungen des Finanzanlagevermögens, davon aus verbundenen Unternehmen
11. sonstige Zinsen und ähnliche Erträge, davon aus verbundenen Unternehmen
12. Abschreibungen auf Finanzanlagen und auf Wertpapiere des Umlaufvermögens
13. Zinsen und ähnliche Aufwendungen, davon an verbundene Unternehmen
14. Steuern vom Einkommen und vom Ertrag
15. Ergebnis nach Steuern
16. Sonstige Steuern
17. Jahresüberschuss/Jahresfehlbetrag

Wie bei der Bilanzgliederung gibt es auch bei der Gliederung der Gewinn- und Verlustrechnung Erleichterungen für kleine und mittlere Kapitalgesellschaften. Diese können die ersten fünf Positionen zum Rohergebnis zusammenfassen:

$$\begin{aligned} & \text{Umsatzerlöse} \\ & + \text{Bestandserhöhung} \\ & + \text{andere aktivierte Eigenleistungen} \\ & + \text{sonstige betriebliche Erträge} \\ & \underline{- \text{Materialaufwand}} \\ & = \text{Rohergebnis} \end{aligned}$$

Diese Verkürzung der Gewinn- und Verlustrechnung ist wichtig, um den Konkurrenten trotz Veröffentlichungspflicht die Umsatzhöhe verbergen zu können. Denn es besteht eine Wettbewerbsbenachteiligung der mittleren und kleinen Kapitalgesellschaften gegenüber den konkurrierenden Personenhandelsgesellschaften und Einzelkaufleuten gleicher Größe, die ihren Jahresabschluss nicht veröffentlichen müssen. Die einzige Erleichterung im Bereich der Publizitätspflichten betrifft nur die kleinen Kapitalgesellschaften, die Angaben über die Gewinn- und Verlustrechnung nicht in den Anhang aufnehmen müssen (§ 326 HGB). Kleinstkapitalgesellschaften (§ 267a HGB) können sich auf die Erstellung einer verkürzten Gewinn- und Verlustrechnung nach folgendem Muster beschränken (§ 275 Abs. 5 HGB):

Gewinn- und Verlustrechnung

1. Umsatzerlöse
2. Sonstige Erträge
3. Materialaufwand
4. Personalaufwand
5. Abschreibungen
6. Sonstige Aufwendungen
7. Steuern
8. Jahresüberschuss/ Jahresfehlbetrag.

Eine tiefere Untergliederung der einzelnen Positionen oder Änderungen der mit arabischen Zahlen versehenen Posten der Gewinn- und Verlustrechnung ist möglich (§ 265 Abs. 5 und 6 HGB) und, wenn es der Grundsatz der Klarheit und Übersichtlichkeit oder die Generalnorm des § 264 Abs. 2 HGB fordert, auch geboten.

Um die Vergleichbarkeit aufeinanderfolgender Gewinn- und Verlustrechnungen zu ermöglichen, ist die Gliederung "beizubehalten, soweit nicht in Ausnahmefällen wegen besonderer Umstände Abweichungen erforderlich sind. Die Abweichungen sind im Anhang anzugeben und zu begründen" (§ 265 Abs. 1 HGB).

Aufgrund des **BilRUG** haben sich seit 1.1.2016 gravierende Änderungen hinsichtlich der Gewinn- und Verlustrechnung ergeben. In der Gliederung nach § 275 Abs. 2 HGB (s. oben) sind außerordentliche Aufwendungen und Erträge sowie das außerordentliche Ergebnis verschwunden und dürfen gemäß § 265 Abs. 5 HGB auch nicht freiwillig eingefügt werden. Stattdessen sind nun Erträge und Aufwendungen von außergewöhnlicher Größenordnung oder außergewöhnlicher Bedeutung, sofern die Beträge nicht von untergeordneter Bedeutung sind, im Anhang anzugeben (§ 285 Nr. 31 HGB), sie bleiben aber in den jeweiligen Positionen der Gewinn- und Verlustrechnung (z.B. Materialaufwand) enthalten. Gleiches gilt auch für periodenfremde Erträge und Aufwendungen (§ 285 Nr. 32 HGB). Das Ergebnis der gewöhnlichen Geschäftätigkeit taucht in der neuen Gliederungsvorschrift nicht mehr auf. Das heißt, dass die Positionen der Gewinn- und Verlustrechnung auch Beträge enthalten, die außerhalb der gewöhnlichen Geschäftstätigkeit angefallen sind und dass die Anhangangabe gemäß § 285 Nr. 31 HGB sich nur nach den Kriterien Höhe und Bedeutung, nicht aber –zusätzlich – wie bisher – nach dem Kriterium Nichtzugehörigkeit zur gewöhnlichen Geschäftstätigkeit („außerordentlich"). Begründung für diese Änderungen ist die Annäherung an die Regelungen der IFRS, die eine Angabe von außerordentlichen Posten verbieten, weil eine Trennung in ordentliche und außerordentliche Geschäftätigkeit ohne Willkür nicht möglich sei (IAS 1.87; IAS 1.BC63 f.). Eine weitere Änderung des Gliederungsschemas ist, dass nach Abzug der Steuern vom Einkommen und Ertrag eine Zwischensumme „Ergebnis nach Steuern" eingefügt wird, von der aber noch die Sonstigen Steuern abzuziehen sind, um zum Jahresüberschuss zu gelangen. Abgesehen von der unlogischen Bezeichnung wäre der Ausweis eines „Ergebnisses vor Steuern" informativer.

Wichtigste und folgenreichste Neuerung ist zweifellos die weiter gefasste Definition der *Umsatzerlöse*, die nicht nur – wie bisher – Erlöse aus dem Verkauf von Waren und Dienstleistungen im Rahmen der gewöhnlichen Geschäftstätigkeit umfassen, sondern die Erlöse aus dem Verkauf und der Vermietung **aller** Produkte und Dienstleistungen (§ 277 Abs. 1 HGB). Das bedeutet, dass z.B. die Vermietung von Gebäuden an fremde Dritte z.B. durch ein Maschinenbauunternehmen nicht mehr zu sonstigen Erträgen führt, sondern zu Umsatzerlösen. Gleiches gilt für Erträge, die in der innerbetrieblichen Kantine erwirtschaftet werden. Selbst dem deutschen Gesetzgeber erschließen sich Sinn und Vorteil der EU-Bilanzrichtlinie 2013/14 in diesem Punkt nicht.[1] Zwar entfallen durch die Neuregelung einige Abgrenzungsprobleme, dem externen Bilanzleser wird die Struktur der Erträge jedoch weniger transparent gemacht. So wird der externe Bilanzanalyst wohl nur noch verzerrte Rohgewinnmargen ermitteln können.[2] Eine Angleichung an die IFRS-Regeln kann hier nicht als Vorteil angeführt werden, da nach IFRS Umsatzerlöse nur aus betriebsgewöhnlichen Tätigkeiten resultieren.[3] Zudem wird den Unternehmen ein nicht unbeträchtlicher Umstellungsaufwand zugemutet. Zur Umgliederung einer Vielzahl von sonstigen betrieblichen Erträgen in die Umsatzerlöse sind auch die entsprechenden sonstigen Aufwendungen in Material- und Personalaufwendungen (Gesamtkostenverfahren) umzugruppieren. Im Umsatzkostenverfahren müssen die sonstigen betrieblichen Aufwendungen, die sich auf die nun den Umsatzerlösen einzugliedernden Erträge beziehen, der Position 2 „Herstellungskosten der zur Erzielung der Umsatzerlöse erbrachten Leistungen" zugeordnet werden.[4]

Die Neufassung der Umsatzerlöse-Definition ist in § 277 Abs. 1 HGB enthalten, der formal nur für Kapitalgesellschaften gilt.[5] Der Gesetzgeber hat also darauf verzichtet, Einzelunternehmen und Personenhandelsgesellschaften den Umstellungsaufwand zuzumuten. Das bedeutet aber, dass nun die Umsatzerlöse-Definition rechtsformabhängig gestaltet ist. Ob dies die Intention der EU-Richtlinie war, ist zumindest fraglich. Eine Vergleichbarkeit der Gewinn- und Verlustrechnungen deutscher Unternehmen unterschiedlicher Rechtsform ist damit nicht mehr gegeben. In Bilanzanalysen und Kreditwürdigkeitsprüfungen müssen unterschiedliche Messlatten für unterschiedliche Rechtsformen angelegt werden. Es bleibt zu hoffen, dass auch Nicht-Kapitalgesellschaften freiwillig die Neuregelung übernehmen. Generell sind aber im Vergleich zur Vergangenheit Kennzahlen zur Ertragslage der Unternehmen z.B. im Rahmen des Controllings neu zu beurteilen, Schwellenwerte bei der Kreditwürdigkeit sind anzupassen.[6]

b) Die Positionen der Gewinn- und Verlustrechnung im Einzelnen

(1) Umsatzerlöse

Die Umsatzerlöse enthalten die Nettoerträge (ohne Umsatzsteuer) aus dem Absatz, der Vermietung oder Verpachtung von Produkten sowie aus der Erbringung von Dienstleistungen der Kapitalgesellschaft (§ 277 Abs. 1 HGB). Sie sind auszuweisen nach Abzug von Erlösschmälerungen wie Rabatten, Kundenskonti und Boni. Gegenläufig zur Ausweitung der Umsatzerlöse durch das BilRUG seit 1.1.2016 ist die Neuregelung, dass sonstige Steuern, die direkt mit dem Umsatz verbunden sind und lediglich an den Fiskus weiterzuleiten sind (z.B. Mineralölsteuer, Tabaksteuer, Branntweinsteuer), von den Umsatzerlösen abzuziehen sind.

---

[1] Vgl. BT-Drucksache 18/5256, S. 80 f.

[2] Vgl. Theile, Carsten: Der Regierungsentwurf zum Bilanzrichtlinie-Umsetzungsgesetz, BBK 2015, S- 135 f.

[3] Vgl. IAS 18.7, IFRS 15.A, IAS 1.34 und CF 4.29 ff. Vgl. Haufe-IFRS-Kommentar, 13. Aufl., § 1 Rz. 110, § 2 Rz. 65 f. und § 25 Rz. 7.

[4] Das Umsatzkostenverfahren wird im folgenden Kapitel dargestellt.

[5] § 277 HGB ist außerdem von Personenhandelsgesellschaften (Kap&Co), die nach § 264a HGB den Kapitalgesellschaften gleichgestellt sind, und Unternehmen, die unter § 5 PublG fallen, zu beachten.

[6] Ein Fallbeispiel zur Verdeutlichung der Verzerrung von Kennzahlen zur Ertrags- und Vermögenslage infolge des BilRUG findet sich in Müller, S./Kreipl, M. P./Lange, T.: Schnelleinstieg BilRUG, Freiburg 2016, S. 83 ff.

(2) Erhöhung oder Verminderung des Bestands an fertigen und unfertigen Erzeugnissen

Diese Position ist ein Spezifikum des Gesamtkostenverfahrens und kommt beim Umsatzkostenverfahren nicht vor. Auf die Unterschiede beider Verfahren wird weiter unten noch eingegangen.

Bei unfertigen und fertigen Erzeugnissen ergeben sich im Industriebetrieb von Bilanzstichtag zu Bilanzstichtag Veränderungen des Lagerbestandes. Um ein aussagefähiges Jahresergebnis ermitteln zu können, sind folgende Buchungen (alternativ) notwendig:

Ertragsbuchung bei Lagerbestandserhöhung:
  BS: Erzeugnisse an Bestandsveränderungen von Erzeugnissen.

Aufwandsbuchung bei Lagerbestandsverminderung:
  BS: Bestandsveränderungen von Erzeugnissen an Erzeugnisse.

Ein Zahlenbeispiel mit Buchungen bei Lagerbestandsänderungen bei Erzeugnissen enthält das Kapitel B.II.4.c)(4) zu "Herstellungskosten".

In dieser Position sind gemäß § 277 Abs. 2 HGB jedoch nicht nur Mengen-, sondern auch Wertänderungen zu berücksichtigen. Die üblichen Abschreibungen nach § 253 Abs. 4 HGB sowie Zuschreibungen auf die Erzeugnisbestände von Kapitalgesellschaften sind also als Bestandsänderungen auszuweisen. Überschreiten die Abschreibungen jedoch die in der Kapitalgesellschaft üblichen Abschreibungen, so sind sie unter Position 7 b) auszuweisen.

(3) Andere aktivierte Eigenleistungen

Von der Systematik her ist diese Position die gleiche Ertragsposition wie die Bestandserhöhungen bei Erzeugnissen. Der einzige Unterschied besteht darin, dass sich hinter den aktivierten Eigenleistungen selbsterstellte Gegenstände des Anlagevermögens (Maschinen, Anlagen, Gebäude etc.) verbergen, die das Unternehmen üblicherweise für Kunden erstellt, im betrachteten Fall jedoch selbst als Produktionsmittel nutzen möchte. Die Bewertung hat aufgrund des Realisationsprinzips mit Herstellungskosten zu erfolgen.

  BS: Technische Anlage an Andere aktivierte Eigenleistungen

(4) Sonstige betriebliche Erträge

Hierunter sind alle Erträge zu erfassen, die weder aus dem Absatz und der Vermietung oder Verpachtung von Produkten noch aus der Erbringung von Dienstleistungen noch aus dem Finanzanlagevermögen der Kapitalgesellschaft herrühren.

Beispiele sind die Veräußerung von gebrauchten Gegenständen des Anlagevermögens, Zuschreibungen nach außerplanmäßigen Abschreibungen sowie die Auflösung von überhöhten Rückstellungen.

Infolge der Ausweitung der Umsatzerlöse durch das BilRUG (seit 1.1.2016) sinkt der Umfang der sonstigen betrieblichen Erträge. Ein getrennter Ausweis von "außerordentlichen" Erträgen ist in der Gewinn- und Verlustrechnung gemäß § 265 Abs. 5 HGB nicht mehr zulässig. Erträge von außergewöhnlicher Größenordnung oder außergewöhnlicher Bedeutung, beispielsweise ein hoher Gewinn aus der Veräußerung eines Betriebsgebäudes sind allerdings gemäß

§ 285 Nr. 31 HGB nach ihrer Art und mit dem jeweiligen Betrag im Anhang anzugeben, soweit sie nicht von untergeordneter Bedeutung für die Beurteilung der Ertragslage sind. Gleiches gilt für periodenfremde Erträge (§ 285 Nr. 32 HGB). Erträge aus der Währungsumrechnung sind gesondert auszuweisen (§ 277 Abs. 5 S. 2 HGB).

Erträge aus Verlustübernahme und auf Grund einer Gewinngemeinschaft oder auf Grund eines (Teil-)Gewinnabführungsvertrags "erhaltene ... Gewinne sind jeweils gesondert unter entsprechender Bezeichnung auszuweisen" (§ 277 Abs. 3 Satz 2 HGB).

(5) Materialaufwand
Hierzu gehören Aufwendungen für Roh-, Hilfs- und Betriebsstoffe, für bezogene Waren und für bezogene Leistungen. Abschreibungen nach § 253 Abs. 4 HGB sind von Kapitalgesellschaften ebenfalls hier auszuweisen, sofern sie nicht die übliche Höhe überschreiten. Andernfalls sind sie unter Position 7. b) einzuordnen.

(6) Personalaufwand
Um einen möglichst guten Einblick in die Ertragslage zu geben, ist der Personalaufwand in Löhne/Gehälter, soziale Abgaben und Aufwendungen für Altersversorgung/Unterstützung untergliedert auszuweisen. In der Position "Aufwendungen für Altersversorgung" stecken laufende Zahlungen von Betriebsrenten (soweit nicht eine Verrechung mit Pensionsrückstellungen erfolgt), die Zuführung zu Pensionsrückstellungen, Zahlungen an Unterstützungskassen etc.

(7) Abschreibungen
Die Abschreibungen sind in zwei Untergruppen aufgeteilt anzugeben:
   a) auf immaterielle Vermögensgegenstände des Anlagevermögens und Sachanlagen
   b) auf Vermögensgegenstände des Umlaufvermögens, soweit diese die in der Kapitalgesellschaft üblichen Abschreibungen überschreiten.

Außerplanmäßige Abschreibungen auf Vermögensgegenstände des Umlaufvermögens gemäß § 253 Abs. 4 HGB sind (von Kapitalgesellschaften) nur hier unter Position 7 b) auszuweisen, soweit sie die übliche Höhe übersteigen. Was als übliche Höhe der Abschreibungen im Umlaufvermögen anzusehen ist, ist je nach Branche und Größe des Betriebes verschieden. Außerplanmäßige Abschreibungen gemäß § 253 Abs. 3 S. 5 u. 6 HGB auf das Anlagevermögen sind nach § 277 Abs. 3 S. 1 HGB gesondert auszuweisen oder in Position 7 a) zu belassen und im Anhang anzugeben.

(8) Sonstige betriebliche Aufwendungen
Hierunter sind alle Aufwendungen zu erfassen, die weder aus dem Absatz und der Vermietung oder Verpachtung von Produkten noch aus der Erbringung von Dienstleistungen noch aus dem Finanzanlagevermögen der Kapitalgesellschaft herrühren.

<u>Beispiele</u> sind die Bildung von Rückstellungen sowie Aufwendungen aus der Währungsumrechnung.

Infolge der Ausweitung der Umsatzerlöse durch das BilRUG (seit 1.1.2016) sinkt der Umfang der sonstigen betrieblichen Aufwendungen, da Aufwendungen, die den Umsatzerlösen sachlich zuzuordnen sind z.B. als Materialaufwand oder als Personalaufwand auszuweisen sind. Ein getrennter Ausweis von "außerordentlichen" Aufwendungen in der Gewinn- und Verlustrechnung ist gemäß § 265 Abs. 5 HGB nicht mehr zulässig. Aufwendungen außergewöhnlicher Größenordnung oder außergewöhnlicher Bedeutung, z.B. Sozialplanaufwendungen bei

Werksschließungen oder Wertpapierkursverlusten größeren Umfangs sind allerdings gemäß § 285 Nr. 31 HGB nach ihrer Art und mit dem jeweiligen Betrag im Anhang anzugeben, soweit sie nicht von untergeordneter Bedeutung für die Beurteilung der Ertragslage sind. Gleiches gilt für periodenfremde Aufwendungen (§ 285 Nr. 32 HGB). Aufwendungen aus der Währungsumrechnung sind gesondert auszuweisen (§ 277 Abs. 5 S. 2 HGB). Aufwendungen aus Verlustübernahme und auf Grund einer Gewinngemeinschaft oder eines (Teil-) Gewinnabführungsvertrags "abgeführte Gewinne sind jeweils gesondert unter entsprechender Bezeichnung auszuweisen" (§ 277 Abs. 3 Satz 2 HGB).

(9) Erträge aus Beteiligungen
Bei Erträgen aus Beteiligungen kann es sich um Dividenden oder Gewinnanteile aus Beteiligungen (§ 271 Abs. 1 HGB) an Kapitalgesellschaften oder Personenhandelsgesellschaften handeln. Erträge aus Beteiligungen an verbundenen Unternehmen (§ 271 Abs. 2 HGB) sind als Davon-Vermerk anzugeben.

(10) Erträge aus anderen Wertpapieren und Ausleihungen des Finanzanlagevermögens
Hierzu gehören Dividenden von Unternehmen, mit denen kein Beteiligungsverhältnis besteht, Zinsen aus festverzinslichen Wertpapieren u.ä. sowie Zinsen aus langfristigen Darlehensvergaben. Die Höhe der Erträge aus festverzinslichen Wertpapieren, die von verbundenen Unternehmen (§ 271 Abs. 2 HGB) ausgegeben wurden, und aus Ausleihungen an diese ist als Davon-Vermerk anzugeben.

(11) Sonstige Zinsen und ähnliche Erträge
Unter dieser Position sind dem Geschäftsjahr zuzuordnende Zinseinnahmen aus Bankguthaben, aus kurzfristig gewährten Darlehen u.ä. sowie Disagioerträge, Provisionserträge aus Finanzgeschäften u.ä. auszuweisen. Entsprechende Einnahmen von verbundenen Unternehmen sind als Davon-Vermerk anzugeben.

Seit dem BilMoG sind Erträge aus der Abzinsung von Rückstellungen gemäß § 277 Abs. 5 HGB in der Gewinn- und Verlustrechnung gesondert unter dem Posten „Sonstige Zinsen und ähnliche Erträge auszuweisen. Damit soll eine klare Zuordnung dieser Effekte zum *Finanzergebnis* geschaffen und die Jahresabschlussanalyse erleichtert werden

(12) Abschreibungen auf Finanzanlagen und auf Wertpapiere des Umlaufvermögens
Es handelt sich um außerplanmäßige Abschreibungen nach § 253 Abs. 3 S. 5 u. 6 HGB (eingeschränkt gemildertes Niederstwertprinzip) und nach § 253 Abs. 4 HGB (strenges Niederstwertprinzip). Zwingende außerplanmäßige Abschreibungen auf Finanzanlagen bei voraussichtlich dauernder Wertminderung und die Ausübung des Abschreibungswahlrechts bei voraussichtlich vorübergehender Wertminderung sind nach § 277 Abs. 3 S. 1 HGB jeweils gesondert in der Gewinn- und Verlustrechnung gesondert auszuweisen oder im Anhang anzugeben.

(13) Zinsen und ähnliche Aufwendungen
Unter dieser Position sind dem Geschäftsjahr zuzuordnende Zinsausgaben auf Bankschulden, aus kurzfristigen Darlehensverbindlichkeiten u.ä. sowie Disagioaufwendungen, Provisionen, Bankspesen aus Finanzgeschäften u.ä. auszuweisen. Entsprechende Zahlungen an verbundene Unternehmen sind als Davon-Vermerk anzugeben.

Seit dem BilMoG sind Aufwendungen aus der Aufzinsung von Rückstellungen gemäß § 277 Abs. 5 HGB in der Gewinn- und Verlustrechnung gesondert unter dem Posten „Zinsen und ähnliche Aufwendungen" auszuweisen. Damit soll eine klare Zuordnung dieser Effekte zum

Finanzergebnis geschaffen und die Jahresabschlussanalyse erleichtert werden. Alle übrigen Änderungen der Rückstellungshöhe haben ihre Ursache in Veränderungen des „Mengengerüsts" und der preis- und kostenabhängigen Bewertung der Rückstellung und sind dem Betriebsergebnis zuzuordnen.

(14) Steuern vom Einkommen und vom Ertrag
Hierzu gehören die Aufwendungen für Körperschaftsteuer und Gewerbeertragsteuer. Die Einkommensteuer eines Einzelkaufmanns oder der Gesellschafter (Mitunternehmer) einer Personenhandelsgesellschaft, sofern sich diese freiwillig an die Gliederung in § 275 HGB halten wollen, gehören nicht hierher, da es sich nicht um eine betriebliche Steuer, sondern um eine rein private Steuerschuld handelt. Der Aufwand oder Ertrag aus der Veränderung bilanzierter latenter Steuern ist hier gesondert anzugeben (§ 274 Abs. 2 S. 3 HGB).

(15) Ergebnis nach Steuern
Diese durch das BilRUG geschaffene Zwischensumme umfasst das Ergebnis der wirtschaftlichen Tätigkeit des Unternehmens ohne jegliche Differenzierung nach gewöhnlicher Geschäftstätigkeit oder Finanzergebnis. Abgesehen davon, dass die Bezeichnung falsch ist, da dieses Ergebnis nicht um alle betrieblichen Steuern gemindert wird, ist die zusätzliche Aussagekraft dieses "Ergebnisses nach Steuern" gering, da es sich nur um den in der Regel wenig bedeutsamen Posten der "Sonstigen Steuern" vom Jahresüberschuss bzw. Jahresfehlbetrag unterscheidet.

(16) Sonstige Steuern
Diese Position beinhaltet alle nicht gewinnabhängigen betrieblichen Steuern: Kfz-Steuer, Grundsteuer etc.

(17) Jahresüberschuss/Jahresfehlbetrag
Als Endergebnis eines Geschäftsjahres wird der Jahresüberschuss bzw. der Jahresfehlbetrag ausgewiesen, der aufgrund des Systems der doppelten Buchführung mit dem Ergebnis in der Bilanz übereinstimmen muss. Aus der Gewinn- und Verlustrechnung kann aufgrund der Staffelform mit einiger Mühe ermittelt werden, wie sich das Jahresergebnis aus dem Ergebnis betrieblicher Tätigkeiten und dem Ergebnis des Finanzbereichs zusammensetzt. Ergebniskomponenten von außergewöhnlicher Größenordnung oder Bedeutung lassen sich aus dem Anhang gemäß § 285 Nr. 31 HGB erkennen. Ob das Jahresergebnis nach Abzug des Finanzergebnisses und des außerordentlichen Ergebnisses und nach Abzug des Saldos der sonstigen betrieblichen Erträge und Aufwendungen als ordentlich im Sinne von nachhaltig oder regelmäßig interpretiert werden kann, ist fraglich. Seit dem BilRUG (1.1.2016) enthält es nämlich u.a. in den Umsatzerlösen vom Bilanzleser nicht erkennbare Ergebniskomponenten (z.B. Erträge aus dem innerbetrieblichen Kantinenbetrieb oder Vermietungserträge), die jederzeit ohne Beeinträchtigung der betrieblichen Aktivitäten wegfallen können.

3. Gesamtkosten- und Umsatzkostenverfahren

Nach § 275 Abs. 1 HGB darf eine Kapitalgesellschaft ihre Gewinn- und Verlustrechnung in Staffelform entweder nach dem Gesamtkostenverfahren oder nach dem Umsatzkostenverfahren erstellen. Diese Möglichkeit dürfte auch Einzelunternehmen und Personenhandelsgesellschaften offenstehen, die überdies auch die Kontoform statt der Staffelform wählen können.

Das *Gesamtkostenverfahren* stellt den Umsatzerlösen alle in einem Geschäftsjahr angefallenen Aufwendungen, gegliedert nach Aufwandsarten, gegenüber. Um einen aussagefähigen

Periodengewinn zu erhalten ist es zusätzlich notwendig, dass Lagerbestandserhöhungen, bewertet mit Herstellungskosten (wie auch die Erzeugnisvorräte in der Bilanz), zusätzlich als Ertrag berücksichtigt wird. Damit wird richtig gestellt, dass die Gesamtleistung des Geschäftsjahres nicht nur aus den verkauften, sondern auch den auf Lager genommenen Produktionsmengen besteht, denen dann insgesamt alle Aufwendungen gegenübergestellt werden. Anders interpretiert, werden die Gesamtaufwendungen der Periode durch die Aufwendungen für die Bestandserhöhung auf der Kontogegenseite korrigiert. Der Saldo entspricht den Aufwendungen für die abgesetzten Leistungen und kann den Umsatzerlösen gegenübergestellt werden. In der Kontoform lässt sich diese Vorgehensweise gut erkennen:

GuV-Konto beim Gesamtkostenverfahren	
gesamte Aufwendungen der Periode 1.000 EUR	Umsatzerlöse 800 EUR
	Bestandserhöhung 400 EUR
Jahresüberschuss 200 EUR	

Das *Umsatzkostenverfahren* setzt eine funktionsfähige Kostenstellenrechnung voraus, in der die Herstellkosten der abgesetzten Leistungen ermittelt werden. Wie in der Zuschlagskalkulation üblich, werden die Aufwendungen nach Funktionsbereichen (Fertigung, Verwaltung, Vertrieb) gegliedert.

GuV-Konto beim Umsatzkostenverfahren	
Umsatzaufwendungen 600 EUR	Umsatzerlöse 800 EUR
Jahresüberschuss 200 EUR	

Die Umsatzaufwendungen oder genauer die *"Herstellungskosten der zur Erzielung der Umsatzerlöse erbrachten Leistungen"* (§ 275 Abs. 3 Position 2 HGB) enthalten die gesamten auf die Absatzleistung entfallenden Herstellungskosten des laufenden Geschäftsjahres im Sinne der handelsbilanziellen Wertuntergrenze, nicht aber die in der Erzeugnisbestandserhöhung aktivierten Herstellungskosten. Sollten Vorratsbestände abgesetzt worden sein, die in früheren Perioden hergestellt wurden (Bestandsminderung), so gehen diese mit den in den Vorjahren tatsächlich aktivierten Herstellungskosten in die Position 2 ein. Außerplanmäßige Abschreibungen auf das Anlage- und das Umlaufvermögen sind funktional dem Herstellungsbereich (Position Nr. 2), dem Verwaltungsbereich (Position Nr. 5), dem Vertriebsbereich (Position Nr. 4) oder, falls sie keinem dieser Bereiche eindeutig zugerechnet werden können, den sonstigen betrieblichen Aufwendungen (Position Nr. 8) zuzuordnen.

Die beiden Darstellungsweisen der Gewinn- und Verlustrechnung nach § 275 Abs. 2 und 3 HGB) weisen nur im Bereich der sieben ersten Positionen Unterschiede auf, die durch eine Gegenüberstellung der Gliederung deutlich werden:

Gesamtkostenverfahren	**Umsatzkostenverfahren**
1. Umsatzerlöse	1. Umsatzerlöse
2. Erhöhung oder Verminderung des Bestands an fertigen und unfertigen Erzeugnissen	2. Herstellungskosten der zur Erzielung der Umsatzerlöse erbrachten Leistungen
3. andere aktivierte Eigenleistungen	3. Bruttoergebnis vom Umsatz
4. Sonstige betriebliche Erträge	4. Vertriebskosten
5. Materialaufwand: a) Aufwendungen für Roh-, Hilfs- und Betriebsstoffe und für bezogene Waren b) Aufwendungen für bezogene Leistungen	5. Allgemeine Verwaltungskosten 6. Sonstige betriebliche Erträge 7. Sonstige betriebliche Aufwendungen
6. Personalaufwand: a) Löhne und Gehälter b) soziale Abgaben und Aufwendungen für Altersversorgung und für Unterstützung, davon für Altersversorgung	
7. Abschreibungen: a) auf immaterielle Vermögensgegenstände des Anlagevermögens und Sachanlagen b) auf Vermögensgegenstände des Umlaufvermögens, soweit diese die in der Kapitalgesellschaft üblichen Abschreibungen überschreiten	
8. sonstige betriebliche Aufwendungen	

Die Unterscheidungsmerkmale der beiden Darstellungsweisen sind in folgender Tabelle zusammengefasst:

Gesamtkostenverfahren	**Umsatzkostenverfahren**
stellt die gesamten Aufwendungen den gesamten Leistungen einer Periode einschl. Bestandsveränderungen gegenüber	stellt den abgesetzten Leistungen die entsprechenden Aufwendungen gegenüber
Aufgliederung der Aufwendungen nach den verbrauchten Produktionsfaktoren (Aufwandsarten)	Aufgliederung der Aufwendungen nach betrieblichen Funktionen (vgl. Zuschlagskalkulation); im Anhang Zusatzinformation über Personal- u. Materialaufwand (§ 285 Nr. 8 HGB)
einfache Herleitung aus der Finanzbuchhaltung	setzt eine ausgebaute Kostenstellenrechnung voraus
in Deutschland noch vorherrschende Form	ist international üblich (internationale Vergleichbarkeit)
aussagefähig auch bei langfristiger Fertigung	bei langfristiger Fertigung wenig aussagefähig
Geringe Gestaltungsspielräume	Kostenschlüsselungen erforderlich und Gestaltungsspielräume (Herstellungskosten-Ausweis)

Im Falle des Umsatzkostenverfahrens können bei mittelgroßen und kleinen Kapitalgesellschaften zwecks Verbergung der Höhe der Umsatzerlöse gemäß § 276 HGB folgende Positionen zum Rohergebnis zusammengefasst werden:

   Umsatzerlöse
   - Herstellungskosten der zur Erzielung der
     Umsatzerlöse erbrachten Leistungen
   = Bruttoergebnis vom Umsatz
   + sonstige betriebliche Erträge
   = Rohergebnis

Beispiel zur Gewinn- und Verlustrechnung nach Gesamtkosten- und Umsatzkostenverfahren (§ 275 HGB):

Gewinn- und Verlustrechnung

Im Geschäftsjahr 01 werden 300 Mengeneinheiten eines Produkts hergestellt, 200 Mengeneinheiten davon werden für 1.500 EUR verkauft. Es sind aktivierungspflichtige Fertigungslöhne von 1.200 EUR und Materialkosten von 660 EUR entstanden, die sich proportional den erzeugten Produkteinheiten zurechnen lassen. Der Verkäufer und der Buchhalter des Unternehmens beziehen ein Gehalt von jeweils 100 EUR.

Gesamtkostenverfahren	
1. Umsatzerlöse	1.500 EUR
2. Bestandserhöhung	620 EUR
5. Materialaufwand	660 EUR
6. Personalaufwand	1.400 EUR
17. Jahresüberschuss	60 EUR

Umsatzkostenverfahren	
1. Umsatzerlöse	1.500 EUR
2. Herstellungskosten der zur Erzielung der Umsatzerlöse erbrachten Leistungen	1.240 EUR
3. Bruttoergebnis vom Umsatz	260 EUR
4. Vertriebskosten	100 EUR
5. Allgemeine Verwaltungskosten	100 EUR
16. Jahresüberschuss	60 EUR

GuV-Konto beim Gesamtkostenverfahren	
gesamte Aufwendungen der Periode 2.060 EUR	Umsatzerlöse 1.500 EUR
Jahresüberschuss 60 EUR	Bestandserhöhung 620 EUR

GuV-Konto beim Umsatzkostenverfahren	
Umsatzaufwendungen 1.440 EUR	Umsatzerlöse 1.500 EUR
Jahresüberschuss 60 EUR	

Gesamtkostenverfahren	
Kleine und mittlere Kapitalgesellschaften	
Rohergebnis (1-5)	1.460 EUR
6. Personalaufwand	1.400 EUR
17. Jahresüberschuss	60 EUR

Umsatzkostenverfahren	
Kleine und mittlere Kapitalgesellschaften	
Rohergebnis (1-3, 6)	260 EUR
4. Vertriebskosten	100 EUR
5. Allg.Verwaltungskosten	100 EUR
16. Jahresüberschuss	60 EUR

Im Geschäftsjahr 02 werden die aus 01 verbliebenen Mengeneinheiten für 800 EUR verkauft. Es werden Betriebsvorrichtungen mit einem aktivierungspflichtigen Fertigungslohn von 500 EUR selbst erstellt. Dabei fallen 80 EUR nicht aktivierbare Löhne an. Außerdem bleibt es bei den jeweils 100 EUR Gehalt für Verkäufer und Buchhalter.

Gesamtkostenverfahren	
1. Umsatzerlöse	800 EUR
2. Bestandsverminderungen	620 EUR
5. Andere aktivierte Eigenleistungen	500 EUR
6. Personalaufwand	780 EUR
17. Jahresfehlbetrag	100 EUR

Umsatzkostenverfahren	
1. Umsatzerlöse	800 EUR
2. Herstellungskosten der zur Erzielung der Umsatzerlöse erbrachten Leistungen	620 EUR
3. Bruttoergebnis vom Umsatz	180 EUR
4. Vertriebskosten	100 EUR
5. Allgemeine Verwaltungskosten	100 EUR
7. Sonstige betriebliche Aufwendungen	80 EUR
16. Jahresfehlbetrag	100 EUR

GuV-Konto beim Gesamt-	
kostenverfahren	
gesamte Aufwendungen der Periode 780 EUR	Umsatzerlöse 800 EUR
Bestandsverminderungen 620 EUR	Aktivierte Eigenleistungen 500 EUR
	Jahresfehlbetrag 100 EUR

GuV-Konto beim Umsatz-	
kostenverfahren	
Umsatzaufwendungen 900 EUR	Umsatzerlöse 800 EUR
	Jahresfehlbetrag 100 EUR

Gesamtkostenverfahren	
Kleine und mittlere Kapitalgesellschaften	
Rohergebnis (1-5)	680 EUR
6. Personalaufwand	780 EUR
17. Jahresfehlbetrag	100 EUR

Umsatzkostenverfahren	
Kleine und mittlere Kapitalgesellschaften	
Rohergebnis (1-3,6)	180 EUR
4. Vertriebskosten	100 EUR
5. Allg.Verwaltungskosten	100 EUR
7. Sonst.betriebl. Aufwand	80 EUR
16. Jahresfehlbetrag	100 EUR

Seit einigen Jahren wird das Umsatzkostenverfahren, das international schon immer das verbreitete Verfahren war, auch in Deutschland von der Mehrheit der Konzerne, die nach IFRS bilanzieren, verwendet. Die Gründe könnten darin liegen, dass international agierende Konzerne, die sich auch weltweit Kapital beschaffen sich den internationalen Usancen anpassen müssen, insbesondere wenn die SEC von den ihr berichtspflichtigen Unternehmen die Gliederung nach dem Umsatzkostenverfahren verlangt. Auch mögen Bestrebungen zur Harmonisierung des internen und externen Rechnungswesens eine Rolle spielen, weil das Umsatzkostenverfahren mit seinem Aufbau nach Funktionsbereichen dem in der internen Betriebserfolgsrechnung angewandten Schema weit ähnlicher ist. Bei den nach dem HGB bilanzierenden Unternehmen dominiert aber bis heute das Gesamtkostenverfahren als das in Deutschland traditionell übliche Verfahren.

Aus rein bilanzpolitischen Gründen müssten die Unternehmen die Darstellungsweise des Umsatzkostenverfahrens vorziehen.[1] Die Gliederung der Aufwendungen nach Funktionsbereichen führt eher zu Zuordnungsproblemen, die in subjektivem Ermessen bilanzpolitisch genutzt werden können, abgesehen von Spielräumen bei der Gemeinkostenschlüsselung. Bilanzpolitisch interessante **Gestaltungsspielräume** gibt es z.B. beim Umsatzkostenverfahren bei der Zuordnung von Aufwendungen zu den Herstellungskosten des Umsatzes (Position Nr. 2) oder zu den sonstigen Aufwendungen (Position Nr. 7). Letztere stellen eine Residualkategorie für Aufwendungen dar, die keiner anderen Positionen zugeordnet wurden. Beispielsweise eröffnen sich bei der Zuordnung von außerplanmäßigen Abschreibungen bilanzpolitische Spielräume. In der Regel dürfte also die Höhe der sonstigen Aufwendungen bei den beiden Verfahren differieren. Zudem kann im Rahmen des Umsatzkostenverfahrens die wichtige Größe der Verwaltungskosten dadurch beeinflusst werden, dass z.B. die Personalabteilung dezentralisiert wird und deren Kosten nicht mehr dem Verwaltungsbereich, sondern den Umsatzkosten der zugeordneten Betriebsstätte zugeordnet werden. Solche Gestaltungen sind beim Gesamtkostenverfahren aufgrund der Gliederung nach primären Aufwandsarten nur sehr eingeschränkt möglich.

---

[1] Das einmal gewählte Verfahren muss wegen des Stetigkeitgebots beibehalten werden und kann nur im Ausnahmefall bei entsprechender Begründung geändert werden (§ 265 Abs. 1 HGB).

Bei der Wahl des Verfahrens spielen aber auch betriebsindividuelle Gründe eine Rolle, da die beiden Varianten sich je nach Branche, Produktionsprogramm, Leistungs- und Organisationstyp der Fertigung und Fertigungsdauer unterschiedlich gut eignen. Bei langfristiger Fertigung ist etwa das Umsatzkostenverfahren weitgehend ungeeignet, weil es die Herstellungskosten des Umsatzes erst zeigt, wenn der Umsatz realisiert ist, während das Gesamtkostenverfahren die jährliche Gesamtleistung ausweist. Dies könnte das Umsatzkostenverfahren aber auch aus Sicht der Bilanzpolitik attraktiv erscheinen lassen. Bei Serienfertigung und für Handelsbetriebe ist das Umsatzkostenverfahren passender und aufgrund der Gliederung nach Funktionsbereichen informativer. Nicht zuletzt kommt es bei der Wahl des Verfahrens darauf an, wie leistungsstark das Kostenrechnungssystem ist, somit also auch auf die Unternehmensgröße.[1]

Vergleicht man die beiden Verfahren unter dem Aspekt des *Aussagegehalts für einen externen Bilanzleser*, so ist festzustellen, dass beim Umsatzkostenverfahren aufgrund der verpflichtenden Angabe der Personal- und Materialaufwendungen im Anhang (§ 285 Nr. 8 HGB) sowie der Angabe der Geschäftsjahresabschreibung in der Bilanz oder im Anhang (meist im Rahmen des Anlagenspiegels, § 268 Abs. 2 HGB) die wichtigsten Informationen gegeben werden, die bei der Funktionsgliederung nicht mehr erkennbar sind. Darüber hinaus erfährt der Bilanzleser die Aufgliederung der Aufwendungen nach Funktionsbereichen, wobei insbesondere das Ausmaß der Verwaltungskosten interessant ist. Es bleibt der Nachteil, dass es im Umsatzkostenverfahren Zuordnungsspielräume für das bilanzierende Unternehmen gibt, deren Ausnutzung der externe Bilanzleser nicht erkennen kann.

Durch die unterschiedliche Struktur der beiden Verfahren ergeben sich auch bei der Kennzahlenanalyse deutliche Unterschiede, die dazu führen, dass die Vergleichbarkeit der Erfolgsrechnungen im Betriebsvergleich erschwert wird. So fehlt etwa beim Umsatzkostenverfahren die Angabe der Gesamtleistung des Geschäftsjahres, während beim Gesamtkostenverfahren mit Hilfe dieser Größe eine aussagefähigere Kennzahlen berechnet werden können (z.B. Personalaufwand : Gesamtleistung). Andererseits ermöglicht das Umsatzkostenverfahren z.B. die Ermittlung der interessanten Kennzahl Bruttomarge = (Umsatz – Umsatzkosten) : Umsatz, die allerdings durch Ermessensentscheidungen bei der Zuordnung der Aufwendungen vom bilanzierenden Unternehmen gestaltbar ist. Da eine Überleitungsrechnung von einem zum anderen Verfahren mangels detaillierter Anhangangaben nicht möglich ist, bleibt letztlich immer das Argument der internationalen Vergleichbarkeit bedeutsam, das aus Sicht des externen Bilanzanalysten für das Umsatzkostenverfahren spricht.

4. Gesamtergebnisrechnung nach IFRS

Nach IAS 1.10 gehört die Darstellung des Gewinns bzw. des Verlusts sowie des sonstigen Ergebnisses der Periode zu einem vollständigen Abschluss eines Unternehmens. Diese kann gemäß IAS 1.81A als einheitliche umfassende *Gesamtergebnisrechnung* („Statement of Profit or Loss and other Comprehensive Income") aufgestellt oder als zweiteiliges Format ausgestaltet werden. Im letzteren Fall besteht der erste Teil in der früher[2] bereits verpflichtend aufzustellenden *Gewinn- und Verlustrechnung* („Statement of Profit or Loss") und der zweite Teil in einer Überleitungsrechnung vom Gewinn/Verlust zum Gesamtergebnis einer Periode mit Ausweis der Bestandteile des so gen. Sonstigen Ergebnisses („Other Comprehensive Income"). Nur der zweite Teil erhält dann die Bezeichnung „Gesamtergebnisrechnung".

---

[1] Förschle in Beck Bil-Komm. 2012, § 275 Rz. 34 ff.
[2] Die aktuelle Fassung des IAS 1 stammt von 2007, wurde mit EU-Verordnung vom 21.1.2009 (ABl. Nr. L 17, S. 23) für verbindlich erklärt und ist anzuwenden auf Geschäftsjahre, die ab dem 1.1.2009 beginnen.

Ergänzend zur Gewinn- und Verlustrechnung, die die erfolgswirksamen Geschäftsvorgänge zusammenfasst und den „echten" Gewinn oder Verlust („Profit" oder „Loss") der Periode zeigt, sollen in der Gesamtergebnisrechnung zusätzlich alle Werterhöhungen und Wertminderungen, die *erfolgsneutral* sind, ausgewiesen und im *Sonstigen Ergebnis* als sonstiger Gewinn oder sonstiger Verlust zusammengefasst werden. Dabei geht es insbesondere um die Darstellung der Auswirkungen des Neubewertungsmodells im Sachanlagevermögen nach IAS 16.31ff. und bei immateriellen Vermögenswerten nach IAS 38.75ff. Dadurch soll der externe Bilanzleser ein umfassenderes Bild der Ertragslage des Unternehmens erhalten als allein durch die Gewinn- und Verlustrechnung (F. 47; IAS 1.86). Vorteilhaft ist auch, dass das Gesamtergebnis einer Periode – im Gegensatz zum Gewinn in der Gewinn- und Verlustrechnung – mit der Zunahme des Eigenkapitals in der Bilanz weitgehend übereinstimmt. Abweichungen ergeben sich lediglich infolge rückwirkender erfolgsneutraler Anpassungen nach IAS 8.19ff. bei Änderungen von Bilanzierungs- und Bewertungsmethoden und nach IAS 8.42 bei Berichtigung wesentlicher Fehler oder infolge von Transaktionen mit Anteilseignern, die ebenfalls erfolgsneutral sind, aber nicht das Sonstige Ergebnis berühren, sondern direkt das Eigenkapital verändern. Beide Fälle werden in der *Eigenkapitalveränderungsrechnung[1]* dargestellt.

Die grundlegenden Begriffsdefinitionen werden im *Rahmenkonzept („Framework")* angegeben. Danach stellen Erträge („Income") „die Zunahme des wirtschaftlichen Nutzens in der Berichtsperiode ... dar" (F.70a). Diese kann aus Mittelzuflüssen, der Erhöhung von Vermögenswerten oder der Abnahme von Schulden resultieren, die eine Eigenkapitalerhöhung zur Folge haben. Allerdings stellen Einlagen von Anteilseignern keine Erträge dar. *Aufwendungen („Expenses")* stellen eine Abnahme wirtschaftlichen Nutzens im Geschäftsjahr dar, die auf Mittelabflüsse, die Verminderung von Vermögenswerten oder die Zunahme von Schulden zurückgeht, die eine Eigenkapitalabnahme zur Folge haben, die nicht auf Ausschüttungen an Anteilseigner zurückzuführen ist (F.70b). Nutzenzunahme und Nutzenabnahme müssen verlässlich ermittelbar sein, sonst dürfen sie nicht als Ertrag bzw. Aufwand erfasst werden (F.92 u. 94).

Gesondert ausgewiesen werden sollen diejenigen *Erträge*, die im Rahmen der gewöhnlichen Tätigkeit eines Unternehmens anfallen (*Umsatzerlöse*, Lizenzerträge, Mieterträge; „Revenues"), und die so gen. *anderen Erträge*, die nicht immer im Rahmen der gewöhnlichen Tätigkeit des Unternehmens anfallen (z.B. Erträge aus der Veräußerung von langfristigen Vermögenswerten („Other Income"), Erträge aus Neubewertung („Gains")[2] (F.74 ff.).

Bei den *Aufwendungen* werden ebenfalls die Aufwendungen, die im Rahmen der *gewöhnlichen Tätigkeit* des Unternehmens anfallen (Umsatzkosten, Löhne, Abschreibungen; „Expenses of Ordinary Activities"), von den anderen Aufwendungen (z.B. Brand, Veräußerungsverluste bei langfristigen Vermögenswerten, Devisenkursverluste; „Losses") unterschieden und sollen auch getrennt voneinander ausgewiesen werden (F.78 ff.).

Auch die *Gesamtzinserträge und Gesamtzinsaufwendungen*, die bei Anwendung der *Effektivzinsmethode* zur Ermittlung der fortgeführten Anschaffungskosten bestimmter finanzieller Vermögenswerte und Verbindlichkeiten (IAS 39.43) ermittelt und erfolgswirksam gebucht werden, sind in der Gesamtergebnisrechnung (oder alternativ im Anhang) gesondert auszuweisen (IFRS 7.20).

---

[1] Zur Eigenkapitalveränderungsrechnung vgl. Kapitel B.VIII.3.

[2] In diesem Lehrbuch wird bewusst vermieden, die erfolgsneutralen Veränderungen der Neubewertungsrücklage als Erträge oder Aufwendungen zu bezeichnen, um die Gefahr einer fälschlichen Interpretation als erfolgswirksame Ergebnisbestandteile möglichst auszuschließen.

Für die Gewinn- und Verlustrechnung bzw. für den Abschnitt „Gewinn oder Verlust" innerhalb der umfassenden Gesamtergebnisrechnung ist in IAS 1.82 eine *Mindestgliederung* in Staffelform vorgeschrieben.

1. Umsatzerlöse (IAS 18)
2. Finanzierungsaufwendungen (IAS 23)
3. Steueraufwendungen (IAS 12)
4. Untergliedertes Ergebnis aus aufgegebenen Geschäftsbereichen (nach Steuern) (IFRS 5.33)
5. Gewinn oder Verlust (nach Steuern)

In den *Gewinn oder Verlust* gehen gemäß IAS 1.88f. grundsätzlich alle in einer Periode erfassten Ertrags- und Aufwandsposten ein. Ausnahmen sind die in IAS 16 und IAS 38 (Veränderungen der Neubewertungsrücklage) und anderen IFRS behandelten Fälle, die nach dem Rahmenwerk zwar als Erträge und Aufwendungen zu klassifizieren sind, aber Bestandteile des Sonstigen Ergebnisses sind, und die in IAS 8 behandelten Fehlerberichtigungen und Auswirkungen der Änderung von Bilanzierungs- und Bewertungsmethoden, die direkt im Eigenkapital erfolgsneutral ohne Berührung der Gesamtergebnisrechnung zu berücksichtigen sind.

Die operativen Aufwendungen müssen danach nicht einzeln angegeben werden, IAS 1.99 f. verlangt jedoch die Aufgliederung der Aufwendungen und empfiehlt den Ausweis in der Gesamtergebnisrechnung. Die Aufgliederung kann alternativ nach dem Gesamtkosten- oder dem Umsatzkostenverfahren erfolgen.[1] Erträge und Aufwendungen dürfen nach IAS 1.87 nicht als außerordentliche Posten dargestellt werden, da aber nach IAS 1.85 f. zusätzliche Posten eingefügt werden können, können solche unter anderer Bezeichnung ausgewiesen werden.[2]

Für die Gesamtergebnisrechnung gibt es zwei verschiedene Darstellungsalternativen (IAS 1.81A):
    a) die „verlängerte Gewinn- und Verlustrechnung"
    b) die „kleine Gesamtergebnisrechnung".

Die *verlängerte Gewinn- und Verlustrechnung* enthält den Gewinn oder Verlust als Zwischensumme und anschließend die Positionen, die im „Sonstigen Ergebnis" erfolgsneutral erfasst werden (IAS 1.81A):

1. Umsatzerlöse (IAS 18)
2. Finanzierungsaufwendungen (IAS 23)
3. Steueraufwendungen (IAS 12)
4. Untergliedertes Ergebnis aus aufgegebenen Geschäftsbereichen (nach Steuern) (IFRS 5.33)
5. Gewinn oder Verlust (nach Steuern)
6. Sonstiges Ergebnis (erfolgsneutral) mit Unterteilungen nach IAS 1.7
7. Gesamtergebnis

Wird eine gesonderte Gewinn- und Verlustrechnung vorgelegt, so enthält die *„kleine Gesamtergebnisrechnung"* demgegenüber nicht den Abschnitt „Gewinn oder Verlust", sondern

---

[1] Siehe dazu Abschnitt C.II.2.b).
[2] Vgl. Pawelzik/Theile in Heuser/Theile, IFRS-Handbuch, 2012, Rz. 7410 f.

setzt nur auf dem Ergebnis dieses Abschnitts, also dem Gewinn/Verlust, auf und ergänzt diesen um den Abschnitt „Sonstiges Ergebnis":

| 1. Gewinn oder Verlust |
| 2. Sonstiges Ergebnis (erfolgsneutral) mit Unterteilungen nach IAS 1.7 |
| 3. Gesamtergebnis |

Der Gewinn- und Verlust-Teil der umfassenden Gesamtergebnisrechnung bzw. (alternativ) die getrennt aufgestellte Gewinn- und Verlustrechnung können nach dem *Gesamtkostenverfahren* oder dem *Umsatzkostenverfahren* strukturiert werden. In IAS 1.102 und IAS 1.103 ist jeweils eine beispielhafte Mindeststruktur einer Gewinn- und Verlustrechnung nach beiden Verfahren, die um „relevante" Positionen erweitert werden kann, angegeben. Es bestehen nur geringfügige Unterschiede zu der entsprechenden Mindestgliederung nach § 275 Abs. 2 und 3 HGB.[1] Es handelt sich jedoch nicht um ein Wahlrecht zwischen den beiden Arten der Darstellung. Da IAS 1.105 das Management zu derjenigen Darstellungsform verpflichtet, die für ihren Unternehmenstyp zuverlässig und relevanter ist, handelt es sich um einen *Ermessensspielraum* der Geschäftsleitung. Somit dürfte das Management z.B. bei langfristiger Fertigung das Umsatzkostenverfahren nicht anwenden, da während der Fertigungsdauer des Erzeugnisses weder ein Umsatz noch Umsatzkosten ausgewiesen würden und der Informationsgehalt der Ergebnisrechnung entsprechend gering wäre. Im Falle des Umsatzkostenverfahrens ist die Zuordnung von Aufwendungen zu Funktionsbereichen mittels Gemeinkostenschlüsselung nicht immer frei von Willkür und „beruht auf erheblichen Ermessensentscheidungen" (IAS 1.103). Ähnlich wie in § 285 Nr. 8 HGB werden in IAS 1.104 bei Anwendung des Umsatzkostenverfahrens zusätzliche Angaben über die dort nicht erkennbaren Aufwandsarten, insbesondere über die planmäßigen Abschreibungen und den Personalaufwand, verlangt. Der IASB scheint das Umsatzkostenverfahren für aussagekräftiger zu halten, denn in IAS 1.103 heißt es: „Diese Methode liefert den Adressaten oft relevantere Informationen als die Aufteilung nach Aufwandsarten." Allerdings bietet es auch weit mehr Möglichkeiten zur Bilanzpolitik als das Gesamtkostenverfahren.

Das *Sonstige Ergebnis* besteht im Einzelabschluss aus folgenden Komponenten (IAS 1.7):

Veränderungen der Neubewertungsrücklage	IAS 16; IAS 38
Versicherungsmathematische Gewinne/Verluste aus der Bilanzierung von Pensionsplänen	IAS 19.93A
Gewinne/Verluste aus der Neubewertung von zur Veräußerung verfügbaren finanziellen Vermögenswerten	IAS 39.55(b)
Effektiver Teil der Gewinne/Verluste aus Sicherungsinstrumenten bei einer Absicherung von Zahlungsströmen	IAS 39.95 f.; IAS 39.100

Dem Unternehmen steht es gemäß IAS 1.90 frei, die genannten Komponenten nach Steuern auszuweisen oder alternativ vor Steuern mit der zusätzlichen Angabe aller auf das Sonstige Ergebnis entfallenden passiven latenten Ertragsteuern in einem Betrag. Allerdings ist in letzterem Falle der latente Steuerbetrag auf die Posten mit Reklassifizierung und die Posten ohne Umgliederung aufzuteilen (IAS 1.91). Die Steuern können wahlweise auch im Anhang angegeben werden.

---

[1] Detaillierte Ausführungen zu den Unterschieden von Gesamtkosten- und Umsatzkostenverfahren, die unabhängig vom Rechnungslegungssystem gelten, und eine entsprechende Beurteilung enthält Abschnitt B.II.2.c). Auch auf die Übungsaufgabe 1 in Abschnitt B.II.5. kann hier verwiesen werden.

Werden *Umgliederungen* („Reklassifizierungen") von Bestandteilen des „Sonstigen Ergebnisses" in den Gewinn oder Verlust vorgenommen, so wird das Sonstige Ergebnis um die entsprechenden Umgliederungsbeträge gekürzt, damit nicht ein doppelter Ausweis im Gesamtergebnis erfolgt (IAS 1.93-95). Dabei kann es sich um in früheren Perioden im Sonstigen Ergebnis erfasste, nicht realisierte Gewinne von „zur Veräußerung verfügbaren finanziellen Vermögenswerten" (IAS 39.55b) handeln, die in der aktuellen Periode beim tatsächlichen Verkauf der Vermögenswerte realisiert werden und daher im Gewinn/Verlust Berücksichtigung finden. Analoges gilt für den Verkauf eines ausländischen Geschäftsbetriebs (IAS 21). Umgliederungen aus dem Eigenkapital („Rücklage für Cash Flow-Hedges") in den Periodengewinn finden auch bei einem Cash Flow-Hedge in denjenigen Perioden statt, in denen die abgesicherten Zahlungsströme erfolgswirksam werden (IAS 39.95f. u. IAS 39.100). Die Umgliederungsbeträge sind gleichzeitig vom Sonstigen Ergebnis zu subtrahieren um eine Doppelberücksichtigung im Gesamtergebnis zu vermeiden.[1] Zu keiner Umgliederung i.S.v. IAS 1.93 kommt es bei der Bewertung von Sachanlagen oder immateriellen Vermögenswerten nach dem Neubewertungsmodell. Die Umbuchung der Neubewertungsrücklage in die Gewinnrücklage erfolgt nämlich ohne Berührung des Gesamtergebnisses. Wieder anders behandelt werden versicherungsmathematische Gewinne/ Verluste aus der Bilanzierung von Pensionsplänen. Nach IAS 19.93A werden sie in der Periode, in der sie als Sonstiges Ergebnis erfasst werden, unter den Gewinnrücklagen ausgewiesen (IAS 1.96).

Gesondert sind in der *Gesamtergebnisrechnung oder im Anhang* die zu folgenden Fällen gehörenden Aufwands- und Ertragspositionen anzugeben, wenn die Werte wesentlich sind (IAS 1.97f.):

(a) außerplanmäßige Abschreibung der Vorräte auf den Nettoveräußerungswert oder der Sachanlagen auf den erzielbaren Betrag sowie die Wertaufholung solcher außerplanmäßigen Abschreibungen
(b) eine Umstrukturierung der Tätigkeiten eines Unternehmens und die Auflösung von Rückstellungen für Umstrukturierungsaufwand
(c) Veräußerung von Posten der Sachanlagen
(d) Veräußerung von Finanzanlagen
(e) aufgegebene Geschäftsbereiche
(f) Beendigung von Rechtsstreitigkeiten
(g) sonstige Auflösungen von Rückstellungen

Zusammenfassend soll nun noch die *Gesamtergebnisrechnung als Gesamtaufstellung* (IAS 1.81A) schematisch dargestellt werden:

---

[1] Vgl. Kapitel B.XII.3.

		Erfolgswirksame Erträge und Aufwendungen
	1.	Umsatzerlöse (IAS 18)
	2.	+/- Gewinne/Verluste aus einem finanziellen Vermögenswert/Verbindl., der erfolgswirksam zum beizulegenden Zeitwert bewertet wird (IAS 39.55a)
	3.	+/- Gewinne/Verluste aus dem Verkauf von „zur Veräußerung verfügbaren Finanzinstrumenten (IAS 39.55b) („Umgliederungsbeträge")
	4.	-/+ kumulierter Gewinne/Verluste aus Sicherungsinstrumenten bei einer Absicherung von Zahlungsströmen (Cash Flow Hedges) (IAS 39.95 u.100) in den Perioden, in denen das Risiko beim Grundgeschäft realisiert wird („Umgliederungsbeträge) (IAS 1.93)
	5.	- Finanzierungsaufwendungen (IAS 23)
	6.	- Steueraufwendungen
	7.	= Ergebnis aus aufgegebenen Geschäftsbereichen (nach Steuern) (IFRS 5)
I.	*Saldo:*	*= Periodenerfolg: Gewinn oder Verlust*
		Erfolgsneutrale Erträge und Aufwendungen
	1.	+/- Veränderungen der Neubewertungsrücklage bei Bewertung von Sachanlagevermögen (IAS 16.31ff.) und immateriellen Vermögenswerten (IAS 38.75ff.) nach dem Neubewertungsmodell
	2.	+/- versicherungsmathematische Gewinne und Verluste aus der Bilanzierung von Pensionsplänen (IAS 19.93A)
	3.	+/- Gewinne/Verluste aus der Neubewertung von „zur Veräußerung verfügbaren Finanzinstrumenten" (IAS 39.55b)
	4.	-/+ realisierte Gewinne/Verluste beim Verkauf von zu Veräußerung verfügbaren Finanzinstrumenten (IAS 39.55b) („Umgliederungsbeträge) (IAS 1.93)
	5.	+/- Effektiver Teil der Gewinne/Verluste aus Sicherungsinstrumenten bei einer Absicherung von Zahlungsströmen (Cash Flow Hedges) (IAS 39.95 u.100)
	6.	-/+ kumulierter Gewinne/Verluste aus Sicherungsinstrumenten bei einer Absicherung von Zahlungsströmen (Cash Flow Hedges) (IAS 39.95 u.100) in den Perioden, in denen das Risiko beim Grundgeschäft realisiert wird („Umgliederungsbeträge) (IAS 1.93)
	7.	- Steuern auf das Sonstige Ergebnis (IAS 12)
II.	*Saldo:*	*= Sonstiges Ergebnis: Sonstiger Gewinn oder Sonstiger Verlust*
III.	*=I.+II.*	*= Gesamtergebnis*

Im alternativen Format als *zwei getrennte Rechnungen* (IAS 1.81b) besteht die erste Teilrechnung in der traditionellen Gewinn- und Verlustrechnung und die zweite Teilrechnung umfasst als eigentliche Gesamtergebnisrechnung den Periodengewinn als Ergebnis der Gewinn- und Verlustrechnung, das Sonstige Ergebnis mit seinen Unterteilungen sowie das zusammenfassende Gesamtergebnis.

II. Anhang

Lernziele:

Der Leser soll

- *einen Überblick über die in Anhang und Lagebericht enthaltenen zusätzlichen und erläuternden Informationen erhalten*

- *die Bedeutung von Anhang und Lagebericht für einen externen am Jahresabschluss Interessierten ermessen können*

- *die Grenzen des Informationsgehalts und die Ermessensspielräume bei der Auslegung der Angabepflichten erfahren.*

Zweck des Anhangs ist es, die Erfüllung der Generalnorm zu verbessern (§ 264 Abs. 2 Satz 2 HGB), indem die Posten von Bilanz und Gewinn- und Verlustrechnung erläutert, aber auch zusätzliche Informationen gegeben werden. Außerdem besteht für eine Reihe von Angaben eine Wahlmöglichkeit des Ausweises in Bilanz bzw. Gewinn- und Verlustrechnung oder im Anhang.

An zahlreichen Stellen des dritten Buches des HGB gibt es einzelne Anhangvorschriften, die an der jeweiligen Stelle bereits erörtert wurden, die aber dennoch am Ende des Kapitels noch einmal zusammengestellt werden. Zuvor werden die wichtigsten Angabepflichten der beiden Hauptvorschriften (§ 284 und § 285 HGB) tabellarisch erläutert. In § 284 HGB geht es dabei um Erläuterungen, Darstellungen von Auswirkungen und Begründungen bezüglich bestimmter Bilanz- oder GuV-Positionen. In § 285 HGB sind zusätzliche Angaben zu machen, die den Informationsgehalt des Jahresabschlusses für den externen Bilanzleser verbessern sollen. Von diesen Angabepflichten brauchen kleine Kapitalgesellschaften die in den folgenden Tabellen mit (n) gekennzeichneten Angaben nicht zu machen (§§ 274a, 276 Satz 2, 288 Satz 1 HGB). In § 288 Abs. 2 HGB werden mittelgroßen Kapitalgesellschaften einige spezifische Erleichterungen zugestanden.

Zur Verbesserung der Übersichtlichkeit des Anhangs wurde durch das BilRUG eine Gliederungsvorschrift für den Anhang eingeführt. Nach § 284 Abs. 1 HGB sind die Anhangangaben in der Reihenfolge der zugehörigen Posten in der Bilanz (§ 266 HGB) und der Gewinn- und Verlustrechnung (§ 275 HGB) anzuordnen.

HGB-Vorschrift	Inhalt der Vorschrift	Bemerkungen
§ 284 Abs. 2 Nr. 1	Die angewandten Bilanzierungs- und Bewertungsmethoden sind anzugeben	Wichtig sind die Abschreibungsmethoden im Anlagevermögen, die Bewertungsvereinfachungsmethoden im Umlaufvermögen
§ 284 Abs. 2 Nr. 2	Die Abweichungen von den bisher angewandten Bilanzierungs- und Bewertungsmethoden sind mit Begründung anzugeben; außerdem ist der Einfluss dieser Abweichungen auf die Vermögens-, Finanz- und Ertragslage gesondert darzustellen	Ziel ist es, die Vergleichbarkeit aufeinander folgender Jahresabschlüsse für einen externen Bilanzleser zu gewährleisten; _Beispiel:_ Wechsel von der Durchschnittspreismethode zur lifo-Methode beim Vorratsvermögen; bei tendenziell steigenden Preisen sinkt der Wert des Vorratsbestands sowie der Jahresüberschuss
§ 284 Abs. 2 Nr. 3 (n)	Ausweis der stillen Reserven bei Anwendung der Gruppen-bewertung (§ 240 Abs. 4 HGB) oder eines Verbrauchsfolgeverfahrens (§ 256 HGB) pauschal für jede Gruppe, falls sie erheblich sind	Erhebliche stille Reserven können bei Anwendung des lifo-Verfahrens im Falle tendenziell steigender Preise entstehen, eine Quantifizierung des Begriffs "erheblich" ist abhängig von der Größe und der Ertragslage des Betriebs
§ 284 Abs. 2 Nr. 4	Angaben über die Einbeziehung von Fremdkapitalzinsen in die Herstellungskosten	Insbesondere bei langfristiger Anlagenfertigung kann die Nutzung dieser Bewertungshilfe (§ 255 Abs. 3 HGB) das Periodenergebnis deutlich beeinflussen
§ 285 Nr. 1	Angabe des Gesamtbetrags der Verbindlichkeiten a) mit einer Restlaufzeit von mehr als 5 Jahren b) mit einer Besicherung durch Pfandrechte o.ä. Rechte einschließlich der Angabe von Art und Form der Sicherheiten	Durch die Angabe a) lässt sich zusammen mit § 268 Abs. 5 HGB eine Unterteilung in kurz-, mittel- und langfristige Verbindlichkeiten vornehmen, um die Liquiditätslage besser beurteilen zu können. Die Besicherung ist für die Kreditwürdigkeitsprüfung durch Banken wichtig
§ 285 Nr. 2 (n)	Aufgliederung der Verbindlichkeiten mit Angabe der Restlaufzeit und der Besicherung	siehe Verbindlichkeitenspiegel weiter unten; Einbeziehung der Angabe der Verbindlichkeiten mit einer Restlaufzeit von bis zu 1 Jahr nach § 268 Abs. 5 S. 1 HGB

HGB-Vorschrift	Inhalt der Vorschrift	Bemerkungen
§ 285 Nr. 3 (n)	Art und Zweck sowie Risiken, Vorteile und finanzielle Auswirkungen von nicht in der Bilanz enthaltenen Geschäften, soweit die Risiken und Vorteile wesentlich sind und die Offenlegung für die Beurteilung der Finanzlage notwendig ist	Hier geht es um die Angabe möglicher finanzieller Auswirkungen auf die Liquiditätssituation des Unternehmens; *Beispiele:* Factoringgeschäfte, Leasingverträge, Forderungsverbriefungen unter Zwischenschaltung von Zweckgesellschaften
§ 285 Nr. 3a (n)	Angabe des Gesamtbetrags der sonstigen finanziellen Verpflichtungen, die nicht in der Bilanz enthalten sind und nicht nach § 268 Abs. 7 oder § 285 Nr. 3 HGB anzugeben sind, sofern diese Angabe zur Beurteilung der Finanzlage von Bedeutung ist; Angabe der Verpflichtungen i.V.m. Altersversorgung und derjenigen ggü. verbundenen oder assoziierten Unternehmen als Davon-Vermerk	Diese Angaben sind im Sinne des Gläubigerschutzes sehr wichtig zur Beurteilung der Finanzlage, insbesondere für Kreditwürdigkeitsprüfungen; nur Angabe von nicht unter Nr. 3 genannten Geschäfte; *Beispiele:* laufende Miet- und Leasingverpflichtungen (Leasing-Geber ist wirtschaftlicher Eigentümer), "weiche" Patronatserklärungen; künftige Großreparaturen;
§ 285 Nr. 4 (n)	Aufgliederung der Umsatzerlöse nach Tätigkeitsbereichen sowie nach geographische bestimmten Märkten	
§ 285 Nr. 8 (n) bzgl. Buchstabe a	nur bei Anwendung des Umsatzkostenverfahrens in der GuV sind für das Geschäftsjahr anzugeben: a) der Materialaufwand, gegliedert nach § 275 Abs. 2 Nr. 5 HGB und b) der Personalaufwand, gegliedert nach § 275 Abs. 2 Nr. 6 HGB	Beide wichtigen Aufwandsarten werden beim Umsatzkostenverfahren nicht ausgewiesen, sondern stecken in den Herstellungskosten des Umsatzes; die Angabe soll den Informationsgehalt in dieser Hinsicht dem des Gesamtkostenverfahrens gleichstellen

HGB-Vorschrift	Inhalt der Vorschrift	Bemerkungen
§ 285 Nr. 9 (n) bzgl. Buchstaben a und b	Für die Mitglieder des Geschäftsführungsorgans, des Aufsichtsrats oder Beirats o.ä., getrennt für jede Gruppe, a) Angabe der für die Tätigkeit gewährten Gesamtbezüge (Gehälter, Gewinnbeteiligungen, Bezugsrechte und sonstige aktienbasierte Vergütungen, Aufwandsentschädigungen u.ä.; bei börsennotierten AGs Angabe der Bezüge jedes einzelnen Vorstandsmitglieds unter Namensnennung; b) Angabe der Ruhegehälter, Abfindungen, Hinterbliebenenbezüge u.ä. der früheren Mitglieder obiger Organe bzw. von deren Hinterbliebenen; außerdem Angabe des Betrages der für diese Personen gebildeten Pensionsrückstellungen und des Betrages der unterlassenen Pensionsrückstellungen; c) Angabe der diesen Personen gewährten Vorschüsse und Kredite einschl. der Zinssätze, wesentlichen Konditionen und im Geschäftsjahr getilgter oder erlassener Beträge sowie für diese Personen eingegangene Haftungsverhältnisse	Bei Gesellschaften, die nicht börsennotierte AGs sind können die Angaben über die Gesamtbezüge unterbleiben, wenn sich anhand dieser Angaben die Bezüge eines einzelnen Mitglieds dieser Organe feststellen lassen (§ 286 Abs 4 HGB). Die Hauptversammlung kann für 5 Jahre mit ¾ Mehrheit die Unterlassung der Bezügeangabe für die einzelnen namentlich genannten Vorstandsmitglieder beschließen (§ 286 Abs. 5 HGB).
§ 285 Nr. 12 (n)	Erläuterung von nicht gesondert ausgewiesenen "sonstigen Rückstellungen", sofern sie einen nicht unerheblichen Umfang haben	
§ 285 Nr. 13	Erläuterung des jeweiligen Zeitraums, über den ein derivativer Geschäfts- oder Firmenwert abgeschrieben wird	Eine Begründung für die jeweilige Länge der Nutzungsdauer wird nicht mehr verlangt. Es ist auch eine Angabe zu machen, falls der Zeitraum nicht verlässlich geschätzt werden kann (§ 253 Abs. 3 S. 4 HGB).
§ 285 Nr. 16	Angabe, dass die Erklärung nach § 161 AktG abgegeben und wo sie öffentlich zugänglich gemacht worden ist	Erklärung, inwieweit der Deutsche Corporate Governance Kodex angewandt wurde und warum in einzelnen Punkten nicht
§ 285 Nr. 17 (n)	Angabe und Aufgliederung des Honorars an den Abschlussprüfer für die Abschlussprüfung, andere Bestätigungsleistungen, Steuerberatungs-, und sonstige Leistungen	
§ 285 Nr. 18 (n)	Zu Finanzinstrumenten, die zum Anlagevermögen gehören, bei denen auf eine außerplanmäßige Abschreibung bei voraussichtlich vorübergehender Wertminderung nach § 253 Abs. 3 S. 4 unterblieben ist, Angabe des Buchwerts und des beizulegenden Zeitwerts sowie der Anhaltspunkte für das Vorliegen einer voraussichtlich vorübergehenden Wertminderung und der Gründe für das Unterlassen der Abschreibung	Im Gegensatz zu § 253 Abs. 3 S. 3 HGB („beizulegender Wert") wird hier versehentlich oder bewusst vom „beizulegenden Zeitwert" gesprochen; eine Bedeutung könnte dies höchstens für die Behandlung der Nebenkosten haben

HGB-Vorschrift	Inhalt der Vorschrift	Bemerkungen
§ 285 Nr. 19 (n)	Für jede Kategorie nicht zum beizulegenden Zeitwert bewerteter derivativer Finanzinstrumente ist eine Angabe erforderlich über deren Art und Umfang, deren beizulegenden Zeitwert ggf. mit Angabe der Bewertungsmethode, deren Buchwert, deren Bilanzposten und ggf. die Gründe, weshalb der beizulegende Zeitwert nicht bestimmt werden kann	Da eine Bewertung zum beizulegenden Zeitwert bei Nicht-Kreditinstituten nicht vorgeschrieben ist, sind dies ergänzende Informationen über Optionen, Swaps, Futures und Forwards
§ 285 Nr. 20	Angaben zu Finanzinstrumenten, die nach § 340e Abs. 3 S. 1 HGB mit dem beizulegenden Zeitwert bewertet werden müssen	Betrifft nur Kredit- und Finanzdienstleistungsinstitute.
§ 285 Nr. 21 (n)	Zumindest die nicht zu marktüblichen Bedingungen zustande gekommenen Geschäfte, soweit sie wesentlich sind, mit nahe stehenden Unternehmen und Personen; ausgenommen sind Geschäfte mit und zwischen mittel- oder unmittelbar in 100%igem Anteilsbesitz stehenden in einen Konzernabschluss einbezogenen Unternehmen	Vergleich zu Konditionen mit fremden Dritten; Personenkreis nach IAS 24 ist maßgebend; nicht nur Rechtsgeschäfte, sondern alle Maßnahmen, die eine Übertragung oder Nutzung von Vermögensgegenständen oder Schulden zum Inhalt haben
§ 285 Nr. 22 (n)	Im Falle der Nutzung des Aktivierungswahlrechts bei selbst geschaffenen immateriellen Anlagegütern Angabe des Gesamtbetrags der Forschungs- und Entwicklungskosten des Gj. sowie des davon auf die aktivierten Vermögensgegenstände entfallenden Betrags	Wegen der Abgrenzungsprobleme bei F&E handelt es sich um eine hilfreiche Angabe für den externen Bilanzanalysten
§ 285 Nr. 23	Bei Bildung von Bewertungseinheiten gemäß § 254 HGB Angabe a) mit welchem Betrag welche Vermögensgegenstände, Schulden, schwebende Geschäfte und mit hoher Wahrscheinlichkeit vorgesehene Transaktionen zur Absicherung welcher Risiken in Bewertungseinheiten einbezogen sind sowie die Höhe der abgesicherten Risiken b) Effektivität der Absicherung und deren Ermittlungsmethode c) Erläuterung der mit hoher Wahrscheinlichkeit erwarteten Transaktionen, die in Bewertungseinheiten einbezogen wurden	Wegen der möglichen Überschneidung mit der Risikoberichterstattung über Finanzinstrumente im Lagebericht (§ 289 Abs. 2 Nr. 2 HGB) sind nur Angaben erforderlich, die im Lagebericht nicht enthalten sind.
§ 285 Nr. 24 (n)	Das für Pensionsrückstellungen angewandte versicherungsmathematische Berechnungsverfahren sowie die grundlegenden Annahmen (Zinssatz, erwartete Lohn- und Gehaltssteigerungen, Sterbetafeln)	

HGB-Vorschrift	Inhalt der Vorschrift	Bemerkungen
§ 285 Nr. 25	Im Fall der Verrechnung von Planvermögen und Altersversorgungsverpflichtungen nach § 246 Abs. 2 S. 2 HGB Angabe der Anschaffungskosten und des beizulegenden Zeitwerts der Planvermögensgegenstände, der Erfüllungsbetrag der verrechneten Schulden und die verrechneten Aufwendungen und Erträge; ggf. die grundlegenden Annahmen zur Bestimmung des beizulegenden Zeitwerts mittels allgemein anerkannter Bewertungsmethoden	
§ 285 Nr. 27 (n)	Angabe der Gründe und der Einschätzung des Risikos der Inanspruchnahme für nach § 251 unter dem Strich der Bilanz oder nach § 268 Abs. 7 Halbs.1 im Anhang ausgewiesene Verbindlichkeiten und Haftungsverhältnisse	Qualitative Angaben zu den Beträgen unter dem Strich der Bilanz; Gründe, weshalb von geringer Wahrscheinlichkeit der Inanspruchnahme ausgegangen wird
§ 285 Nr. 28 (n)	Angabe des Gesamtbetrags der für die Ausschüttung nach § 268 Abs. 8 HGB gesperrten Beträge, aufgegliedert in Beträge aus der Aktivierung selbst geschaffener immaterieller Vermögensgegenstände des Anlagevermögens, aus der Aktivierung latenter Steuern und von Vermögensgegenständen zu beizulegenden Zeitwert	
§ 285 Nr. 29 (n)	Angabe, auf welchen Differenzen oder steuerlichen Verlustvorträgen die latenten Steuern beruhen und mit welchen Steuersätzen die Bewertung erfolgt ist.	Speziell: Angaben zur Ausübung des Aktivierungswahlrechts und zur Anwendung der Einzel- oder der Gesamtdifferenzenbetrachtung; evtl. Steuerüberleitungsrechnung
§ 285 Nr. 30 (n)	Angabe der latenten Steuersalden am Ende des Gj. und die während des Gj. erfolgten Änderungen dieser Salden, sofern latente Steuerschulden in der Bilanz angesetzt werden	Die betragsmäßige Angabe wird nur für passive latente Steuern verlangt, und zwar unabhängig davon, ob das Saldierungswahlrecht genutzt wurde oder nicht.
§ 285 Nr. 31	Angabe des jeweiligen Betrags und der jeweiligen Art der einzelnen Erträge und Aufwendungen von außergewöhnlicher Höhe oder Bedeutung, soweit die Beträge nicht von untergeordneter Bedeutung sind	Eine Angabe ist bereits bei außergewöhnlicher Größenordnung verpflichtend, ohne dass eine außergewöhnliche Bedeutung vorliegt.
§ 285 Nr. 32 (n)	Erläuterung des jeweiligen Betrags und der jeweiligen Art der einzelnen periodenfremden Erträge und Aufwendungen, soweit die Beträge nicht von untergeordneter Bedeutung sind	
§ 285 Nr. 33 (n)	Angabe der Art und der finanziellen Auswirkungen von Vorgängen von besonderer Bedeutung, die nach dem Stichtag eingetreten sind und weder in der GuV noch in der Bilanz berücksichtigt sind	Diese Informationen des sogen. Nachtragsberichts waren bisher Bestandteil des Lageberichts.
§ 285 Nr. 34 (n)	Angabe des Vorschlags oder des Beschlusses über die Ergebnisverwendung	Die Angabe ist nunmehr ein prüfungspflichtiger Teil des Jahresabschlusses.

Die genannten erforderlichen Angaben zu den Verbindlichkeiten gemäß § 285 Nr. 1 HGB werden häufig kombiniert mit dem nach § 268 Abs. 5 HGB bei jedem Schuldposten geforderten Vermerk der Beträge mit einer Restlaufzeit von bis zu einem Jahr im sog. *Verbindlichkeitenspiegel* im Anhang (§ 285 Nr.2 HGB) erfüllt. Zudem können dann die Verbindlichkeiten in der Bilanz in wenigen Positionen zusammengefasst ausgewiesen werden (§ 265 Abs. 7 HGB), so dass insgesamt eine größere Übersichtlichkeit des Jahresabschlusses erreicht wird. Der Verbindlichkeitenspiegel wird von den Unternehmen unterschiedlich gestaltet, empfehlenswert ist folgende Darstellungsweise:

		Verbindlichkeitenspiegel				
		mit einer Restlaufzeit von				
Verbindlichkeiten zum 31.12.	Gesamtbetrag (TEUR)	bis zu 1 Jahr (TEUR)	1 bis 5 Jahren (TEUR)	mehr als 5 Jahren (TEUR)	gesicherte Beträge (TEUR)	Art und Form der Sicherheit
• gegenüber Kreditinstituten	10.000	3.000	5.000	2.000	10.000	Grundpfandrechte; Sicherungsübereignungen
• aus Lieferungen und Leistungen	15.000	15.000	---	---	---	---
• gegenüber verbundenen Unternehmen	3.000	2.000	1.000	---	2.000	Forderungsabtretungen
• sonstige Verbindlichkeiten	3.000	2.000	1.000	---	---	---
- davon aus Steuern	700	700	---	---	---	---
- davon im Rahmen der sozialen Sicherheit	1.100	800	300	---	---	---

Für das Vorjahr werden meist nur die Gesamtbeträge angegeben; es erleichtert jedoch den Zeitvergleich, wenn die Vorjahreszahlen in gleicher Weise untergliedert sind.

In der Gesetzesbegründung zum BilMoG wird empfohlen, zwecks Erhöhung der Transparenz der Berichterstattung, in Anlehnung an die internationale Praxis einen *Rückstellungsspiegel* in den Anhang aufzunehmen. Aus ihm sollen die Zuführungs- und Auflösungsbeträge für die wesentlichen Rückstellungsarten, die Zinseffekte aus der Auf- und Abzinsung, die ergebnisneutralen Rückstellungsverbräuche, somit auch die Zuordnung zum Betriebs- und Finanzergebnis deutlich werden. Ein Rückstellungsspiegel könnte folgendermaßen aufgebaut sein:

			Rückstellungsspiegel				
Rückstellungen zum 31.12.01	Buchwert zu Beginn des Gj. (TEUR)	Zuführung (TEUR)	Auflösung (TEUR)	Aufzinsung (TEUR)	Abzinsung (TEUR)	Inanspruchnahme (Verbrauch) (TEUR)	Buchwert Ende des Gj. (TEUR)
• Rückstellungen für Pensionen	6.000	1.100	60	360	800	500	6.100
• Steuerrückstellungen	1.500	600	---	40	80	1.000	1.060
• Garantierückstellungen	4.800	1.600	400	100	320	2.500	3.280
• Rückstellungen für Jahresabschlusskosten	1.200	1.400	50	---	---	1.150	1.400

Überblick über sonstige Vorschriften des HGB, die Angabepflichten oder Angabemöglichkeiten im Anhang begründen:	
HGB-Vorschrift	Inhalt der Vorschrift
§ 264 Abs.2 Satz 2	Zusätzlich Angaben, sofern zur Erfüllung der Generalnorm nötig
§ 265 Abs. 1	Angabe und Begründung einer Abweichung von der bisherigen Gliederung in Bilanz und GuV
§ 265 Abs. 2	Angabe und Erläuterung bei Unvergleichbarkeit von Posten in aufeinanderfolgenden Jahresabschlüssen
§ 265 Abs. 4	ergänzende Angaben nach Gliederungsvorschriften anderer Geschäftszweige
§ 265 Abs. 7	gesonderter Ausweis von der Klarheit wegen in der Bilanz oder GuV zusammengefasst ausgewiesenen Posten
§ 268 Abs. 1	gesonderte Angabe eines Gewinn- oder Verlustvortrags bei Bilanzaufstellung unter Berücksichtigung der teilweisen Verwendung des Jahresergebnisses
§ 268 Abs. 2 (n)	Darstellung des Anlagenspiegels; Angabe der Geschäftsjahresabschreibung
§ 268 Abs. 4 (n)	Erläuterung von „Sonstigen Vermögensgegenständen", die erst nach dem Stichtag rechtlich entstehen und größeren Umfang haben (z.B. Ansprüche auf Investitionszuschüsse)
§ 268 Abs. 5 (n)	Erläuterung von „Verbindlichkeiten", die erst nach dem Stichtag rechtlich entstehen und größeren Umfang haben
§ 268 Abs. 6 (n)	Angabe eines im aktiven Rechnungsabgrenzungsposten enthaltenen Disagios
§ 268 Abs. 7	Haftungsverhältnisse nach § 251 HGB einschl. eventueller Sicherheiten
§ 277 Abs. 4 (n)	Erläuterung der außerordentlichen bzw. der periodenfremden Erträge und Aufwendungen

Zu den Angabepflichten im *Anhang („Notes")* nach IFRS wurden bei den einzelnen Bilanzposten bereits einige Hinweise gegeben. Tendenziell sind die Angabepflichten sehr viel umfangreicher und detaillierter als nach den HGB-Vorschriften.

Der Betrag der für das Geschäftsjahr beschlossenen oder vorgeschlagenen Dividendenzahlung insgesamt und die Dividende je Aktie sowie der Betrag der kumulierten Vorzugsdividenden sind im Anhang oder in der Eigenkapitalveränderungsrechnung anzugeben, soweit sie noch nicht als Ausschüttung bilanziert wurden (IAS 1.107 und IAS 1.137a).

III. Kapitalflussrechnung nach HGB und IFRS

Nach deutschem Handelsrecht müssen nur Konzerne, die verpflichtet sind, einen Konzernabschluss zu erstellen, eine Kapitalflussrechnung als dessen Bestandteil aufstellen und veröffentlichen (§ 297 Abs. 1 HGB). Die Gestaltungsregelungen und das Darstellungswahlrecht gemäß DRS 21 „Kapitalflussrechnung"[1] entsprechen weitestgehend den IFRS-Regelungen.

Nach IAS 7.1 hat ein Unternehmen als Bestandteil seines Einzelabschlusses (und auch ggf. des Konzernabschlusses) eine Kapitalflussrechnung („Statement of Cash Flow") zu erstellen. Die Kapitalflussrechnung hat die Aufgabe, die Jahresabschlussadressaten über die Finanzlage eines Unternehmens zu informieren, da weder die Bilanz noch die Gewinn- und Verlustrechnung dazu die geeigneten Instrumente sind. Speziell soll sie Informationen vermitteln über die Fähigkeit des Unternehmens, Zahlungsüberschüsse bzw. Cash Flows zu erwirtschaften und den derzeitigen und zukünftigen Zahlungsverpflichtungen nachzukommen (IAS 7.4). Darüber hinaus sollen durch eine Kapitalflussrechnung Unterschiede und Zusammenhänge zwischen dem Periodenergebnis (in der Gewinn- und Verlustrechnung) und den entsprechenden Zahlungsvorgängen verdeutlicht sowie die Auswirkungen der Investitions- und Finanzierungsmaßnahmen des Unternehmens gezeigt werden. Schließlich ermöglicht die Kapitalflussrechnung auch eine bessere Vergleichbarkeit der Ertragskraft verschiedener Unternehmen, da die Gewinnauswirkungen verschiedener Bilanzierungs- und Bewertungsmethoden (wie z.B. unterschiedlicher Abschreibungsmethoden) eliminiert werden (IAS 7.4).

Um diese Ziele erreichen zu können, muss die Kapitalflussrechnung *zahlungsstromorientiert* sein. Sie kann entweder auf einer separaten Einzahlungs-/Auszahlungs-Buchführung basierend *originär* erstellt werden oder die Postendifferenzen zweier aufeinanderfolgender Bilanzen (Ergebnis ist die sog. Veränderungsbilanz oder - nach Umgliederung – die sog. Bewegungsbilanz) zum Ausgangspunkt haben *(derivative Erstellung)*. Im ersteren Fall wird der Zahlungsmittelzu-/-abfluss („Cash Flow") als Kerngröße der Kapitalflussrechnung auf direktem Wege ermittelt. Bei derivativer Erstellung gibt es zur Ermittlung des „Cash Flow aus laufender Geschäftstätigkeit" wiederum zwei Möglichkeiten, die *indirekte und die direkte Methode*. Grundsätzlich ist zwischen der Ermittlungsweise und der Darstellungsweise des Cash Flow zu unterscheiden, hier wird jedoch von deren Übereinstimmung ausgegangen. Die Regelungen in DRS 21 und IAS 7 konzentrieren sich naturgemäß auf die Darstellung. Sowohl nach DRS 21.24 als auch nach IAS 7.18 besteht zwischen der direkten und der indirekten Methode ein *Darstellungs- bzw. Gliederungswahlrecht.*

Bei der *indirekten Ermittlung* des Cash Flow bei *derivativer* Erstellung der Kapitalflussrechnung wird der Jahresüberschuss/-fehlbetrag als Ausgangsgröße um die nicht zahlungswirksamen Ertrags- und Aufwandskomponenten korrigiert. Aufwendungen, die den Jahresüberschuss gemindert, aber nicht zu Auszahlungen geführt haben, müssen wieder hinzuaddiert werden (z.B. Abschreibungen, Zuführungen zu Rückstellungen, Wertberichtigungen auf Forderungen), während alle Erträge, die das Jahresergebnis erhöht, aber nicht zu Einzahlungen geführt haben, subtrahiert werden müssen (z.B. Erhöhung der Forderungen LuL, Zuschreibungen). Zum Zwecke der *direkten Ermittlung* des Cash Flow bei *derivativer* Erstellung müssen erst einmal Informationen aus der Gewinn- und Verlustrechnung sowie dem Anlagenspiegel herangezogen werden, um durch Korrekturen die nicht zahlungsstromrelevanten Bewertungsvorgänge (weitgehend) eliminieren und Saldierungen wieder rückgängig machen zu können (so gen. Liquiditätskorrekturen) (IAS 7.19 f.). Allein der letztgenannte Weg steht ex-

---

[1] DRS 21 „Kapitalflussrechnung" ist für nach dem 31.12.2014 beginnende Geschäftsjahre verpflichtend zu beachten und ersetzt den bisherigen DRS 2 „Kapitalflussrechnung".

ternen Bilanzanalysten zum Zwecke der näherungsweisen Überleitung zur direkten Methode offen, falls z.B. das zu analysierende Unternehmen die indirekte Methode gewählt hat und ein Vergleichsunternehmen die direkte Methode. In IAS 7.19 wird den Unternehmen allerdings empfohlen, den „Cash Flow aus betrieblicher Tätigkeit" nach der direkten Methode darzustellen, da dies dem Bilanzleser die Prognose zukünftiger Cash Flows erleichtert.

Der Begriff *Cash Flow* wird in IAS 7.6 als Zufluss und Abfluss von Zahlungsmitteln und Zahlungsmitteläquivalenten definiert. Im Bereich der laufenden Geschäftstätigkeit (bzw. der „betrieblichen Tätigkeit" nach IAS 7.18 ff.) und bei indirekter Ermittlung wird unter dem Begriff Cash Flow jedoch genauer die Differenz zwischen einzahlungswirksamen Erträgen und auszahlungswirksamen Aufwendungen verstanden. Geht es um erfolgsneutrale Ein- und Auszahlungen, wie z.B. im Finanzierungsbereich bei Kreditaufnahmen und Kredittilgungen, so wird im deutschsprachigen Raum besser von Netto-Zahlungsmittelab- oder –zuflüssen statt von Cash Flows gesprochen. Unter Zahlungsmitteläquivalenten sind „kurzfristige, hochliquide Finanzinvestitionen, die jederzeit in festgelegte Zahlungsmittelbeträge umgewandelt werden können und nur unwesentlichen Wertschwankungsrisiken unterliegen" (IAS 7.6).

Kennzeichen einer Kapitalflussrechnung ist die Ausgliederung eines *Finanzmittelfonds*, der in seiner Veränderung dargestellt werden soll. Bei der Abgrenzung des Fonds hat man sich international auf die enge Abgrenzung eines Fonds „Liquide Mittel" geeinigt, der die Veränderungen des Bestandes an Zahlungsmitteln und Zahlungsmitteläquivalenten im Laufe des Geschäftsjahres zeigen soll (IAS 7.9 und DRS 21.33).

Komponenten des Fonds „Zahlungsmittel und Zahlungsmitteläquivalente" („Cash and Cash Equivalents"):
1. Flüssige Mittel (Schecks, Kassenbestand, Bundesbank- und Postgiroguthaben, Guthaben bei Kreditinstituten)
2. Kurzfristig veräußerbare Posten, die als Liquiditätsreserve gehalten werden (z.B. Wertpapiere des UV mit Restlaufzeit < 3 Monaten und jederzeit fällige Bankverbindlichkeiten)

Der zweite Teil der Kapitalflussrechnung besteht in der so gen. *Ursachen- oder Gegenbeständerechnung*, in der die Veränderung des Fondsbestands auf verschiedene verursachende Zahlungsströme zurückgeführt wird. Die Ursachenrechnung wird nach IAS 7.10 in drei Teilbereiche (so gen. *Aktivitätsformate*) gegliedert.

Gliederung der Kapitalflussrechnung in Teilbereiche (Staffelform)
1. Mittelzu-/-abfluss aus laufender Geschäftstätigkeit
2. Mittelzu-/-abfluss aus Investitionstätigkeit
3. Mittelzu-/-abfluss aus Finanzierungstätigkeit
4. Finanzmittelfondsbestand am Ende der Periode

Wie erwähnt wird für die Ermittlung des *Mittelzuflusses („Cash Flow") aus gewöhnlicher Geschäftstätigkeit* in IAS 7.19 die *direkte Methode empfohlen*, die indirekte Methode ist jedoch ebenfalls zulässig (*Wahlrecht*). Die meisten Unternehmen entscheiden sich für die indirekte Methode. In DRS 21.24 werden beide Methoden ohne besondere Empfehlung gleichermaßen für zulässig erklärt und in DRS 21.39 f. dargestellt.

Bereich der betrieblichen Tätigkeit (Direkte Methode)[1]
Einzahlungen aus dem Verkauf von Gütern und Dienstleistungen
+ Einzahlungen aus Erträgen von Ausleihungen und Wertpapieren
+ sonstige Einzahlungen, die nicht aus Investitions-/Finanzierungsvorgängen resultieren
- Auszahlungen für Material und Waren
- Auszahlungen für Löhne und Gehälter
- Auszahlungen für Steuern
- Auszahlungen für Zinsen
- sonstige betriebliche Auszahlungen
= *Cash Flow aus betrieblicher Tätigkeit (bzw. aus laufender Geschäftstätigkeit)*

Bereich der betrieblichen Tätigkeit (Indirekte Methode)[2]
Jahresergebnis
+ Wertminderungen (auszahlungsunwirksame Aufwendungen)
- Werterhöhungen (einzahlungsunwirksame Erträge)
+/- Veränderungen der Rückstellungen
+/- Veränderungen des Netto-Umlaufvermögens
= *Cash Flow aus betrieblicher Tätigkeit (bzw. aus laufender Geschäftstätigkeit)*

Nach IAS 7.31 ff. besteht für Cash Flows aus erhaltenen und gezahlten Zinsen und Dividenden ein **Wahlrecht**, diese entweder der betrieblichen Tätigkeit oder der Investitionstätigkeit oder auch der Finanzierungstätigkeit zuzuordnen, wobei das Stetigkeitsgebot streng zu beachten ist. Die Beträge sind jeweils gesondert anzugeben. Nach DRS 21.44 sind erhaltene Zinsen und Dividenden dem Cash Flow aus der Investitionstätigkeit zuzuordnen. Gezahlte Zinsen gehören im Normalfall zum Cash Flow aus laufender Geschäftstätigkeit (betrieblicher Tätigkeit).

Zur Veranschaulichung sei auf der nächsten Seite ein Zahlenbeispiel für eine vollständige Kapitalflussrechnung angefügt, in der der Cash Flow aus der laufenden Geschäftstätigkeit einmal nach der direkten Methode und einmal nach der indirekten Methode ermittelt wird.

---

[1] Quelle: Pfuhl, J.: Konzernkapitalflussrechnung, Stuttgart 1994, S. 188.
[2] Quelle: Ebenda, S. 192.

Kapitalflussrechnung der Techno-AG für 01 (direkte Ermittlung des Cash Flow aus lfd. Geschäftstätigkeit)	Mio EUR
1. Einzahlungen von Kunden für den Verkauf von Erzeugnissen, Waren und Dienstleistungen	1761,1
2. - Auszahlungen an Lieferanten und Beschäftigte (davon Tilgung von Verbindlichkeiten L.u.L.)	-1826,0 (- 9,0)
3. + Sonstige Einzahlungen, die nicht der Investitions- und Finanzierungstätigkeit zuzuordnen sind	+ 193,0
4. - Sonstige Auszahlungen, die nicht der Investitions- und Finanzierungstätigkeit zuzuordnen sind	- 281,5
5 = Cash Flow aus laufender Geschäftstätigkeit	**- 153,4**
6. + Einzahlungen aus Abgängen von Gegenständen des AV	+ 31,5
7. - Auszahlungen für Investitionen in das AV	- 75,4
8. = Cash Flow aus der Investitionstätigkeit	**- 43,9**
9. + Einzahlungen aus Kapitalerhöhungen /Zuschüssen der Gesellschafter	+ 120,0
10. - Auszahlungen an Gesellschafter (Dividenden, Kapitalrückzahlungen)	- 20,0
11. + Einzahlungen aus der Begebung von Anleihen und aus der Aufnahme von (Finanz-)Krediten	+ 139,5
12. - Auszahlungen für die Tilgung von Anleihen und (Finanz-) Krediten	-100,0
13. = Cash Flow aus der Finanzierungstätigkeit	**+ 139,5**
14. Zahlungswirksame Veränderung des Finanzmittelbestands	**- 57,8**
15.+/-Wechselkursbedingte und sonstige Wertänderungen des Finanzmittelbestands	---
16. + Finanzmittelbestand am Anfang der Periode	+ 360,3
17. = Finanzmittelbestand am Ende der Periode	= 302,5

Kapitalflussrechnung der Techno-AG für 01 (indirekte Ermittlung des Cash Flow aus lfd. Geschäftstätigkeit)	Mio EUR
1. Jahresüberschuss 01	25,0
2. +/- Abschreibungen/Zuschreibungen auf Gegenstände des AV	+ 48,5
3. +/- Zunahme/Abnahme der Rückstellungen	- 170,0
4. +/- Sonstige zahlungsunwirksame Aufwendungen/Erträge	-17,5
5. -/+ Gewinn/Verlust aus d. Abgang von Gegenständen des AV	- 15,0
6. -/+ Zunahme/Abnahme der Vorräte, der Forderungen L.u.L. sowie anderer Aktiva	- 15,4
7. +/- Zunahme/Abnahme der Verbindlichkeiten L.u.L. sowie anderer Passiva	- 9,0
8. = Cash Flow aus laufender Geschäftstätigkeit	**- 153,4**
9. + Einzahlungen aus Abgängen von Gegenständen des AV	+ 31,5
10. - Auszahlungen für Investitionen in das AV	- 75,4
11. = Cash Flow aus der Investitionstätigkeit	**- 43,9**
12. + Einzahlungen aus Kapitalerhöhungen /Zuschüssen der Gesellschafter	+ 120
13. - Auszahlungen an die Gesellschafter	- 20,0
14. + Einzahlungen aus der Begebung von Anleihen und aus der Aufnahme von (Finanz-)Krediten	+ 139,5
15. - Auszahlungen für die Tilgung von Anleihen und (Finanz-)Krediten	-100,0
16. = Cash Flow aus der Finanzierungstätigkeit	**+ 139,5**
17. Zahlungswirksame Veränderung des Finanzmittelbestandes	**- 57,8**
18. +/- Wechselkursbedingte und sonstige Wertänderungen des Finanzmittelbestandes	---
19. + Finanzmittelbestand am Anfang der Periode	360,3
20. = Finanzmittelbestand am Ende der Periode	302,5

IV. Lagebericht

Der Lagebericht gehört zwar nicht zum Jahresabschluss, muss aber gemäß § 264 Abs. 1 HGB von mittelgroßen und großen Kapitalgesellschaften aufgestellt und bei prüfungspflichtigen Unternehmen auch vom Wirtschaftsprüfer geprüft werden (§ 316 Abs. 1 HGB).

Der Lagebericht ist gemäß § 289 Abs. 1 HGB ein globales Informations- und Rechenschaftsinstrument über den tatsächlichen Geschäftsverlauf einschließlich des Geschäftsergebnisses und über die tatsächliche Lage des Unternehmens. In die Analyse des Geschäftsverlaufs und der Unternehmenslage sind auch die wichtigsten finanziellen Leistungsindikatoren einzubeziehen und zu erläutern. Große Kapitalgesellschaften haben zusätzlich auch für Geschäftsverlauf und Lage bedeutsame nicht-finanzielle Leistungsindikatoren, z.B. Informationen über Umwelt- und Arbeitnehmerbelange, zu berücksichtigen (§ 289 Abs. 3 HGB). Der Lagebericht hat auch eine Beurteilung und Erläuterung der voraussichtlichen Entwicklung des Unternehmens mit den wesentlichen Chancen und Risiken zu enthalten. Die Berichterstattung über Vorgänge von besonderer Bedeutung, die nach dem Bilanzstichtag eingetreten sind, ist durch das BilRUG vom Lagebericht in den Anhang (§ 285 Nr. 33 HGB) verlagert worden.

Darüber hinaus hat der Lagebericht auch zu informieren über (§ 289 Abs. 2 HGB):
- Ziele und Methoden des **Risikomanagements** der Gesellschaft einschließlich der im Rahmen der Bilanzierung von Sicherungsgeschäften („Hedge-Accounting") erfassten Absicherungs-Instrumente,
- **Preisänderungs-, Zahlungsausfalls- und Liquiditätsrisiken** sowie Risiken aus Zahlungsstromschwankungen, denen das Unternehmen ausgesetzt ist und die durch die genannten Instrumente zumindest teilweise abgesichert werden, sofern diese Risiken für die Beurteilung der Lage oder der voraussichtlichen Entwicklung bedeutsam sind,
- den **Forschungs- und Entwicklungs-Bereich,**
- Zweigniederlassungen der Gesellschaft,
- die Grundzüge des **Vergütungssystems** für die im Anhang angegebenen Gesamtbezüge der Mitglieder des Geschäftsführungsorgans, eines Aufsichtsrats oder eines Beirats gem. § 285 Satz 1 Nr. 9 HGB (nur bei börsennotierten Aktiengesellschaften).

Zusätzliche Angabepflichten bestehen für Aktiengesellschaften und Kommanditgesellschaften auf Aktien, die einen organisierten Markt[1] durch von ihnen ausgegebene stimmberechtigte Aktien in Anspruch nehmen und daher von öffentlichem Interesse sind (§ 289 Abs. 4 HGB):
- Zusammensetzung des gezeichneten Kapitals; bei verschiedenen Aktiengattungen, deren Anteil am Gesellschaftskapital sowie die damit verbunden Rechte und Pflichten,
- Beteiligungen mit mehr als 10% der Stimmrecht,
- Stimmrechtsbeschränkungen und Aktien mit Sonderrechten,
- Vorstandsbefugnisse über Ausgabe und Einziehung von Aktien,
- Entschädigungsvereinbarungen bei Übernahmeangeboten u.a.

Einige der Angaben können alternativ im Anhang gemacht werden.

---

[1] Ein organisierter Markt i.S.v. § 2 Abs. 5 des Wertpapierhandelsgesetzes liegt vor, wenn der Markt von staatlich anerkannten Stellen geregelt und überwacht wird, regelmäßig stattfindet und für das Publikum unmittelbar oder mittelbar zugänglich ist.

Nach § 289 Abs. 5 HGB haben Kapitalgesellschaften i.S.d. § 264d HGB die wesentlichen Merkmale des internen Kontroll- und des Risikomanagementsystems im Hinblick auf den Rechnungslegungsprozess im Lagebericht zu beschreiben. Dabei wird nur eine System- oder Prozessbeschreibung gefordert, nicht eine Einschätzung der Qualität oder Effektivität des Systems.

Mit dem BilMoG ist ein neuer § 289a HGB eingefügt worden. Danach müssen börsennotierte Aktiengesellschaften und solche, die ausschließlich andere Wertpapiere als Aktien, also insbesondere Anleihen oder Genussscheine, zum Handel an einem organisierten Markt ausgegeben haben und deren Aktien auf eigene Veranlassung über ein multilaterales Handelssystem („Freiverkehr") gehandelt werden, eine ***Erklärung zur Unternehmensführung („Corporate Governance-Statement")*** im Lagebericht abzugeben. Alternativ kann im Lagebericht auf die Internetseite hingewiesen werden, auf der die Erklärung öffentlich zugänglich ist. Inhaltlich sind Angaben zu Unternehmensführungspraktiken (z.B. Unternehmensethik, Sozialstandards), die über die gesetzlichen Anforderungen hinaus angewandt werden, über die Arbeitsweise (Prozesse, Aufgabenabgrenzungen) von Vorstand und Aufsichtsrat und deren Ausschüssen sowie die Erklärung gemäß § 161 AktG zu machen. Hierbei geht es um die Darlegung, welche Teile des Deutschen Corporate Governance Kodexes Anwendung finden und um die Begründung, weshalb in anderen Teilen davon abgewichen wird. Der Teil des Lageberichts nach § 289a HGB ist nicht prüfungspflichtig (§ 317 Abs. 2 S. 3 HGB), da kein Bezug zur Rechnungslegung besteht.

Die ***IFRS*** fordern nicht die Aufstellung eines Lageberichts. Eine Reihe von Angabepflichten im Anhang *(„Notes")* decken allerdings die Informationen des Lageberichts nach HGB ab. So werden z.B. Angaben über wesentliche Ereignisse, die nach dem Bilanzstichtag eingetreten sind, verlangt.

Teil D. IFRS für kleine und mittlere Unternehmen

Der am 9.7.2009 verabschiedete IFRS für kleine und mittlere Unternehmen („IFRS for Small and Medium-sized Entities", abgekürzt IFRS for SMEs) ist als eigenständiger Standard konzipiert. Alle Kerninhalte der IFRS sind nämlich in einem einzigen Standard zusammengeführt worden. Zweck des IFRS/SME ist es, kleinen und mittleren Unternehmen die Anwendung der IFRS zu erleichtern. Damit hat der IASB eingesehen, dass das IFRS-Regelwerk mit dem Anspruch einer Rechnungslegung für alle Unternehmen jeglicher Größenordnung, Rechtsform und Branche auf hohem Niveau für alle denkbaren Situationen und Instrumente zu komplex, zu aufwendig und in großen Teilen überdimensioniert für kleine und mittlere Unternehmen ist. Insbesondere sind bestimmte Wahlrechte gestrichen worden sowie Bilanzierungsmethoden und Offenlegungspflichten, die aus der Sicht von kleinen und mittleren Unternehmen in einem zu ungünstigen Kosten-Nutzen-Verhältnis stehen.

Mit dem IFRS/SME strebt der IASB eine einheitliche Regulierung der Rechnungslegung auch nicht kapitalmarktorientierter Unternehmen an. Nach der Definition im IFRS/SME ist dieser Standard anwendbar auf Unternehmen, die nicht zur öffentlich rechenschaftspflichtig sind und Jahresabschlüsse für externe Informations-empfänger, wie z.B. Unternehmenseigner, die nicht zugleich Gesellschafter-Geschäftsführer sind, potenzielle Kreditgeber oder Ratingagenturen, veröffentlichen. Kapitalmarktorientierte Unternehmen, Banken, Versicherungen und Unternehmen, die fremdes Vermögen treuhänderisch verwalten, dürfen daher IFRS SME nicht anwenden (IFRS/SME 1.2). Bei Regelungslücken ist zunächst auf das Framework des IFRS SME zurückzugreifen, danach sind die vollwertigen IFRS heranzuziehen.

Der IFRS SME fällt nicht automatisch in den Regelungsbereich der EU-Verordnung zu den IFRS, sodass der Standard für EU-Unternehmen keine Rechtswirkung hat. Generell kann der nationale Standardsetter die Regeln für verbindlich erklären. Da seit 1.1.2010 das HGB durch das BilMoG an die IFRS-Regelungen teilweise angepasst wurde, besteht gerade in Deutschland zumindest kurzfristig kein Bedarf für eine verpflichtende Anwendung der IFRS SME. Einer freiwilligen zusätzlichen Anwendung – neben dem handelsrechtlichen und steuerrechtlichen Jahresabschluss – steht nichts entgegen.

Der IFRS SME ist nach Sachgebieten gegliedert, die nicht mit der Reihenfolge der vollwertigen IFRS übereinstimmt. Die folgende Tabelle gibt einen Überblick über die sachlich geordneten Abschnitte des IFRS/SME sowie eine Zuordnung zu den IFRS-Standards.[1]

---

[1] Vgl. zur Tabelle und zum Folgenden Fischer, Daniel T.: Neuer IFRS für kleine und mittelgroße Unternehmen (IFRS for SMEs), PIR 2009, S. 242 ff. Vertiefend Kirsch, Hanno: „IFRS for SMEs" versus BilMoG, PIR 2000, S. 1 ff.; Beck-IFRS-HB/Driesch/Senger § 46; Schildbach, T./Grottke, M.: IFRS for SMEs – unvereinbar mit den Anforderungen der EU und eine Gefahr für den Mittelstand, DB 2011, S. 945 ff.

© Springer-Verlag GmbH Deutschland, ein Teil von Springer Nature 2018
R. Heno, *Jahresabschluss nach Handelsrecht, Steuerrecht und internationalen Standards (IFRS)*

Abschnitt/ Sektion	IFRS SME	IFRS Standard
1	Anwendungsbereich	
2	Konzepte und grundlegende Prinzipien	Framework, IAS 1
3	Grundlagen der Darstellung des Abschlusses	IAS 1
4	Bilanz	IAS 1
5	Umfassende Erfolgsrechnung	IAS 1
6	Eigenkapitalveränderungsrechnung	IAS 1
7	Kapitalflussrechnung	IAS 7
8	Anhang	IAS 1
9	Konzernabschluss	IFRS 10
10	Rechnungslegungsmethoden, Änderungen von Schätzungen, Fehler	IAS 8
11	Bilanzierung einfacher finanzieller Vermögenswerte und Schulden	IAS 32, IFRS 7
12	Bilanzierung finanzieller Vermögenswerte und Schulden	IAS 32 u. 39, IFRS 7 u. 9
13	Vorräte	IAS 2
14	Anteile an assoziierten Unternehmen	IAS 28
15	Anteile an Gemeinschaftsunternehmen	IAS 28
16	Als Finanzinvestition gehaltene Immobilien	IAS 40
17	Sachanlagen	IAS 16
18	Immaterielle Vermögenswerte (außer Geschäfts- oder Firmenwert)	IAS 38
19	Unternehmenszusammenschlüsse und Geschäfts- oder Firmenwert	IFRS 3
20	Leasingverhältnisse	IAS 17/ IFRS 16
21	Rückstellungen und Eventualposten	IAS 37
22	Schulden und Eigenkapital	IAS 1 u. 32
23	Ertragsrealisation	IFRS 15
24	Zuwendungen der öffentlichen Hand	IAS 20
25	Fremdkapitalkosten	IAS 23
26	Anteilsbasierte Vergütungen	IFRS 2
27	Wertminderungen nicht-finanzieller Vermögenswerte	IAS 2 u. 36
28	Leistungen an Arbeitnehmer	IAS 19
29	Ertragsteuern	IAS 12
30	Währungsumrechnung	IAS 21
31	Rechnungslegung in Hochinflationsländern	IAS 29
32	Ereignisse nach dem Abschlussstichtag	IAS 10
33	Angaben zu verbundenen Unternehmen u. nahestehenden Personen	IAS 24
34	Branchenspezifische Bilanzierungs- und Bewertungsmethoden	IAS 41, IFRS 6, IFRIC 12
35	Übergangsvorschriften zur erstmaligen Anwendung des IFRS/SME	IFRS 1

Die wichtigsten Abweichungen des IFRS SME von den vollwertigen IFRS werden in folgender Tabelle zusammengefasst:

	IFRS SME	IFRS	
4,5, 8	Zur Veräußerung gehaltene Vermögenswerte unterliegen keiner gesonderten Bilanzierung und keinen speziellen Ausweisvorschriften.	Zur Veräußerung gehaltene langfristige Vermögenswerte unterliegen gesonderten Bilanzierung und speziellen Ausweisvorschriften.	IAS 1, IFRS 5
11	Einfache Finanzinstrumente (Liquide Mittel, Forderungen LuL, Verbindlichkeiten LuL, Darlehen, Anleihen, nicht kündbare Stamm- und Vorzugsaktien u.ä.) können mit fortgeführten Anschaffungskosten bewertet werden. Bei langfristigen Finanzinstrumenten ist die Effektivzinsmethode anzuwenden. Die Ausbuchung unterliegt vereinfachten Regeln. Weniger umfangreiche Anhangangaben.	Finanzinstrumente sind in bestimmte Kategorien einzuordnen und je nach Kategorie erfolgswirksam oder erfolgsneutral zum Fair Value oder nach dem Anschaffungskostenmodell (mit Effektivzinsmethode) zu bewerten.	IAS 32 und IFRS 9, IFRS 7
12	Komplexe Finanzinstrumente, insbesondere Derivate sind erfolgswirksam zum Fair Value zu bewerten; sollte dieser nicht verlässlich bestimmbar sein, ist das Anschaffungskostenmodell anzuwenden. Weniger umfangreiche Anhangangaben.	Finanzinstrumente sind in bestimmte Kategorien einzuordnen und je nach Kategorie erfolgswirksam oder erfolgsneutral zum Fair Value oder nach dem Anschaffungskostenmodell (mit Effektivzinsmethode) zu bewerten.	IAS 32 u. 39, und IFRS 9, IFRS 7
12.15 ff.	Hedge Accounting ist auf das Zins-, Währungs- und Preisrisiko in ganz bestimmten Konstellationen beschränkt. Als Sicherungsinstrumente kommen nur Zins- und Währungsswaps, Devisen- und Warentermingeschäfte in Betracht. Generell sind die Regeln zum Hedge Accounting einschließlich der Anforderungen an Effektivitätstests weniger komplex.	Komplexe Hedge Accounting-Regelungen für alle denkbaren Sicherungsverhältnisse. Strenge Anforderungen an die Effektivität der Sicherungsbeziehungen.	IAS 32 u. 39, IFRS 9, IFRS 7
11, 12	Statt der Regelungen in den Abschnitten 11 und 12 kann das Unternehmen auch die komplexeren Regelungen des IFRS 9 anwenden. Statt der Angabepflichten des IFRS 7 sind dann aber die in den Abschnitten 11 und 12 enthaltenen zu beachten		IAS 32 und IFRS 7
13	Gleichartige Roh-, Hilfs- und Betriebsstoffe u. Waren können mit dem letzten verfügbaren Anschaffungspreis bewertet werden.	Diese Möglichkeit besteht nicht.	IAS 2
16	Als Finanzinvestition gehaltene Immobilien müssen zum Fair Value erfolgswirksam bewertet werden. Ist jedoch eine zuverlässige Fair Value-Ermittlung nur unter unverhältnismäßigem Aufwand möglich, kann das Anschaffungskostenmodell angewandt werden (faktisches Wahlrecht).	Als Finanzinvestition gehaltene Immobilien können bei der Folgebewertung zum Fair Value erfolgswirksam oder nach dem Anschaffungskostenmodell bewertet werden.	IAS 40

	IFRS SME	IFRS	
17	Sachanlagen sind nach dem Anschaffungskostenmodell zu bewerten, das Neubewertungsmodell ist nicht zulässig. Die Restbuchwerte, Nutzungsdauern und Abschreibungsmethoden sind nur auf ihre Angemessenheit zu überprüfen, wenn sich nach dem letzten Abschlussstichtag entsprechende Hinweise ergeben haben.	Sachanlagen (und ggf. immaterielle Vermögenswerte) können nach dem Anschaffungskostenmodell oder nach dem Neubewertungsmodell bewertet werden.	IAS 16
18	Nicht nur die Forschungskosten, sondern auch die Entwicklungskosten für selbst erstellte immaterielle Vermögenswerte sind sofort als Aufwand zu erfassen.	Die Entwicklungskosten selbst erstellter immaterieller Vermögenswerte sind zu aktivieren, falls die allgemeinen Aktivierungsvoraussetzungen erfüllt sind.	IAS 38
18	Immaterielle Vermögenswerte sind über eine zu schätzende Nutzungsdauer planmäßig abzuschreiben; ist eine Schätzung nicht möglich, so ist von einem Zeitraum von 10 Jahren auszugehen.	Wahlrecht zwischen einer Fortführung der Anschaffungs- oder Herstellungskosten und dem Neubewertungsmodell, falls ein aktiver Markt besteht.	IAS 38.72
19	Auch der derivative Geschäfts- oder Firmenwerts („Goodwill") über eine zu schätzende Nutzungsdauer planmäßig abzuschreiben; ist eine Schätzung nicht möglich, so ist von einem Zeitraum von 10 Jahren auszugehen.	Der Geschäfts- oder Firmenwert („Goodwill") darf nicht planmäßig abgeschrieben werden, ist aber an jedem Bilanzstichtag einem Impairment-Test zu unterziehen.	IAS 36, IAS 38
25	Fremdkapitalkosten dürfen nicht in den Herstellungskosten aktiviert werden, sondern sind sofort als Aufwand zu buchen.	Fremdkapitalkosten müssen in die Herstellungskosten von qualifizierten Vermögenswerten einbezogen werden, ansonsten besteht ein Verbot.	IAS 23
28	Änderungen leistungsorientierter Zusagen müssen sofort erfolgswirksam erfasst werden. Versicherungsmathemat. Gewinne oder Verluste aus leistungsorientierten Plänen sind sofort entweder erfolgswirksam als Periodengewinn oder erfolgsneutral als Sonstiger Gewinn/Verlust zu erfassen.	Änderungen oder die erstmalige Einführung leistungsorientierter Zusagen können auch linear über die durchschnittliche Laufzeit verteilt werden. Versicherungsmathematische Gewinne oder Verluste können zusätzlich zeitlich verteilt erfasst werden (Korridor).	IAS 19
29	Übernahme der vereinfachten Regelungen des Entwurfs für eine Revision des IAS 12. Bei den latenten Steuern ist z.B. allein auf die Steuerwerte, die bei der Ermittlung des zu versteuernden Einkommens im Falle der fiktiven Veräußerung der Vermögenswerte bzw. Schuldenbegleichung zu berücksichtigen wären, abzustellen.	Dieselben Steuerwerte sind nach dem Entwurf für eine Revision des IAS 12 vorgesehen.	IAS 12
	Die Fragestellungen werden im IFRS SME nicht behandelt	Ergebnis je Aktie, Zwischenberichterstattung, Segmentberichterstattung, Bilanzierung von aufgegebenen Geschäftsbereichen u. zur Veräußerung gehaltenen Vermögenswerten	IAS 33 u. 34, IFRS 5 u. 8

Teil E. AUFGABEN

Aufgabe 1: Grundsätze ordnungsmäßiger Buchführung und Bilanzierung

Buchhalter Ärmel der LowTech GmbH hat seine Schwierigkeiten mit den Grundsätzen ordnungsmäßiger Buchführung und Bilanzierung. Gegen welche GoB verstoßen die folgenden von Ärmel vorgenommenen Buchungs- und Bilanzierungsmaßnahmen?

a) Die im Vorjahr unter "Rückstellungen" in der Bilanz ausgewiesenen ungewissen Verbindlichkeiten ordnet er ohne Begründung und ohne im Anhang eine Erläuterung zu geben, in der aktuellen Bilanz dem Posten "Verbindlichkeiten" zu.

b) Das Finanzamt verrechnet am 3.1.02 einen Einkommensteuer-Erstattungsanspruch des Einzelkaufmanns Klein mit einer Umsatzsteuerverbindlichkeit seines Unternehmens. Ärmel gibt seinem Freund Klein den Rat, am besten gar nichts zu buchen und auch nichts in der Bilanz zum 31.12.01 auszuweisen, da ja alles verrechnet sei.

c) Eine zu Beginn des abgelaufenen Geschäftsjahres angeschaffte Maschine wird linear abgeschrieben. Alle bisher vorhandenen Maschinen des gleichen Typs (art-, funktions- und kostengleich) wurden degressiv abgeschrieben. Eine Begründung wird nicht gegeben.

d) Die LowTech GmbH besitzt im Zentrum ihres Hauptsitzes Leer/Ostfriesland noch ein Lagergebäude, das zur Hälfte abgeschrieben ist. Aufgrund der stark gestiegenen Grundstückspreise liegt der Wert des Grundstücks und des Lagergebäudes inzwischen weit oberhalb der früheren Anschaffungskosten. Ärmel möchte in der Bilanz ein den tatsächlichen Verhältnissen entsprechendes Bild der Vermögenslage zeichnen und bewertet Grundstück und Gebäude mit den aktuellen Verkehrswerten.

e) Die Miete für das Bürogebäude zahlt die GmbH an den Vermieter jeweils halbjährlich nachträglich am 1. Februar und am 1. August jeden Jahres. Ärmel bucht den Mietaufwand jeweils direkt nach der Zahlung. Die Bilanz wird seiner Meinung nach davon nicht berührt.

f) Buchhalter Ärmel glaubt, einen guten Weg zur Aufbesserung des Jahresüberschusses gefunden zu haben. Zwei Drehmaschinen im Fertigungsbereich sind im abgelaufenen Geschäftsjahr kaum genutzt worden. Ärmel meint, ein einmaliger Verzicht auf die planmäßige Abschreibung der beiden Maschinen sei vertretbar.

g) Unter Eigentumsvorbehalt bezogene Steuerungsbauteile gehen im Dezember 01 bei der LowTech ein. Da sowohl Rechnungseingang als auch die Zahlung nach dem Bilanzstichtag (31.12.01) erfolgen, glaubt Ärmel, den Zugang erst nach dem Stichtag buchen zu dürfen.

h) Eine Tochtergesellschaft der LowTech GmbH, die Techno Vertriebs-GmbH mit Sitz in Dinkelsbühl, kündigt schriftlich an, wahrscheinlich Anfang des Jahres 02 etwa 200 Stück elektrische Zahnbürsten bei der Muttergesellschaft bestellen zu wollen. Ärmel hält das Geschäft und den Gewinn nach eigener fester Überzeugung für sehr sicher und bewertet am 31.12.01 die Geräte mit ihren Verkaufspreisen.

i) Die LowTech hat vor zwei Jahren ein Patent erworben, das eine bestimmte Löttechnik zum Gegenstand hat und dessen Buchwert am 31.12.01 noch 80.000 EUR beträgt. Kurz vor Ende der Aufstellung der Bilanz, am 25.3.02 erfährt Ärmel, dass Anfang März 02 eine neue Turbo-Löttechnik zum Patent angemeldet wurde. Er vermutet, dass die alte Löttechnik damit überholt und das eigene Patent wertlos ist. In der Bilanz zum 31.12.01 schreibt er das Patent daher bis auf den Erinnerungswert ab.

k) Die LowTech GmbH hat auch einen Geschäftsbereich "Fasern und Textilien". Dort liegt seit einigen Jahren ein größerer Posten Midi-Röcke auf Lager. Die Röcke werden immer noch mit den damaligen hohen Anschaffungskosten bewertet, als die Midi-Mode en vogue war. Ärmel ist subjektiv fest davon überzeugt, dass früher oder später diese Mode wieder kommen wird und sieht keinen Grund dafür, die Röcke mit einem niedrigeren Wert anzusetzen.

Aufgabe 2: Vermögensgegenstand - Wirtschaftsgut
Die LowTech GmbH erwarb ein bebautes Grundstück im Stadtzentrum, um das Ladenlokal zur Ausstellung und zum Vertrieb ihrer Produkte zu nutzen. Leider hatte man beim Kauf übersehen, dass das Grundstück verpachtet war und die Restlaufzeit des Pachtvertrags noch 4 Jahre betrug. Um das Grundstück früher nutzen zu können, bot die GmbH kurz nach dem Erwerb dem Pächter Paul Päch eine Abstandszahlung in Höhe von 48.000 EUR für die Räumung des Grundstücks vor Ablauf der Pachtzeit an, die dieser akzeptierte.
Der Buchhalter der LowTech GmbH, Herr Ärmel, ist unschlüssig, wie die Zahlung handels- und steuerrechtlich zu behandeln ist. Wie ist zu bilanzieren?

Aufgabe 3: Anschaffungskosten
Die LowTech GmbH erwarb im Dezember 01 eine Blechschneidemaschine zum Preis von 45.220 EUR (einschl. 19% abzugsfähiger USt), für die von der Bau OHG am 20.12.01 ein Fundament errichtet wurde (Kosten: 1.428 EUR einschl. 19% abzugsfähiger USt; Rechnungseingang und Bezahlung erfolgten erst im Januar des Folgejahres). Der Transport der Maschine im Dezember 01 wurde vom Frachtführer Blitz ausgeführt, dessen Rechnung über 476 EUR (einschl. 19% abzugsfähiger USt) noch in demselben Monat bezahlt wurde. Mit welchem Wert ist die Maschine in der Bilanz zum 31.12.01 anzusetzen, wenn
a) die Zahlung des Rechnungsbetrags für die Maschine am 24.12.01 unter Abzug von 2% Skonto erfolgte,
b) die Zahlung des Rechnungsbetrags für die Maschine am 2.1.02 unter Abzug von 2% Skonto erfolgte?

Aufgabe 4: Anschaffungskosten
Die LowTech GmbH erwarb außerdem nach sechsmonatigen Auswahlaktivitäten der Beschaffungsabteilung (anteilige Kosten: 15.000 EUR) in Oldenburg ein bebautes Grundstück als Außenlager für ihre Produkte zum Preis von 500.000 EUR. Davon entfielen auf den Grund und Boden 150.000 EUR. Die Maklerkosten betrugen 23.800 EUR (einschl. 19% abzugsfähiger USt), als Disagio wurden mit der Nordbank 25.000 EUR vereinbart, an Bankspesen berechnete die Nordbank 357 EUR (einschl. abzugsfähiger USt). Gerichtskosten für die Eintragung ins Grundbuch fielen in Höhe von 1.500 EUR an (davon 1.000 EUR für den Eigentumsübergang und 500 EUR für die Hypothek), Notargebühren (einschl. abziehbarer USt) in Höhe von 7.140 EUR (davon 4.760 EUR für den Eigentumsübergang und 2.380 EUR für die Hypothek), sowie die Grunderwerbsteuer in Höhe von 5,5% auf den Kaufpreis. Um die Lastwagen besser be- und entladen zu können, wurde außerdem ein fahrbares Förderband mit Anschaffungskosten von 59.500 EUR (einschl. abziehbarer USt) erworben und von außen unterhalb eines Tores an das Lagergebäude festgeschraubt. Zur Sicherung wurde von der Herstellerfirma des Förderbands außerdem ein spezielles, wieder entfernbares Haltegestell gebaut und installiert. Die Rechnung lautete über 500 EUR für das Gestell und 600 EUR für die Installation jeweils plus 19% USt. Welcher Betrag ist in der Bilanz zu aktivieren?

Aufgabe 5: Anschaffungskosten bei Kauf in Fremdwährung
Eine Einfädelmaschine wird von der LowTech GmbH in den USA zum Preis von 2.000 USD erworben. Bei Lieferung am 15.6.01 betrug der Wechselkurs (Mittelkurs) 1 EUR – 1,3333 USD. Am Tag der Rechnungsausstellung (21.6.01) lag der Kurs bei 1 EUR - 1,4284 USD.
Fall a): Am Bilanzstichtag 31.12.01 beträgt der Kurs 1 EUR – 1 USD.
Fall b): Am Bilanzstichtag 31.12.01 beträgt der Kurs 1 EUR - 1,6666 USD.
Wie hoch sind die Anschaffungskosten der Maschine und wie ist sie am Bilanzstichtag 31.12.01 zu bewerten? Die zeitanteilige lineare Abschreibung für das Jahr 01 beträgt bei einer fünfjährigen Nutzungsdauer 175 EUR. Das Zahlungsziel von 9 Monaten wird voll ausgenutzt. Wie ist diese Verbindlichkeit in den beiden Fällen a) und b) in der Bilanz zum 31.12.01 zu bewerten?

Aufgabe 6: Anschaffungskosten bei Tausch
Das von der LowTech GmbH zu Beginn des Jahres 01 erworbene Individual-Software-Paket wurde auf Vermittlung des EDV-Händlers am 11. Oktober 01 mit Software eines anderen Unternehmens getauscht. Von diesem Tausch versprechen sich beide Unternehmen Effizienzvorteile. Auch wenn der Zeitwert der hingegebenen Software höher ist als derjenige der empfangenen, verspricht sich

LowTech einen großen Vorteil beim Einsatz im eigenen Unternehmen, geht also von einem höheren (subjektiven) Ertragswert aus. Buchhalter Ärmel hat jedoch Schwierigkeiten mit der Buchung der Transaktion und der Bewertung der neu zugegangenen Software.

Die angegebenen Werte beziehen sich alle auf den Zeitpunkt des Tausches:

Buchwert der hingegebenen Software	34.000 EUR
Zeitwert der hingegebenen Software	38.000 EUR
Restnutzungsdauer der hingegebenen Software	4 Jahre
Buchwert der empfangenen Software	35.000 EUR
Zeitwert der empfangenen Software	36.000 EUR
Restnutzungsdauer der empfangenen Software	4 Jahre.

Wie hoch sind die Anschaffungskosten a) handelsrechtlich und b) steuerrechtlich? Sollte es mehrere Möglichkeiten geben, sind alle Möglichkeiten aufzuzeigen und die dem Ziel eines möglichst niedrigen Gewinnausweises förderlichste auszuwählen. Der Ertragsteuersatz sei mit 30% angenommen. Die Software soll linear und zeitanteilig (volle und angefangene Monate) abgeschrieben werden. Geben Sie bitte alle Buchungssätze und den Bilanzwert der Software per 31.12.01 an. Die Umsatzsteuer ist zu vernachlässigen.
c) Wie hätte die LowTech International GmbH nach IFRS diesen Tausch zu bilanzieren?

Aufgabe 7: Anschaffungskosten bei Zuschüssen
Die LowTech GmbH erhält von einem ihrer Lieferanten einen Investitionszuschuss in Höhe von 19.000 EUR zur Anschaffung einer Container-Ladebrücke (= bewegliches Wirtschaftsgut; Anschaffung am 10.7.01, Anschaffungskosten: 200.000 EUR, betriebsgewöhnliche Nutzungsdauer: 10 Jahre; lineare AfA). Konkrete Verpflichtungen der LowTech sind mit der Annahme des Zuschusses nicht verbunden. Wie ist der Zuschuss von der LowTech GmbH zu behandeln, wenn diese einen möglichst niedrigen handels- und steuerrechtlichen Gewinn anstrebt und der Zuschuss
    a) am 20.7.01,
    b) am 20.1.02
geleistet wird? Mit welchem Wert ist die Container-Ladebrücke in Handels- und Steuerbilanz am 31.12.01 und im Falle b) auch am 31.12.02 anzusetzen? Geben Sie alle Buchungssätze an.

Aufgabe 8: Anschaffungskosten nach IFRS
Die LowTech International GmbH erwirbt am 2.1.01 eine größere Produktionsanlage, die bereits 1 Jahr vom Veräußerer genutzt wurde, zum Preis von 800.000 EUR. Die Umsatzsteuer ist abziehbar, berührt daher die Anschaffungskosten nicht und wird daher hier gar nicht angegeben. Von der Möglichkeit des Skontoabzugs in Höhe von 2% macht die LowTech International durch sofortige Zahlung des Kaufpreises Gebrauch. Die ebenfalls am 2.1.01 gezahlten Makler- und Gutachterkosten belaufen sich auf 24.000 EUR. Die technische Anlage muss allerdings noch mit größerem Aufwand umgebaut werden, bis sie für die Herstellung der Produkte der LowTech eingesetzt werden kann. Die Anlage soll linear über die am 2.1.02 auf 10 Jahre geschätzte (Rest-)Nutzungsdauer abgeschrieben werden.
Bis zur Betriebsbereitschaft am 2.1.02 fallen folgende Aufwendungen an, um die technische Anlage umzubauen und betriebsbereit zu machen:
a) anteilige Bruttolöhne und –gehälter: 80.000 EUR
b) anteilige Arbeitgeberanteile an der gesetzlichen Sozialversicherung: 8.000 EUR
c) verschiedene Materialkosten: 66.000 EUR
d) Aufwendungen für Testläufe: 10.000 EUR.
Außerdem musste am 1.8.01 noch die Feuerversicherungsprämie für die Anlage für 1 Jahr im Voraus gezahlt werden (Höhe: 3.000 EUR).

Zur Finanzierung des Kaufpreises und der Makler- und Gutachterkosten der Produktionsanlage wurde am 2.1.01 ein zweckgebundenes Bankdarlehen mit einer Laufzeit von 11 Jahren (Tilgung am Ende der Laufzeit) zu einem Zinssatz von 6% p.a. aufgenommen. Die genannten Ausgaben zum Umbau der Anlage verteilen sich gleichmäßig auf den Zeitraum bis zur Betriebsbereitschaft der Anlage und werden durch Finanzmittel aus bestehenden Darlehen zur allgemeinen Unternehmensfinanzierung gedeckt. Der gewogene durchschnittliche Zinssatz beträgt 7%.

Der Grund und Boden, auf dem die erworbene Produktionsanlage steht, wurde von der LowTech nicht erworben, sondern nur gepachtet. Die Laufzeit des Pachtvertrags beträgt 11 Jahre und endet mit dem Ende der Nutzungsdauer der Produktionsanlage. Die LowTech hat sich verpflichtet, danach die Produktionsanlage abzureißen und das Grundstück unbebaut dem Verpächter zu übergeben. Die Abbruch- und Entsorgungskosten am Ende der Nutzungsdauer werden auf 75.000 EUR geschätzt, der Schrottwert der Anlage sei unwesentlich und braucht daher nicht berücksichtigt zu werden.

Wie hoch sind die Anschaffungskosten der Produktionsanlage
a) bei der LowTech International GmbH nach IFRS,
b) bei der LowTech GmbH nach HGB?
Geben Sie jeweils auch die Buchungssätze der Jahre 01 und 02 an.

Aufgabe 9: Herstellungskosten

Die LowTech GmbH hat in ihrem Produktionsprogramm einen formschönen und leistungsstarken Haarfön Modell "Turbo". Bei der Produktion einer Mengeneinheit des Haarföns fallen folgende Kosten an:
a) Arbeitslohn (Akkordlohn): 40 EUR
b) Anteilige Mietkosten für Fertigungsgebäude 20 EUR, für das Verwaltungsgebäude 10 EUR und für die Vertriebsstellen 20 EUR (davon jeweils die Hälfte an Fremde gezahlt und die Hälfte kalkulatorisch für eigene Gebäude)
c) Kunststoffgranulat 10 EUR
d) Anteilige Gehaltskosten von Außendienstmitarbeitern: 10 EUR
e) Anteilige Stromkosten der Produktionsanlagen: 5 EUR
f) Anteilige Lagerkosten für das Kunststoffgranulat: 15 EUR
g) Anteilige Reparaturkosten der Haarfön-Fertigungsmaschinen: 10 EUR
h) Kosten für eine Stoß absichernde, isolierende und Wasser abweisende Spezial-Transportverpackung der Fertigerzeugnisse für eine Lieferung nach Papua-Neuguinea: 5 EUR
i) Anteilige zeitabhängige Abschreibungen der Haarfön-Fertigungsmaschinen: 35 EUR (berechnet auf Basis der Wiederbeschaffungskosten; auf Basis der Anschaffungskosten würden die Abschreibungen 20 EUR betragen.
j) Anteiliges Gehalt des Meisters für die Beaufsichtigung der Produktion: 10 EUR
k) Anteilige zeitabhängige Abschreibungen des Bürogebäudes und der Computer im Personal-büro sowie im Rechnungs- und Finanzwesen: 15 EUR
l) Anteilige Kosten einer Werbekampagne für den Verkauf des Haarföns "Turbo": 20 EUR
m) Spezialwerkzeuge, die ausschließlich für die Fertigung des Haarföns angeschafft wurden (anteilig): 5 EUR
n) Anteilige Kosten der Abteilung „Grundlagenforschung": 15 EUR
o) Anteilige Kosten des externen Rechnungswesens: 15 EUR
p) Anteilige Kapitalkosten: 25 EUR (davon 10 EUR anteilige Fremdkapitalzinsen, die auf den Fertigungsbereich und den Fertigungszeitraum entfallen und nachweislich in unmittelbarem Zusammenhang mit der Fertigung des Haarföns stehen; sowie 15 EUR anteilige kalkulatorische Eigenkapitalzinsen)
q) Gewinnaufschlag: 25 EUR
r) Anteilige Steuern: Körperschaftsteuer 5 EUR, Gewerbesteuer 3 EUR, Umsatzsteuer 22,50 EUR.
Geben Sie an, zu welcher Kostenkategorie der Zuschlagskalkulation jede der aufgeführten Kostenarten gehört und ob handelsrechtlich bzw. steuerrechtlich eine Pflicht, ein Wahlrecht oder ein Verbot der Einbeziehung in die Herstellungskosten besteht.
Ermitteln Sie außerdem die handels- und steuerrechtliche Untergrenze und Obergrenze der Herstellungskosten gemäß § 255 Abs. 2 und 3 HGB sowie § 6 Abs. 1 Nr. 1b EStG.

Aufgabe 10: Herstellungskosten

Um die Kapazitäten besser auszulasten, übernahm die LowTech einen Auftrag über 100 vergoldete Tiefkühltruhen (Sonderanfertigung) für den Palast von Scheich Ibn Bin Reich von Saudi-Arabien. Die Auslieferung soll erst im Januar 02 erfolgen. Buchhalter Ärmel hat die Aufgabe, mit Hilfe der Kosteninformationen aus der Kostenrechnungsabteilung die Fertigproduktbestände am 31.12.01 zu bewerten.

	EUR
Material-Einzelkosten	16.000
+ Fertigungs-Einzelkosten	8.000
+ freiwillige soziale Kosten (Fertigung)	500
+ Aufwendungen für Einkauf	300
+ Aufwendungen für Wareneingang	200
+ Marktforschung	700
+ Raumkosten des Materiallagers	200
+ Fertigungslizenzgebühr	1.000
+ anteilige Kosten des Rechnungswesens	500
+ kalkulatorischer Eigenkapitalzins	800
+ sonstige Material-Gemeinkosten	3.800
+ sonstige Fertigungs-Gemeinkosten	9.000
(kalkulatorische Abschreibungen)	(5.000)
(bilanzielle planmäßige Abschreibungen)	(4.000)
+ sonstige Sonder-Einzelkosten der Fertigung	3.000
+ sonstige allgemeine Verwaltungs-Gemeinkosten	2.500
+ sonstige Vertriebs-Gemeinkosten	5.300
= Herstellungskosten-Untergrenze in der Steuerbilanz	
= Herstellungskosten-Obergrenze in der Steuerbilanz	

In den Fertigungsgemeinkosten sind die (in Klammern angegebenen) kalkulatorischen Abschreibungen enthalten, die bilanziellen Abschreibungen jedoch nicht, sie sind nur zur Information (ebenfalls in Klammern) angegeben. Unterstützen Sie Buchhalter Ärmel bei der Berechnung der handelsrechtlichen und der steuerrechtlichen Bewertungsunter- und Bewertungsobergrenzen der Herstellungskosten gemäß § 255 Abs. 2 und 3 HGB sowie § 6 Abs. 1 Nr. 1b EStG.

Aufgabe 11: Herstellungskosten
Im Absatzlager der LowTech GmbH befinden sich am 31.12.01 Fertigerzeugnisse, für die in der Kostenrechnungsabteilung folgende angefallene Kosten ermittelt wurden:

	EUR
Materialeinzelkosten	122.000,-
Materialgemeinkosten (20 %)	
Fertigungseinzelkosten	65.000.-
Fertigungsgemeinkosten (250 %)	
Sondereinzelkosten der Fertigung	8.100.-
Allg. Verwaltungsgemeinkosten (10 % der Herstellkosten)	

Fremdkapitalzinsen in Höhe von 6.000 EUR sind in der Kosten- und Leistungsrechnung nicht wie allgemein üblich in den Fertigungsgemeinkosten, sondern als Sondereinzelkosten der Fertigung erfasst worden, da sie aufgrund einer im Darlehensvertrag mit der Bank vereinbarten Zweckbindung auf die Herstellung der Erzeugnisse sachlich und zeitlich direkt zurechenbar sind. In den Fertigungsgemeinkosten sind 12.000 EUR gesetzliche Sozialkosten (in Verbindung mit den Gehältern) enthalten. Im Übrigen sind von den Materialgemeinkosten 60% auf Lagerung und Materialprüfung, 40% auf den Einkauf zurückzuführen.
a) Berechnen Sie jeweils die handels- und steuerrechtliche Unter- und Obergrenze der Herstellungskosten.
b) Was ändert sich an der Lösung zu a), wenn bei Anwendung der kostenrechnerischen Zuschlagssätze in den Fertigungsgemeinkosten 3.000 EUR anteilige kalkulatorische Eigenkapitalzinsen und 110.000 EUR anteilige kalkulatorische Abschreibungen enthalten sind? Nach den Angaben der Buchhaltung betragen die entsprechenden bilanziellen Abschreibungen 92.000 EUR. Die zugeschlüsselten allgemeinen Verwaltungsgemeinkosten enthalten keine kalkulatorischen Kosten und können deshalb unverändert bleiben.

Aufgabe 12: Herstellungskosten
Die Herstellungskosten einer fertig gestellten Kartoffelschälmaschine werden von Buchhalter Ärmel der LowTech GmbH folgendermaßen ermittelt:

Materialeinzelkosten (einschl. 19 % abziehbarer USt)	66.640 EUR
+ Materialgemeinkosten (25 %)	16.660 EUR
+ Fertigungseinzelkosten	40.500 EUR
+ Fertigungsgemeinkosten (350 %)	141.750 EUR
= Herstellkosten	265.550 EUR
+ Verwaltungsgemeinkosten (12 % der Herstellkosten)	31.866 EUR
+ Vertriebsgemeinkosten (16 % der Herstellkosten)	42.488 EUR
= Herstellungskosten in Handels- und Steuerbilanz	339.904 EUR

Die Gemeinkostenzuschlagssätze wurden in der Kostenrechnungsabteilung unter Einbeziehung kalkulatorischer Zusatz- und Anderskosten ermittelt. In einem gesondert erstellten Betriebsabrechnungsbogen auf der Basis von Aufwendungen ergaben sich folgende Zuschlagssätze: Materialgemeinkosten 20 %, Fertigungsgemeinkosten 280 %, Verwaltungs- und Vertriebsgemeinkosten jeweils 10 %. Für die Erstellung der Konstruktionspläne dieser speziellen Schälmaschine musste ein Ingenieur eingeschaltet werden. Der Rechnungsbetrag von EUR 10.000 (ohne USt) wurde als allgemeiner Forschungsaufwand gebucht.

Berechnen Sie die handelsrechtliche und die steuerrechtliche Unter- und Obergrenze der Herstellungskosten gemäß § 255 Abs. 2 und 3 HGB sowie § 6 Abs. 1 Nr. 1b EStG.

Aufgabe 13: Herstellungskosten/Leerkosten
Variante zu Aufgabe 12: Die dort angegebenen Werte beziehen sich auf eine Kapazitätsauslastung von 40% der Normalauslastung (m.a.W. die tatsächliche Auslastung unterschreitet die Normalauslastung um 60%). Zusätzliche Angaben: Die Materialgemeinkosten sind zu 60% fix, die Fertigungsgemeinkosten zu 50% fix und die Verwaltungsgemeinkosten sind zu 100% fix.

Aufgabe 14: Herstellungskosten
Am 31.12.01 befindet sich am Lager der LowTech GmbH eine größere Menge von fertigen Zahnpasta-Tuben, für die die Abteilung Kostenrechnung folgende Kosten ermittelt hat (EUR):

Materialeinzelkosten	100.000
Kosten des Materiallagers	80.000
Kosten der Einkaufsabteilung	70.000
Akkordlöhne (Fertigung)	250.000
zugehörige gesetzliche Sozialkosten	150.000
kalkulatorische Abschreibungen (übersteigen die bilanziellen Abschreibungen um EUR 20.000,-)	80.000
kalkulatorische Eigenkapitalzinsen	30.000
Gehälter der Außendienstmitarbeiter	200.000
Fremdkapitalzinsen	80.000
Kosten der Innenverpackung (Zahnpasta-Tuben)	20.000
(Außen-) Verpackungskosten	30.000
Kosten des Rechnungswesens	120.000

a) Bestimmen Sie für die gelagerten Fertigprodukte die Wertunter- und Wertobergrenzen der Herstellungskosten in Handels- und Steuerbilanz gemäß § 255 Abs. 2 und 3 HGB sowie § 6 Abs. 1 Nr. 1b EStG. Beachten Sie dabei, dass die Fremdkapitalzinsen für einen größeren Betriebsmittelkredit zu zahlen sind, der zur Deckung des Kapitalbedarfs des gesamten Geschäftsbereichs „Mundhygiene" verwendet wird, insbesondere zur Finanzierung der Einkäufe von Roh-, Hilfs- und Betriebsstoffen, der Lohn-, Energie- und Reparaturzahlungen und von kleineren Ersatzinvestitionen. Der oben angegebene, auf die Herstellung der Zahncreme-Tuben entfallende Betrag der Fremdkapitalzinsen stellt eine grobe Schätzung dar.

b) Variante: Die oben angegebenen Werte beziehen sich auf einen Auslastungsgrad von 60% (im Verhältnis zur Normalauslastung). Während die Einzelkosten ausschließlich variabel sind, enthalten die Gemeinkosten folgende Fixkostenanteile: Material 50%, Fertigung 80%, Verwaltung 100%, Vertrieb 75%, Kosten der Einkaufsabteilung 50%, Fremdkapitalzinsen 100%. Diese Anteile gelten

Aufgaben

sowohl für die gesamten Gemeinkosten als auch für die kalkulatorischen Zusatzkosten. Bestimmen Sie auch für diesen Fall die Wertunter- und Wertobergrenzen der Herstellungskosten in Handels- und Steuerbilanz sowohl unter Berücksichtigung der EStR 2008 als auch der EStR 2012.

Aufgabe 15: Herstellungskosten

Am 31.12.01 befindet sich am Lager der LowTech International GmbH eine größere Charge von fertigen Dosenöffnern, für die die Abteilung Kostenrechnung folgende Kosten ermittelt hat:

	EUR
Materialeinzelkosten	100.000
anteilige Gemeinkosten des Rohstofflagers	20.000
Akkordlöhne (Fertigung)	150.000
anteilige Materialgemeinkosten (Kosten des Einkaufs; ohne Lagerkosten)	25.000
anteilige kalkulatorische Abschreibungen der Fertigungsanlagen (übersteigen die bilanziellen Abschreibungen um EUR 20.000,-)	80.000
anteilige Gehälter der Meister im Bereich Produktion	15.000
Kosten der Zwischenlagerung im Produktionsprozess	3.000
kalkulatorische Eigenkapitalzinsen	30.000
Kosten des innerbetrieblichen Transports	5.000
Fertigungsgemeinkosten (Betriebsstoffe, Werkzeuge u.a.; ohne Abschreibungen)	20.000
anteilige Gehälter der Außendienstmitarbeiter	70.000
anteilige Aufwendungen in der Grundlagenforschung	35.000
den Erzeugnissen direkt zurechenbare Verwaltungskosten, die nötig waren, um Transport, Entwicklung, Konstruktion und Produktion zu gewährleisten	30.000
auf den Zeitraum der Fertigung entfallende Fremdkapitalzinsen (für einen der Fertigung der Erzeugnisse sachlich zurechenbaren zweckgebundenen Bankkredit)	40.000
anteilige Kosten des Absatzlagers	10.000
Kosten für freiwillige soziale Leistungen einschl. betrieblicher Altersversorgung für Beschäftigte im Produktionsbereich	35.000
Abfallkosten, über den normalen Umfang hinausgehend	4.000
Ausschusskosten, über den normalen Umfang hinausgehend	6.000
Verpackungskosten	30.000
anteilige verbrauchsbedingte Reparaturkosten der Fertigungsmaschinen	15.000
anteilige Kosten der allgemeinen Verwaltung (ohne Kosten der Verwaltung des Produktions- und Materialbereichs)	50.000

a) Bestimmen Sie für die gelagerten Fertigprodukte die Wertunter- und Wertobergrenzen der Herstellungskosten nach IFRS und nach HGB.
b) Was würde sich an Ihrer Lösung ändern, wenn sich die oben angegebenen Werte nicht auf eine größere Menge von Dosenöffnern, sondern auf 2 fertige Maschinen beziehen würden, deren Fertigung durch ein Maschinenbauunternehmen erfolgt und einen Zeitraum von mehreren Monaten in Anspruch nimmt?

Aufgabe 16: Langfristige Fertigung

Die LowTech GmbH hat am 1.10.01 einen Auftrag über den Bau eines Luxusdampfers und dreier baugleicher kleiner Schlepper hereingenommen und bereits im Jahre 01 mit dem Bau begonnen. Die Auslieferung und Übergabe an den Reeder aus Hongkong ist für Ende des Jahres 04 vereinbart. Der Festpreis beträgt 100 Mio. EUR, die kalkulierten Selbstkosten (= Herstellungskosten-Obergrenze) 80 Mio. EUR (davon 13,6 Mio. EUR allgemeine Verwaltungsgemeinkosten und freiwillige Sozialkosten im Fertigungsbereich). Die Selbstkosten enthalten keine kalkulatorischen Kosten, keine Forschungs- und keine Vertriebsgemeinkosten. Das jeweilige Gesamtfunktionsrisiko für die 4 Schiffe liegt vertragsgemäß bei der LowTech (International) GmbH. Umsatzsteuer fällt aufgrund der Ausfuhrlieferung in ein Drittland nicht an. Schmier- und Bestechungsgelder sollen vernachlässigt werden.

Jahr	01	02	03	04
angefallene Auftragskosten (Luxusdampfer)	HK-WOG: 10 Mio. EUR; HK-WUG: 8,4 Mio. EUR	HK-WOG: 22 Mio. EUR; HK-WUG: 18 Mio. EUR	HK-WOG: 12 Mio. EUR; HK-WUG: 10 Mio. EUR	HK-WOG: 18 Mio. EUR; HK-WUG: 15 Mio. EUR
angefallene Auftragskosten (3 Schlepper)		HK-WOG: 6 Mio. EUR; HK-WUG: 5 Mio. EUR	HK-WOG: 6 Mio. EUR; HK-WUG: 5 Mio. EUR	HK-WOG: 6 Mio. EUR; HK-WUG: 5 Mio. EUR

Fall A: Bei Vertragsschluss sind 20 % der Auftragssumme zu zahlen, der Rest bei Übergabe der fertigen Schiffe Ende des Jahres 04. Weitere Vereinbarungen wurden nicht getroffen.

Fall B: Folgende Einzelheiten wurden vertraglich vereinbart:
Zum Luxusdampfer: Kaufpreis 76 Mio. EUR. Bei Vertragsabschluss sind 20 % des Kaufpreises zu zahlen. Weitere 40% der Kaufsumme sind fällig bei Abnahme des Rohbaus durch den Auftraggeber (Ende 02), weitere 20% bei Abnahme der Antriebsaggregate und der sonstigen technischen Anlagen des Schiffes durch den Auftraggeber (Ende 03) und die restlichen 20% bei Übergabe des fertigen Schiffes.
Zu den 3 Schleppern: Kaufpreis 8 Mio. EUR je Schlepper. Bei Vertragsabschluss sind 10 % der Auftragssumme für alle drei Schlepper zu zahlen. Weitere 30% des Gesamtkaufpreises sind fällig bei Lieferung und Abnahme des 1. Schleppers (Ende 02), weitere 30% bei Lieferung und Abnahme des 2. Schleppers (Ende 03) und die restlichen 30% bei Lieferung und Abnahme des 3. Schleppers (Ende 04).
Für alle vereinbarten Teilleistungen erstellt die LowTech eine gesonderte Rechnung.

Fall C: Folgende Einzelheiten wurden vertraglich vereinbart:
Alle Vereinbarungen wie in Fall B mit folgender Ausnahme: Der Auftraggeber unterhält bereits langjährige Geschäftsbeziehungen mit der Low Tech GmbH und hat großes Vertrauen hinsichtlich der Qualität ihrer Produkte. Daher verzichtet er darauf, dass die Low Tech GmbH das Gesamtfunktionsrisiko für den Luxusdampfer übernimmt. Es wird vertraglich geregelt, dass bei jeder erfolgreichen Teilabnahme die Gefahr für diese Teilleistung auf den Auftraggeber übergeht. Die Anzahlung auf den Luxusdampfer wird bei den Abrechnungen den Teilleistungen im Verhältnis 2:1:1 zugerechnet.

Aufgabenstellung:
Unterscheiden Sie die beiden bilanzpolitischen Ziele möglichst hoher Gewinnausweis (Ziel I) und alternativ möglichst niedriger Gewinnausweis (Ziel II) in der Handelsbilanz bzw. im IFRS-Abschluss und beantworten Sie für jede Zielsetzung getrennt folgende Fragen:
a) Wie ist in den drei Fällen A, B und C der unfertige Auftrag an den drei Bilanzstichtagen nach HGB zu bewerten und wie hoch ist der jeweils nach HGB auszuweisende Gewinn bei der LowTech GmbH?
b) Wie ist in den drei Fällen der unfertige Auftrag an den drei Bilanzstichtagen nach IFRS zu bewerten und wie hoch ist der jeweils auszuweisende Gewinn bei der LowTech International nach IFRS unter Anwendung der „Cost-to-Cost"-Methode?

Aufgabe 17: Tageswert
Die LowTech GmbH produziert auch Spezialpumpen zur Entwässerung von überfluteten Kellern bei Überschwemmungen. Am Bilanzstichtag liegen 50 Pumpen auf Lager, die allerdings erst zur Hälfte fertiggestellt sind. Sie sollen mit den bereits angefallenen Herstellungskosten an der nach § 255 Abs. 2 HGB und R 6.3 EStR zulässigen Wertuntergrenze bewertet werden.

	bis zum Stichtag angefallene Kosten	bis zur Fertigstellung noch anfallende Kosten	Summe
Materialeinzelkosten	700 EUR	700 EUR	1.400 EUR
Materialgemeinkosten	200 EUR	200 EUR	400 EUR
Fertigungseinzelkosten	1.800 EUR	1.800 EUR	3.600 EUR
Fertigungsgemeinkosten	1.800 EUR	1.800 EUR	3.600 EUR
Verwaltungsgemeinkosten	600 EUR	600 EUR	1.200 EUR
Vertriebsgemeinkosten	400 EUR	400 EUR	800 EUR
Summe	5.500 EUR	5.500 EUR	11.000 EUR

Aufgrund der in Ostfriesland inzwischen erhöhten Deiche ist die Nachfrage nach den Pumpen zurückgegangen und der Marktpreis für die fertige Pumpe beträgt nur noch 9.000 EUR. Wie hoch sind die Herstellungskosten der halbfertigen Pumpen, und wie hoch ist deren Tageswert zum 31.12.01?

Aufgabe 18: Teilwert
Da die LowTech GmbH für das Jahr 02 einen Boom beim Absatz von Heimstrickmaschinen erwartete, bestellte sie Mitte des Jahres 01 noch 2 vollautomatische Fertigungsanlagen für die Herstellung von Heimstrickmaschinen zum Preis von jeweils 200.000 EUR. Bei Lieferung der Fertigungsanlagen im Dezember 01 war die Heimstrick-Modewelle bereits vorüber, so dass die Kapazität völlig überdimensioniert war und beide Anlagen nicht mehr benötigt wurden. Die immer hervorragende Gewinnsituation der LowTech erfuhr aufgrund der starken Diversifikation des Produktionsprogramms durch diesen Flop keine nennenswerte Beeinträchtigung, die Rentabilität blieb weiterhin über dem Branchendurchschnitt. Ist der Teilwert der beiden gerade gelieferten Fertigungsanlagen unter die Anschaffungskosten gesunken, so dass eine Teilwertabschreibung möglich wird?

Aufgabe 19: Tageswert und Teilwert von Wertpapieren
Zu Beginn des Jahres 01 erwarb die LowTech GmbH 200 Stück Aktien der Papenburger Kammgarnspinnerei AG zum Börsenkurs von 220 EUR pro Aktie mit Nebenkosten von insgesamt 660 EUR. Aufgrund der stark verschlechterten Ertragslage der AG sank der Börsenkurs bis zum Bilanzstichtag 31.12.01 auf 88 EUR pro Aktie. Wie hoch ist der (handelsrechtliche) Tageswert und wie hoch der Teilwert des gesamten Aktienbestandes, wenn die Aktien
a) als Wertpapiere des Anlagevermögens einer dauernden Kapitalanlage dienen sollen,
b) nur zu spekulativen Zwecken mit baldiger Veräußerungsabsicht im
   Umlaufvermögen gehalten werden sollen?

Aufgabe 20: Bewertungskonzeption beim Anlagevermögen (Handelsrecht)
Der Einzelunternehmer Klaus Störtebeker erwirbt im Jahre 01 Aktien der Ramschhaus AG, des größten Abnehmers seiner Importartikel, im Börsenwert von 150.000 EUR (ohne Berücksichtigung von Nebenkosten), mit dem die Papiere auch in der Bilanz zum 31.12.01 bewertet wurden. Die Wertpapiere sollen dauernd dem Geschäftsbetrieb dienen. Am Bilanzstichtag 31.12.02 ist der Börsenwert der Aktien auf 90.000 EUR gesunken. Mitte Juni 03, kurz vor Bilanzaufstellung, liegt der Börsenwert bei a) 120.000 EUR, b) 75.000 EUR.
Mit welchem Wert sind die Aktien in den beiden Fällen jeweils in der Handelsbilanz des Einzelunternehmens anzusetzen?

Aufgabe 21: Bewertungskonzeption beim Anlagevermögen (Handelsrecht)
Angaben wie bei Aufgabe 20a) und b). Im Jahre 03 ergibt sich aufgrund einer Turn-around-Situation der Ramschhaus AG ein drastischer Kursanstieg des Börsenwerts auf 180.000 EUR am Bilanzstichtag. Welche Konsequenzen hat diese Entwicklung auf die Bewertung der Aktien bei der Einzelunternehmung per 31.12.03?

Aufgabe 22: Bewertungskonzeption beim Anlagevermögen (Handelsrecht und Steuerrecht)
a) Der Einzelunternehmer Klaus Störtebeker erwirbt im Jahre 01 börsennotierte Aktien der Ramschhaus AG, des größten Abnehmers seiner Importartikel, im Börsenwert von 150.000 EUR (ohne Berücksichtigung von Nebenkosten), mit dem die Papiere auch in der Bilanz zum 31.12.01 bewertet wurden. Die Wertpapiere sollen dauernd dem Geschäftsbetrieb dienen. Am Bilanzstichtag

31.12.02 ist der Börsenwert der Aktien auf 80.000 EUR gesunken. Mitte Juni 03, kurz vor Bilanzaufstellung, liegt der Börsenwert bei   Fall 1)   140.000 EUR,
    Fall 2)   75.000 EUR.
Mit welchem Wert sind die Aktien in den beiden Fällen jeweils in der Handelsbilanz und in der Steuerbilanz des Einzelunternehmens anzusetzen? Sollten Wahlrechte bestehen, so sind diese immer so auszuüben, dass der Gewinn in Handels- und Steuerbilanz so niedrig wie möglich ausgewiesen wird (= bilanzpolitisches Ziel).

b) Im Jahre 03 ergibt sich aufgrund einer Turn-around-Situation der Ramschhaus AG ein drastischer Kursanstieg des Börsenwerts auf 180.000 EUR am Bilanzstichtag. Welche Konsequenzen hat diese Entwicklung auf die Bewertung der Aktien in Handels- und Steuerbilanz bei der Einzelunternehmung Störtebeker per 31.12.03?

Aufgabe 23: Bewertungskonzeption beim Anlagevermögen
(Handelsrecht und Steuerrecht)
Am 2.1.01 erwarb die LowTech GmbH eine Stanzmaschine mit einer voraussichtlichen Nutzungsdauer von 5 Jahren (lineare Abschreibung) zu Anschaffungskosten von 20.000 EUR. Im Jahre 02 gelangt infolge technischen Fortschritts eine gleichartige Maschine auf den Markt, deren Anschaffungskosten nur 10.000 EUR betragen. Am Ende des Folgejahrs erweist sich diese neue Maschine als Fehlkonstruktion und verschwindet wieder vom Markt. Die Anschaffungskosten der vorhandenen Anlage sind gleichzeitig auf 25.000 EUR angestiegen.
Wie ist die Stanzmaschine zum 31.12.02 und zum 31.12.03 in Handels- und Steuerbilanz zu bewerten und wie lauten die nötigen Buchungen, wenn als bilanzpolitisches Ziel ein möglichst niedriger Gewinnausweis in Handels- und Steuerbilanz angestrebt wird?

Aufgabe 24: Anlaufverluste bei Beteiligungen (Handels- und Steuerbilanz)
Im Jahre 01 gründet die LowTech GmbH in Aurich /Ostfriesland die SlowFood GmbH als 100%ige Tochtergesellschaft (Anschaffungskosten: 2 Mio. EUR). Da von der SlowFood bereits im ersten Jahr ein Verlust in Höhe von 100.000 EUR erwirtschaftet wurde und weitere Verluste in der Zukunft erwartet werden, ist Buchhalter Ärmel fest entschlossen, die Beteiligung zum 31.12.01 in Handels- und Steuerbilanz auf den Erinnerungswert abzuschreiben.
Im Jahre 03 macht die SlowFood GmbH jedoch wider Erwarten einen Gewinn in Höhe von 250.000 EUR, der auch für die folgenden Jahre in gleicher Höhe erwartet wird. Der Kalkulationszinsfuß betrage 10 %.
Wie hat Buchhalter Ärmel an den Bilanzstichtagen 31.12.01 und 31.12.03 die Beteiligung in Handels- und Steuerbilanz zu bewerten, wenn die LowTech GmbH ihren Gewinn in Handels- und Steuerbilanz so niedrig wie möglich ausweisen möchte?

Aufgabe 25: Bewertungskonzeption beim Umlaufvermögen (Handelsrecht und Steuerrecht)
Am 15.10.00 kauft die LowTech GmbH aus kurzfristiger Spekulationsabsicht 1.000 Stück Aktien der Schnur und Seil AG zum Börsenkurs von 130 EUR pro Stück plus Nebenkosten von insgesamt 1.625 EUR. Der Börsenkurs steht am Bilanzstichtag 31.12.00 unverändert bei 130 EUR pro Aktie. Am Bilanzstichtag 31.12.01 beträgt der Börsenkurs 84 EUR, bis zum Tag der Bilanzaufstellung, am 31.3.02, ist er weiter auf 80 EUR gefallen. Am folgenden Bilanzstichtag (31.12.02) beträgt der Kurs nach der Jahresend-Rallye 125 EUR, am Bilanzaufstellungstag 31.3.03 liegt er aber wieder bei 80 EUR pro Aktie. Die GmbH verfolgt das bilanzpolitische Ziel, ihren Gewinn in Handels- und Steuerbilanz so niedrig wie möglich auszuweisen.
Wie sind die Aktien zum 31.12.01 und zum 31.12.02 in Handels- und Steuerbilanz zu bewerten und wie lauten die nötigen Buchungen?

Aufgabe 26: Bewertungskonzeption beim Umlaufvermögen (Handelsrecht und Steuerrecht)
Die LowTech GmbH hat am 2.11.01 Rohstoffe zu Anschaffungskosten von 22.000 EUR eingekauft, die am 31.12.01 noch auf Lager liegen. Bis zum Bilanzstichtag sind die Marktpreise auf 20.000 EUR gefallen, bis zur Bilanzaufstellung am 31.3.02 sogar auf 15.000 EUR. Das bilanzpolitische Ziel der GmbH lautet, dass der Gewinn in Handels- und in Steuerbilanz so niedrig wie möglich ausgewiesen werden soll.
Mit welchem Wert sind die Rohstoffe in Handels- und Steuerbilanz anzusetzen?

Aufgaben 619

Aufgabe 27: Bewertungskonzeption beim Umlaufvermögen (Handelsrecht und Steuerrecht)
Am Bilanzstichtag befinden sich nicht marktfähige unfertige Erzeugnisse auf Lager (bislang angefallene Herstellungskosten im Sinne der handels- und steuerrechtlichen Wertuntergrenze = 460 EUR pro Stück), die noch zu Hörfunkgeräten weiterverarbeitet werden sollen. Für diese Fertigprodukte rechnet die LowTech GmbH mit einem auf Dauer nachweisbar gesunkenen Marktpreis von 640 EUR pro Stück.
Die bis zur Fertigstellung noch anfallenden Produktionskosten (im Sinne der Herstellungskosten-Untergrenze) werden mit 115 EUR veranschlagt, für die noch anfallenden anteiligen Verwaltungskosten 10 EUR. Bis zur Verkaufsreife wird noch mit Kosten für Transportverpackung in Höhe von 10 EUR, Ausgangsfrachten von 10 EUR und sonstigen Vertriebskosten von 15 EUR gerechnet. Die Erlösschmälerungen werden auf 40 EUR geschätzt, der durchschnittliche Unternehmergewinn beträgt 30 EUR.
a) Wie sind die unfertigen Erzeugnisse in Handels- und Steuerbilanz zu bewerten, wenn der Gewinn jeweils so niedrig wie möglich ausgewiesen werden soll?
b) Wie müssten sie unter Beachtung des bilanzpolitischen Ziels bewertet werden, wenn die unfertigen Erzeugnisse von Dritten beziehbar wären und der Wiederbeschaffungspreis am Bilanzstichtag 395 EUR betragen würde?

Aufgabe 28: Bewertungskonzeption beim Umlaufvermögen (Handelsrecht und Steuerrecht)
Auch gelagerte fertige Hörfunkgeräte sind am Bilanzstichtag bei der LowTech GmbH zu bewerten. Am 31.12.01 und 31.12.02 sollen folgende Wertekonstellationen gelten. Die Wertminderung am 31.12.01 wird als voraussichtlich dauerhaft eingeschätzt und nachgewiesen. Die Werte zum 31.12.02 und zum 31.3.03, dem Tag der Aufstellung der Bilanz per 31.12.02, seien alle nachweisbar.

(Werte in EUR)	31.12.01	31.12.02	31.3.03	31.3.03
Herstellungskosten (bzw. Buchwert)	780	780	Fall a)	Fall b)
Verkaufserlös am Bilanzstichtag	840	860	1050	850
Rabatt und Skonto	40	40	40	40
noch anfallende betriebliche Aufwendungen	75	75	75	75
durchschnittlicher Unternehmergewinn	25	25	25	25

Der Gewinn in Handels- und Steuerbilanz soll an beiden Stichtagen so niedrig wie möglich ausgewiesen werden.
Wie sind die Fertigerzeugnisse an den beiden Bilanzstichtagen 31.12.01 und 31.12.02 in Handels- und Steuerbilanz zu bewerten? Geben Sie auch die Buchungssätze zur Ab- und Aufwertung an.

Aufgabe 29: Bewertungskonzeption nach IFRS
Die LowTech International GmbH bewertet ihre bebauten und unbebauten Grundstücke nach dem Neubewertungsmodell. Eine Neubewertung erfolgt am 31.12.01 und am 31.12.04. Der Einfachheit halber soll hier ein Gebäude ohne den zugehörigen Grund und Boden betrachtet werden, das über eine geschätzte Nutzungsdauer von 20 Jahren linear abgeschrieben wird. Von einem Restwert und Abbruchkosten werde abgesehen. Die Vergleichswerte beziehen sich jeweils auf ein Gebäude gleichen Alters (Nettoverfahren gemäß IAS 16.35b).
Das Gebäude wird am 1.1.01 zu Anschaffungskosten in Höhe von 2 Mio. EUR erworben und dient als Lagerhalle im Außenlager der GmbH in Neustadt. Der durch einen Gutachter ermittelte Marktwert (= Fair Value) des Gebäudes zum 31.12.01 beträgt 2,09 Mio. EUR. Zum 31.12.02 beträgt der erzielbare Betrag (=Nettoveräußerungserlös) nur noch 1,26 Mio. EUR, da im Mauerwerk der Lagerhalle Feuchtigkeit festgestellt wurde. Im Folgejahr wurden die Schäden beseitigt und das Mauerwerk dauerhaft durch ein Belüftungssystem trockengelegt. Der erzielbare Betrag ist daher wieder angestiegen, und zwar per 31.12.03 auf 1,7 Mio. EUR. Im Jahre 04 ziehen die Grundstückspreise in Neustadt stark an, da eine neue EU-Behörde zur Behördenverwaltung in Neustadt angesiedelt werden soll. Entsprechend ermittelt der Gutachter zum 31.12.04 einen Marktwert (= Fair Value) für das Gebäude von 2,56 Mio. EUR.
Die Neubewertungsrücklage (Anfangsbestand = 0) soll jeweils anteilig in die Gewinnrücklage (Anfangsbestand = 0) umgebucht werden (gemäß IAS 16.41; Wahlrecht).

Wie ist das Gebäude in den Bilanzen der Jahre 01 bis 04 zu bewerten, welchen Wert haben jeweils die Neubewertungsrücklage und die Gewinnrücklage und welche Erfolgsauswirkungen haben die einzelnen Umbewertungen? Erstellen Sie eine entsprechende Tabelle und geben Sie auch alle Buchungssätze außer denjenigen zur planmäßigen Abschreibung an.

Aufgabe 30: Immaterielle Vermögensgegenstände

Am 14.4.01 erwarb die LowTech GmbH das an die betriebsindividuellen Bedürfnisse der GmbH angepasste Software-Paket "Lohn- und Gehaltsabrechnung" zum Preis von 39.000 EUR (zuzügl. 19% abziehbarer USt). Die Nutzungsdauer wird auf 5 Jahre geschätzt, zulässig in Handels- und Steuerbilanz. Am Bilanzstichtag betragen die (fortgeführten) Wiederbeschaffungskosten für die Software 16.000 EUR, im März 02 - kurz vor Aufstellung der Bilanz - nur noch 14.000 EUR.
a) Unter welcher Bilanzposition ist die Software auszuweisen?
b) Welche Höhe hat die planmäßige Abschreibung für die Handelsbilanz bzw. die AfA für die Steuerbilanz? In der Handelsbilanz soll die höchstmögliche steuerlich zulässige Abschreibung übernommen werden.
c) Mit welchem Wert muss/darf die Software zum 31.12.01 in Handels- und Steuerbilanz angesetzt werden, wenn der Gewinn jeweils so niedrig wie möglich ausgewiesen werden soll?

Aufgabe 31: Geschäfts- oder Firmenwert

Erstellen Sie auf der Grundlage der angegebenen Bilanzen die Bilanz des Käufers unmittelbar nach dem Kauf („asset deal"), der auch die Übernahme der Schulden mit einschließt. Ein eventueller Firmenwert ist zu aktivieren. Der Kaufpreis beträgt 1.000 TEUR und soll, soweit wie möglich, aus der Kasse des Käufers bezahlt werden, der Rest wird fremdfinanziert.

Bilanz des Käufers (vor Kauf) (in TEUR)

Gebäude	1.000	Eigenkapital	1.500
Maschinen	600		
Vorräte	400		
Ford. LuL.	700	Verbind-	
		lichkeiten	1.500
Kasse	300		
	3.000		3.000

Bilanz des Verkäufers (vor Kauf) (in TEUR)

Gebäude	500	Eigenkapital	250
Maschinen	300		
Vorräte	100		
Ford. LuL	300	Verbind-	
		lichkeiten	1.000
Kasse	50		
	1.250		1.250

Bilanz des Verkäufers (nach Auflösung stiller Reserven) (in TEUR)

Gebäude	800	Eigenkapital	750
Maschinen	400		
Vorräte	200	Verbind-	
		lichkeiten	1.000
Ford. LuL	300		
Kasse	50		
	1.750		1.750

Bilanz des Käufers (nach Kauf) (in TEUR)

Firmenwert		Eigenkapital	
Gebäude			
Maschinen		Verbind-	
		lichkeiten	
Vorräte			
Ford. LuL.			
Kasse			

Aufgabe 32: Geschäfts- oder Firmenwert

Am 1.3.01 erwarb die LowTech GmbH einen Zulieferbetrieb, die Bolzen-GmbH in Rhauderfehn/Ostfriesland, zum Kaufpreis von 5,0 Mio. EUR. Der Buchwert des übernommenen Anlagevermögens betrug 7,0 Mio. EUR (Zeitwert zum 1.3.01: 9 Mio. EUR), der Buchwert der Gegenstände des Umlaufvermögens 4,0 Mio. EUR (Zeitwert: 5,1 Mio. EUR). Außerdem wurden Verbindlichkeiten von insgesamt 10 Mio. EUR übernommen. Die Nutzungsdauer des Geschäfts- oder Firmenwerts wird verlässlich auf 5 Jahre (lineare Abschreibung) geschätzt. Wie hoch ist der Firmenwert und mit welchem Wert ist er in Handelsbilanz und Steuerbilanz am 31.12.01 anzusetzen, wenn sowohl der handels- als auch der steuerrechtliche Gewinn möglichst niedrig ausgewiesen werden soll?

Aufgabe 33: Aktivierungspflicht, Aktivierungswahlrecht oder Aktivierungsverbot?

Entscheiden Sie, ob folgende Sachverhalte zu bilanzierungsfähigen
a) Vermögensgegenständen nach HGB bzw.
b) Vermögenswerten nach IFRS führen,
und ob Aktivierungspflicht, Aktivierungswahlrecht oder Aktivierungsverbot vorliegt.
Begründen Sie jeweils Ihre Entscheidung.

Aktivierungspflicht, Aktivierungswahlrecht, Aktivierungsverbot?		
	nach HGB	nach IFRS
Forschungsaufwand		
selbsterstellte Patente (neues Produktionsverfahren; neue Produkte)		
(Produkteinführungs-)Werbefeldzug; Kosten: 1 Mio. EUR; im Folgejahr wird ein Umsatz von 1,2 Mio. EUR erwartet		
derivativer Geschäfts- oder Firmenwert		
Mitarbeiterschulung bei neu gegründetem Geschäftsbereich		
eigene Kundenkartei		
Erwerb eines Patents von einem fremden Unternehmen		
selbst geschaffene Marke		
Aufwendungen für die Gründung eines Unternehmens		
originärer Geschäfts- oder Firmenwert		

Aufgabe 34: Selbst geschaffene immaterielle Anlagegegenstände

Im Jahre 01 entwickelten die Mitarbeiter der LowTech GmbH selbst ein Software-Programm, das dauerhaft zur automatischen Qualitätskontrolle in der Produktion eingesetzt werden sollte. Fertiggestellt und erstmalig eingesetzt wurde die Software am 15.10.01. Die zielgerichtete Entwicklung der Software verursachte Entwicklungskosten in Höhe von 270.000 EUR. Zu Anfang des Jahres 01 fielen in diesem Zusammenhang noch allgemeine Forschungskosten in Höhe von 60.000 EUR an. Nach vernünftiger kaufmännischer Beurteilung wird die Nutzungsdauer der Software auf 6 Jahre geschätzt. Sie soll linear abgeschrieben werden, da diese Methode den Wertminderungsverlauf am besten widerspiegelt. Kurz vor dem Bilanzstichtag (31.12.01) zeigten sich Funktionsmängel bei der Software, sodass diese nur noch zu 60% nutzbar war und Tageswert ebenso wie Teilwert und erzielbarer Betrag (Nutzungswert) nach IFRS nur noch 60% der fortgeführten Herstellungskosten betrugen.

Bilanzpolitisches Ziel: Die GmbH möchte (ausnahmsweise) einen möglichst hohen Gewinn in Handels- und Steuerbilanz sowie im Abschluss nach IFRS ausweisen.

a) Wie ist die Software am 31.12.01 in Handels- und Steuerbilanz sowie im IFRS-Abschluss (Anschaffungskostenmodell) zu behandeln, wenn die Mängel einige Tage nach dem Bilanzstichtag wieder beseitigt werden konnten, sodass die Software ab dem 10.1.02 wieder zu 100% nutzbar war.
b) Was ändert sich an Ihrer Lösung, wenn trotz großer Anstrengungen die Mängel der Software bis zur Bilanzaufstellung am 31.3.02 nicht behoben werden konnten und die Funktionsfähigkeit der Software weiterhin auf 60% beschränkt blieb?
c) Wie ist die Software – ausgehend vom Sachverhalt in Teilaufgabe b) – am folgenden Bilanzstichtag (31.12.02) in Handels- und Steuerbilanz sowie im IFRS-Abschluss (Anschaffungskostenmodell) unter Beachtung des bilanzpolitischen Ziels zu bewerten, wenn ein im Dezember 02 neu eingestellter Programmierer es tatsächlich schaffte, die Produktionssoftware bis zum 31.12.02 wieder vollständig (zu 100%) nutzbar zu machen.
d) Nehmen Sie nun an, dass die GmbH das bilanzpolitische Ziel eines möglichst niedrigen Gewinnausweises in Handel- und Steuerbilanz sowie im IFRS Abschluss anstrebt. Wie ist dann die vorstehende Aufgabe zu lösen?

Aufgabe 35: Gebäude

Das Wohn- und Geschäftshaus des Herrn Pfennigmeier wird in den einzelnen Stockwerken unterschiedlich genutzt (s. nachfolgende Tabelle). Wie sind die Gebäudeteile dem Betriebs- und dem Privatvermögen zuzuordnen und wie sind die aufgeführten Gegenstände bilanziell zu behandeln?

3. Obergeschoss: vermietete Wohnungen an fremde Privatleute und an Angestellte des Pfennigmeier (250 qm, davon 150 qm an Angestellte)	
2. Obergeschoss: Steuerberaterpraxis des Mieters Pfiffig, der Pfennigmeier steuerlich berät (250 qm)	
1. Obergeschoss: Kaufhaus; Personenaufzug; wieder entfernbare und weiter nutzbare Zwischenwände; Entlüftung; Heizung (250 qm)	
Erdgeschoss: Kaufhaus, das vom Hauseigentümer Pfennigmeier betrieben wird; Schaufensteranlage; Rolltreppe, Personenaufzug und Lastenaufzug in das 1. Obergeschoss; Heizung (250 qm)	
Keller: Wohnung des Hauseigentümers Pfennigmeier (100 qm)	

Aufgabe 36: Unverzinsliche Forderungen

Buchhalter Ärmel der LowTech GmbH hat Schwierigkeiten bei der bilanziellen Behandlung einer zinslosen Darlehensforderung gegenüber einem Lieferanten. Nennwert des Darlehens: 300.000 EUR, Laufzeit: 5 Jahre, marktüblicher Zinssatz: 10 %.

a) Wie ist das Darlehen in Handels- und Steuerbilanz am 31.12.01 und am 31.12.02 zu bewerten? Geben Sie auch alle Buchungssätze an.

b) Wie ändert sich die Beantwortung der Frage a), wenn es sich um ein zinsloses Darlehen an einen Arbeitnehmer der LowTech handelte?

c) Wie ändert sich die Beantwortung der Frage a), wenn in der Forderung, die aus einem Exportgeschäft stammt, ein Zinsbetrag als Entgelt für die Stundung des Kaufpreises enthalten ist? Die Umsatzsteuer soll nicht berücksichtigt werden.

Aufgabe 37: Kategorisierung und Bewertung von Finanzinstrumenten nach IFRS 9

Die LowTech International GmbH erwirbt am 1.7.01 folgende finanziellen Vermögenswerte (im Anlage- und Umlaufvermögen) und geht gleichzeitig folgende finanziellen Schulden ein:

		AK in EUR
A	börsengehandelte Aktienoptionen (derivative Finanzinstrumente) zu spekulativen Zwecken (nicht zu Sicherungszwecken); zusätzliche Makler– und Bankprovisionen beim Kauf: 600 EUR	10.000
B	börsengehandelte Industrieobligationen mit festem Zinssatz, einer Laufzeit von 10 Jahren, wobei die GmbH allein an der Erzielung laufender Zinseinnahmen interessiert ist; Ausgabekurs (=AK) ist 96%, der nominelle Zinssatz beträgt 6%	48.000
C	Forderung aus Lieferungen und Leistungen aus Zielverkauf einer Maschine an einen Kunden in Portugal; Laufzeit: 6 Monate.	60.000
D	börsengehandelte Aktien eines großen Kunden, der Verstärkung der Geschäftsbeziehungen – also nicht kurzfristigen Spekulationszwecken – dienend; keine feste Laufzeit; die Option zur erfolgsneutralen Erfassung von Wertänderungen soll ausgeübt werden; zusätzliche Transaktionskosten beim Kauf: 1.000 EUR	80.000
E	Bankdarlehen: 5 Jahre Laufzeit, Tilgung in 5 gleichen Jahresraten, Zinssatz: 5% p.a.	100.000

	Börsenwertentwicklung		
	31.12.01	31.12.02	31.12.03
A	12.000	Veräußerung zu 11.000	---
B	50.000	48.000	49.000
D	90.000	77.000	79.000

Zu B: Die Ausfallwahrscheinlichkeit der Obligation für die nächsten 12 Monate wird bei Zugang auf 0,5%, der Verlust bei Eintritt des Ausfallereignisses auf 50% geschätzt. Am 31.12.01 wird die 12-Monatsrate mit 0,6% nur geringfügig höher eingeschätzt; zum 31.12.02 geht man aber aufgrund negativer Informationen über die Liquiditätssituation des Emittenten der Obligation von einer signifikanten Erhöhung der 12-Monats-Ausfallrate im Vergleich zum Zugangspunkt aus: Die Schätzung liegt bei 2%, die Ausfallrate für die gesamte Restlaufzeit der Obligation wird auf 18% geschätzt; zum 31.12.03 liegt der Schätzwert bei 0,7% bzw. 5,6%, da sich nach neuen Informationen die finanzielle Situation des Emittenten sich wieder stabilisiert hat.
Zu C: Die Ausfallrate dieser nicht überfälligen Auslandsforderung für die Gesamtlaufzeit sei 1% bei 100% Ausfallverlust. Am 31.12.01 erfährt die LowTech International GmbH, dass der Kunde in Portugal in Zahlungsschwierigkeiten steckt und um Verlängerung des Zahlungsziels bittet. Man

erwartet daher, dass nur die Hälfte der Forderungen realisiert werden kann. Am 31.12.02 überweist der Kunde unerwartet den vollen Betrag.

Zu D: Der zum 31.12.02 stark gesunkene Börsenwert ist dadurch erklärbar, dass Ende des Jahres 02 objektive Hinweise auf erhebliche finanzielle Schwierigkeiten des Emittenten und ein bevorstehendes Sanierungsverfahren publik wurden.

Ordnen Sie die Finanzinstrumente den verschiedenen Kategorien zu. Wie sind die Finanzinstrumente beim Zugang und wie an den drei Bilanzstichtagen nach IFRS 9 zu bewerten und welche Erfolgsauswirkungen ergeben sich jeweils? Erfolgsneutrale Wertänderungen sind in eine Rücklage für Finanzinstrumente (als Teil des Eigenkapitals) einzustellen.

Aufgabe 38: Finanzinstrumente: Bewertung

Am 1.1.01 erwirbt die LowTech International eine börsennotierte Unternehmensanleihe (direkt nach Zinszahlung) zum Börsenwert von 270.000 EUR, von Nebenkosten soll vereinfachend abgesehen werden. Die Anleihe hat eine Restnutzungsdauer von 6 Jahren, der Nominalwert (= Tilgungsbetrag) beläuft sich auf 300.000 EUR, der Kupon (= Nominalzinssatz) beträgt 3% und wird jeweils am 31.12. eines Jahres nachschüssig gezahlt. Im Zugangszeitpunkt lag ein externes AA-Rating von Standard & Poor's vor. Dem möge ein 12-Monats-Ausfallrisiko von 0,3% entsprechen, der Verlust bei Eintritt des Ausfallereignisses wird auf 80% geschätzt. Am 31.12.01 ist die Ausfallwahrscheinlichkeit (vereinfachend) unverändert, am 31.12.02 ist die geschätzte Ausfallrate mit 0,4% für die nächsten 12 Monate nur geringfügig höher. Per 31.12.03 wird die Ausfallwahrscheinlichkeit für die nächsten 12 Monate von 0,45% und für die gesamte Restlaufzeit auf 1,3% geschätzt. Zum 31.12.04 senkt Standard & Poor's aufgrund von Ertrags- und Liquiditätsproblemen das Rating für den Emittenten (und die Anleihe) auf A-, dem ein 12-Monats-Ausfallrisiko von 3,2% und ein Ausfallrisiko für die gesamte Restlaufzeit von 6,4% entspricht. Am 31.12.05 sinkt die Ausfallrate für die gesamte Restlaufzeit, die ja jetzt nur noch 1 Jahr beträgt, auf 5,6%. Außerdem wird die Anleihe zum Marktwert (= Börsenkurs) von 278.000 EUR veräußert.
Der Fair Value (Börsenkurs) der Bundesanleihe entwickelt sich wie folgt:

(in EUR)	1.1.01	31.12.01	31.12.02	31.12.03	31.12.04	31.12.05	31.12.06
Fair Value	270.000	280.000	290.000	306.000	264.000	278.000	282.000

Ermitteln Sie in den folgenden drei Fällen jeweils die Zugangs- und die Folgebewertungen mit den entsprechenden Gewinnauswirkungen. Geben Sie auch alle Buchungssätze zum 1.1.01, zum 31.12.01 und zum 31.12.05 an. Latente Steuern sollen vernachlässigt werden.

a) <u>Fall I:</u> Die Gesellschaft hält die Anleihe, um Zins- und Tilgungszahlungen, die vertraglich fest vereinbart sind, langfristig zu vereinnahmen.
b) <u>Fall II:</u> Wie lautet Ihre Lösung, wenn es das Geschäftsmodell LowTech International ist, die Anleihe sowohl wegen der Vereinnahmung der konkret festgelegten Zins- und Tilgungszahlungen als auch zur Veräußerung im Rahmen ihrer Liquiditätssteuerung zu halten.
c) <u>Fall III:</u> Wie lautet Ihre Lösung, wenn die Anleihe bei Zugang mit Hilfe der Fair Value-Option der Kategorie „erfolgswirksam zum Fair Value bewertet" zugeordnet wird, weil das entsprechende Portfolio gemäß einer dokumentierten Risikomanagement- oder Anlagestrategie auf Basis des Fair Value gesteuert wird?

Aufgabe 39: Geometrisch-degressive Abschreibung

Die von der LowTech neu angeschaffte Spinnmaschine (Anschaffungskosten: 100.000 EUR, betriebsgewöhnliche Nutzungsdauer laut AfA-Tabelle: 8 Jahre) soll nach der geometrisch-degressiven AfA abgeschrieben werden. Buchhalter Ärmel ist davon überzeugt, dass ein Abschreibungssatz in Höhe von 30% die jährliche Wertminderung der Maschine am exaktesten abbildet. Daher möchte er diesen Satz in Handels- und Steuerbilanz anwenden. Der Übergang auf die lineare Abschreibung soll in Handels- und Steuerbilanz zum günstigsten Zeitpunkt vorgenommen werden, d.h. wenn der lineare Abschreibungsbetrag den degressiven übersteigt.

Aufgabe 40: Arithmetisch-degressive Abschreibung

Zwecks Arbeitserleichterung bei der Buchführung wird auf Bitten Buchhalter Ärmels eine Buchungsmaschine erworben. Anschaffungskosten: 5.000 EUR, Nutzungsdauer: 5 Jahre, kein Restwert. Wie hoch sind jährlicher Abschreibungsbetrag und jährlicher Abschreibungssatz bei arithmetisch-degressiver Abschreibung? Wie entwickeln sich Abschreibungsbetrag und Restbuchwert im Laufe der Nutzungsdauer?

Aufgabe 41: Gebäudeabschreibungen in Handels- und Steuerbilanz
Die selbst hergestellte neue Lagerhalle der LowTech GmbH für Lampen ist im April 01 fertiggestellt worden (Herstellungskosten: 150.000 EUR). Die Nutzungsdauer des Gebäudes wird nach vernünftiger kaufmännischer Beurteilung auf 60 Jahre geschätzt, die Abschreibung in der Handelsbilanz demzufolge linear mit 1,667% festgesetzt. Wie ist die Lagerhalle in Handels- und Steuerbilanz zum 31.12.01 zu bewerten?

Aufgabe 42: Planmäßige und außerplanmäßige Abschreibung
Eine Knopfloch-Bohrmaschine, die die LowTech im Januar 01 erworben hat, wird am 31.12.02 handels- und steuerrechtlich auf den gesunkenen Tageswert (= Teilwert) von 2.100 EUR abgeschrieben, weil der Hersteller dauerhaft den Preis dieser Maschine gesenkt hat. Handelsrechtlich ist die Abwertung geboten, steuerrechtlich wird das Wahlrecht gemäß § 6 Abs. 1 Nr. 1 S. 2 EStG aus bilanzpolitischen Gründen genutzt. Die Anschaffungskosten betrugen 5.000 EUR, die Gesamt-Nutzungsdauer 5 Jahre, lineare Abschreibung. Wie hoch sind die die planmäßigen Abschreibungsbeträge bzw. AfA-Beträge während der gesamten Nutzungsdauer?

Aufgabe 43: Neubewertungsmodell (ohne latente Steuern)[1]
Die Technischen Anlagen der LowTech International GmbH haben zum 31.12.01 einen Buchwert nach erfolgter planmäßiger Abschreibung von 400.000 EUR, die geschätzte Restnutzungsdauer der Anlagen beträgt 8 Jahre, die Abschreibung erfolgt linear. Der beizulegende Zeitwert („Fair Value") zum 31.12.01 liegt bei 560.000 EUR, also um 40% höher als der Buchwert. Im Eigenkapital der GmbH ist eine Gewinnrücklage in Höhe von 750.000 EUR und ein Jahresüberschuss von 200.000 EUR vor Abschreibungen auf Technische Anlagen, der jedes Jahr gleich hoch ist, enthalten. Jedes Jahr werde der Jahresüberschuss nach Abschreibungen auf Basis des beizulegenden Zeitwerts (für das Jahr 01: auf Basis der Anschaffungskosten) ausgeschüttet. Die Bilanzen werden jedes Jahr durch einen entsprechend hohen Zuwachs bei den Sonstigen Aktiva (Stand zum 31.12.01 = 500.000 EUR) ausgeglichen. Zum 31.12.04 werden die gesamten Technischen Anlagen zu einem Preis von 400.000 EUR veräußert, da der Produktionsbetrieb umgestellt wird und nur noch Dienstleistungen angeboten werden. Nehmen Sie per 31.12.01 eine Neubewertung (des Restbuchwerts nach IAS 16.35b: Nettomethode) vor und zeigen Sie auch anhand der Bilanzen bis 31.12.04 die Folgewirkungen. Geben Sie alle Buchungssätze an.

Aufgabe 44: Sonderabschreibungen nach § 7g Abs. 5 EStG
Die LowTech GmbH möchte eine Seilaufrollmaschine zu Anschaffungskosten von 24.000 EUR erwerben. Buchhalter Ärmel soll der Geschäftsleitung die bilanziellen Konsequenzen dieser Akquisition darlegen. Die betriebsgewöhnliche Nutzungsdauer der Maschine betrage 8 Jahre, die AfA soll linear sein. Außerdem möchte die Geschäftsleitung, dass eine Sonderabschreibung gemäß § 7g Abs. 5 EStG für kleine und mittlere Betriebe in Höhe von 20% der Anschaffungskosten im ersten Jahr der Nutzungsdauer vorgenommen wird. Alle Voraussetzungen dafür gemäß § 7g Abs. 6 EStG seien erfüllt. Ärmel soll außerdem aufzeigen,
a) wie der Abschreibungsplan alternativ aussieht, wenn die Sonderabschreibung auf alle Jahre des Begünstigungszeitraumes gleichmäßig verteilt wird, und
b) welche Konsequenzen sich für die Handelsbilanz ergeben.

Aufgabe 45: Erhöhte Absetzungen bei Gebäuden
Das Verwaltungsgebäude der LowTech GmbH, das sich in einem städtebaulichen Entwicklungsbereich in Leer/Ostfriesland befindet, wurde vor genau 10 Jahren am 1.1.01 für 1,2 Mio. EUR erworben und wird nach § 7 Abs. 4 Nr. 1 EStG abgeschrieben. Die Geschäftsführung hat zu Beginn des aktuellen Jahres 11 beschlossen, umfangreiche Modernisierungs- und Instandsetzungsmaßnahmen für dieses Gebäude zu ergreifen, die noch in demselben Jahr abgeschlossen werden. Da es sich um eine wesentliche Verbesserung des Gebäudes handelt, ist ein sofortiger Betriebsausgabenabzug nicht möglich. Die (nachträglichen) Herstellungskosten dieser Maßnahmen betragen 200.000 EUR.

---

[1] Siehe auch Aufgabe 65 unter Berücksichtigung von latenten Steuern am Ende des Kapitels B.VIII.1.b)(10).

Die steuerlichen Vergünstigungen des § 7h EStG sollen in Anspruch genommen werden, die Voraussetzungen dafür seien erfüllt. Zuschüsse aus Sanierungsförderungsmitteln erhält die LowTech GmbH nicht. Der Gewinn in Handels- und Steuerbilanz soll jeweils so niedrig wie möglich ausgewiesen werden.
Wie entwickelt sich der Buchwert des Gebäudes in der Steuerbilanz in den kommenden 13 Jahren und wie in der Handelsbilanz (geschätzte Nutzungsdauer: 60 Jahre, lineare Abschreibung)?

Aufgabe 46: Investitionsabzug
Die LowTech GmbH plant die Anschaffung einer Fertigungsanlage, deren Anschaffungskosten voraussichtlich 250.000 EUR zuzüglich 19% USt betragen werden, für Januar 04. Die Anlage soll linear über die betriebsgewöhnliche Nutzungsdauer von 10 Jahren abgeschrieben werden, und zusätzlich ist die Sonderabschreibung gemäß § 7g Abs. 5 EStG in Anspruch zu nehmen. Die in § 7g Abs. 1 S. 2 EStG genannten Voraussetzungen seien erfüllt. Der Steuerbilanzgewinn vor Berücksichtigung der Angaben in dieser Aufgabe betrage in allen Jahren 400.000 EUR.
a) Kann die geplante Anschaffung der Anlage bereits im Jahr 01 berücksichtigt werden? Welche Maßnahmen sind dazu nötig? Es werde ein möglichst niedriger steuerpflichtiger gewerblicher Gewinn (Einkommen) angestrebt.
b) Welche Buchungen und außerbilanziellen Maßnahmen sind im Jahre 04 vorzunehmen, wenn die Anschaffung der Anlage am 31.1.04 erfolgt, die Anschaffungskosten jedoch 300.000 EUR zuzüglich 19% USt betragen?
c) Variante: Welche Folgen ergeben sich, wenn aus vorrangigen betrieblichen Gründen am 31.1.04 die Anschaffung eines neuen LKW (betriebsgewöhnliche Nutzungsdauer: 8 Jahre) für 200.000 EUR zuzüglich 19% USt erfolgt und aus finanziellen Gründen die geplante Anschaffung der Fertigungsanlage auf das Jahr 05 verschoben werden muss?

Aufgabe 47: Leasing
Die LowTech GmbH schließt als Leasing-Nehmer mit der Deutschen Produktionsanlagen-Leasing GmbH einen Finanzierungs-Leasing-Vollamortisationsvertrag mit einer Kaufoption ab. Das Leasing-Objekt ist eine CNC-Fräsmaschine. Als Grundmietzeit werden 4 Jahre vereinbart, als jährliche Leasing-Raten 120.000 EUR (fällig jeweils am Jahresende), außerdem eine einmalige Zahlung bei Abschluss des Vertrages von 12.000 EUR. Die Anschaffungskosten des Leasing-Objekts, die vom Leasing-Geber der Berechnung der Leasingraten zugrunde gelegt werden, betragen 320.000 EUR. Die CNC-Fräsmaschine, die eine betriebsgewöhnliche Nutzungsdauer von 8 Jahren besitzt und linear abgeschrieben wird, wurde am 2.1.01 geliefert und in Betrieb genommen. Die Kaufoption beinhaltet einen festen Kaufpreis am Ende der Grundmietzeit in Höhe von a) 160.000 EUR und b) 32.000 EUR.
Wie ist der Leasingvertrag bei Leasing-Nehmer und Leasing-Geber in den Fällen a) und b) zu behandeln? Geben Sie sämtliche Buchungssätze an. Auf eine Berücksichtigung der Umsatzsteuer ist zu verzichten.

Aufgabe 48: Leasing nach IFRS
Die LowTech International GmbH schließt mit Wirkung zum 1.1.01 als Leasing-Nehmer mit der Deutschen Produktionsanlagen-Leasing GmbH einen Leasingvertrag. Leasing-Objekt ist eine Lackiermaschine mit einer Nutzungsdauer von 8 Jahren und Anschaffungskosten (= Fair Value) für den Leasing-Geber in Höhe von 160.000 EUR. Die adäquate Abschreibungsmethode ist die lineare Abschreibung (erwarteter Restwert am Ende der Nutzungsdauer = 0 EUR). Die Maschine ist nach IAS 16 zu ihren fortgeführten Anschaffungskosten zu bewerten. Der Leasing-Vertrag hat eine Laufzeit von 6 Jahren, die jährlich nachschüssig zu zahlenden Leasing-Raten betragen 30.000 EUR. Verlängerungs- oder Kündigungsoptionen bestehen nicht, es wird jedoch eine Kaufoption vereinbart. Im Falle der Ausübung der Kaufoption kann die Maschine zum Preis von 55.000 EUR am Ende der Laufzeit des Leasingverhältnisses übernommen werden. Der Leasing-Nehmer beabsichtigt zu Beginn der Laufzeit nicht, die Kaufoption zu nutzen, da der Erwerbspreis nicht attraktiv und die Unsicherheit der wirtschaftlichen Entwicklung groß ist. Der Leasing-Geber erwartet zum Ende der Laufzeit des Leasingverhältnisses (vorsichtig geschätzt) einen Fair Value von 45.000 EUR, den er als nicht-garantierten Restwert einkalkuliert. Zu Beginn des Leasingverhältnisses fallen beim Leasing-Geber Vertragsabschlusskosten in Höhe von 5.600 EUR an, beim Leasing-Nehmer fallen Beratungskosten hinsichtlich des Leasingvertragsabschlusses in Höhe von 2.200 EUR an. Am Ende des 3. Jahres verbessert sich die konjunkturelle Situation deutlich und der Lea-

sing-Nehmer entschließt sich, aus Kapazitätsgründen die Kaufoption trotz des hohen Erwerbspreises mit hoher Wahrscheinlichkeit wahrzunehmen, was er auch dem Leasing-Geber mitteilt.
a) Wie ist der Leasingvertrag beim Leasing-Geber zu behandeln?
b) Wie ist der Leasingvertrag beim Leasing-Nehmer zu behandeln? Der Grenzfremdkapitalzinssatz des Leasing-Nehmers beträgt 10% am 1.1.01 und 11% am 1.1.04.
Geben Sie die wesentlichen Buchungssätze an. Auf eine Berücksichtigung der Umsatzsteuer ist zu verzichten.

Aufgabe 49: Anlagenspiegel über mehrere Jahre

Erstellen Sie ausschließlich für die Position "Grundstücke und Bauten" einen Anlagenspiegel für mehrere aufeinander folgende Jahre. In den einzelnen Jahren sind folgende Sachverhalte zu berücksichtigen (AK = Anschaffungskosten):

Jahr	Sachverhalt	Werte
01	Anfangsbestand: Grund und Boden Nr. 1	AK = 200.000 EUR
	Zugang Grund und Boden Nr. 2	AK = 100.000 EUR
	außerplanmäßige Abschreibung auf Grund und Boden Nr. 1, da das Grundstück aufgrund einer Bebauungsplanänderung nur noch als Grünfläche genutzt werden darf	Abschreibung = 120.000 EUR
02	Zuschreibung auf Grund und Boden Nr. 1, da die Bebauungsplanänderung durch Gerichtsurteil rechtskräftig aufgehoben wurde und keine Nutzungsbeschränkungen mehr bestehen	Zuschreibung = 120.000 EUR
03	-----	-----
04	das im Bau befindliche Gebäude (auf Grund und Boden Nr. 1) wird am 3.1.04 fertig gestellt und umgebucht; es wird linear mit 3 % p.a. abgeschrieben	gesamte Herstellungskosten = 1 Mio. EUR
05	Veräußerung des Gebäudes einschließlich des Grund und Bodens Nr. 1 am 31.12.05	Verkaufspreis = 1,5 Mio. EUR

Aufgabe 50: Anlagenspiegel über mehrere Jahre

a) Erstellen Sie ausschließlich für die Position "Technische Anlagen und Maschinen" einen Anlagenspiegel für mehrere aufeinander folgende Jahre. In den einzelnen Jahren sind folgende Sachverhalte zu berücksichtigen:

Jahr	Sachverhalt	Werte
01	Gründung der LowTech GmbH; Kauf der 1. Maschine (Stanzmaschine), ND= 5 Jahre; lineare Abschreibung	AK = 50.000 EUR
02	Kauf einer 2. Maschine (Fräsmaschine), ND = 5 Jahre; lineare Abschreibung;	AK = 50.000 EUR
03	Kauf einer 3. Maschine (Drehmaschine), ND = 5 Jahre; lineare Abschreibung;	AK = 50.000 EUR;
	Kauf von 5 Stück GWG (AK jeweils = 1.000 EUR pro Stück), die pauschal i.H.v. 20% jährlich abgeschrieben werden; Abgangsfiktion im 4. auf das Zugangsjahr folgenden Jahr;	AK = 5.000 EUR
	außerplanmäßige Abschreibung auf die 2. Maschine: WBK sind gesunken, da eine neue leistungsfähigere und kostengünstigere Fräsmaschine (AK = 16.666 EUR; ND = 5 Jahre; lineare Abschreibung) auf den Markt gekommen ist	außerplanmäßige Abschreibung = 20.000 EUR
04	Zuschreibung auf die 2. Maschine, da sich die neue Maschine als Fehlkonstruktion erweist und vom Hersteller vom Markt genommen wird	
05	Abgang der 1. Maschine am Ende der Nutzungdauer	
06	Abgang der 2. Maschine am Ende der Nutzungdauer	
07	Abgang der 3. Maschine am Ende der Nutzungdauer; fingierter Abgang des GWG-Sammelpostens aus 03	

AK = Anschaffungskosten; WBK = Wiederbeschaffungskosten
ND = Nutzungsdauer; GWG = geringwertige Wirtschaftsgüter

b) Berechnen Sie für jedes Jahr jeweils die Gesamtabschreibungs- und die Abschreibungsquote und interpretieren Sie Ihre Ergebnisse

Aufgabe 51: Anlagenspiegel
Stellen Sie die Sachverhaltsangaben der Aufgaben 23, 30, 32 und 41 in einem Anlagespiegel für das Jahr 01 dar.

Aufgabe 52: Fremdwährungsforderungen
Die LowTech GmbH exportiert am 15.10.01 einen Posten Nähmaschinen an die Firma Elvi's in San Francisco/Kalifornien. Der Rechnungsbetrag lautet auf 200.000 US-$, das Zahlungsziel beträgt 9 Monate. Der Devisenkassamittelkurs entwickelte sich wie folgt:
15.10.01: 1 EUR = 1,6000 US-$
31.12.01: 1 EUR = 1,6666 US-$
31.03.02: 1 EUR = 1,7000 US-$
31.12.02: 1 EUR = 1,4285 US-$.
Wie lautet die Buchung per 15.10.01? Wie ist die Forderung L.u.L. am 31.12.01 und am 31.12.02 zu bewerten? Welche Buchungen sind durchzuführen?

Aufgabe 53: Festwert
Für die technisch aufeinander abgestimmten und genormten Gerüst- und Schalungsteile seines Anlagevermögens hat ein Bauunternehmer zum 31.12.01 einen zulässigen Festwert in Höhe von 100.000 EUR gebildet. Die Inventur ergab zum 31.12.04 folgendes Ergebnis (alternativ):
        a) 120.000 EUR
        b) 92.000 EUR.

Die Zugänge betrugen: in 02 EUR 10.000 zzgl. USt
                                   in 03 EUR 6.000 zzgl. USt
                                   in 04 EUR 12.000 zzgl. USt
                                   in 05 EUR 15.000 zzgl. USt.
Gebucht wurde jeweils: Abschreibungen und Vorsteuer an Bank.
Im Jahre 03 wurden Gerüst- und Schalungsteile für 4.000 EUR zzgl. USt veräußert. Gebucht wurde:

Bank	4.760 EUR
an Sonstige betriebliche Erträge	4.000 EUR
an Umsatzsteuer	760 EUR.

Sind die Buchungen zutreffend? Welcher Betrag ist zum 31.12.04 als Festwert anzusetzen?

Aufgabe 54: Vorratsbewertungsverfahren
Die Lagerbewegungen bei einem Rohstoff ergaben folgendes Bild:

Anfangsbestand 1.1.	15 t	à 400 EUR/t
Zugang 20.1.	25 t	à 420 EUR/t
Abgang 20.3.	10 t	
Zugang 20.6.	20 t	à 380 EUR/t
Abgang 20.7.	40 t	
Zugang 20.9.	15 t	à 430 EUR/t
Abgang 20.11.	5 t	

Der Marktpreis am Bilanzstichtag beträgt 410 EUR/t.
Berechnen Sie die Werte des Endbestandes und des Verbrauchs nach allen Varianten der Durchschnittspreis-, der fifo- und der lifo-Methode.

Aufgabe 55: Disagio
Die LowTech GmbH nimmt zu Beginn des Jahres 01 bei der Ostfriesischen Bank AG ein langfristiges Darlehen in Höhe von 500.000 EUR auf. Der laufende Zinssatz beträgt 8%, als Disagio werden 8,8% vereinbart, die Laufzeit ist 10 Jahre. Die LowTech möchte ihren Gewinn sowohl handels- als auch steuerrechtlich so niedrig wie möglich ausweisen. Alternativ handele es sich bei diesem Darlehen

a) um ein Fälligkeitsdarlehen (Tilgung in einem Betrag am Ende der Laufzeit),
b) um ein (Raten-)Tilgungsdarlehen (Tilgung in gleichen Jahresraten jeweils am Jahresende).
Beachten Sie steuerrechtlich die Empfehlungen des BFH und geben Sie für die Jahre 01 und 02 alle Buchungssätze an.

Aufgabe 56: Latente Steuern nach HGB
Die LowTech GmbH erwirbt (wie in Aufgabe 44) am 10.1.01 eine Seilaufrollmaschine zu Anschaffungskosten von 24.000 EUR. Die betriebsgewöhnliche Nutzungsdauer der Maschine beträgt 8 Jahre, die Maschine soll linear abgeschrieben werden. Außerdem möchte die Geschäftsleitung, dass eine Sonderabschreibung gemäß § 7g Abs. 5 EStG für kleine und mittlere Betriebe in Höhe von 20% der Anschaffungskosten im ersten Jahr der Nutzungsdauer vorgenommen wird. Alle Voraussetzungen dafür (§ 7g Abs. 6 EStG) seien erfüllt.
a) Nehmen Sie an, dass es sich bei der LowTech GmbH um eine große Kapitalgesellschaft nach § 267 Abs. 3 HGB handelt und ermitteln Sie Art und Höhe der latenten Steuern gemäß § 274 HGB. Besteht zu deren Berücksichtigung eine Pflicht oder ein Wahlrecht? Geben Sie auch den Buchungssatz und alle gesetzlichen Vorschriften an. Es ist ein Steuersatz von 30% zu verwenden.
b) Zeigen Sie in einer Tabelle die Entwicklung der Handels- und Steuerbilanzwerte der Maschine sowie des Postens der latenten Steuern im Zeitablauf auf. Falls ein Wahlrecht zur Bildung latenter Steuern bestehen sollte, sei angenommen, dass die LowTech dieses nutzt.

Aufgabe 57: Latente Steuern nach HGB
Die LowTech GmbH weist in ihrer Bilanz zum 31.12.01 bei folgenden Posten Unterschiede zwischen Handels- und Steuerbilanz auf (alle Werte in EUR):

Bilanzposition (alle Werte in EUR)	Wert in IFRS-Bilanz	Steuerlicher Wert (StB)	Temporäre Differenz	Latente Steuern (Stand per 31.12.01)	Latente Steuern (erfolgswirksame Veränderung in 01)
Selbst geschaffenes Patent (Anlagevermögen)	80.000 (Herstellungskosten = 80.000; ND = 8 Jahre; lineare Abschreibung)	----- (Aktivierungsverbot gemäß § 5 Abs. 2 EStG; lineare Abschreibung)			
Gebäude	420.000 (AK = 600.000; lineare Abschreibung; ND = 20 Jahre)	492.000 (AK = 600.000; lineare Abschreibung; 3 % AfA;)			
Schleifmaschine	42.000 (AK = 84.000; lineare Abschreibung ND = 6 Jahre;)	52.500 (AK = 84.000; lineare Abschreibung; ND = 8 Jahre)			
Aktien der Stahlgitter AG	100.000 (AK = 100.000)	80.000 (AK = 100.000) Teilwertabschreibung am 31.12.01			
Steuerlicher Verlustvortrag	---	115.000 (Aktueller steuerlicher Verlust über einen erfolgten Rücktrag hinaus)			

a) Die latenten Steuern sind im Vorjahr in voller Höhe gebildet worden. Ermitteln Sie nun die Art und die Höhe der latenten Steuern (Steuersatz: 30%) zum 31.12.01. Wie sind diese in der Handelsbilanz auszuweisen? Gibt es Ausweiswahlrechte? Geben Sie auch die Buchungssätze an. Nehmen Sie dabei an, dass es wahrscheinlich ist, dass in den nächsten 5 Jahren ein ausreichend hohes zu versteuerndes Ergebnis erwirtschaftet wird, mit dem der steuerliche Verlustvortrag verrechnet werden kann. Wie hoch ist die Auswirkung der latenten Steuern auf den Periodenerfolg in der Gewinn- und Verlustrechnung?

b) Welche Auswirkungen auf den handelsrechtlichen Periodenerfolg hätte es, wenn das Management es am 31.12.01 für unwahrscheinlich hält, dass die steuerlichen Verlustvorträge innerhalb der nächsten fünf Jahre genutzt werden können?

c) Welche Höhe haben die Buchwerte der genannten Vermögensgegenstände einschließlich der latenten Steuern am folgenden Bilanzstichtag (31.12.02)? Nehmen Sie dabei an, dass die Gesellschaft im Jahr 02 einen steuerlichen Gewinn in Höhe von 115.000 EUR erzielt. Diese Teilaufgabe schließt an Teilaufgabe a) an.

Aufgabe 58: Bewertungskonzeption nach IFRS (mit latenten Steuern)
Lösen Sie Aufgabe 29 „Bewertungskonzeption nach IFRS" jetzt unter Berücksichtigung von latenten Steuern. Berücksichtigen Sie dabei die Vorschriften des EStG. Steuerrechtlich dürfen insbesondere nur die AfA auf Basis der historischen Anschaffungs- oder Herstellungskosten gemäß § 7 Abs. 4 S. 2 EStG (Nutzungsdauer = 20 Jahre) berücksichtig werden. Der gegenwärtige und künftig erwartete Steuersatz soll dabei 30% betragen. Verwenden Sie zur Lösung wieder eine Tabelle und geben Sie alle Buchungssätze an.

Aufgabe 59: Neubewertungsmodell (mit latenten Steuern)
Lösen Sie Aufgabe 43 „Neubewertungsmethode (ohne latente Steuern)" jetzt unter Berücksichtigung von latenten Steuern. Der gegenwärtige und künftig erwartete Steuersatz soll dabei 40% betragen. Außerdem sind die jeweiligen Ertragsteuern auf den Jahresüberschuss zu ermitteln und als Steueraufwand und Steuerverbindlichkeiten zu berücksichtigen. Steuerlich darf jedoch nur die Abschreibung auf Basis der Anschaffungs- oder Herstellungskosten als Betriebsausgabe berücksichtig werden. Die jährliche Ausschüttung entspricht im IFRS-Abschluss dem Jahresüberschuss nach Abschreibungen auf Basis des beizulegenden Zeitwerts (für das Jahr 01: auf Basis der Anschaffungskosten) und nach Ertragsteuern. Die Steuerverbindlichkeiten werden jeweils im Folgejahr getilgt.

Aufgabe 60: Steuerfreie Rücklage gem. § 6b EStG
Die LowTech GmbH veräußerte am 24.1.02 ein altes Bürogebäude, das seit mehr als 6 Jahren ununterbrochen betrieblich genutzt wurde, zum Preis von 200.000 EUR. Der Restbuchwert betrug zu diesem Zeitpunkt 50.000 EUR. Eine neues Bürogebäude (Anschaffungskosten: 750.000 EUR; lineare Absetzung für Abnutzung gemäß § 7 Abs. 4 Nr. 1 EStG; der zugehörige Grund und Boden soll hier außer Acht gelassen werden) wurde erworben
        a) am 8. 8. 02
        b) am 12. 3. 01
        c) am 15.10. 03.
Wie wird die Buchhalter Ärmel steuerrechtlich bilanzieren, wenn die GmbH einen möglichst niedrigen Steuerbilanzgewinn anstrebt? Alle steuerrechtlichen Voraussetzungen gemäß § 6b Abs. 4 EStG für die Übertragung der stillen Reserven seien erfüllt. Geben Sie die Buchungssätze und die erste AfA für das neue Bürogebäude an. Die Umsatzsteuer soll unbeachtet bleiben. Welcher Buchwert ergibt sich in der Handelsbilanz für das neue Gebäude, wenn linear über die steuerrechtlich vorgeschriebene Nutzungsdauer abgeschrieben wird? Falls latente Steuern relevant sein sollten, geben Sie bitte Art, Höhe, Vorschrift und Buchungssätze an. Der maßgebende Ertragsteuersatz betrage 30%.

Aufgabe 61: Rückstellungen für Patentrechtsverletzung
Die LowTech GmbH hat Ende des Jahres 01 ein neues Produkt auf den Markt gebracht und dadurch ein bestehendes Patentrecht eines Konkurrenzunternehmens verletzt. Der Rechtsinhaber hat aber bis zum Bilanzstichtag offenbar noch nichts von der Patentrechtsverletzung erfahren. Allerdings dürfte es nur noch kurze Zeit dauern, bis das Konkurrenzunternehmen davon erfährt und sich dagegen zur Wehr setzen wird. Buchhalter Ärmels Erfahrungen und Kenntnisse vergleichbarer Fälle lassen ihn mit Schadensersatzleistungen i.H.v. ca. 200.000 EUR rechnen. Die LowTech GmbH möchte den Gewinn in Handels- und Steuerbilanz so niedrig wie möglich ausweisen. Geben Sie im Falle einer vorzunehmenden Buchung den Buchungssatz an. Prüfen Sie die Relevanz latenter Steuern und geben Sie auch hier den Buchungssatz an (Ertragsteuersatz = 30%).

Aufgabe 62: Rückstellungen für Prozesskosten

Die LowTech GmbH führt seit mehreren Monaten des Jahres 01 einen Prozess gegen einen Kunden, der öffentlich erklärte, die Produkte der LowTech seien funktionsuntüchtig und sicherheitsgefährdend. Die Prozesskosten sind bisher mit 40.000 EUR zu veranschlagen. Sollte der Prozess im Folgejahr in die nächste Instanz gehen, was beide Parteien im Falle ihres Unter-liegens bereits angedroht haben, würden die Kosten sich auf 60.000 EUR erhöhen. Die LowTech geht davon aus, dass für sie keinerlei Risiko besteht und der Kunde auf jeden Fall alle Kosten tragen muss.
a) Wie ist zum 31.12.01 in Handels- und Steuerbilanz zu bilanzieren? Geben Sie alle Buchungssätze an. Prüfen Sie die Relevanz latenter Steuern und geben Sie auch hier den Buchungssatz an (Ertragsteuersatz = 30%),
b) Wie ist in Handels- und Steuerbilanz zu bilanzieren, wenn die GmbH den Prozess im Folgejahr 02 gewinnt und keine Berufung eingelegt wird, das Urteil also rechtskräftig ist?
c) Wie ist in Handels- und Steuerbilanz zu bilanzieren, wenn die GmbH im alternativen Falle den Prozess im Folgejahr 02 verliert, sofort in Revision geht und den Prozess im Jahr 03 endgültig verliert. Im Jahr 03 erhält die LowTech GmbH vom Gericht eine „Kostenrechnung", wonach die für beide Prozesse insgesamt nun zu zahlenden Prozesskosten 70.000 EUR betragen und somit die veranschlagten um 10.000 EUR überschreiten.

Aufgabe 63: Garantie-Rückstellungen

Die LowTech GmbH sichert ihren Kunden vertraglich 3 Jahre Garantie bzgl. des Durchrostens ihrer Produkte zu. Im gerade abgelaufenen Jahr 03 betrug der Umsatz EUR 5 Mio., für 0,8 Mio. EUR davon bestehen Rückgriffsrechte gegenüber Lieferanten bzw. Subunternehmen. Erfahrungsgemäß entstehen Garantieleistungskosten (Selbstkosten ohne kalkulatorische Kosten) in Höhe von 8 % des Umsatzes. Zu den Umsätzen des gerade abgelaufenen Jahres wurden in 03 bereits Garantieleistungen im Werte von 81.000 EUR erbracht. Die Umsätze der Jahre 01 und 02 beliefen sich auf 4 Mio. EUR und 4,4 Mio. EUR, es bestanden Rückgriffsrechte von jeweils EUR 0,6 Mio.
Die tatsächlich erbrachten Garantieleistungen betrugen:
- für Umsätze in 01: jeweils 70.000 EUR in 01, 02 und 03,
- für Umsätze in 02: EUR 64.000 in 02, EUR 90.000 in 03.

Der Stand der Garantierückstellung zum 1.1.01 sei 0,- EUR. Aus Vereinfachungsgründen soll von der steuerrechtlichen Abzinsungspflicht gemäß § 6 Abs. 1 Nr. 3a Buchst. e) EStG abgesehen werden, so dass die Lösung für Handels- und Steuerrecht identisch ist. Wie hoch sind die Garantie-Rückstellungen per 31.12.03 und wie lauten die Buchungen der Bildung und Auflösung von Pauschalrückstellungen in den Jahren 01 bis 03, wenn die tatsächlichen Garantieaufwendungen
a) jeweils rückstellungsmindernd,
b) auf einem besonderen Konto erfolgsmindernd verbucht werden? Es ist davon auszugehen, dass die Garantieleistungs-Inanspruchnahmen sich gleichmäßig auf die 3 Garantiejahre verteilen. Da sich die Umsätze jeweils über das ganze Jahr verteilen, soll dabei angenommen werden, dass im Umsatzjahr nur die Hälfte der Inanspruchnahmen stattfinden, die Rückstellung also zu einem Sechstel aufzulösen ist. Das übrige Sechstel wird im vierten Jahr aufgelöst. Schema: 1/6, 1/3, 1/3, 1/6.

Aufgabe 64: Rückstellungen für Wechselobligo

Die LowTech GmbH hat bis zum 31.12.03 insgesamt Kundenwechsel im Werte von 220.000 EUR weitergegeben. Erfahrungsgemäß wird die GmbH in Höhe von 4% dieser Summe in Regress genommen. Am Tag der Bilanzaufstellung (31.3.04) sind Wechsel im Umfang von 6.600 EUR noch nicht eingelöst worden. In welcher Höhe ist eine Pauschalrückstellung für Wechselobligo zu bilden?

Aufgabe 65: Rückstellungen für drohende Verluste aus schwebenden Beschaffungsgeschäften

Im abgelaufenen Geschäftsjahr 01 hat die LowTech GmbH 30 Getriebewellen als Ersatzteile (bzw. Rohstoffe) für die Produktionsanlagen zum Einzelpreis von EUR 1.560 (zuzügl. USt) bestellt. Zum Bilanzstichtag ist der Wiederbeschaffungspreis auf EUR 1.380 (zuzügl. USt) gesunken. Wie ist am 31.12.01 und am 31.12.02 in Handels- und Steuerbilanz zu bilanzieren, wenn die Getriebewellen erst im Folgejahr geliefert werden, die Hälfte der Getriebewellen am 31.12.02 noch im Vorratslager vorhanden sind, die Preisverhältnisse sich bis dahin nicht geändert haben und immer noch eine voraussichtlich dauernde Wertminderung vorliegt? Berücksichtigen Sie auch latente Steuern (Ertragsteuersatz: 30%). Geben Sie alle Buchungssätze in 01 und 02 an, vernachlässigen Sie dabei die Umsatzsteuer.

Aufgabe 66: Rückstellungen für drohende Verluste aus schwebenden Absatzgeschäften
Die LowTech GmbH hat im November des Jahres 01 den Auftrag zum Bau einer Spezialanlage zum Festpreis von 400.000 EUR erhalten. Als Liefertermin wurde der 31.8.02 vereinbart, mit der Fertigung wird im Februar 02 begonnen werden.
Die dem Angebot zugrunde liegende Kostenkalkulation war am Bilanzstichtag 31.12.01 aufgrund geänderter Erwartungen hinsichtlich der künftigen Lohn- und Materialpreiserhöhungen nicht mehr realistisch und musste revidiert werden.

	ursprüngliche Kalkulation	neue Kalkulation
Materialeinzelkosten	60.000 EUR	80.000 EUR
+ Materialgemeinkosten (20%)	12.000 EUR	16.000 EUR
+ Fertigungseinzelkosten	80.000 EUR	90.000 EUR
+ Fertigungsgemeinkosten (200%)	160.000 EUR	180.000 EUR
+ Sondereinzelkosten der Fertigung	8.000 EUR	14.000 EUR
= Herstellkosten	320.000 EUR	380.000 EUR
+ dir. zurechenbare Finanzierungskosten	32.000 EUR	36.000 EUR
+ allg. Verwaltungsgemeinkosten	4.000 EUR	6.000 EUR
+ Sondereinzelkosten des Vertriebs	28.000 EUR	34.000 EUR
= Selbstkosten	384.000 EUR	456.000 EUR
+ Gewinn	+ 16.000 EUR	- 56.000 EUR
= Festpreis	400.000 EUR	400.000 EUR

a) Wie ist am 31.12.01 handels- und steuerrechtlich zu bilanzieren? Welche Buchungen fallen im Jahr 02 an? Berücksichtigen Sie auch latente Steuern (Ertragsteuersatz: 30%). Geben Sie alle Buchungssätze an, vernachlässigen Sie dabei die Umsatzsteuer.
b) Was ändert sich an der Beantwortung der Frage a), wenn Ende des Jahres 01 bereits mit dem Bau der Anlage begonnen wurde und bis zum 31.12.01 jeweils ein Zehntel der verschiedenen Aufwendungen (neue Kalkulation) bereits angefallen ist? Gehen Sie dabei in Handels- und Steuerbilanz von einer Aktivierung des Unfertigen Erzeugnisses in Höhe der Wertuntergrenze der Herstellungskosten aus.

Aufgabe 67: Rückstellungen für drohende Verluste aus schwebenden Absatzgeschäften
Gleiche Angaben wie in Aufgabe 66, allerdings ist die Anlage am 31.12.01 zur Hälfte fertiggestellt. In jeder Kostenkategorie ist genau die Hälfte der Kosten nach neuer Kalkulation entstanden, die andere Hälfte wird im nächsten Geschäftsjahr anfallen. Wie ist per 31.12.01 zu bilanzieren? Berücksichtigen Sie auch latente Steuern (Ertragsteuersatz: 30%). Unterscheiden Sie drei Fälle:
a) Das Unfertige Erzeugnis wird in Handels- und Steuerbilanz in Höhe der Herstellungskosten-Untergrenze aktiviert.
b) Das Unfertige Erzeugnis kann auch von Dritten beschafft werden. Die Wiederbeschaffungskosten am Bilanzstichtag betragen voraussichtlich dauerhaft 160.000 EUR. Wie in Fall a) wird das Unfertige Erzeugnis in Handels- und Steuerbilanz in Höhe der Herstellungskosten-Untergrenze aktiviert.
c) Das Unfertige Erzeugnis wird in Höhe der jeweiligen Herstellungskosten-Obergrenze in Handels- und Steuerbilanz aktiviert.

Aufgabe 68: Urlaubsrückstellungen
Die Urlaubsrückstellungen der LowTech GmbH zum 31.12.01 sind noch nicht gebildet worden. Berechnen Sie die Urlaubsrückstellung in Handels- und Steuerbilanz für einen Angestellten unter Berücksichtigung folgender Angaben:

Monatsgehalt (brutto)	5.000 EUR
Arbeitgeberanteil zur Sozialversicherung (insges.)	20 %
rückständige Urlaubstage	10 Tage
Arbeitstage pro Monat	21 Tage

erwartete Lohnerhöhung nach dem Bilanzstichtag	4 %
Urlaubsgeld (wird im Juli generell in voller Höhe ausbezahlt)	1.000 EUR
Einmalzahlung pro Jahr (13. Monatsgehalt)	5.000 EUR
Sonstige feste Einmalzahlung pro Jahr	3.000 EUR
Zuführung zu den Pensionsrückstellungen pro Jahr	9.500 EUR
Anteilige Personalverwaltungsgemeinkosten pro Jahr	400 EUR
Brutto-Arbeitstage pro Jahr	250 Tage
Ausfalltage (Krankheit, Urlaub etc.) pro Jahr	50 Tage.

Aufgabe 69: Rückstellung für unterlassene Instandhaltung und Abraumbeseitigung

Im Dezember 01 wurden von der LowTech GmbH Schäden am Dach der Lagerhalle festgestellt. Der vom Dachdeckermeister eingeholte Kostenvoranschlag beläuft sich auf 15.000 EUR zuzügl. abziehbare USt. Aufgrund der ungünstigen Witterung und der bereits vorliegenden anderen Aufträge können die Handwerker mit den Reparaturarbeiten erst Ende März 02 beginnen. Mit der Fertigstellung ist Ende April zu rechnen. Da das Dachdeckerunternehmen gleichzeitig einen LKW-Containerdienst betreibt, wird der Abtransport mehrerer Ladungen Bauschutts eines abgerissenen Gebäudes, in dem früher die Dampferzeugung untergebracht war, ebenfalls ins nächste Jahr verschoben und erst im April 02 erledigt. Die Transport- und Aufladungskosten werden 5.000 EUR betragen. Wie hat Buchhalter Ärmel, der die Bilanz per 31.12.01 bis zum 31.3.02 aufgestellt haben muss, den Vorgang handels- und steuerrechtlich zu berücksichtigen, wenn der Gewinnausweis möglichst niedrig erfolgen soll? Geben Sie auch die Buchungssätze an.

Aufgabe 70: Rückstellungen nach IFRS

Buchhalter John Sleeve der LowTech International GmbH droht vom Wust der Arbeiten für den IFRS-Abschluss per 31.12.01 erdrückt zu werden. Sie sollen ihm behilflich sein und seine folgenden Fragen zu verschiedenen Sachverhalten im Zusammenhang mit Rückstellungen beantworten.

1.) Der im Dezember 01 eigentlich erforderliche Neuanstrich der Fenster des Verwaltungsgebäudes der GmbH musste aus Witterungsgründen auf das Folgejahr verschoben werden. Im Dezember war unverbindlich ein Angebot einer Malerfirma eingeholt worden. Danach liegen die Gesamtkosten in einer Größenordnung von 30.000 EUR. Am 1. März 02 begannen die Malerarbeiten, sie dauern noch an.

2.) Die Geschäftsführung hatte noch im Dezember beschlossen, den Werksstandort Fedderwardersiel im Frühjahr 02 zu schließen. Ein detaillierter Restrukturierungsplan ist damals bereits erstellt und öffentlich bekanntgegeben worden, insbesondere den von der Werksstillegung Betroffenen. Der Restrukturierungsplan enthält den betroffenen Geschäftsbereich, den Umsetzungszeitpunkt, Standort, Funktion und ungefähre Anzahl der Arbeitnehmer, denen bei Zahlung einer Abfindung gekündigt werden soll, und die voraussichtlich entstehenden Ausgaben. Diese betragen: 1 Mio EUR für die Abfindung der gekündigten Mitarbeiter. Der voraussichtliche Verlust, den dieses Werk im Jahre 02 noch bis zu seiner Stillegung verursachen wird, liegt bei 400.000 EUR. Investitionsausgaben von 800.000 EUR in neue Produktionsanlagen und 300.000 EUR zum Ausbau der Vertriebswege werden erforderlich am Standort Butjadingen, der gestärkt werden soll und in dem die übrigen nicht entlassenen Arbeitnehmer aus dem stillzulegenden Werk beschäftigt werden sollen. Für deren Umschulung werden Ausgaben in Höhe von 100.000 EUR erwartet. Außerdem werden verstärkte Werbemaßnahmen für die in Butjadingen hergestellten Erzeugnisse noch 250.000 EUR verschlingen. Schließlich sind die leeren Werksgebäude (Buchwerte insgesamt: 5 Mio EUR) zu berücksichtigen. Die Restrukturierungsaufwendungen belaufen sich damit insgesamt auf 7,45 Mio EUR. Buchhalter Sleeves möchte eigentlich gar keine Rückstellung bilden, da das Jahresergebnis durch einen solch hohen Rückstellungsbetrag negativ werden würde.

Aufgabe 71: Rückstellungen für Gewährleistungen nach IFRS

Die GmbH hat im Dezember 01 eine Großanlage ausgeliefert und vertraglich die üblichen Gewährleistungen übernommen. Mit dieser Art von Anlagen gibt es bereits Erfahrungen aus früheren Jahren, die – unter Berücksichtigung von Kostensteigerungen im Zeitablauf - als Schätzwerte („Best Estimate") herangezogen werden können. Den Käufern dieser Großanlage wird vertraglich garantiert, dass alle Fehler, die sich in den ersten drei Jahren nach der Lieferung ergeben und auf die Konstruktion oder Produktion der Anlage zurückzuführen sind, kostenlos behoben werden. Erfahrungsgemäß fallen folgende Reparaturaufwendungen aus der Gewährleistung an: im 1. Jahr nach Inbetriebnahme 10.000 EUR, im 2. Jahr 15.000 EUR und im dritten Jahr 20.000 EUR. Diese Be-

träge sind jedoch auf dem Lohnkostenniveau im Jahre 01 geschätzt. Man geht für die nächsten drei Jahre von Lohnsteigerungen i.H.v. jährlich 4% aus. Der Marktzinssatz liegt zurzeit bei 8 %.
a) Ermitteln Sie unter Berücksichtigung der erwarteten Lohnsteigerungen den Erfüllungsbetrag als denjenigen Betrag, der zur Erfüllung der Verpflichtung in den drei kommenden Jahren voraussichtlich aus dem Unternehmen abfließen wird.
b) Wie hoch ist jeweils der Rückstellungsbetrag zum 31.12.01 bis zum 31.12.04, wenn die tatsächlichen Reparaturausgaben im Jahre 02 nur 6.000 EUR, im Jahre 03 18.000 EUR und im Jahre 04 ebenfalls 18.000 EUR betragen?

Aufgabe 72: Abzinsung von Verbindlichkeiten
Am 1.1.01 erwirbt die LowTech GmbH eine Verpackungsmaschine, deren Bezahlung in 2 jährlichen Raten von jeweils 24.000 EUR (am 31.12.01 und am 31.12.02) erfolgt. Der Marktzinssatz für Kredite mit einer Laufzeit von 2 Jahren beträgt 10%. Es ist davon auszugehen, dass beide Parteien ein zusätzliches Kreditgeschäft gewollt haben und im Rechnungsbetrag ein Zinsanteil enthalten ist, da die Summe der Raten den üblichen Barpreis überschreitet. Wie hoch sind die Anschaffungskosten der Maschine? Wie ist die Verbindlichkeit an den Bilanzstichtagen 31.12.01 und 31.12.02 in Handels- und Steuerbilanz zu bewerten? Verwenden Sie dazu die Nettomethode. Geben Sie auch alle Buchungssätze an. Die Umsatzsteuer ist zu vernachlässigen.

Aufgabe 73: Fremdwährungsverbindlichkeiten
Am 1.7.01 nimmt die LowTech GmbH einen Dollarkredit bei der Chase Manhattan Bank, New York, auf: Höhe 500.000 US-$, Laufzeit 8 Jahre, 96 % Auszahlung, Tilgung am Ende der Laufzeit, jeweils am 31.12. nachschüssig zu zahlender laufender Zins 5%. Der Wechselkurs (Mittelkurs) am 1.7.01 beträgt 1 EUR = 0,6666 US-$.
a) Am folgenden Bilanzstichtag (31.12.01) sinkt der Wechselkurs (Mittelkurs) (begründbar) voraussichtlich dauerhaft auf 1 EUR = 0,50 US-$. Am nächsten Bilanzstichtag (31.12.02) beträgt er (begründbar) voraussichtlich dauerhaft 1 EUR = 0,625 US-$. Wie ist die Kreditaufnahme zu buchen? Wie ist die Fremdwährungsverbindlichkeit an den beiden Bilanzstichtagen in Handels- und Steuerbilanz zu bewerten? Dabei ist davon auszugehen, dass sowohl der handels- als auch der steuerrechtliche Jahresüberschuss so niedrig wie möglich ausgewiesen werden soll. Geben Sie alle Buchungssätze an.
b) Was ändert sich an der Beantwortung von Frage a), wenn die gesunkenen Wechselkurse an den beiden Bilanzstichtagen als voraussichtlich vorübergehend eingeschätzt werden?

Aufgabe 74: Fair Value-Hedge
Am 30.6.01 kauft die LowTech International GmbH 10 Kontrakte Verkaufsoptionen auf Aktien der X-AG (1 Kontrakt = 100 Aktienoptionen). Die Geschäftsleitung stellt fest und dokumentiert, dass es sich um ein effektives Mittel zur Absicherung des Kursrisikos des Aktienbestands von 1.000 X-AG Aktien handelt. Die Sicherungsbeziehung ist auf den inneren Wert der Option beschränkt, der das Verlustrisiko des Grundgeschäfts ausgleicht, umfasst aber nicht den Zeitwert der Option, der die Wertsteigerungschancen der Option während der Restlaufzeit widerspiegelt. Die Verkaufsoption gibt dem Unternehmen das Recht, die 1.000 Aktien während der Laufzeit bis zum 30.06.02 zum festgelegten Basispreis („Strike Price") von 30 EUR pro Aktie zu veräußern.

Datum	Marktwert der Aktien („Fair Value")	Gesamt-Marktwert der Verkaufsoption	Innerer Wert der Verkaufsoption	Zeitwert der Verkaufsoption
1.1.01	25.000 EUR	---	---	
30.6.01	30.000 EUR	10.000 EUR	---	10.000 EUR
30.9.01	32.000 EUR	6.000 EUR	---	6.000 EUR
31.12.01	27.000 EUR	7.000 EUR	3.000 EUR	4.000 EUR

Fall 1 (IAS 39.89): Die 1.000 Aktien gehören zur Kategorie „Zur Veräußerung verfügbare finanzielle Vermögenswerte" und sind daher normalerweise erfolgsneutral zum beizulegenden Zeitwert („Fair Value") zu bewerten (IAS 39.9).

Fall 2 (IFRS 9.6.5.8): Die 1.000 Aktien gehören aufgrund einer zulässigen Nutzung der FVTOCI-Option (IFRS 9.4.1.4.) zur FVTOCI-Kategorie und sind daher normalerweise erfolgsneutral zum beizulegenden Zeitwert („Fair Value") zu bewerten.

Geben Sie für beide Fälle des effektiven Fair Value-Hedge die Buchungen zum 30.6., zum 30.9. und zum 31.12.01 für das Grundgeschäft und für das Sicherungsgeschäft an.

TEIL F. LÖSUNGEN ZU DEN AUFGABEN

Lösung zu Aufgabe 1: Grundsätze ordnungsmäßiger Buchführung und Bilanzierung
a) Verstoß gegen den Grundsatz der formalen Bilanzkontinuität (§ 265 Abs. 1 HGB), den Grundsatz der (formalen) Richtigkeit sowie den Grundsatz der Klarheit und Übersichtlichkeit (§ 243 Abs. 2 HGB).

b) Der Einkommensteuer-Erstattungsanspruch betrifft die private Sphäre des Klein, gehört also nicht zum Betriebsvermögen von Kleins Einzelunternehmen (Auslegung des Vollständigkeitsprinzips lt. h.M.; § 246 Abs. 1 HGB). Überdies hätte Ärmel zu einer unzulässigen Saldierung zwischen Forderung und Verbindlichkeit geraten (§ 246 Abs. 2 HGB).

c) Verstoß gegen den Grundsatz der Bewertungsstetigkeit (§ 252 Abs. 1 Nr. 6 HGB).

d) Verstoß gegen das Realisationsprinzip (§ 252 Abs. 1 Nr. 4 HGB) bzw. das Anschaffungskostenprinzip (§ 253 Abs. 1 HGB).

e) Verstoß gegen den Grundsatz der zeitlichen Abgrenzung (§ 252 Abs. 1 Nr. 5 HGB). Es ist in der Bilanz zum 31.12. eine Sonstige Verbindlichkeit in Höhe des Anteils der kommenden Mietzahlung vom 1. Februar zu passivieren, der auf das gerade abgelaufene Jahr entfällt (also 5/6, ohne den Betrag für Januar).

f) Dies ist nicht zulässig. Es handelt sich um einen Verstoß gegen den Grundsatz der sachlichen Abgrenzung bzw. gegen die Planmäßigkeit der Abschreibung (§ 253 Abs. 3 S. 1 und 2 HGB).

g) Es kommt weder auf das Datum des Rechnungseingangs noch auf den Zeitpunkt der Zahlung an. Der Zugang ist zu buchen, gleichermaßen eine Verbindlichkeit aus Lieferungen und Leistungen. Ärmel verstößt gegen das Vollständigkeitsprinzip.

h) Verstoß gegen das Realisationsprinzip (§ 252 Abs. 1 Nr. 4 HGB), der Gewinnrealisationszeitpunkt ist der spätere Zeitpunkt der Lieferung der Zahnbürsten.

i) Verstoß gegen das Stichtagsprinzip. Am 31.12.01 gab es noch keinen Grund, das Patent außerplanmäßig abzuschreiben. Die neue Erfindung wurde erst nach dem Stichtag gemacht bzw. war erst im neuen Jahr so ausgetüftelt, dass die Anmeldung zum Patent möglich wurde.

k) Die Röcke sind ausdauernde Ladenhüter, ein Wiederaufleben der Nachfrage ist objektiv nicht absehbar und auch nicht zu erwarten, da die Modeschöpfer nie genau dieselben Schnitte wieder herausbringen. Der Wert der Röcke ist wegen ihrer "Ungängigkeit" stark gemindert, möglicherweise sind sie völlig wertlos. Das Vorsichtsprinzip, genauer noch, das Imparitätsprinzip (§ 252 Abs. 1 Nr. 4 HGB), gebietet eine Abwertung, da der Kaufmann sich nicht reicher machen darf, als er ist, und daher drohende Verluste, sobald sie konkret absehbar sind, berücksichtigt (antizipiert) werden müssen.

Lösung zu Aufgabe 2: Vermögensgegenstand - Wirtschaftsgut
Fraglich ist, ob die Abstandszahlung, die kurz nach dem Erwerb des Grundstücks geleistet wurde zu den *Anschaffungskosten des Gebäudes* gehört. Da Anschaffungskosten nur die Kosten sind, die aufgewendet werden, um ein Wirtschaftsgut von der fremden in die eigene wirtschaftliche Verfügungsgewalt zu bringen, und der Erwerbsvorgang bereits abgeschlossen war, ist dies nicht der Fall. Die Abstandszahlung dient nur dazu, die eigengewerbliche Nutzung des Grundstücks vor Ablauf des Pachtverhältnisses zu ermöglichen.

Zu prüfen ist weiterhin, ob handelsrechtlich ein selbständiger immaterieller *Vermögensgegenstand* vorliegt. Eine selbständige Verkehrsfähigkeit (Einzelveräußerbarkeit) dieser vorzeitigen Nutzungsmöglichkeit (losgelöst vom Gesamtbetrieb und vom Grundstück) ist nicht gegeben. Ein Vermögensgegenstand liegt somit nicht vor. (Der GrS des BFH ist anderer Ansicht und hält die Zahlung handelsrechtlich für „zumindest aktivierungsfähig"). Herr Ärmel muss m.E. in der Handelsbilanz einen Aktiven Rechnungsabgrenzungsposten bilden, da sich die Aufwendungen auf eine ganz bestimmte Zeit nach dem Bilanzstichtag beziehen. Der RAP ist gleichmäßig über die Restlaufzeit (4 Jahre) des Pachtvertrags zu verteilen.

Liegt denn ein selbständiges immaterielles *Wirtschaftsgut* vor? Die Abstandszahlung der LowTech GmbH an den Pächter Paul Päch in Höhe von 48.000 EUR ist eine einmalige abgrenzbare Aufwendung, die der GmbH einen greifbaren Nutzen über mehrere Jahre verschafft, da sie das Grundstück für eigene Zwecke 4 Jahre (früher) nutzen kann. Diese Nutzungsmöglichkeit stellt zudem einen wirtschaftlichen Vorteil für die GmbH dar, den ein gedachter Erwerber des Unternehmens bei der Bemessung des Gesamtkaufpreises berücksichtigen würde. Es handelt sich somit um ein selbständig bewertbares immaterielles Wirtschaftsgut „Vorzeitige Möglichkeit der Nutzung zu gewerblichen Zwecken". Herr Ärmel hat demnach den Betrag der Abstandszahlung in der Steuerbilanz als immaterielles Wirtschaftsgut zu aktivieren und (ab dem vereinbarten Räumungstermin) über die Restlaufzeit des Pachtvertrages (4 Jahre) linear abzuschreiben (BFH-GrS 1/69 vom 2.3.1970, BStBl. II S.382).

Lösung zu Aufgabe 3: Anschaffungskosten
Nach § 255 Abs. 1 HGB gehören zu den Anschaffungskosten der Maschine:

	EUR
Anschaffungspreis (ohne USt)	38.000
+ Kosten des Fundaments (ohne USt)	1.200
+ Kosten des Transports (ohne USt)	400
- Anschaffungspreisminderung (Skonto)	- 760
= Anschaffungskosten der Maschine	38.840

a) Bei der Berücksichtigung der Kosten des Fundaments kommt es nicht auf den Zeitpunkt der Zahlung, sondern auf die Beendigung der Leistung an. Die Buchung muss daher im laufenden Geschäftsjahr erfolgen unter Passivierung einer Verbindlichkeit gegenüber der Bau OHG.

b) Erfolgt die Zahlung erst im Januar des Folgejahres unter Abzug von Skonto, so betragen die Anschaffungskosten der Maschine per 31.12.01 EUR 39.600 (ohne Berücksichtigung von Abschreibungen). Der Skontoabzug wirkt sich erst im Folgejahr als nachträgliche Anschaffungskostenminderung aus (H 6.2 "Skonto" EStH).

Lösung zu Aufgabe 4: Anschaffungskosten
Gemäß § 255 Abs. 1 betragen die Anschaffungskosten des bebauten Grundstücks (in EUR):

	insgesamt	Gebäude	Boden
Kaufpreis	500.000	350.000	150.000
+ Maklerkosten (ohne USt)	20.000	14.000	6.000
+ Notariatsgebühren (nur bzgl. Eigentumsübergang) (ohne USt)	4.000	2.800	1.200
+ Gerichtskosten (Grundbucheintragung des Eigentumsübergangs)	1.000	700	300
+ Grunderwerbsteuer (5,5% des Kaufpreises)	27.500	19.250	8.250
= Anschaffungskosten bebautes Grundstück	552.500	386.750	165.750

Der Gesamtkaufpreis ist auf den Grund und Boden einerseits und auf das Gebäude zu verteilen. Anders wäre es nicht möglich, die planmäßigen Abschreibungen auf das Gebäude richtig zu bemessen. Bei der Aufteilung ist das Verhältnis der Verkehrswerte (Teilwerte) des Grund und Bodens sowie des Gebäudes maßgeblich, zu deren Ermittlung z.B. Bodenrichtwerttabellen Anhaltspunkte liefern können. Auch die Nebenkosten, sofern sie sich nicht nur auf eines der beiden Wirtschaftsgüter beziehen, müssen entsprechend aufgeteilt werden. Laut Aufgabenstellung beträgt der Verkehrswert des Grund und Bodens 150.000 EUR.
Die Herausrechnung der USt aus dem Bruttorechnungsbetrag erfolgt durch Multiplikation mit 19/119 * 100 = 15,97 %.

Die Finanzierungskosten gehören nicht zu den Anschaffungskosten des Grundstücks. Die Bankspesen sind als Aufwand ("Kosten des Geldverkehrs") zu buchen, das Disagio) bzw. muss (H 6.10

„Damnum" EStH) mittels eines aktiven Rechnungsabgrenzungspostens über die Laufzeit des Darlehens verteilt werden. Die Notargebühren sowie die Gerichtskosten der Eintragung einer Hypothek ins Grundbuch stellen ebenfalls Aufwand dar.

Die anteiligen Kosten der Beschaffungsabteilung sind dem bebauten Grundstück nicht direkt zurechenbar, da die Leistungen der Beschaffungsabteilung grundsätzlich für verschiedene Abteilungen, aber auch für verschiedene Güter erfolgen (Gemeinkosten). Die zugeschlüsselten Kosten sind daher als Aufwand (Gehaltsaufwand, Büromaterial, Telefonkosten) zu verbuchen.

Das Förderband ist ein selbständiger Vermögensgegenstand, der weder notwendig ist, um das Lagergebäude "in einen betriebsbereiten Zustand zu versetzen" (§ 255 Abs. 1 HGB), noch mit dem Gebäude eine Bewertungseinheit (Funktionseinheit) bildet. Das Förderband steht nicht in unmittelbarem Nutzungs- und Funktionszusammenhang mit dem Gebäude, sondern mit der betrieblichen Funktion Transport und Lagerhaltung. Das Förderband ist daher ein bewegliches Wirtschaftsgut (sog. Betriebsvorrichtung). Es kommt nicht darauf an, ob die Verbindung der beiden Gegenstände fest oder jederzeit lösbar ist. Das Förderband ist mit folgenden Anschaffungskosten (§ 255 Abs. 1 HGB) zu aktivieren (Einzelbewertung):

	EUR
Kaufpreis	50.000
+ Installationskosten (einschl. Gestell; ohne USt)	1.100
= Anschaffungskosten Förderband	51.100

Lösung zu Aufgabe 5: Anschaffungskosten bei Kauf in Fremdwährung
Der Umrechnungskurs ist der Geldkurs am Tag der Lieferung, auf den Zeitpunkt der Rechnungsausstellung oder der tatsächlichen Bezahlung kommt es nicht an. Wahlweise kann auch der Devisenmittelkurs angesetzt werden. Ist man der Auffassung, dass § 256a HGB auch für die Zugangsbewertung gilt, muss der Mittelkurs angesetzt werden. In der Aufgabe ist nur der Mittelkurs angegeben. Somit betragen die Anschaffungskosten der Maschine 2.000 USD * 0,75 EUR pro USD = 1.500 EUR. Nach Abzug der zeitanteiligen linearen Abschreibung von 175 EUR ergibt sich für die Maschine ein Buchwert von 1.500 EUR - 175 EUR = 1.325 EUR am Bilanzstichtag. Eine Bewertungsänderung am Bilanzstichtag erfolgt bei nicht-monetären Posten nicht, da deren Wert durch eine Wechselkursänderung nicht beeinflusst wird.

Die Verbindlichkeit ist "angeschafft" zum Geldkurs (bzw. Mittelkurs) des Tages, an dem die Verbindlichkeit entstanden ist, also ebenfalls bei Eingang der Lieferung, sie beträgt daher 1.500 EUR. Am Bilanzstichtag ist aufgrund des Imparitätsprinzips der Rückzahlungsbetrag in EUR zum Devisenkassamittelkurs am Bilanzstichtag zu ermitteln (§ 256a HGB) und mit den "Anschaffungskosten" der Verbindlichkeit zu vergleichen (Höchstwertprinzip).

Fall a): Aufgrund der Abwertung des Euro ist nach den Verhältnissen am Bilanzstichtag mit einem höheren Rückzahlungsbetrag der Verbindlichkeit in EUR zu rechnen. Es droht ein Währungsverlust, der bei (kurzfristigen) Verbindlichkeiten nach dem Höchstwertprinzip (Imparitätsprinzip) vorwegzunehmen ist. Die Verbindlichkeiten sind zum 31.12.01 mit 2.000 EUR zu bewerten.

BS:	Sonstige betriebliche Aufwendungen	500 EUR	
	an Fremdwährungsverbindlichkeiten L.u.L.		500 EUR.

In der *Steuerbilanz* ist eine Werterhöhung der Fremdwährungsverbindlichkeit nicht zulässig, da übliche Wechselkursschwankungen keine voraussichtlich dauernde Werterhöhung begründen.

Fall b): Bei Umrechnung des Fremdwährungsbetrags mit dem Devisenkassamittelkurs am Bilanzstichtag gemäß § 256a HGB ergibt sich ein Wert der Verbindlichkeit von 2.000 USD / 1,666 USD pro EUR = 1.200 EUR. Eine Abwertung der Verbindlichkeit unter die "Anschaffungskosten" von 1.500 EUR würde die Berücksichtigung eines unrealisierten Währungsgewinnes bedeuten und das Realisations- bzw. Anschaffungswertprinzip verletzen. In der *Handelsbilanz* ist gemäß § 256a HGB bei Verbindlichkeiten mit einer Restlaufzeit von höchstens 1 Jahr der niedrigere Wert dennoch anzusetzen.

BS:	Verbindlichkeiten aus Lieferungen u. Leistungen	300 EUR	
	an Sonstige betriebliche Erträge		300 EUR.

In der *Steuerbilanz* ist streng die Anschaffungskostenuntergrenze zu beachten (§ 6 EStG i.V.m. § 5 Abs. 6 EStG). Eine Abwertung der Fremdwährungsverbindlichkeit ist daher nicht zulässig.

Lösung zu Aufgabe 6: Anschaffungskosten bei Tausch

a) *Handelsrecht*

Es besteht ein Wahlrecht zwischen folgenden drei Möglichkeiten, die Anschaffungskosten zu ermitteln:
1. Buchwert der hingegebenen Software = 34.000 EUR,
2. Zeitwert der hingegebenen Software = 38.000 EUR,
3. Buchwert der hingegebenen Software plus Ertragsteueraufwand (Steuersatz: 30%) durch die Gewinnrealisierung (s.u.) = 34.000 + 1.200 = 35.200 EUR.

Wegen des gegebenen bilanzpolitischen Ziels ist die erste Möglichkeit zu wählen und die empfangene Software mit 34.000 EUR ./. 2.125 EUR zeitanteilige Abschreibung, also mit 31.875 EUR, am Bilanzstichtag 31.12.01 anzusetzen. Die zeitanteilige planmäßige Abschreibung berechnet sich nach der Formel (Restbuchwert*angefangene Nutzungsmonate):(Restnutzungsdauer*12)= (34.000 *3):(4*12) = 2.125 EUR. Es ist noch zu prüfen, ob nicht der tatsächliche Zeitwert der empfangenen Software niedriger liegt. Er beträgt zum Zeitpunkt des Tausches 36.000 EUR und am Bilanzstichtag nach linearer Abschreibung über die Restnutzungsdauer 36.000 - 2.250 = 33.750 EUR. Eine Abwertung ist also weder möglich noch erforderlich.

BS:	Software (neu)	34.000 EUR	
	an Software (alt)		34.000 EUR.

BS:	Abschreibungen	2.125 EUR	
	an Software		2.125 EUR.

Bewertung der Software am 31.12.01 in der Handelsbilanz: 31.875 EUR.

b) *Steuerrecht:*

Der Ansatz des Zeitwertes (gemeinen Wertes) des hingegebenen Wirtschaftsguts ist verpflichtend (§ 6 Abs. 6 EStG). Am Bilanzstichtag ergäbe sich ein Wert von 38.000 - 2.375 = 35.625 EUR. Allerdings ist noch zu prüfen, ob nicht die empfangene Software einen geringeren Zeitwert hat. Dies ist der Fall, der oben berechnete Vergleichswert beträgt 33.750 EUR und wird angesetzt, da er niedriger ist. Ob die außerplanmäßige Abschreibung (Teilwertabschreibung) vorgenommen werden kann oder muss, soll an dieser Stelle nicht geklärt werden, da aufgrund des bilanzpolitischen Ziels der LowTech in jedem Falle eine Abschreibung vorgenommen wird.

BS:	Software	38.000 EUR	
	an Software		34.000 EUR
	an Sonstige betriebliche Erträge		4.000 EUR.

BS:	Abschreibungen	2.375 EUR	
	an Software (neu)		2.375 EUR.

BS:	Außerplanmäßige Abschreibung	1.875 EUR	
	an Software (neu)		1.875 EUR.

Bewertung der Software am 31.12.01 in der Steuerbilanz: 33.750 EUR.

c) *IFRS-Regelwerk:* Da es sich um den Tausch ähnlicher immaterieller Vermögenswerte handelt, ist anzunehmen, dass es dem Tauschgeschäft an „wirtschaftlicher Substanz" fehlt. Somit muss die LowTech International GmbH gemäß IAS 38.45-47 die Buchwertfortführung vornehmen (s. oben a) *Handelsrecht:* 1. Möglichkeit. 34.000 EUR). Für die Prüfung der „wirtschaftlichen Substanz" des Tausches müssen nur die geschätzten Cash Flows vor und nach dem Tausch auf wesenliche Änderungen untersucht werden oder es ist eine Bewertung des betreffenden Geschäftsbereichs vor und nach dem Tausch vorzunehmen und die Wertänderung auf Wesentlichkeit zu prüfen. Sollte sich daraus doch eine „wirtschaftliche Substanz" des Tausches ergeben, so ist bei Verlässlichkeit der Wertschätzung primär der beizulegende Zeitwert der hingegebenen Software anzusetzen (s. oben *b) Steuerrecht:* 38.000 EUR) oder bei verlässlicherer Schätzmöglichkeit auch der beizulegende Zeitwert der empfangenen Software (36.000 EUR).

Anmerkung: Da es sich um den Tausch zweier immaterieller Güter mit unterschiedlichen Zeitwerten handelt, ist es realitätsnäher anzunehmen, dass ein Zahlungsausgleich zwischen den Unternehmen stattfindet. In diesem Falle müsste die LowTech GmbH eine Zahlung von 2.000 EUR zusätzlich erhalten. Um diesen Betrag würden sich die oben ermittelten Anschaffungskosten der Low-Tech GmbH verringern.

Lösung zu Aufgabe 7: Anschaffungskosten bei Zuschüssen
Das Wahlrecht gemäß R 6.5 Abs. 2 EStR ist zugunsten der "erfolgsneutralen" Behandlung des Investitionszuschusses auszuüben, wenn die Gesellschaft einen möglichst niedrigen Gewinn anstrebt. Die lineare AfA gem. § 7 Abs. 1 EStG hat im Zugangsjahr zeitanteilig nach angefangenen Monaten zu erfolgen (vgl Kapitel B.IV.2.a)(3)).

a) *BS:* Technische Anlagen 200.000 EUR
Vorsteuer 38.000 EUR
an Bank 238.000 EUR.

BS: Bank 19.000 EUR
an Technische Anlagen 19.000 EUR.

BS: AfA auf Sachanlagen 9.050 EUR
an Technische Anlagen 9.050 EUR.
Bilanzansatz zum 31.12.01: 171.950 EUR.

ad b) Buchungen in 01 (Bilanzansatz zum 31.12.01: 190.000 EUR):

BS: Technische Anlagen 200.000 EUR
Vorsteuer 38.000 EUR
an Bank 238.000 EUR.

BS: AfA auf Sachanlagen 10.000 EUR
an Technische Anlagen 10.000 EUR.

ad b) Buchungen in 02
Abschreibungsbetrag: (190.000 - 19.000) : Rest-Nutzungsdauer 9,5 Jahre = 18.000 EUR;
Bilanzansatz zum 31.12.02: 153.000 EUR):

BS: Bank 19.000 EUR
an Technische Anlagen 19.000 EUR.

BS: AfA auf Sachanlagen 18.000 EUR
an Technische Anlagen 18.000 EUR.

Lösung zu Aufgabe 8: Anschaffungskosten nach IFRS
a) LowTech International GmbH nach IFRS:
Nach IAS 16.16 gehören zu den Anschaffungskosten von Sachanlagen der Kaufpreis abzüglich Skonti, Rabatte u.ä., Einfuhrzölle, nicht abziehbare Umsatzsteuer und alle direkt zurechenbaren Kosten, um die technische Anlage zum vorgesehenen Standort zu bringen und in den beabsichtigten betriebsbereiten Zustand zu bringen. Somit gehören auch alle Aufwendungen zum Umbau der erworbenen Produktionsanlage zu den Anschaffungskosten. Allerdings gehört die Feuerversicherungsprämie nicht dazu, da sie nicht in direkter Beziehung mit dem Anschaffungsprozess einschließlich der Umbauaktivitäten steht. Planmäßige Abschreibungen werden erst ab Inbetriebnahme berücksichtigt, also erst ab 2.1.02.

Da ein beträchtlicher Zeitraum (hier: 1 Jahr) erforderlich ist, um die Produktionsanlage in ihren beabsichtigen gebrauchsfähigen Zustand zu versetzen, handelt es sich hier um einen „qualifizierten" Vermögenswert und Fremdkapitalkosten, die dem Erwerb der Anlage direkt zurechenbar sind, müssen nach IAS 23.1 und IAS 23.8 in die Anschaffungskosten der Anlage einbezogen werden. Dabei ist der Zinssatz des speziell aufgenommenen Kredits zu berücksichtigen und der gewogene durchschnittliche Zinssatz, der für die allgemeine Unternehmensfinanzierung zu zahlen ist. Die Zahlung des Kaufpreises erfolgte Anfang Januar 01 in voller Höhe, sodass sich die zugehörigen Fremdkapitalkosten aus dem zugehörigen Bankkredit leicht als 0,06 * 808.000 EUR = 48.480 EUR ermitteln lassen. Die Aufwendungen zum Umbau der Anlage verteilen sich gleichmäßig auf das Jahr 01, sodass Fremdmittel zum Durchschnittszins von 7% in Höhe der Hälfte der Umbauaufwendungen in Anspruch genommen werden müssen. Die Zinskosten betragen also: 164.000 EUR * 0,5 * 0,07 = 5.740 EUR. Die Summe der aktivierungspflichtigen Fremdkapitalkosten beträgt also 54.220 EUR.

Die geschätzten Kosten des Abrisses der Anlage und der Entsorgung gehen mit ihrem Barwert ebenfalls in die Anschaffungskosten der Produktionsanlage ein (IAS 16.16(c)). Gleichzeitig ist eine sonstige Rückstellung für Entsorgungsverpflichtungen zu bilden, die über die Nutzungsdauer der Anlage aufzuzinsen ist. Der Barwert der Entsorgungskosten beträgt 75.000 EUR : $1,06^{11}$ = 39.509 EUR (gerundet). Der Diskontierungssatz entspricht dem aktuellen Kreditzinssatz der Gesellschaft für die entsprechende Laufzeit. Die Bildung der Rückstellung erfolgt in diesem Falle erfolgsneutral, aber dadurch, dass sie die Anschaffungskosten der Anlage erhöht, sind die Abschreibungen auch entsprechend höher, sodass die Rückstellung über die Nutzungsdauer der Anlage verteilt Gewinn mindernd wirkt. Außerdem muss die Rückstellung jährlich mit demselben Zinssatz aufgezinst werden (= Zinsaufwendungen), damit ihre Höhe am Ende der Nutzungsdauer der Anlage den geschätzten Entsorgungskosten entspricht. Im Jahr 01 ergibt sich als Aufzinsungsbetrag 0,06 * 39.509 EUR = 2.370,54 EUR. Im Jahr 02 errechnet sich der Aufzinsungsbetrag als 0,06 * 1,06 * 39.509 EUR = 0,06 * 41.879,54 EUR = 2.512,77 EUR.

b) LowTech GmbH nach HGB:
Nach § 255 Abs. 1 HGB ergeben sich dieselben Anschaffungskosten, allerdings mit 2 Ausnahmen:
1. Fremdkapitalzinsen gehören generell nicht zu den Anschaffungskosten,
2. Entsorgungskosten gehören generell nicht zu den Anschaffungskosten.
Bemerkung: Allerdings muss für zukünftige Abbruch- und Entsorgungskosten nach § 249 HGB eine Rückstellung gebildet werden. Diese fußt ebenfalls auf dem Barwert der Entsorgungsverpflichtung und ist als Ansammlungsrückstellung zu bilden, d.h. dass ihr Wert jährlich aufgestockt wird. Die Bildung und Aufstockung erfolgt aufwandswirksam, sodass sich im Prinzip dieselben Gewinnauswirkungen ergeben wie nach IFRS. Im Einzelnen differieren allerdings die Rückstellungsbeträge z.B. aufgrund unterschiedlicher Diskontierungszinssätze. Vgl. Kapitel B.X.1.b)(1)(a) und (b).

(in EUR)	*HGB*	*IFRS*
Anschaffungspreis	800.000	800.000
abzüglich 2% Skonto	- 16.000	- 16.000
+ Makler- und Gutachterkosten	+ 24.000	+ 24.000
= Zwischensumme	= 808.000	= 808.000
+ anteilige Bruttolöhne und -gehälter	+ 80.000	+ 80.000
+ anteilige Arbeitgeberanteile an der gesetzlichen Sozialversicherung	+ 8.000	+ 8.000
+ verschiedene Materialkosten	+ 66.000	+ 66.000
+ Aufwendungen für Testläufe	+ 10.000	+ 10.000
+ Fremdkapitalkosten	----	+ 54.220
+ Barwert der Entsorgungsverpflichtung	----	+ 39.509
Anschaffungskosten nach HGB bzw. IFRS	**972.000**	**1.065.729**

Buchung am 2.1.01 nach HGB:
BS: Technische Anlage im Bau (incl. Maklerkosten) 808.000 EUR
    an Bankdarlehen   808.000 EUR.

Buchung im Laufe des Jahres 01 und am 31.12.01 nach HGB:
BS: Verschiedenen Umbauaufwendungen   164.000 EUR
    an Bank   164.000 EUR.

Buchung am 1.1.02 nach HGB:
BS: Technische Anlagen   972.000 EUR
    an Technische Anlagen im Bau   808.000 EUR
    an andere aktivierte Eigenleistungen (Umbauaufwendg.) 164.000 EUR.

Buchung am 31.12.02 nach HGB:
BS: Abschreibungen auf Sachanlagen   97.200 EUR
    an Technische Anlagen   97.200 EUR.

Buchung am 2.1.01 nach IFRS:
BS: Technische Anlagen im Bau (incl. Maklerkosten) 847.509 EUR
    an Rückstellungen für Entsorgungsverpflichtungen 39.509 EUR
    an Bankdarlehen   808.000 EUR.

Buchung im Laufe des Jahres 01 und am 31.12.01 nach IFRS:
BS: Verschiedenen Umbauaufwendungen   164.000 EUR
    an Bank   164.000 EUR.

BS: Verschiedene Zinsaufwendungen   54.220 EUR
    an Bank   54.220 EUR.

BS: Technische Anlagen   1.065.729 EUR
    an Technische Anlagen im Bau   847.509 EUR
    an andere aktivierte Eigenleistungen (Umbauaufwendg.) 164.000 EUR
    an andere aktivierte Eigenleistungen (Fremdkapitalzinsen) 54.220 EUR.

BS: Zinsaufwendungen   2.370,54 EUR
    an Rückstellungen für Entsorgungsverpflichtungen 2.370,54 EUR.

Buchung am 1.1.02 nach IFRS:
BS: Technische Anlagen   1.065.729 EUR
    an Technische Anlagen im Bau   1.065.729 EUR.

Buchung am 31.12.02 nach IFRS:
BS: Abschreibungen auf Sachanlagen   106.572,90 EUR
    an Technische Anlagen   106.572,90 EUR.

BS: Zinsaufwendungen   2.512,77 EUR
    an Rückstellungen für Abrisskosten   2.512,77 EUR.

Lösung zu Aufgabe 9: Herstellungskosten
a) Fertigungseinzelkosten; Einbeziehungspflicht in HB und StB; 40 EUR.
b) Kalkulatorische Mietkosten dürfen nicht in die Herstellungskosten einbezogen werden.
   Fertigungsgemeinkosten; Einbeziehungspflicht in HB und StB; 10 EUR.
   Verwaltungsgemeinkosten; Wahlrecht in HB und StB; 5 EUR.
   Vertriebsgemeinkosten; Verbot in HB und StB.
c) Materialeinzelkosten; Einbeziehungspflicht in HB und StB; 10 EUR.
d) Vertriebsgemeinkosten; Verbot in HB und StB.

e) Unechte Fertigungsgemeinkosten, Einbeziehungspflicht in HB und StB; 5 EUR.
   Unechte Gemeinkosten werden aus wirtschaftlichen Gründen pauschal als Gemeinkosten erfasst, sie sind ihrer Natur nach jedoch Einzelkosten. Bei Stromkosten könnte die Erfassung als Einzelkosten durch Anbringen von Stromzählern an jeder Maschine (Kostenstelle) erfolgen.
f) Materialgemeinkosten; Einbeziehungspflicht in HB und StB; 15 EUR.
g) Fertigungsgemeinkosten; Einbeziehungspflicht in HB und StB; 10 EUR.
h) Sondereinzelkosten des Vertriebs; Verbot in HB und StB.
i) Kalkulatorische Kosten (hier bei Anderskosten: die Differenz zwischen den kalkulatorischen Kosten und den Aufwendungen) dürfen weder in der HB noch in der StB in die Herstellungskosten einbezogen werden;
   Fertigungsgemeinkosten; Einbeziehungspflicht in HB und StB; 20 EUR.
j) Fertigungsgemeinkosten in HB und StB; Pflicht; 10 EUR.
k) Verwaltungsgemeinkosten; Wahlrecht in HB und StB; 15 EUR.
l) Vertriebsgemeinkosten; Verbot in HB und StB.
m) Sondereinzelkosten der Fertigung; Pflicht in HB und StB; 5 EUR.
n) Verbot in HB und StB.
o) Verwaltungsgemeinkosten; Wahlrecht in HB und StB; 15 EUR.
p) Kalkulatorische Kosten dürfen in die Herstellungskosten nicht einbezogen werden (HB + StB). Fremdkapitalzinsen dürfen nur unter bestimmten, hier erfüllten Voraussetzungen als Bewertungshilfe in die handels- und steuerrechtlichen Herstellungskosten einbezogen werden. Sie werden i.d.R. zu den Fertigungsgemeinkosten gezählt, stellen hier aber ausnahmsweise Fertigungseinzelkosten dar. Wahlrecht in HB und StB (Maßgeblichkeitsprinzip); 10 EUR.
q) Es handelt sich nicht um Aufwand, somit besteht ein Bilanzierungsverbot. Eine Einbeziehung in die Herstellungskosten würde dem Realisationsprinzip widersprechen.
r) Körperschaftsteuer: Verbot; Gewerbesteuer: Verbot; Umsatzsteuer: Verbot.

Handels- und Steuerbilanz: Untergrenze: 125 EUR; Obergrenze: 170 EUR.
Die Wahlrechte werden aufgrund des Maßgeblichkeitsprinzips bereits in der Handelsbilanz für die Steuerbilanz mit ausgeübt (5 Abs. 1 S. 1 EStG).

Lösung zu Aufgabe 10: Herstellungskosten

	EUR	EUR	EUR
Material-Einzelkosten	16.000	16.000	16.000
+ Fertigungs-Einzelkosten	8.000	8.000	8.000
+ freiwillige soziale Kosten (Fertigung)	---	500	500
+ Aufwendungen für Einkauf	---	300	300
+ Aufwendungen für Wareneingang	---	200	200
+ Marktforschung (700 EUR)	---	---	---
+ Raumkosten des Materiallagers	200	200	200
+ Fertigungslizenzgebühr	1.000	1.000	1.000
+ anteilige Kosten des Rechnungswesens	---	500	500
+ kalkulatorischer Eigenkapitalzins (800 EUR)	---	---	---
+ sonstige Material-Gemeinkosten	3.800	3.800	3.800
+ sonstige Fertigungs-Gemeinkosten	9.000	9.000	9.000
(kalkulatorische Abschreibungen)	(5.000)	(5.000)	(5.000)
(bilanzielle planmäßige Abschreibungen)	(4.000)	(4.000)	(4.000)
- Differenz (kalkulatorische – bilanzielle Abschreibg.)	- 1.000	- 1.000	- 1.000
+ sonstige Sonder-Einzelkosten der Fertigung	3.000	3.000	3.000
+ sonstige Verwaltungs-Gemeinkosten	---	2.500	2.500
+ sonstige Vertriebs-Gemeinkosten (5.300 EUR)	---	---	---
= Herstellungskosten-Untergrenze in HB und StB	40.000		
= Herstellungskosten-Obergrenze in HB und StB		44.000	

Anmerkungen: Die freiwilligen sozialen Kosten (Fertigung) sind in HB und StB Wahlrechtsbestandteile der Herstellungskosten; die Aufwendungen für Einkauf und Wareneingang gelten in StB und HB (umstritten) als allgemeine Verwaltungsgemeinkosten; Marktforschungskosten sind Vertriebsgemeinkosten (Verbot); die Fertigungslizenzgebühr gehört zu den Sondereinzelkosten der Fertigung (Pflicht); Kosten des Rechnungswesens gehören zu den allgemeinen Verwaltungsgemeinkosten (Wahlrecht in HB und StB); kalkulatorische Eigenkapitalzinsen dürfen nicht einbezogen werden; nur die bilanziellen Abschreibungen gehen in die Herstellungskosten ein (Fertigungsgemeinkosten).

Lösung zu Aufgabe 11: Herstellungskosten

a)

	EUR	EUR
Materialeinzelkosten	122.000	
+ Materialgemeinkosten (20 %)		24.400
+ Fertigungseinzelkosten	65.000	
+ Fertigungsgemeinkosten (250 %)		162.500
+ Sondereinzelkosten der Fertigung	8.100	
= Herstellkosten	382.000	
Allg. Verwaltungsgemeinkosten (10 % der Herstellkosten)	38.200	

In der HB wie auch in der StB zählen die mit Gehältern zusammenhängenden Sozialkosten, soweit es sich um gesetzliche handelt, zu den Fertigungsgemeinkosten. Gemäß R 6.3 Abs. 4 EStR 2008 werden die Kosten für Einkauf und Wareneingang wegen ihres Mischcharakters den Verwaltungsgemeinkosten zugerechnet, obwohl es sich eigentlich um Materialgemeinkosten handelt. Da die Fremdkapitalzinsen in sachlicher und zeitlicher Hinsicht auf die Fertigung des Wirtschaftsguts zurechenbar sind, dürfen sie handelsrechtlich und steuerrechtlich aktiviert werden. Insofern wird die kostenrechnerische Klassifizierung der genannten Kostenarten durch den Bilanzierenden geändert. Dadurch ändert sich jedoch nicht die Höhe der Verwaltungsgemeinkosten, da die Ergebnisse der Schlüsselungen der Kostenrechnung vom Bilanzierenden akzeptiert und unverändert übernommen werden, sofern keine kalkulatorischen Kosten enthalten sind.

- *Handels- und steuerrechtliche* Wertuntergrenze der Herstellungskosten (§ 255 Abs. 2 HGB und R 6.3 Abs. 1-4 EStR 2008):

Materialeinzelkosten	122.000 EUR
+ Materialgemeinkosten (60% Lagerung und Materialprüfung)	14.640 EUR
+ Fertigungseinzelkosten	65.000 EUR
+ Fertigungsgemeinkosten	162.500 EUR
+ Sondereinzelkosten der Fertigung	2.100 EUR
= Wertuntergrenze Herstellungskosten (HB+StB)	366.240 EUR

oder:

Herstellkosten aus der Kostenrechnung	382.000 EUR
- Kosten des Einkaufs (40% der Materialgemeinkosten)	- 9.760 EUR
- Fremdkapitalzinsen (direkt zurechenbare)	- 6.000 EUR
= Wertuntergrenze Herstellungskosten (HB+StB)	366.240 EUR

- *Handels- und steuerrechtliche* Wertobergrenze der Herstellungskosten (§ 255 Abs. 2 u. 3 HGB und R 6.3 EStR 2008):

= Wertuntergrenze Herstellungskosten (StB)	366.240 EUR
+ Verwaltungsgemeinkosten	38.200 EUR
+ Kosten des Einkaufs (40% der Materialgemeinkosten)	+ 9.760 EUR
+ FK-Zinsen (direkt zurechenbare)	6.000 EUR
= Wertobergrenze Herstellungskosten (HB+StB)	420.200 EUR.

b) In der HB wie auch in der StB dürfen keine kalkulatorischen Kosten angesetzt werden. Somit ist hier nur der Wert der bilanziellen Abschreibungen zu berücksichtigen und die Differenz zwischen höherer kalkulatorischer und niedrigerer bilanzieller Abschreibung herauszurechnen. Auch die kalkulatorischen Eigenkapitalzinsen dürfen im Rahmen der Herstellungskostenermittlung nicht in die Fertigungsgemeinkosten einbezogen werden. Die Ermittlung der Fertigungsgemeinkosten kann entweder mittels eines geänderten Zuschlagssatzes erfolgen (vgl. Aufgabe 12) oder durch manuelles Herausrechnen der kalkulatorischen Kosten, wie es hier gemacht wird. Dadurch verringert sich zwar die Basis für den Verwaltungsgemeinkostenzuschlag. Da in den Verwaltungsgemeinkosten allerdings keine kalkulatorischen Kosten enthalten sind, kann die absolute Höhe aus Teilaufgabe a) beibehalten werden. Der angepasste Zuschlagssatz müsste also entsprechend höher als 10% sein. Sowohl die Wertuntergrenze als auch die Wertobergrenze sinken um die kalkulatorischen Kosten i.H.v. 21.000 EUR.

- *Handels- und steuerrechtliche* Wertuntergrenze der Herstellungskosten (§ 255 Abs. 2 HGB und R 6.3 Abs. 1-4 EStR 2008):

Materialeinzelkosten	122.000 EUR
+ Materialgemeinkosten (60% Lagerung und Materialprüfung)	14.640 EUR
+ Fertigungseinzelkosten	65.000 EUR
+ Fertigungsgemeinkosten	
(ohne kalk. Eigenkapitalzinsen, nur bilanzielle Abschreibungen)	141.500 EUR
+ Sondereinzelkosten der Fertigung (ohne Fremdkapitalzinsen)	2.100 EUR
= Wertuntergrenze Herstellungskosten (HB+StB)	345.240 EUR

- *Handels- und steuerrechtliche* Wertobergrenze der Herstellungskosten (§ 255 Abs. 2 u. 3 HGB und R 6.3 EStR 2008):

= Wertuntergrenze Herstellungskosten (HB+StB)	345.240 EUR
+ Verwaltungsgemeinkosten	38.200 EUR
+ Kosten des Einkaufs (40% der Materialgemeinkosten)	+ 9.760 EUR
+ FK-Zinsen (direkt zurechenbare)	6.000 EUR
= Wertobergrenze Herstellungskosten (HB+StB)	399.200 EUR.

Lösung zu Aufgabe 12: Herstellungskosten

Bestimmung der Herstellungskostenuntergrenze und -obergrenze in Handels- und Steuerbilanz gemäß § 255 Abs. 2 HGB und R 6.3 EStR 2008:

Materialeinzelkosten (ohne USt)	56.000 EUR
+ Materialgemeinkosten (20% der Materialeinzelkosten ohne USt)	11.200 EUR
+ Fertigungseinzelkosten	40.500 EUR
+ Fertigungsgemeinkosten (280% der Fertigungseinzelkosten)	113.400 EUR
+ Sondereinzelkosten der Fertigung	10.000 EUR
= Wertuntergrenze Herstellungskosten (HB+StB)	231.100 EUR
+ allg. Verwaltungsgemeinkosten (10% auf Herstellungskosten)	23.110 EUR
= Wertobergrenze Herstellungskosten (HB+StB)	254.210 EUR

Anmerkungen: Kalkulatorische Kosten dürfen in die Herstellungskosten nicht einbezogen werden. Daher ist ein zusätzlicher Betriebsabrechnungsbogen aufzustellen zum Zwecke der Ermittlung der bilanziellen Herstellungskosten. Die Zuschlagssätze sind auf der Grundlage von Aufwandsgrößen (ohne kalkulatorische Kosten) zu errechnen. Die Kosten der Erstellung der Konstruktionspläne für diese spezielle Maschine gehören nicht zum allgemeinen Forschungs- und Entwicklungsaufwand, sondern zu den Sondereinzelkosten der Fertigung. Die Umsatzsteuer stellt keine Kosten dar.

Lösung zu Aufgabe 13: Herstellungskosten/Leerkosten

Da die Kapazitätsauslastung nur 40% der Normalauslastung beträgt, liegt sowohl handels- als auch steuerrechtlich eine Pflicht zur Eliminierung der Leerkosten aus den fixen Gemeinkosten vor. Gemäß § 255 Abs. 2 HGB dürfen nur angemessene Teile der notwendigen Material- und Fertigungsgemeinkosten in die Herstellungskosten einbezogen werden. Somit sind aus beiden Komponenten die fixen Bestandteile zu bestimmen und daraus die Leerkosten herauszurechnen. Dies gilt entsprechend dem Maßgeblichkeitsprinzip und R 6.3 Abs. 6 EStR 2008 sowie H 6.3 „Ausnutzung von Produktionsanlagen" EStH auch steuerrechtlich.

Materialgemeinkosten: 11.200 * 0,6 * 0,6 = 4.032 EUR Leerkosten sind herauszurechnen. Anders ausgedrückt sind 7.168 EUR = 11.200 EUR - 4.032 EUR in die Herstellungskosten einzubeziehen. Die Herstellungskosten umfassen also die variablen MGK (11.200 EUR * 0,4 = 4.480 EUR) sowie die (fixen) Material-Nutzkosten (11.200 EUR * 0,6 - 4.032 Leerkosten = 2.688 EUR).

Fertigungsgemeinkosten (einschließlich Abschreibungen): 113.400 * 0,5 * 0,6 = 34.020 EUR Leerkosten sind herauszurechnen. Anders ausgedrückt sind 79.380 EUR = 113.400 EUR - 34.020 EUR in die Herstellungskosten einzubeziehen. Die Herstellungskosten umfassen also die variablen FGK (113.400 EUR * 0,5 = 56.700 EUR) sowie die (fixen) Fertigungs-Nutzkosten (113.400 * 0,5 - 34.020 Leerkosten = 22.680 EUR).

Ergebnis: *Handels- und Steuerbilanz* (R 6.3 Abs. 1-6 EStR 2008):
Untergrenze =   231.100 EUR - 38.052 EUR Leerkosten = 193.048 EUR
Obergrenze =   254.210 EUR - 38.052 EUR Leerkosten = 216.158 EUR.

Lösung zu Aufgabe 14: Herstellungskosten
ad a) Berücksichtigung von R 6.3 EStR 2008:
Wertuntergrenze der Herstellungskosten in Handels- und Steuerbilanz (in EUR):

Materialeinzelkosten einschließlich Kosten der Innenverpackung	120.000
+ Fertigungseinzelkosten (Akkordlöhne und zugehörige gesetzl.Sozialkosten)	400.000
+ Materialgemeinkosten (Materiallager)	80.000
+ Fertigungsgemeinkosten (bilanzielle Abschreibungen)	60.000
= Herstellungskosten (HB+StB)	660.000

Wertobergrenze der Herstellungskosten in Handels- und Steuerbilanz (in EUR):

Herstellungskosten-Untergrenze (StB)	660.000
+ Kosten der Einkaufsabteilung	70.000
+ Kosten des Rechnungswesens	120.000
= Herstellungskosten (HB + StB)	850.000

Ob eine Einbeziehung der Fremdkapitalzinsen in die Herstellungskosten handelsrechtlich möglich ist, hängt davon ab, ob man sich der restriktiven Auffassung des IdW (Stellungnahme HFA 5/1991, WPg 1992, S.95) anschließt oder der „weicheren" Auffassung etwa von Knop/Küting (in: Küting/Weber § 255 Tz. 326). Im ersteren Fall kommt eine Aktivierung nicht in Frage, da eine sachliche Zurechenbarkeit der Zinsen auf die Herstellung der Zahncreme-Tuben im geforderten strengen Sinne (Objektfinanzierung; Zuordnungs-Hinweise im Kreditvertrag) hier nicht möglich ist. Im zweiten Fall könnte eine 75%ige Fremdfinanzierung der Zahncreme-Produktion unterstellt werden, und es wäre möglich, entsprechende Zinsbeträge zu aktivieren. Zu prüfen wäre, ob die angegebene Schätzung auf solchen Überlegungen beruht. Eine Folge wäre auch, dass unter Teilaufgabe b) die Leerkosten aus den Fremdkapitalzinsen herausgerechnet werden müssten, da es sich hier eindeutig um Fertigungsgemeinkosten handelt. Hier soll der Auffassung des IdW gefolgt werden, die auch der seit langem praktizierten Handhabung der Finanzverwaltung entspricht.

ad b) Da die Unterauslastung 40% der Normalauslastung beträgt, besteht sowohl handels- als auch steuerrechtlich bei den Fertigungs- und bei den Materialgemeinkosten eine Pflicht zur Leerkosteneliminierung. Herausrechnung aus den fixen Bestandteilen der Material- und der Fertigungsgemeinkosten in *Handelsbilanz* (vgl. § 255 Abs. 2 HGB) und *Steuerbilanz* (vgl. R 6.3 Abs. 6 EStR 2008; H 6.3 „Ausnutzung von Produktionsanlagen" EStH):

Materialgemeinkosten: Leerkosten: 0,5 * 80.000 EUR * 0,40 = 16.000 EUR
Fertigungsgemeinkosten: Leerkosten: 0,8 * 60.000 EUR * 0,40 = 19.200 EUR
Summe Leerkosten = 35.200 EUR

Ergebnis: *Handels- und Steuerbilanz* (R 6.3 Abs. 1-6 EStR 2008):
Untergrenze = 660.000 EUR - 35.200 EUR Leerkosten = 624.800 EUR
Obergrenze = 850.000 EUR - 35.200 EUR Leerkosten = 814.800 EUR.

Anmerkung: Würden die (fixen) Fremdkapitalzinsen als aktivierbar angesehen, obwohl sie hier Fertigungsgemeinkosten sind (vgl. Teilaufgabe a), so wäre auch aus diesen der auf die Unterauslastung entfallende Teil herauszurechnen: Leerkosten in Höhe von 0,40 * 80.000 EUR = 32.000 EUR müssten zusätzlich eliminiert werden. Falls man handelsrechtlich die Kosten der Einkaufsabteilung auch zu den Materialgemeinkosten rechnen möchte (vgl. ADS § 255, Tz. 192), sind auch aus diesen die Leerkosten herauszurechnen: 0,50 * 70.000 * 0,40 = 14.000 EUR Leerkosten. Aufgrund des Maßgeblichkeitsprinzips wäre steuerrechtlich genauso vorzugehen.

Lösung zu Aufgabe 15: Herstellungskosten

(in EUR)	*HGB*	*HGB*	*IFRS*
Materialeinzelkosten	100.000	100.000	100.000
anteilige Gemeinkosten des Rohstofflagers	20.000	20.000	20.000
Akkordlöhne (Fertigung)	150.000	150.000	150.000
anteilige Materialgemeinkosten (Einkauf; ohne Lagerkosten)	---	25.000	25.000
anteilige kalkulatorische Abschreibungen der Fertigungsanlagen in Höhe von 80.000 EUR (diese übersteigen die bilanziellen Abschreibungen um 20.000 EUR)	60.000	60.000	60.000
anteilige Gehälter der Meister im Bereich Produktion	15.000	15.000	15.000
Kosten der Zwischenlagerung im Produktionsprozess	3.000	3.000	3.000
kalkulatorische Eigenkapitalzinsen (30.000 EUR)	---	---	---
Kosten des innerbetrieblichen Transports	5.000	5.000	5.000
Fertigungsgemeinkosten (Betriebsstoffe, Werkzeuge u.a.; ohne Abschreibungen)	20.000	20.000	20.000
anteilige Gehälter der Außendienstmitarbeiter (70.000 EUR)	---	---	---
ant. Aufwendungen in der Grundlagenforschung (35.000 EUR)	---	---	---
den Erzeugnissen direkt zurechenbare Verwaltungskosten, die nötig waren, um Transport, Entwicklung, Konstruktion und Produktion zu gewährleisten	30.000	30.000	30.000
auf den Zeitraum der Fertigung entfallende Fremdkapitalzinsen (für einen der Fertigung der Erzeugnisse sachlich zurechenbaren zweckgebundenen Bankkredit)	---	40.000	---
anteilige Kosten des Absatzlagers (10.000 EUR)	---	---	---
Kosten für freiwillige soziale Leistungen einschl. betrieblicher Altersversorgung für Beschäftigte im Produktionsbereich	---	35.000	35.000
Abfallkosten, über den normalen Umfang hinausgehend	4.000	4.000	---
Ausschusskosten, über den normalen Umfang hinausgehend	6.000	6.000	---
Verpackungskosten (30.000 EUR)	---	---	---
anteilige verbrauchsbedingte Reparaturkosten der Fertigungsmaschinen	15.000	15.000	15.000
anteilige Kosten der allg. Verwaltung (ohne Verwaltung des Produktionsbereichs)	---	50.000	---
= Herstellungskosten-Untergrenze in der Handelsbilanz	**428.000**		
= Herstellungskosten-Obergrenze in der Handelsbilanz		**578.000**	
= Herstellungskosten nach IFRS			**478.000**

Im Rahmen der Herstellungskostenbewertung nach HGB bestehen explizite Wahlrechte im Bereich der allgemeinen Verwaltungsgemeinkosten und der freiwilligen sozialen Leistungen. Nach IFRS liegt der Wert vollkommen fest ohne jegliche Bewertungsspielräume. Aufgrund der strengen Produktionsbezogenheit des Herstellungskostenbegriffs nach IFRS dürfen Teile der Verwaltungs- und Sozialkosten nicht aktiviert werden, für deren Aktivierung nach HGB ein Wahlrecht besteht. Abfall- und Ausschusskosten, die über den normalen Umfang hinausgehen, gehören nach IFRS nicht zu den Herstellungskosten, nach HGB sind jedoch die tatsächlichen Faktorverbräuche zu berücksichtigen. Abfallkosten gehören handelsrechtlich zu den Materialeinzelkosten, Ausschusskosten zu den Materialgemeinkosten (vgl. Knop/ Küting, in: Küting/Weber § 255 Tz. 171).

Die Fremdkapitalzinsen erfüllen die strengen Zuordnungsvoraussetzungen der Wirtschaftsprüfer (vgl. IDW: HFA 5/1991, WPg 1992, S. 95) und dürfen daher in die Herstellungskosten nach HGB einbezogen werden. Zwar wird dort primär auf eine Objektfinanzierung, also z.B. im Anlagenbau bezogen auf eine größere technische Anlage, abgestellt, jedoch ist auch in anderen Fällen eine Aktivierung möglich, sofern eine sachliche und zeitliche Zuordnung eindeutig gegeben ist. Fremdkapitalzinsen müssen nach IAS 23.8f. aktiviert werden, wenn sie der Herstellung eines qualifizierten Vermögenswerts direkt zugeordnet werden können. Ein solcher liegt vor, wenn „ein beträchtlicher Zeitraum erforderlich ist, um ihn in seinen beabsichtigten gebrauchs- oder ver-

kaufsfähigen Zustand zu versetzen" (IAS 23.5), z.B. große Maschinen und technische Anlagen, Brücken, Schiffe, Flugzeuge u.ä. Dieser Fall ist hier nicht gegeben, somit besteht ein Aktivierungsverbot für die Fremdkapitalzinsen.

b) Hier liegen eindeutig qualifizierte Vermögenswerte vor, so dass nach IAS 23.8f. die Fremdkapitalzinsen zu aktivieren sind. In diesem Falle würden die Herstellungskosten nach IFRS 518.000 EUR betragen. Die erforderliche Mindestproduktionsdauer ist unter Berücksichtigung sachverhalts- und branchenspezifischer Gegebenheiten zu bestimmen, eröffnet also Ermessensspielräume für den Bilanzierenden. Nach deutschem Handelsrecht ergibt sich keine Änderung.

Lösung zu Aufgabe 16: Langfristige Fertigung

a) Bilanzierung bei der LowTech GmbH nach HGB:

Fall A):
Nach der handelsrechtlichen „Completed-Contract-Methode" darf der Gewinn aus dem Auftrag erst dann berücksichtigt werden, wenn die Schiffe fertiggestellt und geliefert sind und die Gesamtabnahme erfolgt ist, das heißt erst Ende des Jahres 04. Eine Teilgewinnrealisierung ist nicht möglich, da hier aufgrund des bei der Low Tech GmbH liegenden Gesamtfunktionsrisikos keine Teilabnahmen vereinbart werden konnten. Die Zahlungszeitpunkte spielen für die Gewinnrealisierung keine Rolle. Die unfertigen Schiffe sind jeweils mit den bis zum Bilanzstichtag angefallenen Herstellungskosten zu bewerten und unter „unfertigen Leistungen" oder „in Ausführung befindliche Aufträge" auszuweisen. Bei Ziel I ist das Unfertige Erzeugnis an der Obergrenze, bei Ziel II an der Untergrenze der Herstellungskosten zu bewerten. Bei Ziel II (HK-Untergrenze) ergibt sich im Jahr der Ablieferung des Gesamtprojekts ein Gewinn, der um die in den vorherigen Produktionsjahren realisierten Verluste (= nicht aktivierte Gemeinkosten) höher ist als der Gewinn bei Ziel I (Vollkostenbewertung i.S.d. HK-Obergrenze).

LowTech GmbH nach HGB (in Mio. EUR)				
Bilanzstichtag/Jahr	31.12.01 (Jahr 01)	31.12.02 (Jahr 02)	31.12.03 (Jahr 03)	31.12.04 (Jahr 04)
Ziel I: möglichst hoher Gewinnausweis				
Unfertige Leistungen (Bilanzwert; HK-Obergrenze)	10	38	56	80
aktivierte HK des Jahres (= Obergrenze)	10	28	18	24
angefallene HK des Jahres (= Obergrenze)	10	28	18	24
Gewinn	0	0	0	+ 20
Ziel II: möglichst niedriger Gewinnausweis				
Unfertige Leistungen (Bilanzwert; HK-Untergrenze)	8,4	31,4	46,4	66,4
aktivierte HK des Jahres (= Untergrenze)	8,4	23	15	20
angefallene HK des Jahres (= Obergrenze)	10	28	18	24
Gewinn	- 1,6	- 5	- 3	- 4 + 33,6

Fall B):
Bei den 3 Schleppern ist nun eine Teilgewinnrealisierung nach dem Teilabnahmeprinzip möglich, da jeder Schlepper für sich vom Auftraggeber abgenommen wird und ein endgültiger Gefahrenübergang für jeden Schlepper als Teilleistung nach Prüfung der Gesamtfunktionsfähigkeit möglich ist. Dies gilt nicht für den Luxusdampfer, auch wenn dessen Produktion vertraglich ebenfalls in Teilaufträge unterteilt werden kann. Das Gesamtfunktionsrisiko bleibt bis zur Ablieferung und Gesamtabnahme nach einer Probefahrt auf See bei der LowTech GmbH. Damit können noch erhebliche Kosten verbunden sein, die den erwarteten Gewinn gefährden können. Diese Risiken verhindern daher eine handelsrechtliche Teilgewinnrealisierung, wenn die h.M. vertreten wird.

LowTech GmbH nach HGB (in Mio. EUR)				
Bilanzstichtag/Jahr	31.12.01 (Jahr 01)	31.12.02 (Jahr 02)	31.12.03 (Jahr 03)	31.12.04 (Jahr 04)
Ziel I: möglichst hoher Gewinnausweis				
Unfertige Leistungen (Luxusdampfer) (Bilanzwert; HK-Obergrenze)	10	32	44	62
aktivierte HK des Jahres für Luxusdampfer (= Obergrenze)	10	22	12	18
angefallene HK des Jahres für den Luxusdampfer (= Obergrenze)	10	22	12	18
Unfertige Leistungen (3 Schlepper)	---	(6) bzw. 0	(6) bzw. 0	(6) bzw. 0
Gewinn Luxusdampfer	0	0	0	14
Gewinn Schlepper	0	2	2	2

LowTech GmbH nach HGB (in Mio. EUR)				
Bilanzstichtag/Jahr	31.12.01 (Jahr 01)	31.12.02 (Jahr 02)	31.12.03 (Jahr 03)	31.12.04 (Jahr 04)
Ziel II: möglichst niedriger Gewinnausweis				
angefallene HK des Jahres für Luxusdampfer (= Obergrenze)	10	22	12	18
aktivierte HK des Jahres für Luxusdampfer (= Untergrenze)	8,4	18	10	15
Unfertige Leistungen (Luxusdampfer) (Bilanzwert; HK-Untergrenze)	8,4	26,4	36,4	51,4
Unfertige Leistungen (3 Schlepper)	---	(5) bzw. 0	(5) bzw. 0	(5) bzw. 0
Gewinn Luxusdampfer	- 1,6	- 4	- 2	- 3 +24,6
Gewinn Schlepper	0	- 1 +3	- 1 +3	- 1 +3

Im Jahr 01 ist keine Teilgewinnrealisierung möglich. Die Anzahlung ist kein Entgelt für einen abgrenzbaren Teil des Auftrags, sondern eine Finanzierungshilfe für das Gesamtprojekt. Sie ist ergebnisneutral zu buchen: *BS:* „Bank an Erhaltene Anzahlungen auf Bestellungen".

Am Ende des zweiten Jahres wird der 1. Schlepper abgenommen und eine Teilrechnung über 8 Mio. EUR (Teilumsatzerlöse) erstellt. Der Schlepper, der beim Ziel I (möglichst hoher Gewinnausweis) mit 6 Mio. EUR bewertet wird, wird über „Bestandsminderungen" ausgebucht. Der dem gegenüberstehende Erlös von 8 Mio. EUR führt zu einer Teilgewinnrealisierung von 2 Mio. EUR. *BS:* „Forderungen an Umsatzerlöse". In den Folgejahren genauso. In 04 kommt der auf den Luxusdampfer entfallende Gewinn hinzu. Die Zeitpunkte der An- und Zwischenzahlungen bezüglich des Luxusdampfers sind irrelevant für den Zeitpunkt der Gewinnrealisierung.

Bei Ziel II (HK-Untergrenze) wird der Schlepper mit 5 Mio. EUR bewertet (HK-Untergrenze). Daraus ergibt sich ein Teilgewinn von 3 Mio. EUR, der aber durch die als Periodenaufwand gebuchten Verwaltungsgemeinkosten und freiwilligen sozialen Aufwendungen von 1 Mio. EUR gemindert wird, sodass es per Saldo bei einem Gewinn von 2 Mio. EUR pro Schlepper bleibt. Dadurch, dass im Jahr 02 bezüglich des Luxusdampfers 4 Mio. EUR nicht aktiviert, sondern als Aufwand gebucht werden, beträgt der Gesamtgewinn 02 nur - 2 Mio. EUR. In den Jahren 03 und 04 wird genauso jeweils der auf einen Schlepper entfallende Teilgewinn von je 3 Mio. EUR realisiert und jeweils durch die als Aufwand gebuchten Verwaltungs- und Sozialkosten der Dampferproduktion auf 2 Mio. EUR gemindert. Im Jahr der Ablieferung des Luxusdampfers 04 kommt der auf den Luxusdampfer entfallende Gewinn hinzu. Dieser ist wieder um die in den vorherigen Produktionsjahren realisierten Verluste (= nicht aktivierte Gemeinkosten) höher als der Gewinn bei Ziel I (Vollkostenbewertung i.S.d. HK-Obergrenze).

Ob das Ziel II (möglichst niedriger Gewinnausweis) überhaupt mit einer Teilgewinnrealisierung verbunden wird, ist allerdings zweifelhaft. Wenn nicht, so ergibt sich dieselbe Lösung wie unter Fall A). Die hier dargestellte Lösung ist allerdings nicht abwegig, da durchaus Ziel II mit dem Ziel einer Gewinnglättung über die Perioden hinweg verbunden sein kann, auch wenn durch die Gewinnglättung gegebenenfalls in einigen Perioden der Gewinn höher ausfällt.

Fall C:
In diesem Fall verzichtet der Auftraggeber aufgrund langjähriger erfolgreicher Geschäftsbeziehungen darauf, dass die Low Tech GmbH das Gesamtfunktionsrisiko für den Luxusdampfer übernimmt. Bei jeder erfolgreichen Teilabnahme geht somit die Gefahr für diese Teilleistung auf den Auftraggeber über. Somit ergibt sich für die Low Tech GmbH auch die Möglichkeit der Teilgewinnrealisierung hinsichtlich des Luxusdampfers. Bei Ziel II (möglichst niedriger Gewinnausweis) wird die Low Tech GmbH jedoch auf diese Möglichkeit verzichten und die Lösung wie in Fall A, allenfalls wie in Fall B wählen. Wird jedoch das Ziel I (möglichst hoher Gewinnausweis) verfolgt, so wird die GmbH die Möglichkeit der Teilgewinnrealisierung nutzen. Laut Aufgabenstellung ist die Anzahlung für den Luxusdampfer im Verhältnis 2:1:1 den drei Teilleistungen zuzuordnen.

LowTech GmbH nach HGB (in Mio. EUR)				
Bilanzstichtag/Jahr	31.12.01 (Jahr 01)	31.12.02 (Jahr 02)	31.12.03 (Jahr 03)	31.12.04 (Jahr 04)
Ziel I: möglichst hoher Gewinnausweis				
Unfertige Leistungen (Luxusdampfer) (Bilanzwert; HK-Obergrenze)	10	(32) bzw. 0	(12) bzw. 0	18
aktivierte HK des Jahres für Luxusdampfer (= Obergrenze)	10	22	12	18
angefallene HK des Jahres für den Luxusdampfer (= Obergrenze)	10	22	12	18
erfasste Auftragserlöse Luxusdampfer	0	7,6 + 30,4 = 38	3,8 + 15,2 = 19	3,8 + 15,2 = 19
erfasster Periodengewinn Luxusdampfer	0	6	7	1
Unfertige Leistungen (3 Schlepper)	---	(6) bzw. 0	(6) bzw. 0	(6) bzw. 0
Gewinn Schlepper	0	2	2	2
Gesamtgewinn	0	8	9	3

b) Bilanzierung bei der LowTech International GmbH nach IFRS:

Fall A:
Es liegt ein Kundenvertrag gemäß IFRS 15.9 ff. vor, unterscheidbare Leistungen können identifiziert werden, die Höhe des Transaktionspreises ist bekannt. Über die Aufteilung des Transaktionspreises auf die einzelnen Leistungsverpflichtungen gibt es keine vertraglichen Vereinbarungen. Die Allokation des Transaktionspreises hat daher im Verhältnis der Einzelveräußerungspreise zu erfolgen (IFRS 15.74 ff.). Da in der Aufgabe keine Angaben gemacht werden, sind offenbar die Einzelveräußerungspreise nicht bekannt und insofern muss der Fertigungsauftrag als Gesamtprojekt behandelt werden. In der Praxis dürften zumindest für die Schlepper Einzelveräußerungspreise bekannt sein und somit eine Aufteilung des Transaktionspreises auf die einzelnen Leistungen möglich sein. Sämtliche Schiffe werden erst am Ende des Jahres 04 an den Kunden ausgeliefert. Die Anzahlung kann keiner einzelnen Komponente der gesamten Leistungsverpflichtung zugeordnet werden.

Am 1.10.01 erhält das Unternehmen vom Kunden eine Anzahlung in Höhe von 20% der Auftragssumme, also in Höhe von 20 Mio. EUR, die als Vertragsverbindlichkeit zu passivieren ist. Nach IAS 2.12 ff. sind die Fertigungsaufträge mit den Selbstkosten im Sinne der produktionsbezogenen Vollkosten zu bewerten. Wahlrechte bezüglich der Bewertung gibt es nicht, so dass keine Unterscheidung nach den beiden bilanzpolitischen Zielen vorzunehmen ist. Am Ende des Jahres 01 beträgt der Fertigstellungsgrad gemessen am Anteil der realisierten Selbstkosten und den kalkulierten Gesamtkosten („Cost-to-Cost"-Methode) 10 Mio. EUR : 80 Mio. EUR = 1/8 bzw. 12,5%. Somit sind jetzt 12,5% des Gesamtprojekts fertiggestellt und 12,5% des kalkulierten Gesamtgewinns (= 0,125 * 20 Mio. = 2,5 Mio. EUR) realisiert. Damit sind im ersten Jahr Umsatzerlöse in Höhe von 12,5 Mio. EUR zu erfassen, sodass sich als Saldo zu den erfassten Auftragskosten ein realisierter Periodengewinn in Höhe von 2,5 Mio. EUR ergibt. Es ist somit in der Bilanz ein Vertragsvermögenswert in Höhe von 12,5 Mio. EUR zu aktivieren und gleichzeitig der Umsatz in entsprechender Höhe zu buchen. Da per Saldo immer noch die vom Kunden geleistete Anzahlung den Wert der erfüllten Leistungsverpflichtungen des Unternehmens übersteigt, sind beide zu saldieren, sodass eine Vertragsverbindlichkeit in Höhe von 7,5 Mio. EUR übrig bleibt (IFRS 15.106).

Im Jahr 02 erfolgt ein Leistungsfortschritt in Höhe von 28 Mio. EUR : 80 Mio. EUR = 0,35 und der Fertigstellungsgrad am Jahresende beträgt somit 47,5%. Auf das Jahr 02 entfällt somit ein Teilgewinn von 7 Mio. EUR. Dieser ergibt sich durch die Erhöhung des aktivierten Vertragsvermögenswerts um 35 Mio. auf den Stand von 47,5 Mio. EUR zum 31.12.02 in der Bilanz. Die Erhöhung wird gegen den in 02 realisierten Umsatzerlös von 0,35 * 100 Mio. EUR = 35 Mio. EUR gebucht. Da jetzt ein Überhang der Leistungserfüllung durch das Unternehmen im Vergleich zur vom Kunden geleisteten Anzahlung besteht, ergibt sich saldiert ein aktiver Vertragsvermögenswert in Höhe von 35 Mio. EUR – 7,5 Mio. EUR = 27,5 Mio. EUR. Umsatzerlös 35 Mio. EUR abzüglich angefallene Auftragskosten in Höhe von 28 Mio. EUR führen zu einem Gewinn in 02 von 7 Mio. EUR. Am Ende des Jahres 03 beträgt der Fertigstellungsgrad 56 Mio. EUR : 80 Mio. EUR = 0,7 und der kumulierte realisierte Teilgewinn somit 0,7 * 20 Mio. EUR = 14 Mio. EUR, von dem also 4,5 (= 14 – 2,5 – 7) Mio. EUR auf das dritte Jahr entfallen. Der aktivierte Vertragsvermögenswert nimmt um (0,7–0,475) * 100 Mio. EUR = 22,5 Mio. EUR auf den Stand von 70 Mio. EUR bzw. (nach Saldierung mit der Anzahlung) auf 50 Mio. EUR zu. Die Umsatzerlöse in 03 werden in demselben Buchungssatz ebenfalls in Höhe von 22,5 Mio. EUR erfasst. Am Ende des Jahres 04 wird der Vertragsvermögenswert um 30 Mio. EUR auf 100 Mio. EUR bzw. saldiert auf 80 Mio. EUR aufgestockt. Die Umsatzerlöse in 04 betragen ebenfalls 30 Mio. EUR und der erfasste Periodengewinn 0,3 * 20 Mio. EUR = 6 Mio. EUR, sodass der gesamte kalkulierte Gewinn in Höhe von 20 Mio. EUR jetzt realisiert ist. Da jetzt sämtliche Schiffe an den Kunden ausgeliefert worden sind, hat die LowTech International einen unbedingten Zahlungsanspruch gegenüber dem Kunden und weist nun gemäß IFRS 15.108 statt des Vertragsvermögenswerts eine Forderung aus Lieferungen und Leistungen in Höhe von 80 Mio. EUR aus.

LowTech International GmbH nach IFRS (in Mio. EUR)					
Bilanzstichtag/Jahr	31.12.01 (Jahr 01)	31.12.02 (Jahr 02)	31.12.03 (Jahr 03)	31.12.04 (Jahr 04)	Summe
Angefallene und erfasste Auftragskosten insgesamt	10	28	18	24	80
Fertigstellungsgrad	12,5 %	47,5 %	70 %	100 %	---
Erfasste Umsatzerlöse	12,5	35	22,5	30	100
Gewinn	2,5	7	4,5	6	20
Vertragsvermögenswert (brutto)	12,5	12,5 + 35 = 47,5	47,5 + 22,5 = 70	70 + 30 = 100	---
Vertragsverbindlichkeit (brutto) (Anzahlung zum 1.1.01)	20	20	20	20	---
Saldo: Vertragsvermögenswert	---	27,5	50	(80)	---
Saldo: Vertragsverbindlichkeit	7,5	---	---	---	---
Forderung L.u.L.	---	---	---	80 - 80 = 0,-	---
Bankguthaben	20	20	20	100	---

Fall B):
Es liegt ein Kundenvertrag gemäß IFRS 15.9 ff. vor, unterscheidbare Leistungen, die Höhe des Transaktionspreises und dessen Aufteilung auf die einzelnen Leistungsverpflichtungen ergeben sich aus den vertraglichen Vereinbarungen. Die Schlepper und der Luxusdampfer werden jeweils nach Fertigstellung an den Kunden ausgeliefert.

Für die Bilanzierung der LowTech International GmbH nach IFRS im Fall B) ist zu berücksichtigen, dass Teilabrechnungen einen unbedingten Zahlungsanspruch darstellen, sodass hier jeweils Forderungen aus Lieferungen und Leistungen auszuweisen sind (IFRS 15.108).

LowTech International GmbH nach IFRS (in Mio. EUR)					
Bilanzstichtag/Jahr	31.12.01 (Jahr 01)	31.12.02 (Jahr 02)	31.12.03 (Jahr 03)	31.12.04 (Jahr 04)	Summe
Angefallene und erfasste Auftragskosten für den Luxusdampfer	10	22	12	18	62
Erfasste Umsatzerlöse (Luxusdampfer)	12,26	39,22 − 12,26 = 26,96	53,96 − 39,22 = 14,74	76 − 53,96 = 22,04	76
Fertigstellungsgrad (Luxusdampfer)	10/62 = 16,13 %	32/62 = 51,6 %	44/62 = 71 %	100 %	---
Gewinn	1,94	4,26	2,33	3,47	12
Vertragsvermögenswert zum 31.12. (brutto) (Luxusdampfer)	12,26	12,26 + 26,96 − 30,4 = 8,82	8,82 + 14,74 − 15,2 = 8,36	8,36 + 22,04 − 15,2 = 15,2	
Vertragsverbindlichkeiten (Anzahlungen am 1.1.01 für Luxusdampfer)	- 15,2	- 15,2	- 15,2	- 15,2	
Saldo: Vertragsvermögenswert zum 31.12. (Luxusdampfer)	---	---	---	0,-	
Saldo: Vertragsverbindlichkeit (Luxusdampfer)	2,94	6,38	6,84	0,-	
Forderungen L.u.L. am 31.12. (Luxusdampfer) (Anzahlung und Teilabrechnungen)	15,2 - 15,2 0,-	30,4 - 30,4 = 0,-	15,2 - 15,2 = 0,-	15,2 - 15,2 = 0,-	
Bankguthaben (Luxusdampfer)	15,2	45,6	60,8	76	

Die Überlegungen und Berechnungen in Fall A werden nun analog allein auf den Luxusdampfer bezogen. Beispielsweise ergibt sich der Umsatzerlös im Jahr 03 durch Anwendung der Erhöhung des Fertigungsgrades in 03 auf den Kaufpreis des Luxusdampfers, also (0,71 – 0,516) * 76 Mio. EUR = 53,96 Mio. EUR. Mit diesem Wert ist auch die Erhöhung des Vertragsvermögenswerts (brutto) im Jahr 03 zu bewerten. Der Gewinn bezogen auf den Luxusdampfer berechnet sich als (0,71 – 0,516) * 12 Mio. EUR = 2,33 Mio. EUR. Die Höhe des Vertragsvermögenswerts entspricht im ersten Schritt wieder den kumulierten Umsatzerlösen, wird aber hier durch die Zahlungen des Kunden jeweils verringert. Nach Abzug der Anzahlung, ergibt sich jeweils die in der Bilanz auszuweisenden (Netto-)Vertragsverbindlichkeit.

LowTech International GmbH nach IFRS (in Mio. EUR)					
Bilanzstichtag/Jahr	31.12.01 (Jahr 01)	31.12.02 (Jahr 02)	31.12.03 (Jahr 03)	31.12.04 (Jahr 04)	Summe
Angefallene und erfasste Auftragskosten für die Schlepper	---	6	6	6	18
Erfasste Umsatzerlöse (Schlepper)		8	8	8	24
Fertigstellungsgrad (Schlepper)		100% (1.Schlepper)	100% (2.Schlepper)	100% (3.Schlepper)	---
Gewinn		2	2	2	6
Vertragsvermögenswert zum 31.12. (brutto) (Schlepper)	---	8 -7,2 = 0,8	0,8 +8 -7,2 = 1,6	1,6 +8 -7,2 = 2,4	---
Vertragsverbindlichkeiten (Anzahlungen am 1.1.01 für Schlepper)	-2,4	-2,4	-2,4	-2,4	---
Saldo: Vertragsvermögenswert (Schlepper)	---	---	---	---	---
Saldo: Vertragsverbindlichkeit (Schlepper)	2,4	1,6	0,8	= 0,-	---
Forderungen L.u.L. am 31.12. (Schlepper) (Anzahlung und Teilabrechnungen)	2,4 -2,4 0,-	7,2 -7,2 0,-	7,2 -7,2 0,-	7,2 -7,2 0,-	---
Bankguthaben (Schlepper)	2,4	9,6	16,8	24	---

Da die einzelnen Schlepper voneinander und vom Luxusdampfer unterscheidbare Leistungen darstellen und die Höhe des zugehörigen Transaktionspreises der einzelnen Leistungsverpflichtungen vertraglich vereinbart ist, erfolgt die Ermittlung der Umsatzerlöse, des Gewinns und des Vertragsvermögenswerts bzw. der Vertragsverbindlichkeit für die Schlepper separat. In der Tabelle ist die Entwicklung des Vertragsvermögenswerts bzw. der Vertragsverbindlichkeit für alle 3 Schlepper zusammengefasst dargestellt.

Fall C:
Für die Bilanzierung der LowTech International GmbH nach IFRS im Fall C) ändert sich nichts gegenüber Fall B).

Lösung zu Aufgabe 17: Tageswert

Aufgrund des Prinzips der "verlustfreien Bewertung" sind die bisher angefallenen Herstellungskosten der halbfertigen Pumpen allein mit dem aus dem Veräußerungspreis des Fertigprodukts abgeleiteten Tageswert zu vergleichen.

voraussichtlicher Verkaufspreis des Fertigerzeugnisses	9.000 EUR
- Erlösschmälerungen (Kundenskonti etc.)	----
- noch bis zur Veräußerung anfallende Aufwendungen (Herstellkosten, Verwaltungs- und Vertriebskosten)	- 5.500 EUR
= aus dem Absatzmarktpreis abgeleiteter Wert am Bilanzstichtag (retrograde Ermittlung)	3.500 EUR

Der Tageswert beträgt also 3.500 EUR pro Pumpe. Dieser Wert ist nach dem strengen Niederstwertprinzip anzusetzen, sofern die bisher angefallenen Herstellungskosten höher liegen. Da die Pumpen mit der steuerrechtlichen Herstellungskosten-Untergrenze (= 4.500 EUR) bewertet werden sollen, ist eine Abwertung um 1.000 EUR auf den Tageswert erforderlich. Da insgesamt Aufwendungen von 5.500 EUR angefallen sind, die zunächst aktivierten Herstellungskosten jedoch nur 4.500 EUR betragen, ist die Differenz in Höhe von 1.000 EUR aufwandswirksam geblieben, so dass der Gesamtverlust (2.000 EUR = 11.000 EUR - 9.000 EUR) pro Pumpe bereits am Bilanzstichtag vorweggenommen ist.

Lösung zu Aufgabe 18: Teilwert

Der Teilwert der beiden Fertigungsanlagen ist tatsächlich bereits bei der Lieferung unter deren Anschaffungskosten gesunken, da es sich von Anfang an um eine Fehlmaßnahme handelte. Die Anschaffung der beiden Anlagen ist aufgrund der geänderten Nachfragesituation völlig unwirtschaftlich geworden, so dass ein gedachter Erwerber des gesamten Betriebes dies im Kaufpreis nicht honorieren würde. Da eine Wiederkehr des Nachfragebooms nicht absehbar ist, handelt es sich um eine nachhaltige und gravierende Einschränkung der Nutzung der Fertigungsanlagen, die voraussichtlich für den weitaus überwiegenden Teil der technischen Restnutzungsdauer der Anlagen anhalten wird. Einer Teilwertabschreibung der Anlagen steht die gute allgemeine Ertragslage der LowTech GmbH nicht entgegen. Der Teilwert entspricht in diesem Falle den Wiederbeschaffungskosten für eine dem betrieblichen Bedarf angepasste kleinere Anlage, wobei jedoch der Einzelveräußerungspreis (ggf. Schrottwert) der Anlagen nicht unterschritten werden darf (vgl. BFH 17.9.1987, BStBl. 1988 II, S. 488). Da im vorliegenden Falle auch keine kleinere Fertigungsanlage wirtschaftlich eingesetzt werden kann, entspricht der Teilwert dem Einzelveräußerungspreis.

Lösung zu Aufgabe 19: Tageswert und Teilwert von Wertpapieren

zu a) Es handelt sich um Wertpapiere des Anlagevermögens, für die keine Veräußerungsabsicht besteht. *Handelsrechtlich* ist der am Bilanzstichtag beizulegende Wert (Tageswert) vom Beschaffungsmarkt abzuleiten, d.h. die Frage lautet: Was müsste die LowTech am Bilanzstichtag für die Wiederbeschaffung der Aktien zahlen? Zum gesunkenen Börsenkurs sind daher noch die proportionalisierten Anschaffungsnebenkosten zu zählen:

660 EUR : 44.000 EUR = 0,015, d.h. 1,5 %.

88 EUR * 200 Stück =	17.600 EUR
+ 1,5 % von 17.600 EUR =	264 EUR
= Tageswert am 31.12.01	17.864 EUR

Der *steuerrechtliche Teilwert* entspricht den Wiederbeschaffungskosten und weist daher dieselbe Höhe auf.

Handelsbilanz	*Steuerbilanz*
Wertpapiere des Anlagevermögens 17.864 EUR	Wertpapiere des Anlagevermögens 17.864 EUR

zu b) Der *(handelsrechtliche) Tageswert* von Wertpapieren des Umlaufvermögens (baldige Veräußerungsabsicht) bestimmt sich als der Wert, den die LowTech am Bilanzstichtag bei Veräußerung der Wertpapiere, also auf dem Absatzmarkt bekäme. Die proportionalisierten Veräußerungskosten vermindern den Börsenkurs:
660 EUR : 44.000 EUR = 0,015, d.h. 1,5 %.

88 EUR * 200 Stück =	17.600 EUR
- 1,5 % von 17.600 EUR =	- 264 EUR
= Tageswert am 31.12.01	17.336 EUR

Da der *steuerrechtliche Teilwert* immer den Wiederbeschaffungskosten entspricht, ergibt sich derselbe Wert wie unter a). Aufgrund des Bewertungsvorbehalts weichen Handels- und Steuerbilanzwert voneinander ab:

Handelsbilanz	*Steuerbilanz*
Wertpapiere des Umlaufvermögens 17.336 EUR	Wertpapiere des Umlaufvermögens 17.864 EUR

Lösung zu Aufgabe 20: Bewertungskonzeption beim Anlagevermögen (Handelsrecht)
Es handelt sich um Wertpapiere des Anlagevermögens, da sie dauernd dem Geschäftsbetrieb zu dienen bestimmt sind. Gemäß § 253 Abs. 3 S. 5 u. 6 HGB greift bei Finanzanlagen das eingeschränkt gemilderte Niederstwertprinzip für alle Rechtsformen.

zu a): In diesem Falle ist der Börsenwert nach dem Bilanzstichtag wieder gestiegen, so dass von einer voraussichtlich nur vorübergehenden Wertminderung der Aktien auszugehen ist. Demnach besteht ein Abwertungswahlrecht auf den Stichtagswert von 90.000 EUR. Je nach bilanzpolitischem Ziel kann aber auch der bisherige Buchwert von 150.000 EUR beibehalten werden.
zu b): Da der Börsenwert nach dem Bilanzstichtag weiter gesunken ist, handelt es sich um eine voraussichtlich dauerhafte Wertminderung. In diesem Falle besteht für Störtebeker eine Pflicht zur außerplanmäßigen Abschreibung. Die Aktien müssen am 31.12.02 mit dem Stichtagswert von 90.000 EUR bewertet werden. Eine Abwertung auf 75.000 EUR ist nach dem Stichtagsprinzip nicht zulässig.

BS: Abschreibungen auf Finanzanlagen 60.000 EUR
an Wertpapiere des Anlagevermögens 60.000 EUR.

Lösung zu Aufgabe 21: Bewertungskonzeption beim Anlagevermögen (Handelsrecht)
Zu a)
Fall 1: Das Abschreibungswahlrecht wurde nicht genutzt, so dass der Buchwert den Anschaffungskosten i.H.v. 150.000 EUR entspricht.
Damit sind die Aktien per 31.12.03 unverändert mit dem Buchwert von 150.000 EUR in der Handelsbilanz anzusetzen. Eine Bewertung oberhalb der Anschaffungskosten verbietet das Realisationsprinzip (§ 252 Abs. 1 Nr. 4 HGB).

Fall 2: Das Abschreibungswahlrecht wurde genutzt, sodass der Buchwert 90.000 EUR beträgt. Nach § 253 Abs. 5 HGB besteht für Störtebeker handelsrechtlich eine Pflicht, auf den vorigen Buchwert (die Anschaffungskosten) von 150.000 EUR wieder zuzuschreiben. Er hat zu buchen:

BS: Wertpapiere des Anlagevermögens 60.000 EUR
an Sonstige betriebliche Erträge (Zuschreibungserträge) 60.000 EUR.

zu b) Im Vorjahr wurde aufgrund der voraussichtlich dauerhaften Wertminderung pflichtgemäß eine Abschreibung auf 90.000 EUR vorgenommen. Nach § 253 Abs. 5 HGB besteht für Störtebeker handelsrechtlich eine Pflicht, auf den vorigen Buchwert von 150.000 EUR wieder zuzuschreiben.

Lösung zu Aufgabe 22: Bewertungskonzeption beim Anlagevermögen (Handelsrecht und Steuerrecht)

Es handelt sich um Wertpapiere des Anlagevermögens, da sie dauernd dem Geschäftsbetrieb zu dienen bestimmt sind. Gemäß § 253 Abs. 3 S. 5 u. 6 HGB greift das eingeschränkt gemilderte Niederstwertprinzip.

Zu a): Fall 1: In diesem Falle ist der Börsenwert nach dem Bilanzstichtag wieder gestiegen, so dass von einer nur vorübergehenden Wertminderung der Aktien auszugehen ist. Demnach besteht *handelsrechtlich* ein Abwertungswahlrecht auf den Stichtagswert von 80.000 EUR. Da das bilanzpolitische Ziel lautet, dass der Gewinn so niedrig wie möglich ausgewiesen werden soll, wird das Abschreibungswahlrecht genutzt. *Steuerrechtlich* ist nach neuer BFH-Rechtsprechung und nach Ansicht der Finanzverwaltung (BMF-Schreiben vom 16.7.2014) die Börsenkursentwicklung nach dem Stichtag irrelevant. Eine voraussichtlich dauernde Wertminderung liegt bereits vor, wenn am Bilanzstichtag der Wert um mehr als 5% unter die Anschaffungskosten gesunken ist. Da dies hier der Fall ist, besteht gemäß § 6 Abs. 1 Nr. 2 Satz 2 EStG ein Wahlrecht zur Teilwertabschreibung, das aufgrund des bilanzpolitischen Ziels auch genutzt wird.

Handelsbilanz 31.12.02	*Steuerbilanz 31.12.02*
Wertpapiere des Anlagevermögens 80.000 EUR	Wertpapiere des Anlagevermögens 80.000 EUR

Zu a) Fall 2: Hier liegt nun nicht nur steuerrechtlich, sondern auch handelsrechtlich eine voraussichtlich dauerhafte Wertminderung vor. In diesem Falle besteht für Störtebeker in der *Handelsbilanz* eine Pflicht zur außerplanmäßigen Abschreibung. Die Aktien müssen am 31.12.02 mit dem Stichtagswert von 80.000 EUR bewertet werden. Eine Abwertung auf 75.000 EUR ist nach dem Stichtagsprinzip unzulässig.

BS: Außerplanmäßige Abschreibungen auf Finanzanlagen 70.000 EUR
an Wertpapiere des Anlagevermögens 70.000 EUR.

In der *Steuerbilanz* besteht ein Wahlrecht der Abschreibung auf den niedrigeren Teilwert (§ 6 Abs. 1 Nr. 2 Satz 2 EStG). Dieses Bewertungswahlrecht kann gemäß § 5 Abs. 1 S. 1 2. Halbs. EStG unabhängig von der Handelsbilanz ausgeübt werden. Aufgrund des bilanzpolitischen Ziels wird das Wahlrecht zur Teilwertabschreibung genutzt.

Handelsbilanz 31.12.02	*Steuerbilanz 31.12.02*
Wertpapiere des Anlagevermögens 80.000 EUR	Wertpapiere des Anlagevermögens 80.000 EUR

Zu b): Sowohl Tageswert als auch Teilwert liegen mit 180.000 EUR über den Anschaffungskosten. In der *Handelsbilanz* muss Störtebeker daher gemäß § 253 Abs. 5 HGB auf die Anschaffungskosten zuschreiben. *Steuerrechtlich* sind die Wertpapiere automatisch wieder mit den Anschaffungskosten anzusetzen und anschließend ist zu prüfen, ob eine erneute Teilwertabschreibung zulässig ist (§ 6 Abs. 1 Nr. 2 Satz 3 EStG). Da der Teilwert nicht unter den Anschaffungskosten liegt, ist letzteres nicht der Fall (faktisches Zuschreibungsgebot gemäß § 6 Abs. 1 Nr. 2 S. 3 i.V.m. Nr. 1 S. 4 EStG).

Handelsbilanz 31.12.03	*Steuerbilanz 31.12.03*
Wertpapiere des Anlagevermögens 150.000 EUR	Wertpapiere des Anlagevermögens 150.000 EUR

Lösung zu Aufgabe 23: Bewertungskonzeption beim Anlagevermögen (Handelsrecht und Steuerrecht)

Die Stanzmaschine gehört zum abnutzbaren Anlagevermögen, sodass das eingeschränkt gemilderte Niederstwertprinzip nach § 253 Abs. 3 S. 5 u. 6 HGB anzuwenden ist. Eine Abwertung bei vorübergehender Wertminderung ist danach bei Sachanlagen nicht zulässig. Im vorliegenden Fall handelt es sich jedoch um eine voraussichtlich dauernde Wertminderung, auch wenn diese tatsächlich letztlich nicht von Dauer ist. *Handelsrechtlich* besteht daher eine Verpflichtung zur Abwertung auf den vom Beschaffungsmarkt abzuleitenden beizulegenden Wert der Maschine. Die Maschine ist durch die neu entwickelte billigere Maschine wirtschaftlich entwertet. Vergleichbar ist jedoch nur der Wert der neu entwickelten Maschine mit einem (fiktiv) gleichen Abnutzungsgrad wie ihn die vorhandene aufweist. Da es sich um eine voraussichtlich dauernde Wertminderung handelt (der Teilwert liegt die halbe Restnutzungsdauer unter dem planmäßigen Restbuchwert), besteht *steuerrechtlich* ein Wahlrecht, den niedrigeren Teilwert anzusetzen (§ 6 Abs. 1 Nr. 1 Satz 2 EStG). Dieses Wahlrecht kann unabhängig von der Handelsbilanz ausgeübt werden (§ 5 Abs. 1 S. 1, 2. Halbs. EStG). Aufgrund des bilanzpolitischen Ziels wird das Wahlrecht zur Teilwertabschreibung in der Steuerbilanz genutzt.

	vorhandene Stanzmaschine	fiktive Abschreibung der neu entwickelten Maschine
Anschaffungskosten (Januar 01)	20.000 EUR	10.000 EUR
- planmäßige Abschreibung 01	- 4.000 EUR	- 2.000 EUR
- planmäßige Abschreibung 02	- 4.000 EUR	- 2.000 EUR
= Zwischensumme 31.12.02	12.000 EUR	6.000 EUR
- außerplanmäßige Abschreibung 02	-6.000 EUR	----
= Buchwert am 31.12.02	6.000 EUR	⇐ ⇐ 6.000 EUR

<u>BS:</u> Außerplanmäßige Abschreibungen auf
Sachanlagen   6.000 EUR
an Maschinen   6.000 EUR.

Handelsbilanz zum 31.12.02	Steuerbilanz zum 31.12.02
6.000 EUR	6.000 EUR
§ 253 Abs. 3 Satz 3 HGB	§ 6 Abs. 1 Nr. 1 Satz 2 i.V.m. § 5 Abs. 1 S. 1 2. Halbs. EStG

Die planmäßige Abschreibung in den Folgejahren soll den geminderten Restbuchwert gleichmäßig (linear) auf die Restnutzungsdauer von 3 Jahren verteilen. Sie beträgt also 6.000 EUR : 3 Jahre = 2.000 EUR. Am Bilanzstichtag (31.12.03) ist allerdings wegen des Verschwindens der neu entwickelten Anlage vom Markt der Grund für die außerplanmäßige Abschreibung entfallen. Es stellt sich die Frage der Zuschreibung auf die durch planmäßige Abschreibungen fortgeführten Anschaffungskosten der vorhandenen Stanzmaschine in Höhe von 20.000 EUR - 3 * 4.000 EUR = 8.000 EUR. *Handelsrechtlich* besteht gemäß § 253 Abs. 5 HGB ein rechtsformunabhängiges Zuschreibungsgebot. *Steuerrechtlich* ist die Maschine zum 31.12.03 gem. § 6 Abs. 1 Nr. 1 Satz 4 EStG „automatisch" mit den fortgeführten Anschaffungskosten i.H.v. 8.000 EUR zu bewerten und anschließend ist zu prüfen, ob eine erneute Teilwertabschreibung möglich ist. Da dafür aber keine Gründe mehr existieren, bleibt es bei diesem Ansatz.

<u>BS:</u> Planmäßige Abschreibungen auf Sachanlagen   2.000 EUR
an Maschinen   2.000 EUR.

<u>BS:</u> Maschinen   4.000 EUR
an Erträge aus Werterhöhungen von Gegenständen
des Anlagevermögens („Zuschreibungserträge")   4.000 EUR.

Handelsbilanz zum 31.12.03	Steuerbilanz zum 31.12.03
8.000 EUR	8.000 EUR
§ 253 Abs. 5 HGB Zuschreibungsgebot	§ 6 Abs. 1 Nr. 1 Satz 4 EStG Zuschreibungsgebot

Da es keinerlei Wahlrechte gibt, spielt das bilanzpolitische Ziel des Unternehmens am 31.12.03 keine Rolle.

Lösung zu Aufgabe 24: Anlaufverluste bei Beteiligungen (Handels- und Steuerbilanz)

Die außerplanmäßige Abschreibung per 31.12.01 kann lediglich in der *Handelsbilanz* durchgeführt werden. Da die erwirtschafteten Verluste als nachhaltig eingeschätzt werden und der Ertragswert = = -100.000 EUR/0,10 = - 1 Mio. EUR weit unter den Anschaffungskosten der Beteiligung liegt, ist die Abschreibung bis auf den Erinnerungswert sogar geboten (§ 253 Abs. 3 S. 5 HGB). *Steuerrechtlich* darf die Beteiligung nicht abgeschrieben werden mit der Begründung, dass es normal sei, in den ersten 3 (oder im außereuropäischen Ausland gar in den ersten 5 Jahren) nach der Unternehmensgründung Verluste zu erwirtschaften („Anlaufverluste"). Der Teilwert werde dadurch nicht verändert, es sei denn, es handele sich um eine Fehlmaßnahme (BFH 27.7.1988).

Im Jahre 02 ergibt sich keine Bewertungsänderung. Im Jahre 03 hat sich jedoch die Ertragssituation der Tochtergesellschaft erheblich und voraussichtlich dauerhaft so verbessert, dass der Ertragswert wieder ansteigt, hier sogar über die Anschaffungskosten hinaus auf 2,5 Mio EUR = 250.000 EUR/0,10. Nach § 253 Abs. 5 HGB ist eine Zuschreibung bis zum Ertragswert verpflichtend, jedoch höchstens bis zu den Anschaffungskosten (§ 253 Abs. 1 Satz 1 HGB. In der Steuerbilanz entspricht der Beteiligungsbuchwert immer noch den Anschaffungskosten.

Jahr 01 und 02   Jahr 03

Handelsbilanz	*Steuerbilanz*	*Handelsbilanz*	*Steuerbilanz*
2 Mio EUR Anschaffungskosten ↓ ↓ Abschreibung auf 1,- EUR per 31.12.01	2 Mio EUR (AK) = Buchwert per 31.12.01	Zuschreibung auf 2 Mio EUR per 31.12.03 ↑ ↑ Buchwert 1,- EUR per 31.12.02	2 Mio EUR = Buchwert per 31.12.03

Lösung zu Aufgabe 25: Bewertungskonzeption beim Umlaufvermögen (Handelsrecht und Steuerrecht)

Handelsrecht: Es handelt sich um Wertpapiere des Umlaufvermögens, da sie in Spekulationsabsicht erworben wurden. Dem entsprechend gilt das strenge Niederstwertprinzip nach § 253 Abs. 4 HGB, nach dem unabhängig von der voraussichtlichen Dauer der Wertminderung abgeschrieben werden muss. Da Veräußerungsabsicht besteht, ist der Tageswert vom Absatzmarkt her abzuleiten, d.h. die Nebenkosten sind zu proportionalisieren und mindern den (fiktiven) Nettoveräußerungserlös am Bilanzstichtag.

Buchwert am 31.12.00 = Anschaffungskosten einschließlich Nebenkosten = 131.625 EUR.
1.625 EUR : 130.000 EUR = 0,0125, d.h. 1,25%.
84.000 EUR * 0,0125 = 1.050 EUR.
Modifizierter Nettoveräußerungserlös am Bilanzstichtag 31.12.01 (Tageswert) =
= 84.000 EUR -1.050 EUR = 82.950 EUR.

BS: Außerplanmäßige Abschreibungen   48.675 EUR
       an Wertpapiere des Umlaufvermögens   48.675 EUR.

Steuerrecht: Der Börsenkurs ist am Bilanzstichtag um mehr als 5% unter die Anschaffungskosten eingebrochen. Somit liegt nach dem BMF-Schreiben vom 16.7.2014 eine voraussichtlich dauernde Wertminderung vor und es besteht ein steuerrechtliches Wahlrecht (§ 6 Abs. 1 Nr. 2 Satz 3 i.V.m. Nr. 1 S. 2 EStG), die Aktien auf den niedrigeren Teilwert abzuschreiben. Dieses Wahlrecht kann unabhängig von der Handelsbilanz ausgeübt werden (§ 5 Abs. 1 S. 1, 2. Halbs. EStG) und wird hier aufgrund des bilanzpolitischen Ziels von der GmbH genutzt.

Der Teilwert zum Bilanzstichtag bei Wertpapieren ist immer (auch im Umlaufvermögen) als Wiederbeschaffungskosten zu interpretieren, d.h. die zu proportionalisierenden Nebenkosten stellen immer einen Aufschlag dar. Der Teilwert ergibt sich damit als 84.000 + 1.050 = 85.050 EUR. Insoweit besteht ein steuerlicher Bewertungsvorbehalt (§ 5 Abs. 6 EStG).

BS: Teilwertabschreibung 46.575 EUR
an Wertpapiere des Umlaufvermögens 46.575 EUR.

Wertansätze:

Handelsbilanz zum 31.12.01	Steuerbilanz zum 31.12.01
82.950 EUR	85.050 EUR
§ 253 Abs. 4 HGB	§ 6 Abs. 1 Nr. 2 Satz 3 i.V.m. Nr. 1 S. 2 i.V.m. § 5 Abs. 1 S. 1, 2. Halbs. und § 5 Abs. 6 EStG

Folgejahr:
Handelsrecht: Am folgenden Bilanzstichtag (31.12.02) ist aufgrund des Wiederanstiegs des Börsenkurses der Grund für die außerplanmäßige Abschreibung entfallen. Gemäß § 253 Abs. 5 HGB besteht eine Zuschreibungspflicht auf den gestiegenen Tageswert. Dieser ist als Nettoveräußerungserlös am Absatzmarkt zu bestimmen: 125.000 EUR * 0,0125 = 1.562,50 EUR.
Tageswert: 125.000 EUR - 1.562,50 EUR = 123.437,50 EUR.
Ob die Werterhöhung dauerhaft ist oder nicht, spielt keine Rolle.

BS: Wertpapiere des Umlaufvermögens 40.487,50 EUR
an Erträge aus Zuschreibungen 40.487,50 EUR.

Steuerrecht: Zum 31.12.02 erfolgt „automatisch" eine Werterhöhung auf die Anschaffungskosten in Höhe von 131.625 EUR gemäß § 6 Abs. 1 Nr. 2 Satz 3 EStG i.V.m. § 6 Abs. 1 Nr. 1 S. 4 EStG. Anschließend ist zu prüfen, ob eine erneute Abschreibung auf den gestiegenen, aber immer noch unter den Anschaffungskosten liegenden Teilwert vorgenommen werden darf. Da die Wertminderung nur 125 – 130) : 130 = 0,04, also weniger als 5% beträgt, handelt es ich um eine voraussichtlich vorübergehende Wertminderung, sodass keine erneute Teilwertabschreibung zulässig ist. Dass der Börsenkurs nach dem Bilanzstichtag wieder dauerhaft abgerutscht ist und es sich möglicherweise nur um einen manipulativ nach oben gepushten Börsenkurs zum Jahresende handelt, findet keine Beachtung.

BS: Wertpapiere des Umlaufvermögens 46.575 EUR
an Erträge aus Zuschreibungen 46.575 EUR.

Handelsbilanz zum 31.12.02	Steuerbilanz zum 31.12.02
123.437,50 EUR	131.625 EUR
§ 253 Abs. 5 HGB Wertaufholungsgebot	§ 6 Abs. 1 Nr. 2 Satz 3 i.V.m. § 6 Abs. 1 Nr. 1 S. 4 EStG

Lösung zu Aufgabe 26: Bewertungskonzeption beim Umlaufvermögen (Handelsrecht und Steuerrecht)

Handelsrecht: Die Rohstoffe gehören zum Umlaufvermögen, so dass aufgrund des strengen Niederstwertprinzips (§ 253 Abs. 4 HGB) eine Pflicht zur Abwertung auf 20.000 EUR besteht. Der Wert 15.000 EUR darf nicht angesetzt werden, da dies gegen das Stichtagsprinzip (§ 252 Abs. 1 Nr. 3 HGB) verstoßen würde.

Steuerrecht: Das nach § 6 Abs. 1 Nr. 2 EStG bestehende Wahlrecht, bei der hier vorliegenden voraussichtlich dauernden Wertminderung auf den niedrigeren Teilwert abzuwerten, kann unabhängig von der Handelsbilanz ausgeübt werden (§ 5 Abs. 1 S. 1, 2. Halbs. EStG). Aufgrund des bilanzpolitischen Ziels wird das Wahlrecht von der GmbH genutzt. Der niedrigere Teilwert beträgt 20.000 EUR.

Handelsbilanz zum 31.12.01	Steuerbilanz zum 31.12.01
20.000 EUR	20.000 EUR
§ 253 Abs. 4 HGB	§ 6 Abs. 1 Nr. 2 EStG i.V.m. § 5 Abs. 1 S. 1 EStG

Lösung zu Aufgabe 27: Bewertungskonzeption beim Umlaufvermögen (Handelsrecht und Steuerrecht)

Zu a):
Da das unfertige Erzeugnis nicht marktfähig ist, existiert kein direkter Marktpreis. Es muss daher der am Bilanzstichtag beizulegende Wert ermittelt werden, der mit den bis dahin angefallenen Herstellungskosten verglichen werden kann. Der *handelsrechtlich* beizulegende Wert kann aus dem Marktpreis des Fertigerzeugnisses abgeleitet werden, denn auch bei dem unfertigen Erzeugnis handelt es sich letztlich um ein absatzbestimmtes Gut, auch wenn erst noch eine weitere Bearbeitung erfolgen muss.

Retrograde Ermittlung des beizulegenden Wertes (Tageswerts) (Werte in EUR)	
voraussichtlicher Verkaufserlös (Fertigerzeugnis)	640
- Erlösschmälerungen	- 40
= Nettoveräußerungserlös (Fertigerzeugnis)	= 600
- noch anfallende Produktionskosten	- 115
- noch anfallende anteilige Verwaltungsgemeinkosten	- 10
- noch anfallende Transport- und Verpackungskosten	- 20
- noch anfallende sonstige Vertriebskosten	- 15
= dem Unfertigen Erzeugnis am Bilanzstichtag beizulegender Wert (Tageswert des Unfertigen Erzeugnisses)	= 440

Da der beizulegende Wert (= 440 EUR) niedriger ist als die bisher angefallenen Herstellungskosten (= 460 EUR), muss dieser angesetzt werden (§ 253 Abs. 4 HGB).

BS: Bestandsänderungen an Unfertigen Erzeugnissen 20 EUR
an Unfertige Erzeugnisse 20 EUR.

Steuerrechtlich ist zu beachten, dass der auf Basis des Absatzmarkts ermittelte Teilwert dem um den durchschnittlichen Unternehmergewinn geminderten modifizierten Nettoveräußerungserlös entspricht. Der durchschnittliche Unternehmergewinn wird in der Praxis meist als prozentualer Aufschlagssatz berücksichtigt. Aus Vereinfachungsgründen wird hier ein absoluter Betrag verwendet: 30 EUR pro Stück. Dieser muss nach dem Urteil des BFH vom 7.9.2005 (DStR 2005, S. 1975 ff.) bei der Ermittlung des Teilwerts des unfertigen Erzeugnisses in voller Höhe berücksichtigt werden.

Retrograde Ermittlung des Teilwertes des Unfertigen Erzeugnisses (Werte in EUR)	
= dem Unfertigen Erzeugnis am Bilanzstichtag *handelsrechtlich* beizulegender Wert (Tageswert des Unfertigen Erzeugnisses)	= 440
- durchschnittlicher Unternehmergewinn (Fertigerzeugnis) (R 6.8 Abs. 2 Satz 3 EStR)	- 30
= Teilwert des unfertigen Erzeugnisses am Bilanzstichtag	= 410

Bei der Berechnung des Teilwerts muss gemäß R 6.8 Abs. 2 Satz 3 EStR auch der kalkulierte durchschnittliche Unternehmergewinn abgezogen werden, der nach dem Prinzip der verlustfreien Bewertung in der *Handelsbilanz* nicht subtrahiert werden darf, da die Minderung um den Gewinnzuschlag nicht der Vorwegnahme eines drohenden Verlustes, sondern der Gewährleistung der formalen Gewinnzielung bei der späteren Veräußerung dient. Wird das unfertige Erzeugnis mit 440 EUR bewertet (Pflicht in der *Handelsbilanz*), so ergibt sich bei der späteren Veräußerung ein

Gewinn/Verlust von 0 EUR. Bei Bewertung mit 410 EUR (Wahlrecht in der *Steuerbilanz*), ergibt sich bei der späteren Veräußerung genau der kalkulierte Unternehmergewinn von 30 EUR (um diesen Betrag unterschreitet der Teilwert den Tageswert), sofern die geschätzten Daten in dieser Höhe tatsächlich auch eintreten. Der niedrigere Teilwert (410 EUR) darf unabhängig von der Handelsbilanz in der Steuerbilanz angesetzt werden (Wahlrecht gemäß § 6 Abs. 1 Nr. 2 Satz 2 EStG; § 5 Abs. 1 S. 1 2. Halbs. EStG). Aufgrund des bilanzpolitischen Ziels ist das Wahlrecht zu nutzen

BS: Bestandsänderungen an Unfertigen Erzeugnissen 50 EUR
 an Unfertige Erzeugnisse 50 EUR.

Handelsbilanz zum 31.12.01	Steuerbilanz zum 31.12.01
440 EUR	410 EUR
§ 253 Abs. 4 HGB strenges Niederstwertprinzip Pflicht zur Abschreibung	§ 6 Abs. 1 Nr. 2 S. 2 EStG i.V.m. § 5 Abs. 1 S. 1 2. Halbs. EStG; R 6.8 Abs. 2 Satz 3 EStR

Zu b)
Handelsrechtlich ändert sich nichts, da es wegen des Prinzips der verlustfreien Bewertung nur auf den vom Absatzmarkt abgeleiteten Wert ankommt.

Steuerrechtlich entspricht der Teilwert gemäß R 6.8 Abs. 2 Satz 1 EStR jetzt den gesunkenen Wiederbeschaffungskosten i.H.v. 395 EUR, auch wenn durch eine Abwertung auf diesen Wert entgangene Gewinne (Fremdbezug der unfertigen Erzeugnisse wäre billiger gewesen als Selbsterstellung) vorweggenommen werden. Nach § 6 Abs. 1 Nr. 2 Satz 2 EStG besteht ein Wahlrecht, auf den niedrigeren Teilwert abzuwerten, das in der Steuerbilanz unabhängig von der Bewertung in der Handelsbilanz ausgeübt werden kann (§ 5 Abs. 1 S. 1 2. Halbs. EStG) und wegen des bilanzpolitischen Ziels auch genutzt wird.

Handelsbilanz zum 31.12.01	Steuerbilanz zum 31.12.01
440 EUR	395 EUR
§ 253 Abs. 4 HGB strenges Niederstwertprinzip	§ 6 Abs. 1 Nr. 2 S. 2 EStG i.V.m. § 5 Abs. 1 S. 1 EStG

Lösung zu Aufgabe 28: Bewertungskonzeption beim Umlaufvermögen (Handelsrecht und Steuerrecht)

Ermittlung des Tageswerts 31.12.01 (EUR)	
voraussichtlicher Verkaufserlös	840
- Erlösschmälerungen	- 40
= Nettoveräußerungserlös	= 800
- noch anfallende betriebliche Aufwendungen	- 75
= Tageswert des Fertigen Erzeugnisses am Bilanzstichtag	= 725

Da der vom Absatzmarkt her abgeleitete Tageswert (725 EUR) niedriger ist als die aktivierten Herstellungskosten des Fertigerzeugnisses (780 EUR), muss er in der Handelsbilanz angesetzt werden (strenges Niederstwertprinzip; § 253 Abs. 4 HGB). Die Abwertung beträgt 55 EUR und ist als Bestandsminderung bei Fertigerzeugnissen zu buchen.

BS: Bestandsänderungen bei Fertigen Erzeugnissen 55 EUR
 an Fertige Erzeugnisse 55 EUR.

Lösungen zu den Aufgaben

Ermittlung des Teilwertes 31.12.01 (EUR)	
voraussichtlicher Verkaufserlös	840
- Erlösschmälerungen	- 40
= Nettoveräußerungserlös	= 800
- noch anfallende betriebliche Aufwendungen	- 75
- durchschnittlicher Unternehmergewinn	- 25
= Teilwert des Fertigen Erzeugnisses am Bilanzstichtag	= 700

Bei der Berechnung des Teilwerts muss gemäß R 6.8 Abs. 2 Satz 3 EStR auch ein kalkulierter durchschnittlicher Unternehmergewinn abgezogen werden, der nach dem Prinzip der verlustfreien Bewertung im Handelsrecht nicht subtrahiert werden darf, da das Imparitätsprinzip die Vorwegnahme entgangener Gewinn nicht abdeckt. Auch die nach dem Bilanzstichtag anfallenden betrieblichen Aufwendungen sind zu subtrahieren (R 6.8 Abs. 2 Satz 3 EStR). Der Teilwert beträgt demnach 700 EUR. Da es sich lt. Angabe um eine voraussichtlich dauernde Wertminderung handelt, besteht gemäß § 6 Abs. 1 Nr. 2 S. 2 EStG ein Wahlrecht zur Teilwertabschreibung in der Steuerbilanz. Dieses Wahlrecht kann unabhängig von der Bewertung in der Handelsbilanz genutzt werden (§ 5 Abs. 1 S. 1, 2. Halbs. EStG), sofern die Wirtschaftsgüter in ein besonderes, laufend zu führendes Verzeichnis aufgenommen werden (§ 5 Abs. 1 S. 2 EStG). Aufgrund des bilanzpolitischen Ziels wird das Wahlrecht genutzt.

BS: Bestandsänderungen bei fertigen Erzeugnissen 80 EUR
an Fertige Erzeugnisse 80 EUR.

Handelsbilanz zum 31.12.01	Steuerbilanz zum 31.12.01
725 EUR	700 EUR
§ 253 Abs. 4 (Pflicht)	§ 6 Abs. 1 Nr. 2 S. 2 EStG i.V.m. § 5
Strenges Niederstwertprinzip	Abs. 1 EStG; R 6.8 Abs. 2 Satz 3 EStR

Folgejahr Fall a):

Am folgenden Bilanzstichtag sind Tageswert und Teilwert des Fertigen Erzeugnisses wieder angestiegen. Sie betragen jetzt:

Ermittlung des Tageswerts 31.12.02 (EUR)	
voraussichtlicher Verkaufserlös	860
- Erlösschmälerungen	- 40
= Nettoveräußerungserlös	= 820
- noch anfallende betriebliche Aufwendungen	- 75
= Tageswert des Fertigen Erzeugnisses am Bilanzstichtag	= 745

Ermittlung des Teilwertes 31.12.02 (EUR)	
voraussichtlicher Verkaufserlös	860
- Erlösschmälerungen	- 40
= Nettoveräußerungserlös	= 820
- noch anfallende betriebliche Aufwendungen	- 75
- durchschnittlicher Unternehmergewinn	- 25
= Teilwert des Fertigen Erzeugnisses am Bilanzstichtag	= 720

Handelsrechtlich besteht für die LowTech GmbH, da die Gründe für die frühere außerplanmäßige Abschreibung teilweise entfallen sind, ein Wertaufholungsgebot gemäß § 253 Abs. 5 HGB bis auf 745 EUR. Bei der handelsrechtlichen Frage einer Zuschreibung kommt es nicht darauf an, ob die Wertminderung voraussichtlich vorübergehend oder voraussichtlich dauerhaft ist.

Steuerrechtlich sind zunächst einmal die Fertigerzeugnisse mit ihren Herstellungskosten in Höhe von 780 EUR zu bewerten (§ 6 Abs. 1 Nr. 2 Satz 3 EStG). Anschließend ist zu prüfen, ob eine erneute Abwertung auf den immer noch unter den Herstellungskosten liegenden Teilwert von 720 EUR zulässig ist. Da der Teilwert im Falle a) bis zum Tag der Bilanzaufstellung (31.3.03) bis auf 1.050 EUR - 40 EUR - 75 EUR - 25 EUR = 910 EUR weiter angestiegen ist, handelt es sich zum Bilanzstichtag 31.12.02 nicht mehr um eine voraussichtlich dauernde, sondern um eine voraussichtlich <u>vorübergehende</u> Wertminderung. Eine Teilwertabschreibung ist daher nicht zulässig, somit sind die Fertigerzeugnisse mit den Herstellungskosten zu bewerten (Bewertungsvorbehalt § 5 Abs. 6 EStG).

Handelsrecht:
<u>BS:</u>   Fertige Erzeugnisse   20 EUR
         an Bestandsänderungen bei Fertigen Erzeugnissen   20 EUR.

Steuerrecht:
<u>BS:</u>   Fertige Erzeugnisse   80 EUR
         an Bestandsänderungen bei Fertigen Erzeugnissen   80 EUR.

Handelsbilanz zum 31.12.02	*Steuerbilanz zum 31.12.02*
745 EUR	780 EUR
§ 253 Abs. 5 HGB Wertaufholungsgebot	§ 6 Abs. 1 Nr. 2 Satz 3 EStG; § 5 Abs. 6 EStG

Folgejahr Fall b):
Im Unterschied zu Fall a) liegt zum 31.12.02 immer noch eine voraussichtlich <u>dauernde</u> Wertminderung vor, sodass in der *Steuerbilanz* gemäß § 6 Abs. 1 Nr. 2 Satz 3 EStG eine erneute Abschreibung auf den niedrigeren Teilwert (720 EUR) vorgenommen werden kann (Wahlrecht). Dieses steuerrechtliche Wahlrecht zur Teilwertabschreibung kann unabhängig von der Handelsbilanz ausgeübt werden, falls die Wirtschaftsgüter in ein besonderes, laufend zu führendes Verzeichnis aufgenommen werden, und wird wegen des bilanzpolitischen Ziels genutzt (§ 5 Abs. 1 S. 1, 2. Halbs. u. S. 2 EStG).

Handelsrecht:
<u>BS:</u>   Fertige Erzeugnisse   20 EUR
         an Bestandsänderungen bei Fertigen Erzeugnissen   20 EUR.

Steuerrecht:
<u>BS:</u>   Fertige Erzeugnisse   80 EUR
         an Bestandsänderungen bei Fertigen Erzeugnissen   80 EUR.

<u>BS:</u>   Bestandsänderungen bei Fertigen Erzeugnissen   60 EUR
         an Fertige Erzeugnisse   60 EUR.

Die *faktische Zuschreibung* in der Steuerbilanz beträgt also wie in der Handelsbilanz 20 EUR. M.E. kann in der Steuerbilanz aber auch genau wie in der Handelsbilanz gebucht werden, da die beiden Schritte der gesetzlich erzwungenen Zuschreibung auf die Herstellungskosten und der erneuten Teilwertabschreibung nur zwei gedankliche formalrechtliche Schritte sind, deren Zusammenfassung zu einem Buchungssatz keine eigentliche Saldierung (im Sinne des § 246 Abs. 2 HGB) darstellt.

Handelsbilanz zum 31.12.02	*Steuerbilanz zum 31.12.02*
745 EUR	720 EUR
§ 253 Abs. 5 HGB Zuschreibungspflicht	§ 6 Abs. 1 Nr. 2 Satz 3 EStG; § 5 Abs. 1 EStG

Lösung zu Aufgabe 29: Bewertungskonzeption nach IFRS

(in €)	Gebäudewert zu Jahresbeginn	Planmäßige Abschreibung (Aufwand)	Neubewertungsertrag	Neubewertungsaufwand	Neubewertungsrücklage	Gewinnrücklage	Gebäudewert zum Jahresende	Regelung
01	2.000.000	100.000	---	---	190.000	0	2.090.000	IAS 16.16 u. 31 u. 39
02	2.090.000	110.000	---	540.000	0	10.000	1.260.000	IAS 36.61 i.V.m. IAS 16.40
03	1.260.000	70.000	510.000	---	0	10.000	1.700.000	IAS 36.114 u. 36.120 i.V.m. IAS 16.40
04	1.700.000	100.000	30.000	---	930.000	10.000	2.560.000	IAS 16.39

Bei den beiden Spalten Neubewertungsertrag bzw. Neubewertungsaufwand handelt es sich um die Erfolgsauswirkungen der Neubewertung und der außerplanmäßigen Wertminderungen.

Handelt es sich an den Stichtagen 31.12.01 und 31.12.04 um veränderte beizulegende Zeitwerte („Fair Value"), so ist der Wert der Lagerhalle zum 31.12.02 durch außergewöhnliche Gründe reduziert worden. IAS 36 behandelt solche (außerplanmäßigen) Wertminderungen von Vermögenswerten, die gegeben sind, wenn der erzielbare Betrag („recoverable amount") den bisherigen Buchwert unterschreitet und eine außerplanmäßige Abschreibung erfordern. Im Rahmen des Neubewertungsmodells ist dieser Fall gemäß IAS 36.61 wie eine Abnahme des Fair Value („Neubewertungsabnahme") zu behandeln, zumal sich der beizulegende Zeitwert und der erzielbare Betrag in diesem Falle i.d.R. weitgehend identisch entwickeln dürften. Die anschließende Wertaufholung aufgrund eines wieder angestiegenen erzielbaren Betrags ist verpflichtend und im Rahmen des Neubewertungsmodells wie eine Neubewertung zu einem gestiegenen beizulegenden Wert zu behandeln (IAS 36.114 u. 36.120). Die planmäßigen Abschreibungen nach einer Neubewertung oder außerplanmäßigen Wertminderung sind an den geänderten Wert des Gebäudes nach der Formel Restbuchwert : Restnutzungsdauer anzupassen. Das Wahlrecht (IAS 16.41) zur Umbuchung der Neubewertungsrücklage in die Gewinnrücklage in Höhe der Differenz zwischen der Abschreibung auf Basis eines höheren Fair Value und derjenigen auf Basis der historischen Anschaffungskosten soll laut Aufgabenstellung genutzt werden. Dies geschieht im Jahr 02 (s. BS. 3). Dabei ist die Reihenfolge wichtig: zuerst die planmäßige Abschreibung, dann die Rücklagenumbuchung und schließlich die erneute Neubewertung! Eine Rückumbuchung zwischen den Rücklagen, wenn die Abschreibungsdifferenz negativ ist, ist nicht durch IAS 16.41 gedeckt, entbehrt m.E. auch jeder Logik und wird deshalb in 03 nicht vorgenommen.

Die Buchungssätze lauten chronologisch:

(1)	Lagerhalle	2.000.000 EUR	
	an Bank		2.000.000 EUR.
(2)	Lagerhalle	190.000 EUR	
	an Neubewertungsrücklage		190.000 EUR.
(3)	Neubewertungsrücklage	10.000 EUR	
	an Gewinnrücklage		10.000 EUR.
(4)	Neubewertungsrücklage	180.000 EUR	
	Neubewertungsaufwand (erfolgswirksam)	540.000 EUR	
	an Lagerhalle		720.000 EUR.
(5)	Lagerhalle	510.000 EUR	
	an Neubewertungsertrag (erfolgswirksam)		510.000 EUR.

(6) Lagerhalle   960.000 EUR
    an Neubewertungsertrag (erfolgswirksam)   30.000 EUR
    an Neubewertungsrücklage   930.000 EUR.

Lösung zu Aufgabe 30: Immaterielle Vermögensgegenstände

Zu a): Die entgeltlich erworbene Software ist in der Handelsbilanz zu aktivieren und als „Ähnliche Werte" unter der Position A.I.1. "Immaterielle Vermögensgegenstände des Anlagevermögens " auszuweisen (§ 266 Abs. 2 HGB), da sie dauernd dem Geschäftsbetrieb dienen soll. In der Steuerbilanz ist die entgeltlich erworbene Software gemäß § 5 Abs. 2 EStG ebenfalls zu aktivieren und unter den immateriellen Wirtschaftsgütern auszuweisen, da es sich nicht um ein Trivialprogramme und auch nicht um eine Standardsoftware handelt (R 5.5 Abs. 1 EStR; H 5.5 „Immaterielle Wirtschaftsgüter" EStH).

Zu b): Steuerrechtlich ist bei immateriellen Wirtschaftsgütern, die keine beweglichen Güter sind (H 7.2 "Bewegliche Wirtschaftsgüter" EStH), nur die lineare Abschreibungsmethode zulässig, nicht etwa die Leistungsabschreibung. Im Zugangsjahr ist die planmäßige Abschreibung generell zeitanteilig zu berechnen (§ 7 Abs. 1 Satz 4 EStG). Die Absetzung für Abnutzung für das Jahr 01 beträgt somit 39.000 EUR : 5 Jahre = 7.800 EUR, zeitanteilig für 9 Monate: 7.800 EUR * 9/12 = 5.850 EUR. Handelsrechtlich soll laut Aufgabenstellung wie in der Steuerbilanz, also ebenfalls linear, abgeschrieben werden.

Zu c): Am Bilanzstichtag 31.12.01 betragen die Wiederbeschaffungskosten 16.000 EUR, im März 02 nur noch 14.000 EUR. Es handelt sich daher um eine voraussichtlich dauerhafte Wertminderung. Auch die strenge *steuerrechtliche* Voraussetzung, dass der niedrigere Wert mindestens für die halbe Restnutzungsdauer unter dem planmäßigen Restbuchwert liegt, ist erfüllt. *Handelsrechtlich* entspricht der Tageswert den Wiederbeschaffungskosten, da keine Veräußerungsabsicht bezüglich der Software besteht. Nach dem eingeschränkt gemilderten Niederstwertprinzip (§ 253 Abs. 3 S. 5 HGB) besteht Abschreibungspflicht auf den niedrigeren Tageswert. In der *Steuerbilanz* kann auf den niedrigeren Teilwert abgeschrieben werden (§ 6 Abs. 1 Nr. 1 S. 2 EStG). Dieses steuerrechtliche Wahlrecht kann unabhängig von der Handelsbilanz ausgeübt werden (§ 5 Abs. 1 S. 1, 2. Halbs. EStG). Aufgrund des vorgegebenen bilanzpolitischen Ziels wird das Wahlrecht in der Steuerbilanz von der GmbH genutzt.

BS: Planmäßige Abschreibungen auf
       Immaterielle Vermögensgegenstände   5.850 EUR
       an Immaterielle Vermögensgegenstände   5.850 EUR.

BS: Außerplanmäßige Abschreibungen auf
       Immaterielle Vermögensgegenstände   17.150 EUR
       an Immaterielle Vermögensgegenstände   17.150 EUR.

Handelsbilanz zum 31.12.01	Steuerbilanz zum 31.12.01
Immaterielle Wirtschaftsgüter 16.000 EUR	Immaterielle Wirtschaftsgüter 16.000 EUR

Lösung zu Aufgabe 31: Geschäfts- oder Firmenwert

Gemäß § 246 Abs. 1 S. 4 HGB ist der Wert der einzelnen Vermögensgegenstände des erworbenen Unternehmens im Zeitpunkt der Übernahme, also der Zeitwert nach Auflösung der enthaltenen stillen Reserven, zu ermitteln. Das Eigenkapital des Käufers ändert sich nicht, da die Gesellschafter des Käuferunternehmens diesem kein Kapital aus dem Privatvermögen zugeführt haben. Eine Berücksichtigung des Eigenkapitals des übernommenen Unternehmens wäre eine Doppelzählung, da dessen bilanzielles Komplement ("die andere Seite derselben Medaille"), nämlich alle Vermögensgegenstände abzüglich der Schulden in die Bilanz des Käufers aufgenommen werden. Außerdem wird durch den Kaufpreis den Eigentümern des übernommenen Unternehmens ihre Kapitaleinlage zurückgezahlt.

Lösungen zu den Aufgaben

	Kaufpreis	1.000 TEUR
	- Wert der einzelnen Wirtschaftsgüter im Zeitpunkt der Übernahme	1.750 TEUR
	+ (übernommene) Schulden	1.000 TEUR
	= Geschäfts oder Firmenwert	250 TEUR

oder:

Kaufpreis	- Reinvermögen nach Auflösung der stillen Reserven (= Wert des übernommenen Nettovermögens = 1.750 TEUR - 1.000 TEUR)	= Firmenwert
1.000 TEUR	- 750 TEUR	= 250 TEUR

Die Übernahme der Verbindlichkeiten des Unternehmens kann auch als Erhöhung des Kaufpreises für die erworbenen Wirtschaftsgüter angesehen werden.

BS: Verschiedene Wirtschaftsgüter 1.750 TEUR
Firmenwert 250 TEUR
an Kasse 300 TEUR
Verbindlichkeiten (vom Verkäufer übernommen) 1.000 TEUR
Verbindlichkeiten 700 TEUR.

Bilanz des Käufers (nach Kauf) (in TEUR)

Firmenwert	250	Eigenkapital	1.500
Gebäude	1.800	Verbindlichkeiten	3.200
Maschinen	1.000		
Vorräte	600		
Forderungen LuL.	1.000		
Kasse	50		
	4.700		4.700

Lösung zu Aufgabe 32: Geschäfts- oder Firmenwert

	Mio EUR
Kaufpreis	5,0
- Wert der einzelnen Wirtschaftsgüter im Zeitpunkt der Übernahme	- 14,1
+ (übernommene) Schulden	+ 10,0
= Geschäfts- oder Firmenwert	0,9

Handelsrecht: Gemäß § 246 Abs. 1 S. 4 HGB gilt der derivative Firmenwert als zeitlich begrenzt nutzbarer Vermögensgegenstand, der zu aktivieren ist. Da es keine Anhaltspunkte für einen bestimmten Verlauf der Wertminderung im Zeitablauf gibt, scheint die lineare Abschreibungsmethode (lt. Aufgabenstellung) adäquat zu sein. Eine Anhangangabe ist nur erforderlich, wenn die Nutzungsdauer des Geschäfts- oder Firmenwerts auf mehr als 5 Jahre geschätzt wird (§ 285 Nr. 13 HGB).
Abschreibungshöhe: 1/5 von 0,9 Mio. EUR = 0,18 Mio. EUR,
zeitanteilig: 10/12 von 180.000 EUR = 150.000 EUR.

Steuerrecht: Gemäß § 5 Abs. 2 EStG besteht eine Aktivierungspflicht für das Wirtschaftsgut "derivativer Firmenwert". Nach H 7.2 "Bewegliche Wirtschaftsgüter" EStH sind immaterielle Wirtschaftsgüter keine beweglichen Güter, so dass nur die lineare Abschreibung zulässig ist. Die betriebsgewöhnliche Nutzungsdauer von 15 Jahren ist in § 7 Abs. 1 Satz 3 EStG generell vorgeschrieben, da eine Schätzung nur unter großer Unsicherheit möglich wäre. Hier gilt der Bewertungsvorbehalt (§ 5 Abs. 6 EStG). Im Zugangsjahr ist generell zeitanteilig abzuschreiben (§7 Abs. 1 Satz 4 EStG).
Abschreibungshöhe: 1/15 von 0,9 Mio EUR = 0,06 Mio EUR,
zeitanteilig: 10/12 von 60.000 EUR = 50.000 EUR.

Handelsbilanz zum 31.12.01	Steuerbilanz zum 31.12.01
Firmenwert: 750.000 EUR	Firmenwert: 850.000 EUR

Lösung zu Aufgabe 33: Aktivierungspflicht, Aktivierungswahlrecht oder Aktivierungsverbot?

Aktivierungspflicht, Aktivierungswahlrecht, Aktivierungsverbot?		
	nach HGB	nach IFRS
Forschungsaufwand	Aktivierungsverbot, da kein Vermögensgegenstand vorliegt (nicht einzeln veräußerbar); Verbot der anteiligen Einbeziehung in die Herstellungskosten eines Erzeugnisses, da nicht zurechenbar	Aktivierungsverbot, da kein Vermögenswert vorliegt; der Wert/ Nutzen ist nicht zuverlässig schätzbar
Selbsterstellte Patente (neues Produktionsverfahren; neue Produkte)	Es liegt ein Vermögensgegenstand vor (insbes. Einzelveräußerbarkeit); Aktivierungswahlrecht nach § 248 Abs. 2 S.1 HGB; Ausschüttungssperre (§ 268 Abs. 8 HGB); Bewertung mit Entwicklungskosten; wenn diese nicht verlässlich von Forschungskosten unterschieden werden können, besteht Aktivierungsverbot (§ 255 Abs. 2a HGB)	Es liegt ein Vermögenswert vor. Aktivierungspflicht: Selbst erstellte immaterielle Vermögenswerte sind gemäß IAS 38.22 mit den Herstellungskosten zu aktivieren. Dies gilt auch für Patente (F.56).
(Produkteinführungs-)Werbefeldzug; Kosten: 1 Mio. EUR; im Folgejahr wird ein Umsatz von 1,2 Mio. EUR erwartet	Kein Vermögensgegenstand, da keine selbständige Verkehrsfähigkeit bzw. Einzelveräußerbarkeit gegeben ist; keine Aktivierung als RAP, da es am Kriterium der „bestimmten Zeit" nach dem Bilanzstichtag mangelt	Kein Vermögenswert im Sinne von IAS 38. Der zukünftige Nutzenzufluss kann nicht zuverlässig geschätzt werden. Keine Aktivierung zulässig (IAS 38.57)
derivativer Geschäfts- oder Firmenwert	Gilt als zeitlich begrenzt nutzbarer Vermögensgegenstand, daher Aktivierungspflicht (§ 246 Abs. 1 S. 4 HGB) und Pflicht zur planmäßigen Abschreibung	Aktivierungspflicht gemäß IAS 22.40 f.
Mitarbeiterschulung bei neu gegründetem Geschäftsbereich	Kein Vermögensgegenstand (nicht einzeln veräußerbar), somit nicht aktivierbar	Aktivierungsverbot gemäß IAS 38.57
Eigene Kundenkartei	Aktivierungsverbot gemäß § 248 Abs. 2 S. 2 HGB (nicht verlässlich separierbar vom originären Firmenwert)	Aktivierungsverbot gemäß IAS 38.51. Der Wert/Nutzen ist nicht zuverlässig schätzbar
Erwerb eines Patents von einem fremden Unternehmen	Aktivierungsgebot, da ein Vermögensgegenstand des Anlagevermögens vorliegt (und dieser entgeltlich erworben wurde)	Aktivierungspflicht als immaterieller Vermögenswert (verlässlich bewertbar)
Selbst geschaffene Marke	Bei Einzelveräußerbarkeit (ggf. bei Produktmarke) liegt ein Vermögensgegenstand vor; aber generelles Aktivierungsverbot nach § 248 Abs. 2 S. 2 HGB (insbes. Firmenname nicht verlässlich trennbar vom originären Firmenwert)	Kein aktivierbarer Vermögenswert im Sinne von IAS 38. Der zukünftige Nutzenzufluss kann nicht zuverlässig geschätzt werden. Keine Aktivierung zulässig (IAS 38.51 und 38.57)
Aufwendungen für die Gründung eines Unternehmens	Aktivierungsverbot gemäß § 248 Abs. 1 HGB; es liegt kein Vermögensgegenstand vor (Einzelveräußerbarkeit fehlt)	Aktivierungsverbot, da (i.d.R.) kein Vermögenswert vorliegt (IAS 38.57(a))
originärer Geschäfts- oder Firmenwert	Aktivierungsverbot, da kein Vermögensgegenstand vorliegt (Einzelveräußerbarkeit fehlt)	Aktivierungsverbot, da kein Vermögenswert vorliegt; der Wert/Nutzen ist nicht zuverlässig schätzbar (IAS 38.36)

Lösung zu Aufgabe 34: Selbst geschaffene immaterielle Anlagegegenstände

Zu a): *Handelsbilanz:*
Bei der komplexen Individual-Software handelt es sich um einen selbst geschaffenen immateriellen Vermögensgegenstand des Anlagevermögens. Aus der betragsmäßigen Angabe der Forschungs- und der Entwicklungskosten in der Aufgabenstellung lässt sich schließen, dass gemäß § 255 Abs. 2a HGB eine verlässliche Trennbarkeit von Forschung und Entwicklung gegeben ist, sodass nach § 248 Abs. 2 S. 1 HGB ein Wahlrecht zur Aktivierung der Software besteht. Dieses Wahlrecht wird aufgrund des bilanzpolitischen Ziels, den Gewinn so hoch wie möglich auszuweisen von der Low-Tech GmbH genutzt. Die selbst geschaffene Software ist mit den zugehörigen Entwicklungskosten zu bewerten (§ 255 Abs. 2a i.V.m. Abs. 2 HGB) über die willkürfrei geschätzte Nutzungsdauer von 6 Jahren planmäßig abzuschreiben, wobei laut Aufgabenstellung die lineare Abschreibungsmethode gewählt werden soll. Die zeitanteiligen planmäßigen Abschreibungen betragen: 270.000 EUR : 6 Jahre * 3/12 = 11.250 EUR.

Die zu Beginn des Jahres angefallenen allgemeinen Forschungskosten dürfen nicht in die Herstellungskosten einbezogen werden und stellen auch keinen eigenständigen Vermögensgegenstand dar, sodass sie als Aufwand zu buchen sind. Eine aktive Rechnungsabgrenzung der Forschungskosten kommt ebenfalls nicht in Frage, da das Kriterium „Aufwand für eine bestimmte Zeit nach dem Abschlussstichtag" nicht erfüllt ist (§ 250 Abs. 1 HGB).

BS:	Forschungsaufwendungen	60.000,00 EUR	
	an Bank		60.000,00 EUR.

BS:	Verschiedene Entwicklungsaufwendungen	270.000,00 EUR	
	an Bank		270.000,00 EUR.

BS:	Selbst geschaffene immaterielle Vermögens-gegenstände des Anlagevermögens (Software)	270.000,00 EUR	
	an andere aktivierte Eigenleistungen		270.000,00 EUR.

BS:	Planmäßige Abschreibungen	11.250,00 EUR	
	an Selbst geschaffene immaterielle Vermögens-gegenstände des Anlagevermögens (Software)		11.250,00 EUR.

Der Tageswert entspricht 60% der fortgeführten Herstellungskosten, also 0,6 * (270.000 – 11.250) = 155.250 EUR. Da es sich jedoch um eine vorübergehende Wertminderung handelt, ist eine außerplanmäßige Abschreibung auf den Tageswert gemäß § 253 Abs. 3 S. 5 HGB nicht zulässig. Somit ist die Software per 31.12.01 mit 258.750 EUR zu bewerten.

Steuerbilanz:
Bei der komplexen Individual-Software handelt es sich gemäß R 5.5 Abs. 1 S. 1 EStR und H 5.5 „Immaterielle Wirtschaftsgüter" ESTH um ein immaterielles Wirtschaftsgut. Da dieses jedoch selbst geschaffen und nicht entgeltlich erworben worden ist, besteht gemäß § 5 Abs. 2 EStG ein Aktivierungsverbot in der Steuerbilanz. Damit sind nicht nur die Forschungskosten, sondern auch die Entwicklungskosten als Aufwand (Betriebsausgaben) zu buchen. Der Steuerbilanzgewinn ist somit um 258.750 EUR geringer als der Handelsbilanzgewinn. Der gesunkene Teilwert hat infolge des Aktivierungsverbots keine Bedeutung.

BS:	Forschungsaufwendungen	60.000,00 EUR	
	an Bank		60.000,00 EUR.

BS:	Verschiedene Entwicklungsaufwendungen	270.000,00 EUR	
	an Bank		270.000,00 EUR.

IFRS-Bilanz:
Da die Aktivierungskriterien gemäß F.89 erfüllt sind, der immaterielle Vermögenswert insbesondere identifizierbar (IAS 38.11 f.) und verlässlich bewertbar ist, und außerdem die Entwicklungsphase von der Forschungsphase laut Aufgabenstellung unterscheidbar ist (IAS 38.53), besteht eine Aktivierungspflicht für die selbst geschaffene Software (IAS 38.57). Die Software ist mit den Ent-

wicklungskosten zu bewerten, die Forschungskosten sind als Aufwand zu erfassen (IAS 38.54 f.). Grundsätzlich können immaterielle Vermögenswerte gemäß IAS 38.75 ff. nach dem Neubewertungsmodell bewertet werden. Da es aber i.d.R. an der Voraussetzung eines aktiven Marktes mangelt, soll hier das Anschaffungskostenmodell zur Lösung verwendet werden (IAS 38.74 u. 81). Die Software ist somit über die geschätzte Nutzungsdauer von 6 Jahren planmäßig, laut Aufgabenstellung linear, abzuschreiben (IAS 38.88). Die zeitanteiligen planmäßigen Abschreibungen betragen: 270.000 EUR : 6 Jahre * 3/12 = 11.250 EUR. Somit ist die Software am 31.12.01 mit 258.750 EUR zu bewerten. Die Buchungssätze entsprechen denjenigen in der Handelsbilanz.

Da Indizien für eine Wertminderung am Bilanzstichtag vorliegen, ist ein „Impairment Test" durchzuführen und nach dem Anschaffungskostenmodell ist gemäß IAS 36.59 f. verpflichtend auf den erzielbaren Betrag („recoverable amount") abzuschreiben. Dieser ist der höhere der beiden Werte Netto-veräußerungserlös und Nutzungswert. Letzterer beträgt laut Aufgabenstellung 60% der fortgeführten Herstellungskosten, also 258.750 EUR * 0,6 = 155.250 EUR. Somit ist eine außerplanmäßige Wertminderung auf diesen Wert erfolgswirksam zu erfassen. Das bilanzpolitische Ziel spielt hier keine Rolle.

BS: Außerplanmäßige Abschreibungen 103.500,00 EUR
an selbst geschaffene immaterielle Vermögenswerte des Anlagevermögens (Software) 103.500,00 EUR.

Handelsbilanz zum 31.12.01	*Steuerbilanz zum 31.12.01*	*IFRS-Bilanz zum 31.12.01*
258.750 EUR	0 EUR	155.250 EUR
§ 253 Abs. 3 S.5 HGB § 248 Abs. 2 S.1 HGB § 255 Abs. 2a HGB	§ 5 Abs. 2 EStG	IAS 38.74, IAS 36.59 f., IAS 38.57, IAS 38.53

Zu b): *Handelsbilanz:*
In diesem Falle liegt eine voraussichtlich dauernde Wertminderung vor, sodass eine außerplanmäßige Abschreibung auf den gesunkenen Tageswert verpflichtend ist (§ 253 Abs. 3 S. 5 HGB). Letzterer beträgt laut Aufgabenstellung 60% der fortgeführten Herstellungskosten, also 258.750 EUR * 0,6 = 155.250 EUR. Somit ist eine außerplanmäßige Abschreibung auf diesen Wert erfolgswirksam zu buchen.

BS: Außerplanmäßige Abschreibungen 103.500,00 EUR
an selbst geschaffene immaterielle Vermögenswerte des Anlagevermögens (Software) 103.500,00 EUR.

Steuerbilanz:
Da die selbst geschaffene Software in der Steuerbilanz nicht aktiviert werden durfte, ist auch ein später aufgrund dauernder Wertminderung gesunkener Teilwert irrelevant.

IFRS-Bilanz:
Es ändert sich nichts, da eine außerplanmäßige Abschreibung in jedem der beiden Fälle verpflichtend ist.

Handelsbilanz zum 31.12.01	*Steuerbilanz zum 31.12.01*	*IFRS-Bilanz zum 31.12.01*
155.250 EUR	0 EUR	155.250 EUR
§ 253 Abs. 3 S.5 HGB § 248 Abs. 2 S.1 HGB § 255 Abs. 2a HGB	§ 5 Abs. 2 EStG	IAS 38.74, IAS 36.59 f., IAS 38.57, IAS 38.53

Zu c): Handelsbilanz:
Da am 31.12.02 die Gründe für die frühere außerplanmäßige Abschreibung (Teilaufgabe b) vollständig entfallen sind, muss gemäß § 253 Abs. 5 S. 1 HGB eine Zuschreibung auf die fortgeführten Herstellungskosten erfolgen. Zunächst aber muss planmäßig abgeschrieben werden, wobei die planmäßige Abschreibung angepasst werden muss, indem der verminderte Restbuchwert gleichmäßig auf die Restnutzungsdauer verteilt wird (vgl. Kapitel B.IV.2.(6)). Sie beträgt demnach 155.250 EUR : 5,75 Jahre = 27.000 EUR. Der vorläufige Buchwert per 31.12.02 ergibt sich somit als 155.250 EUR – 27.000 EUR = 128.250 EUR. Da zum 31.12.02 die fortgeführten Herstellungskosten 270.000 EUR – 11.250 EUR – 45.000 EUR = 213.750 EUR betragen, hat eine Zuschreibung in Höhe von 85.500 EUR zu erfolgen.

BS: Planmäßige Abschreibungen 27.000,00 EUR
an Selbst geschaffene immaterielle Vermögensgegenstände des Anlagevermögens (Software) 27.000,00 EUR.

BS: Selbst geschaffene immaterielle Vermögensgegenstände des Anlagevermögens (Software) 85.500,00 EUR
an Zuschreibungserträge 85.500,00 EUR.

Steuerbilanz:
Da die selbst geschaffene Software in der Steuerbilanz nicht aktiviert werden durfte, ist der gestiegene Teilwert irrelevant.

IFRS-Bilanz:
Wie in der Handelsbilanz besteht auch hier ein Wertaufholungsgebot (IAS 36.114-119) bis zu den fortgeführten Herstellungskosten. Auch die Buchungssätze entsprechen denjenigen in der Handelsbilanz.

Handelsbilanz zum 31.12.02	Steuerbilanz zum 31.12.02	IFRS-Bilanz zum 31.12.02
213.750 EUR	0 EUR	213.750 EUR
§ 253 Abs. 5 S.1 HGB	§ 5 Abs. 2 EStG	IAS 36.114-119

Zu d): Handelsbilanz:
Wird ein möglichst niedriger Gewinnausweis angestrebt, so wird das Aktivierungswahlrecht gemäß § 248 Abs. 2 S. 1 HGB zum 31.12.01 nicht genutzt, sodass handels- und steuerrechtlich gleichermaßen sowohl die Forschungskosten als auch die Entwicklungskosten als Aufwand (Betriebsausgaben) gebucht werden. Da kein Vermögensgegenstand aktiviert wird, erfolgt auch keine außerplanmäßige Abschreibung oder spätere Zuschreibung.
Steuerbilanz: Keine Änderung.
IFRS-Abschluss: Keine Änderung.

Lösung zu Aufgabe 35: Gebäude

3. Obergeschoss: zu fremden Wohnzwecken genutzt ohne Zusammenhang zum Betrieb: Privatvermögen; an eigene Arbeitnehmer vermietet: notwendiges Betriebsvermögen (R 4.2 Abs. 4 EStR)
2. Obergeschoss: fremdbetrieblich genutzt: gewillkürtes Betriebs- oder Privatvermögen
1. Obergeschoss: eigenbetrieblich genutzt: notwendiges Betriebsvermögen; Personenaufzug, Entlüftung und Heizung = unselbständige Gebäudeteile, die Teil der Bewertungseinheit Gebäude sind; Zwischenwände = Scheinbestandteile zu vorübergehendem Zweck eingefügt und noch werthaltig nach dem Ausbau: bewegliches selbständiges Wirtschaftsgut ("Betriebs- und Geschäftsausstattung"), Abschreibung gemäß § 7 Abs. 1 oder 2 EStG über die betriebsgewöhnliche Nutzungsdauer
Erdgeschoss: eigenbetrieblich genutzt: notwendiges Betriebsvermögen; Personenaufzug, Rolltreppe und Heizung = unselbständige Gebäudeteile, die Teil der Bewertungseinheit Gebäude sind; Lastenaufzug = Betriebsvorrichtung, da nicht in einheitlichem Nutzungs- und Funktionszusammenhang mit dem Gebäude stehend;
Keller: zu eigenen Wohnzwecken genutzt: notwendiges Privatvermögen

Betriebsvermögen: 900 qm, Privatvermögen 200 qm.

Lösung zu Aufgabe 36: Unverzinsliche Forderungen

Zu a): *Steuerrechtlich* ist eine Teilwertabschreibung nicht zulässig, da die Wertminderung nur vorübergehender Natur ist (§ 6 Abs. 1 Nr. 2 S. 2 EStG). Das Darlehen wird mit dem Nennbetrag bewertet. Es gilt der Bewertungsvorbehalt (§ 5 Abs. 6 EStG).

Nach herrschender *handelsrechtlicher* Meinung ist die Darlehensforderung auf ihren Barwert als beizulegenden Wert abzuschreiben. Bei einem marktüblichen Zinssatz von 10% und einer Laufzeit von 5 Jahren beträgt der Abzinsungsfaktor 0,620921 und das Darlehen ist am 31.12.01 mit 186.276,30 EUR zu bewerten.

BS:	Ausleihungen	300.000,00 EUR	
	an Bank		300.000,00 EUR.
BS:	Abschreibungen auf Finanzanlagen	113.723,70 EUR	
	an Ausleihungen		113.723,70 EUR.

Am Ende des <u>Folgejahres</u> muss *handelsrechtlich* nach § 253 Abs. 5 HGB eine Zuschreibung vorgenommen werden, die einer fiktiven Verzinsung über ein Jahr entspricht. Anders ausgedrückt, wird die Darlehensforderung nun nur noch über die Restlaufzeit von 4 Jahren abgezinst. Das Darlehen wird am 31.12.02 mit 204.903,90 EUR bewertet (Abzinsungsfaktor 0,683013; Aufzinsungsfaktor: 0,1).

BS:	Ausleihungen	18.627,60 EUR	
	an sonstige betriebliche Erträge (Zuschreibungserträge)		18.627,60 EUR.

Zu b): Steuerrechtlich ist eine Teilwertabschreibung nicht zulässig (BFH-Urteil vom 30.11.1988). Das Darlehen ist somit am 31.12.01 sowie am 31.12.02 mit 300.000 EUR zu bewerten. Handelsrechtlich ist wie unter a) vorzugehen.

Zu c): Die Forderung ist in der Steuerbilanz mit dem Nennwert anzusetzen und die Differenz zwischen dem Barwert, der dem Wert der erbrachten Lieferung entspricht, und dem Nennwert ist passivisch abzugrenzen.

BS:	Forderung	300.000,00 EUR	
	an Umsatzerlöse		229.540,31 EUR
	an passiven Rechnungsabgrenzungsposten		70.459,69 EUR.
BS:	Passiver Rechnungsabgrenzungsposten	12.624,71 EUR	
	an Zinserträge		12.624,71 EUR.

Die Abzinsung darf nur mit Hilfe des steuerlich üblichen Zinssatzes von 5,5% vorgenommen werden. Der Abzinsungsfaktor beträgt 0,765134, der Teilwert des Darlehens am 31.12.01 EUR 229.540,31. In der Steuerbilanz wird das Darlehen per 31.12.02 mit 242.165,02 EUR bewertet, die vorzunehmende Auflösung des passiven Rechnungsabgrenzungspostens beträgt im folgenden Jahr 02 wie im Vorjahr (gleiche Buchung) 12.624,71 EUR.

Handelsrechtlich kann, ggf. mit einem anderen Abzinsungszinssatz, ebenso vorgegangen werden.

Lösung zu Aufgabe 37: Bewertungskonzeption bei Finanzinstrumenten nach IFRS

Zuordnung der einzelnen Finanzinstrumente in die Kategorien nach IAS 39.10	
A	Zu Handelszwecken gehalten: FVTPL-Kategorie
B	Geschäftsmodell „Halten", Zahlungsstrom-Vorauss. erfüllt: AC-Kategorie
C	Forderungen L.u.L.: „Halten", Cash Flow-Vorauss. erfüllt: AC-Kategorie
D	Zahlungsstrom-Vorauss. nicht erfüllt, daher grds. FVTPL; da keine Handelsabsicht bei Zugang, ist FVTOCI-Option gegeben und wird ausgeübt
E	Bankverbindlichkeit (kein Handelszweck): AC-Kategorie

(in EUR)	AK 1.7.01	Bilanzwert 31.12.01	+/- Ertrag/ Aufwand 01	Bilanzwert 31.12.02	+/-Ertrag/ Aufwand 02	Bilanzwert 31.12.03	+/-Ertrag/ Aufwand 03
A	10.000	12.000	- 600 + 2.000	0	-1.000	---	---
B	48.000	48.076,68 WB: 144,00	+ 1.500 + 76,68 - 144,00	48.235,08 - 4.320,00 WB	+ 3.000 + 158,40 - 4.176,00	48.403,88 WB -168,00	+ 3.000 + 168,80 + 4.152
C	60.000 WB:600	60.000 WB: 30.000	- 30.000	0 WB: 0	+ 30.000	---	---
D	81.000	90.000	---	77.000	---	79.000	---
RL/F		9.000	OCI: 9.000	- 4.000	OCI:-13.000	- 2.000	OCI:+2.000
E	100.000	90.000	- 2.500	70.000	- 4.500	50.000	- 3.500

WB = Wertberichtigung
RL/F = Rücklage für Finanzinstrumente (zu **D** gehörig)
OCI = „other comprehensive income" = Sonstiges Ergebnis (erfolgsneutral)

Zu A: Die Aktienoption gehört zum Handelsbestand und ist mit dem beizulegenden Zeitwert („Fair Value") zu bewerten. Die Wertänderungen sind erfolgswirksam in der Gewinn- und Verlustrechnung zu buchen. Die Transaktionskosten sind bei der Zugangsbewertung nicht zu berücksichtigen, sondern sofort als Aufwand zu buchen (IFRS 9.B5.1.1).

Zu B: Die Industrieobligation ist zu den fortgeführten Anschaffungskosten („Amortised Cost") zu bewerten. Die Amortisierung des Disagios (Gesamtbetrag: 2.000 EUR) hat nach der Effektivzinsmethode zu erfolgen. Dazu gehört die Verteilung des Disagios, das periodisch den Anschaffungskosten zugeschlagen wird als zusätzlicher Zinsertrag. Die (ursprüngliche) Effektivverzinsung beträgt 6,5695 %. Die fortgeführten Anschaffungskosten steigen jährlich um den in dieser Periode erfolgswirksamen Teil des Disagios. Am 31.12.01: 48.000 * 0,065695 * 0,5 = 1.576,68 EUR Verzinsung für ein halbes Jahr. Abzüglich der Halbjahresnominalverzinsung (1.500,- EUR) ergibt sich eine Amortisation von 76,68 EUR. Für den 31.12.02 ergibt sich: 48.076,68 EUR * 1,065695 = 51.235,08; davon sind 3.000 EUR zu subtrahieren, um zu den fortgeführten Anschaffungskosten (48.235,08 EUR) zu kommen. Der erfolgswirksame Disagio-Teilbetrag des Jahres 02 ist 235,08 EUR − 76,68 EUR = 158,40 EUR. Die Börsenwertentwicklung hat keinerlei Bedeutung für die Bewertung der Obligation.

Zusätzlich ist aber Vorsorge für erwartete Ausfallverluste zu treffen. Bei Zugang wird die Obligation in die Stufe 1 des 3-stufigen Modells des erwarteten Kreditverlusts eingeordnet und erfolgswirksam eine Wertberichtigung in Höhe von 0,005 * 0,5 * 48.000 EUR = 120 EUR gebildet. Zum 31.12.01 wird die Wertberichtigung auf 0,006 * 0,5 * 48.000 EUR = 144 EUR erhöht. Zum 31.12.02 liegt jedoch eine signifikante Erhöhung (Vervierfachung auf 2%) der 12-Monats-Ausfallwahrscheinlichkeit im Vergleich zur Zugangssituation vor. Somit wird die Obligation der Stufe 2 zugeordnet und die Wertberichtigung muss die Ausfallwahrscheinlichkeit für die gesamte Restlaufzeit umfassen: 0,18 * 0,5 * 48.000 EUR = 4.320 EUR. Zum 31.12.03 ist aufgrund der stabilisierten Liquiditätslage des Schuldners keine signifikante Erhöhung der 12-Monats-Ausfallrate im Vergleich zum Zugang mehr gegeben, sodass die Obligation wieder der Stufe 1 zugeordnet wird und die Wertberichtigung auf Basis der 12-Monats-Ausfallwahrscheinlichkeit berechnet wird: 0,007 * 9,5 * 48.000 EUR = 168 EUR.

Zu C: Die Forderung aus Lieferungen und Leistungen ist de AC-Kategorie zuzuordnen. Da die Laufzeit unter 12 Monaten liegt, ist davon auszugehen, dass die Forderung keine „signifikante Finanzierungskomponente" im Sinne des IFRS 15.60 enthält und daher nicht abzuzinsen ist. Sie ist mit dem Transaktionspreis (Rechnungsbetrag) zu bewerten (IFRS 15.47). Zur Erfassung erwarteter Kreditverluste ist eine Wertberichtigung bereits bei Zugang zu bilden, dabei ist die Forderung sofort in Stufe 2 des 3-Stufen-Modells (vereinfacht) einzuordnen (IFRS 9.5.5.15.). Da es sich um eine größere Einzelforderung handelt, muss die Ausfallwahrscheinlichkeit für die Gesamtlaufzeit individuell geschätzt werden, wobei aber die Ausfallraten aus der üblichen Wertberichtigungsmatrix (nach Fälligkeitsstufen) zu Hilfe genommen werden können. Die erfolgswirksame Wertberichtigung bei Zugang beträgt 0,01 * 1,00 * 60.000 EUR = 600 EUR. Am 31.12.01 erbittet der

Kunde aufgrund von Zahlungsschwierigkeiten ein Moratorium von 6 Monaten. Auf eine Abzinsung der Forderung kann weiterhin verzichtet werden. Die Forderung wird der Stufe 3 zugeordnet und die (Einzel-)Wertberichtigung muss wegen Überfälligkeit der Forderung von mindestens 6 Monaten deutlich erhöht werden, in diesem Falle auf 50% der Forderung. Am 31.12.03 erfolgt die Zahlung in voller Höhe, sodass Forderung und Wertberichtigung (gewinnerhöhend) ausgebucht werden.

Zu D: Die Änderungen des beizulegenden Zeitwertes sind erfolgsneutral zu behandeln, direkt im Eigenkapital (Rücklage für Finanzinstrumente) zu erfassen und (erfolgsneutral) als Sonstiges Ergebnis im Rahmen des Gesamtergebnisses auszuweisen (IFRS 9.5.7.1.b). Die Transaktionskosten sind bei den Folgebewertungen nicht mehr zu berücksichtigen (IFRS 9.5.2.1. und B5.2.2). Eine erfolgswirksame Wertminderung aufgrund der Hinweise auf finanzielle Schwierigkeiten des Emittenten, also ein sog. Recycling, gibt es in diesem Falle nicht, auch nicht im Veräußerungszeitpunkt. Bei Veräußerung kann jedoch die Rücklage für Finanzinstrumente ohne Berührung der Ergebnisrechnung in die Gewinnrücklage transferiert werden.

Zu E: Das Bankdarlehen ist mit den fortgeführten Anschaffungskosten zu bewerten (hier weder Disagio noch Transaktionskosten), die sich jeweils um die Tilgungen verringern. Die Zinsaufwendungen betragen 5% vom noch nicht getilgten Kreditbetrag.

Lösung zu Aufgabe 38: Finanzinstrumente: Bewertung

Zu a): **Fall I:** Die Unternehmensanleihe ist der **AC-Kategorie** zuzuordnen, d.h., sie ist mit den fortgeführten Anschaffungskosten unter Berücksichtigung von Wertberichtigungen zu bewerten (IFRS 9.4.1.2).

(in EUR)	1.1.01	31.12.01	31.12.02	31.12.03	31.12.04	31.12.05	31.12.06
Zahlungsreihe		+9.000	+9.000	+9.000	+9.000	+9.000	+309.000
Fair Value =	270.000						
Folgebew.	-----	31.12.01	31.12.02	31.12.03	31.12.04	31.12.05	31.12.06
Fortg. AK	-----	274.414,14	279.047,58	283.911,22	289.016,50	294.375,42	(300.000,58)
WB-Posten	648	648	864	972	13.824	12.096	
Zinserträge		9.000 +4.414,14	9.000 +4.633,44	9.000 +4.863,64	9.000 +5.105,28	9.000 +5.358,92	(9.000,00 +5.625,16)
WB-Aufw./-Ertrag		- 648	- 216	- 108	- 12.852	+ 1.728	
Periodenerfolg in der GuV	-----	+12.766,14	+13.417,44	+13.755,64	- 1.253,28	+ 16.086,92 **- 4.279,42** + 11.807,50	Veräußerungsverlust
Summe Periodenergebnisse (GuV)							

Folgebew. = Folgebewertung
Fortg. AK = fortgeführte Anschaffungskosten
WB = Wertberichtigung

Nebenkosten (Bankprovisionen; Transaktionskosten) erhöhen den Zugangswert des Aktivpostens, werden aber hier vernachlässigt. Der Effektivzinssatz der Anleihe kann mit Hilfe der Kapitalwertmethode nach der „regula falsi" mit den Probierzinsfüßen 4% und 5% ermittelt werden und beträgt 4,9682 %.

Lösungen zu den Aufgaben

Zur Ermittlung der fortgeführten Anschaffungskosten ist die *Effektivzinsmethode* zu verwenden. Danach erfolgt eine jährliche Aufzinsung des Zugangswerts wird mit dem Effektivzinssatz über die (Rest-)Laufzeit. Nur mit Hilfe dieser Methode entwickelt sich der Buchwert so, dass der anfängliche Effektivzins sich während der Laufzeit nicht ändert. Der neue Buchwert zum 31.12.01 ergibt sich durch Aufzinsung und Abzug der nominellen Zinszahlung:

Der neue Buchwert zum 31.12.01 muss als neuer Ausgangswert der Zahlungsreihe zu demselben Effektivzinssatz führen (Kapitalwert = 0) bzw. ist er das Ergebnis der Abzinsung der Zahlungsströme mit demselben Effektivzinssatz über einen Zeitraum, der 1 Periode kürzer ist. DSF = Diskontierungssummenfaktor bzw. Rentenbarwertfaktor.

9.000 EUR*DSF (4,9682 %;4 Jahre) + 309.000 EUR/$1,049682^5$ = 274.413,69 EUR

Noch einfacher lässt sich der neue Buchwert durch Aufzinsung des Buchwerts der jeweiligen Vorperiode mit demselben Effektivzinssatz ermitteln. Die festen Nominalzinserträge sind dabei herauszurechnen, da diese nicht den Buchwert erhöhen, sondern separat als Zinserträge gebucht werden. Die Erhöhung des Buchwerts entspricht der finanzmathematisch exakten Verteilung eines Disagios, Agios oder der Transaktionskosten.

270.000 EUR * 1,049682 – 9.000 EUR = 274.414,14 EUR. (Rundungsdifferenz)

Fortgeführte Anschaffungskosten zum 31.12.02:
274.414,14 EUR * 1,049682 – 9.000 = 279.047,58 EUR.

Der gesamte Zinsertrag entspricht in jedem Kalenderjahr genau der Effektivverzinsung des vorigen Buchwerts. Somit bewirkt die Effektivzinsmethode, dass der Buchwert der Anleihe ihrem theoretischen Marktwert entspricht. Dies gilt jedoch nur bei unverändertem Marktzinssatz und unveränderter Bonität des Schuldners.

Zusätzlich muss nun noch der erwartete Verlust aus einem Ausfall des Emittenten berücksichtigt werden (IFRS 9.5.5.1.). Die Anleihe ist bei Zugang der Stufe 1 des 3-Stufen-Modells zugeordnet worden und es ist eine Wertberichtigung in Höhe des erwarteten Zahlungsausfalls in den nächsten 12 Monaten zu bilden. In der AC-Kategorie kann der Saldo des passivischen Wertberichtigungskontos in der Bilanz aktivisch von dem finanziellen Vermögenswert abgesetzt werden, was hier jedoch unberücksichtigt bleiben soll. Die bei Zugang zu bildende Wertberichtigung beträgt 0,003 * 0,80 * 270.000 EUR = 648 EUR. Aufgrund unveränderter Daten ändert sich zum 31.12.01 die Wertberichtigung nicht. Am 31.12.02 ist die 12-Monats-Ausfallrate im Vergleich zum Zeitpunkt des erstmaligen Ansatzes geringfügig auf 0,4% gestiegen. Ein signifikanter Anstieg läge nur bei mindestens einer Verdoppelung oder Verdreifachung des Ausfallrisikos vor. Die Wertberichtigung ist somit per 31.12.02 auf 0,004 * 0,8 * 270.000 EUR = 864 EUR zu erhöhen. Auch per 31.12.03 steigt die 12-Monats-Ausfallrate nur geringfügig an: 0,0045 * 0,8 * 270.000 EUR = 972 EUR.

Ein signifikanter Anstieg der Ausfallwahrscheinlichkeit für die nächsten 12 Monate auf 3,2% liegt aufgrund der Herabsetzung des Ratings am 31.12.04 vor, sodass die Anleihe nun in die Stufe 2 des 3-Stufen-Modells des erwarteten Kreditverlusts fällt, in der eine Wertberichtigung in Höhe des erwarteten Kreditverlusts für die gesamte Restlaufzeit gefordert ist. Die Höhe des Wertberichtigungspostens beträgt nun: 0,064 * 0,8 * 270.000 EUR = 13.824 EUR. Per 31.12.05 beträgt die Wertberichtigung 0,056 * 0,8 * 270.000 EUR = 12.096 EUR. Die Anleihe wird zum Marktwert von 278.000 EUR veräußert, woraus sich ein Verlust in Höhe von 294.375,42 – 278.000 = 16.375,42 EUR ergibt, der jedoch durch die Wertberichtigung in Höhe von 12.096 EUR bereits abgedeckt ist, sodass sich am 31.12.05 der Gewinn nur noch um 4.279,42 EUR mindert.

Buchungen zum 1.1.01 und 31.12.01:

BS:	Wertpapiere	270.000 EUR	
	an Bank		270.000 EUR.
BS:	Bank	9.000,00 EUR	
	an Zinserträge		9.000,00 EUR.

| BS: | Wertpapiere | 4.414,14 EUR | |
| | an Zinserträge | | 4.414,14 EUR. |

| BS: | Wertminderungsaufwand | 648,00 EUR | |
| | an Wertberichtigungskonto | | 648,00 EUR. |

Buchungen zum 31.12.05:

| BS: | Bank | 9.000,00 EUR | |
| | an Zinserträge | | 9.000,00 EUR. |

| BS: | Wertpapiere | 5.358,92 EUR | |
| | an Zinserträge | | 5.358,92 EUR. |

| BS: | Wertberichtigungskonto | 1.728,00 EUR | |
| | an Wertminderungsertrag | | 1.728,00 EUR. |

BS:	Bank	278.000,00 EUR	
	Veräußerungsverlust	16.375,42 EUR	
	an Wertpapiere		294.375,42 EUR.

| BS: | Wertberichtigungskonto | 12.096,00 EUR | |
| | an Wertminderungsertrag | | 12.096,00 EUR. |

Zu b): Fall II:

Da die Unternehmensanleihe sowohl zur Erzielung von laufenden Zahlungen als auch zur Veräußerung im Rahmen der Liquiditätssteuerung gehalten wird und die Zahlungsstrombedingung erfüllt ist, wird die Anleihe der FVTOCI-Kategorie (IFRS 9.4.1.2A) zugeordnet. Das bedeutet, dass die Anleihe zum Fair Value bewertet wird und die Wertänderungen erfolgsneutral im Sonstigen Ergebnis erfasst werden. Allerdings sind Wertberichtigungen gewinnmindernd zu berücksichtigen, werden aber gegen das Sonstige Ergebnis gebucht, damit die Anleihe weiterhin zum Fair Value ausgewiesen werden kann. Im Veräußerungszeitpunkt ist ein „Recycling" vorzunehmen.

(in EUR)	Anleihe (FVTOCI-Kategorie) Fair Value	Zinserträge	Wertberichtigungsaufwand/-ertrag	Periodenerfolg in der GuV	Sonstiges Ergebnis (erfolgsneutral)	Rücklage für Finanzinstrumente (Eigenkapital)
1.1.01	270.000	---	---	---	---	---
31.12.01	280.000	9.000,00 + 4.414,14	- 648,00	+13.414,14 - 648,00	+ 5.585,86 + 648,00	6.233,86
31.12.02	290.000	9.000,00 + 4.633,44	- 216,00	+13.633,44 - 216,00	+5.366,56 + 216,00	11.816,42
31.12.03	306.000	9.000,00 + 4.863,64	- 108,00	+13.863,64 - 108,00	+11.136,36 + 108,00	23.060,78
31.12.04	264.000	9.000,00 + 5.105,28	-12.852,00	14.105,28 - 12.852,00	- 47.105,28 + 12.852,00	- 11.192,50
31.12.05	278.000	9.000,00 + 5.358,92	+ 1.728,00 Recycling:	+ 14.358,92 + 1.728,00 - 4.279,42 + 11.807,50	+ 8.641,08 - 1.728,00 + 4.279,42 =+11.192,50	- 4.279,42 + 4.279,42 = 0,00

Nebenkosten (Bankprovisionen; Transaktionskosten) erhöhen den Zugangswert des Aktivpostens, werden aber hier vernachlässigt. Der Effektivzinssatz der Anleihe kann mit Hilfe der Kapitalwertmethode nach der „regula falsi" mit den Probierzinsfüßen 4% und 5% ermittelt werden und beträgt 4,9682 %.

Lösungen zu den Aufgaben

Die gesamte Änderung des Fair Value ist jeweils in einen Zinseffekt und einen Bewertungseffekt zu unterteilen. Der erfolgswirksame Zinseffekt (Amortisation) wird mit Hilfe der Effektivzinsmethode bestimmt und gibt die sich bei konstantem Marktzinssatz ergebende theoretische Wertentwicklung der Anleihe bis zum Tilgungsbetrag am Ende der Laufzeit an. Der erfolgsneutrale Bewertungseffekt ist die hinzukommende Marktwertänderung, die durch Änderungen des Marktzinssatzes und/oder der Bonität des Emittenten ausgelöst wird.

Buchungen per 1.1.01 und 31.12.01:

| BS: | Wertpapiere | 270.000 EUR | |
| | an Bank | | 270.000 EUR. |

| BS: | Bank | 9.000 EUR | |
| | an Zinserträge | | 9.000 EUR. |

Im ersten Schritt ist die Anleihe zunächst erfolgswirksam auf die fortgeführten Anschaffungskosten aufzuwerten.

| BS: | Wertpapiere | 4.414,14 EUR | |
| | an Zinserträge | | 4.414,14 EUR. |

Im zweiten Schritt ist die Anleihe mit dem Fair Value zu bewerten, und die Differenz zum Buchwert durch Anwendung der Effektivzinsmethode wird erfolgsneutral im Sonstigen Ergebnis bzw. in der Rücklage für Finanzinstrumente erfasst. Aufgrund eines Marktzinsrückgangs liegt der beizulegende Zeitwert mit 280.000 EUR höher als die fortgeführten Anschaffungskosten.

| BS: | Wertpapiere | + 5.585,86 EUR | |
| | an Rücklage für Finanzinstrumente (Sonst. Ergebnis) | | + 5.585,86 EUR.[1] |

Die wie oben in der AC-Kategorie ermittelte Wertberichtigung in den Stufen 1 und 2 muss nun jedoch so gebucht werden, dass sie den Ausweis der Anleihe zum Fair Value nicht verhindert. Daher wird sie zwar erfolgswirksam gebucht, aber als Gegenkonto fungiert die Rücklage für Finanzinstrumente bzw. das erfolgsneutrale Sonstige Ergebnis.

| BS: | Wertminderungsaufwand | 648,00 EUR | |
| | an Rücklage für Finanzinstrumente (Sonst. Ergebnis) | | 648,00 EUR. |

oder:

| BS: | Wertberichtigungsaufwand (GuV-Konto) | 648,00 EUR | |
| | an Sonstiges Ergebnis (OCI-Ertrag) | | 648,00 EUR. |

Sonstiges Ergebnis (OCI) 01 = 5.585,86 EUR + 648,00 EUR = 6.233,86 EUR.

Buchungen zum 31.12.04:

BS:	Sonstiges Ergebnis (OCI-Aufwand)	34.253,28 EUR	
	Wertberichtigungsaufwand (GuV-Konto)	12.852,00 EUR	
	an Zinserträge		5.105,28 EUR
	an Wertpapiere		42.000,00 EUR.

---

[1] Diese vereinfachte Buchung soll anzeigen, dass der Betrag im erfolgsneutralen Sonstigen Ergebnis gezeigt wird. Streng genommen sind jeweils zwei Buchungen durchzuführen: Am 31.12.01:

| BS: | Wertpapiere | 559,61 EUR | |
| | an Sonstiges Ergebnis (erfolgsneutral) | | 559,61 EUR. |

Am 1.1.02:

| BS: | Sonstiges Ergebnis | 559,61 EUR | |
| | an Rücklage für Finanzinstrumente | | 559,61 EUR. |

Bei der Veräußerung der Anleihe am 31.12.05 wird ein Recycling durchgeführt, d.h., die Rücklage für Finanzinstrumente wird erfolgswirksam aufgelöst. Außerdem wird das Sonstige Ergebnis entsprechend korrigiert, damit es keine Doppelberücksichtigung gibt. Dieser kumulierte Umgliederungsbetrag entspricht dem Stand der Rücklage für Finanzinstrumente und beträgt 9.331,14 EUR.

Buchungen zum 31.12.05:
BS: Sonstiges Ergebnis (OCI-Aufwand)   1.728,00 EUR
     an Wertberichtigungsertrag (GuV-Konto)   1.728,00 EUR.

BS: Wertpapiere   14.000,00 EUR
     an Sonstiges Ergebnis (OCI-Ertrag)   8.641,08 EUR
     an Zinserträge   5.358,92 EUR.

BS: Bank   278.000,00 EUR
     an Anleihe   278.000,00 EUR.

BS: Sonstiger betrieblicher Aufwand (GuV-Konto)   4.279,42 EUR
     an Sonstiges Ergebnis (OCI-Ertrag)   4.279,42 EUR.

Da die Anleihe zum Fair Value am 31.12.05 veräußert wird, ergibt sich eine Ausbuchung ohne Ergebniswirkungen. Allein die kumulierten erfolgsneutralen Netto-Wertsteigerungen der Vergangenheit, die über das Sonstige Ergebnis in die Rücklage für Finanzanlagen gelangt ist, sind nun durch ein Recycling erfolgswirksam zu machen. In der Gewinn- und Verlustrechnung zeigt sich also ein Verlust aus der Veräußerung (= Umgliederungsbetrag) in Höhe von 4.279,42 EUR.

Zu c): **Fall III:**
In diesem Falle wird zulässigerweise die *Fair Value-Option* genutzt und die Unternehmensanleihe der *FVTPL-Kategorie* zugeordnet. Sämtliche Wertänderungen der Anleihe werden über die Gewinn- und Verlustrechnung erfolgswirksam erfasst. Die festen Zinszahlungen werden getrennt erfasst, da im Börsenkurs (= Fair Value) annahmegemäß keine anteiligen Zinsen enthalten sind („clean price").

(in EUR)	Anleihe (FVTPL-Kategorie) Fair Value-Option	Ertrag (erfolgswirksam)	Aufwand (erfolgswirksam)	Zinserträge	Periodenerfolg in der GuV
31.12.00	270.000	---	---	---	---
31.12.01	280.000	10.000	---	9.000	19.000
31.12.02	290.000	10.000	---	9.000	19.000
31.12.03	306.000	16.000	---	9.000	25.000
31.12.04	264.000	---	42.000	9.000	- 33.000
31.12.05	278.000	14.000	---	9.000	23.000
Summe	---	50.000	42.000	45.000	53.000

Buchungen zum 1.1.01 und 31.12.01:
BS: Wertpapiere   270.000 EUR
     an Bank   270.000 EUR.

BS: Bank   9.000 EUR
     an Zinserträge   9.000 EUR.

BS: Wertpapiere   10.000 EUR
     an Erträge aus Werterhöhung   10.000 EUR.

Buchungen zum 31.12.05:
BS: Bank   9.000 EUR
     an Zinserträge   9.000 EUR.

BS: Bank 278.000 EUR
an Wertpapiere 278.000 EUR.

Die Summe aller vereinnahmten Zinserträge beträgt 45.000 EUR, die kumulierten Änderungen des Fair Value betragen 8.000 EUR, sodass insgesamt ein Gewinn von 53.000 EUR vereinnahmt wurde.

Fazit: Alle Kategorien führen im Zeitpunkt der Veräußerung bzw. der vollständigen Abschreibung des Finanzinstruments kumulativ zu denselben Gewinnauswirkungen.

(in EUR) Kategorie	kumulierte Nominal- zinserträge	kumulierte Aufzin- sungserträge	kumulierte Wert- minderungs- aufwendungen	kumulierte Werterhö- hungserträge	Summe Erträge
AC	45.000	24.375,42	- 12.096	-----	53.000
FVTOCI	45.000	24.375,42	- 12.096	-----	53.000
FVTPL	45.000	-----	-----	+ 8.000	53.000

Lösung zu Aufgabe 39: Geometrisch-degressive AfA

Steuerbilanz: Für Zugänge von beweglichen Wirtschaftsgütern des Anlagevermögens nach dem 31.12.2010 ist die AfA in fallenden Jahresbeträgen in der Steuerbilanz nicht mehr zulässig (Bewertungsvorbehalt, § 5 Abs. 6 EStG). Es kann die lineare Absetzung für Abnutzung (§ 7 Abs. 1 S. 1 EStG) oder die Abschreibung nach der Leistung gemäß § 7 Abs. 1 S. 5 EStG angewandt werden. Da in der Aufgabe nichts von unterschiedlichen Leistungsabgaben in den einzelnen Jahren und von den entsprechenden Nachweismöglichkeiten gesagt ist, ist allein die lineare AfA zulässig.

Handelsbilanz: Die geometrisch-degressive Abschreibungsmethode mit einem Abschreibungssatz i.H.v. p = 30 % ist zulässig, sofern dies den Grundsätzen ordnungsmäßiger Buchführung und Bilanzierung entspricht, wovon nach der Aufgabenstellung auszugehen ist. Der Übergang zur linearen Abschreibung erfolgt am besten, wenn die Rest-Nutzungsdauer < 100/p. Es gilt: Rest-Nutzungsdauer < 3,33 Jahre, sodass die letzten 3 Jahre linear abgeschrieben werden. Der planmäßige Übergang von der geometrisch-degressiven zur linearen Methode widerspricht nicht dem Grundsatz der Bewertungsstetigkeit, da diese Kombination als eine besondere Abschreibungsmethode aufgefasst wird.

	Handelsbilanz		*Steuerbilanz*	
Jahr	Abschrei- bungsbetrag A_t (in EUR)	Restwert R_t (in EUR)	AfA-Betrag A_t (in EUR)	Restwert R_t (in EUR)
01	30.000	70.000	12.500	87.500
02	21.000	49.000	12.500	75.000
03	14.700	34.300	12.500	62.500
04	10.290	24.010	12.500	50.000
05	7.203	16.807	12.500	37.500
06	5.602	11.205	12.500	25.000
07	5.602	5.603	12.500	12.500
08	5.603	---	12.500	---

Lösung zu Aufgabe 40: Arithmetisch-degressive Abschreibung
D = 5.000 EUR : (1+2+3+4+5) = 5.000 EUR : 15 = 333,33 EUR oder:
D = 5.000 EUR : 5* (5+1)/2 = 5.000 EUR : 15 = 333,33 EUR

Abschreibungsbetrag A_t (EUR)		Restbuchwert R_t (EUR)		Abschreibung in %
A_1 = 333,33 * 5 =	1.667	R_1 = AK - A_1 =	3.333	33,33%
A_2 = 333,33 * 4 =	1.333	R_2 = R_1 - A_2 =	2.000	26,66%
A_3 = 333,33 * 3 =	1.000	R_3 = R_2 - A_3 =	1.000	20,00%
A_4 = 333,33 * 2 =	667	R_4 = R_3 - A_4 =	333	13,33%
A_5 = 333,33 * 1 =	333	R_5 = R_4 - A_5 =	0	6,66%

Lösung zu Aufgabe 41: Gebäudeabschreibungen in Handels- und Steuerbilanz
Handelsbilanz: Die zeitanteilige Abschreibung beträgt 0,01667 * 150.000 * 3/4 Jahr = 1.875 EUR. Lagerhalle ist zum 31.12.01 mit 148.125 EUR zu bewerten.

Steuerbilanz: Die geschätzte Nutzungsdauer von 60 Jahren ist steuerrechtlich nicht zulässig, da § 7 Abs. 4 Satz 1 EStG für die vorliegende Gebäudekategorie eine Nutzungsdauer von 33 1/3 Jahren zwingend vorschreibt. Steuerlicher zeitanteiliger Abschreibungsbetrag = 0,03 * 150.000 EUR * 3/4 Jahr = 3.375 EUR. Bewertung der Lagerhalle in der Steuerbilanz zum 31.12.01: 146.625 EUR (Bewertungsvorbehalt gemäß § 5 Abs. 6 EStG).

Handelsbilanz zum 31.12.01	*Steuerbilanz zum 31.12.01*
148.125 EUR	146.625 EUR
§ 253 Abs. 3 HGB	§ 7 Abs. 4 S.1 EStG i.V.m. § 5 Abs. 6 EStG

Lösung zu Aufgabe 42: Planmäßige und außerplanmäßige Abschreibung

Jahr	Betrag der planmäßigen Abschreibung A_t (lineare AfA)	Außerplanmäßige (Teilwert-) Abschreibung	tatsächlicher Restbuchwert
01	5.000 EUR : 5 Jahre = 1.000 EUR		4.000 EUR
02	1.000 EUR	900 EUR	2.100 EUR
03	2.100 EUR : 3 Jahre = 700 EUR		1.400 EUR
04	700 EUR		700 EUR
05	700 EUR		-----------

Lösung zu Aufgabe 43: Neubewertungsmodell (ohne latente Steuern)
Zum 31.12.01 ist der Wert der Technischen Anlagen von 400.000 EUR auf 560.000 EUR erfolgsneutral aufzustocken, gleichzeitig wird eine Neubewertungsrücklage in Höhe der Zuschreibung gebildet. Der Erhöhungsbetrag wird als (erfolgsneutraler) „Sonstiger Gewinn" in der Gesamtergebnisrechnung ausgewiesen. Die planmäßigen Abschreibungen werden in den Folgejahren auf Basis des höheren beizulegenden Zeitwertes („Fair Value") berechnet, so dass der Jahresüberschuss geringer ausfällt als ohne Neubewertung. Auf Basis des Fair Value zum 31.12.01 wird die folgende planmäßige Abschreibung bemessen: 560.000 EUR : 8 Jahre = 70.000 EUR pro Jahr. Die Abschreibung auf Basis der historischen Anschaffungs-/Herstellungskosten würde 400.000 EUR : 8 Jahre = 50.000 EUR p.a. betragen. In Höhe der Differenz zwischen der Abschreibung auf Basis der höheren Wiederbeschaffungskosten und der Abschreibung auf Basis der historischen Anschaffungskosten (70.000 EUR – 50.000 EUR = 20.000 EUR) wird die Neubewertungsrücklage aufgelöst (Wahlrecht gem. IAS 16.41) und der Betrag in eine normale Gewinnrücklage, die ebenfalls Bestandteil des Eigenkapitals ist (vgl. Kapitel B.VI.3.b)), eingestellt (= erfolgsneutrale Umbuchung). In Höhe der Umbuchung gilt die Neubewertungsrücklage jeweils als realisiert (Teilrealisation). Zum 31.12.04 erfolgt aufgrund der Veräußerung der gesamten

Technischen Anlagen eine Vollrealisation der restlichen Neubewertungsrücklage, d.h. die gesamte noch bestehende Neubewertungsrücklage, soweit sie zu den Technischen Anlagen gehört, wird in die Gewinnrücklagen umgebucht. Der Veräußerungsgewinn beträgt 50.000 EUR.

Bilanz vor Neubewertung 31.12.01	
Techn. Anlagen 400.000 EUR	
	Gewinnrücklagen 750.000 EUR
Sonstige Aktiva 500.000 EUR	Jahresüberschuss 150.000 EUR
900.000 EUR	900.000 EUR

Bilanz nach Neubewertung 31.12.01	
Techn. Anlagen 560.000 EUR	
	Gewinnrücklagen 750.000 EUR
	Neubewertungs- rücklage 160.000 EUR
Sonstige Aktiva 500.000 EUR	Jahresüberschuss 150.000 EUR
1.060.000 EUR	1.060.000 EUR

Bilanz nach Neubewertung 31.12.02	
Techn. Anlagen 490.000 EUR	
	Gewinnrücklagen 770.000 EUR
	Neubewertungs- rücklage 140.000 EUR
Sonstige Aktiva 550.000 EUR	Jahresüberschuss 130.000 EUR
1.040.000 EUR	1.040.000 EUR

Bilanz nach Neubewertung 31.12.03	
Techn. Anlagen 420.000 EUR	
	Gewinnrücklagen 790.000 EUR
	Neubewertungs- rücklage 120.000 EUR
Sonstige Aktiva 620.000 EUR	Jahresüberschuss 130.000 EUR
1.040.000 EUR	1.040.000 EUR

Bilanz nach Neubewertung und vor Verkauf per 31.12.04	
Techn. Anlagen 350.000 EUR	
	Gewinnrücklagen 810.000 EUR
	Neubewertungs- rücklage 100.000 EUR
Sonstige Aktiva 690.000 EUR	Jahresüberschuss 130.000 EUR
1.040.000 EUR	1.040.000 EUR

Bilanz nach Neubewertung und nach Verkauf per 31.12.04	
Techn. Anlagen 0 EUR	
	Gewinnrücklagen 910.000 EUR
Bank 400.000 EUR	Neubewertungs- rücklage 0 EUR
Sonstige Aktiva 690.000 EUR	Jahresüberschuss 180.000 EUR
1.090.000 EUR	1.090.000 EUR

Buchungssatz per 31.12.01:

(1) Technische Anlagen 160.000 EUR
 an Neubewertungsrücklage 160.000 EUR.

Buchungssätze per 31.12.02 und per 31.12.03 jeweils:

(1) Abschreibungen auf Techn. Anlagen 70.000 EUR
 an Technische Anlagen 70.000 EUR.
(2) Neubewertungsrücklage 20.000 EUR
 an Gewinnrücklagen 20.000 EUR.

Buchungssätze per 31.12.04

(1)	Abschreibungen auf Techn. Anlagen	70.000 EUR	
	an Technische Anlagen		70.000 EUR.
(2)	Neubewertungsrücklage	20.000 EUR	
	an Gewinnrücklagen		20.000 EUR.
(3)	Bank	400.000 EUR	
	an Technische Anlagen		350.000 EUR
	an a.o. Erträge		50.000 EUR.
(4)	Neubewertungsrücklage	100.000 EUR	
	an Gewinnrücklagen		100.000 EUR.

Wäre keine Neubewertung vorgenommen worden, so hätte der Restbuchwert der Technischen Anlagen 250.000 EUR und der Veräußerungsgewinn 150.000 EUR betragen. Der erfolgserhöhende Veräußerungsgewinn bei der Neubewertungsmethode beträgt lediglich 50.000 EUR. In Höhe der übrigen 100.000 EUR erfolgt nur eine Umbuchung innerhalb des Eigenkapitals, der Betrag hat sich nie erhöhend auf den Jahresüberschuss ausgewirkt. Die Veränderung der Neubewertungsrücklage wurde lediglich in der jährlichen Gesamtergebnisrechnung als (erfolgsneutrales) „Sonstiges Ergebnis" ausgewiesen.

Lösung zu Aufgabe 44: Sonderabschreibungen nach § 7g Abs. 5 EStG
Zu a):

Jahr	Lineare AfA und Sonderabschreibung im ersten Jahr der Nutzungsdauer		Lineare AfA und gleichmäßig verteilte Sonderabschreibung (EUR)	
	AfA-Betrag	Restbuchwert	AfA-Betrag	Restbuchwert
01	3.000+4.800	16.200	3.000+960	20.040
02	3.000	13.200	3.000+960	16.080
03	3.000	10.200	3.000+960	12.120
04	3.000	7.200	3.000+960	8.160
05	3.000	4.200	3.000+960	4.200
06	1.400	2.800	1.400	2.800
07	1.400	1.400	1.400	1.400
08	1.400	------	1.400	------

Zu b): Konsequenzen für die *Handelsbilanz* ergeben sich nicht. Steuerliche Wahlrechte können in der Steuerbilanz unabhängig von der Handelsbilanz ausgeübt werden, sofern die Wirtschaftsgüter mit abweichenden Werten in ein besonderes, laufend zu führendes Verzeichnis aufgenommen werden (§ 5 Abs. 1 S. 1 2. Halbs. und S. 2 EStG). Sollte in der Handelsbilanz eine kürzere als die betriebsgewöhnliche Nutzungsdauer angesetzt oder eine andere Abschreibungsmethode gewählt werden, greift der steuerliche Bewertungsvorbehalt (§ 5 Abs. 6 EStG) und führt zwingend zur Anwendung der linearen AfA (wenn nicht eine Leistungsabschreibung in Frage kommt) wie unter Teilaufgabe a).

Lösung zu Aufgabe 45: Erhöhte Absetzungen bei Gebäuden
Steuerbilanz: Nach § 7h EStG können die Herstellungskosten der Modernisierungsmaßnahmen im Jahr der Herstellung und in den folgenden sieben Jahren jeweils bis zu 9% und in den folgenden 4 Jahren bis zu 7% der Herstellungskosten (erhöht) abgeschrieben werden. Dieses steuerliche Wahlrecht kann unabhängig von der Handelsbilanz ausgeübt werden, sofern das Wirtschaftsgut in ein besonderes, laufend zu führendes Verzeichnis aufgenommen wird (§ 5 Abs. 1 S.1, 2. Halbs. EStG). Nach Ablauf dieses 12jährigen Begünstigungszeitraums ist ein Restwert den AK/HK des Gebäudes hinzuzurechnen. Die weiteren Absetzungen für Abnutzung sind einheitlich für das gesamte Gebäude mittels des für dieses geltenden Prozentsatzes (3% gem. § 7 Abs. 4 Nr. 1 EStG) vorzunehmen. Der Restwert ist jedoch Null, falls in jedem Jahr der Höchstbetrag abgesetzt wurde. Dies war hier aufgrund des bilanzpolitischen Ziels zwingend.

Handelsbilanz: Die Handelsbilanz wird von der erhöhten Absetzung nicht berührt, da diese steuerrechtlichen Wahlrechte unabhängig von der Handelsbilanz ausgeübt werden können. Hier ist das Gebäude linear über die geschätzte Nutzungsdauer von 60 Jahren abzuschreiben. Die Modernisierungsmaßnahmen stellen nachträglich zu aktivierende Herstellungskosten dar, die über die Restnutzungsdauer linear abgeschrieben werden. Es kann vereinfachend angenommen werden, dass die Maßnahmen zu Jahresbeginn erfolgt sind. (Steuerrechtlich ist diese Annahme generell zwingend, R 7.4 Abs. 9 S. 3 EStR). Im Jahre 11 werden die nachträglichen Herstellungskosten i.H.v. 200.000 EUR zusätzlich aktiviert und über die Restnutzungsdauer des Gebäudes (= 50 Jahre) linear abgeschrieben. Die darauf entfallenden jährlichen Abschreibungen betragen 4.000 EUR.

Jahr	Steuerbilanz (EUR)				Handelsbilanz (EUR)	
	AfA-Betrag Gebäude	Restbuchwert Gebäude	AfA-Betrag Modernisierungsmaßnahme	Restbuchwert Modernisierungsmaßnahme	AfA-Betrag Gebäude einschl. nachträgl. HK	Restbuchwert Gebäude einschl. nachträgl. HK
01	36.000	1.164.000	-	-	20.000	1.180.000
02-9	dito	etc.	-	-	dito	etc.
10	36.000	840.000	-	-	20.000	1.000.000
11	36.000	804.000	18.000	182.000	20.000+4.000	1.176.000
12	36.000	768.000	18.000	164.000	24.000	1.152.000
13	36.000	732.000	18.000	146.000	24.000	1.128.000
14	36.000	696.000	18.000	128.000	24.000	1.104.000
15	36.000	660.000	18.000	110.000	24.000	1.080.000
16	36.000	624.000	18.000	92.000	24.000	1.056.000
17	36.000	588.000	18.000	74.000	24.000	1.032.000
18	36.000	552.000	18.000	56.000	24.000	1.008.000
19	36.000	516.000	14.000	42.000	24.000	984.000
20	36.000	480.000	14.000	28.000	24.000	960.000
21	36.000	444.000	14.000	14.000	24.000	936.000
22	36.000	408.000	14.000	0	24.000	912.000
23	36.000	372.000	0	0	24.000	888.000
24-32	dito	etc.	-	-	dito	etc.
33	36.000	12.000	-	-	24.000	648.000
34	12.000	0	-	-	24.000	624.000
35-58	-	-	-	-	dito	etc.
59	-	-	-	-	24.000	24.000
60	-	-	-	-	24.000	0

Lösung zu Aufgabe 46: Investitionsabzug gemäß § 7g Abs. 1 EStG

Zu a): Da die Voraussetzungen gemäß § 7g Abs. 1 S.2 EStG laut Aufgabenstellung erfüllt sind, darf im Jahre 01 gewinnmindernd ein Investitionsabzug in Höhe von 100.000 EUR außerhalb der Steuerbilanz in der Steuererklärung vorgenommen werden.

Steuererklärung 01 (Körperschaftsteuer):	
Steuerbilanzgewinn	400.000 EUR
- Investitionsabzug gemäß § 7g Abs. 1 EStG	- 100.000 EUR
= steuerpflichtiges Einkommen 01	= 300.000 EUR

Zu b): Im Jahr 04 wird die Fertigungsanlage angeschafft und grundsätzlich in Höhe von 40% der tatsächlichen Anschaffungskosten von 300.000 EUR außerhalb der Steuerbilanz eine Hinzurechnung gemäß § 7g Abs. 2 EStG vorgenommen. Der Hinzurechnungsbetrag darf jedoch nicht den Investitionsabzugsbetrag im Jahr 01 übersteigen und beträgt somit nur 100.000 EUR. Gleichzeitig erfolgt eine gewinnmindernde Herabsetzung der Anschaffungskosten um maximal 0,4*300.000 EUR = 120.000 EUR, höchstens aber in Höhe des Hinzurechnungsbetrags (§ 7g Abs. 2 EStG). Neben der AfA auf Basis der herabgesetzten Anschaffungskosten wird die Möglichkeit einer Sonderabschreibung von 20% auf die herabgesetzten AK gemäß § 7g Abs. 5 EStG genutzt, um den steuerpflichtigen Gewinn so niedrig wie möglich auszuweisen.

Steuererklärung 04 (Körperschaftsteuer):	
Steuerbilanzgewinn	400.000 EUR
- Hinzurechnung gemäß § 7g Abs. 2 EStG	+ 100.000 EUR
= steuerpflichtiges Einkommen 04	= 500.000 EUR

Herabsetzung der Anschaffungskosten um höchstens 40 % der Anschaffungs- oder Herstellungskosten = 0,40 * 300.000 EUR = 120.000 EUR, maximal aber in Höhe des Hinzurechnungsbetrags. Die geminderten AK* betragen somit 300.000 EUR – 100.000 EUR = 200.000 EUR.
Planmäßige AfA = 200.000 EUR * 1/10 = 20.000 EUR.

BS: Technische Anlagen   300.000 EUR
     Vorsteuer   57.000 EUR
     an Sonstige Verbindlichkeiten   357.000 EUR.

BS: Bewertungsabschlag auf AK   100.000 EUR
     an Technische Anlagen   100.000 EUR.

BS: AfA   20.000 EUR
     an Technische Anlagen   20.000 EUR.

Inanspruchnahme der Sonderabschreibung gemäß § 7g Abs. 5 EStG in Höhe von maximal 0,20 * 200.000 EUR = 40.000 EUR.

BS: Sonderabschreibungen gem. § 7 Abs. 5 EStG   40.000 EUR
     an Technische Anlagen   40.000 EUR.

Zu c): Seit 2016 ist es nicht mehr erforderlich, bei Inanspruchnahme des Investitionsabzugsbetrags die Funktion der anzuschaffenden Investitionsgüter zu benennen. Demzufolge ist der Abzugsbetrag nicht mehr einem bestimmten Wirtschaftsgut zugeordnet. Im Jahr 04 kann das Unternehmen somit den Investitionsabzugsbetrag dem LKW zuordnen und 40% der Anschaffungskosten des LKWs (200.000 EUR * 0,4 = 80.000 EUR) dem Gewinn (Einkommen) außerbilanziell hinzurechnen. Gleichzeitig kann in maximal gleicher Höhe ein gewinnneutralisierender Bewertungsabschlag auf die Anschaffungskosten des LKWs vorgenommen werden. Die Basis für die planmäßigen Abschreibungen und die Sonderabschreibung nach § 7g Abs. 5 EStG beträgt demnach 120.000 EUR, die maximal nutzbare Sonderabschreibung 0,20 * 120.000 EUR = 24.000 EUR. Die planmäßigen Abschreibungen während des Begünstigungszeitraums von 5 Jahren sind auf Basis der um den Neutralisierungsbetrag geminderten Anschaffungskosten als 120.000 EUR : 8 Jahre = 15.000 EUR zu ermitteln, sodass der Restbuchwert des LKW am 31.12.04 bei Inanspruchnahme der Sonderabschreibung 81.000 EUR beträgt. Erst nach dem Ende des Begünstigungszeitraums sind die planmäßigen Abschreibungen anzu passen (§ 7a Abs. 9 EStG).

Der noch nicht gemäß § 7g Abs. 2 S. 1 EStG hinzugerechnete Teilbetrag des Investitionsabzugs in Höhe von 20.000 EUR kann wegen der Fristüberschreitung nicht der Fertigungsanlage zugeordnet werden und muss Ende 04 nach § 7g Abs. 3 EStG im Jahr 01 rückgängig gemacht werden mit der Folge der Steuernach- und Zinszahlung. Eine Neubildung des Investitionsabzugsbetrags im Hinblick auf den Kauf der Fertigungsanlage ist allerdings im Jahr 04 möglich, wobei die Höchstgrenze von 200.000 EUR gemäß § 7g Abs. 1 S. 4 EStG zu beachten ist. Da vom Investitionsabzug im Jahr 01 80.000 EUR hinzugerechnet, 20.000 EUR aber noch nicht aufgelöst sind, kann das Unternehmen im Jahr 04 einen Investitionsbetrag von maximal 180.000 EUR für die Fertigungsanlage bilden. Zudem könnte das Unternehmen den nicht hinzugerechneten Betrag von 20.000 EUR freiwillig früher auflösen und dadurch den Betrag der maximalen Neubildung auf 200.000 EUR erhöhen. Bei geschätzten Anschaffungskosten von 300.000 EUR für die Fertigungsanlage genügen jedoch 120.000 EUR.

Lösung zu Aufgabe 47: Leasing

Die Grundmietzeit beträgt im vorliegenden Falle 50% der betriebsgewöhnlichen Nutzungsdauer. Im Falle a) entspricht der vereinbarte Preis bei Nutzung der Kaufoption dem Restbuchwert (lineare Abschreibung) nach Ablauf der Grundmietzeit und ist somit angemessen, so dass wirtschaftlicher Eigentümer der Leasing-Geber ist. Im Falle b) beträgt der Kaufpreis bei Nutzung der Kaufoption nur 20% des Restbuchwertes nach Ablauf der Grundmietzeit und liegt somit unter dem (laut Erlass) angemessenen Betrag. Nach dem Leasing-Erlass ist das wirtschaftliche Eigentum dem Leasing-Nehmer zuzuordnen.

Zu a):
Der Leasing-Geber aktiviert die fremdfinanzierte Maschine und schreibt sie linear ab. Die erhaltenen Leasing-Raten verbucht er als Mieterträge (Betriebseinnahmen). Die Sonderzahlung stellt eine Mieteinnahme dar, die sich wirtschaftlich auf die gesamte Grundmietzeit bezieht und mittels passivem Rechnungsabgrenzungsposten (§ 250 Abs. 1 HGB, § 5 Abs. 5 EStG) linear zu verteilen ist

(1)	Maschine an Verbindlichkeiten gegenüber Kreditinstituten	320.000 EUR	320.000 EUR.
(2)	AfA an auf Sachanlagen an Maschine	40.000 EUR	40.000 EUR.
(3)	Bank an Mieterträge	120.000 EUR	120.000 EUR.
(4)	Bank an passiven Rechnungsabgrenzungsposten	12.000 EUR	12.000 EUR.
(5)	Passiver Rechnungsabgrenzungsposten an Mieterträge	3.000 EUR	3.000 EUR.
(6)	Schlussbilanzkonto an Maschine	280.000 EUR	280.000 EUR.
(7)	Passiver Rechnungsabgrenzungsposten an Schlussbilanzkonto	9.000 EUR	9.000 EUR.

Der Leasing-Nehmer bucht:

(1)	Mietaufwand an Bank	120.000 EUR	120.000 EUR.
(2)	Aktiver Rechnungsabgrenzungsposten an Bank	12.000 EUR	12.000 EUR.
(3)	Mietaufwand an aktiven Rechnungsabgrenzungsposten	3.000 EUR	3.000 EUR.
(4)	Schlussbilanzkonto an aktiven Rechnungsabgrenzungsposten	9.000 EUR	9.000 EUR.

Zu b): *"Verunglücktes Leasing"* wird bilanziell wie ein Kauf auf Raten behandelt:

Der Leasing-Nehmer ist wirtschaftlicher Eigentümer des Leasing-Objekts und hat dieses zu aktivieren. Gleichzeitig ist eine Leasingverbindlichkeit zu passivieren, die durch die künftigen Leasing-Raten getilgt wird. Neben den Abschreibungen fallen beim Leasing-Nehmer Zins- und Verwaltungsaufwendungen (des Leasing-Gebers) an, die der Leasing-Geber in den Leasing-Raten an ihn überwälzt. Der restliche Teil der Leasing-Raten stellt Tilgung der Leasing-Verbindlichkeiten dar. Die Aufteilung der Leasing-Raten in einen Zins- und Verwaltungskostenanteil einerseits sowie einen Tilgungsanteil andererseits kann finanzmathematisch oder entsprechend der Empfehlung des BFH arithmetisch-degressiv ("Zinsstaffelmethode") erfolgen. Hier soll nur die letztgenannte Aufteilungsmöglichkeit gezeigt werden, mit der der im Zeitablauf sinkende Zinsanteil und der im Zeitablauf steigende Tilgungsanteil bei einem Annuitätendarlehen nachempfunden wird. Die Sonderzahlung zu Beginn der Grundmietzeit hat hier den Charakter eines Einmalzinses (Disagio) und ist gemäß § 5 Abs. 5 EStG (handelsrechtlich: Wahlrecht, § 250 Abs. 3 HGB) analog auf die Grundmietzeit zu verteilen.

Buchungen beim Leasing-Nehmer:

(1) Maschine   320.000 EUR
    an Leasingverbindlichkeiten   320.000 EUR.

(2) AfA auf Sachanlagen   40.000 EUR
    an Maschine   40.000 EUR.

(3) Zins- und Verwaltungsaufwand   64.000 EUR
    Leasingverbindlichkeit   56.000 EUR
    an Bank   120.000 EUR.

Die Aufteilung der Leasing-Raten erfolgt folgendermaßen (vgl. arithmetisch-degressive Zinsstaffelmethode):

Summe der Leasingraten Über die Grundmietzeit	480.000 EUR
- Anschaffungskosten des Leasing-Objekts	- 320.000 EUR
= Zins- und Verwaltungsaufwand	= 160.000 EUR

$$\Rightarrow : n * (n+1)/ 2 \quad \boxed{=16.000 \text{ EUR} = \text{Degressionsbetrag D}}$$

(n = Dauer der Grundmietzeit)

Zins- und Verwaltungskostenanteil an der Leasing-Rate:	*Verteilung der Sonderzahlung (Disagio):*
1. Jahr: 4 * D = 64.000 EUR	1. Jahr: 4/10 = 4.800 EUR
2. Jahr: 3 * D = 48.000 EUR	2. Jahr: 3/10 = 3.600 EUR
3. Jahr: 2 * D = 32.000 EUR	3. Jahr: 2/10 = 2.400 EUR
4. Jahr: 1 * D = 16.000 EUR.	4. Jahr: 1/10 = 1.200 EUR

(4) Aktiver Rechnungsabgrenzungsposten (Disagio)   12.000 EUR
    an Bank   12.000 EUR.

(5) Zins- und Verwaltungsaufwand   4.800 EUR
    an aktiven Rechnungsabgrenzungsposten (Disagio)   4.800 EUR.

(6) Schlussbilanzkonto   280.000 EUR
    an Maschine   280.000 EUR.

(7) Leasingverbindlichkeiten   264.000 EUR
    an Schlussbilanzkonto   264.000 EUR.

(8) Schlussbilanzkonto   7.200 EUR
    an aktiven Rechnungsabgrenzungsposten (Disagio)   7.200 EUR.

Buchungen beim Leasing-Geber:

(1)	Bank	320.000 EUR	
	an Verbindlichkeiten gegenüber Kreditinstituten		320.000 EUR.
(2)	Maschine	320.000 EUR	
	an Bank		320.000 EUR.
(3)	Leasingforderungen (Kaufpreisforderung)	320.000 EUR	
	an Maschine		320.000 EUR.
(4)	Bank	120.000 EUR	
	an Zins- und Verwaltungserträge		64.000 EUR
	an Leasingforderung		56.000 EUR.
(5)	Bank	12.000 EUR	
	an passiven Rechnungsabgrenzungsposten (Disagio)		12.000 EUR.
(6)	Passiver Rechnungsabgrenzungsposten (Disagio)	4.800 EUR	
	an Zins- und Verwaltungserträge		4.800 EUR.
(7)	Schlussbilanzkonto	264.000 EUR	
	an Leasingforderungen		264.000 EUR.
(8)	Passiver Rechnungsabgrenzungsposten (Disagio)	7.200 EUR	
	an Schlussbilanzkonto		7.200 EUR.

Lösung zu Aufgabe 48: Leasing nach IFRS

Der geschlossene Vertrag erfüllt die Anforderungen nach IFRS 16.9 und 16.B31, da er den Leasing-Nehmer dazu berechtigt, die Nutzung eines identifizierten und nicht austauschbaren Vermögenswerts gegen Zahlung eines Entgelts für einen bestimmten Zeitraum zu kontrollieren.

Zu a): Bilanzierung beim Leasing-Geber

Der Laufzeittest im Rahmen des Prüfschemas gemäß IFRS 16.63 ist erfüllt, da der Leasingzeitraum im Verhältnis zur Nutzungsdauer des Leasing-Objekts 6/8 = 0,75 beträgt, was als wesentlicher Teil angesehen werden kann. Die Kaufoption sieht als Erwerbspreis den geschätzten Fair Value vor, der etwa dem Restbuchwert der Maschine am Ende der Laufzeit des Leasingverhältnisses entspricht vor. Somit kann nicht sicher von der späteren Ausübung der Kaufoption ausgegangen werden. Zusätzliche Indizien oder Absichtserklärungen des Leasing-Nehmers für die spätere Nutzung der Kaufoption gibt es nicht. Der Barwerttest ist im Prinzip erfüllt, da der noch zu bestimmende, dem Leasingverhältnis zugrunde liegende Zinssatz die Gleichheit des Barwerts der Leasing-Zahlungen und des Fair Value (abgesehen von den anfänglichen direkten Kosten) des Leasing-Objekts herstellt. Somit liegt Finanzierungsleasing vor und der Leasing-Geber hat eine Forderung in Höhe des Nettoinvestitionswerts in das Leasingverhältnis zu aktivieren.

Der zugrunde liegende Zinssatz ergibt sich als Diskontierungszinssatz der Leasing-Zahlungen (ohne einen erwarteten nicht-garantierten Restwert), der den Barwert der Leasing-Zahlungen der Summe aus Fair Value des Leasing-Objekts und der anfänglichen direkten Kosten gleichsetzt. Mit anderen Worten wird auf diese Weise ein Verkauf des Leasing-Objekts zum Fair Value (=Buchwert) ohne einen Veräußerungsgewinn konstruiert. Der Erwerbspreis der Maschine bei Wahrnehmung der Kaufoption durch den Leasing-Nehmer wird nicht in die Leasing-Raten einbezogen, da die Nutzung der Option nicht hinreichend sicher ist. Der dem Leasingverhältnis zugrunde liegende Zinssatz ergibt sich durch Iteration oder mit Hilfe der „regula falsi" und beträgt in diesem Falle 8,25125 %.

Nettoinvestition in das Leasingverhältnis	
= Barwert der Leasing-Zahlungen + Barwert des nicht-garantierten Restwerts =	= 30.000 EUR * $(1+r)^{-1}$ + 30.000 EUR * $(1+r)^{-2}$ +... + 30.000 EUR * $(1+r)^{-6}$ + 45.000 * $(1+r)^{-6}$ = = 165.600 EUR
= Fair Value des Leasing-Objekts plus anfängliche direkte Kosten des Leasing-Gebers =	= 160.000 EUR + 5.600 EUR = 165.600 EUR

Die Leasing-Forderung des Leasing-Gebers entspricht der Nettoinvestition in das Leasingverhältnis, also dem Barwert der Bruttoinvestition in das Leasingverhältnis. Die Bruttoinvestition in das Leasingverhältnis umfasst die Mindestleasing-Zahlungen (= 30.000 EUR * 6 = 180.000 EUR) und zusätzlich noch den erwarteten nicht-garantierten Restwert in Höhe von 45.000 EUR, beträgt also 225.000 EUR. Die Nettoinvestition in das Leasingverhältnis stellt den Barwert der Bruttoinvestition dar, umfasst also immer auch den abgezinsten garantierten oder nicht-garantierten Restwert sowie die anfänglichen direkten Kosten. Sie beträgt hier also 165.600 EUR. Die Differenz zwischen der Bruttoinvestition und der Nettoinvestition in das Leasingverhältnis beträgt 225.000 EUR – 165.600 EUR = 59.400 EUR und stellt die insgesamt während der Laufzeit des Leasingverhältnisses noch zu realisierenden Finanzerträge dar. Diese werden durch die anfänglichen direkt dem Leasing-Geber zurechenbaren Kosten reduziert. Der am Ende in Form des zurückgegebenen LKWs erhaltene Restwert tilgt die dann noch bestehende Forderung.

Bilanz des Leasing-Gebers zum 1.1.01	
Leasing-Forderung (= Nettoinvestition in das Leasingverhältnis) 160.000 EUR + 5.600 EUR = 165.600 EUR	

Da nach IFRS 16.75 f. die periodisch zu vereinnahmenden Finanzerträge als konstante Verzinsung der Nettoinvestition des Leasing-Gebers in das Leasingverhältnis zu erfassen sind, muss in der Folgebewertung die Effektivzinsmethode angewandt werden. Mit deren Hilfe werden die Leasing-Raten in einen Zinsertragsanteil und in einen Tilgungsanteil aufgesplittet. In Höhe des jeweiligen Tilgungsanteils vermindert sich die Leasing-Forderung des Leasing-Gebers. Ohne Berücksichtigung der gegen Ende des dritten Jahres höchstwahrscheinlich werdenden Ausübung der Kaufoption ergibt sich folgende Entwicklung:

Termin	Leasing-Forderung des Leasing-Gebers (EUR)			Leasing-Raten (EUR) (Zinssatz = 8,25125 %)		
	Bruttoinvestition	Zinsanteil (8,25125 %) (noch nicht realisiert)	Nettoinvestition (= Barwert = Bilanzansatz)	Leasing-Rate insges. p.a. (Einzahlg.)	Zinsanteil (erfolgswirksamer Zinsertrag)	Tilgungsanteil (erfolgsneutral)
1.1.01	225.000	59.400,00	165.600,00	-	-	-
31.12.01	195.000	45.735,93	149.264,07	30.000	13.664,07	16.335,93
31.12.02	165.000	33.419,78	131.580,22	30.000	12.316,15	17.683,85
31.12.03	135.000	22.562,77	112.437,23	30.000	10.857,01	19.142,99
31.12.04	105.000	13.285,29	91.714,71	30.000	9.277,48	20.722,52
31.12.05	75.000	5.717,68	69.282,32	30.000	7.567,61	22.432,39
31.12.06	0	Rundungsdifferenz 1,02	Rundungsdifferenz -1,02	30.000 + 45.000	5.716,66	69.283,34
Summe	-	-	-	225.000	59.398,98	165.601,02

Der Barwert der Forderung verringert sich jeweils um den Tilgungsanteil in den Leasingraten, der Zinsanteil der Forderung verringert sich jeweils um die vereinnahmten Zinserträge. Die erfolgswirksamen Zinsanteile sind als Finanzerträge gesondert in der Gesamtergebnisrechnung auszuweisen.

Lösungen zu den Aufgaben

1.1. 01:
BS: Leasing-Forderung   165.600,00 EUR
      an Leasing-Objekt (Bohrmaschine)   160.000,00 EUR
      an Kasse (dir. anfängliche Kosten)   5.600,00 EUR.

31.12.01
BS: Leasing-Forderung (Aufzinsung)   13.664,07 EUR
      an Zinserträge (Finanzerträge)   13.664,07 EUR.
BS: Bank   30.000,00 EUR
      an Leasingforderung   30.000,00 EUR.

Oder als zusammengesetzter Buchungssatz:

BS: Bank   30.000,00 EUR
      an Leasing-Forderung   16.335,93 EUR
      an Zinsertrag   13.664,07 EUR.

Bilanz des Leasing-Gebers zum 31.12.01	Gewinn- u. Verlust Jahr 01
Leasing-Forderung (= Nettoinvestition in das Leasingverhältnis) 149.264,07 EUR	Finanzerträge 13.664,07 EUR

Die Buchungen am 31.12.02 und am 31.12.03 entsprechen denen am 31.12.01, die Werte sind aus der Tabelle zu ersehen. Am 31.12.03 entschließt sich der Leasing-Nehmer um und teilt dem Leasing-Geber mit, dass er doch mit hoher Wahrscheinlichkeit die Kaufoption nutzen werde. Daher bezieht der Leasing-Geber nun den Erwerbspreis bei Ausübung der Kaufoption statt des erwarteten nicht-garantierten Restwerts in die Bewertung der Leasing-Forderung ein. Zur Fortschreibung der Leasingforderung und Ermittlung der Finanzerträge mit Hilfe der Effektivzinsmethode muss der zugrunde liegende Zinssatz neu ermittelt werden.[1]

Termin	Leasing-Forderung des Leasing-Gebers (EUR)			Leasing-Raten (EUR) (Zinssatz = 9,209 %)		
	Brutto-investition	Zinsanteil (8,25125 %) (noch nicht realisiert)	Nettoinvesti-tion (= Barwert = Bilanzansatz)	Leasing-Rate insges. p.a. (Einzahlg.)	Zinsanteil (erfolgs-wirksamer Zinsertrag)	Tilgungs-anteil (erfolgs-neutral)
1.1.04	145.000	32.562,77	112.437,23	---	---	---
31.12.04	115.000	19.672,07	95.327,93	30.000	12.890,70	17.109,30
31.12.05	85.000	8.742,91	76.257,09	30.000	10.929,16	19.070,84
31.12.06	0	Rundungsdifferenz 0,19	Rundungsdifferenz - 0,19	30.000 + 55.000	8.742,72	76.257,28
Summe	-	-	-	145.000	32.562,58	112.437,42

Die Bruttoinvestition beträgt zum 1.1.04 jetzt 3 * 30.000 EUR + 55.000 EUR = 145.000 EUR. Die Nettoinvestition (Bilanzbuchwert der Leasingforderung) beträgt unverändert 112.437,23 EUR und stellt den Barwert der Bruttoinvestition dar. Somit erhöht sich die Differenz, also der noch über die Restlaufzeit zu realisierende Finanzertrag, um 10.000 EUR auf 32.562,77 EUR. Der neue zugrunde

---

[1] Eine spätere Verminderung des zu Beginn des Leasingverhältnisses geschätzten nicht-garantierten Restwerts ist gemäß IFRS 16.77 retrospektiv zu berücksichtigen, also so, als ob der niedrigere Wert schon zu Beginn des Leasingverhältnisses bekannt gewesen sei. Die früher zu hohen Finanzerträge werden erfolgswirksam im aktuellen Jahr der Schätzungsänderung korrigiert. Anschließend wird der zugrunde liegende Zinssatz für die Restlaufzeit neu berechnet. Eine Erhöhung des Schätzwerts oder - wie hier – die Berücksichtigung eines höheren Ausübungspreises der Kaufoption ist nur prospektiv zu erfassen.

liegende Zinssatz ergibt sich demnach als 30.000 EUR * $(1+r)^{-1}$ + 30.000 EUR * $(1+r)^{-2}$ + 30.000 EUR * $(1+r)^{-3}$ + 55.000 EUR * $(1+r)^{-3}$ = 112.437,23 EUR durch Iteration oder „regula falsi". Er beträgt 11,4648 %.

31.12.04
BS: Leasing-Forderung (Aufzinsung)   12.890,70 EUR
       an Zinserträge (Finanzerträge)   12.890,70 EUR.

BS: Bank   30.000 EUR
       an Leasingforderung   30.000 EUR.

Oder als zusammengesetzter Buchungssatz:

BS: Bank   30.000 EUR
       an Leasing-Forderung   17.109,30 EUR
       an Zinsertrag   12.890,70 EUR.

Die Buchungssätze am 31.12.05 und am 31.12.06 erfolgen analog mit den Werten aus der Tabelle. Am Ende der Laufzeit des Leasingverhältnisses zahlt der Leasing-Nehmer den Erwerbspreis bei Ausübung der Kaufoption, und die Leasing-Forderung wird ausgebucht.

Zu b): Bilanzierung beim Leasing-Nehmer
Eine Klassifizierung des Leasingverhältnisses in Operating Leasing und Finanzierungsleasing ist nicht erforderlich. Der Leasing-Nehmer aktiviert in jedem Falle am Bereitstellungsdatum des Leasing-Objekts (Erlangung der Verfügungsmacht) ein Nutzungsrecht und passiviert eine prinzipiell korrespondierende Leasing-Verbindlichkeit. Die Bewertung erfolgt mit dem Barwert der Leasing-Zahlungen, wobei in das Nutzungsrecht auch anfängliche direkte Kosten in Höhe von 2.200 EUR eingehen. Der Erwerbspreis bei Ausübung der Kaufoption ist nicht Bestandteil der Leasing-Zahlungen, weil die Ausübung vom Leasing-Nehmer zum Bereitstellungsdatum nicht beabsichtigt wird. Außerdem wird das Nutzungsrecht nicht über die Nutzungsdauer des Leasing-Objekts, sondern über die kürzere Laufzeit des Leasingverhältnisses planmäßig linear abgeschrieben.

Da der dem Leasingverhältnis zugrunde liegende Zinssatz dem Leasing-Nehmer nicht bekannt ist, wird der adäquate Grenzfremdkapitalzinssatz (10%) des Leasing-Nehmers zur Diskontierung herangezogen.

Zugangsbewertung des Nutzungsrechts	
= Barwert der Leasing-Zahlungen + anfängliche direkte Kosten	= 30.000 EUR * DSF (6 Jahre; 10 % p.a.) + 2.200 EUR = 30.000 EUR * 4,355261 + 2.200 EUR = 130.657,83 + 2.200 = <u>132.857,83 EUR</u>

1.1.01:
BS: Nutzungsrecht   132.857,83 EUR
       an Leasing-Verbindlichkeiten   130.657,83 EUR
       an Kasse (anfängliche direkte Kosten)   2.200,00 EUR.

Bilanz des Leasing-Nehmers zum 1.1.01	
Nutzungsrecht 130.657,83 EUR + 2.200,00 EUR = 132.857,83 EUR	Leasing-Verbindlichkeit 130.657,83 EUR

Das *Nutzungsrecht* ist vom Leasing-Nehmer planmäßig linear über die Laufzeit des Leasingverhältnisses (= 6 Jahre) abzuschreiben. Für die Folgebewertung der Leasing-Verbindlichkeit sind die Leasing-Raten in einen Tilgungs- und einen Zinsaufwandsanteil aufzuspalten. Mit Hilfe der Effek-

Lösungen zu den Aufgaben

tivzinsmethode wird ermittelt, wie hoch der Zinsaufwand aus der Aufzinsung (zu 10 %) der Leasingverbindlichkeit (= Barwert) über die Laufzeit ist. Die Differenz zu den Leasingzahlungen stellt den jeweiligen Tilgungsanteil dar.

31.12.01:
BS: Planmäßige Abschreibung auf Nutzungsrecht   22.142,97 EUR
     an Nutzungsrecht   22.142,97 EUR.

Ohne Berücksichtigung der gegen Ende des dritten Jahres veränderten Wahrscheinlichkeit für die Nutzung der Kaufoption ergibt sich folgende Entwicklung:

Termin	*Nutzungsrecht (EUR)*		*Leasing-Raten (EUR)* (Zinssatz: 10%)			*Leasing-Verbindlichkeit*
	Buchwert	Abschreibung	Leasing-Rate insges. p.a. (= Auszahlung)	Zinsanteil (erfolgswirksamer Zinsaufwand)	Tilgungsanteil (erfolgsneutral)	Barwert (= Bilanzansatz) (EUR)
1.1.01	132.857,83	-	-	-	-	130.657,83
31.12.01	110.714,86	22.142,97	30.000	13.065,78	16.934,22	113.723,61
31.12.02	88.571,89	22.142,97	30.000	11.372,36	18.627,64	95.095,97
31.12.03	66.428,92	22.142,97	30.000	9.509,60	20.490,40	74.605,57
31.12.04	44.285,95	22.142,97	30.000	7.460,56	22.539,44	52.066,13
31.12.05	22.142,98	22.142,97	30.000	5.206,61	24.793,39	27.272,74
31.12.06	0,00	22.142,98	30.000	2.727,27	27.272,73	0,00
Summe	-	132.857,83	180.000	49.342,18	130.657,82	Rundungsdifferenz 0,01

Der Gesamtaufwand (= Abschreibung des Nutzungsrechts + Zinsanteil an den Leasing-Raten) beim Leasing-Nehmer ist im ersten Jahr mit 22.142,97 + 13.065,78 = 35.208,75 EUR am höchsten und sinkt aufgrund des sinkenden Zinsaufwands schrittweise bis er im 6. Jahr nur noch 24.870,25 EUR beträgt.

31.12.01:
BS: Zinsaufwand (Finanzaufwendungen)   13.065,78 EUR
     an Leasing-Verbindlichkeit (Aufzinsung)   13.065,78 EUR.

BS: Leasing-Verbindlichkeit   30.000,00 EUR
     an Bank   30.000,00 EUR.

Oder als zusammengesetzter Buchungssatz:

BS: Leasing-Verbindlichkeit   16.934,22 EUR
     Zinsaufwand   13.065,78 EUR
     an Bank   30.000,00 EUR.

Bilanz des Leasing-Nehmers zum 31.12.01		Gewinn- u. Verlust Jahr 01
Nutzungsrecht 67.699,53 EUR	Leasing-Verbindlichkeit 113.723,61 EUR	Zinsaufwand 13.065,78 EUR

Die Buchungssätze am 31.12.02 und am 31.12.03 sind entsprechend mit den Werten aus der Tabelle durchzuführen.

Am 31.12.03 fasst der Leasing-Nehmer den Entschluss, aufgrund von Kapazitätsengpässen bei sich verbessernder konjunktureller Lage doch die Kaufoption am Ende der Laufzeit des Leasingverhältnisses auszuüben. Somit ist der Kaufpreis für den Sattelschlepper in die noch zu leistenden Leasing-Zahlungen aufzunehmen und es wird eine Neubewertung der Leasing-Verbindlichkeit erforderlich (IFRS 16.39). Außerdem ist nun das Nutzungsrecht über die Nutzungsdauer des Leasing-Objekts abzuschreiben, also über 8 Jahre (IFRS 16.32). Bei der Neubewertung der Leasing-Verbindlichkeit sind die Leasing-Zahlungen und der Diskontierungszinssatz für die Restlaufzeit des Leasingverhältnisses neu zu bestimmen (IFRS 16.40(b)). Da hier der dem Leasingverhältnis zugrunde liegende Zinssatz nicht ohne Weiteres bestimmbar ist, wird hilfsweise der Grenzfremdkapitalzinssatz des Leasing-Nehmers im Zeitpunkt der Neubewertung, der nun 11% beträgt, verwendet (IFRS 16.41).

Neubewertung des Nutzungsrechts	
= Barwert der Leasing-Zahlungen einschließlich des Kaufpreises + anfängliche direkte Kosten =	= 30.000 EUR * DSF (3 Jahre; 11 % p.a.) + 55.000 * $1{,}11^{-3}$ + 2.200 EUR = 30.000 EUR * 2,443715 + 40.215,53 EUR + 2.200 EUR = 73.311,45 EUR + 40.215,53 EUR + 2.200 EUR = 115.726,98 EUR

Zum 1.1.04 ist demnach die Leasing-Verbindlichkeit von 74.605,57 EUR um 38.921,41 EUR auf 113.526,98 EUR aufzustocken. Der Nutzungswert wird um denselben Betrag erhöht von 66.428,92 EUR auf 105.350,33 EUR. Die Anpassung der Buchwerte erfolgt erfolgsneutral. Das Nutzungsrecht wird über die Restnutzungsdauer des Leasing-Objekts nach der Formel Restbuchwert/ Restnutzungsdauer = 105.350,33 EUR/5 Jahre = 21.070,07 EUR weiter planmäßig linear abgeschrieben.

Termin	*Nutzungsrecht (EUR)*		*Leasing-Raten (EUR)* (Zinssatz: 11%)			*Leasing-Verbindlichkeit*
	Buchwert	Abschreibung	Leasing-Rate insges. p.a. (= Auszahlung)	Zinsanteil (erfolgswirksamer Zinsaufwand)	Tilgungsanteil (erfolgsneutral)	Barwert (= Bilanzansatz) (EUR)
1.1.04	66.428,92 + 38.921,41 = 105.350,33					74.605,57 + 38.921,41 = 113.526,98
31.12.04	84.280,26	21.070,07	30.000	12.487,97	17.512,03	96.014,95
31.12.05	63.210,19	21.070,07	30.000	10.561,65	19.438,35	76.576,60
31.12.06	42.140,12	21.070,07	30.000 + 55.000	8.423,43	76.576,57	0,00
	21.070,05 0,00	21.070,07 21.070,05				
Summe	-	105.350,33	145.000	31.473,05	113.526,95	Rundungsdifferenz 0,03

1.1.04:
BS: Nutzungsrecht   38.921,41 EUR
     an Leasing-Verbindlichkeit   38.921,41 EUR.

31.12.04:
BS: Planmäßige Abschreibung auf Nutzungsrecht   21.070,07 EUR
     an Nutzungsrecht   21.070,07 EUR.

BS: Leasing-Verbindlichkeit   17.512,03 EUR
    Zinsaufwand   12.487,97 EUR
     an Bank   30.000 EUR.

Die Buchungen am 31.12.05 und am 31.12.06 sind dieselben mit den jeweils anderen Werten aus der Tabelle. Zum 31.12.07 und 31.12.08 und jeweils noch das Nutzungsrecht planmäßig weiter abzuschreiben.

Lösung zu Aufgabe 49: Anlagenspiegel über mehrere Jahre
Mehrjährige Darstellung des Anlagenspiegels für die Position "Grundstücke und Bauten" (in EUR):

Jahr	Historische AK/HK					kumulierte Abschreibungen					Buchwert 31.12. des Gj
	1.1.	Zugänge	Abgänge	Umbuchungen	31.12.	Stand 1.1.	Zugänge = Abschreibungen des Gj.	Zuschreibungen	Abgänge	Stand am 31.12.	
01	200.000	100.000	---	---	300.000	0,-	120.000	---	---	120.000	180.000
02	300.000	---	---	---	300.000	120.000	---	120.000	---	0,-	300.000
03	300.000	---	---	---	300.000	0,-	---	---	---	0,-	300000
04	300.000	---	---	+1 Mio	1,3 Mio	0,-	30.000	---	---	30.000	1,27 Mio
05	1,3 Mio	---	1,2 Mio	---	100.000	30.000	30.000	---	- 60.000	0,-	100.000

Der Veräußerungsgewinn im Jahre 05 erscheint nicht im Anlagenspiegel.

Lösung zu Aufgabe 50: Anlagenspiegel über mehrere Jahre
Zu a): Mehrjährige Darstellung des Anlagenspiegels für die Position "Technische Anlagen und Maschinen" (in EUR):

Jahr	Historische AK/HK					kumulierte Abschreibungen					Buchwert 31.12. des Gj	Buchwert 31.12. Vorjahr
	1.1.	Zugänge	Abgänge	Umbuchungen	31.12.	Stand 1.1.	Zugänge = Abschreibungen des Gj.	Zuschreibungen	Abgänge	Stand am 31.12.		
01	0,-	---	---	---	50.000	0,-	10.000	---	---	10.000	40.000	---
02	50.000	50.000	---	---	100.000	10.000	20.000	---	---	30.000	70.000	40.000
03	100.000	55.000	---	---	155.000	30.000	51.000	---	---	81.000	74.000	70.000
04	155.000	---	---	---	155.000	81.000	24.333	- 13.333	---	92.000	63.000	74.000
05	155.000	---	50.000	---	105.000	92.000	31.000	---	- 50.000	73.000	32.000	63.000
06	105.000	---	50.000	---	55.000	73.000	21.000	---	- 50.000	44.000	11.000	32.000
07	55.000	---	55.000	---	0,-	44.000	11.000	---	- 50.000 / - 5.000	0,-	0,-	11.000

Die in 03 auf den Markt gekommene kostengünstigere Maschine ist nur mit der vorhandenen Maschine vergleichbar, wenn sie fiktiv über 2 Jahre hinweg linear abgeschrieben wird, was zu vergleichbaren WBK von 10.000 EUR führt. Die planmäßigen linearen Abschreibungen in den auf die außerplanmäßige Abschreibung folgenden Jahren verteilen den Restbuchwert von 10.000 EUR gleichmäßig auf die Restnutzungsdauer von 3 Jahren, betragen also 3.333 EUR.

In 04 besteht gemäß § 253 Abs. 5 HGB ein Zuschreibungsgebot auf die fortgeführten Anschaffungskosten, da die Gründe für die außerplanmäßige Abschreibung des Vorjahrs vollständig entfallen sind. Die Zuschreibung erfolgt erst am Ende des Jahres im zweiten Schritt nach der planmäßigen Abschreibung.

Die GWGs werden wie im Steuerrecht (§ 6 Abs. 2a EStG) pauschal jährlich i.H.v. 20% abgeschrieben; der Abgang wird fingiert am Ende des 4. auf das Zugangsjahr folgenden Jahres.

Zu b):

Jahr	Gesamtabschreibungsquote (Anlagenabnutzungsgrad)	Abschreibungsquote
01	10.000*100:50.000= 20%	10.000*100:50.000= 20%
02	30.000*100:100.000= 30%	20.000*100:100.000= 20%
03	81.000*100:155.000= 52,3%	51.000*100:155.000= 32,9 %
04	(105.333-13.333)*100:155.000 = 59,4%	24.333*100:155.000= 15,7%
05	73.000*100:105.000= 69,5%	31.000*100:155.000= 20%
06	44.000*100:55.000= 80%	21.000*100:105.000= 20%
07	55.000*100:55.000= 100%	11.000*100:55.000= 20%

Um eine Abstimmung der historischen Anschaffungskosten im Nenner mit dem Umfang der Abschreibungen im Zähler zu erhalten, wurde bei beiden Quoten im Nenner der Zugang sofort mitberücksichtigt und bei der Abschreibungsquote der Abgang im Nenner noch nicht herausgerechnet.
Im Jahr 03 erhöhen sich beide Quoten aufgrund der außerplanmäßigen Abschreibung. Der Kauf der GWGs hat keinen Einfluss auf die Quoten, da hier pauschal 20% abgeschrieben werden und diese Quote dem planmäßigen Abschreibungssatz bei den Maschinen entspricht. In 04 wird bei der Gesamtabschreibungsquote die Zuschreibung sofort mit den kumulierten Abschreibungen saldiert. Die Abschreibungsquote in 04 sinkt stark als Folge der außerplanmäßigen Abschreibung im Vorjahr, sodass im Jahr 04 die planmäßige Abschreibung der 2. Maschine nur 3.333 EUR beträgt. Als Folge der Zuschreibung auf ihre fortgeführten Anschaffungskosten ergibt sich auch bei dieser Maschine in 05 wieder ein Abschreibungssatz von 20%. Im letzten Jahr wurden bei der Gesamtabschreibungsquote die Abgänge noch nicht berücksichtigt.

<u>Fazit</u>: An der Gesamtabschreibungsquote lässt sich deutlich der Alterungsprozess der Produktionsanlagen ablesen, die Abschreibungsquote zeigt die Inanspruchnahme bzw. Nicht-Inanspruchnahme von Sonderabschreibungen, aber allgemein auch, ob überwiegend linear oder geometrisch-degressiv abgeschrieben wird. Eine handelsrechtlich für möglich gehaltene GWG-Sofortabschreibung im Zugangsjahr würde ebenfalls zu einem Ansteigen der Abschreibungsquote führen.

Lösung zu Aufgabe 51: Anlagespiegel

	hist. AK/HK 1.1.01	Zugänge	Abgänge	Umbuchungen	Zuschreibungen	kumul. Abschreibungen	Buchwert 31.12.01	Buchwert 31.12.00	Abschreibungen in 01
Stanzmaschine (Aufg. 23)	---	20.000	---	---	---	4.000	16.000	---	4.000
Immaterielle Vermögensgegenstände (Aufg. 30)	---	39.000	---	---	---	23.000	16.000	---	5.850 + 17.150
Derivativer Firmenwert (Aufg. 32)	---	900.000				150.000	750.000		150.000
Gebäude (Aufg. 41)	---	150.000	---	---	---	1.875	148.125	---	1.875

Lösung zu Aufgabe 52: Fremdwährungsforderungen

Buchung per 15.10.01 (Lieferung; Erstbuchung): 1/1,60 = 0,625 EUR pro USD.

BS:	Forderungen L.u.L.	125.000 EUR	
	an Umsatzerlöse		125.000 EUR.

Bewertung am 31.12.01: 1/1,6666 = 0,60 EUR pro USD => Wert der Forderung: 120.000 EUR. Aufgrund des strengen Niederstwertprinzips (§ 253 Abs. 4 HGB; § 6 Abs. 1 Nr. 2 i.V.m. § 5 Abs. 1 Satz 1 EStG) besteht handelsrechtlich eine Abwertungspflicht. Da eine dauernde Wertminderung vorliegt, ist steuerrechtlich ein Abwertungswahlrecht gemäß § 6 Abs. 1 Nr. 2 EStG gegeben, das unabhängig von der Handelsbilanz ausgeübt werden kann (§ 5 Abs. 1 S. 1 2. Halbs. EStG). Aufgrund des bilanzpolitischen Ziels wird das Wahlrecht in der Steuerbilanz genutzt.

BS:	Sonstige betriebliche Aufwendungen (Währungsverluste)	5.000 EUR	
	an Forderungen L.u.L.		5.000 EUR.

Am 31.12.02 gilt: 1/1,4285 = 0,70 EUR pro USD => Umrechnungswert: 140.000 EUR. *Handelsrechtlich* gilt für die GmbH eine Zuschreibungspflicht gemäß § 253 Abs. 5 HGB i.V.m. § 256a HGB bis auf den Umrechnungswert von 140.000 EUR. Bei Forderungen mit einer Restlaufzeit von bis zu 12 Monaten werden durch § 256a HGB das Realisations- und das Anschaffungswertprinzip suspendiert. Die Buchung der Zuschreibung lautet:

BS:	Forderungen L.u.L.	20.000 EUR	
	an Sonstige betriebliche Erträge		20.000 EUR.

Eine Zuschreibung über die Anschaffungskosten hinaus führt im handelsrechtlichen Jahresabschluss dazu, dass in Höhe von 15.000 EUR unrealisierte Gewinne berücksichtigt werden.

Steuerrechtlich besteht ein Zuschreibungsgebot bis zu den Anschaffungskosten von 125.000 EUR gemäß § 6 Abs. 1 Nr. 2 Satz 3 EStG. Die Anschaffungskosten dürfen nicht überschritten werden.

BS:	Forderungen L.u.L.	5.000 EUR	
	an Sonstige betriebliche Erträge		5.000 EUR.

Lösung zu Aufgabe 53: Festwert

Zu a): Bei den Gerüst- und Schalungsteilen handelt es sich nicht um geringwertige Wirtschaftsgüter, da die Einzelteile nicht selbständig nutzbar sind (R 6.13 Abs. 1 EStR; H 6.13 "ABC der nicht selbständig nutzungsfähigen Wirtschaftsgüter" EStH).

Die Buchungen bei Zugängen haben auf dem Konto „Sonstige betriebliche Aufwendungen" und nicht auf dem Abschreibungskonto zu erfolgen. Der Buchungssatz bei Veräußerung ist richtig.

Da es sich um eine Erhöhung des Festwerts von mehr als 10% handelt, besteht sowohl handels- als auch steuerrechtlich eine Pflicht zur Aufstockung des Festwerts (R 5.4 Abs. 3 EStR). Dazu sind die Zugänge im Jahr 04 und, wenn erforderlich, im Jahr 05 zu nutzen. Die Aufwandsbuchungen der Zugänge im Jahr 04 werden zu Zugangsbuchungen auf das Festwertkonto umgebucht.

BS:	Festwertkonto "Gerüst- und Schalungsteile"	12.000 EUR	
	an Sonstige betriebliche Aufwendungen		12.000 EUR.

Umbuchungen im Jahr 05:

BS:	Festwertkonto "Gerüst- und Schalungsteile"	8.000 EUR	
	an Sonstige betriebliche Aufwendungen		8.000 EUR.

Sollten die Zugänge im Jahr 05 noch nicht (als Aufwand) gebucht worden sein, so wäre zu buchen:

BS:	Festwertkonto "Gerüst- und Schalungsteile"	8.000 EUR	
	an Bank		8.000 EUR.

Zu b): Da der tatsächliche Wert unter dem Festwert liegt, darf der Festwert steuerlich auf den tatsächlichen Wert vermindert werden (R 5.4 Abs. 3 EStR), handelsrechtlich besteht nach h.M. eine Pflicht zur Herabsetzung, die das steuerliche Wahlrecht überlagert. Hier gilt die Maßgeblichkeit der Handelsbilanz für die Steuerbilanz, da es keine eigenständig steuerliche Regelung im Einkommensteuergesetz gibt.[1]

Um den Festwert auf 92.000 EUR zu verringern ist im Jahre 04 zusätzlich zu der Aufwandsbuchung bezüglich der Zugänge i.H.v. 12.000 EUR zu buchen:

BS: Abschreibungen   8.000 EUR
       an Festwertkonto "Gerüst- und Schalungsteile"   8.000 EUR.

Lösung zu Aufgabe 54: Vorratsbewertungsverfahren

(1) Berechnung des Wertes des Endbestandes und des Verbrauchs nach der ***Durchschnittspreismethode*** (§ 240 Abs. 4 HGB i.V.m. § 256 HGB; R 6.8 Abs. 3 und 4 EStR)

a) Gewogener Durchschnittspreis (Perioden-Variante):

Anfangsbestand	15t * 400 EUR/t =	6.000 EUR
Zugang	25t * 420 EUR/t =	10.500 EUR
Zugang	20t * 380 EUR/t =	7.600 EUR
Zugang	15t * 430 EUR/t =	6.450 EUR
Summe	75t	30.550 EUR

Durchschnittspreis = 30.550 EUR : 75t = 407,33 EUR/t.
Bewertung des Endbestandes: 20t * 407,33 EUR/t = 8.146,67 EUR
Verbrauch: 55t * 407,33 EUR/t = 22.403,33 EUR.

Der Verbrauch in der abgelaufenen Periode ergibt sich auch aus:

Anfangsbestand + Zugänge	30.550,00 EUR
- Endbestand	- 8.146,67 EUR
= Verbrauch	= 22.403,33 EUR

Der gewogene Durchschnittswert liegt unter dem Marktpreis von 410 EUR. Somit ist eine Abwertung nach dem strengen Niederstwertprinzip (§ 253 Abs. 4 HGB) nicht erforderlich.

---

[1] Im BMF-Schreiben vom 12.3.2010 (BStBl. I 2010, S. 239) ist von einer fehlenden eigenständigen steuerlichen Regelung die Rede, obwohl es in R 5.4 Abs. 3 EStR eine Regelung gibt, die im Vergleich zu § 240 Abs. 3 HGB eigenständige Regeln für die Anpassung des Festwerts enthält.

Lösungen zu den Aufgaben

b) Gleitende Durchschnittsbewertung (Permanente Durchschnittsbewertung):

Anfangsbestand	15t * 400 EUR/t =	6.000 EUR
+ Zugang 20.1.	+ 25t * 420 EUR/t =	+ 10.500 EUR
= Bestand	= 40t	= 16.500 EUR
gewogener Durchschnittspreis	16.500 EUR : 40t = 412,50 EUR/t	
- Abgang 20.3.	-10t * 412,50 EUR/t	-4.125 EUR
= Bestand	= 30t	= 12.375 EUR
+ Zugang 20.6.	+ 20t * 380 EUR/t =	+ 7.600 EUR
=Bestand	= 50t	= 19.975 EUR
gewogener Durchschnittspreis	19.975 EUR : 50t = 399,50 EUR/t	
- Abgang 20.7.	-40t * 399,50 EUR/t =	- 15.980 EUR
= Bestand	= 10t	= 3.995 EUR
+ Zugang	+ 15t * 430 EUR/t =	+ 6.450 EUR
= Bestand	= 25t	= 10.445 EUR
gewogener Durchschnittspreis	10.445 EUR : 25t = 417,80 EUR/t	
- Abgang 20.11.	- 5t * 417,80 EUR/t	- 2.089 EUR
= Endbestand	= 20t	= 8.356 EUR

Der Verbrauch in der abgelaufenen Periode ergibt sich auch aus:

Anfangsbestand + Zugänge	30.550 EUR
- Endbestand	- 8.356 EUR
= Verbrauch	= 22.194 EUR

Durchschnittspreis = 8.356 EUR : 20t = 417,80 EUR/t.

Der Wert pro Tonne liegt über dem Marktpreis von 410 EUR. Somit ist eine Abwertung nach dem strengen Niederstwertprinzip (§ 253 Abs. 4 HGB) verpflichtend:

BS: Aufwendungen für Rohstoffe   156 EUR
        an Rohstoffe   156 EUR.

Der Verbrauch beträgt damit insgesamt 22.350 EUR, der Endbestand wird mit 8.200 EUR (= 410 EUR/t) bewertet.

(2) Berechnung des Wertes des Endbestandes und des Verbrauchs nach der **_lifo-Methode_** (§ 256 HGB; § 6 Abs. 1 Nr. 2a EStG; R 6.9 EStR):

a) Perioden-lifo

Anfangsbestand	15t * 400 EUR/t =	6.000 EUR
Zugang	5t * 420 EUR/t =	2.100 EUR
Endbestand	20t	8.100 EUR

Der Verbrauch in der abgelaufenen Periode ergibt sich auch aus:

Anfangsbestand + Zugänge	30.550 EUR
- Endbestand	- 8.100 EUR
= Verbrauch	= 22.450 EUR

Durchschnittspreis = 8.100 EUR : 20t = 405 EUR/t.

Der lifo-Wert pro Tonne liegt unter dem Marktpreis von 410 EUR. Somit ist eine Abwertung nach dem strengen Niederstwertprinzip (§ 253 Abs. 4 HGB) nicht erforderlich.

b) Permanentes lifo

Anfangsbestand	15t * 400 EUR/t =	6.000 EUR
+ Zugang 20.1.	+ 25t * 420 EUR/t =	+ 10.500 EUR
= Bestand	= 40t	= 16.500 EUR
- Abgang 20.3.	- 10t * 420 EUR/t	-4.200 EUR
= Bestand	= 30t	= 12.300 EUR
+ Zugang 20.6.	+ 20t * 380 EUR/t =	+ 7.600 EUR
= Bestand	= 50t	= 19.900 EUR
- Abgang 20.7.	- 20t * 380 EUR/t =	- 7.600 EUR
	- 15t * 420 EUR/t =	- 6.300 EUR
	- 5t * 400 EUR/t =	- 2.000 EUR
= Bestand	= 10t	= 4.000 EUR
+ Zugang	+ 15t * 430 EUR/t =	+ 6.450 EUR
= Bestand	= 25t	= 10.450 EUR
- Abgang 20.11.	- 5t * 430 EUR/t	- 2.150 EUR
= Endbestand	= 20t	= 8.300 EUR

Der Verbrauch in der abgelaufenen Periode ergibt sich auch aus:

Anfangsbestand + Zugänge	30.550 EUR
- Endbestand	- 8.300 EUR
= Verbrauch	= 22.250 EUR

Durchschnittspreis = 8.300 EUR : 20t = 415 EUR/t.
Der Wert pro Tonne liegt über dem Marktpreis von 410 EUR. Somit ist eine Abwertung nach dem strengen Niederstwertprinzip (§ 253 Abs. 4 HGB) verpflichtend:

BS: Aufwendungen für Rohstoffe   100 EUR
           an Rohstoffe   100 EUR.

Der Verbrauch beträgt damit insgesamt 22.350 EUR, der Endbestand wird mit 8.200 EUR (= 410 EUR/t) bewertet.

(3) Berechnung des Wertes des Endbestandes und des Verbrauchs nach der *fifo-Methode* (§ 256 HGB; nach R 6.9 Abs. 1 Satz 2 EStR in der Steuerbilanz nicht zulässig):

Perioden-fifo (entspricht im Ergebnis der Permanenten fifo):

Zugang	15t * 430 EUR/t =	6.450 EUR
Zugang	5t * 380 EUR/t =	1.900 EUR
Endbestand	20t	8.350 EUR

Der Verbrauch in der abgelaufenen Periode ergibt sich auch aus:

Anfangsbestand + Zugänge	30.550 EUR
- Endbestand	- 8.350 EUR
= Verbrauch	= 22.200 EUR

Durchschnittspreis = 8.350 EUR : 20t = 417,5 EUR/t.
Der fifo-Wert pro Tonne liegt über dem Marktpreis von 410 EUR. Somit ist eine Abwertung nach dem strengen Niederstwertprinzip (§ 253 Abs. 4 HGB) verpflichtend:

BS: Aufwendungen für Rohstoffe   150 EUR
           an Rohstoffe   150 EUR.

Der Verbrauch beträgt damit insgesamt 22.350 EUR, der Endbestand wird mit 8.200 EUR (= 410 EUR/t) bewertet.

(4) **Zusammenfassung:**

Verfahren	Verbrauch	Endbestand	Wert pro t (vor Abwertung)	Abwertung auf niedrigeren Tageswert
gewogener Durchschnittspreis	22.403,33 EUR	8.146,67 EUR	407,33 EUR/t	
gleitender gewogener Durchschnittspreis	22.194 EUR	8.356 EUR	417,80 EUR/t	410 EUR/t
Perioden-lifo	22.450 EUR	8.100 EUR	405 EUR/t	
Permanentes lifo	22.250 EUR	8.300 EUR	415 EUR/t	410 EUR/t
fifo-Verfahren	22.200 EUR	8.350 EUR	417,50 EUR/t	410 EUR/t

Lösung zu Aufgabe 55: Disagio
Handelsrecht: Generell ist eine Verbindlichkeit mit dem Erfüllungsbetrag zu passivieren (§ 253 Abs. 1 HGB). Die laufenden Zinsen stellen Zinsaufwand dar, jährlich in Höhe von 40.000 EUR.

BS: Zinsaufwand (laufender)   40.000 EUR
       an Bank   40.000 EUR.

Aufgrund des bilanzpolitischen Ziels wird das Wahlrecht, einen Rechnungsabgrenzungsposten zu bilden (§ 250 Abs. 3 HGB), nicht genutzt. Das Disagio wird vielmehr sofort aus Zinsaufwand gebucht.

BS: Bank   456.000 EUR
       Zinsaufwand   44.000 EUR
       an Verbindlichkeiten gegenüber Kreditinstituten   500.000 EUR.

Buchung im Folgejahr 02:
BS: Zinsaufwand (laufender)   40.000 EUR
       an Bank   40.000 EUR

Steuerrecht: Die laufenden Zinsen stellen Zinsaufwand dar, jährlich in Höhe von 40.000 EUR. Die Möglichkeit der sofortigen Aufwandsverbuchung gibt es im Steuerrecht nicht. Nach § 5 Abs. 5 Nr. 1 EStG ist das in einen aktiven Rechnungsabgrenzungsposten einzustellen und über die Laufzeit des Darlehens erfolgswirksam zu verteilen.

Zu a): Fälligkeitsdarlehen ⇨ lineare Verteilung
BS: Bank   456.000 EUR
       Aktiver Rechnungsabgrenzungsposten 44.000 EUR
       an Verbindlichkeiten gegenüber Kreditinstituten   500.000 EUR.

Am Ende des ersten Jahres der Laufzeit ist der Rechnungsabgrenzungsposten zu einem Zehntel aufzulösen.

BS: Zinsaufwand   4.400 EUR
       an aktiven Rechnungsabgrenzungsposten   4.400 EUR.

BS: Zinsaufwand (laufender)   40.000 EUR
       an Bank   40.000 EUR.

Buchungen im Folgejahr 02:
BS: Zinsaufwand   4.400 EUR
       an aktiven Rechnungsabgrenzungsposten   4.400 EUR.

BS:	Zinsaufwand (laufender)	40.000 EUR	
	an Bank		40.000 EUR.

Zu b): Tilgungsdarlehen ⇨ arithmetisch-degressive (digitale) Verteilung

Disagiobetrag in EUR	⇒ : n * (n+1)/ 2 =	44.000 EUR:55
		= Degressionsbetrag D
		= 800 EUR

(n = Darlehenslaufzeit)

Auflösungsbetrag des aktiven Rechnungsabgrenzungspostens
1. Jahr: 10 * D = 8.000 EUR
2. Jahr: 9 * D = 7.200 EUR
3. Jahr: 8 * D = 6.400 EUR
....
10. Jahr: 1 * D =   800 EUR

BS:	Bank	456.000 EUR	
	Aktiver Rechnungsabgrenzungsposten	44.000 EUR	
	an Verbindlichkeiten gegenüber Kreditinstituten		500.000 EUR.

Am Ende des ersten Jahres der Laufzeit ist der Rechnungsabgrenzungsposten zu 10/55 aufzulösen.

BS:	Zinsaufwand	8.000 EUR	
	an aktiven Rechnungsabgrenzungsposten		8.000 EUR.

BS:	Zinsaufwand (laufender)	40.000 EUR	
	an Bank		40.000 EUR.

BS:	Verbindlichkeiten gegenüber Kreditinstituten	50.000 EUR	
	an Bank		50.000 EUR.

Buchungen im Folgejahr 02:

BS:	Zinsaufwand	7.200 EUR	
	an aktiven Rechnungsabgrenzungsposten		7.200 EUR.

BS:	Zinsaufwand (laufender)	36.000 EUR	
	an Bank		36.000 EUR.

BS:	Verbindlichkeiten gegenüber Kreditinstituten	50.000 EUR	
	an Bank		50.000 EUR.

Der laufende Zinsaufwand in 02 errechnet sich unter Berücksichtigung der Tilgung als 0,08 * (500.000 EUR – 50.000 EUR) = 36.000 EUR.

Lösungen zu den Aufgaben

Lösung zu Aufgabe 56: Latente Steuern nach HGB
Zu a): Da das steuerrechtliche Wahlrecht, nach § 7g Abs. 5 EStG eine Sonderabschreibung auf die neu erworbene Maschine vorzunehmen, unabhängig von der Handelsbilanz ausgeübt werden kann (§ 5 Abs. 1 S. 1 2. Halbs. EStG) ergibt sich im Zugangsjahr eine Differenz zwischen dem Handels- und dem Steuerbilanzwert der Maschine.

(in EUR)	*Handelsbilanz*	*Steuerbilanz*
Anschaffungskosten	24.000	24.000
- planmäßige Abschreibung/AfA	- 3.000	- 3.000
- Sonderabschreibung gem. § 7g Abs. 5 EStG	----	- 4.800
= Buchwert zum 31.12.01	21.000	= 16.200

Da der Handelsbilanzwert größer als der Steuerbilanzwert ist (= HB-Mehrvermögen) und eine temporäre Differenz vorliegt, die sich aufgrund der planmäßigen Abschreibungen in den Folgejahren abbaut, sind latente Steuern gemäß § 274 HGB relevant. Der Handelsbilanzwert ist Ausdruck eines erwarteten künftigen Nutzenzuflusses. Die auf dem Handelsbilanz-Mehrvermögen (= 21.000 EUR − 16.200 EUR = 4.800 EUR) lastende latente Steuerschuld muss noch berücksichtigt werden. In diesem Falle würde bei Veräußerung der Maschine zum Buchwert in der Handelsbilanz eine Steuerbelastung auf die Differenz der Bilanzpostenwert (HB-Mehrvermögen = StB-Mindervermögen = 4.800 EUR) entstehen, da dies der zu versteuernde Veräußerungsgewinn in der Steuerbilanz wäre. Die künftige Steuerbelastung muss in der Handelsbilanz als passive latente Steuer berücksichtigt werden, um die Vermögenslage richtig darzustellen. Es besteht also gemäß § 274 Abs. 1 S. 1 HGB eine Pflicht zur Passivierung latenter Steuern.

Berechnung der Höhe der passivierten latenten Steuern (Bestandsgröße per 31.12.01):
= 0,30 * (Wert in HB − Wert in StB) = 0,30 * (21.000 − 16.200) = 1.440 EUR.

BS: Latenter Aufwand für Steuern
        vom Einkommen und Ertrag   1.440 EUR
        an Passive latente Steuern   1.440 EUR.

Zu b): Im Folgejahr 02 verändert sich die Differenz der Wertansätze in Handel- und Steuerbilanz nicht, da in beiden Bilanzen planmäßige Abschreibungen bzw. AfA in gleicher Höhe (3.000 EUR) vorgenommen werden. In der Steuerbilanz wird § 7a Abs. 9 EStG beachtet, nach dem die Anpassung der AfA erst nach dem Begünstigungszeitraum von 5 Jahren zu erfolgen hat. Die passiven latenten Steuern bleiben also unverändert. Erst ab dem 6. Jahr der Nutzungsdauer baut sich der Unterschied der Werte in Handels- und Steuerbilanz infolge unterschiedlicher Höhe der planmäßigen Abschreibungen ab. In der Steuerbilanz wird der Restbuchwert zum 3.12.05 gleichmäßig auf die dreijährige Restlaufzeit verteilt. Die Abschreibung beträgt somit 4.200 EUR : 3 Jahre = 1.400 EUR.
Berechnung der Höhe der passiven latenten Steuern (Bestandsgröße per 31.12.06):
= 0,30 * (Wert in HB − Wert in StB) = 0,30 * (6.000 − 2.800) = 960 EUR.

Die passiven latenten Steuern werden also in den Jahren 06 bis 08 jährlich um 480 EUR aufgelöst, weil insoweit die Steuerbelastung eintritt (§ 274 Abs. 2 S. 2 HGB).

Jahr	01	02	03	04	05	06	07	08
Maschine (HB) (EUR)	21.000	18.000	15.000	12.000	9.000	6.000	3.000	0
Maschine (StB) (EUR)	16.200	13.200	10.200	7.200	4.200	2.800	1.400	0
StB-Mindervermögen	- 4.800	- 4.800	- 4.800	- 4.800	-4.800	-3.200	-1.600	0
0,3*StB-Mindervermögen	- 1.440	- 1.440	- 1.440	- 1.440	-1.440	- 960	- 480	0
Passivposten für latente Steuern (in der HB):	1.440	1.440	1.440	1.440	1.440	960	480	0
Veränderung der passiven latenten Steuern (HB):	+ 1.440	0	0	0	0	- 480	- 480	-480

Die Veränderungen der passiven latenten Steuern in der Handelsbilanz in der letzten Zeile entsprechen der Auswirkung auf den handelsrechtlichen Jahresüberschuss, allerdings mit umgekehrten Vorzeichen, da es sich um Veränderungen eines Passivpostens handelt. Verminderungen werden als Ertrag (bzw. Aufwandsstornierung) gebucht und erhöhen den Jahresüberschuss (und umgekehrt).

Lösung zu Aufgabe 57: Latente Steuern nach HGB
Zu a):

Bilanzposition (alle Werte in EUR)	Wert in IFRS-Bilanz	Steuerlicher Wert (StB)	temporäre Differenz	Latente Steuern (Stand per 31.12.01)	Latente Steuern (erfolgswirksame Veränderung in 01)
Selbst geschaffenes Patent (Anlagevermögen)	80.000 (ND = 8 Jahre; Herstellungskosten = 80.000; lineare Abschreibung; Zugang am 31.12.01)	----- (Aktivierungsverbot gemäß § 5 Abs. 2 EStG; lineare Abschreibung)	- 80.000 (Passivlatenz; StB-Mindervermögen)	- 24.000 (passiv)	- 24.000
Gebäude	420.000 (ND = 20 Jahre; AK = 600.000; lineare Abschreibung)	492.000 (3 % AfA; AK = 600.000; lineare Abschreibung)	+ 72.000 (Aktivlatenz; StB-Mehrvermögen)	+ 21.600 (aktiv)	+ 3.600
Schleifmaschine	42.000 (ND = 6 Jahre; AK = 84.000; lineare Abschreibung)	52.500 (ND = 8 Jahre; AK = 84.000; lineare Abschreibung)	+ 10.500 (Aktivlatenz)	+ 3.150 (aktiv)	+ 1.050
Aktien der Stahlgitter AG	100.000 (AK = 100.000)	80.000 (AK = 100.000) Teilwertabschreibung am 31.12.01	- 20.000 (Passivlatenz; StB-Mindervermögen)	- 6.000 (passiv)	- 6.000
Steuerlicher Verlustvortrag aus 01	---	115.000 (steuerlicher Verlust des aktuellen Jahres über erfolgten Rücktrag hinaus)	115.000	+ 34.500 (aktiv)	+ 34.500

Die passiven latenten Steuern betragen 30.000 EUR und die aktiven latenten Steuern betragen 59.250 EUR, sofern wie hier unterstellt ist, die Geschäftsleitung damit rechnet, dass die steuerlichen Verlustvorträge innerhalb der nächsten fünf Jahre aufgrund von zu erwirtschaftenden steuerlichen Gewinnen genutzt werden können. Der Stand der latenten Steuern im Vorjahr (31.12.00) lässt sich leicht zurückrechnen. Beim Gebäude betrug ein Jahr zuvor die Wertedifferenz 60.000 EUR und die aktiven latenten Steuern somit 18.000 EUR. Bei der Schleifmaschine betrug die Wertdifferenz ein Jahr zuvor 7.000 EUR, die aktiven latenten Steuern somit 2.100 EUR. Laut Aufgabenstellung sind die aktiven latenten Steuern von 20.100 EUR im Vorjahr aktiviert worden.

Zunächst besteht ein Saldierungswahlrecht hinsichtlich der aktiven und der passiven latenten Steuern gemäß § 274 Abs. 1 S. 3 HGB.

1. Möglichkeit: Wird dieses nicht genutzt, so müssen aktive und passive latente Steuern getrennt bilanziert werden, wobei die aktiven latenten Steuern hier nur auf 59.250 EUR aufgestockt werden müssen. Die Buchungssätze lauteten dann:

BS: Aktive latente Steuern 39.150 EUR
an latenten Steueraufwand
vom Einkommen und Ertrag 39.150 EUR.

BS: Latenter Steueraufwand
vom Einkommen und Ertrag 30.000 EUR
an passive latente Steuern 30.000 EUR.

Die Erhöhung des Periodenerfolgs bzw. die Verringerung des Periodenverlusts in der Gewinn- und Verlustrechnung beträgt somit insgesamt + 9.150 EUR.

Handelsbilanz 31.12.01 (in EUR)

....	....	....	....
Aktive latente Steuern	59.250	Passive latente Steuern	30.000

2. Möglichkeit: Wird das Saldierungswahlrecht genutzt, so muss ein passiver Überhang bilanziert werden (§ 274 Abs. 1 S. 1 HGB), für einen aktiven Überhang besteht ein Aktivierungswahlrecht (§ 274 Abs. 1 S. 2 HGB). Da im Vorjahr keine Saldierung erforderlich war, weil es nur aktive latente Steuern gab, spielt insofern das Stetigkeitsgebot keine Rolle. Grundsätzlich ist das Saldierungswahlrecht als Ausweiswahlrecht nach § 265 Abs. 1 HGB stetig auszuüben. Nach Saldierung ergibt sich ein Überhang aktiver latenter Steuern in Höhe von 9.150 EUR, die aktiviert werden dürfen. Bei Aktivierung steigt der Periodenerfolg wie bei der 1. Möglichkeit um 9.150 EUR.

BS: Aktive latente Steuern 9.150 EUR
an latenten Steueraufwand
vom Einkommen und Ertrag 9.150 EUR.

Wird auf die Aktivierung der latenten Steuern verzichtet, so wird der Periodenerfolg um 9.150 EUR niedriger ausgewiesen. Die Ausübung des Aktivierungswahlrechts nach § 274 Abs. 1 S. 2 HGB hat als Ansatzwahlrecht gemäß § 246 Abs. 3 HGB jedoch stetig zu erfolgen. Da im Vorjahr die aktiven latenten Steuern laut Aufgabenstellung bilanziert worden sind, muss das Ansatzwahlrecht auch zum 31.12.01 genutzt werden.

Handelsbilanz 31.12.01 (in EUR)

....	....	....	....
Aktive latente Steuern	29.250		

<u>Zu b):</u>
In diesem Falle dürfen die steuerlichen Verlustvorträge nicht in die Berechnung der aktiven latenten Steuern einbezogen werden, die daher nur 24.750 EUR betragen. Wird das Saldierungswahlrecht nicht genutzt, ist dann zu buchen:

1. Möglichkeit:
BS: Aktive latente Steuern 4.650 EUR
an latenten Steueraufwand
vom Einkommen und Ertrag 4.650 EUR.

BS: Latenter Steueraufwand
vom Einkommen und Ertrag 30.000 EUR
an passive latente Steuern 30.000 EUR.

Der Periodenerfolg sinkt in diesem Falle aufgrund latenter Steuern um 25.350 EUR.

Handelsbilanz 31.12.01 (in EUR)

....	....	....	....
Aktive latente Steuern	24.750	Passive latente Steuern	30.000

2. Möglichkeit: Wird das Saldierungswahlrecht genutzt, so muss ein passiver Überhang in Höhe von 25.350 EUR bilanziert werden (§ 274 Abs. 1 S. 1 HGB). Der Periodenerfolg wird um diesen Betrag genauso wie bei der 1. Möglichkeit gemindert.

BS: Latenter Steueraufwand
vom Einkommen und Ertrag   25.350 EUR
an aktive latente Steuern   20.100 EUR
an passive latente Steuern   5.250 EUR.

Handelsbilanz 31.12.01 (in EUR)

....	....	Passive latente Steuern	5.250

Zu c):

Bilanzposition (alle Werte in EUR)	Wert in IFRS-Bilanz	Steuerlicher Wert (StB)	temporäre Differenz	Latente Steuern (Stand per 31.12.02)	Latente Steuern (erfolgswirksame Veränderung in 02)
Selbst geschaffenes Patent (Anlagevermögen)	70.000 (ND = 8 Jahre; Herstellungskosten = 80.000; lineare Abschreibung)	----- (Aktivierungsverbot gemäß § 5 Abs. 2 EStG; lineare Abschreibung)	- 70.000 (Passivlatenz; StB-Mindervermögen)	- 21.000 (passiv)	+ 3.000 (Auflösung der pass. latenten Steuern)
Gebäude	390.000 (ND = 20 Jahre; AK = 600.000; lineare Abschreibung)	474.000 (3 % AfA; AK = 600.000; lineare Abschreibung)	+ 84.000 (Aktivlatenz; StB-Mehrvermögen)	+ 25.200 (aktiv)	+ 3.600 (Erhöhung aktive lat. Steuern)
Schleifmaschine	28.000 (ND = 6 Jahre; AK = 84.000; lineare Abschreibung)	42.000 (ND = 8 Jahre; AK = 84.000; lineare Abschreibung)	+ 14.000 (Aktivlatenz)	+ 4.200 (aktiv)	+ 1.050 (Erhöhung aktive lat. Steuern)
Aktien der Stahlgitter AG	100.000 (AK = 100.000)	80.000 (AK = 100.000) Teilwertabschreibung am 31.12.01	- 20.000 (Passivlatenz; StB-Mindervermögen; unverändert)	- 6.000 (passiv)	+/- 0 (pass. latente Steuern unverändert)
Steuerlicher Verlustvortrag	---	0,-	0,-	0,-	- 34.500 (Auflösung aktiver latenter Steuern)

Die aktiven latenten Steuern betragen jetzt zum 31.12.02 29.400 EUR, die passiven latenten Steuern belaufen sich auf 27.000 EUR.

Das <u>Saldierungswahlrecht</u> hinsichtlich der aktiven und der passiven latenten Steuern gemäß § 274 Abs. 1 S. 3 HGB eröffnet die Wahl aus beiden folgenden Alternativen:

1. Möglichkeit: Wurde das Saldierungswahlrecht im Vorjahr nicht genutzt, so darf nach dem Stetigkeitsgrundsatz auch jetzt nicht saldiert werden, sondern es müssen aktive und passive latente Steuern getrennt bilanziert werden. Die Buchungssätze lauteten dann:

BS: Latenter Steueraufwand
vom Einkommen und Ertrag   29.850 EUR
an aktive latente Steuern   29.850 EUR.

BS: Passive latente Steuern 3.000 EUR
an latenten Steueraufwand
vom Einkommen und Ertrag 3.000 EUR.

Der Periodenerfolg sinkt somit aufgrund der Bilanzierung latenter Steuern insgesamt um 26.850 EUR.

Handelsbilanz 31.12.02 (in EUR)

…………	…………	…………	…………
Aktive latente Steuern	29.400	Passive latente Steuern	27.000

2. Möglichkeit: Wurde im Vorjahr das Saldierungswahlrecht genutzt, so muss auch im aktuellem Jahr aus Stetigkeitsgründen saldiert werden. Falls sich ein passiver Überhang ergibt, muss dieser bilanziert werden (§ 274 Abs. 1 S. 1 HGB), für einen aktiven Überhang besteht ein Aktivierungswahlrecht (§ 274 Abs. 1 S. 2 HGB). Nach Saldierung ergibt sich im vorliegenden Falle ein Überhang aktiver latenter Steuern in Höhe von 2.400 EUR, der prinzipiell aktiviert werden darf. Da im Vorjahr aktiviert wurde, verlangt das Stetigkeitsgebot nach § 246 Abs. 3 HGB auch jetzt eine Aktivierung. Im Falle der Saldierung ergab sich im Vorjahr (Teilaufgabe a) ein Überhang aktiver latenter Steuern in Höhe von 29.250 EUR., der nun auf 2.400 EUR zu vermindern ist. Dadurch sinkt der Periodenerfolg genauso wie bei der 1. Möglichkeit um 26.850 EUR.

BS: Latenter Steueraufwand
vom Einkommen und Ertrag 26.850 EUR
an aktive latente Steuern 26.850 EUR.

Handelsbilanz 31.12.02 (in EUR)

…………	…………	…………	…………
Aktive latente Steuern	2.400		

Da der steuerliche Verlustvortrag bereits im Vorjahr in der IFRS-Bilanz berücksichtigt wurde, sind nun dort fiktive Ertragsteuern Gewinn mindernd zu erfassen, obwohl wegen des Verlustvortrags keine tatsächlichen Steuern zu zahlen sind. Die fiktive Steuerschuld beträgt 0,30 * 115.000 EUR = 34.500 EUR. Um diesen Betrag werden die latenten Steueransprüche aus Verlustvorträgen reduziert. Der Periodenerfolg in der Handelsbilanz nach Steuern beträgt infolgedessen 80.500 EUR.

Lösung zu Aufgabe 58: Bewertungskonzeption nach IFRS (mit latenten Steuern)

(in €)	Gebäudewert zu Jahresbeginn	Planmäßige Abschreibung (Aufwand)	Neubewertungsrücklage	Neubewertungsertrag	Neubewertungsaufwand	Gewinnrücklage	Gebäudewert zum Jahresende	Passive(+)/ Aktive (-) latente Steuern
01	2.000.000	100.000	133.000	---	---	0	2.090.000	+ 57.000
02	2.090.000	110.000	0	---	540.000	7.000	1.260.000	- 162.000
03	1.260.000	70.000	0	510.000	---	7.000	1.700.000	---
04	1.700.000	100.000	651.000	30.000	---	7.000	2.560.000	+ 279.000 (+ 9.000)

Es kann auf die Erläuterungen in der Lösung zu Aufgabe 29 verwiesen werden. Bei der Queraddition ist auch die Höhe der Neubewertungsrücklage und der latenten Steuern zu berücksichtigen. Generell können nur die erfolgsneutral gebuchten latenten Steuern zur Queraddition in obiger Tabelle herangezogen werden, da sich nur diese mit der Neubewertungsrücklage ergänzen. Die erfolgswirksam gebildeten latenten Steuern sind in Klammern gesetzt. Nur um die Queraddition zu erleichtern, sind die passiven latenten Steuern (unüblicherweise) mit einem Pluszeichen versehen.

Zum 31.12.01 übersteigt der Wert des Gebäudes in der IFRS-Bilanz den Wert in der Steuerbilanz um 190.000 EUR (IFRS: 2.090.000 EUR; Steuerbilanz: 2.000.000 EUR – 0,05 * 2.000.000 EUR = 1.900.000 EUR). Zur Vorsorge für die zukünftige Steuerbelastung sind latente Steuerschulden in Höhe von (Steuersatz * Steuerbilanz-Mindervermögen) = 0,3 * 190.000 EUR = 57.000 EUR zu bilden, die aber hier im Zusammenhang mit der erfolgsneutral gebildeten Neubewertungsrücklage stehen und deshalb ebenfalls erfolgsneutral zu buchen sind (IAS 12.61A u. 62a). Die Werterhöhung des Gebäudes ist als (erfolgsneutraler) „Sonstiger Gewinn", die Bildung der latenten Steuerschulden ist als (erfolgsneutraler) „Sonstiger Verlust" in der Gesamtergebnisrechnung auszuweisen (vgl. Kapitel C.I.4.). Per Saldo entspricht das „Sonstige Ergebnis" demnach der Erhöhung der Neubewertungsrücklage.

Die Abschreibung auf Basis des Fair Value übersteigt hier die Abschreibung auf Basis der Anschaffungskosten in der Steuerbilanz um 10.000 EUR. Zum 31.12.02 würde die Neubewertungsrücklage ohne Berücksichtigung latenter Steuern zunächst in Höhe von 10.000 EUR in die Gewinnrücklage umgebucht und anschließend aufgrund der Wertminderung des Gebäudes vollständig aufgelöst. Die erfolgsneutrale Rücklagenumbuchung erfolgt (ohne Berührung der Gesamtergebnisrechnung) zunächst in Höhe der Abschreibungsdifferenz abzüglich der Verminderung der darauf entfallenden latenten Steuern (IAS 12.64), hier also 10.000 EUR – 3.000 EUR = 7.000 EUR (BS. 3). Die latenten Steuerschulden werden nun in Höhe von 3.000 EUR *erfolgswirksam* aufgelöst (IAS 12.58) (BS. 4), um die Ertragslage möglichst sachgerecht darzustellen. Die latenten Steuerschulden sind demnach in den Folgejahren grundsätzlich parallel zur planmäßigen Abschreibung über die Restnutzungsdauer ergebniswirksam aufzulösen (57.000 EUR : 19 Jahre = 3.000 EUR), da sich das Steuerbilanz-Mindervermögen prinzipiell gleichmäßig in jedem Jahr um die Abschreibungsdifferenz mindert.

Zum 31.12.02 wird die Neubewertungsrücklage erfolgsneutral aufgelöst (IAS 12.62), somit ist auch der Restbetrag der latenten Steuern *erfolgsneutral vollständig aufzulösen* (BS. 5). Da steuerrechtlich nur eine voraussichtlich vorübergehende Wertminderung vorliegt, weil die Minderung auf den niedrigeren Teilwert im Vergleich mit dem planmäßigen Wertverlauf nicht mindestens die Hälfte der Restnutzungsdauer anhält, ist hier keine Teilwertabschreibung zulässig (§ 6 Abs. 1 Nr. 1 S. 2 EStG). Der Wert des Gebäudes in der Steuerbilanz beträgt nun 1.800.000 EUR und in der IFRS-Bilanz 1.260.000 EUR, sodass zudem *erfolgswirksam latente Steueransprüche* in Höhe von 0,30 * (1.800.000 EUR – 1.260.000 EUR) = 162.000 EUR zu bilden sind (BS. 6), da zukünftig mit einer entsprechenden Steuerentlastung zu rechnen ist. Erfolgswirksam werden die latenten Steuern gebildet, weil der entsprechende Teil der Wertminderung in der IFRS-Bilanz, auf den sich die aktiven latenten Steuern beziehen, ebenfalls Gewinn mindernd berücksichtigt wird (IAS 12.58).

Zum 31.12.03 werden planmäßige Abschreibungen in der IFRS-Bilanz in Höhe von 70.000 EUR und in der Steuerbilanz in Höhe von 100.000 EUR gebucht. Eine Rückumbuchung zwischen den Rücklagen, wenn die Abschreibungsdifferenz negativ ist, ist nicht durch IAS 16.41 gedeckt, entbehrte m.E. auch jeder Logik und wird deshalb in 03 nicht vorgenommen. Damit vermindert sich aber das Mehrvermögen in der Steuerbilanz um 30.000 EUR, sodass *latente Steueransprüche* in Höhe von 0,3 * 30.000 EUR = 9.000 EUR *erfolgswirksam* gemäß IAS 12.58 *aufzulösen* sind. Da der erzielbare Betrag auf 1.700.000 EUR angestiegen ist und in der IFRS-Bilanz angesetzt werden muss, andererseits in der Steuerbilanz sich derselbe Wert als fortgeführte Anschaffungskosten ergibt, sind alle latenten Steuern erfolgswirksam aufzulösen (BS. 7). Die Werterhöhung des Gebäudes ist maximal insoweit erfolgswirksam als Neubewertungsertrag zu buchen, als im Vorjahr ein Neubewertungsaufwand berücksichtigt worden ist (BS. 8).

Zum 31.12.04 betragen die planmäßigen Abschreibungen sowohl auf Basis des Fair Value als auch auf Basis der historischen Anschaffungskosten 100.000 EUR, sodass eine Umbuchung der Neubewertungsrücklage in die Gewinnrücklage nicht in Frage kommt. Die Erhöhung des Fair Value muss in der IFRS-Bilanz berücksichtigt werden. Bleiben die latenten Steuern zunächst unbeachtet, so führt der noch nicht kompensierte Neubewertungsaufwand aus 02 (Restbetrag: 30.000 EUR) zu einem Gewinn erhöhenden Neubewertungsertrag und der überschießende Teil der Wertsteigerung (930.000 EUR) wird erfolgsneutral in die Neubewertungsrücklage eingestellt (BS. 9). Der Steuerbilanzwert beträgt nach einer weiteren AfA in Höhe von 100.000 EUR jetzt 1.600.000 EUR. Eine Zuschreibung auf einen darüber liegenden Wert ist aufgrund des Anschaffungskostenprinzips (Realisationsprinzips) nicht zulässig. Es besteht schließlich ein StB-

Lösungen zu den Aufgaben

Mindervermögen i.H.v. 2.560.000 EUR − 1.600.000 EUR = 960.000 EUR. Es ist mithin mit einer zukünftigen Steuerbelastung zu rechnen, die in der IFRS-Bilanz zu berücksichtigen ist. Die latenten Steuerschulden müssen also zum 31.12.04 insgesamt den Wert von 0,3 * 960.000 EUR = 288.000 EUR aufweisen. Soweit sie sich auf den Neubewertungsertrag beziehen (0,3 * 30.000 EUR = 9.000 EUR) sind sie erfolgswirksam als Steueraufwand zu buchen (BS. 9). Soweit sie sich auf die (erfolgsneutral gebildete) Neubewertungsrücklage (0,7 * 930.000 EUR = 651.000 EUR) beziehen (0,3 * 930.000 EUR = 279.000 EUR), sind sie ebenfalls erfolgsneutral zu buchen (BS. 10). Am 31.12.04 beträgt somit die Neubewertungsrücklage 930.000 − 279.000 = 651.000 EUR.

Die Buchungssätze lauten chronologisch:

(1)	Lagerhalle	2.000.000 EUR	
	an Bank		2.000.000 EUR.
(2)	Lagerhalle	190.000 EUR	
	an Neubewertungsrücklage		133.000 EUR
	an latente Steuerschulden		57.000 EUR.
(3)	Neubewertungsrücklage	7.000 EUR	
	an Gewinnrücklage		7.000 EUR.
(4)	Latente Steuerschulden	3.000 EUR	
	an latenten Steueraufwand		3.000 EUR.
(5)	Neubewertungsrücklage	126.000 EUR	
	latente Steuerschulden	54.000 EUR	
	Neubewertungsaufwand	540.000 EUR	
	an Lagerhalle		720.000 EUR.
(6)	Latente Steueransprüche	162.000 EUR	
	an latenten Steueraufwand		162.000 EUR.
(7)	Latenter Steueraufwand	162.000 EUR	
	an latente Steueransprüche		162.000 EUR.
(8)	Lagerhalle	510.000 EUR	
	an Neubewertungsertrag		510.000 EUR.
(9)	Latenter Steueraufwand	9.000 EUR	
	an latente Steuerschulden		9.000 EUR.
(10)	Lagerhalle	960.000 EUR	
	an Neubewertungsertrag		30.000 EUR
	an Neubewertungsrücklage		651.000 EUR
	an latente Steuerschulden		279.000 EUR.

Lösung zu Aufgabe 59: Neubewertungsmodell (mit latenten Steuern)
Es kann hier auch auf die Lösung zu Aufgabe 43 verwiesen werden. Der Betrag, um den der Wert der Technischen Anlagen erhöht wird, ist in eine Neubewertungsrücklage (die innerhalb des Eigenkapitals ausgewiesen wird) einzustellen, sodass sich dieser Vorgang erfolgsneutral auswirkt. Allerdings ist nicht der gesamte Erhöhungsbetrag in die Neubewertungsrücklage einzustellen, denn der Teil, der die künftige Ertragsteuerbelastung repräsentiert, ist gemäß IAS 12.61 unter den latenten Steuern auszuweisen. Da der gegenwärtige und künftig erwartete Steuersatz 40% beträgt, wird die Werterhöhung nur zu 60% in die Neubewertungsrücklage eingestellt. Beide Auswirkungen sind im (erfolgsneutralen) „Sonstigen Ergebnis" zu erfassen, der Betrag der Wertaufstockung der Technischen Anlagen als „Sonstiger Gewinn" und der Betrag der Erhöhung der passiven latenten Steuern als „Sonstiger Verlust".

Zum 31.12.01 ist der Wert der Technischen Anlagen von 400.000 EUR auf 560.000 EUR erfolgsneutral aufzustocken, gleichzeitig wird eine Neubewertungsrücklage in Höhe der Werterhöhung abzüglich der künftigen Ertragsteuerbelastung gebildet. Latente Steuerschulden sind gemäß IAS 12.15 in Höhe dieser zukünftigen Ertragsteuerbelastung auszuweisen. Auf Basis des gegebenen gegenwärtigen und zukünftig erwarteten Ertragsteuersatzes von 40% haben die latenten Steuern eine Höhe von 0,40 * 160.000 EUR = 64.000 EUR.

Die Neubewertungsrücklage beträgt 160.000 EUR − 64.000 EUR = 96.000 EUR. Die planmäßigen Abschreibungen werden in den Folgejahren auf Basis des höheren beizulegenden Wertes berechnet. In Höhe der Differenz zwischen Abschreibung auf Basis der höheren Wiederbeschaffungskosten und Abschreibung auf Basis der historischen Anschaffungskosten wird die Neubewertungsrücklage aufgelöst und der Betrag gemäß IAS 16.41 in die Gewinnrücklage, die ebenfalls Bestandteil des Eigenkapitals ist (vgl. Kapitel B.VI.3.b)), eingestellt (= erfolgsneutrale Umbuchung ohne Berührung der Gesamtergebnisrechnung). In Höhe der Umbuchung gilt die Neubewertungsrücklage jeweils als realisiert (Teilrealisation). Zum 31.12.04 erfolgt aufgrund der Veräußerung der gesamten Technischen Anlagen eine Vollrealisation der restlichen Neubewertungsrücklage, d.h. die gesamte noch bestehende Neubewertungsrücklage, soweit sie zu den Technischen Anlagen gehört, wird in die Gewinnrücklagen umgebucht. Der Veräußerungsgewinn beträgt 50.000 EUR.

Bilanz vor Neubewertung 31.12.01		Bilanz nach Neubewertung 31.12.01	
Techn. Anlagen 400.000 EUR		Techn. Anlagen 560.000 EUR	
	Gewinnrücklagen 750.000 EUR		Gewinnrücklagen 750.000 EUR
	Jahresüberschuss 90.000 EUR		Jahresüberschuss 90.000 EUR
			Neubewertungs-rücklage 96.000 EUR
			Latente Steuerschulden 64.000 EUR
Sonstige Aktiva 500.000 EUR	Steuerverbindlich-keiten 60.000 EUR	Sonstige Aktiva 500.000 EUR	Steuerverbindlich-keiten 60.000 EUR
900.000 EUR	900.000 EUR	1.060.000 EUR	1.060.000 EUR

Der Zuschreibungsbetrag bei Neubewertung in Höhe von 160.000 EUR wird in Höhe der künftigen Ertragsteuerbelastung bei Nutzung und/oder Verkauf (160.000 EUR * 0,4 = 64.000 EUR) den latenten Steuerschulden zugewiesen, der Eigenkapitalanteil (160.000 EUR * 0,6 = 96.000 EUR) wird in die Neubewertungsrücklage eingestellt. Die Steuerverbindlichkeiten ergeben sich durch Anwendung des Steuersatzes auf den durch die planmäßigen Abschreibungen in der Steuerbilanz geminderten Jahresüberschuss vor Ertragsteuern: 0,40 * (200.000 EUR − 50.000 EUR) = 60.000 EUR.

Bilanz nach Neubewertung 31.12.02		Bilanz nach Neubewertung 31.12.03	
Techn. Anlagen 490.000 EUR		Techn. Anlagen 420.000 EUR	
	Gewinnrücklagen 762.000 EUR		Gewinnrücklagen 774.000 EUR
	Jahresüberschuss 78.000 EUR		Jahresüberschuss 78.000 EUR
	Neubewertungs-rücklage 84.000 EUR		Neubewertungs-rücklage 72.000 EUR
	Latente Steuerschulden 56.000 EUR		Latente Steuerschulden 48.000 EUR
Sonstige Aktiva 550.000 EUR	Steuerverbindlich-keiten 60.000 EUR	Sonstige Aktiva 612.000 EUR	Steuerverbindlich-keiten 60.000 EUR
1.040.000 EUR	1.040.000 EUR	1.032.000 EUR	1.032.000 EUR

Lösungen zu den Aufgaben

Auf Basis des beizulegenden Zeitwerts zum 31.12.01 wird die folgende planmäßige Abschreibung für das Jahr 02 bemessen: 560.000 EUR : 8 Jahre = 70.000 EUR pro Jahr. Die Abschreibung auf Basis der historischen Anschaffungs-/Herstellungskosten würde 400.000 EUR : 8 Jahre = 50.000 EUR p.a. betragen. Die Abschreibungsdifferenz (20.000 EUR), die als realisierte Werterhöhung gilt, wird aufgesplittet: In Höhe des Steueranteils (20.000 EUR * 0,4) werden die latenten Steuerschulden, in Höhe des Eigenkapitalanteils (20.000 EUR * 0,6) wird die Neubewertungsrücklage aufgelöst (Wahlrecht gem. IAS 16.41). In Höhe des Nettobetrags nach Abzug der zugehörigen latenten Steuern wird die Neubewertungsrücklage erfolgsneutral (ohne Berührung der Gesamtergebnisrechnung) i.H.v. 20.000 EUR * 0,6 = 12.000 EUR in die Gewinnrücklage umgebucht (IAS 12.58 u. 64). Dagegen werden die latenten Steuerschulden in Höhe von 20.000 EUR * 0,4 = 8.000 EUR gemäß IAS 12.58 erfolgswirksam aufgelöst. Damit soll erreicht werden, dass die Ertragslage realistischer dargestellt wird, indem dem hohen (erfolgswirksamen) Abschreibungsaufwand auf Basis des höheren Fair Value eine entsprechend erfolgswirksame Verringerung der latenten Steuern gegenüber gestellt wird, während bei allen erfolgsneutralen Neubewertungsvorgängen auch die latenten Steuern erfolgsneutral erfasst werden. Zur Probe: Das Steuerbilanz-Mindervermögen beträgt zum 31.12.01: (400.000 EUR − 50.000 EUR) − (560.000 EUR − 70.000 EUR) = − 140.000 EUR. Nach Multiplikation mit dem Ertragsteuersatz ergibt sich der Stand der latenten Steuerschuld zum 31.12.01 als 0,40 * 140.000 EUR = 56.000 EUR.

Der Jahresüberschuss 02 nach Steuern ergibt sich unter Berücksichtigung der Tatsache, dass steuerlich nur die Abschreibungen auf Basis der historischen Anschaffungskosten als Betriebsausgaben anerkannt werden, folgendermaßen:

Jahresüberschuss vor Abschreibungen und vor Ertragsteuern	200.000 EUR
- Abschreibung auf Basis des beizulegenden Zeitwerts	− 70.000 EUR
- Ertragsteueraufwand (200.000-50.000) * 0,40	− 60.000 EUR
+ erfolgswirksame Auflösung der pass. latenten Steuern	+ 8.000 EUR
= Jahresüberschuss 02 nach Abschreibungen und Ertragsteuern	78.000 EUR

Für die Jahre 03 und 04 (vor Verkauf) gelten die gleichen Überlegungen.

Bilanz nach Neubewertung vor Verkauf per 31.12.04		Bilanz nach Neubewertung nach Verkauf per 31.12.04	
Techn. Anlagen 350.000 EUR		Techn. Anlagen 0 EUR	
	Gewinnrücklagen 786.000 EUR		Gewinnrücklagen 846.000 EUR
	Jahresüberschuss 78.000 EUR		Jahresüberschuss 108.000 EUR
	Neubewertungsrücklage 60.000 EUR	Bank 400.000 EUR	Neubewertungsrücklage 0 EUR
	Latente Steuerschulden 40.000 EUR		Latente Steuerschulden 0 EUR
Sonstige Aktiva 674.000 EUR	Steuerverbindlichkeiten 60.000 EUR	Sonstige Aktiva 674.000 EUR	Steuerverbindlichkeiten 120.000 EUR
1.024.000 EUR	1.024.000 EUR	1.074.000 EUR	1.074.000 EUR

Bei Veräußerung der Technischen Anlagen am 31.12.04 wird die restliche Neubewertungsrücklage in voller Höhe in die Gewinnrücklagen umgebucht (Wahlrecht wird genutzt; IAS 16.39 und IAS 12.64). Die restlichen latenten Steuerschulden (40.000 EUR) werden in voller Höhe Gewinn erhöhend aufgelöst. Der bisherige Jahresüberschuss nach Steuern in Höhe von 78.000 EUR wird außerdem um den Veräußerungsgewinn von 50.000 EUR erhöht und um die Ertragsteuern auf den Veräußerungsgewinn bei fortgeführten Anschaffungskosten (Veräußerungspreis 400.000 EUR - Restbuchwert bei Veräußerung: 250.000 EUR = 150.000 EUR) verringert. Er beträgt dann: 78.000 EUR + 40.000 EUR + 50.000 EUR − 0,4 * 150.000 EUR = 108.000 EUR. Zu den üblichen Ertragsteuerverbindlichkeiten von 60.000 EUR kommt nun noch diese Steuer auf den Veräußerungsgewinn in Höhe von 0,4 * 150.000 EUR = 60.000 EUR hinzu.

Buchungssätze per 31.12.01:

(1)	Technische Anlagen	160.000 EUR	
	an Neubewertungsrücklage		96.000 EUR
	an latente Steuerschulden		64.000 EUR.
(2)	Ertragsteueraufwand	60.000 EUR	
	an Steuerverbindlichkeit		60.000 EUR

Buchungssätze per 31.12.02 und per 31.12.03 jeweils:

(1)	Abschreibungen auf Techn. Anlagen	70.000 EUR	
	an Technische Anlagen		70.000 EUR.
(2)	Neubewertungsrücklage	12.000 EUR	
	an Gewinnrücklagen		12.000 EUR.
(3)	Latente Steuerschulden	8.000 EUR	
	an latenten Steueraufwand (Gewinn erhöhend)		8.000 EUR.
(4)	Ertragsteueraufwand	60.000 EUR	
	an Steuerverbindlichkeit		60.000 EUR.

Buchungssätze per 31.12.04

(1)	Abschreibungen auf Techn. Anlagen	70.000 EUR	
	an Technische Anlagen		70.000 EUR.
(2)	Neubewertungsrücklage	12.000 EUR	
	an Gewinnrücklagen		12.000 EUR.
(3)	Latente Steuerschulden	8.000 EUR	
	an latenten Steueraufwand (Gewinn erhöhend)		8.000 EUR.
(4)	Bank	400.000 EUR	
	an Technische Anlagen		350.000 EUR
	an a.o. Erträge		50.000 EUR.
(5)	Neubewertungsrücklage	60.000 EUR	
	an Gewinnrücklagen		60.000 EUR.
(6)	Latente Steuerschulden	40.000 EUR	
	an latenten Steueraufwand (Gewinn erhöhend)		40.000 EUR.
(7)	Ertragsteueraufwand	120.000 EUR	
	an Steuerverbindlichkeit		120.000 EUR

Lösung zu Aufgabe 60: Steuerfreie Rücklagen gem. § 6b EStG

Die Lösung gilt nur für die Steuerbilanz. Das steuerliche Wahlrecht kann unabhängig von der Handelsbilanz ausgeübt werden, wenn die betreffenden Wirtschaftsgüter in ein besonderes, laufend zu führendes Verzeichnis aufgenommen werden (§ 5 Abs. 1 EStG). Die Handelsbilanz wird von der Übertragung der stillen Reserven nicht berührt.

Fall a): Übertragung auf einen Zugang in demselben Jahr (§ 6b Abs. 1 EStG)

Der Veräußerungsgewinn in Höhe von 150.000 EUR ist zu 100 % übertragbar, alle Voraussetzungen nach § 6b Abs. 1 und 4 EStG sind erfüllt.

Lösungen zu den Aufgaben

Buchungssätze
(1)	Bank	200.000 EUR	
	an Gebäude (alt)		50.000 EUR
	an Sonstige betriebliche Erträge		150.000 EUR.
oder: (1a)	Bank	200.000 EUR	
	an Erlöse aus Anlagenabgängen		200.000 EUR.
(1b)	Aufwand aus Anlagenabgängen	50.000 EUR	
	an Gebäude (alt)		50.000 EUR.
(2)	Gebäude (neu)	750.000 EUR	
	an Bank		750.000 EUR.
(3)	Bewertungsabschlag (außerplanmäßige Abschreibung) auf Sachanlagen	150.000 EUR	
	an Gebäude (neu)		150.000 EUR.
(4)	AfA auf Sachanlagen	7.500 EUR	
	an Gebäude (neu)		7.500 EUR.

Abschreibungsbasis für das neue Bürogebäude ist 750.000 EUR – 150.000 EUR = 600.000 EUR. Die zeitanteilige Abschreibung für das Jahr 02 beträgt: 600.000 EUR * 0,03 * 5/12 = 7.500 EUR. Der Buchwert des neuen Bürogebäudes in der Steuerbilanz per 31.12.02 ergibt sich als 592.500 EUR (§ 6b Abs. 6 Satz 2 EStG).

Handelsbilanz: Die zeitanteilige Abschreibung für das Jahr 02 berechnet sich als 750.000 EUR * 0,03 * 5/12 = 9.375 EUR. Der Buchwert des neuen Bürogebäudes in der Handelsbilanz beträgt demnach 750.000 EUR – 6.250 EUR = 740.625 EUR.

Da es sich um eine temporäre Differenz zwischen Handelsbilanz- und Steuerbilanzwert und speziell um ein HB-Mehrvermögen handelt, müssen gemäß § 274 Abs. 1 S. 1 HGB passive latente Steuern gebildet werden. Im Zeitpunkt der Übertragung der stillen Reserven betragen die latenten Steuern 0,30 * (750.000 – 600.000) = 45.000 EUR.

(5)	Latenter Aufwand für Steuern vom Einkommen und Ertrag	45.000 EUR	
	an Passive latente Steuern		45.000 EUR.

Am Bilanzstichtag ist das HB-Mehrvermögen bereits etwas geschrumpft, nämlich auf (740.625 – 592.500) = 148.125 EUR. Entsprechend ist ein Teil der passiven latenten Steuern am Bilanzstichtag aufzulösen, sodass diese nun mit 0,3 * 148.125 EUR = 44.437,50 EUR in der Bilanz ausgewiesen werden.

(6)	Passive latente Steuern	562,50 EUR	
	an Latenten Aufwand für Steuern vom Einkommen und Ertrag		562,50 EUR.

Fall b): Übertragung auf einen Zugang im Vorjahr (§ 6b Abs. 1 und 5 EStG)

Der Veräußerungsgewinn in Höhe von 150.000 EUR ist zu 100 % übertragbar, alle Voraussetzungen nach § 6b Abs. 1 und 4 EStG sind erfüllt.

Buchungssätze
(1)	Gebäude (neu)	750.000 EUR	
	an Bank		750.000 EUR.
(2)	AfA auf Sachanlagen	18.750 EUR	
	an Gebäude (neu)		18.750 EUR.

Berechnung der zeitanteiligen AfA für das Gebäude (neu) im Jahr 01:d
750.000 EUR * 0,03 * 10/12 = 18.750 EUR.
Buchwert 31.12.01 = 750.000 EUR – 18.750 EUR = 731.250 EUR.

Buchungen im Folgejahr:

(3)	Bank	200.000 EUR	
	an Gebäude (alt)		50.000 EUR
	an Sonstige betriebliche Erträge		150.000 EUR.
(4)	Bewertungsabschlag (außerplanmäßige Abschreibung) auf Sachanlagen	150.000 EUR	
	an Gebäude (neu)		150.000 EUR.
(5)	AfA auf Sachanlagen	18.000 EUR	
	an Gebäude (neu)		18.000 EUR.

		Bemerkungen:
Buchwert 31.12.01	731.250 EUR	
- § 6b EStG - Übertrag	- 150.000 EUR	§ 6b Abs. 1 u. § 6b Abs.5 EStG
	= 581.250 EUR	
- AfA 02	- 18.000 EUR	= 0,03 * (750.000 EUR – 150.000 EUR); § 6b Abs. 6 S. 2 EStG; R 7.3 Abs.4 S. 2 EStR
= Buchwert 31.12.02	563.250 EUR	nur Steuerbilanz

Handelsbilanz: Ausgehend vom Buchwert des neuen Bürogebäudes am 31.12.01 ist die Jahresabschreibung für 02 abzuziehen, um zum Buchwert am 31.12.02 zu gelangen: 731.250 EUR – 750.000 EUR * 0,03 = 731.250 EUR - 22.500 EUR = 708.750 EUR.

Da es sich um eine temporäre Differenz zwischen Handelsbilanz- und Steuerbilanzwert und speziell um ein HB-Mehrvermögen handelt, müssen gemäß § 274 Abs. 1 S. 1 HGB passive latente Steuern gebildet werden. Im Zeitpunkt der Übertragung der stillen Reserven (31.12.01) beträgt das HB-Mehrvermögen 731.250 – 581.250 = 150.000 EUR, die latenten Steuern ergeben sich als 0,30 * (731.250 – 581.250) = 45.000 EUR.

(6)	Latenter Aufwand für Steuern vom Einkommen und Ertrag	45.000 EUR	
	an Passive latente Steuern		45.000 EUR.

Am folgenden Bilanzstichtag (31.12.02) hat das HB-Mehrvermögen aufgrund der höheren planmäßigen Abschreibung in der Handelsbilanz bereits abgenommen, nämlich auf (708.750 – 563.250) = 145.500 EUR. Entsprechend ist ein Teil der passiven latenten Steuern am Bilanzstichtag aufzulösen, sodass diese nun mit 0,3 * 145.500 EUR = 43.650 EUR in der Bilanz ausgewiesen werden.

(7)	Passive latente Steuern	1.350 EUR	
	an Latenten Aufwand für Steuern vom Einkommen und Ertrag		1.350 EUR.

Fall c): Übertragung auf einen Zugang im Folgejahr mit Bildung einer steuerfreien Rücklage gemäß § 6b Abs. 3 EStG) in der Steuerbilanz

Der Veräußerungsgewinn in Höhe von 150.000 EUR ist zu 100 % übertragbar, alle Voraussetzungen nach § 6b Abs. 1 und 4 EStG sind erfüllt.
Es wird im Jahr 02 eine steuerfreie Rücklage in der Steuerbilanz gebildet und im Folgejahr 03 auf den Neuzugang übertragen.

Buchungssätze

(1)	Bank	200.000 EUR	
	an Gebäude (alt)		50.000 EUR
	an Sonstige betriebliche Erträge		150.000 EUR.
(2)	Sonstige betriebliche Aufwendungen	150.000 EUR	
	an steuerfreie Rücklage gem. § 6b Abs. 3EStG		150.000 EUR.

Buchungen im Folgejahr 03:

(3)	Gebäude (neu)	750.000 EUR	
	an Bank		750.000 EUR.
(4)	Steuerfreie Rücklage gem. § 6b Abs. 3 EStG	150.000 EUR	
	an Sonstige betriebliche Erträge		150.000 EUR.
(5)	Bewertungsabschlag (außerplanmäßige Abschreibung) auf Sachanlagen	150.000 EUR	
	an Gebäude (neu)		150.000 EUR.
(6)	AfA auf Sachanlagen	4.500 EUR	
	an Gebäude (neu)		4.500 EUR.

Zum 31.12.02 weist die steuerfreie Rücklage in der Steuerbilanz (§ 6b Abs. 3 EStG) eine Höhe von 150.000 EUR auf. Per 15.10.03 wird die Rücklage auf das neue Gebäude übertragen, dessen Abschreibungsbasis sich dann als 750.000 EUR – 150.000 EUR = 600.000 EUR (§ 6b Abs. 6 Satz 2 EStG) errechnen lässt. Die zeitanteilige AfA für das Jahr 03 beträgt: 600.000 EUR * 0,03 * 3/12 = 4.500 EUR. Der Buchwert des neuen Gebäudes zum 31.12.03 ergibt sich dann als 595.500 EUR.

Handelsbilanz: Eine steuerfreie Rücklage darf in der Handelsbilanz nicht gebildet werden, sodass zum 31.12.02 ein HB-Mehrvermögen in Höhe der Rücklage in der Steuerbilanz, also in Höhe von 150.000 EUR, besteht. Außerdem handelt es sich um eine temporäre Differenz zwischen Handels- und Steuerbilanzwerten, da die Rücklage später aufgelöst und auf ein Wirtschaftsgut übertragen wird. Anschließend sinkt das HB-Mehrvermögen durch die höhere planmäßige Abschreibung in der Handelsbilanz bis auf Null am Ende der Nutzungsdauer. Demnach müssen nach § 274 Abs. 1 S. 1 HGB passive latente Steuern in Höhe von 150.000 EUR * 0,30 = 45.000 EUR gebildet werden.

(2a)	Latenter Aufwand für Steuern vom Einkommen und Ertrag	45.000 EUR	
	an Passive latente Steuern		45.000 EUR.

Wird im Folgejahr 03 die steuerfreie Rücklage auf das neue Bürogebäude übertragen, so verändert sich das HB-Mehrvermögen zunächst nicht und die Höhe der passiven latenten Steuern bleibt unverändert. Erst durch die in Handels- und in Steuerbilanz unterschiedliche Höhe der planmäßigen Abschreibungen auf das neue Bürogebäude baut sich das HB-Mehrvermögen ab und die latenten Steuern sind schrittweise über die Nutzungsdauer des Gebäudes bis auf Null aufzulösen. Die handelsrechtliche zeitanteilige Abschreibung für das Jahr 03 berechnet sich als 750.000 EUR * 0,03 * 3/12 = 5.625 EUR. Der Buchwert des neuen Bürogebäudes in der Handelsbilanz beträgt demnach zum 31.12.03 750.000 EUR – 5.625 EUR = 744.375 EUR. Das HB-Mehrvermögen beträgt somit nur noch 744.375 – 595.500 = 148.875 EUR, der Bestandswert der passiven latenten Steuern dementsprechend 0,3 * 148.875 EUR = 44.662,50 EUR. Mithin sind die latenten Steuern um 337,50 EUR aufzulösen.

(6a)	Passive latente Steuern	337,50 EUR	
	an Latenten Aufwand für Steuern vom Einkommen und Ertrag		337,50 EUR.

Lösung zu Aufgabe 61: Rückstellungen für Patentrechtsverletzung
Handelsrecht: In diesem Falle ist dem Patentinhaber bis zum Stichtag noch keine Rechtsverletzung bekannt geworden. Mit hoher Wahrscheinlichkeit wird dies jedoch bald geschehen und der Patentrechtsinhaber wird von der LowTech GmbH eine entsprechende Schadensersatzleistung fordern. In diesem Fall besteht daher gemäß § 249 Abs. 1 S. 1 HGB die Pflicht, eine Rückstellung für Patentrechtsverletzung zu bilden. Die von Buchhalter Ärmel geschätzte Höhe basiert auf Erfahrungen bzw. der Kenntnis ähnlicher Fälle und entspricht demnach "vernünftiger kaufmännischer Beurteilung" (Grundsatz der Willkürfreiheit).

BS:	Sonstige betriebliche Aufwendungen	200.000 EUR	
	an Rückstellungen für Patentrechtsverletzung		200.000 EUR.

Steuerrecht: § 5 Abs. 3 EStG enthält die Voraussetzungen für die Bildung einer Rückstellung für Patentverletzung. Dass der Patentrechtsinhaber bereits Kenntnis von der Rechtsverletzung erlangt hat, ist jedoch keine Voraussetzung (H 5.7 Abs. 10 „Patentverletung" EStH). Laut Aufgabenstellung ist zu erwarten, dass der Patentinhaber bald von der Rechtsverletzung erfährt und Schadensersatz fordern. Somit ist mit einer Inanspruchnahme wegen der Rechtsverletzung ernsthaft zu rechnen und die Voraussetzung des § 5 Abs. 3 S. 1 Nr. 2 EStG erfüllt. Auch in der Steuerbilanz muss daher eine Rückstellung in Höhe von 200.000 EUR gebildet werden.

Das bilanzpolitische Ziel der LowTech GmbH spielt hier keine Rolle, da sowohl in Handels- als auch in Steuerbilanz eine Rückstellungspflicht besteht (Maßgeblichkeitsprinzip, § 5 Abs. 1 S. 1, 1. Halbs. EStG). Latente Steuern sind nicht relevant, da zwischen handels- und steuerrechtlicher Rückstellung kein Wertunterschied besteht.

Lösung zu Aufgabe 62: Rückstellungen für Prozesskosten
Zu a):
Handelsrechtlich müssen nach § 249 Abs. 1 S. 1 HGB Rückstellungen für ungewisse Verbindlichkeiten (Prozesskosten) gebildet werden, da die wirtschaftliche Verursachung vor dem Stichtag und die Wahrscheinlichkeit der Inanspruchnahme als Voraussetzungen erfüllt sind. Auch die LowTech GmbH als Kläger muss eine Rückstellung bilden, da auch sie damit rechnen muss, den Rechtsstreit zu verlieren. Nach dem Vorsichtsprinzip (§ 252 Abs. 1 Nr. 4 HGB) sind in der Handelsbilanz bereits im Jahr 01 auch die Kosten weiterer Instanzen zu berücksichtigen, wenn deren Anrufung wahrscheinlich ist. Die Rückstellungshöhe beträgt somit 60.000 EUR zum 31.12.01.

Jahr 01:
BS:	Sonstige betriebliche Aufwendungen (Rechtskosten)	60.000 EUR	
	an Prozessrückstellungen		60.000 EUR.

Steuerrecht: Für rechtshängig gewordene Streitsachen muss eine Rückstellung für Prozesskosten gebildet werden, denn jeder Prozessbeteiligte muss damit rechnen, den Rechtsstreit zu verlieren. Die Höhe ist nach dem Streitwert am Bilanzstichtag unter Berücksichtigung der in diesem Zeitpunkt angerufenen Instanzen zu berechnen (40.000 EUR; Bewertungsvorbehalt gemäß § 5 Abs. 6 EStG).

Jahr 01:
BS:	Sonstige betriebliche Aufwendungen (Rechtskosten)	40.000 EUR	
	an Prozessrückstellungen		40.000 EUR.

Da das Reinvermögen in der Steuerbilanz infolge der niedriger bewerteten Rückstellung (= Schuldposten) um 20.000 EUR höher ist als das Reinvermögen in der Handelsbilanz, besteht ein HB-Mindervermögen bzw. StB-Mehrvermögen in Höhe von 20.000 EUR. Dieses baut sich später ab, ist also temporärer Natur, da in der Steuerbilanz der Rückstellungswert entsprechend aufzustocken ist, wenn der Berufungsprozess anhängig sein wird. Somit besteht für mittelgroße und große Kapitalgesellschaften ein Wahlrecht, gemäß § 274 Abs. 1 S. 2 HGB in der Handelsbilanz aktive latente Steuern zu bilden. Die Höhe der latenten Steuern beträgt: 0,30 * 20.000 EUR = 6.000 EUR.

BS:	Aktive latente Steuern	6.000 EUR	
	an latenten Aufwand für Steuern vom Einkommen und Ertrag		6.000 EUR.

Da durch diese Buchung der Handelsbilanzgewinn erhöht wird, dürfte bei florierenden Gesellschaften, die ihren Gewinn möglichst niedrig ausweisen möchten, auf eine Aktivierung latenter Steuern verzichtet werden.

Lösungen zu den Aufgaben

Zu b):
Im Folgejahr 02 ist die Rückstellung sowohl in Handels- als auch in Steuerbilanz Gewinn erhöhend aufzulösen. Wenn aktive latente Steuern in der Handelsbilanz gebildet worden sind, müssen sie nun aufgelöst werden.

Handelsbilanz:
BS:	Prozessrückstellungen	60.000 EUR	
	an Sonstige betriebliche Erträge		60.000 EUR.
BS:	Latenter Aufwand für Steuern vom Einkommen und Ertrag	6.000 EUR	
	an aktive latente Steuern		6.000 EUR.

Steuerbilanz:
BS:	Prozessrückstellungen	40.000 EUR	
	an Sonstige betriebliche Erträge		40.000 EUR.

Zu c):
Im Folgejahr 02 ist die Rückstellung in der Steuerbilanz von 40.000 EUR auf 60.000 EUR aufzustocken. Dies ist zum 31.12.02 zulässig, da der Berufungsprozess zu diesem Zeitpunkt anhängig ist. In der Handelsbilanz ist keine Buchung erforderlich. Da die Rückstellungswerte und somit das Reinvermögen in Handels- und Steuerbilanz nun wieder übereinstimmen, sind die latenten Steuern wieder aufzulösen, falls sie im Vorjahr gebildet worden sind. Dadurch sinkt der Gewinn in der Handelsbilanz.

Steuerbilanz zum 31.12.02:
BS:	Sonstige betriebliche Aufwendungen (Rechtskosten)	20.000 EUR	
	an Prozessrückstellungen		20.000 EUR.

Handelsbilanz zum 31.12.02:
BS:	Latenter Aufwand für Steuern vom Einkommen und Ertrag	6.000 EUR	
	an aktive latente Steuern		6.000 EUR.

Im Folgejahr 03 sind die Prozesskosten zu zahlen, die Rückstellung wird „verbraucht" und der die Rückstellung übersteigende Betrag muss als periodenfremder Aufwand gebucht werden.

Handels- und Steuerbilanz zum 31.12.03:
BS:	Prozessrückstellungen	60.000 EUR	
	Sonstige betriebliche Aufwendungen (Rechtskosten)	10.000 EUR	
	an Bank		70.000 EUR.

Lösung zu Aufgabe 63: Garantie-Rückstellungen

	Jahr 01	Jahr 02	Jahr 03
Umsatz	4.000.000 EUR	4.400.000 EUR	5.000.000 EUR
- Umsätze mit Rückgriffsrechten	- 600.000 EUR	- 600.000 EUR	- 800.000 EUR
= garantiebehafteter Umsatz	3.400.000 EUR	3.800.000 EUR	4.200.000 EUR
davon 8% =	272.000 EUR	304.000 EUR	336.000 EUR

Tatsächlich erbrachte Garantie- leistungen im Jahre	01	02	03
für Umsätze aus dem Jahr 01	70.000 EUR	70.000 EUR	70.000 EUR
für Umsätze aus dem Jahr 02	-----	64.000 EUR	90.000 EUR
für Umsätze aus dem Jahr 03	-----	-----	81.000 EUR

1. Möglichkeit: Die tatsächlichen Garantieaufwendungen werden jeweils rückstellungsmindernd verbucht.
Am Ende des Jahres 01 wird die Garantie-Rückstellung in Höhe des aufgrund des Erfahrungssatzes errechneten Betrages abzüglich der bis dahin bereits erbrachten Garantieleistungen gebildet (Stand per 31.12.01: 202.000 EUR):

BS: Sonstige betriebliche Aufwendungen
        (Garantieaufwand)   202.000 EUR
        an Garantie-Rückstellungen   202.000 EUR.

Im Jahr 02 werden ebenfalls Garantieleistungen in Höhe von 70.000 EUR für den Umsatz aus 01 erbracht (=Rückstellungsverbrauch):

BS: Garantie-Rückstellungen   70.000 EUR
        an Bank   70.000 EUR.

Die Zuführung zur Garantie-Rückstellung zur Vorsorge für den Umsatz aus dem Jahre 02 beträgt 304.000 EUR abzüglich der bereits erbrachten Garantieleistungen von 64.000 EUR = 240.000 EUR, so dass sich 372.000 EUR (= 132.000 EUR für 01 plus 240.000 EUR für 02) als Stand der Rückstellung per 31.12.02 ergibt.

BS: Sonstige betriebliche Aufwendungen
        (Garantieaufwand)   240.000 EUR
        an Garantie-Rückstellungen   240.000 EUR.

Im Jahr 03 werden 70.000 EUR aus der Rückstellung für Umsätze aus dem Jahr 01 verbraucht, die restliche Rückstellung in Höhe von 62.000 EUR für Umsätze aus 01 wird erfolgserhöhend aufgelöst. Die Rückstellung für Umsätze aus dem Jahr 02 wird zu 90.000 EUR verbraucht. Die Zuführung zur Garantie-Rückstellung für den Umsatz aus dem Jahre 03 beträgt 255.000 EUR (= 336.000 EUR abzüglich der bereits erbrachten Garantieleistungen von 81.000 EUR), Stand der Rückstellung per 31.12.03: EUR 405.000 (= 150.000 EUR für 02 plus 255.000 EUR für 03).

BS: Garantie-Rückstellungen   132.000 EUR
        an Bank   70.000 EUR
        an Sonstige betriebliche Erträge   62.000 EUR.
BS: Garantie-Rückstellungen   90.000 EUR
        an Bank   90.000 EUR.

BS: Sonstige betriebliche Aufwendungen
        (Garantieaufwand)   255.000 EUR
        an Garantie-Rückstellungen   255.000 EUR.

2. Möglichkeit: Die tatsächlichen Garantieaufwendungen werden jeweils auf einem besonderen Konto erfolgsmindernd verbucht. Die Rückstellungen werden schematisch (1/6, 1/3, 1/3, 1/6) wieder erfolgserhöhend aufgelöst.

Lösungen zu den Aufgaben

	31.12.01	31.12.02	31.12.03
Stand der Rückstellung für Umsätze aus 01	272.000 - 45.333 = 226.667	226.667 -90.667 = 136.000	136.000 -90.667 = 45.333
Stand der Rückstellung für Umsätze aus 02		304.000 -50.667 = 253.333	253.333 -101.333 = 152.000
Stand der Rückstellung für Umsätze aus 03			336.000 -56.000 = 280.000
Erfolgsauswirkung der Rückstellungsentwicklung (Aufwand:-; Ertrag: +)	- 226.667	- 253.333 + 90.667 - 162.666	- 280.000 + 90.667 + 101.333 -88.000
tatsächlicher Garantieaufwand	-70.000	- 134.000	- 241.000
Nettoaufwand nach Methode b)	- 296.667	- 296.666	- 329.000
Nettoaufwand nach Methode a) zum Vergleich	-202.000	-240.000	- 255.000 + 62.000 -193.000

Stand der Garantie-Rückstellung am 31.12.03 nach der Methode a): 405.000 EUR, nach der Methode b): 477.333 EUR.

Lösung zu Aufgabe 64: Rückstellungen für Wechselobligo
Bildung einer Pauschalrückstellung für Wechselobligo i.H.v. 4% von 220.000 EUR = 8.800 EUR. Nach der Wertaufhellungstheorie darf die Rückstellung die Gesamtsumme der bei Bilanzaufstellung noch nicht eingelösten Kundenwechsel nicht übersteigen. ⇨ Rückstellungspflicht i.H.v. 6.600 EUR (Handelsbilanz = Steuerbilanz).

BS: Sonstige betriebliche Aufwendungen 6.600 EUR
an Rückstellung für Wechselobligo 6.600 EUR.

Lösung zu Aufgabe 65: Rückstellungen für drohende Verluste aus schwebenden Beschaffungsgeschäften
Handelsrechtlich ist eine Rückstellung für drohende Verluste aus schwebenden Beschaffungsgeschäften verpflichtend (§ 249 Abs. 1 Satz 1 HGB), *steuerrechtlich* jedoch gemäß § 5 Abs. 4a EStG verboten. Da es sich nicht um absatzbestimmte Vermögensgegenstände, sondern Verschleißteile handelt, wird der Wert der Gegenleistung durch die Wiederbeschaffungskosten angeben. Der drohende Verlust pro Getriebewelle beträgt demnach 1.560 - 1.380 = 180 EUR. Die Rückstellung ist in Höhe von 30 * 180 EUR = 5.400 EUR zu bemessen.

BS: Sonstige betriebliche Aufwendungen 5.400 EUR
an Rückstellungen für drohende Verluste
aus schwebenden Beschaffungsgeschäften 5.400 EUR.

Da die Rückstellungsbildung in der Steuerbilanz nicht zulässig ist, ist das Reinvermögen in der Steuerbilanz um 5.400 EUR höher als das durch die Rückstellung geminderte Reinvermögen in der Handelsbilanz. Die GmbH hat somit gemäß § 274 Abs. 1 S. 2 HGB ein Wahlrecht zur Bildung aktiver latenter Steuern in der Handelsbilanz. Bei Nutzung des Wahlrechts ist zu buchen (Ertragsteuersatz: 30%):

BS: Aktive latente Steuern 1.620 EUR
an latenten Aufwand für Steuern
vom Einkommen und Ertrag 1.620 EUR.

Bei Anlieferung der Getriebewellen im Folgejahr ist die Rückstellung aufzulösen und eine Abwertung auf die noch gelagerten Vorratsgegenstände vorzunehmen. Der Vorgang ist insgesamt erfolgsneutral, da der drohende Verlust entsprechend dem Imparitätsprinzip bereits im Jahr 01 vorweggenommen wurde. Die bereits im Einsatz befindlichen Getriebewellen (Verschleißteile) werden als Aufwand gebucht.

Buchungssätze in 02:

(1)	Bezogene Ersatzteile an Verbindlichkeiten L.u.L.	46.800 EUR	46.800 EUR.
(2)	Aufwendungen für bezogene Leistungen (Mehrverbrauch) an bezogene Ersatzteile	2.700 EUR	2.700 EUR.
(3)	Aufwendungen für bezogene Leistungen (Außerplanmäßige Abschreibungen) an bezogene Ersatzteile	2.700 EUR	2.700 EUR.
(4)	Rückstellungen für drohende Verluste aus schwebenden Beschaffungsgeschäften an Sonstige betriebliche Erträge	5.400 EUR	5.400 EUR.

Da im Jahre 02 der Verlust in Höhe von 2.700 EUR durch den Einsatz und Verbrauch der Hälfte der Getriebewellen realisiert wird, sofern die Kostenerwartungen genau eintreten, ist dieser steuerrechtlich jetzt zu berücksichtigen. Außerdem besteht für die GmbH ein steuerrechtliches Wahlrecht, eine Teilwertabschreibung auf die noch auf Lager befindlichen Getriebewellen vorzunehmen, um sie mit dem dauerhaft niedrigeren Teilwert (= Wiederbeschaffungskosten) zu bewerten (§ 6 Abs. 1 Nr. 2 EStG). Die steuerrechtliche Gewinnauswirkung ergibt sich aus den oben stehenden Buchungen ohne Buchung (4), da es in der Steuerbilanz keine Rückstellung gibt. Damit hat sich das Steuerbilanz-Mehrvermögen abgebaut, die Steuerentlastung ist eingetreten. Die in 01 gebildeten aktiven latenten Steuern müssen daher aufgelöst werden (§ 274 Abs. 2 S. 2 HGB).

(5)	Latenter Aufwand für Steuern vom Einkommen und Ertrag an aktive latente Steuern	1.620 EUR	1.620 EUR.

Lösung zu Aufgabe 66: Rückstellungen für drohende Verluste aus schwebenden Absatzgeschäften

zu a):
Handelsrecht: Die eigene Leistung ist mit den noch anfallenden Vollkosten ohne allgemeine Verwaltungs- und Vertriebsgemeinkosten zu bewerten. Nach der neuen Kalkulation beträgt im Vergleich zum Festpreis von 400.000 EUR der Verlust 56.000 EUR. Da die noch anfallenden allgemeinen Verwaltungsgemeinkosten, die der Maschinen zugeschlüsselt worden sind, bei der Berechnung des bilanziell relevanten drohenden Verlustes, nicht berücksichtigt werden, beträgt dieser nur 50.000 EUR. In dieser Höhe muss eine Drohverlust-Rückstellung gebildet werden (§ 249 Abs. 1 S. 1 HGB). Bei Anwendung des nach Meinung des IDW nicht zulässigen Teilkostenkonzepts hätte sich bei Einzelkosten von insgesamt 184.000 EUR ein Gewinn von 216.000 EUR ergeben, und es wäre keine Rückstellung in Frage gekommen.
Steuerrecht: Eine Rückstellungsbildung ist nicht zulässig (§ 5 Abs. 4a EStG).

Handelsrecht: Buchungen im Jahr 01:

(1)	Sonstige betriebliche Aufwendungen an Rückstellungen für drohende Verluste aus schwebenden Absatzgeschäften	50.000 EUR	50.000 EUR.

Wegen der fehlenden Rückstellung in der Steuerbilanz beträgt das Steuerbilanz-Mehrvermögen 50.000 EUR. Da dieses sich bei Lieferung der Anlage im Folgejahr abbauen wird, handelt es sich um eine temporäre Differenz, sodass die GmbH gemäß § 274 Abs. 1 S. 2 HGB das Wahlrecht hat, aktive latente Steuern in Höhe von 0,30 * 50.000 EUR = 15.000 EUR zu bilden (Ertragsteuersatz: 30%). Bei Nutzung des Wahlrechts ist handelsrechtlich zu buchen:

(2) Aktive latente Steuern   15.000 EUR
    an latenten Aufwand für Steuern
    vom Einkommen und Ertrag   15.000 EUR.

Handelsrecht und Steuerrecht:Buchungen im Folgejahr 02:

(1) Forderungen L.u.L.   400.000 EUR
    an Umsatzerlöse   400.000 EUR.

(2) Personal-, Material- und sonstiger
    betrieblicher Aufwand   450.000 EUR
    an Kasse   450.000 EUR.

(3) Allgemeiner Verwaltungsaufwand   6.000 EUR
    (überwiegend Personalaufwand)
    an Kasse   6.000 EUR.

Im Jahr 02, wenn die Anlage geliefert wird und damit der Schwebezustand endet, ist der Vorgang *handelsrechtlich* durch die folgende Buchung (4) insgesamt erfolgsneutral, wenn man von den allgemeinen Verwaltungsgemeinkosten absieht. Der drohende Verlust i.H.v. 50.000 EUR wurde entsprechend dem Imparitätsprinzip bereits im Jahre 01 vollständig antizipiert. Die anteiligen allgemeinen Verwaltungskosten (6.000 EUR) dürfen nicht vorweggenommen werden, sondern mindern erst im Jahre ihres Anfallens (Jahr 02) den Gewinn.

Handelsrecht:Buchungen im Jahr 02:

(4) Rückstellungen für drohende Verluste
    aus schwebenden Absatzgeschäften   50.000 EUR
    an Sonstige betriebliche Erträge   50.000 EUR.

Da in der Steuerbilanz im Jahr 01 keine Rückstellung gebildet werden durfte, wirkt sich der Verlust dort erst in 02 Gewinn mindernd aus. Der Steuerbilanzgewinn ist nun um 50.000,- EUR niedriger als der Handelsbilanzgewinn. Das Steuerbilanz-Mehrvermögen hat sich abgebaut, die Steuerentlastung ist eingetreten, sodass der Aktivposten für latente Steuern in der Handelsbilanz aufzulösen ist (§ 274 Abs. 2 S. 2 HGB).

(5) Latenter Aufwand für Steuern
    vom Einkommen und Ertrag   15.000 EUR
    an Aktive latente Steuern   15.000 EUR.

zu b) *Handelsrecht:* Der gesamte Verlust aus dem Geschäft liegt weiterhin bei 56.000 EUR.

	bisher bereits angefallene Kosten	*noch anfallende Kosten*
Herstellkosten	38.000 EUR	342.000 EUR
Direkt zurechenbare Finanzierungskosten	3.600 EUR	32.400 EUR
Allg. Verwaltungsgemeinkosten	600 EUR	5.400 EUR
Sondereinzelkosten des Vertriebs	3.400 EUR	30.600 EUR
Summe	45.600 EUR	410.400 EUR

Berechnung des nach dem Imparitätsprinzip durch eine außerplanmäßige Abschreibung (vorrangig) oder eine Drohverlustrückstellung vorwegzunehmenden drohenden Verlustes (in EUR):

Nettoveräußerungserlös (Fertigerzeugnis)	400.000	
- alle in 02 noch anfallenden Kosten (Anschaffungs-/Herstellkosten, dir. zurechenbare Finanzierungskosten, Sondereinzelkosten des Vertriebs, keine kalkulator.Kosten, kein Unternehmergewinn)	- 405.000	
= Wert der Gegenleistung (bezogen auf das unfertige Erzeugnis) (= beizulegender Wert zum 31.12.01)		= - 5.000
- Wert der eigenen unfertigen Leistung (Aktivierungsbetrag vor außerplanmäßiger Abschreibung)		- 38.000
= Drohender Verlust		= - 43.000

Bereits angefallene, aber nicht aktivierte Kosten (insgesamt 7.600 EUR) dürfen bei der Ermittlung des Wertes der eigenen Lieferungsverpflichtung nicht berücksichtigt werden. Außerdem dürfen von den noch anfallenden Aufwendungen die allgemeinen Verwaltungsgemeinkosten (5.400 EUR) nicht in die Berechnung des drohenden Verlusts einbezogen werden.

Somit übersteigt der drohende Verlust den für die unfertige Anlage in der Handelsbilanz aktivierten Betrag. Zunächst ist das Unfertige Erzeugnis außerplanmäßig auf Null (bzw. auf den Erinnerungswert) abzuschreiben (§ 253 Abs. 4 HGB). Der den Abschreibungsbetrag übersteigende drohende Verlust ist durch Bildung einer Drohverlustrückstellung zu antizipieren.

Buchungen im Jahr 01 (handelsrechtlich):

(1) Bestandsminderung (Abwertung)   38.000 EUR
     an Unfertige Erzeugnisse   38.000 EUR.

(2) Sonstige betriebliche Aufwendungen 5.000 EUR
     an Rückstellungen für drohende Verluste
     aus schwebenden Absatzgeschäften   5.000 EUR.

Der antizipierbare Gesamtaufwand (= Gesamtverlust des Geschäfts – noch anfallende allg. Verwaltungskosten = 56.000 EUR – 5.400 EUR = 50.600 EUR) ist mithin zum 31.12.01 handelsrechtlich bereits berücksichtigt, und zwar durch die bereits angefallenen, aber nicht aktivierten direkt zurechenbaren Finanzierungskosten, allgemeinen Verwaltungsgemeinkosten und Sondereinzelkosten des Vertriebs i.H.v. insgesamt 7.600 EUR, die Bestandsminderungen i.H.v. 38.000 EUR und die Rückstellungszuführung i.H.v. 5.000 EUR. Bei Teilaufgabe a) waren die allg. Verwaltungskosten in voller Höhe noch nicht angefallen und durften als Bestandteil der noch anfallenden Kosten bei der Berechnung des drohenden Verlustes nicht berücksichtigt werden. Jetzt betrifft diese Beschränkung nur den noch nicht angefallenen Restbetrag der allgemeinen Verwaltungskosten von 5.400 EUR.

Steuerrecht: Bewertung der unfertigen Maschine mit 38.000 EUR zum 31.12.01. Eine Abwertung der Maschine ist nicht möglich, da deren Teilwert (als objektiver Wert) nicht infolge einer Fehlkalkulation gesunken sein kann. Eine Rückstellung für Drohverluste ist nicht zulässig (§ 5 Abs. 4a EStG). Der steuerrechtlich berücksichtigte Gesamtaufwand beträgt somit 7.600 EUR.

Der Gewinn des Jahres 01 in der Steuerbilanz übersteigt den entsprechenden Gewinn in der Handelsbilanz um 50.600 EUR – 7.600 EUR = 43.000 EUR. Das Steuerbilanz-Mehrvermögen beträgt bei der Maschine: 38.000 EUR – 0 = 38.000 EUR und bei der Rückstellung: 5.000 EUR – 0 = 5.000 EUR (der Schuldposten fehlt in der Steuerbilanz, somit ist das Reinvermögen höher als in der Handelsbilanz), insgesamt also 43.000 EUR. Diese Differenzen der Bilanzposten sind temporärer Natur und es ergibt sich daraus zukünftig eine Steuerentlastung. Bei Nutzung des Wahlrechts zur Bildung eines Aktivpostens für latente Steuern (§ 274 Abs. 1 S. 2 HGB) durch die GmbH ist handelsrechtlich zu buchen (Ertragsteuersatz: 30%):

(3) Aktive latente Steuern   12.900 EUR
     an latenten Aufwand für Steuern
     vom Einkommen und Ertrag   12.900 EUR.

Für das Folgejahr gelten die unter a) durchgeführten Überlegungen und Buchungen entsprechend.

Lösung zu Aufgabe 67: Rückstellungen für drohende Verluste aus schwebenden Absatzgeschäften

Zu a): Die Aktivierung des Unfertigen Erzeugnisses erfolgt zu angefallenen Herstellkosten i.H.v. 190.000 EUR. Diese stellen die Untergrenze der Herstellungskosten in Handels- und Steuerbilanz dar.

	bisher bereits angefallene Kosten	noch anfallende Kosten
Materialeinzelkosten	40.000 EUR	40.000 EUR
+ Materialgemeinkosten (20%)	8.000 EUR	8.000 EUR
+ Fertigungseinzelkosten	45.000 EUR	45.000 EUR
+ Fertigungsgemeinkosten (200%)	90.000 EUR	90.000 EUR
+ Sondereinzelkosten der Fertigung	7.000 EUR	7.000 EUR
+ direkt zurechenbare Finanzierungskosten	18.000 EUR	18.000 EUR
+ allg. Verwaltungsgemeinkosten	3.000 EUR	3.000 EUR
+ Sondereinzelkosten des Vertriebs	17.000 EUR	17.000 EUR
= Summe	228.000 EUR	228.000 EUR

Handelsrecht und Steuerrecht: Buchungen im Jahr 01:

BS: Verschiedene Aufwendungen   228.000 EUR
       an Kasse   228.000 EUR.

BS: Unfertige Erzeugnisse   190.000 EUR
       an Bestandserhöhungen   190.000 EUR.

Bereits angefallene, aber nicht aktivierte Kosten (insgesamt 38.000 EUR) dürfen nicht bei der Ermittlung des Wertes der eigenen Lieferungsverpflichtung berücksichtigt werden. Berechnung des drohenden Verlustes (alle Werte in EUR):

Nettoveräußerungserlös (Fertigerzeugnis)	400.000	
- alle in 02 noch anfallenden Kosten (Anschaffungs-/Herstellkosten, dir. zurechenbare Finanzierungskosten, Sondereinzelkosten des Vertriebs, keine kalkulatorischen Kosten, kein Unternehmergewinn)	- 225.000	
= Wert der Gegenleistung (bezogen auf das unfertige Erzeugnis) (= beizulegender Wert zum 31.12.01)		= 175.000
- Wert der eigenen unfertigen Leistung (Aktivierungsbetrag vor außerplanmäßiger Abschreibung)		- 190.000
= Drohender Verlust		= - 15.000

Steuerrecht: Bewertung der unfertigen Maschine mit 190.000 EUR zum 31.12.01. Eine Abwertung der Maschine ist nicht möglich, da deren Teilwert (als objektiver Wert) nicht infolge einer Fehlkalkulation gesunken sein kann. Eine Rückstellung für Drohverluste ist nicht zulässig (§ 5 Abs. 4a EStG). Somit sind insgesamt Gewinn mindernde Aufwendungen von 38.000 EUR (angefallene, aber nicht aktivierte Aufwendungen) berücksichtigt.

Handelsrecht: Die noch anfallenden allgemeinen Verwaltungskosten (3.000 EUR) dürfen bei der Berechnung des drohenden Verlustes nicht berücksichtigt werden. Der antizipierbare Gesamtaufwand (= Gesamtverlust des Geschäfts – noch anfallende allg. Verwaltungskosten) beträgt 56.000 EUR – 3.000 EUR = 53.000 EUR.

Eine Abschreibung auf den niedrigeren beizulegenden Wert hat Vorrang vor der Bildung einer Drohverlustrückstellung. Die unfertige Maschine ist daher zum 31.12.01 mit 175.000 EUR zu bewerten.

BS: Bestandsminderung (Abwertung) 15.000 EUR
an Unfertige Erzeugnisse 15.000 EUR.

Der antizipierbare Gesamtaufwand i.H.v. 53.000 EUR ist somit zum 31.12.01 handelsrechtlich bereits berücksichtigt, und zwar durch die bereits angefallenen, aber nicht aktivierten direkt zurechenbaren Finanzierungskosten, allgemeinen Verwaltungskosten und Sondereinzelkosten des Vertriebs i.H.v. insgesamt 38.000 EUR sowie die Bestandsminderung i.H.v. 15.000 EUR.

Der steuerrechtliche Gewinn liegt in diesem Falle um 15.000,- EUR über dem handelsrechtlichen Gewinn. In der Steuerbilanz ergibt sich ein Mehrvermögen beim Posten „Unfertige Erzeugnisse" in Höhe von 190.000 EUR – 175.000 EUR = 15.000 EUR, das sich bei Auslieferung der Maschine im Folgejahr abbauen wird. Daher besteht für die GmbH das Wahlrecht zur Bildung eines Aktivpostens für latente Steuern in der Handelsbilanz (§ 274 Abs. 1 S. 2 HGB) in Höhe von 0,3 * 15.000 EUR = 4.500 EUR, der im Jahr der Auslieferung der Maschine und damit im Jahr der Verlustrealisierung wieder aufzulösen ist. Bei Nutzung des Wahlrechts ist zu buchen (Ertragsteuersatz: 30%):

(2) Aktive latente Steuern 4.500 EUR
an latenten Aufwand für Steuern
vom Einkommen und Ertrag 4.500 EUR.

Zu b):
Handelsrecht: Aufgrund des Prinzips der verlustfreien Bewertung ist der Tageswert am Absatzmarkt abzuleiten, und es ergibt sich keine Änderung gegenüber der Lösung zu Fall a).

Steuerrecht: Der Teilwert entspricht jetzt den niedrigeren Wiederbeschaffungskosten am Bilanzstichtag i.H.v. 160.000 EUR. Da die Wertminderung voraussichtlich dauerhaft ist, besteht ein Wahlrecht gemäß § 6 Abs. 1 Nr. 1 EStG, auf diesen Wert abzuschreiben. Dieses Wahlrecht kann nach § 5 Abs. 1 S. 1 2. Halbs. EStG unabhängig von der Handelsbilanz genutzt werden, sofern das Wirtschaftsgut in ein besonderes, laufend zu führendes Verzeichnis aufgenommen wird. Zum 31.12.01 würde die unfertige Maschine dann in der Handelsbilanz mit 175.000 EUR und in der Steuerbilanz mit 160.000 EUR bewertet werden. Somit besteht nun ein Steuerbilanz-Mindervermögen (HB-Mehrvermögen) in Höhe von 15.000 EUR, das sich bei Auslieferung der Maschine im Folgejahr abbauen wird. Daher muss die sich daraus ergebende Steuerbelastung gemäß § 274 Abs. 1 S. 1 HGB in Höhe von 0,3 * 15.000 EUR = 4.500 EUR als passive latente Steuern in der Handelsbilanz angesetzt werden. Im Jahr der Auslieferung der Maschine sind die passiven latenten Steuern wieder aufzulösen, da sich dann die Differenz in den Bilanzwerten abgebaut hat bzw. die Steuerbelastung eingetreten ist. Bei Bildung der latenten Steuern ist zu buchen:

BS: Latenter Aufwand für Steuern
vom Einkommen und Ertrag 4.500 EUR
an Passive latente Steuern 4.500 EUR.

Zu c):

	bisher bereits angefallene Kosten	*noch anfallende Kosten*
Herstellungskosten-Untergrenze	190.000 EUR	190.000 EUR
direkt zurechenbare Finanzierungskosten	18.000 EUR	18.000 EUR
allg. Verwaltungsgemeinkosten	3.000 EUR	3.000 EUR
Sondereinzelkosten des Vertriebs	17.000 EUR	17.000 EUR
Summe	228.000 EUR	228.000 EUR

Die Aktivierung des Unfertigen Erzeugnisses erfolgt in der Handels- und in der Steuerbilanz zu angefallenen Herstellungskosten i.H.v. 211.000 EUR. Für die Einbeziehung der Sondereinzelkosten des Vertriebs besteht ein Verbot.

BS: Verschiedene Aufwendungen 228.000 EUR
 an Kasse 228.000 EUR.

BS: Unfertige Erzeugnisse 211.000 EUR
 an Bestandserhöhungen 211.000 EUR.

Bereits angefallene, aber nicht aktivierte Kosten (228.000 EUR – 211.000 EUR = 17.000 EUR) dürfen nicht bei der Ermittlung des Wertes der eigenen Lieferungsverpflichtung berücksichtigt werden. Berechnung des drohenden Verlustes (alle Werte in EUR):

Nettoveräußerungserlös (Fertigerzeugnis)	400.000
- alle in 02 noch anfallenden Kosten (Anschaffungs-/Herstellkosten, direkt zurechenbare Finanzierungskosten, Sondereinzelkosten des Vertriebs, keine kalkulatorischen Kosten, kein Unternehmergewinn)	- 225.000
= Wert der Gegenleistung (bezogen auf das unfertige Erzeugnis) (= beizulegender Wert zum 31.12.01)	= 175.000
- Wert der eigenen unfertigen Leistung (Aktivierungsbetrag vor außerplanmäßiger Abschreibung)	- 211.000
= Drohender Verlust	= - 36.000

Steuerrecht: Bewertung der unfertigen Maschine mit 211.000 EUR zum 31.12.01. Eine Abwertung der Maschine ist nicht möglich, da deren Teilwert (als objektiver Wert) nicht infolge einer Fehlkalkulation gesunken sein kann. Eine Rückstellung für Drohverluste ist nicht zulässig (§ 5 Abs. 4a EStG). Somit sind insgesamt Gewinn mindernde Aufwendungen von 17.000 EUR (angefallene, aber nicht aktivierte Aufwendungen) berücksichtigt.

Handelsrecht: Die noch anfallenden allgemeinen Verwaltungskosten (3.000 EUR) dürfen bei der Berechnung des drohenden Verlustes nicht berücksichtigt werden. Der antizipierbare Gesamtaufwand (= Gesamtverlust des Geschäfts – noch anfallende allg. Verwaltungskosten) beträgt 56.000 EUR – 3.000 EUR = 53.000 EUR.

Eine Abschreibung auf den niedrigeren beizulegenden Wert hat Vorrang vor der Bildung einer Drohverlustrückstellung. Die unfertige Maschine ist daher zum 31.12.01 mit 175.000 EUR zu bewerten.

BS: Bestandsminderung (Abwertung) 36.000 EUR
 an Unfertige Erzeugnisse 36.000 EUR.

Der steuerrechtliche Gewinn liegt in diesem Falle um 36.000,- EUR über dem handelsrechtlichen Gewinn. In der Steuerbilanz ergibt sich ein Mehrvermögen beim Posten „Unfertige Erzeugnisse" in Höhe von 211.000 EUR – 175.000 EUR = 36.000 EUR, das sich Auslieferung der Maschine im Folgejahr abbauen wird. Daher besteht für die GmbH das Wahlrecht zur Bildung eines Aktivpostens für latente Steuern in der Handelsbilanz (§ 274 Abs. 1 S. 2 HGB) in Höhe von 0,3 * 36.000 EUR = 10.800 EUR, der im Jahr der Auslieferung der Maschine und damit im Jahr der Verlustrealisierung wieder aufzulösen ist. Bei Nutzung des Wahlrechts ist zu buchen (Ertragsteuersatz: 30%):

(2) Aktive latente Steuern 10.800 EUR
 an latenten Aufwand für Steuern
 vom Einkommen und Ertrag 10.800 EUR.

Lösung zu Aufgabe 68: Urlaubsrückstellungen

Bruttomonatsgehalt 5.000 EUR * 12 Monate	60.000 EUR	
+ Einmalzahlung pro Jahr (13. Monatsgehalt)	5.000 EUR	
= Zwischensumme 1	65.000 EUR	65.000 EUR
+ erwartete Lohnerhöhung nach dem Bilanzstichtag (4%)		2.600 EUR
+ Sonstige feste Einmalzahlung pro Jahr		3.000 EUR
+ Urlaubsgeld		1.000 EUR
= Zwischensumme 2		71.600 EUR
+ Arbeitgeberanteil zur Sozialversicherung (insges. 20%)		14.320 EUR
= Zwischensumme 3	85.920 EUR	85.920 EUR
+ Zuführung zu den Pensionsrückstellungen pro Jahr		9.500 EUR
+ anteilige Personalverwaltungsgemeinkosten pro Jahr		400 EUR
= Summe		95.820 EUR

Brutto-Arbeitstage pro Jahr	250 Tage
- Ausfalltage (Krankheit, Urlaub etc.) pro Jahr	50 Tage
= tatsächliche Arbeitstage	200 Tage

Kosten pro Arbeitstag = 95.820 EUR : 200 Tage = 479,10 EUR.
Höhe der Urlaubsrückstellung in der *Handelsbilanz*: 479,10 EUR * 10 Tage = 4.791,00 EUR.

Höhe der Urlaubsrückstellung in der *Steuerbilanz*: (5.000 EUR Bruttomonatsgehalt + 1.000 EUR Arbeitgeberanteil zur Sozialversicherung) * 10/21 = 2.857,14 EUR. Das Urlaubsgeld ist nicht einzubeziehen, da es im Juli 01 bereits vollständig ausgezahlt wurde. Sollte dies unterlassen worden sein, so wäre eine Sonstige Verbindlichkeit zu bilden.

Lösung zu Aufgabe 69: Rückstellung für unterlassene Instandhaltung u. Abraumbeseitigung

Handelsrecht: Da die Reparaturarbeiten bis zum Ende des Dreimonatszeitraums im neuen Geschäftsjahr noch nicht abgeschlossen sind, ist eine Rückstellungsbildung gemäß § 249 Abs. 1 S. 2 Nr. 1 HGB nicht zulässig.

Steuerrecht: Werden die Reparaturarbeiten erst nach dem Dreimonatszeitraum abgeschlossen, so besteht steuerrechtlich aufgrund des Maßgeblichkeitsprinzips ebenfalls ein Passivierungsverbot (§ 249 Abs. 1 S. 2 Nr. 1 HGB i.V.m. § 5 Abs. 1 S. 1 EStG; R 5.7 Abs. 11 EStR).

Da der Nachholzeitraum für unterlassene Abraumbeseitigung das gesamte folgende Geschäftsjahr umfasst, besteht sowohl handels- als auch steuerrechtlich eine Pflicht zur Rückstellungsbildung (§ 249 Abs. 1 S. 2 Nr. 1 HGB i.V.m. § 5 Abs. 1 S. 1 EStG; R 5.7 Abs. 11 EStR).

<u>BS:</u> Sonstige betriebliche Aufwendungen 5.000 EUR
an Rückstellungen für unterlassene Aufwendungen
für Abraumbeseitigung 5.000 EUR.

Lösung zu Aufgabe 70: Rückstellungen nach IFRS

1. Da es sich hier um keine Verpflichtung gegenüber Dritten (Außenverpflichtung) handelt, ist eine Rückstellung gemäß IAS 37. nicht zulässig. Es liegt kein verpflichtendes Ereignis in der Vergangenheit vor. Ein Vertragsschluss liegt nicht vor, eine faktische Verpflichtung ist ebenfalls nicht entstanden, da von der Malerfirma völlig unverbindlich ein Angebot eingeholt wurde und dadurch keine berechtigten Erwartungen auf eine Auftragserteilung bei dieser hervorgerufen werden konnten (außerdem müßte es sich um einen belastenden Vertrag handeln).

2. Da die in IAS 37.72 genannten Voraussetzungen vorliegen, muss eine Rückstellung für Restrukturierungskosten gebildet werden. Irgendwelche Ansatzwahlrechte hat der Buchhalter nicht. Auch Bewertungswahlrechte kennt das IASB-Konzept nicht, wenn auch unbestimmte Rechtsbegriffe und die Subjektivität von Schätzungen i.d.R. einigen Spielraum gewähren. Die Rückstellung darf aber nur Ausgaben enthalten, die unmittelbar mit der Restrukturierung und nicht mit der laufenden Ge-

schäftstätigkeit des Unternehmens im Zusammenhang stehen. Das heißt, dass Ausgaben für die Umschulung oder Versetzung weiterbeschäftigter Arbeitnehmer, für Marketing, für die Investition in neue Vertriebsnetze nicht in die Rückstellung einbezogen werden dürfen (IAS 37.80 f.). Die operativen Verluste, die das Werk bis zur Schließung noch verursachen wird, dürfen ebenfalls nicht berücksichtigt werden, da die Ansatzvoraussetzungen in diesem Falle nicht erfüllt sind (IAS 37.63). Auch die Buchwerte der stillgelegten Gebäude sind nicht einzubeziehen. Bei diesen ist zu prüfen, ob der erzielbare Betrag unter dem Buchwert liegt und gegebenenfalls eine außerplanmäßige Abschreibung nach IAS 36 vorzunehmen. Dies gilt auch dann, wenn der Verkauf der Gebäude Teil des Restrukturierungsplans ist. Eventuelle Gewinne aus dem Verkauf der Gebäude dürfen die Höhe der Rückstellung auch nicht mindern (IAS 37.51 u. 83). Somit ist zwingend ein Restrukturierungsrückstellung in Höhe von 1 Mio EUR zu bilden.

Lösung zu Aufgabe 71: Rückstellungen für Gewährleistungen nach IFRS
a) Die geschätzten Beträge sind um die Lohnkostensteigerungen zu erhöhen, um den jeweiligen Erfüllungsbetrag des Jahres zu erhalten.

(in EUR)	31.12.01	Jahr 02	Jahr 03	Jahr 04
geschätzte Reparaturausgaben auf heutigem Kostenniveau		10.000	15.000	20.000
		$* (1+0{,}04)^1$	$* (1+0{,}04)^2$	$* (1+0{,}04)^3$
Erfüllungsbeträge		10.400	16.224	22.497

Erfüllungsbetrag = Betrag auf heutigem Kostenniveau $* (1 +$ Kostensteigerungsrate p.a.$)^t$
t = Anzahl der Jahre von heute bis zur voraussichtlichen Fälligkeit

Nach IAS 37.45 ist die Rückstellung in Höhe des Barwertes der erwarteten Ausgaben anzusetzen, wenn der Zinseffekt wesentlich ist. Letzteres angenommen, sind die Erfüllungsbeträge somit abzuzinsen, und die Summe der Barwerte ergibt die Höhe der Rückstellung für Gewährleistungen per 31.12.01. An den folgenden Stichtagen ist jeweils eine Aufzinsung vorzunehmen, weil der Zeitpunkt der tatsächlichen Auszahlung näher rückt. Die tatsächlichen Reparaturausgaben sollten am besten auf einem getrennten Aufwandskonto gebucht werden. Die Rückstellung wird jeweils genau um den Betrag reduziert, der für das gerade abgelaufene Jahr vorgesehen war. Sind die tatsächlichen Reparaturausgaben höher als veranschlagt, so wirkt sich die Differenz gewinnmindernd aus, sind sie niedriger, ergibt sich in Höhe der Differenz ein Ertrag. Der Aufzinsungsbetrag ist als Fremdkapitalaufwand zu buchen.

(in EUR)	31.12.01	Jahr 02	31.12.02	Jahr 03	31.12.03	Jahr 04	31.12.04
Erfüllungs-beträge		10.400		16.224		22.497	0
Abzinsung	9.629 + 13.909 + 17.859	⇐ $* (1+0{,}08)^{-1}$	⇐⇐⇐	$* (1+0{,}08)^{-2}$	⇐⇐⇐	$* (1+0{,}08)^{-3}$	
Rückstellung	= 41.397						0
Aufzinsung der Rück-stellung		41.397 $* (1+0{,}08) =$	44.709	34.309 $* (1+0{,}08) =$	37.054	20830 $* (1+0{,}08) =$	22.497
- Schätzbe-trag			- 10.400		- 16.224		- 22.497
=Höhe der Rückstellung			= 34.309		= 20830		0

Erfolgsauswirkungen:

(in EUR)	31.12.01	31.12.02	31.12.03	31.12.04
Fremdkapitalkosten (Aufzinsung)		- 3.312	- 2.745	- 1.667
Bildung (Aufwand) und Auflösung der Rückstellung (Ertrag)	- 41.397	+ 10.400	+ 16.224	+ 22.497
tatsächlicher Reparaturaufwand (Aufwandskonto)		- 6.000	- 18.000	- 18.000
= Nettoerfolg	- 41.397	+ 1.088	- 4.521	+ 2.830

Lösung zu Aufgabe 72: Abzinsung von Verbindlichkeiten
a) Handelsbilanz: (Nettomethode):
Buchung beim Kauf 1.1.01: Da die Kaufpreisverbindlichkeit (= Summe der Kaufpreisraten) einen Zinsanteil enthält, ist sie handelsrechtlich mit dem adäquaten Marktzins von 10% abzuzinsen (§ 253 Abs. 1 S. 2 HGB analog). Die Anschaffungskosten der Maschine entsprechen dem Barwert der Verbindlichkeit per 1.1.01, der durch Multiplikation der Rate mit dem Diskontierungssummenfaktor (Rentenbarwertfaktor; s. finanzmathematische Tabellen) für 2 Jahre Laufzeit zu ermitteln ist: 24.000 EUR * 1,735537 = 41.653 EUR.

Der Barwert der Kaufpreisverbindlichkeit per 31.12.01 beträgt (1 Jahr Laufzeit; Multiplikation mit dem Abzinsungsfaktor = Diskontierungssummenfaktor für 1 Jahr Laufzeit): 24.000 EUR * 0,909091 = 21.818 EUR.

Nach der Nettomethode ist die Verbindlichkeit mit dem Barwert einzubuchen und jährlich aufzuzinsen. Im Falle von Kaufpreisraten ist die Verbindlichkeit um den Tilgungsanteil jeweils zu reduzieren. Bei der alternativ denkbaren Bruttomethode wird die Verbindlichkeit mit dem Rückzahlungsbetrag bewertet und in Höhe der Differenz zu ihrem Barwert ein aktiver Rechnungsabgrenzungsposten gebildet, der über die Laufzeit analog aufzulösen ist.

<u>BS:</u>   Maschine   41.653 EUR
       an Verbindlichkeiten   41.653 EUR.

Der Barwert am folgenden Bilanzstichtag 31.12.01 beträgt 21.818 EUR und ist um die Verzinsung erhöht, aber um den getilgten Betrag verringert. Beide Effekte sind für die Buchung zu trennen. Eine Möglichkeit ist, die Verbindlichkeit erst einmal um die Verzinsung aufzustocken und dies als Zinsaufwand zu buchen. 41.653 EUR * 0,1 = 4.165 EUR. Die Kaufpreisrate ist dann in voller Höhe als Tilgung zu buchen.

<u>BS:</u>   Zinsaufwand   4.165 EUR
       an Verbindlichkeiten   4.165 EUR.

<u>BS:</u>   Verbindlichkeiten   24.000 EUR
       an Bank   24.000 EUR.

Alternativ kann die Kaufpreisrate von 24.000 EUR auch aufgeteilt werden. Die Barwertdifferenz wird dann als Tilgungsanteil angesehen: 41.653 EUR – 21.818 EUR = 19.835 EUR. Der restliche Betrag der Kaufpreisrate muss der Zinsanteil sein: 24.000 EUR – 19.835 EUR = 4.165 EUR. Das Ergebnis ist dasselbe.

<u>BS:</u>   Verbindlichkeiten   19.835 EUR
       Zinsaufwand   4.165 EUR
       an Bank   24.000 EUR.

Bewertung der Verbindlichkeiten per Bilanzstichtag 31.12.01: 21.818 EUR.

Genauso ist im <u>Folgejahr</u> zu verfahren. Die Verzinsung der Verbindlichkeit 21.818 EUR * 0,1 = 2.182 EUR ist als Zinsaufwand und Aufstockung der Verbindlichkeit zu buchen. Die Kaufpreisrate ist dann wiederum voll als Tilgung zu buchen und die Kaufpreisverbindlichkeit ist getilgt.

BS: Zinsaufwand 2.182 EUR
an Verbindlichkeiten 2.182 EUR.

BS: Verbindlichkeiten 24.000 EUR
an Bank 24.000 EUR.

Alternativ kann die Kaufpreisrate von 24.000 EUR auch aufgeteilt werden. Die Barwertdifferenz wird dann als Tilgungsanteil angesehen: 21.818 EUR – 0 = 21.818 EUR. Der restliche Betrag der Kaufpreisrate muss der Zinsanteil sein: 24.000 EUR – 21.818 EUR = 2.182 EUR. Das Ergebnis ist dasselbe.

BS: Verbindlichkeiten 21.818 EUR
Zinsaufwand 2.182 EUR
an Bank 24.000 EUR.

Bewertung der Verbindlichkeiten per Bilanzstichtag 31.12.02: 0 EUR.

b) Steuerbilanz: (Nettomethode):
Buchung beim Kauf 1.1.01: Steuerrechtlich hat die Abzinsung gemäß § 6 Abs. 1 Nr. 3 EStG mit einem Zinssatz von 5,5% zu erfolgen. Die Anschaffungskosten der Maschine entsprechen dem Barwert der Verbindlichkeit per 1.1.01, der durch Multiplikation der Rate mit dem Diskontierungssummenfaktor (Rentenbarwertfaktor; s. finanzmathematische Tabellen oder Tabelle 2 zu § 12 Abs. 1 BewG) für 2 Jahre Laufzeit zu ermitteln ist: 24.000 EUR * 1,846320 = 44.312 EUR.

Der Barwert der Kaufpreisverbindlichkeit per 31.12.01 beträgt (1 Jahr Laufzeit; Multiplikation mit dem Abzinsungsfaktor = Diskontierungssummenfaktor für 1 Jahr Laufzeit): 24.000 EUR * 0,947867 = 22.749 EUR.

BS: Maschine 44.312 EUR
an Verbindlichkeiten 44.312 EUR.

Der Barwert am folgenden Bilanzstichtag 31.12.01 beträgt 22.749 EUR und ist um die Verzinsung erhöht, aber um den getilgten Betrag verringert. Beide Effekte sind für die Verbuchung zu trennen. Eine Möglichkeit ist, die Verbindlichkeit erst einmal um die Verzinsung aufzustocken und dies als Zinsaufwand zu buchen. 44.312 EUR * 0,055 = 2.437 EUR. Die Kaufpreisrate ist dann in voller Höhe als Tilgung zu buchen.

BS: Zinsaufwand 2.437 EUR
an Verbindlichkeiten 2.437 EUR.

BS: Verbindlichkeiten 24.000 EUR
an Bank 24.000 EUR.

Alternativ kann die Kaufpreisrate von 24.000 EUR auch aufgeteilt werden. Die Barwertdifferenz wird dann als Tilgungsanteil angesehen: 44.312 EUR – 22.749 EUR = 21.563 EUR. Der restliche Betrag der Kaufpreisrate muss der Zinsanteil sein: 24.000 EUR – 21.563 EUR = 2.437 EUR. Das Ergebnis ist dasselbe.

BS: Verbindlichkeiten 21.563 EUR
Zinsaufwand 2.437 EUR
an Bank 24.000 EUR.

Bewertung der Verbindlichkeiten per Bilanzstichtag 31.12.01: 22.749 EUR.

Genauso ist im Folgejahr zu verfahren. Die Verzinsung der Verbindlichkeit 22.749 EUR * 0,055 = 1.251 EUR ist als Zinsaufwand und Aufstockung der Verbindlichkeit zu buchen. Die Kaufpreisrate ist dann wiederum voll als Tilgung zu buchen und die Kaufpreisverbindlichkeit ist getilgt.

BS: Zinsaufwand 1.251 EUR
an Verbindlichkeiten L.u.L. 1.251 EUR.

BS:	Verbindlichkeiten L.u.L.	24.000 EUR	
	an Bank		24.000 EUR.

Alternativ kann die Kaufpreisrate von 24.000 EUR auch aufgeteilt werden. Die Barwertdifferenz wird dann als Tilgungsanteil angesehen: 22.749 EUR – 0 = 22.749 EUR. Der restliche Betrag der Kaufpreisrate muss der Zinsanteil sein: 24.000 EUR – 22.749 EUR = 1.251 EUR. Das Ergebnis ist dasselbe.

BS:	Verbindlichkeiten L.u.L.	22.749 EUR	
	Zinsaufwand	1.251 EUR	
	an Bank		24.000 EUR.

Bewertung der Verbindlichkeiten per Bilanzstichtag 31.12.02: 0 EUR.

Lösung zu Aufgabe 73: Fremdwährungsverbindlichkeiten

Zu a): Handelsbilanz:
Generell ist gemäß § 256a HGB die Umrechnung an den folgenden Bilanzstichtagen mit dem Devisenkassamittelkurs vorzunehmen. Bei der erstmaligen Einbuchung ist grundsätzlich der Euro-Geldkurs zur Umrechnung zu verwenden. Vereinfachend kann auch der Mittelkurs verwendet werden. Dehnt man den Geltungsbereich des § 256a HGB auch auf die Zugangsbewertung aus, so muss der Mittelkurs verwendet werden.
Unter Beachtung des gegebenen bilanzpolitischen Ziels ist das Disagio als sofortiger Zinsaufwand zu buchen (§ 250 Abs. 3 HGB). Einbuchung der Verbindlichkeit (1,50 EUR/USD * 500.000 USD) per 1.7.01:

BS:	Bank	720.000 EUR	
	Zinsaufwand	30.000 EUR	
	an Verbindlichkeiten gegenüber Kreditinstituten		
	(Fremdwährungsverbindlichkeiten)		750.000 EUR.

Bewertung zum 31.12.01 mit 2 EUR/USD * 500.000 USD = 1.000.000 EUR. Nach h.M. verlangt das Höchstwertprinzip zwingend eine Aufwertung der Fremdwährungsverbindlichkeit, unabhängig von der Fristigkeit der Verbindlichkeit und unabhängig von der Dauerhaftigkeit der Kursänderung. Da die laufende Zinszahlung i.H.v. 25.000 USD p.a. nachschüssig am 31.12.01 erfolgt, ist sie ebenfalls mit dem neuen Stichtagskurs umzurechnen. Sie fällt allerdings zunächst nur für einen Zeitraum von 6 Monaten an.

BS:	Sonstige betriebliche Aufwendungen		
	(Währungsverluste)	250.000 EUR	
	an Verbindlichkeiten gegenüber Kreditinstituten		
	(Fremdwährungsverbindlichkeiten)		250.000 EUR.

BS:	Zinsaufwand (laufender)	25.000 EUR	
	an Bank		25.000 EUR.

Die Abwertung der Verbindlichkeit zum 31.12.02 auf 1,60 EUR/USD * 500.00 USD = 800.000 EUR ist nach herrschender Meinung zwingend gemäß § 253 Abs. 1 Satz 2 HGB. Das Realisationsprinzip wird nicht verletzt, solange durch die Niedrigerbewertung der Verbindlichkeit ursprüngliche Anschaffungskosten nicht unterschritten werden. § 256a HGB ist nicht einschlägig, da die Restlaufzeit größer als 12 Monate ist. Da die laufenden Zinsen i.H.v. 25.000 USD p.a. nachschüssig am Jahresende gezahlt werden, sind sie ebenfalls mit dem neuen Stichtagskurs umzurechnen.

BS:	Verbindlichkeiten gegenüber Kreditinstituten		
	(Fremdwährungsverbindlichkeiten)	200.000 EUR	
	an Sonstige betriebliche Erträge (Währungsgewinne)		200.000 EUR.

Lösungen zu den Aufgaben

<u>BS:</u> Zinsaufwand (laufender) 40.000 EUR
an Bank 40.000 EUR.

Zu a): *Steuerbilanz:*
Eine Abzinsung der langfristigen Verbindlichkeit ist nicht erforderlich, da es sich um eine verzinsliche Bankverbindlichkeit handelt (§ 6 Abs. 1 Nr. 3 S. 2 EStG). Gemäß § 5 Abs. 5 Nr. 1 EStG und H 6.10 „Damnum" EStH ist das Disagio über die Laufzeit zu verteilen. Einbuchung der Verbindlichkeit per 1.7.01:

<u>BS:</u> Bank 720.000 EUR
Aktiver Rechnungsabgrenzungsposten 30.000 EUR
an Verbindlichkeiten gegenüber Kreditinstituten
(Fremdwährungsverbindlichkeiten) 750.000 EUR.

Zum <u>31.12.01</u> darf die Fremdwährungsverbindlichkeit mit 1.000.000 EUR bewertet werden, da die Wechselkursänderung begründbar als voraussichtlich dauernd eingeschätzt wird (§ 6 Abs. 1 Nr. 3 i.V.m. Nr. 2 Satz 2 EStG). Dieses steuerrechtliche Wahlrecht kann unabhängig von der Handelsbilanz ausgeübt werden (§ 5 Abs. 1 S. 1 2. Halbs. EStG). Aufgrund des bilanzpolitischen Ziels, den Gewinn so niedrig wie möglich auszuweisen, wird das Wahlrecht genutzt. Da die laufende Zinszahlung i.H.v. 25.000 USD p.a. nachschüssig am 31.12.01 erfolgt, ist sie ebenfalls mit dem neuen Stichtagskurs umzurechnen. Sie fällt allerdings zunächst nur für einen Zeitraum von 6 Monaten an. Anders verhält es sich mit der Verteilung des Einmalzinses (Disagio) auf die Kreditlaufzeit. Das Disagio wurde von der Bank im Zeitpunkt der Kreditaufnahme sofort einbehalten, sodass die Höhe des gebildeten aktiven Rechnungsabgrenzungspostens (30.000 EUR) mit dem Kurs vom 1.7.01 umgerechnet wurde. Auf die Verteilung dieses Betrags auf die Laufzeit haben Wechselkursänderungen keinen Einfluss mehr.

<u>BS:</u> Sonstige betriebliche Aufwendungen
(Währungsverluste) 250.000 EUR
an Verbindlichkeiten gegenüber Kreditinstituten
(Fremdwährungsverbindlichkeiten) 250.000 EUR.

<u>BS:</u> Zinsaufwand (laufender) 25.000 EUR
an Bank 25.000 EUR.

<u>BS:</u> Zinsaufwand 1.875 EUR
an Aktiven Rechnungsabgrenzungsposten (Disagio) 1.875 EUR.

Zum <u>31.12.02</u> sind die Fremdwährungsverbindlichkeiten – ausgehend vom bisherigen Buchwert i.H.v. 1 Mio. EUR – zunächst mit den ursprünglichen Anschaffungskosten, also mit 750.000 EUR, anzusetzen. Da die Wechselkursänderung als voraussichtlich dauernd eingeschätzt wird, darf per 31.12.02 eine Bewertung zum höheren Teilwert von 800.000 EUR erfolgen. Dieses steuerrechtliche Wahlrecht kann unabhängig von der Handelsbilanz ausgeübt werden (§ 5 Abs. 1 S. 1 2. Halbs. EStG). Aufgrund des bilanzpolitischen Ziels, den Gewinn so niedrig wie möglich auszuweisen, wird das Wahlrecht genutzt. Da die laufenden Zinsen i.H.v. 25.000 USD p.a. nachschüssig am Jahresende gezahlt werden, sind sie ebenfalls mit dem neuen Stichtagskurs umzurechnen. Auf die Verteilung des zu Beginn der Laufzeit gebildeten aktiven Rechnungsabgrenzungspostens haben die Wechselkursänderungen keinen Einfluss mehr.

<u>BS:</u> Verbindlichkeiten gegenüber Kreditinstituten
(Fremdwährungsverbindlichkeiten) 250.000 EUR
an Sonstige betriebliche Erträge (Währungsgewinne) 250.000 EUR.

<u>BS:</u> Sonstige betriebliche Aufwendungen
(Währungsverluste) 50.000 EUR
an Verbindlichkeiten gegenüber Kreditinstituten
(Fremdwährungsverbindlichkeiten) 50.000 EUR.

<u>BS:</u> Zinsaufwand (laufender) 40.000 EUR
an Bank 40.000 EUR.

BS: Zinsaufwand 3.750 EUR
an Aktiven Rechnungsabgrenzungsposten (Disagio) 3.750 EUR.

Die Fremdwährungsverbindlichkeit wird demnach in Handels- und Steuerbilanz an beiden Stichtagen identisch bewertet. Der Aktive Rechnungsabgrenzungsposten wird von den Wechselkursänderungen nicht berührt. Dies lässt sich dadurch begründen, dass er Teil der Anschaffungskosten des Darlehens ist und spätere Wechselkursänderungen die Anschaffungskosten nicht mehr beeinflussen können. Außerdem handelt es sich bei dem ARA nicht um einen Vermögensgegenstand, so dass er nicht den allgemeinen Bewertungsregeln unterliegt. Der laufende Zinsaufwand ist mit dem Wechselkurs am Tag der Zahlung umzurechnen.

Zu b):
In der *Handelsbilanz* ändert sich nichts. In der *Steuerbilanz* darf zum 31.12.01 keine Höherbewertung der Verbindlichkeit vorgenommen werden, da die Wechselkursänderung als voraussichtlich vorübergehend eingeschätzt wird. Dies gilt auch für den nächsten Bilanzstichtag 31.12.02 (§ 6 Abs. 1 Nr. 3 i.V.m. Nr. 2 Sätze 2 u. 3 EStG). An beiden Stichtagen ist die Fremdwährungsverbindlichkeit in der Steuerbilanz mit den ursprünglichen Anschaffungskosten von 750.000 EUR zu bewerten.

Lösung zu Aufgabe 74: Fair Value-Hedge
Fall 1 (IAS 39.89):

Per 30.6.01 sind zunächst die Aktien einer erneuten Bewertung mit dem beizulegenden Zeitwert zu unterziehen, wobei die Veränderungen erfolgsneutral im Eigenkapital („Rücklage für Finanzinstrumente") gegenzubuchen sind:

BS: X-AG Aktien (Zur Veräußerung verfügbare fin. Vermögenswerte") 5.000 EUR
an Rücklage für Finanzinstrumente 5.000 EUR.

Es folgt die Einbuchung des Kaufs der Verkaufsoption (Optionsprämie):

BS: Sicherungsinstrument (Optionsprämie) 10.000 EUR
an Bank 10.000 EUR.

Zum 30.9.01 ist die Veränderung des Fair Value der Aktien wiederum erfolgsneutral zu buchen:

BS: X-AG Aktien („Zur Veräußerung verfügb. fin. Vermögenswerte") 2.000 EUR
an Rücklage für Finanzinstrumente 2.000 EUR.

Außerdem ist der Wertverlust der aktivierten Verkaufsoption erfolgswirksam zu buchen. Weitere Konsequenzen ergeben sich nicht, da die Wertveränderung der Option lediglich auf die Änderung des Zeitwertes zurückzuführen ist. Dieser ist aber nicht Bestandteil der Sicherungsbeziehung.

BS: Aufwand (Handelsergebnis) 4.000 EUR
an Sicherungsinstrument 4.000 EUR.

Per 31.12.01 erfolgt zunächst die erfolgsneutrale Anpassung auf den aktuellen „Fair Value" der 1.000 X-AG Aktien:

BS: Rücklage für Finanzinstrumente 5.000 EUR
an X-AG Aktien („Zur Veräußerung verfügb. fin. Vermögenswerte") 5.000 EUR.

Der Betrag wird im *(erfolgsneutralen) Sonstigen Ergebnis* im Rahmen des Gesamtergebnisses ausgewiesen.

Die Wertänderung der Verkaufsoption ist erfolgswirksam zu buchen. Soweit sie auf eine Änderung des Zeitwerts zurückzuführen ist, stellt sie jedoch keinen Bestandteil der Sicherungsbeziehung dar.

BS: Aufwand (Handelsergebnis) 2.000 EUR
     an Sicherungsinstrument 2.000 EUR.

Die zweite Komponente des Gesamtwerts der Option, der innere Wert, der allein Bestandteil der Sicherungsbeziehung ist, ist von 0,- auf 3.000,- gestiegen, so dass die Option jetzt „im Geld" ist.

BS: Sicherungsinstrument 3.000 EUR.
     an Ertrag (Ergebnis des Sicherungsgeschäfts) 3.000 EUR.

Der effektive Teil der Sicherungsbeziehung soll die Abwertung des Aktienbestands kompensieren, soweit die Abwertung den Basispreis der Verkaufsoption (30.000,-) unterschreitet. Da dieser Teil der Abwertung der X-AG-Aktien bislang erfolgsneutral gegen die Rücklage für Finanzinstrumente gebucht wurde, muss eine entsprechende Umgliederung (IAS 1.93) erfolgen, die die Erfolgswirksamkeit und damit die gewünschte Kompensation herstellt.

BS: Aufwand (Ergebnis des Sicherungsgeschäfts) 3.000 EUR
     an Rücklage für Finanzinstrumente 3.000 EUR.

Dieser Umgliederungsbetrag ist zudem aus dem (erfolgsneutralen) Sonstigen Ergebnis zu eliminieren, damit er nicht doppelt das Gesamtergebnis berührt.

(in EUR)	Aktien („Available for Sale")	Wert der Verkaufsoption	Ertrag (erfolgswirksam) GuV	Aufwand (erfolgswirksam) GuV	Periodenerfolg in der GuV	Sonstiges Ergebnis (erfolgsneutral)	Rücklage für Finanzinstrumente (Eigenkapital)
1.1.01	25.000	---	---	---			---
30.6.01	30.000	ZW 10.000 IW --------	---	---		+ 5.000	5.000
30.9.01	32.000	ZW 6.000 IW --------	---	4.000	- 4.000	+ 2.000	7.000
31.12.01	27.000	ZW 4.000 IW 3.000	3.000	2.000 3.000*	- 2.000 + 3.000 - 3.000* - 2.000	- 5.000 + 3.000* - 2.000	2.000 + 3.000* 5.000

(ZW = Zeitwert; IW = Innerer Wert; * = Umgliederungsbetrag)

Fall 2 (IFRS 9.6.5.8): Beim Fair Value-Hedge sind sowohl die Gewinne oder Verluste aus dem Sicherungsinstrument als auch die durch das abgesicherte Risiko induzierten Wertänderungen des Grundgeschäfts erfolgswirksam zu erfassen. Bei finanziellen Vermögenswerten der FVTOCI-Kategorie ist also prinzipiell genauso vorzugehen wie im Fall 1. Hier liegt aber die einzige <u>Ausnahme</u> von dieser Regel vor, denn es geht bei den Aktien um ein Eigenkapitalinstrument, bei dem das Unternehmen von der Option Gebrauch gemacht hat, diese der FVTOCI-Kategorie zuzuordnen, sie also mit dem Fair Value erfolgsneutral zu bewerten (IFRS 9.4.1.4.). In diesem Falle sind nicht nur die Wertänderungen des Grundgeschäfts sondern auch die Wertänderungen des Sicherungsinstruments im Sonstigen Ergebnis (OCI) erfolgsneutral zu erfassen (IFRS 9.6.5.8). Dies gilt sogar auch für den ineffektiven Teil der Sicherungsbeziehung (IFRS 9.6.5.3.), den es hier jedoch nicht gibt. Die Änderungen des Zeitwerts der Verkaufsoption sind nicht Teil der designierten Sicherungsbeziehung und werden daher weiterhin erfolgswirksam gebucht.

<u>Per 30.6.01</u> sind zunächst die Aktien einer erneuten Bewertung mit dem beizulegenden Zeitwert zu unterziehen, wobei die Veränderungen erfolgsneutral im Eigenkapital („Rücklage für Finanzinstrumente" oder „Rücklage für Fair Value-Hedges") gegenzubuchen sind:

BS: X-AG Aktien („FVTOCI-Kategorie") 5.000 EUR
an Rücklage für Finanzinstrumente/Fair Value-Hedges 5.000 EUR.

Es folgt die Einbuchung des Kaufs der Verkaufsoption (Optionsprämie):

BS: Sicherungsinstrument (Optionsprämie) 10.000 EUR
an Bank 10.000 EUR.

Zum 30.9.01 ist die Veränderung des Fair Value der Aktien wiederum erfolgsneutral zu buchen:

BS: X-AG Aktien („FVTOCI-Kategorie") 2.000 EUR
an Rücklage für Finanzinstrumente/Fair Value-Hedges 2.000 EUR.

Außerdem ist der Wertverlust der aktivierten Verkaufsoption erfolgswirksam zu buchen. Weitere Konsequenzen ergeben sich nicht, da die Wertveränderung der Option lediglich auf die Änderung des Zeitwertes zurückzuführen ist. Dieser ist aber nicht Bestandteil der Sicherungsbeziehung.

BS: Aufwand (Handelsergebnis) 4.000 EUR
an Sicherungsinstrument 4.000 EUR.

Per 31.12.01 erfolgt zunächst die erfolgsneutrale Anpassung auf den aktuellen „Fair Value" der 1.000 X-AG Aktien:

BS: Rücklage für Finanzinstrumente/Fair Value-Hedges 5.000 EUR
an X-AG Aktien („FVTOCI-Kategorie") 5.000 EUR.

Der Betrag wird im *(erfolgsneutralen) Sonstigen Ergebnis* im Rahmen des Gesamtergebnisses ausgewiesen.

Die Wertänderung der Verkaufsoption ist erfolgswirksam zu buchen, soweit sie auf eine Änderung des Zeitwerts zurückzuführen ist, da diese keinen Bestandteil der Sicherungsbeziehung darstellt.

BS: Aufwand (Handelsergebnis) 2.000 EUR
an Sicherungsinstrument 2.000 EUR.

Die zweite Komponente des Gesamtwerts der Option, der innere Wert, der allein Bestandteil der Sicherungsbeziehung ist, ist von 0,- auf 3.000,- gestiegen, so dass die Option jetzt „im Geld" ist. Diese Werterhöhung des Sicherungsinstruments ist nun erfolgsneutral gegen die Rücklage für Finanzinstrumente bzw. die Rücklage für Fair Value-Hedges zu buchen.

BS: Sicherungsinstrument 3.000 EUR.
an Rücklage für Finanzinstrumente/Fair Value-Hedges 3.000 EUR.

Der effektive Teil der Sicherungsbeziehung soll die Abwertung des Aktienbestands kompensieren, soweit die Abwertung den Basispreis der Verkaufsoption (30.000,-) unterschreitet. Der Ausgleich der Wertänderungen von Grundgeschäft und Sicherungsinstrument ist jetzt innerhalb des erfolgsneutralen Sonstigen Ergebnisses („OCI") bereits erreicht. Weitere Buchungen sind nicht erforderlich, einer Umgliederung bedarf es nicht. Auch später beim Verkauf der Aktien gibt es keine erfolgswirksame Umgliederung (kein „Recycling"). Allerdings können dann die in der Rücklage steckenden kumulierten Gewinne oder Verluste als realisiertes Eigenkapital ohne Berührung der Ergebnisrechnung innerhalb des Eigenkapitals (erfolgsneutral) in die Gewinnrücklage übertragen werden (IFRS 9.B5.7.1).

(in EUR)	Aktien („Available for Sale")	Wert der Verkaufs-option	Ertrag (erfolgs-wirksam) GuV	Aufwand (erfolgs-wirksam) GuV	Perioden-erfolg in der GuV	Sonstiges Ergebnis (erfolgs-neutral)	Rücklage für Finanz-instrumente (Eigenkapital)
1.1.01	25.000	---	---	---			---
30.6.01	30.000	ZW 10.000 IW --------	---	---		+ 5.000	5.000
30.9.01	32.000	ZW 6.000 IW -------	---	4.000	- 4.000	+ 2.000	7.000
31.12.01	27.000	ZW 4.000 IW 3.000	---	2.000	- 2.000	- 5.000 + 3.000 - 2.000	2.000 + 3.000 5.000

(ZW = Zeitwert; IW = Innerer Wert)

Literaturempfehlungen

A. Kommentare und Handbücher

Baetge, J., u.a. (Hrsg.):	Handbuch des Jahresabschlusses (HdJ): Bilanzrecht nach HGB, EStG und IFRS, Köln 1.4.2017 (Loseblattausgabe)
Bertram, K./Brinkmann, R.:	Haufe HGB Bilanz-Kommentar, Freiburg 2010
Driesch, D./Riese, J. u.a.:	Beck`sches IFRS-Handbuch, Kommentierung der IFRS/IAS, 5. Aufl., München 2015
Grottel, B./ Schmidt, S. u.a. (Hrsg.):	Beck´scher BilanzKommentar, Handels- und Steuerbilanz, 11. Aufl., München 2018
Heuser, P.J./ Theile, C.:	IFRS Handbuch, Einzel- und Konzernabschluss, 5. Aufl. Köln 2012
IDW (Hrsg.):	WP Handbuch 2012, Band I, 14. Aufl., Düsseldorf 2012
Kessler, H./Leinen, M./Strickmann, M. (Hrsg.):	Handbuch BilMoG, 2. Aufl., Freiburg 2010
Lüdenbach, N./ Hoffmann, W.-D. (Hrsg.):	Haufe IFRS- Kommentar, 16. Aufl., Freiburg 2018
Weber-Grellet, H. (Hrsg.):	Schmidt, L.: Einkommensteuergesetz, Kommentar, 34. Aufl., München 2015

B. Lehr- und Übungsbücher

Baetge, J./Kirsch, H.-J./Thiele, S.:	Bilanzen, 14. Aufl., Düsseldorf 2017
Coenenberg, A.G./Haller, A./Schultze, W.:	Jahresabschluss und Jahresabschlussanalyse, 24. Aufl., Stuttgart 2016
Eiselt, A./Müller, S.:	Kapitalflussrechnung nach IFRS und DRS 21, 2. Aufl., Berlin 2014
Falterbaum, H./ Bolk, W./ Reiß, W./ Kirchner, T.:	Buchführung und Bilanz, 22. Aufl., Achim bei Bremen 2015
Horschitz, H./ Groß, W./ Fanck, B.:	Bilanzsteuerrecht und Buchführung, 14. Aufl., Stuttgart 2016
Grünberger, David	IFRS 2017, 14. Aufl., Herne 2017
Kirsch, H.:	Einführung in die internationale Rechnungslegung nach IFRS, 11. Aufl., Herne 2017
Leffson, U.:	Grundsätze ordnungsmäßiger Buchführung, 7.Aufl., Düsseldorf 1987
Lüdenbach, N./ Christian, D.:	IFRS Essentials, 4. Aufl., Herne 2017
Pellens, B./Fülbier, R.U./ Gassen, J./Sellhorn, T.:	Internationale Rechnungslegung, 10. Auflage, Stuttgart 2017
Petersen, K./Bansbach, F./ Dornbach, E. (Hrsg.):	IFRS Praxishandbuch, 12. Aufl., München 2018
Pfuhl, J.:	Konzernkapitalflussrechnung, Stuttgart 1994
Scheffler, W.:	Besteuerung von Unternehmen II, Steuerbilanz und Vermögensaufstellung, 8. Aufl., Heidelberg 2014
Schmidt, A.:	Kostenrechnung – Grundlagen der Vollkosten-, Deckungsbeitrags- und Plankostenrechnung sowie des Kostenmanagements, 8. Aufl., Stuttgart 2017
Wüstemann, J./ Wüstemann, S.:	Bilanzierung case by case, Lösungen nach HGB und IAS/IFRS, 9. Aufl., Heidelberg 2015.

Stichwortverzeichnis

A

Abbruchkosten 137
Abbruchverpflichtungen 491
Abfall 166
Abgang 396
Abgrenzung, Grundsatz
– der Sache nach 6 f., 77
– der Zeit nach 77 f.
Ablauf der Rechnungslegung 48 f.
Ablaufgliederungsprinzip 108
Abraumbeseitigung, Rückstellungen 524
Absatzgeschäfte, schwebende 513 ff.
Absatzmarkt 193
Abschlussprüfer 52 ff.
Abschreibungen 326 ff., 577
– Anlagenspiegel 398
– arithmetisch-degressive 336
– außerplanmäßige 223 ff., 340, 396 ff.
– Beginn der 328
– Ende 329
– geometrisch-degressive 331 ff.
– Leistungsabschreibung 331
– lineare 330 f.
– Mehrschichtbetrieb 331, 334
– bei Neubewertung 349 ff.
– planmäßige 326 ff.
– planmäßige nach außerplanmäßiger 341 ff.
– progressive 337
Abschreibungsmethoden
– bei beweglichen Gegenständen 328, 331 ff.
– bei Gebäuden 338 ff.
– nach IFRS 347
Abschreibungsplan 328
Abschreibungsquote 400
Absetzungen
– erhöhte 355 f., 358 f.
– für Abnutzungen (AfA) 326 ff.
– für außergewöhnliche Abnutzungen (AfaA) 354
Abzinsung 291, 489 ff., 511 ff., 538
Abzinsungsprozentsatz 502
Accounting Mismatch 296, 557
Accrual Basis 96
AC-Kategorie 293 ff., 301 ff., 313
Adressaten des Jahresabschlusses 5 ff., 17 f.
Aktionärsschutz 13, 79
Aktive Rechnungsabgrenzungsposten 77 f., 421 ff.
aktiver Markt 199, 243, 272
Aktivierbarkeit 111 f., 131
Aktivierte Eigenleistungen 514 f.
Aktivierungskriterien 111, 131
Aktivierungspflicht 111, 132
Aktivierungsverbot 117
Aktivierungswahlrecht 119 ff.
Aktivierungswahlrecht, faktisches 272
Aktivitätsformate 600
Alimentationsthese 487
Altersversorgungsverpflichtungen 503 ff.
Amortisation 426, 303

Amortised Cost 201
Anderskosten 3
Anhang 37 f., 591 ff.
Anlagen im Bau 278
Anlagen, technische 278
Anlagenabnutzungsgrad 400
Anlagengitter 394 ff.
Anlagenspiegel
– nach HGB 394 ff.
– nach IFRS 401
Anlagevermögen 106, 220
– immaterielles 259 ff.
– Finanzanlagevermögen 279 ff.
– Sachanlagevermögen nach HGB 274 ff.
– Sachanlagevermögen nach IFRS 279
– Werteverzehr des Anlagevermögens 166
Anlaufverluste 213
Ansammlungsrückstellung 486, 522
Ansatzkriterien nach IFRS 131
Ansatzvorschriften 39
Ansatzwahlrechte 91, 118 ff., 122
Anschaffungskosten
– nach HGB u. EStR 133 ff.
– nach IFRS 151 ff.
– fortgeführte 223
– fortgeführte (IFRS) 201, 304, 425 f.
– in Fremdwährung 141 f.
– nachträgliche 136 f., 343 ff.
Anschaffungskostenmodell 243 ff.
Anschaffungskostenprinzip 83, 134, 223
Anschaffungsnebenkosten 136
Anschaffungspreisminderungen 136
Anteile an assoziierten Unternehmen 322
Anteile an Tochterunternehmen 322
Anteile, eigene 456 ff.
Anteilseigner 6
Antizipative Posten 20, 79
Anzahlungen, geleistete 259, 278, 402
arithmetisch-degressive Abschreibung 336
Asset Deal 266
Assets 131
Assets, Qualifying 153, 177
assoziierte Unternehmen 323
Aufbewahrungsfristen 45
Aufgaben
– des Jahresabschlusses 10 ff.
– des Rechnungswesens 7 ff.
Aufstellung des Jahresabschlusses 47
Aufstellungspflichten 43
Aufwendungen 3
– anschaffungsnahe 137 f.
– außerordentliche 575
– Ingangsetzung des Geschäftsbetriebs 114, 132
– freiwillige soziale 162
– sonstige betriebliche 578
Aufwandsrückstellung 484, 524
Ausgaben 3
Ausgleichsanspruch des Handelsvertreters 498

Ausleihungen 283
Ausleihungen, unverzinsliche 283 ff.
Ausschüttungssperre 261, 444, 505
außerordentliche Aufwendungen 575
außerordentliche Erträge 575
außerplanmäßige Abschreibungen 224 ff., 341, 398

B
Bargain Purchase Option 383
Barwert 199, 209, 502
Bauten auf fremden Grundstücken 275
beitragsorientierte Pensionspläne 532 f.
beizulegender Wert 199, 201 ff.
Beschaffungsgeschäfte, schwebende 511 f.
Beschaffungsmarkt 192
Bestandsveränderungen 179 ff., 576
Bestandsverzeichnis, laufendes 100 f.
Bestätigungsvermerk 54
Beteiligungen 194, 280 f., 322
Beteiligungserträge 578
Betrag, erzielbarer 208
Betriebs- und Geschäftsausstattung 278
Betriebsabrechnungsbogen 158
betriebsgewöhnliche Nutzungsdauer 329
Betriebsvergleich 17
Betriebsvermögen 36, 70
– gewillkürtes 70
– notwendiges 70
Betriebsvermögensvergleich 36 f.
Betriebsvorrichtungen 276
Bewertung, verlustfreie 197 f.
Bewertungsabschläge 356
Bewertungseinheiten 89, 510, 520, 547 ff.
Bewertungshilfe 170
Bewertungskonzeption, handelsrechtliche
– des Anlagevermögens 222 ff.
– des Umlaufvermögens 229 ff.
Bewertungskonzeption, steuerrechtliche 230 ff.
Bewertungskonzeptions nach IFRS
– bei Sachanlagen 241 ff.
– des Umlaufvermögens 257 f.
Bewertungsmaßstäbe 133 ff.
Bewertungsstetigkeit, Grundsatz 90 f.
Bewertungsvereinfachungsverfahren 408 ff.
Bewertungsvorbehalt, steuerrechtlicher 36, 128
Bewertungsvorschriften 42
Bewertungswahlrechte 91, 124 ff.
Bilanz
– Begriff 33
– Gliederung 105 ff.
Bilanzadressaten 5 ff., 17 f.
Bilanzarten 33
Bilanzaufgaben 10 ff.
Bilanzaufstellung 463
Bilanzenzusammenhang 72
Bilanzgewinn 12, 463
Bilanzgliederung
– Kapitalgesellschaften 106 ff.
– Personenhandelsgesellschaften 105
Bilanzidentität, Grundsatz der 72
Bilanzierbarkeit 111 ff.

Bilanzierungsgebote 111, 121 f.
Bilanzierungspflicht 111, 121 f.
Bilanzierungsverbote 117
Bilanzierungswahlrechte 118 ff., 122
Bilanzklarheit, Grundsatz 67
Bilanzkontinuität
– formale 90
– materiell 90 ff.
Bilanzpolitik 179 ff.
Bilanztheorien 18 ff.
– dynamische 19 ff.
– informationstheoretische 22
– kapitaltheoretische 23
– neuere 22
– organische 21
– statische 19
– zukunftsorientierte 23
Bilanzverlust 12, 580
Bilanzvermerke 116, 544 ff.
Bilanzzwecke 10 ff.
Briefkurs 141, 404, 539
Bruttomethode (Abzinsung) 492
Bruttoprinzip 67
Buchführungspflicht 43
Buchinventur 100
Buchwertfortführung 143

C
Cash Flow 600
Cash Flow Statement 61, 599 ff.
Cash Flow-Hedge 563, 567 f.
Cash-Generating-Unit 255
Comparability 97
Completed-Contract-Method 181
Cost-to-Cost-Methode 187

D
Damnum 120, 122 f., 299, 304, 423
Dauerschuldverhältnisse 519 ff.
Deferred Tax Assets 448
Deferred Tax Expense 448
Defined Benefit Pension Plans 532 f.
Defined Contribution Pension Plans 532 f.
Degressionsbetrag 336
Degressive Abschreibung 332 ff.
Delcredere 403
Derivat, eingebettetes 289
Derivate 288, 295
Designation 548
Deutsche Prüfstelle für Rechnungslegung 26
Deutscher Rechnungslegungs Standard (DRS) 26
Deutscher Standardisierungsrat (DSR) 26
Deutsches Rechnungslegungs Standards Committee 25
Devisen(kassa)mittelkurs 141, 404, 539
Devisentermingeschäft 288, 552, 555
Dienstzeitaufwand 536
Disagio 120, 122 f., 299, 304, 423
Dokumentationsfunktion 7, 10
Drohverlustrückstellung 85 f., 509 ff.
Drucktitel 117, 259, 273
Durchbuchungsmethode 551, 553

Durchschnittsbewertung 412
Durchschnittspreise, gewogene 412
dynamische Bilanztheorien 19 ff.

E
Effektivitätsmessung 550, 558 f.
Effektivzinsmethode 201, 299, 304, 425 f.
eigene Anteile 456 ff.
Eigenkapital
– bei Einzelunternehmen 454
– bei Kapitalgesellschaften 455 ff.
– bei Personenhandelsgesellschaften 454
Eigenkapitalausweis nach IFRS 39, 464 f.
Eigenkapitalinstrument 286 f., 306
Eigenkapitalveränderungsrechnung 39, 465
Eigenleistungen, andere aktivierte 577
Eigentum
– juristisches 68
– wirtschaftliches 68, 98, 131, 368
Eigentumsvorbehalt 69
Einfrierungsmethode 550, 553
eingefordertes Kapital 455
Einheit, Zahlungsmittel generierende 208, 255 ff.
Einheitsbilanz 37
Einlagen
– ausstehende 455
– eingeforderte 455
– in das Betriebsvermögen 36 f.
Einnahmen-Überschuss-Rechnung 43 f.
Einzelbewertung, Grundsatz der 89 f., 98
Einzelkosten 135, 156 f.
Einzelveräußerbarkeit 111
Endorsement 31
Entnahmen 37
Entsorgungsverpflichtungen 151, 275, 529
Entwicklungskosten 167, 270 ff.
Equity-Methode 324
Erbbaurecht 275
Erfolgskapital 23
Erfolgsquellen 573
Erfüllungsbetrag 489
Erfüllungsrückstände 521
ergänzte Mehrzweckbilanz 22
Ergebnis der gewöhnlichen Geschäftstätigkeit 579
Ergebnis, außerordentliches 579
Ergebnis, sonstiges 245, 585
Ergebnisverwendung 48
Erhaltungsaufwand 137
Ermessensreserven 221
Ersatzbeschaffungsrücklage 468 ff.
Ersatzwirtschaftsgut 468
Erträge 3
– außerordentliche 575
– sonstige betriebliche 577
Ertragslage 12
Erwerb, unentgeltlicher 142
Erzeugnisse, fertige 179, 402
Erzeugnisse, unfertige 402
erzielbarer Betrag 208
Eventualverbindlichkeiten 116, 499, 525, 544
Expected-Loss-Modell 309
Expenses 586

Expenses of Ordinary Activities 586
Externe Bilanzadressaten 5 ff.

F
Fair Presentation 17
Fair Value 202 ff.
Fair Value Accounting 241 ff., 298 f.
Fair Value Hedge 563 ff.
Fair Value-Option 298 f., 557
Fehlbetrag, nicht durch Eigenkapital gedeckter 456
Fehlmaßnahme 212
Fertigerzeugnisse 179 f., 402
Fertigung, langfristige 84, 181 ff.
Fertigungseinzelkosten 160, 162
Fertigungsgemeinkosten 160, 162
Feststellung des Jahresabschlusses 48
Festwert-Bewertungsverfahren 408 f.
Fifo-Methode 413 ff.
Finalitätsprinzip 160, 181
Financial Accounting Standards Board (FASB) 29
Financial Assets 201, 286 ff., 295 ff.
Financial Instruments 201, 285 ff.
Financial Liabilities 286 ff., 296 f., 543
Finanzanlagen nach HGB 279 ff.
Finanzbuchhaltung 1 f.
Finanzielle Verpflichtungen, sonstige 592
Finanzierungs-Leasing 367 ff., 382 ff., 385 ff.
Finanzinstrumente 201, 285 ff., 316 ff.
Finanzinstrumente, derivative 288 f., 548
Finanzlage 15
Finanzmittelfonds 600
Firmenwert
– derivativer 132, 227, 266 ff., 273
– originärer 114, 132, 265, 273
Firmenwertähnliche Wirtschaftsgüter 262, 269
Forderungen 402 ff.
– Einzelwertberichtigungen 403
– Fremdwährungsforderungen 403 f.
– Pauschalwertberichtigungen 403
– unverzinsliche 283 ff.
Formale Bilanzkontinuität 90
Formelmethode 217
Forschungskosten 162, 167, 260 f., 270 ff.
Fortführung der Unternehmenstätigkeit 87 f.
Fortführungsgrundsatz 87 f.
Fortführungswerte 88
Framework 94 ff.
Fremdkapitalzinsen 153 f., 169 f., 177
Fremdwährungsforderungen 403 f.
Fremdwährungsverbindlichkeiten 142, 539 f.
Fristen
– Aufbewahrung 45
– Aufstellung des Jahresabschlusses 60
– Feststellung des Jahresabschlusses 60
– Offenlegung des Jahresabschlusses 60
Fristigkeitsgliederungsprinzip 107
Futures 288, 570
FVTOCI-Kategorie 293 f., 301 ff., 313 ff., 564 ff.
FVTOCI-Option 294, 301, 566
FVTPL-Kategorie 293 ff., 301

FVTPL-Option 294 ff., 301

G
Gains 586
Garantierückstellungen 494 ff.
Gebäude
– Abschreibungen 342 ff., 356, 358
– Begriff 276
– Zuordnung zum Betriebsvermögen 70 f., 276 f.
Gegenwartswert 200, 202 f.
Geldbeschaffungskosten 138
Geldkurs 141, 404, 539
Gemeiner Wert 143
Gemeinkosten
– Begriff 135, 138 f., 157
– Zuschlagssatz 158
Gemeinschaftsunternehmen
Generalklausel 11
Generalnorm 11
geometrisch-degressive Abschreibung 332 ff.
Geringwertige Wirtschaftsgüter 74 ff., 399, 473, 474
Gesamtabschreibungsquote 400
Gesamtergebnisrechnung 39, 585 ff.
Gesamtkostenverfahren 580 ff.
Geschäfte, schwebende 509 ff.
Geschäftsführerbezüge 594
Geschäftstätigkeit, Ergebnis der gewöhnlichen 579
Geschäftswert
– derivativer 132, 227, 266 ff., 273
– originärer 114, 132, 265, 273
Geschmacksmuster 262
Gesellschaft, kapitalmarktorientierte 47, 58, 60
Gesetzliche Rücklage 460
Gewährleistungen, Rückstellungen 494 ff.
Gewerbeertragsteuer 168
Gewerbliche Schutzrechte 262
Gewinn- und Verlustrechnung 37, 573 ff.
Gewinn, ökonomischer 23
Gewinnausschüttung 12
Gewinnermittlung 13
Gewinnrealisierung
– bei Tauschgeschäften 143 f.
– bei langfristiger Fertigung 83, 181 ff.
Gewinnrücklagen 460 ff.
– andere 461
– für Anteile an einem herrschenden oder mehrheitlich beteiligten Unternehmen 461
– gesetzliche 460
– satzungsmäßige 461
Gewinnthesaurierung 12
Gewinn- und Verlustrechnung 37, 573 ff.
– Gliederungsvorschriften 574 f.
– nach dem Gesamtkostenverfahren 580 ff.
– nach IFRS 587
– nach dem Umsatzkostenverfahren 580 ff.
Gewinnverwendung 13, 48, 463
Gewinnverwendungsbeschluss 48
Gewinnvortrag 463
Gewogener Durchschnittswert 410, 412
Gewöhnliche Geschäftstätigkeit 575

Gezeichnetes Kapital 455
Gläubigerschutz 13 f.
Gleichartigkeit 410 f.
Gleichmäßigkeit der Besteuerung 35
Gleitende Durchschnittsmethode 412
Gliederungsprinzipien 107 f.
Gliederungsvorschriften
– Bilanz 105 ff.
– Gewinn- und Verlustrechnung 573
Going Concern-Prinzip 87 f.
Größenklassen bei Kapitalgesellschaften 46, 60
Größenkriterien 46, 60
Grundgeschäfte 548, 558, 560
Grundkapital 455
Grundkosten 3
Grundlagenforschung 167, 260, 271
Grundmietzeit 368 f.
Grundsatz der
– Abgrenzung der Sache nach 6 f., 80
– Abgrenzung der Zeit nach 78 f.
– Bilanzidentität 72
– Einzelbewertung 89 f., 98
– formalen Bilanzkontinuität 90
– Klarheit 67
– Maßgeblichkeit 121 ff.
– Richtigkeit 66
– Stetigkeit 90 ff.
– Unternehmensfortführung 87 f.
– Verlässlichkeit 97
– Verständlichkeit 97
– Vollständigkeit 68 ff.
– Vorsicht 81 ff., 97
– Wesentlichkeit 74
– Willkürfreiheit 66
– Wirtschaftlichkeit 74 f.
Grundsätze ordnungsmäßiger Bilanzierung 66 ff.
Grundsätze ordnungsmäßiger Buchführung 64 ff.
Grundstücke 274 ff.
Grundstücksgleiche Rechte 274 f.
Gründungsaufwendungen 117, 132, 273
Gruppenbewertung 410

H
Haftungskapital 455
Haftungsrisiken, Rückstellungen für 499 f.
Haftungsverhältnisse 115 f., 499, 544 f.
Handelsbilanz 33
Handelsgesetzbuch, Aufbau 40
Handelsregister 57
Handelsvertreter, Ausgleichsanspruch 498
Handelswaren 196, 214 f.
Hauptversammlung 47
Hedge Accounting (IFRS) 557 ff.
Hedge Ratio 559
Hedge-Bilanzierung (HGB) 546 ff.
Herstellungsaufwand 137
Herstellungskosten
– nach HGB u. EStR 156 ff.
– nach IFRS 175 ff.
Höchstwertprinzip 85 f., 539.

I

Identifizierbarkeit 270
Identitätsprinzip 72
IFRS for SMEs 64, 604
IFRS-Einzelabschluss 31
IFRS-Konzernabschluss 31
Immaterielle Vermögensgegenstände 119 ff., 260 ff.
Immaterielle Vermögenswerte 269 ff.
Immobilien, als Finanzinvestition gehalten 325
Impairment Test 208, 243 f., 256 f., 313
Imparitätsprinzip 77 ff., 176
Income Statement 521
Ingangsetzungsaufwendungen 114, 132
Innenverpackung 166
Inputfaktoren/-parameter 206
Instandhaltung, unterlassene 524
Institut der Wirtschaftsprüfer (IDW) 25
Institutionen der Rechnungslegung 25 ff.
Intangible Asset 131 f., 269 ff.
International Accounting Standards (IAS) 29
International Accounting Standards Board (IASB) 30
International Financial Reporting Standards 29 f.
Internationale Rechnungslegungsstandards (IFRS) 29
Inventar 99
Inventories 421
Inventur 99 ff.
– Buchinventur 100
– körperliche 100
– laufendes Bestandverzeichnis 100 f.
– permanente 102
– Stichprobeninventur 103
– Stichtagsinventur 99
– zeitverschobene 102
Investitionsabzug gem. § 7g Abs. 1 EStG 361 ff.
Investitionszulage 145
Investitionszuschüsse 145 ff., 478 ff.
Investment Properties 281

J

Jahresabschluss
– Aufgaben 10 ff.
– Aufstellung 48
– Feststellung 48
– Komponenten 33 ff., 39 f.
– Phasen der Erstellung 47 f.
– Prüfung 51 ff.
Jahresabschlusskosten, Rückstellungen für 497
Jahresergebnis 12
Jahresfehlbetrag 12, 580
Jahresüberschuss 12, 463, 580
Jubiläumsrückstellungen 522

K

Kalkulationsschema 152
kalkulatorische Kosten 3, 159
Kapital, gezeichnetes 455
Kapitalbindungsdauer 107
Kapitalerhaltung
– nominelle 148 ff.

– substanzielle 148 ff.
Kapitalflussrechnung 38 f., 599 ff.
Kapitalgesellschaften
– Eigenkapitalausweis 455 ff.
– Größenklassen 46, 60
– Mindestgliederung der Bilanz 106 ff.
– Prüfungspflichten 51 ff.
– Rechnungslegungsvorschriften 45 ff.
– Veröffentlichungspflichten 56 f.
Kapitalgesellschaften u. Co Richtlinien Gesetz 45
Kapitalkonto
– festes 454
– variables 407
kapitalmarktorientierte Gesellschaft 47, 58, 60
Kapitalrücklagen 460
Kapitaltheoretische Bilanz 23
Kaufoption (Leasing) 383
Kausalitätsprinzip 160, 181
Klarheit, Grundsatz 67
Kommissionsware 69
Komponentenansatz 348
Kontinuität
– formale 90
– materielle 90 ff.
Konzessionen 262
Korrektur der Nutzungsdauer 342 f.
Kosten 3
– des Einkaufs 165
– des Wareneingangs 165
– fixe 157
– kalkulatorische 3, 159
– variable 157
Kosten- und Leistungsrechnung 2
Kreditverlust, erwarteter 309 ff.
Kulanzrückstellungen 494 ff.
Kundenlisten 117, 262, 273

L

Ladeneinbauten 276
Lagebericht 38, 403 f.
Lagerbestandsveränderungen 179 ff.
Langfristige Fertigung 84 181 f.
Latente Steuern
– nach HGB 428 ff.
– nach IFRS 447 ff.
– Aktivposten 431, 330 ff.
– Deferral Method 428
– Liability Method 429, 447
– Passivposten 430, 433 ff.
Leasing 366 ff.
– Finanzierungs-Leasing 367 ff., 382 ff., 387 ff.
- Händler-Leasing 392
– Leasingarten 367
– Leasingerlasse 368, 371
– Leasing-Forderung 387 ff.
– Leasing-Nutzungsrecht 375 f.
– Leasing-Verbindlichkeit 375 f., 377
– Leasingverhältnis 373 f.
– nach IFRS 372 ff.
– Operating-Leasing 367, 382 ff.
– Teilamortisationsverträge 371 f.
– „Verunglücktes" Leasing 370 ff.

– Vollamortisationsverträge 367 ff.
Leerkosten 171 ff.
Leistungsabschreibung 332
leistungsorientierte Pensionspläne 532 f.
Lifo-Bewertungsverfahren 413 ff.
Lineare Abschreibung 331 f.
Liquidationswerte 88
Liquiditätsprinzip 107
Lizenzen 263
losses 586

M
Macro Hedge 549, 562
Marken 117, 132, 262, 272
Market Value 202
Markt, aktiver 199, 202, 243, 272
Markt, organisierter 31, 47
Maschinen 278
Maßgeblichkeit, abstrakte 121
Maßgeblichkeit, Grundsatz der 36, 121 ff., 483
Maßgeblichkeit, konkrete 121
Maßgeblichkeit, materielle 121
matching principle 96
Materialabfall 165
Materialaufwand 577
Materialeinzelkosten 163, 165
Materialgemeinkosten 163, 165
Materiality 74
Mehrentschädigung 470
Mehrzweckbilanz, ergänzte 23
Methodenstetigkeit 90 ff.
Methodenwahlrechte 90
Micro Hedge 549, 552, 562
Mietkauf 366
Mietverlängerungsoption 368, 377, 383
Milestones-Methode 188, 191
Mindestausschüttung 13
Mindestleasingzahlungen 387
Mittelkurs 141, 404

N
Nachträgliche Anschaffungskosten 136
Nachverzinsung 477
Nennkapital 455
Net Realisable Value 208
Net Selling Price 208
Nettoinvestitionswert (Leasing) 387 ff.
Netto-Veräußerungserlös 194
– modifizierter 194
Netto-Veräußerungswert (IFRS) 210
Neubewertungsmodell 244 ff., 273
Neubewertungsmodell mit latenten Steuern 451
Neubewertungsrücklage 245
Nichtigkeit des Jahresabschlusses 55
Niederstwertprinzip 85, 192, 224
– doppeltes 215, 240
– eingeschränkt gemildertes 224
– strenges 229
Niederstwerttest 192, 269, 273
Niedrigverzinsliche Forderungen 283 f.
Nominalkapitalerhaltung 148 ff.
Nominalwertprinzip 148 ff.

Notes 39, 599
Nutzkosten 172
Nutzungsdauer, betriebsgewöhnliche 328
Nutzungsrecht (Leasing) 375 f.
Nutzungswert 209

O
Offenlegungspflichten 56 ff.
Ökonomischer Gewinn 22
Operating Leasing 367, 382 ff., 385 ff.
Optionen 288, 554, 556
Organische Bilanztheorie 21
Organmitglieder 593
Other Comprehensive Income (OCI) 39, 305, 586

P
Pachtverhältnisse 275
Passivierbarkeit 116, 132
Passivierungspflicht 115 f.
Passivierungsverbote 117
Patente 262
Patentverletzung, Rückstellungen 492
Patronatserklärungen 544
Pauschalrückstellungen 495, 499
Pauschalwertberichtigung auf Forderungen 403 f.
Pensionspläne
– beitragsorientierte 532 f.
– leistungsorientierte 532 f.
Pensionsrückstellungen 500 ff., 532 ff.
Pensionszusagen
– mittelbare 501
– unmittelbare 501
Percentage-of-Completion Method 185
Periodenabgrenzung 4, 78 ff., 96
Periodenerfolg 4
Periodengerechte Gewinnermittlung 4
Perioden-lifo 416
Permanente Differenzen 432, 448
Permanente Inventur 102
Permanentes lifo 414, 417
Personalaufwand 577
Personenhandelsgesellschaften
– Eigenkapitalausweis 454
– Gliederung der Bilanz 105
– Rechnungslegungspflichten 42 ff.
Planmäßige Abschreibungen 326 ff.
Planvermögen 224. 228, 503 f.
Portfolio-Hedge 549, 562
Position, geschlossene 546
Prinzip der verlustfreien Bewertung 197 f.
Privatvermögen 70
– in der Handelsbilanz 70
– notwendiges 70
Progressive Abschreibung 337
Provisions 526
Prozesskosten, Rückstellungen für 493
Prudence 97
Prüfstelle, Deutsche für Rechnungslegung 26
Prüfungsbericht 54
Prüfungspflichten 51 ff.
Publizitätsgesetz 46
Publizitätspflichten 56 ff.

R
Rahmengrundsätze 66 ff.
Realisable Value 200
Realisationsprinzip 82 ff.
Realisationszeitpunkt 82 f.
Rechenschaftslegung 10 f.
Rechnungsabgrenzungsposten
– aktiver 78, 422 ff.
– nach HGB u. EStG 421 ff.
– nach IFRS 425
– passiver 78, 422
– transitorischer 78, 422
Rechnungslegungsgrundsätze (IFRS) 94 ff.
Rechnungslegungskonzepte 25 ff.
Rechnungslegungsschritte 47 ff.
Rechnungslegungsvorschriften
– für Kapitalgesellschaften 45 f.
– für kapitalmarktorientierte Gesellschaften 47
– für (alle) Kaufleute 42 ff.
Rechnungswesen, betriebliches
– Aufgaben 1, 7
– Begriff 1
Rechnungswesen, betriebliches
– Einteilung 1
– externes 2
– internes 2
Rechtsgrundlagen des Jahresabschlusses 40 ff.
Recoverable Amount 208 f.
Recycling 308, 318 ff.
Reflexwirkung 72
Reinvestitionsrücklage 474 ff.
Rekalibrierung 559
Reklassifizierung 295, 321 f.
Rekultivierungsverpflichtungen 152, 491, 529
Relevanz, Grundsatz der 97
Reliability 97
Rentabilität 8 f.
Rentenverpflichtung 140
Reserven, stille 223 f., 471
Restamortisation 371
Retrograde Bewertung 409, 421
Revenues 585
Richtigkeit, Grundsatz der 66
Right of Use-Asset 375 f.
Roh-, Hilfs- und Betriebsstoffe 195, 402
Rückgriffsansprüche (IFRS) 531
Rücklage für Cash Flow-Hedges 567
Rücklage für Ersatzbeschaffung 468 ff.
Rücklage für Finanzinstrumente 305, 307
Rücklage für Veräußerungsgewinne 474 ff.
Rücklagen
– für Anteile an einem herrschenden oder mehrheitlich beteiligten Unternehmen 461
– gesetzliche 460
– Gewinnrücklagen 460 ff.
– Kapitalrücklagen 460
– offene 460 ff.
– satzungsmäßige 461
– steuerfreie 467 ff.
– stille 221 f.
Rückstellungen 481 ff.
– Abzinsung 489 ff., 538
– Arten 481 ff.
– für Abraumbeseitigung 524 f.
– Aufwandsrückstellungen 484, 524 f.
– Bewertung 484, 514 f., 529 ff.
– für belastende Verträge (IFRS) 528
– für drohende Verluste aus Dauerschuldverhältnissen 519 ff.
– für drohende Verluste aus schwebenden Absatzgeschäften 513 ff.
– für drohende Verluste aus schwebenden Beschaffungsgeschäften 85, 511 ff.
– für drohende Verluste aus schwebenden Geschäften 85, 509 ff.
– für Gewährleistungen 494 ff.
– für Handelsvertreterabfindungen 498
– für Jahresabschlusskosten 497
– für Jubiläumszuwendungen 523
– für Patentrechtsverletzung 492
– für Prozesskosten 493
– für Pensionszusagen 500 ff., 532 ff.
– für Rekultivierungsverpflichtungen 486
– für Restrukturierungskosten (IFRS) 528 f.
– für rückständigen Urlaub 521
– für Sachleistungsverpflichtungen 486, 489
– für Schadensersatzleistungen 482
– für ungewisse Verbindlichkeiten 485 ff.
– für unterlassene Instandhaltungen 524
– für Steuern 507
– für Wechselobligo 499
– für Wiederherstellungsverpflichtungen (IFRS) 529
– nach IFRS 525 ff.
Rückstellungsspiegel 531, 597

S
Sachanlagen (IFRS) 279
Sachanlagevermögen 274 ff.
Sachleistungsverpflichtungen 486, 489
Saldierungsverbot 67
Sammelbewertung 412 ff.
Sammelposten für GWG 7 f.
Sanktionen bei Nichtbeachtung gesetzlicher Vorschriften 58 f.
Satzungsmäßige Rücklage 461
Scheinbestandteile 277
Scheingewinne 149
Schulden
– Bilanzierbarkeit 116, 132
– nach IFRS 543
Schutzrechte, gewerbliche 262
Schwebende Geschäfte 509 ff.
Securities and Exchange Commission (SEC) 29
Selbsterstellte immaterielle Gegenstände
– des Anlagevermögens 119 f., 167, 260 ff.
– des Umlaufvermögens 120
Selbstkosten 159
Selbstliquidationsperiode 107
Settlement Date Accounting 290 f.
Share Deal 266
Shareholders Equities and Reserves 464 f.
Sicherungsinstrument 548, 561
Sicherungsquote 559

Sicherungsübereignung 69
Software 119, 264 f., 272
Soll-Ist-Vergleich 17
Sonderabschreibungen 72, 355 ff.
Sondereinzelkosten 156
– der Fertigung 163, 165
– des Vertriebs 163, 165
Sonderposten für Investitionszuschüsse 148, 480
Sonstige betriebliche Aufwendungen 578
Sonstige betriebliche Erträge 577
Sonstige Vermögensgegenstände 406
Sonstiges Ergebnis (IFRS) 39, 305, 586 ff.
Spezialleasing 369
Staffelform der Gewinn- und Verlustrechnung 573 f.
Stammkapital 455
statement of changes in equity 39, 465
Statische Bilanztheorien 19
Stetigkeit 90 ff.
Steuerbilanz 33 f.
Steuerfreie Rücklagen 467 ff.
Steuerliche Abschreibungen 355 ff.
Steuerliche Bewertungswahlrechte
– GoB-konforme 125 f.
– nicht GoB-konforme 125 f.
Steuern
– vom Einkommen und Ertrag 579
– sonstige 579
Steuern, latente
– nach HGB 428 ff.
– nach IFRS 447 ff.
Steuerrückstellungen 507
Stichprobeninventur 103
Stichtagsinventur 99
Stichtagsprinzip 77, 99
Stille Reserven 72, 221 f.
Strenges Niederstwertprinzip 229
Substance over Form 97
Substanzerhaltung 148 ff.
Subtraktionsmethode 216

T
Tageswert 192 ff.
Tageswertbilanz, organische 21
Tageswertprinzip 21
Tauschgeschäfte 143 ff.
Technische Anlagen 278
Teilabnahmeprinzip 182
Teilamortisationsvertrag 371 f.
Teileinkünfteverfahren 475
Teilgewinnrealisierung 83, 181 ff.
Teilkosten 181, 515
Teilweise Ergebnisverwendung 463
Teilwert 211 ff.
Teilwertabschreibung 213, 231 ff., 238, 354
Teilwertvermutungen 212
Temporäre Differenzen 429, 447
Thesaurierung 12
Timing Konzept 428
Tochterunternehmen 323
Totalgewinn 4
Trade Date Accounting 290 f.

Transaktionskosten 298 f.
Transaktionspreis 184, 186, 203
Transitorische Posten 78
Treuhandverhältnisse 69
Trivialprogramme 264
True and Fair View 11, 17

U
Überbestände 198
Übersichtlichkeit, Grundsatz 67
Übertragung stiller Reserven 467 ff.
Umbuchungen im Anlagenspiegel 396
Umgliederungsbetrag 318 f., 564, 570
Umlaufvermögen 106, 229, 402 ff.
Umsatzerlöse 575 f.
Umsatzkostenverfahren 580 ff.
Umsatzrealisationsmodell 184 f.
Umsatzsteuer auf Anzahlungen 422
Understandability 96
Unentgeltlicher Erwerb 142 f.
Unfertige Erzeugnisse 195 f., 402
Ungewisse Verbindlichkeiten 485 ff.
Unterbeschäftigungskosten 171 ff.
Unterbewertung 221 f.
Unterlassene Instandhaltung, Rückstellungen für 524
Unternehmensfortführung, Grundsatz der 87 f., 96
Unverzinsliche Ausleihungen 283 ff.
Urheberrechte 262
Urlaub, Rückstellungen für 521
US-GAAP 29

V
Value in Use 209
Valutaverbindlichkeiten 142, 539 ff.
Variable Gemeinkosten 157
Veräußerungserlös 193
Veräußerungsgewinne 474
– Rücklage für 474 ff.
– Übertragung von 474 ff.
Verbindlichkeiten 116, 537 ff.
– finanzielle 287, 286 ff., 296
– ungewisse 485 ff.
– unverzinsliche 538 f.
Verbindlichkeitenmethode (latente Steuern) 429, 447
Verbindlichkeitenspiegel 537, 597
Verbrauchsfolge-Bewertungsverfahren 413 ff.
Verbrauchsteuern auf Vorräte 168, 422
verbundene Unternehmen 281 f.
Vergleichbarkeit, Grundsatz 97
Verkehrsfähigkeit 111 f.
Verlagsrechte 117, 262, 272
Verlängerungsoption (Leasing) 368, 375, 377
Verlässlichkeit, Grundsatz 97
Verluste, drohende aus schwebenden Geschäften 85 f., 509 ff.
Verlustfreie Bewertung 197 f.
Verlustvortrag 463
Vermögensgegenstand 111 ff.
– immaterieller 259 ff.

– selbst geschaffener immaterieller 119 f., 167, 260 f.
– sonstige 402
Vermögenslage 14
Vermögenswert (IFRS) 131 f.
– immaterieller (IFRS) 270 ff.
– qualifizierter (IFRS) 153, 177
Vermögenswerte, zur Veräußerung bestimmte 407
Veröffentlichungspflichten 56 ff.
Verpackungskosten 166
Verpflichtungsüberschuss 519 f.
Verrechnungsverbot 67
Verständlichkeit, Grundsatz 96
Vertragsverbindlichkeit 189
Vertragsvermögenswert 189
Vertriebsgemeinkosten 165
Vertriebssondereinzelkosten 165
Verwaltungsgemeinkosten 163, 165
Verwendung des Jahresüberschusses 48
Vollamortisationsverträge 367 ff.
Vollkostenrechnung 180
Vollständige Ergebnisverwendung 463
Vollständigkeit, Grundsatz der 68 ff.
Vorräte 402, 406, 410 f., 413 f., 421
Vorratsbewertung
– nach HGB 408 ff.
– nach IFRS 421 ff.
Vorsicht, Grundsatz der 81 ff., 97
Vorstandsgehälter 594

W
Währungskursgewinne/-verluste 141 f.
Wahlrecht, explizites 241, 546, 551, 559
Wahlrecht, faktisches 183, 270, 558
Wahlrechte
– Ansatzwahlrechte 91, 118 ff., 122
– Bewertungswahlrechte 91, 124 ff.
Wahlrechte, steuerliche
– GoB-konforme 125 f.
– nicht GoB-konforme 125 f.
Waren
– Tageswert von 196 f.
– Teilwert von 214 f.
Warenumschließungskosten 166
Warenzeichen 262
Wechselobligo
– Eventualverbindlichkeit 116, 499, 525, 544 f.
– Rückstellung für 499 f.
Werbeaufwendungen 114, 133
Werbefeldzug 114, 272
Wert
– beizulegender 192
– gemeiner 143
Wert aufhellende Tatsachen 86 f.
Wert beeinflussende Tatsachen 86 f.
Wertansatzwahlrechte 90
Wertaufholungsgebot 226, 230, 248

Wertaufholungsverbot 227
Wertberichtigung auf Forderungen 403 f.
Wertberichtigung (IFRS) 309 ff., 313
Wertmaßstäbe nach HGB u. EStG 133 ff.
Wertmaßstäbe nach IFRS 201 ff.
Wertminderung
– voraussichtlich dauernde 222, 226, 232 ff.
– voraussichtlich vorübergehende 222, 225, 232 f.
– nach IFRS 242, 301, 311 ff.
Wertpapiere
– des Anlagevermögens 195, 218 f., 232 f., 283
– des Umlaufvermögens 195, 218 f., 232 f., 406
Wesentlichkeit, Grundsatz der 74
Wiederbeschaffungskosten 193
Willkürfreiheit, Grundsatz der 66
Willkürreserven 222
Wirtschaftliches Eigentum 68 f., 131, 368
Wirtschaftlichkeit
– Grundsatz der 74 ff.
– Kontrolle der 8
Wirtschaftsgut
– Bilanzierbarkeit 111 ff.
– gemischt genutztes 70
– geringwertiges 74 ff.
Wirtschaftsprüfer 52

Z
Zahlungsfähigkeit 14
Zahlungsmitteläquivalente 109, 600
zahlungsmittel-generierende Einheit 211, 255 ff.
Zeitvergleich 8, 17
Zeitwert, beizulegender 84, 199, 202 ff.
Zerschlagungswert 88
ZGE, firmenwerttragende 257
Ziele des Jahresabschlusses 10 ff.
Zinscap 288
Zinsen und ähnliche Aufwendungen 579
Zinserträge 579
Zinsstaffelmethode 424 f.
Zinsswap 288, 554 f.
Zölle auf Vorräte 168, 422
Zugänge beim Anlagenspiegel 395
Zukunftserfolgswert 23
Zukunftsorientierte Bilanztheorien 23
Zurechnung des Leasing-Objekts 368
Zusatzkosten 3
Zuschlagskalkulation 158 f.
Zuschreibungen im Anlagenspiegel 396
Zuschreibungsgebot 223, 226, 230
Zuschreibungsgebot, faktisches 236
Zuschreibungsverbot 227, 244
Zuschüsse 145 ff.
Zuschussrücklage 478 ff.
Zwangsreserven 221
Zweckaufwand 3
Zwecke des Jahresabschlusses 10 ff.
Zweischneidigkeit der Bilanz 72